Como a obra pode auxiliar no seu aprendizado?

A obra *Direito Penal* tem o propósito de expor de maneira clara e coerente o estudo da matéria, para que os leitores possam aprofundar-se em um tema específico, trazendo sempre o que há de mais contemporâneo dos Tribunais Superiores.

O livro permite que o leitor adquira conhecimentos precisos do instituto do Direito Penal e esteja pronto para enfrentar questionamentos, novos rumos e desafios da matéria.

O que o livro oferece?

A grande novidade da nova edição é a proximidade que a obra proporciona entre leitor e autor. O direito sempre está em constante transformação, principalmente em uma sociedade dinâmica. Nesse contexto, o leitor encontrará em nossa plataforma, ao longo do ano, material didático acompanhando as alterações legislativas e jurisprudenciais que impactam a matéria. Dessa forma, poderá aprofundar o seu estudo de maneira mais dinâmica e interativa.

Este livro oferece materiais digitais exclusivos para você.

Para isso:

- Acesse o link https://somos.in/DP08 ou use seu celular para ler o QR Code abaixo:

- Faça seu cadastro:
  - Clique em "Não tem conta? Cadastre-se"
  - Preencha as informações – insira um e-mail que você costuma usar, ok?
  - Crie sua senha e finalize seu cadastro

Pronto! Agora é só aproveitar o conteúdo digital desta obra.

Obs.: Se você já tem uma conta conosco, basta entrar com seu login e senha já criados.

Qualquer dúvida, não deixe de entrar em contato pelo e-mail suportedigital@saraivaconecta.com.br

ANDRÉ ESTEFAM

DIREITO PENAL 2

PARTE ESPECIAL

ARTS. 121 A 234-B

8ª edição
2021

saraiva jur

ISBN 978-85-536-0764-8 obra completa

DADOS INTERNACIONAIS DE CATALOGAÇÃO NA PUBLICAÇÃO (CIP)
ANGÉLICA ILACQUA CRB-8/7057

Estefam, André

Direito penal – volume 2 : parte especial – arts. 121 a 234-B / André Estefam. – 8. ed. – São Paulo: Saraiva Educação, 2021.
904 p.

Bibliografia
ISBN 978-65-5559-017-3 (impresso)

1. Direito penal. I. Título.

CDD 340
20-0473 CDU 343.1

Índice para catálogo sistemático:

1. Direito penal

saraiva EDUCAÇÃO | saraiva jur

Av. Paulista, 901, 3º andar
Bela Vista – São Paulo – SP – CEP: 01311-100

SAC | sac.sets@somoseducacao.com.br

Direção executiva Flávia Alves Bravin
Direção editorial Renata Pascual Müller
Gerência de projetos e produção editoriais Fernando Penteado

Planejamento Josiane de Araujo Rodrigues

Novos projetos Sérgio Lopes de Carvalho
Dalila Costa de Oliveira

Edição Clarissa Boraschi Maria (coord.)
Aline Darcy Flôr de Souza

Produção editorial Daniele Debora de Souza (coord.)
Verônica Pivisan Reis

Arte e digital Mônica Landi (coord.)
Camilla Felix Cianelli Chaves
Claudirene de Moura Santos Silva
Deborah Mattos
Guilherme H. M. Salvador
Tiago Dela Rosa

Projetos e serviços editoriais Daniela Maria Chaves Carvalho
Kelli Priscila Pinto
Laura Paraíso Buldrini Filogônio
Marília Cordeiro
Nicoly Wasconcelos Razuk

Projeto gráfico Mônica Landi
Diagramação Gisele Paranhos
Revisão Juliana Bormio
Capa Aero Comunicação
Produção gráfica Marli Rampim
Sergio Luiz Pereira Lopes
Impressão e acabamento Edições Loyola

Data de fechamento da edição: 11-11-2020

Dúvidas? Acesse www.editorasaraiva.com.br/direito

CL 606927 CAE 751931

Aos meus queridos afilhados, Gabriela, Larissa, Lucas, Leonardo, Lavínia, Ana Luisa e Carlos Eduardo.

ABREVIATURAS

ADIn	Ação Direta de Inconstitucionalidade
ADPF	Arguição de Descumprimento de Preceito Fundamental
AgI	Agravo de Instrumento
AgRg	Agravo Regimental
Ap.	Apelação
ApCr	Apelação Criminal
APn	Ação Penal
BMJ	*Boletim do Ministério da Justiça*
BSTJ	*Boletim do Superior Tribunal de Justiça*
CAt	Conflito de Atribuições
c/c	combinado com
CC	Código Civil
CComp	Conflito de Competência
CCr	Câmara Criminal
CF	Constituição Federal
CLT	Consolidação das Leis do Trabalho
CP	Código Penal
CPC	Código de Processo Civil
CPM	Código Penal Militar
CPP	Código de Processo Penal
CTB	Código de Trânsito Brasileiro
DJ	*Diário da Justiça*
DJe	*Diário da Justiça eletrônico*
DJU	*Diário da Justiça da União*
DOU	*Diário Oficial da União*

EC	Emenda Constitucional
ECA	Estatuto da Criança e do Adolescente
EJTJAP	*Ementário de Jurisprudência do Tribunal de Justiça do Amapá*
EREsp	Embargos no Recurso Especial
HC	*Habeas Corpus*
IncI	Incidente de Inconstitucionalidade
Inq.	Inquérito
j.	julgado(a) em
JC	*Jurisprudência Catarinense*
JM	*Jurisprudência Mineira*
JSTJ e TRF-Lex	*Jurisprudência do Superior Tribunal de Justiça e Tribunais Regionais Federais (da Lex Editora)*
JTACrSP	*Julgados do Tribunal de Alçada Criminal de São Paulo*
JTJ	*Jurisprudência do Tribunal de Justiça (de São Paulo)*
JTRF	*Jurisprudência do Tribunal Regional Federal*
LC	Lei Complementar
LCP	Lei das Contravenções Penais
LEP	Lei de Execução Penal
LINDB	Lei de Introdução às Normas do Direito Brasileiro
LOMAN	Lei Orgânica da Magistratura Nacional
LRP	Lei de Registros Públicos
publ.	publicado(a)
QO	Questão de Ordem
R.	Região
RDJTJAP	*Revista de Doutrina e Jurisprudência do Tribunal de Justiça do Amapá*
RDTJRJ	*Revista de Direito do Tribunal de Justiça do Rio de Janeiro*
RJD	*Revista de Jurisprudência e Doutrina* (do TACrSP)
RE	Recurso Extraordinário
REsp	Recurso Especial
RHC	Recurso de *Habeas Corpus*
RJD	*Revista de Julgados e Doutrina*
RJTACr	*Revista de Jurisprudência do Tribunal de Alçada Criminal* (de São Paulo)
RJTAMG	*Revista de Julgados do Tribunal de Alçada de Minas Gerais*

RJTJRS	*Revista de Jurisprudência do Tribunal de Justiça do Rio Grande do Sul*
RJTJSP	*Revista de Jurisprudência do Tribunal de Justiça de São Paulo*
RODC	Recurso Ordinário em Dissídio Coletivo
RSTJ	*Revista do Superior Tribunal de Justiça*
RT	*Revista dos Tribunais*
RTJ	*Revista Trimestral de Jurisprudência*
RTJE	*Revista Trimestral de Jurisprudência dos Estados*
RTRF-4ª R.	*Revista do Tribunal Regional Federal* (da 4ª Região)
S.	Seção
T.	Turma
v.u.	votação unânime

ÍNDICE

Capítulo I Dos Crimes Contra a Vida (arts. 121 a 128)

Art. 121 – Homicídio

Art. 122 – Participação em suicídio ou automutilação

Art. 123 – Infanticídio

Arts. 124 a 128 – Aborto

Capítulo II Da Lesão Corporal (art. 129)

Capítulo III Da Periclitação da Vida e da Saúde (arts. 130 a 136)

Art. 130 – Perigo de contágio venéreo

Art. 131 – Perigo de contágio de moléstia grave

Art. 132 – Perigo para a vida ou a saúde de outrem

Art. 133 – Abandono de incapaz

Art. 134 – Exposição ou abandono de recém-nascido

Art. 135 – Omissão de socorro

Art. 135-A – Condicionamento de Atendimento Médico--Hospitalar Emergencial

Art. 136 – Maus-tratos

Capítulo IV Da Rixa (art. 137)

Capítulo V Dos Crimes contra a Honra (arts. 138 a 145)

Art. 138 – Calúnia

Art. 139 – Difamação

Art. 140 – Injúria

Art. 141 – Causas de aumento de pena

Art. 142 – Imunidade

Art. 143 – Retratação

Capítulo VI Dos Crimes contra a Liberdade Individual (arts. 146 a 154)

Seção I Dos Crimes contra a Liberdade Pessoal

Art. 146 – Constrangimento ilegal

Art. 147 – Ameaça

Art. 148 – Sequestro e cárcere privado

Art. 149 – Redução a condição análoga à de escravo

Art. 149-A – Tráfico de pessoas

Seção II Dos Crimes contra a Inviolabilidade do Domicílio

Art. 150 – Violação de domicílio

Art. 151, § 1º, I – Sonegação ou destruição de correspondência

Art. 151, § 1º, II – Violação de comunicação telegráfica, radioelétrica ou telefônica

Art. 151, § 1º, III – Impedimento de comunicação telegráfica, radioelétrica ou conversação telefônica

Art. 151, § 1º, IV – Instalação ou utilização ilegal de estação ou aparelho radioelétrico (art. 70 da Lei n. 4.117/62)

Art. 152 – Correspondência comercial

Seção IV Dos Crimes contra a Inviolabilidade dos Segredos

Art. 153 – Divulgação de segredo

Art. 154 – Violação de segredo profissional

Art. 154-A – Invasão de dispositivo informático

Título II Dos Crimes contra o Patrimônio

Capítulo I Do Furto (arts. 155 e 156)

Art. 155 – Furto

Art. 157 – Roubo

Art. 157, § 1º – Roubo impróprio (ou "por aproximação")

Art. 157, §§ 2º, 2º-A e 2º-B– Roubo majorado ou circunstanciado

Art. 157, § 3º – Roubo qualificado

Art. 158 – Da extorsão

Art. 158, § 3º – Sequestro relâmpago

Art. 159 – Extorsão mediante sequestro

Art. 160 – Extorsão indireta

Capítulo III Da Usurpação (arts. 161 e 162)

Art. 161, *caput* – Alteração de limites

Art. 161, § 1º, I – Usurpação de águas

Art. 161, §§ 1º, II, e 2º – Esbulho possessório

Art. 162 – Supressão de marcas de animais

Capítulo IV Do Dano (arts. 163 a 166)

Art. 163 – Dano

Art. 168-A – Apropriação indébita previdenciária

Art. 169, *caput* – Apropriação de coisa havida por erro, caso fortuito ou força da natureza

Art. 169, parágrafo único, I – Apropriação de tesouro

Art. 169, parágrafo único, II – Apropriação de coisa achada

Capítulo VI Do Estelionato e outras Fraudes (arts. 171 a 179)

Art. 171, *caput* e § 1º – Estelionato

Art. 171, §§ 2º, 3º e 4º – Condutas equiparadas a estelionato

Art. 172 – Duplicata simulada

Título IV Dos Crimes contra a Organização do Trabalho

Art. 197 – Atentado contra a liberdade de trabalho

Art. 198 – Atentado contra a liberdade de contrato de trabalho e boicotagem violenta

Art. 199 – Atentado contra a liberdade de associação

Art. 200 – Paralisação de trabalho, seguida de violência ou perturbação da ordem

Art. 201 – Paralisação de trabalho de interesse coletivo

Art. 202 – Invasão de estabelecimento industrial, comercial ou agrícola. Sabotagem

Art. 203 – Frustração de direito assegurado por lei trabalhista

Art. 204 – Frustração de lei sobre a nacionalização do trabalho

Art. 205 – Exercício de atividade com infração de decisão administrativa

Art. 206 – Aliciamento para o fim de emigração

Art. 207 – Aliciamento de trabalhadores de um local para outro do território nacional

Título V Dos Crimes contra o Sentimento Religioso e contra o Respeito aos Mortos

Capítulo I Dos Crimes contra o Sentimento Religioso (art. 208)

Art. 208 – Ultraje a culto e impedimento ou perturbação de ato a ele relativo

Capítulo II Dos Crimes contra o Respeito aos Mortos (arts. 209 a 212)

Art. 209 – Impedimento ou perturbação de cerimônia funerária

Art. 210 – Violação de sepultura

Art. 211 – Destruição, subtração ou ocultação de cadáver

Art. 212 – Vilipêndio a cadáver

Título VI Dos Crimes contra a Dignidade Sexual

Capítulo I Dos Crimes contra a Liberdade Sexual (arts. 213 a 216-A)

Art. 213 – Estupro

Art. 215 – Violação sexual mediante fraude

Art. 215-A – Importunação sexual

Art. 216-A – Assédio sexual

Capítulo I-A Da Exposição da Intimidade Sexual (art. 216-B)

Art. 216-B. Registro não autorizado da intimidade sexual

Capítulo II Dos Crimes Sexuais contra Vulnerável (arts. 217 a 218-B)

Art. 217-A – Estupro de vulnerável

Art. 218 – Corrupção (sexual) de menores

Art. 218-A – Satisfação de lascívia mediante presença de criança ou adolescente

Art. 218-B – Favorecimento da prostituição ou outra forma de exploração sexual de criança ou adolescente ou de vulnerável

Art. 218-C – Divulgação de cena de estupro e estupro de vulnerável, e de sexo ou pornografia

Capítulo V Do Lenocínio e do Tráfico de Pessoa para fim de Prostituição ou outra Forma de Exploração Sexual (arts. 227 a 232)

Art. 227 – Mediação para servir a lascívia de outrem

Art. 228 – Favorecimento da prostituição ou outra forma de exploração sexual

Art. 229 – Casa de prostituição

Art. 230 – Rufianismo

Art. 232-A – Promoção de migração ilegal

Capítulo VI Do Ultraje Público ao Pudor (arts. 233 e 234)

Art. 233 – Ato obsceno

Art. 234 – Escrito ou objeto obsceno

Capítulo VII Disposições Gerais (arts. 234-A a 234-C)

NOTA DO AUTOR

A cada ano, nos empenhamos em manter a obra integralmente atualizada.

Para isso, revisamos as referências contidas nos livros, inserimos e adaptamos todas as mudanças legislativas que impactam o texto e acompanhamos as inovações jurisprudenciais, sobretudo no âmbito dos Tribunais Superiores.

Em 2020, devido à pandemia do novo Coronavírus, diversas questões jurídico-penais vieram à tona, como a aplicação da agravante genérica relativa ao cometimento de delitos em situação de calamidade pública, a interpretação do crime de infração de medida administrativa para conter avanço de epidemia (ou pandemia), entre tantas outras.

De outro lado, embora não houvesse mudanças legislativas no Código Penal, ocorreram importantes decisões do Superior Tribunal de Justiça e do Supremo Tribunal Federal a respeito de questões controvertidas decorrentes das mudanças ocorridas em 2019 em nosso ordenamento jurídico, particularmente a Lei Anticrime (Lei 13.964).

A Suprema Corte, ainda, prolatou novos entendimentos a respeito de temas capitais do Direito Penal, como, por exemplo, o alcance das condenações pretéritas do agente para fixação de maus antecedentes.

Esses assuntos, por óbvio, mereceram particular atenção ao longo do trabalho.

Já se vai mais de uma década da publicação da primeira edição de cada volume desta Coleção, cumprindo reiterar meus agradecimentos à Saraiva, pela parceria, e, principalmente, aos alunos e leitores dessa obra pela confiança.

São Paulo, 8 de setembro de 2020.

O autor.

TÍTULO INTRODUTÓRIO

TEORIA GERAL DOS CRIMES EM ESPÉCIE[1]

"A *parte especial*, por isso mesmo, é o segmento de maior importância e relevo do Direito Penal da atualidade. Ali encontra a *norma penal*, a sua marca específica, o traço diferenciador entre as demais normas jurídicas. Os preceitos da *parte especial*, como diz Ranieri, vinculam a estrutura de todo o fato punível, de modo que não existe infração ou delito que não apresente uma forma particular diferenciada, descrita em regra penalmente sancionada, cunhado em *tipo, modelo* ou *figura legal*"[2].

1. A PARTE ESPECIAL DO CÓDIGO PENAL

Entende-se por "Parte Especial" do Código Penal aquela dedicada à definição das figuras criminosas, com a imposição das respectivas penas. Constitui, sem dúvida, a essência do Direito Penal.

A Parte Especial é composta, quase que completamente, de normas penais incriminadoras, isto é, aquelas que possuem estrutura bipartida, contendo *preceito* ou *preceito primário* – descrição da conduta delitiva – e *sanção* ou *preceito secundário* – quantidade e qualidade da(s) pena(s) aplicável(eis). Seu comando normativo pode ser *proibitivo ou mandamental*. Nos crimes comissivos, a lei penal descreve e pune uma ação esperando que todos se abstenham de praticá-la; trata-se de uma norma proibitiva

[1] Há autores que afirmam existir uma "teoria geral da parte especial" (cf., por exemplo, Sérgio de Oliveira Médici, na obra *Teoria dos tipos penais*: parte especial do direito penal). Para nós, não há propriamente uma "teoria geral da parte especial", mas tão somente uma teoria acerca dos crimes em espécie (posição de José Frederico Marques). Aliás, a expressão "teoria geral" é, por muitos, considerada redundante, uma vez que toda teoria se ocupa, por excelência, de aspectos genéricos. A verdade, contudo, é que existem aquelas que cuidam do todo e outras que analisam parte do todo. Por esse motivo é que se diz, por exemplo, "teoria geral do crime" e "teoria da tipicidade". A primeira refere-se à análise da estrutura do delito, com a compreensão e interação de *todas* as suas categorias sistemáticas (fato típico, antijuridicidade e culpabilidade); não há dúvida de seu alcance geral. A segunda refere-se à análise particular de *uma* dessas categorias sistemáticas, daí o seu caráter mais específico (e a consequente ausência do termo "geral").

[2] José Frederico Marques, *Tratado de direito penal*, v. 4, p. 30.

(ou seja, a ação prevista em lei é proibida, sob ameaça de pena). Nos crimes omissivos, a lei penal descreve uma omissão (um não fazer), porque espera de todos, naquela determinada situação, um comportamento ativo; trata-se de uma norma mandamental (isto é, a lei penal manda agir, sob pena de, omitindo-se, receber uma pena).

Há, ainda, algumas normas não incriminadoras. Estas se *subdividem em explicativas ou complementares*, quando fornecem parâmetros para a aplicação de outras normas (ex.: o conceito de funcionário público para fins penais do art. 327 do CP), *e permissivas*, quando aumentam o âmbito de licitude da conduta (e, *a contrario sensu*, restringem o direito de punir do Estado; ex.: as escusas absolutórias dos crimes contra o patrimônio – arts. 181 a 183 do CP).

As primeiras leis penais que surgiram na história eram exclusivamente incriminadoras. Somente com o passar de muitos séculos é que surgiu a necessidade de desenvolver-se um corpo de normas gerais que norteassem a aplicação dos diversos delitos existentes, isto é, a Parte Geral. Veja, por exemplo, os textos das Ordenações do Reino de Portugal (Afonsinas, Manuelinas e Filipinas), que vigoraram no Brasil desde o seu descobrimento até 1830 (relativamente às disposições penais). Os títulos que as compunham eram substancialmente formados por normas incriminadoras, com longas descrições e, excepcionalmente, com alguma regra que se poderia dizer geral. A legítima defesa, por exemplo, que se trata de instituto milenar, era prevista somente como uma excludente atrelada a alguns crimes, como o homicídio.

As Ordenações do Reino foram os primórdios da codificação de nosso direito positivo. Com a proclamação da Independência e a outorga de nossa primeira Constituição, em 25 de março de 1824, teve início uma nova era no direito positivo brasileiro. Alguns anos depois, seria promulgado o Código Criminal do Império (16 de dezembro de 1830), a primeira legislação criminal genuinamente brasileira. Este Código inovava nosso ordenamento jurídico ao conter uma divisão orgânica em Parte Geral e Parte Especial, técnica mantida nos Códigos Penais que o sucederam (1890 e 1940).

2. A IMPORTÂNCIA DO ESTUDO SISTEMATIZADO DA PARTE ESPECIAL

Dizia Frederico Marques: "O estudo sistemático dos grandes problemas que apresenta a *Parte Especial* do Direito Penal é um imperativo do próprio método de construção jurídica que a Ciência Dogmática do Direito impõe a todos os seus ramos e setores normativos. Todavia, o que se verifica, ainda hoje, infelizmente, é o predomínio da exegese pura e simples, na parte que a ciência jurídico-penal dedica à regulamentação dos crimes em espécie"[3].

[3] *Tratado de direito penal*, v. 4, p. 31.

Bem por isso, mostra-se necessário elaborar um conjunto de princípios fundamentais que permitam a análise e a interpretação dos tipos da Parte Especial.

Não se pode olvidar, ainda, que *a tipicidade penal encontra-se no cerne da teoria geral dos crimes em espécie*. Se não há crime sem lei anterior que o defina, nem pena sem prévia cominação legal (princípio da legalidade), é curial que a existência do ilícito penal dependa da absoluta correspondência entre o fato concreto e a norma penal incriminadora. Ademais, a tipicidade não se resume à subsunção entre o fato e a norma (tipicidade formal), mas exige também a efetiva lesão ou perigo de lesão (abstrato ou concreto) ao bem penalmente tutelado. Em outras palavras, é como se a tipicidade dependesse da correspondência fato-norma, associada à constatação de que o ato atingiu a essência do tipo penal, malferindo o valor que este busca proteger.

3. O MÉTODO DE DIVISÃO DE TÍTULOS E CAPÍTULOS DA PARTE ESPECIAL

Nosso legislador dividiu a Parte Especial em onze títulos. Cada um deles protege claramente um bem jurídico diverso do outro. Os títulos, destarte, estruturam-se a partir da salvaguarda dos diferentes valores relevantes para a vida em sociedade: a pessoa, o patrimônio, a propriedade imaterial, a organização do trabalho, o sentimento religioso e o respeito aos mortos, a dignidade sexual (Lei n. 12.015/2009), a família, a incolumidade pública, a paz pública, a fé pública e a Administração Pública.

"A adoção do critério que tem base na objetividade jurídica do delito justifica-se diante do conceito material de crime"[4].

Pisapia já ponderava, em 1948, que a objetividade jurídica constitui não somente um elemento interpretativo essencial, mas também o único critério sistemático capaz de permitir uma classificação dos crimes, sem qualquer empirismo[5].

Nosso Código Penal inspirou-se, no que toca à classificação dos crimes contida na Parte Especial, no critério proposto por Arturo Rocco.

Conforme ensina Hungria, "os bens ou interesses jurídicos penalmente protegidos podem ser alinhados na seguinte gradação: 1º) os relativos ao indivíduo; 2º) os relativos à família; 3º) os relativos à sociedade; 4º) os relativos ao Estado; 5º) os relativos à sociedade dos Estados"[6].

Dos onze títulos da Parte Especial, os três primeiros e o sexto referem-se ao indivíduo (crimes contra a pessoa, contra o patrimônio, contra a propriedade imaterial e contra a dignidade sexual); o Título VII cuida da família, aí abrangendo aqueles

---

4 Julio Fabbrini Mirabete e Renato Nascimento Fabbrini, *Manual de direito penal*: parte especial, v. 2. p. 5.

5 G. Domenico Pisapia, *Introduzione alla parte speciale del diritto penale*, p. 73.

6 *Comentários ao Código Penal*, v. V, p. 10.

referentes à "sociedade conjugal (vínculo monogâmico, fidelidade conjugal), ou à sociedade familiar em sentido amplo (moral familiar, *status familiae*, assistência familiar)"[7]; os Títulos IV, V, VIII, IX e X dizem respeito à sociedade (são eles: a organização do trabalho, o sentimento religioso e o respeito aos mortos, a incolumidade pública, a paz pública e a fé pública); o Título XI, de sua parte, diz respeito aos crimes contra o Estado, no tocante à sua atividade administrativa e jurisdicional (crimes contra a Administração Pública). O legislador optou por não incluir no texto os crimes contra a personalidade do Estado ou delitos político-sociais, os quais são objeto de leis especiais – *vide* Código Penal Militar e Lei de Segurança Nacional – Lei n. 7.170/83.

Cada título, de sua parte, encontra-se partido em capítulos, os quais nada mais são do que subdivisões ou diferentes enfoques de proteção ao mesmo bem jurídico. Assim, por exemplo, o Título I tutela os delitos contra a pessoa, dividindo-se nos capítulos com relação à proteção da vida, da integridade corporal e da saúde, da honra e da liberdade individual.

Os capítulos, por sua vez, repartem-se em seções. Veja, por exemplo, o Capítulo VI do Título I (crimes contra a liberdade individual), que contém quatro seções: crimes contra a liberdade pessoal, contra a inviolabilidade do domicílio, contra a inviolabilidade de correspondência e contra a inviolabilidade dos segredos.

Anote-se que o presente volume dedica-se ao estudo dos Títulos I e II da Parte Especial do CP.

3.1. A proteção subsidiária de bens jurídicos e a garantia da vigência da norma[8]

Qual a finalidade precípua do Direito Penal?

Será a proteção subsidiária de bens jurídicos (Roxin)? Ou a garantia da vigência da norma (Jakobs)?

Não há dúvida de que o pensamento roxineano predomina amplamente na doutrina, até porque representa a linha de pensamento majoritária há mais de um século (desde Binding).

A estruturação da Parte Especial parece favorecer a visão dominante, posto que se divide a partir da objetividade jurídica, isto é, do bem penalmente protegido.

Ocorre que essa conclusão nos parece precipitada. O fato de os títulos e capítulos encontrarem-se ancorados na noção de objeto jurídico, tanto pode levar a uma ou outra conclusão.

Isto porque podemos enxergar, também, em cada divisão da Parte Especial, normas de conduta que refletem a configuração da nossa sociedade, ou, ao menos, aquilo que queremos dela.

---

7 Ibidem.

8 *Vide* a respeito nosso *Direito penal*, São Paulo: Saraiva, 2010, v. 1.

Para compreender o argumento exposto é preciso lembrar que o Direito Penal atua com uma *racionalidade comunicativa*, isto é, a infração à norma representa uma mensagem contrafática: um aviso, no sentido de que, apesar de sua violação, a norma continua vigente (vigência real e não meramente formal)[9]. A função da pena, nesse contexto, é a de servir como uma resposta expressiva de desautorização e ratificação da norma vigente. O Direito Penal, então, passa a cumprir um papel ligado à garantia da vigência da norma.

"Somente sobre as bases de uma compreensão comunicativa do delito", diz Jakobs, "entendido como afirmação que contradiz a norma e a pena entendida como resposta que confirma a norma pode se falar em uma relação iniludível entre ambas, e nesse sentido, em uma relação racional"[10]. Prossegue o autor dizendo que "o Direito Penal restabelece no plano da comunicação a vigência perturbada da norma, toda vez que se leva a cabo seriamente um procedimento como consequência de sua infração"[11].

Nas palavras de Enrique Bacigalupo, "a vigência da norma", sob o influxo da racionalidade comunicativa, torna-se "o bem jurídico do Direito Penal"[12].

Essa linha de pensamento é exposta pelos adeptos da teoria da prevenção geral positiva (Jakobs, Hassemer e Bacigalupo), para a qual a pena criminal reforça a autoridade do direito e a vigência da norma jurídica: "A pena é coação (...). Em primeiro lugar, é coação enquanto portadora de um significado, portadora de uma resposta ao fato: o fato, como ato de pessoa racional, significa algo, significa uma desautorização da norma, um ataque a sua vigência, e a pena também significa algo; significa que a afirmação do autor é irrelevante e que a norma segue vigente sem modificações, mantendo-se, portanto, a configuração da sociedade"[13].

Pois bem.

A Parte Especial do Código possui como focos de irradiação, inseridos em cada título e capítulo, uma série de modelos de conduta que garantem a configuração da sociedade, expressada em seus valores contemporâneos.

Em nossa sociedade atual, considera-se ato reprovável matar alguém, ferir outras pessoas, furtar ou roubar etc. Daí por que se pune o homicídio, a lesão corporal, o furto, o roubo... O respeito a tais prescrições é de vital importância para a sociedade.

---

[9] O que se pretende significar com vigência real corresponde àquilo que, muitas vezes, é referido pela doutrina como eficácia da norma, no sentido de seu efetivo respeito por parte daqueles a quem ela se destina.

[10] *Sociedad, norma y persona en una teoría de un derecho penal funcional*, p. 18.

[11] Ibidem, p. 19.

[12] *Hacia el nuevo derecho penal*, p. 41.

[13] Jakobs, Derecho penal del ciudadano y derecho penal del enemigo, in Manuel Cancio Meliá, *Derecho penal del enemigo*, p. 20. Deve-se frisar que adotar a prevenção geral positiva não significa abandonar a humanização da pena ou deixar de imprimir à sua execução um sentido de ajuda ou tratamento. Estas, entretanto, são funções latentes e não centrais da pena criminal (Bacigalupo).

Quando deixamos nossa residência, a cada manhã, contamos inconscientemente com uma série de expectativas normativas. Ao conduzirmos nosso automóvel, confiamos que os demais respeitarão as regras de trânsito, de modo que podemos ultrapassar o semáforo no verde, que seremos (ou esperamos ser) respeitados pelos demais motoristas. Quando estacionamos o veículo, confiamos que a norma inserida no art. 155 do CP ("não furtarás")[14], será obedecida por outros. Se caminhamos pela rua, acreditamos, sem perceber, que as normas dos arts. 121 ("não matarás") e 157 ("não roubarás"), por exemplo, serão cumpridas devidamente. Não fossem essas expectativas, jamais nos sentiríamos confiantes o suficiente para sair de casa; significa que, sem estas, a sociedade entraria em colapso e não funcionaria adequadamente[15].

Retomando o ponto central: qual a finalidade do Direito Penal?

Para nós, como se pode perceber nas linhas anteriores, é, sem dúvida, a garantia da vigência da norma, algo que não é contradito pelo esquema divisório da Parte Especial.

3.2. Quais bens jurídicos se pode validamente tutelar (ou quais normas podem legitimamente garantir-lhes a vigência)

Quer se entenda que a missão do Direito Penal consiste na proteção de bens jurídicos ou na garantia da vigência da norma[16], persiste ainda o desafio político do Direito Penal: quais normas (ou quais bens jurídicos) pode o Direito Penal legitimamente proteger? Qual modelo de Direito Penal é compatível com um Estado Democrático de Direito fundado na dignidade da pessoa humana (CF, art. 1º)?

Eis a questão fundamental a ser objeto de reflexão do penalista. Sua solução está longe de ser simples. *Podemos afirmar, todavia, que qualquer atuação do Direito*

---

[14] Não se pode confundir lei penal, isto é, o enunciado legislativo (por exemplo, "subtrair, para si ou para outrem, coisa alheia móvel"), com norma penal, ou seja, o comando normativo implícito no texto: "não furtarás".

[15] Em maio de 2006, depois de uma série de ataques generalizados contra órgãos públicos e instituições privadas, com mortes de agentes do Estado, uma facção criminosa espalhou pânico na população da cidade de São Paulo, tanto que, em plena segunda-feira, depois de um suposto toque de recolher, praticamente todos os paulistanos se refugiaram dentro de suas próprias casas. Quase ninguém se animou a sair às ruas naquela noite, justamente porque os ataques precedentes e a notícia do toque de recolher minaram quase que por completo as expectativas normativas dos cidadãos da referida metrópole. O triste episódio ilustra o que seria de uma sociedade sem a confiança na vigência das normas.

[16] Não há confundir-se o desafio dogmático (proteção de bens jurídicos ou garantia da vigência da norma) com o desafio político. Aliás, como assinala Enrique Bacigalupo, "a suposta oposição entre proteção da vigência da norma e a do bem jurídico não é tão dramática como se costuma apresentar e, muito provavelmente, tampouco tem o significado ideológico que frequentemente se lhe assinalam. Por que razão a vigência da norma não poderia ser um bem jurídico?" (*Direito penal*: parte geral, p. 41).

Penal há de ser norteada pela Constituição Federal. Com efeito, a Carta Política, que se encontra no ápice da pirâmide jurídica, deve ser o fundamento e a razão de ser de toda e qualquer norma penal, fixando seu conteúdo e seus limites. Nesse sentido, os princípios fundamentais do Direito Penal, que serão estudados em capítulo próprio, desempenham papel de suma relevância. Sua exata compreensão impedirá uma aplicação robotizada das leis penais e favorecerá um Direito Penal mais justo e eficaz para a proteção da sociedade, sua verdadeira destinatária.

3.3. A estruturação das normas segundo os valores constitucionais

Conforme expusemos no item anterior, as normas penais devem encontrar-se referidas a valores expressa ou implicitamente assegurados no Texto Maior. Essa noção verticalizada do Direito Penal é o único caminho viável a se trilhar, caso se pretenda coaduná-lo com o modelo de Estado Democrático de Direito, fundado na dignidade da pessoa humana, que nossa Constituição encerra.

4. O RISCO DAS REFORMAS PONTUAIS E ASSISTEMÁTICAS

Nos últimos tempos, tem optado o legislador por efetuar reformas pontuais na Parte Especial, por vezes sem o cuidado sistemático que tal procedimento exige.

Deve-se reconhecer que uma modificação completa da Parte Especial não é tarefa fácil, tanto é assim que os arts. 121 e seguintes, que a compõem, possuem, em sua maioria, a mesma redação que lhes dera o Decreto-Lei n. 2.848, de 7-12-1940. Veja-se, como eloquente exemplo, o Código Penal de 1969, que alterava por completo o texto atual e, depois de sucessivas prorrogações de sua *vacatio legis*, acabou sendo revogado sem nunca entrar em vigor. Confiram-se, ainda, as diversas tentativas de alteração da Parte Especial, uma delas que tramita no âmbito do Congresso Nacional há mais de uma década, sem perspectiva de breve aprovação.

Justamente tendo em conta tais dificuldades é que o legislador optou pela via da mudança setorizada e pontual. Como se disse, entretanto, há diversos inconvenientes nesse particular método.

Quando um dispositivo legal é modificado, não altera somente a regra antes contida, mas reflete inexoravelmente em diversas disposições, já que o Código é um conjunto harmônico de regras, concatenadas entre si.

Cite-se, para ilustração, a Lei n. 10.763, de 12-11-2003.

Referido Diploma alterou alguns dispositivos das Partes Geral e Especial do Código, promovendo, entre outras modificações, a elevação da pena do crime de corrupção passiva (CP, art. 317). Antes da Lei, o fato era punido com reclusão, de um a oito anos (e multa) e, depois dela, a pena privativa de liberdade passou a ser de dois a doze anos. A análise isolada da inovação, certamente, será merecedora de encômios, haja vista que se trata com maior rigor punitivo conduta altamente perniciosa para o progresso social da nação. É de ver, contudo, que surgiu uma absoluta e incômoda incoerência no Código Penal. Isto porque a sanção cominada à corrupção passiva tornou-se mais grave do que a imposta ao crime de concussão (CP, art. 316: reclusão, de dois a oito anos, e multa). Para bem esclarecer, a corrupção passiva dá-se quando o funcionário público *solicita* o pagamento de uma vantagem indevida (isto é, de "propina"), para deixar de fazer algo que a lei lhe obriga ou fazê-lo em desconformidade com o que ela prescreve. A concussão, de sua parte, ocorre quando o servidor *constrange* alguém a lhe entregar a vantagem ilícita. Em outras palavras, o funcionário que "pede propina" comete corrupção passiva, o que "exige propina", concussão. É evidente que o segundo ato é mais grave; porém, depois da Lei n. 10.763, a conduta mais grave passou a receber pena menor!

Mais um exemplo nos ocorre. Em 2001, a Lei n. 10.224 inclui no Código o crime de assédio sexual, assim definido: "Constranger alguém com o intuito de obter vantagem ou favorecimento sexual, prevalecendo-se o agente da sua condição de superior hierárquico ou ascendência inerentes ao exercício de emprego, cargo ou função. Pena – detenção, de 1 (um) a 2 (dois) anos". A pena mínima cominada é semelhante, por exemplo, à do crime de aborto (CP, art. 124). Não se justifica, em que pese a gravidade do assédio sexual, que seu autor fique sujeito à mesma pena daquele indivíduo que ceifa a vida de um feto. A vida, ainda que intrauterina, não pode ter valor equivalente à liberdade sexual.

O objetivo destes comentários não é somente o de criticar as modificações, até porque muitas delas foram auspiciosas, com a decorrente da Lei n. 11.106, de 28-3-2005, que revogou (entre outros), o art. 240 do CP, descriminalizando o adultério (fato que passou a ser tratado, tão somente, como ilícito civil).

Conclui-se, portanto, que as mudanças sempre se farão necessárias, porque o Direito Penal deve adaptar-se à vida em sociedade, de quem deve estar sempre a serviço. É necessário, contudo, que não se perca de vista a necessidade premente de uma compreensão abrangente e sistemática de toda a legislação, o Código Penal, suas Partes Geral e Especial, e as leis penais extravagantes.

5. ESQUEMA BÁSICO DE ANÁLISE E COMPREENSÃO DO TIPO PENAL

Todo tipo penal pode ser analisado sob o ponto de vista objetivo e subjetivo. O *tipo objetivo* compreende a conduta descrita em lei, abstraindo-se a intenção do agente.

O tipo objetivo compõe-se de *núcleo*, *elementos objetivos (ou descritivos) e normativos*.

O *núcleo do tipo* corresponde à *ação ou omissão* referida na disposição legal. Cuida-se do *facere* ou do *non facere* previsto na norma incriminadora.

Os *elementos objetivos têm natureza descritiva* e constituem todos os dados da figura típica que podem ser percebidos por meio dos sentidos. Abrangem o *objeto material* (pessoa ou coisa sobre a qual recai a conduta), o meio executório (por exemplo, o instrumento empregado), bem como circunstâncias temporais ou espaciais.

Assim, por exemplo, o crime de furto simples consumado (CP, art. 155, *caput*) dá-se quando alguém "subtrair, para si ou para outrem, coisa alheia móvel". Pertencem ao tipo objetivo os seguintes dados: subtrair coisa alheia móvel. Subtrair é o verbo nuclear, que corresponde à ação de tomar de alguém o que a este pertence. Coisa móvel é o objeto material, sobre o qual a conduta do agente recai. Alheia quer dizer pertencente ao patrimônio de outrem. O conceito de propriedade e posse são jurídicos, daí por que se diz que tal expressão traduz um elemento normativo do tipo.

No crime de furto agravado (CP, art. 155, § 1º), há, também, um elemento temporal: "A pena é aumentada em um terço se o crime é praticado durante o repouso noturno".

Há, ainda, meios executórios que o qualificam, como aqueles referidos no art. 155, § 4º: "destruição ou rompimento de obstáculo à subtração da coisa; abuso de confiança, ou mediante fraude, escalada ou destreza; emprego de chave falsa; concurso de duas ou mais pessoas".

O *tipo subjetivo*, de sua parte, compreende o *dolo* (elemento subjetivo genérico), isto é, a vontade de realizar os elementos objetivos do tipo *e a finalidade especial* a que se dirige a conduta do agente (ou elemento subjetivo específico), exigida excepcionalmente em alguns tipos penais.

No furto, o dolo é a vontade de subtrair a coisa alheia móvel, ou seja, desfalcar o patrimônio do titular do bem, impedindo-o de exercer a livre disposição sobre a coisa. A finalidade especial a que se dirige a conduta do furtador deve consistir no assenhoreamento definitivo, vale dizer, na intenção de ter o bem para si, passando a ser seu *dominus*, ou para terceiro.

5.1. Aspectos fundamentais da análise dos tipos incriminadores

O estudo dos tipos penais incriminadores requer sejam analisados os seguintes aspectos:

a) o tipo objetivo, suas elementares e circunstâncias (*vide* item acima);

b) o tipo subjetivo, o dolo e eventuais elementos subjetivos específicos (*vide* item acima);

c) a previsão de crime culposo, que pode ocorrer excepcionalmente, pois, como se sabe, os delitos são punidos, de regra, tão somente na modalidade dolosa, admitindo-se a existência do fato típico culposo apenas quando expressamente previsto em lei (CP, art. 18, parágrafo único);

d) os sujeitos ativo e passivo do crime;

e) a consumação e a tentativa;

f) a pena e seus reflexos (se o crime é hediondo ou equiparado, se admite a suspensão condicional do processo, se constitui infração de menor potencial ofensivo etc.);

g) a ação penal, recordando-se que, como regra, os delitos se procedem por ação penal pública incondicionada (CP, art. 100), salvo se houver disposição legal em sentido contrário.

5.1.1. O crime culposo

O Direito Penal volta sua atenção, sobretudo, a atitudes intencionais. Daí por que costuma incriminar apenas os comportamentos dolosos, em que o agente atua de maneira consciente e voluntária, desejando a produção de um resultado, consistente na lesão ou perigo de lesão a um bem juridicamente tutelado.

Há casos, todavia, nos quais o legislador criminal dirige seu foco a comportamentos descuidados, em que a desatenção do agente produz dano a um bem juridicamente protegido.

O art. 18, parágrafo único, do CP dispõe, nesse sentido, que "salvo os casos expressos em lei, ninguém pode ser punido por fato previsto como crime, senão quando o pratica dolosamente". O mesmo dispositivo esclarece que o crime é doloso quando o agente "quis o resultado[17] ou assumiu o risco de produzi-lo".

Nossa lei penal tem o hábito de expressamente indicar a punição (excepcional) do fato na modalidade culposa. É o que se nota, por exemplo, nos crimes de homicídio, lesão corporal e incêndio, nos quais o Código utiliza as seguintes expressões: "se o homicídio é culposo", "se a lesão é culposa", "se culposo o incêndio" (arts. 121, § 3º, 129, § 6º, e 250, § 2º, respectivamente). Em outras situações, a referência é clara, ainda que com o emprego de outros termos: "se o crime é culposo" (arts. 252, parágrafo único, e 256, parágrafo único); ou "no caso de culpa" (arts. 251, § 3º, e 259, parágrafo único).

---

[17] O resultado a que alude este dispositivo somente pode ser o resultado jurídico ou normativo, compreendido como a lesão ou ameaça de lesão ao bem juridicamente protegido. Não significa, destarte, resultado naturalístico ou material (isto é, a modificação no mundo exterior provocada pela conduta). Se não for assim, estar-se-ia restringindo a dicção legal aos crimes materiais e formais, deixando de fora os delitos de mera conduta. Nessas infrações penais, o tipo incriminador se limita a descrever a conduta do sujeito, sem efetuar qualquer alusão ao resultado naturalístico (por exemplo, arts. 135 e 269 do CP). Se nestes inexiste resultado material, como se poderia explicar tratarem-se de crimes dolosos? O agente não deseja resultado (naturalístico) algum em tais infrações, simplesmente porque o dispositivo legal não o menciona. Conclui-se, desta feita, como se argumentou no início: o resultado mencionado no art. 18, I, do CP é o resultado jurídico ou normativo, presente em todos os crimes.

Casos há, todavia, em que somente por intermédio de um procedimento interpretativo se percebe que a conduta descrita em lei é culposa. É o que ocorre no caso da receptação culposa (art. 180, § 3º, com redação dada pela Lei n. 9.426/96).

O fato típico de um crime culposo é dotado dos seguintes elementos: a) conduta voluntária; b) resultado involuntário; c) nexo causal; d) tipicidade; e) quebra do dever de cuidado objetivo, por imprudência, negligência ou imperícia; f) previsibilidade objetiva do resultado; g) relação de imputação objetiva.

A culpa é considerada elemento normativo, pois não faz parte da intenção do agente, e se verifica mediante um juízo de valor efetuado pelo aplicador da norma, que compara o ato do agente com o que deveria ser praticado por uma pessoa de mediana prudência e discernimento.

É preciso lembrar que os tipos penais dos crimes culposos, na quase totalidade, são tipos penais abertos (o legislador não define em detalhes a conduta penalmente típica, apenas afirma que haverá crime se determinado resultado for produzido a título de culpa). Embora o tipo enfatize o resultado, isso não significa que sua produção seja suficiente para que haja delito. O fundamental no crime culposo não é a mera provocação do resultado, mas a maneira como ele ocorreu, isto é, se o resultado derivou de imprudência, negligência ou imperícia (art. 18, II, do CP).

Para determinar quando surge a imprudência, a negligência e a imperícia, é necessário recorrer à noção de *dever de cuidado objetivo* (que constitui elemento do fato típico dos crimes culposos). Este corresponde ao dever, que a todos se impõe, de praticar os atos da vida com as cautelas necessárias, para que do seu atuar não decorram danos a bens alheios. Para saber exatamente qual o dever de cuidado objetivo no caso concreto, deve o intérprete imaginar qual a atitude que se espera de um homem dotado de mediana prudência e discernimento, na situação em que o resultado foi produzido. Se ele se comportou aquém do que se espera de uma pessoa comum em uma dada situação, terá desrespeitado o dever de cuidado objetivo, em uma das suas formas (imprudência, negligência ou imperícia).

A compreensão do dever de cuidado objetivo completa-se com a noção de *previsibilidade objetiva* (outro elemento do fato típico do crime culposo). Para saber qual a postura diligente, aquela que se espera diante de um "homem médio", é preciso verificar, antes, se o resultado, dentro daquelas condições, era objetivamente previsível (segundo o que normalmente acontece).

A imprevisibilidade do resultado isenta o agente de responsabilidade (torna o fato atípico). O resultado não será imputado ao agente a título de culpa, mas será considerado obra do imponderável (caso fortuito ou força maior). Por previsibilidade objetiva, em suma, deve-se entender a possibilidade de antever o resultado, nas condições em que o fato ocorreu. A partir dela é que se constata qual o dever de cuidado objetivo (afinal, a ninguém se exige o dever de evitar algo que uma pessoa mediana não teria condições de prever).

A previsibilidade objetiva, como visto, é aquela segundo o critério de uma pessoa de mediana prudência e discernimento. Sua ausência torna o fato atípico. Exemplo: um motorista conduz seu veículo acima do limite de velocidade permitido (imprudência) por uma estrada estreita; ao fazer uma curva, colide com um ciclista embriagado que se encontrava na contramão de direção. Suponha que, em função da própria estrada, não era possível de modo algum enxergar depois da curva, de tal forma que o condutor do automóvel não podia imaginar que havia uma pessoa naquele local. Além disso, mesmo que trafegasse em velocidade compatível com a via, não poderia evitar o acidente. Apesar de sua imprudência, o resultado era objetivamente imprevisível (não é possível imaginar que depois de cada curva haverá um ciclista embriagado na contramão de direção!), motivo pelo qual o fato será considerado atípico.

Ressalte-se, por fim, que, se houver previsibilidade objetiva, mas faltar a previsibilidade subjetiva (segundo as aptidões pessoais do sujeito), o fato será típico, mas não haverá culpabilidade.

Em síntese, o processo de adequação típica do crime culposo envolve as seguintes etapas: a) analisa-se qual o dever de cuidado objetivo na situação em que o fato ocorreu; b) verifica-se se o resultado produzido era objetivamente previsível; c) constatadas a quebra do dever de cuidado que a todos se impõe e a possibilidade de antever o resultado, segundo o que se espera de uma pessoa de mediana prudência e discernimento, o fato será considerado típico; d) a tipicidade é um indício da ilicitude do comportamento, que só não será antijurídico se praticado sob o amparo de alguma excludente de ilicitude; e) finalmente, analisa-se a previsibilidade subjetiva do resultado, ou seja, se o agente, conforme suas aptidões pessoais, podia antever o resultado produzido – se presente, o agente responderá pelo crime; se ausente, ficará excluída a culpabilidade.

De acordo com o art. 18, II, do CP, diz-se o crime culposo quando "o agente deu causa ao resultado por imprudência, negligência ou imperícia". Não há distinção ontológica entre essas figuras, havendo legislações alienígenas que sequer a diferenciam, referindo-se ao delito culposo como crime negligente (*lato sensu*).

Dá-se a *imprudência* quando a culpa se manifesta de forma ativa, que se dá com a quebra de regras de conduta ensinadas pela experiência; consiste no agir sem precaução, precipitado, imponderado. Exemplo: uma pessoa que não sabe lidar com arma de fogo a manuseia e provoca o disparo, matando uma pessoa; alguém dirige um veículo automotor em alta velocidade e ultrapassa o farol vermelho, atropelando outrem.

A *negligência* ocorre quando o sujeito se porta sem a devida cautela. É a culpa que se manifesta na forma omissiva. Note que a omissão da cautela ocorre antes do resultado, que é sempre posterior. Exemplo: mãe deixa um veneno perigoso à mesa, permitindo que seu filho pequeno, posteriormente, o ingira e morra.

A *imperícia*, de sua parte, corresponde à falta de aptidão para o exercício de arte ou profissão. Deriva da prática de certa atividade, omissiva ou comissiva, por alguém incapacitado a tanto, por falta de conhecimento ou inexperiência. Exemplo: engenheiro que projeta casa sem alicerces suficientes e provoca a morte do morador.

5.1.2. Os sujeitos do crime

a) Sujeito ativo

A compreensão sobre os sujeitos ativo e passivo da infração penal é necessária para a exata dimensão a respeito do enquadramento típico do ato.

Entende-se por sujeito ativo a pessoa que pratica a infração, aquele que a comete (seu autor, coautor ou partícipe). Em princípio, só pode ser sujeito ativo do crime o ser humano (não se fala em conduta punível no comportamento de animais), que completou 18 anos (CF, art. 228, e CP, art. 27). Menores de 18 anos que cometem fatos definidos como crimes (ou contravenções penais) praticam atos infracionais, sujeitando-se às medidas socioeducativas da Lei n. 8.069/90 (Estatuto da Criança e do Adolescente).

As infrações penais, normalmente, podem ser praticadas por quaisquer pessoas. Quando for assim, teremos um *crime comum*. Casos há, no entanto, em que se exige do sujeito ativo uma capacidade especial, uma condição específica, sem a qual não há o delito (ex.: peculato - art. 312 do CP, que só pode ser praticado por funcionário público; infanticídio - art. 123 do CP, cujo sujeito ativo só pode ser a mãe); essa qualidade especial do sujeito ativo funciona como *elementar* do crime. Tais delitos são denominados *crimes próprios* (*vide* letra *d*, *infra*).

Os crimes próprios não se confundem com os de mão própria (também chamados de crimes de atuação pessoal ou de conduta infungível). Estes correspondem aos que somente podem ser praticados por pessoas que ostentem a condição exigida em lei; ademais, só admitem a figura da participação (nunca a coautoria). Exemplo: CP, art. 342 - falso testemunho. Os crimes próprios, por sua vez, permitem ambas as formas de concurso de pessoas.

Com relação à responsabilidade penal da pessoa jurídica, deve-se anotar que na Parte Especial do Código Penal não há um delito sequer que a esta possa ser atribuído. Isto não quer dizer que não se admita a imputação a um ente fictício; pelo contrário. Em nosso sentir, não há como negar a possibilidade da responsabilidade penal da pessoa jurídica, à luz dos arts. 173, § 5º, e 225, § 3º, da CF e, sobretudo, depois da Lei n. 9.605/98 (Lei dos Crimes Ambientais). O Superior Tribunal de Justiça já se manifestou favoravelmente à punição de entes fictícios[18].

[18] STJ, AgRg no HC 508.036/SC, rel. Min. Jorge Mussi, 5ª T., j. 28-5-2019, e RMS 56.073/ES, rel. Min. Ribeiro Dantas, 6ª T., j. 25-9-2018.

Os detratores da responsabilidade penal da pessoa jurídica lançam mão de diversos argumentos, os quais foram sintetizados com maestria por Marcos Desteffeni: "... a falta de capacidade natural de ação, a carência de culpabilidade e a falta de indicação clara dos tipos penais em que poderia a pessoa jurídica incorrer"[19].

É de ver, contudo, que a punição do ente moral não é incompatível com as noções basilares do Direito Penal. Com respeito à capacidade de ação e de culpabilidade, deve-se responder à objeção destacando que, nos exatos termos do art. 3º da Lei Ambiental, "as pessoas jurídicas serão responsabilizadas administrativa, civil e penalmente conforme o disposto nesta Lei, *nos casos em que a infração seja cometida por decisão de seu representante legal ou contratual, ou de seu órgão colegiado, no interesse ou benefício da sua entidade*" (destaque nosso). Logo, a questão da conduta punível e da culpabilidade (aí inserida a análise da imputabilidade penal) será baseada nas ações ou omissões criminosas praticadas pelos dirigentes do ente fictício, servindo como requisito necessário para que a pessoa jurídica seja penalmente responsabilizada. Afinal, como pondera Marcos Desteffeni, "a responsabilidade da pessoa jurídica (...) é sempre indireta, decorrente da conduta da pessoa física que atuar em seu nome e benefício..."[20].

Nossos tribunais, com razão, têm condicionado a instauração de um processo penal contra uma pessoa jurídica à descrição concomitante dos atos delitivos praticados pelos dirigentes da empresa e em benefício dela. Afinal, sempre que se puder cogitar da responsabilização criminal de uma pessoa jurídica, exige-se, *ex ante*, que tenha havido um comportamento delitivo (capaz de subsumir-se a um crime ambiental) cometido por seu representante e em seu interesse ou benefício. Dá-se, então, um concurso necessário de agentes, exigindo-se que a denúncia descreva a conduta da pessoa jurídica e da pessoa física (ainda que esta, excepcionalmente, não tenha sido identificada).

Ademais, pode-se acrescentar que a reprovabilidade do ato cometido pela pessoa jurídica funda-se no descumprimento de sua responsabilidade social[21].

b) Sujeito passivo

Sujeito passivo é "o titular ou portador do interesse cuja ofensa constitui a essência do crime"[22].

Divide-se em *sujeito passivo constante ou formal* e *sujeito passivo eventual ou material*. O crime, formalmente, é a violação de uma lei penal. O simples fato de praticar algum crime, independentemente de suas consequências, gera um dano ao

19 *Direito penal e licenciamento ambiental*, p. 132.

20 *Direito penal e licenciamento ambiental*, p. 141.

21 Cf. STJ, HC 43.751, *DJU* de 17-10-2005, p. 324.

22 Conceito de Antolisei, acatado por diversos autores, como Damásio de Jesus, *Direito penal*: parte geral, v. 1, p. 171, e José Frederico Marques, *Tratado de direito penal*, v. 2, p. 43.

Estado, seu sujeito passivo constante ou formal. A vítima da infração, isto é, o titular do bem jurídico protegido na norma penal, por sua vez, considera-se sujeito passivo eventual ou material.

Podem ser sujeitos passivos eventuais de crimes: o ser humano, desde a concepção, a pessoa jurídica, o Estado, a coletividade e até entes sem personalidade jurídica.

Vale registrar que podem figurar como sujeito passivo o civilmente incapaz, até porque pode ser titular de um bem jurídico tutelado por norma penal, como a vida e a integridade física, por exemplo. O mesmo raciocínio se aplica ao recém-nascido, que pode ser sujeito passivo de crime (ex.: infanticídio – CP, art. 123) e ao feto (sujeito passivo no crime de aborto – CP, arts. 124 a 127).

A pessoa morta, por sua vez, não poderá ser sujeito passivo do crime. No delito de vilipêndio de cadáver (art. 212 do CP) o sujeito passivo é a coletividade, e no crime de calúnia contra os mortos (art. 138, § 2º, do CP), sua família. Raciocínio semelhante se aplica aos animais, pois o Direito não lhes reconhece a titularidade de bens jurídicos. Podem, por óbvio, ser objeto material, como no furto de animal doméstico e em alguns crimes ambientais.

Os entes sem personalidade jurídica, como a família, apesar de não serem titulares de bens jurídicos, podem ser sujeitos passivos de infrações penais. Esse o entendimento majoritário da doutrina. Os crimes que possuam como sujeito passivo um ente sem personalidade jurídica são chamados de crimes vagos.

Não se pode confundir o sujeito passivo com o prejudicado pelo crime; este é toda pessoa que sofre prejuízo de natureza cível com a prática da infração. No homicídio, o sujeito passivo é o falecido; os prejudicados, aqueles que viviam a suas expensas. Na falsificação de moedas, o sujeito passivo é a coletividade, titular da fé pública, ao passo que o prejudicado é o indivíduo que recebeu a moeda falsa.

c) Classificação dos crimes quanto à pluralidade de sujeitos ativos como requisito típico

Com referência à pluralidade de sujeitos ativos como requisito típico, os delitos se classificam em (a) *crimes unissubjetivos, monossubjetivos ou de concurso eventual*: trata-se daqueles que podem ser cometidos por uma só pessoa ou por várias, em concurso de agentes (CP, art. 29), e (b) *crimes plurissubjetivos ou de concurso necessário*: caso dos que o tipo penal exige a pluralidade de sujeitos ativos como requisito típico, isto é, a conduta descrita no verbo nuclear deve, obrigatoriamente, ser praticada com duas ou mais pessoas.

A maioria dos crimes enquadra-se dentre os unissubjetivos, monossubjetivos ou de concurso eventual. É assim com o homicídio (CP, art. 121), com a lesão corporal (CP, art. 129), com o furto (CP, art. 155), com a apropriação indébita (CP, art. 168), com o estelionato (CP, art. 171), com o porte ilegal de arma de fogo (Lei n. 10.826/2003, art. 14), com o porte de droga para consumo próprio (Lei n. 11.343/2006, art. 28), com o tráfico ilícito de drogas (Lei n. 11.343/2006, art. 33) e tantos outros.

Nesses casos, se mais de uma pessoa cooperar com o crime, todas responderão pelas penas a este cominadas, na medida de sua culpabilidade (CP, art. 29). Somente em hipóteses excepcionais, a cooperação entre os sujeitos poderá resultar na responsabilização de cada um deles por um crime diferente, como ocorre com a corrupção, em que o corruptor responde pelo delito do art. 333 (corrupção ativa) e o funcionário corrompido pelo art. 317 (corrupção passiva).

Os crimes plurissubjetivos ou de concurso necessário são a minoria. Neles, o fato não configurará infração penal se somente uma pessoa o praticar; muitas vezes, sequer será possível que isso ocorra (p. ex., o crime de bigamia exige, por razões óbvias, no mínimo duas pessoas envolvidas).

Essas infrações penais se *subdividem* em *crimes plurissubjetivos*:

a) de *condutas convergentes*, como a bigamia (CP, art. 235)[23];

b) de *condutas paralelas*, como a associação criminosa (CP, art. 288);

c) de *condutas contrapostas*, como a rixa (CP, art. 137).

Em todas as situações acima expostas, haverá, no mínimo, duas pessoas figurando como sujeitos ativos.

É de ver que, sob o enfoque processual, se uma infração for praticada por várias pessoas, seja em concurso eventual, seja necessário, dar-se-á o vínculo de *continência* por cumulação subjetiva (CP, art. 77, II), o qual motivará (como regra) a reunião de processos para julgamento conjunto (*simultaneus processus*).

d) Classificação dos delitos quanto à qualidade especial do sujeito ativo

No que tange à exigência típica de alguma qualidade especial do sujeito ativo, a doutrina classifica os crimes em comuns e próprios.

Os *crimes comuns*, repise-se, são aqueles em que não se exige nenhuma qualidade especial do sujeito ativo, de modo que *qualquer pessoa física*, que completou 18 anos, pode figurar como seu autor ou partícipe. Nessa categoria enquadra-se a grande maioria das infrações penais. Por exemplo: homicídio (CP, art. 121), lesão corporal (CP, art. 129), furto (CP, art. 155), roubo (CP, art. 157), apropriação indébita (CP, art. 168), estelionato (CP, art. 171), porte ilegal de arma de fogo (Lei n. 10.826/2003, art. 14), porte de droga para consumo próprio (Lei n. 11.343/2006, art. 28), tráfico ilícito de drogas (Lei n. 11.343/2006, art. 33) e tantos outros.

[23] É de ver, contudo, que no crime de bigamia pune-se, de regra, somente o cônjuge que contraiu novo matrimônio mesmo sendo casado; a pessoa com quem fez o enlace, por sua vez, somente será punida se conhecia o fato de que seu consorte era casado ao tempo da celebração.

Os *crimes próprios*, de sua parte, são os que a *lei requer alguma qualidade ou condição especial do sujeito ativo*, motivo por que somente determinadas pessoas podem cometê-los. É o caso do autoaborto ou aborto consentido (CP, art. 124), o qual só pode ser praticado pela gestante. Cite-se, ainda, o exemplo do peculato (CP, art. 312), em que só o funcionário público (art. 327 do CP) pode figurar como autor. Em se tratando de crimes próprios, admite-se a participação no crime por parte de um terceiro, que não ostente a qualidade ou condição especial exigida no tipo. Assim, por exemplo, se uma vizinha prestar auxílio a uma gestante para que esta interrompa sua gravidez, ambas responderão pelo crime do art. 124 do CP. Isto porque a qualidade ou condição especial de natureza pessoal, que figure como elementar (isto é, indispensável ao tipo penal), comunica-se aos coautores ou partícipes do crime, nos termos do art. 30 do CP.

Fala-se, ainda, em *crime bipróprio*, quando a lei exigir *qualidade especial tanto do sujeito ativo quanto do sujeito passivo*. É o caso do crime de maus-tratos, do art. 136 do CP, em que o agente deve ser uma pessoa legalmente qualificada como detentora de autoridade, guarda ou vigilância sobre o sujeito passivo. Este, por óbvio, somente poderá ser a pessoa que, segundo a lei, figurar na condição de indivíduo sujeito à autoridade etc. do autor do fato.

e) Classificação com relação à possibilidade de coautoria

Sob tal ótica, há *crimes de mão própria ou atuação pessoal*, em oposição aos crimes próprios. Ambos exigem uma qualidade ou condição especial do sujeito ativo, mas somente os crimes próprios admitem coautoria. Os crimes de mão própria ou atuação pessoal, com relação ao concurso de pessoas, somente admitem a participação, sendo-lhes impossível a coautoria. É o caso do crime de falso testemunho ou falsa perícia (CP, art. 342)[24].

f) Classificação quanto ao sujeito passivo

O sujeito passivo (material ou eventual) é o titular do bem jurídico protegido pela norma penal.

Com relação ao sujeito passivo, os crimes podem ser vagos ou não. Serão considerados *crimes vagos aqueles cujo sujeito passivo* (material ou eventual) *for um ente sem personalidade jurídica*. É o que ocorre, por exemplo, nos crimes contra a família (Título VII da Parte Especial do Código Penal).

Com relação ao sujeito passivo, os crimes podem ser, ainda, de única ou dupla subjetividade passiva.

---

[24] Ressalve-se que há corrente no sentido de que o crime de falso testemunho ou falsa perícia não admite o concurso de pessoas, seja sob a forma de coautoria, seja sob a forma de participação.

Os crimes de única subjetividade passiva são aqueles que só possuem um sujeito passivo material e os de dupla subjetividade passiva são os que contêm dois sujeitos passivos materiais, como ocorre com o crime de violação de correspondência (CP, art. 151), no qual são vítimas o destinatário e o remetente da missiva.

5.1.3. A consumação e a tentativa

Desde os momentos iniciais, quando o delito está apenas na mente do sujeito, até sua consumação, quando o crime se concretiza inteiramente, passa-se por todo um caminho, por um itinerário, composto de várias etapas ou fases – o chamado *iter criminis* (ou "caminho" do crime). A análise de tais momentos tem repercussão decisiva na responsabilidade penal do agente. O estudo do início dos atos executórios dos tipos penais, bem como o instante em que estes consideram-se consumados, além de sua íntima relação com o princípio constitucional da legalidade, é de sobrelevada importância na aferição da pena.

O *iter criminis* é composto das seguintes fases: *interna*: cogitação; *externa*: preparação, execução e consumação.

A cogitação corresponde, destarte, ao *momento interno* da infração. Só há crime na esfera psíquica, ou seja, na mente do sujeito, que ainda não exteriorizou nenhum ato. Essa fase é totalmente irrelevante para o Direito Penal, uma vez que *cogitationis poenam nemo patitur*. Lembre-se que um dos elementos do fato típico é a conduta, que pressupõe exteriorização do pensamento. Enquanto a ideia criminosa não ultrapassar a esfera mental, por pior que seja, não se poderá censurar criminalmente o ato. Se uma pessoa, em momento de ira, deseja conscientemente matar seu desafeto, mas nada faz nesse sentido, acalmando-se após, para o Direito Penal a ideação será considerada irrelevante. Pode-se falar, obviamente, em reprovar o ato do ponto de vista moral ou religioso, nunca, porém à luz do Direito Penal.

Os atos preparatórios verificam-se quando a ideia transborda a esfera mental e se materializa por meio de condutas voltadas ao cometimento do crime. Este, portanto, *sai da mente do sujeito*, que começa a *exteriorizar condutas tendentes à sua futura execução*.

Nessa etapa, como regra, o Direito Penal não atua. Atos considerados meramente preparatórios não são punidos criminalmente.

Assim, o sujeito que, pretendendo matar seu inimigo (cogitação) e possuir porte de arma de fogo, apoderando-se do instrumento bélico (preparação) e, em seguida, desloca-se até as proximidades da residência da vítima, sendo surpreendido pela polícia antes de sacar a arma ou mesmo encontrar-se com a vítima visada, não comete crime algum (não se aplica o Estatuto do Desarmamento, uma vez que ele possui porte de arma).

É de ver, contudo, que o legislador transforma em crimes autônomos condutas que configuram meros atos preparatórios de outros delitos. Veja os arts. 286

(incitação ao crime), 288 (associação criminosa) e 288-A (constituição de milícia privada) do CP, ou ainda o art. 291 (petrechos para falsificação de moeda), que seria ato preparatório do crime de moeda falsa (art. 289). Tal técnica legislativa consistente em criminalizar atos preparatórios de delitos graves é, por vezes, essencial estratégia na salvaguarda de bens jurídicos fundamentais. O legislador, no entanto, deve utilizar-se desse método com prudência e seleção, sob pena de banalizar o Direito Penal ou ferir princípios constitucionais.

É bom lembrar, por fim, o disposto no art. 31 do CP, o qual dispõe que "o ajuste, a determinação ou instigação e o auxílio, salvo disposição expressa em contrário, não são puníveis, se o crime não chega, pelo menos, a ser tentado". Vale dizer: se o agente não sai da fase de preparação, o partícipe, que o induziu, instigou ou auxiliou, não será punido.

Uma das questões mais árduas na teoria do crime reside em estabelecer a exata fronteira entre os atos preparatórios e os executórios. Trata-se de problema de suma importância, pois, enquanto os atos preparatórios são, como regra, penalmente irrelevantes, os atos executórios são penalmente típicos (CP, art. 14, II).

É certo que só será possível falar em execução se estivermos diante de um ato *idôneo e inequívoco* tendente à consumação do crime. A dificuldade está em estabelecer precisamente qual é esse ato. A doutrina apresenta alguns critérios:

a) *critério material*: a execução se inicia quando a conduta do sujeito passa a colocar em risco o bem jurídico tutelado pelo delito;

b) *critério formal-objetivo*: só há início de execução se o agente praticou alguma conduta que se amolda ao verbo núcleo do tipo.

Nenhum dos critérios se mostra totalmente satisfatório. O primeiro, por ser demasiado amplo, e o segundo, excessivamente restrito. Damásio de Jesus, em função disso, sustenta deva ser adotada a teoria individual-objetiva (de Hans Welzel), pela qual o início da execução abarca todos os atos que, de acordo com a intenção do sujeito, sejam imediatamente anteriores ao início da execução de conduta típica. Mirabete, de sua parte, argumenta que, segundo nossa legislação, deve-se adotar o critério formal-objetivo, porém estendido, de modo a abranger os atos imediatamente anteriores à realização do verbo núcleo do tipo (condutas anteriores que tenham vinculação necessária com a ação típica).

Há consumação, de acordo com o Código Penal, quando se fazem presentes todos os elementos da definição legal do delito (art. 14, I). Em outras palavras: total subsunção da conduta do sujeito com o modelo legal abstrato.

Igualmente importante é definir a linha divisória da consumação. Esse momento é fundamental para determinar a quantidade da pena imposta, o termo inicial da prescrição da pretensão punitiva (art. 111, I, do CP) e o foro competente para o processo e julgamento da infração (art. 70 do CPP).

O momento consumativo varia conforme a natureza do crime; assim:

a) *os crimes materiais ou de resultado* consumam-se com a ocorrência do resultado naturalístico ou material (isto é, modificação no mundo exterior provocada pela conduta);

b) *os crimes de mera conduta* consumam-se com a ação ou omissão prevista e punida na norma penal incriminadora. Nesses delitos, o tipo penal não faz alusão a nenhum resultado naturalístico. Dessa forma, basta a conduta, positiva ou negativa, para que haja consumação;

c) *os crimes formais,* apesar da alusão ao resultado naturalístico no tipo penal, não exigem, para fins de consumação, que ele ocorra, de tal modo que, praticada a conduta prevista em lei, o delito estará consumado;

d) *os crimes permanentes*: têm a característica de a fase consumativa prolongar-se no tempo. Isso tem relevância jurídica não só na competência territorial (art. 71 do CPP) e no termo inicial do prazo prescricional (art. 111, III, do CP), como também na prisão em flagrante (art. 303 do CPP);

e) *os crimes culposos*, como crimes materiais, apenas estarão consumados com a ocorrência do resultado naturalístico;

f) *os crimes omissivos*

– *próprios*: por serem infrações penais de mera conduta, basta a inatividade do agente para que haja consumação, sendo prescindível que à omissão se associe a ocorrência de algum resultado;

– *impróprios*: sempre são materiais ou de resultado, de modo que só estarão consumados com a superveniência deste;

g) *os crimes qualificados pelo resultado* consumam-se com a ocorrência do resultado agravador;

h) *os crimes habituais*, em face da exigência típica de reiteração da conduta, só se consumam se o sujeito a praticar repetidas vezes. Uma só conduta, isoladamente, constitui fato atípico.

a) O crime tentado (CP, art. 14)

O crime considera-se tentado quando, apesar de iniciada a sua execução, não se consuma por circunstâncias alheias à vontade do agente (CP, art. 14, II). A tentativa (ou *conatus proximus*), portanto, pressupõe: a) *início de execução;* b) *não consumação;* c) *por circunstâncias alheias à vontade do agente.*

O art. 14, II, ao definir a tentativa, traduz uma *norma de adequação típica por subordinação mediata ou indireta*, uma verdadeira extensão temporal da figura típica, que propicia alcançar condutas temporalmente anteriores ao momento consumativo. Do ponto de vista da teoria da pena, a tentativa é uma causa de diminuição obrigatória (de um a dois terços, salvo disposição expressa em sentido contrário).

Existem delitos que são punidos com a mesma pena tanto na forma consumada quanto tentada; são os crimes de atentado ou de empreendimento (por exemplo, o art. 352 do CP).

Há várias espécies de tentativa:

1) *Perfeita (crime falho)*: o agente percorre todo o *iter criminis* que estava à sua disposição, mas, ainda assim, por circunstâncias alheias à sua vontade, não consuma o crime (ex.: o sujeito descarrega a arma na vítima, que sobrevive e é socorrida a tempo por terceiros). Apesar de ter esgotado a fase executória, não alcança o resultado por circunstâncias alheias à sua vontade.

2) *Imperfeita*: o agente não consegue, por circunstâncias alheias à sua vontade, prosseguir na execução do crime (ex.: o sujeito entra na residência da vítima e, quando começa a se apoderar dos bens, ouve um barulho que o assusta, fazendo-o fugir).

3) *Branca (ou incruenta)*: quando a vítima não é atingida (o bem jurídico não chega a ser lesionado).

4) *Cruenta*: o oposto da tentativa branca, ou seja, a vítima é atingida.

5) *Abandonada ou qualificada*: nome dado por alguns doutrinadores à desistência voluntária e ao arrependimento eficaz (CP, art. 15).

6) *Inadequada ou inidônea*: corresponde ao crime impossível (CP, art. 17).

Cabe ressaltar, ainda, que o dolo do crime tentado é idêntico ao do consumado.

Existem diversas infrações penais que, pelas mais variadas razões, não admitem a forma tentada. São elas:

1) *Crimes culposos*. O crime culposo dá-se quando o agente produz o resultado de maneira acidental, por imprudência, negligência ou imperícia. Por sua natureza, no crime culposo o agente não deseja o resultado, o que o torna totalmente incompatível com a forma tentada, em que o sujeito dá início à execução de um crime, não obtendo o resultado por circunstâncias alheias à sua vontade.

É de ver, contudo, que na culpa imprópria pode-se cogitar de tentativa. Deve-se lembrar que na culpa imprópria a pessoa deseja a produção do resultado, ou seja, atua de forma dolosa. A pena que recebe, entretanto, é a de um crime culposo, em razão de um erro cometido pelo agente na apreciação dos fatos (a culpa imprópria encontra-se prevista nos arts. 20, § 1º, e 23, parágrafo único, do CP).

2) *Crimes preterdolosos*. Pelas mesmas razões em que não há tentativa nos crimes culposos, também não pode haver em delitos preterdolosos. Nestes, o agente realiza um comportamento doloso, mas o crime se consuma com a produção de um resultado agravador, que decorre de imprudência, negligência ou imperícia; isto é, ele não o desejava (por exemplo, art. 129, § 3º, do CP).

3) *Crimes unissubsistentes*. São aqueles cuja conduta típica não admite qualquer fracionamento; vale dizer, o comportamento definido no verbo núcleo do tipo penal constitui-se de uma ação ou omissão indivisível. Nesses casos, ou o agente

praticou o fato (e o crime consumou-se) ou nada fez (e não há qualquer fato penalmente relevante). Significa que não há "meio-termo". Se o ato foi realizado, o crime se consumou; caso contrário, não existirá delito algum. Exemplo disto é o crime de injúria (CP, art. 140), na forma verbal. O tipo penal encontra-se assim descrito: "injuriar alguém, ofendendo-lhe a honra ou o decoro". Quando o ato é praticado por meio verbal, consiste numa ofensa à vítima. Uma vez proferida a palavra ofensiva, a injúria estará completa e acabada. Se a ofensa não foi irrogada, não há infração penal alguma. A indivisibilidade da conduta impede a ocorrência da forma tentada.

4) *Crimes omissivos puros.* Os delitos omissivos puros, como a omissão de socorro (CP, art. 135), também são incompatíveis com a figura da tentativa. Entendem-se omissivos próprios ou puros aqueles em que o tipo penal descreve uma omissão, de modo que, para identificá-los, basta a leitura do dispositivo penal. Se o fato descrito corresponder a um *non facere*, o crime será omissivo próprio.

A impossibilidade da tentativa decorre do fato de que tais delitos são crimes de mera conduta e unissubsistentes. O simples não fazer é suficiente para a consumação. Se o sujeito agir, não há crime.

5) *Contravenções penais.* A tentativa de contravenção penal, por força de lei, não é punível. É o que estabelece expressamente o art. 4º da LCP. De ver, contudo, que é possível, em tese, a tentativa de tais infrações, muito embora, repita-se, não sejam puníveis. Assim, por exemplo, alguém pode tentar praticar vias de fato em outrem (p. ex., um empurrão) e ser impedido por terceiro, não conseguindo atingir seu desafeto. Haverá tentativa de vias de fato, um irrelevante penal em virtude do art. 4º da LCP.

6) *Crimes que a lei pune somente quando ocorre o resultado.* Há infrações penais cuja existência é condicionada à existência de um resultado. Sem este, o fato é atípico; elas não admitem, por esse motivo, a forma tentada (p. ex., o art. 122 do CP e, para a doutrina majoritária, o art. 164 do mesmo Diploma).

7) *Crimes permanentes de forma exclusivamente omissiva.* Os crimes permanentes são aqueles cuja consumação se prolonga no tempo. Quando praticados de forma exclusivamente omissiva, não admitem a forma tentada; isto porque, ou o agente se omite e o fato estará consumado ou age e o crime não foi praticado (p. ex., CP, art. 148, na forma omissiva).

8) *Crimes de atentado ou de empreendimento.* Os crimes de atentado ou de empreendimento são aqueles em que a lei equipara a tentativa e a consumação. Vale dizer, tentar praticar a conduta descrita no tipo já representa realizar a norma por completo, isto é, o crime já estará consumado (p. ex., art. 352 do CP).

b) O crime consumado (art. 14, I)

Conforme se analisou acima, a infração penal considerar-se-á consumada quando o comportamento do agente subsumir-se, por completo, ao tipo penal. Isto significa que a conduta encaixou-se formalmente ao modelo abstratamente descrito na norma e, além disso, atingiu-lhe o substrato, isto é, gerou lesão ou perigo de lesão ao bem penalmente protegido.

c) Exaurimento

Dá-se quando o agente, depois de consumar o delito e, portanto, encerrar o *iter criminis*, pratica nova conduta, provocando nova agressão ao bem jurídico penalmente tutelado. De regra, o exaurimento apenas influi na quantidade da pena, seja por estar previsto como causa especial de aumento (ex.: CP, art. 317, § 1º), seja por figurar como circunstância judicial desfavorável (pois o juiz deve levar em conta na dosagem da pena-base as *consequências do crime* - art. 59, *caput*, do CP).

5.1.4. A pena e seus reflexos

A pena cominada abstratamente é um dos pontos mais polêmicos que a Parte Especial do Código Penal enseja. Significa definir a exata dimensão do gravame que se imporá ao infrator da norma penal. Estipular qual a pena justa é, sem dúvida, tarefa das mais difíceis, cuja atribuição é inerente ao exercício do poder punitivo do Estado, o qual começa com aquele conferido pelo povo aos legisladores, que definem abstratamente o piso e o teto, e se concretiza com o juiz, na lavratura da sentença condenatória, mediante um complexo e intrincado procedimento de dosimetria da pena (CP, arts. 59 a 68).

Se propuséssemos a seguinte questão: *qual a pena adequada para o homicídio simples*[25]*, abstratamente considerado?* Decerto, a diversidade de opiniões demonstraria que se trata de tarefa quase impossível. Façamos, a título de demonstração, uma breve análise no tempo e no espaço.

Começamos com o registro atual: ao nosso legislador pareceu correto apená-lo com reclusão, de *seis a vinte anos* (art. 121 do CP). Essa a pena vigente ao delito há mais de seis décadas, isto é, desde a entrada em vigor do Código, em 1º de janeiro de 1942.

Ao tempo das Ordenações do Reino de Portugal, que vigoraram no Brasil até 16 de dezembro de 1830, a pena do homicídio em sua forma simples era a morte. Punia-se a destruição de uma vida com a destruição de outra. Dizia o Título XXXV do Livro V das Ordenações Filipinas: "Qualquer pessoa, que matar outra, ou mandar matar, morra por isso morte natural".

O Código Criminal do Império definia mencionado delito no art. 193, punindo-o com galés perpétua, prisão com trabalho por doze anos, ou seis, conforme o grau (máximo, médio ou mínimo que se reconhecesse, na aplicação concreta da pena).

[25] Nosso Código define-o no art. 121, com os dizeres: "matar alguém".

O Código Penal de 1890, de sua parte, tipificava o ato no art. 294, § 2º, e impunha-lhe prisão celular, de seis a vinte e quatro anos.

O Projeto Alcântara Machado[26], que serviu como ponto de partida para o Código Penal vigente, dispunha que o homicídio simples (art. 311, § 5º) deveria ser apenado com reclusão, por *cinco* a vinte anos.

Depois desse rápido escorço histórico, vejamos o que dizem outras legislações.

O Código Penal argentino descreve o homicídio simples em seu art. 79, aplicando-lhe pena de reclusão ou prisão, de oito a vinte e cinco anos. O espanhol prevê dez a quinze anos. O português, com prisão de oito a dezesseis anos...

Caberia, ao final, perguntar: Por que o homicídio era punido, no Brasil, mais severamente nos séculos anteriores? Matar alguém na Argentina, em Portugal ou na Espanha é mais grave, do ponto de vista ontológico, do que fazer o mesmo no Brasil?

É evidente que não se trata de dar relevo maior à vida do homem neste ou naquele país, neste ou naquele século. O patamar punitivo, muito embora seja uma decisão política do legislador, leva em conta uma multiplicidade de fatores, como a cultura do povo, a importância do bem tutelado, a proporcionalidade da sanção, as condições reais de aplicação da pena e, notadamente, do cárcere etc.

Faz-se mister, contudo, que não se perca de vista o verdadeiro cerne da questão: mais importante do que a quantidade da pena é a certeza de sua aplicação, como já advertia São Tomás de Aquino.

a) Os benefícios legais

É preciso lembrar que de nada adianta limitar-se à verificação da quantidade da sanção imposta no tipo penal incriminador contido na Parte Especial, sem lembrar do regime jurídico de cada uma das penas definido na Parte Geral, bem como dos benefícios que esta prevê.

Retomemos o exemplo do homicídio simples, cuja pena é de reclusão, de seis a vinte anos.

Ocorre que, se o agente for primário e de bons antecedentes, muito provavelmente receberá pena mínima, ou seja, seis anos de reclusão. A cumprirá, inicial-

[26] Conforme registra José Henrique Pierangeli, "instalada a nova ordem político-jurídica (referindo-se à ditadura de Getúlio Vargas), o Ministro da Justiça Francisco Campos incumbiu o professor paulista Alcântara Machado de elaborar um projeto de Código Penal. A Parte Geral do anteprojeto foi entregue ao governo a 15 de maio de 1938...O Projeto definitivo foi entregue em abril de 1940, já agora com modificações e nova redação dada à Parte Geral. Ao todo, o Anteprojeto Alcântara Machado possuía 390 artigos. O Projeto Alcântara Machado também não foi transformado em lei, tendo sido submetido a revisão por uma comissão composta de Vieira Braga, Nélson Hungria, Narcélio de Queiroz e Roberto Lyra, sob a presidência do Ministro Francisco Campos..." (*Códigos Penais do Brasil*, p. 78).

mente, em regime semiaberto, vale dizer, em colônia penal agrícola ou industrial (ou estabelecimento semelhante). Depois de um ano, poderá progredir ao regime aberto, permanecendo durante a noite e aos finais de semana em Casa do Albergado (ou equivalente), se houver, pois, conforme nossos tribunais, diante da inexistência de referido estabelecimento penal, deve-se permitir ao agente que permaneça sob prisão-albergue domiciliar. Decorrido mais um ano, o sentenciado poderá obter livramento condicional, passando o restante da pena, ou seja, quatro anos, em liberdade.

b) O prazo prescricional

A quantidade da pena é decisiva, outrossim, para a determinação do prazo prescricional. Isto porque, de acordo com o art. 109 do CP, os prazos da prescrição da pretensão punitiva e executória são calculados com base na pena (prevista em lei ou aplicada na sentença, conforme o caso).

Desse modo, quanto maior a sanção prevista, mais dilatado será o prazo prescricional. Quanto menor a sanção, mais brevemente ocorrerá a prescrição, extinguindo o direito de punir do Estado.

5.1.5. A ação penal

De acordo com os Códigos Penal e de Processo Penal as ações penais se classificam *segundo o seu titular* (critério subjetivo). Há, portanto, a ação penal pública, cuja titularidade do direito de ação incumbe ao Estado, por meio do Ministério Público, e a ação penal privada, na qual a tarefa de movê-la recai sobre o ofendido ou seu representante legal.

De ver-se, contudo, que há leis especiais que conferem a titularidade do direito de queixa subsidiária a outras pessoas, como o administrador judicial ou os credores, no caso dos crimes falimentares ou associações de defesa do consumidor, em se tratando de crimes contra as relações de consumo.

Há duas espécies de ação penal pública:

a) *incondicionada* (quando o Ministério Público, havendo prova da materialidade e indícios de autoria delitiva, terá o dever de ajuizar a ação penal independentemente da autorização de quem quer que seja);

b) *condicionada* (quando o seu exercício depender da autorização do ofendido ou de seu representante legal ou, ainda, de requisição do Ministro da Justiça).

A ação penal de iniciativa privada divide-se em:

a) ação penal *exclusivamente privada* (trata-se da que possui como titular o ofendido, seu representante legal – quando menor de 18 anos – ou, na sua falta – ou seja, morte ou incapacidade – o cônjuge ou companheiro, ascendente, descendente e irmão);

b) *privada personalíssima* (é uma variação da ação penal exclusivamente privada que dela difere pelo fato de só poder ser ajuizada pelo ofendido[27] – ocorre no crime de induzimento a erro essencial e ocultação a impedimento matrimonial, definido no art. 236 do CP);

c) *subsidiária da pública* (trata-se do direito que a vítima ou seu representante legal têm de oferecer queixa-crime nos delitos de ação penal pública, quando o Ministério Público for inerte, isto é, não se manifestar no prazo assinalado em lei).

"A ação penal é pública, salvo quando a lei expressamente a declara privativa do ofendido" (CP, art. 100, *caput*). "A ação pública é promovida pelo Ministério Público, dependendo, quando a lei o exige, de representação do ofendido ou de requisição do Ministro da Justiça" (CP, art. 100, § 1º).

No silêncio da lei, portanto, a ação penal será pública incondicionada (como ocorre na grande maioria dos casos – *vide*, entre outros, os arts. 121, 155, 157, 168, 171 do CP). Será condicionada à representação do ofendido ou à requisição do Ministro da Justiça quando houver norma exigindo expressamente tais requisitos para a propositura da ação penal pelo Ministério Público (*vide* arts. 145, parágrafo único, e 147, parágrafo único). Por fim, existindo dispositivo dizendo que o crime "somente se procede mediante queixa" é sinal que a ação tem natureza privada (*vide* art. 145, *caput*, do CP).

Há um caso em nosso ordenamento jurídico em que se reconhece dupla titularidade na propositura da ação penal, ou seja, permite-se que o Ministério Público ofereça denúncia ou o ofendido, queixa-crime. Trata-se da ação penal por crime contra a honra praticado contra funcionário público por fato relativo ao exercício de suas funções. Segundo o Supremo Tribunal Federal, porém, as vias (denúncia pelo Ministério Público ou queixa pelo ofendido) não são concomitantes, cabendo à vítima optar por uma delas. Assim, ou o ofendido representa ao Ministério Público para oferecimento de denúncia, hipótese em que fica excluída a possibilidade de ajuizamento da queixa (salvo queixa subsidiária), ou então cabe à vítima desde logo propor queixa-crime, caso em que não mais poderá representar ao Ministério Público para oferecer denúncia[28]. O Superior Tribunal de Justiça acolheu entendimento semelhante[29].

[27] Segundo Tourinho Filho, sendo o ofendido incapaz ou doente mental, não pode o juiz nomear-lhe curador especial, pois o direito de ação é personalíssimo e intransmissível (*Manual de processo penal*, p. 123-124). O autor argumenta que diante da impossibilidade de nomeação de curador especial, e pelo fato de a ação somente poder ser ajuizada pela vítima, o prazo decadencial não fluirá até que ela complete 18 anos de idade.

[28] Nesse sentido: STF, *RTJ* 154/410. Assim, a Súmula 714 do STF: É concorrente a legitimidade do ofendido, mediante queixa, e do Ministério Público, condicionada à representação do ofendido, para a ação penal por crime contra a honra de servidor público em razão do exercício de suas funções".

[29] STJ, RHC 113.461/CE, rel. Min. Reynaldo Soares da Fonseca, 5ª T., j. 25-6-2019, AgRg no REsp 1.588.248/CE, rel. Min. Nefi Cordeiro, 6ª T., j. 24-10-2017, RHC 46.646/SP, rel. Min. Reynaldo Soares da Fonseca, 5ª T., j. 7-4-2016, e APn 755/DF, rel. Min. Felix Fischer, Corte Especial, j. 2-9-2015.

De acordo com o art. 24, § 2º, do CPP, "seja qual for o crime, quando praticado em detrimento do patrimônio ou interesse da União, Estado e Município, a ação penal será pública". Deve-se inserir no rol o Distrito Federal, por analogia (CPP, art. 3º).

6. REFLEXOS PROCESSUAIS PENAIS DO TIPO (E DA PENA)

Conforme a natureza do crime e, sobretudo, a pena imposta, diversos serão os reflexos processuais penais. Podem-se alinhar, nesse sentido, três importantes vertentes: o juízo competente, o procedimento adequado e o cabimento de benefícios legais.

Com relação à competência, todos os crimes que constituam infração de menor potencial ofensivo, isto é, cuja pena máxima não exceda dois anos (considerando eventuais qualificadoras, privilégios, causas de aumento e diminuição), deverão ser julgados pelo Juizado Especial Criminal e, ademais, disso, admitirão transação penal (art. 76 da Lei n. 9.099/95). Ficam de fora, contudo, os fatos relacionados com violência doméstica ou familiar contra a mulher, que, por força do art. 41 da Lei n. 11.340/2006, não ficam sujeitos à Lei dos Juizados Especiais.

Nada obstante, pode haver leis de organização judiciária que disponham sobre a competência especializada de determinados juízos, tendo em conta a natureza do crime. Há comarcas que contêm varas especializadas para o julgamento de tráfico de drogas. Na Justiça Federal, existem juízos dedicados ao processo e julgamento de "lavagem" de bens e capitais (Lei n. 9.613/98).

O procedimento penal, de igual modo, também varia em função do crime. De acordo com o art. 394 do CPP, com redação dada pela Lei n. 11.719/2008, quando a pena máxima for igual ou superior a quatro anos, adotar-se-á o procedimento comum ordinário, consubstanciado nos arts. 395 a 405 do CPP. Se o teto punitivo ficar abaixo do referido patamar, mas for superior a dois anos, terá lugar o procedimento comum sumário, previsto nos arts. 395 a 399 e 531 a 536 do CPP.

Com respeito aos benefícios legais, deve-se lembrar da suspensão condicional do processo, prevista no art. 89 da Lei n. 9.099/95, admissível quando a pena mínima cominada não for superior a um ano.

Há fatos que recebem tratamento processual diferenciado independentemente da pena imposta, é o que ocorre com os crimes contra a honra, contra a propriedade imaterial e com os delitos funcionais (aqueles em que a condição de funcionário público figura como elementar ou circunstância especial do tipo). Nestes casos, o Código de Processo Penal dedica-lhes procedimento especial (arts. 513 e s.).

Os crimes dolosos contra a vida (homicídio, participação em suicídio, infanticídio e aborto – arts. 121 a 127 do CP), dada sua natureza particular, sofrem tratamento diferenciado não só quanto ao procedimento (aplica-se o rito previsto nos arts. 406 a 497), mas também no que tange à competência, visto que devem ser julgados pelo Tribunal do Júri (por mandamento constitucional – art. 5º, XXXVIII, *d*).

TÍTULO I
DOS CRIMES CONTRA A PESSOA

"A primeira indagação que se coloca, quando iniciamos o estudo dos crimes ou das contravenções contra a pessoa, é esta: não são, a final, *contra a pessoa* a grande maioria das infrações penais? Quando se ofende o patrimônio de alguém não se atinge também o titular do direito ofendido? Os crimes contra os costumes não têm como vítima uma pessoa humana? (...). A resposta é que o legislador teve em vista, ao se referir à pessoa, os bens ou interesse da pessoa física, considerada na sua individualidade, no seu complexo somatopsíquico, embora em raros casos haja também referência à pessoa jurídica, como acontece, por exemplo, no capítulo dos crimes contra a honra"[1].

1. O PRIMEIRO TÍTULO DA PARTE ESPECIAL

A inserção dos crimes contra a pessoa no Título I da Parte Especial não se deu à toa. Todos os bens ou interesses juridicamente protegidos gravitam em torno do ser humano, origem e razão última de sua existência.

"É que a pessoa humana, como centro do universo jurídico (*hominum causa omnes jus constitutum est*), constitui objeto de preponderante relevo na tutela que o Estado exerce através do Direito Penal"[2].

Hungria, corroborando a tese, pontificava que "a pessoa humana, sob o duplo ponto de vista material e moral, é um dos mais relevantes objetos da tutela penal. Não a protege o Estado apenas por obséquio ao indivíduo, mas, principalmente, por exigência de indeclinável interesse público ou atinente a elementares condições da vida em sociedade. Pode dizer-se que, à parte os que ofendem ou fazem periclitar os interesses específicos do Estado, todos os crimes constituem, em última análise, lesão ou perigo de lesão contra a *pessoa*"[3].

---

1 Manoel Pedro Pimentel, *Contravenções penais*, p. 101-102.

2 José Frederico Marques, *Tratado de direito penal*, v. 4, p. 75.

3 *Comentários ao Código Penal*, v. V, p. 14.

2. A PROTEÇÃO DA DIGNIDADE DA PESSOA HUMANA COMO VALOR CONSTITUCIONAL (A VIDA, A INTEGRIDADE CORPORAL, A HONRA E A LIBERDADE INDIVIDUAL)

O critério de eleição do legislador, quando estabeleceu a tipificação dos crimes contra a pessoa no título inaugural da Parte Especial, mostrou-se inequivocamente acertado.

Sob o influxo da Constituição Federal, outra não poderia ter tido a escolha. Note-se que nossa Carta Magna prevê, como fundamento da República Federativa do Brasil, a *dignidade da pessoa humana* (art. 1º, III).

Canotilho pondera que "perante as experiências históricas de aniquilação do ser humano (inquisição, escravatura, nazismo, stalinismo, polpotismo, genocídios étnicos), *a dignidade da pessoa humana como base da República significa, sem transcendências ou metafísicas, o reconhecimento do* homo noumenon, *ou seja, do indivíduo como limite e fundamento do domínio político da República*. Neste sentido, a República é uma organização política que serve o homem, não é o homem que serve os aparelhos político-organizatórios. A compreensão da dignidade da pessoa humana associada à ideia de *homo noumenon* justificará a conformação constitucional da República Portuguesa onde é proibida a pena de morte (art. 24º) e a prisão perpétua (art. 30º, 1). A pessoa ao serviço da qual está a República também pode *cooperar* na República, na medida em que a pessoa é alguém que pode assumir a condição de *cidadão*, ou seja, um membro normal e plenamente cooperante ao longo da sua vida" (destaque nosso)[4].

Pois bem. Todo ser humano é pessoa e, como tal, tem valor absoluto.

"Na cultura ocidental, o valor e a dignidade da pessoa, a qual, como membro de uma sociedade livre, atua com livre autonomia, se ancoram como o centro da ordem constitucional"[5].

A proteção da pessoa logo no título inaugural da Parte Especial, destarte, afina-se com a escala de valores constitucionais.

Proteger a pessoa significa, em primeiro lugar, garantir-lhe a vida (Capítulo I), resguardando-a desde a concepção, passando pelo nascimento, até a morte. A proteção também abrange a saúde e a integridade física do indivíduo (Capítulos II a IV). Envolve, ainda, sua a honra (Capítulo V) e a liberdade individual (Capítulo VI).

"A *vida* é pressuposto da personalidade e é o supremo bem individual. A *integridade corporal* é a condição de plenitude da energia e eficiência do indivíduo como pessoa natural. (...)A *honra* e a *liberdade*, por sua vez, são *bens morais* necessários a cada indivíduo, para o fim de sua tranquila participação e êxito no convívio social.

---

[4] *Direito constitucional*, p. 225; grifo nosso.

[5] Tribunal Constitucional Federal alemão, *BverfGE*, NJW 1984, p. 419-422, apud Edgardo Alberto Donna, *Derecho penal*: parte especial, Eds., t. I, p. 21.

E também incidem na órbita finalística do Estado que, resguardando-os, preserva a paz e a ordem sociais, pois tende a evitar motivos de cizânia entre os indivíduos e a arbitrária interferência de uns na esfera de atividade lícita dos outros"[6].

3. A ORGANIZAÇÃO DO TÍTULO I DA PARTE ESPECIAL

O Título I da Parte Especial é composto de *seis capítulos* e um *total de trinta e quatro artigos* (121 a 154).

O Capítulo I compreende os crimes contra a vida, dos quais fazem parte o homicídio (art. 121), a participação em suicídio (art. 122), o infanticídio (art. 123) e o aborto (arts. 124 a 127). O art. 128 contém causa de exclusão da ilicitude referente ao aborto.

O Capítulo II trata da lesão corporal e possui apenas um artigo (129).

O Capítulo III cuida da periclitação da vida e da saúde alheia. Abrange os arts. 130 a 136 (perigo de contágio venéreo, perigo de contágio de moléstia grave, perigo à vida ou saúde de outrem, abandono de incapaz, exposição ou abandono de recém-nascido, omissão de socorro e maus-tratos).

O Capítulo IV refere-se à rixa (art. 137).

O Capítulo V diz respeito aos crimes contra a honra (calúnia, difamação e injúria) e disposições gerais a eles pertinentes (arts. 138 a 145).

O Capítulo VI, por fim, disciplina os delitos contra a liberdade individual e se divide em quatro seções. A primeira regula as infrações atentatórias à liberdade pessoal, com os crimes de constrangimento ilegal (art. 146), ameaça (art. 147), sequestro e cárcere privado (art. 148) e redução à condição análoga à de escravo (art. 149). A Seção II tipifica o crime de violação do domicílio (art. 150). A Seção III contém as infrações contra a inviolabilidade de correspondência (arts. 151 e 152). A Seção IV, por último, refere-se aos delitos contra a inviolabilidade dos segredos (arts. 153 e 154).

---

[6] Nelson Hungria, *Comentários ao Código Penal*, v. V, p. 15-16.

Capítulo I

DOS CRIMES CONTRA A VIDA (ARTS. 121 A 128)

1. A VIDA HUMANA – VALOR FUNDAMENTAL

Talvez a mais óbvia, porém mais profunda, afirmação que se possa efetuar no campo da atuação do Direito Penal é que *a vida humana constitui o centro de gravidade dos valores constitucionais (ou bens jurídicos) protegidos*.

Do ponto de vista biológico, sem a vida não teríamos existência e, sem esta, não haveria direitos a serem tutelados (ou deveres a serem cumpridos).

A vida é, pois, o centro de irradiação de todo e qualquer direito.

Nossa Constituição Federal, no extenso rol de direitos e garantias individuais e coletivos, enunciado no art. 5º, insere em primeiro lugar o direito à vida (art. 5º, *caput*[1]).

Deve-se lembrar, ademais, que o Pacto de San José da Costa Rica[2] declara, em seu art. 1º: "Toda pessoa tem o direito de que se respeite sua vida. Esse direito deve ser protegido pela lei e, em geral, desde o momento da concepção. Ninguém pode ser privado da vida arbitrariamente".

O Pacto Internacional sobre Direitos Civis e Políticos[3], por seu turno, dispõe no art. 6º, § 1º: "O direito à vida é inerente à pessoa humana. Este direito deverá ser protegido pela lei. Ninguém poderá ser arbitrariamente privado de sua vida".

O que define, contudo, a vida? Essa é uma indagação, quiçá, insolúvel. Cada ramo da ciência, por certo, terá uma resposta segundo suas próprias bases.

---

1 "Todos são iguais perante a lei, sem distinção de qualquer natureza, garantindo-se aos brasileiros e aos estrangeiros residentes no País a inviolabilidade do direito à vida, à liberdade, à igualdade, à segurança e à propriedade, nos termos seguintes: ..."

2 Ratificado pelo Brasil em 25 de setembro de 1992, entrou em vigor para o país no mesmo dia e foi promulgado por força do Decreto Presidencial n. 678, de 6-11-1992.

3 Ratificado pelo Brasil em 24 de janeiro de 1992, entrou em vigor para o país em 24 de abril do mesmo ano e foi promulgado por força do Decreto Presidencial n. 592, de 6-7-1992.

Os biólogos centram sua definição de vida na presença de um sistema químico, apto a se autossustentar por meio de trocas com o ambiente ao seu redor e de evoluir de maneira darwiniana.

Um filósofo poderá procurar fundamentar seu conceito na metafísica, encarando-a como o processo de um ser em constante relacionamento com outros e com o meio.

Um filólogo a encara como o "conjunto de propriedades e qualidades graças às quais animais e plantas se mantêm em contínua atividade; existência"[4].

Há, ainda, definições religiosas, que baseiam a análise na exteriorização de um Ser Superior.

E o jurista, qual definição deve seguir? Devemos optar por uma leitura naturalística, filosófica ou religiosa?

Quando se trata de definir a vida e, notadamente, a vida humana para fins penais, pensamos que o caminho a se perseguir é o da *elaboração normativa*.

Justifica-se: o método do Direito Penal não se coaduna com conceitos voláteis ou extremamente abertos (por vezes até vagos). É necessário elaborar um ponto de partida firme e suficientemente fechado para se delimitar o campo de incidência das normas penais incriminadoras que se prestam a tutelar esse direito humano fundamental.

O princípio da legalidade, como é cediço, exige semelhante tomada de postura. *Nullum crimen nulla poena sine lege scripta, praevia et certa.* As leis penais devem ser fiéis à estrita legalidade, à anterioridade e ao mandato de certeza.

Eis, portanto, o norte jurídico-penal: a busca por uma definição normativa de vida humana[5].

2. VIDA HUMANA – PERSPECTIVA NORMATIVA

Quando se pode dizer que a vida humana se iniciou e quando ela tem fim? Como vimos anteriormente, essa resposta deve se pautar por limites normativos. Significa que devemos buscar no ordenamento jurídico uma solução, de modo a acomodar a interpretação do alcance dos tipos penais do Capítulo I do Título I da Parte Especial ao princípio constitucional da legalidade.

Para que se possa compreender melhor a importância do debate, note-se quais temas serão esclarecidos com a busca que se pretende empreender:

[4] Definição encontrada no *Dicionário Aurélio*. Versão digital do "*Mini Aurélio*", que corresponde a 6. ed., revista e atualizada, do *Minidicionário Aurélio da Língua Portuguesa*, Regis, 2004.

[5] Edgardo Alberto Donna, *Derecho penal*: parte especial, t. I, p. 22-23.

1) A partir de qual momento pode-se falar que existe o crime de aborto? Se o espermatozoide já se encontra no canal vaginal e é dali retirado pela gestante, estaria ela enquadrada no art. 124 do CP (autoaborto)? E se o espermatozoide encontra-se prestes a fecundar o óvulo, mas a mulher ingere medicamento que o elimina (pílula de contracepção de emergência ou "pílula do dia seguinte")? E se o ovo já foi fecundado, mas não houve nidação (implantação do óvulo no útero)?

2) Quando se pode falar em vida humana extrauterina? Se a mulher já deu início ao trabalho de parto, com as contrações que antecedem o nascimento, a eliminação do feto constitui aborto ou já se pode falar em homicídio (ou infanticídio)? Se houver culpa do médico nessa fase, provocando a morte do nascituro, há crime (a lei não pune o aborto culposo, somente o homicídio culposo)?

3) Em que momento ocorre a morte (elemento que representa a consumação dos crimes contra a vida)? Se uma pessoa foi ferida por outra e ainda se encontra na unidade de terapia intensiva (UTI) de um hospital, com seus sinais vitais mantidos artificialmente, o homicídio consumou-se? E se o coração ainda bate, mas o cérebro já não funciona, tendo se deteriorado suas células?

2.1. O início da vida humana intrauterina

A delimitação do começo da vida humana intrauterina deveria, repise-se, apoiar-se em critérios normativos, posto que, em se tratando de requisito essencial para a existência de conduta penalmente proibida, é fundamental que a lei contenha um critério suficientemente claro, de modo a evitar dúvidas na aplicação da norma criminal[6].

O ordenamento jurídico brasileiro não possui, todavia, semelhante critério. O art. 2º do CC, ao dispor que "a personalidade civil da pessoa começa do nascimento com vida; mas a lei põe a salvo, desde a concepção, os direitos do nascituro", procura resguardar tão somente direitos de natureza extrapenal, dos quais podem ser lembrados o direito à personalidade e o direito à herança. Do ponto de vista penal, contudo, a questão deve ser enfrentada sob outra perspectiva, qual seja, a do *início da gravidez*. Entenda-se: para se delimitar o âmbito de proteção do crime de aborto, é preciso, em primeiro lugar, compreendê-lo. O crime de aborto é, por definição legal, a interrupção da gravidez humana com a expulsão e morte do feto. Pressupõe, portanto, o estado gravídico.

O *processo de gravidez*, se não fixado em dispositivos legais, pode ser determinado por meio da análise da literatura médica. Referido processo, cuida-se, então, de *elemento normativo do tipo penal*, porquanto requer uma valoração apoiada em bases científicas.

De acordo com a Medicina, a gravidez inicia-se com a fecundação do óvulo pelo espermatozoide, dando-se, a partir daí, o desenvolvimento do ser gerado no útero

6 Nesse sentido, entre outros, Edgardo Alberto Donna, op. cit., t. I, p. 22-23 e, no Brasil. *Lições de direito penal*, v. 1, p. 127.

materno até culminar com seu nascimento. Não se pode ignorar, ainda, a possibilidade real de gestação em laboratório, em face dos avanços da ciência médica.

Na doutrina penal brasileira, aliás, predomina o entendimento de que a proteção penal do aborto inicia-se com a *fecundação* (união dos gametas masculino e feminino na trompa, formando-se o ovo)[7].

Registre-se que o Conselho Federal de Medicina aprovou, em 2007, resolução regulamentando a utilização do método contraceptivo de emergência conhecido como "pílula do dia seguinte", reconhecendo não possuir este caráter abortivo, justamente porque atua de modo a impedir a união dos gametas e, portanto, a formação do ovo, e não sua implantação no útero, ou seja, a nidação[8].

Na literatura jurídico-penal estrangeira, todavia, o entendimento preponderante, ao menos nos países de língua germânica e espanhola, é no sentido de que somente quando implantado o ovo no útero materno, evento denominado de *nidação*[9], tem início a proteção penal da vida humana intrauterina. Conforme acentua Claus Roxin, "o impedimento intencional da nidação, por meio de pílulas ou espirais, é impune segundo o Direito alemão (§ 218, I, 2, StGB), de modo que, antes da implantação no útero, o embrião carece de qualquer tutela"[10].

2.2. O início da vida humana extrauterina

A delimitação da fronteira entre vida humana intra e extrauterina representa questão decisiva no tratamento penal.

---

7 Cf., por todos, Damásio de Jesus: "A proteção penal ocorre desde a fase em que as células germinais se fundem, com a resultante constituição do ovo, até aquela em que se inicia o processo de parto" (*Direito penal:* parte especial, p. 122). É de ver que a Convenção Americana de Direitos Humanos (Pacto de San José da Costa Rica), da qual o Brasil é signatário, determina que "toda pessoa tem o direito de que se respeite sua vida. Esse direito deve ser protegido pela lei e, em geral, desde o momento da concepção" (art. 4º, n. 1).

8 Cuida-se da Resolução n. 1.811, de 2006, publicada no *DOU* de17-1-2007.

9 Normalmente, a nidação se dá no 13º dia após a fecundação.

10 *A tutela penal da vida humana*, p. 15. Cite-se, a título ilustrativo, *leading case* proferido pelo Tribunal Constitucional Federal alemão, em que se compreendeu que a vida do ente não nascido desfruta de proteção derivada da dignidade da pessoa humana desde a nidação: "A dignidade humana compreende a vida humana dependente, e não somente a vida humana posterior ao nascimento ou com uma personalidade já formada. (...) Não é necessário decidir se, como sugerem os conhecimentos da antropologia médica, a vida humana já surge com a fusão do óvulo e do espermatozoide. O objeto dos preceitos impugnados é o aborto e, em particular, a regulação penal; é importante para a decisão, portanto, somente o período de tempo da gravidez. Este abarca, de acordo com as disposições do Código Penal – não contestadas pelo recorrente e carentes de déficit de constitucionalidade – desde a conclusão da nidação do óvulo fecundado no ovário (...) até o início do parto" (*BverfGE*, NJW 1984, p. 419-422, apud Edgardo Alberto Donna, op. cit., t. I, p. 21).

Isto porque, como já dissemos, a tutela criminal do nascituro se dá por meio da tipificação do crime de aborto (CP, arts. 124 a 127). Depois do nascimento, a ocisão da vida do neonato pode caracterizar crime de infanticídio (CP, art. 123), de rara ocorrência, como se estudará oportunamente, ou homicídio (CP, art. 121), doloso ou culposo.

A pena cominada ao homicídio é consideravelmente superior àquela prevista para o aborto, fazendo com que a morte do neonato seja punida de maneira muito mais severa que a supressão da vida do feto.

Deve-se ponderar, ainda, que o aborto somente é definido como crime doloso (diferentemente do homicídio). Lembre-se que o Código Penal, no art. 18, parágrafo único, deixa claro que as infrações penais são tipificadas somente na forma dolosa, salvo quando houver expressa disposição incriminando a conduta na modalidade culposa (isto é, a produção do resultado mediante imprudência, negligência ou imperícia). O homicídio contém semelhante disposição (art. 121, § 3º), mas o mesmo não ocorre com o aborto.

Assim, se o médico, por imperícia, provocar a morte do ser, antes do nascimento, o fato será penalmente atípico (repita-se: a lei penal não pune o aborto culposo). Se isso ocorrer, todavia, após o nascimento, ainda que nos primeiros minutos, haverá homicídio culposo.

Além disso, o Código somente criminaliza ofensas à saúde e à integridade corporal alheia (CP, art. 129), quando se trata a vítima de *pessoa nascida*. Não há proteção criminal contra lesões ao nascituro[11].

Daí por que se o médico recomenda à gestante que ingira medicamento em doses equivocadamente ministradas, agindo de maneira imperita, e daí resulta deformações no feto ou agressões à sua saúde, o ato será penalmente irrelevante. O mesmo não ocorrerá se a criança nasceu e o médico aplicou, em evidente equívoco, droga ao neonato em quantidade excessiva, prejudicando-lhe a saúde.

Não se trata, então, de mera frivolidade ou discussão puramente acadêmica delimitar o início da vida humana extrauterina (e, por consequência, a ampla proteção penal do ser nascente).

Boa parte dos penalistas considera que o nascimento se dá quando a criança sai, fisicamente, do útero materno. Isto é, quando atravessa o canal vaginal (parto normal) ou quando é retirada do ventre da mãe (cesariana).

Outros pensam que a distinção encontra-se no conceito de vida humana dependente ou independente. Assim, o aborto se dirige à tutela da primeira, que ocorre enquanto o sujeito passivo encontra-se ligado ao corpo da mãe e é por meio deste que se mantém vivo. O homicídio (infanticídio e lesões corporais) só pode ocorrer quando

[11] Há legislações que, a contrário da nossa, incriminam lesões corporais ao feto, como é o caso do Código Penal espanhol (arts. 157 e 158). Para uma análise mais detalhada, *vide* estudo do sujeito passivo no crime do art. 129 do CP, *infra*.

a vida torna-se independente, isto é, quando o feto foi expulso, dando-se o corte do cordão umbilical.

Há quem entenda, por fim, que já nas primeiras contrações do parto tem início o nascimento, razão pela qual, a partir daí, agressões ao ser nascente seriam qualificadas como infanticídio, homicídio (doloso ou culposo) ou lesão corporal (dolosa ou culposa).

A solução, parece-nos, está em considerar que o alcance do tipo penal dos arts. 121, 123 e 129 do CP se dá a partir do *começo do nascimento*, ou seja, quando das primeiras contrações expulsivas, em que o feto começa o procedimento de saída do útero materno, ou com a primeira incisão efetuada pelo médico no ventre da mulher, no caso de cesariana.

Dessa forma, por exemplo, eventual lesão provocada na criança, desde o momento acima indicado, poderá ser enquadrada no art. 129 do CP.

Cezar Roberto Bitencourt possui opinião semelhante, assinalando como marco decisivo para a caracterização do homicídio o início do parto, o qual identifica com o "rompimento do *saco amniótico*"[12].

Cabe acrescentar, ainda, um argumento que nos parece decisivo. O art. 123 do CP define como crime de infanticídio o ato da mãe que, *durante o parto ou logo após*, mata o próprio filho, sob a influência do estado puerperal. Significa que, *desde o início do parto, cessa o alcance do tipo penal do crime de aborto*, passando a operar a tutela do sujeito passivo sob o influxo de outras normas penais, no caso, o art. 123 do CP e, junto com ele, o art. 121 (que se excluem mutuamente, isto é, se há infanticídio não há homicídio e vice-versa).

2.3. O fim da vida (a morte encefálica)

A definição do fim da vida humana encontra-se, no direito brasileiro, claramente delimitada. Com efeito, pode ela ser extraída do art. 3º da Lei n. 9.434, de 4-2-1997, que cuida do transplante de órgãos. Referido Diploma autoriza, mediante certas condições, a retirada de órgãos *post mortem*, para efeito de doá-los a outras pessoas[13].

A extração do órgão somente pode se dar depois de constatado diagnóstico médico de morte encefálica. O diagnóstico deve ser atestado por dois médicos,

---

[12] *Tratado de direito penal:* parte especial, v. 2, p. 24. O Tribunal de Justiça de São Paulo já decidiu que "O parto começa com a dilatação, em que se apresentam as circunstâncias caracterizadoras das dores e da dilatação do colo do útero. Após, vem a fase de expulsão, em que o nascente é impelido para a parte externa do útero. Por último, há a expulsão da placenta. O parto está terminado. A morte do sujeito passivo, em qualquer dessas fases, constitui infanticídio" (*JTJ*-Lex, 198/294).

[13] O art. 3º da Lei n. 9.434, de 1997, dispõe: "Art. 3º A retirada *post mortem* de tecidos, órgãos ou partes do corpo humano destinados a transplante ou tratamento deverá ser precedida de diagnóstico de morte encefálica, constatada e registrada por dois médicos não participantes das equipes de remoção e transplante, mediante a utilização de critérios clínicos e tecnológicos definidos por resolução do Conselho Federal de Medicina".

diversos daqueles que atuarão na remoção e no transplante do órgão, os quais se baseiam nos parâmetros estabelecidos na Resolução n. 1.480, de 1997, do Conselho Federal de Medicina. Conforme descreve a mencionada Lei, com o diagnóstico citado, dar-se-á a retirada do órgão *post mortem*. Daí se vê que a morte dá-se com a irreparável lesão ao funcionamento do cérebro.

Esse conceito jurídico encontra apoio científico e é adotado na grande maioria dos países.

Como pondera Donna, "a análise científica do corpo facilitou a conclusão de que a morte surja como um processo vinculado à perda da circulação cerebral. A ideia da morte cerebral se deve, como se disse anteriormente, ao problema dos transplantes de órgãos... As possibilidades da medicina levaram à demonstração de que o corpo aparece como uma construção determinada pelo cérebro. Por tal motivo, chegou-se a um acordo, científico e ético a respeito, que se traduz nas legislações modernas"[14].

Figueiredo Dias, assevera que o fundamento jurídico a favor do critério da morte cerebral é que, segundo o estado atual dos conhecimentos científicos, esta situação representa a irreversibilidade da ausência de vida. "Morte é assim, para o efeito aqui em questão, a destruição anatômica estrutural do cérebro na sua totalidade; nunca, portanto, uma mera lesão cerebral (por mais grave que seja) ou mesmo a chamada 'morte neocortical'"[15].

2.4. O feto anencefálico ou anencéfalo

Pode-se reputar aborto a expulsão voluntária do ventre materno, antes do término da gestão, de um feto anencéfalo?

Cuida-se de um assunto altamente polêmico, que suscitou, ao longo dos anos, acaloradas discussões. Evidente que a análise que se deve empreender não pode ser calcada em bases religiosas ou morais, senão puramente jurídicas.

---

[14] Op. cit., t. I, p. 23.

[15] *Comentário conimbricense do Código Penal:* parte especial, t. I, p. 10. A Resolução n. 1.480, de 1997, do Conselho Federal de Medicina, dos vários critérios que exige para a aferição do diagnóstico de morte cerebral, deixa claro que referido estado pressupõe a constatação de um processo irreversível e de causa conhecida (art. 3º). Exige, ainda, a verificação de "coma aperceptivo com ausência de atividade motora supraespinal e apneia" (art. 4º). Estabelece avaliações a serem feitas segundo intervalos variáveis conforme a idade do falecido (art. 5º) e menciona que exames complementares para confirmação do diagnóstico deverão demonstrar "de forma inequívoca": "a) ausência de atividade elétrica cerebral ou b) ausência de atividade metabólica cerebral ou c) ausência de perfusão sanguínea cerebral". Enrique Gimbernat Ordeig, em escrito publicado pela primeira vez em 1988, intitulado *Eutanásia e direito penal*, já ponderava a respeito desse critério asseverando que a morte cerebral "é o momento no qual, médica e juridicamente, determina-se o falecimento de uma pessoa" (in *Vida e morte no direito penal*, p. 2).

É de ver, nesse sentido, que não se pode falar em crime de aborto, segundo nos parece, em tais casos. Se nosso direito positivo considera morta a pessoa que foi diagnosticada com morte encefálica, como se pode compreender como ser vivo o feto que não possui encéfalo em sua caixa craniana?

Vale dizer que, do ponto de vista da estrita tipicidade (formal e material), o ato do médico que, com o consentimento válido da gestante, depois de certificar-se mediante diagnóstico seguro que o produto da concepção é um ser desprovido de encéfalo, o suprime, antecipando sua expulsão, não comete crime de aborto.

Há, ainda, outras questões que costumam ser suscitadas.

Para um setor da doutrina, o tema deve ser abordado sob a ótica da culpabilidade, pois não é exigível da gestante suportar um processo gravídico sabendo que o ser não terá nenhuma condição de vida extrauterina. Haveria, destarte, uma causa supralegal de inexigibilidade de conduta diversa.

De qualquer modo, deve-se assinalar que o *Supremo Tribunal Federal pacificou a questão no julgamento da ADPF n. 54, ao considerar inconstitucional a interpretação segundo a qual a interrupção da gravidez de feto anencefálico tipifica os arts. 124, 126 e 128, I e II, do CP.* Para a Corte Máxima, a gestante tem o direito de efetuar a antecipação terapêutica do parto em tais situações, sem a necessidade de obter prévia autorização judicial ou de qualquer órgão do Estado, mostrando-se suficiente diagnóstico efetuado por profissional habilitado, nos termos da Resolução n. 1.752/2004 do Conselho Federal de Medicina.

3. A INDISPENSABILIDADE DA PROTEÇÃO JURÍDICA DA VIDA HUMANA

Formule-se uma hipótese absurda: o legislador brasileiro decide simplesmente revogar o Capítulo I do Título I da Parte Especial do Código Penal, sem definir quaisquer infrações penais no lugar dos dispositivos revogados. Imagine-se: de um dia para o outro, não haveria mais crimes contra a vida no Direito Penal brasileiro. Se uma pessoa matasse outra dolosamente, portanto, seu comportamento não teria repercussão na órbita do Direito Penal, somente na esfera cível!

Será admissível um nível de desproteção tamanho, que retire das leis penais a tutela da vida humana?

É evidente que não.

Qualquer lei com semelhante teor seria irrefragavelmente inconstitucional.

O direito à vida é inviolável, nos expressos termos constitucionais (art. 5º, *caput*). Haveria, ademais, desrespeito ao princípio constitucional da proporcionalidade, que se traduz (não só) na proibição do excesso e (sobretudo) na proibição de proteção deficiente (ou de infradimensionamento). Referido princípio é imanente ao Estado Democrático de Direito (CF, art. 1º), ao qual se atribui a missão de servir como "ferramenta hermenêutica incorporada ao processo decisório com aptidão bastante a sindicar uma determinada medida – de caráter coativo, em nossa hipótese de estudo – assumida para a consecução de um específico fim"[16].

Não se deve confundir proporcionalidade com razoabilidade. Esta refere-se especificamente à questão do controle do abuso, realizada em face de situações extremas e inequívocas. Já a proporcionalidade contém formulação teórica mais apurada e se dá em três dimensões: juízo de adequação, de necessidade e de proporcionalidade em sentido estrito.

O *princípio da proporcionalidade* desdobra-se em *adequação* (idoneidade da medida adotada), *necessidade* (exigibilidade do meio adotado) e *proporcionalidade em sentido estrito* (comparação da restrição imposta com a ofensa praticada).

O exame desses elementos conduz ao teste de proporcionalidade.

Com respeito à adequação ou idoneidade da medida, deve-se verificar se os meios utilizados pelo legislador são idôneos para a consecução do fim perseguido pela norma. No campo penal, tal adequação se dará quando ficar evidenciado que a norma regula um comportamento socialmente relevante e referido expressa ou implicitamente em algum valor constitucional.

No que toca à necessidade (ou exigibilidade), dever-se-á analisar se os meios lesivos escolhidos pelo legislador são, dentre aqueles eficazes e cabíveis à espécie, os menos gravosos. Em matéria penal, tal aspecto confunde-se com a intervenção mínima ou subsidiariedade do Direito Penal, no sentido de que não se justificará a utilização deste ramo do Direito quando os demais já apresentam alguma solução satisfatória.

Há casos de evidente necessidade da tutela penal, como ocorre com a punição do tráfico de drogas, do homicídio. É de ver que o juízo de suficiência pertence ao legislador e o juiz só pode invalidar um tipo penal com esse fundamento quando houver uma *manifesta* desproporcionalidade.

A necessidade, ademais, enseja dois pontos de vista: não só a proibição do excesso, mas também a vedação de proteção deficiente.

O teste da proporcionalidade se completa com o exame da proporcionalidade em sentido estrito. No âmbito penal, cuida-se de examinar a gravidade da sanção a ser imposta diante do crime praticado. O princípio da insignificância encontra aqui um de seus fundamentos.

O Supremo Tribunal Federal já teve oportunidade de aplicar o princípio da proporcionalidade em temas ligados ao Direito Penal. Foi o que ocorreu, por exemplo,

[16] Luciano Feldens. *A Constituição penal*: a dupla face da proporcionalidade no controle de normas penais, p. 160.

no julgamento da ação direta de inconstitucionalidade ajuizada em face do Estatuto do Desarmamento[17].

O mais claro reflexo da proibição do excesso em matéria penal traduz-se no citado princípio da insignificância, em que comportamentos produtores de lesões ínfimas aos bens juridicamente tutelados consideram-se penalmente atípicos[18].

Há situações, ademais, em que o juiz deve desclassificar determinadas condutas sob pena de uma gritante desproporcionalidade entre a pena prevista e a pouca gravidade do fato. Esse juízo de redimensionamento da adequação típica, todavia, há de ser feito de maneira excepcionalíssima, e mediante uma análise que escape à mera opinião pessoal do julgador, calcando-se em sólidos fundamentos jurídicos e numa apurada interpretação sistemática das leis penais. Pode-se citar, como exemplo, a decisão tomada pela Corte Especial do STJ, no sentido de considerar inconstitucional o preceito secundário do art. 273, § 1º-B, V, do CP (reclusão, de dez a quinze anos, e multa), que pune quem importa, vende, expõe à venda, tem em depósito para vender ou, de qualquer forma, distribui ou entrega a consumo produto terapêutico ou medicinal de procedência ignorada. Para o Tribunal, deve se aplicar a pena prevista no *caput* do art. 33 da Lei n. 11.343/2006 (Lei de Drogas), que é de cinco a quinze anos de reclusão, e multa, com possibilidade de incidência da causa de diminuição de pena do respectivo § 4º (redutor de um sexto a dois terços, aplicável a agente primário, de bons antecedentes, que não se dedique às atividades criminosas nem integre organização criminosa).

A proibição de proteção deficiente (*untermassverbot* ou infradimensionamento) consiste em não se permitir uma deficiência na prestação legislativa, de modo a desproteger bens jurídicos fundamentais. Nessa medida, seria patentemente inconstitucional, por afronta à proporcionalidade, lei que pretendesse descriminalizar os delitos contra a vida.

O Tribunal Constitucional Federal alemão, ademais, decidiu justamente nesse sentido ao apreciar lei aprovada pelo parlamento tedesco que descriminalizava o aborto realizado voluntariamente pela gestante, durante as doze primeiras semanas de gestação.

De acordo com a Corte Constitucional mencionada:

"Determinar, em concreto, o tipo e o alcance da proteção é uma tarefa que incumbe ao legislador. A Constituição propõe como objetivo a proteção, mas não alude em concreto sua delimitação. Não obstante, o legislador deve respeitar a *proibição de*

---

17 ADIn 3.112/DF, rel. Min. Ricardo Lewandowski, Tribunal Pleno, j. 2-5-2007.

18 O Supremo Tribunal Federal vem adotando critérios que nos parecem ajustados para a verificação, em cada caso, sobre a possibilidade de aplicar o princípio. São eles: a) a mínima ofensividade da conduta do agente; b) a nenhuma periculosidade social da ação; c) o reduzido grau de reprovabilidade do comportamento; e d) a inexpressividade da lesão jurídica provocada (cf., entre outros, HC 84.412/SP, rel. Min. Celso de Mello, 2ª T., j. 19-10-2004). Trata-se de vetores objetivos e que devem estar presentes concomitantemente (STF, HC 176.670 AgR, rel. Min. Luiz Fux, 1ª T., j. 13-3-2020, e RHC 146.304 AgR/MS, rel. Min, Ricardo Lewandowski, 2ª T., j. 16-3-2018).

infradimensionamento. (...) É necessária uma proteção adequada – que atenda à existência de bens jurídicos em conflito; o fundamental é que se mostre realmente eficaz"[19].

4. O RESULTADO MORTE FORA DO CAPÍTULO I

Há outros delitos no Código, além daqueles inseridos no Capítulo I (ou mesmo do Título I), em que a morte do ofendido surge como resultado final da conduta delitiva. Trata-se de crimes qualificados pelo resultado.

É o caso, por exemplo, da lesão corporal seguida de morte, que alguns denominam de homicídio preterintencional (CP, art. 129, § 3º). A intenção do agente, neste caso, é de ferir a vítima, mas, acidentalmente (isto é, por culpa), produz-lhe a morte.

Há, ainda, os crimes de abandono de incapaz (CP, art. 133, § 2º), de exposição ou abandono de recém-nascido (CP, art. 134, § 2º), maus-tratos (CP, art. 136, § 2º), roubo (CP, art. 157, § 3º), extorsão (CP, art. 158, § 2º), extorsão qualificada (CP, art. 158, § 3º, parte final), extorsão mediante sequestro (CP, art. 159, § 3º) etc.

São as infrações em que o agente pratica um comportamento visando a um resultado determinado e, além disso, produz a morte do sujeito passivo.

Seja qual for o delito qualificado pelo resultado, só será possível atribuir ao agente o resultado agravador se possível vincular este àquele do ponto de vista objetivo e subjetivo.

A vinculação objetiva se dá mediante dois requisitos: um positivo e outro negativo.

O nexo de causalidade (CP, art. 13, *caput*) funciona como dado (positivo) necessário para se imputar o evento ao autor da conduta. De acordo com o critério legal, todo fator que puder influenciar no resultado será considerado sua causa (teoria da equivalência dos antecedentes, teoria da condição ou teoria da *conditio sine qua non*). A aferição concreta do liame causal se dá mediante um procedimento de eliminação hipotética (aquele em que se abstrai o fator considerado e se verifica, depois de tal eliminação, se o resultado teria ocorrido exatamente como se deu; se a resposta for afirmativa, então o fator examinado em nada influenciou e, destarte, não possui qualquer vínculo causal; se negativa, estará presente a relação de causalidade).

Depois de estabelecido o nexo causal, passa-se-o pelo filtro (negativo) da imputação objetiva, que evita exageros decorrentes da teoria da equivalência dos antecedentes. Deve-se, desta forma, verificar se um dos quatro princípios da imputação objetiva, que atuam como excludentes da imputação do resultado à conduta, estão

---

19 *BverfGE 88, 203* (acórdão de 28-5-1993), in Leonardo Alvarez Álvarez e Benito Aláez Corral, *Las decisiones básicas del Tribunal Constitucional Federal alemán en las encrucijadas del cambio de milenio*, p. 784.

presentes. São eles: o princípio do risco permitido, o princípio da proibição do regresso, o princípio da confiança e o princípio da capacidade (ou competência) da vítima[20].

O estabelecimento do nexo de causalidade, com a confirmação da imputação por meio da análise dos princípios acima enumerados, não satisfaz, contudo, as exigências necessárias para que o agente responda pelo resultado agravador.

É mister, por fim, verificar se o sujeito para ele concorreu com dolo ou culpa, nos exatos termos exigidos pelo art. 19 do CP.

5. O TRIBUNAL DO JÚRI

Compete ao Tribunal do Júri, conforme dispõe o art. 5º, XXXVIII, *d*, da CF, o julgamento dos crimes dolosos contra a vida, tentados ou consumados (e também das infrações conexas, por força do art. 78, I, do CPP).

Por esse motivo, os processos penais relativos a crimes de homicídio (salvo o culposo), participação em suicídio, infanticídio e aborto tramitarão perante o Tribunal Popular.

Importante ressaltar que a participação em automutilação, incluída no tipo penal do art. 122 pela Lei n. 13.968/2019, não é de competência do Júri.

É de ver que há exceções constitucionais à competência do Tribunal Popular. A primeira delas diz respeito a casos de foro por prerrogativa de função previstos na Constituição Federal[21] (assim, por exemplo, se um deputado federal for acusado de cometer homicídio doloso, sendo o fato cometido durante o mandato e tendo relação com a função, será julgado pelo STF, nos termos do art. 102 da CF). Também constitui exceção o julgamento dos crimes militares dolosos contra a vida. Entendem-se por tais os delitos dessa natureza praticados por militares das Forças Armadas, no desempenho de suas funções, seja a vítima civil ou militar (CPM, art. 9º, § 2º). Também se enquadram na categoria de crimes militares dolosos contra a vida aqueles praticados por militares estaduais (policiais militares ou bombeiros militares) contra outro militar, desde que relacionados, direta ou indiretamente, à função. Caberá ao Júri, contudo, julgar militares estaduais por tais infrações, quando cometidas contra civis, mesmo que o fato ocorra no desempenho de suas funções (CF, art. 125, § 4º).

---

[20] Cf. nosso *Direito penal:* parte geral, v. 1.

[21] De ver que, se o foro especial encontrar-se previsto exclusivamente na Constituição do Estado, prevalecerá a competência do Júri para o julgamento do crime doloso contra a vida (por exemplo, homicídio cometido por deputado estadual). Súmula 721 do STF: "A competência constitucional do Tribunal do Júri prevalece sobre o foro por prerrogativa de função estabelecido exclusivamente pela Constituição estadual". No mesmo sentido, a Súmula Vinculante 45 do STF.

O procedimento especial do Júri encontra-se regulado nos arts. 406 a 497 do CPP. Contém duas fases: o sumário da culpa (ou *judicium accusationis*), que compreende desde o oferecimento da denúncia até a decisão de pronúncia; e o juízo da causa (ou *judicium causae*), que se inicia com a preclusão da pronúncia e se encerra com a sessão de julgamento.

Referida sequência de atos processuais pode ser assim resumida:

"*1. SUMÁRIO DA CULPA*

1.1. Fase postulatória

a) Oferecimento da denúncia (ou queixa).

b) Recebimento ou rejeição da denúncia (ou queixa).

c) Citação.

d) Apresentação de resposta escrita, em dez dias.

e) Manifestação da acusação sobre a resposta escrita, em cinco dias (se houver arguição de nulidades ou juntada de documentos).

1.2. Fase final (audiência de instrução, debates e julgamento)

a) Oitiva da vítima.

b) Testemunhas de acusação.

c) Testemunhas de defesa.

d) Interrogatório do réu.

e) Debates orais (20 minutos para a acusação e 20 minutos para a defesa, prorrogáveis por mais 10 minutos).

f) Decisão oral ou em 10 dias, por escrito.

1.3. Decisões a serem proferidas no final do sumário da culpa

a) Pronúncia (art. 413).

b) Impronúncia (art. 414).

c) Absolvição sumária (art. 415).

d) Desclassificação (art. 419).

2. JUÍZO DA CAUSA

2.1. Fase preparatória

a) Preclusão da pronúncia.

b) Intimação das partes para arrolar testemunhas em cinco dias (até o número de cinco), podendo juntar documentos e requerer diligências.

c) Despacho saneador, com elaboração de relatório do processo.

d) Designação de data para julgamento e intimação das partes para a respectiva sessão.

2.2. Sessão de julgamento

2.2.1. Instalação da sessão

a) Verificações iniciais, compreendendo-se o julgamento sobre isenções ou dispensas dos jurados e adiamento do Júri.

b) Presença das partes e testemunhas.

c) Conferência das cédulas.

d) Chamada dos jurados.

e) Anúncio do julgamento.

f) Pregão.

2.2.2. Formação do Conselho de Sentença

a) Advertência.

b) Sorteio.

c) Recusas.

d) Compromisso.

e) Entrega de cópia da pronúncia e decisões confirmatórias e relatório do processo.

2.2.3. Instrução

a) Declarações do ofendido.

b) Testemunhas de acusação.

c) Testemunhas de defesa.

d) Acareações, reconhecimentos, esclarecimentos dos peritos.

e) Leitura de peças.

f) Interrogatório do réu.

2.2.4. Debates

a) Fala inicial da acusação (até 1h30min ou 2h30min).

b) Fala inicial da defesa (até 1h30min ou 2h30min).

c) Réplica (até 1 ou 2 h).

d) Tréplica (até 1 ou 2 h).

2.2.5. Julgamento

a) Esclarecimento aos jurados.

b) Leitura dos quesitos.

c) Votação.

d) Leitura da sentença"[22].

---

[22] Síntese extraída da obra de nossa autoria, intitulada *O novo júri*.

ART. 121 – HOMICÍDIO

"O homicídio é o tipo central dos crimes contra a vida e é o ponto culminante da orografia dos crimes. É o *crime* por excelência. É o padrão da delinquência *violenta* ou *sanguinária*, que representa como que uma reversão atávica às eras primevas, em que a luta pela vida, presumivelmente, se operava com o uso normal dos meios brutais e animalescos. É a mais chocante violação do senso moral médio da humanidade civilizada"[23].

1. DISPOSITIVO LEGAL

Homicídio

Art. 121. Matar alguém:

Pena – reclusão, de 6 (seis) a 20 (vinte) anos.

Caso de diminuição de pena

§ 1º Se o agente comete o crime impelido por motivo de relevante valor social ou moral, ou sob o domínio de violenta emoção, logo em seguida a injusta provocação da vítima, o juiz pode reduzir a pena de um sexto a um terço.

Homicídio qualificado

§ 2º Se o homicídio é cometido:

I – mediante paga ou promessa de recompensa, ou por outro motivo torpe;

II – por motivo fútil;

III – com emprego de veneno, fogo, explosivo, asfixia, tortura ou outro meio insidioso ou cruel, ou de que possa resultar perigo comum;

IV – à traição, de emboscada, ou mediante dissimulação ou outro recurso que dificulte ou torne impossível a defesa do ofendido;

V – para assegurar a execução, a ocultação, a impunidade ou vantagem de outro crime;

Feminicídio

VI – contra a mulher por razões da condição de sexo feminino;

– Inciso acrescido pela Lei n. 13.104, de 2015.

VII – contra autoridade ou agente descrito nos arts. 142 e 144 da Constituição Federal, integrantes do sistema prisional e da Força Nacional de Segurança Pública, no exercício da função ou em decorrência dela, ou contra seu cônjuge, companheiro ou parente consanguíneo até terceiro grau, em razão dessa condição.

– Inciso acrescido pela Lei n. 13.142, de 2015.

Pena – reclusão, de (12) doze a (30) trinta anos.

---

[23] Nelson Hungria, *Comentários ao Código Penal*, ed. de 1942, v. V, p. 23.

§ 2º-A. Considera-se que há razões de condição de sexo feminino quando o crime envolve:

I - violência doméstica e familiar;

II - menosprezo ou discriminação à condição de mulher.

- Parágrafo acrescido pela Lei n. 13.104, de 2015.

Pena - reclusão, de 12 (doze) a 30 (trinta) anos.

Homicídio culposo

§ 3º Se o homicídio é culposo:

Pena - detenção, de 1 (um) a 3 (três) anos.

Aumento de pena

§ 4º No homicídio culposo, a pena é aumentada de um terço, se o crime resulta de inobservância de regra técnica de profissão, arte ou ofício, ou se o agente deixa de prestar imediato socorro à vítima, não procura diminuir as consequências do seu ato, ou foge para evitar prisão em flagrante. Sendo doloso o homicídio, a pena é aumentada de um terço se o crime é praticado contra pessoa menor de 14 (quatorze) ou maior de 60 (sessenta) anos.

§ 5º Na hipótese de homicídio culposo, o juiz poderá deixar de aplicar a pena, se as consequências da infração atingirem o próprio agente de forma tão grave que a sanção penal se torne desnecessária.

§ 6º A pena é aumentada de um terço até a metade se o crime for praticado por milícia privada, sob o pretexto de prestação de serviço de segurança, ou por grupo de extermínio.

§ 7º A pena do feminicídio é aumentada de 1/3 (um terço) até a metade se o crime for praticado:

I - durante a gestação ou nos 3 (três) meses posteriores ao parto;

II - contra pessoa menor de 14 (catorze) anos, maior de 60 (sessenta) anos, com deficiência ou portadora de doenças degenerativas que acarretem condição limitante ou de vulnerabilidade física ou mental;

III - na presença física ou virtual de descendente ou de ascendente da vítima;

IV - em descumprimento das medidas protetivas de urgência previstas nos incisos I, II e III do *caput* do art. 22 da Lei n. 11.340, de 7 de agosto de 2006.

- Parágrafo acrescido pela Lei n. 13.142, de 2015.

- Incisos II a IV decorrentes da Lei n. 13.771, de 2018.

2. CONCEITO

O vocábulo *homicídio* resulta da conjugação das expressões latinas *hominis excidium* (extermínio do homem).

Os autores clássicos o definiam como a violenta ocisão de um homem, injusta ou indevidamente praticada por outro.

A inserção do elemento "injusta" ou "indevida" na definição doutrinária mostra-se de todo incorreta. Deve-se lembrar que a compreensão do tipo penal não abrange aspectos ligados à antijuridicidade do comportamento. Se a lei descreve-o como o ato de "matar alguém", o conceito deve jungir-se ao *ato humano consistente na supressão da vida humana extrauterina alheia.*

3. VALOR PROTEGIDO (OBJETIVIDADE JURÍDICA)

Conforme se estudou, o tipo penal do art. 121 visa à tutela da *vida humana extrauterina* (*vide* itens 1 e 2, na introdução ao Capítulo 1). Esta se inicia com a primeira contração expulsiva do feto (ou a primeira incisão no ventre materno, quando se tratar de parto cesáreo) e vai até o instante que antecede a morte cerebral.

O interesse na preservação da vida humana deriva, em primeiro lugar, da defesa da dignidade do homem, mas envolve aspectos outros, que interessam à própria coletividade. A subsistência do homem enquanto espécie requer seja dada proteção eficaz ao seu bem maior, daí por que há um interesse da coletividade e, porque não, do próprio Estado, na sua conservação.

Hungria ponderava que "a pessoa humana, sob o duplo ponto de vista material e moral, é um dos mais relevantes objetos da tutela penal. Não a protege o Estado apenas por obséquio ao indivíduo, mas, principalmente, por exigência de indeclinável interesse público ou atinente a elementares condições da vida em sociedade"[24].

4. MODALIDADES DE HOMICÍDIO

O Código Penal contempla as seguintes modalidades de homicídio: homicídio doloso (art. 121, *caput* e §§ 1º e 2º) e homicídio culposo (art. 121, §§ 3º e 4º, primeira parte).

O homicídio doloso divide-se em: a) homicídio simples (art. 121, *caput*); b) homicídio privilegiado (art. 121, § 1º); c) homicídio qualificado (art. 121, § 2º); d) homicídio agravado (art. 121, § 4º, parte final).

O homicídio culposo, em simples (art. 121, § 3º) e homicídio culposo agravado (art. 121, § 4º, primeira parte, e § 6º).

Existe previsão de homicídio culposo no Código de Trânsito Brasileiro – Lei n. 9.503/97, art. 302.

[24] Op. cit., p. 14.

5. SUJEITOS DO DELITO

5.1. Sujeito ativo

Qualquer pessoa pode figurar como sujeito ativo do homicídio. Trata-se, portanto, de *crime comum*.

De ver que essa afirmação corrente na doutrina é perfeitamente aplicável ao homicídio cometido por ação, mas, em se tratando de crime omissivo, deve-se lembrar que a morte só poderá ser imputada a quem detiver o dever jurídico de evitar o resultado.

O art. 13, § 2º, do CP dispõe que o omitente só responde pelo resultado quando podia e devia agir para evitá-lo, dando-se tal dever quando alguém possuir por lei obrigação de proteção, cuidado ou vigilância, quando a pessoa de qualquer forma se comprometer a evitar o resultado ou, com sua conduta anterior, criar o risco da ocorrência da morte.

Assim, por exemplo, responde pelo óbito da criança o pai que, inerte, assiste ao afogamento do filho, ou o salva-vidas que nada faz para salvar a vida do banhista; algum espectador que somente assiste à cena, não tendo dever de evitar o resultado, não comete homicídio, muito embora possa ser responsabilizado por omissão de socorro (CP, art. 135).

Interessante questão formulada pela doutrina (de improvável ocorrência, contudo) é a do homicídio praticado por gêmeo xifópago (ou siameses). Imagine que um deles tire a vida intencionalmente de uma pessoa, apesar da sincera oposição do outro. Nesse caso, a questão fundamental que se colocará será: deve-se condenar um culpado (o autor do homicídio) e, ao mesmo tempo, punir um inocente (o irmão que se opôs ao ato) ou absolver um culpado para livrar um inocente?

Pensamos que a segunda solução é a única compatível com nosso ordenamento jurídico. Deve-se lembrar, nesse sentido, que a liberdade constitui bem fundamental do homem, como o reconhece a Constituição e o Código de Processo Penal. Note-se que a lei processual penal autoriza que seja cassada uma condenação criminal transitada em julgado, visando a reparar um erro judiciário em favor do réu (*pro reo*), mas proíbe a modificação da coisa julgada penal contra o acusado (*pro societate*). Isso demonstra que, na escala de valores, a tutela da liberdade com a proteção do inocente sobrepõe-se à satisfação do direito de punir.

Com relação à pessoa jurídica, esta não pode ser autora (ou partícipe) do delito do art. 121 do CP. Muito embora seja possível a responsabilidade penal da pessoa jurídica, em nosso sentir, haja vista a disciplina constitucional da matéria (arts. 225, § 3º, e 173, § 5º), esta somente pode se dar nos estritos limites autorizados pela Lei Maior (crimes ambientais e contra a ordem econômica), merecendo registro o fato de que somente no que toca às infrações contra o meio ambiente é que se deu a necessária regulamentação (cf. Lei n. 9.605/98).

5.2. Sujeito passivo

Qualquer pessoa pode ser sujeito passivo do homicídio, *desde o início do nascimento*, que, segundo cremos, ocorre com a primeira contração expulsiva do feto ou com a primeira incisão no caso de parto cesáreo (ou seja, início do parto)[25].

Quando o agente, durante o parto, suprime a vida do feto, ocorre o chamado ***feticídio***[26].

A morte do pai provocada pelo filho, por sua vez, é designada como ***parricídio***. Nosso Código, diferentemente de outras legislações, sobretudo no passado, não o pune de maneira mais severa, salvo quanto à incidência de uma agravante genérica, decorrente do art. 61, II, *e*, primeira figura. Deve-se lembrar que a ocisão da vida do genitor por sua cria pode encontrar causas que, se não justificam, também não revelam maior censurabilidade no ato. Imagine-se o filho que mata o pai, depois de este agredir violentamente a mãe, mutilando-a[27].

Entende-se por ***fratricídio*** a morte de um irmão provocada pelo outro e ***uxoricídio*** o assassinato da mulher por seu cônjuge.

Denomina-se ***femicídio***, ainda, o ato praticado contra mulheres (independentemente do motivo ou das circunstâncias) e ***feminicídio*** aquele cometido contra pessoa do gênero feminino, seja por envolver situação configuradora de violência doméstica ou familiar, nos termos da Lei Maria da Penha (Lei n. 11.340/2006), seja por se relacionar com menosprezo ou discriminação à condição de "mulher" (nesse caso, conforme se estudará abaixo, o homicídio será qualificado).

---

25 A jurisprudência já entendeu que a proteção penal do homicídio começa com o início do parto, o qual coincidiria com o rompimento do saco amniótico: "Pode ser qualquer pessoa, ou seja, qualquer ser vivo, nascido de mulher. Antes do nascimento não há crime de homicídio, mas, sim, de aborto. Todavia, a morte do feto durante o parto configura o crime de homicídio, a menos que seja praticada pela própria mãe, sob a influência do estado puerperal, caso em que o crime a identificar-se será infanticídio. Desde o início do parto (que se dá com o rompimento do saco amniótico) a morte do feto constituirá homicídio" (*RT* 729/571).

Nesse mesmo sentido, o STJ já decidiu que "iniciado o trabalho de parto, não há falar mais em aborto, mas em homicídio ou infanticídio, conforme o caso, pois não se mostra necessário que o nascituro tenha respirado para configurar o crime de homicídio, notadamente quando existem nos autos outros elementos para demonstrar a vida do ser nascente" (STJ, HC 228.998/MG, rel. Min. Marco Aurélio Bellizze, 5ª T., j. 23-10-2012, *DJe* de 30-10-2012).

26 De ver que esse ato não se confunde com o aborto (CP, art. 124 a 127), que consiste na supressão da vida humana **intrauterina**, antes da entrada da mulher em trabalho de parto. Distingue-se, ainda, do infanticídio (CP, art. 123), o qual somente pode ser praticado pela mãe, agindo esta, durante o parto ou logo após, sob a influência do estado puerperal.

27 É evidente que não se trata de legítima defesa, situação que justificaria o ato e conduziria à absolvição do agente. Note que o filho tira a vida de seu genitor *depois* da agressão perpetrada contra a mãe.

Não importa a idade do ofendido ou mesmo seu estado de saúde ou grau de vitalidade. A antecipação da morte de um *moribundo* constitui homicídio, porque, como lembrava Hungria, citando Impallomeni, "uma vida não deixa de ser uma vida porque esteja próxima a extinguir-se"[28]. Deve-se ponderar que tendo o ofendido idade igual ou superior a 60 anos (ou menos de 14), aplica-se a causa de aumento de pena (um terço) prevista na parte final do § 4º do art. 121 do CP.

A proteção penal estende-se inclusive para *pessoas condenadas à morte*. É de ver que nossa Constituição veda a pena capital, salvo em caso de guerra declarada. Imagine-se, então, se alguém tirar a vida de um condenado no "corredor da morte". Haverá homicídio? Sem dúvida. Enquanto não se levar a cabo o procedimento estatal necessário à execução da sanção imposta, tem plena aplicação a norma em estudo.

Considera-se, ainda, que o *Estado é sujeito passivo secundário*. Em primeiro lugar, todo o crime representa uma violação ao ordenamento jurídico, o que, por si só, desperta interesse do Estado e o insere como sujeito passivo mediato. Além disso, a sociedade e o próprio Estado têm interesse na proteção da vida humana, dado indispensável para a conservação da espécie e do corpo social.

Tratando-se da ocisão da vida de um *gêmeo siamês ou xifópago*[29], haverá dois crimes de homicídio doloso, ainda que o agente deseje somente tirar a vida de um deles. Isto porque o óbito do irmão, neste caso, figurará como consequência secundária inerente ao meio escolhido (dolo de segundo grau).

O dolo direto abrange não só o objetivo perseguido pelo sujeito (dolo de primeiro grau), mas também os meios escolhidos para a consecução desse fim e as consequências secundárias inerentemente ligadas aos meios escolhidos (dolo de segundo grau ou dolo de consequências secundárias).

Não se pode confundir o dolo direito de segundo grau com o dolo eventual. No dolo de segundo grau as consequências secundárias são *inerentes* aos meios escolhidos.

Imagine um terrorista que, pretendendo matar um importante líder político, decida colocar uma bomba no automóvel oficial e, com a explosão, provoque a morte de ambos[30]. Haverá dolo direto com relação às duas mortes: a do líder político será imputada a título de dolo direto de primeiro grau e a do motorista, de segundo grau. Neste exemplo, o emprego da bomba resultará, obrigatoriamente, na morte do líder político e de seu motorista. Já no dolo eventual, que se verifica quando alguém assume o risco de produzir determinado resultado (embora não o deseje), o resultado não é inerente ao meio escolhido; cuida-se de um evento que pode ou não ocorrer. Suponha,

---

[28] Op. cit., p. 32.

[29] "No caso de indivíduos duplos ou xifópagos, ter-se-á sempre um duplo homicídio doloso, ainda que a ação imediata do criminoso tenha atingido um só dos seres unidos" (Nelson Hungria, op. cit., p. 33, nota de rodapé n. 14).

[30] Exemplo de Cezar Roberto Bitencourt, *Tratado de direito penal*: parte geral, p. 272.

no exemplo mencionado, que quando da explosão uma motocicleta passava ao lado do automóvel oficial, o que provoca a morte do motociclista (nesse caso, haverá dolo eventual, pois o falecimento deste não era inerente ao meio escolhido).

5.2.1. Sujeito passivo especial

O termo **sujeito passivo especial** designa situações em que **alguma característica da vítima gera reflexos na punição do agente**, tendo em vista a **incidência** de alguma **qualificadora ou causa de aumento prevista no tipo penal**, isto é, de situações que acarretam um **especial** agravamento na pena cabível ao autor.

Isto ocorre nos seguintes casos:

a) quando a vítima for menor de 14 anos ou maior de 60, ao tempo da ação ou omissão tendente ao resultado (CP, art. 4º): configura-se, nessa hipótese, homicídio doloso agravado (ou majorado), em que a pena do delito é aumentada de um terço;

b) quando o crime é cometido contra "mulher", em razão da condição do sexo feminino (abarcando transexuais e travestis que se declaram perante o registro civil como do sexo feminino, sem a necessidade da realização de cirurgia de readequação do sexo): ocorre o feminicídio, forma qualificada de homicídio prevista no inciso VI do § 2º do art. 121 do CP;

c) quando o ofendido for autoridade ou agente integrante das Forças Armadas, dos órgãos policiais, do sistema prisional, da Guarda Municipal, da Força Nacional de Segurança Pública ou do Corpo de Bombeiros Militar ou seu cônjuge, ou companheiro, ou familiar até o terceiro grau (e o fato guardar relação com as funções públicas citadas): aplica-se a qualificadora do "homicídio funcional", contida no art. 121, § 2º, inciso VII, do CP.

Se o homicídio é cometido **contra ascendente, descendente, cônjuge ou irmão**, dá-se a presença de uma **agravante genérica**, por força do art. 61, inciso II, letra *e*, do CP. Em tais situações, porém, não há propriamente um sujeito passivo "especial", no sentido em que empregamos a expressão, porquanto tais fatores não se encontram regulados na Parte Especial do Código, atrelados à tipificação do homicídio, mas constituem circunstâncias agravantes aplicáveis, em regra, a toda e qualquer infração penal.

Casos há em que a qualidade específica do sujeito passivo faz com que exista outra figura penal. Isto ocorre quando o delito é cometido contra a vida do Presidente da República, da Câmara dos Deputados, do Senado Federal ou do Supremo Tribunal Federal. O fato será classificado como crime contra a segurança nacional, subsumindo-se ao art. 29 da Lei n. 7.170/83. Se o agente, contudo, desconhecer que se trata de tais pessoas, será enquadrado no art. 121 do CP. Ocorrerá erro de tipo (CP, art. 20, *caput*). Lembre-se que o erro de tipo dá-se quando o agente se equivoca sobre dados essenciais da figura típica, praticando uma conduta sem se dar conta da presença daquela situação prevista no dispositivo legal. Esse erro afasta o dolo com relação à morte do Presidente da República etc. Subsiste, contudo, o delito do Código Penal, porquanto, apesar do erro, o agente tem perfeita noção que realiza ato tendente a suprimir a vida humana alheia.

Diferente seria a situação daquele que, acreditando estar diante de um animal irracional, dispara contra este, para matá-lo, mas, sem se dar conta disso, tira a vida de outro ser humano. Nesse caso, o erro impediria o agente de perceber que comete um homicídio, excluindo o dolo desse crime. Poder-se-ia se cogitar, contudo, de punição do autor por homicídio culposo, desde que se apure que, na situação concreta, o erro poderia ter sido evitado por uma pessoa de mediana prudência e discernimento (erro de tipo vencível).

6. TIPO OBJETIVO

A conduta básica do homicídio se traduz na expressão "*matar alguém*".

O delito pode ser cometido por qualquer meio, constituindo, bem por isso, *crime de forma livre*.

Existem, portanto, infindáveis meios pelos quais se pode produzir a morte de uma pessoa. Há meios diretos, como a deflagração de disparos de arma de fogo ou a vibração de golpes de instrumento perfurocortante, como facas ou punhais. Existem, também, meios indiretos, como o ato de manter pessoa em local onde não é possível viver em razão da temperatura ou da qualidade do ar.

Pode-se falar, ademais, em meios psíquicos, como o susto que cause emoção violenta ou os atos de terror que levem à morte. Lembre-se, ainda, dos meios patogênicos, como a introdução de vírus no organismo ou aspiração de substância letal.

O ato pode ser cometido, ainda, por meio de omissão, conquanto tenha o agente o dever jurídico de agir para evitar a morte da pessoa (CP, art. 13, § 2º). É o caso da mãe que deixa o filho recém-nascido morrer de inanição ou do médico que nega atendimento a paciente em estado grave, embora tenham plenas condições de fazê-lo.

Como se trata de crime que exige um resultado naturalístico, isto é, a produção de um evento consistente em modificação no mundo exterior provocada pela conduta, é fundamental que exista *nexo de causalidade* entre o comportamento praticado e o resultado produzido.

Nosso Código Penal, desde sua versão original, em 1940, adotou expressamente a teoria da equivalência dos antecedentes ou da *conditio sine qua non*. É o que dispõe o art. 13, *caput*: "O resultado de que depende a existência do crime somente é imputável a quem lhe deu causa. *Considera-se causa a ação ou omissão sem a qual o resultado não teria ocorrido*" (destaque nosso).

Para essa teoria, todos os antecedentes do resultado, ainda que sobre ele tenham exercido mínima influência, serão considerados como sua "causa". A verificação da relação de causalidade baseia-se no processo de eliminação hipotética, vale dizer, quando se pretender examinar a relação causal entre uma conduta e um resultado, basta eliminá-la hipoteticamente e verificar, após, se o resultado teria ou não ocorrido exatamente como se dera. Assim, se depois de retirado mentalmente determinado fator, notar-se que o resultado *não* teria se produzido (ou não teria ocorrido exatamente do mesmo modo), poder-se-á dizer que entre a conduta (mentalmente eliminada) e o resultado houve nexo causal. Por outro lado, se a conclusão for a de que, com ou sem a conduta (hipoteticamente retirada), o resultado teria se produzido do mesmo modo como se deu, então ficará afastada a relação de causalidade[31].

A questão do nexo de causalidade insere-se dentro de um problema de maior alcance, qual seja, o da *imputação*. A análise da imputação visa a estabelecer quais são as bases adequadas para que se possa atribuir um resultado (a morte, no crime de homicídio), a uma determinada conduta. Imputar, dizia Berner[32], significa "pôr nas costas de um sujeito algo objetivo"[33].

Pois bem. A relação de causalidade é o primeiro passo para o juízo de imputação, até porque um mínimo de causalidade é indispensável em qualquer análise do comportamento humano e, sobretudo, porque a lei penal exige sua verificação.

O nexo causal fundado na equivalência dos antecedentes, todavia, conduz a verdadeiros absurdos, como a constatação da existência de liame causal entre a fabricação de uma arma de fogo à morte por ela produzida, ou a atribuição da morte de uma pessoa ao motorista que a atropelou, meses antes, resultando na amputação de sua perna, tendo o óbito ocorrido durante um incêndio em teatro no qual todos se salvaram do fogo, menos esta, por conta de sua dificuldade de locomoção.

Os excessos da relação de causalidade são devidamente evitados com a *teoria da imputação objetiva*. Esta constitui, então, a segunda etapa no juízo de imputação, que somente se confirmará se ausentes os princípios excludentes da responsabilidade penal decorrentes da teoria da imputação objetiva (são estes, o princípio do risco permitido[34], da proibição de regresso[35], da confiança[36] e da capacidade da vítima[37]).

---

[31] *Sublata causa tollitur effectus* (suprimida a causa, cessa o efeito).

[32] Apud Enrique Bacigalupo, *Direito penal*: parte geral, p. 177.

[33] Segundo Kant, "Imputação (*imputatio*) em sentido moral é um juízo mediante o qual alguém é visto como o autor (*actio libera*) de uma ação, que então se denomina fato (*factum*) e está sob a égide das leis" (apud enrique Bacigalupo, op. cit., p. 177). Para Kelsen, "a imputação não consiste noutra coisa senão nesta conexão entre o ilícito e a consequência do ilícito" (*Teoria pura do direito*, p. 91). De ver que não adotado o conceito kelseniano (ou mesmo o kantiano) de imputação.

[34] São exemplos de risco permitido, segundo Gunther Jakobs: a) normas jurídicas que autorizam comportamentos perigosos, como ocorre, por exemplo, com as regras de trânsito de veículos automotores, as práticas desportivas autorizadas ou normas técnicas de atividades industriais; b) fatos socialmente adequados, por exemplo, um passeio de automóvel com amigos ou o ato de levar alguém a uma caminhada por uma montanha; c) fatos relacionados com uma determinada *lex artis*, ou seja, comportamentos praticados com a estrita observância das regras técnicas de uma determinada atividade, como a Medicina ou a Engenharia; e d) autorizações contidas em normas extrapenais, por exemplo, o emprego de desforço imediato na defesa da posse de um bem imóvel.

[35] De acordo com o princípio da confiança, na vida em sociedade, as pessoas não podem ser obrigadas a sempre desconfiar dos outros, supondo constantemente que as demais pessoas não

Se presentes quaisquer destes, ficará afastada a atribuição da morte ao sujeito, apesar da existência da relação de causalidade.

Em outras palavras, a imputação deve acontecer em dois planos: 1º) verifica-se a relação de causalidade com base na equivalência das condições, obedecendo ao disposto no art. 13, *caput*, do CP; 2º) havendo nexo causal, complementa-se o exame da imputação de forma negativa, tanto por intermédio do disposto no art. 13, § 1º, do CP, quanto pelos princípios da imputação objetiva (nos moldes de Jakobs).

No dizer de Enrique Bacigalupo, com o qual concordamos, "a sequência da comprovação da imputação objetiva exige que, de início, se estabeleça uma relação de causalidade entre o resultado típico (por exemplo, interrupção do estado de gravidez, no crime de aborto) e uma determinada ação. Em seguida, deve se verificar: 1º) se essa ação *no momento de sua execução* constituía um perigo juridicamente proibido (se era socialmente inadequada); e 2º) se esse perigo é o que se realizou no resultado típico produzido"[38].

Em síntese: deve-se determinar, inicialmente, a relação de causalidade, nos termos (inafastáveis) do art. 13, *caput*, do CP[39]. Em seguida, deve-se verificar a presença da hipótese do art. 13, § 1º (fator legal que exclui a imputação), e, após, analisar, sob a ótica da imputação objetiva, como fator tendente à restrição da causalidade material[40].

6.1. A prova do fato

O crime de homicídio insere-se na categoria dos *delicta facti permanentis*, vale dizer, *dos crimes que deixam vestígios*.

---

cumprirão seu papel social. Justamente por isso, haverá exclusão da responsabilidade penal quando alguém agir confiando que outrem cumprirá o seu papel. Esse princípio tem aplicação em intervenções médico-cirúrgicas, quando um membro da equipe descumpre seu papel, evitando que os demais sejam punidos por seu erro, e acidentes de trânsito, quando uma das pessoas agiu de maneira correta (isto é, respeitou as regras) e confiou que a outra também o faria, o que não ocorreu e gerou o acidente.

[36] Pelo princípio da proibição do regresso, um comportamento lícito não permite que se impute objetivamente a quem o praticou, atos subsequentes de terceiros; por exemplo, se um motorista de táxi conduz um passageiro até o seu destino, não poderá ser responsabilizado pelas atitudes de outrem (ainda que criminosas), mesmo que tenha tomado conhecimento delas no trajeto.

[37] O princípio da capacidade (ou competência) da vítima faz com que o consentimento do ofendido exclua a imputação do resultado ao agente. Em nosso ordenamento jurídico, tal princípio somente é aplicável quando se tratar de bens jurídicos disponíveis, motivo pelo qual não pode ser utilizado no crime de homicídio.

[38] Op. cit., p. 248.

[39] Nosso Código Penal condiciona a atribuição de um resultado a alguém mediante estabelecimento de uma relação de causalidade material. Trata-se de uma exigência da qual não se pode abrir mão, diante da peremptoriedade do texto legal: "*O resultado de que depende a existência do crime somente é imputável a quem lhe deu causa*".

[40] Predomina dentre os autores brasileiros adeptos da imputação objetiva que ela somente pode ser apreciada após a relação de causalidade.

Aplica-se, portanto, o disposto no art. 158 do CPP, tornando obrigatória a realização do exame de corpo de delito. A falta deste exame, nas infrações que deixam vestígios, traz como consequência a nulidade do processo, como pondera Ada Pellegrini Grinover: "Claríssima também a lei processual penal ao estabelecer a consequência da falta de exame de corpo de delito nas infrações penais que deixam vestígios: trata-se de caso de nulidade expressamente cominada pelo art. 564, inciso III, letra *b*, pois essa perícia é considerada pelo legislador *ato processual essencial*. Não se trata, outrossim, de irregularidade que possa ser sanada pela falta de alegação oportuna ou pela não demonstração de prejuízo (o que não seria também o caso), uma vez que o art. 572 não a incluiu entre os casos de nulidade meramente relativa. A nulidade é, portanto, *absoluta*. (...) Quanto à sua extensão, a apontada nulidade deve atingir exclusivamente a sentença e os atos posteriores a esta, pois a lei processual, salvo exceções expressas (como é o caso do art. 525, CPP), não mais exige o exame pericial do corpo de delito para a propositura da ação penal (*actio non datur nisi constet de corpore delicto*). É, com efeito, a decisão final que não pode ser proferida sem a comprovação pericial da materialidade delitiva"[41].

O art. 158 do CPP esclarece que o exame de corpo de delito pode ser *direto* ou *indireto*. Dá-se o primeiro quando o(s) perito(s) examina(m) diretamente os vestígios deixados pelo delito (ex.: o legista examina o cadáver). É a regra. No caso de haverem desaparecido os vestígios do crime, admite-se, excepcionalmente, a realização do exame indireto. Este se verifica quando o(s) perito(s) elabora(m) o exame por intermédio de elementos secundários em que os vestígios ficaram registrados (ex.: laudo de constatações de lesão corporal e do óbito elaborado com base na ficha clínica de atendimento do paciente no hospital).

O Código de Processo Penal, ainda, autoriza excepcionalmente o suprimento do exame de corpo de delito, direto ou indireto, por prova testemunhal (art. 167). Há casos, como num homicídio em alto-mar, em que o cadáver pode ter sido lançado às águas e a única maneira de se demonstrar sua ocorrência será por meio de prova testemunhal[42].

Há autores que entendem ser a prova testemunhal supletiva (art. 167) o próprio exame de corpo de delito indireto a que alude o art. 158 do CPP. Com a devida vênia, não há como conceber possa a prova testemunhal transmudar sua natureza, mesmo excepcionalmente, para a de prova pericial. Em verdade, basta confrontar a redação dos arts. 158 e 167 do CPP para se notar claramente que exame de corpo de delito indireto e prova testemunhal supletiva não se confundem. A testemunha prevista no art. 167 do CPP é forma excepcional de suprir a falta de exame de corpo de delito, direto ou indireto. Nesse sentido, Adilson Mehmeri: "O depoimento da testemunha

41 *A marcha do processo*, p. 438.

42 O exame de corpo de delito indireto, bem como o suprimento da falta do exame pela prova testemunhal, só se admite em hipóteses excepcionais, nas quais o desaparecimento dos vestígios do crime não possa ser imputado à desídia do Estado.

não perde sua identidade para tornar-se laudo pericial, mas apenas supre sua omissão, sem perda de seus caracteres. É preciso entender que o legislador, no art. 158, cria a binomia: perícia direta e indireta. São obviamente coisas distintas. No art. 167, admite a prova testemunhal, em caráter supletivo, no lugar da prova pericial, sem distinguir a direta da indireta, porque fala de modo genérico: não sendo possível o exame de corpo de delito (não destaca o direto). *Data venia*, não sabemos quais os complexos caminhos que levaram os doutos juristas a excluir sumariamente a perícia indireta, que passou a ser substituída pela prova testemunhal, quando não ocorre a direta. De acordo com esse entendimento, somente esta última poderá ser suprida. Parece-nos esquisitice jurídica transformar uma prova testemunhal em pericial, com o descabido *nomen juris* de perícia indireta: 'o perito, auxiliar do juiz, supre-lhe as insuficiências e não se confunde com a testemunha, porque esta, além de não ser pessoa especializada, deve limitar-se a depor sobre fatos pretéritos, enquanto os peritos fazem verificações sobre fatos presentes'"[43].

Pode-se afirmar, então, "que são três opções diversas apontadas pelo legislador: a) preferência para a perícia direta; b) não sendo possível, por motivos escusáveis, procede-se à indireta, com a colheita dos elementos disponíveis; c) por fim, se também não for possível a realização da prova pericial indireta, a prova testemunhal poderá supletivamente servir como prova material do fato, mediante a coleta de depoimentos que deem conta do ocorrido, principalmente a certeza material do fato"[44].

De lembrar-se, ainda, que por expressa disposição legal, a confissão não pode suprir a falta do exame de corpo de delito.

Registre-se, por derradeiro, que em se tratando de homicídio (ou outras infrações penais com resultado morte), dá-se à perícia o nome de necropsia (art. 162 do CPP).

7. TIPO SUBJETIVO

O elemento subjetivo presente no crime é o dolo, consistente na vontade de concretizar os elementos do tipo penal. Em outras palavras, traduz-se no intuito de suprimir a vida humana alheia. Fala-se, ainda, em *animus necandi* ou *animus occidendi*.

Não é necessário investigar se o agente possuía alguma finalidade ulterior ao provocar a morte da vítima para efeito da existência do crime.

A indagação acerca do motivo, contudo, pode ser relevante para efeito de estabelecer punição mais branda (hipótese de motivos nobres, como o de relevante valor moral) ou severa (como ocorre com o motivo fútil ou torpe).

No homicídio culposo, evidentemente, não há dolo.

---

[43] Prova testemunhal: supletiva ou substitutiva? São Paulo: *SaraivaJur*, 12 out. 2000. Disponível em: <www.saraivajur.com.br/doutrinaArtigosDetalhe.cfm?doutrina=17>. Acesso em: 2 jul. 2008.

[44] Ibidem.

7.1. A aferição do *animus necandi*

A comprovação concreta da intenção de suprimir a vida, elemento subjetivo necessário à configuração do homicídio doloso é questão, por vezes, que se infere por meio do exame de informações objetivas extraídas da conduta. Explica-se: casos há em que o agente não declara a ninguém que pretendia matar a pessoa, pelo contrário, não raro o agente, quando descoberto, procura omitir sua intenção letal; ainda mais se a vítima não faleceu, pois ao sonegar tal informação, buscará lograr ser responsabilizado por crime menos grave, como a lesão corporal (que pressupõe vontade de ferir e não de matar). Em tais situações, é fundamental avaliar a atitude objetivamente considerada, pois os atos, por vezes, falam mais que as palavras. Como dizia o Desembargador Marino Falcão, "é sobre os pressupostos de fato que se há de assentar o processo lógico através do qual se deduz o dolo distintivo do homicídio"[45].

Assim, por exemplo, quem desfere tiros em regiões vitais do corpo humano, como coração ou cabeça, tenciona, inequivocamente, matar[46]. Do mesmo modo o sujeito que, munido de uma faca, vibra golpe de modo a perfurar o abdome ou o peito da vítima[47]. Outros fatores também poderão ser observados, como a quantidade de disparos ou golpes desferidos.

8. CONSUMAÇÃO E TENTATIVA

8.1. Consumação

O homicídio é *crime material*, porquanto somente se consuma com a produção do resultado, isto é, com a morte da vítima.

---

45 TJSP, *RT* 558/299.

46 "O acusado atirou contra região vital (cabeça) do ofendido, evidenciando o *animus necandi* em sua conduta, ainda que a morte tenha ocorrido somente cinco dias após o disparo" (TJMG, *JM* 165/375). "Não há admitir-se a desclassificação de tentativa de homicídio qualificado para lesões corporais na conduta do agente que, acompanhado de outra pessoa, ambas armadas de terçados, desfere golpes violentos contra a vítima, atingindo-lhe a cabeça, desfigurando-lhe a face e quase lhe decepando os membros, pois patenteada a vontade de produzir a morte do ofendido ou, ao menos, a assunção do risco de produzir esse resultado" (TJAP, *RT* 831/619). A região vital também é fundamento para a imputação do homicídio por dolo eventual: "embora não o desejasse diretamente, ao menos o admitiu, aceitando-o, haja vista a região em que lesionou a vítima (no abdômen, região vital do corpo)" (STJ, HC 245.123/SP, rel. Min. Sebastião Reis Júnior, 6ª T., j. 14-5-2013, *DJe* de 23-5-2013).

47 "A conduta do agente de ferir a vítima, repetidamente, com golpes de faca, em regiões delicadas do corpo (hemotórax, costas e região precardiana), denota sério empenho de matar, pelo que não se pode operar a desclassificação do homicídio tentado para lesões corporais" (TJMG, *JM* 162/612). "Ficou demonstrado nos autos que o apelado no momento dos fatos já havia ingerido bebida alcoólica voluntariamente, estando previamente armado de uma faca, após o que passou a agredir as referidas vítimas, caracterizando assim a intenção dolosa do agente de atentar contra a vida das mesmas, demonstrando dessa forma o *animus necandi*, ou seja, a intenção de matar e não apenas de lesioná-las, tendo em vista a gravidade dos ferimentos e a maneira como foram agredidos" (TJAC, *RT* 817/600).

A definição do fim da vida humana encontra-se, no direito brasileiro, claramente delimitada. Com efeito, pode ela ser extraída do art. 3º da Lei n. 9.434, de 4-2-1997, que cuida do transplante de órgãos. Referido Diploma autoriza, mediante certas condições, a retirada de órgãos *post mortem*, para efeito de doá-los a outras pessoas[48].

A extração do órgão somente pode se dar depois de constatado diagnóstico médico de morte encefálica. Nesse momento, a retirada do órgão será *post mortem*. Daí se vê que a morte dá-se com a irreparável lesão ao funcionamento do cérebro.

Esse conceito jurídico encontra apoio científico e é adotado na grande maioria dos países.

Como pondera Donna, "a análise científica do corpo facilitou a conclusão de que a morte surja como um processo vinculado à perda da circulação cerebral. A ideia da morte cerebral se deve, como se disse anteriormente, ao problema dos transplantes de órgãos... As possibilidades da medicina levaram à demonstração de que o corpo aparece como uma construção determinada pelo cérebro. Por tal motivo, chegou-se a um acordo, científico e ético a respeito, que se traduz nas legislações modernas"[49].

8.2. Tentativa

Admite-se, a toda evidência, a forma tentada, até porque o homicídio é *crime plurissubsistente* (ou seja, pode ser praticado por meio de vários atos).

A figura tentada ocorre quando o agente dá início à execução do homicídio, mas a morte não se consuma por circunstâncias alheias à sua vontade. Sabe-se que a pena do crime tentado é a mesma do consumado, reduzida de um a dois terços. Quanto mais próximo da consumação, menor deverá ser a diminuição da sanção.

9. HOMICÍDIO DOLOSO

9.1. Homicídio simples (art. 121, *caput*)

Constitui homicídio simples o ato de matar alguém, tendo o agente o desejo de produzir a morte ou assumido o risco de fazê-lo. O alcance deste tipo penal determina-se por exclusão, isto é, constitui homicídio simples aquele que não é privilegiado (art. 121, § 1º) ou qualificado (art. 121, § 2º).

---

[48] O art. 3º da Lei n. 9.434, de 1997, dispõe que "a retirada *post mortem* de tecidos, órgãos ou partes do corpo humano destinados a transplante ou tratamento deverá ser precedida de diagnóstico de morte encefálica, constatada e registrada por dois médicos não participantes das equipes de remoção e transplante, mediante a utilização de critérios clínicos e tecnológicos definidos por resolução do Conselho Federal de Medicina".

[49] Op. cit., t. I, p. 23.

9.1.1. Homicídio enquanto crime hediondo

De acordo com o art. 1º, I, da Lei n. 8.072/90, o homicídio qualificado e o homicídio simples praticado em atividade típica de grupo de extermínio, ainda que só por um agente, são delitos hediondos.

Curioso notar, porém, **o homicídio cometido em atividade típica de grupo de extermínio nunca será simples**, no sentido técnico, ou seja, nunca se enquadrará no art. 121, *caput*, do CP. Isto porque, mesmo ausente qualquer qualificadora, o fato se enquadrará no art. 121, § 6º, *in fine*, que contém uma causa específica de aumento de pena relativa ao homicídio "praticado por grupo de extermínio"; **o fato será, portanto, homicídio majorado**. Além disso, comportamentos cometidos em semelhante contexto atraem, de regra, a presença de qualificadoras (como o motivo torpe, o recurso que dificulta ou impossibilita a defesa das vítimas etc.).

Os delitos hediondos se submetem a um conjunto de regras penais e processuais penais severas, previstas na Constituição Federal (art. 5º, XLIII), no Código Penal, na Lei de Execução Penal e na Lei dos Crimes Hediondos; são elas:

a) a insuscetibilidade de fiança;

b) a proibição de concessão de anistia, graça e indulto;

c) a autorização para decretação de prisão temporária por trinta dias, prorrogáveis por igual período, em caso de extrema e comprovada necessidade;

d) o cumprimento de pena em regime inicialmente fechado (determinação considerada inconstitucional pelo Supremo Tribunal Federal)[50];

e) a progressão de regimes condicionada ao transcurso de quarenta por cento da pena (se primário) e sessenta por cento (se reincidente específico em crime hediondo ou equiparado);

---

[50] O STF, em junho de 2012, julgou inconstitucional a determinação de cumprimento da pena em regime inicial fechado, disposta na Lei dos Crimes Hediondos (HC 111.840). Para a Corte, a disposição legal é incompatível com o princípio da individualização da pena (CF, art. 5º, XLV), devendo o juiz levar em conta os critérios gerais previstos no Código Penal. Cuida-se de decisão efetuada em controle difuso de constitucionalidade, de modo que somente produz efeito entre as partes. É bem verdade que, em matéria de homicídio qualificado, mencionada decisão pouco influi, pois, mesmo com base nas normas do CP (art. 33), o magistrado terá que impor regime fechado para o começo do cumprimento da reprimenda. Observe-se, ainda, que o STF, em 2015, decidiu ser compatível com a Constituição Federal em idêntica regra contida na Lei de Tortura, isto é, afirmou que a norma responsável por estabelecer – de maneira inflexível – o cumprimento da pena em regime inicialmente fechado para tal delito equiparado a hediondo não ofende o Texto Maior (HC 123.316). Anote-se, por derradeiro, que o STF reiterou o entendimento de 2012 e fixou tese, com repercussão geral, no sentido de que: "É inconstitucional a fixação *ex lege*, com base no art. 2º, parágrafo 1º, da Lei 8.072/201990, do regime inicial fechado, devendo o julgador, quando da condenação, ater-se aos parâmetros previstos no art. 33 do Código Penal" (ARE 1.052.700).

f) a obtenção de livramento condicional somente após o cumprimento de dois terços da pena, salvo se o agente for reincidente em crime hediondo ou assemelhado.

No caso, porém, **de homicídio consumado, que constitui crime hediondo com resultado morte**, há regramento ainda mais rigoroso:

a) a progressão de regimes depende do cumprimento de **cinquenta por cento** da pena (se primário) e **setenta por cento** (se reincidente específico em crime hediondo ou equiparado com resultado morte);

b) **veda-se o livramento condicional** (LEP, art. 112, VII e VIII) **e a saída temporária** (LEP, art. 122, § 2º).

Note que, em se tratando de **homicídio tentado** (qualificado ou cometido em atividade típica de grupo de extermínio), deverá ser aplicada **a regra geral dos crimes hediondos, isto é, não terão incidência os dois efeitos acima citados,** pois não ocorreu "resultado morte". A Lei de Execução Penal, ao tratar da matéria nos incisos VI e VIII do art. 112, exige expressamente que ocorra o evento letal para fins de incidência do regime jurídico mais severo, ao utilizar a expressão "com resultado morte". Desse modo, mesmo em se tratando de tentativa de homicídio qualificado ou cometido por grupo de extermínio, valerão as regras menos severas.

9.2. Homicídio privilegiado (art. 121, § 1º)

Consubstancia-se no ato de praticar homicídio por *motivos nobres* (de *relevante valor moral ou social*) ou *sob domínio de violenta emoção, logo em seguida a injusta provocação da vítima.*

Nesse caso, de acordo com o Código, a pena será reduzida de um sexto até um terço. Isto é, muito embora se convencionou denominar de "homicídio privilegiado", cuida-se de causa de diminuição de pena (conforme indica a rubrica precisa contida no dispositivo legal). Pela dicção do Código, a redução se mostra facultativa ("a pena poderá ser reduzida"), mas, como é pacífico em doutrina e jurisprudência, cuida-se de poder-dever, isto é, uma vez reconhecendo-se que está presente alguma das situações do dispositivo, é compulsória a incidência do redutor.

9.2.1. Motivo de relevante valor social ou moral

Cuida-se do homicídio cometido por razões nobres. Muito embora não *justifiquem* o ato, tanto que a lei o considera criminoso, tornam o agente merecedor de uma pena menor. Não há dúvida que é menor a reprovabilidade de um homicídio quando o agente atua imbuído por relevante valor moral ou social.

Por *valor moral* entende-se aquele que *diz respeito aos interesses pessoais* do agente e merece apoio da moralidade média das pessoas. É o que ocorre, por exemplo, quando o pai mata o agente que estuprou sua filha. O ato não é lícito, obviamente, mas sem dúvida faz jus a uma redução de pena.

A Exposição de Motivos da Parte Especial do Código Penal exemplifica como homicídio cometido por motivo de relevante valor moral a eutanásia (ou homicídio piedoso – ver item 9.2.2, *infra*). Hungria o definia como o praticado "para abreviar piedosamente o irremediável sofrimento da vítima, e a pedido ou com o consentimento desta"[51].

O *valor social* diz respeito ao motivo nobre ligado a questões de *interesse coletivo*, como matar alguém que tenha traído a pátria.

A lei penal foi cautelosa ao exigir que esses motivos sejam *relevantes*. Significa que devem ser importantes, dignos de monta, segundo critérios objetivos (isto é, de acordo com o senso comum).

Deve-se recordar que referidas circunstâncias encontram-se também arroladas no art. 65, III, *a*, do Código, na condição de atenuantes genéricas. Evidente que não terão aplicação ao crime de homicídio, já que, quanto a este, reduzem a pena (critério da especialidade).

Não se pode esquecer, ademais, a diferença entre causa de diminuição (que atua na terceira e última fase da dosimetria da pena e pode levar à imposição da sanção abaixo do mínimo legal) e atenuante (presente na segunda fase da dosimetria, quando é impossível levar a uma pena abaixo do piso legal[52]).

9.2.2. Eutanásia

Considera-se eutanásia, "boa morte", ou homicídio piedoso, aquele praticado por uma pessoa que antecipa a morte de um enfermo em estado terminal, procurando assim evitar que este continue padecendo de intenso sofrimento físico ou psíquico.

Para Jorge Figueiredo Dias, que a admite como lícita em situações excepcionais, trata-se do "auxílio médico à morte de um paciente já incurso num processo de sofrimento cruel e que, segundo o estado dos conhecimentos da medicina e um fundado juízo de prognose médica, conduzirá inevitavelmente à morte"[53].

---

51 Op. cit., p. 115.

52 Nesse sentido a Súmula 231 do STJ: "A incidência da circunstância atenuante não pode conduzir à redução da pena abaixo do mínimo legal".

53 *Comentário conimbricense do Código Penal:* parte especial, t. I, p. 12. Jorge Figueiredo Dias assinala que o conceito moderno de eutanásia fora formulado pela primeira vez por Roger Bacon (1214-1294). Na Antiguidade já se conhecia o instituto, embora com concepção diversa. Para o Direito Romano *volenti non fiat injuria*, o que se realiza com a vontade da vítima não constitui injúria, isto é, ofensa aos seus bens.

Claus Roxin, que admite como lícita a eutanásia em diversas de suas formas (ver abaixo), a define como "a ajuda prestada a uma pessoa gravemente enferma, por seu desejo ou ao menos em atenção à sua vontade presumida, para possibilitar-lhe uma morte humanamente digna em correspondência com suas próprias convicções" (Tratamiento jurídico-penal de la eutanásia, in *El Criminalista Digital. Revista Electrónica de Ciencia Penal y Criminología*, 01, 1999, apud Edgardo Alberto Donna, op. cit., t. I, p. 43). O conceito, segundo nos parece, mostra-se demasiado amplo, abarcando situações que, à luz do Direito Penal brasileiro, configuram inegavelmente ilícitos penais.

A definição do professor lusitano, parece-nos, mostra-se restrita, por não incluir o terceiro (não médico) que interrompe a vida do paciente.

Há duas formas de eutanásia: ativa e passiva. A primeira se divide em ativa direta e indireta. *Todas elas pressupõem o consentimento do doente* (real ou presumido[54]).

Dá-se a *eutanásia ativa direta* com a deflagração de um processo causal que conduz à morte do paciente. Isto é, embora o paciente tenha sido "desenganado" pelos médicos, por não encontrarem suficiente tratamento curativo, não havia se iniciado processo causal algum que conduziria à morte (por exemplo, introdução de injeção letal em pessoa que se encontra em estado de coma irreversível).

Ocorre a *eutanásia ativa indireta (ou eutanásia paliativa)* quando se ministra ao moribundo drogas para aliviar insuportável dor que, ao serem introduzidas no organismo, abreviam de modo não considerável a vida. Nesses casos, a morte não é desejada, embora previsível.

A *eutanásia passiva ou ortotanásia*[55] dá-se com a interrupção do tratamento médico, de modo que não se evite a consecução de um processo causal mórbido já iniciado em razão de alguma doença (por exemplo, desligar os aparelhos de um paciente terminal).

Sob quaisquer de suas formas, no Brasil, a eutanásia (ativa) constitui fato penalmente típico (homicídio privilegiado).

Não se pode acatar, em nosso ordenamento jurídico, a tese de que a pessoa, tendo livre disposição sobre o próprio corpo, pode decidir pelo fim de sua vida, solicitando o auxílio de terceiros.

Acrescente-se que o suicídio constitui ato ilícito para a nossa lei penal. Não se trata de delito (o crime é participar de suicídio alheio e não tentar suicidar-se), mas se cuida de ato que viola a lei. A essa conclusão se pode chegar com a interpretação do art. 146 do CP. Este dispositivo tipifica o constrangimento ilegal (ato de obrigar alguém, contra a sua vontade, a fazer o que a lei não obriga etc.). Pois bem. O inciso II do § 3º do dispositivo diz que não se inclui no artigo a coação empregada para impedir suicídio. Com isso, a lei proclama (implicitamente) a ilicitude do ato de se matar, tanto que a atitude realizada para impedir que alguém o faça não será, jamais, criminosa.

---

54 Dá-se o consentimento presumido quando, pelas circunstâncias objetivas, o paciente não pode expressar-se, mas se pode inferir sua vontade em pôr fim à própria vida em razão do intenso sofrimento a que é submetido. Para efeito de se captar tal consentimento, atuam como elementos indiciários o relato de seus familiares ou declarações manifestadas em vida (por exemplo, disposições de última vontade).

55 Merece registro a diversidade de compreensão na literatura estrangeira acerca do conceito de *ortotanásia*. Jorge Figueiredo Dias entende ser ela sinônimo de eutanásia ativa indireta, ou seja, "a utilização de meios destinados a poupar o moribundo a dores e a sofrimentos – conduzam ou não o paciente a um estado de inconsciência –, quando é previsível um encurtamento eventual e não muito sensível do período de vida como *consequência lateral indesejada*, embora, da subministração dos meios (casos chamados de *eutanásia activa 'indirecta'* ou por vezes também de *ortotanásia*)" (op. cit., p.14).

Deve-se lembrar, ainda, que o Estado tem interesse na preservação da vida das pessoas, motivo por que se trata de bem jurídico indisponível. Bem por isso a lei penal brasileira, seguindo o critério de tantas outras[56], pune a participação em suicídio alheio (CP, art. 122).

A eutanásia ativa direta (exemplo da injeção letal) caracteriza fato penalmente típico, antijurídico e provido de culpabilidade. Cuida-se da situação característica de homicídio piedoso, enquadrada no art. 121, § 1º, do CP. É possível, contudo, a nosso ver, que em situações excepcionalíssimas se aplique a dirimente da inexigibilidade de conduta diversa, como causa supralegal de exclusão da culpabilidade. Imagine-se, por exemplo, que a vítima encontre-se padecendo de constante e insuportável dor, já tendo sido desenganada pelos médicos, quando, a seu pedido, algum parente próximo introduza a injeção letal.

Nos casos de eutanásia ativa indireta a questão pode ser tratada à luz do estado de necessidade (CP, art. 24), o que torna lícita a conduta. Cuida-se da ponderação de bens (ou de deveres jurídicos), pois entram em conflito a manutenção da vida e a dignidade humana, admitindo-se que haja uma breve antecipação da morte com o fim de promover alívio ou conforto ao paciente "desenganado" (direito de morrer dignamente). O Tribunal Penal Federal alemão adotou essa orientação em julgado prolatado em 7 de fevereiro de 2001, conforme registro de Edgardo Donna[57]. Enrique Gimbernat Ordeig já sufragava semelhante posição na década de 1980, ao dizer que "quando o paciente assim a solicita (referindo-se à supressão de sua vida), mediante a eutanásia, protege-se também a 'dignidade da pessoa' (art. 10.1 da Constituição Espanhola), pois ninguém pode estar mais legitimado que o próprio atingido para decidir em uma situação limite onde está a dignidade: em seguir lutando pela sobrevivência ou em renunciar aos cabos, às sondas e aos instrumentos das unidades de cuidado intensivo, para poder morrer em paz. (...) A tese que aqui se sustenta não nega, por conseguinte, que a eutanásia voluntária cumpra formalmente um tipo delitivo (geralmente, o do homicídio consentido do art. 143 do CP) [aludindo ao Código Penal espanhol antes da Reforma de 1995], porém afirma que esse comportamento está justificado por um estado de necessidade, porque, junto à lesão de um único (e, no caso concreto, depreciado) direito fundamental, pressupõe também uma defesa massiva – e prevalente – de outros numerosos interesses constitucionais (livre desenvolvimento da personalidade, dignidade humana etc.)"[58].

A eutanásia passiva ou ortotanásia, conforme já se expôs, caracteriza-se por um ato omissivo, consistente em recusar-se a prolongar a vida próxima do fim, por meio da recusa do paciente a um tratamento médico ou cirurgia. A questão tem relevância sob

---

[56] É o caso da lei penal portuguesa (art. 135), espanhola (art. 143), suíça (art. 115), grega (art. 301), austríaca (§ 78), argentina (art. 83) e chilena (art. 393). No Chile, o fato só é punível criminalmente quando resulta na morte do suicida. Na Alemanha e na Bélgica o fato é penalmente atípico.

[57] Op. cit., t. I, p. 59.

[58] Eutanásia e direito penal, in *Vida e morte no direito penal*, p. 5 e 7.

a ótica da omissão imprópria, isto é, muito embora o profissional não dê ensejo a um processo letal (pois este já se encontra em curso em razão da doença), ele deixa de impedir o óbito, descumprindo seu dever jurídico (CP, art. 13, § 2º).

Se o paciente detiver plena consciência das consequências que a interrupção do tratamento ou não realização do ato cirúrgico possuir e, de modo livre e consciente, recusar-se a receber o tratamento, sua vontade há de ser respeitada. A recusa firme e sincera do paciente faz cessar o dever jurídico do médico.

9.2.3. Violenta emoção

Outra modalidade de homicídio privilegiado é aquele praticado *sob o domínio de violenta emoção, logo em seguida a injusta provocação da vítima.*

A doutrina fala em "homicídio emocional".

São quatro os seus requisitos[59]:

a) estado de violenta emoção;

b) que a violenta emoção domine o agente;

c) que haja uma injusta provocação da vítima;

d) que a reação do homicida seja imediata, isto é, praticada logo em seguida à provocação recebida.

Entende-se por emoção a viva animação dos sentimentos humanos ou a "forte perturbação da afetividade" (Hungria). Semelhante estado está comumente ligado a alterações somáticas ou orgânicas, como uma aceleração do ritmo cardíaco, aumento da irrigação cerebral, tremores, sudorese etc.

A emoção difere da paixão, que representa um estado constante, ao passo que a emoção é sempre transitória.

É preciso que o agente seja completamente tomado pela emoção, comprometendo seu juízo crítico, reduzindo sua *vis electiva* ou seu autocontrole. Daí falar-se em *domínio de violenta emoção.*

Faz-se necessário, ademais, que seja ela *oriunda de um ato injusto da vítima*, dirigido contra o próprio agente ou contra terceiro (pai, filho etc.). É preciso, repita-se,

---

[59] "Simples existência de emoção por parte do agente não basta para o reconhecimento do privilégio do art. 121, § 1º, do CP. Há de restar demonstrado um impulso emocional decorrente de ato injusto da vítima. Exige-se, outrossim, a sucessão imediata entre a provocação e a reação. Se a reação não se exerce incontinenti à ofensa, mas *ex intervallo*, o que a transforma em vingança intempestiva, não há que se falar em homicídio privilegiado" (TJMG, *JM* 165/422). "É certo que três são as condições para que se autorize a diminuição da pena, pelo *homicidium privilegiatum*: 1ª emoção violenta; 2ª injusta provocação da vítima; 3ª sucessão imediata entre a provocação e a reação (Hungria, *op. cit.*, v. 5, p. 131, e *RT* 425/304). Não há se falar, pois, em homicídio privilegiado, se a reação não se exerceu incontinenti à ofensa, mas *ex intervallo*. A mora na reação exclui a causa atenuante, pois, de outro modo, estaria sendo criado um motivo de sistemático favor a criminosos. Nesse sentido, *RT* 390/102 e 460/312" (TJSP, *RJTJSP* 25/487).

que referida provocação obnubile o senso crítico do agente, pois quem é injustamente açulado mas reage a sangue-frio não comete o homicídio emocional.

Hungria ponderava que a injustiça da provocação deveria ser aferida objetivamente, isto é, segundo a opinião de uma pessoa de mediana prudência e discernimento (ou "normal e de boa-fé"). Assim, não haveria a redução de pena se alguém, hipersensível ("alfenim" ou "mimoso"), recebesse uma interpelação incapaz de indignar uma pessoa mediana.

E se o autor da provocação for criança ou deficiente mental (e o agente conhecer essas condições)? Cremos que não há falar-se em homicídio privilegiado, pela inidoneidade do ato praticado para efeito de gerar violenta emoção: "com crianças e loucos, ouvidos moucos"[60].

Deve-se sublinhar, ademais, que a reação deve ser imediata (*in continenti* e não *ex intervallo*). O texto legal exige, nesse sentido, que o fato ocorra *logo em seguida* a injusta provocação da vítima. O intervalo de tempo deve ser exíguo, destarte não se admitindo o privilégio quando o agente demora para reagir. O transcurso de tempo entre a provocação e o homicídio (tentado ou consumado) é indicativo de vingança ou ódio guardado. Nesses casos, todavia, não se pode excluir a aplicação da atenuante prevista no art. 65, III, *c*, parte final (influência de violenta emoção provocada por ato injusto da vítima), justamente porque esta não impõe intervalo de tempo entre o ato provocador do ofendido e a atitude do agente.

É relevante atentar-se ao fato de que a circunstância prevista no art. 121, § 1º, do CP não se comunica aos demais concorrentes da infração penal, aproveitando somente aquele que age movido pelos fatores descritos na norma (cf. art. 30 do CP). Assim, por exemplo, se alguém encontra-se dominado por violenta emoção, depois de ser injustamente provocado pela vítima e, para reagir, pede a terceiro que forneça arma, utilizando-a, só o executor comete homicídio privilegiado.

Na jurisprudência, podem ser colhidos os seguintes exemplos do *privilegium*: a) "*Homicídio privilegiado. Caracterização. Agente que, logo após saber que seu filho foi vítima de agressão, sai ao encalço do agressor, disparando por várias vezes sua arma. Conduta que evidencia que o delito ocorreu sob violenta emoção, em seguida ao conhecimento de uma provocação*"[61]. b) "A violenta emoção é um conflito espiritual que afeta a decisão e estorva o normal discernimento do ser humano. Deve-se reconhecer a causa de diminuição de pena prevista no § 1º do art. 121 do CP, quando a mulher encontra seu marido nos braços da amante, antes então sua amiga, e, dominada por compreensível abalo emocional, ceifa-lhe a vida"[62].

---

60 Cf. Hungria, op. cit., p. 128.

61 TJSP, *RT* 785/588.

62 TJAP, *RDJTJAP* 32/279.

É oportuno lembrar que a circunstância acima analisada não se confunde com a atenuante contida no art. 65, III, *c*, parte final, aplicável a todos os crimes. Trata-se de cometer um delito sob a influência de violenta emoção, provocada por ato injusto da vítima. Em ambos os casos exige-se que o sujeito reaja a um ato injusto, isto é, ilícito e que se encontre tomado por uma violenta emoção. O privilégio, entretanto, requer imediatidade entre provocação e reação (requisito desnecessário na atenuante) e que a violenta emoção domine o agente (na atenuante, basta que o influencie). Deve-se registrar que a atenuante também é aplicável ao homicídio, desde que, obviamente, não se façam presentes os requisitos do privilégio. A aplicação concomitante dos dois benefícios não é admissível, por violação ao *ne bis in idem* (proibição de dupla valoração).

9.3. Homicídio qualificado (art. 121, § 2º)

As qualificadoras descritas no dispositivo legal encerram **rol taxativo**. É de ver, contudo, que por vezes o Código Penal se vale da *interpretação analógica*, ou seja, o emprego de uma fórmula geral, seguida de hipóteses casuísticas (veja os incisos III e IV). Referida técnica não viola o princípio da legalidade, mas exige que o intérprete não fuja da essência da circunstância, isto é, do critério definido pela fórmula genérica. Frederico Marques ponderava que "os exemplos, por serem tais, não esgotam as espécies tipificáveis; no entanto, por precederem a fórmula genérica, fixam a esta limites intransponíveis, visto que obrigam o intérprete a não ir além dos casos semelhantes aos que no texto se enumeram"[63].

Das qualificadoras enumeradas em lei não se encontra a premeditação, prevista em outras legislações como circunstância de maior punibilidade do delito. Isto porque nosso legislador apercebeu-se de que referido fator não indica, necessariamente, maior gravidade do ato. A **premeditação** não indica obrigatoriamente uma vontade mais intensa, podendo representar, conforme o caso, hesitação ou dúvida, isto é, que o pensamento ocorreu à mente do sujeito, que ponderou antes de cometer o ato.

Há precedentes do Superior Tribunal de Justiça reconhecendo que, quando a premeditação evidenciar maior grau de culpabilidade, deve o juiz majorar a pena-base, isto é, levar esse aspecto em consideração na primeira fase da dosimetria da pena, reconhecendo a existência de circunstância judicial desfavorável ao réu, nos termos do art. 59 do CP[64].

A presença de qualquer uma das qualificadoras importará na aplicação de uma pena de reclusão, de doze a trinta anos.

---

63 *Tratado de direito penal*, v. 4, p. 107, citado por Dante Busana, em acórdão publicado na *JTJ*-Lex, 257/369.

64 *Jurisprudência em Teses*, Edição 26, Tese n. 4.

Se mais de uma qualificadora se fizer aplicável, bastará uma para impor os novos limites abstratos, atuando as demais como circunstâncias judiciais desfavoráveis (CP, art. 59, *caput*).

Todas as qualificadoras contidas no § 2º do art. 121 (exceto a asfixia) também se encontram no rol (taxativo) das agravantes genéricas. Quando se tratar do *homicidium*, os fatores estudados abaixo serão considerados qualificadoras, vedando-se valorá-los como agravantes, sob pena de violar o princípio do *ne bis in idem*.

9.3.1. Motivos determinantes

O móvel delitivo pode trazer maior reprovabilidade ao ato. É o que se verifica quando o homicídio é cometido:

a) por motivo torpe;

b) mediante paga ou promessa de recompensa;

c) por motivo fútil;

d) para assegurar a execução de outro crime;

e) para garantir a ocultação, impunidade ou vantagem de outro delito.

a) Motivo torpe

Cuida-se do móvel abjeto, de razão soez, baixa, ignóbil, repugnante, tais como "o prazer do mal, o desenfreio da lascívia, a vaidade criminal, o despeito da imoralidade contrariada"[65].

Podem ser citados os seguintes casos concretos: a) homicídio cometido em razão da homossexualidade da vítima[66]; b) delito praticado para o recebimento de valor decorrente de seguro de vida[67]; c) disputa de pontos de venda de drogas ilícitas[68]; d) prazer em matar pessoas sedutoras[69]; e) homicídio cometido para vingar-se de crime anterior (justiceiro)[70]; f) fato relacionado com conflito de gangues[71]; g) vingança por ter a vítima chamado a Polícia anteriormente[72] ou em razão de a vítima ter realizado denúncia que culminou na prisão do chefe do tráfico[73]; h) não pagamento de dívida[74]; i) motivo meramente financeiro[75]; j) justiça privada[76].

---

65 TJSP, *RT* 835/558.

66 TJSP, *RT* 827/582.

67 TJSP, *JTJ*-Lex, 264/510.

68 TJMG, *JM* 156/378.

69 TJSP, *JTJ*-Lex, 264/510.

70 STJ, *RT* 814/563.

71 TJAP, *RDJTJAP* 31/290.

72 TJMG, *JM*, 160/474.

73 STJ, RHC 90.941/PE, rel. Min. Antonio Saldanha Palheiro, 6ª T., j. 22-5-2018.

74 TJSP, *RT* 789/582.

75 STJ, AgRg no HC 406.330/RN, rel. Min. Jorge Mussi, 5ª T., j. 7-6-2018.

76 STJ, AgRg no HC 406.711/SC, rel. Min. Joel Ilan Paciornik, 5ª T., j. 18-10-2018.

O Superior Tribunal de Justiça já afastou a vingança como motivo torpe no caso do agente que cometeu homicídio contra o sujeito que havia matado seu pai, pois embora seja reprovável a vingança, não se considerou repugnante o sentimento que moveu o agente no caso concreto[77].

O ciúme (ou outro sentimento passional) pode configurar a qualificadora. Tal móvel não se subsume, por si só, a motivo torpe (ou mesmo fútil - inciso II). Tudo dependerá do caso concreto, isto é, da razão pela qual o agente sentiu o ciúme (ou o sentimento passional). Nossos tribunais já reconheceram a qualificadora, por exemplo, quando o agente fora desprezado por sua ex-companheira e, por isso, decidiu matá-la[78], quando o autor matou sua ex-namorada por não se conformar com o rompimento da relação, tendo ela iniciado enlace com outra pessoa[79] e também por ciúme de roupa curta utilizada pela mulher[80].

De acordo com o Supremo Tribunal Federal, há compatibilidade entre o dolo eventual e a qualificadora da torpeza[81]. O Pretório Excelso tomou essa decisão ao julgar o caso de médico que, mesmo inabilitado temporariamente para o exercício de sua atividade profissional, realizou diversas cirurgias plásticas que redundaram na morte de pacientes. O sujeito, mesmo sem desejar a morte das vítimas, assumiu o risco de produzi-las, atuando por ganância (cupidez), que configura motivo torpe[82].

b) Paga ou promessa de recompensa

É de notar-se que a paga ou promessa de recompensa são motivos torpes, conforme deixa claro a redação do inciso I do § 2º do art. 121 do CP. Cuida-se do *homicídio mercenário*, em que o agente tira a vida de uma pessoa em razão de pagamento que lhe fizera um terceiro (paga) ou da promessa de fazê-lo, uma vez consumado o crime.

Discute-se na doutrina e na jurisprudência se esta qualificadora, prevista para o executor do crime (que agiu pela recompensa), deve se estender ao mandante. Cremos que não. Em primeiro lugar, deve-se lembrar que o art. 30 do CP estabelece que as circunstâncias subjetivas não se aplicam aos concorrentes da infração (são

---

77 STJ, REsp 1637001/PR, rel. Min. Rogerio Schietti Cruz, 6ª T., j. 12-12-2017.

78 TJGO, *RT* 783/673.

79 TJAP, *RDJTJAP* 36/333.

80 STJ, REsp 1666002/MG, rel. Min. Jorge Mussi, 5ª T., j. 5-6-2018.

81 No mesmo sentido, o STJ: "(...) A jurisprudência desta Corte reconhece a compatibilidade entre o dolo eventual e as qualificadoras de ordem subjetiva, como o motivo torpe. Precedentes: AgRg no RHC 87.508/DF, Rel. Ministro Reynaldo Soares da Fonseca, 5ª T., *DJe* 3/12/2018 e HC 62.345/DF, Rel. Ministro Gilson Dipp, 5ª T., *DJ* 18-12-2006. (...)" (AgRg no HC 504.202/RJ, rel. Min. Joel Ilan Paciornik, 5ª T., j. 4-6-2019).

82 RHC 92.571, rel. Min. Celso de Mello, j. 30-6-2009.

incomunicáveis). Além disso, o motivo do mandante é diferente, nesse caso, do móvel do executor. Este age por dinheiro, aquele, por exemplo, por vingança.

Há julgados, entretanto, que admitiram a comunicabilidade de tal circunstância ao mandante do delito quando este também for inspirado em razões subjetivas torpes, desprezíveis, revelando ser esta, inclusive, a orientação majoritária em nossos tribunais. Veja, por exemplo, o seguinte acórdão: "(...) Não obstante a paga ou a promessa de recompensa seja circunstância acidental do delito de homicídio, de caráter pessoal e, portanto, incomunicável automaticamente a coautores do homicídio, não há óbice a que tal circunstância se comunique entre o mandante e o executor do crime, caso o motivo que levou o mandante a empreitar o óbito alheio seja torpe, desprezível ou repugnante"[83].

c) Motivo fútil

Deve ser entendido como aquele de somenos importância, de diminuto valor, insignificante. Por exemplo: matar um funcionário da Prefeitura porque lavrou multa de trânsito; matar alguém porque encarou o sujeito ou porque veste camisa de time de futebol adversário.

Não se deve confundir motivo torpe (repugnante) com fútil (insignificante).

A vingança pode ser fútil ou torpe, conforme seu elemento gerador. Aquele que se vinga de quem flertou com sua namorada ou por desentendimento de somenos importância ocorrido em momento anterior[84], age impelido por motivo fútil. Quem o faz porque o ofendido não pagou dívida[85] (legítima ou não), atua por motivo torpe.

Nossos tribunais já reconheceram o motivo fútil nas seguintes situações: a) inconformismo do agente com o fato de a vítima não ter retirado a bicicleta da frente de sua residência[86]; b) desavenças no trânsito[87]; c) desforra por discussão relativa a futebol[88]; d) desentendimento decorrente de briga em razão de um copo de vidro[89]; e) desentendimento oriundo de jogo de cartas[90] ou partida de sinuca[91]; f) litígio possessório decorrente de um contrato de compra e venda de terras, já judicializado nas esferas cível e criminal[92]; g) discussão com irmão que não deixou o agente fazer uso de dro-

83 STJ, REsp 1209852/PR, rel. Min. Rogério Schietti Cruz, 6ª T., j. 15-12-2015, *DJe* de 2-2-2016.

84 STJ, RHC 97.663/AL, rel. Min. Jorge Mussi, 5ª T., j. 12-6-2018.

85 STJ, RHC 418.040/SP, rel. Min. Jorge Mussi, 5ª T., j. 7-6-2018, e RHC 84.552/AL, rel. Min. Jorge Mussi, 5ª T., j. 20-3-2018.

86 TJRO, *RT* 848/650.

87 TJRJ, *RT* 779/646.

88 STJ, HC 414.455/MG, rel. Min. Jorge Mussi, 5ª T., j. 7-6-2018.

89 TJGO, *RT* 788/644.

90 TJAP, *EJTJAP* 9/82.

91 STJ, AgRg no AREsp 592.705/PR, rel. Min. Jorge Mussi, 5ª T., j. 6-3-2018.

92 STJ, HC 421.211/PR, rel. Min. Felix Fischer, 5ª T., j. 1º-3-2018.

gas[93]; h) divórcio[94]; i) desavenças decorrentes de prejuízos em lavoura ocasionados por semoventes da vítima[95]; j) interesse comum no tanque de pesca[96]; k) pelo fato de as vítimas não terem dado atenção às "cantadas" do autor[97]; l) desavença anterior decorrente de disputa entre facções rivais no interior de presídio[98].

A ausência de motivos não caracteriza motivo fútil (ou torpe). A rigor, não há crime algum que possa ser cometido por absoluta ausência de motivação, salvo quando se tratar de pessoa alienada mental. Todo comportamento humano, notadamente aqueles lesivos aos valores fundamentais do ordenamento jurídico, é revestido de uma finalidade. Pode esta consistir no prazer de tirar uma vida ou na demonstração de vaidade do delinquente diante do poder que sente ao realizar o ato ilícito. Tais fatores são motivos e, sem dúvida, podem ser fúteis ou torpes. Quando se afirma existir crime sem motivo, o que ocorre, no mais das vezes, é um homicídio cujo móvel não foi devidamente apurado.

Discute-se se a embriaguez exclui a futilidade do motivo. Não há dúvida que o agente, sob efeito de álcool ou substâncias análogas, age sem os freios inibidores naturais (de ordem social, moral, ética etc.) que acodem às pessoas em sã consciência (ou, pelo menos, os tem reduzidos). De ver, contudo, que nosso Código adotou a teoria da *actio libera in causa* (CP, art. 28), motivo pelo qual não se pode admitir que a existência de embriaguez afaste, por si só, a futilidade do móvel. Explica-se: é de conhecimento geral o fato de a ebriez reduzir ou retirar os mencionados freios inibidores, de modo que o agente, quando voluntariamente ingere substâncias alcoólicas, responde integralmente pelos atos cometidos sob efeito destas. Isentá-lo de responsabilidade ou mesmo beneficiá-lo com a descaracterização de circunstâncias legais como a qualificadora do motivo fútil seria um verdadeiro estímulo ao cometimento de crimes, ou seja, um incentivo à barbárie[99].

Com relação ao ciúme e sua qualificação como motivo fútil, conforme já dissemos no que toca ao inciso I, tudo estará a depender do que gerou o sentimento passional. Assim, por exemplo, será fútil aquele homicídio cometido contra a namorada, porque esta flertou com terceiro.

---

93 STJ, HC 471.630/SP, rel. Min. Laurita Vaz, 6ª T., j. 21-5-2019.

94 STJ, RHC, 111.188/PA, rel. Min. Félix Fischer, 5ª T., j. 7-5-2019.

95 STJ, AgRg no AREsp 1.411.692/TO, rel. Min. Reynaldo Soares da Fonseca, 5ª T., j. 21-3-2019.

96 STJ, HC 479.811/PR, rel. Min. Reynaldo Soares da Fonseca, 5ª T., j. 19-2-2019.

97 STJ, AgRg no RHC 122.685/SP, rel. Min. Ribeiro Dantas, 5ª T., j. 26-5-2020.

98 STJ, AgRg no HC 553.045/GO, rel. Min. Leopoldo de Arruda Raposo (Desembargador Convocado do TJ/PE), 5ª T., j. 10-3-2020. Registra-se, porém, que em nosso sentir o motivo apontado mais se aproxima da torpeza, ou seja, do móvel abjeto, do que da futilidade, da pequenez.

99 STJ, REsp 908.396/MG, rel. Min. Arnaldo Esteves Lima, 5ª T., j. 3-3-2009, *DJe* de 30-3-2009; TJMG, *JM* 154/368; TJSP, *RT* 779/576; TJDF, *RT* 775/642.

No que tange à compatibilidade do motivo fútil com o dolo eventual, adotamos a posição da coexistência, porque o dolo sujeito ativo do crime, indireto ou direto, não se confunde com o motivo que deu ensejo a sua conduta[100].

No "racha" automobilístico, o Superior Tribunal de Justiça não conheceu a incidência da qualificadora de motivo fútil pela ausência do elemento volitivo, no caso em que a vítima do homicídio era um terceiro não envolvido na disputa[101].

d) Homicídio conexivo

As qualificadoras descritas no inciso V têm natureza subjetiva, posto se referirem ao motivo do crime.

São elas: praticar o fato para assegurar a execução de outro delito (*conexão teleológica*) e para garantir a ocultação, impunidade ou vantagem de outra infração penal (*conexão consequencial*).

Na hipótese da conexão teleológica, o homicídio antecede ao crime que se pretende cometer (matar o segurança para sequestrar o empresário). Em se tratando de conexão consequencial, o delito de matar ocorre após o fato anterior.

Não há confundir-se garantia da ocultação, da impunidade e da vantagem. Trata-se de ocultação quando a morte ocorre para que o fato anterior permaneça desconhecido e de impunidade quando o fato é conhecido, mas a autoria permanece ignorada e o homicida pretende que assim continue. A garantia da vantagem refere-se ao ganho obtido com a infração anterior, abrangendo tanto o produto (ganho imediato), quanto o provento (lucro indireto) e o preço do crime (paga recebida pelo agente).

Fala-se em homicídio conexivo nesses casos porque, entre o crime contra a vida e os demais, dar-se-á o vínculo de conexão objetiva, consoante o art. 76, II, do CPP, o que justificará a reunião de processos para julgamento conjunto. No dizer de Tourinho Filho, "a conexão existe quando duas ou mais infrações estiverem entrelaçadas por um vínculo, um nexo que aconselha a junção dos processos, propiciando assim ao julgador perfeita visão do quadro probatório e, de consequência, melhor conhecimento dos fatos, de todos os fatos, de molde a poder entregar a prestação jurisdicional com firmeza e justiça"[102].

---

[100] Nesse entendimento: STJ, AgRg no REsp 1.831.164/RS, rel. Min. Joel Ilan Paciornik, 5ª T., j. 20-2-2020, e REsp 1.779.570/RS, rel. Min. Laurita Vaz, 6ª T., j. 13-8-2019.

[101] "Motivo fútil corresponde a uma reação desproporcional do agente a uma ação ou omissão da vítima. No caso de 'racha', tendo em conta que a vítima (acidente automobilístico) era um terceiro, estranho à disputa, não é possível considerar a presença da qualificadora de motivo fútil, tendo em vista que não houve uma reação do agente a uma ação ou omissão da vítima. A qualificadora de motivo fútil é incompatível com o dolo, tendo em vista a ausência do elemento volitivo" (STJ, HC 307.617/SP, rel. Min. Nefi Cordeiro, rel. para o acórdão Min. Sebastião Reis Júnior, 6ª T., j. 19-4-2016, *DJe* de 16-5-2016).

[102] *Manual de processo penal*, p. 198.

É preciso lembrar, ademais, que "nos crimes conexos, a extinção da punibilidade de um deles não impede, quanto aos outros, a agravação da pena resultante da conexão" (CP, art. 108, parte final). Assim, por exemplo, se um homicídio for praticado para assegurar a execução de outro crime (hipótese de conexão objetiva teleológica), a extinção da punibilidade com relação a este crime não impede o reconhecimento da qualificadora do homicídio relativa à conexão (CP, art. 121, § 2º, V).

9.3.2. Meios de execução

Entende-se por meios executórios os instrumentos empregados pelo sujeito para o cometimento do delito. De acordo com o dispositivo legal, dar-se-á a qualificadora quando o agente utilizar-se de emprego de veneno, fogo, explosivo, asfixia, tortura ou outro meio insidioso ou cruel[103], ou de que possa resultar perigo comum.

É preciso compreender o significado de cada circunstância:

a) *veneno*: substância química, animal ou vegetal que, uma vez ministrada no organismo, é apta a causar perigo à vida ou à saúde da vítima.

Pode servir como meio insidioso (se a vítima não souber que o ingere) ou cruel (se aplicado com emprego de força física). Denomina-se *venefício* o homicídio cometido com utilização de veneno.

Uma substância inócua pode tornar-se venenosa dependendo das qualidades pessoais da vítima, como o "sal de cozinha propinado a quem haja ingerido calomelano (subcloreto de mercúrio)"[104];

b) *tortura*: inflição de intenso sofrimento físico ou psíquico.

É de ver que a tortura deve figurar como meio executório do delito para incidir a qualificadora. Há casos, contudo, em que a tortura não figurará como mera circunstância, mas como crime autônomo (Lei n. 9.455/97, art. 1º).

Não se pode confundir a tortura, agravada pela morte (Lei n. 9.455/97, art. 1º, § 3º, parte final), com o homicídio qualificado pela tortura (CP, art. 121, § 2º, III). O traço distintivo consiste em que aquele constitui crime preterdoloso, isto é, o autor age com dolo de torturar, operando-se a morte a título de culpa (ou seja, ele não a desejou nem assumiu o risco de que ela ocorresse). No crime do art. 121, obviamente, o dolo é de matar, servindo a tortura de meio executório;

---

103 Como meio cruel, o STJ entende que "a reiteração de golpes na vítima, ao menos em princípio e para fins de pronúncia, é circunstância indiciária do 'meio cruel' previsto no inciso III do parágrafo 2º do art. 121 do Código Penal" (STJ, REsp 1.241.987/PR, rel. Min. Maria Thereza de Assis Moura, 6ª T., j. 6-2-2014, *DJe* de 24-2-2014). E ainda: "(...) É admitida a incidência da qualificadora do meio cruel, relativamente ao fato de a vítima ter sido arrastada por cerca de 500 metros, presa às ferragens do veículo, ainda que já considerado ao reconhecimento do dolo eventual, na sentença de pronúncia. (...)" (STJ, REsp 1.829.601/PR, rel. Min. Nefi Cordeiro, 6ª T., j. 4-2-2020).

104 Nelson Hungria, op. cit., p. 142.

c) *fogo*: conforme a situação concreta, o fogo pode ser utilizado como meio executório cruel (ex.: queimar partes do corpo da vítima) ou que resulta perigo comum (ex.: destruir propriedade alheia ateando fogo em material altamente inflamável, expondo a perigo bens alheios);

d) *explosivo*: substância capaz de gerar explosão. Por exemplo: alguém remete uma correspondência a outrem que, ao abri-la, aciona explosivo, matando-a;

e) *asfixia*: constitui a supressão da respiração, isto é, da introdução de oxigênio no sistema respiratório humano ou da eliminação de gás carbônico. Abrange a asfixia mecânica e a tóxica (inalação de gases deletérios ao organismo humano).

Os meios pelos quais pode se dar a asfixia mecânica são a sufocação direta: oclusão dos orifícios respiratórios (boca ou nariz) ou das vias aéreas (glote, laringe, traqueia ou brônquios) e indireta: compressão da caixa torácica ou supressão da função respiratória.

Quanto aos processos de provocação da asfixia mecânica, tem-se a *esganadura ou estrangulamento* (utilizar-se das mãos para apertar o pescoço e interromper a passagem de ar), *enforcamento* (corda ou objeto semelhante), *sufocação* (situação em que o ofendido fica comprimido em ambiente desprovido de oxigênio), *afogamento e submersão* (introdução da vítima em meio líquido, impedindo-a de inspirar oxigênio) e *imprensamento* (emprego de objeto contra a caixa torácica que a impeça de realizar movimentos pulmonares).

Os *meios insidiosos* são os que têm sua eficácia lesiva dissimulada, como o crime cometido por estratagema ou perfídia (p. ex., armadilha).

Os *meios cruéis* são aqueles que provocam sofrimento inútil e impiedoso na vítima ou revelam intensa brutalidade do agente, por exemplo, o ato de desferir repetidos golpes contra terceiro[105], matando-o. Hungria dava como exemplos: "as sevícias reiteradas, o impedimento do sono, a privação de alimento ou água"[106].

Por meios que possam resultar *perigo comum* entende-se aqueles que produzem risco a um número indeterminado de pessoas; nesse caso, não se exclui a possibilidade de surgir concurso formal entre o fato e algum crime contra a incolumidade pública (incêndio, explosão, desabamento, epidemia – arts. 251 e s. do CP), se o dolo do agente se dirigir aos dois resultados (se isso ocorrer, desaparece a agravante).

9.3.3. Modos de execução

De acordo com o Código, o *homicidium* será qualificado quando o agente praticar o fato mediante *traição, emboscada, dissimulação,* ou *outro recurso que dificulte ou impossibilite a defesa do ofendido.*

O agente, nestes casos, age de modo a evitar a reação oportuna e eficaz da vítima, surpreendendo-a desprevenida ou enganada pela situação.

---

[105] STJ, HC 456.093/PR, rel. Min. Reynaldo Soares da Fonseca, 5ª T., j. 23-8-2018.

[106] Nelson Hungria, op. cit., p. 144.

A traição pode ser *física* (ataque súbito e sorrateiro, por exemplo, violento golpe de bastão pelas costas, visando à supressão da vida da vítima) ou *moral* (quebra de confiança entre agente e ofendido, da qual ele se aproveita para praticar o crime, p. ex., convidar conhecido para consumir droga visando, após, matá-lo com maior facilidade).

O homicídio cometido à traição denomina-se *proditório* (*homicidium proditorium*).

Emboscada é sinônimo de tocaia; o sujeito passivo não percebe o ataque do ofensor, que se encontra escondido. Pressupõe premeditação. O assassinato mediante emboscada é chamado de *ex insidiis*.

Dissimulação significa ocultação do próprio desígnio. Pode ser *moral* (quando o agente dá falsas mostras de amizade para captar a atenção da vítima) ou *material* (utilização de disfarce).

Traição moral não se confunde com dissimulação moral. Na primeira, pressupõe-se uma relação de amizade preexistente entre os sujeitos, que foi quebrada. Na dissimulação, o agente, desde o começo, já pretendia ganhar a confiança do ofendido para cometer o delito. Veja o seguinte exemplo da última: "Se os agentes ocultaram sua intenção hostil com falsas mostras de amizade, consistentes em fazer crer a vítima da sincera intenção de ajudá-la, pretexto utilizado para atraí-la até o local do crime, está caracterizada a qualificadora do § 2º, IV do art. 121 do CP"[107].

O legislador, depois de indicar como qualificadoras a traição, a emboscada e a dissimulação, menciona que a circunstância dar-se-á quando houver qualquer meio que dificulte ou impossibilite a defesa do ofendido[108], como, por exemplo, o ataque súbito e repentino, ou durante o sono.

O fato de o agente atingir a vítima de *surpresa*, colhendo-a desprevenida, constitui a circunstância descrita no inciso IV, pois, sem dúvida, dificulta ou impossibilita a defesa do sujeito passivo. "A surpresa se aproxima da traição, mas o que a caracteriza é que exige os elementos de deslealdade e confiança. Há surpresa quando o ataque é feito de modo inesperado, colhendo a vítima desatenta e indefesa"[109]. Boa parte da jurisprudência entende que a existência de desentendimentos anteriores entre

---

[107] TJMG, *JM* 170/325.

[108] Trata-se do emprego da interpretação extensiva, em que o legislador enumera situações específicas e, ao final, utiliza uma fórmula genérica de modo a abranger situações similares.

[109] TJSP, *RJTJSP* 103/424. Veja, ainda, os seguintes julgados: "Caracteriza a surpresa, qualificadora do homicídio, o fato de o agente chegar sem prévio aviso ou imperceptivelmente ao local em que a vítima, sua ex-esposa, cantava profissionalmente, matando-a e ferindo com gravidade seu acompanhante" (TJSP, *RT*, 577/346). "A surpresa, embora não consignada expressamente no art. 121, § 2º, IV, do CP, está incluída na fórmula genérica constante da parte final do dispositivo em questão, que se refere a outro *recurso que dificulte ou torne impossível a defesa do ofendido*. Aliás, raramente se encontra outro recurso que mais prontamente viesse dificultar ou impossibilitar a defesa da vítima, afora aqueles especificados em lei (ac. publicado na *RT* 283/107, do qual foi relator o eminente Des. Carvalho Filho)" (TJSP, *RJTJSP* 21/428).

o agente e o ofendido impede o reconhecimento da surpresa, enquanto meio que dificultou ou impossibilitou a defesa[110].

Lyra advertia que "a dificuldade da defesa há de originar-se do recurso empregado pelo agente e não da imprevidência ou outra incúria injustificável da vítima"[111].

A superioridade de armas ou de agentes não qualifica, por si só, o homicídio. Conforme o caso concreto, todavia, é possível reconhecê-la, como na morte provocada por agressão praticada por trinta pessoas de forte compleição física, que agridem até a morte pessoa franzina, resultando em inequívoca dificuldade de defesa[112].

9.3.4. Qualidade ou condição da vítima

Foram introduzidas no art. 121 do CP, por meio das Leis n. 13.104 e n. 13.142, ambas de 2015, duas novas qualificadoras, ambas fundadas na qualidade ou condição do sujeito passivo: o **feminicídio** e o **homicídio funcional** (ou policialicídio).

9.3.4.1. Feminicídio (inciso VI)

a) Introdução

Essa forma de homicídio qualificado foi inserida no Código Penal em 10 de março de 2015 (data da entrada em vigor da Lei n. 13.104, de 9-3-2015), resultando na inclusão do inciso VI ao § 2º do art. 121 do CP, o qual pune o **homicídio cometido contra mulher, por razões da condição de sexo feminino**. O legislador definiu, no § 2º-A, o alcance da nova figura, estipulando que se entende por "razões da condição de sexo feminino" o fato cometido em situação de violência doméstica e familiar (inciso I) e o perpetrado mediante menosprezo ou discriminação à condição de mulher (inciso II).

A Lei n. 13.104/2015, além disso, acrescentou ao art. 121 o § 7º, estabelecendo causas específicas de aumento de pena (de um terço à metade) para o feminicídio, quando cometido:

"I – durante a gestação ou nos três meses posteriores ao parto;

II – contra pessoa menor de 14 anos, ou maior de 60 anos ou com deficiência;

III – na presença de descendente ou ascendente da vítima".

O Diploma legal modificou também o art. 1º, inciso I, da Lei n. 8.072/90, com o objetivo de deixar claro que a nova figura tem natureza hedionda. Por se tratar de *novatio legis in pejus*, não alcança fatos anteriores à sua entrada em vigor.

---

[110] Nesse sentido, TJRO, *RT* 849/659; TJSP, *JTJ*-Lex 271/508; TJSP, *JTJ*-Lex 257/368; TJAP, *EJTJAP* 14/147.

[111] *Comentários ao Código Penal*, v. 2, p. 286.

[112] *RT* 827/583.

Muito embora se confira maior proteção à mulher (em determinadas condições) em detrimento do homem, nada há de inconstitucional, pois, como já decidiu o Supremo Tribunal Federal, apreciando a Lei Maria da Penha (que disciplina medidas específicas para o combate da violência doméstica ou familiar contra a mulher), são válidas e harmônicas com o Texto Fundamental providências legislativas que confiram tratamento diferenciado em razão do gênero, outorgando "necessária a proteção ante as peculiaridades física e moral da mulher e a cultura brasileira" (ADC 19, rel. Min. Marco Aurélio, Tribunal Pleno, j. 9-2-2012).

b) Em que consiste o feminicídio?

O feminicídio é, como se viu, uma modalidade de **homicídio qualificado** previsto no art. 121, § 2º, inciso VI, do CP (apenado com reclusão, de doze a trinta anos), possuindo como fatores especializantes: (i) o sexo do sujeito passivo ("mulher" – aspecto objetivo); (ii) a motivação ("por razões da condição de sexo feminino" – aspecto subjetivo).

O termo foi construído para nomear o homicídio cometido contra a mulher por razões de gênero e surgiu na década de 2000, no bojo do debate em torno da violência endêmica contra vítimas do sexo feminino, observada em diversas partes do Mundo. O primeiro documento internacional a adotar a expressão foi as "Conclusões Acordadas da 57ª Sessão da Comissão sobre o Status da Mulher na ONU", datado de 15 de março de 2013. Referida Comissão ressaltou a importância de os países-membros reforçarem sua legislação, para punirem os "assassinatos violentos de mulheres e meninas relacionados a gênero".

Nesse mesmo ano, a Comissão Parlamentar Mista de Inquérito, instaurada para apurar a Violência contra a Mulher no Brasil, elaborou relatório no qual sugeriu a incorporação, no Código Penal, da citada figura, inclusive como forma de se conferir visibilidade à questão em nosso País, apresentando-se, então, o Projeto de Lei n. 292/2013, de iniciativa do Senado Federal.

Na primeira versão, compreendia-se na ideia de feminicídio a forma "extrema de violência de gênero que resulta na morte da mulher".

Submetido à apreciação da Comissão de Constituição e Justiça do Senado, o texto foi aperfeiçoado, tornando-se tal delito o homicídio cometido: "contra mulher por razões de gênero", assim entendidas as circunstâncias em que ocorresse: a) "violência doméstica e familiar, nos termos da legislação específica"; b) "violência sexual"; c) "mutilação ou desfiguração da vítima"; d) "emprego de tortura ou qualquer meio cruel ou degradante".

No âmbito da citada Casa Legislativa, ainda, optou-se por reduzir as hipóteses de violência de gênero àquelas em que houvesse "violência doméstica ou familiar contra a mulher" e "menosprezo ou discriminação à condição de mulher" (proposta aprovada pelo Congresso Nacional e, ao final, sancionada pela Presidente da República). Na Câmara dos Deputados o texto foi alterado uma vez mais, substituindo-se a expressão "por razões de gênero" pela seguinte fórmula: "por razões da condição de sexo feminino" (redação final), mantidas as modificações acima. A justificativa apresentada para a substituição da terminologia residiu em não permitir que a norma fosse aplicada a homicídios cometidos contra homossexuais do sexo masculino.

O tipo penal **não se confunde com femicídio**, terminologia empregada para indicar o assassinato de mulheres em sentido amplo.

Assim, temos que o femicídio é o *genus*, compreendendo qualquer homicídio que tenha uma mulher como vítima, ainda que motivado por questões absolutamente alheias ao seu gênero, e o feminicídio, *specie*, designativo da supressão da vida de mulheres decorrente de questões de gênero ou, na expressão adotada pelo nosso Código, por razões da condição de sexo feminino.

c) Qual a natureza da nova qualificadora (objetiva ou subjetiva)?

Há divergência doutrinária. Para alguns, se cuida de qualificadora subjetiva, pois ligada à motivação do agente (Damásio) e, para outros, se cuida de circunstância objetiva (Nucci). Em nosso modo de ver, a qualificadora tem natureza mista (objetiva e subjetiva). Explica-se: o aspecto objetivo da circunstância reside no sexo do sujeito passivo, pois a lei é categórica ao exigir que seja a vítima do feminicídio uma mulher. O elemento subjetivo radica-se em que a conduta deve ser praticada por razões da condição de sexo feminino.

Bem por isso, consideramos o feminicídio incompatível com a figura do "privilégio", descrita no art. 121, § 1º, do CP. Mencionada causa de diminuição de pena ocorre quando o sujeito praticar o crime por motivo de relevante valor moral ou social ou sob o domínio de violenta emoção, logo em seguida a injusta provocação da vítima, e somente se mostra compatível com qualificadoras estritamente objetivas.

O Superior Tribunal de Justiça pacificou o entendimento no sentido da natureza jurídica objetiva, e, por essa razão, reconheceu a compatibilidade entre as qualificadoras de natureza subjetiva (ex: motivo torpe) e o feminicídio[113].

O feminicídio, de outro lado, se afigura compatível com as demais qualificadoras (objetivas) do homicídio. O delito exige, conforme ressaltamos, que seja a vítima uma mulher e, ademais disso, que haja uma particular motivação: a conduta deve ser decorrente de razões ligadas à condição de pessoa do sexo feminino. Em face desse

[113] "Nos termos do art. 121, § 2º-A, II, do CP, é devida a incidência da qualificadora do feminicídio nos casos em que o delito é praticado contra mulher em situação de violência doméstica e familiar, possuindo, portanto, natureza de ordem objetiva, o que dispensa a análise do *animus* do agente. Assim, não há se falar em ocorrência de *bis in idem* no reconhecimento das qualificadoras do motivo torpe e do feminicídio, porquanto, a primeira tem natureza subjetiva e a segunda objetiva" (HC 433.898/RS, rel. Min. Nefi Cordeiro, 6ª T., j. 24-4-2018 – noticiado no *Informativo* n. 625). No mesmo sentido: STJ, AgRg no AREsp 1.166.764/MS, rel. Min. Antonio Saldanha Palheiro, 6ª T., j. 6-6-2019.

móvel específico, revela-se esta qualificadora incompatível com aquelas previstas nos incisos I, II e V, do art. 121, § 2º, do CP, de natureza subjetiva (pois igualmente relacionadas à motivação). Pode-se combinar, porém, o feminicídio com as qualificadoras relativas aos meios e modos de execução (incisos III e IV), em função de sua natureza objetiva. Por exemplo: matar a esposa, que anunciou seu intuito de se separar, com emprego de asfixia; nesse caso, aplicar-se-iam as qualificadoras objetiva (asfixia) e mista (feminicídio).

d) Modalidades de feminicídio

O legislador esclareceu o que se entende por feminicídio, afirmando cuidar-se do ato de **matar mulher por razões da condição de sexo feminino**, explicitando-as no § 2º-A do art. 121 do CP. Com isso, criou duas modalidades do crime: a) a que envolve **violência doméstica ou familiar contra a mulher**; b) a relacionada com o **menosprezo ou a discriminação à condição de mulher.**

No caso do feminicídio decorrente de violência doméstica ou familiar contra a mulher, sua compreensão deve ser efetuada a partir do conceito respectivo presente na Lei n. 11.340/2006 (Lei Maria da Penha).

Segundo esta, verifica-se tal hipótese quando ocorre qualquer ação ou omissão baseada no gênero que lhe cause morte, lesão, sofrimento físico, sexual ou psicológico e dano moral ou patrimonial (art. 5º, *caput*, da Lei n. 11.340/2006), seja no âmbito da unidade doméstica, da família ou em qualquer relação íntima de afeto, independentemente da orientação sexual dos envolvidos. Nota-se, assim, que a violência doméstica ou familiar contra a mulher pode assumir várias formas, dentre as quais a violência física, a psicológica, a sexual, a patrimonial e a moral (art. 7º da citada Lei). Muito embora se vislumbre um amplo espectro de situações configuradoras de violência doméstica e familiar contra a mulher, por força da Lei Maria da Penha, nem todas as suas variantes guardam relação com o feminicídio, pois em tal delito o agente, por óbvio, visa à morte da ofendida. Importante esclarecer, outrossim, que a **jurisprudência já fixou diretriz no sentido de reconhecer a aplicação do mencionado Diploma legal** somente a **casos** nos quais se apresenta a chamada **dominação de gênero**[114].

---

[114] Para o STJ, não há violência de gênero quando se trata de desentendimento entre mãe e filha: "A recorrida foi denunciada por submeter adolescente do sexo feminino a trabalhos domésticos inadequados a sua saúde e condição física, consistentes em arrumação da casa e cuidados de criança. Os supostos maus tratos narrados na exordial são oriundos de relação de subordinação entre patroa e empregada e não de submissão da vítima a constrangimento em razão de ser mulher inferiorizada na relação de convivência, motivo pelo qual o caso concreto não atrai a proteção da Lei Maria da Penha" (STJ, REsp 1549398/TO, rel. Min. Rogerio Schietti Cruz, 6ª T., j. 7-3-2017). E também: "não se verifica o preenchimento dos pressupostos elementares da violência doméstica e familiar contra a mulher, porquanto, embora a agressão perpetrada tenha ocorrido no âmbito familiar, decorreu de desentendimentos múltiplos entre mãe e filha, restando descaracterizada a ação baseada no gênero" (STJ, RHC 50.636/AL, rel. Min. Ribeiro Dantas, 5ª T., j. 28-11-2017).

De acordo com o Superior Tribunal de Justiça, "a incidência da Lei n. 11.340/2006 reclama situação de violência praticada contra a mulher, **em contexto caracterizado por relação de poder e submissão**, praticada por homem ou mulher sobre mulher em situação de vulnerabilidade" (HC 175.816/RS, rel. Min. Marco Aurélio Bellizze, 5ª T., j. 20-6-2013, *DJe* de 28-6-2013; grifo nosso)[115]. Como ressaltou o Ministro relator em voto proferido no precedente acima mencionado: "Não podemos perder de vista os aspectos históricos e sociais que criaram condições propícias para a discriminação de gênero hoje vigente e que necessitam ser eliminados do contexto social. Deve-se reconhecer que a violência de gênero é um evento sociológico e epidemiológico, fruto da diferença de poder entre homens e mulheres, dos distintos papéis sociais atribuídos a cada gênero e da subordinação histórica das mulheres. A violência de gênero é, pois, fruto da discriminação contra as mulheres, ao passo que as relações hierarquizadas e o machismo são determinantes para a aceitação social dessa violência".

É preciso, portanto, para que se dê a aplicação da Lei Maria da Penha (e, por extensão, o reconhecimento do feminicídio por violência doméstica ou familiar contra a mulher), que a morte seja provocada numa "perspectiva de gênero e em condições de hipossuficiência ou inferioridade física e econômica" (STJ, CC 88.027-MG, 3ª S., rel. Min. Og Fernandes, j. 5-12-2008, publ. em 18-12-2008).

Note-se que a violência doméstica ou familiar contra a mulher também se verifica quando o fato é praticado após o término do relacionamento afetivo. Isto porque, conforme o art. 5º, *caput*, inciso III, da Lei n. 11.340/2006, esta se aplica em qualquer relação íntima de afeto, na qual o agressor conviva ou tenha convivido com a ofendida, independentemente de coabitação.

O Superior Tribunal de Justiça já reconheceu diversas vezes a incidência da Lei Maria da Penha em situações envolvendo ex-namorados, ex-noivos, ex-companheiros etc.[116-117]

---

[115] No mesmo sentido: STJ, AgRg no REsp 1.456.355/DF, rel. Min. Antônio Saldanha Palheiro, 6ª T., j. 13-9-2016, *DJe* de 21-9-2016.

[116] "(...) Estabelece o art. 5º da Lei n. 11.340/2006 três hipóteses de incidência: em razão do local (domicílio), em razão do vínculo familiar, mesmo voluntário, e em razão do vínculo afetivo, situação esta em que se enquadra o ex-namorado. 3. Embora terminado o relacionamento amoroso e já não mais residindo o agressor no mesmo domicílio, a violência deu-se em razão da relação afetiva com a mulher, que é pela lei especial protegida. 4. A mulher possui na Lei Maria da Penha a proteção acolhida pelo país em direito convencional de proteção ao gênero, que independe da demonstração de concreta fragilidade, física, emocional ou financeira" (STJ, AgRg no RHC 74.107/SP, rel. Min. Nefi Cordeiro, 6ª T., j. 15-9-2016, *DJe* de 26-9-2016).

[117] A Procuradoria-Geral de Justiça de São Paulo, analisando conflitos de atribuição entre promotores de justiça, estabeleceu algumas diretrizes (sem caráter vinculante) para orientação da atividade funcional dos membros do Ministério Público paulista, no sentido da aplicação da multicitada Lei. Tais enunciados podem servir de base à definição do feminicídio decorrente de violência doméstica ou familiar: 1) Configura violência de gênero e, portanto, justifica a aplicação da Lei

Pode-se dizer, dessa forma, que o **feminicídio decorrente de violência doméstica ou familiar consubstancia o ato de matar a ofendida por meio de conduta relacionada com dominação de gênero**, isto é, de comportamento que pressuponha, por parte do agressor (seja homem ou mulher), postura de superioridade em face da vítima, subjugando-a ou colocando-a em situação de vulnerabilidade.

Cite-se, como exemplo desta modalidade do crime, o ato de matar a (atual ou ex) esposa, companheira, noiva ou namorada por questões ligadas ao relacionamento, como ciúmes ou inconformismo com eventual intenção de terminar a relação.

Há, ainda, o feminicídio por menosprezo ou discriminação à condição de mulher. Essa modalidade, cuja configuração independe da Lei Maria da Penha, caracteriza-se quando a morte guarda conexão com atos ou posturas de menosprezo (menoscabo) ou discriminação (preconceito) à condição de mulher.

O feminicídio por menosprezo à condição feminina verifica-se em situações nas quais o autor (ou autora) desdenha do gênero da vítima, matando-a (ou tentando matá-la). Assim, por exemplo, o motorista que, em discussão de trânsito, mata a condutora que atribuiu manobra imperita, da qual resultou abalroamento no seu automóvel, desqualificando-a somente por ser mulher.

O feminicídio por discriminação à mulher configura-se quando o agente atenta contra a vida da ofendida por preconceito em relação a seu gênero. Pode-se ilustrar, *v.g.*, com o ato de provocar a morte do sujeito passivo por considerá-lo inferior somente por pertencer ao sexo feminino.

e) Aspectos processuais

Como qualquer crime doloso contra a vida, o processo e julgamento será de competência do Tribunal do Júri, em obediência ao comando inserido no art. 5º, inciso XXXVIII, letra *d*, da CF. Caberá, portanto, aos jurados a palavra final sobre a existência da qualificadora do feminicídio, bem como de eventuais causas de aumento de pena aplicáveis. Convém lembrar que, nos termos do art. 483, § 3º, inciso II, do CPP, incumbe aos membros do Conselho de Sentença analisar, por meio de seu soberano veredicto, quais qualificadoras ou exasperantes, dentre aquelas descritas na pronúncia ou em decisões confirmatórias, merecem ser acolhidas.

Vale ressaltar, outrossim, que as leis de organização judiciária podem atribuir a competência para a primeira fase do procedimento do júri (sumário da culpa ou

Maria da Penha a prática de delito cometido contra esposa, companheira, noiva ou namorada, mesmo após o término da relação amorosa (Enunciado n. 27 - PGJ/SP); 2) A incidência da Lei Maria da Penha pressupõe situação caracterizadora de violência de gênero, não abrangendo, portanto, todo e qualquer delito cometido contra pessoas do sexo feminino (Enunciado n. 29 - PGJ/SP); 3) A Lei Maria da Penha não se aplica a infrações cometidas contra pessoas do sexo masculino (Enunciado n. 30 - PGJ/SP).

judicium accusationis) à Vara Criminal ou, na hipótese de feminicídio, à Vara Especializada de Violência Doméstica ou Familiar contra a Mulher.

No Estado de São Paulo, o Juizado Especial de Violência Doméstica e Familiar contra a Mulher não tem competência para o processo e julgamento de crimes dolosos contra a vida. Não lhe caberá, portanto, apreciar casos de feminicídio, sequer na primeira fase do procedimento.

f) Tipo objetivo e subjetivo

O feminicídio possui, como verbo nuclear, o ato de matar, isto é, praticar atos tendentes à supressão da vida humana extrauterina. O fato pode ser cometido por ação ou por omissão. Neste caso, porém, exige-se a presença do dever jurídico de agir para impedir o resultado, conforme determina o art. 13, § 2º, do CP.

Seu objeto material (pessoa ou coisa sobre a qual recai a conduta) é a mulher.

O delito somente pode ser cometido na forma dolosa, mostrando-se compatível com o dolo direto ou eventual.

Há, ainda, o elemento subjetivo específico, consistente em praticar o fato por razões da condição de sexo feminino, explicitadas no § 2º-A do art. 121 do CP.

g) Sujeitos do feminicídio

O sujeito ativo pode ser qualquer pessoa, homem ou mulher, pois se cuida de crime comum.

O sujeito passivo poderá ser mulher, por expressa determinação legal, e também transgêneros, em conformidade com o entendimento do STF, fixado no julgamento da ADI 4.275 (julgada em 1º de março de 2018), que possibilitou a alteração de nome e gênero no assento de registro civil mesmo sem a realização de procedimento cirúrgico de redesignação de sexo. Transgênero é a pessoa que se identifica com um gênero diferente daquele que corresponde ao seu sexo atribuído no momento do nascimento, abarcando travesti e transexual[118].

Homens não são sujeitos passivos do referido crime. Muito embora tais pessoas possam ser mortas por razões ligadas a ciúmes, motivos conectados com eventual ex-relacionamento afetivo ou mesmo por menosprezo ou discriminação à sua condi-

[118] **Bissexual** é o indivíduo que se sente atraído ou pratica relações sexuais com pessoas de ambos os sexos. **Transexual**, por sua vez, é o portador de um transtorno de identidade de gênero, segundo classificação da Organização Mundial de Saúde (OMS), que, embora pertença biologicamente a determinado sexo, sente-se como integrante de outro. **Intersexual** se refere ao sujeito que apresenta caracteres físicos inerentes aos sexos masculino e feminino. O **travestismo** indica a postura daquele que, embora se reconheça como integrante do gênero correspondente ao seu sexo biológico, se submete a intervenções cirúrgicas ou hormonais para se parecer com mulher ou se traja como integrante do sexo oposto, praticando relações homossexuais.

ção, o fato constituirá homicídio (simples ou qualificado, nos termos dos incisos I a V do § 2º do art. 121 do CP), pois elas pertencem ao gênero masculino.

Destaque-se, por fim, que **o homem poderá ser vítima de feminicídio nos casos de *aberratio ictus*** (erro na execução – art. 73 do CP). Nesse instituto, o agente visa atingir determinada pessoa (no caso, pretende matar uma mulher em situação configuradora de feminicídio), mas, por erro na execução ou desvio no golpe, atinge uma pessoa diversa da pretendida (um homem). Nossa legislação determina que o sujeito responda pelo fato como se houvesse atingido quem pretendesse, de tal maneira que mesmo tendo matado uma pessoa do sexo masculino (resultado efetivamente produzido), será responsabilizado criminalmente por feminicídio (resultado pretendido/visado pelo agente).

h) Causas de aumento de pena do feminicídio

O legislador inseriu causas especiais de aumento de pena, exclusivas do feminicídio. São elas:

a) praticar o fato durante a gestação ou nos 3 (três) meses posteriores ao parto;

b) cometer o delito contra pessoa menor de 14 (catorze) anos, maior de 60 (sessenta) anos ou com deficiência ou portadora de doenças degenerativas que acarretem condição limitante ou de vulnerabilidade física ou mental;

c) matar a vítima na presença de descendente ou ascendente;

d) quando praticado em descumprimento das medidas protetivas de urgência previstas nos incisos I, II e III do *caput* do art. 22 da Lei Maria da Penha.

Nestas hipóteses, a pena será aumentada de **um terço até a metade**.

Mostra-se **fundamental que o autor da conduta tenha ciência da presença de tais circunstâncias**. Assim, *v.g.*, não se aplicará a exasperante quando o sujeito desconhecer que a ofendida se encontra grávida (suponha-se uma gestação recente) ou não souber que se cuida de pessoa idosa (imagine-se alguém com aparência jovial) ou, ainda, quando ainda não havia sido intimado acerca da medida protetiva imposta.

No caso do feminicídio cometido mediante violação a medidas protetivas de urgência, é importante observar que dos cinco incisos do art. 22 da Lei Maria da Penha, que enumeram tais providências emergenciais, somente três foram inseridos no CP como majorantes do feminicídio.

O feminicídio terá a pena majorada, portanto, quando cometido em desrespeito às seguintes medidas protetivas:

a) *suspensão da posse ou restrição do porte de armas*;

b) *afastamento do lar, domicílio ou local de convivência com a ofendida*;

c) *proibição de determinadas condutas*, entre as quais: (i) aproximação da ofendida, de seus familiares e das testemunhas, fixando o limite mínimo de distância entre estes e o agressor; (ii) contato com a ofendida, seus familiares e testemunhas por qualquer meio de comunicação; (iii) frequentação de determinados lugares a fim de preservar a integridade física e psicológica da ofendida.

Não foi incluído como causa de aumento do feminicídio o inadimplemento às seguintes medidas protetivas: a) restrição ou suspensão de visitas aos dependentes menores (art. 22, IV, da Lei n. 11.340/2006); e, b) prestação de alimentos provisionais ou provisórios (art. 22, V, da Lei n. 11.340/2006).

A causa de aumento supracitada se aplicará, portanto, quando ao agente for imposta, por exemplo, a proibição de se aproximar da ofendida até determinada distância ou afastamento do lar e, violando tais determinações judiciais, cometer o crime, mas não incidirá quando se tratar, *v.g.*, de restrição a direito de visita de filhos.

O agente que praticar o feminicídio em desrespeito à medida protetiva de urgência prevista no art. 22, incisos I, II ou III, da Lei n. 11.340/2006, responderá também pelo crime autônomo de desobediência a medida protetiva (art. 24-A da Lei Maria da Penha)? Não, em face do princípio da subsidiariedade implícita, que soluciona o conflito aparente de normas penais; explica-se: o tipo penal da Lei Maria da Penha foi inserido como causa de aumento de pena do feminicídio, razão pela qual sua aplicação dúplice (ou seja, na condição de delito autônomo e de exasperante) configuraria *bis in idem*.

E quando se tratar das demais medidas protetivas previstas no art. 22 da Lei Maria da Penha (ou seja, aquelas não previstas como causa de aumento do feminicídio)? Haverá concurso de crimes: feminicídio e a desobediência à medida de proteção.

As causas de aumento do feminicídio estabelecem aumentos variáveis (de um terço à metade) e, nessa medida, diferem das causas de exasperação de pena aplicáveis às demais formas de homicídio doloso (§§ 4º e 6º), em que o legislador previu o aumento em patamar estanque (um terço).

Além disso, as majorantes do feminicídio podem conviver com outras referentes ao homicídio, desde que exista compatibilidade fática. De ver que o § 6º do art. 121 do CP estipula como causa de aumento ser o crime cometido por milícia privada, sob o pretexto de prestação de serviço de segurança, ou por grupo de extermínio. Imagine-se, por exemplo, um grupo de extermínio que mate mulheres ligadas a determinado movimento feminista, agindo, portanto, em situação de menosprezo à sua condição de pessoa do sexo feminino. As duas causas de aumento incidirão.

Como se dará a aplicação da pena nesse caso? Nos termos do art. 68, parágrafo único, do CP, quando se fizer presente mais de uma causa de aumento de pena prevista na Parte Especial, o juiz poderá aplicar todas ou optar pela maior delas. De lembrar-se que, em se tratando de crime de competência do Tribunal do Júri, caberá aos jurados reconhecer a presença das exasperantes e, havendo condenação, ao Juiz Presidente efetuar a dosimetria.

9.3.4.2. Homicídio funcional ou policialicídio

a) Introdução

Em 7 de julho de 2015 entrou em vigor a Lei n. 13.142, a qual inseriu novas circunstâncias que elevam a pena dos crimes de homicídio doloso e lesão corporal dolosa. Cuida-se de *novatio legis in pejus*, motivo por que somente se aplica a fatos cometidos após o início de sua vigência.

O maior rigor punitivo ocorre quando o homicídio (ou a lesão corporal dolosa) for **praticado contra autoridade ou agente integrante**: a) do sistema prisional; b) das **Forças Armadas**; c) dos **órgãos policiais**; d) do **Corpo de Bombeiros**; e) da **Guarda Municipal**; ou f) **da Força Nacional de Segurança Pública.**

É necessário que os ofendidos acima nominados estejam no exercício de sua função ou que, embora não se encontrem em situação de serviço, seja o fato cometido em decorrência da função desempenhada.

A circunstância agravadora também se dará se o ato for perpetrado contra cônjuge, companheiro ou parente consanguíneo até o terceiro grau daqueles servidores públicos, em razão dessa condição, ou seja, somente em função desse vínculo familiar e, por óbvio, sendo o delito alguma forma de represália ou intimidação contra os agentes públicos acima nominados.

No caso do **homicídio**, dar-se-á o reconhecimento de uma **qualificadora**, de natureza objetiva, descrita no art. 121, § 2º, inciso VII (o fato constitui crime hediondo – art. 1º, inciso I, da Lei n. 8.072/90, modificado pela Lei n. 13.142/2015). Em termos de lesão corporal, incide uma causa de aumento de pena de um a dois terços, contida no art. 129, § 12. Quando se tratar de lesão corporal gravíssima (art. 129, § 2º) ou seguida de morte (art. 129, § 3º), e se fizer presente a causa de aumento do § 12, o crime terá natureza hedionda (art. 1º, inciso I-A, da Lei n. 8.072/90, acrescido pela Lei n. 13.142/2015).

b) Natureza da qualificadora

A nova qualificadora pressupõe que seja o fato cometido contra agente ou autoridade integrante do sistema de segurança pública (prisional, policial, das Forças Armadas etc.) ou contra familiar de tais servidores, tendo em vista a função por estes exercida.

A circunstância, portanto, prende-se à qualidade ou condição do sujeito passivo, podendo a conduta ser praticada por diversos motivos (p. ex., como a vingança decorrente da atuação profissional da vítima ou de seu familiar ou como forma de intimidação, objetivando acobertar alguma atividade criminosa; no primeiro caso, dar-se-á o reconhecimento da qualificadora do motivo torpe e, no segundo, da qualificadora do inciso V do § 2º do art. 121 do CP – ou seja, homicídio que busca garantir a execução ou assegurar a ocultação, impunidade ou vantagem de outro crime).

A circunstância não terá aplicação se o fato não guardar relação com a atividade exercida pela vítima (ou seu familiar), como, por exemplo, no caso de uma briga de vizinhos na qual um deles, no calor do confronto, mate o outro, que sabe ser delegado de polícia, agindo por questões banais ligadas ao convívio no condomínio (nessa hipótese, não se aplicará a qualificadora do inciso VII do § 2º do art. 121 do CP, mas terá lugar a do inciso II – motivo fútil).

Podem ser vítimas dessa nova forma de homicídio qualificado, conforme já acentuamos, autoridade ou agente: a) das Forças Armadas (Exército, Marinha e Aeronáutica); b) das Polícias Federal, Rodoviária Federal, Ferroviária Federal, Civil, Militar ou da Guarda Municipal e do Corpo de Bombeiros Militar; c) integrantes do sistema prisional (como diretores de estabelecimentos penais e agentes penitenciários); d) da Força Nacional de Segurança Pública, nos termos da Lei n. 11.473, de 2007.

Vale repisar que o fato deve ser cometido contra o sujeito passivo, estando ele no exercício da função (circunstância que deve ser do conhecimento do sujeito ativo; do contrário, dar-se-á, quanto à qualificadora, erro de tipo – art. 20, *caput*, do CP, excluindo sua incidência). Pode a conduta, ainda, ser cometida contra tais pessoas mesmo quando fora de serviço, desde que o comportamento se dê em decorrência da atividade por elas exercida.

A ação ou omissão pode recair, ainda, sobre o cônjuge, companheiro ou parente consanguíneo até o terceiro grau, o que inclui filhos, netos, bisnetos, pais, avós, bisavós, tios e irmãos. Não estão incluídos os primos, pois o parentesco, nesse caso, atinge o quarto grau, ou sogros, sogras, genros ou noras, posto que, quanto a estes, o vínculo se dá por afinidade.

De acordo com o Texto Legal, o **vínculo** familiar deve ser **consanguíneo**, o que excluiria o chamado parentesco civil, ou seja, aquele originário de adoção (além daquele proveniente de afinidade). A exclusão da relação proveniente de adoção, no caso de filhos, todavia, resulta em patente afronta à **Lei das Leis, que proíbe tratamento discriminatório entre filhos naturais e adotivos** (art. 227, § 6º). Em nosso entender, deve-se empregar interpretação conforme a Constituição, a fim de incluir na qualificadora o fato cometido contra filhos adotivos. Significa que, a despeito da literalidade da norma restritiva, a única leitura compatível com o Texto Maior é no sentido de considerar inaplicável a expressão "consanguíneo" no caso específico de filhos da autoridade ou agente de segurança pública.

Por sua natureza objetiva, essa qualificadora pode concorrer com outras descritas no art. 121, § 2º, do CP. Assim, por exemplo, admite-se um homicídio cometido contra investigador de polícia em razão de sua função (inciso VII), com meio cruel (inciso III), recurso que dificulte sua defesa (inciso IV) e como meio de assegurar a impunidade por delito anterior investigado pela vítima (inciso V).

Não consideramos a qualificadora compatível com o privilégio, pois não se afigura conciliável suprimir a vida de autoridade ou agente de segurança pública com os motivos de relevante valor social ou moral ou mesmo sob o domínio de violenta emoção, logo em seguida a injusta provocação da vítima.

9.3.5. Hediondez

Conforme já expusemos (item 9.1.1), o homicídio qualificado é definido na Lei n. 8.072/90 como hediondo e, por tal motivo, está sujeito às seguintes restrições:

a) insuscetibilidade de fiança;

b) proibição de concessão de anistia, graça e indulto;

c) autorização para decretação de prisão temporária por trinta dias, prorrogáveis por igual período, em caso de extrema e comprovada necessidade;

d) cumprimento de pena em regime inicialmente fechado (determinação considerada inconstitucional pelo Supremo Tribunal Federal)[119];

e) **progressão** de regimes condicionada ao transcurso de **quarenta por cento** da pena (se primário) e **sessenta por cento** (se reincidente específico em crime hediondo ou equiparado);

f) obtenção de **livramento condicional** somente **após** o cumprimento de **dois terços da pena**, salvo se o agente for reincidente específico em crime hediondo ou assemelhado.

No caso, porém, **de homicídio consumado, que constitui crime hediondo com resultado morte**, há regramento ainda mais rigoroso:

a) a **progressão** de regimes depende do cumprimento de **cinquenta por cento** da pena (se primário) e **setenta por cento** (se reincidente específico em crime hediondo ou equiparado com resultado morte);

b) **veda-se o livramento condicional** (LEP, art. 112, VII e VIII) **e a saída temporária** (LEP, art. 122, § 2º).

---

[119] O STF, em junho de 2012, julgou inconstitucional a determinação de cumprimento da pena em regime inicial fechado, disposta na Lei dos Crimes Hediondos (HC 111.840). Para a Corte, a disposição legal é incompatível com o princípio da individualização da pena (CF, art. 5º, XLV), devendo o juiz levar em conta os critérios gerais previstos no Código Penal. Cuida-se de decisão efetuada em controle difuso de constitucionalidade, de modo que somente produz efeito entre as partes. É bem verdade que, em matéria de homicídio qualificado, mencionada decisão pouco influi, pois, mesmo com base nas normas do CP (art. 33), o magistrado terá que impor regime fechado para o começo do cumprimento da reprimenda. Observe-se, ainda, que o STF, em 2015, decidiu ser compatível com a Constituição Federal em idêntica regra contida na Lei de Tortura, isto é, afirmou que a norma responsável por estabelecer – de maneira inflexível – o cumprimento da pena em regime inicialmente fechado para tal delito equiparado a hediondo não ofende o Texto Maior (HC 123.316). Anote-se, por derradeiro, que o STF reiterou o entendimento de 2012 e fixou tese, com repercussão geral, no sentido de que: “É inconstitucional a fixação *ex lege*, com base no art. 2º, parágrafo 1º, da Lei 8.072/201990, do regime inicial fechado, devendo o julgador, quando da condenação, ater-se aos parâmetros previstos no art. 33 do Código Penal” (ARE 1.052.700).

Note que, em se tratando de **homicídio tentado** (qualificado ou cometido em atividade típica de grupo de extermínio), deverá ser aplicada **a regra geral dos crimes hediondos, isto é, não terão incidência os dois efeitos acima citados,** pois não ocorreu "resultado morte". A Lei de Execução Penal, ao tratar da matéria nos incisos VI e VIII do art. 112, exige expressamente que ocorra o evento letal para fins de incidência do regime jurídico mais severo, ao utilizar a expressão "com resultado morte". Desse modo, mesmo em se tratando de tentativa de homicídio qualificado ou cometido por grupo de extermínio, valerão as regras menos severas.

9.4. Homicídio qualificado-privilegiado

A coexistência de qualificadoras (§ 2º) e do privilégio (§ 1º) mostra-se admissível, desde que se trate aquelas de circunstâncias objetivas (notadamente aquelas ligadas aos meios ou modos de execução). Explica-se, o *privilegium*, conforme se estudou, dá-se quando o sujeito atua impelido por motivos de relevante valor social ou moral, ou sob o domínio de violenta emoção, logo em seguida a injusta provocação da vítima. Tais dados têm natureza *subjetiva*, por revelarem o motivo determinante para o cometimento do delito. É possível, destarte, que o acusado encontre-se imbuído de propósito ligado ao relevante valor moral (vingar-se do estupro de sua filha) e utilize-se de meio cruel (torturando o estuprador). Dar-se-á o homicídio qualificado-privilegiado, também conhecido como **homicídio híbrido.** Nossos tribunais já reconheceram diversas vezes essa possibilidade[120]. É de ver, contudo, que nesse caso, dada a predominância do aspecto subjetivo sobre o objetivo, posto que o elemento anímico sempre conta com maior importância para a lei penal (veja, por exemplo, o art. 67 do CP), *o fato não será considerado crime hediondo*[121].

9.5. Causas de aumento de pena (§§ 4º e 6º)

A pena do homicídio doloso será aumentada em um terço quando a vítima for menor de 14 anos ou maior de 60. A idade do sujeito passivo deverá ser considerada

---

[120] *"Não há incompatibilidade na coexistência de qualificadora de caráter objetivo, como a prevista no art. 121, § 2º, IV, do Código Penal (modo de execução do crime), com a forma privilegiada do homicídio, cuja natureza é sempre subjetiva"* (STJ, REsp 1.274.563/MT, rel. Min. Rogério Schietti Cruz, 6ª T., j. 21-6-2016, *DJe* de 29-6-2016). No mesmo sentido: STJ, AgRg no RHC 115.910/PB, rel. Min. Leopoldo de Arruda Raposo (Desembargador Convocado do TJ/PE), 5ª T., j. 17-10-2019. E ainda: "Não há nulidade no julgamento proferido pelo Júri que, ao reconhecer que o réu agiu sob o domínio da violenta emoção, logo em seguida a injusta provocação da vítima, reconhece a qualificadora do emprego de recurso que impossibilitou a defesa do ofendido, pois, por se tratar de circunstâncias de naturezas diversas, uma não exclui a outra, não havendo contradição do veredicto do Conselho de Sentença em reconhecer a coexistência de ambas na conduta do acusado" (TJSP, *RT* 849/540). No mesmo sentido: TJRJ, *RT* 804/648; TJCE, *RT* 812/618; STF, *RTJ* 176/744; STJ, *JSTJ* 107/340.

[121] Nesse sentido: STJ, *RT* 789/561.

ao tempo da ação ou omissão, ainda que outro seja o do resultado, tendo em vista o disposto no art. 4º do CP (tempo do crime).

É necessário, ainda, que o agente conheça (ou seja previsível) a pouca idade da vítima ou que se trata de idoso. Assim, por exemplo, quem mata uma criança pode não saber sua idade, mas é absolutamente previsível ter a vítima menos de 14 anos. O mesmo se dá com pessoa de idade muito avançada.

Se o agente desconhecer e for impossível perceber a faixa etária do falecido, não terá a incidência da causa de aumento de pena, dando-se, com relação à circunstância, erro de tipo (CP, art. 20, *caput*).

A Lei n. 12.720, de 27-9-2012, inseriu ao homicídio doloso nova causa de aumento de pena (§ 6º), de um terço até a metade, consistente em praticar o crime por milícia privada, sob o pretexto de prestação de serviço de segurança, ou por grupo de extermínio.

Consoante abalizado escólio de Rogério Greco[122], entendia-se por milícia, originariamente, a força militarizada auxiliar ao Exército. Atualmente, porém, o termo é empregado em sentido diverso, permitindo falar em *milícias públicas* (pertencentes ao Poder Público) e *privadas* (criadas à margem do ordenamento jurídico). Pode haver, ademais, *milícias militares* (forças policiais ligadas ao Estado, como as Forças Armadas e os órgãos policiais) e *paramilitares* (associações com estrutura e hierarquia semelhante àquelas, mas sem a chancela do Estado e à margem da lei).

"Ao se referir à milícia privada, o Código Penal está dizendo respeito àquela de natureza paramilitar, isto é, a uma organização não estatal, que atua ilegalmente, mediante o emprego da força, com a utilização de armas, impondo seu regime de terror em determinada localidade"[123].

Suas características podem ser assim resumidas:

a) controle territorial e da população correspondente por parte de um grupo armado irregular;

b) natureza coativa do controle;

c) objetivo de lucro individual como principal motivação;

d) discurso de legitimação ligado à proteção dos moradores e à instauração de uma ordem;

e) participação ativa e reconhecida de agentes do Estado[124].

Cabe considerar, derradeiramente, o conceito de *grupo de extermínio*. Trata-se do conjunto de pessoas (mínimo de três), reunidas para eliminar a vida de outros com

---

122 *Curso de direito penal*, parte especial. 10. ed. Rio de Janeiro: Impetus, 2013, p. 175-177.

123 Rogério Greco. *Curso de direito penal*: parte especial. 10. ed. Rio de Janeiro: Impetus, 2013, p. 177.

124 Critérios elencados por Ignácio Cano, inserido no relatório final da Comissão Parlamentar de Inquérito da Assembleia Legislativa do Rio de Janeiro, citados por Rogério Greco, in *Curso de direito penal*: parte especial. 10. ed. Rio de Janeiro: Impetus, 2013, p. 177.

os quais não possuem, a princípio, qualquer vínculo ou relação direta. Muito embora ajam, de regra, com propósito de obter remuneração, não se exclui a possibilidade de atuarem motivados por questões religiosas ou atos de intolerância contra minorias.

Não se olvide, por fim, que existem as causas de aumento de pena especificamente ligadas ao feminicídio, acerca das quais foram tecidas as observações pertinentes no item 9.3.4.1, *supra*.

10. HOMICÍDIO CULPOSO

10.1. Elementos do fato típico de crime culposo

O fato típico do crime culposo contém os seguintes elementos: a) conduta voluntária; b) resultado (involuntário); c) nexo causal (baseado na teoria da equivalência dos antecedentes); d) tipicidade; e) quebra do dever de cuidado objetivo, por imprudência, negligência ou imperícia; f) previsibilidade objetiva do resultado; g) relação de imputação objetiva (como fator limitador do nexo de causalidade fundado na equivalência dos antecedentes).

Todos estes encontram-se implícitos na fórmula contida no art. 121, § 3º, do CP: "*Se o homicídio é culposo: Pena – detenção, de 1 (um) a 3 (três) anos*".

10.2. Dever de cuidado objetivo e previsibilidade do resultado

A culpa é elemento normativo da conduta no fato típico de crimes culposos.

Os tipos penais dos crimes culposos, na quase totalidade, são tipos penais abertos (o legislador não define em detalhes a conduta penalmente típica, apenas afirma que haverá crime se determinado resultado for produzido a título de culpa). É justamente o que ocorre com o homicídio. Embora o tipo enfatize o resultado, isso não significa que sua produção seja suficiente para que haja delito. O fundamental no crime culposo não é a mera provocação do resultado, mas a maneira como ele ocorreu, isto é, se o resultado derivou de imprudência, negligência ou imperícia (art. 18, II, do CP).

Para determinar quando surge a imprudência, a negligência e a impérícia, é necessário recorrer à noção de *dever de cuidado objetivo* (que constitui elemento do fato típico dos crimes culposos). Este corresponde ao dever, que a todos se impõe, de praticar os atos da vida com as cautelas necessárias, para que do seu atuar não decorram danos a bens alheios. Para saber exatamente qual o dever de cuidado objetivo no caso concreto, deve o intérprete imaginar qual a atitude que se espera de um homem dotado de mediana prudência e discernimento, na situação em que o resultado foi produzido. Se ele se comportou aquém do que se espera de uma pessoa comum em uma dada situação, terá desrespeitado o dever de cuidado objetivo, em uma das suas formas (imprudência, negligência ou imperícia).

A compreensão do dever de cuidado objetivo completa-se com a noção de *previsibilidade objetiva* (outro elemento do fato típico do crime culposo). Para saber qual a postura diligente, aquela que se espera diante de um "homem médio", é preciso verificar, antes, se o resultado, dentro daquelas condições, era objetivamente previsível (segundo o que normalmente acontece).

A imprevisibilidade do resultado isenta o agente de responsabilidade (torna o fato atípico). O resultado não será imputado ao agente a título de culpa, mas será considerado obra do imponderável (caso fortuito ou força maior). Por previsibilidade objetiva, em suma, deve-se entender a possibilidade de antever o resultado, nas condições em que o fato ocorreu. A partir dela é que se constata qual o dever de cuidado objetivo (afinal, a ninguém se exige o dever de evitar algo que uma pessoa mediana não teria condições de prever).

A previsibilidade objetiva, como visto, é aquela segundo o critério de uma pessoa de mediana prudência e discernimento. Sua ausência torna o fato atípico. Exemplo: um motorista conduz seu veículo acima do limite de velocidade permitido (imprudência) por uma estrada estreita; ao fazer uma curva, colide com um ciclista embriagado que se encontrava na contramão de direção[125]. Suponha que, em função da própria estrada, não era possível de modo algum enxergar depois da curva, de tal forma que o condutor do automóvel não podia imaginar que havia uma pessoa naquele local. Além disso, mesmo que trafegasse em velocidade compatível com a via, não poderia evitar o acidente. Apesar de sua imprudência, o resultado era objetivamente imprevisível (não é possível imaginar que depois de cada curva haverá um ciclista embriagado na contramão de direção!), motivo pelo qual o fato será considerado atípico.

Ressalte-se, por fim, que se houver previsibilidade objetiva, mas faltar a previsibilidade subjetiva (segundo as aptidões pessoais do sujeito), o fato será típico, mas não haverá culpabilidade.

Em síntese, o processo de adequação típica do crime culposo envolve as seguintes etapas: a) analisa-se qual o dever de cuidado objetivo na situação em que o fato ocorreu; b) verifica-se se o resultado produzido era objetivamente previsível; c) constatadas a quebra do dever de cuidado que a todos se impõe e a possibilidade de antever o resultado, segundo o que se espera de uma pessoa de mediana prudência e discernimento, o fato será considerado típico; d) a tipicidade é um indício da ilicitude do comportamento, que só não será antijurídico se praticado sob o amparo de alguma excludente de ilicitude; e) finalmente, analisa-se a previsibilidade subjetiva do resultado, ou seja, se o agente, conforme suas aptidões pessoais, podia antever o resultado produzido – se presente, o agente responderá pelo crime; se ausente, ficará excluída a culpabilidade.

---

[125] Sublinhe-se que o exemplo formulado não se enquadraria no Código Penal, mas no art. 302 do Código de Trânsito, que tipifica o homicídio culposo na direção de veículo automotor. A respeito, veja o item 10.13, *infra*.

10.3. O princípio do incremento do risco

A imputação do resultado nos crimes culposos tem merecido a reflexão de boa parte da doutrina, tendo muitos autores procurado substituir o sistema tradicional, acima exposto, por outro, fundado no princípio do incremento do risco. Para Roxin, pioneiro nessa avaliação, o intérprete deve adotar o seguinte procedimento: a) examinar qual a conduta de todos esperada de acordo com os princípios do risco permitido; b) compará-la com a do agente, com o escopo de verificar se ele aumentou o risco ao bem. Constatando-se o incremento do risco, haverá culpa, de modo que o sujeito responderá pelo resultado produzido, se prevista a forma culposa; caso contrário, não haverá crime"[126].

O princípio acima assinalado não exclui o critério tradicional. Antes de afastá-lo, complementa-o.

10.4. Princípio da confiança

Uma pessoa não pode ser punida quando, agindo corretamente e na confiança de que o outro também assim se comportará, dá causa a um resultado não desejado (ex.: o médico que confia em sua equipe não pode ser responsabilizado pela utilização de uma substância em dose equivocada que causou a morte do paciente, se para isso não concorreu, dado que tal verificação era de responsabilidade de outro membro da equipe).

10.5. Modalidades de culpa

A culpa, conforme vimos, pode se enquadrar nas seguintes modalidades:

a) *Imprudência*: significa a culpa manifestada de forma ativa, que se dá com a quebra de regras de conduta ensinadas pela experiência; consiste no agir sem precaução, precipitado, imponderado. Exemplo: uma pessoa que não sabe lidar com arma de fogo a manuseia e provoca o disparo, matando outra pessoa.

b) *Negligência*: ocorre quando o sujeito se porta sem a devida cautela. É a culpa que se manifesta na forma omissiva. Note que a omissão da cautela ocorre antes do resultado, que é sempre posterior. Exemplo: mãe deixa um veneno perigoso à mesa, permitindo que seu filho pequeno, posteriormente, o ingira e morra.

c) *Imperícia*: é a falta de aptidão para o exercício de arte ou profissão. Deriva da prática de certa atividade, omissiva ou comissiva, por alguém incapacitado a tanto, por falta de conhecimento ou inexperiência. Exemplo: engenheiro que projeta casa sem alicerces suficientes e provoca a morte do morador.

Não se pode confundir imperícia com o conceito jurídico de *erro profissional*, sinônimo de erro de diagnóstico *escusável* (leia-se: que isenta de responsabilidade). Exemplo: o médico, ao tratar o paciente, aplicou a técnica que os livros de Medicina

[126] *Problemas fundamentais de direito penal*, p. 257-258.

recomendavam. No entanto, seu diagnóstico estava errado, pois a pessoa contraíra outra doença, diversa da que ele imaginava. A pessoa, em face dos medicamentos receitados pelo profissional, tem seu processo de deterioração do organismo acelerado e acaba morrendo. Nesse caso, o profissional *não* responde pelo resultado, nem a título de culpa. A falha não foi do médico, que agiu de acordo com os conhecimentos de sua ciência, mas da própria Medicina (tanto que qualquer outro profissional medianamente preparado teria cometido o mesmo equívoco).

10.6. Culpa consciente e inconsciente. Diferença entre culpa consciente e dolo eventual

a) *Consciente*: é a culpa com previsão. O agente pratica o fato, prevê a possibilidade de ocorrer o resultado, porém, levianamente, confia na sua habilidade, e o produz por imprudência, negligência ou imperícia.

b) *Inconsciente*: é a culpa sem previsão. O sujeito age sem prever que o resultado possa ocorrer. Essa possibilidade nem sequer passa pela cabeça do agente, o qual dá causa ao resultado por imprudência etc.

Nos dois casos teremos crime culposo; contudo quando age com culpa consciente o sujeito comete uma ação ou omissão mais reprovável, merecendo pena maior do que aquele que age com culpa inconsciente.

Não se pode confundir culpa consciente com dolo eventual. Em ambos, o agente prevê o resultado, mas *não* deseja que ele ocorra; porém, na culpa consciente, ele tenta evitá-lo, enquanto no dolo eventual mostra-se indiferente quanto à sua ocorrência, não tentando impedi-lo. Assim, por exemplo, se o praticante de tiro ao alvo efetua o disparo, mesmo percebendo que há uma pessoa próxima do local, mas erra a mira e mata o indivíduo (pois confiou levianamente em sua pontaria), teremos culpa consciente. Se, nas mesmas circunstâncias, o sujeito atira sem se importar em atingir e matar a pessoa, pensando "se morrer, morreu", haverá dolo eventual.

Convém mencionar que, embora o deslinde da controvérsia sobre o elemento subjetivo do crime, ou seja, se o acusado atuou com dolo eventual ou culpa consciente nos crimes contra a vida, seja reservado ao Conselho de Sentença do Tribunal do Júri[127], o STF já considerou que o indivíduo que dirige alcoolizado na contramão assu-

[127] "De acordo com a jurisprudência desta Corte Superior 'havendo elementos nos autos que, a princípio, podem configurar o dolo eventual, como *in casu* (presença de embriaguez ao volante, direção em zigue-zague e na contramão, em rodovia federal de intenso movimento), o julgamento acerca da sua ocorrência ou da culpa consciente compete à Corte Popular, juiz natural da causa, de acordo com a narrativa dos fatos constantes da denúncia e com o auxílio do conjunto fático-probatório produzido no âmbito do devido processo legal' (AgRg no AREsp 965.572, rel. Min. JORGE MUSSI, QUINTA TURMA, *DJe* 19-5-2017). 2. Agravo regimental a que se nega provimento" (STJ, AgInt no AREsp 1144049/GO, rel. Min. Ribeiro Dantas, 5ª T., j. 12-12-2017).

me o risco do resultado, ou no mínimo não se preocupa com o risco de poder causar lesão ou morte de terceiro, caracterizando dolo eventual[128].

Em decisão similar, o STJ entendeu que "a embriaguez do agente condutor do automóvel, sem o acréscimo de outras peculiaridades que ultrapassem a violação do dever de cuidado objetivo, inerente ao tipo culposo, não pode servir de premissa bastante para a afirmação do dolo eventual. Conquanto tal circunstância contribua para a análise do elemento anímico que move o agente, não se ajusta ao melhor direito presumir o consentimento do agente com o resultado danoso apenas porque, sem outra peculiaridade excedente ao seu agir ilícito, estaria sob efeito de bebida alcoólica ao colidir seu veículo contra o automóvel conduzido pela vítima"[129].

Convém registrar, por fim, que o STJ considera compatíveis a figura do dolo eventual e da tentativa, de maneira que pode ocorrer, em tese, tentativa de homicídio praticado com *dolus eventualis*[130].

10.7. Culpa própria e culpa imprópria

Culpa própria é a oriunda de uma conduta imprudente, negligente ou imperita. Imprópria, por outro lado, é a chamada "culpa por equiparação" ou "por assimilação", a qual surge no erro de tipo inescusável ou vencível (CP, art. 20, § 1º, parte final) e no excesso culposo nas excludentes de ilicitude (CP, art. 23, parágrafo único). Recebe esse nome porque o sujeito pratica uma conduta dolosa mas, por força de lei, responde pelo resultado a título de culpa.

10.8. Culpa mediata ou indireta

Verifica-se com a produção indireta de um resultado de forma culposa. Imagine um assaltante que aborda um pedestre, assustando-o de tal modo que ele se precipite até a via pública e seja atropelado fatalmente por um automóvel. Aquele que produziu a conduta inicial (o assaltante, no exemplo elaborado) não responderá pelo resultado indireto, a não ser que (a) haja nexo causal entre sua conduta e o resultado posterior e (b) o resultado final possa ser considerado como um desdobramento previsível e esperado.

10.9. Graus de culpa

Há três graus de culpa: levíssima, leve e grave. A doutrina diverge acerca da relevância da graduação da culpa para fins penais. Há, de um lado, aqueles que

---

[128] HC 124.687/MS, rel. Min. Marco Aurélio, 1ª T., j. 29-5-2018.

[129] REsp 1.689.173/SC, rel. Min. Rogerio Schietti Cruz, 6ª T., j. 21-11-2017. Ver também: AgRg no AREsp 1.502.960/SE, rel. Min. Rogerio Schietti Cruz, 6ª T., j. 4-2-2020.

[130] HC 503.796/RS, rel. Min. Leopoldo de Arruda Raposo (Desembargador Convocado do TJ/PE), 5ª T., j. 1-10-2019, e REsp 1.486.745/SP, rel. Min. Sebastião Reis Júnior, 6ª T., j. 5-4-2018.

sustentam não fazer nenhuma diferença o grau de culpa para fins de responsabilização criminal. Outros, por sua vez, afirmam ser o fato praticado com culpa grave mais reprovável do que o praticado com culpa leve, motivo por que a graduação influenciaria na dosimetria da pena (sanção maior para a culpa grave, por serem as circunstâncias judiciais - art. 59, *caput*, do CP - menos favoráveis ao agente). É a nossa posição.

10.10. Concorrência e compensação de culpas

Se duas ou mais pessoas agem culposamente e juntas dão causa a um resultado, fala-se em concorrência de culpas. Nesse caso, ambas responderão pelo resultado, cada uma na medida de sua culpabilidade. Exemplo: *A* dirige na contramão e *B*, em alta velocidade; ambos colidem e matam *C*. Os dois responderão por homicídio culposo, pois suas condutas imprudentes somaram-se na produção do resultado[131].

Fala-se em *compensação de culpas* (*figura que não existe em direito penal*) quando, além do sujeito, a vítima também agiu culposamente. Exemplo: alguém, dirigindo em alta velocidade e na contramão de direção, atropela e mata uma pessoa que atravessava fora da faixa de pedestres. A atitude imprudente do pedestre não exime ou atenua a responsabilização penal do atropelador (poderá, no máximo, gerar um reflexo na pena, servindo o comportamento da vítima como uma circunstância judicial favorável ao réu - art. 59, *caput*, do CP).

10.11. Perdão judicial

Consubstancia-se em causa extintiva da punibilidade por meio da qual o Estado, mediante a presença de certos requisitos, renuncia ao direito de punir, geralmente fundado na desnecessidade da pena. Só é admissível nos casos expressos em lei.

O legislador, quando pretende autorizar o juiz a conceder referido benefício, utiliza a fórmula "o juiz poderá deixar de aplicar a pena".

No homicídio culposo, dá-se quando as consequências da infração atingirem o próprio agente de forma tão grave que a sanção penal se torne desnecessária (art. 121, § 5º). Por exemplo, o pai que esquece seu filho recém-nascido no interior do automóvel, causando a morte da criança por desidratação em razão da exposição do veículo ao sol por várias horas.

Interessante notar que, em tais casos, o fato cometido demonstra-se típico, antijurídico e culpável, mas a imposição da pena se torna desnecessária, por não aten-

---

[131] Sublinhe-se que o exemplo formulado não se enquadraria no Código Penal, mas no art. 302 do Código de Trânsito, que tipifica o homicídio culposo na direção de veículo automotor. A respeito, veja o item 10.13, *infra*.

der a nenhuma finalidade preventiva. Em outras palavras: o sujeito é culpável, mas não é responsável penalmente pelo ato[132].

Discute-se a natureza jurídica da sentença que o concede, prevalecendo atualmente o entendimento de que não é nem absolutória nem condenatória, mas *declaratória da extinção da punibilidade* (Súmula 18 do STJ[133]). A discussão tem relevância para fins de determinar os efeitos da sentença que o aplica; pela posição dominante, *tal sentença não gera nenhum dos efeitos previstos nos arts. 91 e 92 do CP*[134].

10.12. Causa de aumento de pena (§ 4º)

A pena do homicídio culposo será aumentada em um terço quando "o crime resulta de inobservância de regra técnica de profissão, arte ou ofício, ou se o agente deixa de prestar imediato socorro à vítima, não procura diminuir as consequências do seu ato, ou foge para evitar prisão em flagrante".

O homicídio culposo decorrente da inobservância de regra técnica de profissão, arte ou ofício não se confunde com aquele praticado mediante imperícia. Na figura agravada há um *plus*, pois o agente *conhece a regra técnica* e a ignora, deixando de observá-la. Na imperícia, pelo contrário, o agente não age conforme os ensinamentos da profissão, por desconhecê-los ou ignorá-los (total ou parcialmente).

Também agravam a pena o fato de não prestar imediato socorro ao ofendido ou não procurar reduzir as consequências do ato, desde que o agente possa fazê-lo sem risco pessoal.

De ver que se o agente provoca culposamente a morte da vítima e não lhe presta socorro em seguida, podendo fazê-lo e, obviamente, antes de consumado o crime, responde por homicídio culposo agravado. Não se imputa ao agente, em acréscimo, o delito autônomo de omissão de socorro (art. 135), porque a esta é circunstância do *homicidium* (princípio da subsidiariedade implícita).

---

[132] Coube o funcionalismo a *expansão do conceito de culpabilidade para uma ideia de responsabilidade*, resultando daí que aquela, como condição indispensável para imposição da pena, deve aliar-se a necessidades preventivas da sanção penal (a culpabilidade e as exigências de prevenção limitam-se reciprocamente, e alguém só será penalmente responsável, se ambas concorrerem simultaneamente). "A categoria delitiva que tradicionalmente denominamos culpabilidade tem em realidade muito menos a ver com a averiguação do poder agir de outro modo, algo empiricamente difícil de se constatar, mas sim com o problema normativo de saber se, e até que ponto, nos casos de circunstâncias pessoais irregulares ou condicionadas pela situação, convém impor-se uma sanção penal a uma conduta que, a princípio, está ameaçada com uma pena" (Claus Roxin, *Política criminal y sistema del derecho penal*, p. 59).

[133] "A sentença concessiva do perdão judicial é declaratória da extinção da punibilidade, não subsistindo qualquer efeito condenatório."

[134] De qualquer modo e, nesse particular, independentemente da posição adotada, a sentença concessiva do perdão judicial jamais prevalecerá para efeito de reincidência, tendo em vista a ressalva expressa do art. 120 do CP.

A lei menciona, por fim, o fato de evadir-se o autor do crime para evitar ser preso em flagrante delito (arts. 301 e s. do CPP).

10.13. Código de Trânsito Brasileiro

O Código de Trânsito Brasileiro (Lei n. 9.503/97) tipifica diversos ilícitos penais, entre os quais encontra-se o homicídio culposo, na direção de veículo automotor (art. 302).

É de fundamental importância definir se o fato se subsume ao Código Penal ou ao Código de Trânsito, até porque a sanção neste é mais elevada (detenção, de dois a quatro anos, e suspensão ou proibição de se obter a permissão ou a habilitação para dirigir veículo automotor), sem falar das causas de aumento (um terço à metade) específicas para este crime, contidas no parágrafo único do art. 302 ("não possuir Permissão para Dirigir ou Carteira de Habilitação; praticá-lo em faixa de pedestres ou na calçada; deixar de prestar socorro, quando possível fazê-lo sem risco pessoal, à vítima do acidente; no exercício de sua profissão ou atividade, estiver conduzindo veículo de transporte de passageiros").

Imagine, então, que um mecânico, durante o conserto de um automóvel, no interior de uma oficina, o acione acidentalmente, provocando a morte de seu colega de trabalho. Há homicídio culposo comum (CP, art. 121, § 3º) ou de trânsito (CTB, art. 302)? A resposta encontra-se no art. 1º do Código de Trânsito, o qual define o âmbito de aplicação do referido Diploma ("O trânsito de qualquer natureza nas vias terrestres do território nacional, abertas à circulação, rege-se por este Código" – *caput*; "Considera-se trânsito a utilização das vias por pessoas, veículos e animais, isolados ou em grupos, conduzidos ou não, para fins de circulação, parada, estacionamento e operação de carga ou descarga" – § 1º). No exemplo formulado, para que não reste dúvida alguma, o fato se subsume ao Código Penal, visto que não cometido durante a circulação do automóvel pelas vias terrestres abertas à circulação[135].

---

[135] Protocolado n. 131.253/08 – PGJ/SP: "CPP, ART. 28. HOMICÍDIO CULPOSO. FATO OCORRIDO NO INTERIOR DE OFICINA MECÂNICA, DURANTE A REALIZAÇÃO DE CONSERTO NO VEÍCULO. INAPLICABILIDADE DO CÓDIGO DE TRÂNSITO (LEI N. 9.503/97). SUSPENSÃO CONDICIONAL DO PROCESSO. CABIMENTO, EM TESE. 1. A denúncia narra que o homicídio culposo verificou-se enquanto o veículo automotor encontrava-se no interior de uma oficina mecânica, para reparos. Nesse contexto, o agente acionou a partida e, sem observar que o veículo encontrava-se engatado, provocou seu deslocamento e a morte do mecânico que se encontrava sob o bem, verificando os freios. 2. O fato não se subsume ao Código de Trânsito Brasileiro (Lei n. 9.503/97), posto que não se verificou em qualquer via pública aberta à circulação, consoante delimitam os arts. 1º e 2º da citada Lei especial. Solução: aditamento da denúncia para homicídio culposo comum (CP, art. 121, § 3º) com a remessa dos autos à origem, a fim de que o promotor de justiça verifique o cabimento da proposta de suspensão condicional do processo".

11. CONCURSO APARENTE DE NORMAS

11.1. Distinção entre latrocínio e homicídio doloso em concurso material com furto

O latrocínio encontra-se capitulado no art. 157, § 3º, do CP. Consubstancia-se no crime de roubo, quando da violência empregada resulta morte. O falecimento da vítima trata-se, assim, de resultado agravador, imputável ao agente a título de culpa ou dolo (CP, art. 19).

O latrocínio – crime contra o patrimônio – é de competência do juiz singular, nos termos da Súmula 603 do STF, ao passo que o homicídio, mesmo quando cometido em concurso com o furto, se processa perante o Tribunal do Júri.

É fundamental distinguir as hipóteses de latrocínio e homicídio cumulado com furto. O ponto central para diferenciá-los reside no elemento anímico, isto é, na intenção que constitua o objeto central da conduta praticada pelo agente.

No crime de latrocínio, a atividade do agente dirige-se à subtração do bem, vale dizer, ao ataque ao patrimônio da vítima, configurando a morte como a retirada de um obstáculo que se opõe entre o agente e a consecução de sua meta, ou, eventualmente, um acidente (culpa) ocorrido durante a execução do desfalque patrimonial. Se o objetivo do sujeito, todavia, for direcionado à ocisão da vida e, secundariamente, à subtração patrimonial, *executada depois do falecimento do sujeito passivo*, haverá homicídio seguido de furto. Nesse sentido: "O critério primordial para que se possa distinguir a configuração de latrocínio, do delito de homicídio em concurso com o furto, consiste precisamente no elemento anímico, na intenção primeira do agente ao perpetrar a infração penal: constituirá crime contra o patrimônio, caso tencione o sujeito ativo, principalmente, a subtração de coisa alheia móvel, e, contrariamente, sendo visado em aspecto fundamental atingir o bem jurídico vida, afetando-se de forma apenas ocasional a seara patrimonial da vítima, restará afastada a complexidade delitiva, tipificando-se o mencionado cúmulo material"[136].

11.2. Latrocínio e roubo em concurso com homicídio doloso

Quando a subtração se der com violência ou grave ameaça e, *depois*, der-se a morte, poderá surgir a dúvida sobre a existência de latrocínio ou roubo em concurso material com homicídio.

---

[136] TJPB, *RT* 787/682. No mesmo sentido: "O delito de latrocínio se configura quando a violência física empregada no delito de roubo resulta na morte da vítima. Não se evidencia possível a pretendida desclassificação do crime de latrocínio para o de lesão corporal seguida de morte, ou mesmo de homicídio, em concurso material com o delito de furto, porquanto restou incontroverso que a intenção era a de subtrair bens da vítima, cuja morte resultou em razão da violência exercida contra ela" (TJPR, 3ª CCr, AC 1206397-7/Araucária, rel. Rogério Coelho, v. u., j. 12-2-2015).

Para efeito de distinguirem-se as situações, são válidas as observações acima, é dizer, a análise do elemento subjetivo desempenhará papel decisivo.

Se houver a consumação do roubo e, logo em seguida, no mesmo contexto fático, o agente tentar matar a vítima (isto é, agindo com *animus necandi*), haverá, para o Supremo Tribunal Federal, roubo cumulado com tentativa de homicídio. Esse entendimento encontra-se consolidado em nossa Suprema Corte, como fez notar o ex-Ministro Cezar Peluso, em voto proferido no acórdão do HC 91.585[137].

De acordo com o ministro, quando o agente pretende roubar, consumando-se a subtração, e da violência resulta lesão corporal de natureza grave (havendo intenção de matar), há três correntes que procuram dar ao fato a adequada classificação jurídica: 1) há quem entenda, nesses casos, ocorrer tentativa de latrocínio (CP, art. 157, § 3º, segunda parte, c/c o art. 14, II)[138]; 2) outros dizem existir roubo agravado pela lesão grave (CP, art. 157, § 3º, primeira parte); 3) há quem entenda existir roubo consumado em concurso material com tentativa de homicídio (CP, art. 157, *caput* ou § 2º, e art. 121, § 2º, V, c/c o art. 14, II).

Dentre estas, a jurisprudência atual do Supremo Tribunal Federal alinha-se no sentido da última. Eis a ementa do julgado:

"Ação penal. Crime. Qualificação jurídica. Condenação por latrocínio tentado. Subtração consumada. Não consecução da morte como resultado da violência praticada, mas apenas de lesão corporal grave numa das vítimas. Dolo homicida reconhecido pelas instâncias ordinárias. Impossibilidade de revisão desse juízo factual em sede de *habeas corpus*. Tipificação consequente do fato como homicídio, na forma tentada, em concurso material com o crime de roubo. Submissão do réu ao Tribunal do Júri. Limitação, porém, de pena em caso de eventual condenação. Aplicação do princípio que proíbe a *reformatio in pejus*. *Habeas corpus* concedido para esses fins.

1. Se é incontroverso ter o réu, em crime caracterizado por subtração da coisa e violência contra a pessoa, com resultado de lesão corporal grave, agido com *animus necandi*, então os fatos correspondem ao tipo de homicídio na forma tentada, em concurso material com o de roubo.

---

137 *DJe* de 18-12-2008.

138 "(...) O crime de latrocínio (CP, art. 157, § 3º, *in fine*) é um delito complexo, formado pela união dos crimes de roubo e homicídio, realizados em conexão consequencial ou teleológica e com *animus necandi*, e, para haver a sua consumação, conforme a Súmula n. 610 do STF, deve haver o resultado morte, sendo despicienda a efetiva inversão da posse do bem. Assim, se houve prova de que o acusado agiu com *animus necandi*, no crime de roubo, não ocorrendo a consumação da morte por circunstâncias alheias à vontade do réu, conclui-se pela ocorrência da tentativa de latrocínio e não o roubo qualificado pela lesão corporal de natureza grave. (...)" (STJ, AgRg no REsp 1.647.962/MG, rel. Min. Reynaldo Soares da Fonseca, 5ª T., j. 9-3-2017, *DJe* de 15-3-2017). Ver também: RvCr 4.726/RJ, rel. Min. Nefi Cordeiro, 3ª S., j. 11-12-2019.

2. Reconhecida, em *habeas corpus*, a competência do Tribunal do Júri para rejulgar réu condenado por latrocínio tentado, mas desclassificado para tentativa de homicídio, não pode eventual condenação impor-lhe pena maior que a já fixada na sentença cassada"[139].

Não acreditamos, contudo, seja acertado o entendimento acima, notadamente em face do disposto no art. 19 do CP, que, ao se referir aos delitos qualificados pelo resultado, sustenta que estes podem se dar quando o resultado material agravador pode ser decorrente de culpa ou de dolo. Aplicando-se a regra da Parte Geral ao crime de latrocínio, conclui-se presente esta figura típica, ainda quando houver dolo no tocante ao óbito do sujeito passivo, o que, a toda evidência, independerá da consumação deste resultado. É de se acrescentar, ademais, que no crime de latrocínio, a morte, que deriva do emprego da violência contra a pessoa, dá-se como meio para garantir a subtração ou a impunidade decorrente do delito. A supressão da vida, portanto, não é o escopo primário do agente, cuja conduta dirige-se à lesão patrimonial; por esse motivo, não se afigura ajustado falar-se em crime doloso contra a vida, mas em delito contra o patrimônio.

11.3. Homicídio doloso cometido por militar contra militar, em razão da função

Nesses casos, há crime militar. O fato não se subsume ao art. 121 do CP, mas ao art. 205 do CPM (Decreto-lei n. 1.001/69). A competência, destarte, será da Justiça castrense para o processo e julgamento do delito[140].

Eis o teor do mencionado dispositivo legal:

"Homicídio simples

Art. 205. Matar alguém:

Pena – reclusão, de 6 (seis) a 20 (vinte) anos.

Minoração facultativa da pena

§ 1º Se o agente comete o crime impelido por motivo de relevante valor social ou moral, ou sob o domínio de violenta emoção, logo em seguida a injusta provocação da vítima, o juiz pode reduzir a pena, de um sexto a um terço.

Homicídio qualificado

§ 2º Se o homicídio é cometido:

I – por motivo fútil;

II – mediante paga ou promessa de recompensa, por cupidez, para excitar ou saciar desejos sexuais, ou por outro motivo torpe;

---

139 STF, HC 91.585/RJ, rel. Min. Cezar Peluso, 2ª T., j. 16-9-2008, publ. em 19-12-2008.

140 Nesse sentido: STF, Plenário, *Informativo de Jurisprudência do STF*, n. 280.

III – com emprego de veneno, asfixia, tortura, fogo, explosivo, ou qualquer outro meio dissimulado ou cruel, ou de que possa resultar perigo comum;

IV – à traição, de emboscada, com surpresa ou mediante outro recurso insidioso, que dificultou ou tornou impossível a defesa da vítima;

V – para assegurar a execução, a ocultação, a impunidade ou vantagem de outro crime;

VI – prevalecendo-se o agente da situação de serviço:

Pena – reclusão, de 12 (doze) a 30 (trinta) anos".

É de ver que, em se tratando de crime doloso contra a vida praticado por militar *contra civil*, ainda que em situação de serviço, o fato será enquadrado no *Código Penal* (e, via de consequência, será de competência do Tribunal do Júri).

12. CLASSIFICAÇÃO JURÍDICA

Trata-se de crime de forma ou ação livre (pode ser praticado por qualquer meio), comum (não exige qualidade especial alguma do sujeito ativo), material (consuma-se com o resultado naturalístico: morte do sujeito passivo), de dano ou lesão (exige lesão ao bem tutelado – vida – para fins de consumação), instantâneo de efeitos permanentes (seu resultado ocorre instantaneamente, sem prolongar-se no tempo, embora suas consequências subsistam perenemente), unissubjetivo ou de concurso eventual (admite cometimento por uma só pessoa ou várias, em concurso) e plurissubsistente (seu *iter criminis* permite fracionamento).

13. PENA E AÇÃO PENAL

Na forma simples, o fato é apenado com reclusão de seis a vinte anos. Se qualificado, passa para doze a trinta anos. O tipo penal contém, ainda, causa de diminuição de pena (motivo de relevante valor social, moral ou fato cometido sob o domínio de violenta emoção, logo em seguida à injusta provocação da vítima), no patamar de um sexto a um terço e, de aumento, em um terço, se o ofendido for menor de 14 anos ou maior de 60. Há outra exasperante, responsável por elevar a pena de um terço à metade, consistente em praticar o homicídio doloso por milícia privada, sob o pretexto de prestar serviços de segurança, ou por grupo de extermínio.

Em se tratando de homicídio culposo, a pena é de detenção, de um a três anos, podendo ser aumentada, nas hipóteses do § 4º.

O homicídio, em todas as suas formas, é crime que se processa por ação penal pública incondicionada. Cumpre, portanto, ao Ministério Público a iniciativa da demanda, obedecendo-se aos princípios da obrigatoriedade, indisponibilidade, oficialidade, intranscendência e indivisibilidade da ação penal.

ART. 122 – PARTICIPAÇÃO EM SUICÍDIO OU AUTOMUTILAÇÃO

"O suicídio é a deliberada destruição da própria vida. (...) (e) não vem incriminado nas legislações penais mais modernas, porque, do ponto de vista retributivo ou repressivo, não se pode cuidar de pena contra um cadáver (*mors omnia solvit*); e do ponto de vista preventivo, seria inútil a ameaça da pena contra quem já não se atemoriza sequer com a privação da própria vida. Forçar a missão vingadora da justiça penal além do limiar da morte, como diz Maggiore, é insânia e crueldade"[141].

1. DISPOSITIVO LEGAL

Induzimento, instigação ou auxílio a suicídio ou a automutilação

Art. 122. Induzir ou instigar alguém a suicidar-se ou a praticar automutilação ou prestar-lhe auxílio material para que o faça:

Pena – reclusão, de 6 (seis) meses a 2 (dois) anos.

§ 1º Se da automutilação ou da tentativa de suicídio resulta lesão corporal de natureza grave ou gravíssima, nos termos dos §§ 1º e 2º do art. 129 deste Código:

Pena – reclusão, de 1 (um) a 3 (três) anos.

§ 2º Se o suicídio se consuma ou se da automutilação resulta morte:

Pena – reclusão, de 2 (dois) a 6 (seis) anos.

§ 3º A pena é duplicada:

I – se o crime é praticado por motivo egoístico, torpe ou fútil;

II – se a vítima é menor ou tem diminuída, por qualquer causa, a capacidade de resistência.

§ 4º A pena é aumentada até o dobro se a conduta é realizada por meio da rede de computadores, de rede social ou transmitida em tempo real.

§ 5º Aumenta-se a pena em metade se o agente é líder ou coordenador de grupo ou de rede virtual.

§ 6º Se o crime de que trata o § 1º deste artigo resulta em lesão corporal de natureza gravíssima e é cometido contra menor de 14 (quatorze) anos ou contra quem, por enfermidade ou deficiência mental, não tem o necessário discernimento para a prática do ato, ou que, por qualquer outra causa, não pode oferecer resistência, responde o agente pelo crime descrito no § 2º do art. 129 deste Código.

§ 7º Se o crime de que trata o § 2º deste artigo é cometido contra menor de 14 (quatorze) anos ou contra quem não tem o necessário discernimento para a prática do ato, ou que, por qualquer outra causa, não pode oferecer resistência, responde o agente pelo crime de homicídio, nos termos do art. 121 deste Código.

---

[141] José Frederico Marques, *Tratado de direito penal*, v. 4, p. 151.

2. O SUICÍDIO E O ORDENAMENTO JURÍDICO BRASILEIRO

O suicídio não é (obviamente) crime, nem mesmo a tentativa. Várias razões são apontadas para a não incriminação do ato de tentar suprimir a própria vida. Uma delas consiste em que, com a punição da conduta, podem-se dar ao suicida motivos mais fortes para tentar completar o ato frustrado. Ademais, haveria ofensa ao princípio da alteridade, porquanto estar-se-ia punindo alguém que não lesou bens alheios.

De ver, contudo, que apesar de não conter caráter criminoso (o delito é participar de suicídio alheio e não tentar suicidar-se), o suicídio constitui ato ilícito para a nossa lei penal. A essa conclusão se pode chegar com a interpretação do art. 146. Este dispositivo tipifica o constrangimento ilegal (ato de obrigar alguém, contra a sua vontade, a fazer o que a lei não obriga etc.). Pois bem. O inciso II do § 3º do dispositivo diz que não se inclui no artigo a coação empregada para impedir suicídio. Essa regra revela que, muito embora não haja infração penal no ato de ceifar a própria vida, o ordenamento jurídico não reconhece a licitude do ato, tanto que quem impede o suicida de se matar não pratica constrangimento ilegal. Nota-se, então, que a lei, embora não possa impedir a pessoa de dispor sobre sua vida, ao menos não reconhece esse ato como um direito. Houvesse tal direito, a tentativa de coibi-lo seria uma ofensa à liberdade do indivíduo e, portanto, constituiria constrangimento ilegal. Trata-se da proclamação (implícita) da *ilicitude do ato de se matar*, tanto que o fato de alguém obstar essa conduta impedirá um ato ilícito e, bem por isso, impedi-lo não é crime.

3. VALORES PROTEGIDOS (OBJETIVIDADE JURÍDICA)

O tipo penal do art. 122, em sua concepção original, prestava-se à tutela da vida humana extrauterina[142], mas a Lei n. 13.968, de 26 de dezembro de 2019, ampliou sua esfera de proteção para incluir, também, a integridade corporal e a saúde humanas, como se verá abaixo.

3.1. Alargamento da esfera de proteção do tipo penal

A Lei n. 13.968/2019 alterou substancialmente a redação do art. 122 do Código, ampliando seu alcance para comportamentos anteriormente não atingidos pelo tipo penal. O propósito central da mudança foi incluir no dispositivo o induzimento, instigação ou auxílio à automutilação, mas o legislador foi além, reformulando toda estrutura do tipo penal.

As modificações configuram, todas elas, normas penais gravosas, seja por exacerbarem a punição anteriormente imposta (*novatio legis in pejus*) ou por criminaliza-

142 Para maiores detalhes a respeito do bem jurídico protegido, remete-se o leitor para os itens 1 e 2 do art. 121.

rem comportamentos anteriormente atípicos (*novatio legis* incriminadora). Bem por isso, não operam retroativamente; valem, portanto, para fatos cometidos a partir do dia 27 de dezembro de 2019, quando a Lei entrou em vigor.

Podem-se apontar, sinteticamente, as seguintes modificações:

a) Inclusão no dispositivo do auxílio (moral ou material) à automutilação.

b) Punição, até então inexistente, da conduta do sujeito que pratica o auxílio ao suicídio sem que este produza morte ou lesão grave (antes da Lei n. 13.968/2019, sem esses resultados, o fato era atípico).

c) Introdução de novas causas de aumento de pena, consistentes em praticar o fato por motivo fútil ou torpe (§ 3º), por meio da *internet*, rede social ou transmitido em tempo real (§ 4º), e liderar ou coordenar grupo ou rede virtual responsável pelo auxílio (§ 5º).

d) Inserção de normas explicativas, determinando a desclassificação para o crime de lesão corporal gravíssima ou homicídio, quando a vítima é pessoa menor de 14 anos ou sem o discernimento necessário para o ato ou incapaz de oferecer resistência (§§ 6º e 7º).

4. A PARTICIPAÇÃO EM SUICÍDIO OU AUTOMUTILAÇÃO

Trata-se o fato de punir criminalmente quem presta auxílio, moral ou material, a que alguém pratique suicídio ou automutilação.

O tipo estabelece diferentes graus punitivos, conforme o resultado da conduta: a) se a vítima não sofre lesão alguma ou somente lesão de natureza leve, aplica-se a pena do *caput* (reclusão, de seis meses a dois anos); b) se do fato resultar lesão corporal de natureza grave ou gravíssima, incide o §1º (reclusão, de um a três anos); c) se o fato provocar a morte, aplica-se o § 2º (reclusão, de dois a seis anos).

4.1. Tipo objetivo

A conduta nuclear consiste em induzir (isto é, implantar na mente do sujeito ideia que não existia), instigar (ou seja, fomentar um plano preexistente, encorajando, ou incentivando a pessoa) ou auxiliar materialmente (isto é, fornecer colaboração material, favorecendo mediante a concessão de meios ou instrumentos).

O art. 122, *caput*, descreve um crime de mera conduta ou simples atividade, em que o legislador pune o auxílio (em sentido lato) a alguém para que este suprima sua própria vida ou se automutile, independentemente do resultado provocado sobre o sujeito passivo.

Pode ser que o ofendido, a despeito do sugestionamento ou ajuda recebidos, não se convença a atentar contra a própria vida ou a se automutilar; ainda assim, dar-

-se-á a punição, embora com pena branda (reclusão, de seis meses a dois anos[143]). Se do fato, porém, resultar lesão grave ou gravíssima, a pena será de um a três anos de reclusão e, se ocorrer a morte, de dois a seis anos de reclusão.

Cuida-se, ainda, de crime de ação múltipla ou conteúdo variado, pois o tipo penal possui diversos núcleos (verbos), separados pela conjunção alternativa "ou". Se alguém incorrer em mais de um verbo com relação à mesma vítima, responde por crime único. Por exemplo, o sujeito que a induz se matar ou a se automutilar e, além disso, lhe fornece o instrumento para tanto, comete crime único – embora deva o juiz, em tais casos, considerar a incursão em mais de uma ação nuclear na dosagem da pena (notadamente na fixação da pena-base), de modo a exacerbar a sanção imposta ao agente.

Para a incidência do tipo é necessário que o autor do fato não pratique atos materiais ligados diretamente à provocação da morte, como puxar a corda da forca ou provocar a emissão de gás venenoso, casos em que responde por homicídio, porquanto sua conduta se enquadrará no verbo "matar". O mesmo raciocínio se aplica nas situações de automutilação, por motivos óbvios, afinal, se o sujeito, ele próprio, causa o ferimento, não há *auto*mutilação, mas crime de lesão corporal (art. 129 do CP).

Na situação conhecida como "roleta-russa", há participação em suicídio (imputável aos sobreviventes, como é óbvio) desde que cada participante empunhe a arma contra si próprio e puxe o gatilho da arma. O ato de cada um representa um incentivo à atitude dos demais.

O mesmo ocorre no chamado "duelo americano": "...duas pessoas ajustam o suicídio de uma delas, mediante sorteio, ou deixando ao azar da escolha entre duas armas, das quais só uma se encontra municiada"[144]. Caso, entretanto, os agentes, depois de se apoderarem das armas aleatoriamente, a empunhem um em direção ao outro, tipifica-se o homicídio.

No pacto suicida de amor, se um deles sobrevive, responde pelo crime do art. 122.

No "jogo" denominado "baleia azul", em que um desconhecido (agindo sozinho ou em grupo), por meio da *internet* ou de alguma rede social, induz ou instiga pessoas, normalmente jovens, a praticarem "desafios", que vão dos mais banais (p. ex.: assistir um filme de terror desacompanhado) até condutas de extrema gravidade, como a automutilação ou o suicídio, aplica-se o art. 122 do CP. De notar, porém, que, se a vítima for menor de 14 anos, não tiver o necessário discernimento para a prática

[143] Pode-se estranhar o fato de o legislador ter optado por determinar pena de reclusão a um fato com pena máxima de dois anos, mas a medida se mostra correta, não só para permitir, se o caso, a imposição de regime inicial fechado para o cumprimento da pena, mas, sobretudo, para autorizar, como medida investigatória, a realização de interceptação das comunicações telefônicas (Lei n. 9.296/96).

[144] José Frederico Marques, op. cit., ed. de 1999, v. 4, p. 170.

do ato, ou, por qualquer causa, não puder oferecer resistência, o agente responderá pelos crimes de lesão corporal gravíssima (caso esta venha a ocorrer) ou homicídio (se houver morte), por expressa disposição legal (art. 122, §§ 6º e 7º).

4.1.1. Automutilação e autolesão – conceitos e diferenças

Na Ciência Médica, entende-se por *automutilação qualquer comportamento intencional implicando agressão ao próprio corpo, sem o propósito suicida e não aceita social e culturalmente*[145]. Não se incluem nesse conceito, bem por isso, práticas como a tatuagem e o *piercing*, plenamente admitidas no campo social. Assim, a amiga que convence outra a realizar um *piercing* ou o amigo que combina com outro fazerem uma tatuagem, embora estejam auxiliando moralmente a pessoa a provocar em si próprio, de modo consciente, uma lesão a parte do corpo, praticam fatos (materialmente) atípicos, em face do princípio da adequação social.

Note que **automutilação e autolesão não são sinônimos**, pois esta tem um alcance maior. Autolesão abrange não só a inflição de agressões no corpo, mas também atitudes que impliquem o adoecimento da pessoa, contraindo doenças em detrimento da própria saúde, ou seja, que prejudiquem o normal funcionamento das funções corporais da vítima, produzindo ou agravando algum estado patológico.

4.1.2. Auxílio à contração de doença não letal

O legislador optou por criminalizar, no art. 122 do CP, o ato de auxiliar alguém a se automutilar, de maneira que não está abrangida pelo dispositivo a conduta do sujeito que induz, instiga ou auxilia moralmente a vítima a contrair alguma doença.

O agente que convence uma pessoa a ingerir líquido contendo bactéria, tendo a pessoa ciência disto, vindo o consumo a provocar uma doença da qual a vítima, em alguns dias, se convalesça, não incorre no tipo penal.

Só haverá crime se a doença adveio de uma automutilação.

Assim, se o indivíduo induzir alguém a se automutilar, por exemplo, inflingindo um corte com instrumento não esterilizado no próprio corpo e, a despeito de se cuidar de ferimento corporal leve, este provocar uma infecção pelo contato de uma bactéria na corrente sanguínea que cause uma doença e esta venha a provocar o afastamento da vítima de suas ocupações habituais por mais de 30 dias, incorre no dispositivo, desde que esse resultado seja, ao menos, previsível. Responderá o agente pela figura qualificada do § 1º do art. 122 do CP, que impõe pena de reclusão, de um a três anos, quando da automutilação resulta lesão corporal de natureza grave (ou gravíssima).

[145] Jackeline Suzie Giusti, *Automutilação*: características clínicas e comparação com pacientes com transtorno obsessivo-compulsivo, São Paulo, 2013. Tese de doutorado – Faculdade de Medicina da Universidade de São Paulo. Programa de Psiquiatria, p. 5.

A conduta de auxiliar moral ou materialmente alguém a contrair doença (não letal), sem que isto se dê através da automutilação, só terá caráter criminoso se o fato visar ao suicídio ou, ainda, se a vítima não detiver capacidade de discernimento para compreender o ato a que é induzida, instigada ou auxiliada a praticar, pois, então, o agente se encontrará na condição de autor mediato e, desse modo, a conduta não será tecnicamente um auxílio à autolesão por meio da contração de doença (que é fato atípico), mas uma lesão corporal, nos termos do art. 129 do CP.

4.1.3. Omissão imprópria

É controvertida na doutrina a possibilidade de cometer o delito do art. 122 do CP por omissão (imprópria). Deve haver, por óbvio, o dever jurídico do omitente em agir para evitar o resultado, como ocorre na relação dos pais para com os filhos, dos médicos para com seus pacientes, do diretor do estabelecimento penal no que tange aos detentos.

Pedro Franco de Campos dá, como exemplos, "diretor de presídio que, pacificamente, vê o preso morrer por greve de fome; o enfermeiro que, vendo o desespero do doente, não lhe toma a arma suicida"[146].

Para Manuel da Costa Andrade "face a uma atuação livre e responsável da pessoa cansada de viver, *não sobra espaço para a responsabilização criminal do garante-omitente*... Isso porquanto a decisão responsável de suicídio e o domínio do fato por parte da vítima afastam o dever de garante, não subsistindo suporte para a punição a

---

[146] *Direito penal aplicado*. 2. ed. São Paulo: Saraiva, 2009, p. 18. Registre-se que o Tribunal Constitucional espanhol julgou lícita a alimentação forçada ministrada a presos em greve de fome. Estabeleceu-se, com isso, que a Constituição espanhola, que assegura o direito à vida como direito fundamental, não autoriza o direito à própria morte, de modo que não se mostra contrária à Constituição a atitude consistente em conferir assistência médica coativa em casos extremos de greve de fome. *STC* 120/201990, de 27 de junho (cf. Luis López Guerra, *Las sentencias básicas del Tribunal Constitucional*, p. 154 e s.). "Tem, por conseguinte, o direito à vida um conteúdo de proteção positiva que impede configurá-lo como um direito de liberdade à própria morte" (fundamento n. 7 da decisão, p. 167). Alfonso Serrano Goméz pondera que, "o médico terá o dever de alimentar quando a pessoa (referindo-se ao preso em greve de fome) se encontre numa situação tal que da não intervenção possa sofrer lesões irreversíveis; deve-se ter em conta que possuem o dever de velar pela saúde daqueles que estão num centro penitenciário. No momento em que o grevista se encontre numa situação próxima de perigo grave para sua integridade física ou mental, o médico que leva a cabo a alimentação forçada estará amparado pela causa de justificação do estado de necessidade, não cometendo crime de coação (ou constrangimento ilegal), pois a vida é um valor superior à liberdade. (...) A posição de garante do médico deve-se entender encerrada no momento em que o sujeito renuncia a ela de forma voluntária, por meio de uma decisão válida" (*Derecho penal*: parte especial, p. 53). Em nosso país, a atitude seria incontestavelmente lícita, caso alguém ministrasse alimentação forçada ao "grevista", uma vez que o Código exclui o caráter criminoso da "coação exercida para impedir suicídio" (art. 146, § 3º, II).

título de crime de omissão impura"[147]. Era esse o entendimento sufragado por José Frederico Marques: "Não há auxílio por omissão, como querem ilustres mestres e doutrinadores do Direito Penal. Prestar auxílio é sempre conduta comissiva. A expressão usada no núcleo do tipo (prestar-lhe auxílio para que o faça) do art. 122 impede a admissão do auxílio omissivo"[148]. Há precedentes jurisprudenciais nesse sentido[149].

Com o novo espectro punitivo do tipo penal, porém, **entendemos cabível a omissão imprópria**, como já lecionava Pedro Franco de Campos, podendo ser citado, como exemplo, a conduta dos pais que, cientes de que o filho de 15 anos está engajado no "jogo" denominado "baleia azul", nada fazem para obstar o menor de seguir com os "desafios", até que ele se automutile ou se suicide. Nesse cenário, apresentam-se os requisitos do art. 13, § 2º, do CP, que, ao disciplinar a relevância penal da omissão, determina a imputação do resultado ao omitente quando este *podia* e *devia* agir para impedi-lo (caso dos pais, que possuem, por lei, o dever de proteção, cuidado e vigilância sobre os filhos).

4.2. A prova do fato

A participação em suicídio ou automutilação configura *delicta facti permanentis* (crime que deixa vestígios).

Tem incidência a regra processual insculpida no art. 158 do CPP, tornando obrigatória a realização do exame de corpo de delito. A falta deste exame, nas infrações que deixam vestígios, traz como consequência a nulidade do processo.

O exame de corpo de delito pode ser direto ou indireto. Dá-se o primeiro quando o(s) perito(s) examina(m) diretamente os vestígios deixados pelo delito (ex.: o legista examina o cadáver). É a regra. Em se tratando de suicídio, é de suma importância a prova técnica, notadamente o laudo de exame necroscópico (CPP, art. 162) e o perinecroscópico (laudo de local).

No caso de haverem desaparecido os vestígios do crime, admite-se, excepcionalmente, a realização do exame indireto. Este se verifica quando o perito elabora o exame por intermédio de elementos secundários em que os vestígios ficaram registrados (ex.: laudo de constatações de lesão corporal e do óbito elaborado com base na ficha clínica de atendimento do paciente no hospital).

O Código de Processo Penal, ainda, admite excepcionalmente o suprimento do exame de corpo de delito, direto ou indireto, por prova testemunhal (art. 167). Há casos, como o suicídio em alto-mar, em que a pessoa lança seu corpo às águas e a única maneira de se demonstrar sua ocorrência será por meio de prova testemunhal[150].

---

[147] *Comentário conimbricense do Código Penal:* parte especial, t. 1, p. 92.

[148] Op. cit., ed. de 1999, v. 4, p. 163.

[149] *RT* 491/285 e *RJTJSP* 21/434.

[150] O exame de corpo de delito indireto, bem como o suprimento da falta do exame pela prova testemunhal, só se admite em hipóteses excepcionais, nas quais o desaparecimento dos vestígios do crime não possa ser imputado à desídia do Estado.

Há autores que entendem ser a prova testemunhal supletiva (art. 167) o próprio exame de corpo de delito indireto a que alude o art. 158 do CPP. Com a devida vênia, não há como conceber possa a prova testemunhal transmudar sua natureza, mesmo excepcionalmente, para a de prova pericial. Em verdade, basta confrontar a redação dos arts. 158 e 167 do CPP para se notar claramente que exame de corpo de delito indireto e prova testemunhal supletiva não se confundem. A testemunha prevista no art. 167 do CPP é forma excepcional de suprir a falta de exame de corpo de delito, direto ou indireto. Nesse sentido, Adilson Mehmeri: "O depoimento da testemunha não perde sua identidade para tornar-se laudo pericial, mas apenas supre sua omissão, sem perda de seus caracteres. É preciso entender que o legislador, no art. 158, cria a binomia: perícia direta e indireta. São obviamente coisas distintas. No art. 167, admite a prova testemunhal, em caráter supletivo, no lugar da prova pericial, sem distinguir a direta da indireta, porque fala de modo genérico: não sendo possível o exame de corpo de delito (não destaca o direto). *Data venia*, não sabemos quais os complexos caminhos que levaram os doutos juristas a excluir sumariamente a perícia indireta, que passou a ser substituída pela prova testemunhal, quando não ocorre a direta. De acordo com esse entendimento, somente esta última poderá ser suprida. Parece-nos esquisitice jurídica transformar uma prova testemunhal em pericial, com o descabido *nomen juris* de perícia indireta: 'o perito, auxiliar do juiz, supre-lhe as insuficiências e não se confunde com a testemunha, porque esta, além de não ser pessoa especializada, deve limitar-se a depor sobre fatos pretéritos, enquanto os peritos fazem verificações sobre fatos presentes' (Paulo Heber de Morais & João Batista Lopes, *Da prova penal*, Ed. Julex, 1978, p. 81)"[151].

Pode-se afirmar, então, "que são três opções diversas apontadas pelo legislador: a) preferência para a perícia direta; b) não sendo possível, por motivos escusáveis, procede-se à indireta, com a colheita dos elementos disponíveis; c) por fim, se também não for possível a realização da prova pericial indireta, a prova testemunhal poderá supletivamente servir como prova material do fato, mediante a coleta de depoimentos que deem conta do ocorrido, principalmente a certeza material do fato"[152].

De lembrar-se, ainda, que por expressa disposição legal, a confissão não pode suprir a falta do exame de corpo de delito.

4.3. Autoria mediata

Dá-se a autoria mediata quando alguém, embora sem realizar a conduta típica, se vale de um terceiro como mero instrumento de sua vontade. Ela se dará, por

---

151 Prova testemunhal: supletiva ou substitutiva? São Paulo: *SaraivaJur*, 12 out. 2000. Disponível em: <www.saraivajur.com.br/doutrinaArtigosDetalhe.cfm?doutrina=17>. Acesso em: 2 jul. 2008.

152 Ibidem.

exemplo, quando o sujeito empregar coação moral irresistível, no erro determinado por terceiro[153].

Imagine-se, então, que uma pessoa submeta outra a coação moral irresistível, obrigando-a a se matar (por exemplo, o indivíduo aponta a arma para o filho da vítima, compelindo-a a se matar para salvar a vida da criança). Nesse caso, deve o agente responder pelo crime de homicídio, pois, ainda que não tenha realizado o comportamento nuclear, pois o falecido é que praticou o ato de suprimir a própria vida, ele é que detinha o domínio do fato. *Trata-se, então, de autor mediato e como homicida deve responder.*

"Se a vítima é mero instrumento de quem lhe queira dar a morte, por isso que não passa de verdadeiro autômato a obedecer cegamente as ordens de quem lhe procura eliminar a existência, deixa de haver qualquer uma dessas figuras delituosas do art. 122, para surgir, em seu lugar, o homicídio puro e simples, tal como o define o art. 121 do Código Penal"[154].

Muñoz Conde cita um exemplo verídico, que ilustra a situação de erro provocado pelo agente: "uma mulher queria se livrar de seu marido e o convenceu a se suicidarem juntos. Para isso, derramou veneno em uma garrafa de licor que fez seu marido tomar, depois de realizar com ele o ato sexual e prometer solenemente que também se mataria. O marido morreu; ela, que não tomou nada da garrafa, seguiu viva". Trata-se de autoria mediata, em que houve homicídio e não participação em suicídio[155].

No caso de o agente auxiliar pessoa menor de 14 anos, que não tenha o necessário discernimento para a prática do ato, ou que, por qualquer outra causa, não possa oferecer resistência, aplicam-se os §§ 6º e 7º do art. 122 do CP. Segundo eles, se o fato resultou lesão corporal gravíssima, responde o agente pelo crime do art. 129, § 2º, do CP; se resultou morte, incorre no art. 121 do CP.

---

[153] Edgardo Donna, op. cit., t. I, p. 201. O autor também cita o aproveitamento da incapacidade mental da vítima, mas, nesse caso, tendo em vista as modificações operadas no art. 122 do CP pela Lei n. 13.968/2019, incidem os §§ 6º e 7º do tipo penal, que determinam a desclassificação do fato para lesão gravíssima ou homicídio, conforme o resultado provocado no sujeito passivo.

[154] José Frederico Marques, op. cit., ed. de 1999, v. 4. p. 158.

[155] Apud Edgardo Alberto Donna, op. cit., t. I, p. 201. Esse caso foi julgado na Alemanha, onde se condenou a ré por homicídio (lembre-se que, na Alemanha, não se incrimina a participação em suicídio alheio, o que, para um setor da doutrina, favoreceria os tribunais a reconhecerem a autoria mediata de homicídio, caso contrário deixariam impunes tais situações). Caso interessante que contém as mesmas peculiaridades é o chamado "caso Sírius", também mencionado por Muñoz Conde, em referência na obra de Donna: "Tratava-se de um indivíduo que convenceu sua noiva, depois de fazer um seguro da vida dela em que figurava como beneficiário, a se matar, assegurando a ela que imediatamente ela reencarnaria em outro corpo, mais bonito e jovem, que estava reservado para ela no Lago de Genebra, depois ela seguiria vivendo em outro planeta, chamado Sírius, de onde ele procedia". De acordo com o Tribunal responsável pelo julgamento do caso, o agente possuía o domínio do fato, fazendo de sua noiva mero instrumento de sua vontade. Curiosamente, contudo, entendeu-se que ele não deveria responder por homicídio consumado, mas tentativa, dado que a mulher não tivera a intenção de se matar, pois pretendia reencarnar (ibidem, p. 202).

5. SUJEITOS DO DELITO

5.1. Sujeito ativo

Pode ser sujeito ativo da participação em suicídio ou automutilação qualquer pessoa. Trata-se, portanto, de *crime comum*.

5.2. Sujeito passivo

Qualquer pessoa pode ser sujeito passivo, desde que possua capacidade de compreensão acerca das consequências do ato a que é auxiliada. Nesse sentido, o legislador estabelece que, no caso de vítimas menores de 14 anos ou que não têm discernimento para compreender o fato ou, ainda, incapacitadas de oferecer resistência, o agente responderá por homicídio - art. 121 do CP (se houver morte) ou lesão corporal gravíssima - art. 129, § 2º, do CP (se tal resultado ocorrer).

Quanto à idade da vítima, o critério é objetivo. Se ela possuir menos de 14 anos, tendo o fato provocado a morte ou lesão gravíssima, não se aplica o art. 122 do CP.

Com relação a pessoas portadoras de deficiência ou enfermidade mental, é preciso analisar, caso a caso, se havia comprometimento da capacidade de discernir o ato a que estava sendo induzida, instigada ou auxiliada materialmente.

No que toca àqueles que **não possuem capacidade de oferecer resistência**, é preciso que lhes tenha sido **retirada totalmente** tal condição. Note que, de acordo com o próprio dispositivo, **se houver apenas diminuição** da capacidade de resistência (em vez de supressão), **o autor** da conduta **incorrerá no art. 122, com a majorante do § 3º, II** (que duplica a pena).

Se a conduta for praticada contra idoso, aplica-se a agravante do art. 61, II, *h*, do CP. Tratando-se de idoso senil, com capacidade intelectiva ou volitiva suprimida, dar-se-á a solução acima exposta, ou seja, havendo lesão gravíssima ou morte, o sujeito ativo responderá por lesão corporal gravíssima (art. 129, § 2º) ou homicídio (art. 121), por força dos §§ 6º e 7º do art. 122.

5.2.1. Sujeito passivo determinado

Deve-se anotar que o dispositivo legal pressupõe sujeito passivo *determinado*, isto é, a conduta deve dirigir-se a pessoa ou pessoas certas. De notar que a lei fala em (auxiliar, induzir ou instigar) "alguém".

A pessoa que propaga a tese, de caráter geral, em favor do suicídio ou da automutilação, não comete infração penal. Não há falar-se em incitação ao crime (art. 286), uma vez que este tipo penal pressupõe que o autor incite, publicamente, à prática de delito. Ocorre que, como já vimos, *o suicídio não é crime* (embora seja ato ilícito) e o mesmo se aplica à automutilação. De ver que há legislações penais as quais, diversamente da brasileira, expressamente incriminam semelhante ato.

No Código Penal português, pune-se "quem, por qualquer modo fizer propaganda ou publicidade de produto, objecto ou método preconizado como meio para produzir a morte, de forma adequada a provocar suicídio, é punido com pena de prisão até dois anos ou com pena de multa até 240 dias" (art. 139º). O mesmo se verifica no Código Penal francês (arts. 223-14)[156].

6. TIPO SUBJETIVO

O elemento subjetivo presente no crime é o dolo, consistente na vontade de concretizar os elementos do tipo penal.

A lei não contempla a forma culposa, razão pela qual constitui fato atípico auxiliar, sem dolo (direto ou eventual), a que outro se mate ou se automutile.

Não comete a infração, destarte, quem rompe uma relação afetiva, ainda que saiba que o outro prometera se matar ou se automutilar; "não é punível o policial que, imprudentemente, deixa sobre a mesa da cozinha a arma que a sua neurótica companheira aproveita para se suicidar"[157].

Deve-se repisar que a inexistência de adequação típica somente se dará quando se tratar de comportamento culposo. Se houver dolo, ainda que eventual, poderá se cogitar do crime em tela.

Frederico Marques formula, como exemplo de participação em suicídio com dolo eventual, a conduta do marido que inflige maus-tratos à esposa e, prevendo a possibilidade de que esta, em consequência dos sofrimentos daí advindos, venha a suicidar-se, assuma conscientemente o risco desse evento e a continue maltratando. O agente, explica Frederico Marques, "assume o risco de criar o desejo do suicídio" e, portanto, "está querendo, ou anuindo, em que a vítima ponha termo à própria vida"[158].

---

[156] "La propagande ou la publicité, quel qu'en soit le mode, en faveur de produits, d'objets ou de méthodes préconisés comme moyens de se donner la mort est punie de trois ans d'emprisonnement et de 45000 euros d'amende."

[157] Manuel da Costa Andrade, in *Comentário conimbricense do Código Penal:* parte especial, cit., p. 95.

[158] Op. cit., ed. de 1999, v. 4, p. 165. O Supremo Tribunal Federal julgou caso similar, em que reconheceu a existência de culpa e, portanto, considerou atípica a conduta do marido: "Tipo subjetivo da figura penal do art. 122 é o dolo, ou seja, a vontade livre e consciente de praticar a conduta prevista, reclamando-se o objetivo maior, ou seja, o de que a vítima venha a se matar. *O dolo é o específico, não se podendo cogitar, no caso, de participação no crime por simples culpa.* Ora, o procedimento do paciente, maltratando a vítima no correr da relação que mantiveram, inclusive provocando lesões corporais, não é de molde, de per si, a concluir-se por uma das formas previstas no tipo. Contava a vítima com meios de buscar o afastamento do quadro, inclusive promovendo a separação e apresentando à autoridade competente a cabível queixa. Tal sujeição, durante todo o lapso de tempo, mostrou-se voluntária, o mesmo ocorrendo quanto ao próprio suicídio. O fato de uma pessoa proporcionar a outra momentos desagradáveis, chegando, até mesmo, a provocar-lhe lesões corporais, não implica afirmar-se, caso venha a ocorrer o suicídio, ter contribuído para este

Importante registrar que há dois elementos subjetivos (alternativos) presentes no tipo penal: o *animus necandi* (correspondente ao ato de auxiliar alguém a ceifar a vida) e o *animus occidendi* (que consubstancia a intenção de ver o outro lesionado).

7. CONSUMAÇÃO E TENTATIVA

7.1. Consumação

O dispositivo, como dissemos, sofreu importante reestruturação pela Lei n. 13.968/2019, refletindo substancialmente na natureza do tipo penal, no seu momento consumativo e na compatibilidade com a tentativa.

O *caput* descreve crime de mera conduta ou simples atividade. Quando o legislador tipifica o ato de "*induzir ou instigar alguém a suicidar-se ou a praticar automutilação ou prestar-lhe auxílio material para que o faça*", punindo-o com reclusão, de seis meses a dois anos, o faz sem vincular a existência do crime a qualquer resultado naturalístico.

A infração, portanto, atinge seu momento consumativo quando o induzimento ou a instigação chegam ao conhecimento da vítima ou quando ela recebe o auxílio material.

Se a vítima se automutilar ou tentar o suicídio e, como resultado, sofrer lesão grave ou gravíssima, incide a qualificadora do § 1º (reclusão, de um a três anos); se houver a morte, aplica-se a qualificadora do § 2º (reclusão, de dois a seis anos).

7.2. Tentativa

Havia divergência doutrinária acerca da possibilidade de tentativa. Predominava o entendimento negativo, com o qual concordávamos, dado que o tipo penal condicionava a punibilidade do ato à ocorrência do resultado morte ou lesão corporal grave. Assim, se a pessoa sobrevivesse ao tresloucado ato e não sofresse lesões ou fossem estas leves, o fato seria penalmente atípico. Esse raciocínio não mais se aplica, tendo em vista as modificações operadas no dispositivo legal pela Lei n. 13.968/2019.

A tentativa, agora, é cabível, pois a norma penal não mais condiciona a incriminação à produção de um resultado. Pode o agente, por exemplo, tentar induzir alguém a se matar ou a se automutilar, por meio de mensagem remetida pela *internet*, não recebida pelo destinatário por circunstâncias alheias à vontade do agente, como falha no equipamento ou no sinal de *internet*.

---

mediante induzimento ou instigação" (HC 72.049/MG, rel. Min. Marco Aurélio, 2ª T., j. 28-3-1995, *RTJ* 178/719).

8. QUALIFICADORAS

O legislador prevê duas qualificadoras:

a) **Se da automutilação ou da tentativa de suicídio resulta lesão corporal grave ou gravíssima**, a pena é de *reclusão, de 1 a 3 anos* (§ 1º).

As hipóteses de lesão corporal grave encontram-se descritas em rol taxativo no art. 129, § 1º, do CP. São elas a incapacidade para as ocupações habituais, por mais de 30 dias, o perigo de vida, a debilidade permanente de membro, sentido ou função e a aceleração de parto. O mesmo ocorre com as situações de lesão corporal gravíssima, enumeradas em lista fechada no § 2º do art. 129 do CP: a incapacidade permanente para o trabalho, a enfermidade incurável, a perda ou inutilização do membro, sentido ou função, a deformidade permanente e o aborto.

b) **Se o suicídio se consuma ou se da automutilação resulta morte**, a pena é de *reclusão, de 2 a 6 anos* (§ 2º).

No caso de automutilação que resulta morte, trata-se de **crime preterdoloso**, no qual o sujeito atua com o propósito de ver a vítima mutilada, mas, do ferimento, por sua natureza ou gravidade, o ofendido culposamente vem a falecer. Nesse caso, vale ressaltar, a competência **não será do Tribunal do Júri** (dada a inexistência de crime doloso contra a vida).

Se o autor do fato, ao auxiliar a vítima a se automutilar, agir com dolo de matar (direto ou eventual), trata-se de verdadeiro auxílio ao suicídio (servindo a automutilação como meio). De todo modo, incidirá o mesmo § 2º e o fato será de competência do Tribunal do Júri.

9. CAUSAS ESPECIAIS DE AUMENTO DE PENA

Denominam-se causas especiais de aumento de pena aquelas previstas na Parte Especial do Código. Sempre que presente uma delas, sua incidência torna-se obrigatória. Se houver mais de uma, o juiz poderá aplicar todas ou somente a que produza o maior aumento, nos termos do art. 68, parágrafo único, do CP.

9.1. Motivo fútil, torpe ou egoístico

De acordo com o inciso I do § 3º do art. 122 do CP, a pena da participação em suicídio ou automutilação será duplicada se o fato for praticado por motivo egoístico, fútil ou torpe.

O motivo egoístico é aquele de natureza pessoal. Pode-se configurar, por exemplo, quando o agente pratica o fato para se casar com a viúva ou aquele que age para ganhar notoriedade no mundo virtual. Já o motivo fútil constitui o de natureza banal, insignificante, como, por exemplo, o decorrente de rivalidade futebolística. O motivo torpe, por fim, é o vil, ignóbil, como o desejo de herdar o patrimônio da vítima.

9.2. Vítima menor ou com capacidade de resistência diminuída

O inciso II do § 3º do art. 122 do CP impõe aumento de pena, ao dobro, quando a vítima é menor ou tem, por qualquer causa, reduzida sua capacidade de resistência.

Com relação à idade da vítima, deve ser ela menor de 18 anos e com idade igual ou maior a 14 anos. Esse entendimento já era sufragado pela doutrina na redação original do Código e ganhou reforço com a Lei n. 13.968/2019, que determina, nos §§ 6º e 7º, a desclassificação do fato para homicídio ou lesão grave do § 2º do art. 129 do CP, quando se trata de vítima menor de 14 anos (e o fato provocou a morte ou lesão de natureza gravíssima).

As vítimas que têm reduzida capacidade de resistência, como o ébrio, merecem especial proteção, justificando o agravamento da pena. Se tal capacidade estiver totalmente suprimida, há homicídio ou lesão gravíssima, nos termos dos §§ 6º e 7º do tipo penal.

9.3. Rede mundial de computadores

De acordo com o § 4º, a pena será aumentada **até** o dobro se a conduta for realizada por meio da *internet*, de rede social (como *Facebook*, *Instagram*, *Twitter*, *Reddit*) ou transmitida em tempo real.

Essa majorante se aplica, por exemplo, no caso do "jogo" denominado "baleia azul", em que uma pessoa ou grupo, de maneira virtual, elabora "desafios" que culminam na automutilação ou autoprovocação da morte dos participantes.

De notar que o § 3º impõe aumento fixo ("a pena é duplicada") e o § 4º estipula majoração em limites variáveis ("a pena é aumentada *até* o dobro").

Qual deve ser o piso do aumento no caso do § 4º, ou seja, a pena pode ser elevada *de quanto* até o dobro? Entendemos que, tendo em vista a omissão legislativa, é de se aplicar o menor patamar utilizado pelo Código nas causas de aumento de pena, isto é, um sexto. Esse critério interpretativo já é adotado por doutrina e jurisprudência no caso do art. 71, parágrafo único, do CP, o qual, ao criar a figura do crime continuado específico ou qualificado, determina que a pena será *até o triplo*.

9.4. Líder ou coordenador de grupo ou rede virtual

Se o sujeito for líder ou coordenador de grupo ou rede virtual responsável pela conduta de auxiliar alguém a se automutilar ou se suicidar, incorre no § 5º, que determina um aumento de pena pela metade (cuida-se de aumento em grau fixo).

10. DUELO

O duelo já foi previsto em nosso ordenamento jurídico como crime autônomo, punido nos arts. 307 a 314 do Código Penal de 1890. Atualmente, contudo, essa figura não constitui delito autônomo, mas pode configurar o crime do art. 121, quando os envolvidos realizam atos executórios produtores da morte ou o delito do art. 122, caso isso não ocorra.

11. CLASSIFICAÇÃO JURÍDICA

Trata-se de crime de forma ou ação livre (pode ser praticado por qualquer meio), comum (não exige qualidade especial alguma do sujeito ativo), de mera conduta ou simples atividade (pois se consuma independentemente de qualquer resultado; eventual morte ou lesão grave, se verificadas, deslocam o fato para as figuras qualificadas dos §§ 1º e 2º), de perigo (no caso do *caput*) e de dano ou lesão (nas figuras qualificadas), instantâneo de efeitos permanentes (seu resultado ocorre instantaneamente, sem prolongar-se no tempo, embora suas consequências possam subsistir por longo período de tempo ou perenemente), unissubjetivo ou de concurso eventual (admite cometimento por uma só pessoa ou várias, em concurso) e plurissubsistente (seu *iter criminis* permite fracionamento).

12. TRIBUNAL DO JÚRI

A competência do Tribunal do Júri é estipulada na Constituição Federal (art. 5º, XXXVIII, "d"), determinando-se que a ele incumbe o julgamento dos crimes dolosos contra a vida.

Para incorrer em delito de competência do Tribunal Popular, portanto, é preciso que o sujeito ativo aja com dolo de matar (direto ou eventual).

O crime do art. 122 do CP, tendo em vista a ampliação de sua esfera de proteção decorrente da Lei n. 13.968/2019, poderá ou não ser de competência do Júri.

Quem induzir alguém a se automutilar, verificando-se que inexistiu *animus necandi*, mas, tão somente, *animus occidendi*, não deve ser julgado pelo Tribunal do Júri. Assim, *v.g.*, quem induz uma pessoa a se cortar, provocando ferimentos não profundos pelo corpo, não comete crime doloso contra a vida e, desse modo, será julgado pelo Juizado Especial Criminal ou pelo Juízo Criminal comum (conforme a pena).

13. PENA E AÇÃO PENAL

O fato é apenado com reclusão de seis meses a dois anos, na forma simples. Trata-se de infração de menor potencial ofensivo, salvo quando se a conduta visar ao suicídio alheio, pois, nesse caso, haverá crime doloso contra a vida, de competência do Tribunal do Júri.

Se o fato resultar em lesão grave ou gravíssima, a pena é de reclusão, de um a três anos (admitindo-se a suspensão condicional do processo).

Se a vítima falecer, a pena será de reclusão, de dois a seis anos.

A participação em suicídio ou automutilação, em todas as suas formas, é crime que se processa por ação penal pública incondicionada. Cumpre, portanto, ao Ministério Público a iniciativa da demanda, obedecendo-se aos princípios da obrigatoriedade, indisponibilidade, oficialidade, intranscendência e indivisibilidade da ação penal.

ART. 123 – INFANTICÍDIO

"Poucas figuras delituosas têm sido encaradas, nas legislações penais de todos os tempos, de maneira e modos tão diversos, no que tange ao tratamento penal, como a do infanticídio. Em determinadas circunstâncias de espaço ou de tempo, rigorosos e até bárbaros se apresentam os castigos impostos aos que praticam esse crime. Em outras ocasiões, no entanto, o abrandamento das penas vai ao absurdo de se estender, subjetivamente, até a parentes da vítima, de forma a subtraí-lo, quando matam o *infans*, das normas comuns do homicídio"[159].

1. DISPOSITIVO LEGAL

Infanticídio

Art. 123. Matar, sob a influência do estado puerperal, o próprio filho, durante o parto ou logo após:

Pena – detenção, de 2 (dois) a 6 (seis) anos.

2. VALOR PROTEGIDO (OBJETIVIDADE JURÍDICA)

O dispositivo legal visa à tutela da *vida humana do feto ou recém-nascido* (durante o parto ou logo após), quando sua supressão resulta de ato cometido pela mãe, estando ela influenciada pelo estado puerperal.

---

[159] José Frederico Marques, op. cit., ed. de 1999, v. 4, p. 171. Nélson Hungria transcreve nos *Comentários* (v. V, p. 205-206) a pena cominada ao tempo das Ordenações Carolinas (Ordenação Penal do Rei Carlos V): "As mulheres que matam secreta, voluntária e perversamente os filhos, que delas receberam vida e membros, são enterradas vivas e empaladas, segundo o costume. Para que se evite o desespero, sejam estas malfeitoras afogadas, quando no lugar do julgamento houver para isso comodidade d´água. Onde, porém, tais crimes se dão frequentemente, permitirmos, para maior terror dessas mulheres perversas, que se observe o dito costume de enterrar e empalar, ou que, antes da submersão, a malfeitora seja dilacerada com tenazes ardentes". No Brasil, ao tempo do Código Criminal do Império (1830), punia-se o ato com prisão, de um a três anos (sanção extremamente branda, sobretudo se comparada à do homicídio, para o qual se previa, no grau máximo, a morte). O Código Penal de 1890 não o qualificava como crime próprio, ou seja, poderiam figurar como sujeitos ativos não só a mãe do infante, mas outras pessoas – a pena cominada, ademais, era semelhante à do homicídio simples, salvo se cometido pela mãe, *honoris causa*, hipótese em que a sanção sofria abrandamento.

Desde a primeira contração expulsiva do feto (ou a primeira incisão no ventre materno, quando se tratar de parto cesáreo), passando pelo parto e pelos momentos que lhe sucedem, incide a proteção penal da vida por meio do crime de infanticídio. Concomitantemente a esta, todavia, também ocorre a proteção legal por meio do tipo do homicídio. Isto porque se a mãe não estiver influenciada pelo estado puerperal (cumpre aos peritos determinarem e ao julgador decidir) ou se o ato for cometido por terceiro.

Deve-se lembrar que o interesse na preservação da vida humana deriva, em primeiro lugar, da defesa da dignidade do homem, mas envolve aspectos outros, que interessam à própria coletividade. A subsistência do homem enquanto espécie requer seja dada proteção eficaz ao seu bem maior, daí por que há um interesse da coletividade e, por que não, do próprio Estado, na sua conservação.

3. MAIOR RIGOR OU ABRANDAMENTO?

O infanticídio (*infans coedere*), em acepção lata (isto é, mais ampla do que a contida no Código Penal), pode ser entendido como o ato de suprimir a vida de uma criança durante o nascimento ou recém-nascida; constitui, sem dúvida, comportamento grandemente reprovável.

Em nossa experiência como Promotor do Júri, oficiamos em caso em que o pai desferiu violento soco na região encefálica de sua filha, que possuía 3 meses de idade, matando-a. O Tribunal do Júri o condenou, reconhecendo tratar-se de homicídio qualificado com causa de aumento de pena (vítima menor de 14 anos). O juiz presidente, em função do édito proferido, aplicou pena máxima ao réu, isto é, quarenta anos de reclusão[160]. Uma resposta justa diante da brutalidade do ato.

É preciso entender, contudo, que o infanticídio definido no art. 123 do nosso Código Penal não abrange qualquer ato consistente na supressão da vida de recém-nascido. Pelo contrário, cuida-se de crime próprio (só a mãe pode praticá-lo) que, em função do estado fisiopsíquico ("influência do estado puerperal") alterado da gestante, torna-a merecedora de uma pena mais branda.

Tendo em vista esta definição restrita contida na lei penal, justifica-se a previsão de uma sanção inferior à do homicídio.

O Direito Penal brasileiro condiciona a presença da figura típica à que a mulher se encontre sob a influência do estado puerperal. Sem este elemento fisiopsíquico, o fato se subsumirá ao art. 121.

[160] A pena do homicídio qualificado foi imposta no patamar máximo (30 anos), aumentada em um terço, totalizando quarenta.

4. TIPO OBJETIVO

4.1. Conduta nuclear

O verbo nuclear é semelhante àquele do homicídio, ou seja, *matar* (suprimir a vida). O óbito se dá, conforme já estudado, no momento da morte encefálica.

Alfredo Farhat, citando Souza Lima, informa que os meios mais comuns "são os traumatismos da cabeça e asfixia, com particularidade, e a sufocação e estrangulação"[161].

Admite-se, obviamente, a forma omissiva, posto que a mãe tem o dever legal de proteção, cuidado e vigilância com relação ao filho. Por exemplo, "se a mãe, como garante da vida do seu filho, omite os preparativos devidos do parto e do nascimento ou se não socorre do auxílio do médico quando este se revela previsivelmente indispensável"[162].

4.2. Objeto material

O objeto material é o filho da autora, ainda em seu ventre ou recém-nascido (nascente ou neonato).

4.3. Elemento temporal

O infanticídio pressupõe que a conduta seja praticada "durante o parto ou logo após".

O parto inicia-se com as primeiras contrações expulsórias ou com a primeira incisão efetuada pelo médico, quando se tratar de cesariana, e se encerra com a expulsão do feto e saída da placenta. Mesmo depois desse período, incide a figura penal ("logo após").

Segundo entendimento doutrinário, a compreensão do espaço de tempo correspondente à expressão "logo após" deve ser medido pela duração do estado puerperal. Em outras palavras, enquanto a mãe encontrar-se sob a influência do mencionado estado, sua conduta será considerada como "logo após" o parto.

Não há acordo na literatura jurídica ou médica a respeito da duração do estado puerperal. De regra, o parâmetro máximo apontado costuma ser de sete dias. O ideal, entretanto, é que não haja definição prévia, cumprindo aos peritos avaliarem se o ato foi ou não praticado sob tal influência[163].

---

[161] *Do infanticídio*, p. 105, apud Guilherme Souza Nucci, *Código Penal comentado*, p. 612.

[162] Jorge Figueiredo Dias. *Comentário conimbricense do Código Penal:* parte especial, t. I, p. 102.

[163] É a solução preconizada por muitos autores, entre eles Hungria. Jorge Figueiredo Dias, analisando o Código Penal português, cuja construção típica do infanticídio, depois da reforma havida em 1995, em muito se assemelha com a legislação brasileira, pondera que "a conduta tem por isso de

4.4. Elemento fisiopsíquico

Trata-se do *estado puerperal*. Consubstancia-se numa perturbação mental transitória, causadora de excitação ou delírio na parturiente. Segundo Pedro Franco de Campos, constitui-se no "conjunto de sintomas (físicos e psíquicos) que tomam a mulher durante o parto e logo após, efeito normal e corriqueiro de qualquer parto (*RT* 417/411), sendo grande sua frequência. Já foi reconhecido até por presunção (*RT* 655/272). Não se confunde, no entanto, com as psicoses puerperais, que podem surgir dias após o parto em mulheres predispostas a certas anormalidades psíquicas, que se agravam com o puerpério"[164-165].

O puerpério, na ciência médica, cuida-se de estado fisiopsíquico que acomete toda a gestante durante o parto. Sua intensidade pode variar. A lei penal não ignora esse fato, tanto que exige expressamente não só o "estado puerperal", mas que o ato seja praticado sob sua "influência". Não se pode presumir que a ocisão do filho, durante o parto, pela genitora, caracterize sempre infanticídio. Aliás, se assim fosse, seria redundante o texto legal, que *menciona o elemento temporal e o fisiopsíquico*. Mostra-se fundamental, portanto, que haja perícia[166] para, depois, subsidiar a decisão do julgador[167].

---

ter lugar durante o período que temporalmente se segue ao parto e durante o qual é razoável supor, segundo os pontos de vista *objectivos* dos conhecimentos da medicina, que a influência perturbadora deste ainda subsiste" (op. cit., p. 103).

164 Op. cit., p. 19.

165 "Estado puerperal inquestionável. Condição inerente a toda mulher no período pós-gestacional que nem sempre produz perturbações psicossomáticas condutoras da violência contra o próprio filho" (TJRS, RSE n. 0301252-82.2012.8.05.0113, rel. Ivone Ribeiro Gonçalves Bessa Ramos, 1ª CCr, 1ª T., publ. em 7-9-2016).

166 Há decisões em sentido contrário, isto é, propugnando a desnecessidade do exame pericial: "Em tema de infanticídio é dispensável a perícia médica para constatação do estado puerperal, visto que este é efeito normal e corriqueiro de qualquer parto" (TJSP *RT* 655/272). No mesmo sentido: TJSP, *RT* 531/318 e *RJTJSP*, 172/300 ("Sendo a prova segura em indicar que a conduta da ré ocorreu logo após o parto, o que faz presumir estar ela sob a influência do estado puerperal, já que este é o efeito costumeiro de qualquer parto, não depende o seu reconhecimento de prova pericial"). Jorge Figueiredo Dias, analisando semelhante disposição contida no Código Penal português, sufraga a mesma conclusão: "De todo o modo, como resulta do que acaba de expor-se, que a mãe se encontre ainda *sob a influência perturbadora do parto* é um elemento *autónomo* da tipicidade e cuja prova, por isso, se impõe (diferentemente do que sucede no direito alemão, onde a influência perturbadora constitui apenas *ratio legis* e é por conseguinte, como assinala M/S/Maiwald § 269, 'presumida' por lei)" (op. cit., p. 103; observe-se que o dispositivo legal correspondente no citado Diploma encontra-se assim redigido: "A mãe que matar o filho durante ou logo após o parto e estando ainda sob a sua influência perturbadora, é punida com pena de prisão de um a cinco anos").

167 Nesse sentido: TJMG, RESE 000219512.2015.8.13.0028, rel. Des. Corrêa Camargo, j. 16-12-2015, publ. 22-1-2016.

O exame se destinará a avaliar a intensidade do puerpério e o quanto este contribuiu para o comportamento da autora[168].

É possível que a autora possua doença mental ou desenvolvimento mental incompleto ou retardado, como situação preexistente ao parto e que, dada a presença do estado puerperal, seja ela considerada incapaz de compreender o caráter ilícito do ato cometido ou de se determinar conforme esse entendimento. Entendemos, contudo, que não se deve aplicar a solução do art. 26 do CP se ficar demonstrado que o elemento desencadeador da supressão da capacidade de entendimento ou de autodeterminação foi o puerpério. Isso porque a transitoriedade deste estado, bem como sua excepcionalidade, afasta a periculosidade ínsita à imposição das medidas de segurança, solução que o mencionado dispositivo demandaria[169].

4.4.1. Psicose pós-parto

Tal delírio mental pode acometer a parturiente depois do parto. Trata-se de confusão alucinatória que se dá em momento distante no nascimento da criança, embora esteja associada às alterações hormonais e emocionais decorrentes do parto. Essa psicose, ainda que possa ser denominada de "puerperal", em razão de sua vinculação orgânica com o nascimento do filho, não se insere do conceito normativo de "estado puerperal"[170].

4.5. A morte do infante *honoris causa*

Há legislações que definem o infanticídio como a morte do filho, pela mãe, para esconder desonra própria (gravidez adulterina, por exemplo). Esse critério foi repelido pelo legislador pátrio. A origem da gravidez, se oriunda de uma relação que, sob a ótica da mulher ou de terceiros, poderia ou não causar-lhe "desonra", é irrelevante para a presença da figura típica.

Em tais casos, dar-se-á o crime de homicídio, sendo possível cogitar da incidência do *privilegium*.

---

[168] Nélson Hungria ponderava com precisão: "O legislador penal brasileiro deixou a questão aberta: na apreciação de cada caso concreto, terá o juiz de invocar o parecer dos peritos-médicos, a fim de que estes informem se a infanticida, ainda que isenta de taras psicológicas, francas ou latentes, teve a contribuir para o seu ato criminoso as desordens físicas e psíquicas derivadas do parto" (op. cit., v. 5, p. 215-216).

[169] Roberto Lyra ponderava que "o estado puerperal fisiológico não implica irresponsabilidade ou semirresponsabilidade, merecendo, porém, tratamento particular. Opera-se, em transe supremo, fenômeno ponderável cuja transitoriedade não admitiria medida de segurança pela presunção de periculosidade" (*Noções de direito criminal*: parte especial, p. 86).

[170] Cf. Nelson Hungria, op. cit., v. 5, p. 219-220. No mesmo sentido: Guilherme de Souza Nucci. *Código Penal comentado*, p. 613.

O crime do art. 123 do Código depende, como já se expôs, tão somente dos elementos anteriormente estudados, dos quais se destacam os de natureza temporal ("durante o parto ou logo após") e fisiopsíquico ("sob a influência do estado puerperal").

5. TIPO SUBJETIVO

O elemento subjetivo presente no crime é o dolo, consistente na vontade de concretizar os elementos do tipo penal.

A lei não contempla a forma culposa, razão pela qual constitui fato atípico o ato da mãe que, sem dolo (direto ou eventual), mata o próprio filho sob a influência do estado puerperal, durante o parto ou logo após.

Discute a doutrina, contudo, se poderia responder por homicídio culposo a mãe que, *sob a influência do estado puerperal*, suprimisse a vida de seu filho acidentalmente, durante o parto ou logo após. No sentido da possibilidade, embora sem referência expressa ao estado puerperal, encontrava-se o magistério de Hungria[171].

José Frederico Marques, de maneira acertada, lecionava que a imputação do homicídio culposo somente seria possível se ausente o estado puerperal. Caso a mãe se encontrasse sob tal influência, ficaria descartada a punição se ela concorresse culposamente para com a morte do neonato[172]. De fato, fosse intenção do legislador incriminar semelhante conduta, teria incluído a forma culposa na disposição legal (art. 123). A subsunção da morte do neonato ao art. 121, § 3º, pressupõe, destarte, que inexista a influência do estado puerperal. No mesmo sentido, Roberto Lyra[173].

6. SUJEITOS DO CRIME

6.1. Sujeito ativo

Cuida-se de crime próprio, dado que a lei requer condição especial do sujeito ativo. Somente a mãe pode cometê-lo (sobre a participação de terceiros, *vide* item a seguir).

6.1.1. A participação de terceiros no ato

É conhecida a clássica lição de Hungria, para quem o art. 123 do CP não condizia com a regra dos arts. 25 e 26 (atuais arts. 29 e 30), dado que se trataria de um "crime *personalíssimo*". "Não tem aplicação, aqui, a norma do art. 26, sobre as circunstâncias de

[171] Op. cit., v. 5, p. 229.

[172] Op. cit., ed. de 1999, v. IV, p. 179.

[173] *Noções de direito criminal*: parte especial, cit., p. 89.

caráter pessoal, quando elementares do crime"[174]. O mestre, contudo, retificou sua posição na última edição de seus *Comentários*, conforme se pode notar no presente trecho: "Nas anteriores edições deste volume, sustentamos o mesmo ponto de vista, mas sem atentarmos no seguinte: a incomunicabilidade das *qualidades* e *circunstâncias pessoais*, segundo o Código helvético (art. 26), é irrestrita (...), ao passo que perante o Código pátrio (também art. 26) (atual art. 30 do CP) é feita uma ressalva: 'Salvo quando elementares do crime'. Insere-se nesta ressalva o caso de que se trata. Assim, em face do nosso Código, mesmo os terceiros que concorrem para o infanticídio respondem pelas penas a este cominadas, e não pelas do homicídio"[175].

Predomina, atualmente, o entendimento de que, em sendo a mulher quem realiza os atos materiais tendentes à ocisão da vida do infante, responde ela por infanticídio, delito que também será atribuído aos eventuais concorrentes do fato (por exemplo, a enfermeira que, ciente de tudo, lhe fornece o instrumento utilizado para matar a criança). Isto porque as elementares do crime, ainda que de caráter pessoal (como é o caso do estado puerperal), comunicam-se aos coautores ou partícipes (art. 30 do CP).

Se o terceiro, contudo, realizar atos executórios destinados à supressão da vida do nascente ou recém-nascido, responderá por homicídio.

6.2. Sujeito passivo

É o infante, recém-nascido (neonato) ou que está nascendo (nascente). Antes do nascimento, a provocação da morte caracterizará aborto. Depois do parto, sem que haja influência do estado puerperal, o fato se subsumirá ao tipo penal do homicídio.

Se a mulher, alterada fisiopsiquicamente nos termos do art. 123 do CP, matar filho de outrem, confundindo-o com o seu, responderá por infanticídio, aplicando-se o erro sobre a pessoa (art. 20, § 3º, do CP).

7. CONSUMAÇÃO E TENTATIVA

A realização típica integral do infanticídio dá-se com a morte (cerebral) da vítima. Admite-se a forma tentada, pois se trata de crime plurissubsistente. Assim, por exemplo, se a mulher toma o próprio filho em seus braços e violentamente começa a agredi-lo, sendo impedida pela equipe médica, há infanticídio tentado (desde que, obviamente, encontre-se sob a influência do estado puerperal).

8. CONFLITO DE NORMAS PENAIS

Não há confundir-se o infanticídio com o delito de exposição ou abandono de recém-nascido, definido no art. 134, § 2º, do CP. Este é crime de perigo e pressupõe

---

[174] Op. cit., 1. ed., v. V, p. 229; parênteses nossos.

[175] Op. cit., 5. ed., v. VI, p. 266.

que o sujeito ativo não tenha intenção ou assuma o risco de produzir a morte da vítima. Trata-se de delito preterdoloso, diversamente do infanticídio.

9. *NE BIS IN IDEM*

O princípio do *ne bis in idem* impede que uma pessoa seja condenada, mais de uma vez, pelo mesmo fato. Além disso, no tocante à dosimetria da pena, proíbe que juiz considere uma mesma circunstância em mais de uma fase, seja para agravar, seja para atenuar a pena do réu. Mais detidamente, duas são suas consequências:

a) *se um mesmo fator puder ser considerado, ao mesmo tempo, como requisito, elementar ou qualificadora do crime, não poderá ser levado em conta, ao depois, em nenhuma das fases da dosimetria* (seja para agravar ou atenuar a pena). Assim, por exemplo, diante de uma condenação por crime de infanticídio, não poderá o julgador aplicar a agravante genérica do art. 61, II, *e*, segunda figura (crime contra descendente), já que tal relação entre sujeitos ativo e passivo é da essência do delito;

b) *se um mesmo dado puder incidir em mais de uma das três fases da dosimetria, devem-se priorizar as últimas (porque mais específicas) em detrimento das primeiras*; assim, a terceira fase é especial em relação às outras e, portanto, tem prioridade, do mesmo modo que a segunda o é em relação à primeira.

10. CLASSIFICAÇÃO JURÍDICA

Trata-se de crime de forma ou ação livre (pode ser praticado por qualquer meio), próprio (requer qualidade especial do sujeito ativo), material (consuma-se com o resultado naturalístico: morte do filho), de dano ou lesão (exige lesão ao bem tutelado – vida – para fins de consumação), instantâneo de efeitos permanentes (seu resultado ocorre instantaneamente, sem prolongar-se no tempo, embora suas consequências subsistam perenemente), unissubjetivo ou de concurso eventual (admite cometimento por uma só pessoa ou várias, em concurso) e plurissubsistente (seu *iter criminis* permite fracionamento).

11. PENA E AÇÃO PENAL

A sanção cominada ao delito é de detenção, de dois a seis anos.

O infanticídio, como os demais crimes dolosos contra a vida, se processa por ação penal pública incondicionada.

A iniciativa da causa, destarte, incumbe ao Ministério Público, observando-se os princípios da obrigatoriedade, indisponibilidade, oficialidade, intranscendência e indivisibilidade da ação penal.

ARTS. 124 A 128 - ABORTO

"O aborto é praticado em larga escala como recurso contra a gravidez indesejada. Pesquisas recentes revelam o número assustador de abortos praticados no Brasil, sendo, entretanto, escassos os números dos casos que chegaram ao conhecimento da Justiça. Essa cifra negra, *isto é, o número de casos que permanecem oficialmente desconhecidos, indica que o aborto é uma das maneiras mais eficazes que com frequência se empregam para restringir a natalidade"*[176].

1. DISPOSITIVO LEGAL

Aborto provocado pela gestante ou com seu consentimento

Art. 124. Provocar aborto em si mesma ou consentir que outrem lho provoque:

Pena - detenção, de 1 (um) a 3 (três) anos.

Aborto provocado por terceiro

Art. 125. Provocar aborto, sem o consentimento da gestante:

Pena - reclusão, de 3 (três) a 10 (dez) anos.

Art. 126. Provocar aborto com o consentimento da gestante:

Pena - reclusão, de 1 (um) a 4 (quatro) anos.

Parágrafo único. Aplica-se a pena do artigo anterior, se a gestante não é maior de 14 (quatorze) anos, ou é alienada ou débil mental, ou se o consentimento é obtido mediante fraude, grave ameaça ou violência.

Forma qualificada

Art. 127. As penas cominadas nos dois artigos anteriores são aumentadas de 1/3 (um terço), se, em consequência do aborto ou dos meios empregados para provocá-lo, a gestante sofre lesão corporal de natureza grave; e são duplicadas, se, por qualquer dessas causas, lhe sobrevém a morte.

Art. 128. Não se pune o aborto praticado por médico:

Aborto necessário

I - se não há outro meio de salvar a vida da gestante;

Aborto no caso de gravidez resultante de estupro

II - se a gravidez resulta de estupro e o aborto é precedido de consentimento da gestante ou, quando incapaz, de seu representante legal.

2. A DIGNIDADE DA PESSOA HUMANA E O NASCITURO

A Constituição Federal consagra a dignidade da pessoa humana como fundamento da República Federativa do Brasil (art. 1º, III). Não há dúvida que referido

[176] Manoel Pedro Pimentel, *Contravenções penais*, p. 136.

princípio envolve a proteção integral da vida humana. Muito embora essa não seja um valor absoluto, porque há de ceder diante de conflitos irremediáveis, como se dá nos casos de legítima defesa (da vida) ou estado de necessidade (que ponha em risco a vida), a proteção do ser humano deve-se dar antes mesmo do nascimento com vida, quando o feto ainda se encontre no ventre materno.

"O dever de proteção não tem por objeto a vida humana em abstrato, senão a existência individual e única de cada ser humano. A pessoa assim protegida existe como indivíduo único e não somente desde o nascimento, mas também antes disso"[177].

Aliás, calha registrar que a Corte Constitucional da Alemanha decidiu violar o princípio da dignidade da pessoa humana e o princípio da proporcionalidade (por meio da proibição de proteção deficiente), lei aprovada pelo Parlamento alemão que autorizava o aborto, a critério da gestante, nas doze primeiras semanas de gestação:

"Determinar, em concreto, o tipo e o alcance da proteção é uma tarefa que incumbe ao legislador. A Constituição propõe como objetivo a proteção, mas não alude em concreto à sua delimitação. Não obstante, o legislador deve respeitar a proibição de proteção deficiente. (...). Mostra-se necessária uma proteção adequada – que atenda a existência de bens jurídicos em conflito; o fundamental é que seja realmente eficaz. As disposições que o legislador adota devem ser suficientes para uma proteção adequada e eficaz, e devem se basear, ademais, em uma indagação cuidadosa dos fatos e em uma ponderação defensável. Uma vez feito isto, a extensão da proteção constitucionalmente ordenada torna-se independente do tempo de duração da gravidez. A Lei Fundamental não estabelece para a vida dependente e sua proteção graduações no direito à vida vinculadas com o grau de desenvolvimento da gravidez pelo transcurso de um prazo determinado. Por essa razão, mesmo na fase inicial do estado gravídico deve o ordenamento jurídico garantir uma plena proteção"[178].

---

[177] Trecho do voto proferido em julgamento perante o Tribunal Constitucional Federal alemão: *BverfGE 88, 203* (acórdão de 28-5-1993), in, Leonardo Alvarez Álvarez e Benito Aláez Corral, *Las decisiones básicas del Tribunal Constitucional Federal alemán en las encrucijadas del cambio de milenio*, p. 769.

[178] *BverfGE 88, 203* (acórdão de 28-5-1993), in Leonardo Alvarez Álvarez e Benito Aláez Corral, op. cit., p. 784-785. Jesús-María Silva Sanchez, em texto intitulado *Los indeseados como enemigos*: la exclusión de seres humanos del *status personae*, publicado na obra *Derecho penal del enemigo*: el discurso penal de la exclusión, p. 985 e s., afirma que a legalização do aborto conduz a uma inegável prática do chamado "Direito Penal do inimigo", em que se retira do feto a condição de pessoa, tornando-o objeto do desejo de seus pais de tê-lo ou não: "Portanto, na medida em que esteja permitido o ato de abortar (em vez de se estabelecer a não punibilidade de certos abortos), o feto não é considerado como uma pessoa" (p. 994).

3. O INÍCIO DA TUTELA PENAL DA VIDA HUMANA INTRAUTERINA

A delimitação do começo da vida humana intrauterina deveria, repise-se, apoiar-se em critérios normativos, posto que, em se tratando de requisito essencial para a existência de conduta penalmente proibida, é fundamental que a lei contenha um critério suficientemente claro, de modo a evitar dúvidas na aplicação da norma criminal[179].

O ordenamento jurídico brasileiro não possui, todavia, semelhante critério. O art. 2º do CC, ao dispor que "a personalidade civil da pessoa começa do nascimento com vida; mas a lei põe a salvo, desde a concepção, os direitos do nascituro", procura resguardar tão somente direitos de natureza extrapenal, dos quais podem ser lembrados o direito à personalidade e o direito à herança. Do ponto de vista penal, contudo, a questão deve ser enfrentada sob outra perspectiva, qual seja, a do *início da gravidez*. Entenda-se: para se delimitar o âmbito de proteção do crime de aborto, é preciso, em primeiro lugar, compreendê-lo. O crime de aborto é, por definição legal, a interrupção da gravidez humana com a expulsão e morte do feto. Pressupõe, portanto, o estado gravídico.

O processo de gravidez, se não fixado em dispositivos legais, pode ser determinado por meio da análise da literatura médica. Referido processo, cuida-se, então, de elemento normativo do tipo penal, porquanto requer uma valoração apoiada em bases científicas.

De acordo com a Medicina, a gravidez inicia-se com a fecundação do óvulo pelo espermatozoide, dando-se, a partir daí, o desenvolvimento do ser gerado no útero materno até culminar com seu nascimento. Não se pode ignorar, ainda, a possibilidade real de gestação em laboratório, em face dos avanços da ciência médica.

Na doutrina penal brasileira, aliás, predomina o entendimento de que a proteção penal do aborto inicia-se com a *fecundação* (união dos gametas masculino e feminino na trompa, formando-se o ovo)[180].

Registre-se que o Conselho Federal de Medicina aprovou, em 2007, resolução regulamentando a utilização do método contraceptivo de emergência conhecido como "pílula do dia seguinte", reconhecendo não possuir este caráter abortivo, justamente

---

[179] Nesse sentido, entre outros, Edgardo Alberto Donna, *Derecho penal*: parte especial, cit., t. I, p. 22-23, e, no Brasil, Heleno Cláudio Fragoso, *Lições de direito penal*, v. 1, p. 127.

[180] Cf., por todos, Damásio de Jesus: "A proteção penal ocorre desde a fase em que as células germinais se fundem, com a resultante constituição do ovo, até aquela em que se inicia o processo de parto" (*Direito Penal:* parte especial, p. 122). É de ver que a Convenção Americana de Direitos Humanos (Pacto de San José da Costa Rica), da qual o Brasil é signatário, determina que "toda pessoa tem o direito de que se respeite sua vida. Esse direito deve ser protegido pela lei e, em geral, desde o momento da concepção" (art. 4º, n. 1).

porque atua de modo a impedir a união dos gametas e, portanto, a formação do ovo, e não sua implantação no útero, ou seja, a nidação[181].

Na literatura jurídico-penal estrangeira, todavia, o entendimento preponderante, ao menos nos países de língua germânica e espanhola, é no sentido de que somente quando implantado o ovo no útero materno, evento denominado de *nidação*[182], que tem início a proteção penal da vida humana intrauterina. Conforme acentua Claus Roxin, "o impedimento intencional da nidação, por meio de pílulas ou espirais, é impune segundo o Direito alemão (§ 218, I, 2, StGB), de modo que, antes da implantação no útero, o embrião carece de qualquer tutela"[183].

Alberto Silva Franco entende insuficientes os critérios da fecundação ou da nidação e propõe outro, apoiado nas lições de Luigi Ferrajoli. Trata-se do início do *compromisso relacional mãe-filho*. Márcio Bartoli e André Panzieri sintetizam o entendimento de Silva Franco, esclarecendo que "por essa nova proposta, a vida humana não está na concepção, nem nas fases seguintes do processo de gravidez, mas somente no momento em que a mãe reconhece a gravidez, incorporando-a no próprio projeto de vida, isto é, quando ela, por ato de vontade, cria a pessoa. Por isso, numa futura reforma penal, o legislador deve estabelecer outro prazo temporal para marcar de forma adequada a linha de separação entre a permissão e a proibição do aborto, que deve ser o de até três meses, segundo a doutrina penal mais avançada, dentro do qual a gravidez pode ser interrompida sem nenhum enquadramento típico"[184].

Com a vênia que merecem citados penalistas, pensamos que a proposta (se levada a efeito) ofenderia, irremediavelmente, a Constituição Federal.

Como dissemos no item acima, a incriminação da ocisão da vida humana intrauterina constitui reclamo constitucional. Consubstancia-se no atendimento de um dos mais importantes mandados (implícitos) de penalização (isto é, casos em que o valor constitucional deve ser protegido multidisciplinarmente, com a obrigatória intervenção do Direito Penal). Isto porque, nunca é demais repetir, a proteção da vida guarda indissociável conexão com o princípio constitucional da dignidade da pessoa humana. Permitir a interrupção da gravidez nos três primeiros meses é desproteger o bem maior que o texto constitucional garante. O malferimento ao princípio da proporcionalidade, em sua face de *proibição de proteção deficiente* (*Übermassverbort* ou infradimensionamento), será marcante.

Em que pese o nosso entendimento sobre a necessidade de plena proteção ao feto desde o início, o Ministro Roberto Barroso do Supremo Tribunal Federal, no julgamento do HC 124.306, em 9 de agosto de 2016, decidiu que: "é preciso conferir

---

181 Cuida-se da Resolução n. 1.811, de 2006, publicada no *DOU* de 17-1-2007.

182 Normalmente, a nidação se dá no 13º dia após a fecundação.

183 *A tutela penal da vida humana*, p. 15.

184 Alberto Silva Franco e Rui Stoco (orgs.), *Código Penal e sua interpretação jurisprudencial*, p. 665.

interpretação conforme a Constituição aos próprios arts. 124 a 126 do Código Penal – que tipificam o crime de aborto – para excluir do seu âmbito de incidência a interrupção voluntária da gestação efetivada no primeiro trimestre. A criminalização, nessa hipótese, viola diversos direitos fundamentais da mulher, bem como o princípio da proporcionalidade. A criminalização é incompatível com os seguintes direitos fundamentais: os direitos sexuais e reprodutivos da mulher, que não pode ser obrigada pelo Estado a manter uma gestação indesejada; a autonomia da mulher, que deve conservar o direito de fazer suas escolhas existenciais; a integridade física e psíquica da gestante, que é quem sofre, no seu corpo e no seu psiquismo, os efeitos da gravidez; e a igualdade da mulher, já que homens não engravidam e, portanto, a equiparação plena de gênero depende de se respeitar a vontade da mulher nessa matéria". O Ministro acrescentou, ainda, que o reflexo mais grave da criminalização do aborto se dá em face das mulheres pobres, ocasionando, por consequência, problemas à saúde pública, pois as impede, quando decididas a abortar, de realizar a conduta de forma segura, sem as severas consequências de automutilação, lesões graves e óbitos.

Insista-se que a Constituição e o Código Penal brasileiros não delimitam graduação para a vida dependente e sua proteção, não a vinculando a qualquer estágio do processo gravídico, mesmo em sua fase inicial deve-se dar, em nosso sentir, *a plena proteção.*

4. POR QUE SE PUNE MAIS BRANDAMENTE O ABORTO QUE O HOMICÍDIO?

Sem dúvida, por razões de política criminal. Mas isto não significa, de modo algum, que a vida humana intrauterina valha menos que a extrauterina. Desde a fecundação, a vida humana encontra-se devidamente individualizada e, por tal motivo, é merecedora da proteção jurídica do Estado, inclusive (e compulsoriamente) por meio do Direito Penal. O nascimento, contudo, assinala um momento particular na vida humana, que consiste no início de sua *socialização.* Esse marco determina uma mudança na valoração social que se dá na vida do indivíduo, que se torna pessoa, na acepção jurídica plena. O ser humano passa a se incorporar ao meio social. Pode viver com independência de sua mãe (embora dependente de um terceiro). Isso é que fundamenta e inspira os motivos de política criminal que tornam mais grave o homicídio em relação ao aborto.

5. O ABORTO CRIMINOSO

O aborto pode ser espontâneo ou provocado. No primeiro caso, a expulsão do ser advém da natureza e decorre de estados patológicos do nascituro ou da própria gestante. O provocado é aquele decorrente de ação humana e se divide em criminoso ou legal.

A supressão da vida humana intrauterina configurará ilícito penal nas hipóteses descritas nos arts. 124 a 127 do CP; a saber:

a) autoaborto ou aborto consentido (art. 124);

b) aborto sofrido ou praticado por terceiro sem o consentimento da gestante (art. 125);

c) aborto praticado por terceiro com o consentimento da gestante (art. 126).

Há, ainda, causas de aumento de pena, as quais retratam delitos agravados pelo resultado. Cuidam-se de casos em que, em decorrência das manobras abortivas, resulta lesão grave (CP, art. 129, §§ 1º e 2º) ou morte na gestante.

O aborto somente se pune como *crime doloso*. Nas figuras agravadas pelo resultado, trata-se de *crime preterdoloso*.

A morte do ovo, embrião ou feto, provocada culposamente ou decorrente de fenômeno natural, não é criminosa[185].

Ademais disso, a supressão voluntária da vida do nascituro será lícita quando cometida nas circunstâncias previstas no art. 128 do CP (*vide* item 8, *infra*).

Registre-se, por fim, que a infração penal *pressupõe gravidez viável*. Isto não ocorre nas hipóteses de gravidez molar e extrauterina.

5.1. A prova do fato

Como nos demais crimes dolosos contra a vida, o aborto deixa vestígios e, por essa razão, a prova do fato há de ser feita mediante exame de corpo de delito (direto ou indireto) (CPP, art. 158), admitindo-se seja sua falta suprida, em casos excepcionais, pela prova testemunhal (CPP, art. 167).

É de ver que, como registra Pedro Franco de Campos: "Para a configuração do aborto não há necessidade de o produto da concepção morto ser expelido das entranhas da mulher. Isso porque podem ocorrer dois fenômenos: a) dissolução e reabsorção do ovo ou embrião pelo organismo feminino; b) mumificação do feto que permanece dentro do útero"[186].

5.2. Autoaborto ou aborto consentido (CP, art. 124)

5.2.1. Tipo objetivo

O delito pode ser cometido por qualquer meio (crime de forma livre). É necessário que a gestante provoque em si própria (dê causa, produza, realize) a morte do produto do nascituro. No aborto consentido, um terceiro, com o consentimento válido da gestante, pratica o fato (sobre o consentimento inválido, *vide* item 5.3, *infra*).

---

[185] No Código Penal espanhol é crime o aborto mediante culpa grave (art. 146).

[186] Op. cit., p. 21-22.

O crime pode ser cometido por omissão, uma vez que a mãe tem o dever jurídico de zelar pela vida de seu filho, ainda quando no interior de seu ventre. O mesmo se diga de um médico que, ao tratar de uma mulher em estado grave, nada faça (dolosamente) para impedir o aborto espontâneo, embora pudesse agir para evitar o resultado. O profissional da saúde também detém dever jurídico, sendo garantidor da não ocorrência da morte.

O fato, conforme relatado, pode ser decorrente de processos:

a) *químicos*: emprego de fósforo, mercúrio, arsênico, quinina etc. Segundo Pedro Franco de Campos, "os processos químicos não são diretamente abortivos e agem por meio de intoxicação. No entanto, sabe-se que alguns remédios – Cytotec – são abortivos"[187];

b) *físicos ou mecânicos*: são exemplos a punção e a curetagem.

5.2.2. Tipo subjetivo

Trata-se do *dolo*, isto é, do ato praticado de modo consciente e voluntário, tendente à ocisão da vida humana intrauterina.

Não se pune a forma culposa[188].

De ver, contudo, que se alguém lesionar a gestante e, culposamente, provocar o aborto, haverá um crime preterdoloso (lesão corporal grave – art. 129, § 2º, V, do CP).

5.2.3. Sujeitos do crime

a) Sujeito ativo

O autoaborto ou aborto consentido são crimes próprios, pois só a gestante pode cometê-los. Admite-se, contudo, a participação de terceiros, a quem se comunicam a condição da autora, por força do art. 30 do CP. É necessário, contudo, que este auxilie o ato da gestante e não daquele que realiza o aborto, caso contrário, será partícipe do art. 126 do CP. Assim, por exemplo, o noivo que incentiva a mulher a interromper a gravidez deve ser enquadrado no art. 124 do CP (combinado com o art. 29, *caput*, do mesmo Código); mas quem participa dos atos executórios deverá responder pelo crime do art. 126. Nesse sentido, já decidiu o Tribunal de Justiça de São Paulo: "Incide nas sanções do art. 126 do CP e não nas do art. 124 aquele que, além de ter empregado, pessoalmente, meios abortivos na gestante, consistentes em injeções e comprimidos, com seu consentimento, a conduz à parteira, remunerando esta para que provocasse o aborto"[189].

---

[187] Op. cit., p. 23.

[188] O Código Penal espanhol (art. 146) incrimina o aborto decorrente de culpa grave, punindo-o com o arresto de fim de semana (de doze a vinte e quatro finais de semana).

[189] *RT* 533/326.

Deve-se lembrar que a figura típica em estudo constitui exceção pluralista à teoria monista ou unitária, prevista no art. 29 do CP, segundo a qual todo aquele que concorre para o crime incide nas penas a este cominadas. Quando a gestante consente que outrem pratique nela o aborto, ela é enquadrada no art. 124 e o outro, no art. 126 do CP.

b) Sujeito passivo

O sujeito passivo primário é o ovo, embrião ou feto.

Se o parto já se iniciou, com as primeiras contrações expulsivas ou já se realizou a primeira incisão do ventre materno, na hipótese de cesárea, não há mais crime de aborto. A partir desses momentos, o ato lesivo à vida do ser nascente será considerado crime de homicídio ou infanticídio. Já será possível falar-se, ainda, na existência de lesões corporais se algum dano à saúde ou integridade corporal ocorrer.

Frise-se que o alcance do tipo penal do crime de aborto (início do parto) decorre do próprio texto legal. Já que o art. 123 do CP define como crime de infanticídio o ato da mãe que, *durante o parto ou logo após*, mata o próprio filho, sob a influência do estado puerperal. Significa que, *desde o início do parto, cessa o alcance do tipo penal do crime de aborto*, passando a operar a tutela do sujeito passivo sob o influxo de outras normas penais, no caso, o art. 123 do CP e, junto com ele, o art. 121 (que se excluem mutuamente, isto é, se há infanticídio não há homicídio e vice-versa).

Também figura como sujeito passivo a mulher grávida, quando se trata de aborto praticado sem o seu consentimento.

O Estado, ademais, pode ser apontado como vítima, dado seu interesse na tutela da vida humana.

A ocisão de gravidez gemelar, com o conhecimento do agente, caracteriza concurso formal impróprio (CP, art. 70, *caput*, segunda parte), de modo que o agente responde por tantos delitos quantos forem os fetos existentes, sendo as penas correspondentes somadas.

5.2.4. Consumação e tentativa

O aborto, em quaisquer de suas formas, consubstancia-se em crime material, consumando-se com a morte cerebral do nascituro. Admite-se, ademais, a tentativa, porquanto se trata de delito plurissubsistente.

5.2.5. Incidência da Lei n. 9.099/95

A pena cominada ao crime do art. 124 do CP torna-o sob o alcance da Lei n. 9.099, de 1995, com relação ao instituto da suspensão condicional do processo. O fato de se tratar de delito doloso contra a vida, sujeito ao procedimento do Júri, não exclui a incidência da mencionada medida despenalizadora[190].

---

[190] STJ, RHC 7.379, rel. Min. Félix Fischer, *DJU* de 24-8-1998, p. 91.

5.3. Aborto sofrido (praticado por terceiro sem o consentimento da gestante – CP, art. 125)

5.3.1. Tipo objetivo

A conduta típica é semelhante àquela contida no art. 124, isto é, dá-se quando o agente provocar aborto, sem o consentimento da mulher ou mediante consentimento inválido.

O consentimento será inválido (CP, art. 126, parágrafo único) quando a gestante não é maior de 14 anos, é alienada ou débil mental, ou se o consentimento é obtido mediante fraude, grave ameaça ou violência.

5.3.2. Tipo subjetivo

Trata-se do *dolo*, isto é, do ato praticado de modo consciente e voluntário, tendente à ocisão da vida humana intrauterina.

Não se pune a forma culposa[191]. Conforme já destacamos, se alguém lesionar a gestante e, culposamente, provocar o aborto, haverá crime preterdoloso (lesão corporal grave – art. 129, § 2º, V, do CP).

5.3.3. Sujeitos do crime

a) Sujeito ativo

Pode ser qualquer pessoa. Cuida-se de crime comum.

b) Sujeito passivo

São dois: o nascituro e a gestante. No mais, *vide* comentários no item 5.2.3, *supra*.

5.3.4. Consumação e tentativa

Como já se esclareceu, o aborto, em todas as suas modalidades, constitui crime material, consumando-se com a morte cerebral do nascituro. Admite-se a tentativa (delito plurissubsistente).

5.3.5. Cupidez

Aquele que realizar o procedimento abortivo imbuído por intuito de lucro, ou seja, o profissional que pratica tais atos mediante remuneração, sofrerá a incidência de uma circunstância agravante. Cuida-se do motivo torpe (CP, art. 61, II, *a*), no caso, a cupidez.

---

191 O Código Penal espanhol (art. 146) incrimina o aborto decorrente de culpa grave, punindo-o com o arresto de fim de semana (de doze a vinte e quatro finais de semana).

5.4. Aborto praticado por terceiro com o consentimento (válido) da gestante (CP, art. 126)

5.4.1. Tipo objetivo

A conduta típica é semelhante àquela contida nos arts. 124 e 125, isto é, provocar aborto. Exige-se, todavia, que ocorra o consentimento *válido* da gestante.

Consoante já se ponderou, o consenso da ofendida será inválido quando esta não for maior de 14 anos, for alienada, débil mental ou obtido mediante violência, grave ameaça ou fraude.

O consentimento prestado pode ser revogado pela gestante (até o momento em que não seja mais possível evitar o aborto). Se ela voltar atrás, o agente responderá pelo crime do art. 125 do CP.

5.4.2. Tipo subjetivo, sujeitos do crime, consumação e tentativa

Dada a coincidência na descrição típica, remetemos o leitor aos itens 5.3.2 a 5.3.4, *supra*.

5.5. Figuras agravadas pelo resultado

Os crimes dos arts. 125 e 126 podem ter sua pena especialmente agravada quando da manobra abortiva resultar morte ou lesão grave na gestante.

Cuida-se de crimes preterdolosos, isto é, o sujeito atua com dolo de suprimir a vida do nascituro e, por imprudência, negligência ou imperícia, dá causa a lesão grave ou à morte da mulher.

Interessante questão consiste em saber se, na hipótese de o aborto não se consumar, mas produzir-se na gestante a lesão grave ou o óbito, deve o agente responder pelas formas agravadas do art. 127. Predomina o entendimento de que, nesse caso, dar-se-á a tentativa de um crime preterdoloso. Parece-nos, contudo, inadmissível o *conatus* em delitos dessa natureza. Deve o agente, portanto, responder por aborto tentado em concurso (formal) com homicídio ou lesões culposas[192].

6. CRIME IMPOSSÍVEL (CP, ART. 17)

Há crime impossível (ou "tentativa inidônea", "quase crime" ou "tentativa inadequada") quando o agente realiza uma conduta e não produz o resultado por *absoluta ineficácia do meio* ou *por absoluta impropriedade do objeto material.*

---

[192] Roberto Lyra criticava o tratamento da máquina estatal ao aborto criminoso, dada a pouca repressão aos inúmeros casos verificados diariamente, que eram (e ainda são) atingidos pelo manto da impunidade: "A Justiça só conhece os casos de morte ou lesão grave, isto é, de abortamentos provocados sem a perfeição impune que a clientela propaga e recompensa generosamente" (op. cit., p. 100).

Se a impropriedade ou ineficácia forem somente relativas, haverá crime tentado. Serão relativas quando meramente ocasionais ou circunstanciais, e absolutas quando constantes, permanentes, ou seja, quando total e irremediavelmente inviável a consumação do delito.

O crime impossível configura causa de exclusão da adequação típica do crime tentado (natureza jurídica), fazendo com que o agente somente responda pelos atos praticados.

Assim, por exemplo, se uma mulher engravida e, desejando pôr termo à gestação com a morte do nascituro, procura uma "benzedeira", suas "rezas" ou "despachos" configuram meio absolutamente ineficaz. Não se punirá a tentativa de aborto, por se tratar de delito impossível.

Do mesmo modo, se uma mulher, achando-se (erroneamente) grávida (por exemplo, gravidez psicológica), ingerir medicamento abortivo, não haverá crime algum, por absoluta impropriedade do objeto (material).

7. CONCURSO DE CRIMES

7.1. Aborto e homicídio

Se uma pessoa, tendo conhecimento do estado gravídico de uma mulher, vibra-lhe golpes de faca no ventre ou efetua disparos de arma de fogo, provocando a morte dela e, via de consequência, do feto, comete dois crimes, em concurso formal impróprio (CP, art. 70, *caput*, segunda parte), o aborto e o homicídio.

Trata-se de dois crimes dolosos, em que a morte da gestante se imputa a título de dolo de primeiro grau e a do feto, como dolo de segundo grau (consequência secundária inerente ao meio escolhido[193]).

7.2. Lesão corporal grave

Não se pode confundir o aborto, agravado pela lesão grave (CP, art. 125 ou 126, c/c o art. 127), com o delito de lesão corporal grave, qualificado pelo aborto (CP, art. 129, § 2º, V).

Ambos constituem crimes preterdolosos. O cerne da distinção encontra-se no dolo do agente. No crime contra a vida, a intenção é suprimir a vida do ser nascente, operando-se a lesão grave na gestante por imprudência, negligência ou imperícia, em decorrência das manobras abortivas. Dá-se o crime de aborto, igualmente, quando o sujeito atua com dolo eventual, isto é, tendo conhecimento do estado gravídico, desfere golpes violentos na gestante, provocando a morte do nascituro ("Quem desfere violento pontapé no ventre de mulher visivelmente grávida, acarretando-lhe a expulsão e

[193] A respeito do assunto, remetemos o leitor ao item 5.2, *supra*. "Do homicídio".

a morte do feto, comete o delito de aborto provocado e não o de lesão corporal de natureza gravíssima, previsto no art. 129, § 2º, V, do CP"[194]).

No outro caso, a vontade do agente é a de ferir a mulher, provocando-se a morte do nascituro como consequência não desejada, mas culposamente obtida, em virtude da gravidade dos ferimentos produzidos.

8. ABORTO PERMITIDO

Há casos em que nossa lei penal autoriza a supressão da vida do nascituro. Encontram-se previstos no art. 128 do CP: aborto necessário e aborto sentimental (humanitário ou ético). Existe, ainda, uma terceira hipótese, amplamente reconhecida pela jurisprudência: o aborto do feto anencefálico.

Registre-se que *nossa lei não contempla o chamado aborto eugenésico*, diversamente de outras, como o Código Penal espanhol, que o autoriza inclusive quando se possa presumir que o feto nascerá com "graves taras físicas ou psíquicas", desde que a interrupção da gravidez ocorra dentro das vinte e duas primeiras semanas de gestação e que seja precedido por diagnóstico firmado por especialistas distintos daquele que realizará o procedimento cirúrgico (art. 417, *bis*, 1.3).

Andou bem nosso legislador. Hungria dissertara a respeito que o aborto eugenésico, nos moldes do atual Código espanhol e de outras legislações europeias vigentes ao tempo do saudoso mestre, "não passa de uma das muitas *trouvailles* dessa pretenciosa charlatanice que dá pelo nome de *eugenia*"[195].

8.1. Aborto necessário

Dá-se quando o ato é praticado por *médico*, verificando-se não existir outro meio de salvar a vida da gestante. "É a interrupção artificial da gravidez para conjurar perigo certo, e inevitável por outro modo, à vida da gestante"[196].

O aborto necessário se divide em *terapêutico* e *profilático*. No primeiro caso, o risco à vida é atual e, no segundo, iminente (age-se preventivamente).

---

[194] TJSP, *RT* 578/305.

[195] Op. cit., v. 5, p. 275.

[196] Op. cit., v. 5, p. 271. Há doutrinadores que entendem desnecessária a previsão legal contida no art. 128, I, do CP, isto é, a figura do aborto necessário, pois os casos nele abrangidos poderiam ser absorvidos pelo art. 24 do CP (estado de necessidade). É o pensamento de Cézar Roberto Bitencourt (*Tratado de direito penal:* parte especial, v. 2, p. 139) e Paulo José da Costa Jr. (*Comentários ao Código Penal*, v. 2, p. 37). Com a devida vênia, acreditamos justificada a construção legal, posto que o estado de necessidade exige perigo atual e inevitável, sugerindo que o risco à vida da gestante fosse presente, de modo que a intervenção cirúrgica se mostrasse imprescindível, sob pena de ocorrer a morte da mulher em curto espaço de tempo. A medida do art. 128, I, do CP, de sua parte, não requer a mesma urgência, tanto assim que o aborto necessário se divide em terapêutico e profilático (preventivo).

A lei penal não exige, em quaisquer dos casos, que o aborto seja precedido de autorização judicial. Podem os médicos, tendo certeza do diagnóstico, interromper a gravidez sem risco de incorrerem na incriminação (art. 125 ou 126 do CP). Há, todavia, decisões judiciais admitindo a possibilidade de concessão de alvarás autorizando o ato, em semelhantes situações[197].

É de ver que o consentimento da gestante (ou de seus familiares) é desnecessário, em razão do perigo à sua vida. Não se olvide que o art. 146, § 3º, I, do CP dispõe não configurar constrangimento ilegal a "intervenção médica ou cirúrgica, sem o consentimento do paciente ou de seu representante legal, se justificada por iminente perigo de vida".

Aqueles que auxiliam o médico durante o procedimento cirúrgico, obviamente, são alcançados pela exclusão do caráter criminoso do ato. Note que a lei declara impunível o aborto necessário, o que abrange todos os envolvidos no ato tendente à supressão da vida humana intrauterina.

---

[197] "Apelação criminal. Pedido de autorização judicial para antecipação terapêutica do parto. Síndrome de *body stalk*. Malformações fetais graves que, associadas, inviabilizam a vida extrauterina no caso concreto. Atestado risco à saúde física da gestante. Decisão que julgou improcedente a ação por impossibilidade jurídica do pedido. Conhecimento do pedido, diante do preceituado no art. 5º, XXXIV, letra 'a', e XXXV, que assegura a todos a tutela judicial para qualquer lesão ou ameaça a direito. Pedido não juridicamente impossível. Situação fática que embora não encontre correspondência no ordenamento, não é legalmente vedada. Jurisprudência dos Tribunais que dá notícia de reiterados pedidos e decisões sobre o tema. Decisão do STF na ADPF 54/DF, cujos fundamentos encontram plena aplicação no caso dos autos, diante da impossibilidade de vida extrauterina. Autorização deferida. Recurso provido" (TJRS, AP 70062775242, 3ª CCr, rel. João Batista Marques Tovo, j. 4-12-2014).

"Aborto. Pedido de autorização judicial para interrupção terapêutica de gestação. Indeferimento do pedido pelo juiz criminal em primeiro grau. Interposição de apelação criminal e, concomitante, de agravo de instrumento, visando à obtenção da medida antes do julgamento da apelação, deferida pelo relator e confirmada pela Câmara. O processo não é um fim em si mesmo, é instrumento à realização do direito, aliando-se à situação exposta, que é realmente gravíssima e não pode esperar o procedimento atinente à apelação criminal. Se, do ponto de vista médico, não há outra alternativa, senão a interrupção terapêutica da gestação, cabe ao juiz equacionar diante das circunstâncias únicas do caso e, juridicamente, encontrar solução, tanto para conhecimento do recurso, à falta de recurso adequado, como para seu julgamento, uma e outra vinculadas, no caso concreto, ao valor prevalecente da saúde e da vida da gestante. Estudos médicos, que demonstram a procedência do pedido e enfatizam a existência de sério risco à vida da gestante, além do estado do concepto, cuja saúde não se pode cientificamente estabelecer, devido às múltiplas malformações, nem sua vida salvar, lamentavelmente. A existência de perigo atual à saúde da gestante e, para mais disso, de risco iminente à sua vida, em maior ou menor grau, são bastantes em si à caracterização da necessidade do aborto, como único meio seguro para resguardo da pessoa da gestante, caso não haja interrupção natural da gestação. Em medida ou proporção adequada, deve-se exigir a existência de perigo sério à vida da gestante, entretanto, não a ponto de exigir que lhe seja iminente ou quase atual a própria morte, porque já então poderá ser tardia qualquer intervenção médica. Conhecimento e provimento do recurso" (TJRS, *RJTJRS* 208/99).

Se o autor do fato não for médico (por exemplo, uma parteira ou a própria gestante), também não há crime, mas pela incidência da excludente de ilicitude do estado de necessidade (CP, art. 24), desde que, obviamente, todos os seus requisitos estejam preenchidos.

8.2. Aborto sentimental (humanitário ou ético)

Também se autoriza o aborto quando a gravidez resulta de estupro, sempre que houver, nesse caso, o consentimento da gestante ou de seu representante legal, quando civilmente incapaz. É de se ponderar que, com o advento da Lei n. 12.015/2009, dá-se referido delito contra a dignidade sexual quando se praticar qualquer ato libidinoso, não só a conjunção carnal (introdução do pênis na vagina).

Ao legislador brasileiro pareceu que não se pode obrigar uma mulher a levar até o final uma gravidez que a fará recordar, diária e perenemente, de uma odiosa violência a que fora submetida.

O médico deve, contudo, proceder com cautela. A lei não requer tenha sido o agente condenado pelo estupro, mas se recomenda prova convincente da existência do crime sexual. Não pode ignorar a possibilidade de se burlar a incriminação, forjando-se o delito contra a dignidade sexual, para depois dar aparência lícita ao comportamento. Se o médico agir enganado, não cometerá crime (erro de tipo – art. 20 do CP), respondendo pelo aborto (CP, art. 124) somente a mulher (erro determinado por terceiro – art. 20, § 2º, do CP[198]).

O Conselho Federal de Medicina orientava os médicos, em tais casos, a exigirem a demonstração do fato por meio de Boletim de Ocorrência. Na verdade, tal prova pode se dar por qualquer meio em direito admitido. O Ministério da Saúde editou portaria (n. 1.508, de 1º-9-2005) deixando claro não haver necessidade de lavratura do Boletim de Ocorrência, mas estabeleceu a obrigatoriedade de adoção do "procedimento de justificação e autorização de interrupção da gravidez". Referido procedimento compõe-se de quatro fases (art. 2º), sendo a primeira o "relato circunstanciado do evento, realizado pela própria mulher, perante dois profissionais do serviço de saúde" (art. 3º, *caput*)[199]. Em seguida, o médico emitirá um parecer técnico e a mulher receberá atenção de equipe multidisciplinar, cujas opiniões serão anotadas em documento escrito (art. 4º). Se todos estiverem de acordo, lavrar-se-á termo de aprovação do procedimento (art. 5º). Ao depois, a mulher ou seu representante legal firmará termo de responsabilidade. Por fim, realiza-se o termo de consentimento livre e esclarecido (art. 6º)[200].

---

[198] "Responde pelo crime o terceiro que determina o erro."

[199] De acordo com o *parágrafo único* da norma: "O Termo de Relato Circunstanciado deverá ser assinado pela mulher ou por seu representante legal, bem como por dois profissionais de saúde, e conterá: I – local, dia e hora aproximada do fato; II – tipo e forma de violência; III – descrição dos agentes da conduta, se possível; IV – identificação de testemunhas, se houver".

[200] O termo observará os seguintes requisitos: "I – o esclarecimento à mulher deve ser realizado em linguagem acessível, especialmente sobre: a) os desconfortos e riscos possíveis à sua saúde; b) os

Registre-se que há no país localidades que contam com hospitais públicos com estrutura preparada para a realização do aborto sentimental[201].

8.2.1. Enfermeira e aborto sentimental

O fato é criminoso. Somente na hipótese de aborto necessário pode se considerar lícita a interrupção da gravidez efetuada por não médico, tendo em vista a incidência da excludente de antijuridicidade prevista no art. 24 do CP (estado de necessidade).

Em se tratando de aborto humanitário, não se pode admitir seja o ato praticado por quem não é médico. Tal conclusão ganha reforço com a regulamentação decorrente da Portaria n. 1.145, de 2005, do Ministério da Saúde (*vide* tópico acima). Cézar Bitencourt concorda com esse pensamento, mas ressalva a possibilidade de se reconhecer em favor da enfermeira a inexigibilidade de conduta diversa[202].

8.2.2. Gravidez decorrente de atentado violento ao pudor

Nossa doutrina era pacífica no sentido de reconhecer a licitude do aborto quando a gravidez resulta de atentado violento ao pudor. Cuidava-se, evidentemente, de hipótese de difícil ocorrência, dado que neste delito não havia conjunção carnal (introdução do pênis na vagina). Não se podia excluir, todavia, que de uma violência consistente em atentado violento ao pudor, por vezes muito grave e traumática, resultasse gravidez. Nesse caso, onde havia a mesma razão, aplicava-se a mesma regra (*ubi eadem ratio, ibi eadem ius*). Tratava-se de um evidente caso de analogia *in bonam partem*. Com o advento da Lei n. 12.015/2009, a questão encontra-se superada, porquanto a atual definição do estupro abarca qualquer ato libidinoso, não só a conjunção carnal.

8.2.3. Aborto de feto anencefálico

Entende-se por anencefalia a malformação do tubo neural, caracterizada pela ausência do encéfalo e da calota craniana. A Medicina a considera uma patologia letal, isto é, que leva invariavelmente à morte do recém-nascido, dada a absoluta

---

procedimentos que serão adotados quando da realização da intervenção médica; c) a forma de acompanhamento e assistência, assim como os profissionais responsáveis; d) a garantia do sigilo que assegure sua privacidade quanto aos dados confidenciais envolvidos, exceto quanto aos documentos subscritos por ela em caso de requisição judicial; II – deverá ser assinado ou identificado por impressão datiloscópica, pela mulher ou por seu representante legal; III – deverá conter declaração expressa sobre a decisão voluntária e consciente de interromper a gravidez".

201 Na cidade de São Paulo, desde 1989, determinou-se, por meio da Portaria n. 692/89, a obrigatoriedade de que a rede hospitalar do município forneça atendimento médico "para o procedimento de abortamento, nos casos de exclusão de antijuridicidade, previstos no Código Penal". Foi pioneiro o Hospital Municipal Dr. Arthur Ribeiro de Saboya (Jabaquara), elaborando-se o primeiro serviço público, com programa voltado ao atendimento da mulher gestante vítima de estupro e que deseja interromper a gestação.

202 *Tratado de direito penal:* parte especial. v. 2, p. 139.

impossibilidade de vida independente sem o encéfalo e a calota craniana. Nesses casos, inexiste atividade cerebral.

Há muitos anos se debate a possibilidade de realização do aborto quando se constata, por diagnóstico médico, a gravidez de feto anencefálico.

Diversas foram as decisões judiciais favoráveis à medida, sendo muito comum a concessão de alvarás judiciais permitindo o procedimento médico[203].

Atualmente, porém, a questão encontra-se pacificada, tendo em vista que o Supremo Tribunal Federal decidiu, em ação de descumprimento de preceito fundamental (ADPF 54), *não constituir crime de aborto a interrupção da gestação em tais casos.*

Para a Corte Máxima, a gestante tem o direito de efetuar a antecipação terapêutica do parto de feto anencéfalo, sem a necessidade de obter prévia autorização judicial ou de qualquer órgão do Estado, mostrando-se suficiente o diagnóstico efetuado por profissional habilitado, nos termos da Resolução n. 1.752/2004 do Conselho Federal de Medicina.

De fato, a conduta do médico deve ser considerada penalmente *atípica*. Isto porque a ausência de atividade cerebral leva à conclusão de que o objeto material não detém vida. Recorde-se que o conceito de vida, amplamente debatido em diversos ramos do conhecimento humano, sob o ponto de vista normativo, depende da existência de atividade cerebral. Tanto é assim que o homicídio consuma-se com a morte cerebral. Lembre-se que a retirada de órgãos do paciente a quem se diagnosticou morte cerebral é considerada por lei transplante *post mortem* (art. 3º da Lei n. 9.434, de 1997).

O diagnóstico seguro de anencefalia, portanto, torna o abortamento conduta não atingida pelo alcance dos tipos penais definidos nos arts. 124 e 126 do CP.

Como lembra Cézar Bitencourt, para quem o comportamento também é penalmente atípico, não se trata de compelir a gestante ao ato, mas de dar a ela a faculdade de interromper a gravidez ("... se preferir, a gestante poderá aguardar o curso

[203] "É cediço que a legislação brasileira não permite o aborto eugênico, entendido como a interrupção da gravidez em casos de fetos acometidos por graves anomalias, defeitos físicos ou mentais. Entretanto, o Supremo Tribunal Federal, em 12 de abril de 2012, após longos debates, firmou a possibilidade de aborto na hipótese específica de feto anencéfalo, dada a certeza de inviabilidade de vida extrauterina. (...) No caso de anencéfalo (ausência de calota craniana e parcela do cérebro), uma vez que a própria lei considera cessada a vida tão logo ocorra a morte encefálica, não há viabilidade para se sustentar a gravidez. Assim, a ausência de abóbada craniana e de hemisférios cerebrais pode ser motivo mais que suficiente para a realização do aborto, que não é baseado, porém, em características monstruosas do ser em gestação, e sim na sua completa inviabilidade como pessoa, com vida autônoma, fora do útero materno. Destarte, em prestígio à dignidade da pessoa humana, caso ainda seja de interesse da postulante, autoriza-se a interrupção da gravidez, por se tratar de feto anencéfalo" (TJSP, AP 1000337-79.2016.8.26.0076, 16ª CCr, rel. Guilherme de Souza Nucci, j. 20-9-2016). No mesmo sentido: TJAP, *RDTJAP*, 22/264; TJRJ, *RDTJRJ* 63/335; TJRS, *RJTJRS* 252/90. Em sentido contrário: STJ, *RSTJ* 190/447.

natural do ciclo biológico, mas, em contrapartida, não será 'condenada' a abrigar dentro de si um tormento que a aniquila, brutaliza, desumaniza e destrói emocional e psicologicamente, visto que, ao contrário de outras gestantes que se preparam para dar à luz a vida, regozijando-se com a beleza da repetição milenar da natureza, afoga-se na tristeza, no desgosto e na desilusão de um ser inanimado, disforme e sem vida, aguardando o dia para, ao invés de brindar o nascimento do filho como todas as mães sonham, convidar os vizinhos para ajudá-la a enterrar um natimorto, que nunca teve chance alguma de nascer com vida"[204]).

9. CONFLITO DE NORMAS

9.1. Anúncio de processo, substância ou objeto abortivo

Aquele que se limita a anunciar a existência de processo, substância ou objeto destinado a provocar aborto, incorre na contravenção penal definida no art. 20 da LCP. O ato é punido com multa.

Dá-se o fato contravencional quando o sujeito ativo der notícia, fizer conhecer ou puser anúncio com o conteúdo acima mencionado.

Se o agente anuncia e, em seguida, vende a substância ou objeto, tendo conhecimento de que este será utilizado por pessoa determinada, com vistas ao abortamento, torna-se partícipe do crime do art. 125 ou 126 do CP (casos estes cheguem, ao menos, a serem tentados - art. 31 do CP). Neste caso, não fica absorvida a contravenção penal, posto que sua potencialidade lesiva não se exaure no crime contra a vida cometido. Manoel Pedro Pimentel ensinava, com propriedade, que "o fato de um aborto ser praticado como consequência de anúncio não absorve a contravenção de *anunciar*. Esta permanece íntegra, mesmo porque o perigo oferecido pelo anúncio não se exauriu no comportamento isolado de um único aborto, mas continua a produzir seus efeitos relativamente a terceiros"[205].

Não há crime, obviamente, quando a conduta é praticada no contexto do art. 128 do CP, isto é, quando o processo abortivo, por exemplo, é anunciado a médicos incumbidos de realizar, em hospitais, o aborto necessário ou humanitário.

9.2. Incitação ao crime

Se alguém, publicamente, manifesta-se em favor da legalização do aborto, não há crime, pois o ato é protegido pelo exercício regular do direito de expressão, constitucionalmente assegurado. Não há, portanto, incitação ao crime (CP, art. 286)

---

[204] *Tratado de direito penal:* parte especial. v. 2, p. 245.

[205] *Contravenções penais*, p. 145.

e, menos ainda, participação em aborto (até porque a conduta não se dirige a pessoas determinadas).

10. CLASSIFICAÇÃO JURÍDICA

Trata-se de crime de forma ou ação livre (pode ser praticado por qualquer meio), próprio (no caso do art. 124, pois só a gestante pode cometê-lo e comum, nos demais tipos – arts. 125 e 126), material (consuma-se com o resultado naturalístico: morte do feto), de dano ou lesão (exige lesão ao bem tutelado – vida – para fins de consumação), instantâneo de efeitos permanentes (seu resultado ocorre instantaneamente, sem prolongar-se no tempo, embora suas consequências subsistam perenemente), unissubjetivo ou de concurso eventual (admite cometimento por uma só pessoa ou várias, em concurso) e plurissubsistente (seu *iter criminis* permite fracionamento).

11. PENA E AÇÃO PENAL

A pena cominada ao crime é de detenção, de um a três anos (art. 124), reclusão, de três a dez anos (art. 125) e reclusão, de um a quatro anos (art. 126). A sanção será aumentada em um terço se a gestante sofrer lesão grave ou duplicata, se falecer (art. 127). O patamar punitivo dos delitos capitulados nos arts. 124 e 126 permitem a aplicação da suspensão condicional do processo (art. 89 da Lei n. 9.099/95).

O aborto é crime de ação penal pública incondicionada. A autoridade policial deve, portanto, instaurar de ofício o inquérito policial e, se reunir prova da materialidade e indícios de autoria, deverá o Ministério Público oferecer denúncia, instaurando-se o devido processo legal perante o Tribunal do Júri.

Capítulo II

DA LESÃO CORPORAL (ART. 129)

1. DISPOSITIVO LEGAL

Lesão corporal

Art. 129. Ofender a integridade corporal ou a saúde de outrem:

Pena – detenção, de 3 (três) meses a 1 (um) ano.

Lesão corporal de natureza grave

§ 1º Se resulta:

I – incapacidade para as ocupações habituais, por mais de 30 (trinta) dias;

II – perigo de vida;

III – debilidade permanente de membro, sentido ou função;

IV – aceleração de parto:

Pena – reclusão, de 1 (um) a 5 (cinco) anos.

§ 2º Se resulta:

I – incapacidade permanente para o trabalho;

II – enfermidade incurável;

III – perda ou inutilização de membro, sentido ou função;

IV – deformidade permanente;

V – aborto:

Pena – reclusão, de 2 (dois) a 8 (oito) anos.

Lesão corporal seguida de morte

§ 3º Se resulta morte e as circunstâncias evidenciam que o agente não quis o resultado, nem assumiu o risco de produzi-lo:

Pena – reclusão, de 4 (quatro) a 12 (doze) anos.

Diminuição de pena

§ 4º Se o agente comete o crime impelido por motivo de relevante valor social ou moral ou sob o domínio de violenta emoção, logo em seguida a injusta provocação da vítima, o juiz pode reduzir a pena de um sexto a um terço.

Substituição da pena

§ 5º O juiz, não sendo graves as lesões, pode ainda substituir a pena de detenção pela de multa:

I – se ocorre qualquer das hipóteses do parágrafo anterior;

II – se as lesões são recíprocas.

Lesão corporal culposa

§ 6º Se a lesão é culposa:

Pena – detenção, de 2 (dois) meses a 1 (um) ano.

Aumento de pena

§ 7º Aumenta-se a pena de um terço se ocorrer qualquer das hipóteses dos §§ 4º e 6º do art. 121 deste Código.

§ 8º Aplica-se à lesão culposa o disposto no § 5º do art. 121.

Violência doméstica

§ 9º Se a lesão for praticada contra ascendente, descendente, irmão, cônjuge ou companheiro, ou com quem conviva ou tenha convivido, ou, ainda, prevalecendo-se o agente das relações domésticas, de coabitação ou de hospitalidade:

Pena – detenção, de 3 (três) meses a 3 (três) anos.

§ 10. Nos casos previstos nos §§ 1º a 3º deste artigo, se as circunstâncias são as indicadas no § 9º deste artigo, aumenta-se a pena em um terço.

§ 11. Na hipótese do § 9º deste artigo, a pena será aumentada de um terço se o crime for cometido contra pessoa portadora de deficiência.

§ 12. Se a lesão for praticada contra autoridade ou agente descrito nos arts. 142 e 144 da Constituição Federal, integrantes do sistema prisional e da Força Nacional de Segurança Pública, no exercício da função ou em decorrência dela, ou contra seu cônjuge, companheiro ou parente consanguíneo até terceiro grau, em razão dessa condição, a pena é aumentada de um a dois terços.

– Parágrafo acrescentado pela Lei n. 13.142, de 2015.

2. O VALOR PROTEGIDO (OBJETIVIDADE JURÍDICA)

O art. 129 do CP tem como esfera de proteção a saúde e a integridade física das pessoas (nascidas). Lesões praticadas no nascituro (*animus laedendi*), ainda que persistam após o nascimento, são penalmente atípicas (*vide* item 6.2, *infra* – sujeito passivo).

A defesa da saúde e da integridade corporal das pessoas (sob o aspecto anatômico e fisiológico) é fundamental para o seu pleno desenvolvimento.

Deve-se ponderar que os valores mencionados também se encontram tutelados por outros dispositivos legais, como, por exemplo, os arts. 130 a 137 do CP (periclitação da vida e da saúde e rixa), o art. 303 da Lei n. 9.503, de 1997 (lesão corporal culposa na direção de veículo automotor), o art. 1º da Lei n. 9.455, de 1997 (crime de tortura), os arts. 14 e seguintes da Lei n. 9.434, de 1997 (infrações penais relacionadas com transplantes ilícitos de órgãos humanos) e os arts. 15 e seguintes da Lei n. 9.623, de 1996 (delitos ligados à esterilização ilegal de seres humanos).

Note-se que a proteção penal à saúde abarca tanto a física quanto a mental. Não se trata de resguardar alguém de dor ou sofrimento, mas de salvaguardar plenamente seu *status corporae*. Dessa forma, o abalo psicológico de certa monta deve ser incluído na incriminação.

Do mesmo modo que se dá com relação ao nosso bem maior (a vida), o Estado tem interesse em resguardar a saúde e integridade do corpo e da mente de seus súditos.

Nossa Constituição Federal consagra a integridade corporal e a saúde do homem como valores supremos. É o que se conclui da interpretação conjugada do art. 5º, incisos III[1] e XLVII[2] e XLIX[3].

Vale a pena anotar, finalmente, que o art. 5º da Convenção Americana de Direitos Humanos (Pacto de San José da Costa Rica), incorporado ao nosso ordenamento jurídico, expressamente refere-se à integridade corporal e à saúde como valores fundamentais ("1. Toda pessoa tem direito a que se respeite sua integridade física, psíquica e moral. 2. Ninguém deve ser submetido a torturas, nem a penas ou tratos cruéis, desumanos ou degradantes. Toda pessoa privada de liberdade deve ser tratada com o respeito devido à dignidade inerente ao ser humano").

3. MODALIDADES DE LESÃO CORPORAL

O crime de lesão corporal divide-se em (a) lesão corporal dolosa e (b) lesão corporal culposa.

A lesão dolosa subdivide-se em (a) lesão leve (*caput*), (b) grave (§ 1º), (c) gravíssima (§ 2º), (d) lesão corporal seguida de morte ou homicídio preterintencional (§ 3º), (e) lesão privilegiada (§ 4º), (f) violência doméstica (§§ 9º a 11).

4. MODALIDADE FUNDAMENTAL

4.1. Tipo objetivo

A lesão corporal, em quaisquer de suas formas, dá-se quando o agente "ofender a integridade corporal ou a saúde de outrem".

---

1 "Ninguém será submetido a tortura nem a tratamento desumano ou degradante."

2 "Não haverá penas: *a*) de morte, salvo em caso de guerra declarada, nos termos do art. 84, XIX; *b*) de caráter perpétuo; *c*) de trabalhos forçados; *d*) de banimento; *e*) cruéis."

3 "É assegurado aos presos o respeito à integridade física e moral." Evidente que tal assecuração não se estende, somente, aos encarcerados, muito embora somente quanto a eles seja nossa Constituição expressa.

Ofender significa agredir, macular, menoscabar, reduzir a atividade funcional do corpo ou prejudicar o estado de saúde física ou psíquica de alguém.

Integridade corporal e saúde são elementos típicos distintos.

Haverá ofensa à *integridade do corpo* quando ocorrer algum *prejuízo ao bem-estar físico ou mental do ofendido* (de modo não insignificante)[4].

Incluem-se, então, qualquer diminuição da substância corporal (p. ex., perda de órgãos, membros ou pele), danos a tal substância (p. ex., feridas, inchaços, equimoses), alterações físicas (queimaduras) ou a perturbação de funções físicas (redução da capacidade auditiva) etc.

Para que ocorra dano à integridade psicológica deve ocorrer o abalo psíquico de certa monta (p. ex., administração de injeção de morfina, não consentida ou indicada terapeuticamente, induzindo a vítima a estado de inconsciência ou torpor).

Se a ofensa for insignificante, de modo a não deixar qualquer vestígio, como um empurrão ou tapa, haverá a contravenção penal de vias de fato (art. 21 da LCP).

A *ofensa à saúde* (que difere da ofensa corporal) significa prejudicar o normal funcionamento das funções corporais da vítima, produzindo ou agravando algum estado patológico. O agente que faz com que alguém fique doente ou, de maneira dolosa ou culposa, piora o estado de saúde de uma pessoa ministrando-lhe medicamentos diversos do indicado, pratica ofensa à saúde alheia.

De regra, uma ofensa ao corpo concomitantemente produz dano à saúde e vice-versa. Casos há, contudo, em que isto não ocorre.

Cuida-se de crime material, em que exige-se conduta (positiva ou negativa) e a ocorrência de um resultado naturalístico (o dano à saúde ou integridade corporal). A imputação deste resultado a uma conduta exige, nos termos do art. 13, *caput*, do CP, nexo de causalidade entre eles. Requer-se, ademais, que os princípios de imputação objetiva (fator que limita a causalidade material) não se façam presentes (são princípios de imputação objetiva o risco permitido, a proibição do regresso, a confiança e a capacidade da vítima[5]).

Se um lutador de boxe, por exemplo, desfere violento soco no adversário, há conduta, resultado e nexo de causalidade, mas a observância das regras do desporto torna o *risco permitido*. Como consequência, não se pode imputar (penalmente) o gravame à saúde do contendor ao outro lutador.

---

[4] Para Donna, o dano ao corpo corresponde "toda alteração na estrutura física do organismo", sendo irrelevante que tenha ocorrido menoscabo ao organismo. Isto é, ainda que haja alguma "melhora", o crime subsiste ("quem por força submete um indivíduo a uma cirurgia plástica com o fim de corrigir seus defeitos físicos, sem dúvida comete o crime de lesão corporal" – *Derecho penal*: parte especial, t. I, p. 239).

[5] O princípio da capacidade ou competência da vítima tem aplicação excepcional aos casos de lesão corporal (*vide* item 4.7, *infra*).

Imagine, ainda, que um motorista de táxi conduza um passageiro até o destino e, durante a viagem, ouça-o conversando ao telefone e revelando que irá agredir sua mulher adúltera. Suponha, ainda, que o condutor nada fale, mas se solidarize com o passageiro, desejando em seu íntimo que a agressão se consume. Vindo esta a ocorrer, não será possível imputar objetivamente as lesões ao taxista, porque uma conduta inicialmente lícita (levar um passageiro até o destino) não gera responsabilidade por atos ilícitos provocados por terceiros (proibição do regresso).

Durante uma cirurgia complexa, o médico que chefia a operação solicita ao seu assistente que forneça um bisturi, o qual não se encontrava devidamente esterilizados, resultando na contração de uma infecção hospitalar. Só responde pela lesão o instrumentador que descumpriu seu papel e não o médico-chefe, o qual agiu na *confiança* de que os membros de sua equipe cumpririam seu papel.

Se uma mulher procura alguém para furar-lhe a orelha, a fim de orná-la com um brinco, seu consentimento (*capacidade da vítima*) exclui a imputação objetiva do resultado. O mesmo ocorre com a realização da técnica de dermopigmentação (tatuagens)[6].

Deve-se acrescentar que a lesão corporal constitui crime de forma livre, razão pela qual admite qualquer meio executório. Pode-se dar com o emprego de meios físicos, tais como os instrumentos contundentes (socos, pontapés, golpes com bastão, caibro, tacos) ou cortantes (facas, punhais). Pode ser cometida por meios químicos (ácido) etc.

Pode-se praticá-la, ademais, por omissão, quando alguém possuir dever jurídico de agir para evitar o resultado e defraudar esse dever (exemplo: o enfermeiro que deixa de alimentar doente, agravando seu estado de saúde).

4.2. Objeto material

Trata-se da pessoa sobre a qual recai a conduta do agente. Discute-se se o elemento típico "corpo" pode abranger próteses ligadas à pessoa. Em nosso sentir, quando as *próteses* estiverem conectadas definitivamente ao indivíduo, deve-se entender que o ato de lesioná-las constitui o crime em questão, seja em razão da redução da capacidade corporal, seja por conta do abalo psíquico decorrente do ato.

4.3. Transplante de órgãos *inter vivos*

Cuida-se de comportamento lícito, conquanto realizado nos termos da Lei n. 9.434, de 1997.

De acordo com a norma, uma pessoa juridicamente capaz (nos termos da lei civil) pode doar tecidos, órgãos e partes do próprio corpo vivo, para fins terapêuticos

6 Sobre o consentimento do ofendido no crime de lesões corporais, *vide* item 4.7, *infra*.

ou para transplantes em cônjuge ou parentes consanguíneos até o quarto grau, ou em qualquer outra pessoa, mediante autorização judicial, dispensada esta em relação à medula óssea.

É preciso que a doação refira-se a órgãos duplos, de partes de órgãos, tecidos ou partes do corpo cuja retirada não impeça o organismo do doador de continuar vivendo sem risco para a sua integridade e não represente grave comprometimento de suas aptidões vitais e saúde mental e não cause mutilação ou deformação inaceitável, e corresponda a uma necessidade terapêutica comprovadamente indispensável à pessoa receptora.

A doação deve ser autorizada, preferencialmente, por escrito e diante de testemunhas, especificando o tecido, órgão ou parte do corpo objeto da retirada.

O incapaz também pode efetuar a doação, desde que exista compatibilidade imunológica comprovada, se trate de transplante de medula óssea, haja consentimento de ambos os pais ou seus responsáveis legais e autorização judicial e o ato não ofereça risco para a sua saúde.

4.4. Operação cirúrgica de mudança de sexo

Referido procedimento pode-se dar em duas situações diferentes.

O primeiro caso a ser analisado, consiste na operação efetuada em indivíduos hermafroditas (verdadeiros ou pseudo-hermafroditas). Em tais casos, é evidente que o ato cirúrgico não estará compreendido no âmbito do art. 129 do CP, já que a operação não acarreta menoscabo à saúde ou integridade corporal do paciente. Pelo contrário, é evidente o intuito curativo, de modo que, presente a autorização do paciente, sendo maior e capaz, não haverá crime algum.

Há polêmica com respeito à operação de mudança de sexo efetuada por pessoa que pretende parecer, fisionomicamente, com um indivíduo do sexo oposto. Nesse caso, argumenta-se haver mutilação do órgão genital e, tendo em vista que haveria uma redução da função sexual, o fato caracterizaria ilícito penal[7].

---

7 Edgardo Alberto Donna sustenta que a legislação argentina proíbe mudanças de sexo (salvo na hipótese dos hermafroditas), porque não existiria indicação terapêutica válida nesses casos, de modo que estaria configurado o crime de lesão corporal (op. cit., t. I, p. 252). O Código Penal espanhol expressamente autoriza semelhante procedimento cirúrgico, quando houver consentimento válido, livre, consciente e expressamente obtido da pessoa, conquanto o ato seja levado a cabo por médico (art. 156). A Suécia, a Itália, a Alemanha e a Holanda também regulamentaram expressamente a matéria, legitimando, dessa forma, tais ações. No âmbito do direito português entende-se que o ato encontra-se compreendido no art. 149º, que estipula ser a ofensa à integridade corporal disponível, admitindo-se o consentimento da vítima, salvo quando contrariar os bons costumes, o que não ocorreria em tais casos, quando o objetivo fosse promover "a coincidência com a identidade do paciente" (Paula Ribeiro de Farias, *Comentário conimbricense do Código Penal:* parte especial, t. I, p. 236).

Nossos tribunais, entretanto, já reconheceram a licitude deste procedimento cirúrgico, afastando a caracterização de uma lesão corporal grave, decorrente da mutilação do órgão sexual. Entendeu-se que o procedimento médico afina-se com a satisfação de uma necessidade psicológica, de modo que seria uma medida terapêutica para a saúde mental da pessoa. Estabelece-se, por meio deste ato, uma aproximação entre o somático e o psíquico. É de ver que há Resolução do Conselho Federal de Medicina disciplinando mencionado procedimento.

Deve-se dar relevância, ademais, ao consentimento do ofendido, registrando-se que a tendência no Direito pátrio e estrangeiro é considerar que tais ações são válidas e não contrariam os bons costumes (*vide* item 4.7, *infra*).

Nesse sentido a jurisprudência: "Alvará de autorização para realização de cirurgia para modificação de sexo morfológico. Deferimento parcial. Se o pedido exordial tem finalidade pragmática – resguardar a equipe médica que se dispuser a realizar a operação de adequação sexual do requerente – masculino, pela norma, feminino, pela natureza – de eventual e possível imputação de conduta ilícita, lesão corporal de natureza grave, é de ser deferido em parte como imperativo de caridade e de preservação da dignidade humana. Expedição de alvará, clausulado com a observância da recomendação médica indispensável exsurgente da Resolução 1.482/97 do Conselho Federal de Medicina. (...) O presente requerimento tem a finalidade pragmática: resguardar a equipe médica que se dispuser a realizar a operação de adequação sexual de E. M. – masculino, pela norma, feminino, pela natureza – de eventual e possível imputação de conduta ilícita (lesão corporal de natureza grave). Não se pretende constranger nenhum médico a realizar tal operação de redefinição morfológica: não se está promovendo alteração de registro civil com redesignação de sexo. Nem se pretende nada que não o que consta da exordial: a concessão de alvará judicial para salvaguarda da responsabilidade penal dos executores desta operação, que se reconhece ser de risco, mas necessária, e de resultado questionável. (...) Voto no sentido de ser dado parcial provimento ao apelo para deferir expedição de alvará, clausulado com a observância da recomendação médica indispensável, exsurgente da Resolução 1.482/97 do Conselho Federal de Medicina"[8]. "Não age dolosamente o médico que, através de cirurgia, faz a ablação de órgãos genitais externos de transexual, procurando curá-lo ou reduzir seu sofrimento físico ou mental. Semelhante cirurgia não é vedada pela lei, nem mesmo pelo Código de Ética Médica"[9].

Ademais, importante ressaltar que no âmbito da tipicidade conglobante, teoria difundida por Eugenio Raúl Zaffaroni, a cirurgia de mudança de sexo é fomentada e prevista no ordenamento jurídico, razão pela qual torna a conduta médica uma excludente de tipicidade.

---

[8] TJRJ, *RDTJRJ* 54/356.

[9] TACrSP, *RT* 545/355.

4.5. Esterilização

Cuida-se do procedimento médico que visa a inutilizar a função reprodutora do ser humano. Os métodos mais comuns são: no homem a vasectomia e, na mulher, a laqueadura tubária.

No Brasil, o ato é regulado pela Lei n. 9.623, de 1996. O art. 10 do Diploma citado estatui: "Somente é permitida a esterilização voluntária nas seguintes situações: I – em homens e mulheres com capacidade civil plena e maiores de 25 anos de idade ou, pelo menos, com dois filhos vivos, desde que observado o prazo mínimo de sessenta dias entre a manifestação da vontade e o ato cirúrgico, período no qual será propiciado à pessoa interessada acesso a serviço de regulação da fecundidade, incluindo aconselhamento por equipe multidisciplinar, visando desencorajar a esterilização precoce; II – risco à vida ou à saúde da mulher ou do futuro concepto, testemunhado em relatório escrito e assinado por dois médicos".

4.6. Autolesão

Nosso Código Penal não incrimina a autolesão. Assim, por exemplo, a pessoa que, por convicções religiosas, se autoflagela, não comete crime algum.

Aliás, se a lei penal punisse semelhante ato, violaria o princípio da alteridade ou transcendentalidade. Segundo este, é vedado incriminar atitudes puramente subjetivas, ou seja, aquelas que não lesionem *bens alheios*. Se a ação ou omissão for puramente pecaminosa ou imoral não apresenta a necessária lesividade que legitima a intervenção do Direito Penal.

Lembre-se que nosso ordenamento penal também não incrimina a tentativa de suicídio (somente a participação em suicídio alheio). Ora, se é penalmente atípico o ato daquele que tenta se matar, o mesmo se deve dizer do comportamento de quem busque ferir a si próprio. Não seria político-criminalmente correto, ademais, ameaçar com sanção penal quem se encontra disposto a ferir a si próprio.

Por conta disso, repise-se, não se pune a autolesão. Casos há, todavia, em que o ato de macular a própria integridade corporal pode legitimamente constituir infração penal. Isto ocorre quando o comportamento é cometido como meio para prejudicar interesses alheios.

Se o agente lesa o próprio corpo ou a saúde, ou agrava as consequências da lesão ou doença, com o intuito de haver indenização ou valor de seguro, comete estelionato (CP, art. 171, § 2º, V). Note que, nesse caso, o menoscabo à própria saúde ou integridade física ou psíquica objetiva a lesar a empresa responsável pelo seguro, obtendo ilicitamente a indenização.

O mesmo ocorre com aquele que se automutila para evitar o cumprimento de obrigação militar. O art. 184 do CPM tipifica o ato de "criar ou simular incapacidade física, que inabilite o convocado para o serviço militar", apenando-o com detenção, de seis meses a dois anos.

4.7. O consentimento do ofendido[10]

O *consentimento válido* demonstrado pela vítima tem o condão de *tornar atípicas as lesões corporais* nela provocada, desde que tal comportamento não importe em diminuição permanente da integridade física ou contrarie os bons costumes (art. 13 do CC[11]).

Explica-se: cada pessoa, nos limites da lei civil, tem direito de dispor sobre o próprio corpo.

Cremos necessário, outrossim, efetuar um paralelo com a disposição da própria vida.

A lei penal, como já se estudou anteriormente, não incrimina o suicídio. Não comete crime algum, destarte, quem tenta se matar. O Código Penal, todavia, *expressamente* incrimina aquele que participa de suicídio alheio (art. 122). Trata-se de uma opção consciente e necessária do legislador, porque, não fosse a disposição penal

[10] Paula Ribeiro de Faria afirma que o consentimento atua como "verdadeira e própria causa de exclusão da ilicitude, uma vez que, não obstante reconhecido o valor da autonomia do titular do bem jurídico e penalmente tolerada a conduta, está em causa uma manifestação de danosidade social a que a ordem jurídica não pode ser indiferente" (op. cit., p. 211). José Frederico Marques também dava relevância ao consentimento do ofendido em matéria de lesões corporais: "... no tratamento médico-cirúrgico, nas lutas corporais de competições esportivas (o *boxe*, a *luta livre*)e em intervenções ou providências destinadas a favorecer ou a cooperar no tratamento de outrem (transfusão de sangue) há, sem dúvida, atos de disposição do bem jurídico, isto é, da integridade física" (*Tratado de direito penal*, v. IV, p. 227).

[11] "Art. 13. Salvo por exigência médica, é defeso o ato de disposição do próprio corpo, quando importar diminuição permanente da integridade física, ou contrariar os bons costumes. Parágrafo único. O ato previsto neste artigo será admitido para fins de transplante, na forma estabelecida em lei especial." Registre-se que a análise do elemento normativo "bons costumes" há de ser feita, obviamente, à concepção social média ao tempo da ação ou omissão. Nos dias de hoje, em nosso entender, não se pode incluir como ofensivo aos "bons costumes" lesões praticadas com o consentimento da vítima, que possam ser consideradas imorais, como aquelas que satisfaçam instintos masoquistas ou tatuagens que simbolizam atos obscenos. O Direito Penal brasileiro e o português, nesse aspecto, possuem regulamentação semelhante, embora contida em disposições de diferente natureza. Nosso ordenamento jurídico declara (implicitamente) disponível a integridade corporal no Código Civil, com as ressalvas da (a) exigência médica, (b) provocação de diminuição permanente da integridade física, (c) contrariedade aos bons costumes. O sistema jurídico português dispõe sobre o assunto no art. 149º do Código Penal, tornando disponível a integridade física, salvo quando contrariar os bons costumes (analisando-se "os motivos e os fins do agente ou do ofendido, bem como os meios empregados e a amplitude previsível da ofensa"). Acrescente-se que o art. 149º nada mais é do que uma concretização da excludente definida nos arts. 38º e 39º (da Parte Geral) do Código Penal português. O art. 150º do citado Diploma cuida das intervenções e tratamento médico-cirúrgicos, excluindo-os do conceito de ofensa à integridade física, quando "se mostrarem indiciados e forem levados a cabo, de acordo com a *legis artis*, por um médico ou por outra pessoa legalmente autorizada, com intenção de prevenir, diagnosticar, debelar ou minorar doença, sofrimento, lesão ou fadiga corporal, ou perturbação mental".

mencionada, a colaboração em suicídio alheio configuraria indiferente penal (como ocorre, por exemplo, em países como a Alemanha).

Com referência à lesão corporal, o mesmo raciocínio se aplica, ou seja, *a autolesão é atípica*. Tendo em vista que *não há expressa incriminação para a conduta de quem colabora com a pessoa que fere a si própria*, tal ajuda é penalmente atípica (por exemplo, *A* empresta para *B* um chicote, com o qual este se autoflagela, de modo a seguir preceitos religiosos e expiar seus pecados).

Restaria, ainda, que analisar o comportamento de quem, diretamente, fere outrem, com o consentimento deste (por exemplo, *A*, a pedido livre e consciente de *B*, pessoa capaz, fere-o com um chicote, uma vez que este pretende punir-se pelos pecados cometidos).

Pois bem, pouca ou nenhuma diferença existe, do ponto de vista da lesividade social, entre colaborar para que outrem se lesione ou, com o consentimento válido deste, diretamente produza a lesão na pessoa.

Não faria sentido, destarte, do ponto de vista político criminal tratar diversamente as duas situações expostas. Entendemos, portanto, que nos dois casos não há crime algum, em função do efeito decorrente do consentimento válido do ofendido.

Deve-se lembrar que os limites para a disposição do próprio corpo encontram-se no Código Civil: ofensa aos bons costumes (ex., pessoa que fere outra, depois do consentimento livre e consciente desta, por mero sadismo) e a diminuição permanente da integridade física (ex., mutilação de membros).

4.8. *Jus corrigendi*

O direito de corrigir que possuem os pais em relação aos filhos encontra-se expressamente previsto no Código Civil.

Trata-se, na verdade, do cumprimento de um dever, inerente à obrigação dos pais educarem seus filhos.

A compatibilidade desse comportamento com o ordenamento jurídico é delimitada pela interpretação sistemática das leis civil[12] e penal. Dessa forma, os genitores que impuserem castigos moderados, ainda que possuam índole corporal, encontrar-se-ão amparados pelo ordenamento jurídico. Nesses casos, a conduta dos genitores produzirá riscos permitidos aos menores, motivo por que se tratará de comportamentos penalmente atípicos.

[12] O Estatuto da Criança e do Adolescente dispõe, em seu art. 22: "Aos pais incumbe o dever de sustento, guarda e educação dos filhos menores, cabendo-lhes ainda, no interesse destes, a obrigação de cumprir e fazer cumprir as determinações judiciais". O art. 1.630 do CC estabelece, ainda: "Os filhos estão sujeitos ao poder familiar, enquanto menores" e o art. 1.634 estatui: "Compete aos pais, quanto à pessoa dos filhos menores: I – dirigir-lhes a criação e educação; (...) VII – exigir que lhes prestem obediência, respeito e os serviços próprios de sua idade e condição".

O abuso nos meios de correção, contudo, poderá cambiar para a seara da ilicitude penal. Isto se dará quando houver excesso, nos termos do art. 136 do CP (crime de maus-tratos). Referido delito dá-se quando alguém expuser "a perigo a vida ou a saúde de pessoa sob sua autoridade, guarda ou vigilância, para fim de educação, ensino, tratamento ou custódia, quer privando-a de alimentação ou cuidados indispensáveis, quer sujeitando-a a trabalho excessivo ou inadequado, quer abusando de meios de correção ou disciplina".

Logo, se os pais abusarem nos meios de correção ou disciplina dos filhos, infligindo-lhes castigos corporais exagerados, não haverá lesão corporal, e sim maus-tratos e, excepcionalmente, crime de tortura (quando se tratar de intenso sofrimento físico ou mental - art. 1º, II, da Lei n. 9.455/97).

O direito de impor castigos em crianças somente tem a amplitude acima descrita quando se tratar de ato imediatamente vinculado ao *jus corrigendi* dos pais para com sua prole. Não se admite, nos dias de hoje, que terceiros, como professores, infligam corrigendas de natureza corporal a crianças. Poderá haver, em tais casos, crime de maus-tratos.

O dever de educação paternal, todavia, admite delegação para terceiros, como babás, embora em amplitude mais reduzida.

5. TIPO SUBJETIVO

O crime é doloso. Exige-se, destarte, que o sujeito deseje ou assuma o risco de ferir a vítima, maculando-lhe a saúde ou a integridade corporal (*animus nocendi* ou *laedendi*).

Deve-se lembrar que o dolo direto, que se dá quando a pessoa quer o resultado, abrange o objetivo pretendido, os meios escolhidos e as consequências secundárias inerentes aos meios escolhidos (dolo de segundo grau).

Se o agente dá início à execução do crime e, durante as agressões, muda de ideia e passa a desejar a morte da vítima, que vem a ocorrer, responde apenas por homicídio doloso. As lesões corporais serão absorvidas pelo crime-fim. Tem-se, *in casu*, a figura da progressão criminosa (em sentido estrito), que se regula pelo princípio da consunção ou absorção (o crime-fim absorve o crime-meio).

6. SUJEITOS DO CRIME

6.1. Sujeito ativo

A lesão corporal é crime comum. Não se exige qualquer condição ou qualidade especial do sujeito ativo. Qualquer pessoa pode praticá-la.

Na modalidade violência doméstica (§§ 9º a 11), o tipo exige relação entre o autor e a vítima (ascendentes, descendentes, irmãos, cônjuges ou companheiros, conviventes atuais ou passados ou pessoas que possuam relações domésticas, de coabitação ou de hospitalidade).

6.2. Sujeito passivo

Só pode figurar como sujeito passivo do crime o *ser humano nascido*. Não há qualquer outro requisito para ser vítima do delito.

Deve-se ter em mente que a proteção penal do nascituro se dá por meio dos arts. 124 a 127 do CP (aborto).

A vida humana intrauterina, de fato, recebe proteção inferior à extrauterina. Isto se dá por razões de política criminal. Lembre-se que o nascimento assinala um momento particular na vida humana, que consiste no início de sua *socialização*. Esse marco determina uma mudança na valoração social que se dá na vida do indivíduo, que se torna pessoa, na acepção jurídica plena. O ser humano passa a se incorporar ao meio social. Pode viver com independência de sua mãe (embora dependente de um terceiro). Isso é que fundamenta e inspira os motivos de política criminal que conferem proteção penal mais intensa à vida fora do ventre materno.

Pois bem. É relevante recordar que, durante a gravidez, somente se pune a provocação *dolosa* da morte do feto. O aborto não constitui crime quando culposo e, além disso, não se punem as lesões corporais no feto. O art. 129 do CP somente passa a incidir a partir do início do parto.

Há quem entenda que o ser nascente faz parte do organismo materno, de modo que as lesões nele praticadas poderiam ser enquadradas como crime de lesão corporal (a vítima seria a genitora). Semelhante raciocínio, todavia, não pode prevalecer.

Em primeiro lugar, fosse o nascituro parte integrante do organismo da mãe, ela própria figuraria como vítima no crime de aborto, em quaisquer de suas formas. Ficaria a dúvida, então, sobre a validade da punição do autoaborto. Isto porque a mulher grávida seria autora e vítima do crime! O ato poderia ser considerado, inclusive, como autolesão!

Além disso, haveria uma incoerência injustificável no tratamento penal das lesões corporais praticadas no nascituro. Isto porque não se pune a causação culposa da *morte* do ser nascente, mas, ao se permitir o enquadramento da provocação de lesões corporais no art. 129, seria crime a lesão culposa no feto. Em outras palavras, provocar dano à saúde ou integridade corporal do ser que se encontra no ventre materno, por imprudência, negligência ou imperícia, configuraria crime, mas matá-lo nestas condições seria fato atípico.

A proteção jurídico-penal dispensada à integridade física apenas se dá, portanto, depois do nascimento. Não é irrelevante anotar que o momento do crime é o da ação ou omissão, ainda que outro seja o do resultado (CP, art. 4º), motivo pelo qual não se pode argumentar existir lesão corporal quando o dano se pratica durante a gravidez, mas se reflete após o nascimento.

É relevante ponderar que na Espanha, justamente por conta do âmbito de incidência inerente ao crime de lesões corporais (tutela da vida humana extrauterina), *expressamente* tipificou as lesões ao feto, dolosas (art. 157) ou culposas (art. 158).

6.2.1. Sujeito passivo especial

Em algumas modalidades de lesão corporal, todavia, exigem-se algumas qualidades especiais, como na lesão grave em que há aceleração de parto ou que resulta (culposamente) aborto (só a gestante pode figurar como ofendida).

Deve-se mencionar, ainda, a sujeição passiva especial e, portanto, geradora de tratamento punitivo diferenciado, nos casos dos §§ 9º e 12 do art. 129 do CP.

O § 9º contém a figura da lesão corporal qualificada pela violência doméstica, que se verifica quando o fato é cometido contra ascendente, descendente, cônjuge, companheiro, irmão, contra pessoa com quem o agente conviva ou tenha convivido ou, ainda, havendo entre os sujeitos ativo e passivo relação doméstica, de hospitalidade ou coabitação.

O § 12 determina que a pena do crime será aumentada de um a dois terços quando for praticada contra autoridade ou agente das Forças Armadas, dos órgãos policiais, do Corpo de Bombeiros Militar, da Guarda Municipal, integrantes do sistema prisional e da Força Nacional de Segurança Pública, no exercício da função ou em decorrência dela, ou contra seu cônjuge, companheiro ou parente consanguíneo até terceiro grau, em razão dessa condição.

7. CONSUMAÇÃO E TENTATIVA

7.1. Consumação

Conforme já expusemos, trata-se de crime material. A consumação dá-se com o efetivo dano à saúde ou integridade corporal da vítima. Basta uma lesão para que o fato esteja consumado; se o autor desfere vários golpes, provocando múltiplas lesões, há crime único (pode haver lesão grave, se alguns dos resultados agravadores descritos nos §§ 1º e 2º vierem a ocorrer).

7.2. Tentativa

Admite-se a forma tentada, porquanto se trata de crime plurissubsistente. Quando se tratar de tentativa branca ou incruenta, isto é, aquela em que o objeto material (no caso, a pessoa contra quem se dirige a conduta) não é atingido, poderá haver dificuldade, *in concreto*, para definir se houve tentativa de lesão corporal ou mera contravenção penal de vias de fato (art. 21 da LCP). A solução dependerá do elemento subjetivo do injusto; ou seja, sendo possível determinar que o agente operou com *animus laedendi*, porquanto tencionava macular a saúde ou a integridade corporal do sujeito passivo, haverá o *conatus*. Não estando presente esta intenção, cometerá o "crime anão". Na dúvida acerca do objetivo visado, responderá pela contravenção, aplicando-se o *in dubio pro reo*.

8. LESÃO CORPORAL LEVE (ART. 129, *CAPUT*)

Seu conceito delimita-se por exclusão, ou seja, será leve (art. 129, *caput*) a lesão que não puder ser qualificada como grave (§§ 1º e 2º).

É preciso considerar, ainda, que a lesão leve pressupõe, como já se afirmou acima, que a conduta do agente produza algum menoscabo na integridade corporal ou saúde da vítima (física ou mental).

A ofensa corporal dá-se quando houver um dano anatômico, tais como escoriações, equimoses, feridas incisas, lacerocontusas, penetrantes, perfuroincisas, luxações, fraturas, cicatrizes etc. Não é necessário emanar sangue ou mesmo que venha acompanhada de dor.

A ofensa à saúde corresponde a perturbações funcionais, tais como deficiências de sensibilidade, de motricidade, alterações no sistema digestivo, respiratório, circulatório, reprodutivo ou no psiquismo.

Não se pode confundir, ademais, a lesão corporal com a contravenção penal de vias de fato (art. 21 da LCP) ou com o crime de injúria real (CP, art. 140, § 2º) (*vide* itens 14.1. e 14.2, *infra*).

A lesão corporal leve constitui infração de menor potencial ofensivo, ficando sujeita às disposições da Lei n. 9.099, de 1995.

Trata-se, ademais, de crime que se processa por ação penal pública condicionada à representação do ofendido, por força do art. 88 da Lei supracitada.

9. LESÃO CORPORAL GRAVE (ART. 129, §§ 1º E 2º) – NA DICÇÃO LEGAL

As modalidades de lesão grave constituem infrações qualificadas pelo resultado. Como já se estudou, o resultado agravador somente pode ser imputado ao agente se para este concorreu, ao menos, culposamente (CP, art. 19).

Na dicção legal, são graves as lesões definidas tanto no § 1º e quanto no § 2º. A doutrina, contudo, distingue entre lesões graves (§ 1º) e gravíssimas (§ 2º).

9.1. Lesão corporal grave (art. 129, § 1º)

Os resultados agravadores que tornam a lesão grave são: a) incapacidade para as ocupações habituais, por mais de trinta dias; b) perigo de vida; c) debilidade permanente de membro, sentido ou função; d) aceleração de parto.

O fato é punido, em tais casos, com pena de reclusão, de um a cinco anos.

9.1.1. Incapacidade para as ocupações habituais por mais de trinta dias

As ocupações habituais constituem as atividades rotineiras do indivíduo. Não é preciso que tenham natureza lucrativa. Até porque, se assim não fosse, crianças e aposentados ficariam excluídos da proteção penal, o que se mostraria arrematado absurdo.

A incapacidade abrange o aspecto físico ou psíquico.

O cômputo do prazo de trinta dias deve obedecer ao critério do art. 10 do CP, isto é, inclui-se o dia do começo e exclui-se o último dia.

Muito embora o critério possa parecer arbitrário, dado que uma pessoa pode se recuperar em vinte dias de uma agressão extremamente violenta ou, conforme a compleição física e o estado de saúde, demorar quarenta dias para se convalescer de uma violência de pequena monta, o certo é que há outros fatores que determinam uma lesão como grave, valendo lembrar o perigo de vida, a seguir estudado.

A comprovação desta qualificadora deve se dar mediante exame de corpo de delito. De acordo com o art. 168, § 2º, do CPP, ele deve ser realizado "logo que decorra o prazo de trinta dias, contado da data do crime". Cremos que a falta desta prova, como de ordinário se dá em matéria de exame de corpo de delito, possa ser suprida por prova testemunhal (art. 168, § 3º, do CPP)[13].

9.1.2. Perigo de vida

Cuida-se da "probabilidade concreta e presente do resultado letal"[14].

Cremos que o resultado agravador em questão possa ser determinado *in concreto*, ou seja, pela natureza do meio empregado ou pelo modo de atuar do agente. Assim, por exemplo, quem agride a vítima e a empurra contra uma movimentada via pública, põe em risco sua vida. O mesmo vale se alguém esgana violentamente uma pessoa (sem *animus necandi*)[15].

Na jurisprudência podem-se colher os seguintes exemplos: facada no pulmão[16], lesões penetrantes no abdome[17], colapso de pulmão[18].

De regra, a prova deverá ser técnica, isto é, dependerá da intervenção de um *expert*. Nesses casos, será necessário que o laudo aponte as razões que produziram o

---

[13] Nessa esteira: STJ, RHC 60.212/MS, rel. Min. Leopoldo de Arruda Raposo (Desembargador convocado do TJPE), 5ª T., j. 25-8-15, *DJe* de 1º-9-2015. Ver também: STJ, REsp. 1.496.114/RJ, rel. Min. Rogerio Schietti Cruz, 6ª T., j. 7-11-2017.

[14] Nelson Hungria, *Comentários ao Código Penal*, v. V, p. 291.

[15] STJ, AgRg no REsp 1.627.177/AM, rel. Min. Antônio Saldanha Palheiro, 6ª T., j. 28-3-2017, *DJe* de 6-4-2017.

[16] TJSC, *RT* 850/666.

[17] TJPA, AP 0004537-41.2013.8.14.0059, rel. Maria Edwiges de Miranda Lobato, 1ª CCr, j. 14-12-2016.

[18] *JTACrSP* 15/341.

"perigo de vida", ainda que sucintamente, não sendo suficiente que o perito se limite a dizer que este ocorreu.

9.1.3. Debilidade permanente de membro, sentido ou função

Os membros humanos são nossos apêndices, isto é, os braços, antebraços e mãos (membros superiores) e as coxas, pernas e pés (membros inferiores).

Nossos sentidos são a visão, o tato, o olfato, a audição e o paladar. Consubstanciam-se nos mecanismos pelos quais percebemos o mundo exterior.

Por funções entendem-se as funções orgânicas do corpo, como a função respiratória, mastigatória, digestiva, circulatória, secretora, reprodutora, sensitiva, locomotora, cerebral etc.

Note que o evento consiste na debilidade, isto é, redução da capacidade do membro, do sentido ou da função. A perda de tais elementos configurará lesão gravíssima (*vide* item 9.2.3, *infra*). *Não é necessário que seja perpétua, mas permanente, isto é, que não possua caráter temporário.*

A colocação posterior de próteses ou a realização de tratamento ortopédico ou reeducativo exclui o reconhecimento da qualificadora[19].

Com relação a órgãos duplos ou geminados (vista, audição, rins, pulmões, testículos etc.) ou ainda complexos, como o órgão da mastigação, a perda de um deles caracterizará lesão grave (sua supressão completa, todavia, considerar-se-á lesão gravíssima).

Nossos tribunais já reconheceram a qualificadora nos casos de "marcha claudicante devido a debilidade dos membros inferiores"[20] e também na perda de dois dentes que incapacita a capacidade mastigatória[21].

Há precedente do STJ admitindo a qualificadora da deformidade decorrente da: "(...) perda de três dentes", situação que, "por si só, denota a deformidade permanente causada pelas lesões, tornando-se despiciendo que a conclusão dos médicos legistas seja corroborada por laudo odontológico. Ainda, a possível correção da deformidade através de prótese dentária não arreda a natureza gravíssima da ofensa suportada pela vítima e, por consectário, não conduz ao afastamento da qualificadora"[22].

---

19 Nesse sentido: *RT* 593/339. Contrário: "a perda de dois elementos dentários, sobretudo um central, ainda que posteriormente substituído por prótese pode configurar sim a extrema gravidade da lesão. Pontue-se que a realização de intervenção odontológica, conquanto seja capaz de minimizar o resultado, não retira a gravidade da lesão, até porque tais procedimentos necessitam de revisões periódicas eternas e permanentes. Saliente-se que a prótese dentária por si só não desnatura a natureza da lesão sofrida. Aliás este colegiado já se manifestou nesse sentido. Precedente" (TJRJ, AP 0000940-03.2015.8.19.0044, rel. Des. João Ziraldo Maia, 4ª CCr, j. 14-2-2017).

20 TJAP, *EJTJAP* 8/12.

21 TSTJ, REsp 1620158, rel. Min. Rogerio Schietti Cruz, 6ª T., j. 13-9-2016, noticiado no *informativo* n. 590.

22 STJ, HC 391.771/RJ, rel. Min. Ribeiro Dantas, 5ª T., j. 24-10-2017.

No sentido de que a perda de um dedo, olho, orelha, rim – órgãos duplos ou múltiplos – não caracteriza a qualificadora[23], pode configurar, todavia, deformidade permanente.

9.1.4. Aceleração de parto

Entende-se por aceleração de parto a antecipação do termo natural ou esperado da gravidez.

Anote-se que o resultado agravador é tão somente a realização de um parto antes do período previsto e não a morte do feto. Se da agressão à ofendida resulta aborto, a lesão é gravíssima (*vide* item 9.2.5, *infra*).

Para Hungria, "compreende tanto o caso em que o parto advém antes do tempo normal (mas necessariamente depois do tempo mínimo para a possibilidade de vida extrauterina), quanto o caso em que ocorre no tempo normal, mas por trauma físico ou psíquico"[24].

9.2. Lesão corporal gravíssima (§ 2º)

Dá-se a referida modalidade quando a conduta produzir na vítima: a) incapacidade permanente para o trabalho; b) enfermidade incurável; c) perda ou inutilização de membro, sentido ou função; d) deformidade permanente; e) aborto. A pena é de reclusão, de dois a oito anos.

9.2.1. Incapacidade permanente para o trabalho

Significa a interrupção definitiva da capacidade laboral do sujeito passivo. A doutrina dominante entende que se trata da supressão da capacidade *in genere* ao trabalho, não somente da ocupação atual da vítima[25].

Acreditamos, entretanto, que com essa compreensão, há quase que um esvaziamento do alcance desta figura qualificada, pois sempre haverá alguma profissão que o indivíduo incapacitado poderá exercer.

Uma pessoa que exercia atividade que exigia complexo raciocínio mental poderá, em função de um dano à sua capacidade cerebral, continuar realizando trabalhos exclusivamente manuais e repetitivos, como numa linha de produção de alguma indústria.

Também não é razoável interpretar a qualificadora como sendo a incapacidade para o trabalho que o ofendido exercia, se ele puder realizar outro, equivalente.

[23] TJSP, *RT* 591/309.

[24] Op. cit., v. V, p. 295.

[25] Cf. *RJTJSP* 71/331.

O melhor critério, parece-nos, é um intermediário (*virtus in medium est*) – não se trata de exigir a impossibilidade de praticar todo o tipo de atividade laborativa, mas de *trabalhos análogos* aos que o agente realizava antes da perpetração do delito[26].

Com efeito, a redução do movimento das mãos inabilita um pianista profissional para o exercício de seu mister (mas não obsta que ele seja, por exemplo, crítico musical). Uma redução de grande monta da fala impede um professor de prosseguir lecionando (embora possa ele redigir textos científicos). Nesses casos, parece-nos, não terá incidência a qualificadora, pelo exercício de funções análogas às anteriormente exercidas.

9.2.2. Enfermidade incurável

A incurabilidade deve ser avaliada segundo o estágio da Medicina, ao tempo da ação ou omissão, pois este é o momento do crime (CP, art. 4º).

Pode se tratar de qualquer doença, física ou mental, cujo prognóstico pericialmente confirmado seja de ausência de perspectiva de cura.

9.2.3. Perda ou inutilização de membro, sentido ou função

Os conceitos de membro, sentido e função já foram analisados (*vide* item 9.1.3, *supra*).

Diversamente do § 1º, não há apenas a incapacidade, mas a completa perda ou inutilização do órgão.

A perda pode-se dar por meio da ablação (seja decorrente de mutilação ou amputação), que consiste no destacamento do corpo do sujeito passivo.

A inutilização dá-se quando o órgão ainda pertencer à estrutura corporal do indivíduo, mas perder por completo a finalidade a que se destina (por exemplo, paralisia). Caracterizam a hipótese lesões que acarretam impotência (seja a de procriar – impotência *generandi* –, seja a incapacidade de ereção – impotência *coeundi*).

A posterior colocação de próteses ou a realização de transplantes não desqualifica a lesão como gravíssima. Deve-se lembrar que se trata de um crime instantâneo de efeitos permanentes (e "permanência" não significa "eternidade") e, ademais, cabe citar a regra do art. 4º do CP, segundo a qual a infração considera-se praticada no momento da ação ou omissão. É dizer: se a conduta do agente provocou a retirada ou inutilização do membro etc. há lesão gravíssima, ainda que, no futuro, realize-se transplante ou a inserção de próteses.

9.2.4. Deformidade permanente

Consiste na alteração sensível do fenótipo, de modo a depreciar a imagem (física) da vítima. A deformidade deve ser apreciada nos planos objetivo e subjetivo. Do ponto de vista objetivo, trata-se de uma lesão à fisionomia do agente, podendo

[26] Mario Garrido Montt, *Derecho penal:* parte especial, t. III, p. 159.

encontrar-se em qualquer parte do corpo humano, desde que seja, de alguma maneira, visível a terceiros. Sob o aspecto subjetivo, significa que deve causar certa repugnância ou, ao menos, desagrado à vista dos outros. Há de provocar mal-estar nas pessoas, não importa em que grau[27].

Debate-se se a posterior realização de cirurgia estética corretiva, eventualmente recompondo a fisionomia da pessoa ou, até mesmo, tornando-a mais bela, poderia desqualificar o crime. Cremos que não[28]. Conforme dissemos acima, vale a regra do art. 4º do CP, acrescentando que se cuida de delito instantâneo de efeitos permanentes (e não eternos, por óbvio). "Permanente é a lesão indelével, irreparável, excludente da possibilidade de uma *restitutio in integrum. A irreparabilidade deve ser entendida no sentido de que a deformidade não seja retificável em si mesma*"[29].

Citem-se, por fim, alguns exemplos concretos de aplicação da qualificadora: *vitriolagem* ("arremesso de ácido sulfúrico contra a vítima, com o objetivo de lhe causar lesões corporais deformantes da pele e dos tecidos subjacentes"[30]), *tatuagem em menores* sem autorização dos pais[31], queimaduras que provocam dano estético[32], *arrancamento de parte do pavilhão auricular do ofendido*[33].

---

27 "Para a caracterização da deformidade permanente, decorrente do crime de lesão corporal, prevista no art. 129, § 2º, IV, do CP, *não se exige a aparência horripilante, desagradável ou repugnante, sendo, também, irrelevante a possibilidade de correção da lesão*" (TJSP, *RT* 791/590 - destaque nosso). No mesmo sentido: "a deformidade permanente pode estar relacionada, também, com a estética da vítima, desde que ocorra uma modificação que cause dano estético (afeamento) de certa monta e capaz de causar impressão de desagrado, vexatória para a vítima. No caso, uma extensa cicatriz, de aproximadamente 12 cm, na região cervical anterior, é uma transformação na aparência que a vítima tinha, modificando-a para pior, consistindo, sem sombra de dúvidas, em deformidade permanente" (TJSP, AP 9000040-86.2008.8.26.0052, 8ª CCr, rel. Des. Alcides Malossi Junior, j. 22-9-2016).

28 No mesmo entendimento: STJ, HC 306.677/RJ, rel. Min. Ericson Maranho (Desembargador convocado do TJSP), rel. para o acórdão Min. Nefi Cordeiro, 6ª T., j. 19-5-2015. Ver ainda: TJPR, AP 1508350-8, rel. Miguel Kfouri Neto, 1ª CCr, j. 9-3-2017; e TJSP, ApCr 0004346-06.2013.8.26.0271, rel. Des. Laerte Marrone, 14ª CCr, j. 31-1-2019.

29 Nelson Hungria, op. cit., v. V, p. 297. "Para a caracterização do crime previsto no art. 129, § 2.º, IV, do CP, basta que o prejuízo estático, decorrente de deformidade permanente, cause impressão de desagrado, acarretando vexame a seu portador, *sendo irrelevante que a lesão possa ser removida mediante cirurgia plástica ou de que não tenha acarretado prejuízo financeiro ou moral à vítima*, eis que a circunstância que deve ser levada em conta centra-se exclusivamente na estética" (TJSP, *RT* 798/585).

30 TJSP, *RT* 563/323; TJBA, AP 0520275-07.2014.8.05.0001, rel. Eserval Rocha, 1ª CCr, publ. em 21-9-2016.

31 TJMG, *RT* 739/665. Ver também: TJSP, ApCr 0000306-19.2018.8.26.0040, rel. Des. Fátima Gomes, j. 22-4-2020. Em sentido contrário, por entender que a tatuagem é mero adorno corporal, e não uma deformidade: TJSP, ApCr 0006359-39.2016.8.26.0637, rel. Des. Marcos Correa, 6ª CCr, j. 6-5-2020.

32 *RT* 522/397; Queimadura ocasionada por soda cáustica: TJMG, AP 10009140011793001, rel. Eduardo Brum, 4ª CCr, j. 8-3-2017.

33 TJPR, AP 1508350-8, rel. Miguel Kfouri Neto, 1ª CCr, j. 9-3-2017. No mesmo sentido: TJSP, ApCr 0027336-28.2014.8.26.0506, rel. Des. Otavio Rocha, 7ª CCr, j. 31-7-2019.

9.2.5. Aborto

O aborto, conforme já estudado, consiste na morte do nascituro. É fundamental, por óbvio, que entre o evento letal e a conduta do agente exista mínima relação de causalidade (analisada sob o crivo da imputação objetiva).

Cuida-se de modalidade de lesão corporal gravíssima exclusivamente preterdolosa. Havendo dolo, direto ou eventual, com respeito à supressão da vida intrauterina, haverá lesão corporal na gestante (leve ou agravada com base em outro inciso, se cabível) e aborto sofrido (CP, art. 125).

9.2.6. Hediondez

A lesão corporal gravíssima terá natureza de crime hediondo quando cometida contra autoridade ou agente das Forças Armadas, dos órgãos policiais, do Corpo de Bombeiros Militar, da Guarda Municipal, integrantes do sistema prisional e da Força Nacional de Segurança Pública, no exercício da função ou em decorrência dela, ou contra seu cônjuge, companheiro ou parente consanguíneo até terceiro grau, em razão dessa condição (art. 1º, inciso I-A, da Lei n. 8.072/90).

São efeitos da hediondez:

a) a inafiançabilidade,

b) a insuscetibilidade de anistia, graça e indulto;

c) a autorização para decretação de prisão temporária por 30 dias, prorrogáveis por igual período, em caso de extrema e comprovada necessidade;

d) o cumprimento de pena em regime inicialmente fechado (determinação considerada inconstitucional pelo Supremo Tribunal Federal)[34];

e) a progressão de regimes condicionada ao transcurso de quarenta por cento da pena (se primário) e sessenta por cento (se reincidente específico em crime hediondo ou equiparado);

---

[34] O STF, em junho de 2012, julgou inconstitucional a determinação de cumprimento da pena em regime inicial fechado, disposta na Lei dos Crimes Hediondos (HC 111.840). Para a Corte, a disposição legal é incompatível com o princípio da individualização da pena (CF, art. 5º, XLV), devendo o juiz levar em conta os critérios gerais previstos no Código Penal. Cuida-se de decisão efetuada em controle difuso de constitucionalidade, de modo que somente produz efeito entre as partes. É bem verdade que, em matéria de homicídio qualificado, mencionada decisão pouco influi, pois, mesmo com base nas normas do CP (art. 33), o magistrado terá que impor regime fechado para o começo do cumprimento da reprimenda. Observe-se, ainda, que o STF, em 2015, decidiu ser compatível com a Constituição Federal em idêntica regra contida na Lei de Tortura, isto é, afirmou que a norma responsável por estabelecer – de maneira inflexível – o cumprimento da pena em regime inicialmente fechado para tal delito equiparado a hediondo não ofende o Texto Maior (HC 123.316). Anote-se, por derradeiro, que o STF reiterou o entendimento de 2012 e fixou tese, com repercussão geral, no sentido de que: "É inconstitucional a fixação ex lege, com base no art. 2º, parágrafo 1º, da Lei 8.072/1990, do regime inicial fechado, devendo o julgador, quando da condenação, ater-se aos parâmetros previstos no art. 33 do Código Penal" (ARE 1.052.700).

f) a obtenção de livramento condicional somente após o cumprimento de dois terços da pena, salvo se o agente for reincidente em crime hediondo ou assemelhado.

10. LESÃO CORPORAL SEGUIDA DE MORTE (ART. 129, § 3º)

A lesão corporal seguida de morte ou homicídio preterintencional dá-se quando o agente, dirigindo seu comportamento à agressão da integridade corporal ou da saúde do ofendido, intensifica exageradamente o ato e, por culpa, produz a morte da vítima.

Já se reconheceu o crime quando:

a) "... segurança de casa noturna conduz, de forma truculenta, pessoa embriagada, de idade avançada e compleição física inferior, para fora do estabelecimento, havendo liame causal entre a conduta do agente e o resultado morte que, embora não desejado, decorreu de tal ato..."[35];

b) "os seguranças de supermercado que abordam de forma ríspida, humilhante e agressiva um octogenário, em razão de suspeitarem haver ele deixado de pagar o produto que adquirira, fato que teria acarretado distúrbio psíquico na vítima, que caiu, desfalecida, no estacionamento do estabelecimento comercial, vindo a falecer pouco depois, cometem o crime de lesão corporal seguida de morte"[36].

A lesão corporal seguida de morte terá natureza de crime hediondo quando praticada contra autoridade ou agente das Forças Armadas, dos órgãos policiais, do Corpo de Bombeiros Militar, da Guarda Municipal, integrantes do sistema prisional e da Força Nacional de Segurança Pública, no exercício da função ou em decorrência dela, ou contra seu cônjuge, companheiro ou parente consanguíneo até terceiro grau, em razão dessa condição (art. 1º, inciso I-A, da Lei n. 8.072/90).

Nesse caso, por se cuidar de infração hedionda com resultado morte, além dos efeitos gerais da hediondez, o sentenciado não terá direito a livramento condicional e a saída temporária, e a progressão de regimes dependerá do cumprimento de cinquenta por cento da pena (se primário) e setenta por cento (se reincidente específico em crime hediondo ou equiparado com resultado morte) – LEP, arts. 112, VII e VIII, e 122, § 2º.

11. LESÃO PRIVILEGIADA (§ 4º)

Consubstancia-se no ato cometido por *motivos nobres* (de *relevante valor moral ou social*) ou *sob domínio de violenta emoção, logo em seguida a injusta provocação da vítima*.

Nesse caso, de acordo com o Código, a pena será reduzida de um sexto até um terço. Isto é, muito embora se convencionou denominar de "lesão privilegiada", cuida-se de causa de diminuição de pena (conforme indica a rubrica precisa contida no

---

35 TJSP, *RT* 833/523.

36 TJMG, *JM* 170/368.

dispositivo legal). Pela dicção do Código, a redução se mostra facultativa ("a pena poderá ser reduzida"), mas, como é pacífico em doutrina e jurisprudência, cuida-se de poder-dever, isto é, uma vez reconhecendo-se que está presente alguma das situações do dispositivo, é compulsória a incidência do redutor.

11.1. Motivo de relevante valor social ou moral

Cuida-se do fato cometido por razões nobres. Muito embora não *justifiquem* o ato, tanto que a lei o considera criminoso, tornam o agente merecedor de uma pena menor. Não há dúvida que é menor a reprovabilidade do crime quando o agente atua imbuído por relevante valor moral ou social.

Por *valor moral* entende-se aquele que *diz respeito aos interesses pessoais* do agente e merece apoio da moralidade média das pessoas. É o que ocorre, por exemplo, quando o pai agride o agente que estuprou sua filha. O ato não é lícito, obviamente, mas sem dúvida faz jus a uma redução de pena.

O *valor social* diz respeito ao motivo nobre ligado a questões de *interesse coletivo*, como agredir alguém que tenha traído a pátria.

A lei penal foi cautelosa ao exigir que esses motivos sejam *relevantes*. Significa que devem ser importantes, dignos de monta, segundo critérios objetivos (isto é, de acordo com o senso comum).

Deve-se recordar que referidas circunstâncias encontram-se também arroladas no art. 65, III, *a*, do Código, na condição de atenuantes genéricas. Evidente que não terão aplicação ao crime, já que, quanto a este, reduzem a pena (critério da especialidade).

Não se pode esquecer, ademais, a diferença entre causa de diminuição (que atua na terceira e última fase da dosimetria da pena e pode levar à imposição da sanção abaixo do mínimo legal) e atenuante (presente na segunda fase da dosimetria, quando é impossível levar a uma pena abaixo do piso legal[37]).

11.2. Violenta emoção

Outra modalidade de lesão privilegiada é aquela cometida *sob o domínio de violenta emoção, logo em seguida a injusta provocação da vítima.*

São quatro os seus requisitos:

a) estado de violenta emoção;

b) que a violenta emoção domine o agente;

c) que haja uma injusta provocação da vítima;

[37] Nesse sentido a Súmula 231 do STJ: "A incidência da circunstância atenuante não pode conduzir à redução da pena abaixo do mínimo legal".

d) que a reação do homicida seja imediata, isto é, praticada logo em seguida à provocação recebida.

Entende-se por emoção a viva animação dos sentimentos humanos ou a "forte perturbação da afetividade"[38]. Semelhante estado está comumente ligado a alterações somáticas ou orgânicas, como uma aceleração do ritmo cardíaco, aumento da irrigação cerebral, tremores, sudorese etc.

A emoção difere da paixão, que representa um estado constante, ao passo que a emoção é sempre transitória.

É preciso que o agente seja completamente tomado pela emoção, comprometendo seu juízo crítico, reduzindo sua *vis electiva* ou seu autocontrole. Daí falar-se em *domínio de violenta emoção.*

Faz-se necessário, ademais, que seja ela *oriunda de um ato injusto da vítima*, dirigido contra o próprio agente ou contra terceiro (pai, filho etc.). É preciso, repita-se, que referida provocação obnubile o senso crítico do agente, pois, quem é injustamente açulado mas reage a sangue-frio não comete o homicídio emocional.

Hungria ponderava que a injustiça da provocação deveria ser aferida objetivamente, isto é, segundo a opinião de uma pessoa de mediana prudência e discernimento (ou "normal e de boa-fé"). Assim, não haveria a redução de pena se alguém, hipersensível ("alfenim" ou "mimoso"), recebesse uma interpelação incapaz de indignar uma pessoa mediana.

E se o autor da provocação for criança ou deficiente mental (e o agente conhecer essas condições)? Cremos que não há falar-se em lesão privilegiada, pela inidoneidade do ato praticado para efeito de gerar violenta emoção: "com crianças e loucos, ouvidos moucos".

Deve-se sublinhar, ademais, que a reação deve ser imediata (*in continenti* e não *ex intervalo*). O texto legal exige, nesse sentido, que o fato ocorra "*logo em seguida*" a injusta provocação da vítima.

É relevante atentar-se ao fato de que a circunstância prevista no art. 121, § 1º, do CP não se comunica aos demais concorrentes da infração penal, aproveitando somente aquele que age movido pelos fatores descritos na norma (cf. art. 30 do CP). Assim, por exemplo, se alguém encontra-se dominado por violenta emoção, depois de ser injustamente provocado pela vítima e, para reagir, pede a terceiro que forneça um bastão, utilizando-o, o redutor só favorece o executor e não o partícipe.

É oportuno lembrar que a circunstância acima analisada não se confunde com a atenuante contida no art. 65, III, *c*, parte final, aplicável a todos os crimes. Trata-se de cometer um delito sob a influência de violenta emoção, provocada por ato injusto da vítima. Em ambos os casos exige-se que o sujeito reaja a um ato injusto, isto é, ilícito e

---

[38] Nelson Hungria, op. et loc. cit.

que se encontre tomado por uma violenta emoção. O privilégio, entretanto, requer imediatidade entre provocação e reação (requisito desnecessário na atenuante) e que a violenta emoção domine o agente (na atenuante, basta que o influencie). Deve-se registrar que a atenuante também é aplicável ao delito em estudo, desde que, obviamente, não se façam presentes os requisitos do privilégio. A aplicação concomitante dos dois benefícios não é admissível, por violação ao *ne bis in idem* (proibição de dupla valoração).

12. CAUSAS DE AUMENTO DE PENA PARA A LESÃO DOLOSA

12.1. Em razão da idade da vítima

A pena da lesão dolosa será aumentada em um terço quanto a vítima for menor de 14 anos ou maior de 60. A idade do sujeito passivo deverá ser considerada ao tempo da ação ou omissão, ainda que outro seja o do resultado, tendo em vista o disposto no art. 4º do CP (tempo do crime).

É necessário, ainda, que o agente conheça (ou seja previsível) a pouca idade da vítima ou que se trata de idoso. Assim, por exemplo, quem fere uma criança pode não saber sua idade, mas é absolutamente previsível ter a vítima menos de 14 anos. O mesmo se dá com pessoa de idade muito avançada.

Se o agente desconhecer e for impossível perceber a faixa etária do falecido, não terá a incidência da causa de aumento de pena, dando-se, com relação à circunstância, erro de tipo (CP, art. 20, *caput*).

12.2. Milícia privada

A Lei n. 12.720, de 27-9-2012, acrescentou à lesão corporal dolosa causa de aumento de pena, no patamar de um terço, consistente em praticar o crime por milícia privada, sob o pretexto de prestação de serviço de segurança, ou por grupo de extermínio.

Consoante abalizado escólio de Rogério Greco[39], entendia-se por milícia, originariamente, a força militarizada auxiliar ao Exército. Atualmente, porém, o termo é empregado em sentido diverso, permitindo falar em *milícias públicas* (pertencentes ao Poder Público) e *privadas* (criadas à margem do ordenamento jurídico). Pode haver, ademais, *milícias militares* (forças policiais ligadas ao Estado, como as Forças Armadas e os órgãos policiais) e *paramilitares* (associações com estrutura e hierarquia semelhantes àquelas, mas sem a chancela do Estado e à margem da lei).

"Ao se referir à milícia privada, o Código Penal está dizendo respeito àquela de natureza paramilitar, isto é, a uma organização não estatal, que atua ilegalmente,

[39] *Curso de direito penal*: parte especial. 10. ed. Rio de Janeiro: Impetus, 2013, p. 175-177.

mediante o emprego da força, com a utilização de armas, impondo seu regime de terror em determinada localidade"[40].

Suas características podem ser assim resumidas:

a) controle territorial e da população correspondente por parte de um grupo armado irregular;

b) natureza coativa do controle;

c) objetivo de lucro individual como principal motivação;

d) discurso de legitimação ligado à proteção dos moradores e à instauração de uma ordem;

e) participação ativa e reconhecida de agentes do Estado[41].

Cabe considerar, derradeiramente, o conceito de *grupo de extermínio*. Trata-se do conjunto de pessoas (mínimo de três), reunidas para eliminar a vida de outros com os quais não possuem, a princípio, qualquer vínculo ou relação direta. Muito embora ajam, de regra, com o propósito de obter remuneração, não se exclui a possibilidade de atuarem movidos por questões religiosas ou atos de intolerância contra minorias.

A conjugação desta exasperante com a lesão corporal afigura-se improvável (embora não impossível), pois, se o grupo visa ao extermínio, não se concebe como pode cometer "apenas" lesões corporais.

12.3. Em razão da função exercida pelo sujeito passivo

A Lei n. 13.142, de 7-7-2015, acrescentou novas exasperantes aos crimes de homicídio doloso e lesão corporal dolosa.

O maior rigor punitivo ocorre quando os delitos forem praticados contra autoridade ou agente integrante: a) do sistema prisional; b) das Forças Armadas; c) dos órgãos policiais, Corpo de Bombeiros ou Guarda Municipal; d) da Força Nacional de Segurança Pública.

É necessário que os ofendidos acima nominados estejam no exercício de sua função ou que, embora não se encontrem em situação de serviço, seja o fato cometido em decorrência da função desempenhada.

A exasperação também se dará se a lesão dolosa (ou o homicídio) for perpetrada contra cônjuge, companheiro ou parente consanguíneo até o terceiro grau dessas pessoas, em razão dessa condição, ou seja, somente em razão desse vínculo familiar e,

---

40 Rogério Greco. *Curso de direito penal*: parte especial. 10. ed. Rio de Janeiro: Impetus, 2013, p. 177 (parêntese nosso).

41 Critérios elencados por Ignácio Cano, inserido no relatório final da Comissão Parlamentar de Inquérito da Assembleia Legislativa do Rio de Janeiro, citados por Rogério Greco, in *Curso de direito penal*: parte especial. 10. ed. Rio de Janeiro: Impetus, 2013, p. 177.

por óbvio, sendo o delito alguma forma de represália ou intimidação contra os servidores acima nominados.

De acordo com o texto legal, o **vínculo** familiar deve ser **consanguíneo**, o que excluiria o chamado parentesco civil, ou seja, aquele originário de adoção (além daquele proveniente de afinidade). A exclusão da relação proveniente de adoção, em se tratando de filhos, resulta em patente afronta à **Lei das Leis, que proíbe tratamento discriminatório entre filhos naturais e adotivos** (art. 227, § 6º). Em nosso entender, deve-se empregar interpretação conforme a Constituição, a fim de incluir na qualificadora o fato cometido contra filhos adotivos. Significa que, a despeito da literalidade da norma restritiva, a única leitura compatível com o Texto Maior é no sentido de considerar inaplicável a expressão "consanguíneo" no caso específico de filhos da autoridade ou agente de segurança pública.

Em se cuidando de lesão corporal, incide a causa de aumento de pena de um a dois terços, contida no art. 129, § 12. Quando se tratar de lesão corporal gravíssima (art. 129, § 2º) ou seguida de morte (art. 129, § 3º), e se fizer presente a majorante citada, o crime terá natureza hedionda (art. 1º, inciso I-A, da Lei n. 8.072/90).

A circunstância tem aplicação à lesão corporal leve (art. 129, *caput*), à lesão grave (art. 129, § 1º), à lesão gravíssima (art. 129, § 2º), à lesão corporal seguida de morte (art. 129, § 3º).

Quanto à natureza da exasperante, aplica-se o mesmo que foi dito quanto ao homicídio, isto é, tem índole objetiva, posto que radicada na qualidade ou condição do sujeito passivo, conectando-se com a função pública que ele ou seu familiar exerce.

Não nos parece compatível a majorante com a lesão corporal qualificada pela violência doméstica, pois, nesse caso, a conduta é desencadeada entre pessoas que tenham parentesco, convivência, relação doméstica, de coabitação ou hospitalidade entre si.

A causa de aumento de pena contida no § 12 não se aplica, ainda, à lesão privilegiada (art. 129, § 4º), dada a impossibilidade de se reconhecer que a conduta tenha sido motivada por razões, ao mesmo tempo, nobres e reprováveis. Também não incide sobre a lesão culposa (art. 129, § 6º), pois se mostra inerente à exasperante o dolo quanto à ofensa à saúde ou integridade corporal da vítima.

Afigura-se possível que à mesma lesão dolosa concorra mais de uma causa de aumento de pena; *v.g.*, fere-se a vítima por se cuidar de militar do Exército, como represália por atitude ligada ao exercício de suas funções, tendo ele mais de 60 anos. Incidem, à hipótese, a exasperante do § 7º (aumento em um terço) e do § 12 (aumento de um a dois terços). Havendo concurso de causas de aumento de pena, aplica-se o art. 68, parágrafo único, do CP, o qual determina ao julgador que, ao dosar a pena, aplique ambas ou só a maior.

13. LESÃO CORPORAL CULPOSA (§§ 6º A 8º)

Dá-se o crime em apreço quando uma pessoa provocar dano à saúde ou integridade corporal de outra mediante imprudência, negligência ou imperícia. O fato constitui crime de menor potencial ofensivo e depende de representação do ofendido para que se instaure a persecução penal.

Cuida-se de crime material. Para que o fato possa enquadrar-se no dispositivo legal é necessário que haja: a) conduta voluntária; b) resultado (involuntário); c) nexo causal (baseado na teoria da equivalência dos antecedentes); d) tipicidade (correspondência entre o ato e a norma); e) quebra do dever de cuidado objetivo, por imprudência, negligência ou imperícia; f) previsibilidade objetiva do resultado; g) relação de imputação objetiva (como fator limitador do nexo de causalidade fundado na equivalência dos antecedentes).

Todos estes encontram-se implícitos na fórmula contida no art. 129, § 6º, do CP: "*Se a lesão é culposa: Pena – detenção, de 2 (dois) meses a 1 (um) ano*".

13.1. A gravidade das lesões

Em se tratando de lesão corporal culposa, a natureza do resultado (lesão leve, grave ou gravíssima) não interfere no enquadramento típico da conduta. Em outras palavras, se subsumirá ao art. 129, § 6º, o dano à saúde ou integridade corporal de outrem, provocado por imprudência, negligência ou imperícia, tanto nos casos em que ocorrer apenas um hematoma (lesão leve), resultar perigo de vida (lesão grave) ou deformidade permanente (lesão gravíssima).

Anote-se, todavia, que a intensidade da ofensa à saúde ou integridade corporal deverá ser observada pelo magistrado como critério na dosimetria da pena. Deve-se lembrar que entre as circunstâncias judiciais (CP, art. 59, *caput*), as quais são objeto de análise na primeira fase da dosagem da sanção, encontram-se as consequências do crime. Não há dúvida que quanto mais grave a lesão, tanto mais profundas e severas serão as consequências do delito, justificando-se maior rigor punitivo.

13.2. Dever de cuidado objetivo e previsibilidade do resultado

O dever de cuidado objetivo e a previsibilidade objetiva do resultado constituem elementos do fato típico do crime culposo.

Cabe repisar que a culpa é elemento normativo da conduta. Os tipos penais dos crimes culposos, na quase totalidade, são tipos penais abertos (o legislador não define em detalhes a conduta penalmente típica, apenas afirma que haverá crime se determinado resultado for produzido a título de culpa). Isto se dá no caso da lesão corporal. Embora o tipo enfatize o resultado, isso não significa que sua produção seja suficiente para que haja delito. O fundamental não é a mera provocação do resultado, mas a maneira como ele ocorreu, isto é, se a lesão à saúde ou integridade corporal derivou de imprudência, negligência ou imperícia (art. 18, II, do CP).

Para determinar quando surge a imprudência, a negligência e a imperícia, é necessário recorrer à noção de *dever de cuidado objetivo* (que constitui elemento do fato típico dos crimes culposos). Este corresponde ao dever, que a todos se impõe, de praticar os atos da vida com as cautelas necessárias, para que do seu atuar não decorram danos a bens alheios. Para saber exatamente qual o dever de cuidado objetivo no caso concreto, deve o intérprete imaginar qual a atitude que se espera de um homem dotado de mediana prudência e discernimento, na situação em que o resultado foi produzido. Se ele se comportou aquém do que se espera de uma pessoa comum em uma dada situação, terá desrespeitado o dever de cuidado objetivo, em uma das suas formas (imprudência, negligência ou imperícia).

A compreensão do dever de cuidado objetivo completa-se com a noção de *previsibilidade objetiva* (outro elemento do fato típico do crime culposo). Para saber qual a postura diligente, aquela que se espera diante de um "homem médio", é preciso verificar, antes, se o resultado, dentro daquelas condições, era objetivamente previsível (segundo o que normalmente acontece).

A imprevisibilidade do resultado isenta o agente de responsabilidade (torna o fato atípico). O resultado não será imputado ao agente a título de culpa, mas será considerado obra do imponderável (caso fortuito ou força maior). Por previsibilidade objetiva, em suma, deve-se entender a possibilidade de antever o resultado, nas condições em que o fato ocorreu. A partir dela é que se constata qual o dever de cuidado objetivo (afinal, a ninguém se exige o dever de evitar algo que uma pessoa mediana não teria condições de prever).

A previsibilidade objetiva, como visto, é aquela segundo o critério de uma pessoa de mediana prudência e discernimento. Sua ausência torna o fato atípico.

Ressalte-se, por fim, que se houver previsibilidade objetiva, mas faltar a previsibilidade subjetiva (segundo as aptidões pessoais do sujeito), o fato será típico, mas não haverá culpabilidade.

Em síntese, o processo de adequação típica do crime culposo envolve as seguintes etapas: a) analisa-se qual o dever de cuidado objetivo na situação em que o fato ocorreu; b) verifica-se se o resultado produzido era objetivamente previsível; c) constatadas a quebra do dever de cuidado que a todos se impõe e a possibilidade de antever o resultado, segundo o que se espera de uma pessoa de mediana prudência e discernimento, o fato será considerado típico; d) a tipicidade é um indício da ilicitude do comportamento, que só não será antijurídico se praticado sob o amparo de alguma excludente de ilicitude; e) finalmente, analisa-se a previsibilidade subjetiva do resultado, ou seja, se o agente, conforme suas aptidões pessoais, podia antever o resultado produzido – se presente, o agente responderá pelo crime; se ausente, ficará excluída a culpabilidade.

13.3. O princípio do incremento do risco

A imputação do resultado nos crimes culposos tem merecido a reflexão de boa parte da doutrina, tendo muitos autores procurado substituir o sistema tradicional, acima exposto, por outro, fundado no princípio do incremento do risco. Para Roxin, pioneiro nessa avaliação, o intérprete deve adotar o seguinte procedimento: a) examinar qual a conduta de todos esperada de acordo com os princípios do risco permitido; b) compará-la com a do agente, com o escopo de verificar se ele aumentou o risco ao bem. Constatando-se o incremento do risco, haverá culpa, de modo que o sujeito responderá pelo resultado produzido, se prevista a forma culposa; caso contrário, não haverá crime"[42].

O princípio acima assinalado não exclui o critério tradicional. Antes de afastá-lo, complementa-o.

13.4. Princípio da confiança

Uma pessoa não pode ser punida quando, agindo corretamente e na confiança de que o outro também assim se comportará, dá causa a um resultado não desejado (ex.: o médico que confia em sua equipe não pode ser responsabilizado pela utilização de um instrumento cirúrgico não esterilizado que causou infecção no paciente, se para isso não concorreu, dado que tal verificação era de responsabilidade de outro membro da equipe).

13.5. Modalidades de culpa

A culpa, conforme vimos, pode-se dar por meio das seguintes modalidades:

a) *Imprudência*: significa a culpa manifestada de forma ativa, que se dá com a quebra de regras de conduta ensinadas pela experiência; consiste no agir sem precaução, precipitado, imponderado. Exemplo: uma pessoa que não sabe lidar com arma de fogo a manuseia e provoca o disparo, ferindo outra pessoa.

b) *Negligência*: ocorre quando o sujeito se porta sem a devida cautela. É a culpa que se manifesta na forma omissiva. Note que a omissão da cautela ocorre antes do resultado, que é sempre posterior. Exemplo: mãe deixa um produto de limpeza altamente corrosivo sobre a mesa e, por desatenção, não impede que seu filho pequeno o manuseie e sofra queimaduras.

c) *Imperícia*: é a falta de aptidão para o exercício de arte ou profissão. Deriva da prática de certa atividade, omissiva ou comissiva, por alguém incapacitado a tanto, por falta de conhecimento ou inexperiência. Exemplo: engenheiro que projeta casa sem alicerces suficientes, cujo teto desaba e fere o morador.

---

[42] *Problemas fundamentais de direito penal*, p. 257-258.

13.6. Culpa consciente e inconsciente. Diferença entre culpa consciente e dolo eventual

Consciente é a culpa com previsão. O agente pratica o fato, prevê a possibilidade de ocorrer o resultado, porém, levianamente, confia na sua habilidade, e o produz por imprudência, negligência ou imperícia.

Inconsciente é a culpa sem previsão. O sujeito age sem prever que o resultado possa ocorrer. Essa possibilidade nem sequer passa pela cabeça do agente, o qual dá causa ao resultado por imprudência etc.

Nos dois casos teremos crime culposo; contudo, quando age com culpa consciente o sujeito comete uma ação ou omissão mais reprovável, merecendo pena maior do que aquele que age com culpa inconsciente.

Não se pode confundir culpa consciente com dolo eventual. Em ambos, o agente prevê o resultado, mas *não* deseja que ele ocorra; porém, na culpa consciente, ele tenta evitá-lo, enquanto no dolo eventual mostra-se indiferente quanto à sua ocorrência, não tentando impedi-lo. Assim, por exemplo, se o praticante de tiro ao alvo efetua o disparo, mesmo percebendo que há uma pessoa próxima do local, tentando, sem êxito, evitar atingi-la, teremos culpa consciente. Se, nas mesmas circunstâncias, o sujeito atira sem se importar em atingir e ferir a pessoa, pensando "se atingir, atingiu", haverá dolo eventual.

13.7. Culpa própria e culpa imprópria

Culpa própria é a oriunda de uma conduta imprudente, negligente ou imperita. Imprópria, por outro lado, é a chamada "culpa por equiparação" ou "por assimilação", a qual surge no erro de tipo inescusável ou vencível (CP, art. 20, § 1º, parte final) e no excesso culposo nas excludentes de ilicitude (CP, art. 23, parágrafo único). Recebe esse nome porque o sujeito pratica uma conduta dolosa mas, por força de lei, responde pelo resultado a título de culpa.

13.8. Culpa mediata ou indireta

Verifica-se com a produção indireta de um resultado de forma culposa. Imagine um assaltante que aborda um pedestre, assustando-o de tal modo que ele se precipite até a via pública e seja atropelado e ferido por um automóvel. Aquele que produziu a conduta inicial (o assaltante, no exemplo elaborado) não responderá pelo resultado indireto, a não ser que haja nexo causal entre sua conduta e o resultado posterior e o resultado final possa ser considerado como um desdobramento previsível e esperado.

13.9. Graus de culpa

Há três graus de culpa: levíssima, leve e grave. A doutrina diverge acerca da relevância da graduação da culpa para fins penais. Há, de um lado, aqueles que sustentam não fazer nenhuma diferença o grau de culpa para fins de responsabilização criminal. Outros, por sua vez, afirmam ser o fato praticado com culpa grave mais reprovável do que o praticado com culpa leve, motivo por que a graduação influenciaria na dosimetria da pena (sanção maior para a culpa grave, por serem as circunstâncias judiciais - art. 59, *caput*, do CP – menos favoráveis ao agente). É a nossa posição.

13.10. Concorrência e compensação de culpas

Se duas ou mais pessoas agem culposamente e juntas dão causa a um resultado, fala-se em concorrência de culpas. Nesse caso, ambas responderão pelo resultado, cada uma na medida de sua culpabilidade. Os dois responderão por lesão culposa, caso suas condutas imprudentes somem-se na produção do resultado.

Fala-se em *compensação de culpas* (*figura que não existe em direito penal*) quando, além do sujeito, a vítima também agiu culposamente.

13.11. Perdão judicial na lesão culposa

Trata-se o perdão judicial de causa extintiva da punibilidade através da qual o Estado, mediante a presença de certos requisitos, renuncia o direito de punir, geralmente fundado na desnecessidade da pena. Só é admissível nos casos expressos em lei.

O legislador, quando pretende autorizar o juiz a conceder referido benefício, utiliza a fórmula "o juiz poderá deixar de aplicar a pena".

Na lesão culposa, dá-se quando as consequências da infração atingirem o próprio agente de forma tão grave que a sanção penal se torne desnecessária (art. 129, § 8º). Por exemplo, uma mãe efetua manobra em seu veículo e, inadvertidamente, atropela seu filho pequeno, causando-lhe ferimentos.

Interessante notar que, em tais casos, o fato cometido demonstra-se típico, antijurídico e culpável, mas a imposição da pena se torna desnecessária, por não atender a nenhuma finalidade preventiva. Em outras palavras: o sujeito é culpável, mas não é responsável penalmente pelo ato[43].

---

[43] Coube ao funcionalismo a *expansão do conceito de culpabilidade para uma ideia de responsabilidade*, resultando daí que aquela, como condição indispensável para imposição da pena, deve aliar-se a necessidades preventivas da sanção penal (a culpabilidade e as exigências de prevenção limitam-se reciprocamente, e alguém só será penalmente responsável, se ambas concorrerem simultaneamente). "A categoria delitiva que tradicionalmente denominamos culpabilidade tem em realidade muito menos a ver com a averiguação do poder agir de outro modo, algo empiricamente difícil de se constatar, mas sim com o problema normativo de saber se, e até que ponto, nos casos de circunstâncias pessoais irregulares ou condicionadas pela situação, convém impor-se uma sanção penal a uma conduta que, a princípio, está ameaçada com uma pena" (Claus Roxin, *Política criminal y sistema del derecho penal*, p. 59).

Discute-se a natureza jurídica da sentença que o concede, prevalecendo atualmente o entendimento de que não é nem absolutória nem condenatória, mas *declaratória da extinção da punibilidade* (Súmula 18 do STJ[44]). A discussão tem relevância para fins de determinar os efeitos da sentença que o aplica; pela posição dominante, *tal sentença não gera nenhum dos efeitos previstos nos arts. 91 e 92 do CP*[45].

13.12. Causa de aumento de pena (§ 7º)

A pena da lesão culposa será aumentada em um terço quando ocorrer quaisquer das hipóteses previstas no art. 121, § 4º, isto é, se "o crime resulta de inobservância de regra técnica de profissão, arte ou ofício, ou se o agente deixa de prestar imediato socorro à vítima, não procura diminuir as consequências do seu ato, ou foge para evitar prisão em flagrante". Dada a técnica empregada pelo legislador, remetemos o leitor ao estudo da disposição, isto é, ao item 10.12, *supra,* referente ao crime de homicídio.

14. VIOLÊNCIA DOMÉSTICA (§§ 9º A 11)

Quando a lesão (*dolosa*) for praticada por "ascendente, descendente, irmão, cônjuge ou companheiro, ou com quem conviva ou tenha convivido, ou, ainda, prevalecendo-se o agente das relações domésticas, de coabitação ou de hospitalidade", o fato é punido mais severamente (detenção, de três meses a três anos).

O valor resguardado deixa de ser somente a integridade corporal e a saúde para incluir também a dignidade da pessoa no seio familiar e das relações domésticas, de coabitação ou hospitalidade.

São duas as hipóteses que fazem surgir a figura em questão:

a) a relação de parentesco, casamento ou convivência entre sujeitos ativo e passivo;

b) a relação doméstica, de coabitação ou de hospitalidade.

No segundo caso, há um *plus*, que consiste no fato de o agente *prevalecer-se* dessa relação. Isto é, não basta a mera situação objetiva de coabitação, devendo a pessoa aproveitar-se da maior facilidade.

Para o STJ, este segundo requisito possui diversos núcleos alternativos, e, por isso, é "dispensável a coabitação entre o autor e a vítima, bastando existir a referida

---

[44] "A sentença concessiva do perdão judicial é declaratória da extinção da punibilidade, não subsistindo qualquer efeito condenatório."

[45] De qualquer modo e, nesse particular, independentemente da posição adotada, a sentença concessiva do perdão judicial jamais prevalecerá para efeito de reincidência, tendo em vista a ressalva expressa do art. 120 do CP.

relação parental. Assim, se numa confraternização de família, que há muito não se reunia, um irmão, vindo de Estado longínquo, agride o outro, ferindo-o na sua saúde física ou mental, terá praticado o crime de violência doméstica"[46].

Vale lembrar, ainda, que: "Para a configuração da violência doméstica e familiar prevista no art. 5º da Lei n. 11.340/2006 (Lei Maria da Penha) não se exige a coabitação entre autor e vítima" (Súmula 600 do STJ).

Quando a violência doméstica constituir lesão grave, gravíssima ou seguida de morte, haverá um aumento de pena em um terço.

O mesmo ocorrerá quando, na hipótese do § 9º, a vítima for *pessoa portadora de deficiência*. Nesse aspecto, cremos deva adotar-se o *conceito* previsto no art. 1 da Convenção sobre os Direitos das Pessoas com Deficiência e seu Protocolo Facultativo, assinados em Nova York, em 30 de março de 2007, que o Brasil ratificou com força de emenda à Constituição, nos termos do art. 5º, § 3º. A executoriedade ao documento internacional se deu mediante a expedição do Decreto presidencial n. 6.949, de 25-8-2009. De acordo com o dispositivo mencionado, consideram-se pessoas com deficiência aquelas "que têm impedimentos de longo prazo de natureza física, mental, intelectual ou sensorial, os quais, em interação com diversas barreiras, podem obstruir sua participação plena e efetiva na sociedade em igualdades de condições com as demais pessoas".

Registre-se que sempre que a vítima do crime for mulher e o ato for cometido como forma de violência de gênero, terá incidência a Lei n. 11.340/2006 (Lei Maria da Penha).

Num processo envolvendo agressão praticada por tia contra sobrinha, o STJ afastou corretamente a incidência da Lei Maria da Penha, destacando que o Diploma exige, entre outros aspectos, uma "conduta comissiva ou omissiva decorre do equivocado entendimento/motivação do sujeito ativo de possuir 'direitos' sobre a mulher ou de que ela lhe pertence, evidenciando vulnerabilidade pela redução ou nulidade da autodeterminação, caracterizando-se, assim, conduta baseada no gênero para efeitos da Lei n. 11.340/2006". No caso, o Tribunal destacou que: "(...) embora a agressão perpetrada tenha ocorrido no âmbito familiar, decorreu de um desentendimento e se baseou na hierarquia existente entre os familiares envolvidos, restando descaracterizada a ação baseada no gênero. (...)"[47].

---

[46] STJ, RHC 50.026/PA, rel. Min. Reynaldo Soares da Fonseca, 5ª T., j. 3-8-2017, noticiado no *Informativo* n. 609.

[47] STJ, HC 403.246/MG, rel. Min. Ribeiro Dantas, 5ª T., j. 14-11-2017. No mesmo sentido, decisão em processo envolvendo agressão praticada pela filha contra a mãe: STJ, RHC 50.636/AL, rel. Min. Ribeiro Dantas, 5ª T., j. 28-11-2017.

14.1. Violência doméstica contra a mulher

A incidência da Lei n. 11.340/2006 se dá nos termos do art. 5º deste Diploma; isto é, abrange "qualquer ação ou omissão baseada no gênero que lhe cause morte, lesão, sofrimento físico, sexual ou psicológico e dano moral ou patrimonial: I – no âmbito da unidade doméstica, compreendida como o espaço de convívio permanente de pessoas, com ou sem vínculo familiar, inclusive as esporadicamente agregadas; II – no âmbito da família, compreendida como a comunidade formada por indivíduos que são ou se consideram aparentados, unidos por laços naturais, por afinidade ou por vontade expressa; III – em qualquer relação íntima de afeto, na qual o agressor conviva ou tenha convivido com a ofendida, independentemente de coabitação". De acordo com o parágrafo único, "as relações pessoais enunciadas neste artigo independem de orientação sexual".

Importante ressaltar que mencionado Diploma vem recebendo, corretamente, interpretação restritiva por parte dos tribunais, de modo a não alcançar toda e qualquer forma de violência contra pessoas do sexo feminino, mas tão somente aquelas relacionadas com a dominação ou subjugação de mulheres (normalmente efetuada por homens), isto é, a *violência de gênero*.

14.2. Violência doméstica contra a mulher e relações já encerradas

A Lei n. 11.340/2006 aplica-se mesmo a relações afetivas já encerradas, tendo em vista o alcance do conceito de violência doméstica ou familiar contra a mulher previsto no art. 5º da Lei[48].

14.3. Ação penal no crime de lesão corporal dolosa leve (e lesão culposa) relacionado com violência doméstica ou familiar contra a mulher

De acordo com o STF, em decisão proferida em sede de controle concentrado de constitucionalidade, a ação penal por lesão corporal dolosa leve praticada em situação de violência doméstica ou familiar contra a mulher é de *ação penal pública incondicionada* (*vide* ADIn 4.424 e ADC 19).

O art. 88 da Lei n. 9.099/95, que prevê a necessidade de representação por parte da vítima de tal crime, não se aplica, portanto, a fatos abrangidos pela Lei Maria da Penha, por força do art. 41 da referida Lei.

[48] Nesse sentido, entre outros, STJ, CComp 100.654/MG, rel. Min. Laurita Vaz, 3ª S., j. 25-3-2009, e HC 477.723/SP, rel. Min. Laurita Vaz, 6ª T., j. 12-2-2019; TJRS, Conflito de Jurisdição 70080438336, 6.ª CCr, rel. Des. Vanderlei Teresinha Tremeia Kubiak, j. 28-3-2019.

Veja, ainda, a Súmula 542 do STJ: "A ação penal relativa ao crime de lesão corporal resultante de violência doméstica contra a mulher é pública incondicionada".

Oportuno lembrar que "a suspensão condicional do processo e a transação penal não se aplicam na hipótese de delitos sujeitos ao rito da Lei Maria da Penha" (Súmula 536 do STJ). Para o STJ, finalmente, é inaplicável o princípio da insignificância - própria ou imprópria - a fatos cometidos contra mulher no âmbito das relações domésticas (Súmula 589 do STJ). Do mesmo modo, a reconciliação do casal não implica desnecessidade da pena[49].

14.4. A constitucionalidade da Lei Maria da Penha

Há quem entenda que a Lei n. 11.340/2006, ao estabelecer tratamento privilegiado à violência doméstica ou familiar contra mulheres, teria malferido o princípio constitucional da isonomia (art. 5º, *caput*).

Esse pensamento, todavia, não se mostra correto.

A outorga de tratamento jurídico diferenciado por conta do gênero mostra-se plenamente justificada.

No dizer de Maria Berenice Dias, "como tudo o que é novo gera resistência, há quem sustente a inconstitucionalidade tanto da Lei Maria da Penha como de um punhado de seus dispositivos na vã tentativa de impedir sua vigência ou limitar sua eficácia".

Acrescenta a citada autora que "leis voltadas a parcelas da população merecedoras de especial proteção procuram igualar quem é desigual, o que nem de longe infringe o princípio isonômico. (...) Aliás, é exatamente para pôr em prática o princípio constitucional da igualdade substancial, que se impõe sejam tratados desigualmente os desiguais. Para as diferenciações normativas serem consideradas não discriminatórias, é indispensável que exista uma justificativa objetiva e razoável. E justificativas não faltam para que as mulheres recebam atenção diferenciada..."[50].

De fato, pondera Celso Antônio Bandeira de Mello: "Supõe-se, habitualmente, que o agravo à isonomia radica-se na escolha, pela lei, de certos fatores diferenciais existentes nas pessoas, mas que não poderiam ter sido eleitos como matrizes do discrímen. Isto é, acredita-se que determinados elementos ou traços característicos das pessoas ou situações são insuscetíveis de serem escolhidos pela norma como raiz de alguma diferenciação, pena de se porem às testilhas com a regra da igualdade.

Assim, imagina-se que as pessoas não podem ser legalmente desequiparadas em razão da raça, ou do sexo (...).

---

[49] STJ, RHC 102.753/RR, rel. Min. Joel Ilan Paciornik, 5ª T., j. 7-11-2019, e AgRg no AREsp 1.743.996/MS, rel. Min. Reynaldo Soares da Fonseca, 5ª T., j. 14-5-2019.

[50] *A Lei Maria da Penha na Justiça*: a efetividade da Lei n. 11.340/2006 de combate à violência doméstica e familiar contra a mulher, p. 55-56.

Então, percebe-se, o próprio ditame constitucional que embarga a desequiparação por motivo de raça, sexo, trabalho, credo religioso e convicções políticas, nada mais faz do que colocar em evidência certos traços que não podem, por razões preconceituosas mais comuns em certa época ou meio, ser tomados gratuitamente como *ratio* fundamentadora de discrímen"[51].

O consagrado jurista propugna três critérios para se avaliar se o elemento discriminatório contido na lei se coaduna com a Constituição Federal: 1) a identificação do discrímen; 2) a correlação lógica entre este e a disparidade no tratamento jurídico diferenciado; 3) a consonância desta correlação lógica com "os interesses absorvidos no sistema constitucional".

Na hipótese em estudo, o fator de discriminação é o sexo da vítima. O diferenciado tratamento conferido pela lei guarda correspondência lógica, porquanto visa à proteção não deficiente da mulher fragilizada em função da violência doméstica e familiar. Tal correlação lógica encontra total compatibilidade com os interesses absorvidos no sistema constitucional, notadamente com a proibição de proteção deficiente e com compromissos assumidos pelo Brasil em Tratados Internacionais relativos à matéria, ressaltando-se a Convenção sobre a Eliminação de Todas as Formas de Discriminação contra as Mulheres (Decreto n. 4.377/2002) e a Convenção Interamericana para Prevenir, Punir e Erradicar a Violência contra a Mulher (Decreto n. 1.973/96).

Não se pode olvidar que o Brasil, no ano de 2001, sofreu condenação junto à Comissão Interamericana de Direitos Humanos, sediada em Washington (EEUU), ligada à OEA (Organização dos Estados Americanos), justamente por conta de omissão das autoridades nacionais com relação ao "Caso Maria da Penha"[52].

A matéria encontra-se definida pelo STF, no sentido defendido acima, conforme se verifica na decisão proferida na ADIn 4.424 e na ADC 19.

14.5. A constitucionalidade do art. 41 da Lei Maria da Penha

Outro ponto muito combatido dentre as regras contidas na Lei n. 11.340/2006 é a proibição contida no art. 41. Este o teor do citado dispositivo legal: "Aos crimes praticados com violência doméstica e familiar contra a mulher, independentemente da pena prevista, não se aplica a Lei n. 9.099, de 26 de setembro de 1995".

Muito embora haja severas críticas ao dispositivo, nada contém de inconstitucional, razão penal pela qual não se aplicam aos fatos atingidos pela lei as medidas

---

[51] *Conteúdo jurídico do princípio da igualdade*, p. 15, 17-18.

[52] Registre-se que segundo dados da Organização Mundial de Saúde (OMS), relatados por Maria Berenice Dias, "30% das mulheres foram forçadas nas primeiras experiências sexuais, 52% são alvo de assédio sexual; 69% já foram agredidas ou violadas. Isso tudo, sem contar o número de homicídios praticados pelo marido ou companheiro sob a alegação de legítima defesa da honra" (op. cit., p. 16).

despenalizadoras da transação penal (art. 76) e da suspensão condicional do processo (art. 89).

É preciso enfatizar que o legislador possui plenos poderes para, diante de situações que lhe pareçam graves, afastar a incidência dos dispositivos penais e processuais da Lei dos Juizados Especiais.

Quanto à escolha feita pela lei ordinária, é mister ponderar que, de há muito se reconhece a gravidade de comportamentos ligados à violência doméstica e familiar contra a mulher. Durante muitos anos tais fatos foram subsumidos à Lei dos Juizados Especiais com desastrosas consequências para as vítimas do crime.

Deveras, mulheres eram (e são) covardemente agredidas no âmbito de seu lar e, por temor ou vergonha, não comunicavam o fato às autoridades. Das poucas que se decidiam a fazê-lo, muitas voltavam atrás e se retratavam, seja por verificarem que nada se fazia para protegê-las ou por terem sido novamente ameaçadas ou agredidas pelo agente. Daí a razão de ser do art. 16 (que estabelece a necessidade de confirmação em juízo da retratação da representação nos crimes de ação penal pública a ela condicionada) e das medidas protetivas dos arts. 22 a 24 da Lei.

Nos poucos casos em que o fato era comunicado à Polícia e a ofendida não recuava em sua atitude, aplicava-se a Lei n. 9.099/95 e, sendo o ofensor primário e de bons antecedentes, recebia uma proposta de transação penal, muitas vezes resumida ao pagamento de valores em dinheiro a entidades ou à entrega de cestas básicas. Ou seja, o autor do fato desembolsava uma quantia em dinheiro e se via livre da acusação, retornando ao lar para conviver com a ofendida. Por este motivo é que não se permitem "aplicação, nos casos de violência doméstica e familiar contra a mulher, de penas de cesta básica ou outras de prestação pecuniária, bem como a substituição de pena que implique o pagamento isolado de multa" (art. 17 da Lei).

Pois bem. O art. 41 da Lei insere-se na mesma linha de Política Criminal dos dispositivos acima mencionados, consistente em tratar com severidade as infrações em comento. Parece-nos, aliás, que agiu bem o legislador. Essa atitude coaduna-se com a moderna concepção do *princípio da proporcionalidade.*

Em sua concepção originária, a proporcionalidade fora concebida como limite ao poder estatal em face da esfera individual dos particulares; tratava-se de estabelecer uma relação de equilíbrio entre o "meio" e o "fim", ou seja, entre o objetivo que a norma procurava alcançar e os meios dos quais ela se valia.

Sua origem normativa repousa na Carta Magna de 1215, nos itens 20 e 21, quando dizia que: "for a trivial offence, a free man shall be fined only in proportion to the degree of his offence (...) Earls and barons shall be fined only by their equals, and in proportion to the gravity of their offence".

Montesquieu e Beccaria também desenvolveram o conceito de proporcionalidade, o último, como é cediço, o fez no âmbito do Direito Penal.

A Declaração dos Direitos do Homem e do Cidadão, de 1789, declara que "a lei não deve estabelecer outras penas que não as estrita e evidentemente necessárias" (art. 8º).

A evolução da proporcionalidade deve-se muito à contribuição de países ocidentais no pós-guerra, referentemente à vedação de arbitrariedade.

Mais recentemente, todavia, se tem admitido outra faceta do princípio: a proibição de proteção deficiente (*Untermassverbot*), cuja dignidade constitucional foi reconhecida pelo Tribunal Constitucional da Alemanha.

A proibição de proteção deficiente deve ser um "recurso auxiliar" para determinação da medida do dever de prestação legislativa, estabelecendo-se um *padrão mínimo* das medidas estatais do qual não se pode abrir mão, sob pena de afronta à Constituição. Nesse sentido, Luciano Feldens[53].

Conclui-se, daí, que o rigor imprimido pela Lei n. 11.340/2006, a qual, entre outras disposições, afastou do alcance das infrações penais ligadas à violência doméstica ou familiar contra a mulher os dispositivos da Lei n. 9.099/95, afina-se com o princípio da proporcionalidade, pois visa a evitar a proteção (material e processual) deficiente à ofendida que vigorava até então.

Guilherme Souza Nucci chega a semelhante conclusão: "... o art. 41, da Lei n. 11.340/2006, pode estipular outra exceção, agora para restringir o alcance da Lei n. 9.099/95. Na realidade, com outras palavras, firmou o entendimento de que os crimes praticados com violência doméstica e familiar contra a mulher *não são de menor potencial ofensivo*, pouco importando o *quantum* da pena, motivo pelo qual não se submetem ao disposto na Lei n. 9.099/95, afastando, inclusive, o benefício da suspensão condicional do processo, previsto no art. 89 da referida Lei do JECRIM. *Embora severa, a disposição do art. 41, em comento, é constitucional*"[54].

15. CONFLITO APARENTE DE NORMAS

15.1. Vias de fato

A Lei das Contravenções Penais estabelece como infração penal: "praticar vias de fato contra alguém". Não há, portanto, conceito legal específico. O que distingue a contravenção do crime de lesões corporais é a ausência de ofensa à saúde ou integridade corporal.

"Essencial ao conceito de *vias de fato*, pelo exposto, é a ressalva de que a violência empregada não causa lesão corporal ou outro resultado de dano à saúde ou à integridade corporal"[55].

---

[53] *A Constituição Penal*: a dupla face da proporcionalidade no controle de normas penais.

[54] *Leis penais e processuais penais comentadas*, p. 1061.

[55] Manoel Pedro Pimentel, *Contravenções penais*, p. 147.

São exemplos de vias de fato: empurrão violento, puxão de cabelos, tapas que resultem eritemas (simples vermelhidão na pele).

15.2. Injúria real

A injúria real encontra-se capitulada no art. 140, § 2º, com os seguintes dizeres: "Se a injúria consiste em violência ou vias de fato, que, por sua natureza ou pelo meio empregado, se considerem aviltantes: Pena – detenção, de 3 (três) meses a 1 (um) ano, e multa, além da pena correspondente à violência".

O elemento fundamental do crime contra a honra reside na intenção do agente de, com a violência ou vias de fato empregada, ofender a dignidade ou o decoro da vítima. Por exemplo: desferir um tapa no rosto da vítima em público, jogar excremento numa pessoa. O aspecto subjetivo, destarte, é decisivo[56].

15.3. Transplante de órgãos

A Lei n. 9.434, de 1997, que regula o transplante de órgãos, tipifica o ato de remover tecidos, órgãos ou partes do corpo de pessoa ou cadáver, em desacordo com suas disposições. A pena é de reclusão, de dois a seis anos, e multa. Se o crime é cometido mediante paga ou promessa de recompensa ou por outro motivo torpe, pune-se o ato com reclusão, de três a oito anos, e multa. Se é praticado em pessoa viva, e resulta para o ofendido: a) incapacidade para as ocupações habituais, por mais de trinta dias; b) perigo de vida; c) debilidade permanente de membro, sentido ou função; d) aceleração de parto (pena, reclusão, de três a dez anos, e multa). Se for cometido em pessoa viva e provocar no ofendido: a) incapacidade para o trabalho; b) enfermidade incurável; c) perda ou inutilização de membro, sentido ou função; d) deformidade permanente; e) aborto, a pena é de reclusão, de quatro a doze anos, e multa. Se resultar morte: reclusão, de oito a vinte anos, e multa (art. 14 da Lei).

15.4. Esterilização ilícita

De lembrar que a esterilização é lícita quando praticada nos termos da Lei n. 9.263, de 12-1-1996 (*vide* item 4.5, *supra*). Referido Diploma incrimina o ato de realizá-la em desacordo com suas disposições, punindo-o com reclusão, de dois a oito anos, e multa (salvo se o fato não constituir crime mais grave).

---

[56] "Para a caracterização da injúria real, indispensável indagar do aspecto subjetivo da conduta do agente, a fim de que se possa verificar a existência do crime contra a honra ou de simples ofensa à integridade pessoal" (*JTACrSP*, 40/117). "Não é simplesmente o corte dos cabelos que constitui o delito de injúria real, mas o corte com a intenção de aviltar, expor à humilhação pública" (*RT* 485/333). Assim também: TJRJ APR 0000410-02.2014.8.19.0022, 1ª Turma Recursal dos Juizados Especiais Criminais, rel. Juíza Claudia Marcia Gonçalves Vidal, j. 14-12-2017, e TJPR, CC 1602203-2, rel. Telmo Cherem, 1ª CCr, j. 2-2-2017.

De acordo com o art. 15 da Lei, "a pena do agente será aumentada de um terço se a esterilização for praticada: I – durante os períodos de parto ou aborto, salvo o disposto no inciso II do art. 10 desta Lei (risco à vida ou à saúde da mulher ou do futuro concepto, testemunhado em relatório escrito e assinado por dois médicos); II – com manifestação da vontade do esterilizado expressa durante a ocorrência de alterações na capacidade de discernimento por influência de álcool, drogas, estados emocionais alterados ou incapacidade mental temporária ou permanente; III – através de histerectomia e ooforectomia; IV – em pessoa absolutamente incapaz, sem autorização judicial; V – através de cesária indicada para fim exclusivo de esterilização.

Pune-se, ainda, o ato do médico que deixar de notificar à autoridade sanitária as esterilizações cirúrgicas que realizar (pena, detenção, de seis meses a dois anos, e multa) – art. 16.

É crime, ademais, "induzir ou instigar dolosamente a prática de esterilização cirúrgica" (pena: reclusão, de um a dois anos) – art. 17. Se o ato for cometido contra a coletividade, caracteriza-se como genocídio, aplicando-se o disposto na Lei n. 2.889, de 1º-10-1956.

Há, finalmente, o delito de exigir atestado de esterilização para qualquer fim (pena: reclusão, de um a dois anos, e multa) – art. 18.

15.5. Tortura

A definição legal do crime de tortura, que é equiparado a hediondo, encontra-se no art. 1º da Lei n. 9.455, de 1997.

A essência da tortura consiste na inflição de *sofrimento físico ou psíquico*, com o fim de obter informação, declaração ou confissão da vítima ou de terceira pessoa, provocar ação ou omissão de natureza criminosa ou em razão de discriminação racial ou religiosa.

Ocorre, ainda, quando o sujeito submeter alguém, sob sua guarda, poder ou autoridade, com emprego de violência ou grave ameaça, a intenso sofrimento físico ou mental, como forma de aplicar castigo pessoal ou medida de caráter preventivo. Dá-se o crime, ademais, quando o agente submete pessoa presa ou sujeita a medida de segurança a sofrimento físico ou mental, por intermédio da prática de ato não previsto em lei ou não resultante de medida legal.

A tortura, destarte, difere substancialmente da lesão corporal, seja pela causação de sofrimento, pela finalidade a que se destina a conduta do agente ou por uma especial relação entre autor e vítima.

Veja o seguinte julgado: "O conjunto probatório dos autos revela, com segurança, a prática, pelo réu, dos verbos núcleos do tipo penal descrito no art. 1º, I, *a*, da Lei 9.455/97. O réu constrangeu a vítima, mediante violência e grave ameaça, causando-lhe sofrimento físico e mental, com o fim de obter informações, declarações e confissão da vítima de que esta teria tido alguma espécie de participação no crime que vitimou uma parente sua; de que teria tido envolvimento amoroso com mulheres comprometidas da região e de que seria usuária ou dependente de substâncias entorpecentes, obrigando-a a escrever nomes de amigos e fornecedores da droga, além de obrigá-la a declarar-se responsável por 'qualquer mal que os réus pudessem vir a sofrer'. Assim, demonstrada a perfeita caracterização do crime de tortura, não se podendo falar em desclassificação para lesões corporais"[57].

15.6. Crime de trânsito

O Código de Trânsito tipifica em seu art. 303 a lesão corporal culposa na direção de veículo automotor. O crime especial ocorrerá sempre que o fato for cometido por pessoa na direção de veículo automotor em vias públicas de circulação. O critério especializante em questão é aquele dos arts. 1º, 2º e 291 da Lei n. 9.503/97, os quais devem ser interpretados de forma restrita, já que a incidência da lei especial resultará em norma gravosa.

De acordo com o citado art. 1º, "o trânsito de qualquer natureza nas vias terrestres do território nacional, abertas à circulação, rege-se por este Código" (*caput*).

O art. 2º, ademais, dispõe que podem ser consideradas vias terrestres urbanas e rurais as "ruas, as avenidas, os logradouros, os caminhos, as passagens, as estradas e as rodovias, que terão seu uso regulamentado pelo órgão ou entidade com circunscrição sobre elas, de acordo com as peculiaridades locais e as circunstâncias especiais" (*caput*), além das "praias abertas à circulação pública e as vias internas pertencentes aos condomínios constituídos por unidades autônomas" (parágrafo único).

O então Procurador-Geral de Justiça de São Paulo em exercício, Pedro Franco de Campos, teve a oportunidade de analisar semelhante questão, à luz do art. 28 do CPP[58]. Na hipótese analisada, discutia-se o enquadramento legal do ato e, via de consequência, o cabimento do *sursis* processual (art. 89 da Lei n. 9.099/95). Estabelecida a controvérsia entre o promotor de justiça e o juiz de direito, o processo foi encaminhado ao chefe do Ministério Público paulista para dirimir a questão[59]. O caso retratava um homicídio culposo, praticado pelo denunciado enquanto o veículo automotor en-

---

[57] TJPR, *RT* 851/617. Da mesma maneira: "(...) Constatado que o pai agredia seu filho, menor de dezesseis anos, provocando lesões corporais e intenso sofrimento físico, incabível falar em 'animus corrigendi', restando tipificado o delito contido no art. 1º, II, §4º, inciso II, da lei n. 9.455/97, e não o crime de lesão corporal no âmbito das relações domésticas ou maus-tratos." (TJMG, ApCr 1.0024.18.070920-6/001, rel. Des. José Luiz de Moura Faleiros (JD Convocado), 8ª CCr., j. 28-5-2020).

[58] Protocolado n. 131.253/2008 – PGJ.

[59] Súmula 696 do STF: "Reunidos os pressupostos legais permissivos da suspensão condicional do processo, mas se recusado o promotor de justiça a propô-la, o juiz, dissentindo, remeterá a questão ao procurador-geral, aplicando-se por analogia o art. 28 do Código de Processo Penal".

contrava-se no interior de uma oficina mecânica para reparos, tendo o sujeito, inadvertidamente, provocado o deslocamento do automóvel e a morte de um funcionário que se encontrava sob o bem, verificando o sistema de freios. Decidiu-se que a conduta não deveria ser subsumida ao Código de Trânsito, mas ao Código Penal, e, em razão da pena prevista, admitiu-se, em tese, a suspensão condicional do processo.

15.7. Várias lesões praticadas no mesmo sujeito passivo

Quando cometidas no mesmo contexto fático, isto é, durante um *iter criminis*, configuram delito único. Se ocorridas em situações diversas, haverá mais de um crime.

"A unidade de crime só deixará de ser reconhecida quando haja uma interrupção tal da atividade criminosa, que o ato sucessivo se apresente como resultante de nova determinação e constituindo novo *fato*"[60].

15.8. Periclitação da vida ou saúde de outrem

O crime em questão dá-se quando o agente expuser a vida ou a saúde de outrem a perigo direto e iminente (art. 132 do CP).

Trata-se de infração de perigo, cuja prática exige o dolo correspondente, ou seja, o *dolo de perigo*. O autor do fato não pode ser movido pelo intuito deliberado ou consentido de provocar dano à integridade corporal ou saúde de *subjectum*.

Assim, por exemplo, comete a infração de perigo o diretor de uma atração circense que, sem o conhecimento do equilibrista, retira a rede de proteção para tornar o espetáculo mais atrativo.

Se houver dolo de dano ao bem jurídico, ainda que o agente não consiga atingir sua meta por circunstâncias alheias à sua vontade, responde por tentativa de lesão corporal (e não pelo crime de perigo).

16. CLASSIFICAÇÃO JURÍDICA

Trata-se de crime de forma ou ação livre (pode ser praticado por qualquer meio), comum (de vez não se exige qualidade especial do sujeito ativo), material (consuma-se com o resultado naturalístico: a lesão corporal), de dano ou lesão (exige lesão ao bem tutelado – ofensa à saúde ou integridade corporal – para fins de consumação), instantâneo de efeitos permanentes (seu resultado ocorre instantaneamente, sem prolongar-se no tempo, embora suas consequências subsistam), unissubjetivo ou de concurso eventual (admite cometimento por uma só pessoa ou várias, em concurso) e plurissubsistente (seu *iter criminis* permite fracionamento).

---

[60] Nelson Hungria, op. cit., v. V, p. 286.

17. PENA E AÇÃO PENAL

A pena prevista em lei é de detenção, de três meses a um ano, quando se tratar de lesão dolosa leve; de reclusão, de um a cinco anos, se grave ou dois a oito anos, se gravíssima. O homicídio preterintencional (lesão corporal seguida de morte) é apenado com reclusão, de quatro a doze anos. A lesão culposa, com detenção, de dois meses a um ano. Na hipótese de violência doméstica, o fato é apenado com detenção, de três meses a três anos.

Há diversas causas de aumento e diminuição de pena (art. 129, §§ 4º, 7º, 10 e 11).

O crime é de ação penal pública, em todas as suas modalidades. Se a lesão for leve ou culposa, dependerá de representação do ofendido.

Capítulo III

DA PERICLITAÇÃO DA VIDA E DA SAÚDE (ARTS. 130 A 136)

1. INTRODUÇÃO

Os delitos definidos no Capítulo III do Título I do Código Penal, intitulado "Da Periclitação da Vida e da Saúde", são, como indica o *nomen iuris*, *crimes de perigo*.

Como se sabe, são estes os delitos cuja consumação se dá com a exposição do valor protegido a uma situação de perigo (isto é, a uma probabilidade de dano).

No dizer de Guilherme de Souza Nucci, o perigo consiste num "juízo de probabilidade que se funda na normalidade dos fatos, vale dizer, conforme o que usualmente costuma acontecer, o legislador leva em consideração o dano em potencial gerado por uma determinada conduta para tipificá-la"[1].

Hungria, com a maestria que lhe peculiarizava, dissertou com propriedade a respeito do conceito de perigo, enunciando diversas teorias:

"a) *teoria subjetiva* (Janka, Von Buri, Finger): segundo esta, o perigo não passa de uma ideia, de uma hipótese mentalmente formulada, nada tendo de concreto (cuida-se de uma 'impressão de temor, de uma representação mental');

b) *teoria objetiva* (Von Kries, Binding, Merkel, Liszt, Rocco e outros): o perigo é um dado que se extrai da realidade, segundo um cálculo estatístico fundado na experiência e na observação dos fatos;

c) *teoria mista ou integrativa* (Oppenheim): sustenta que o perigo é, ao mesmo tempo, um conceito objetivo e subjetivo. 'Perigo, como possibilidade de dano, é uma situação objetiva; mas a possibilidade, embora tenha uma existência objetiva, não se revela por si mesma: tem de ser *reconhecida*, isto é, julgada. É preciso um juízo avaliativo, uma previsão, um cálculo'"[2].

Mostra-se correta, entre todas, a última teoria, pois, como ponderava Hungria, "se é certo que se pode conceber objetivamente o perigo, não é menos certo que

1 *Código Penal comentado*, p. 637.

2 *Comentários ao Código Penal*, v. V, p. 332-334.

tal concepção não poderá jamais excluir uma avaliação subjetiva, isto é, uma apreciação sintética das circunstâncias"[3].

Exige-se, ademais, que o perigo se funde não apenas em uma mera possibilidade, entendida como um acontecimento que remotamente poderia se verificar, mas de uma verdadeira probabilidade, baseada no *quod plerumque accidit*[4].

Dividem-se em crimes de *perigo abstrato* (ou presumido) e *perigo concreto* (ou real). Podem ser, ademais, de *perigo individual* (se atingem pessoas determinadas) ou *coletivo* (quando afeta um número indeterminado de indivíduos[5]).

No caso em tela, todas as infrações contidas nos arts. 130 a 136 são de *perigo individual e concreto*. Significa que somente haverá a perfeita subsunção entre a conduta e a norma penal quando se demonstrar, não só a conduta praticada pelo agente, mas também o efetivo perigo sofrido pelo bem.

2. O DOLO NOS CRIMES CONTIDOS NO CAPÍTULO III

O elemento subjetivo nos delitos definidos no Capítulo III é o *dolo de perigo*, assim entendido como a vontade de expor o bem a um risco. O sujeito não deseja lesar o bem tutelado, embora possa prever a ocorrência de dano.

Excepcionalmente, como ocorre na figura qualificada contida no art. 130, § 1º, e no crime do art. 131, há dolo de dano.

3. SUBSIDIARIEDADE

As infrações descritas nos arts. 130 a 136 são, de regra, subsidiárias em relação a outros delitos. Assim, por exemplo, só responde pelo crime do art. 132 ("expor a vida ou a saúde de outrem a perigo direto e iminente") a pessoa que realizar uma conduta não constitutiva de crime mais grave (por exemplo, tentativa de homicídio).

ART. 130 – PERIGO DE CONTÁGIO VENÉREO

1. DISPOSITIVO LEGAL

Perigo de contágio venéreo

Art. 130. Expor alguém, por meio de relações sexuais ou qualquer ato libidinoso, a contágio de moléstia venérea, de que sabe ou deve saber que está contaminado:

---

[3] *Comentários ao Código Penal*, v. V, p. 334-335.

[4] Ou seja, baseada naquilo que normalmente acontece na realidade fenomênica.

[5] No Código Penal, são crimes de perigo coletivo aqueles descritos no Título VIII da Parte Especial.

Pena – detenção, de 3 (três) meses a 1 (um) ano, ou multa.

§ 1º Se é intenção do agente transmitir a moléstia:

Pena – reclusão, de 1 (um) a 4 (quatro) anos, e multa.

§ 2º Somente se procede mediante representação.

2. HISTÓRICO

O primeiro registro histórico de preocupação com a incriminação do ato data de 1870, quando o sifilógrafo francês Armand Després solicitou a inclusão do delito no Código Penal francês[6].

Dentro das modernas codificações, foi pioneiro o Código Penal da Dinamarca, de 1886, punindo com prisão quem "sabendo-se ou suspeitando-se atacada de uma enfermidade venérea, tenha relações sexuais com outra"[7].

Asúa propugnava, desde a década de 1920, a necessidade de inserir a infração nas legislações penais e defendia devesse ela constar de capítulo próprio, entre os crimes de periclitação da vida e da saúde (nos moldes de nosso Código).

3. O VALOR PROTEGIDO (OBJETIVIDADE JURÍDICA)

A norma penal busca imediatamente a proteção da saúde humana e, mediatamente, da vida; aliás, toda defesa daquela visa, em última análise, ao resguardo desta.

A incriminação do ato dá-se em razão da imensa facilidade de propagação das moléstias venéreas, tais como a sífilis, a gonorreia, o cancro mole e a linfogranulomatose inguinal[8].

---

6 Luis Jiménez Asúa. *O delito do contágio venéreo*, p. 47.

7 Idem, ibidem, p. 97. Consta, ainda, que, na Alemanha, o Código de Oldenburg, de 1814, punia quem estivesse infectado de moléstia venérea e, nessa condição, se entregasse à prostituição com indivíduos sãos (idem, p. 108-109).

8 A AIDS (ou síndrome da imunodeficiência adquirida) não é considerada doença venérea devido ao fato de existirem outras formas de se propagar a transmissão de seu vírus. Sobre a transmissão da AIDS, o STJ decidiu que "a conduta de praticar ato sexual com a finalidade de transmitir AIDS não configura crime doloso contra a vida (...). O ato de propagar síndrome da imunodeficiência adquirida não é tratado no Capítulo III, Título I, da Parte Especial, do Código Penal (art. 130 e seguintes), onde não há menção a enfermidades sem cura (...). Na hipótese de transmissão dolosa de doença incurável, a conduta deverá será apenada com mais rigor do que o ato de contaminar outra pessoa com moléstia grave, conforme previsão clara do art. 129, § 2º, inciso II, do Código Penal. A alegação de que a Vítima não manifestou sintomas não serve para afastar a configuração do delito previsto no art. 129, § 2º, inciso II, do Código Penal. É de notória sabença que o contaminado pelo vírus do HIV necessita de constante acompanhamento médico e de administração de remédios específicos, o que aumenta as probabilidades de que a enfermidade permaneça assintomática. Porém, o tratamento não enseja a cura da moléstia" (STJ, HC 160.982/DF, rel. Min. Laurita Vaz, 5ª T., j. 17-5-2012, *DJe* de 28-5-2012).

A definição legal, ademais, era necessária, sobretudo no caso da figura prevista na cabeça da disposição, porque, sem esta, o comportamento do agente seria penalmente atípico. A norma conclama seus destinatários a que pratiquem relações sexuais com segurança e proteção.

4. TIPO OBJETIVO

4.1. Conduta nuclear

O verbo núcleo do tipo é *expor*, isto é, submeter alguém ao risco (de contágio), por em perigo, fazer correr risco.

A ação descrita na norma revela cuidar-se de crime de *perigo concreto*, isto é, deve-se demonstrar que o ato praticado pelo sujeito era capaz, efetivamente, de gerar o perigo de contágio venéreo[9].

Discute-se em doutrina se é possível a forma omissiva. Muitos autores são propensos a negar essa possibilidade, dada a incompatibilidade lógica entre a conduta omissiva e o crime do art. 130. Não há como "expor" a perigo outrem mediante um *non facere*. É de ver, contudo, que se deve admitir a incriminação pelo não fazer, quando o omitente podia e devia agir para evitar o resultado. Imagine que uma pessoa, ciente que outra é portadora de doença venérea contagiosa, leve-a para um local de encontros libidinosos, sabendo que ela praticará atos capazes de transmitir a moléstia. A pessoa que os praticou responde por ação e quem a levou até o local, criando o risco do contágio (CP, art. 13, § 2º, *c*), responde por omissão.

Quando se trata de contágio dentro do matrimônio, além dos possíveis reflexos civis (como a dissolução do vínculo conjugal), aplica-se a agravante genérica prevista no art. 61, II, *e*, quarta figura.

4.2. Objeto material

Cuida-se da pessoa sobre a qual recai a conduta, *in casu*, o parceiro do ato sexual.

4.3. Meio executório

A realização da conduta típica se dá mediante a prática de "relações sexuais ou qualquer ato libidinoso". Justamente por isso, classifica-se como *crime de forma vinculada*.

---

9 A existência de um crime de perigo abstrato não depende apenas de referências expressas no dispositivo legal, podendo ser extraída, como é o caso, da interpretação semântica da conduta nuclear. Com efeito, se a lei exige, por força do verbo, que haja uma *exposição* a contágio, não há como se concluir que o perigo é presumido. Justamente por isso, a utilização pelo agente de preservativos quando do ato sexual, demonstrando-se que a precaução eliminou o perigo de transmissão da moléstia, torna atípico o comportamento. No sentido de que se trata de crime de perigo abstrato, Guilherme de Souza Nucci, op. cit., p. 639.

A relação sexual deve ser compreendida como a união entre pessoas para praticarem atos de conotação sexual, aí compreendidos a conjunção carnal (introdução do pênis na vagina), o sexo anal e a felação.

O fato também pode ser consequência de outros atos libidinosos, isto é, que busquem dar vazão à lascívia ou à satisfação do prazer sensual. Abrangem diversas atitudes, como a troca de carícias pelo toque ou de beijos.

4.4. Moléstias venéreas

São as sexualmente transmissíveis, tais como a sífilis, a gonorreia, o cancro mole e a linfogranulomatose inguinal. De ver que se trata de elemento normativo do tipo, porquanto a definição de tais doenças depende do concurso dos conhecimentos da Medicina.

Registre-se que não se exige que a moléstia seja grave (este requisito está presente no art. 131, mas não no dispositivo em questão).

5. TIPO SUBJETIVO

Trata-se de crime punido exclusivamente na forma dolosa. É de se lembrar que a culpa não se presume, exigindo expressa previsão legal (CP, art. 18, parágrafo único), o que não ocorre no art. 130 do CP.

O *caput* da disposição, ademais, deixa claro que o fato pode ser cometido quando o agente atuar com dolo direto ou eventual.

O dolo direto é traduzido na expressão "sabe" e o dolo eventual, "deve saber".

Quando o sujeito detém pleno conhecimento de que se encontra contagiado e, ainda assim, com o intuito de satisfazer o prazer sexual, realiza a conduta capaz de transmitir a doença, atua com dolo direto (de perigo).

Se a pessoa, ainda que não tenha conhecimento, já apresenta sintomas característicos da moléstia, não sabe que está contagiado, mas, dadas as circunstâncias, tem plena condição de sabê-lo. É o que a lei penal quis dizer com "deve saber", isto é, o sujeito possui meios mais do que suficientes para conhecer a informação que ainda não tem efetiva ciência. Se alguém, destarte, apresentando todas as lesões externas típicas da doença, pratica o ato sexual, age com dolo eventual (de perigo).

6. SUJEITOS DO CRIME

6.1. Sujeito ativo

Cuida-se de crime comum, motivo por que pode ser cometido por qualquer pessoa, desde que, obviamente, encontre-se contaminado com a moléstia sexualmente transmissível.

6.2. Sujeito passivo

Também pode ser qualquer indivíduo.

Registre-se que, em se tratando de vítima menor de 14 anos, doente ou deficiente mental com falta de discernimento sexual ou que não tem condições (por qualquer motivo) de oferecer resistência, a prática de ato sexual com ela (estando o agente contaminado com alguma doença), caracterizará crime de estupro de vulnerável (CP, art. 217-A, com redação dada pela Lei n. 12.015/2009), em concurso formal ou ideal com o art. 130 do CP. Se a doença for transmitida, responde o agente pelo delito contra a dignidade sexual, com a pena aumentada nos termos do art. 234-A, IV, do CP.

6.2.1. A questão da ciência do parceiro acerca da doença venérea

Interessante questão consiste em saber se o(a) parceiro(a) concordar com a realização do ato sexual, mesmo tendo conhecimento de que o outro está contaminado com a doença e que o ato realizado é capaz de gerar o contágio.

Cremos que, nesse caso, deve ser levado em conta o consentimento do ofendido, que excluiria a imputação do resultado (jurídico). Observe-se que, no crime em questão, *não há a transmissão da moléstia*, apenas a realização de uma conduta capaz de transmiti-la.

Daí por que, parece-nos, a aquiescência da vítima é suficiente para tornar atípico o ato praticado[10].

De qualquer modo, é importante frisar que a lei implicitamente reconheceu a relevância jurídica do consentimento da vítima, tanto que o legislador definiu o delito como de ação penal pública condicionada à representação (art. 130, § 2º).

7. CONSUMAÇÃO

A infração em estudo constitui crime de mera conduta, motivo por que sua realização típica integral dá-se com a prática do ato sexual com potencial de contágio.

Se ocorrer a transmissão da moléstia, o agente responde por crime de lesão corporal (CP, art. 129[11]), e não por infração de perigo.

---

[10] Asúa analisou o assunto há quase um século e asseverou, refletindo o entendimento de Adolf Prins, dominante à época, que: "o consentimento da parte lesada não pode constituir justificativa. (...) A vida e a saúde pertencem a essa categoria de direitos intangíveis e inalteráveis, que não podem renunciar-se por um convênio privado" (op. cit., p. 92).

[11] O definitivo enquadramento da lesão corporal dependerá da ocorrência de algum resultado agravador. Assim, por exemplo, se a doença gerar perigo de vida ou afastar o ofendido de suas ocupações habituais por mais de trinta dias, haverá lesão corporal grave (CP, art. 129, § 1º).

8. TENTATIVA

Admite-se a forma tentada, pois se trata de delito plurissubsistente. Pode o agente, por exemplo, realizar atos sexuais com a vítima e, ao tentar praticar aquele capaz de gerar o contágio, não consiga por circunstâncias alheias à sua vontade.

9. INFRAÇÃO DE MENOR POTENCIAL OFENSIVO

O delito, em sua forma simples (*caput*), constitui infração de menor potencial ofensivo, sujeitando-se, destarte, às regras brandas da Lei n. 9.099, de 1995.

10. FORMA QUALIFICADA (§ 1º)

O dispositivo assinalado contém forma qualificada, em que o ato é punido de maneira bem mais rigorosa (reclusão, de um a quatro anos, e multa). Dar-se-á quando o agente atuar com dolo de dano, isto é, além da intenção de satisfazer seu prazer sexual, visar à efetiva transmissão da doença (crime formal).

Caso a doença seja transmitida à vítima, o enquadramento típico dependerá do resultado produzido. Em outras palavras, se o contágio não gerar mais do que uma ofensa à saúde constitutiva de lesão leve, o autor do fato somente responderá pelo crime do art. 130, § 1º, não passando o dano à saúde de exaurimento (poderá ser considerado para efeito de dosagem da pena). Se, por outro lado, der-se uma lesão grave (art. 129, § 1º), gravíssima (art. 129, § 2º) ou seguida de morte (art. 129, § 3º), o fato posterior absorverá o crime do art. 130 (princípio da consunção).

11. CLASSIFICAÇÃO JURÍDICA

Trata-se de crime de forma vinculada (deve ser praticado por meio de relações sexuais ou atos libidinosos), comum (não se exige qualidade especial do sujeito ativo), de mera conduta (no *caput*) e formal (no § 1º), de perigo concreto (a infração penal consuma-se com a exposição do bem jurídico a uma situação de perigo), instantâneo (seu resultado ocorre instantaneamente), unissubjetivo ou de concurso eventual (admite cometimento por uma só pessoa ou várias, em concurso) e plurissubsistente (seu *iter criminis* permite fracionamento).

12. PENA E AÇÃO PENAL

A pena é de detenção, de três meses a um ano, ou multa (no *caput* – infração de menor potencial ofensivo – Lei n. 9.099/95) e de um a quatro anos, e multa (§ 1º – admite-se, nesse caso, a suspensão condicional do processo).

Cuida-se de crime que se processa por ação penal pública condicionada à representação do ofendido (art. 130, § 2º).

ART. 131 – PERIGO DE CONTÁGIO DE MOLÉSTIA GRAVE

1. DISPOSITIVO LEGAL

Perigo de contágio de moléstia grave

Art. 131. Praticar, com o fim de transmitir a outrem moléstia grave de que está contaminado, ato capaz de produzir o contágio:

Pena – reclusão, de 1 (um) a 4 (quatro) anos, e multa.

2. O VALOR PROTEGIDO (OBJETIVIDADE JURÍDICA)

A incriminação tem o escopo imediato de proteger a saúde humana e, mediato, a vida; aliás, como já se ressaltou anteriormente, toda defesa daquela visa, em última análise, ao resguardo desta.

3. TIPO OBJETIVO

3.1. Conduta nuclear

O verbo núcleo do tipo é *praticar*, isto é, realizar atos tendentes à propagação de alguma doença. O delito é de ação livre, de modo que pode ser cometido por qualquer meio ou modo. Exige-se, tão somente, que seja idôneo à transmissão do mal.

A ação descrita na norma revela cuidar-se de crime de *perigo concreto*, isto é, deve-se demonstrar que o ato praticado pelo sujeito era capaz, efetivamente, de gerar o perigo de contágio.

O âmbito da incriminação escapa ao da infecção provocada por doenças venéreas, é dizer, sexualmente transmissíveis, pois tais atos se subsumem ao art. 130 do CP. De acordo com Roberto Lyra, "no art. 131, cuida-se de qualquer moléstia grave, inclusive a venérea grave, se o perigo resulta de outro ato capaz de produzir o contágio"[12]. É o pensamento, igualmente, de Pedro Franco de Campos, "as moléstias venéreas são incluídas quando a exposição a perigo não ocorre por meio de ato libidinoso"[13].

3.2. Meio executório

A infração pode ser praticada por meio de qualquer ato. Cuida-se, como informado, de *crime de forma livre*. A idoneidade é elemento necessário da conduta, sob pena de haver crime impossível (CP, art. 17).

---

[12] *Noções de direito criminal*: parte especial, p. 146.
[13] *Direito penal aplicado*, p. 40.

3.3. Moléstia grave

A expressão "moléstia grave" consubstancia elemento normativo do tipo, uma vez que seu alcance deve ser delimitado com o recurso a conceitos da Ciência Médica. Será de extrema valia, nesse aspecto, a prova técnica da moléstia, qualificando-a como tal, muito embora algumas doenças, como a hepatite, a tuberculose, a varíola, entre outras, sejam reconhecidamente graves.

Se a moléstia for de natureza letal, não havendo perspectiva de cura por parte da Medicina, há de se reconhecer crime de homicídio, tentado ou consumado.

4. TIPO SUBJETIVO

É o dolo, consistente na vontade de praticar ato hábil a contagiar o sujeito passivo com moléstia grave.

Cuida-se, ademais, de *dolo de dano,* porque a lei exige o "fim de transmitir a outrem moléstia grave" (elemento subjetivo específico).

Trata-se de crime punido exclusivamente na forma dolosa. Não se admite o dolo eventual, porquanto a finalidade específica exigida na disposição elimina a possibilidade lógica desta figura.

É de se lembrar que a culpa não se presume, exigindo expressa previsão legal (CP, art. 18, parágrafo único).

5. SUJEITOS DO CRIME

5.1. Sujeito ativo

Cuida-se de crime comum, motivo por que pode ser cometido por qualquer pessoa, desde que, obviamente, encontre-se contaminado com a moléstia grave e tenha ciência disto.

5.2. Sujeito passivo

Também pode ser qualquer indivíduo.

6. CONSUMAÇÃO E TENTATIVA

6.1. Consumação

A infração em estudo constitui crime formal ou de consumação antecipada, motivo por que sua realização típica integral dá-se com a prática do ato capaz de gerar o contágio, independentemente da produção deste.

Se ocorrer a transmissão da moléstia, o enquadramento definitivo dependerá da natureza do resultado naturalístico gerado. Assim, se o contágio não acarretar mais do que uma ofensa à saúde constitutiva de lesão leve (art. 129, *caput*), o autor do fato somente responderá pelo crime do art. 131, não passando o dano à saúde de exaurimento (poderá ser considerado para efeito de dosagem da pena). Se, por outro lado, verificar-se uma lesão grave (art. 129, § 1º), gravíssima (art. 129, § 2º) ou seguida de morte (art. 129, § 3º), o fato posterior absorverá o crime do art. 131 (princípio da consunção).

Importante destacar que se o contágio for decorrente de crime contra a dignidade sexual (Título VI do Código Penal), o agente responderá pelo respectivo delito (estupro, por exemplo), com a causa de aumento de pena contida no art. 234-A, IV ("Nos crimes previstos neste Título a pena é aumentada: (...) IV – de um sexto até a metade, se o agente transmite à vitima doença sexualmente transmissível de que sabe ou deveria saber ser portador").

6.2. Tentativa

Admite-se a forma tentada, pois se trata de delito plurissubsistente[14].

7. CLASSIFICAÇÃO JURÍDICA

Trata-se de crime de forma livre (pode ser praticado por qualquer meio executório), comum (não se exige qualidade especial do sujeito ativo), formal ou de consumação antecipada (basta a realização da conduta típica, sem necessidade de produzir o contágio), de perigo concreto (a infração penal consuma-se com a exposição do bem jurídico a uma situação de perigo), instantâneo (seu resultado ocorre instantaneamente), unissubjetivo ou de concurso eventual (admite cometimento por uma só pessoa ou várias, em concurso) e plurissubsistente (seu *iter criminis* permite fracionamento).

8. PENA E AÇÃO PENAL

A pena é de reclusão, de um a quatro anos, e multa (admite-se a suspensão condicional do processo em face do piso punitivo).

Cuida-se de crime que se processa por ação penal pública incondicionada.

ART. 132 – PERIGO PARA A VIDA OU A SAÚDE DE OUTREM

1. DISPOSITIVO LEGAL

Perigo para a vida ou a saúde de outrem

Art. 132. Expor a vida ou a saúde de outrem a perigo direto e iminente:

[14] No sentido de que não cabe o *conatus*, Márcio Bártoli e André Panzieri, *Código Penal e sua interpretação jurisprudencial*, p. 698.

Pena – detenção, de 3 (três) meses a 1 (um) ano, se o fato não constitui crime mais grave.

Parágrafo único. A pena é aumentada de um sexto a um terço se a exposição da vida ou da saúde de outrem a perigo decorre do transporte de pessoas para a prestação de serviços em estabelecimentos de qualquer natureza, em desacordo com as normas legais.

2. O VALOR PROTEGIDO (OBJETIVIDADE JURÍDICA)

Em sua concepção originária, a norma penal em questão visava à proteção de trabalhadores que ficavam sujeitos a perigo de vida ou de dano à sua saúde, em função das precárias condições laborativas a que eram submetidos. Assim, por exemplo, era comum, no início do século passado, que empregados atuassem em locais altamente perigosos sem qualquer tipo de equipamento de proteção individual. "O exemplo típico e frequente dessa *species* criminal é o caso do empreiteiro que, para poupar-se do dispêndio com medidas técnicas de prudência, na execução da obra, expõe o operário ao risco de grave acidente"[15]. "É intolerável e não se compreende que fique impune o indivíduo que, perversamente ou por egoísmo ou temeridade, cria uma situação de grave perigo a outrem, embora sem querer a eventualidade de um dano efetivo"[16].

A construção típica, todavia, extravasa a tutela de trabalhadores em condição de risco e vai muito além, porquanto abarca qualquer ato tendente à periclitação da vida ou saúde de outrem.

Com a disposição, procura a lei penal suprir qualquer possível lacuna no resguardo da saúde e da vida[17].

Podem ser citados, como exemplos que se encaixam na disposição:

a) o dono do circo que retira a rede de proteção durante a apresentação do equilibrista, sem o conhecimento deste, para tornar a atração mais perigosa;

b) a babá que amamenta a criança, utilizando-se de recipiente contaminado com resíduos de lixo;

c) aquele que arremessa objeto contundente de andar alto de edifício próximo a um local em que se encontram várias pessoas;

---

[15] Roberto Lyra, *Noções de direito criminal*: parte especial, cit., p. 154.

[16] Nelson Hungria, op. cit., v. V, p. 372-373.

[17] Como dizia Roberto Lyra, "tal dispositivo, como que suturando o sistema protetor da vida e da saúde da pessoa e satisfazendo os escrúpulos contrários à analogia, compreende todas as figuras incompletas ou qualquer outra ... *análoga* às previstas" (*Noções de direito criminal*: parte especial, cit., p. 154).

d) "(...) o operário que, despedido e procurando causar prejuízo ao empregador, altera posição de válvula de caldeira, acarretando perigo de potente explosão, somente impedida por pronta intervenção de outro trabalhador"[18];

e) "(...) a pessoa que, em meio a discussão e disputa judicial pela guarda de criança de pouca idade, arranca com veículo e o põe em movimento em rua estreita, manobrando em marcha á ré, mesmo percebendo que as pernas da criança estavam para fora do veículo, com risco efetivo à sua integridade corporal"[19].

3. TIPO OBJETIVO

O comportamento nuclear consiste no ato de *expor a perigo*, isto é, sujeitar, fazer passar por um risco.

É necessário que o perigo (probabilidade de lesão) projete-se contra a vida ou saúde de alguém. Como se trata de crime de *perigo individual*, exige que o ato se volte contra pessoa(s) determinada(s).

Deve a conduta, além disso, provocar um risco *direto e iminente*, vale dizer, real e diretamente aferível ao tempo do ato.

Cuida-se de crime de *perigo concreto*. Como se sabe, estes são aqueles em que se deve demonstrar a conduta do agente e, de maneira objetiva, o perigo por esta provocado.

Entendemos que o objeto de proteção da norma é a vida do ser humano nascido ou sua saúde, aí compreendidas sua integridade corporal e a saúde mental ou psíquica.

O consentimento da vítima é irrelevante quando se tratar de exposição de sua vida ao perigo.

4. TIPO SUBJETIVO

O delito somente é punido na forma dolosa. É fundamental que haja *dolo de perigo*. Se houver dolo de dano, ou seja, se a intenção do agente estiver voltada a lesar a saúde (*animus laedendi*) ou suprimir a vida de alguém (*animus necandi*), deverá o sujeito responder por tentativa de lesão corporal (leve, grave ou gravíssima, conforme se possa verificar eventual resultado agravador pretendido) ou tentativa de homicídio.

Não é necessário perquirir eventual finalidade perseguida pelo agente, que o tenha levado a expor a vida ou saúde de outrem a perigo. Não importa se foi motivado por questões egoísticas, fúteis ou torpes. É de ver, contudo, que a análise do opróbrio pode determinar a presença de agravantes (por exemplo, art. 61, II, *a*) ou atenuantes (art. 65, III, *a*).

---

18 *JTACrSP* 25/139.

19 TJSC, Ap 0000451-97.2012.8.24.0054, rel. Des. Leandro Passig Mendes, 6ª T. de Recursos, j. 26-9-2019.

5. DETENTORES DO DEVER LEGAL DE ENFRENTAR O PERIGO

Se a pessoa possuir o dever legal de enfrentar o perigo, não poderá figurar como vítima do crime. É o que ocorre com o bombeiro ou com o policial.

6. COMPORTAMENTOS SOCIALMENTE ADEQUADOS (RISCOS PERMITIDOS)

Casos há em que a pessoa exerce determinadas profissões que são, em si, perigosas. É o caso dos profissionais de saúde, que lidam diariamente com pessoas doentes e, por tal razão, ficam expostos ao contágio de doenças, por vezes graves. O mesmo se verifica com a prática de algumas atividades desportivas, como o salto de paraquedas, o *rafting*, os chamados "esportes radicais" etc.

Nestas situações, não haverá crime algum por parte dos organizadores das atividades (como os responsáveis pelo estabelecimento hospitalar ou pela competição desportiva), visto que seus comportamentos são socialmente adequados.

O risco produzido, em tal contexto, é permitido, razão pela qual inexiste imputação objetiva, gerando a atipicidade do ato.

Deve-se lembrar que o Direito Penal somente pode dirigir-se ao combate de riscos *proibidos*. Diversos comportamentos sociais produzem perigos, mas são permitidos, seja por existirem normas que os disciplinam, sejam por se referirem a determinadas atividades profissionais (*lex artis*) ou por se tratar de fatos socialmente aceitos.

7. SUJEITOS

7.1. Sujeito ativo

A periclitação da vida ou saúde de outrem é *crime comum*, que pode ser cometido por qualquer pessoa.

7.2. Sujeito passivo

Qualquer pessoa pode ser vítima deste crime, desde que nascido. A proteção penal do nascituro dá-se, conforme já estudado, por meio dos crimes definidos nos arts. 124 a 127 (e, de forma indireta, pelo art. 129, § 2º, V).

8. CONSUMAÇÃO E TENTATIVA

8.1. Consumação

A consumação do delito dá-se quando a vida ou saúde do ofendido ficar exposta ao perigo ocasionado pela conduta do agente. A realização integral do tipo requer, como condição indispensável, a demonstração efetiva do risco produzido.

8.2. Tentativa

É possível, porquanto se trata de crime plurissubsistente. Assim, por exemplo, pode o dono do circo retirar a rede de proteção do malabarista, que, entretanto, deixa de realizar a acrobacia.

9. FIGURA AGRAVADA

De acordo com o Código, haverá um aumento de pena (de um sexto a um terço), se o fato decorre do transporte de pessoas para a prestação de serviços em estabelecimentos de qualquer natureza, em desacordo com as normas legais.

10. SUBSIDIARIEDADE EXPRESSA

O preceito secundário da infração deixa claro que se trata de delito expressamente subsidiário.

11. CONFLITO APARENTE DE NORMAS

11.1. Disparo de arma de fogo em via pública ou adjacências

De acordo com a Lei n. 10.826/2003 (Estatuto do Desarmamento), pune-se com reclusão, de dois a quatro anos, e multa, o ato de "disparar arma de fogo ou acionar munição em lugar habitado ou em suas adjacências, em via pública ou em direção a ela, desde que essa conduta não tenha como finalidade a prática de outro crime".

É de ver que o *crimen* citado é de perigo abstrato, motivo pelo qual independe da demonstração de que o ato produziu "perigo direto e iminente".

Se uma pessoa, portanto, munida com arma de fogo efetua o disparo nas condições acima referidas, não há o delito do art. 132 do CP, somente aquele definido na lei especial.

Caso o disparo não seja efetuado em via pública, em direção a ela, em local habitado ou suas adjacências, poderá cogitar-se da infração de perigo do art. 132 do CP.

11.2. Crimes de trânsito

A Lei n. 9.503, de 1997 (Código de Trânsito Brasileiro), define diversas infrações de perigo que, pelo critério da especialidade, afastam a incidência da norma do art. 132 do CP. São elas:

a) a embriaguez ao volante: "Conduzir veículo automotor, na via pública, estando com concentração de álcool por litro de sangue igual ou superior a 6 (seis) decigramas, ou sob a influência de qualquer outra substância psicoativa que determine dependência" (pena: detenção, de seis meses a três anos, multa e suspensão ou proibição de se obter a permissão ou a habilitação para dirigir veículo automotor) - art. 306;

b) participação em corrida não autorizada ("racha"): "Participar, na direção de veículo automotor, em via pública, de corrida, disputa ou competição automobilística não autorizada pela autoridade competente, desde que resulte dano potencial à incolumidade pública ou privada" (pena: detenção, de seis meses a dois anos, multa e suspensão ou proibição de se obter a permissão ou a habilitação para dirigir veículo automotor) - art. 308;

c) direção sem habilitação: "Dirigir veículo automotor, em via pública, sem a devida Permissão para Dirigir ou Habilitação ou, ainda, se cassado o direito de dirigir, gerando perigo de dano" (pena: detenção, de seis meses a um ano, ou multa) - art. 309;

d) direção em alta velocidade próximo a locais com concentração ou movimentação de pessoas: "Trafegar em velocidade incompatível com a segurança nas proximidades de escolas, hospitais, estações de embarque e desembarque de passageiros, logradouros estreitos, ou onde haja grande movimentação ou concentração de pessoas, gerando perigo de dano" (pena: detenção, de seis meses a um ano, ou multa) - art. 311.

11.3. Estatuto do Idoso

O Estatuto do Idoso (Lei n. 10.741/2003) contém modalidade especial de periclitação da vida ou saúde de outrem (art. 99), assim redigida: "Expor a perigo a integridade e a saúde, física ou psíquica, do idoso, submetendo-o a condições desumanas ou degradantes ou privando-o de alimentos e cuidados indispensáveis, quando obrigado a fazê-lo, ou sujeitando-o a trabalho excessivo ou inadequado". O fato é punido com detenção de dois meses a um ano e multa. A comparação da pena cominada no Estatuto e no Código Penal demonstra a incoerência com que, por vezes, nosso legislador cuida das leis penais. Isto porque o crime genérico possui piso punitivo de *três meses* e o especial, supostamente mais grave, *dois meses*.

Há, ainda, duas formas qualificadas pelo resultado: a) se do fato resulta lesão corporal de natureza grave (pena: reclusão de um a quatro anos); b) se resulta a morte (pena: reclusão de quatro a doze anos).

O traço distintivo entre os tipos penais é que este constitui *crime de forma vinculada* e exige, do *sujeito passivo*, qualidade especial consistente em possuir *idade igual ou superior a 60 anos*.

O delito especial somente pode ser cometido quando o agente submete o idoso a condições desumanas ou degradantes, priva-o de alimentação ou cuidados indispensáveis (quando obrigado a fazê-lo), ou o submete a trabalho excessivo ou inadequado.

Assim, por exemplo, se o funcionário de um lar de repouso para a terceira idade deixar de alimentar um idoso e, com isso, expor sua saúde a perigo, será enquadrado no Estatuto.

12. CLASSIFICAÇÃO JURÍDICA

Trata-se de crime de forma livre (pode ser praticado por qualquer meio executório), comum (não se exige qualidade especial do sujeito ativo), de mera conduta (a lei se restringe a descrever a conduta típica, sem qualquer alusão a resultado naturalístico), de perigo concreto (a infração penal consuma-se com a exposição do bem jurídico a uma situação de perigo), instantâneo (seu resultado ocorre instantaneamente), unissubjetivo ou de concurso eventual (admite cometimento por uma só pessoa ou várias, em concurso), plurissubsistente (seu *iter criminis* permite fracionamento) e expressamente subsidiário ou facultativo (o preceito secundário declara que somente se aplica se o fato constituir crime mais grave).

13. PENA E AÇÃO PENAL

A pena é de detenção, de três meses a um ano (constitui infração penal de menor potencial ofensivo, aplicando-se, portanto, os institutos da Lei n. 9.099/95).

A ação penal é pública incondicionada. A iniciativa para a propositura, portanto, é do Ministério Público, sendo irrelevante qualquer autorização de terceiros.

ART. 133 – ABANDONO DE INCAPAZ

1. DISPOSITIVO LEGAL

Abandono de incapaz

Art. 133. Abandonar pessoa que está sob seu cuidado, guarda, vigilância ou autoridade, e, por qualquer motivo, incapaz de defender-se dos riscos resultantes do abandono:

Pena – detenção, de 6 (seis) meses a 3 (três) anos.

§ 1º Se do abandono resulta lesão corporal de natureza grave:

Pena – reclusão, de 1 (um) a 5 (cinco) anos.

§ 2º Se resulta a morte:

Pena – reclusão, de 4 (quatro) a 12 (doze) anos.

Aumento de pena

§ 3º As penas cominadas neste artigo aumentam-se de um terço:

I – se o abandono ocorre em lugar ermo;

II – se o agente é ascendente ou descendente, cônjuge, irmão, tutor ou curador da vítima.

III – se a vítima é maior de 60 (sessenta) anos.

2. VALOR PROTEGIDO (OBJETIVIDADE JURÍDICA)

Como nos demais delitos contidos no Capítulo III, a tutela penal volta-se à proteção da vida ou da integridade corporal e saúde alheias.

3. TIPO OBJETIVO

O verbo nuclear é *abandonar*, ou seja, desamparar, deixar a vítima sem assistência. Referido comportamento pode se concretizar de duas maneiras distintas: positiva ou negativa. No primeiro caso, o agente leva o incapaz para fora do local onde estaria protegido. No segundo caso, deixa-o onde está, mas o agente é que se retira desse lugar, deixando o incapaz à própria sorte. Imagine, ainda, a mãe que não vai procurar o filho, o qual se perdeu em lugar perigoso.

É fundamental que haja uma relação entre sujeitos ativo e passivo. A lei menciona relações de cuidado, guarda, vigilância ou autoridade; eis o elemento peculiar dessa figura típica.

A relação de cuidado pode se dar, por exemplo, quando uma pessoa compromete-se a cuidar de seu amigo, que adoeceu. A guarda pode ser de fato ou de direito, reconhecida ou não por decisão judicial. A vigilância diz respeito ao dever de zelar pela pessoa, sem os rigores formais da guarda. Um guia de alpinistas vigia seus acompanhantes, mas não detém a guarda sobre eles. A autoridade, por fim, pode ter como fundamento relações de direito público ou privado.

Em todos esses casos há um múnus do sujeito em zelar pela vítima. É o que ocorre com os pais, médicos, enfermeiros, babás, diretores de colégio etc.

Cuida-se de delito de *perigo concreto*, em função da conduta nuclear (abandonar) somada à exigência de que a vítima não tenha condições pessoais de afastar os perigos inerentes ao abandono.

4. TIPO SUBJETIVO

O crime é doloso, de modo que requer a vontade e a consciência de abandonar o ofendido. É possível que o sujeito desconheça sua obrigação de impedir o abandono; nesse caso, se reconhecerá em seu favor o erro de tipo (art. 20 do CP).

Importante recordar que o dolo é de *perigo*. Se a intenção era provocar lesões ou a morte da vítima, o crime será o do art. 129 ou do art. 121 do CP (na modalidade tentada), conforme o caso.

5. SUJEITOS DO CRIME

5.1. Sujeito ativo

Cuida-se de crime próprio, porquanto somente pode ser cometido por quem cuida, guarda, vigia ou detém autoridade sobre o sujeito passivo.

5.2. Sujeito passivo

Pode ser qualquer pessoa, desde que se encontre sob cuidado, guarda, vigilância ou autoridade de alguém.

As relações de cuidado, guarda, vigilância ou autoridade fazem surgir um múnus para o agente, de modo que eventual consentimento do ofendido quanto ao abandono não o isentam de responsabilidade.

A lei penal requer, ademais, uma *qualidade especial da vítima*, consistente em ser "*incapaz de defender-se* dos riscos resultantes do abandono" (exemplos: cegos, menores, doentes mentais etc.).

6. CONSUMAÇÃO E TENTATIVA

6.1. Consumação

Por se tratar de crime material, a consumação se dá com o abandono do ofendido, por tempo juridicamente relevante, e a verificação do perigo real. O fato de o agente se arrepender e resgatar posteriormente o ofendido não exclui o crime (embora configure atenuante – art. 65, III, *b*). Cuida-se de delito instantâneo de efeitos permanentes.

6.2. Tentativa

É possível a forma tentada, porquanto se trata de delito plurissubsistente. Pode alguém abandonar a pessoa que está sob seus cuidados, mas esta é logo resgatada por outrem, evitando que sofra perigo efetivo à sua vida, saúde ou integridade corporal.

7. FORMAS QUALIFICADAS

Os §§ 1º e 2º da disposição contemplam formas qualificadas que são *crimes preterdolosos*, vale dizer, o sujeito atua com dolo relativamente ao abandono, dando causa à lesão grave ou morte da vítima, a título de culpa.

Deve-se destacar que os resultados somente são atribuíveis ao agente quando forem previsíveis, em face das circunstâncias concretas. É fundamental, ainda, que se possa imputar objetivamente os resultados ao agente, o que pressupõe a relação de causalidade material, fundada na teoria da *conditio sine qua non* e a ausência dos princípios de imputação objetiva.

Se houver dolo com respeito à produção de lesões corporais graves ou com respeito ao falecimento da vítima e estes resultados se produzirem, responderá o autor do fato pelo crime do art. 129, § 1º, § 2º ou art. 121, respectivamente. O delito de dano absorverá o crime de perigo (art. 133 do CP), pelo princípio da consunção; isto porque o abandono configurará meio executório para o cometimento da lesão grave ou do homicídio, crimes-fim.

8. CAUSAS DE AUMENTO DE PENA

São aplicáveis à forma simples e às figuras qualificadas.

O inciso I refere-se ao abandono ocorrido em lugar ermo, isto é, deserto, solitário, sem pessoas por perto. A justificativa da exasperante reside no maior perigo provocado à saúde ou à vida do sujeito passivo, em face do *locus delicti*.

O inciso II abrange relações de parentesco, casamento, tutela ou curatela. Não há dúvida que o ato receberá maior reprovação quando praticado contra ascendente, descendente, cônjuge, irmão, tutelado ou curatelado. A união estável não se encontra abrangida pela causa de aumento, não podendo ser incluída sob pena de inaceitável analogia *in malam partem*.

O inciso III, por fim, refere-se ao fato de o ofendido possuir mais de sessenta anos. O acréscimo desta circunstância se deu por força do Estatuto do Idoso.

9. CONFLITO APARENTE DE NORMAS

O Estatuto do Idoso contém modalidade especial de abandono, consistente no ato de "abandonar o idoso em hospitais, casas de saúde, entidades de longa permanência, ou congêneres, ou não prover suas necessidades básicas, quando obrigado por lei ou mandado"; a pena é de detenção de seis meses a três anos e multa (art. 98).

10. CLASSIFICAÇÃO JURÍDICA

Trata-se de crime de forma livre (pode ser praticado por qualquer meio executório), próprio (requer qualidade especial do sujeito ativo), material (a consumação depende de um resultado naturalístico), de perigo concreto (a infração penal consuma-se com a exposição do bem jurídico a uma situação de perigo), exceto nas figuras qualificadas, instantâneo de efeitos permanentes (seu resultado ocorre instantaneamente, mas suas consequências perduram no tempo), unissubjetivo ou de concurso eventual (admite cometimento por uma só pessoa ou várias, em concurso) e plurissubsistente (seu *iter criminis* permite fracionamento).

11. PENA E AÇÃO PENAL

A pena é de detenção, de seis meses a três anos (forma simples), de reclusão, de um a cinco anos (se resulta lesão grave) ou quatro a doze anos (se resulta morte). Há causas de aumento de pena (§ 3º).

O delito é de ação penal pública incondicionada. A iniciativa à causa penal, destarte, fica a cargo, exclusivamente, do Ministério Público, incidindo, via de consequência, os princípios da obrigatoriedade, da indisponibilidade, da oficialidade, da intranscendência e da indivisibilidade da ação penal.

ART. 134 – EXPOSIÇÃO OU ABANDONO DE RECÉM-NASCIDO

1. DISPOSITIVO LEGAL

Exposição ou abandono de recém-nascido

> **Art. 134.** Expor ou abandonar recém-nascido, para ocultar desonra própria:
>
> Pena – detenção, de 6 (seis) meses a 2 (dois) anos.
>
> § 1º Se do fato resulta lesão corporal de natureza grave:
>
> Pena – detenção, de 1 (um) a 3 (três) anos.
>
> § 2º Se resulta a morte:
>
> Pena – detenção, de 2 (dois) a 6 (seis) anos.

2. VALOR PROTEGIDO (OBJETIVIDADE JURÍDICA)

A tutela criminal dirige-se à vida, à integridade corporal e à saúde do neonato. A doutrina qualifica o crime de exposição ou abandono de recém-nascido como forma privilegiada de abandono de incapaz.

3. TIPO OBJETIVO

O comportamento nuclear é semelhante ao do art. 133. Os traços distintivos entre as infrações penais residem na qualidade do sujeito passivo (recém-nascido) e no motivo que leva o agente a praticar o ato (ocultar desonra própria).

Abandonar significa deixar à própria sorte, negando auxílio ou assistência necessários. Expor o recém-nascido quer dizer sujeitá-lo a perigos à sua vida, à sua saúde ou integridade corporal.

Por recém-nascido entende-se o neonato, ou seja, a criança, desde o início do parto até os momentos que lhe são imediatamente posteriores.

Interessante notar que o elemento especializante acolhido pela lei ("ocultar desonra própria") não prevaleceu como causa do infanticídio, mas teve acolhida no dispositivo em análise.

Como dissertava Frederico Marques, "por ser desonrosa a concepção, para a mãe (e em casos excepcionais para o pai), é que o abandono do neonato, vindo ao mundo em tais condições, está previsto como delito de menor gravidade e punição mais benigna que o crime de *abandono de incapaz*, do qual constitui figura especial e privilegiada. (...) Essa circunstância (referindo-se ao elemento *causa honoris*), embora personalíssima, comunica-se aos coautores ou participantes do crime, em face do que dispõe o art. 30 do Código Penal"[20].

4. TIPO SUBJETIVO

A infração é punida exclusivamente na forma dolosa. Pressupõe vontade e consciência de expor ou abandonar o neonato. *O dolo é, exclusivamente, de perigo*. Se houver dolo de dano (*animus necandi* ou *laedendi*), o crime será mais grave (homicídio ou lesão corporal, respectivamente).

4.1. Elemento subjetivo específico

Como ficou assinalado, a infração requer a presença de um elemento subjetivo especial, consistente na intenção de *ocultar desonra própria*. Trata-se, por exemplo, de encobrir uma gravidez adulterina ou decorrente da violação do dever de castidade inerente aos clérigos.

5. SUJEITOS DO CRIME

5.1. Sujeito ativo

Embora não haja referência expressa na disposição, cuida-se de *crime próprio*, isto porque o elemento especializante (ocultar desonra própria) faz com que somente possam figurar como sujeitos ativos os genitores da criança. Não se exclui, evidentemente, a participação de terceiros.

Segundo Pedro Franco de Campos, "a prostituta não pode ser sujeito ativo desse crime, por não ter honra sexual a ser preservada"[21].

---

20 *Tratado de direito penal*, v. IV, p. 347-348; parêntese nosso.

21 *Direito Penal aplicado*, p. 45.

5.2. Sujeito passivo

Somente pode figurar como sujeito passivo o recém-nascido. São diversas as concepções doutrinárias sobre até que momento o infante pode ser assim considerado: a) rompimento do cordão umbilical; b) prazo de alguns dias; c) sete dias após o nascimento; d) trinta dias após o nascimento; e) conhecimento do fato por pessoas estranhas à família (dada a exigência de ocultação de desonra própria no dispositivo legal).

Para nós, deve-se preferir o critério da duração do parto e seus efeitos.

6. CONSUMAÇÃO E TENTATIVA

6.1. Consumação

A exposição ou abandono de recém-nascido é crime de mera conduta e de perigo presumido, configurando-se quando o neonato é abandonado por seu genitor ou exposto ao desamparo.

6.2. Tentativa

Admite-se a forma tentada, porque o delito é plurissubsistente. Pode ser que a mãe tente abandonar o recém-nascido, mas seja impedida pelo pai.

7. FORMAS QUALIFICADAS

Se do fato resulta lesão corporal grave (cujas hipóteses são aquelas descritas no art. 129, §§ 1º e 2º), a pena é de um a três anos de detenção. Se resulta morte, dois a seis anos de detenção. Esses resultados não podem ser desejados ou anuídos pelo agente. Lembre-se que o crime exige dolo de perigo (exclusivamente).

8. CLASSIFICAÇÃO JURÍDICA

Trata-se de crime de forma livre (pode ser praticado por qualquer meio executório), próprio (requer qualidade especial do sujeito ativo), de mera conduta (a lei penal não descreve qualquer resultado naturalístico), salvo nas figuras qualificadas, de ameaça ou perigo abstrato (a lei presume o perigo, que se considera inerente à conduta), instantâneo (seu resultado ocorre instantaneamente), unissubjetivo ou de concurso eventual (admite cometimento por uma só pessoa ou várias, em concurso) e plurissubsistente (seu *iter criminis* permite fracionamento).

9. PENA E AÇÃO PENAL

A pena é de detenção, de seis meses a dois anos (forma simples), de detenção, de um a três anos (se resulta lesão grave) ou dois a seis anos (se resulta morte).

No primeiro caso, cuida-se de infração de pequeno potencial ofensivo (Lei n. 9.099/95); no segundo, embora não seja o mesmo caso, admite-se suspensão condicional do processo (art. 89 da Lei mencionada).

O delito é de ação penal pública incondicionada. A iniciativa à causa penal, destarte, fica a cargo, exclusivamente, do Ministério Público, incidindo, via de consequência, os princípios da obrigatoriedade, da indisponibilidade, da oficialidade, da intranscendência e da indivisibilidade da ação penal.

ART. 135 – OMISSÃO DE SOCORRO

1. DISPOSITIVO LEGAL

Omissão de socorro

Art. 135. Deixar de prestar assistência, quando possível fazê-lo sem risco pessoal, à criança abandonada ou extraviada, ou à pessoa inválida ou ferida, ao desamparo ou em grave e iminente perigo; ou não pedir, nesses casos, o socorro da autoridade pública:

Pena – detenção, de 1 (um) a 6 (seis) meses, ou multa.

Parágrafo único. A pena é aumentada de metade, se da omissão resulta lesão corporal de natureza grave, e triplicada, se resulta a morte.

2. VALOR PROTEGIDO (OBJETIVIDADE JURÍDICA)

A proteção penal dirige-se à *vida e à saúde das pessoas*, por meio de se sobrelevar o *dever de solidariedade* que se deve ter para com o próximo. Pune-se, justamente, aquele que rompe com o mencionado dever, deixando de prestar assistência a quem necessite, em razão de especiais condições de perigo à vítima.

A incriminação de semelhante ato omissivo remonta à Antiguidade: "Desde tempos remotos da história da humanidade encontramos exemplos de cominação de castigos a omissões que importam em ausência de solidariedade humana. O Código de Manu ameaçava de banimento aqueles que não fossem em auxílio de cidades pilhadas por malfeitores, ou quando se rompessem os diques, ou se bandidos avançassem pela estrada principal"[22].

Nossa legislação criminal, ao tempo do descobrimento e até a edição do Código Criminal de 1830, embora previsse diversas figuras omissivas, como o ato de "encobrir os que fazem mal" (Título CV das Ordenações Filipinas), não descrevia especificamente a falta de prestação de socorro.

---

[22] João Bernardino Gonzaga. *O crime de omissão de socorro*, p. 73.

O Código Criminal do Império também padecia do mesmo vício. É de ver, contudo, que expressamente se referia ao crime como o ato voluntário, praticado por ação ou por omissão (art. 2º, 1º). Em sua parte especial continha diversas figuras omissivas, mas nenhuma equivalente ao atual art. 135 do CP. Poucos foram os doutrinadores desta época que cuidaram do delito *per non facere*, exceção feita a Tobias Barreto. Esse autor, adepto da teoria naturalista da omissão, atribuía responsabilidade penal a quem pudesse impedir um resultado e não o fizesse (independentemente da existência de qualquer dever jurídico de agir, como hoje exige nossa legislação – art. 13 do CP). Assim, por exemplo, se uma pessoa visse alguém diante de uma situação de morte iminente e pudesse agir para evitar o desfecho letal, mas nada fizesse, desejando ou aquiescendo para com a morte, respondia por crime de homicídio doloso. Se não agisse com dolo, mas com culpa, o delito seria de homicídio culposo. De qualquer maneira, a inexistência de norma penal equivalente à atual gerava um vácuo legislativo, pois não abrangia a situação do agente que, sem desejar a morte ou mesmo concorrer culposamente para com ela, deixava de prestar assistência ao necessitado.

A lacuna somente veio a ser suprida com o Código de 1890, que em seu art. 293, § 2º, dizia ser punível com prisão celular, de um a seis meses, "aquele que, encontrando recém-nascido exposto ou menor de sete anos, abandonado em lugar ermo, não o apresentar, ou não der aviso à autoridade pública mais próxima". A infração encontrava-se entre os crimes contra o estado civil (Título XI) e não, como deveria, no Título X, referente à segurança e à vida das pessoas. Tratou-se de importante avanço, mas a "versão definitiva" veio somente com a edição do Código Penal, em 1940, e a construção da figura típica ora em estudo.

A lei penal construída em meados do século passado deve ser interpretada sob os olhos da realidade vigente. Assim, por exemplo, se o motorista de um carro, numa grande cidade, vê uma pessoa inválida pedindo esmola e lhe nega qualquer ajuda, não comete delito algum. Os cidadãos não podem ser responsabilizados pela miséria social que assola o país e, em algumas cidades, se verifica de modo mais intenso.

Se uma pessoa, por outro lado, observa que uma criança de 5 anos encontra-se num parque, chorando porque não encontra seus pais e, mesmo podendo ajudá-la, nada faz, pratica omissão de socorro.

O delito constitui *infração de menor potencial ofensivo*, em todas as suas figuras, simples ou agravadas.

Deve-se anotar que a ocorrência do delito, embora possa ser considerada frequente, poucas vezes resulta em apuração criminal, produzindo, com respeito à omissão de socorro, uma importante *cifra negra* (isto é, um déficit entre os fatos ocorridos e aqueles que chegam ao conhecimento das autoridades). Daí não se pode concluir, todavia, pela desarrazoabilidade da incriminação, pois, como advertia João Bernardino Gonzaga, "se a omissão de auxílio deve ser punida, o correto não será combater o texto legal que lhe comina sanções, mas sim tornar efetiva a sua vigência, utilizando-o sempre que se apresentar uma ocorrência nele compreendida. E não deve ser olvidada a influência educativa e coativa que ele exerce sobre os membros da comunhão social, levando-os a praticar atos úteis ao bem comum"[23].

Registre-se, por fim, que existem outros Diplomas, além do Código Penal, que punem a omissão de socorro, como é o caso do art. 304 do CTB e o art. 97 do Estatuto do Idoso (*vide* item 10, *infra*).

3. CRIME OMISSIVO PRÓPRIO

O dispositivo em análise configura *delito omissivo puro ou próprio*. Estes são aqueles cujo *tipo penal descreve (somente) um não fazer*, punindo o agente independentemente de qualquer resultado naturalístico ocorrido. A lei penal não faz referência a qualquer mudança no mundo exterior como *conditio* para a realização integral típica. Por esse motivo são infrações de *mera conduta*.

É de ver que os eventos previstos no parágrafo único do art. 135 (lesão corporal grave ou morte) não tornam a figura agravada um crime material ou de resultado, porquanto não são vinculados causalisticamente à omissão, mas decorrentes do perigo não obstado. Nesse sentido, devem ser entendidos como condições de maior punibilidade do ato, quando o risco não afastado pelo agente era letal ou provocador de lesão grave.

4. TIPO OBJETIVO

Cuida-se de *crime omissivo próprio*, de modo que o comportamento nuclear consiste num *non facere*. Isto é, dá-se o crime quando o agente deixa de prestar assistência à vítima (podendo fazê-lo sem risco pessoal) ou não pede o socorro da autoridade pública (por exemplo, policiais, conselheiros tutelares, pronto-socorro, bombeiros, defesa civil).

Há casos em que o fato de não ter dado ajuda pode ser suprido com o pedido de socorro à autoridade; em outros, todavia, só o auxílio imediato será capaz de arrostar o perigo. Imagine-se alguém num imóvel em chamas, clamando para que outrem derrube a porta e a salve do perigo grave e iminente. A pessoa, contudo, nada faz, apesar de notar que é a única maneira de evitar a morte da outra, preferindo ligar para o Corpo de Bombeiros. Em tal quadro, o crime subsistirá, ainda que a autoridade pública tenha sido acionada, porque tal medida mostrou-se inócua.

A lei exige, ainda, que o sujeito sob perigo se trate de criança abandonada ou extraviada ou pessoa inválida ou ferida, ao desamparo ou em grave ou iminente perigo (isto é, a "acentuada possibilidade da superveniência de um dano e relevância do mal

[23] Op. cit., p. 90.

que ameaça suceder", somada com a possibilidade de que este dano possa ocorrer dentro de breve espaço de tempo[24]).

Importante elemento típico que isenta o agente de responsabilidade penal pelo fato de não ter prestado qualquer auxílio à vítima reside na *inexistência de risco pessoal*. Na interpretação dessa cláusula de exclusão da adequação típica não se deve adotar os mesmos rigores interpretativos do estado de necessidade (definido no art. 24 do CP). Até porque esse risco pessoal que exclui a exigência de atuação do omitente pode ser de qualquer ordem: moral, patrimonial, físico etc. Não se pode, todavia, levar a interpretação a exageros, a ponto de se reconhecer como lícita a atitude de quem deixou de salvar uma vida porque, ao fazê-lo, havia um risco de prejudicar seu passeio (sob pena de esvaziar a proteção penal à saúde ou vida alheias).

De qualquer modo, se houve risco pessoal, não fica o sujeito isento de convocar o socorro da autoridade pública.

Poderiam ser citados os seguintes exemplos de omissão de socorro:

a) o sujeito nota uma pessoa gravemente ferida na rua, em grave e iminente perigo, e nada faz para ajudá-la ou mesmo informa a autoridade pública sobre a situação;

b) o nadador que, assistindo ao afogamento de uma criança, nada faz para salvá-la, embora inexistisse qualquer empecilho a tanto.

Não a comete, por outro lado, quem visita um zoológico e deixa de socorrer uma pessoa que caiu na jaula de leões, pelo evidente perigo a quem tentar salvar a vítima. Se uma pessoa, percebendo que o automóvel de alguém está prestes a ser furtado e se omite, nem sequer avisa a Polícia, ainda que pudesse fazê-lo anonimamente, não incorre na infração, haja vista que a omissão de socorro visa à defesa da vida ou da saúde alheia, e não do patrimônio (ou outros bens jurídicos).

Pondere-se, finalmente, que a infração pressupõe, como *requisito implícito*, que a *intervenção do omitente* seja *necessária*, vale dizer, imprescindível para afastar a possibilidade de que o perigo se converta em dano. Se outrem já está tomando as providências exigidas na situação, a atuação do omitente torna-se inócua e, portanto, sua inatividade é penalmente irrelevante. Se a vítima, por outro lado, continua em perigo, deverá o sujeito ativo prestar-lhe assistência *eficaz* (se ineficaz, o delito subsiste, caso a pessoa tenha dolosamente atuado de maneira lacunosa), desde que isto lhe *seja possível* (se o ferimento é grave, nada poderá fazer uma pessoa, ainda que seja a única presente, quando não possuir conhecimentos médicos ou noções de primeiros socorros) e, somente *no ponto em que necessário para conjurar o perigo*.

[24] João Bernardino Gonzaga, op. cit., p. 119.

4.1. Inexistência de dever jurídico de evitar o resultado

A omissão de socorro pressupõe que o autor não possua o dever jurídico de evitar o resultado, o que se dá em três casos: a) dever legal de proteção, cuidado e vigilância; b) dever de garantidor; e c) ingerência na norma (CP, art. 13, § 2º).

Acompanhe os exemplos:

1) se um nadador encontra-se às margens de um rio e vê uma criança que nadava sozinha se afogando e nada faz para salvá-la, comete omissão de socorro (se o infante falece, aplica-se a figura agravada do parágrafo único);

2) se *um pai* acompanha seu filho e o vê afogando-se, nada fazendo para evitar a morte, sem que existisse, para ele, qualquer risco pessoal, também cometerá homicídio (doloso, se desejou ou aquiesceu para com a morte, ou culposo, se foi negligente quanto à não produção do resultado);

3) se um *salva-vidas* observa o banhista em perigo e nada faz para salvá-lo, deixando de impedir o afogamento, será enquadrado no crime contra a vida (doloso ou culposo, conforme o caso);

4) se o *nadador convida* a criança para nadar no rio e, depois disso, a vê se afogando e se omite no salvamento, responde por homicídio (doloso ou culposo).

Somente no primeiro caso não havia o dever jurídico de evitar o resultado, razão pela qual a figura aplicável é a do art. 135 do CP (crime omissivo próprio). Nos demais, o sujeito encontrava-se vinculado com a vítima, de modo a impedir a produção de sua morte ou danos à sua saúde (surge, então, um crime omissivo impróprio ou comissivo por omissão). O pai tem seu dever fundado na lei (dever legal). O salva-vidas obriga-se, por sua profissão, a evitar o resultado (dever de garante). O nadador do último exemplo fez o convite e, com esse comportamento, criou o risco (ingerência na norma).

4.2. Crime instantâneo e, excepcionalmente, permanente

De regra, a omissão de socorro consuma-se instantaneamente, sem que seu *iter criminis* se prolongue no tempo. Assim, quando o sujeito nota o perigo à vítima e se omite em auxiliá-la, a infração está completa e acabada. É possível, entretanto, que a conduta e a fase consumativa se protraiam no tempo. Imagine uma pessoa que se encontre repousando em uma casa isolada na zona rural e, durante à noite, uma criança abandonada acuda à porta e peça abrigo, mas o autor nada faz. Nesse caso, a fase consumativa prolongou-se no tempo e o crime, excepcionalmente, tornou-se permanente (fazendo incidir todas as consequências penais e processuais penais daí decorrentes)[25].

[25] Como a contagem do prazo prescricional (CP, art. 111, III) e a caracterização do flagrante delito (CPP, art. 303).

4.3. O encontro da vítima

Discute-se se a norma penal exige, para a existência do crime, que se dê o *encontro da vítima*. Hungria expressamente se refere a tal necessidade[26]. Parece-nos, todavia, que esta exegese não se justifica no direito brasileiro. Isto porque, diversamente do que se dá em outras legislações, nosso Código não insere o "encontro do periclitante" como elemento típico. É relevante notar, aliás, que ao tempo da elaboração do Código Penal, quando a Comissão Revisora analisava o Projeto Alcântara Machado, modificaram a redação do dispositivo suprimindo, justamente, tal exigência[27].

Assim, por exemplo, se um nadador é informado por terceiro que, ali próximo, há alguém se afogando e sua intervenção é a única maneira de salvar a vida da vítima, mas aquele permanece inerte e o periclitante vem a morrer, comete omissão de socorro.

5. TIPO SUBJETIVO

Cuida-se de delito punível somente a título de dolo. O dolo é de *perigo*, vale dizer, expor a vida ou a saúde de outrem a um risco. O dolo, ademais, pode ser *direto* (a pessoa quis deixar de prestar a assistência ou convocar o socorro da autoridade pública) ou *eventual* (consentiu em não fazê-lo). Não importa investigar o porquê da inatividade consciente e voluntária: se houve preguiça, egoísmo, medo, ou qualquer outro motivo, somente poderão ter relevância na dosagem da pena (jamais na caracterização do ilícito).

Não se pune a omissão de socorro culposa. Logo, não há crime quando o agente não tem consciência do perigo em que está a vítima (ainda que isto lhe fosse previsível) ou não se dá conta de que pode intervir para ajudá-la. Deve existir, portanto, o "conhecimento de sua capacidade real de agir"[28].

6. SUJEITOS DO CRIME

6.1. Sujeito ativo

A omissão de socorro constitui crime comum, que pode ter qualquer pessoa como sujeito ativo. Se várias pessoas observarem alguém em perigo e se omitirem, todos responderão pelo crime. Se um deles agir e salvar a pessoa, não haverá delito por parte de ninguém, mesmo se os demais recusaram-se a fornecer auxílio.

"Se várias são as pessoas que omitem o socorro devido, todas ficam sujeitas às penas legais, porque a existência de uma pluralidade de obrigações concorrentes em nada diminui o vigor de cada uma delas. Mas, desde que alguma tome as providências

[26] Op. cit., v. V, p. 396.

[27] Nesse sentido: João Bernardino Gonzaga, op. cit., p. 135-139.

[28] Mario Garrido Montt, *Derecho penal*: parte especial, t. III, p. 240.

suficientes, ficam isentas de fazê-lo as demais, mesmo porque seria aberrante considerar crime a falta de auxílio a quem já está sendo convenientemente assistido. Salvo, é óbvio, se o perigo grave e iminente ainda perdura e a cooperação de um terceiro também se faz necessária para haver maior probabilidade de afastar o dano temido"[29].

A conclusão de que a intervenção eficaz de uma pessoa exclui a responsabilidade penal dos omitentes, que nas mesmas condições poderiam ter prestado auxílio, é reforçada pela ausência de qualquer ressalva no texto legal em sentido contrário. Note que o Código de Trânsito, ao cuidar da omissão de socorro na direção de veículo automotor (art. 304), não permite que se adote semelhante conclusão porque, de maneira expressa, estatui que "incide nas penas previstas neste artigo o condutor do veículo, ainda que a sua omissão seja suprida por terceiros ou que se trate de vítima com morte instantânea ou com ferimentos leves".

6.2. Sujeito passivo

A norma exige determinadas condições especiais do sujeito passivo ou circunstâncias especiais que o coloquem em situação de risco. Só podem ser vítimas desse crime, portanto, (a) crianças abandonadas, (b) crianças extraviadas, (c) pessoas inválidas, (d) pessoas feridas, (e) pessoas ao desamparo, (f) pessoas em grave e iminente perigo.

6.2.1. Crianças

A proteção legal dirige-se, em primeiro lugar, às crianças (indivíduos com até 12 anos incompletos, segundo critério do Estatuto da Criança e do Adolescente). É necessário que a criança encontre-se abandonada ou tenha sido extraviada.

Entende-se por criança abandonada aquela deixada ao desamparo por seus responsáveis legais (é a vítima de um dos crimes descritos nos arts. 133 ou 134 do CP).

Criança extraviada é a que se perdeu (por qualquer motivo) de seus responsáveis e não possui meios para restabelecer esse contato.

Nesses casos, o perigo é presumido por lei, dada a evidente condição de desamparo do sujeito passivo[30].

6.2.2. Demais pessoas

Também podem ser vítimas as pessoas (adultos ou crianças) inválidas, feridas, desamparadas ou em grave e iminente perigo.

---

29 João Bernardino Gonzaga, op. cit., p. 146-147.

30 João Bernardino Gonzaga tinha opinião diversa: "... pensamos que o simples fato de estar abandonada ou extraviada uma criança não estabelece uma presunção absoluta da presença do perigo que gera o dever de assistência penalmente sancionado. Porque se é certo que toda criança entregue a si mesma fica exposta a riscos, para haver o delito de que se trata é preciso algo mais: deve haver uma ameaça contra os bens materiais que a lei protege, mas ameaça séria, cuja provavelmente próxima conversão em grave dano justifique a imposição de uma pena a quem omitir o devido auxílio" (op. cit., p. 116-117).

Nesse caso, o perigo deve ser concreto. Significa que não basta esteja a pessoa ferida, exigindo-se que a lesão provoque um perigo grave e iminente. O mesmo raciocínio se aplica às pessoas inválidas, desamparadas.

O dispositivo legal separa claramente as duas situações, ou seja, crianças abandonadas ou extraviadas (perigo presumido) e pessoas inválidas etc., ou em grave e iminente perigo (real). Com referência a estas pessoas, o método legal é o da interpretação analógica, ou seja, uma cláusula genérica seguida (ou antecedida) de hipóteses casuísticas. *In casu*, o gênero é o "perigo grave e iminente" e as hipóteses específicas, pessoas inválidas, feridas etc. Também nesses casos, como se dá na interpretação analógica, não se pode abrir mão da regra geral (o perigo grave e iminente).

Entendem-se inválidos os portadores de deficiência física ou mental (permanente ou transitória) que os impeça de arrostar o perigo.

Pessoas feridas são as que possuem lesões de tal monta que a exponham a um risco pessoal que, sozinhas, não possam afastar.

Desamparados são aqueles que não têm a quem recorrer, ou seja, não possuem qualquer tipo de assistência que lhes possibilite afastar o risco grave e iminente.

6.2.3. Relação de parentesco entre os sujeitos ativo e passivo

Se existir os sujeitos ativo e passivo forem ascendentes ou descendentes um do outro, o fato não será enquadrado como omissão de socorro, mas *abandono material.* O art. 244, *caput*, parte final, do CP, descreve como delito o ato de: "deixar de socorrer descendente ou ascendente, gravemente enfermo". Poder-se-ia qualificar esta forma de abandono material como uma espécie distinta de "omissão de socorro". Por um lado, a norma do art. 244 é mais estrita, porquanto se refere apenas à situação de perigo decorrente de grave enfermidade. De outra parte, é mais ampla, porque pune o ato de deixar de socorrer amplamente, o que abrange não só o socorro físico, mas também moral ou material.

6.2.4. Recusa da vítima ao socorro

A recusa da vítima ao auxílio de alguém não o isenta de responsabilidade pelo crime de omissão de socorro. Isto porque tal recusa somente pode ser válida quando o perigo não é letal e, mesmo quando não o for, não afasta a exigência de que o autor peça o socorro da autoridade pública (parte final do *caput* do art. 135).

7. CONSUMAÇÃO E TENTATIVA

7.1. Consumação

Cuida-se de crime omissivo próprio, cuja consumação se dá com a abstenção do sujeito ativo, independentemente da produção de qualquer resultado naturalístico.

Isto significa que a infração subsistirá, ainda que o perigo que rondava a vítima não se converta em dano ou lesão. Assim, por exemplo, a infração estará consumada se uma pessoa deixou de prestar assistência ou informar a autoridade pública sobre o risco, mas a pessoa ferida conseguiu sobreviver por qualquer motivo (como o socorro posterior de terceiros).

7.2. Tentativa

A omissão de socorro, por se tratar de crime omissivo próprio, ***não admite a forma tentada***.

8. FIGURA AGRAVADA

A pena será aumentada pela metade se a vítima sofrer lesão corporal grave e triplicada, se morrer. Deve-se recordar que o resultado que agrava especialmente a pena do crime somente pode ser imputável se o agente concorreu para com ele, ao menos culposamente (CP, art. 19). Assim, a caracterização dessa forma mais severa dependerá de saber se o resultado (lesão grave ou morte) era previsível ou foi desejado pelo agente.

O fato de desejar ou anuir com a morte (*animus necandi*) ou com a lesão grave (*animus laedendi*) *não desclassifica* o comportamento para crimes contra a vida ou lesões corporais, justamente porque, no art. 135 do CP, ***o agente não dá causa ao procedimento que produz a lesão ou a morte – ele não realiza atos tendentes a este fim. Não é, ademais, garantidor da não produção do resultado (nos termos do art. 13, § 2º, do CP).***

As hipóteses de lesão corporal grave encontram-se no art. 129, §§ 1º e 2º, e foram estudadas no item 9, quando da análise do delito de lesão corporal.

9. CONFLITO APARENTE DE NORMAS

9.1. Omissão de socorro e o Código de Trânsito

O Código de Trânsito Brasileiro (Lei n. 9.503, de 1997) tipifica, em seu art. 304, a omissão de socorro na direção de veículo automotor.

Esse crime especial exige que o sujeito ativo seja condutor de veículo automotor, envolvido em acidente de trânsito (que não tenha provocado).

Eis o tipo penal:

"Deixar o condutor do veículo, na ocasião do acidente, de prestar imediato socorro à vítima, ou, não podendo fazê-lo diretamente, por justa causa, deixar de solicitar auxílio da autoridade pública: Penas – detenção, de 6 (seis) meses a 1 (um) ano, ou multa, se o fato não constituir elemento de crime mais grave. Parágrafo único. Incide nas penas previstas neste artigo o condutor do veículo, ainda que a sua omissão seja suprida por terceiros ou que se trate de vítima com morte instantânea ou com ferimentos leves".

Se o motorista provocou o acidente e, em seguida, deixou de prestar socorro à vítima, responde por homicídio culposo ou lesão culposa de trânsito (CTB, arts. 302 e 303), agravados pela omissão de socorro (CTB, arts. 302, parágrafo único, III, e 303, parágrafo único).

Anote-se que o condutor de um automóvel pode ser enquadrado no art. 135 do CP, quando, não tendo sido o causador do acidente de trânsito, perceba que há uma pessoa ferida, em grave e iminente perigo e deixe de socorrê-la (não existindo qualquer risco pessoal) ou não informe à autoridade pública a respeito.

9.2. Omissão de socorro e o Estatuto do Idoso

O Estatuto do Idoso (Lei n. 10.741, de 2003) também descreve modalidade especial de omissão de socorro. O fator especializante, nesse caso, é a idade da vítima: deve ser pessoa com 60 anos ou mais.

O tipo penal, ainda, descreve como forma de omissão de socorro a idoso o ato de "recusar, retardar ou dificultar sua assistência à saúde, sem justa causa, ou não pedir, nesses casos, o socorro de autoridade pública", punindo-o com detenção de seis meses a um ano e multa.

Também contém a lei forma agravada: "A pena é aumentada de metade, se da omissão resulta lesão corporal de natureza grave, e triplicada, se resulta a morte" (parágrafo único).

9.3. Omissão de socorro e o homicídio culposo

A pena do homicídio culposo será aumentada em um terço quando "o crime resulta de inobservância de regra técnica de profissão, arte ou ofício, ou se o agente deixa de prestar imediato socorro à vítima, não procura diminuir as consequências do seu ato, ou foge para evitar prisão em flagrante" (art. 121, § 4º).

Como se nota, uma das circunstâncias que agrava a pena refere-se justamente à omissão de socorro, desde que o agente possa fazê-lo sem risco pessoal. De ver que, nesse caso, o agente foi o provocador da relação de causalidade que conduziu à morte e, ainda que pudesse, não presta socorro ao sujeito passivo. É dizer, *ele é o provocador da morte*. A incidência do agravamento decorrente da omissão de socorro afasta a aplicação do art. 135 do CP, pelo princípio da subsidiariedade implícita.

O fundamental, portanto, reside em verificar se o sujeito que omitiu o socorro exerceu ou não influência no desencadear do processo letal. Se a resposta for afirmativa, o crime é de homicídio culposo com o aumento de pena. Em caso negativo, aplica-se somente a norma do art. 135 do CP.

9.4. Omissão de socorro no Código Penal Militar

O Código Penal Militar (Decreto-Lei n. 1.001/69) tipifica a omissão de socorro nos seguintes termos: "Deixar o comandante de socorrer, sem justa causa, navio de guerra ou mercante, nacional ou estrangeiro, ou aeronave, em perigo, ou náufragos que hajam pedido socorro: Pena – suspensão do exercício do posto, de um a três anos ou reforma" (art. 201).

10. CLASSIFICAÇÃO JURÍDICA

Trata-se de crime omissivo próprio ou puro (o verbo nuclear corresponde a um *non facere*), de forma livre (pode ser praticado por qualquer meio executório), comum (não requer qualidade especial do sujeito ativo), de mera conduta (a lei penal não descreve qualquer resultado naturalístico), salvo nas figuras qualificadas, de ameaça ou perigo abstrato (a lei presume o perigo, que se considera inerente à conduta), instantâneo (seu resultado ocorre instantaneamente) e, em casos excepcionais, permanente (o resultado se prolonga no tempo), unissubjetivo ou de concurso eventual (admite cometimento por uma só pessoa ou várias, em concurso) e unissubsistente (seu *iter criminis* não permite fracionamento).

11. PENA E AÇÃO PENAL

A pena é de detenção, de um a seis meses, ou multa (infração de menor potencial ofensivo – Lei n. 9.099/95).

A ação penal é pública incondicionada. A iniciativa, destarte, fica a cargo, exclusivamente, do Ministério Público, incidindo, via de consequência, os princípios da obrigatoriedade, da indisponibilidade, da oficialidade, da intranscendência e da indivisibilidade da ação penal.

ART. 135-A – CONDICIONAMENTO DE ATENDIMENTO MÉDICO-HOSPITALAR EMERGENCIAL

1. DISPOSITIVO LEGAL

Condicionamento de atendimento médico-hospitalar emergencial

Art. 135-A. Exigir cheque-caução, nota promissória ou qualquer garantia, bem como o preenchimento prévio de formulários administrativos, como condição para o atendimento médico-hospitalar emergencial:

Pena – detenção, de 3 (três) meses a 1 (um) ano, e multa.

Parágrafo único. A pena é aumentada até o dobro se da negativa de atendimento resulta lesão corporal de natureza grave, e até o triplo se resulta a morte.

2. ANTECEDENTES

Os estabelecimentos de saúde brasileiros adotaram, durante muitos anos, a rotina de exigir de pacientes ou familiares a concessão de garantia financeira como forma de condicionar a prestação de atendimento médico-hospitalar, inclusive em situações emergenciais.

Essa inaceitável conduta já era considerada ilícita pelo Código Civil e pelo Código de Defesa do Consumidor, os quais impedem a cobrança de valores antecipados ou exigência excessiva ao consumidor como condição para a prestação de serviços. Além disso, existe vedação constante da Resolução Normativa n. 44, de 2003, da Agência Nacional de Saúde Complementar.

Alguns Estados da Federação, inclusive, elaboraram legislação tendente a coibir tal prática abusiva.

O povo fluminense conta com a Lei n. 3.426, de 21-6-2000, que dispõe, em seu art. 1º: "Fica proibida a exigência de depósito prévio de qualquer natureza, para possibilitar internação de doentes em situação de urgência e emergência (estado de sofrimento intenso e/ou risco de vida), em clínicas ou hospitais da rede pública ou privada no Estado do Rio de Janeiro".

Os paulistas, de sua parte, têm em seu âmbito a Lei n. 14.471, de 2011, a qual contém semelhante proibição, impondo ao hospital ou clínica a obrigação de devolver ao paciente em dobro o valor pago e a pagar uma multa entre R$ 17.480,00 e R$ 174.500,00.

Com o advento da Lei n. 12.653, de 28-5-2012, que inseriu no Código Penal o art. 135-A, em vigor desde o dia 29 de maio do ano citado, o ato se tornou penalmente típico. Trata-se de *novatio legis* incriminadora e, dado seu caráter gravoso, por ampliar o direito de punir estatal, não se aplica a fatos ocorridos antes de sua entrada em vigor.

3. VALOR PROTEGIDO (OBJETIVIDADE JURÍDICA)

A norma penal volta-se à proteção da vida, da saúde e da integridade física e psíquica dos pacientes necessitados de atendimento médico-hospitalar emergencial.

4. TIPO OBJETIVO

O verbo nuclear consiste em *exigir*, isto é, impor, compelir, forçar, determinar, constranger alguém a fazer algo.

Há, como elementar do tipo, uma ameaça (expressa ou implícita) na atitude do representante do estabelecimento de saúde, consistente em negar o atendimento urgente caso a imposição não seja acolhida.

A exigência deve ser relativa à entrega de:

a) *cheque-caução:* título cambiário em que o cheque, ordem de pagamento à vista, é desnaturado de sua configuração original, tornando-se uma promessa de pagamento futuro;

b) *nota promissória:* título de crédito que consubstancia uma promessa de pagamento efetuada pelo emissor;

c) *qualquer (outra) garantia:* pode ser, portanto, pessoal (assinatura de um instrumento de confissão de dívida) ou real (entrega de objetos de valor);

d) *preenchimento prévio de formulários administrativos.*

Note-se que o caráter criminoso da conduta requer esteja a exigência ligada à realização de *atendimento emergencial*, ou seja, casos em que se faz necessária uma pronta intervenção, sob pena de agravamento iminente do estado de saúde da pessoa ou perigo de morte.

5. CONCORDÂNCIA DOS FAMILIARES COM A PRESTAÇÃO DA GARANTIA

Mostra-se irrelevante, pois a proibição de que os estabelecimentos de saúde façam a exigência da prestação prévia de garantia ou o preenchimento de formulários administrativos é norma cogente. O paciente e familiares, ademais, dado seu estado de aflição psicológica, ainda que aquiesçam, jamais o farão livremente.

6. TIPO SUBJETIVO

Trata-se do *dolo*, ou seja, o representante do estabelecimento de saúde deve atuar de modo consciente e voluntário, impondo ao paciente ou a quem o represente a necessidade de concederem a garantia ou de preencherem o formulário como condição para o atendimento emergencial.

7. SUJEITOS DO CRIME

O sujeito ativo é o representante do estabelecimento de saúde que efetuar a exigência, bem como todos aqueles que concorrerem para sua elaboração, como o diretor do hospital que ordena os funcionários a condicionarem o atendimento à concessão da garantia ou ao preenchimento do formulário. O vínculo profissional, direto ou indireto, com o estabelecimento hospitalar constitui condição indispensável para que alguém figure como autor do crime. Cuida-se, portanto, de *crime próprio*. Outras pessoas podem ocupar a posição de coautores ou partícipes.

O sujeito passivo é a pessoa a quem se deveria prestar o atendimento emergencial (isto é, o paciente) e aqueles de quem se exigiu a garantia (familiares ou terceiros que postularam a concessão do serviço médico de urgência).

8. CONSUMAÇÃO E TENTATIVA

O crime se consuma com a mera exigência, pouco importando se o atendimento efetivamente ocorra e, ao final, devolva-se à vítima a garantia econômica previamente obtida. O *delito* é, portanto, *formal ou de consumação antecipada.*

Não se admite, de regra, a tentativa, dado o caráter unissubsistente da infração.

Se o atendimento, porém, for negado, poderá o agente responder pela figura agravada, a seguir examinada.

9. FORMAS AGRAVADAS

A pena é *aumentada* até o *dobro* se da negativa de atendimento *resulta lesão corporal de natureza grave*, e até o *triplo*, se *resulta a morte.*

Esses resultados constituem *condições de maior punibilidade* e, para serem imputados ao sujeito ativo do crime do art. 135-A, devem ser *previsíveis*, o que, de regra, será fácil demonstrar, porque se pressupõe que o sujeito ativo tenha conhecimento do estado de saúde grave do paciente ao negar-lhe o atendimento. Vale lembrar que as hipóteses de lesão corporal grave encontram-se no art. 129, §§ 1º e 2º, e foram estudadas no item 9, quando da análise do delito de lesão corporal.

10. AVISO NO ESTABELECIMENTO

De acordo com o art. 2º da Lei n. 12.650, o estabelecimento de saúde que realize atendimento médico-hospitalar emergencial deve afixar, em local visível, cartaz ou equivalente, com a informação de que "constitui crime a exigência de cheque-caução, de nota promissória ou de qualquer garantia, bem como do preenchimento prévio de formulários administrativos, como condição para o atendimento médico-hospitalar emergencial, nos termos do art. 135-A do Decreto-Lei n. 2.848, de 7 de dezembro de 1940 – Código Penal".

11. CLASSIFICAÇÃO JURÍDICA

Trata-se de crime doloso, próprio (exige-se qualidade especial do sujeito ativo, consistente no vínculo com o estabelecimento hospitalar), unissubjetivo ou de concurso eventual (pode ser cometido por uma só pessoa ou várias em concurso) formal ou de consumação antecipada (atinge sua realização integral com a mera exigência da entrega da garantia), unissubsistente (como regra) e instantâneo (sua consumação não se prolonga no tempo).

12. PENA E AÇÃO PENAL

A pena cominada à forma simples é de detenção, de três meses a um ano, e multa. Cuida-se de *infração de menor potencial ofensivo* (Lei n. 9.099/95). Também é de competência do Juizado Especial Criminal quando houver negativa de atendimento e resultar lesão corporal grave.

Se resultar morte, o fato será de competência do Juízo Comum, devendo observar o procedimento sumário, admitindo-se, não obstante, a suspensão condicional do processo, prevista no art. 89 da Lei n. 9.099/95.

A ação penal é de iniciativa pública incondicionada.

ART. 136 – MAUS-TRATOS

1. DISPOSITIVO LEGAL

Maus-tratos

Art. 136. Expor a perigo a vida ou a saúde de pessoa sob sua autoridade, guarda ou vigilância, para fim de educação, ensino, tratamento ou custódia, quer privando-a de alimentação ou cuidados indispensáveis, quer sujeitando-a a trabalho excessivo ou inadequado, quer abusando de meios de correção ou disciplina:

Pena – detenção, de 2 (dois) meses a 1 (um) ano, ou multa.

§ 1º Se do fato resulta lesão corporal de natureza grave:

Pena – reclusão, de 1 (um) a 4 (quatro) anos.

§ 2º Se resulta a morte:

Pena – reclusão, de 4 (quatro) a 12 (doze) anos.

§ 3º Aumenta-se a pena de um terço, se o crime é praticado contra pessoa menor de 14 (quatorze) anos.

2. VALOR PROTEGIDO (OBJETIVIDADE JURÍDICA)

Os valores protegidos pela norma penal encontram-se bem definidos no *caput* da disposição: a vida ou a saúde das pessoas.

A *mens legis* reside na punição do abuso dos meios de correção e disciplina, de modo a evitar os excessos[31] que ponham em risco aos valores acima citados, incidindo, inclusive, a Lei 11.340/2006 se o excesso for praticado contra mulher[32].

---

[31] "O pátrio poder autoriza a correção dos atos dos filhos pelos pais, contudo essa prerrogativa encontra limites no respeito à integridade física e mental dos menores, sendo o excesso tipificado como crime de maus tratos (art. 136 do CP)" (STJ, REsp 1.324.976/DF, rel. Min. Sebastião Reis Júnior, 6ª T., j. 21-3-2013, *DJe* de 10-4-2013). Nesse sentido, ver também: TJGO, ApCr 220616-14.2016.8.09.0167, rel. Des. Itaney Francisco Campos, 1ª CCr. j. 9-5-2019.

[32] "O excesso na imposição de castigo pelo pai à filha menor que com ele coabita atrai a incidência do art. 5º da Lei Maria da Penha, quando observado que a violência, além de estar estritamente ligada ao contexto familiar, decorre inequivocamente da vulnerabilidade do gênero feminino e da hipossuficiência ou inferioridade física da vítima frente àquele que é imputado como seu algoz.

3. TIPO OBJETIVO

O comportamento nuclear consiste na exposição a perigo para a vida ou a saúde. Cuida-se da situação em que o sujeito ativo permite que tais bens fundamentais sofram risco de perecimento.

O delito é de forma vinculada, porquanto a lei prescreve taxativamente os meios pelos quais o agente pode praticá-lo. Para que exista a infração, portanto, é necessário que a exposição a perigo tenha sido praticada:

a) privando a vítima de alimentação (não totalmente, mas somente ao ponto de causar perigo) ou cuidados indispensáveis (que digam respeito direta ou indiretamente à saúde);

b) sujeitando o ofendido a trabalhos excessivos (o qual produza fadiga extraordinária) ou inadequados (impróprio para a condição da vítima);

c) abusando dos meios de correção ou disciplina (são exemplos: agredir uma criança com violentos golpes contundentes, fazê-la ajoelhar no milho por várias horas).

O Estatuto da Criança e do Adolescente reconhece a toda criança e adolescente "o direito de ser educados e cuidados **sem o uso de castigo físico ou tratamento cruel ou degradante**, como formas de correção, disciplina, educação ou qualquer outro pretexto, pelos pais, pelos integrantes da família ampliada, pelos responsáveis, pelos agentes públicos executores de medidas socioeducativas ou por qualquer pessoa encarregada de cuidar deles, tratá-los, educá-los ou protegê-los" (art. 18-A, inserido pela Lei n. 13.010, de 26-6-2014).

O texto citado define como castigo físico a "ação de natureza disciplinar ou punitiva aplicada com o uso da força física sobre a criança ou o adolescente que resulte em: a) sofrimento físico; ou b) lesão".

De acordo com o ECA, ainda, ocorre tratamento cruel ou degradante quando há "conduta ou forma cruel de tratamento em relação à criança ou ao adolescente que: a) humilhe; ou b) ameace gravemente; ou c) ridicularize".

Esses critérios devem servir como diretriz para a tipificação da conduta do responsável pelo menor como maus-tratos.

Pensamos, ainda, que se deve levar em consideração o nível sociocultural da família, bem como o costume local. O abuso ou excesso, ademais, diz respeito ao castigo imposto, e não à eventual injustiça da punição.

Há um elemento subjetivo indispensável na disposição, consistente em agir com o fim de educação, ensino, tratamento ou custódia.

É dizer, quando constatado que a condição de mulher da vítima foi fator determinante para a agressão supostamente perpetrada por seu genitor. Recurso especial provido para determinar o retorno do caso ao Juizado de Violência Doméstica e Familiar contra a Mulher" (STJ, REsp 1.616.165/DF, rel. Min. Rogerio Schietti Cruz, 6ª T., j. 12-6-2018). No mesmo sentido: TJDFT, Ac. 1241853, ApCr 00049370920188070016, rel. Des. J.J. Costa Carvalho, 1ª T. Criminal, j. 2-4-2020.

Educação é a atividade, de caráter docente, voltada ao aperfeiçoamento do aluno, sob o ponto de vista técnico, em qualquer área do conhecimento.

A expressão ensino tem conotação mais abrangente, referindo-se à transmissão de qualquer aprendizado, ainda que sem natureza técnica, como o ato de ensinar o filho a ter bons modos.

O tratamento diz respeito à consecução de atos voltados à cura de moléstias.

A custódia, por fim, refere-se à detenção de uma pessoa, para o cumprimento de objetivos previstos em lei.

Comete o crime o pai que castiga violentamente o filho, produzindo-lhe lesões (agredindo-o com um soco no olho, por exemplo, deixando um hematoma)[33], ou a mãe que deixa a criança sem se alimentar por uma semana, para puni-la em razão de alguma conduta inadequada de sua parte.

Veja o seguinte exemplo colhido da jurisprudência: "Maus-tratos. Poder disciplinar dos pais. Castigo imoderado. Infração penal. Reconhecimento. Imposto castigo imoderado aos filhos, cabe a condenação da mãe por maus-tratos por ter empregado o seu poder disciplinar fora dos limites da razoabilidade e proporcionalidade"[34]. No caso concreto, a genitora munira-se de um fio elétrico, com o qual passou a surrar seus filhos, causando-lhes lesões corporais, porque haviam furtado doce em um mercado. No acórdão, o relator assentou que o castigo imoderado "é aquele que atenta contra a dignidade da pessoa humana e ofende o princípio da proteção integral da infância e da juventude, tornando a criança objeto de violência e crueldade (art. 217 da Constituição Federal e arts. 5º, 18 e 70 do Estatuto da Criança e do Adolescente)".

Pode-se citar, ainda, o seguinte julgado: "(...) padrasto da vítima, que, aliado a sua então companheira, banhavam criança de 2 (dois) anos com água fria durante o inverno e agrediam-na fisicamente, a fim de ensinar a não fazer suas necessidades fisiológicas (urinar e defecar) em suas vestes. Abuso no meio de disciplinar, para fins supostamente educacionais, que expuseram a risco e causaram danos à saúde do ofendido (...)"[35].

Atos de correção ou disciplina que possuam caráter apenas vexatório não configuram maus-tratos, porque incapazes de gerar o perigo ao bem protegido, mas podem caracterizar injúria.

Não se pode esquecer, por fim, que se pode aplicar alguma excludente em favor do sujeito ativo. Imagine-se a situação da mãe humilde que, em desespero e sem poder arcar com tratamento adequado, acorrenta o filho na cama para evitar que ele saia do local e compre drogas, alimentando seu vício incontrolável (inexigibilidade de conduta diversa).

---

33 Pai que agride violentamente filho com cinta e o deixa trancado no quarto por cinco horas em seu quarto também foi considerado maus-tratos (TJRO, AP 0000940-05.2016.822.0005, rel. Des. Daniel Ribeiro Lagos, 1ª CCr, j. 25-5-2017).

34 TJSP, ApCr 993.07.026280-0, rel. Des. Willian Campos, j. 14-4-2009.

35 TJSC, AP 0001106-47.2014.8.24.0071, rel. Des. Ernani Guetten de Almeida, j. 13-6-2017.

4. TIPO SUBJETIVO

O delito somente é previsto na forma dolosa. Exige a vontade e a consciência expor a vida ou a saúde da vítima a perigo.

Há, ademais, um elemento subjetivo específico do tipo, consistente em fazê-lo com *o fim de educar, ensinar, tratar ou custodiar* (*animus corrigendi, disciplinandi*)[36].

Isso reforça a conclusão de que *o dolo da infração deve ser exclusivamente de perigo*. Se houver dolo de dano, altera-se a classificação jurídica do fato, que poderá constituir lesão corporal, tortura ou homicídio (tentado ou consumado).

5. SUJEITOS DO CRIME

5.1. Sujeito ativo

Somente pode cometê-lo a pessoa que possuir com a vítima relação de autoridade, guarda ou vigilância, por exemplo, pais, tutores, curadores, diretores de escola, professores, enfermeiros, babás, carcereiros (crime próprio).

Essa relação entre os sujeitos ativo e passivo constitui *conditio sine qua non* para a existência dos maus-tratos. Sem ela, pode ocorrer outro crime, como a lesão corporal ou a periclitação da vida ou da saúde alheia (CP, arts. 129 ou 132).

5.2. Sujeito passivo

Somente aquele que esteja sob guarda, autoridade ou vigilância do sujeito ativo (p. ex., preso, sujeito a medida de segurança, doente hospitalizado ou sob os cuidados de alguém em sua residência, filhos, tutelados, curatelados).

---

36 Nesse sentido: "Apelação crime – violência doméstica – maus-tratos – art. 136, *caput*, do Código Penal – correção de ato de filha no ambiente familiar – ausência de dolo de maus tratos – absolvição – os fatos descritos na denúncia não constituem infração penal – exercício do *jus corrigendi* – embora o tapa tenha sido utilizado inadequadamente como meio de correção e educação, excedendo os limites do exercício regular de direito, não houve dolo – vítima que reconheceu a legitimidade do pai em corrigi-la – infração criminal afastada – absolvição mantida." No presente caso, "o Pai aplicou castigo corporal, exclusivamente em razão da rebeldia de sua filha que além de andar desobediente havia furtado um celular e o dinheiro da igreja, fazendo-o com o objetivo de educá-la, jamais com o intuito de lesioná-la (...). Desta forma, percebe-se que, embora sua conduta tenha gerado leves lesões em sua filha, foi utilizado – inadequadamente, diga-se de passagem –, como meio de corrigi-la restando clara a ausência de dolo *laedendi*" (TJPR, AP 15632405, rel. Des. Antonio Loyola Vieira, 1ª CCr, j. 9-3-2017). Ver também: "(...) Havendo provas nos autos de que a acusada exagerou nos meios de correção e disciplina, causando lesões à vítima, contudo, com a nítida intenção de repreendê-la e emendá-la, deve responder pelo crime de maus-tratos. (...)" (TJMG, ApCr 1.0301.18.006687-2/001, rel. Des. Marcílio Eustáquio Santos, 7ª CCr., j. 3-6-2020).

Em face da necessidade de que tanto o sujeito ativo quanto o passivo detenham qualidades especiais, cuida-se de delito *bipróprio*.

6. CONSUMAÇÃO E TENTATIVA

6.1. Consumação

Os maus-tratos configuram delito material; equivale a dizer que o tipo penal descreve uma conduta e um resultado naturalístico, exigindo ambos para efeito de consumação.

A conduta típica se traduz no ato do pai, tutor, guardião etc., tendente a educar, ensinar, tratar ou custodiar e o resultado se verifica no perigo real à vida ou à saúde (inclusive mental) do ofendido, traduzido no excesso dos meios corretivos ou de disciplina, com a produção de lesões corporais, humilhação desarrazoada, trauma psicológico etc.

6.2. Tentativa

Admite-se o *conatus*, porquanto se trata de crime plurissubsistente. É possível, por exemplo, que o pai imponha como castigo ao filho a privação de sua alimentação, mas outrem se encarregue de fornecer comida ao menor.

7. FORMAS QUALIFICADAS

Se do ato resultar lesão corporal grave (nos termos do art. 129, §§ 1º e 2º) ou morte, os maus-tratos passam a ser qualificados, isto é, punidos mais severamente, com mínimos e máximos punitivos diversos da forma simples. No primeiro caso, a pena é de reclusão, de um a quatro anos. No outro, é de reclusão, de quatro a doze anos.

As figuras assinaladas são exclusivamente *preterdolosas*. Se existir dolo (direto ou eventual) com relação à produção das lesões corporais ou da morte, não há maus-tratos, até porque o dolo de dano é incompatível com o crime de perigo do art. 136 do CP.

8. CONFLITO APARENTE DE NORMAS

O delito em estudo não se confunde com a lesão corporal (tentada ou consumada), com o homicídio (tentado ou consumado) ou com o crime de tortura.

A diferença fundamental reside no elemento subjetivo. Nos maus-tratos, a intenção é obrigatoriamente a de educar, ensinar, tratar ou custodiar. Na lesão corporal (art. 129 do CP), o sujeito atua com *animus laedendi*, isto é, dolo de dano consistente em produzir um menoscabo à saúde ou à integridade corporal do ofendido.

No homicídio, há *animus necandi*, ou seja, o ato praticado (por exemplo, a privação de alimentos), visa à morte do ofendido ou, então, com esse comportamento o agente assume o risco de produzir o evento letal.

No que tange à tortura, as figuras penais são ainda mais parecidas. Note que, em uma de suas formas, esse crime equiparado a hediondo dá-se quando o sujeito "submeter alguém, sob sua guarda, poder ou autoridade, com emprego de violência ou grave ameaça, a intenso sofrimento físico ou mental, como forma de aplicar castigo pessoal ou medida de caráter preventivo (pena: reclusão, de dois a oito anos)". Mais uma vez, deve-se frisar, a distinção principal encontra-se no elemento subjetivo. Na tortura, o objetivo não é educar etc. mas aplicar o castigo, que ganha importância como um fim em si mesmo. Além disso, neste delito os meios empregados produzem *intenso sofrimento físico ou mental*. Configurará tortura, por exemplo, acorrentar o tutelado no porão da residência como forma de aplicar castigo. Haverá maus-tratos, de outra parte, se a medida consistir em privá-lo de alimentação por uma semana, visando a educá-lo ou ensinar-lhe algo.

9. CLASSIFICAÇÃO JURÍDICA

Trata-se de crime de forma vinculada (o dispositivo legal delimita os meios executórios), próprio (requer qualidade especial do sujeito ativo), de mera conduta (a lei penal não descreve qualquer resultado naturalístico), salvo nas figuras qualificadas, de ameaça ou perigo concreto (a consumação dá-se com a exposição do bem jurídico a um risco), instantâneo (seu resultado ocorre instantaneamente), unissubjetivo ou de concurso eventual (admite cometimento por uma só pessoa ou várias, em concurso) e plurissubsistente (seu *iter criminis* permite fracionamento).

10. PENA E AÇÃO PENAL

A pena é de detenção, de dois meses a um ano, ou multa (infração de menor potencial ofensivo - Lei n. 9.099/95). Se resulta lesão grave: reclusão, de um a quatro anos (cabe suspensão condicional do processo - art. 89 da Lei dos Juizados Especiais) e reclusão, de quatro a doze anos, se resulta morte. Há causa de aumento de pena (§ 3º).

Os maus-tratos configuram delito de ação penal pública incondicionada. Essa regra aplica-se tanto à forma simples quanto às qualificadas.

Capítulo IV

DA RIXA (ART. 137)

1. DISPOSITIVO LEGAL

Rixa

Art. 137. Participar de rixa, salvo para separar os contendores:

Pena – detenção, de 15 (quinze) dias a 2 (dois) meses, ou multa.

Parágrafo único. Se ocorre morte ou lesão corporal de natureza grave, aplica-se, pelo fato da participação na rixa, a pena de detenção, de 6 (seis) meses a 2 (dois) anos.

2. HISTÓRICO

Há crimes cujos registros são encontrados nos documentos mais remotos da História. É o caso da rixa. O Código de Hammurabi já previa a punibilidade de quem participasse de rixa, desde que ocorressem lesões em alguém (não existia, contudo, como infração autônoma). Também os romanos se preocuparam com o assunto, haja vista a *necessidade de se estabelecer a justa punição quando diversas pessoas tomam parte em briga generalizada e não se sabe qual delas foi a responsável pelos resultados (lesões ou mortes)* – eis o fundamento da existência do tipo penal[1].

De início, na Roma Antiga, entendia-se que ninguém poderia ser punido quando não identificado o responsável pelos danos; depois, passou-se a responsabilização de todos quando houvesse a morte da vítima (art. 3º da Lei *Item Mela*). Durante a Idade Média, boa parte dos ordenamentos jurídicos buscaram como fonte o Direito Romano. Na atualidade, vários são os países que a punem.

---

[1] Segundo Américo Taipa de Carvalho, "na origem da criminalização da participação da rixa estiveram duas razões: a constatação sociológica de que as rixas terminam, não raramente, em morte ou lesão corporal grave de algum ou alguns dos intervenientes; a verificação processual da impossibilidade ou, pelo menos, grande dificuldade de provar qual dos participantes foi, nestas situações de rixa, o autor da morte ou das lesões graves" (*Comentário conimbricense do Código Penal:* parte especial, t. I, p. 314).

Em nossos Códigos de 1830 e 1890 a rixa não era prevista como delito autônomo. Vários foram os projetos de reforma da legislação penal que procuraram incorporá-la ao nosso ordenamento jurídico, sendo o último deles o Projeto Alcântara Machado, que, com as mudanças propostas pela Comissão Revisora, transformou-se no atual Código Penal.

Entendeu nosso legislador que deveria punir a rixa como fato independente e em capítulo próprio. Apesar do tratamento destacado, cuida-se de delito de perigo, como os previstos no capítulo anterior.

3. SISTEMAS DE INCRIMINAÇÃO DA RIXA

Existem dois sistemas de punição da rixa.

Há legislações que somente punem a rixa praticada em homicídio ou lesão corporal (é o caso da portuguesa[2], da argentina[3], da chilena[4]) e outras, como a brasileira, a espanhola[5] e a italiana[6], que a definem como delito específico, independentemente da superveniência desses resultados (que podem configurar condições de maior punibilidade).

4. CONCEITO

A conceituação de rixa é fundamental para a compreensão do dispositivo legal[7]. O tipo penal do art. 137 é *aberto*, porque não define em que ela consiste[8].

---

[2] Diz o art. 151º do Código Penal português: "Quem intervier ou tomar parte em rixa de duas ou mais pessoas, donde resulte morte ou ofensa à integridade física grave, é punido com pena de prisão de 2 anos ou com pena de multa até 240 dias". Deve-se registrar que a participação em rixa somente se tornou delito em Portugal com o Código Penal de 1982.

[3] O art. 95 do Código Penal argentino dispõe que "quando em rixa ou agressão em que tomarem parte mais de duas pessoas resultar morte ou lesões das determinadas nos arts. 90 e 91, sem que se constante quem as causou, ter-se-á por autores a todos os que exerceram violência sobre a pessoa da vítima e se aplicará reclusão ou prisão de dois a seis anos, no caso de morte, e de um a quatro anos, no caso de lesão".

[4] De acordo com o Código Penal do Chile, "cometendo-se um homicídio em rixa ou peleja e não se constatando o autor da morte, mas se os que causaram lesões graves ao ofendido, se imporá a todos pena de presídio menor ou seu grau médio" (art. 392).

[5] O Código Penal da Espanha tipifica a rixa nos seguintes termos: "Quem cometer rixa entre si, acometendo-se tumultuariamente, e utilizando de meios ou instrumentos que ponham em perigo a vida ou a integridade das pessoas, será punido por sua participação em rixa com a pena de prisão, de seis meses a um ano, ou multa superior a dois e até doze meses" (art. 154).

[6] A legislação italiana, nesse aspecto, é a mais próxima da brasileira, porquanto pune a rixa na forma simples, com pena mais reduzida, e com pena mais severa, se resulta morte ou lesão (art. 588 do CP italiano).

[7] Hungria cita diversos sinônimos, em linguagem popular: "sarilho", "rolo", "banzé", "chinfrim", "safarrusca", "fuzuê", "baderna" (*Comentários ao Código Penal*, 5. ed., v. VI, p. 14). A estes se poderia acrescentar: "bafafá", "arruaça", "quebra-quebra"

[8] Nicolini a definia como "um certo arrebatamento recíproco e precipitação das palavras, na mútua contradita e nos fatos, em cujo calor o homem é impulsionado ao extremo pela continuidade de

Ela é, em primeiro lugar, *uma situação de perigo*. Caracteriza-se por ser uma *briga súbita e generalizada*, da qual participam, *no mínimo, três pessoas*. Como dizia Flávio Queiroz de Moraes, "é o conflito que, surgindo de improviso entre três ou mais pessoas, cria para estas uma situação de perigo imediato à integridade corporal ou à saúde"[9].

Há, destarte, *três elementos indispensáveis* para a caracterização da rixa:

a) a *subitaneidade*, entendida como seu surgimento súbito e repentino, sem prévia combinação – é o evento que se dá *ex improviso*;

Há quem entenda possível existir rixa *ex proposito*, isto é, com prévio acerto entre os futuros contendores. Parece-nos, todavia, que esse acordo anterior descaracteriza a essência da rixa, fazendo surgir outros crimes, como periclitação da vida ou saúde de outrem (art. 132), lesões corporais (art. 129) ou homicídio (art. 121). *Vide* item 4.1, *infra*;

b) o *número mínimo de três pessoas* (se são apenas dois os envolvidos é impossível falar-se em rixa, até porque será plenamente determinável o causador dos danos nos envolvidos).

Nesse sentido, já decidiu o Tribunal de Justiça de São Paulo: "CRIME DE RIXA. IMPOSSIBILIDADE. *Não há que se falar em crime de rixa, quando existem apenas duas pessoas envolvidas na agressão*..."[10];

c) o *perigo* resultante do confronto (perigo não só para os que dela participam, mas para aqueles que se encontram próximos ao local em que ela se desenvolve). Esse perigo, entretanto, é presumido por lei e decorre da situação belicosa decorrente das agressões perpetradas pelos rixantes.

A rixa não se confunde com a mera agressão, em que um grupo ofende a saúde ou integridade corporal de outro grupo ou pessoa, os quais não reagem e, destarte, figuram apenas como vítimas[11].

---

um movimento agitado, quase sem se aperceber disso" (*Quistioni di diritto*, Napoli, 1869, 1/131, apud, Flávio de Queiróz Moraes, *Delito de rixa*). Sabatini a considerava "a ação coletiva improvisa e tumultuária, com recíprocas ofensas entre os participantes" (idem, ibidem, p. 24). Para Hungria, trata-se da "briga entre mais de duas pessoas, acompanhada de vias de fato ou violências recíprocas" (*Revista Penal e Penitenciária*, 3/2019, apud Flávio de Queiroz Moraes, op. cit., p. 32-33). *É de ver que o conceito jurídico-penal de rixa não se confunde com aquele válido para a legislação processual civil.* Com efeito, o art. 822 do CPC dispõe que "o juiz, a requerimento da parte, pode decretar o sequestro: I – de bens móveis, semoventes ou imóveis, quando lhes for disputada a propriedade ou a posse, havendo fundado receio de *rixas* ou danificações" (destaque nosso). O significado processual civil da rixa abrange: "quaisquer confrontos físicos que possam envolver as partes do processo ou terceiros em disputa pelo imóvel" (STJ, *RT* 738/243). O Novo CPC (Lei n. 13.105/2015) não contém dispositivo equivalente e, portanto, não faz mais o emprego do termo "rixa", de tal maneira que o único conceito subsistente na legislação é o do Código Penal.

9 Op. cit., p. 35.

10 ApCr 993.08.029.796-7, rel. Des. Amado de Faria, j. 5-5-2009. No Código Penal português dá-se a rixa quando nela intervém, pelo menos, duas pessoas (art. 151º).

11 Nesse sentido: "(...) Pleito de desclassificação para o crime de rixa (art. 137 do CP). Iimpossibilidade. Agressões dirigidas especificamente ao ofendido. Iinexistência de contenda generalizada.

Como lembram Pedro Franco de Campos e outros, ainda, "a rixa não pode ser confundida com crime multitudinário, porque, mesmo tendo como característica essencial a luta tumultuosa e confusa entre pessoas, os sujeitos do delito agem uns contra os outros com ataques recíprocos, e, no crime multitudinário, os sujeitos agem todos na mesma direção com fim determinado, sem ataques recíprocos. O exemplo clássico está no conhecido linchamento de uma pessoa por multidão"[12].

4.1. A subitaneidade

Em clássico magistério, Hungria afirmava: "Também não se pode dizer que a rixa seja sempre uma *improvisa certatio*. As mais das vezes, deriva de uma subitânea exaltação de ânimos; mas pode também ser 'preordenada' ou resultar *ex proposito*. Suponha-se, por exemplo, que dois grupos rivais de *foot-ballers* se desafiem para um reencontro corpo a corpo, que vem a realizar-se em local e hora marcados antevéspera. Não se poderia deixar de reconhecer, no caso, o crime de rixa"[13].

Parece-nos, contudo, que o insigne penalista não estava com a razão.

Rixa não se confunde com duelo (delito punido em algumas legislações na condição de fato autônomo, como é o caso da chilena – arts. 404 e s. e da argentina, arts. 97 e s.). De ver, ademais, que *o elemento subjetivo da rixa é incompatível com o prévio acordo*. Se existiu combinação anterior, decerto a intenção não será de rixar, mas de agredir, o que transmuda a infração para lesão corporal ou, se mais grave o propósito, para homicídio.

Basta examinar o exemplo de Hungria, em que dois grupos de torcedores combinam de encontrarem-se para um desafio mútuo e transportá-lo aos dias atuais. Será que alguém acreditaria possível, segundo o *id quod plerumque accidit*[14], que pretendiam somente participar de um "quebra-quebra". Decerto que não. Se houve a combinação anterior, é porque tencionavam, no mínimo, ferir o outro grupo. Não há, nesse caso, *animus rixandi*, mas *animus laedendi* (ou até *animus necandi*).

Já dizia Flávio Queiroz de Moraes há mais de meio século: "A verdade está em que *ninguém premedita rixa*, mas, sim, ofender a integridade corporal de alguém ou, mesmo, matá-lo"[15].

Condenação mantida. (...)" (TJSC, ApCr 0001727-44.2017.8.24.0037, rel. Des. Sidney Eloy Dalabrida, 4ª CCr., j. 6-2-2020).

12 *Direito penal aplicado*, p. 53.

13 Op. cit., 5. ed., v. VI, p. 18-19.

14 "Aquilo que normalmente acontece."

15 Op. cit., p. 42. O mesmo autor diz, em outro trecho de sua obra, "Compulsando inúmeros processos criminais, no exercício de nossas funções no Ministério Público paulista, não encontramos em mais de três lustros sequer um caso em que tivesse havido combinação entre adversários para, em determinado lugar, promoverem luta sem consequências maiores, ou melhor, em que fosse respeitada a integridade corporal e a saúde de todos. Quando inimigos marcam um encontro, é sempre com intenções mais graves e que fogem à noção de rixa, muito embora nesta se cometam por vezes até crimes de morte. Se outras pessoas intervêm por ocasião da contenda e há tumulto e o conflito

Bem por isso, Edgardo Donna a define como a "luta recíproca e confusa entre mais de duas pessoas, que tem lugar imprevista e instantaneamente, de forma rápida e desordenada, *sem acordo prévio*, de maneira tal que o desenlace saia do domínio dos participantes da contenda para ingressar no domínio desta"[16].

5. VALOR PROTEGIDO (OBJETIVIDADE JURÍDICA)

A tutela penal visa a defender a saúde e a vida das pessoas, zelando por sua incolumidade física. A proteção volta-se não só aos contendores na rixa, mas também a terceiros que possam ser atingidos pelos perigos dela decorrentes.

6. TIPO OBJETIVO

O dispositivo legal incrimina o ato de participar de rixa, salvo para separar os contendores.

Participar significa *tomar parte*, passar a integrar, incorporar, ativa ou passivamente (a participação omissiva pode ocorrer quando alguém possuir o dever jurídico de evitar o resultado e nada fizer, embora pudesse – caso do segurança de uma casa noturna que deixa a briga generalizada se desenrolar sem nada fazer para impedi-la).

A definição de rixa foi analisada no item acima e requer, como se viu, a existência de uma briga súbita e generalizada, envolvendo *mais de duas* pessoas e que resulte perigo para os contendores ou terceiros.

A disputa não pode se restringir, obviamente, a troca de ofensas, sendo *indispensável*, pelo menos, que chegue às *vias de fato*.

O perigo pode ser resultante dos meios empregados ou da própria confusão travada durante a luta e, como se disse, é presumido por lei.

É *desnecessário o contato físico* entre os rixantes, haja vista que a confusão pode se dar mediante arremesso de objetos.

Não se pode ignorar que a rixa é delito de perigo (abstrato). Justamente por isso, quando é possível identificar-se o causador das lesões ou da morte, isso faz com que surja o concurso de crimes entre a rixa e a infração a que deu causa e cujo resultado se lhe possa imputar objetivamente.

7. TIPO SUBJETIVO

Trata-se da consciência de que se contribui para uma briga generalizada e da vontade de fazê-lo (*animus rixandi*). Pode até ser que alguns dos envolvidos na confu-

---

se generaliza, isto será por resolução momentânea dos outros participantes, não se podendo, assim, afirmar, mesmo nesses casos, a existência de acordo prévio..." (op. cit., p. 41; grifo nosso).

[16] *Derecho penal*: parte especial, t. I, p. 296.

são atue *animus laedendi* ou *animus necandi*. Se for possível identificá-lo, responderá ele por lesão corporal ou homicídio (tentados ou consumados), em *concurso formal com a rixa*, enquanto aos demais (que agiram *animus rixandi*) somente se imputará a infração de perigo.

Não haverá o delito se os participantes atuarem *animus jocandi*, ou seja, com intenção jocosa.

8. SUJEITOS DO CRIME

8.1. Sujeito ativo

Qualquer pessoa pode figurar como autora de rixa, salvo aquele que dela toma parte com a finalidade única de separar os briguentos.

Deve-se lembrar que a rixa constitui *crime de concurso necessário ou plurissubjetivo*. Para sua existência é fundamental a pluralidade de agentes, com, *no mínimo, três pessoas*. Nesse cômputo, podem ser incluídas quaisquer pessoas, ainda que inimputáveis ou não identificadas.

De acordo com Pedro Franco de Campos, louvando-se nos ensinamentos de Heleno Cláudio Fragoso, "a participação na rixa é distinta da participação no crime de rixa. Na primeira (participação na rixa) o agente participa da luta, empreende agressão. Na segunda (participação no crime de rixa) apenas contribui para a rixa, instigando, auxiliando ou ajudando materialmente os contendores. Por força do art. 29 do Código Penal, não há diferença entre as modalidades de participação, salvo para fins do art. 59 do Código Penal"[17].

8.2. Sujeito passivo

Também pode ser qualquer pessoa. São tanto aqueles que tomam parte na confusão em que há, no mínimo, vias de fato, quanto terceiros que sofrem o perigo dela decorrente.

Configura a rixa delito em que *os envolvidos são sujeitos ativo e passivo ao mesmo tempo*.

9. CONSUMAÇÃO E TENTATIVA

9.1. Consumação

A infração está consumada quando a briga generalizada entre três ou mais pessoas tem início. Admite-se que alguém seja autor de rixa tomando parte em

---

[17] Op. cit., p. 51.

confusão já iniciada. É necessário que nela intervenha (direta ou indiretamente), salvo se o fizer com o intuito exclusivo de separar os contendores.

9.2. Tentativa

É admissível, porque alguém pode tentar tomar parte na confusão e ser impedido por terceiro (p. ex., o segurança do estabelecimento).

10. FORMA QUALIFICADA

Se durante a rixa ocorrer a morte ou lesão grave (CP, art. 129, §§ 1º e 2º) *em um dos envolvidos ou em terceiros* que se encontrem próximos, a participação no ato será apenada com detenção, de seis meses a dois anos.

Não importa o número de pessoas feridas gravemente ou mortas, para efeito da aplicação da qualificadora (essa quantidade interferirá no *quantum* de pena a ser aplicado pelo juiz).

Decerto podem ocorrer, durante o "quebra-quebra", lesões leves. Muito embora estas não sejam inerentes à rixa, como o são as vias de fato, não são suficientes (por opção do legislador) para transmudar a rixa simples em qualificada. Nesses casos, deverá o juiz levar em conta tais resultados para agravar a pena da figura simples.

Os resultados que qualificam a infração (lesão grave ou morte) não podem ter sido desejados pelos envolvidos, porque, nesse caso, responderão eles pelos crimes de lesão grave ou de homicídio (dolosos).

Deve o evento agravador, por outro lado, ser previsível, o que pode ocorrer pela gravidade dos golpes empregados, pela violência utilizada generalizadamente pelos envolvidos ou pelos meios utilizados na contenda. Se o resultado agravador não for previsível, responderá o agente pela rixa simples, sob pena de responsabilização penal objetiva.

Não se poderá cogitar da qualificadora, ademais, *quando os resultados* lesão grave ou morte *forem decorrentes de atividade não inerente à rixa,* como ocorre com a intervenção de um policial na confusão, em que este, arbitrariamente, fere gravemente ou mata um dos envolvidos. Flávio Queiroz de Moraes lembra outro exemplo em que uma pessoa, vendo seu inimigo entre os rixantes, aproveita-se da ocasião e desfecha contra ele um tiro, matando-o[18].

A forma qualificada suscita interessantes questões:

[18] Como conclui o autor: "A rixa não se torna qualificada por isso. O homicídio não resultou da exacerbação de ânimos, dos golpes trocados entre os participantes, da luta confusa que se travou..." (op. cit., p. 146).

1) Se forem identificados os responsáveis pela lesão grave ou morte, como se dará o enquadramento penal dos envolvidos?

Deverão responder por lesão corporal grave (CP, art. 129, §§ 1º ou 2º) ou homicídio (CP, art. 121), em concurso *formal com a rixa simples*. Para nós, a cumulação com rixa qualificada (opinião de Hungria) geraria verdadeiro e inaceitável *bis in idem*.

2) A morte ou lesão grave devem ser causadas dolosamente?

Não. Os resultados agravadores justificam a qualificadora quando previsíveis aos rixantes e se dão independentemente do *animus* do seu causador. O dolo ou a culpa em sua produção importará somente se o provocador destes eventos for identificado e será relevante apenas para definir se este responde por lesão ou homicídio dolosos ou culposos.

3) Se a morte ou a lesão grave ocorreu em meio ao "quebra-quebra", mas por alguém que agiu, nesse aspecto, em legítima defesa, subsiste o agravamento?

Sim, porque o Código Penal não exige que o resultado seja ilícito. É fundamental que seja, como já se repetiu algumas vezes, previsível. Para quem atuou em legítima defesa, todavia, não incidirá a qualificadora.

4) O rixante que sofreu a lesão grave responsável pela aplicação da qualificadora, responde por rixa simples ou qualificada?

Cremos que deva responder por *rixa simples*, salvo se outras pessoas também sofreram tais lesões. Não se pode imputar ao único rixante que saiu da briga com lesões graves a forma qualificada.

5) Aquele que deixou a briga antes dos eventos agravadores, por estes deve responder?

Depende. Se ao tempo que deixou a confusão era previsível o evento agravador, a resposta é afirmativa. Caso contrário, não deverá responder. Deve-se ponderar que o agente que desiste voluntariamente de prosseguir com a execução do delito somente não responde por este se, com seu ato, impediu a consumação.

6) Se a morte ou lesão ocorrem depois da confusão, há o agravamento?

Não. Cessada a rixa sem os eventos mais gravosos, há o crime na forma simples, ainda que haja um novo *round* da briga praticado por alguns, no qual se produzam os resultados acima. O mesmo raciocínio se aplica quando tais eventos são anteriores à rixa. "Se um indivíduo, desfechando um tiro, mata outro ou o fere gravemente e irrompe em consequência disso uma rixa, qualifica-se esta por motivo do evento que a precedeu e ocasionou? Somos pela negativa. O fato não resultou da rixa. Deu-lhe causa"[19].

---

[19] Flávio de Queiroz Moraes, op. cit., p. 147.

11. CLASSIFICAÇÃO JURÍDICA

Trata-se de crime de forma livre (pode ser praticado por qualquer meio executório), comum (não requer qualidade especial do sujeito ativo), de mera conduta (a lei penal não descreve qualquer resultado naturalístico), salvo nas figuras qualificadas, de ameaça ou perigo abstrato (a lei presume o perigo, que se considera inerente à conduta), instantâneo (seu resultado ocorre instantaneamente), plurissubjetivo ou de concurso necessário (só pode ser praticado por três pessoas ou mais – requisito típico) e plurissubsistente (seu *iter criminis* permite fracionamento).

12. PENA E AÇÃO PENAL

A pena é de detenção, de quinze dias a dois meses, ou multa (infração de menor potencial ofensivo – Lei n. 9.099/95).

A rixa, em todas as suas formas, constitui crime de ação penal pública incondicionada. A iniciativa para a ação cumpre, portanto, ao Ministério Público.

Capítulo V

DOS CRIMES CONTRA A HONRA (ARTS. 138 A 145)

"Entre todos os povos e em todos os tempos, depara-se a noção de honra como um interesse ou direito penalmente tutelável"[1].

1. HISTÓRICO

Como se viu na epígrafe, a proteção jurídica da honra é quase que atemporal. Desde as leis de Manu se encontram registros de punição de tais ofensas. Na Grécia e em Roma Antigas não foi diferente. "A honra, entre os romanos, era como um direito público dos cidadãos, e os fatos lesivos desse *status* ... eram compreendidos no conceito amplíssimo de injúria"[2].

A primeira legislação moderna que não só distinguiu os crimes contra a honra da lesão corporal, mas também delimitou seus traços fundamentais foi o Código Penal francês de 1810, que definia, separadamente, a calúnia e a injúria.

A esse sistema, aliás, aderiu expressamente nosso legislador de 1830 (arts. 229 e 236). O Código Penal de 1890 definiu igualmente tais delitos, sem destacar, como crime autônomo, a difamação (até então, subespécie de injúria).

Somente com o Código Penal atual é que surgiu, de modo claro, a diferenciação entre as três modalidades de crime contra a honra: a calúnia, a difamação e a injúria (arts. 138 a 140).

2. O VALOR PROTEGIDO E SEU FUNDAMENTO

Cuida-se a honra de um bem fundamental, conforme o declaram nossa Constituição e o Pacto de San José da Costa Rica.

Nosso Texto Maior, no art. 5º, X, dispõe que: "*são invioláveis* a intimidade, a vida privada, *a honra* e a imagem das pessoas, assegurado o direito a indenização pelo dano material ou moral decorrente de sua violação" (destaque nosso).

---

1 Nelson Hungria, *Comentários ao Código Penal*, 5. ed., v. VI, p. 34.

2 Idem, ibidem.

O Pacto de San José da Costa Rica (Convenção Americana de Direitos Humanos) não discrepa, ao dizer que "toda pessoa tem direito ao respeito da sua honra e ao reconhecimento de sua dignidade" (art. 11, § 1º) e "ninguém pode ser objeto de ingerências arbitrárias ou abusivas em sua vida privada, em sua família, em seu domicílio ou em sua correspondência, nem de ofensas ilegais à sua honra ou reputação" (art. 11, § 2º).

O conceito de honra vincula-se à dignidade da pessoa que, como já se destacou alhures, configura fundamento da República Federativa do Brasil (art. 1º, III).

"Dignidade diz respeito à honestidade e ao decoro do comportamento das pessoas, importa também merecimento em sentido positivo; honra envolve qualidade moral, boa reputação. Na realidade, o sentido da honra é acrescido equiparando-se-o à dignidade da pessoa humana"[3]; bem por isso, "a dignidade de uma pessoa, como sujeito de direitos, constitui a essência mesma da honra e determina o seu sentido"[4].

Deve-se lembrar, ademais, que todos têm direito à honra, até porque derivada da dignidade do homem. Não calha mais a antiga ressalva de que os desonrados não poderiam ser sujeitos passivos do crime, por não disporem de bem a ser tutelado. Por pior que seja a fama ou o autoconceito de alguém, sempre haverá espaço para a tutela penal.

"(...) Ao vincular a honra à dignidade da pessoa perde aquela toda ideia aristocrática e se generaliza e socializa. Por isso e seguindo o Superior Tribunal da Espanha, pode-se afirmar que: 'A ideia ou sentimento de honra deixou de ser patrimônio exclusivo de determinadas classes sociais ou profissões (...) para converter-se em atributo inerente a toda pessoa, qualquer que seja sua classe social, profissão, religião, raça, sexo' (STE, 10-07-1987)"[5]

É de ver, contudo, que apesar de terem todos a mesma dignidade e a mesma honra, a apreciação de suas violações não pode deixar de levar em consideração as circunstâncias concretas e as condições particulares dos indivíduos – a noção de honra há de ser diferente, por exemplo, para um adulto e para uma criança.

3. CONCEITO DE HONRA

Compreende-se a honra como o "conjunto de qualidades que exornam a pessoa humana, conferindo-lhe respeitabilidade social e estima própria. O homem, ser gregário, depende não apenas da satisfação do seu instinto de autoafirmação, portanto da correspondente autoestima, como também da aprovação do meio em que vive, que se revela na heteroafirmação e, correspondentemente, na estima social"[6].

---

[3] Mario Garrido Montt. *Derecho penal*: parte especial, t. III, p. 190.

[4] Vives Antón, *Derecho penal:* parte especial, p. 677, apud Mario Garrido Montt, op. cit., p. 190.

[5] Edgardo Alberto Donna, *Derecho penal:* parte especial, t. I, p. 417.

[6] Manoel Pedro Pimentel, *Legislação penal especial*, p. 151.

Divide-se em a honra em *reputação*, isto é, o conceito do indivíduo em sociedade (*honra objetiva*) e sua *autoimagem*, vale dizer, a opinião da pessoa acerca de seus atributos pessoais (*honra subjetiva*).

A *honra objetiva ou externa* refere-se, destarte, à fama ou reputação de alguém perante o meio em que vive. Reside na opinião dos demais a respeito da pessoa.

A *honra subjetiva ou interna* trata-se da noção que alguém possui acerca de si próprio, de seus atributos morais, físicos e intelectuais[7]. Pode ser *honra-dignidade ou honra-decoro*. A honra-dignidade refere-se ao sentimento da pessoa a respeito de seus atributos morais de honestidade e bons costumes e a honra-decoro, ao sentimento a respeito dos dotes ou qualidades individuais (físicos, intelectuais e sociais).

A proteção da honra objetiva ocorre nos crimes de calúnia e difamação (arts. 138 e 139 do CP) e a da honra subjetiva se dá por meio da injúria (art. 140 do CP).

Fala-se, ainda, em *honra comum e especial ou profissional*. A última refere-se aos atributos ligados à atividade desempenhada pelo indivíduo. Um médico, um engenheiro, um artista, um estilista, um jornalista têm um conceito profissional e, sem dúvida, zelam pelo seu bom nome enquanto profissionais. É possível que alguém macule a honra especial ou profissional da pessoa sem ferir sua honra comum, enquanto pessoa. Pode-se chamar um médico de "mercenário", sem com isso macular sua reputação enquanto homem.

4. CRIMES CONTRA A HONRA NO CÓDIGO PENAL

Os delitos contra a honra existentes na legislação brasileira são três: calúnia, difamação e injúria. Estes se dividem em comuns e especiais.

Assim, entendem-se por delitos contra a honra comuns os definidos no Código Penal, arts. 138 a 140. São punidos da seguinte forma:

a) calúnia: detenção, de 6 meses a 2 anos, e multa;

b) difamação: detenção, de 3 meses a 1 ano, e multa;

c) injúria simples: detenção, de 1 a 6 meses, e multa;

d) injúria real: detenção, de 3 meses a 1 ano, e multa (além da pena correspondente à violência);

e) injúria qualificada pelo emprego de elementos ligados a preconceitos: reclusão, de 1 a 3 anos, e multa;

7 Cezar Bitencourt nega importância à diferenciação entre honra objetiva e subjetiva, dizendo que: "a honra é valor imaterial, insuscetível de apreciação, valoração ou mensuração de qualquer natureza, inerente à própria dignidade e personalidade humanas. Pela extensão que esse conceito abrange, não nos parece adequado nem dogmaticamente acertado distinguir honra objetiva e subjetiva..." (*Tratado de direito penal*: parte especial, p. 327).

f) causas de aumento de pena (art. 141): a pena será aumentada em um terço se os crimes forem praticados contra Presidente da República ou chefe de governo estrangeiro, contra funcionário público, em razão de suas funções, na presença de várias pessoas, ou por meio que facilite a divulgação do fato ou, ainda, contra maior de 60 anos ou portador de deficiência, exceto no caso de injúria.

4.1. Outros crimes contra a honra

Os especiais encontram-se no Código Eleitoral (Lei n. 4.374, de 1965), arts. 324 a 326, e no Código Penal Militar (Decreto-Lei n. 1.001/69), arts. 214 a 219.

4.2. Crimes contra a honra na Lei de Imprensa

O Supremo Tribunal Federal, julgando a ADPF 130, decidiu (por maioria de votos) pela total incompatibilidade da Lei de Imprensa (Lei n. 5.250/67) com a Constituição Federal. Com isto, deixaram de existir, como entidades autônomas, os crimes contra a honra cometidos por meio da imprensa. Antes da decisão da Corte Suprema, entendiam-se como tais a calúnia, a difamação e a injúria cometidos pelos meios de comunicação social.

A seguir, faremos uma breve análise da questão, hoje fundamental em virtude da decisão acima citada, sobre a necessidade ou não de se punir, destacadamente, as ofensas cometidas por meio da imprensa.

4.2.1. Breve histórico

A imprensa surgiu na história da humanidade em 1436, quando Gutenberg inventou os caracteres tipográficos móveis e fez funcionar a primeira prensa de imprimir. Em 1539 houve a instalação da primeira tipografia nas Américas, por iniciativa do alemão Cromberg, no México.

No Brasil, as tentativas de criação de uma imprensa no período colonial (em 1706 em Pernambuco, em 1747 no Rio de Janeiro e em 1807 em Minas Gerais) foram todas sufocadas por determinação do governo português.

A história da imprensa no Brasil inicia-se, com vigor e oficialmente, há dois séculos, com a vinda de D. João VI e sua corte ao Brasil, quando surgiu nosso primeiro jornal, *A gazeta do Rio de Janeiro*.

Em 1821, aboliu-se em nosso país a censura prévia, dando azo à criação de inúmeros periódicos.

No que concerne à legislação sobre o assunto, o primeiro registro data de 19 de janeiro de 1822, quando da expedição de uma Portaria editada pelo então Ministro do Reino e de Estrangeiros, José Bonifácio de Andrada e Silva. Em 18 de junho do mesmo ano, por Decreto do Conselho de Estado, assinado por D. Pedro I, foram adotados no Brasil os arts. 12 e 13 da Lei portuguesa de 12 de junho de 1821, dando-se a criação de um júri composto de vinte e quatro cidadãos, "bons, honrados, inteligentes e patriotas" para o julgamento dos crimes de imprensa, com direito de apelação dirigida ao Príncipe.

A primeira lei genuinamente brasileira, contudo, data de 22 de novembro de 1823, devendo registrar-se que ela repudiava expressamente a censura e declarava livres a impressão, a publicação, a venda e compra de livros e escritos, com poucas exceções.

A Constituição Imperial, outorgada em 25 de março de 1824, assegurou a liberdade de comunicação do pensamento por palavras escritas e veiculadas pela imprensa (art. 179, IV). O dispositivo foi regulamentado por uma lei em 20 de setembro de 1830 e, alguns meses depois, fora ela revogada, dando lugar ao Código Criminal do Império, que tipificava os delitos de imprensa como crimes comuns, adotando o sistema da responsabilidade penal sucessiva.

Proclamada a República, editou-se, antes mesmo da Constituição, o Código Penal (1890), o qual abandonou a responsabilidade sucessiva do Código de 1830 em favor de uma responsabilidade solidária pelos crimes de imprensa (arts. 22 e 23), permitindo-se ao querelante (então chamado de "queixoso") atribuir a responsabilidade a qualquer um dos integrantes do rol legal (autor, editor, diretor etc.). Registre-se que a Constituição de 1891, promulgada em 24 de fevereiro, declarava no art. 72, § 2º: "Em qualquer assunto é livre a manifestação do pensamento pela imprensa ou pela tribuna, sem dependência ou censura, respondendo cada um pelos abusos que cometer, nos casos e pela forma que a Lei determinar. Não é permitido o anonimato".

Em 31 de outubro de 1923 foi promulgada a Lei n. 4.743, a qual retirava do Código Penal as normas relativas aos crimes de imprensa e restabelecia a responsabilidade penal sucessiva.

Com a Constituição de 1934, garantiu-se a liberdade de manifestação do pensamento, admitindo-se a censura somente quanto a espetáculos e diversões públicas (art. 113, IX). Sob a égide da Constituição de 1937 e a adoção do regime ditatorial estabeleceu-se minuciosa restrição ao exercício da imprensa no Brasil, com verdadeiro regime de censura prévia da imprensa, do teatro, do cinema etc. (art. 122, n. 15). Tal regime durou até 1945. Em 1946, a Constituição restabeleceu a liberdade de expressão do pensamento, independentemente de censura prévia. Por fim, vigente a Constituição de 1967, foi editada a Lei n. 5.250, que entrou em vigor em 14 de março daquele ano.

A Constituição de 1988, de sua parte, contém um plexo de dispositivos fundamentais que, conjugados, devem orientar a atividade do legislador e, sobretudo, do aplicador do Direito na aferição da correta dimensão da liberdade de imprensa.

4.2.2. Liberdade de imprensa

Hungria dizia ser a liberdade de imprensa "o direito de livre manifestação do pensamento pela imprensa; mas, como todo o direito, tem o seu limite lógico na fronteira dos direitos alheios"[8]. A imprensa, afirmava Darcy Arruda Miranda, "deve ser considerada como esculca incansável da civilização, almenara vigilante e impertérrita dos direitos dos povos, pálio sagrado de todas as liberdades"[9].

O ex-Ministro Carlos Britto, no voto proferido na liminar concedida na ADPF 130, pontificou que a liberdade de imprensa constitui a irmã siamesa da democracia: "Por isso que emerge da nossa Constituição a inviolabilidade da liberdade de expressão e de informação (incisos IV, V, IX e XXXIII do art. 5º) e todo um capítulo que é a mais nítida exaltação da liberdade de imprensa. Refiro-me ao Capítulo V do Título VIII, que principia com os altissonantes enunciados de que: a) 'a manifestação do pensamento, a criação, a expressão e a informação, sob qualquer forma, processo ou veículo não sofrerão nenhuma restrição, observado o disposto nesta Constituição' (art. 220); b) 'nenhuma lei conterá dispositivo que possa constituir embaraço à plena liberdade de informação jornalística em qualquer veículo de comunicação social, observado o disposto no art. 5º, IV, V, X, XIII e XV" (§ 1º do art. 220). (...) Por isso que, em nosso País, a liberdade de expressão é a maior expressão da liberdade, porquanto o que quer que seja pode ser dito por quem quer que seja".

4.2.3. A Constituição de 1988 e a liberdade de imprensa

Os princípios reitores da liberdade de imprensa, cuja análise é de fundamental importância para se dimensionar com precisão a maneira pela qual a legislação deve regulamentar o assunto, são:

1) a dignidade da pessoa humana (CF, art. 1º, III): na lição de René Ariel Dotti, trata-se de "resguardar a figura do ser humano como o centro de gravidade de todos os sistemas de pensamento e de ação e, dentre eles, o sistema positivo de Direito e de Processo Penal"[10];

2) a liberdade de informação (CF, art. 220, *caput*);

3) a verdade da informação, decorrentes do fato de a Constituição assegurar o direito de resposta (art. 5º, V) e exigir o respeito a valores éticos e sociais da pessoa e da família, na produção e na programação das emissoras de rádio e televisão (art. 221, § 4º);

4) a exclusiva proteção de bens jurídicos, dos quais somente podem-se tutelar validamente bens como a liberdade de comunicação e informação, a paz pública, a liberdade pessoal, a propriedade, a segurança da ordem econômico-financeira,

---

8 Op. cit., v. VI, p. 261.

9 *Comentários à Lei de Imprensa*, v. 1, p. 38.

10 Princípios constitucionais relativos aos crimes de imprensa, in *Revista Brasileira de Ciências Criminais*, ano 3, n. 10, 1995, p. 119.

o conceito e crédito da pessoa jurídica, a honra, a intimidade, a vida privada, a memória dos mortos[11];

5) a intervenção mínima;

6) a fragmentariedade;

7) o pluralismo de opinião, que decorre dos incisos I e II do art. 221 da CF;

8) a proibição de monopólios e oligopólios (art. 220, § 5º);

9) a observância de princípios para a produção e programação de emissoras de rádio e televisão: a) preferência a conteúdo com finalidade educativa, artística, cultural e informativa; b) promoção da cultura nacional e regional; c) estímulo à produção independente; d) regionalização da produção cultural, artística e jornalística; e) respeito a valores éticos e sociais da pessoa e da família;

10) proibição da propaganda ilícita e enganosa (art. 220, § 4º e § 4º c/c o § 3º, II);

11) da culpabilidade, o qual decorre da dignidade da pessoa humana (CF, art. 1º, III) e da presunção de não culpabilidade (CF, art. 5º, LVII);

12) do acesso à jurisdição (CF, art. 5º, XXXV);

13) da personalidade da pena (CF, art. 5º, XLV).

Como diz Cernicchiaro, "a Lei de Imprensa - Lei 5.250, de 9.2.67 - adotou o conhecido sistema *par cascades* ou belga, embora o Brasil seja o país que o inscreveu pela primeira vez. Considerada a pluralidade de pessoas que participam da elaboração de jornais, a lei enumera quem, em ordem sucessiva, responderá pelo crime cometido através dos meios de comunicação. Cumpre guardar atenção à responsabilidade pessoal, vale dizer, individual (do indivíduo). Não basta alguém constar do rol, e só por isso, arcar com o delito. Duas razões imediatamente sobem à tona: a) é vedada a responsabilidade pelo fato de outrem; b) crime é conduta; sem ela ninguém comete delito algum. E essa conduta precisa reunir os elementos relevantes, consciência e vontade de praticar a ação ou omitir-se, havendo dever jurídico de atuar, pelo menos, culposamente"[12];

14) da proporcionalidade da pena (que se depreende do art. 5º, V, da CF);

15) da individualização da pena (CF, art. 5º, XVI).

4.2.4. Crimes praticados "por meio de imprensa" e "pela imprensa"

A distinção, válida para algumas legislações, refere-se a crimes que somente podem ser praticados por meio da imprensa ("crimes de imprensa, pela imprensa ou próprios da imprensa") daqueles que podem ser praticados *também* por intermédio dela ("crimes cometidos por meio de imprensa ou impróprios da imprensa").

Para Darcy Arruda Miranda, a dicotomia não possui qualquer relevância.

---

[11] Ibidem, p. 122.

[12] *Direito penal na Constituição*, p. 83-84.

Manoel Pedro Pimentel assinalou que os crimes de imprensa são os definidos na legislação própria e os cometidos "por meio de imprensa" são os praticados por impressos como "boletins, volantes, panfletos, folhetos avulsos, etc.", que ficam submetidos ao Código Penal. No entender do autor mencionado, "mesmo nos jornais e periódicos pode haver crime praticado por meio de imprensa (leia-se: regido pelo Código Penal), quando a publicação vem inserida na 'secção livre', sob a responsabilidade do signatário"[13].

Como reflexo da decisão proferida pelo Supremo Tribunal na ADPF 130, conforme já expusemos, quaisquer ofensas à honra, ainda quando cometidas por meios de comunicação, subsumir-se-ão ao Código Penal.

4.2.5. Crimes de imprensa – considerações gerais

a) Natureza especial

Discute-se em doutrina se há distinção entre os crimes comuns e os crimes de imprensa. Muitos autores defendem a tese de que não há qualquer diferença senão pelo meio empregado. Outros, contudo, objetam, dizendo que "a mulher tagarela, que se preocupa com a vida de sua vizinha, com propósitos difamatórios, não pode ser comparada a um redator de jornal, que escreve para leitores que nem conhece. E a calúnia, dirigida por carta a um correspondente, não pode equiparar-se àquela difundida por milhares de exemplares impressos". (...) "A natureza particular da imprensa exige sanções especiais e mais severas, em razão do mal que pode causar, em virtude de sua imensa difusão, tanto menos graves se se tem em conta a missão que ela deva cumprir e as condições difíceis dos que fazem um jornal"[14].

O próprio Darcy, em sua clássica obra, concluía que "*o delito de imprensa é um delito* sui generis, *com modalidades próprias, não se confundindo com o delito comum, razão pela qual exige uma legislação adequada, especial. O princípio informativo do delito de imprensa tem raízes mais profundas e mais complexas do que parece à primeira vista. Até em suas consequências difere do delito comum. Nem a responsabilidade* sucessiva, *que lhe é peculiar, consagrada em todas as legislações modernas, se adapta a leis especiais de imprensa*"[15].

Cremos que os delitos de imprensa possuem inequívoca natureza especial. Não só pelo fato de que na interpretação dos tipos penais deve-se ter em conta a necessidade de se assegurar uma imprensa livre e isenta, pelo interesse público decorrente da difusão de informações e opiniões, mas também porque o exercício desta liberdade

[13] *Legislação penal especial*, p. 149 – parêntese nosso.

[14] Darcy Arruda Miranda, op. cit., p. 55, citando Jacques Bordin.

[15] Op. cit., p. 59.

deve encontrar limites claros, quando colidir com outros direitos assegurados pela Constituição Federal.

Como acentua André Ramos Tavares, "a punição pelos abusos (cometidos por meio da imprensa), ainda que com eventual privação da liberdade para casos reputados como muito graves, representa não apenas uma punição em si por abusar da liberdade de imprensa, mas também uma garantia contra a violação de outros direitos por força desse abuso. A certeza do rigor da punição (prevista em lei) é uma forma pela qual o legislador demonstra seu apreço pelos direitos fundamentais violados pelo abuso de uma outra liberdade (no caso, de imprensa). Em última análise, preserva-se a própria liberdade de imprensa, expurgando de sua área de proteção práticas incompatíveis com uma imprensa séria e proba, e que apenas deflagram um dano (não há nem informação nem opinião)"[16].

Acrescente-se que o princípio constitucional da proporcionalidade, cuja concepção atual extrapola a originária ideia de limite ao poder estatal contra agressões à esfera individual dos particulares (ou proibição do excesso), se traduz, também, na necessidade de tutela estatal adequada à defesa de bens jurídicos (isto é, proibição de proteção deficiente ou *Untermassverbot*).

A proibição de proteção deficiente deve ser um "recurso auxiliar" para determinação do dever de prestação legislativa, estabelecendo-se um *padrão mínimo* das medidas estatais do qual não se pode abrir mão, sob pena de afronta à Constituição.

b) Fator especializante

Cumpre verificar, ainda, que os crimes de imprensa devem conter um fator especializante, que, nos termos da Constituição Federal, há de ser a infração cometida por meio de quaisquer *meios de comunicação social.*

Comunicação social é, na lição de José Afonso da Silva, "a denominação mais apropriada da chamada 'comunicação de massa', mas o sentido permanece como o de comunicação destinada ao público em geral, transmitida por processo ou veículo, dito *meio de comunicação social*"[17]. Abrange os jornais, revistas, demais publicações periódicas, a radiodifusão sonora e de sons e imagens (*rectius*, televisão) e os meios de comunicação social eletrônica (como a internet).

c) Responsabilidade penal sucessiva

Suas origens remontam ao Código Criminal do Império de 1830. O legislador estabeleceu uma ordem (sucessiva) de responsabilidade penal. Essa ordem não pode ser interpretada como imputação do fato sem dolo ou culpa (ou sem culpabilidade). Pelo contrário, o elemento subjetivo (dolo) ou normativo (culpa) é tão indispensável

---

16 Imprensa: com lei ou sem lei?, *Carta Forense*, junho de 2008, p. 11 – primeiro parêntese nosso.

17 *Comentário contextual à Constituição*, p. 823.

quanto a verificação da culpabilidade do agente e dos requisitos do crime (fato típico e antijuridicidade).

A bem da verdade, a responsabilidade sucessiva ou *par cascade* deve ser entendida como salvaguarda às pessoas que figuram nas "últimas posições da lista", em detrimento das primeiras.

Assim, somente responderá pelo crime o autor do escrito ou transmissão. Caso a reprodução for feita sem seu consentimento, responde pelo fato quem a reproduziu.

Sendo tais pessoas inidôneas (entenda-se, inimputáveis por doença mental) ou não residindo no país, responderá pelo fato o diretor ou redator-chefe.

Na hipótese de estes serem inidôneos ou não residentes no Brasil, o gerente ou proprietário das oficinas impressoras ou o diretor ou proprietário da estação emissora.

E, por derradeiro, os distribuidores ou vendedores da publicação, se não constar o autor, editor ou oficina de impressão.

Esse sistema, segundo entendemos, é o mais adequado para a responsabilização criminal dos envolvidos em matéria de infrações cometidos pelos meios de comunicação social.

4.3. Crimes contra a honra no Código Eleitoral

Encontram-se definidos no Código Eleitoral (Lei n. 4.374, de 1965), nos arts. 324 a 326. O elemento especializante consiste em praticar o fato na propaganda eleitoral ou visando fins de propaganda no pleito eletivo. Confira, a respeito, o seguinte acórdão do Superior Tribunal de Justiça: "(...). 1. Os crimes de difamação e injúria prescritos, respectivamente, nos arts. 325 e 326 do Código Eleitoral, exigem finalidade eleitoral para que restem configurados. Ou seja, esse tipo de delito 'somente se concretiza quando eventual ofensa ao decoro ou à dignidade ocorrer em propaganda eleitoral ou com fins de propaganda' (CC 134.005/PR, rel. Min. Rogério Schietti Cruz, 3ª Seção, *DJe* 16-6-2014). 2. Hipótese em que os crimes de difamação e injúria foram praticados por meio de 'carta aberta nesta Cidade', bem como de matéria divulgada na imprensa local, o que não se confunde com 'propaganda eleitoral' ou 'visando a fins de propaganda', suporte fático a caracterizar as condutas tipificadas nos arts. 325 e 326 do Código Eleitoral (...)"[18].

---

[18] STJ, CC 123.057/BA, rel. Min. Ribeiro Dantas, 3ª S., j. 11-5-2016. No mesmo entendimento: "a competência para julgamento de eventual prática de injúria praticada em propaganda eleitoral ou que tenha fins eleitorais, *ainda que neste último caso praticada antes do início do período eleitoral* é da Justiça Eleitoral" (grifo nosso. TRE-PR, Recurso Criminal 234-92.2016.6.16.0122, rel. Josafá Antonio Lemes, j. 3-7-2017).

4.4. Crimes contra a honra no Código Penal Militar

A legislação castrense os tipifica nos arts. 214 a 219 do CPM (Decreto-Lei n. 1.001/69).

O que torna a ofensa à honra crime militar reside no fato de ser a ação ou omissão praticada nas situações descritas no art. 9º do CPM, das quais figura como mais importante cometer o fato em situação de serviço.

5. NATUREZA JURÍDICA DOS CRIMES CONTRA A HONRA

5.1. Crimes de perigo ou de dano

Predomina o entendimento, atualmente, de que se trata de crimes de dano, de modo que sua consumação requer o efetivo menoscabo à honra (objetiva ou subjetiva, conforme o caso).

5.2. Crimes de mera conduta ou formais

São, ademais, delitos formais, justamente porque contêm, implícitos, uma finalidade especial traduzida no chamado *animus diffamandi vel injuriandi*, isto é, deve haver por parte do sujeito ativo a intenção de menoscabar a honra alheia.

5.3. Elemento subjetivo

Os crimes em estudo, conforme opinião dominante, exigem intenção de ofender a outrem – *animus calumniandi, diffamandi vel injuriandi*[19].

Daí por que se costuma invocar a teoria dos *animi* para destacar situações em que, por ausência deste elemento típico, não há ilícito penal algum. É o que ocorre nos seguintes casos:

a) *animus jocandi*: intenção jocosa, de fazer uma brincadeira, desde que não tenha caráter humilhante;

b) *animus corrigendi, instruendi, docendi, emendandi*: intenção de instruir, educar, informar, repreendendo ou admoestando;

---

[19] Nesse sentido: "(...) A honra apresenta caráter personalíssimo, constituindo-se em atributo inarredável da personalidade individual. Assim, quando se fala em calúnia, injúria e difamação, está-se, na verdade, cogitando de ofensa à honra de uma determinada pessoa, individualmente considerada. Precedentes do STJ e do STF. 5. Assim, em se tratando de crimes contra a honra, deve ficar clara a intenção do agente de macular a honra alheia de pessoa determinada. Sem o dolo específico e sem a individualização da vítima, não se pode falar em crimes de calúnia, difamação ou injúria. (...)" (STJ, AgRg no REsp 1824447/RS, rel. Min. Ribeiro Dantas, 5ª T., j. 6-2-2020).

c) *animus narrandi*: intuito de transmitir (narrar) uma informação. É necessário que o relato seja elaborado de maneira fiel (ou que, pelo menos, assim o procure fazer o narrador). Se deturpar a informação, visando a macular a honra de alguém, haverá crime;

d) *animus defendendi*: é o que se verifica quando a ofensa é irrogada em juízo, na discussão da causa;

e) *animus consulendi*: intenção de aconselhar, advertir, de maneira espontânea ou provocada, isto é, por iniciativa própria ou a pedido de alguém.

6. O CONSENTIMENTO DO OFENDIDO

Exclui a adequação típica do comportamento. A honra é bem disponível, motivo pelo qual o consentimento do titular, sendo capaz, afasta a imputação objetiva do resultado, tornando atípico o comportamento. Não é por outro motivo que tais infrações, como regra, processam-se por ação penal privada, de modo que é indispensável a iniciativa do ofendido para que se instaure a persecução penal. Hungria exemplificava o consentimento da vítima com o caso do noivo que, querendo romper o relacionamento, solicitava a um amigo que o difamasse perante a noiva.

7. SUJEITOS DO CRIME

7.1. Sujeito ativo

Qualquer pessoa pode figurar como sujeito ativo dos delitos de calúnia, difamação ou injúria (crime comum).

7.2. Sujeito passivo

Qualquer pessoa, desde que determinada. Não é necessário que a vítima encontre-se individualizada na imputação proferida pelo autor, bastando que seja possível identificá-la, ainda que por um número reduzido de pessoas.

Predomina, atualmente, que as *pessoas jurídicas podem figurar como sujeitos passivos*. Algumas observações, todavia, devem ser feitas. Em se tratando de calúnia, como esta significa a imputação falsa de fato definido como crime, somente se pode cogitar de calúnia relativa a infrações que podem ser cometidas pelos entes fictícios. No atual estágio de nossa legislação criminal, isto só é possível no caso de crimes ambientais, com fundamento no art. 3º da Lei n. 9.605/98. Com respeito à difamação, não vemos qualquer restrição, já que uma pessoa jurídica goza de reputação (honra objetiva), que pode, em tese, ser maculada diante da divulgação de fato a ela ofensivo. No tocante à injúria, é de todo descabido imaginar-se o ente moral como vítima, porquanto nessa infração tutela-se a honra subjetiva, ou seja, a autoimagem, algo impossível nas pessoas jurídicas.

Os *inimputáveis podem* ser vítimas dos crimes contra a honra. Não há dúvida que os menores e doentes mentais têm reputação, a qual pode vir a sofrer algum dano por meio de calúnia ou difamação. Nem se argumente que estes, por serem desprovidos de culpabilidade, não cometem crimes e, por tal motivo, não podem ser vítimas de calúnia. Isto porque nossa lei penal não descreve a calúnia como a "imputação de crime" a alguém (algo impossível aos inimputáveis, à luz da doutrina dominante); nosso Código tipifica a calúnia como a imputação falsa de "fato definido como crime". Ora, um fato como tal pode ser cometido, em tese, por qualquer pessoa.

É preciso ressalvar que, em se tratando de injúria, que envolve o ato de irrogar ofensas que ataquem a honra subjetiva do ofendido, somente poderão ser vítimas os inimputáveis se tiverem condição de compreendê-las.

Deve-se anotar, ainda, que o Código pune a *calúnia contra os mortos* (art. 138, § 2º). Nesse caso, obviamente, não é o falecido que figura como sujeito passivo, mas seus familiares, atingidos que são pela ofensa ao seu ente querido.

8. CONSUMAÇÃO E TENTATIVA

8.1. Consumação

Conforme já se assinalou, os crimes de calúnia, difamação e injúria são formais ou de consumação antecipada. Sua integral realização dá-se quando o agente pratica a conduta, com a intenção de ofender a honra alheia.

Na injúria, para a consumação basta que a imputação chegue ao conhecimento do ofendido. Na calúnia e na difamação, como a proteção penal visa à honra objetiva (reputação), é necessário que a ofensa chegue ao conhecimento de terceiro.

8.2. Tentativa

O cabimento da tentativa somente será admissível quando o fato não for unissubsistente. A injúria verbal, por exemplo, traduz num ato único. Ou o sujeito desferiu a palavra ofensiva ou nada disse, não havendo delito algum. Nesse caso, não há meio-termo.

9. PROCEDIMENTO ESPECIAL

9.1. Cabimento

Os delitos contra a honra definidos no Código Penal estão sujeitos a procedimento especial, desde que não abarcados no âmbito dos Juizados Especiais Criminais, cuja competência abrange todas as infrações penais que, com sua pena total, não ultrapassem dois anos no patamar máximo. Estão excluídos desse procedimento os crimes contra a honra tipificados em leis extravagantes (Código Eleitoral e Código Penal Militar).

De acordo com o Código de Processo Penal, o rito em estudo somente se aplicaria aos crimes de calúnia e injúria; de ver-se, contudo, que, apesar da omissão legal, o procedimento também é aplicável ao crime de difamação, por analogia (art. 3º). A omissão do legislador foi involuntária, pois, quando da elaboração do referido Código, a difamação era prevista, na legislação penal então vigente, não como crime autônomo, mas como subtipo da injúria.

9.2. Aplicação do rito comum

Importante notar que, tirante as peculiaridades abaixo referidas, segue-se o procedimento comum (ordinário, sumário ou sumaríssimo, conforme a pena máxima cominada às infrações)[20], não importando a pena prevista para o crime. Isso decorre, atualmente, do disposto no art. 394, § 2º ("Aplica-se a todos os processos o procedimento comum, salvo disposições em contrário deste Código ou de lei especial").

9.3. Ação penal nos crimes contra a honra

9.3.1. Regra

Como regra, os crimes contra a honra se processam por ação penal privada (art. 145, *caput*, do CP).

9.3.2. Exceções

Processam-se por ação pública nos seguintes casos: a) crime contra a honra de funcionário público em razão de suas funções (depende de representação do ofendido); b) crime contra a honra do Presidente da República ou Chefe de Governo estrangeiro (depende de requisição do Ministro da Justiça); c) injúria real, se a vítima sofrer lesões corporais (ação penal pública incondicionada); d) injúria qualificada pelo preconceito (Lei n. 12.033/2009).

É de ver que, no primeiro caso, incide a Súmula 714 do STF[21], o que torna o delito de ação privada *ou* pública condicionada à representação do ofendido.

---

[20] Tendo em vista a pena máxima dos crimes contra a honra definidos no Código Penal, conclui-se que todos são de menor potencial ofensivo, salvo a calúnia com aumento de pena (art. 138 c/c o art. 141) e a injúria qualificada pelo emprego de elementos ligados a preconceito (art. 140, § 3º). Seguem, portanto, o rito sumaríssimo, no âmbito do Juizado Especial Criminal. A calúnia com aumento de pena deverá observar o procedimento comum sumário (de competência do Juízo Comum). A injúria qualificada pelo preconceito, o procedimento comum ordinário, sendo de competência do Juízo Comum. De ver que, se ao agente for imputado mais de um crime contra a honra, tanto a competência (Juizado Especial Criminal ou Juízo Comum) quanto o rito processual deverão ser estabelecidos a partir do total das penas máximas cominadas aos fatos descritos pela acusação.

[21] "É concorrente a legitimidade do ofendido, mediante queixa, e do Ministério Público, condicionada à representação do ofendido, para a ação penal por crime contra a honra de servidor público em razão do exercício de suas funções".

9.4. Peculiaridades

9.4.1. Audiência de reconciliação (art. 520 do CPP)

Trata-se de audiência que deverá ser designada a fim de que as partes possam se reconciliar.

a) Cabimento

A audiência de reconciliação só será exigível nos crimes contra a honra que se processam por ação penal privada. Quando o fato se subsumir ao conceito de infração penal de menor potencial ofensivo (pena máxima igual ou inferior a dois anos), a reconciliação deverá se dar na audiência preliminar prevista na Lei n. 9.099/95.

b) Momento

Antes do recebimento da queixa.

c) Atos praticados

– Oitiva das partes isoladamente (sem advogado).

– Se a conciliação for viável, o juiz ouve as partes em conjunto, promovendo a reconciliação.

– *Se houver acordo*, será lavrado um termo no qual o *querelante desistirá da ação penal*, extinguindo-se a punibilidade. Ressalte-se que a causa extintiva da punibilidade aplicável é justamente a *desistência*[22].

– *Não havendo reconciliação*: o juiz recebe ou rejeita a queixa, seguindo-se, no primeiro caso, o rito ordinário.

– Partes menores de 21 anos: entendia-se que, se as partes fossem menores de 21 anos, deveriam estar acompanhadas de seus representantes legais; tal exigência não mais prevalece, por força do Código Civil de 2002, que reduziu a maioridade civil para 18 anos.

d) Questões

Qual a consequência da falta da audiência de reconciliação? Nulidade relativa (sendo providência anterior ao recebimento da inicial, não há falar-se em nulidade absoluta).

Qual a consequência do não comparecimento do querelante à audiência de tentativa de reconciliação? Há duas correntes: 1ª) ocorre perempção, uma vez que se trata de ato para o qual a presença do querelante é necessária (art. 60, III, do CPP);

---

22 Lembre-se que o elenco de causas extintivas da punibilidade do art. 107 do CP é exemplificativo, razão pela qual a desistência, mesmo não prevista no aludido dispositivo, tem o efeito de extinguir a punibilidade na audiência de reconciliação, em face do que estabelece o art. 522 do CPP.

2ª) nenhuma. O não comparecimento demonstra a intenção do querelante em não se reconciliar. A audiência de reconciliação precede o recebimento da inicial, razão pela qual, não existindo processo instaurado, não há que se falar em perempção (posição majoritária[23]).

e) Desistência de queixa

Conforme noticiado no *Informativo STF*, n. 271: "O Tribunal, em questão de ordem, decidiu pela admissibilidade do pedido de desistência unilateral da ação penal privada, pelo querelante, quando requerido anteriormente ao recebimento da queixa. Considerou-se que a disponibilidade ínsita à ação penal privada e o art. 520 e seu § 2º do CPP – que prevê expressamente a desistência da ação nos crimes contra a honra na audiência de conciliação prévia –, autorizam a ampliação da admissibilidade da desistência posterior ao oferecimento da queixa-crime, mas antes de seu recebimento, levando-se em conta, ainda, que o querelante poderia, por omissão, dar causa à perempção da ação"[24].

9.4.2. Exceção da verdade (defesa da verdade) – art. 523 do CPP

Os aspectos penais da exceção da verdade serão esclarecidos no item 7, *infra* (referente ao crime de calúnia). Nesse ponto, apenas enfatizaremos as questões processuais.

O Código de Processo Penal permite que o querelado apresente, em sua defesa, a exceção da verdade. Trata-se de medida na qual se discutirá se o fato ofensivo por ele imputado ao querelante é verdadeiro. Uma vez processado por crime contra a honra, pode o acusado, assim, defender-se *admitindo* que proferiu as palavras ofensivas descritas na queixa, alegando, porém, que somente disse a verdade, a fim de isentar-se de responsabilidade penal.

a) Natureza jurídica

Trata-se de questão prejudicial homogênea.

b) Cabimento

Somente é admissível nos crimes de calúnia (salvo nas hipóteses do art. 138, § 3º, do CP) e de difamação contra funcionário público por fato relativo ao exercício de suas funções (art. 139, parágrafo único, do CP).

---

[23] Nesse sentido: Damásio de Jesus, *Código Penal anotado*, ed. de 2003, p. 410. Cf., ainda, TJRS, Recurso Crime 71008452435, rel. Des. Luis Gustavo Zanella Piccinin, Turma Recursal Criminal, j. 27-5-2019, TJES, RESE 0021871-26.2016.8.28.0035, rel. Des. Elisabeth Lordes, 1ª CCr, j. 15-5-2019, e também STJ, REsp 605.871/SP, rel. Min. Felix Fischer, 5ª T., j. 15-4-2004. Há outros precedentes do STJ e do STF adotando esse entendimento (do STF: HC 71.219-3, *DJU* de 16-12-1994; do STJ: RHC 2.107, *DJU* de 14-9-1992; HC 6.801, *DJU* de 6-4-1998; REsp 125.022, *DJU* de 1º-9-1997).

[24] STF, Plenário, Inq. 566, rel. Min. Sepúlveda Pertence, j. 5-6-2002.

c) Momento

O querelado deve apresentá-la no *prazo da defesa escrita* (arts. 396 e 396-A do CPP, com redação da Lei n. 11.719/2008)[25]. A doutrina, no entanto, tem admitido sua apresentação em momento posterior, em face do princípio constitucional da ampla defesa e também porque a exceção da verdade somente será julgada quando da sentença.

d) Rito

Uma vez apresentada a exceção da verdade, o querelante terá dois dias para contestá-la, podendo solicitar a oitiva das testemunhas arroladas na queixa, requerer sua substituição por outras ou arrolar novas testemunhas até completar o número máximo de oito.

Importante ressaltar que não há julgamento prévio da *exceptio veritatis*. Ela é decidida juntamente com a causa principal, no momento da sentença, portanto.

e) Exceção da verdade quando o querelante for autoridade com foro especial

Caso uma autoridade com foro especial sinta-se vítima de crime contra a honra, poderá oferecer representação para que o Ministério Público ajuíze a competente denúncia ou, alternativamente, ajuizar ela própria queixa-crime (Súmula 714 do STF)[26]. Em qualquer caso, na hipótese de o querelado oferecer exceção da verdade, o art. 85 do CPP estabelece que essa medida deverá ser julgada pelo tribunal competente para processar criminalmente o querelante. Dessa forma, por exemplo, se um Senador da República move queixa contra alguém imputando-lhe o crime de calúnia, e essa pessoa, na qualidade de querelado, pretende provar a veracidade de suas afirmações, deverá opor exceção da verdade. Ocorre que o querelante, por ter

---

25 Prevalece o seguinte entendimento jurisprudencial: "tem-se entendido que referido instituto defensivo deve ser apresentado na primeira oportunidade em que a defesa se manifestar nos autos. No entanto, o rito dos processos que tramitam em tribunais superiores prevê a apresentação de defesa preliminar antes mesmo do recebimento da denúncia, no prazo de 15 (quinze) dias, conforme dispõe o art. 4º da Lei n. 8.038/1990. Prevê, ademais, após o recebimento da denúncia, o prazo de 5 (cinco) dias para a defesa prévia, contado do interrogatório ou da intimação do defensor dativo, nos termos do art. 8º da referida Lei. 3. Um exame superficial poderia levar a crer que a primeira oportunidade para a defesa se manifestar nos autos, de fato, é no prazo de 15 (quinze) dias, antes mesmo do recebimento da denúncia. Contudo, sem o recebimento da inicial acusatória, nem ao menos é possível processar a exceção da verdade, que tramita simultaneamente com a ação penal, devendo ser resolvida antes da sentença de mérito. Outrossim, diante da natureza jurídica do instituto, que é verdadeira ação declaratória incidental, tem-se como pressuposto lógico a prévia instauração da ação penal. Assim, conclui-se que o prazo para apresentação da exceção da verdade, independentemente do rito procedimental adotado, deve ser o primeiro momento para a defesa se manifestar nos autos" (STJ, HC 202.548/MG, rel. Min. Reynaldo Soares da Fonseca, 5ª T., j. 24-11-2015).

26 A jurisprudência reconhece nessa hipótese dupla titularidade da ação penal (pública condicionada ou privada, conforme preferir o ofendido). Nesse sentido: STF, *RTJ* 154/410, e STJ, AgRg no REsp 1.588.248/CE, rel. Min. Nefi Cordeiro, 6ª T., j. 24-10-2017.

foro por prerrogativa de função, faz com que a competência para o julgamento da exceção da verdade se desloque ao tribunal que seria originariamente competente para julgá-lo; no caso, o Supremo Tribunal Federal. De ver-se, contudo, que cabem ao juízo onde tramita a ação penal a admissão e o processamento da exceção da verdade (inclusive com a oitiva de eventuais testemunhas), devendo os autos ser enviados ao tribunal competente, *apenas quando do julgamento*. Como ressaltou o Ministro Celso de Mello, "a exceção da verdade, quando deduzida nos crimes contra a honra que autorizam a sua oposição, deve ser admitida, processada e julgada, ordinariamente, pelo juízo competente para apreciar a ação penal condenatória. Tratando-se, no entanto, de *exceptio veritatis* deduzida contra pessoa que dispõe, *ratione muneris*, de prerrogativa de foro perante o STF (CF, art. 102, I, *b* e *c*), a atribuição da Suprema Corte restringir-se-á, unicamente, ao julgamento da referida exceção, não assistindo, a este Tribunal, competência para admiti-la, para processá-la ou sequer para instruí-la, razão pela qual os atos de dilação probatória pertinentes a esse procedimento incidental deverão ser promovidos na instância ordinária competente para apreciar a causa principal (ação penal condenatória)"[27].

9.4.3. Exceção da notoriedade do fato

O Código de Processo Penal também admite a *exceção da notoriedade do fato*. Essa modalidade de defesa é admissível nos crimes de calúnia e difamação (únicos crimes contra a honra em que ocorre a imputação de um *fato* à vítima). O objetivo é a demonstração da *boa-fé* do acusado, que prova, por intermédio da exceção, a falta de conhecimento da falsidade do fato ou que se trata de algo já pertencente ao domínio público.

9.4.4. Pedido de explicações em juízo (CP, art. 144)

a) Cabimento

Trata-se de medida preliminar à ação penal por crime contra a honra, cabível quando, por meio de frases, referências ou alusões, se pudesse inferir calúnia, difamação ou injúria. Poderá ser ajuizada, portanto, quando a ofensa for velada (equívoca/duvidosa).

b) Rito

O rito aplicável ao pedido de explicações em juízo é aquele disciplinado nos arts. 726 a 729 do Novo CPC (Lei n. 13.105/2015), envolvendo as seguintes etapas:

1) requerimento da vítima;

2) notificação do autor;

3) com ou sem resposta, os autos são entregues à vítima.

---

[27] Inq. 1.436/PR, *DJU* de 6-3-2001.

A medida em estudo provoca a prevenção (art. 83 do CPP) do Juízo Criminal em que for ajuizada com relação à eventual ação penal que seria ajuizada com relação aos mesmos fatos.

c) Prazo decadencial

O pedido de explicações em juízo *não* interfere no prazo decadencial para oferecimento da queixa-crime. Note-se que tal prazo é peremptório e fatal, não se suspendendo ou se interrompendo.

d) Efeito do pedido de explicações em juízo

O Código Penal diz que, se as explicações não forem prestadas ou se forem consideradas insatisfatórias, o autor da suposta ofensa por ela responderá. É preciso que se entenda bem essa regra constante da parte final do art. 144. Primeiramente, importante frisar que não há nenhum julgamento durante o pedido de explicações em juízo. Nada é decidido durante esse expediente. Com ou sem as explicações, satisfatórias ou insatisfatórias, os autos serão entregues ao requerente, que decidirá se ajuíza ou não a queixa-crime. Caso ele opte por ajuizá-la, a instruirá com o pedido de explicações. No momento de analisar se é o caso de receber ou não a queixa-crime é que o juiz verificará se houve ou não explicações e se foram ou não satisfatórias. Não havendo explicações ou sendo elas consideradas insuficientes, o juiz receberá a queixa-crime (se formalmente apta) e o autor da frase, referência ou alusão "responderá" (leia-se: será processado) pela suposta ofensa, podendo ser absolvido ou condenado.

ART. 138 – CALÚNIA

1. DISPOSITIVO LEGAL

Calúnia

Art. 138. Caluniar alguém, imputando-lhe falsamente fato definido como crime:

Pena – detenção, de 6 (seis) meses a 2 (dois) anos, e multa.

§ 1º Na mesma pena incorre quem, sabendo falsa a imputação, a propala ou divulga.

§ 2º É punível a calúnia contra os mortos.

Exceção da verdade

§ 3º Admite-se a prova da verdade, salvo:

I – se, constituindo o fato imputado crime de ação privada, o ofendido não foi condenado por sentença irrecorrível;

II – se o fato é imputado a qualquer das pessoas indicadas no n. I do art. 141;

III – se do crime imputado, embora de ação pública, o ofendido foi absolvido por sentença irrecorrível.

2. VALOR PROTEGIDO (OBJETIVIDADE JURÍDICA)

Honra objetiva, ou seja, a reputação o bom nome da pessoa. Trata-se do conceito da vítima perante o meio social.

3. TIPO OBJETIVO

A calúnia se dá com a imputação falsa a alguém de fato definido como crime.

Imputar (ação nuclear) significa atribuir, ou seja, narrar o fato inserindo uma pessoa como sendo seu responsável.

É necessário que este *fato seja definido como crime*. Se a lei o considerar contravenção penal, não haverá calúnia, mas difamação (que consiste na atribuição de outros fatos ofensivos à honra).

Exige-se, ainda, que a narrativa consista na *descrição de um fato*. Não precisa ser pormenorizada, isto é, detalhada, mas deve ser determinada e não vaga (sob pena de atipicidade). Não pode se traduzir, ainda, na irrogação de uma qualidade ofensiva, que é da essência do crime de injúria (art. 140). Dessa forma, chamar alguém de "ladrão" constitui injúria (atribuição de qualidade negativa), mas dizer (mentirosamente) que uma pessoa foi vista por terceiros subtraindo objetos de outrem (ação indicativa de furto) caracteriza calúnia.

O fato, de outra parte, deve ser verossímil, sob pena de faltar o elemento subjetivo necessário ao crime (*animus calumniandi* ou a intenção de macular a honra objetiva). Dizer que alguém subtraiu o "Cristo Redentor" não é uma imputação séria a ponto de macular a honra da vítima (pode ser, todavia, uma injúria camuflada de galhofa).

A calúnia, como todos os crimes contra a honra, constitui *delito de forma livre*, que pode ser cometido por qualquer meio. De regra, é cometido verbalmente, mediante linguagem falada. Pode ocorrer, ainda, por escrito, por mímica, por símbolos ou gestos.

É fundamental que a imputação seja *falsa*. Se o fato atribuído for verdadeiro, não há calúnia, por falta de requisito essencial à figura típica. A falsidade pode ocorrer quanto à existência do fato ou quanto à sua autoria. No primeiro caso, o fato jamais ocorreu. No segundo caso, o ato é verdadeiro, mas a pessoa mentirosamente o atribui a um inocente.

A pessoa, ademais, deve ter *consciência da falsidade* ou, ao menos, da possibilidade de a imputação ser falsa. Caso contrário, ter-se-á erro de tipo, excludente do dolo (CP, art. 20, *caput*).

Há, ainda, a chamada *calúnia reflexa*, em que se ofende uma pessoa e, reflexamente, atinge-se outra. Se alguém afirma, por exemplo, que determinado policial aceitou dinheiro oferecido por determinada pessoa para não prendê-la, reflexamente calunia-se o suposto pagador da propina.

Existe também a *calúnia implícita ou equívoca*. Trata-se daquela em que a ofensa não é diretamente imputada, mas se pode inferir pelo contexto e pelas afirmações do agente. Por exemplo, uma pessoa diz a um funcionário público: "Não fui eu que solicitei dinheiro para deixar de lavrar o auto de infração".

3.1. Propalação ou divulgação da calúnia

De acordo com expressa disposição do Código, aquele que propala ou divulga a calúnia, sabendo-a falsa, por ela deve responder. Plenamente justificável a ressalva contida na lei, porquanto o ato de propalar (isto é, propagar, dar mais publicidade) contribui para malferir o bem protegido. O mesmo vale para a divulgação (propagação da informação a outras pessoas).

Por que a advertência expressa na lei? Não bastaria o *caput* da disposição para enquadrar o propalador ou divulgador da calúnia? A razão do enquadramento destacado da incriminação daquele que propala ou divulga a calúnia se dá porque, em matéria de elemento subjetivo, são diversas as exigências. Pune-se o caluniador quando age com dolo (direto - sabe da falsidade da imputação - ou eventual - não sabe, mas suspeita). *O propalador e o divulgador, todavia, somente são enquadrados criminalmente quando agirem com dolo direto*, ou seja, quando souberem falsa a imputação e persistirem na transmissão da informação a outras pessoas.

4. TIPO SUBJETIVO

Como já se disse anteriormente, os delitos contra a honra exigem um elemento subjetivo consistente na intenção de macular a reputação alheia.

5. SUJEITOS DO CRIME

Remete-se o leitor ao quanto se viu no item 7, *supra*. Acrescente-se, apenas, que se exige imputação a terceiro determinado. Se a pessoa atribui a si própria, mentirosamente, o fato definido como crime, não há calúnia (a doutrina denomina tal hipótese de "autocalúnia" - fato atípico). Poderá haver nesses casos, contudo, autoacusação falsa (art. 341 do CP) ou, ainda, calúnia reflexa (imagine um funcionário público que diz, falsamente, ter recebido propina de determinada pessoa - a imputação envolve terceiro, a quem se atribui mentirosamente um crime de corrupção ativa).

6. CONSUMAÇÃO E TENTATIVA

6.1. Consumação

A calúnia é crime formal (ou de consumação antecipada), operando-se sua realização integral típica quando terceiro (pessoa diversa do ofendido) toma conhecimento da imputação. Não é necessária a produção efetiva do resultado, isto é, que haja o menoscabo à reputação da vítima, pois, como se disse, o delito é formal.

6.2. Tentativa

De regra, não se admite, dado o caráter unissubsistente da maioria das condutas caluniosas. Sendo possível fracionar o *iter criminis*, contudo, poderá haver tentativa (como na calúnia produzida por escrito).

7. EXCEÇÃO DA VERDADE (ART. 138, § 3º)

A *exceptio veritatis* constitui a possibilidade que se dá ao agente de demonstrar que a imputação por ele dita é verdadeira, de modo a isentar-se de responsabilidade penal pelo ato.

Como regra, é admissível em matéria de calúnia. O Código Penal menciona três casos em que ela fica proibida, ou seja, em que não cabe a exceção da verdade:

a) quando o fato constitui crime de ação penal pública e já há sentença transitada em julgado inocentando o imputado;

b) quando o fato configura crime de ação penal privada e não existe condenação penal transitada em julgado que o reconheça;

c) quando se trata do Presidente da República ou de Chefe de Governo estrangeiro.

É de ver que boa parte da doutrina considera *inconstitucionais* as restrições contidas no dispositivo.

ART. 139 – DIFAMAÇÃO

1. DISPOSITIVO LEGAL

Difamação

Art. 139. Difamar alguém, imputando-lhe fato ofensivo à sua reputação:

Pena – detenção, de 3 (três) meses a 1 (um) ano, e multa.

Exceção da verdade

Parágrafo único. A exceção da verdade somente se admite se o ofendido é funcionário público e a ofensa é relativa ao exercício de suas funções.

2. VALOR PROTEGIDO (OBJETIVIDADE JURÍDICA)

Tanto quanto na calúnia, protege-se a honra objetiva, ou seja, a reputação e o bom nome da pessoa.

3. TIPO OBJETIVO

A difamação tem como conduta nuclear o ato de imputar a alguém de fato ofensivo à sua reputação.

Imputar significa atribuir, narrar o fato inserindo uma pessoa como sendo seu responsável. Exige-se que o *fato seja determinado e verossímil*. Como na calúnia, a imputação não precisa ser pormenorizada, mas não pode ser vaga (sob pena de atipicidade).

Lembre-se, uma vez mais, de que a atribuição de qualidade negativa a outrem tipifica injúria e não difamação, que exige a descrição de um fato ofensivo à reputação. Chamar alguém de "vagabundo" é injúria, mas dizer que essa pessoa faltou determinado dia ao trabalho para ficar no bar consumindo bebidas alcoólicas, visando ofender-lhe a honra, constitui difamação.

Trata-se de *crime de forma livre*; admite, portanto, qualquer meio executório. De regra, é cometido verbalmente, mediante linguagem falada. Pode ocorrer, ainda, por escrito, por mímica, por símbolos ou gestos.

Em matéria de difamação, é de todo irrelevante verificar se o fato era verdadeiro ou falso. Mesmo verdadeiro, a infração subsiste. Não se admite, justamente por esse motivo, a exceção da verdade (salvo quando se trata de ofensa dirigida a funcionário público no exercício de suas funções - veja item 7, *infra*).

3.1. Propalação ou divulgação da difamação

Muito embora não exista expressa disposição no Código a respeito, como há na calúnia, quem propala ou divulga a difamação é tão difamador quanto o que inicialmente imputou o fato ofensivo à reputação da vítima. Em outras palavras: propalar ou divulgar a difamação significa incorrer no tipo do art. 139 do CP.

4. TIPO SUBJETIVO

Como já se disse anteriormente, os delitos contra a honra exigem um elemento subjetivo consistente na intenção de macular a reputação alheia.

5. SUJEITOS DO CRIME

Remete-se o leitor ao quanto se viu no item 7, nas considerações gerais dos crimes contra a honra. Devido à falta de previsão legal, entende-se atípica a difamação contra os mortos, salvo quando reflexamente se pretenda atingir os vivos.

6. CONSUMAÇÃO E TENTATIVA

6.1. Consumação

A difamação consubstancia crime formal (ou de consumação antecipada), operando-se sua realização integral típica quando terceiro (pessoa diversa do ofendido) toma conhecimento da imputação. Não é necessária a produção efetiva do resultado, isto é, que haja o menoscabo à reputação da vítima.

6.2. Tentativa

De regra, não se admite, dado o caráter unissubsistente da maioria das condutas difamatórias. Sendo possível fracionar o *iter criminis*, contudo, poderá haver tentativa (como na calúnia produzida por escrito).

7. EXCEÇÃO DA VERDADE (ART. 139, PARÁGRAFO ÚNICO)

A *exceptio veritatis* não tem lugar, como regra, na difamação, uma vez que tal infração independe de ser verdadeiro ou falso o fato imputado a outrem. Numa hipótese, todavia, a lei penal a admite: trata-se da difamação contra funcionário público, por fato relacionado com o desempenho de suas funções.

Prevalece, nesses casos, o interesse em apurar a conduta do funcionário que, se praticou fato ofensivo à sua reputação no exercício de suas funções, pode ter cometido infração administrativa e, destarte, merecer a devida punição.

Segundo a doutrina, a exceção da verdade, na difamação, quando admitida, exclui a ilicitude do ato.

ART. 140 – INJÚRIA

1. DISPOSITIVO LEGAL

Injúria

Art. 140. Injuriar alguém, ofendendo-lhe a dignidade ou o decoro:

Pena – detenção, de 1 (um) a 6 (seis) meses, ou multa.

§ 1º O juiz pode deixar de aplicar a pena:

I – quando o ofendido, de forma reprovável, provocou diretamente a injúria;

II – no caso de retorsão imediata, que consista em outra injúria.

§ 2º Se a injúria consiste em violência ou vias de fato, que, por sua natureza ou pelo meio empregado, se considerem aviltantes:

Pena – detenção, de 3 (três) meses a 1 (um) ano, e multa, além da pena correspondente à violência.

§ 3º Se a injúria consiste na utilização de elementos referentes a raça, cor, etnia, religião, origem ou a condição de pessoa idosa ou portadora de deficiência:

Pena – reclusão de 1 (um) a 3 (três) anos e multa.

2. VALOR PROTEGIDO (OBJETIVIDADE JURÍDICA)

Consubstancia-se na honra *subjetiva*, ou seja, o autoconceito, a opinião que a pessoa tem de si, de seus atributos físicos, morais ou intelectuais. Pode ser que, com a ofensa, exista também violação à honra objetiva do sujeito passivo, mas este efeito não é indispensável à existência do crime e, se presente, importará em reflexos na dosimetria da pena. Lembre-se que na primeira fase da dosagem, quando do exame das circunstâncias judiciais, o magistrado deve verificar as consequências do delito (CP, art. 59, *caput*).

3. TIPO OBJETIVO

A injúria se dá com a irrogação de ofensas a outrem, atingindo-lhe em sua dignidade ou decoro. A dignidade diz respeito ao sentimento de honorabilidade ou valor moral; são exemplos: "desonesto", "corrupto", "egoísta", "ladrão", "canalha", "cachorro". O decoro refere-se à consciência de nossa respeitabilidade pessoal; por exemplo: "lesado mental", "anta", "imbecil", "cachorra"[28].

Não se trata de imputar fato ofensivo à honra, mas de emitir conceitos negativos, atingindo os atributos físicos, morais ou intelectuais da vítima[29].

Pode ser cometida por ação (regra) ou por omissão, como se dá no exemplo clássico da pessoa que, de maneira ostensiva, se recusa a cumprimentar quem lhe estendeu a mão.

A injúria consiste na "manifestação, por qualquer meio, de um conceito ou pensamento que importe ultraje, menoscabo ou vilipêndio contra alguém"[30].

Nesse delito, o sujeito vulnera a autoestima do ofendido. Não é necessário, contudo, que este assim se ofenda, bastando que o comportamento, qualquer que tenha sido o meio executório (verbal, escrito, digital, gestual etc.) seja idôneo a ofender

---

[28] Assim ensinava Hungria, op. cit., v. VI, p. 91.

[29] Parte da doutrina admite a injúria cometida mediante a imputação de fatos difamantes ou caluniosos quando o ato é praticado exclusivamente na presença do ofendido, sem que outras pessoas encontrem-se no local. Ofende-se, nesse caso, tão somente a autoestima da pessoa, sem qualquer abalo à sua reputação.

[30] Nelson Hungria, op. cit., v. VI, p. 90.

ao homem médio. A lei não protege excessos de suscetibilidade ou amor-próprio, razão pela qual uma crítica, ainda que não seja bem recebida e se dê em tom forte, não será considerada injúria.

A injúria constitui crime de forma ou ação livre, podendo ser cometida por qualquer meio (verbal, escrito ou por gestos). Podem-se citar os seguintes exemplos:

a) imitar o som de gases intestinais durante a fala de um orador;

b) entregar a alguém um milho e dizer "coma";

c) mimetizar o ornejo do asno.

Deve-se sempre analisar o contexto em que a frase foi dita e, sobretudo, a conotação das expressões utilizadas e eventual uso local. Assim, por exemplo, tem conotação diversa chamar alguém de "baiano" em São Paulo ou em Salvador. Como exemplificava Hungria, referir-se a uma mulher como "moça" pode traduzir lisonja ou, conforme o local, grave ofensa.

3.1. Espécies de injúria

Pode ser imediata ou mediata; direta ou indireta (ou reflexa); explícita; equívoca.

Há *injúria imediata* quando praticada pelo próprio agente (o autor xinga alguém); *mediata*, quando *se utiliza de outra pessoa ou coisa* para cometê-la, como uma criança ou um papagaio.

A *injúria direta* atinge a vítima unicamente e a *indireta ou reflexa*, além da pessoa a quem se dirige a ofensa, atinge terceiro (ex.: chamar alguém de "corno" é ofendê-lo e à sua esposa).

Há, ainda, a *injúria oblíqua*, quando atinge pessoa diversa do ofendido, mas que lhe é muito querida (ex.: "seu filho é um vagabundo").

A *injúria explícita* é a que não dá margem à dúvida quanto à ofensa e a *equívoca*, a que contém duplo sentido, não sendo claro o *animus injuriandi* (ex.: chamar uma mulher de "cara").

Há, ainda, as seguintes formas[31]:

a) *per argumentum a contrario*: "Não posso deixar-me ver em tua companhia, porque não sou um ladrão";

b) por exclusão: o agente refere-se a um grupo determinado de pessoas e, propositadamente, afirma os que são honestos, deixando de citar outras;

c) dubitativa ou suspeitosa: "talvez seja tal pessoa um corrupto";

d) irônica: quando a ofensa é colocada com ironia, por exemplo, alguém se refere a outrem, que não consegue concluir determinada tarefa, dizendo que tal pessoa "é muito competente";

---

31 Nelson Hungria, op. cit., v. VI, p. 96.

e) reticente ou elíptica: "a senhora "X", formosa e ... modelar";

f) por fingido quiprocó: "o meretríssimo, digo meritíssimo juiz";

g) condicionada ou por hipótese: se diz que alguém é "canalha" se realizou tal ato, que se sabe foi por ele praticado;

h) truncada: "você não passa de um fi...";

i) simbólica: dar o nome de alguém a um asno; pendurar chifres na porta de um homem casado.

3.2. Distinção com outros crimes

3.2.1. Desacato

O desacato é crime contra a Administração Pública previsto no art. 331 do CP. Desacatar significa ofender, humilhar, menoscabar, desprezar, tratar com irreverência. É fundamental que a ofensa seja irrogada contra "funcionário público" (figurando ele como *vítima*, vale o conceito restrito constante do *caput* do art. 327 do CP).

Pode ser cometido por qualquer meio[32]: palavras (ex.: xingamentos), gestos (ex.: em fato amplamente noticiado pela imprensa nacional, piloto de companhia aérea americana efetuou gesto internacionalmente conhecido como ofensivo ao ser identificado no aeroporto), risos, vias de fato (ex.: tapa na cara) etc., que deverão ser detalhadamente descritos na denúncia, sob pena de inépcia.

Exige-se: a) *nexo ocasional*, ou seja, que o funcionário ofendido se encontre no exercício de suas funções; ou b) *nexo causal*, isto é, que a ofensa seja vinculada à função exercida pela vítima, ainda que ela não se encontre no efetivo exercício de suas atribuições legais[33].

O elemento subjetivo do tipo, dolo (elemento genérico), abarca a vontade e a consciência de menoscabar o servidor e, reflexamente, a função exercida, e demanda, ademais, o conhecimento de que o ofendido é funcionário público (caso contrário haverá crime contra a honra - arts. 138 a 140 do CP, caracterizando-se erro de tipo - art. 20 do CP[34]). Na apreciação do dolo devem ser levadas em conta as condições socioculturais do sujeito ativo (uma pessoa inculta e de poucas letras, que não saiba expressar-se com proficiência, pode utilizar palavras ou gestos descorteses sem intenção de ofender).

Se o fato for cometido *na presença* do funcionário, há desacato (é fundamental que o ofendido se encontre a uma distância suficiente para ouvir ou perceber direta-

---

32 STJ, HC 462.665/SP, rel. Min. Ribeiro Dantas, 5ª T., j. 18-9-2018, e HC 290.108/ES, rel. Min. Maria Thereza de Assis Moura, 6ª T., j. 4-12-2014.

33 Nesse sentido: STJ, *RT* 815/532.

34 Cf. *RT* 796/739. Ver também: TJMG, ApCr 1.0024.17.068269-4/001, rel. Des. Márcia Milanez, 8ª CCr, j. 14-5-2020, e TJDFT, Acórdão 1243359, 00005281720188070007, rel. Des. Jesuino Rissato, 3ª T. Criminal, j. 16-4-2020.

mente a desonra). Quando a ofensa for irrogada sem que a vítima se encontre presente, há injúria (cuja consumação se dará quando ele tomar conhecimento do fato). Exemplo: ofensa proferida via telefone[35].

3.2.2. Ultraje a culto

O delito de ultraje a culto é tipificado no art. 208 do CP e se dá quando, entre outras modalidades, uma pessoa "escarnecer de alguém publicamente, por motivo de crença ou função religiosa". Nesse caso, atinge-se o sentimento religioso e não a honra individual e se exige, como *conditio sine qua non*, que o delito seja praticado publicamente.

4. TIPO SUBJETIVO

Como já se disse anteriormente, os delitos contra a honra exigem um elemento subjetivo consistente na intenção de ofender a vítima. A intenção não é, ao menos imediatamente, macular a reputação da pessoa, mas feri-la em seu brio ou pudor (*animus injuriandi*).

Há divergência jurisprudencial sobre a caracterização do delito quando a ofensa é cometida durante discussão acalorada. Predomina o entendimento pela inexistência do crime, em função da falta do elemento subjetivo específico[36].

5. SUJEITOS DO CRIME

Remete-se o leitor ao quanto se viu no item 7, nas considerações gerais dos crimes contra a honra.

---

35 TJDFT, CCR 20150020285144, rel. Des. Souza e Avila, CCr, j. 30-11-2015. E também: "(...) Se o funcionário público é pessoalmente humilhado, menosprezado ou ofendido em sua honra por meio de expressões caluniosas, difamatórias ou injuriosas, no exercício da função ou em razão dela, deve o agente responder exclusivamente pelo delito de desacato (art. 331 do CP). Somente a ofensa proferida contra funcionário público ausente, em razão de sua função, é que caracteriza o crime contra a honra, majorado pelo art. 141, II, do CP" (TJMG, ApCr 1.0024.14.328033-7/001, rel. Des. Edison Feital Leite, 1ª CCr, j. 5-11-2019).

36 Nesse sentido: "Havendo uma discussão calorosa entre os envolvidos, para que o apelado seja condenado pela prática de crimes contra a honra, tem que estar devidamente comprovado o seu dolo específico em ofender a honra subjetiva e objetiva do apelante. Não sendo este o caso, deve a absolvição prolatada em primeiro grau ser mantida" (TJMG, Apelação Criminal 2292442-04.2013.8.13.0024, rel. Des. Sálvio Chaves, 7ª CCr, j. 19-6-2019). E também: TJDFT, Acórdão 1249204, 07025971420198070017, rel. Des. Roberval Casemiro Belinati, 2ª T. Criminal, j. 14-5-2020, e TJRS, Recurso Crime 71008530529, rel. Des. Luis Gustavo Zanella Piccinin, Turma Recursal Criminal, j. 24-6-2019. Posicionamento contrário: "Comete o crime de injúria racial quem chama outra pessoa de 'nego sujo', ainda que em meio a acalorada discussão" (TJRS, AP 70063238620, rel. Des. Julio Cesar Finger, 1ª CCr, j. 26-8-2015).

Ressalte-se que o morto não pode ser vítima de injúria, mas o assaque à sua memória mediante a imputação de qualidades negativas poderá configurar o crime de vilipêndio a cadáver (CP, art. 212).

6. CONSUMAÇÃO E TENTATIVA

6.1. Consumação

A injúria é crime formal (ou de consumação antecipada). Sua consumação ocorre quando o ofendido toma conhecimento da imputação. Não é necessária a produção efetiva do resultado, isto é, que a pessoa se sinta ofendida.

6.2. Tentativa

De regra, não se admite, dado o caráter unissubsistente da maioria das condutas injuriosas. Sendo possível fracionar o *iter criminis*, contudo, poderá haver tentativa (como na injúria produzida por escrito).

7. EXCEÇÃO DA VERDADE

É totalmente descabida na injúria. Nesse caso, não há a imputação de fato, mas de qualidade negativa.

8. PROVOCAÇÃO E RETORSÃO IMEDIATA

A provocação reprovável (censurável) e a retorsão (resposta) imediata consistente em outra injúria são hipóteses de *perdão judicial*. Nesses casos, diz o § 1º: "O juiz pode deixar de aplicar a pena".

A provocação reprovável é aquela odiosa, inaceitável. Tal provocação não precisa consistir em ofensa, mas pode se dar de qualquer modo.

A retorsão consiste no revide imediato, "no mesmo tom". Se diz que, certa feita, durante um julgamento pelo Júri, o orador teria feito pequena pausa para tomar água, enquanto se ouviu um cavalo, fora do recinto, relinchando. Disse, então, o orador, dirigindo-se ao adversário: "Vossa Excelência solicitou um aparte"; ao que este respondeu: "Não, foi o eco de seu pensamento no salão".

Não se trata de faculdade judicial, mas de direito subjetivo do agente. Significa que, uma vez identificada a hipótese legal, o acusado deverá receber a benesse.

É importante lembrar que a sentença que aplica o perdão judicial é declaratória da extinção da punibilidade, não subsistindo quaisquer efeitos da condenação (Súmula 18 do STJ e art. 120 do CP).

Pode ser que o agente, por engano, se ache injuriado ou provocado por alguém e, nesse contexto, ofenda ou revide a imputação imaginária. Aplica-se o perdão judicial, inclusive por força do art. 20, § 1º, do CP (descriminante putativa), aplicado analogicamente.

9. INJÚRIA REAL

A injúria real encontra-se capitulada no art. 140, § 2º, com os seguintes dizeres: "Se a injúria consiste em violência ou vias de fato, que, por sua natureza ou pelo meio empregado, se considerem aviltantes: Pena – detenção, de 3 (três) meses a 1 (um) ano, e multa, além da pena correspondente à violência".

O elemento fundamental do crime contra a honra reside na intenção do agente de, com a violência ou vias de fato empregada, ofender a dignidade ou o decoro da vítima. Por exemplo: desferir um tapa no rosto da vítima em público, jogar excremento numa pessoa. O aspecto subjetivo, destarte, é decisivo[37].

10. INJÚRIA QUALIFICADA PELO PRECONCEITO

Trata-se da injúria quando a ofensa é ligada a elementos de preconceito de raça, cor, etnia, religião, origem ou a condição de pessoa idosa ou portadora de deficiência.

Entende-se por *raça* a *divisão dos seres humanos segundo critérios político-sociais* (e não biológicos, porque a raça humana é única, conforme demonstrou a Ciência depois do mapeamento do genoma humano). Sob tal concepção, há quem separe os homens em raças ariana, judia, negra, branca etc.

Haverá injúria qualificada pela utilização de elementos de raça, por exemplo, quando alguém, *animus injuriandi*, chamar outrem de "judeuzinho" ou "olho puxado".

A discriminação em razão da *cor*, no contexto da norma, *refere-se à cor da pele*. Qualquer alusão a outrem pela coloração de sua tez, efetuada com intenção ofensiva, enquadra-se na presente figura penal. Por exemplo: "preto", "branquelo", "amarelo", "macaco" etc.

Etnia significa uma *população ou grupo que partilhe da mesma história ou cultura*.

Religião refere-se à crença individual em forças sobre-humanas; *trata-se da fé religiosa*.

Origem diz respeito à *procedência da pessoa* (p. ex., "favelado", "baiano").

O preconceito fundado na condição da pessoa de idosa é autoexplicativo (ex., "velho decrépito"). Com respeito ao que se entende por *pessoa portadora de deficiência*, para efeito de delimitar o alcance do tipo qualificado, deve-se observar o *conceito* previsto no art. 1 da Convenção sobre os Direitos das Pessoas com Deficiência e seu Protocolo

---

[37] "Não é simplesmente o corte dos cabelos que constitui o delito de injúria real, mas o corte com a intenção de aviltar, expor à humilhação pública" (*RT* 485/333).

Facultativo, assinados em Nova York, em 30 de março de 2007, que o Brasil ratificou com força de emenda à Constituição, nos termos do art. 5º, § 3º. A executoriedade ao documento internacional se deu mediante a expedição do Decreto Presidencial n. 6.949, de 25-8-2009. De acordo com o dispositivo mencionado, consideram-se pessoas com deficiência aquelas "que têm impedimentos de longo prazo de natureza física, mental, intelectual ou sensorial, os quais, em interação com diversas barreiras, podem obstruir sua participação plena e efetiva na sociedade em igualdades de condições com as demais pessoas".

10.1. Ação penal

O crime de injúria qualificado pelo emprego de elementos preconceituosos (CP, art. 140, § 3º) processava-se mediante queixa, até o advento da Lei n. 12.033, de 29-9-2009, que alterou o art. 145 do CP, passando a determinar que se trata de infração que se processa por iniciativa do Ministério Público, desde que haja representação do ofendido. Vale dizer, a ação penal tornou-se pública condicionada à representação. A nova disciplina não tem alcance retroativo, posto que regras referentes à ação penal têm natureza híbrida ou mista (processual e penal), submetendo-se, destarte, ao princípio irretroatividade (CF, art. 5º, XL).

Deve-se ressaltar que a transmudação de uma infração penal, cuja ação dependia de queixa, para delito de iniciativa do Ministério Público, tem natureza gravosa (sob a perspectiva do autor do fato). Lembre-se que os crimes de ação privada possuem um número maior de causas extintivas da punibilidade (como o perdão aceito e a perempção). Transformando-os em crimes de ação pública, tais causas deixam de existir. Por esse motivo, fatos ocorridos antes até 29 de setembro de 2009 continuam a depender de queixa.

10.2. Diferença com o racismo

O racismo constitui delito dos mais graves. Tanto assim que a Constituição Federal o declara inafiançável e imprescritível e, obrigatoriamente, apenado com reclusão (art. 5º, XLII).

Esse delito encontra-se definido em lei especial. Trata-se da Lei n. 7.716/89. *O racismo difere substancialmente da injúria qualificada pelo preconceito.*

Na *injúria há o assaque de expressões ofensivas*, como "branquelo", "preto", "macaco", "amarelo" etc. Atinge-se a autoestima da vítima. Ocorre a imputação de termos pejorativos[38].

---

[38] "Demonstrado o delito imputado e a autoria pela conduta do acusado que injuriou a vítima, chamando-o de 'nego vagabundo' e 'nego chinelo', ofendendo-lhe a dignidade com elemento referente a sua cor, nos termos do art. 140, § 3º, do Código Penal, violando a honra subjetiva da vítima. No caso dos autos, existem provas indicando a materialidade e autoria delitiva, indicando que a intenção do acusado era a de injuriar a vítima, ao desqualificá-lo em razão de sua raça" (TJRS, AP 70079284048, rel. Des. Rinez da Trindade, 3ª CCr, j. 27-6-2019). Ver também: TJMG, ApCr 1.0290.15.003750-2/001, rel. Des. Wanderley Paiva, 1ª CCr, j. 10-12-2019.

No racismo, o agente nega o exercício de algum direito ao ofendido por motivos de raça, cor, religião, etnia ou procedência nacional ou, de alguma maneira, *incita o preconceito*. Configuram, destarte, racismo:

a) "impedir ou obstar o acesso de alguém, devidamente habilitado, a qualquer cargo da administração direta ou indireta, bem como das concessionárias de serviços públicos (art. 3º)";

b) "negar ou obstar emprego em empresa privada (art. 4º)";

c) "recusar ou impedir acesso a estabelecimento comercial, negando-se a servir, atender ou receber cliente ou comprador" (art. 5º);

d) "recusar, negar ou impedir a inscrição ou ingresso de aluno em estabelecimento de ensino público ou privado de qualquer grau" (art. 6º);

e) "impedir o acesso ou recusar hospedagem em hotel, pensão, estalagem, ou qualquer estabelecimento similar" (art. 7º);

f) "impedir o acesso ou recusar atendimento em restaurantes, bares, confeitarias, ou locais semelhantes abertos ao público" (art. 8º);

g) "impedir o acesso ou recusar atendimento em estabelecimentos esportivos, casas de diversões, ou clubes sociais abertos ao público" (art. 9º);

h) "impedir o acesso ou recusar atendimento em salões de cabeleireiros, barbearias, termas ou casas de massagem ou estabelecimento com as mesmas finalidades" (art. 10);

i) "impedir o acesso às entradas sociais em edifícios públicos ou residenciais e elevadores ou escada de acesso aos mesmos" (art. 11);

j) "impedir o acesso ou uso de transportes públicos, como aviões, navios barcas, barcos, ônibus, trens, metrô ou qualquer outro meio de transporte concedido" (art. 12);

k) "impedir ou obstar o acesso de alguém ao serviço em qualquer ramo das Forças Armadas" (art. 13);

l) "impedir ou obstar, por qualquer meio ou forma, o casamento ou convivência familiar e social" (art. 14);

m) praticar, induzir ou incitar a discriminação ou preconceito de raça, cor, etnia, religião ou procedência nacional" (art. 20, *caput*);

n) "fabricar, comercializar, distribuir ou veicular símbolos, emblemas, ornamentos, distintivos ou propaganda que utilizem a cruz suástica ou gamada, para fins de divulgação do nazismo" (art. 20, § 1º).

Cabe citar, a título de exemplificação, os seguintes julgados, que espelham um dos traços distintivos fundamentais entre o crime contra a honra e o racismo, consistente no fato de os dizeres referirem-se a uma pessoa determinada ou, genericamente, a toda uma raça, etnia etc.:

"Desclassificação do crime de racismo para o de injúria racial. Opera-se a desclassificação do crime de racismo para o de injúria racial quando as provas contidas nos autos demonstram que as ofensas proferidas pela apelante, embora com conotação racial, se dirigiram tão somente contra a honra subjetiva do ofendido e não de segregar pessoas em razão da cor da pele, ou seja, não ficou configurado o dolo do delito previsto no art. 20 da Lei n. 7716/89"[39].

"*Tendo o réu proferido ofensas alusivas à cor da pele da vítima, dirigidas a ela própria e não a um grupo social, pratica injúria qualificada* e não atos de discriminação, impondo-se a desclassificação para o crime do art. 140, § 3º, do CP. (...) A utilização de palavras depreciativas referentes à raça, cor, religião ou origem, com o intuito de ofender a honra subjetiva da pessoa, caracteriza o crime previsto no § 3º do art. 140 do CP, ou seja, injúria qualificada, e não o crime previsto no art. 20 da Lei 7.716/89, que trata dos crimes de preconceito de raça ou de cor (*RT* 752/594)"[40].

10.3. Princípio da consunção

Já entendeu o Supremo Tribunal Federal que, se num mesmo contexto fático o agente ofende a honra de outrem utilizando-se de elementos ligados a preconceito, comete injúria, que ficará absorvida por delito de racismo que seja praticado em seguida. Dá-se a figura da progressão criminosa, aplicando-se o princípio da consunção ou da absorção[41].

10.4. O "discurso do ódio" e sua criminalização

Entende-se por "discurso do ódio" todo aquele que fomenta a discriminação por raça, cor, sexo, religião, opção sexual etc. É o caso de quem, por exemplo, prega publicamente a agressão a homossexuais ou a morte de determinadas pessoas por sua origem ou procedência nacional.

Nesses casos, não há delitos contra a honra, mas verdadeira prática de racismo, por meio do induzimento ou incitação à "discriminação ou preconceito de raça, cor, etnia, religião ou procedência nacional" (art. 20, *caput*). Cuida-se de conduta gravíssima, tanto que proclamada pela Constituição Federal de inafiançável e imprescritível.

---

39 TJPA, AP 201230207305, rel. Des. Romulo Jose Ferreira Nunes, 2ª CCr, j. 9-4-2013.

40 TJMG, *JM* 174/285.

41 Cf. Inq. 1.458, rel. Min. Marco Aurélio, *DJU* de 19-12-2003, p. 50: "INJÚRIA QUALIFICADA *VERSUS* CRIME DE RACISMO. ARTIGOS 140, § 3º, DO CÓDIGO PENAL E 20 DA LEI N. 7.716/89. Se a um só tempo o fato consubstancia, de início, a injúria qualificada e o crime de racismo, há a ocorrência de progressão do que assacado contra a vítima, ganhando relevo o crime de maior gravidade, observado o instituto da absorção. Cumpre receber a queixa-crime quando, no inquérito referente ao delito de racismo, haja manifestação irrecusável do titular da ação penal pública pela ausência de configuração do crime".

Meio comum de se praticar o "discurso do ódio" é a publicação de textos que neguem o holocausto dos judeus durante a Segunda Grande Guerra, desenvolvendo teses antissemitas, no sentido de que esse povo (ou essa "raça", na expressão do nacional socialismo) seria inferior e mereceria a execração.

Semelhante ato é grandemente reprovado, não só no Brasil mas em nível mundial. Há muitas legislações que incriminam especificamente o comportamento consistente em negar o holocausto, enquanto verdade histórica, e fomentar a discriminação dos judeus. Na Espanha, o fato encontra-se tipificado no art. 607.2 do CP. A Corte Constitucional daquele país declarou válida a incriminação. Entendeu-se que "a livre transmissão de ideias, em suas diferentes manifestações, não é um direito absoluto". Frisou-se, ainda, que "o reconhecimento constitucional da dignidade humana configura o marco dentro do qual deve se desenvolver o exercício dos direitos fundamentais e diante disso carece de proteção constitucional a apologia aos carrascos, glorificando sua imagem e justificando seus atos quando tal suponha uma humilhação de suas vítimas". Bem por isso, "a liberdade de expressão não pode dar cobertura ao chamado 'discurso do ódio', isto é, àquele desenvolvido em termos que suponham uma incitação direta à violência contra os cidadãos em geral ou contra determinadas raças ou crenças em particular". Segundo a Corte, ainda, "o deliberado ânimo de menosprezar ou discriminar pessoas ou grupos por razões de qualquer condição ou circunstância pessoal, étnica ou social (...) priva de proteção constitucional a expressão ou difusão de um determinado entendimento da história ou conceito do mundo". Desse modo, "resulta constitucionalmente legítimo castigar penalmente condutas que, ainda quando não resultem claramente idôneas para incitar diretamente o cometimento de delitos contra o direito das gentes, como o genocídio, se supõem um convite indireto a tanto, ou provoquem de modo mediato a discriminação, o ódio e a violência"[42].

Em nosso país, o Supremo Tribunal Federal proferiu decisão emblemática em caso semelhante. Tratava-se da imputação do delito de racismo a uma pessoa que escrevera obra negando o holocausto e incitando a discriminação aos judeus. Analisou-se se o fato configurava ou não racismo e, portanto, se era imprescritível. A conclusão da maioria dos ministros foi pelo cometimento da infração mencionada. Eis a ementa do acórdão:

"*HABEAS CORPUS*. PUBLICAÇÃO DE LIVROS: ANTISSEMITISMO. RACISMO. CRIME IMPRESCRITÍVEL. CONCEITUAÇÃO. ABRANGÊNCIA CONSTITUCIONAL. LIBERDADE DE EXPRESSÃO. LIMITES. ORDEM DENEGADA.

1. Escrever, editar, divulgar e comerciar livros 'fazendo apologia de ideias preconceituosas' e discriminatórias" contra a comunidade judaica (Lei 7.716/89, art. 20,

---

[42] STC 235/2007, in Luis López Guerra, *Las sentencias básicas del Tribunal Constitucional*, p. 463, 464 e 473.

na redação dada pela Lei 8.081/90) constitui crime de racismo sujeito às cláusulas de inafiançabilidade e imprescritibilidade (CF, art. 5º, XLII).

2. Aplicação do princípio da prescritibilidade geral dos crimes: se os judeus não são uma raça, segue-se que contra eles não pode haver discriminação capaz de ensejar a exceção constitucional de imprescritibilidade. Inconsistência da premissa.

3. Raça humana. Subdivisão. Inexistência. Com a definição e o mapeamento do genoma humano, cientificamente não existem distinções entre os homens, seja pela segmentação da pele, formato dos olhos, altura, pelos ou por quaisquer outras características físicas, visto que todos se qualificam como espécie humana. Não há diferenças biológicas entre os seres humanos. Na essência são todos iguais.

4. Raça e racismo. A divisão dos seres humanos em raças resulta de um processo de conteúdo meramente político-social. Desse pressuposto origina-se o racismo que, por sua vez, gera a discriminação e o preconceito segregacionista.

5. Fundamento do núcleo do pensamento do nacional-socialismo de que os judeus e os arianos formam raças distintas. Os primeiros seriam raça inferior, nefasta e infecta, características suficientes para justificar a segregação e o extermínio: inconciliabilidade com os padrões éticos e morais definidos na Carta Política do Brasil e do mundo contemporâneo, sob os quais se ergue e se harmoniza o estado democrático. Estigmas que por si só evidenciam crime de racismo. Concepção atentatória dos princípios nos quais se erige e se organiza a sociedade humana, baseada na respeitabilidade e dignidade do ser humano e de sua pacífica convivência no meio social. Condutas e evocações aéticas e imorais que implicam repulsiva ação estatal por se revestirem de densa intolerabilidade, de sorte a afrontar o ordenamento infraconstitucional e constitucional do País.

6. Adesão do Brasil a tratados e acordos multilaterais, que energicamente repudiam quaisquer discriminações raciais, aí compreendidas as distinções entre os homens por restrições ou preferências oriundas de raça, cor, credo, descendência ou origem nacional ou étnica, inspiradas na pretensa superioridade de um povo sobre outro, de que são exemplos a xenofobia, 'negrofobia', 'islamafobia' e o antissemitismo.

7. A Constituição Federal de 1988 impôs aos agentes de delitos dessa natureza, pela gravidade e repulsividade da ofensa, a cláusula de imprescritibilidade, para que fique, *ad perpetuam rei memoriam*, verberado o repúdio e a abjeção da sociedade nacional à sua prática.

8. Racismo. Abrangência. Compatibilização dos conceitos etimológicos, etnológicos, sociológicos, antropológicos ou biológicos, de modo a construir a definição jurídico-constitucional do termo. Interpretação teleológica e sistêmica da Constituição Federal, conjugando fatores e circunstâncias históricas, políticas e sociais que regeram sua formação e aplicação, a fim de obter-se o real sentido e alcance da norma.

9. Direito comparado. A exemplo do Brasil as legislações de países organizados sob a égide do estado moderno de direito democrático igualmente adotam em seu

ordenamento legal punições para delitos que estimulem e propaguem segregação racial. Manifestações da Suprema Corte norte-americana, da Câmara dos Lordes da Inglaterra e da Corte de Apelação da Califórnia nos Estados Unidos que consagraram entendimento que aplicam sanções àqueles que transgridem as regras de boa convivência social com grupos humanos que simbolizem a prática de racismo.

10. A edição e publicação de obras escritas veiculando ideias antissemitas, que buscam resgatar e dar credibilidade à concepção racial definida pelo regime nazista, negadoras e subversoras de fatos históricos incontroversos como o holocausto, consubstanciadas na pretensa inferioridade e desqualificação do povo judeu, equivalem à incitação ao discrímen com acentuado conteúdo racista, reforçadas pelas consequências históricas dos atos em que se baseiam.

11. Explícita conduta do agente responsável pelo agravo revelador de manifesto dolo, baseada na equivocada premissa de que os judeus não só são uma raça, mas, mais do que isso, um segmento racial atávica e geneticamente menor e pernicioso.

12. Discriminação que, no caso, se evidencia como deliberada e dirigida especificamente aos judeus, que configura ato ilícito de prática de racismo, com as consequências gravosas que o acompanham.

13. Liberdade de expressão. Garantia constitucional que não se tem como absoluta. Limites morais e jurídicos. O direito à livre expressão não pode abrigar, em sua abrangência, manifestações de conteúdo imoral que implicam ilicitude penal.

14. As liberdades públicas não são incondicionais, por isso devem ser exercidas de maneira harmônica, observados os limites definidos na própria Constituição Federal (CF, art. 5º, § 2º, primeira parte). O preceito fundamental de liberdade de expressão não consagra o 'direito à incitação ao racismo', dado que um direito individual não pode constituir-se em salvaguarda de condutas ilícitas, como sucede com os delitos contra a honra. Prevalência dos princípios da dignidade da pessoa humana e da igualdade jurídica.

15. 'Existe um nexo estreito entre a imprescritibilidade, este tempo jurídico que se escoa sem encontrar termo, e a memória, apelo do passado à disposição dos vivos, triunfo da lembrança sobre o esquecimento'. No Estado de Direito democrático devem ser intransigentemente respeitados os princípios que garantem a prevalência dos direitos humanos. Jamais podem se apagar da memória dos povos que se pretendam justos os atos repulsivos do passado que permitiram e incentivaram o ódio entre iguais por motivos raciais de torpeza inominável.

16. A ausência de prescrição nos crimes de racismo justifica-se como alerta grave para as gerações de hoje e de amanhã, para que se impeça a reinstauração de velhos e ultrapassados conceitos que a consciência jurídica e histórica não mais admitem. Ordem denegada"[43].

---

[43] STF, HC 82.424, rel. Min. Moreira Alves, rel. para o acórdão Min. Maurício Corrêa, j. 17-9-2003, *DJU* de 19-3-2004, p. 17.

10.5. Proporcionalidade da pena cominada à injúria qualificada pelo preconceito

Essa modalidade de injúria consubstancia o mais grave dos delitos contra a honra; confiram-se:

a) **calúnia** simples – **detenção, de seis meses a dois anos**, e multa (CP, art. 138, *caput*);

b) **difamação** simples – **detenção, de três meses a um ano**, e multa (CP, art. 139, *caput*);

c) **injúria** simples – **detenção, de um a seis meses**, ou multa (CP, art. 140, *caput*);

d) **injúria qualificada** pelo preconceito – **reclusão, de um a três anos**, e multa (CP, art. 140, § 3º).

A pena cominada à injúria qualificada, outrossim, é mais severa que a estipulada a determinadas infrações que atentam contra a vida ou a integridade corporal, tais como o autoaborto ou aborto consentido – art. 124 do CP (detenção, de um a três anos) e a lesão corporal qualificada pela violência doméstica – art. 129, § 9º, do CP (detenção, de três meses a três anos).

Ocorre, porém, que, por se cuidar de ofensa vinculada a elementos raciais (em sentido amplo), toca-se em valores de considerável magnitude constitucional, como a igualdade, a honra e o repúdio à discriminação, justificando-se o rigor.

O Supremo Tribunal Federal já analisou o tema e refutou a alegação de inconstitucionalidade da sanção imposta ao art. 140, § 3º, do CP, destacando a "necessidade de assegurar a prevalência dos princípios da igualdade, da inviolabilidade da honra e da imagem das pessoas para, considerados os limites da liberdade de expressão, coibir qualquer manifestação preconceituosa e discriminatória que atinja valores da sociedade brasileira, como o da harmonia inter-racial, com repúdio ao discurso de ódio"[44].

ART. 141 – CAUSAS DE AUMENTO DE PENA

1. DISPOSITIVO LEGAL

Disposições comuns

Art. 141. As penas cominadas neste Capítulo aumentam-se de 1/3 (um terço), se qualquer dos crimes é cometido:

I – contra o Presidente da República, ou contra chefe de governo estrangeiro;

II – contra funcionário público, em razão de suas funções;

[44] HC 109.676/RJ, rel. Min. Luiz Fux, j. 11-6-2013.

III – na presença de várias pessoas, ou por meio que facilite a divulgação da calúnia, da difamação ou da injúria;

IV – contra pessoa maior de 60 (sessenta) anos ou portadora de deficiência, exceto no caso de injúria.

Parágrafo único. Se o crime é cometido mediante paga ou promessa de recompensa, aplica-se a pena em dobro.

2. NATUREZA JURÍDICA

O art. 141 do CP retrata causas de aumento de pena, em patamar fixo (um terço).

Conforme estudado no volume 1 desta obra[45], referidas causas de exasperação da sanção devem ser analisadas pelo juiz na terceira fase da dosimetria da pena.

De acordo com o art. 68, parágrafo único, do Código, quando a causa estiver contida na Parte Especial, sua incidência na dosimetria da pena é obrigatória, salvo quando houver mais de uma circunstância (também na Parte Especial), hipótese em que o julgador poderá optar por aplicar todas ou somente a maior delas.

3. CRIME COMETIDO CONTRA O PRESIDENTE DA REPÚBLICA OU CHEFE DE GOVERNO ESTRANGEIRO

Quando se assaca a honra do mandatário de alguma nação, ofende-se não só a pessoa que ocupa o cargo, mas também a dignidade de seu cargo e, indiretamente, o país que ele representa. Daí o motivo pelo qual se dá o aumento da pena.

É preciso ver que a Lei de Segurança Nacional (Lei n. 7.170/83) também tipifica a ofensa à honra do presidente da República, por palavra ou escrito, e de chefe de governo de nação estrangeira. A aplicação da lei especial exige que a conduta tenha como objetivo atingir a segurança nacional.

4. CRIME COMETIDO CONTRA FUNCIONÁRIO PÚBLICO, EM RAZÃO DE SUAS FUNÇÕES

A *ratio* da exasperação consiste em, uma vez mais, atingir-se não só a pessoa, mas, secundariamente, a dignidade da função exercida.

Deve-se lembrar que nesse caso o crime é de ação penal pública condicionada à representação ou, a critério do ofendido, de ação penal de iniciativa privada (Súmula 714 do STF).

45 Ver *Direito penal*, São Paulo: Saraiva, 2010.

Importante lembrar, ainda, a distinção entre injúria cometida contra funcionário público e o desacato (CP, art. 331). Conforme já se estudou, quando a ofensa é praticada *na presença do funcionário, há desacato* (é fundamental que o ofendido se encontre a uma distância suficiente para ouvir ou perceber diretamente a desonra). Quando a ofensa for irrogada *sem que a vítima se encontre presente, há injúria* (cuja consumação se dará quando ele tomar conhecimento do fato). Exemplo: ofensa proferida via telefone[46].

5. DELITO PRATICADO NA PRESENÇA DE VÁRIAS PESSOAS OU POR MEIO QUE FACILITE A DIVULGAÇÃO DO CRIME

O aumento se baseia na maior lesividade do ato. Quanto maior o número de pessoas que presencie a ofensa ou que dela possa tomar conhecimento, em função do meio em que cometida, mais intenso é o dano à honra do ofendido.

Com relação ao número mínimo para a aplicação da exasperante, entende a doutrina ser necessário que pelo menos três pessoas presenciem o fato. Nesse número não se computa a própria vítima ou pessoas incapazes de compreender a ofensa, como crianças ou estrangeiros incapazes de entender o idioma em que o fato foi cometido.

A conclusão quanto à necessidade de, no mínimo, três pessoas decorre de uma interpretação sistemática da Parte Especial. Isto porque quando o legislador quer exigir o mínimo de duas pessoas, o faz expressamente, como se nota no art. 155, § 4º, IV.

Como exemplo de meio que facilite a divulgação da calúnia, da difamação ou da injúria pode-se dar o ilícito cometido por meio dos meios de comunicação social, como a televisão, o rádio, os jornais, as revistas ou a internet. Enquanto vigorava a Lei n. 5.250/67, os delitos cometidos através de tais meios eram considerados crimes de imprensa, sujeitando-se à mencionada lei; o Supremo Tribunal Federal, todavia, a considerou não recepcionada pela Constituição Federal, retirando-a do ordenamento jurídico no julgamento da ADPF 130.

6. CRIME PERPETRADO CONTRA MAIOR DE 60 ANOS OU PESSOA PORTADORA DE DEFICIÊNCIA

Nesse caso, conforme expressa ressalva contida no inciso IV, a causa de aumento só tem incidência nos crimes de calúnia e difamação. Isto porque, em se tratando de injúria, aplica-se a figura qualificada (art. 140, § 3º).

---

[46] TJDFT, CCR 20150020285144, rel. Des. Souza e Avila, CCr, j. 30-11-2015.

7. INFRAÇÃO PRATICADA MEDIANTE PAGA OU PROMESSA DE RECOMPENSA

De acordo com o parágrafo único do art. 141, o cometimento de uma ofensa à honra por meio de paga ou promessa de recompensa importa na aplicação da pena em dobro. Trata-se do crime mercenário.

ART. 142 – IMUNIDADE

1. DISPOSITIVO LEGAL

Exclusão do crime

Art. 142. Não constituem injúria ou difamação punível:

I – a ofensa irrogada em juízo, na discussão da causa, pela parte ou por seu procurador;

II – a opinião desfavorável da crítica literária, artística ou científica, salvo quando inequívoca a intenção de injuriar ou difamar;

III – o conceito desfavorável emitido por funcionário público, em apreciação ou informação que preste no cumprimento de dever do ofício.

Parágrafo único. Nos casos dos n. I e III, responde pela injúria ou pela difamação quem lhe dá publicidade.

2. IMUNIDADE CONSTITUCIONAL

Antes de analisarmos as hipóteses legais (ver item 4, *infra*), convém uma breve análise das imunidades constitucionais.

Nosso Texto Maior, com efeito, dispõe que deputados federais e senadores são invioláveis, tanto na esfera cível quanto criminal, por quaisquer de suas opiniões, palavras e votos (art. 53, *caput*). Cuida-se da *imunidade material*.

Diferentemente do art. 142 do CP, esta imunidade abrange qualquer infração penal, não só crimes de difamação ou injúria. Alcança, por exemplo, a calúnia e o desacato.

Cuida-se de prerrogativa fundamental para o livre exercício de seu mandato[47]. Abrange todas as manifestações emitidas no contexto de seu múnus. Advirta-se,

---

[47] Nessa esteira, entende o STF: "1. A inviolabilidade material, no que diz com o agir do parlamentar fora da Casa Legislativa, exige a existência de nexo de implicação entre as declarações delineadoras dos crimes contra a honra a ele imputados e o exercício do mandato. Estabelecido esse nexo, a imunidade protege o parlamentar por quaisquer de suas opiniões, palavras e votos (art. 53, *caput*, da CF), e não se restringe às declarações dirigidas apenas a outros Congressistas ou militantes políticos ostensivos, mas a quaisquer pessoas. 2. Imunidade par-

contudo, que não há uma carta-branca para macular a honra de quem quer seja, sendo imprescindível a relação com a atividade[48]. Ademais, cabe ressaltar que essas imunidades não são absolutas, pois o Supremo Tribunal Federal admite processo judicial contra parlamentar que abusar da prerrogativa e proferir, por exemplo, discurso de ódio[49].

Também gozam desta imunidade os deputados estaduais e os vereadores, estes nos limites da circunscrição de seu município.

---

lamentar material reconhecida na espécie, proferidas as manifestações em entrevista do Deputado Federal a rádio no âmbito de atuação marcadamente parlamentar, em tema de fiscalização do processo eleitoral em Município do seu Estado, situação conducente à atipicidade de conduta. 3. Agravo regimental conhecido e não provido" (Pet 7.434 AgR/DF, rel. Min. Rosa Weber, 1ª T., j. 1º-3-2019).

48 STF, Pet 8630 AgR, rel. Min. Luiz Fux, 1ª T., j. 3-4-2020, Pet 6156/DF, rel. Min. Gilmar Mendes, 2ª T., j. 30-8-2016, e também STJ, HC 128.802/RJ, rel. Min. Napoleão Nunes Maia Filho, 5ª T., j. 29-4-2010.

49 "(...) 9. *In casu*, (i) o parlamentar é acusado de incitação ao crime de estupro, ao afirmar que não estupraria uma Deputada Federal porque ela 'não merece'; (ii) o emprego do vocábulo 'merece', no sentido e contexto presentes no caso *sub judice*, teve por fim conferir a este gravíssimo delito, que é o estupro, o atributo de um prêmio, um favor, uma benesse à mulher, revelando interpretação de que o homem estaria em posição de avaliar qual mulher 'poderia' ou 'mereceria' ser estuprada. 10. A relativização do valor do bem jurídico protegido – a honra, a integridade psíquica e a liberdade sexual da mulher – pode gerar, naqueles que não respeitam as normas penais, a tendência a considerar mulheres que, por seus dotes físicos ou por outras razões, aos olhos de potenciais criminosos, 'mereceriam' ser vítimas de estupro. (...) 13. *In casu*, (i) a entrevista concedida a veículo de imprensa não atrai a imunidade parlamentar, porquanto as manifestações se revelam estranhas ao exercício do mandato legislativo, ao afirmar que 'não estupraria' Deputada Federal porque ela 'não merece'; (ii) o fato de o parlamentar estar em seu gabinete no momento em que concedeu a entrevista é fato meramente acidental, já que não foi ali que se tornaram públicas as ofensas, mas sim através da imprensa e da internet; (iii) a campanha '#eu não mereço ser estuprada', iniciada na internet em seguida à divulgação das declarações do Acusado, pretendeu expor o que se considerou uma ofensa grave contra as mulheres do país, distinguindo-se da conduta narrada na denúncia, em que o vocábulo 'merece' foi empregado em aparente desprezo à dignidade sexual da mulher. (...) (iii) As declarações narradas na denúncia revelam, em tese, o potencial de reforçar eventual propósito existente em parte daqueles que ouviram ou leram as declarações, no sentido da prática de violência física e psíquica contra a mulher, inclusive novos crimes contra a honra de mulheres em geral. (iv) Conclusão contrária significaria tolerar a reprodução do discurso narrado na inicial e, consequentemente, fragilizar a proteção das mulheres perante o ordenamento jurídico, ampliando sua vitimização. (...) (ii) Os atos praticados em local distinto escapam à proteção da imunidade, quando as manifestações não guardem pertinência, por um nexo de causalidade, com o desempenho das funções do mandato parlamentar. (...) verifica-se a adequação da conduta ao tipo penal objetivo do crime de injúria, diante da exposição da imagem da Querelante à humilhação pública, preenchendo, ainda, o elemento subjetivo do art. 140 do Código Penal, concretizado no *animus injuriandi* e no *animus offendendi* (...)" (STF, Inq. 3.932/DF, rel. Min. Luiz Fux, 1ª T., j. 21-6-2016).

3. LIBERDADE DE EXPRESSÃO

Deve-se recordar, ainda, que manifestações emitidas no exercício da liberdade de expressão constitucionalmente asseguradas não configuraram ilícitos penais, ainda que se possa vislumbrar um ataque à honra alheia.

Nossa Constituição declara, no art. 5º, IX, que "é livre a expressão da atividade intelectual, artística, científica e de comunicação, independentemente de censura ou licença".

Por esse motivo, se um artista elabora obra criticando pejorativamente determinada política pública, o administrador responsável não será vítima de calúnia, difamação ou injúria, posto que lícito o comportamento do agente. Do mesmo modo, quando manifestantes se reúnem e, em passeata, gritam palavras de ordem e, nesse contexto, qualificam tal político como "ladrão" ou "corrupto", não há injúria nesse ato.

Deve-se ponderar, contudo, que não existe "direito de atacar a honra alheia" e que eventuais situações duvidosas deverão ser solucionadas mediante cuidadosa ponderação de valores.

4. IMUNIDADE LEGAL (ART. 142)

O Código Penal estabelece que não é punível a *difamação ou a injúria* em três situações:

a) na ofensa irrogada em juízo, na discussão da causa, pela parte ou por seu procurador;

b) na opinião desfavorável da crítica literária, artística ou científica, salvo quando inequívoca a intenção de injuriar ou difamar;

c) no conceito desfavorável emitido por funcionário público, em apreciação ou informação que preste no cumprimento de dever do ofício.

O parágrafo único esclarece que, na primeira e na última hipóteses, responde pela injúria ou pela difamação quem lhe dá publicidade.

Muito embora a lei fale em ausência de punição (o que pressupõe o cometimento do crime), na verdade nem sequer existe infração penal. Trata-se de causas que tornam lícita a conduta.

É fundamental perceber que as imunidades legais não abrangem a calúnia. Nem poderia ser diferente, já que a calúnia constitui a imputação falsa de fato definido como crime e, justamente por isso, há de prevalecer sempre a possibilidade de esclarecer o delito narrado, o que ficaria prejudicado se a excludente pudesse ser aplicada.

5. IMUNIDADE JUDICIÁRIA

A primeira das imunidades conferidas pelo Código é a *imunidade judiciária*; cuida-se de garantia fundamental para que se possam exercer, em sua plenitude, os direitos das partes em juízo.

Referida causa de exclusão da ilicitude, todavia, não pode se converter em licença para ofender, gratuitamente, a honra das pessoas envolvidas no litígio. É fundamental, destarte, que a conduta tenha estrita vinculação com a discussão da causa[50].

Assim, por exemplo, se o advogado do autor, ao oferecer a réplica em ação civil, chama de "adúltero" o advogado do réu, comete injúria.

Em tais casos, deve-se lembrar, tem grande importância a teoria dos *animi*; vale dizer, há que se analisar o elemento subjetivo do injusto, de modo a verificar se houve *animus injuriandi vel diffamandi*.

Anote-se, por derradeiro, que a imunidade dos profissionais da Justiça não se esgota na disposição contida no art. 142, I, do CP, existindo outras normas que cuidam do assunto, a seguir examinadas.

5.1. Advogados

A exclusão da ilicitude quando se trata de ofensa praticada em juízo, na discussão da causa, seja pela parte ou por seu procurador, justifica-se para o pleno exercício do contraditório e da ampla defesa, conforme acima se ressaltou.

É de ver que o Estatuto da OAB (Lei n. 8.906/94) amplia a imunidade para manifestações exaradas não só em juízo, mas fora dele. O art. 7º, § 2º (considerando a interpretação dada pelo STF à disposição no julgamento da ADIn 1.127), diz que o causídico "tem imunidade profissional, não constituindo injúria ou difamação puníveis qualquer manifestação de sua parte, no exercício de sua atividade, *em juízo ou fora dele*, sem prejuízo das sanções disciplinares perante a OAB, pelos excessos que cometer" (destaque nosso).

---

[50] Vejam-se, a título de exemplos, os seguintes julgados: "afirmações se circunscrevem unicamente à esfera da atuação como Advogado e Deputado Estadual do Paraná. Atipicidade da conduta que decorre da imunidade prevista no art. 7º, § 2º, do Estatuto da OAB (Lei 7.906/1994) – segundo a qual o Advogado tem imunidade profissional relativamente a qualquer manifestação de sua parte, no exercício de sua atividade, em juízo ou fora dele, salvo se houver excesso ou abuso, não verificados na espécie" (STJ, APn 732/DF, rel. Min. Nancy Andrighi, Corte Especial, j. 1º-10-2014); ainda sobre imunidade judiciária: "*Habeas corpus*. Delito contra a honra. Injúria. Art. 140 do CP. Ofensa irrogada por advogado em juízo. Inexistência de crime. Imunidade judiciária do constituído. Ilegitimidade passiva do constituinte. 1. O advogado tem imunidade profissional nos termos do art. 142, inciso I, do CP, não constituindo injúria ou difamação qualquer manifestação no exercício da atividade, em juízo ou fora dele, sem prejuízo de sanções disciplinares perante a Ordem dos Advogados do Brasil. 2. A conduta também é atípica por falta do *animus injuriandi* se a ofensa possui o propósito de informar ou narrar um acontecimento ou de debater ou criticar uma tese contrária. O constituinte, por seu turno, não tendo assinado o escrito em conjunto com seu procurador, é parte ilegítima para figurar no polo passivo da ação penal privada, não lhe podendo ser atribuída nenhuma responsabilidade, sob pena de caracterizar-se a responsabilidade penal objetiva. Ordem concedida" (TJRS, HC 71005690391, Turma Recursal Criminal, rel. Des. Luis Gustavo Zanella Piccinin, j. 28-9-2015). No mesmo sentido: TJSP, AP 0004070-85.2015.8.26.0050, 2ª CCr, rel. Des. Sérgio Mazina Martins, j. 26-6-2017.

5.2. Membros do Ministério Público

Idêntico raciocínio se aplica aos membros do Ministério Público. Vale dizer que sua imunidade não se circunscreve às manifestações proferidas em juízo. É o que declara o art. 41, V, da Lei n. 8.625/93 (Lei Orgânica Nacional dos Ministérios Públicos dos Estados)[51], aplicável subsidiariamente aos integrantes do Ministério Público da União.

Discute-se se a imunidade abrange as manifestações dos representantes do *Parquet* quando atuem na condição de fiscal da lei (*custos legis*). Embora não se possa admitir a incidência da causa de isenção prevista no art. 142, I, do CP, cremos que ela existe por força do citado dispositivo da Lei Orgânica.

5.3. Magistrados

A imunidade dos magistrados encontra-se estabelecida no art. 41 da Lei Orgânica da Magistratura Nacional (LC n. 35/79)[52].

De acordo com o Supremo Tribunal Federal, "*o Magistrado é inviolável pelas opiniões que expressar ou pelo conteúdo das decisões que proferir, não podendo ser punido nem prejudicado em razão de tais pronunciamentos. É necessário, contudo, que esse discurso judiciário, manifestado no julgamento da causa, seja compatível com o* usus fori *e que, desprovido de intuito ofensivo, guarde, ainda, com o objeto do litígio, indissociável nexo de causalidade e de pertinência.* Doutrina. Precedentes. A *ratio* subjacente à norma inscrita no art. 41 da LOMAN decorre da necessidade de proteger os magistrados no desempenho de sua atividade funcional, assegurando-lhes condições para o exercício independente da jurisdição. É que a independência judicial constitui exigência política destinada a conferir, ao magistrado, plena liberdade decisória no julgamento das causas a ele submetidas, em ordem a permitir-lhe o desempenho autônomo do *officium judicis*, sem o temor de sofrer, por efeito de sua prática profissional, abusivas instaurações de procedimentos penais ou civis. A independência judicial – que tem, no art. 41 da LOMAN, um de seus instrumentos de proteção – traduz, no Estado Democrático de Direito, condição indispensável à preservação das liberdades fundamentais, pois, sem juízes independentes, não há sociedades nem instituições livres"[53].

---

[51] "Art. 41. Constituem prerrogativas dos membros do Ministério Público, no exercício de sua função, além de outras previstas na Lei Orgânica: (...) V – gozar de inviolabilidade pelas opiniões que externar ou pelo teor de suas manifestações processuais ou procedimentos, nos limites de sua independência funcional."

[52] "Art. 41. Salvo os casos de improbidade ou excesso de linguagem, o magistrado não pode ser punido ou prejudicado pelas opiniões que manifestar ou pelo teor das decisões que proferir."

[53] Inq. 2.699-QO/DF, rel. Min. Celso de Mello, Pleno, *DJe* de 7-5-2009. No mesmo sentido: "Queixa-crime – ilícito atribuído a magistrado na condução de processo cível – ausência de justa causa –

6. OPINIÃO DESFAVORÁVEL DA CRÍTICA ARTÍSTICA, LITERÁRIA OU CIENTÍFICA

Referida imunidade tem como escopo evitar que se restrinja o debate em torno de concepções artísticas, obras literárias ou teses científicas. Como se sabe, o desenvolvimento da arte, da literatura e da ciência pressupõe a existência do livre debate de ideias, do confronto de opiniões, do contraditório em torno de visões diferentes acerca de um mesmo tema.

A lei penal, todavia, cuidando para não permitir que a crítica se revista em ofensa à honra, ressalva quanto à análise da intenção do sujeito, tornando, desta forma, fundamental a investigação do elemento subjetivo. Quando os dizeres se circunscrevem ao campo da crítica, ainda que áspera, não há delitos, mas se extravasarem esta seara, constituirão assaque à honra alheia[54].

7. CONCEITO DESFAVORÁVEL EMITIDO POR FUNCIONÁRIO PÚBLICO

A imunidade visa a que os servidores públicos não se sintam coartados em apontar irregularidades no proceder de pessoas cuja atuação encontre-se relacionada com o âmbito do exercício funcional. É fundamental a pertinência entre o conceito exarado e o círculo de seus deveres.

Assim, por exemplo, não comete crime o juiz de direito que, em sindicância administrativa instaurada contra escrevente, emite conceito negativo a respeito da qualidade do trabalho por este exercido. Do mesmo modo, não há falar-se em infração penal quando, por exemplo, o Corregedor-Geral do Ministério Público, em processo administrativo, imputa fatos graves a membro do *Parquet*, que possam manchar sua reputação.

É de ver, contudo, que o excesso doloso cometido merecerá punição[55].

Inépcia da inicial – Juiz querelado que fez uso adequado da jurisdição – decisão que comporta recurso judicial – busca da via própria – ato que não revela satisfação de sentimento ou interesse pessoal ou abuso de poder – Rejeição da queixa-crime com fundamento no art. 395, incisos I e III do Código de Processo Penal" (TJSP; Processo 2075197-68.2016.8.26.0000, rel. Des. João Negrini Filho, Órgão Especial, j. 27-7-2016).

[54] Nesse sentido: "Não constitui mera opinião desfavorável de crítica literária, artística ou científica a utilização de palavras ou expressões, com o intuito de atingir a honra subjetiva da vítima, denegrindo a sua dignidade e decoro" (TRF, *JSTJ* 101/423).

[55] Nesse sentido: "Em sede de crime contra a honra, embora praticado no exercício da função pública, o agente não se beneficia da imunidade prevista no art. 142, III, do CP, se evidenciado o excesso doloso, consubstanciado na nítida intenção de ofender" (TJAP, *RDJTJAP* 29/341).

8. PUBLICIDADE DA OFENSA IRROGADA EM JUÍZO E DO CONCEITO EMITIDO POR FUNCIONÁRIO PÚBLICO

Quem dá publicidade aos dizeres potencialmente lesivos à honra alheia, divulgando-a, comete, em tese, injúria ou difamação, não sendo alcançado pela exclusão da ilicitude, conforme expressa ressalva contida no parágrafo único do art. 142 do Código.

Justifica-se a norma porque aquele que propala o ato não pode ser equiparado à parte ou ao seu procurador na discussão judicial ou ao funcionário público, que ao emitir o conceito desfavorável cumpre dever de ofício.

ART. 143 – RETRATAÇÃO

1. DISPOSITIVO LEGAL

Retratação

Art. 143. O querelado que, antes da sentença, se retrata cabalmente da calúnia ou da difamação, fica isento de pena.

Parágrafo único. Nos casos em que o querelado tenha praticado a calúnia ou a difamação utilizando-se de meios de comunicação, a retratação dar-se-á, se assim desejar o ofendido, pelos mesmos meios em que se praticou a ofensa.

– Parágrafo acrescido pela Lei n. 13.188, de 2015.

2. CAUSA EXTINTIVA DA PUNIBILIDADE

O direito de punir do Estado (*jus puniendi*), como se sabe, surge (de regra) com o cometimento da infração penal. Não é, contudo, perene, porquanto são diversas as causas que levam à sua extinção. O Código enumera, no art. 107, várias dessas situações que promovem o fim deste verdadeiro poder-dever de punir estatal.

Algumas delas são encaradas pela doutrina como formas de reparação. É o caso da retratação, nos crimes que a admitem.

A retratação, em tese, é cabível em diversos os crimes. *Como causa extintiva da punibilidade, porém, somente nos poucos casos expressos na legislação*. Retratar significa desdizer, retirar o que disse, demonstrar arrependimento e buscar reparar o dano. O ato deve ser cabal, firme, de maneira a revelar a nítida intenção de recompor a lesão à imagem do ofendido.

Dentro do Código Penal, há três casos: *calúnia e difamação* (art. 143) e o *falso testemunho ou falsa perícia* (art. 342). Nesse momento, a análise se limitará à incidência da retratação nos crimes contra a honra.

É relevante notar que a lei excluiu da eficácia extintiva da punibilidade o crime de injúria. Em outras palavras, somente a calúnia e a difamação, que têm como objeto jurídico a honra objetiva, são alcançadas pela disposição. A escolha do legislador se justifica, porquanto nestes delitos é que se justifica incentivar o ato de o sujeito ativo voltar atrás e se desdizer e, com isso, procurar reduzir os males causados à reputação do ofendido.

Em termos de injúria, que viola a honra subjetiva, não há razão para incentivar o ato, porque não se trata de atingir o bom conceito da pessoa, mas sua autoestima. É de ver que na Lei de Imprensa, quando em vigor, 4ª retratação também abrangia a injúria[56].

É necessário que a retratação ocorra *durante a ação penal* (a lei fala em "querelado") e *antes da sentença de primeira instância.*

Se o fato for cometido por várias pessoas em concurso de agentes, a retratação manifestada por uma não aproveita as demais; cuida-se de *ato personalíssimo*, ficando adstrita ao querelado que se retrata.

De acordo com o parágrafo único do art. 143, acrescido pela Lei n. 13.188, de 2015, se a ofensa for cometida por algum meio de comunicação, a retratação deverá se dar, se assim o desejar o ofendido, pelos mesmos meios em que se praticou a ofensa.

3. RETRATAÇÃO DA CALÚNIA OU DIFAMAÇÃO *VERSUS* RETRATAÇÃO DA REPRESENTAÇÃO

É preciso destacar que não se confundem a retratação prevista no art. 143 do CP com a retratação da representação, aplicável aos crimes contra a honra de ação penal pública a esta condicionada.

A primeira aplica-se aos delitos de ação privada e deve ocorrer durante a ação penal. A outra diz respeito a infrações de ação penal pública e somente pode se dar até o oferecimento da denúncia (CPP, art. 25).

Veja, a respeito, ementa da decisão do Procurador-Geral de Justiça de São Paulo, proferida com base no art. 28 do CPP:

"CPP, ART. 28. ARQUIVAMENTO DE INQUÉRITO POLICIAL. CALÚNIA CONTRA FUNCIONÁRIO PÚBLICO. AÇÃO PENAL PÚBLICA CONDICIONADA À REPRESENTAÇÃO DO OFENDIDO. RETRATAÇÃO. CABIMENTO. AUSÊNCIA DE *ANIMUS CALUMNIANDI*. ARQUIVAMENTO MANTIDO.

1. Os crimes contra a honra de funcionário público, por fato relativo ao exercício de suas funções, se processam por ação penal de iniciativa pública (condicionada

[56] A Lei de Imprensa (Lei n. 5.250/67) foi considerada incompatível com a Constituição Federal por decisão do Supremo Tribunal Federal, que a invalidou (ADPF 130).

à representação do ofendido) ou privada, conforme opção do sujeito passivo (Súmula 714 do STF).

2. Na hipótese dos autos, houve representação expressa e tempestivamente retratada, o que impede o oferecimento de denúncia.

3. Não se pode confundir a retratação da calúnia, que somente produz a extinção da punibilidade em delitos de ação penal privada, *ex vi* do art. 143 do CP, com a retratação da representação.

4. Além disso, os envolvidos (sujeitos ativo e passivo) revelaram claramente que não houve *animus calumniandi*, não passando de excesso de linguagem no exercício da advocacia. Os delitos contra a honra, como é cediço, exigem elemento subjetivo do injusto consistente na intenção de assacar a reputação (honra objetiva) ou a autoestima da vítima (honra subjetiva). No caso em análise, isto não ocorreu.

Solução: deixo de oferecer denúncia ou de designar outro promotor de justiça para fazê-lo e insisto no arquivamento do inquérito policial"[57].

[57] PGJ-SP, Protocolado n. 83.542, de 14-7-2009.

Capítulo VI

DOS CRIMES CONTRA A LIBERDADE INDIVIDUAL (ARTS. 146 A 154)

1. INTRODUÇÃO

O presente capítulo erige como foco de proteção a liberdade individual das pessoas, o que compreende o direito de livre escolha e ação, ou, em outras palavras, a possibilidade de adotar decisões próprias e atuar dentro das alternativas juridicamente possíveis.

Deve-se ponderar que mencionada proteção insere-se na *esfera de penalização constitucionalmente compulsória* ou, em outras palavras, no rol de direitos fundamentais que hão de ter, obrigatoriamente, a tutela (não exclusiva) do Direito Penal.

Diversos dispositivos de nosso Texto Maior dão respaldo a essa assertiva. Em primeiro lugar, a *dignidade da pessoa humana*, um dos fundamentos de nossa República (art. 1º, III). Faz-se oportuna, neste diapasão, a lição de Canotilho: "... perante as experiências históricas de aniquilação do ser humano (inquisição, escravatura, nazismo, stalinismo, polpotismo, genocídios étnicos), *a dignidade da pessoa humana como base da República significa, sem transcendências ou metafísicas, o reconhecimento do* homo noumenon, *ou seja, do indivíduo como limite e fundamento do domínio político da República*. Neste sentido, a República é uma organização política que serve o homem, não é o homem que serve os aparelhos político-organizatórios"[1].

Não menos relevante é a declaração contida no *caput* do art. 5º da Carta Magna brasileira: "Todos são iguais perante a lei, sem distinção de qualquer natureza, garantindo-se aos brasileiros e aos estrangeiros residentes no País *a inviolabilidade do direito* à vida, *à liberdade*, à igualdade, à segurança e à propriedade, nos termos seguintes: (...)".

---

[1] *Direito constitucional*, p. 225; destaque nosso.

Podem ser citados, ainda no art. 5º, os incisos II[2], IV[3], VI[4], VIII a XIII[5], XV[6] etc. Calha à pena destacar, ademais, o inciso LXVIII[7], que deixa à disposição de todos os que se virem ameaçados em sua liberdade de locomoção (um dos aspectos da liberdade individual), a garantia do *habeas corpus*.

De lembrar-se, também, a existência de diversos documentos jurídicos que reverberam a preocupação fundamental com a liberdade do homem.

A *Declaração Universal dos Direitos Humanos* (1948) prescreve, em seu art. 3º: "Toda pessoa tem direito à vida, à liberdade e à segurança pessoal". Normas de semelhante teor são encontradas no *Pacto de San José da Costa Rica*[8] (art. 7º, n. 1) e no *Pacto Internacional sobre Direitos Civis e Políticos*[9] (art. 9º, n. 1).

Interessante notar que "a tutela penal da liberdade é, por excelência, uma tutela negativa e pluridimensional: *negativa*, na medida em que visa impedir as ações de terceiros que afetem a liberdade de decisão e de ação individual; *pluridimensional*, uma vez que assume as diversas manifestações da liberdade pessoal (liberdades de autodeterminação, de movimento, de ação, sexual) como objetos de proteção penal"[10].

Nosso Código dividiu o presente capítulo em quatro seções. A primeira delas cuida da liberdade pessoal, em seguida encontra-se a defesa da inviolabilidade do domicílio, da inviolabilidade e do sigilo de correspondência e da inviolabilidade dos segredos. De ver,

---

[2] "Ninguém será obrigado a fazer ou deixar de fazer alguma coisa senão em virtude de lei."

[3] "É livre a manifestação do pensamento, sendo vedado o anonimato."

[4] "É inviolável a liberdade de consciência e de crença, sendo assegurado o livre exercício dos cultos religiosos e garantida, na forma da lei, a proteção aos locais de culto e a suas liturgias."

[5] "VIII – ninguém será privado de direitos por motivo de crença religiosa ou de convicção filosófica ou política, salvo se as invocar para eximir-se de obrigação legal a todos imposta e recusar-se a cumprir prestação alternativa, fixada em lei; IX – é livre a expressão da atividade intelectual, artística, científica e de comunicação, independentemente de censura ou licença; X – são invioláveis a intimidade, a vida privada, a honra e a imagem das pessoas, assegurado o direito a indenização pelo dano material ou moral decorrente de sua violação; XI – a casa é asilo inviolável do indivíduo, ninguém nela podendo penetrar sem consentimento do morador, salvo em caso de flagrante delito ou desastre, ou para prestar socorro, ou, durante o dia, por determinação judicial; XII – é inviolável o sigilo da correspondência e das comunicações telegráficas, de dados e das comunicações telefônicas, salvo, no último caso, por ordem judicial, nas hipóteses e na forma que a lei estabelecer para fins de investigação criminal ou instrução processual penal; XIII – é livre o exercício de qualquer trabalho, ofício ou profissão, atendidas as qualificações profissionais que a lei estabelecer."

[6] "É livre a locomoção no território nacional em tempo de paz, podendo qualquer pessoa, nos termos da lei, nele entrar, permanecer ou dele sair com seus bens."

[7] "Conceder-se-á *habeas corpus* sempre que alguém sofrer ou se achar ameaçado de sofrer violência ou coação em sua liberdade de locomoção, por ilegalidade ou abuso de poder."

[8] Ratificado pelo Brasil em 25 de setembro de 1992, entrou em vigor para o país no mesmo dia e foi promulgado por força do Decreto Presidencial n. 678, de 6-11-1992.

[9] Ratificado pelo Brasil em 24 de janeiro de 1992, entrou em vigor para o país em 24 de abril do mesmo ano e foi promulgado por força do Decreto Presidencial n. 592, de 6-7-1992.

[10] Américo Taipa de Carvalho, *Comentário conimbricense do Código Penal*: parte especial, t. I, p. 341.

contudo, que preferiu o legislador inserir os delitos contra a liberdade sexual no Título VI (Dos Crimes contra a Dignidade Sexual).

Não custa acentuar, por fim, que a liberdade tem como reverso a ideia de *limites*. Seria utópica qualquer intenção de se lhe dar alcance absoluto. A vida em sociedade, seja por meio de um pequeno agrupamento de pessoas, seja mediante um complexo adensamento populacional, requer a observância de regras, donde vêm as lindes da autodeterminação individual.

2. ORIGEM

A salvaguarda da liberdade individual decorre da tradição inaugurada com a Constituição norte-americana (1787) e com a Declaração Universal dos Direitos do Homem e do Cidadão, de 1789, muito embora encontre raízes remotas nos filósofos do direito natural[11].

No Direito Romano e intermédio, a liberdade não figurava como interesse merecedor, por si só, de proteção criminal.

Desde o então Iluminismo, cada vez com mais frequência, as legislações penais passaram a incriminar a lesão a esse direito, não tendo sido exceção nossos Códigos Penais, desde 1830 até o vigente.

Seção I

Dos Crimes contra a Liberdade Pessoal

1. LIBERDADE PESSOAL (VALOR PROTEGIDO)

A objetividade jurídica dos delitos tipificados nesta Seção compreende a liberdade de agir (autodeterminar-se), dentro dos limites estabelecidos pelo Direito, não podendo ser compelido ou ameaçado por outrem para cometer ato contrário à sua vontade. Abrange, ainda, o resguardo à livre formação da vontade e, por fim, a liberdade de deambular, ou seja, de ter garantido o direito de ir, vir e ficar.

2. CARÁTER SUBSIDIÁRIO

Os crimes descritos na Seção I: constrangimento ilegal (art. 146), ameaça (art. 147), sequestro ou cárcere privado (art. 148) e redução à condição análoga à de escravo (art. 149) são eminentemente *subsidiários* (ou famulativos).

---

[11] Nelson Hungria, *Comentários ao Código Penal*, v. VI, p. 134.

Aplicar-se-ão, destarte, somente na condição de "soldado de reserva", isto é, sempre que o comportamento não se subsumir a um delito de maior gravidade. Cite-se, como exemplo, o ato de constranger alguém à prática de ato sexual, com emprego de violência ou grave ameaça. Essa conduta caracteriza estupro (art. 213). Não se aplicará, nesses casos, a norma subsidiária do art. 146 (constrangimento ilegal), muito embora o agente obrigue a vítima a fazer algo (o ato sexual) contra a sua vontade (que é a essência do art. 146 do Código).

ART. 146 – CONSTRANGIMENTO ILEGAL

1. DISPOSITIVO LEGAL

Constrangimento ilegal

Art. 146. Constranger alguém, mediante violência ou grave ameaça, ou depois de lhe haver reduzido, por qualquer outro meio, a capacidade de resistência, a não fazer o que a lei permite, ou a fazer o que ela não manda:

Pena – detenção, de 3 (três) meses a 1 (um) ano, ou multa.

Aumento de pena

§ 1º As penas aplicam-se cumulativamente e em dobro, quando, para a execução do crime, se reúnem mais de três pessoas, ou há emprego de armas.

§ 2º Além das penas cominadas, aplicam-se as correspondentes à violência.

§ 3º Não se compreendem na disposição deste artigo:

I – a intervenção médica ou cirúrgica, sem o consentimento do paciente ou de seu representante legal, se justificada por iminente perigo de vida;

II – a coação exercida para impedir suicídio.

2. VALOR PROTEGIDO (OBJETIVIDADE JURÍDICA)

Conforme dissemos acima, trata-se da liberdade de agir (autodeterminar-se) dentro dos limites estabelecidos pelo Direito, não podendo ser compelido ou ameaçado por outrem para cometer ato contrário à sua vontade. Lembre-se que nossa Constituição Federal proclama, no art. 5º, II, que "ninguém será obrigado a fazer ou deixar de fazer alguma coisa senão em virtude de lei".

3. TIPO OBJETIVO

O verbo nuclear se traduz no ato de *constranger* o sujeito passivo; significa obrigá-lo a fazer algo contra a sua vontade (p. ex.: compelir alguém a mudar de casa, a ingerir bebida alcoólica, a fumar cigarro). O fato pode ser praticado por ação (regra) ou omissão (quando o sujeito possuir o dever jurídico de agir – art. 13, § 2º; por exemplo, a enfermeira que deixa de alimentar um doente para forçá-lo a determinado comportamento).

O *meio executório* é a violência ou a grave ameaça contra a pessoa. A norma menciona, ainda, o emprego de meio sub-reptício, ou seja, aquele que reduz a capacidade de resistência da vítima (como a utilização de narcóticos ou a hipnose). O resultado típico (esperado pelo agente) consiste em fazer ou deixar de fazer algo. É necessário, por fim, que a imposição seja ilegítima (desamparada por lei).

São, portanto, requisitos do crime:

a) a imposição de conduta à vítima, contra a sua vontade.

Predomina na doutrina o entendimento de que também se inclui no tipo o ato de obrigar alguém a tolerar que se faça algo, contra si, ilegitimamente, como obrigar alguém a permitir que seu cabelo seja cortado;

b) a utilização de violência, grave ameaça ou meio sub-reptício;

c) a ilegitimidade da exigência;

d) a efetiva realização do comportamento contrário a *voluntas* da vítima.

Um dos meios executivos é a violência, que abarca a *imediata* (exercida diretamente sobre a vítima) e a *mediata* (quando recai sobre terceira pessoa ou sobre a coisa, também chamada de *vis in rebus*). No caso da violência mediata, é fundamental que o terceiro ou o bem seja de algum modo vinculado à vítima, de modo a restringir sua faculdade de agir ou omitir-se (p. ex., privar um deficiente visual de seu cão guia; retirar as muletas de pessoa com redução de mobilidade). *Não é preciso que a violência seja irresistível*, basta que comprometa a liberdade de escolha do ofendido.

Quando a violência é irresistível e a vítima se vê obrigada a realizar um comportamento criminoso, só responde pelo ato o autor da coação (CP, art. 22). Se resistível, todavia, ambos responderão pelo crime, aplicando-se ao coator uma agravante (CP, art. 62, II) e ao coagido, uma atenuante (CP, art. 65, III, *c*).

Outro meio de execução é a grave ameaça. Interessante notar que, diversamente do que ocorre com o delito de ameaça (art. 147), *não é preciso que o mal prometido seja injusto*. Ainda que o sujeito ativo tenha a faculdade ou o dever de exigir o "mal", não pode se prevalecer disso para compelir alguém a agir contra a sua vontade, realizando ato contrário à sua vontade e desvinculado do direito ou dever que possui o agente. Se um funcionário exige de alguém alguma vantagem (não econômica) ao ameaçar denunciar crime cometido por outrem, incorre na infração do art. 146 (se a vantagem for econômica, há extorsão - art. 158). Do mesmo modo, o patrão que ameaça demitir um funcionário caso ele continue frequentando determinado culto religioso, sem que isso influencie negativamente a atividade laborativa.

A *ameaça* pode ser praticada na presença da vítima ou longe dela (por exemplo, por escrito). Pode ser *direta ou indireta* (quando o mal recai sobre terceiro com quem a vítima possui algum vínculo capaz de gerar, em seu espírito, um comprometimento da liberdade de autodeterminação).

Além da violência e da grave ameaça, o tipo penal inclui o meio sub-reptício (que reduz a capacidade de resistência do sujeito passivo).

É de ver que a lei não inseriu como meio o emprego de fraude; acolheu-se, nesse tema, a tese sufragada na Itália por Rocco, segundo a qual não há propriamente constrição da liberdade de agir quando a vítima encontra-se influenciada por uma falsa percepção da realidade.

Com relação à *ilegitimidade* da exigência, pode ser ela *absoluta ou relativa*. A ilegitimidade será absoluta quando a imposição carecer por completo de amparo legal. Será relativa quando se tratar de imposição relativa a obrigação puramente moral (as quais não são exigíveis judicialmente), como a dívida de jogo, o débito prescrito ou o *pretium carnis*. Se legítima, responderá o agente por exercício arbitrário das próprias razões (CP, art. 345)[12].

Impedir alguém de cometer um crime não configura, como é óbvio, constrangimento ilegal. A exigência, neste caso, torna-se legítima. É de ver, ainda, que o art. 301 do CPP, ao autorizar qualquer pessoa do povo a efetuar prisão em flagrante, permite às pessoas que impeçam outras de praticarem infrações penais.

Também não há o constrangimento quando alguém é impedido de realizar ato que, embora não tenha caráter criminoso, seja ilícito extrapenal. O Código não pode proteger a liberdade de agir contrariamente ao Direito.

Discute-se, em doutrina, se há constrangimento ilegal quando alguém obriga terceiro a não praticar comportamento imoral (p. ex., impedir que a vítima se prostitua). Predomina a tese de que há constrangimento ilegal nesse caso. Hungria, que a princípio entendia atípico esse ato, retificou seu pensamento, justificando que "não deixa de ser crime a violenta inibição de um ato apenas imoral, pois este não deixa de ser *permitido pela lei*"[13].

3.1. Exclusão da adequação típica

"É justo o meio para um justo fim." Se, como regra, os fins não justificam os meios, nas hipóteses mencionadas no § 3º é justamente isso que ocorre.

Nosso Código declara expressamente que não constitui constrangimento ilegal ("não se compreende na disposição deste artigo"), sendo, portanto, penalmente atípico, a coação empregada para impedir o suicídio ou o tratamento médico arbitrário, vale dizer, a intervenção médica ou cirúrgica, sem o consentimento do paciente ou de seu representante legal, quando há iminente perigo de vida.

---

[12] *"A conduta do agente de constranger a vítima a praticar algo que poderia ser obtido através de medida judicial própria, configura o delito de exercício arbitrário das próprias razões (art. 345 do CP), já que o tipo do art. 146 do CP exige que a pretensão do agente seja ilegítima.* (...) Esta última infração se tipifica com a conduta daquele que procura fazer justiça pelas próprias mãos realizando uma ação tendente a satisfazer sua pretensão, referindo-se esta, segundo pacífica doutrina, a um direito que o agente realmente possui ou pelo menos supõe possuir" (TJRJ, *RT* 788/677).

[13] Op. cit., v. VI, p. 151.

3.2. Diferenças com o crime de ameaça (art. 147)

Muito embora ambas as infrações tutelem a liberdade pessoal, no constrangimento busca-se a defesa da liberdade de autodeterminação e na ameaça, na liberdade da formação da vontade, a salvo de pressões psicológicas.

No art. 146, portanto, o sujeito quer que a vítima realize um comportamento, contra a sua vontade, ou, ainda, pretende inibi-la de fazer algo, sempre de maneira ilegítima. Assim, por exemplo, "se o agente, através da promessa de mal, exerce sobre a vítima ação inibitória, obstando-lhe a realização de trabalho para o qual fora contratado, comete o crime de constrangimento ilegal e, não, o de ameaça, uma vez que tal conduta deu-se para fim determinado, qual seja, não fazer a tarefa"[14].

Além disso, na ameaça o mal prometido deve ser, necessariamente, injusto, requisito desnecessário no constrangimento.

4. TIPO SUBJETIVO

O crime é punido exclusivamente na forma dolosa. É necessário, então, que o agente possua consciência e vontade de realizar os elementos objetivos do tipo.

Há, ainda, um elemento subjetivo específico, que consiste no desejo de que a vítima realize o comportamento coagido.

Aquele que compele terceiro a realizar um comportamento contra a vontade do sujeito passivo, desconhecendo a ilegitimidade da imposição, age em erro de proibição, ficando, destarte, isento de pena (CP, art. 21).

5. SUJEITOS DO CRIME

5.1. Sujeito ativo

Pode ser qualquer pessoa, por isso estamos diante de um *crime comum*.

5.2. Sujeito passivo

Também pode ser qualquer indivíduo, *desde que tenha capacidade de autodeterminar-se*. Assim, não podem ser vítimas do constrangimento ilegal os inimputáveis que não possuam capacidade mental de compreender o teor da exigência ou de se controlar segundo esta compreensão. Com relação aos menores de 18 anos, estes podem ser vítima do crime, salvo se possuírem tenra idade.

---

[14] TACrSP, *RJD* 11/56. Cf., ainda: "No delito de constrangimento ilegal, a conduta do agente há de ser determinada, isto é, no sentido de que o ofendido faça ou deixe de fazer alguma coisa. Caso contrário, somente poderá configurar-se o crime de ameaça, previsto no art. 147 do CP" (TACrSP, *RT* 484/332) e também TAMG, *RT* 616/361.

Discute-se, na doutrina estrangeira, *se a pessoa jurídica* pode ser vítima de constrangimento ilegal. Para um setor da doutrina, a resposta deve ser negativa, pois a pessoa fictícia não possui consciência própria ou vontade capaz de ser restringida[15].

Américo Taipa de Carvalho, analisando a legislação portuguesa (semelhante à brasileira quanto à definição deste crime), afirma que o ente moral pode figurar como vítima do crime, pois sua liberdade de decisão ou de ação pode ser atingida ilicitamente por coações praticadas por terceiros[16].

Em nosso sentir, também se deve admitir que a pessoa jurídica figure como vítima do crime, até porque a vontade do ente fictício não se confunde com a das pessoas que compõem seu corpo diretivo.

6. CONSUMAÇÃO E TENTATIVA

6.1. Consumação

Cuida-se de *crime material ou de resultado*, isto é, sua consumação requer a modificação no mundo exterior provocada pela conduta. É preciso, desta forma, que a vítima realize o comportamento (positivo ou negativo) contrário à sua vontade.

6.2. Tentativa

A forma imperfeita do crime, isto é, a tentativa, mostra-se admissível, visto que se trata de crime material e plurissubsistente. O agente pode, desta forma, empregar a violência ou a grave ameaça e, por circunstâncias alheias à sua vontade (intervenção de terceiros, por exemplo), não conseguir que a vítima tenha sua liberdade coartada.

7. FORMAS AGRAVADAS

A pena do constrangimento ilegal será agravada quando o ato for praticado por mais de três pessoas ou quando ocorrer o emprego de armas.

As penas serão dobradas, operando-se o cúmulo obrigatório com a sanção pecuniária.

Em se tratando da utilização de armas de fogo poderá haver concurso (formal) de crimes, isto é, constrangimento ilegal e porte ilegal de arma de fogo (arts. 14 ou 16 da Lei n. 10.826/2003).

---

15 Cf. Ángel Calderón Cerezo e José Antonio Choclán Montalvo, *Derecho penal*: parte especial, t. II, p. 85.

16 Op. cit., p. 354.

8. CONFLITO APARENTE DE NORMAS

Como se ponderou acima, o *constrangimento ilegal é crime subsidiário*, somente se aplicando quando o ato não constitui delito mais grave.

O princípio da subsidiariedade, que tem como escopo evitar a dupla incriminação do agente (*bis in idem*), determina que a norma que descreve o menor grau de violação ao bem jurídico (norma subsidiária ou famulativa) deve ceder lugar àquela que contenha a violação mais intensa (norma principal ou primária).

Com relação ao constrangimento ilegal dá-se, em muitos casos, a subsidiariedade implícita, visto que ele figura como elemento ou circunstância de outros crimes.

8.1. Roubo (art. 157)

O elemento distintivo fundamental reside no fato de que, no roubo, a violência, grave ameaça ou o meio sub-reptício são utilizados para permitir o desfalque patrimonial, vale dizer, a subtração da coisa alheia móvel.

8.2. Extorsão (art. 158)

No crime de extorsão, do mesmo modo que no roubo, a conduta visa ao desfalque patrimonial (obtenção de indevida vantagem econômica), embora neste caso o comportamento da vítima seja indispensável à consumação do delito (característica ausente no crime do art. 157).

8.3. Sequestro relâmpago (art. 158, § 3º)

No sequestro relâmpago - que nossa lei penal definiu como modalidade de extorsão - também há o emprego de violência ou grave ameaça contra a pessoa, verificando-se, também, a restrição à liberdade de locomoção, tudo com o objetivo de obter indevida vantagem econômica.

8.4. Extorsão mediante sequestro (art. 159)

Na extorsão mediante sequestro ocorre a privação da liberdade da vítima, mediante sequestro ou cárcere privado, como meio para que os agentes exijam de terceiros indevida vantagem, como condição ou preço do resgate.

8.5. Extorsão indireta (art. 160)

Nesse caso, o sujeito exige ou recebe, como garantia de dívida, abusando da situação de alguém, documento que pode dar causa a procedimento criminal contra a vítima ou contra terceiro.

8.6. Atentados contra direitos dos trabalhadores (arts. 197 a 199)

São definidos em título próprio coações que impeçam o livre exercício de direitos vinculados à relação de trabalho.

O art. 197 incrimina o ato de "constranger alguém, mediante violência ou grave ameaça: I – a exercer ou não exercer arte, ofício, profissão ou indústria, ou a trabalhar ou não trabalhar durante certo período ou em determinados dias (pena – detenção, de um mês a um ano, e multa, além da pena correspondente à violência); II – a abrir ou fechar o seu estabelecimento de trabalho, ou a participar de parede ou paralisação de atividade econômica (pena – detenção, de três meses a um ano, e multa, além da pena correspondente à violência)" (atentado contra a liberdade do trabalho).

O art. 198 tipifica a conduta de "constranger alguém, mediante violência ou grave ameaça, a celebrar contrato de trabalho, ou a não fornecer a outrem ou não adquirir de outrem matéria-prima ou produto industrial ou agrícola (pena – detenção, de um mês a um ano, e multa, além da pena correspondente à violência)" (atentado contra a liberdade de contrato de trabalho e boicotagem violenta).

O art. 199, por fim, descreve o ato de "constranger alguém, mediante violência ou grave ameaça, a participar ou deixar de participar de determinado sindicato ou associação profissional (pena – detenção, de um mês a um ano, e multa, além da pena correspondente à violência)" (atentado contra a liberdade de associação).

8.7. Estupro (art. 213)

No estupro, a vítima é constrangida a praticar conjunção carnal ou outro ato libidinoso contra a sua vontade[17].

8.8. Estatuto da Criança e do Adolescente (art. 232)

A Lei n. 8.069/90 pune aquele que "submeter criança ou adolescente sob sua autoridade, guarda ou vigilância a vexame ou a constrangimento" (pena – detenção de seis meses a dois anos). Nesse caso, não há ofensa à liberdade de autodeterminação da vítima, mas a prática de conduta que expõe o sujeito passivo a injusta humilhação.

---

[17] Nesse sentido: "O estupro é tipo misto alternativo e crime pluriofensivo, pois o crime do art. 213 do Código Penal tutela dois bens jurídicos: a liberdade sexual e, alternativamente, a integridade corporal e a liberdade individual. O núcleo do tipo é 'constranger', o que acarreta no comportamento de retirar de uma pessoa sua liberdade de autodeterminação, no sentido de coagir alguém a fazer ou deixar de fazer algo. Outrossim, o dissenso da vítima quanto à conjunção carnal ou outro ato libidinoso é fundamental à caracterização do delito: trata-se de elementar implícita do tipo penal. 3. O estupro é, pois, crime complexo em sentido amplo, constituindo-se de constrangimento ilegal voltado para uma finalidade específica, consistente em conjunção carnal ou outro ato libidinoso. Ademais, a execução desta conduta típica especial de constrangimento ilegal possui elementos especializantes de meio de execução, consistentes na violência (*vis absoluta* ou *vis corporalis*) ou grave ameaça (*vis compulsiva*) (...) 4. O beijo lascivo ingressa no rol dos atos libidinosos e, se obtido mediante violência ou grave ameaça, importa na configuração do crime de estupro (...) caso a conduta do beijo invasivo busque a satisfação da lascívia, desde que haja intuito de subjugar, humilhar, submeter a vítima à força do agente, consciente de sua superioridade física (...)" (STJ, RHC 93.906/PA, rel. Min. Ribeiro Dantas, 5ª T., j. 21-3-2019).

8.9. Estatuto do Idoso (art. 107)

A Lei n. 10.741/2003 tipifica o ato de "coagir, de qualquer modo, o idoso a doar, contratar, testar ou outorgar procuração" (pena – reclusão de dois a cinco anos). O que diferencia o crime especial do constrangimento ilegal é a natureza do ato a que o idoso é compelido.

8.10. Lei de Segurança Nacional (art. 28)

O ato será subsumido ao crime do art. 28 da Lei n. 7.170/83 sempre que a conduta recair contra o Presidente da República, do Senado Federal, da Câmara dos Deputados e do Supremo Tribunal Federal.

8.11. Crime eleitoral (art. 301)

A Lei n. 4.737/65 pune com reclusão, de um a quatro anos, e multa, quem "usar de violência ou grave ameaça para coagir alguém a votar, ou não votar, em determinado candidato ou partido, ainda que os fins visados não sejam conseguidos". O elemento especializante é a intenção de influenciar no voto do eleitor, para beneficiar candidato ou partido político.

9. CONCURSO DE CRIMES

Quando o meio executório empregado for a violência e o ato não caracterizar quaisquer dos crimes enumerados no item acima, aplicar-se-ão cumulativamente as penas do constrangimento ilegal e as correspondentes à violência (§ 2º). Cuida-se do *cúmulo material obrigatório*. Assim, por exemplo, se uma pessoa obrigar outra a ingerir bebida alcoólica e, para tanto, provocar-lhe lesão grave, terão incidência as penas do art. 146 e do art. 129, § 1º.

10. CLASSIFICAÇÃO JURÍDICA

Cuida-se de crime de forma livre (pode ser praticado por qualquer meio executório), comum (não requer qualidade especial do sujeito ativo), material (a consumação depende do resultado naturalístico), de dano ou lesão (o resultado jurídico – restrição da liberdade individual – é indispensável para a consumação), instantâneo (seu resultado ocorre instantaneamente) e, em caráter excepcional, permanente (quando o constrangimento subsiste no tempo, persistindo a constrição sofrida), monossubjetivo ou de concurso eventual (pode ser cometido por uma ou várias pessoas em concurso) e plurissubsistente (seu *iter criminis* permite fracionamento).

11. PENA E AÇÃO PENAL

A pena é de detenção, de três meses a um ano, ou multa. Há causas de aumento de pena (§ 2º).

O constrangimento ilegal é crime de *ação penal pública incondicionada*. Acrescente-se, ainda, que tanto na forma simples quanto qualificada é infração de menor potencial ofensivo, sujeitando-se, destarte, às regras consensuais da Lei n. 9.099/95.

ART. 147 – AMEAÇA

1. DISPOSITIVO LEGAL

Ameaça

Art. 147. Ameaçar alguém, por palavra, escrito ou gesto, ou qualquer outro meio simbólico, de causar-lhe mal injusto e grave:

Pena – detenção, de 1 (um) a 6 (seis) meses, ou multa.

Parágrafo único. Somente se procede mediante representação.

2. VALOR PROTEGIDO (OBJETIVIDADE JURÍDICA)

Como nos demais ilícitos desta Seção, pretende a lei garantir a liberdade pessoal; mais precisamente, no caso do art. 147, a livre formação da vontade, a salvo de pressões psicológicas.

3. TIPO OBJETIVO

A ação nuclear consiste em *ameaçar*, isto é, intimidar, difundir o medo na vítima.

Cuida-se de *crime de forma livre*, podendo ser praticado por palavras ("eu te mato"), escrito (*e-mail* com dizeres ameaçadores), gesto (apontar para a vítima mostrando os dedos da mão como se fossem uma arma de fogo), ou qualquer outro meio simbólico (deixar na porta da residência do ofendido um boneco decapitado com o nome da pessoa impresso no objeto).

A ameaça consiste em prometer a inflição de um *mal grave e injusto*.

A *gravidade do mal difundido deve ser apurada objetivamente*. Isto não quer dizer que as condições pessoais da vítima não devam ser levadas em conta; pelo contrário (a mesma frase dirigida a um octogenário ou a um jovem pode ter efeito intimidativo para um e não para outro). O que não se admite é que eventuais suscetibilidades exageradas por parte da vítima tornem uma afirmação qualquer uma ameaça penalmente típica (por exemplo, "vou contar para as pessoas que você tem medo do escuro!").

É irrelevante, ainda, a natureza do mal (físico, psíquico, patrimonial, moral etc.).

O mal deve ser injusto, isto é, não pode constituir em pretensão amparada pelo ordenamento jurídico. O empregado que ameaça ingressar com reclamação trabalhista contra seu patrão não comete o crime. Da mesma forma, a mulher que se desentende com o marido e avisa que ingressará com o divórcio.

É necessário que a ameaça seja *idônea*, isto é, capaz de inspirar temor e, dessa forma, atingir a vítima psicologicamente[18]. Se for empregada de maneira vaga, deixará de ser idônea (p. ex.: "você vai se arrepender"). Deve, ainda, ser revestida de *seriedade* (se houver *animus jocandi*, não há delito algum).

O mal prometido deve também consistir algo *verossímil*. Não comete a infração quem diz que irá (literalmente) explodir uma bomba atômica na residência do ofendido.

O mal prometido deve ser iminente, vale dizer, de ocorrência próxima. O conceito de iminência, nesse aspecto, não se confunde com aquele empregado no art. 23 do CP ("agressão iminente"), que indica imediatidade. Significa, no contexto do art. 147 do CP, um mal que possa ser cumprido em tempo breve. Discute-se, nos tribunais, se a promessa de inflição de mal presente (isto é, no exato momento) configura o crime. Prepondera o entendimento negativo, ao argumento de que o mal deve sempre ser futuro[19].

---

18 Se o ato não passa de mera bravata ou bazófia, não há crime: "O dolo do crime de ameaça é a vontade de praticar o ato, com o intuito de intimidar a vítima. A simples intemperança de linguagem (bravatas, xingamentos ou mesmo gestos) não configura o delito, mormente quando o contexto dos fatos e os aspectos subjetivos do réu (reconhecido caráter tranquilo e não violento) indicam que os supostos impropérios jamais seriam levados adiante. 2. Recurso provido" (TJMG, ApCr 1.0486.16.002090-6/001, rel. Des. Eduardo Brum, 4ª CCr, j. 11-3-2020). Ainda: "(...) Ameaça vaga consistente no termo 'você vai ver', proferida por agente totalmente embriagado, logo após a prisão, não configura o crime de ameaça, pois se mostra fruto de destempero e descontrole emocional decorrente de ebriedade e da própria prisão em si, sem evidenciar a plausibilidade no cumprimento de mal injusto e grave. 4 Apelação parcialmente provida" (TJDFT, Acórdão 1177344, 20180610043292APR, rel. Des. George Lopes, 1ª T. Criminal, j. 30/5/2019). Ver também: TJPR, 0000782-10.2014.8.16.0094, rel. Des. Antonio Loyola Vieira, 1ª CCr, j. 7-6-2018.

19 "Impõe-se a absorção do delito de ameaça pelo crime de lesão corporal quando as promessas de causar mal injusto e grave são proferidas de maneira concomitante às práticas lesivas, não remanescendo dolo de intimidar após cessadas as agressões" (TJDFT, AP 20180110004973, rel. Des. Silvanio Barbosa Santos, 2ª T. Criminal, j. 11-7-2019). Ainda: "Delito que se perfectibiliza, além de outros elementos, com a manifestação do propósito de fazer a alguém um mal futuro e não atual, não se caracterizando na hipótese em que o acusado promete causar mal imediato à vítima (JJS), chamando-a para um 'duelo', pois tal promessa representa verdadeiro ato preparatório de ilícito de outra natureza. 2. No que recai contra a outra vítima (JNB), a hipótese configura fato atípico, por implicar em ameaça condicional. O delito de ameaça não admite, para a sua tipificação, a existência de uma condição" (TJRS, Recurso Crime 71006214654, Turma Recursal Criminal, rel. Des. Edson Jorge Cechet, j. 7-11-2016) E também: "não configura o crime do art. 147 do CP a conduta de acusado que, após engatilhar arma, apontá-la contra a cabeça da vítima e afirmar que a mataria deixa o local sem efetuar o disparo, pois, para a sua caracterização, o mal injusto e grave deve ser futuro, e não presente, hipótese em que sua promessa representa verdadeiro ato preparatório de ilícito de outra natureza, como tentativa de homicídio ou de lesão corporal. A ameaça não é delito subsidiário, não remanescendo se desaparece a infração mais grave, contra a integridade física, abortada pela desistência voluntária do próprio agente" (TACrSP, RJTACr 65/33). No mesmo sentido: TJMG, ApCr 1.0470.17.009426-7/001, rel. Des. Beatriz Pinheiro Caires, 2ª CCr, j. 5-3-2020.

Pode-se dizer, em síntese, que a *ameaça* deve reunir as seguintes características:

a) *mal injusto*;

b) *idôneo*;

c) *sério*;

d) *verossímil*;

e) *iminente*.

A *ameaça* pode ser *direta*, quando recair sobre a própria pessoa, ou *indireta (ou reflexa)*, quando se dirigir a terceiro, a quem o ofendido é ligado (p. ex., o cônjuge ou os filhos).

Há também *ameaça explícita e implícita*. A primeira é feita de maneira franca, aberta, "sem rodeios". A implícita é a que se utiliza de frases ou alusões que, compreendidas, revelam o intuito intimidativo. Assim, se o agente diz "eu te mato", há ameaça explícita; se afirmar "não me importo em passar o resto de meus dias preso, se for necessário para me ver livre de você", é implícita.

Fala-se, por fim, em *ameaça condicional*, quando o mal prometido for condicionado a alguma atitude ou evento (p. ex., "não apareça aqui de novo, senão eu te mato").

Em situações envolvendo brigas de casais, nas quais são proferidas ameaças entre eles, a reconciliação entre os envolvidos exclui o crime?

A reconciliação, por si só, não elide o crime. Podem existir casos nos quais a ameaça proferida no bojo de uma discussão verbal entre o casal, constituindo episódio isolado, se revele muito mais fruto do calor da discussão do que do propósito de intimidar o parceiro; nesses casos, *poderá* ser desprovida de idoneidade e, portanto, incapaz de inspirar qualquer temor na vítima. Isso se dá independentemente de eventual reconciliação subsequente à discussão. É preciso cuidado em se interpretar a reconciliação como elemento indicativo de que a ameaça se mostrou inidônea. Com efeito, o restabelecimento da união pode ser decorrência justamente do temor de represálias sofrido pela vítima. Além disso, em situações relacionadas com violência doméstica ou familiar contra a mulher, tendo a ofendida oferecido a representação, ou seja, manifestado seu interesse em ver o agente processado criminalmente, a reconciliação do casal não terá efeito de afastar a ocorrência do crime ou mesmo indicar que o sujeito passivo se retratou da representação, pois, em situações como esta, incide o art. 16 da Lei n. 11.340/2006, segundo o qual essa retratação só tem valor quando confirmada de maneira expressa em audiência especialmente designada para esse fim.

Assim decidiu o Superior Tribunal de Justiça em caso relativo à ameaça praticada contra mulher, no âmbito das relações domésticas (STJ, AgRg no REsp 1.743.996/MS, rel. Min. Reynaldo Soares da Fonseca, 5ª T., j. 14-5-2019).

3.1. Diferenças com o constrangimento ilegal

No constrangimento ilegal o sujeito ativo deseja fazer com que a vítima realize um comportamento, ou deixe de realizá-lo, contra a sua vontade, sem amparo legal. Veja o seguinte julgado: "Se o agente, através da promessa de mal, exerce sobre a vítima ação inibitória, obstando-lhe a realização de trabalho para o qual fora contratado, comete o crime de constrangimento ilegal e, não, o de ameaça, uma vez que tal conduta deu-se para fim determinado, qual seja, não fazer a tarefa"[20].

Na ameaça, o mal prometido, por exigência típica, deve ser injusto (ilegal), ao passo que o constrangimento subsiste ainda que justo o conteúdo da coação exercida (ex.: ameaçar demitir do emprego como forma de fazer com que o trabalhador deixe de frequentar determinado culto religioso).

3.2. Ameaça cumprida

É possível que uma pessoa ameace infligir em outra mal grave e injusto, o que é suficiente para que o delito do art. 147 esteja consumado. Casos há em que, após a promessa, o agente realiza atos tendentes a cumpri-la. Quando essa atitude se dá no mesmo contexto fático da ameaça, esta fica absorvida pelo delito posterior, tentado ou consumado (conforme o caso), aplicando-se o princípio da consunção ou absorção (crime progressivo). Se a atitude subsequente, todavia, ainda que ligada ao cumprimento do mal prometido, não configurar ato executório de crime posterior ou mesmo outro delito autônomo, responderá o sujeito apenas pela ameaça cometida. É de ver que, nesses casos, o agente seria merecedor de uma sanção superior àquela prevista no *caput* da disposição, justamente porque demonstrou a disposição de cumprir sua promessa. *De lege lata*, todavia, o enquadramento há de remanescer dentro da cabeça do artigo. *De lege ferenda*, contudo, o ideal seria prever, em casos tais, uma figura qualificada. É justamente esse o escopo do Projeto de Lei n. 5.471/2009, de autoria do Deputado Federal Carlos Sampaio, que acolheu sugestão por nós manifestada no âmbito do CEAL – APMP (Comissão de Estudos Institucionais e Acompanhamento Legislativo da Associação Paulista do Ministério Público)[21].

4. TIPO SUBJETIVO

A infração é punida exclusivamente na forma dolosa. O fim do agente é intimidar o sujeito passivo (elemento subjetivo específico). Se o autor pretender que a ví-

---

20 TACrSP, *RJD* 11/56.

21 A proposta endossada pelo parlamentar visa à inserção de um parágrafo no art. 147, assim redigido: "Se à ameaça se segue a prática de atos materiais inequivocamente tendentes à consumação de mal grave e injusto, quando não caracterizados como ato executório de outro crime e seus atos, isoladamente, não correspondem a crime mais grave. Pena: detenção, de 1 (um) a 2 (dois) anos".

tima faça ou deixe de fazer algo, ilegitimamente (sem amparo na lei), o crime será de constrangimento ilegal.

Muito se discute se a exaltação de ânimo exclui o elemento subjetivo específico da ameaça (escopo de intimidar). Para a maioria da doutrina e da jurisprudência, não há crime nesses casos[22]. Há, contudo, corrente minoritária no sentido de que, se os ânimos estão agitados, a ameaça fica revestida de maior seriedade.

Se o agente se encontra embriagado, há quem entenda restar afastado o elemento subjetivo específico do crime, de maneira que não se configuraria a ameaça. Esse entendimento, outrora dominante, não é acolhido pelo Superior Tribunal de Justiça, para quem a ebriez não exclui o crime de ameaça, uma vez que o Código Penal, em seu art. 28, adotou a teoria da *actio libera in causa*, segundo a qual apenas a embriaguez completa e decorrente de caso fortuito ou força maior é capaz de afastar a responsabilidade penal do sujeito ativo[23], não se eximindo de culpabilidade o agente que faz ingestão voluntária de bebida alcoólica, entendimento com o qual coadunamos.

---

[22] "Mensagens trocadas pelo celular, durante discussão acalorada entre ex-companheiros, que se encontravam em momento de ira, não se mostram aptas a configurar o crime de ameaça, se distantes de outras provas no mesmo sentido" (TJDFT, AP 20170610018119, 1ª T. Criminal, rel. Des. J. J. Costa Carvalho, j. 14-2-2019). Também: "a ameaça de que se acabaria com a vítima e filha decorreu de discussão acalorada entre vizinhos, surgindo a retratação. Falta de justa causa para a ação penal. (...) Está-se diante de situação enquadrável na doutrina e na jurisprudência como decorrente do calor de uma altercação, sem que se possa potencializar a frase lançada – mediante a qual a declarante disse que ia acabar com a vítima e a filha – como a caracterizar a ameaça glosada pelo art. 147 do CP. O curso da ação penal, ao invés de contribuir para a existência da paz social, a abalará, aumentando o clima de desentendimento entre vizinhos" (STF, *RTJ* 190/624). Ver ainda: TJRS, ApCr 71008683807, Turma Recursal Criminal, rel. Des. Luiz Antônio Alves Capra, j. 9-12-2019.

[23] "Para a caracterização do delito previsto no art. 147 do Código Penal, que possui natureza jurídica de delito formal, é suficiente a ocorrência do temor na vítima de que a ameaça proferida em seu desfavor venha a se concretizar. 3. Dada a adoção da teoria da *actio libera in causa* pelo Código Penal, somente a embriaguez completa, decorrente de caso fortuito ou força maior que reduza ou anule a capacidade de discernimento do agente quanto ao caráter ilícito de sua conduta, é causa de redução ou exclusão da responsabilidade penal nos termos dos §§ 1º e 2º do art. 28 do Diploma Repressor. 4. Agravo regimental improvido" (AgRg no AREsp 1.247.201/DF, rel. Min. Jorge Mussi, 5ª T., j. 17-5-2018). No mesmo sentido: TJDFT, 20160610089275APR, rel. Demetrius Gomes Cavalcanti, 3ª T. Recursal, j. 4-7-2019. E ainda: "O estado de embriaguez decorrente de voluntária ingestão de bebida alcoólica não serve de argumento para excluir a culpabilidade do agente. Restando devidamente configurados os delitos de ameaça e desacato, pela prova oral colhida, devem ser mantidas as condenações" (TJMG, ApCr 1.0184.13.000313-2/001, rel. Des. Antônio Carlos Cruvinel, 3ª CCr, j. 16-7-2019). Ver também: TJRS, ApCr 70083489096, 2ª CCr, rel. Des. Luiz Mello Guimarães, j. 21-5-2020.

5. SUJEITOS DO CRIME

5.1. Sujeito ativo

Cuida-se de *crime comum*, motivo por que qualquer pessoa pode praticá-lo. Em se tratando de funcionário público, no exercício de suas funções, a conduta pode caracterizar abuso de autoridade, desde que o fato se subsuma a algum tipo penal contido na Lei n. 13.869/2019.

O conteúdo da ameaça deve sempre consistir em uma conduta cuja ocorrência dependa da intervenção (futura) do sujeito ativo: "vou te bater"; "vou mandar meu segurança te agredir". Não se subsume ao art. 147 o esconjuro (p. ex.: "vá para o inferno"; "tomara que morra"), justamente pela impossibilidade de intervenção do agente na superveniência do mal.

5.2. Sujeito passivo

Qualquer pessoa pode ser vítima do crime de ameaça, desde que tenha condições de compreender os dizeres, gestos etc. Deve haver sujeito passivo determinado, sob pena de atipicidade, dada a ausência de intenção de intimidar outrem.

Importante destacar, também, que a pessoa desprovida de capacidade de entendimento, como os inimputáveis, dentre os quais os menores de 18 anos, podem ser vítima do crime, salvo se possuírem tenra idade ou não puderem compreender mentalmente a intimidação.

Não se exige a presença do sujeito passivo no momento da conduta.

Analisando a possibilidade de a pessoa jurídica figurar como vítima, doutrina e jurisprudência posicionaram-se em sentido contrário, dada a ausência de consciência psíquica nos entes morais[24].

6. CONSUMAÇÃO E TENTATIVA

6.1. Consumação

A realização típica integral dá-se quando a informação intimidatória chega ao conhecimento da vítima. O crime é formal, porquanto sua consumação não requer que o ofendido sinta-se atemorizado, sendo suficiente que a ameaça seja idônea a tanto.

6.2. Tentativa

É possível, porquanto a ameaça pode ser feita e, por circunstâncias alheias à vontade do agente, não chegar ao seu conhecimento (p. ex., extravio de uma carta).

[24] Há precedente do Superior Tribunal de Justiça inadmitindo a pessoa jurídica como vítima de ameaça (*RSTJ* 181/433).

7. CONFLITO APARENTE DE NORMAS

A ameaça não foge à característica fundamental dos crimes contra a liberdade pessoal, ou seja, são eminentemente subsidiários. Com efeito, há diversas infrações penais que contêm a ameaça como um dos meios executórios possíveis. Assim, por exemplo, o roubo (art. 157), a extorsão (art. 158), o sequestro relâmpago (art. 158, § 3º), a extorsão mediante sequestro (art. 159), a extorsão indireta (art. 160) etc.

Evidentemente que, na hipótese de se fazerem presentes as elementares dos delitos citados, não se pune autonomamente o crime de ameaça, sob pena de se cometer um inaceitável *bis in idem*. Ocorre o fenômeno da *subsidiariedade implícita*, ou seja, sempre que uma norma penal figurar como elemento ou circunstância de outra, será subsidiária (ou famulativa) e deixará de ser aplicada em favor da norma principal (ou primária).

7.1. Ameaça e o Código de Defesa do Consumidor

O Código de Defesa do Consumidor (Lei n. 8.078/90) tipifica diversas infrações penais contra as relações de consumo. Entre elas, a constante do art. 71, ou seja, o ato de "utilizar, na cobrança de dívidas, de *ameaça*, coação, constrangimento físico ou moral, afirmações falsas incorretas ou enganosas ou de qualquer outro procedimento que exponha o consumidor, injustificadamente, a ridículo ou interfira com seu trabalho, descanso ou lazer" (pena – detenção de três meses a um ano e multa).

8. CLASSIFICAÇÃO JURÍDICA

Cuida-se de crime de forma livre (pode ser praticado por qualquer meio executório), comum (não requer qualidade especial do sujeito ativo), formal (a produção do resultado naturalístico não é exigida para fins de consumação), de perigo concreto (basta que o bem jurídico – liberdade individual – sofra um risco para a consumação), instantâneo (seu resultado ocorre instantaneamente), monossubjetivo ou de concurso eventual (pode ser cometido por uma ou várias pessoas em concurso) e unissubsistente ou plurissubsistente, conforme o caso (seu *iter criminis*, portanto, pode ou não admitir fracionamento).

9. PENA E AÇÃO PENAL

A pena é de detenção, de um a seis meses, ou multa (infração de menor potencial ofensivo – Lei n. 9.099/95).

Cuida-se de crime de *ação penal pública condicionada à representação*. Por esse motivo, a instauração do inquérito policial depende da *delatio criminis* (CPP, art. 5º, § 4º). O ajuizamento da denúncia pelo Ministério Público requer, pelo mesmo motivo, a condição de procedibilidade, sob pena de rejeição da inicial (CPP, art. 395, II).

Quando se tratar de ameaça praticada mediante violência doméstica ou familiar contra a mulher, terá incidência a Lei Maria da Penha, de modo que eventual retratação da representação ficará condicionada à realização de uma audiência judicial para confirmar a voluntariedade do ato (art. 16 da Lei n. 11.340/2006).

ART. 148 – SEQUESTRO E CÁRCERE PRIVADO

1. DISPOSITIVO LEGAL

Sequestro e cárcere privado

Art. 148. Privar alguém de sua liberdade, mediante sequestro ou cárcere privado:

Pena – reclusão, de 1 (um) a 3 (três) anos.

§ 1º A pena é de reclusão, de 2 (dois) a 5 (cinco) anos:

I – se a vítima é ascendente, descendente, cônjuge ou companheiro do agente ou maior de 60 (sessenta) anos;

II – se o crime é praticado mediante internação da vítima em casa de saúde ou hospital;

III – se a privação da liberdade dura mais de 15 (quinze) dias;

IV – se o crime é praticado contra menor de 18 (dezoito) anos;

V – se o crime é praticado com fins libidinosos.

§ 2º Se resulta à vítima, em razão de maus-tratos ou da natureza da detenção, grave sofrimento físico ou moral:

Pena – reclusão, de 2 (dois) a 8 (oito) anos.

2. VALOR PROTEGIDO (OBJETIVIDADE JURÍDICA)

O escopo da norma é a garantia da liberdade pessoal de deambulação, de estar em determinado espaço físico conforme sua própria vontade, enfim, do direito de ir, vir e ficar (*jus ambulandi, manendi eundi ultro citroque*).

3. TIPO OBJETIVO

A conduta nuclear de ambos os crimes (sequestro e cárcere privado) consiste em *privar a liberdade do sujeito passivo*. O agente coarta o direito de deambular da vítima, total ou parcialmente.

Pode ser cometido por ação ou omissão. Nesse caso, deve o autor possuir o dever jurídico de agir para evitar o resultado. Pode-se citar, a título de exemplificação, o médico que deixa de dar alta ao paciente internado (se o que o motivou for o não pagamento das despesas decorrentes do tratamento ou de seus honorários, já se entendeu presente o crime de exercício arbitrário das próprias razões[25] – art. 345 do CP).

O crime tem os seguintes *elementos essenciais*: a) detenção ou retenção de alguém em determinado lugar; b) dissentimento, explícito ou implícito, do sujeito passivo; c) ilegitimidade da retenção ou detenção; d) dolo[26].

a) Detenção ou retenção irregular

Pode o ilícito ser cometido por qualquer meio executório (delito de forma livre). Não importa se o agente valeu-se de violência, grave ameaça ou meio sub-reptício. É indiferente, ainda, se a vítima foi levada a outro lugar contra a sua vontade (*per abductionem de loco ad locum*) ou impedida de deixar o lugar onde esteja (*per obsidionem*).

Comete sequestro, por exemplo, o familiar que interna indevidamente um familiar em estabelecimento psiquiátrico, tendo consciência da sanidade mental da vítima[27].

Dá-se o crime quando há total privação ou somente a restrição do direito de locomoção. Assim, se a pessoa encontrar-se em determinado lugar, por exemplo, uma residência, sendo impedida de se retirar desse local por alguém, haverá o crime.

b) Dissentimento, explícito ou implícito, do sujeito passivo

É da essência do crime que a vítima não consinta com a atitude do agente, caso contrário o fato será penalmente atípico. Com efeito, não ofende a liberdade individual de outrem quem leva a pessoa a determinado lugar, com a sua aquiescência. Se uma jovem é internada em um convento, permanecendo em clausura, porque deseja tornar-se religiosa, não há crime, posto que inexistiu o elemento fundamental em estudo.

---

[25] Cf. *RT* 512/423.

[26] Nelson Hungria, op. cit., v. VI, p. 193.

[27] "APELAÇÃO-CRIME. SEQUESTRO E CÁRCERE PRIVADO DUPLAMENTE QUALIFICADO. VÍTIMA MAIOR DE SESSENTA ANOS E CRIME PRATICADO MEDIANTE INTERNAÇÃO EM CASA DE SAÚDE. CONDENAÇÃO. APELO DEFENSIVO VISANDO ABSOLVIÇÃO POR INSUFICIÊNCIA PROBATÓRIA. INADMISSIBILIDADE. (...) Dois dos denunciados – a sobrinha da vítima e seu convivente, em acordo de vontades com a irmã do ofendido – mãe de sua referida sobrinha, entraram em contato com um médico psiquiatra, e apesar de possuírem ciência da boa saúde mental da vítima – a qual restou incontestavelmente comprovada mediante os dois laudos psiquiátricos juntados ao feito, sendo um destes inclusive de lavra do departamento médico judiciário – relataram-lhe, dolosamente, com o intuito de forçar sua internação involuntária, que o ofendido estava com comportamento diferente do habitual, portando-se de modo agressivo e inconveniente (...)" (TJRS, Apelação Crime 70023119845, 1ª CCr, rel. Marco Antônio Ribeiro de Oliveira, j. 30-4-2008).

c) Ilegitimidade da retenção ou detenção

Se o autor da conduta estiver amparado por disposição legal, agirá no exercício regular de um direito (por exemplo: o pai que leva o filho menor para a passear com a família, ainda que contra a vontade manifestada pelo garoto) ou no estrito cumprimento de um dever legal (p. ex.: o policial que mantém no cárcere indivíduo cuja prisão foi judicialmente decretada). Nessas hipóteses atua em favor do sujeito ativo uma excludente de ilicitude.

Os pais que, como castigo, mantêm seus filhos trancados no quarto ou em casa, durante todo o final de semana, também agem amparados por lei. Se houver abuso no direito de corrigi-los, contudo, o crime será o de maus-tratos (art. 136).

Caso o agente acredite, equivocadamente, que a retenção ou detenção seja legítima, atuará mediante erro de proibição (CP, art. 21), o qual o isentará de pena, quando inevitável, ou a reduzirá, se evitável for.

Registre-se, ainda, que se considera legítima a detenção de uma pessoa, surpreendida em flagrante, até a chegada da polícia, ou de um louco perigoso, até a vinda das autoridades responsáveis por seu cuidado.

d) Dolo

A infração é punida exclusivamente na forma dolosa, como se verá no item 4, *infra*.

3.1. Diferença entre sequestro e cárcere privado

Há autores que entendem não haver qualquer diferença entre os conceitos. Não cremos seja possível sufragar semelhante entendimento, haja vista a dicção do art. 148, *caput*, que expressamente menciona as duas figuras, indicando, com isso, serem distintas entre si.

Para um setor da doutrina, o cárcere privado seria um gênero e o sequestro, uma espécie. Também não pensamos dessa forma, uma vez que o termo "sequestro" é utilizado com mais frequência no Código Penal (art. 159), demonstrando ser este o gênero, e não o contrário.

Em nosso sentir, o *sequestro difere do cárcere privado*, porque no segundo a privação da liberdade de locomoção é mais intensa, dando-se o confinamento da vítima (p. ex., manter a vítima acorrentada num pequeno quarto)[28].

---

[28] "(...) o sequestro é o gênero e o cárcere privado a espécie, ou, por outras palavras, o sequestro (arbitrária privação ou compressão da liberdade de movimento no espaço) toma o nome tradicional de *cárcere privado* quando exercido *in domo privata* ou em qualquer recinto *fechado*, não destinado a prisão pública. (...) no cárcere privado, há a circunstância de *clausura* ou *encerramento*"(Nelson Hungria, op. cit., v. VI, p. 192).

3.2. Crime permanente

Deve-se frisar que o sequestro e o cárcere privado têm sua fase consumativa prolongada no tempo. Assim, enquanto a vítima encontrar-se com seu direito de ir e vir coartado, o delito permanecerá no momento consumativo.

Essa característica do crime possui relevância para efeito de constatação do estado flagrancial (CPP, art. 303): enquanto houver protraimento do sequestro ou cárcere privado, poderá o agente ser preso em flagrante delito. É importante, também, para fixação da competência territorial, haja vista que nos crimes permanentes, quando a consumação atingir mais de um foro, esta será firmada pelo critério da prevenção (CPP, art. 71). Deve-se lembrar, também, que nos crimes permanentes a prescrição não corre enquanto não cessada a permanência (CP, art. 111, III). Acrescente-se, por fim, que se sobrevier nova lei penal, mesmo se gravosa, esta se aplicará ao fato, desde que a permanência, já iniciada, subsista sob a égide da *novel* legislação[29].

4. TIPO SUBJETIVO

O crime é punido exclusivamente na forma dolosa. Exige, destarte, consciência e vontade de manter o ofendido sequestrado ou em cárcere privado.

A análise de eventual elemento subjetivo específico, isto é, de alguma finalidade ulterior a que se dirija a conduta do agente *é indispensável para definir o enquadramento legal* do delito.

Caso a conduta tenha como propósito dar vazão à concupiscência do agente, por exemplo, haverá crime de sequestro qualificado pelo fim libidinoso (CP, art. 148, § 1º, V).

Se o agente pretender, com o ato, obter indevida vantagem econômica, como condição ou preço de eventual resgate, o crime será de extorsão mediante sequestro (CP, art. 159).

5. SUJEITOS DO CRIME

5.1. Sujeito ativo

Qualquer pessoa pode cometê-lo (crime comum), inclusive o funcionário público.

5.2. Sujeito passivo

Qualquer ser humano pode ser vítima do crime do art. 148.

---

[29] Nesse sentido, Súmula 711 do STF: "A lei penal mais grave aplica-se ao crime continuado ou ao crime permanente, se a sua vigência é anterior à cessação da continuidade ou da permanência".

Em se tratando de crianças de tenra idade, também é possível o cometimento do crime (que será qualificado - *vide* item 7.1, *infra*), desde que o ato seja praticado contra a vontade, expressa ou implícita, do responsável legal do menor.

Quando a conduta for praticada contra o Presidente da República, do Senado, da Câmara ou do Supremo Tribunal Federal, haverá crime contra a segurança nacional (arts. 20 e 28 da Lei n. 7.170/83).

Discute-se se pessoas que não conseguem deambular sem auxílio de terceiros podem ser vítimas desse crime (p. ex., um doente grave que não tenha forças para andar sozinho). A resposta deve ser afirmativa, porque a lei protege a liberdade de ir e vir, ainda que isso somente possa ocorrer com auxílio de terceiros. Comete a infração, dessa forma, quem obsta ao terceiro de levar a vítima para o lugar que esta deseje.

6. CONSUMAÇÃO E TENTATIVA

6.1. Consumação

O sequestro e o cárcere privado são crimes materiais ou de resultado. A consumação, portanto, dá-se com a privação ou restrição da liberdade da vítima por tempo juridicamente relevante. Se a detenção durar poucos minutos, não há crime, aplicando-se o princípio da insignificância.

6.2. Tentativa

A forma imperfeita é admissível, posto que o delito é plurissubsistente. Pode o agente, então, dar início à execução do crime e ver frustrada suas expectativas por circunstâncias alheias à sua vontade. Cite-se, como exemplo, o parente que interna o familiar numa casa de repouso, mas este, tão logo chega ao local, deixa-o, porque os funcionários do estabelecimento são informados do dissenso da vítima e dos demais parentes.

7. FIGURAS QUALIFICADAS

7.1. Parágrafo 1º

A pena do crime será de reclusão, de dois a cinco anos, sempre que:

a) a vítima for ascendente, descendente, cônjuge ou companheiro ou pessoa maior de 60 anos;

b) quando a infração for cometida mediante internação da vítima em casa de saúde ou hospital;

c) se a privação da liberdade durar mais de quinze dias;

d) se a vítima for menor de 18 anos;

e) se o agente for movido por fins libidinosos.

Se o sequestro ou o cárcere privado forem cometidos contra ascendente, descendente, cônjuge ou companheiro, surge a forma qualificada, não se aplicando, sob pena de *bis in idem*, as (idênticas) agravantes genéricas do art. 61, II, *e*. Abrange, ainda, o parentesco por adoção.

Com relação às qualificadoras relativas à idade do sujeito passivo (menor de 18 anos ou maior de 60), é necessário que o agente tenha conhecimento dessa circunstância (ou possa deduzi-la em face do contexto, p. ex., criança de pouca idade ou indivíduo aparentando idade muito avançada). Caso fique demonstrado o desconhecimento da idade do ofendido, não sendo possível supor que se tratava de pessoa nas mencionadas faixas etárias, responderá o agente pelo crime na forma simples, aplicando-se, em seu favor, o erro de tipo (CP, art. 20, *caput*).

Não se pode confundir o sequestro qualificado pela menoridade do ofendido com o crime do art. 230 do ECA, que pressupõe *apreensão* irregular de criança ou de adolescente[30].

Também haverá exasperação dos patamares punitivos quando ocorrer a internação da vítima em casa de saúde ou hospital. Entende-se por casa de saúde qualquer estabelecimento destinado ao restabelecimento do bem-estar corporal da pessoa, como, por exemplo, os asilos. Os hospitais podem ser destinados ao tratamento da saúde corporal ou mental.

Justifica-se, ainda, a sanção mais rigorosa quando o ato dura mais de quinze dias, dada a maior gravidade do fato, que faz prolongar exageradamente a supressão ou restrição do direito fundamental de ir, vir e ficar. O prazo deve ser contado na forma do art. 10 do CP, ou seja, incluindo-se o termo inicial (isto é, o primeiro dia da detenção).

Quanto à qualificadora referente ao fim libidinoso, vale destacar que se trata de figura inserida na disposição por força da Lei n. 11.106/2005, que revogou o crime de rapto violento (CP, art. 219). O ato de privar a liberdade de alguém para dar vazão à concupiscência do sujeito ativo, com a modificação, além de sofrer um aumento de pena, deixou de ser considerado crime contra os costumes (ou "contra a dignidade sexual", na terminologia atual) e passou a figurar dentre as infrações contra a liberdade pessoal.

É possível que o agente incorra em mais de uma das qualificadoras (p. ex., sequestrar vítima maior de sessenta anos, mantendo-a em asilo, contra a sua vontade, por mais de quinze dias). Nesse caso, bastará uma delas para trazer a punição aos pa-

[30] "Privar a criança ou o adolescente de sua liberdade, procedendo à sua apreensão sem estar em flagrante de ato infracional ou inexistindo ordem escrita da autoridade judiciária competente" (pena, detenção de seis meses a dois anos). Responde pelo crime, ainda, quem proceder à apreensão sem a observância das formalidades legais (parágrafo único).

tamares do § 1º. As demais, em nosso sentir, deverão atuar como circunstâncias judiciais desfavoráveis (primeira fase da dosimetria)[31].

7.2. Parágrafo 2º

A disposição mencionada contém o sequestro e o cárcere privado qualificados pelo meio executório (maus-tratos ou a natureza da detenção) e pelo resultado (inflição de grave sofrimento físico ou moral). A pena será de reclusão, de dois a oito anos.

Nesses casos, a vítima é privada de sua liberdade de locomoção, dando-se, juntamente com isso, maus-tratos (ação ou omissão que provoque dano ao corpo ou à saúde, inclusive psíquica) ou detenção especialmente insalubre ou perigosa e, por conta desses meios, sofrimento físico ou moral excessivo. Por exemplo, privação de alimentos, manutenção em local com precárias condições de higiene.

É de ver que a Lei n. 9.455/97 descreve como crime de tortura: "submeter alguém, sob sua guarda, poder ou autoridade, com emprego de violência ou grave ameaça, a intenso sofrimento físico ou mental, como forma de aplicar castigo pessoal ou medida de caráter preventivo" (art. 1º, II). Diante disso, pergunta-se: *qual a diferença entre o sequestro qualificado pelos maus-tratos com intenso sofrimento físico ou moral e a tortura, na modalidade citada?*

Cremos que a distinção reside no elemento subjetivo. O crime do Código Penal pressupõe que o agente *não tenha tido a intenção ou assumido o risco* de provocar o "grave sofrimento físico ou moral". Cuida-se de resultado imputável a título de culpa (crime preterdoloso, portanto). A tortura, delito equiparado a hediondo, que se submete a regime jurídico mais rigoroso, como o cumprimento de pena em regime inicialmente fechado, dar-se-á quando a causação do "intenso sofrimento físico ou mental" integrar o dolo (direto ou eventual) do agente. Deve-se lembrar que, nesse caso, incidirá a pena de reclusão de dois a oito anos, aumentada de um sexto até um terço (art. 1º, *caput*, II, e § 4º, III, da mencionada Lei)[32].

---

31 Esta é a orientação prevalente. Cf. STJ, AgRg no HC 515.631/SP, rel. Min. Nefi Cordeiro, 6ª T., j. 26-11-2019, e AgRg no REsp 1.773.721/GO, rel. Min. Laurita Vaz, 6ª T., j. 11-6-2019.

32 O STF considerou a determinação legal de cumprimento de pena em regime inicialmente fechado, presente na Lei n. 8.072/90 (do mesmo modo que na Lei n. 9.455/97), incompatível com o princípio da individualização da pena (CF, art. 5º, XLVI). A decisão, tomada por maioria de votos, foi proferida no HC 111.840/ES, rel. Min. Dias Toffoli, j. 27-6-2012. O julgamento não produz efeitos *erga omnes*, mas trata-se de um precedente da mais alta importância, por revelar a atual posição da maioria dos Ministros da Suprema Corte. Para o Tribunal, o juiz deve sempre verificar, de maneira fundamentada e embasada em dados colhidos do caso concreto, qual o regime de cumprimento de pena mais adequado para se iniciar a execução da pena privativa de liberdade, observando os critérios do art. 33 do CP.

8. CRIME SUBSIDIÁRIO

O sequestro e o cárcere privado contêm a mesma característica dos delitos anteriormente estudados, consistente em seu caráter subsidiário. Casos há em que a privação ou restrição da liberdade integra outras normas penais, que definem infrações mais graves. Sempre que isto ocorrer, dá-se a subsidiariedade implícita, respondendo o agente apenas pela norma primária ou principal. É o que se verifica, por exemplo, no crime de redução à condição análoga à de escravo (CP, art. 149), no roubo agravado pelo sequestro (CP, art. 157, § 2º, V), no sequestro relâmpago (CP, art. 158, § 3º) ou na extorsão mediante sequestro (CP, art. 159).

9. CLASSIFICAÇÃO JURÍDICA

Cuida-se de crime de forma livre (pode ser praticado por qualquer meio executório), comum (não requer qualidade especial do sujeito ativo), material (a produção do resultado naturalístico é exigida para fins de consumação), exceto na figura qualificada do § 1º, V ("fim libidinoso"), em que o delito é formal, de dano ou lesão (o bem jurídico – liberdade de locomoção – deve ser atingido para que ocorra a consumação), permanente (seu resultado se prolonga no tempo), monossubjetivo (pode ser cometido por uma ou várias pessoas em concurso) e plurissubsistente, como regra, mas unissubsistente na forma omissiva.

10. PENA E AÇÃO PENAL

A pena é de reclusão, de um a três anos (admite suspensão condicional do processo – art. 89 da Lei n. 9.099/95). Nas figuras qualificadas, a sanção é de reclusão, de dois a cinco anos (§ 1º) e dois a oito (§ 2º).

Cuida-se de crime de *ação penal pública incondicionada*. A deflagração da persecução penal, destarte, independe de autorização da vítima ou de quem a represente.

O art. 13-A do CPP, incluído pela Lei n. 13.344/2016, permite que, no crime de sequestro ou cárcere privado, o membro do Ministério Público ou o delegado de polícia requisite diretamente, de quaisquer órgãos do Poder Público ou de empresas da iniciativa privada, dados e informações cadastrais da vítima ou de suspeitos. Essa disposição legal encontra-se em harmonia com a interpretação que já vinha sendo dada pelos tribunais superiores[33] ao poder de requisição (direto) de dados cadastrais, tanto de bancos de dados de órgãos públicos quanto privados, de que são dotados os mem-

[33] Confira-se: "4. Em arremate, frise-se que o inciso XII do art. 5º da Constituição Federal assegura o sigilo das comunicações telefônicas, nas quais, por óbvio, não se inserem os dados cadastrais do titular de linha de telefone celular" (STJ, HC 131.836/RJ, rel. Min. Jorge Mussi, 5ª T., j. 4-11-2010, *DJe* de 6-4-2011).

bros do Ministério Público e os delegados de polícia (dispensando-se, portanto, a intervenção judicial na coleta dessas informações).

ART. 149 – REDUÇÃO A CONDIÇÃO ANÁLOGA À DE ESCRAVO

1. DISPOSITIVO LEGAL

Redução a condição análoga à de escravo

Art. 149. Reduzir alguém a condição análoga à de escravo, quer submetendo-o a trabalhos forçados ou a jornada exaustiva, quer sujeitando-o a condições degradantes de trabalho, quer restringindo, por qualquer meio, sua locomoção em razão de dívida contraída com o empregador ou preposto:

Pena – reclusão, de 2 (dois) a 8 (oito) anos, e multa, além da pena correspondente à violência.

§ 1º Nas mesmas penas incorre quem:

I – cerceia o uso de qualquer meio de transporte por parte do trabalhador, com o fim de retê-lo no local de trabalho;

II – mantém vigilância ostensiva no local de trabalho ou se apodera de documentos ou objetos pessoais do trabalhador, com o fim de retê-lo no local de trabalho;

§ 2º A pena é aumentada de metade, se o crime é cometido:

I – contra criança ou adolescente;

II – por motivo de preconceito de raça, cor, etnia, religião ou origem.

2. VALOR PROTEGIDO (OBJETIVIDADE JURÍDICA)

O escopo da norma é a garantia da liberdade pessoal de deambulação, de estar em determinado espaço físico conforme sua própria vontade, enfim, do direito de ir, vir e ficar. Além disso, tutela-se a *dignidade* do homem, profundamente atingida quando este é subjugado por alguém, sendo transformado em mera propriedade do agente.

Vale a pena destacar que a Convenção Americana de Direitos Humanos (Pacto de San José da Costa Rica[34]) proclama, em seu art. 6º, a proibição da escravidão e da servidão. O Pacto Internacional sobre Direitos Civis e Políticos[35], do mesmo modo, proscreve-as em seu art. 8º.

---

[34] Ratificado pelo Brasil em 25 de setembro de 1992, entrou em vigor para o país no mesmo dia e foi promulgado por força do Decreto Presidencial n. 678, de 6-11-1992.

[35] Ratificado pelo Brasil em 24 de janeiro de 1992, entrou em vigor para o país em 24 de abril do mesmo ano e foi promulgado por força do Decreto Presidencial n. 592, de 6-7-1992.

3. HISTÓRICO

A incriminação do *plagium* remonta ao Direito Romano[36]. Na história do Brasil, a penalização do ato é relativamente recente, uma vez que a escravidão somente foi abolida em 1888. Tanto assim que o Código Criminal de 1830 somente punia a escravidão de "pessoa livre", sendo esta uma das diversas disposições que outorgavam ao escravo tratamento discriminatório.

O Código Penal de 1890, embora editado pouco tempo depois do fim do escravagismo em nosso país, deixou de tipificar semelhante comportamento, algo injustificado e, quiçá, revelador de que o tratamento jurídico do escravo ainda não coincidia com a realidade fática.

Foi o atual Código o primeiro Diploma a criminalizar o ato.

4. TIPO OBJETIVO

A infração também é denominada plágio (*plagium*)[37]. A conduta fundamental consiste em "reduzir alguém à condição análoga à de escravo", vale dizer, submeter alguém à dominação do agente, como se propriedade sua fosse.

Desde a edição do Código Penal até a advento da Lei n. 10.803/2003, que alterou a redação do dispositivo, o tipo penal se limitava a descrever como delito o ato retrotranscrito. Cuidava-se, portanto, de tipo aberto. Muito embora referida técnica legislativa não ofenda o princípio da legalidade (o que viola são "tipos vagos"), é sempre recomendável que o legislador utilize expressões que permitam delimitar claramente o conteúdo e o alcance da norma. Promove-se, assim, aquilo que Bacigalupo denominou proximidade entre o tipo do texto e o tipo da interpretação (ou seja, o que está redigido na norma e o que se entende sobre sua significação)[38]. Cobo del Rosal e Vives Antón ponderam, nesse sentido, que "o rigor absoluto não pode, certamente, ser alcançado, mas nem por isso se deve renunciar ao rigor, senão que se deve buscá-lo até onde seja possível, de modo persistente e fixando-se, cada vez mais, como meta a se perseguir, cotas mais elevadas de segurança e certeza"[39].

---

36 CF. Nelson Hungria, op. cit., v. VI, p. 198.

37 Como ensina Nelson Hungria, era no Direito Romano que o ato era designado como *plagium*, ou seja, a escravidão do homem livre. O autor esclarece, ademais, que mesmo depois de extinta a escravidão, "o nome *plagium* ainda continuou a ser usado para designar a escravização *de fato*" (op. cit., v. VI, p. 198).

38 "A diferença entre um e outro conceito é maior quando o texto legal for pouco informativo" (*Estudios sobre la Parte Especial del Derecho Penal*, p. 9).

39 *Derecho penal:* parte general, 5. ed., Valencia, 1999, p. 339, apud María Magdalena Ossandón Widow, *La formulación de tipos penales:* valoración crítica de los instrumentos de técnica legislativa, p. 83.

A modificação operada em 2003, sem dúvida, trouxe maior grau de segurança à norma penal em apreço, ao torná-la tipo penal fechado[40]. O legislador acabou incorporando, no texto legal, a compreensão dada ao dispositivo pela doutrina e pela jurisprudência, nos mais de sessenta anos de vigência da norma[41].

Com a redação atual, entende-se que reduzir alguém à condição análoga à de escravo consiste em (*caput*):

a) submeter alguém a trabalhos forçados ou a jornada exaustiva; ou,

b) sujeitá-lo a condições degradantes de trabalho; ou,

c) restringir, por qualquer meio, sua locomoção em razão de dívida contraída com o empregador ou preposto.

Comete o crime, ainda, quem (§ 1º):

a) cerceia o uso de qualquer meio de transporte por parte do trabalhador, com o fim de retê-lo no local de trabalho; ou,

b) mantém vigilância ostensiva no local de trabalho ou se apodera de documentos ou objetos pessoais do trabalhador, com o fim de retê-lo no local de trabalho.

No crime do art. 149 o sujeito passivo encontra-se, em muitas das suas modalidades, em situação semelhante à do sequestro e cárcere privado, com o *plus* de que, na norma em estudo, sua mão de obra é explorada como se fosse uma *res*.

4.1. Crime permanente

O plágio possui a mesma característica detectada no estudo do sequestro e do cárcere privado, ou seja, cuida-se de *crime permanente*, porquanto sua fase consumativa se prolonga no tempo.

---

[40] Em algumas legislações, a disposição continua construída de maneira aberta. Veja, por exemplo, o art. 140 do CP argentino, o qual prescreve: "Serão reprimidos com reclusão ou prisão, de três a quinze anos, os que reduzirem uma pessoa à servidão ou a outra condição análoga e o que a receber em tal condição para nela manter a vítima".

[41] Confiram-se, a título de ilustração, os seguintes julgados: 1) "Apelação criminal. Redução à condição análoga à de escravo. Vítima que ficava trancada em casa, proibida de sair. Trabalhando à exaustão, sem perceber qualquer tipo de remuneração. Apanhando do filho menor dos apelantes e também dos próprios apelantes. Crime configurado. Recurso denegado" (TJRJ, *RDTJRJ* 59/381). 2) "Caracteriza-se o delito do art. 149 do CP, quando o agente submete integralmente a vítima ao seu poder de disposição, reduzindo-lhe a situação análoga à de escravo, ou seja, usando de violência e ameaça, retendo-lhe salários, restringindo comida e roupas, submetendo a vítima a tratamento degradante" (TJPR, *RT* 817/673). 3) "Reduz à condição análoga à de escravo aquele que mantém dezesseis bolivianos em condições indignas de acomodação, alimentação e trabalho, tornando-os totalmente dependentes de sua pessoa porque, sem o recebimento ainda que de minguados salários, sem a posse de seus documentos e vivendo irregularmente no País, estão impossibilitados de circular livremente, de buscar outro emprego e até mesmo de procurar o socorro das autoridades" (TRF, 3ª R., *RT* 820/698).

Como já vimos em outras passagens, a permanência produz diversas e importantes consequências jurídicas: a) enquanto houver protraimento do sequestro ou cárcere privado, poderá o agente ser preso em flagrante delito (CPP, art. 303); b) na fixação da competência *ratione loci*, quando a consumação atingir mais de um foro, será competente o juízo do local em que ocorrer a prevenção (CPP, art. 71); c) a prescrição não corre enquanto não cessada a permanência (CP, art. 111, III); d) se sobrevier nova lei penal, mesmo quando gravosa, esta se aplicará ao fato, desde que a permanência, iniciada anteriormente, subsista sob a égide da novel legislação[42].

5. TIPO SUBJETIVO

O crime é punido exclusivamente na forma dolosa. Requer-se, desta feita, consciência e vontade de concretizar os elementos objetivos do tipo. O consentimento do ofendido, neste caso, é de todo irrelevante, até porque nenhuma pessoa, em sã consciência, anuiria servir a outra como mero objeto, submetendo-se à sua vontade por tempo indeterminado, mediante restrição à sua liberdade de locomoção.

6. SUJEITOS DO CRIME

6.1. Sujeito ativo

O *plagium* é crime comum, motivo pelo qual pode ser cometido por qualquer pessoa.

6.2. Sujeito passivo

Qualquer indivíduo pode ser vítima do crime, até porque todas as pessoas, sem exceção, são portadoras da dignidade e da liberdade de deambulação.

Quando o agente mantém em condição semelhante à escravatura mais de uma pessoa, há concurso de crimes. Em outras palavras, serão tantos delitos quantos forem os sujeitos passivos. Isto porque o bem jurídico tutelado é a dignidade humana e a liberdade de locomoção, bens personalíssimos e individuais. O concurso será formal, posto que o agente, mediante uma ação ou omissão, pratica mais de um crime (CP, art. 70).

Se a vítima for criança ou adolescente, contudo, aplicar-se-á a causa de aumento de pena contida no § 2º.

---

[42] Nesse sentido: Súmula 711 do STF, transcrita na nota 439.

7. CONSUMAÇÃO E TENTATIVA

7.1. Consumação

A consumação do delito pressupõe que a vítima permaneça subjugada à vontade do agente por tempo juridicamente relevante (delito material ou de resultado).

O crime, em nosso sentir, requer seja a conduta seja reiterada no tempo.

Se o sujeito foi contratado para trabalhar para alguém, por apenas um dia, parece-nos que não há falar-se na presente infração, ainda que, por exemplo, seja a vítima submetida a condição degradante.

Deve-se lembrar que a interpretação da norma penal há de ser feita levando-se em conta *todos os seus elementos*. Não se pode esquecer, portanto, que o fundamento primeiro da incriminação reside no fato de se manter outrem reduzido "à condição análoga à de escravo". É necessário que ocorra a mudança do *status* da vítima, de *personae* para *res*. Se o ato foi praticado somente um dia, sem qualquer previsão de repetição, parece-nos não caber falar em escravidão ou fato assemelhado.

Isso não quer dizer, por óbvio, que a conduta será absolutamente atípica. A ausência de adequação à norma do art. 149 não exclui a presença de outras, como o sequestro, a lesão corporal, a periclitação da vida ou saúde alheia etc.

7.2. Tentativa

A modalidade tentada é possível, embora de difícil ocorrência. Imagine-se que um fazendeiro contrate vinte trabalhadores, com o escopo de mantê-los em condições análogas à de escravidão, retendo seus documentos e roupas e mantendo-os sob constante vigilância armada. Suponha, nesse caso, que logo no primeiro dia de trabalho seja o esquema desbaratado pela ação da Polícia. Muito embora a conduta não tenha se protraído no tempo, não existe dúvida de que o agente deu início à execução do delito, que somente não se consumou por circunstâncias alheias à sua vontade.

8. CAUSAS DE AUMENTO DE PENA

De acordo com o § 2º, a pena será aumentada de metade se o ato for praticado contra criança ou adolescente ou se motivado por questões relativas a preconceito.

A primeira delas, portanto, refere-se à qualidade da vítima e exige a ciência, por parte do agente, de que o ofendido seja menor de 18 anos. Não há dúvida de que o ato será revestido de maior gravidade, justificando a exasperação da pena.

Pergunta-se: qual a solução quando o agente mantém duas pessoas em regime de escravidão, uma maior e outra menor?

Há concurso formal de crimes, devendo o juiz aplicar a pena do *caput* da disposição, com o aumento de metade do § 2º, cumulada com a exasperação do art. 70 do CP.

Lembre-se que no concurso formal, quando diversas as sanções cominadas, o juiz deve aumentar a maior delas, de um sexto até a metade.

A segunda causa de elevação da pena refere-se ao fato de cometer o plágio por motivo de preconceito de raça, cor, etnia, religião ou origem.

Entende-se por raça a divisão dos seres humanos segundo critérios político-sociais (e não biológicos, porque a raça humana é única, conforme demonstrou a Ciência depois do mapeamento do genoma humano). Sob tal concepção, há quem separe os homens em raças ariana, judia, negra, branca etc. A discriminação em razão da cor, no contexto da norma, refere-se à cor da pele. Etnia significa uma população ou grupo que partilhe da mesma história ou cultura. Religião refere-se à crença individual em forças sobre-humanas; trata-se da fé religiosa. Origem diz respeito à procedência da pessoa (seu local de nascimento, criação, residência).

9. CLASSIFICAÇÃO JURÍDICA

Cuida-se de crime de forma vinculada (só pode ser praticado nas formas descritas na cabeça da disposição), comum (não requer qualidade especial do sujeito ativo), material (a produção do resultado naturalístico é exigida para fins de consumação), de dano ou lesão (o bem jurídico – liberdade de locomoção – deve ser atingido para que ocorra a consumação), permanente (seu resultado se prolonga no tempo), monossubjetivo (pode ser cometido por uma ou várias pessoas em concurso) e plurissubsistente (seu *iter criminis* admite fracionamento).

10. PENA E AÇÃO PENAL

A pena é de reclusão, de dois a oito anos, e multa, além da pena correspondente à violência (cúmulo material obrigatório). Há causa de aumento (§ 2º).

O crime de plágio se procede por *ação penal pública incondicionada*. A deflagração da persecução penal, portanto, independe de autorização da vítima ou de quem a represente.

De acordo com o art. 13-A do CPP, no caso de redução à condição análoga à de escravo (e outras infrações), o membro do Ministério Público ou o delegado de polícia pode requisitar diretamente, de quaisquer órgãos do poder público ou de empresas da iniciativa privada, dados e informações cadastrais da vítima ou de suspeitos. Essa disposição legal encontra-se em harmonia com a interpretação que já vinha sendo dada pelos tribunais superiores[43] ao poder de requisição (direto) de dados cadas-

[43] Confira-se: "4. Em arremate, frise-se que o inciso XII do art. 5º da Constituição Federal assegura o sigilo das comunicações telefônicas, nas quais, por óbvio, não se inserem os dados cadastrais do titular de linha de telefone celular" (STJ, HC 131.836/RJ, rel. Min. Jorge Mussi, 5ª T., j. 4-11-2010, *DJe* de 6-4-2011).

trais, tanto de bancos de dados de órgãos públicos quanto privados, de que são dotados os membros do Ministério Público e os delegados de polícia (dispensando-se, portanto, a intervenção judicial na coleta dessas informações).

11. QUESTÃO PROCESSUAL

Nossos tribunais entendiam que o crime de redução à condição análoga à de escravo era de competência da Justiça Estadual, não sem a oposição dos órgãos federais, sobretudo do Ministério Público do Trabalho. Em novembro de 2006, contudo, o Supremo Tribunal Federal modificou sua orientação sobre o tema, passando a considerar que referido delito se encaixaria na hipótese contida no art. 109, VI, da CF, ou seja, cuidar-se-ia de delito contra a organização do trabalho, uma vez que o ilícito "viola não só o sistema de órgãos e instituições que preservam, coletivamente, os direitos e deveres dos trabalhadores, mas também o homem trabalhador, atingindo-o nas esferas em que a Constituição lhe confere proteção máxima, enquadram-se na categoria dos crimes contra a organização do trabalho, se praticadas no contexto de relações do trabalho"[44].

ART. 149-A – TRÁFICO DE PESSOAS

1. DISPOSITIVO LEGAL

Tráfico de pessoas

Art. 149-A. Agenciar, aliciar, recrutar, transportar, transferir, comprar, alojar ou acolher pessoa, mediante grave ameaça, violência, coação, fraude ou abuso, com a finalidade de:

I – remover-lhe órgãos, tecidos ou partes do corpo;

II – submetê-la a trabalho em condições análogas à de escravo;

III – submetê-la a qualquer tipo de servidão;

IV – adoção ilegal;

V – exploração sexual.

Pena – reclusão, de 4 (quatro) a 8 (oito) anos, e multa.

§ 1º A pena é aumentada de um terço até a metade se:

I – o crime for cometido por funcionário público no exercício de suas funções ou a pretexto de exercê-las;

II – o crime for cometido contra criança, adolescente ou pessoa idosa ou com deficiência;

III – o agente se prevalecer de relações de parentesco, domésticas, de coabitação, de hospitalidade, de dependência econômica, de autoridade ou de superioridade hierárquica inerente ao exercício de emprego, cargo ou função;

---

[44] RE 398.041, rel. Min. Joaquim Barbosa, Pleno, j. 30-11-2006, *Informativo STF*, n. 451.

IV – a vítima do tráfico de pessoas for retirada do território nacional.

§ 2º A pena é reduzida de um a dois terços se o agente for primário e não integrar organização criminosa.

2. TRATAMENTO JURÍDICO DO TRÁFICO DE PESSOAS

A normatização legislativa do tráfico de pessoas se funda na Lei n. 13.344, de 2016, que estabelece normas sobre prevenção e repressão ao tráfico interno e internacional de pessoas e sobre medidas de atenção às vítimas.

O Diploma citado originou-se do Projeto de Lei do Senado Federal n. 7.370, de 2014, o qual foi elaborado a partir dos trabalhos da Comissão Parlamentar de Inquérito (CPI) do Tráfico Nacional e Internacional de Pessoas.

O legislador procurou conferir ao tratamento jurídico-penal do tráfico de seres humanos regulação harmônica, reunindo numa só figura típica suas principais modalidades (ou seja, aquele visando à adoção ilegal, à exploração sexual, à remoção de órgãos, tecidos ou partes do corpo humano, bem como à submissão da vítima à servidão ou trabalho escravo).

A mudança em nosso Direito Positivo afigura-se oportuna. Consoante sustentamos em nossa tese de doutorado, que resultou na obra *Homossexualidade, prostituição e estupro – um estudo à luz da dignidade humana* (Saraiva, 2016), a propósito do que considerávamos necessário em termos de adaptações legislativas:

"Quanto aos delitos previstos nos arts. 231 e 231-A do CP, conteriam, de maneira literal, a exigência de que o fato ocorra com emprego de violência contra a pessoa, grave ameaça, fraude ou outro meio que dificulte ou impeça a livre manifestação de vontade do ofendido, ou, ainda, que o comportamento vise à que a vítima exerça sua atividade em situação análoga à escravidão.

Tais infrações, bem por isso, estariam melhor situadas no Título I, Capítulo VI, Seção I, da Parte Especial do Código, ao lado do art. 149" (p. 183).

O legislador brasileiro, ademais, seguiu (em boa parte) as diretrizes do Protocolo Adicional à Convenção de Palermo sobre o Crime Organizado Transnacional, relativo à Prevenção, Repressão e Punição do Tráfico de Pessoas, aprovado pelo Decreto-Legislativo n. 231, de 2003, e promulgado pelo Decreto n. 5.017, de 2004.

Trilhou, ainda, o caminho já percorrido por outros países, como Portugal, que em 2007 revogou o art. 169º de seu Código Penal, o qual descrevia o tráfico de pessoas para fins de prostituição, criando no lugar o "tráfico de pessoas" (atual art. 160º)[45]. Com este, passou-se a se considerar a conduta delito contra a liberdade individual,

---

[45] O dispositivo foi novamente alterado pelo legislador lusitano em 2013, por meio da Lei n. 60, de 23-8-2013.

incluindo em seu âmbito, além da traficância realizada para fins de exploração sexual, a realizada para a "exploração do trabalho, a mendicidade, a escravidão, a extração de órgãos ou a exploração de outras atividades criminosas".

De acordo com o Texto aprovado pelo Parlamento brasileiro, o enfrentamento ao tráfico ergue-se sobre os seguintes pilares: a) dignidade da pessoa humana; b) promoção e garantia da cidadania e dos direitos humanos; c) universalidade, indivisibilidade e interdependência; d) não discriminação por motivo de gênero, orientação sexual, origem étnica ou social, procedência, nacionalidade, atuação profissional, raça, religião, faixa etária, situação migratória ou outro *status*; e) transversalidade das dimensões de gênero, orientação sexual, origem étnica ou social, procedência, raça e faixa etária nas políticas públicas; f) atenção integral às vítimas diretas e indiretas, independentemente de nacionalidade e de colaboração em investigações ou processos judiciais; g) proteção integral da criança e do adolescente (art. 2º).

As diretrizes no enfrentamento da questão são enumeradas no art. 3º da lei, das quais se destaca o fortalecimento do pacto federativo, por meio da atuação conjunta e articulada das esferas de governo no âmbito das respectivas competências e do incentivo à participação da sociedade em instâncias de controle social e das entidades de classe ou profissionais na discussão das políticas sobre tráfico de pessoas.

As medidas de prevenção ou profilaxia do crime, isto é, aquelas tendentes a impedir que o fenômeno se verifique, focam a implementação de medidas intersetorais e integradas em áreas como justiça, saúde, turismo, de campanhas socioeducativas e de conscientização, de incentivo à mobilização e à participação da sociedade civil e de incentivo a projetos de prevenção (art. 4º).

Quanto às providências repressivas, isto é, aquelas levadas a termo para combater o tráfico já realizado ou em andamento, estão a cooperação entre órgãos do sistema de justiça e segurança, nacionais e estrangeiros, a integração de políticas e ações e a formação de equipes conjuntas de investigação (art. 5º).

Com respeito à proteção e ao atendimento à vítima direta ou indireta (como, por exemplo, seus familiares), a Lei n. 13.344, de 2016, prevê a assistência jurídica, social, de trabalho e emprego e de saúde, o acolhimento e abrigo provisório, a atenção às suas necessidades específicas, especialmente em relação a questões de gênero, orientação sexual, origem étnica ou social, procedência, nacionalidade, raça, religião, faixa etária, situação migratória, atuação profissional, diversidade cultural, linguagem, laços sociais e familiares ou outro *status*, a preservação da intimidade e da identidade, a prevenção à revitimização no atendimento e nos procedimentos investigatórios e judiciais, o atendimento humanizado e a informação sobre procedimentos administrativos e judiciais (art. 6º).

No que tange a medidas de natureza processual, autoriza-se expressamente a adoção de medidas assecuratórias (como sequestro, arresto ou alienação antecipada) quanto aos bens, direitos ou valores pertencentes ao investigado ou acusado, ou existentes em nome de interpostas pessoas, que sejam instrumento, produto ou proveito do crime de tráfico de pessoas (art. 8º).

Faculta-se, outrossim, a aplicação subsidiária da Lei n. 12.850/2013, com respeito, por exemplo, aos seus meios de prova, como a colaboração premiada e a infiltração de agentes (art. 9º).

O art. 13-A do CPP, incluído pela Lei n. 13.344/2016, permite que, nos crimes de tráfico de pessoas, sequestro, redução à condição análoga à de escravo, sequestro relâmpago e extorsão mediante sequestro e promoção ou auxílio de envio ilegal de criança ou adolescente ao exterior (arts. 148, 149, 149-A, 158, § 3º, e 159 do CP e 239 do ECA), o membro do Ministério Público ou o delegado de polícia requisite diretamente, de quaisquer órgãos do poder público ou de empresas da iniciativa privada, dados e informações cadastrais da vítima ou de suspeitos. Essa disposição legal encontra-se em harmonia com a interpretação que já vinha sendo dada pelos tribunais superiores[46] ao poder de requisição (direto) de dados cadastrais, tanto de bancos de dados de órgãos públicos quanto privados, de que são dotados os membros do Ministério Público e os delegados de polícia (dispensando-se, portanto, a intervenção judicial na coleta dessas informações).

O art. 13-B do CPP, igualmente inserido pelo Diploma multicitado, dispõe que, sempre quando "necessário à prevenção e à repressão dos crimes relacionados ao tráfico de pessoas, o membro do Ministério Público ou o delegado de polícia poderão requisitar, mediante autorização judicial, às empresas prestadoras de serviço de telecomunicações e/ou telemática que disponibilizem imediatamente os meios técnicos adequados – como sinais, informações e outros – que permitam a localização da vítima ou dos suspeitos do delito em curso". Deve-se destacar que não se trata de autorizar o acesso ao conteúdo da comunicação efetuada entre os alvos da medida, pois esta depende de ordem judicial prévia, nos termos do art. 5º, inciso XII, da CF, e da Lei n. 9.296/96.

3. VALOR PROTEGIDO (OBJETIVIDADE JURÍDICA)

Os valores jurídicos tutelados são, em primeiro plano, a dignidade da pessoa humana e sua liberdade de autodeterminação, reconhecendo-a como detentora de racionalidade e autonomia de vontade para se autogovernar. Protegem-se, outrossim, a integridade corporal dos seres humanos, seu direito de exercer livremente um trabalho, sua dignidade sexual e as relações de filiação.

---

[46] Confira-se: "4. Em arremate, frise-se que o inciso XII do art. 5º da Constituição Federal assegura o sigilo das comunicações telefônicas, nas quais, por óbvio, não se inserem os dados cadastrais do titular de linha de telefone celular" (STJ, HC 131.836/RJ, rel. Min. Jorge Mussi, 5ª T., j. 4-11-2010, *DJe* de 6-4-2011).

4. TIPO OBJETIVO

O crime de tráfico de pessoas encontra-se forjado em tipo misto alternativo. Suas ações nucleares (algumas repetitivas) são os atos de:

a) agenciar: significa gerenciar o tráfico, efetuando, por exemplo, a seleção da pessoa, bem como do destino para onde se pretende levá-la, intermediando seu envio, inclusive com supostos interessados em receber a vítima;

b) aliciar: seduzir, manipular ou convencer o sujeito passivo a ser alvo da conduta;

c) recrutar: reunir ou arrebanhar pessoas que sejam potenciais vítimas do tráfico;

d) transportar: concretizar o deslocamento do ofendido de sua origem ao destino para onde se pretenda remover-lhe os órgãos, tecidos ou parte do corpo, submetê-lo à escravidão, servidão, exploração sexual ou adoção ilegal;

e) transferir: realizar a transferência, ou seja, viabilizar a mudança do ofendido de um lugar a outro;

f) comprar: adquirir onerosamente a pessoa (registre-se que o vendedor também responderá pelo crime, na condição de agenciador);

g) alojar: conferir alojamento, abrigar, ainda que temporariamente;

h) acolher: receber, dar refúgio, providenciar acolhimento, outorgar proteção.

Qualquer pessoa que auxiliar – moral ou materialmente – o traficante de pessoas, ainda que não incorra nos verbos nucleares do art. 149-A do CP, encontrar-se-á sujeita às suas penas, nos termos do art. 29, *caput*, do Código.

Cuida-se de crime de execução vinculada, pois deve ser cometido mediante o emprego dos seguintes meios executivos: grave ameaça (*i.e.*, promessa de inflição de mal grave e injusto), violência (a qual compreende a violência física exercida contra pessoa, pois a moral é sinônimo de grave ameaça), coação (trata-se de obrigar a pessoa a agir contra a sua vontade, estando incluída no tipo até mesmo a coação resistível), fraude (consiste no engano/engodo, exercido mediante artifício ou ardil) ou abuso (prevalecimento da relação entre o sujeito ativo e o passivo).

Pode-se citar, como exemplo, a conduta do agente que, mediante proposta de emprego aparentemente vantajosa (ardil), convence pessoas a se deslocarem de sua cidade de origem a outro ponto do território nacional (ou para o exterior), e, no destino, acabam sendo exploradas laboralmente, impedidas de retornar por terem seus documentos confiscados pelo empregador, o qual as obriga a contrair dívidas por vezes impossíveis de serem quitadas com o fruto do trabalho.

No tocante à exploração sexual (entendida em sentido lato, ou seja, de modo a abarcar a prática da prostituição), a exigência expressa no tipo penal a tais meios de execução, afastando da incidência do artigo deslocamentos de pessoas adultas realizados de maneira absolutamente livre e consciente, torna a disciplina penal da matéria consentânea com o princípio da dignidade da pessoa humana. Assim, quem auxiliar de qualquer modo uma pessoa adulta (agindo esta de modo livre e deliberado) a se deslocar no âmbito do território nacional ou para o exterior, visando exercer – no destino – o comércio sexual do próprio corpo, não comete crime algum (nem mesmo aquele descrito no art. 228, *caput*, do CP, que entendemos inconstitucional), salvo, a depender da forma como o país de destino regulamentar a matéria, o delito de promoção de migração ilegal. Reconhece-se, de tal modo, a autonomia da vontade do indivíduo que, de maneira livre e consciente, contrata os serviços de alguém para ajudá-lo em tais deslocamentos.

Com respeito às demais formas de tráfico de pessoas, isto é, àquelas logrando a remoção de órgãos, tecidos ou partes do corpo, bem como a escravidão, a servidão ou a adoção ilegal, não se concebe possam elas existir sem que haja, por parte do agente, alguma espécie de engano, coação, abuso, violência ou mesmo grave ameaça. De toda forma, ainda que o sujeito ativo não se valha destes expedientes para lograr traficar a vítima, remanesce a possibilidade, conforme o caso, de ser enquadrado como partícipe dos crimes de redução à condição análoga à de escravo (CP, art. 149), de remoção ilegal de órgãos, tecidos ou partes do corpo (Lei n. 9.434/97, art. 14) ou envio ilegal de criança ou adolescente ao exterior (ECA, art. 239); sua punibilidade, entretanto, estará condicionada ao fato de o concorrente responsável pelos crimes citados efetivamente dar início à sua execução (CP, art. 31).

5. TIPO SUBJETIVO

O tráfico de pessoas somente se pune na forma dolosa. Há, ainda, elemento subjetivo específico, traduzido no intuito de realizar as ações nucleares como parte do deslocamento de alguém, na esfera do território nacional ou para outro país, para se submeter à remoção de órgãos, tecidos ou partes do corpo, à escravidão ou servidão, à exploração sexual ou à adoção ilegal.

6. SUJEITOS DO CRIME

6.1. Sujeito ativo

Cuida-se de crime comum, que pode ter qualquer pessoa como sujeito ativo. De regra, mais de um agente colabora com a atividade, comumente exercida por grupos organizados. Nada impede, contudo, que somente uma pessoa se encarregue de traficar outrem[47].

[47] "O tráfico pode envolver um indivíduo ou um grupo de indivíduos. O ilícito começa com o aliciamento e termina com a pessoa que explora a vítima (compra-a e a mantém em escravidão, ou

Se o autor for funcionário público no exercício de suas funções ou a pretexto de exercê-las ou se prevalecer de relações de parentesco (de qualquer natureza ou grau), domésticas, de coabitação, de hospitalidade, de dependência econômica, de autoridade ou de superioridade hierárquica inerente ao exercício de emprego, cargo ou função, sua pena será aumentada nos termos do § 1º (de um terço até a metade).

6.2. Sujeito passivo

Qualquer pessoa pode figurar como sujeito passivo. Em se tratando de adultos, aplica-se o *caput* da disposição (pena de reclusão, de quatro a oito anos, e multa). Se menor de 18 anos, idoso ou pessoa com deficiência, incidirá a exasperante do § 1º (de um terço até a metade).

6.2.1. O consentimento do ofendido

O consentimento da vítima, isto é, o fato de a pessoa concordar em se sujeitar, no destino, às práticas previstas no *caput*, impede a incidência do art. 149-A do CP e, no que tange a atos visando ao exercício da prostituição de adultos, torna atípica a conduta de quem prestou qualquer auxílio a tal fim[48].

No que tange às demais formas de tráfico de pessoas, embora não incorra o agente no art. 149-A do CP, à luz do princípio da taxatividade da lei penal, poderá a ele se imputar outro delito, inclusive na condição de partícipe (citam-se, como exemplos, os arts. 149 do CP, 14 da Lei n. 9.434/97 e 239 do ECA).

7. CONSUMAÇÃO E TENTATIVA

7.1. Consumação

O tráfico de pessoas é **crime formal ou de consumação antecipada**, pois atinge sua realização integral com a prática das condutas descritas na cabeça do dispositivo (agenciamento, aliciamento, recrutamento, transporte etc.), independentemente da consecução do fim almejado (remoção de órgãos, tecidos ou partes do corpo, submissão da vítima a trabalho em condições análogas à escravidão, a algum tipo de servidão, a adoção ilegal ou exploração sexual). A efetivação desses eventos constituirá exaurimento, devendo influir na quantidade da pena.

O crime, ademais, é **instantâneo** (ou seja, não se trata de delito permanente).

---

submete a práticas similares à escravidão, ou ao trabalho forçado ou outras formas de servidão)" (TRF, AP 0000451-35.2011.4.01.3311, rel. Des. Tourinho Neto, 3ª T., j. 26-3-2013). Essa decisão dizia respeito ao revogado art. 231 do CP, mas seus fundamentos ainda são válidos.

48 O sujeito que viabilizar o deslocamento de alguém ao exterior para o exercício da prostituição poderá cometer, a depender do caso, o crime de promoção de migração ilegal (art. 232-A).

7.2. Tentativa

O *conatus* é possível, pois as condutas descritas no dispositivo legal tem natureza plurissubsistente. Assim, por exemplo, o autor pode dar início a negociações visando comprar pessoas que serão submetidas a trabalho escravo, mas não consumar seu intento por razões alheias à sua vontade, como a não concordância com o preço oferecido (o vendedor, porém, responderá por crime consumado, pois a mera negociação, para ele, constitui agenciamento).

8. CAUSAS DE AUMENTO DE PENA (§ 1º)

O tráfico de pessoas possui causas de aumento de pena descritas no § 1º com diferentes fundamentos, a saber:

a) a condição do sujeito ativo (incisos I e III);
b) a condição do sujeito passivo (inciso II);
c) o objetivo de deslocamento internacional (inciso IV).

Com respeito àquelas ligadas à **condição do sujeito ativo**, pune-se com maior vigor o agente que for funcionário público no exercício de suas funções ou a pretexto de exercê-las, bem como aquele que se prevalecer de relações de parentesco (seja qual for o grau ou natureza), domésticas, de coabitação, de hospitalidade, de dependência econômica, de autoridade ou de superioridade hierárquica inerente ao exercício de emprego, cargo ou função (inciso I).

A noção jurídico-penal de funcionário público se encontra no art. 327 do Código e inclui todo aquele que exerce cargo, emprego ou função pública, ainda que de forma não remunerada ou transitória, equiparando-se, para tal fim, a pessoa que ocupa cargo, emprego ou função em entidade paraestatal ou trabalha para empresa prestadora de serviço contratada ou conveniada para a execução de atividade típica da Administração Pública (inciso III).

Em havendo mais de um sujeito ativo, acaso um deles seja servidor público e outro não, somente àquele incidirá a exasperante, por força da regra do art. 30 do CP, pela qual as condições de caráter pessoal, quando circunstâncias do crime, são incomunicáveis.

O agravamento de pena conectado ao prevalecimento (aproveitamento) de relações de parentesco, domésticas, de coabitação, de hospitalidade, de dependência econômica, de autoridade ou de superioridade hierárquica, igualmente, não se estende ao terceiro que concorre para o delito, mas que não comunga de alguma destas condições (à vista do mesmo fundamental legal).

De notar a redundância do legislador no agravamento de pena proveniente do prevalecimento de autoridade ou superioridade hierárquica inerente a emprego, cargo ou função, mencionado ao final do inciso III do § 1º do art. 149-A do CP, pois, em tais situações, a majorante encontra subsunção no inciso I do mesmo dispositivo, isto é, no fato de se cuidar o sujeito ativo de funcionário público.

No que tange às causas de aumento baseadas na condição do sujeito passivo, cita a lei, no inciso II, ser a vítima criança, adolescente ou pessoa idosa ou com deficiência. O alcance dessas figuras decorre de definições legais. De acordo com o ECA (Lei n. 8.069/90), são crianças os indivíduos de até 12 anos incompletos e adolescentes, aqueles que, embora tenham completado 12 anos, não possuem 18 anos completos (art. 2º). O Estatuto do Idoso (Lei n. 10.741/2003) define-os como as pessoas de idade igual ou superior a 60 anos (art. 1º). Os deficientes, ou pessoas com deficiência, são, nos termos do art. 2º do Estatuto da Pessoa com Deficiência (Lei n. 13.146/2015), aqueles que têm impedimento de longo prazo de natureza física, mental, intelectual ou sensorial, o qual, em interação com uma ou mais barreiras, pode obstruir sua participação plena e efetiva na sociedade em igualdade de condições com as demais pessoas.

Aumenta-se a pena do agente, por fim, quando sua conduta resultar no tráfico internacional da vítima, é dizer, ao seu efetivo deslocamento para fora do território brasileiro (inciso IV). Frise-se que a exasperante somente incidirá se o sujeito passivo vier a ser concretamente retirado do território nacional.

9. CAUSA DE DIMINUIÇÃO DE PENA (§ 2º)

Reduz-se a pena do tráfico de pessoas, de um a dois terços, se o agente for primário e não integrar organização criminosa. Os requisitos são cumulativos. Primário é o indivíduo que não ostenta condenação penal anterior ao fato, transitada em julgado, respeitadas as restrições contidas no art. 64 do CP, dentre as quais a referente ao período depurador (*i.e.*, o transcurso de mais de cinco anos do cumprimento ou extinção da pena anteriormente imposta). Membro de organização criminosa é o individuo que integra associação de quatro pessoas (com ele) ou mais, estruturalmente ordenada e caracterizada pela divisão de tarefas, ainda que informalmente, com o objetivo de obter vantagem de qualquer natureza (art. 2º da Lei n. 12.850/2013).

Anote-se que primário não é o mesmo que não reincidente; um é espécie e outro é gênero. "Primário" é aquele que nunca sofreu nenhuma condenação criminal transitada em julgado e "não reincidente" a pessoa que, mesmo já a tendo sofrido, viu sua pena cumprida ou extinta há mais de cinco anos (ou foi condenado anteriormente por delito político ou propriamente militar).

A despeito da diferença, entendemos que a menção a agente primário deve ser entendida como não reincidente, até para evitar que se perpetuem consequências jurídicas gravosas e restritivas decorrentes de condenações criminais.

10. LIVRAMENTO CONDICIONAL

Muito embora o tráfico de pessoas não seja crime hediondo ou equiparado, o lapso temporal necessário à obtenção do livramento condicional para condenados pelo art. 149-A do CP é similar ao destas infrações.

Dessa forma, somente se concederá o benefício mencionado depois de cumpridos mais de dois terços da pena, desde que o apenado não seja reincidente específico em tal crime ou qualquer delito hediondo ou equiparado (tráfico ilícito de drogas, terrorismo e tortura).

11. AÇÃO PENAL

A ação penal relativa ao tráfico de pessoas, em quaisquer de suas formas, é de iniciativa pública incondicionada.

12. COMPETÊNCIA

O tráfico de pessoas é crime de competência da Justiça Comum Estadual, muito embora se admita a atuação integrada de diferentes órgãos policiais em sua repressão (art. 5º da Lei n. 13.334/2016).

Quando se cuidar, porém, de tráfico internacional de pessoas, a matéria será de competência federal, haja vista cuidar-se de crime a distância (é dizer, aquele cujo *iter criminis* atinge o território de dois ou mais países) e, além disso, ser previsto em tratado internacional.

De lembrar-se que o art. 109 da CF elenca as hipóteses de competência *ratione materiae* da Justiça Federal, determinando que a ela incumbe conhecer dos delitos "previstos em tratado ou convenção internacional, quando, iniciada a execução no País, o resultado tenha ou devesse ter ocorrido no estrangeiro, ou reciprocamente" (inciso V)[49].

Seção II
Dos Crimes contra a Inviolabilidade do Domicílio

1. INTRODUÇÃO

Os crimes contidos nos arts. 150 a 154 (violação de domicílio, violação de correspondência, abuso de correspondência comercial, divulgação de segredo e violação

---

[49] *Vide* STF, ACO 1.687/SP, rel. Min. Dias Toffoli, j. 12-9-2012.

do segredo profissional) *contêm um traço comum*: todos refletem facetas de um mesmo direito fundamental, *o direito à intimidade*. René Ariel Dotti definiu-a como a "esfera secreta da vida do indivíduo na qual este tem o poder legal de evitar os demais"[50], de modo que compreende a inviolabilidade do domicílio, o sigilo de correspondência e o segredo profissional[51].

Melhor teria sido, portanto, se nosso legislador agrupasse as mencionadas infrações na mesma seção, intitulada: "dos crimes contra a intimidade".

Deve-se destacar que essa conclusão ganha reforço quando se analisa o sentido (restrito) dado ao termo "intimidade" em nossa Constituição Federal, no art. 5º, X, separando-a de outras manifestações da privacidade, como a vida privada, a honra e a imagem das pessoas.

2. PLANO INTERNACIONAL

No âmbito supranacional, são diversos os documentos que consagram o direito fundamental à intimidade, em seus vários aspectos, aí incluídos a inviolabilidade do domicílio, da correspondência etc.

A Declaração Universal dos Direitos do Homem, aprovada em 1948 pela Assembleia Geral da ONU, proclama, em seu artigo XII, o respeito à intimidade pessoal, familiar, epistolar e do domicílio.

A Declaração Americana dos Direitos e Deveres do Homem, que precedeu o documento acima mencionado por alguns meses, declara em seu artigo IX que "toda pessoa tem direito à inviolabilidade do domicílio".

O Pacto Internacional dos Direitos Civis e Políticos[52] (1966) preceitua: "1. Ninguém será objeto de interferências arbitrárias ou ilegais em sua vida privada, sua família, seu domicílio, sua correspondência, nem de atentados ilegais à sua honra e à sua reputação. 2. Toda pessoa tem direito à proteção da lei contra ingerências ou atentados" (art. 17).

A Convenção Americana de Direitos Humanos (Pacto de San José da Costa Rica)[53] dispõe, em seu art. 11: "1. Toda pessoa tem o direito de ter sua honra respeitada

---

50 *Proteção da vida privada e liberdade de informação*, p. 69, apud José Afonso da Silva, *Comentário contextual à Constituição*, p. 101.

51 Nesse sentido, José Afonso da Silva, *Comentário contextual à Constituição*, cit., p. 101. Ada Pellegrini Grinover não discrepa desse entendimento e vê, na inviolabilidade de correspondência, uma expressão do direito à intimidade, "que faz parte integrante da personalidade" (*Liberdades públicas e processo penal: as interceptações telefônicas*, p. 74, apud Dinorá Grotti, *Inviolabilidade do domicílio da Constituição*, p. 153).

52 Ratificado pelo Brasil em 24 de janeiro de 1992, entrou em vigor para o país em 24 de abril do mesmo ano e foi promulgado por força do Decreto Presidencial n. 592, de 6-7-1992.

53 Ratificado pelo Brasil em 25 de setembro de 1992, entrou em vigor para o país no mesmo dia e foi promulgado por força do Decreto Presidencial n. 678, de 6-11-1992.

e sua dignidade reconhecida. 2. Ninguém pode ser objeto de interferência arbitrária ou abusiva em sua vida privada, sua família, seu lar ou sua correspondência, ou de ataques ilegais à sua honra ou reputação. 3. Toda pessoa tem direito à proteção da lei contra tais interferências ou ataques".

ART. 150 – VIOLAÇÃO DE DOMICÍLIO

1. DISPOSITIVO LEGAL

Violação de domicílio

Art. 150. Entrar ou permanecer, clandestina ou astuciosamente, ou contra a vontade expressa ou tácita de quem de direito, em casa alheia ou em suas dependências:

Pena – detenção, de 1 (um) a 3 (três) meses, ou multa.

§ 1º Se o crime é cometido durante a noite, ou em lugar ermo, ou com o emprego de violência ou de arma, ou por duas ou mais pessoas:

Pena – detenção, de 6 (seis) meses a 2 (dois) anos, além da pena correspondente à violência.

§ 2º (Revogado pela Lei n. 13.689, de 5-9-2019.)

§ 3º Não constitui crime a entrada ou permanência em casa alheia ou suas dependências:

I – durante o dia, com observância das formalidades legais, para efetuar prisão ou outra diligência;

II – a qualquer hora do dia ou da noite, quando algum crime está sendo praticado ou na iminência de o ser.

§ 4º A expressão "casa" compreende:

I – qualquer compartimento habitado;

II – aposento ocupado de habitação coletiva;

III – compartimento não aberto ao público, onde alguém exerce profissão ou atividade.

§ 5º Não se compreende na expressão "casa":

I – hospedaria, estalagem ou qualquer outra habitação coletiva, enquanto aberta, salvo a restrição do n. II do parágrafo anterior;

II – taverna, casa de jogo e outras do mesmo gênero.

2. VALOR PROTEGIDO (OBJETIVIDADE JURÍDICA)

A tutela penal dirige-se à *defesa da liberdade pessoal*, de modo genérico, e à *proteção da intimidade*, por meio da *inviolabilidade do domicílio*, de maneira específica.

A intimidade do homem, como se sabe, constitui bem fundamental assegurado em nossa Constituição. Eis o teor do art. 5º, X: "são invioláveis a intimidade, a vida privada, a honra e a imagem das pessoas, assegurado o direito a indenização pelo dano material ou moral decorrente de sua violação".

O mesmo se diga a respeito da inviolabilidade do domicílio. O art. 5º, XI, da Carta Magna proclama que "a casa é asilo inviolável do indivíduo, ninguém nela podendo penetrar sem consentimento do morador, salvo em caso de flagrante delito ou desastre, ou para prestar socorro, ou, durante o dia, por determinação judicial".

"(...) ao estatuir que a 'casa é asilo inviolável do indivíduo', a Constituição está reconhecendo que o homem tem direito fundamental a um lugar em que, só ou com sua família, goze de uma esfera jurídica privada e íntima, que terá de ser respeitada como sagrada manifestação da pessoa humana. Aí o *domicílio*, com sua carga de valores sagrados que lhe dava a religiosidade romana. Aí também o direito fundamental da *privacidade*, da *intimidade*, que esse asilo inviolável protege. (...) A *casa como asilo inviolável* comporta o direito de vida doméstica livre de intromissão estranha – o que caracteriza a liberdade das relações familiares (a liberdade de viver junto sob o mesmo teto), as relações entre pais e filhos, as relações entre os dois sexos (intimidade sexual)"[54].

O domicílio de alguém, embora declarado asilo inviolável, não pode servir de escudo para o cometimento de ilícitos penais. Tanto assim que a Carta Maior excepciona o manto intransponível da casa de alguém quando, em seu interior, der-se hipótese de flagrante delito (a mesma ressalva se encontra no § 3º do art. 150). Outras ressalvas existem, embora fundadas em razões humanitárias: prestação de socorro (como em casos de doença, ferimentos graves, agressões ou maus-tratos) ou quando ocorrer desastre.

3. TIPO OBJETIVO

O *caput* da disposição descreve o delito como o ato de "entrar ou permanecer, clandestina ou astuciosamente, ou contra a vontade expressa ou tácita de quem de direito, em casa alheia ou em suas dependências".

Os verbos nucleares consistem na *entrada* (isto é, ingresso) *ou permanência* de alguém em casa alheia ou em suas dependências (crime de ação múltipla ou conteúdo variado[55]). Na hipótese de permanência, pressupõe-se que tenha havido anteriormente o ingresso lícito do agente no local. É o caso, por exemplo, do empregado demitido que se recusa a deixar o imóvel. Aquele que entra ilicitamente no domicílio e, descoberto, nele permanece, pratica um só crime.

---

[54] Nesse sentido, José Afonso da Silva, *Comentário contextual à Constituição*, cit., p. 103.

[55] São aqueles que possuem mais de um verbo nuclear, interligados por conjunção alternativa ("ou").

O *meio executório* referido no tipo consiste na *clandestinidade*, no emprego de *astúcia ou* no ato realizado de maneira franca, mas *contra a vontade* (expressa ou tácita) de quem de direito.

Entende-se clandestina a entrada ou permanência que se dá às escondidas, sem que os moradores percebam (por exemplo, pular um muro, entrar por uma janela aberta, subir pelo telhado e acessar a chaminé).

A astúcia se dá com o emprego de fraude, ou seja, de artifício ou ardil utilizado para iludir ou manter em erro o morador ou responsável pelo local (p. ex.: o agente se veste de prestador de serviços e obtém a confiança da vítima para ingressar no domicílio alheio).

Há, ainda, o ingresso ou permanência contra a vontade do ofendido. Nesse caso, o dissenso do sujeito passivo é elementar, de modo que seu consentimento torna atípica a conduta.

A lei fala em dissenso expresso ou tácito. O primeiro é aquele inequívoco, expressamente manifestado ("saia", "vá embora", "não entre", "você não é bem-vindo"). O outro dá-se quando a contrariedade pode ser deduzida das circunstâncias fáticas. Difere do consentimento presumido, que se baseia no *quod plerumque accidit* (ou seja, naquilo que normalmente acontece; ver item 3.2, *infra*). O dissenso tácito se deduz, se infere. Há, por fim, o elemento normativo do tipo, traduzido na expressão "casa ou em suas dependências", estudado no item 3.3, *infra*.

3.1. "Quem de direito"

O titular do direito protegido pela norma penal é o *morador*, quando se tratar de residência, *ou responsável legal*, no caso de ocupações de natureza profissional.

É relevante observar que a infração não foi capitulada como crime patrimonial, motivo por que não é só o proprietário ou possuidor do bem a quem compete autorizar eventual ingresso ou permanência, mas a qualquer um de seus moradores.

Discute-se qual deve ser a solução na hipótese de a entrada (ou permanência) ser permitida por um morador e proibida por outro, quando estes estão em igualdade de condições (p. ex., o marido consente e a esposa desautoriza). Nossa doutrina e jurisprudência orientam-se pela ocorrência de violação de domicílio nesses casos, ao fundamento de que é melhor a condição de quem proíbe (*in re communi melior est conditio prohibentis*).

Evidente que não entram em discussão situações em que a discordância se dá entre o responsável pelo local e alguém a ele subordinado (p. ex., o patrão e o empregado) ou sobre quem possui autoridade (p. ex., pai e filho menor). Prevalece, por óbvio, aquilo que o responsável determina (seja o consentimento ou a recusa quanto ao ingresso ou à permanência no local). "Então, nos colégios, internatos, conventos e outros estabelecimentos coletivos o direito será exercitado pelo diretor do colégio ou do internato, pelo superior do convento etc. Na ausência do titular principal, o direito de exclusão passa para um de seus subordinados ou dependentes (filhos, domésticos, hóspedes), posto que agindo, qualquer deles, segundo a vontade expressa ou presumida do chefe ou diretor. Os dependentes ou subordinados poderão, entretanto, exercer *nomine proprio* o *jus prohibendi* com respeito às dependências que lhes são especialmente destinadas"[56].

Com relação à oposição de entrada oposta pelo locatário ao locador, não temos dúvida de que aquele pode proibir o ingresso deste, haja vista que a Constituição e o Código Penal, ao consagrarem a inviolabilidade do domicílio, não protegem a propriedade, mas a intimidade das pessoas[57]. Por esse motivo, a conduta será, em tese, criminosa.

3.2. Dissenso presumido

O dissenso presumido, como se viu acima, é o que se baseia no *quod plerumque accidit*, ou seja, naquilo que normalmente acontece. Casos há em que, embora o morador não tenha manifestado sua oposição à entrada ou permanência da pessoa, esta se pode presumir (presunção *juris tantum*, ou seja, admite demonstração em contrário).

Assim, por exemplo, quando uma empregada doméstica, às escondidas, autoriza alguém a ingressar no imóvel para cometer atos ilícitos (p. ex., consumir drogas) ou mesmo imorais (p. ex., praticar atos libidinosos na cama do patrão). Nesse sentido, já decidiram nossos tribunais: "Comete violação de domicílio quem entra em casa alheia, a convite de empregada residente, para fins ilícitos ou imorais. Tratando-se de lar honrado e digno, quando ausente ou insciente o titular do direito de proibição, de se presumir tácito dissenso à violação de seu lar"[58].

3.3. Casa e suas dependências

Entende-se por casa o lar do indivíduo, onde ele reside (transitória ou temporariamente), só ou com sua família, seja o local um bem móvel (*trailer*) ou imóvel. A lei protege não apenas o interior das paredes do lar, mas todas as suas dependências.

---

[56] Dinorá Grotti, op. cit., p. 107.

[57] Dinorá Grotti comunga da mesma opinião: "O direito de proibir a entrada ou permanência na casa compete ao morador, podendo ser exercido inclusive contra o proprietário do imóvel". Prossegue a autora, esclarecendo que "o locatário somente deve ser obrigado a permitir o ingresso do dono do bem no que diz respeito às visitas contratualmente avençadas e, por óbvio, as que decorrem de autorização judicial ou nas exceções constitucionalmente previstas (perigo etc.)" (op. cit., p. 106).

[58] *JTACrSP* 33/296.

Isto inclui jardins, pátios, quintais, garagens e até o telhado do imóvel[59]. É necessário que a casa seja habitada, caso contrário não será um "lar", mas uma simples edificação.

O § 4º inclui no conceito qualquer compartimento habitado, o aposento ocupado de habitação coletiva (quartos de hotéis[60], pensões[61] ou motéis[62], por exemplo) e o compartimento não aberto ao público, onde alguém exerce profissão ou atividade[63].

Com relação ao local de trabalho, como deixa claro a norma, deve-se distinguir se é ou não aberto ao público. O Superior Tribunal de Justiça reconheceu, inclusive, a invasão a gabinete de Delegado de Polícia como crime de violação de domicílio[64]. O interior de uma loja de departamentos, na seção de vestuário, por exemplo, não se enquadra no conceito, mas a sala em que fica a gerência, a portas fechadas, sem dúvida que sim. Da mesma forma, uma sala de aula[65] não pode ser considerada "casa", diferentemente do gabinete do diretor da instituição. Bares também não são compreendidos na proteção da inviolabilidade[66], salvo os compartimentos fechados, como a administração do local ou eventual moradia.

O mesmo vale para repartições públicas, ainda que a entrada seja restrita, isto é, somente será inviolável aquele setor fechado efetivamente.

O § 5º exclui do alcance da expressão a hospedaria, estalagem ou qualquer outra habitação coletiva, enquanto aberta, e a taverna, casa de jogo e outras do mesmo gênero.

Predomina o entendimento de que, com relação aos lupanários (casas de prostituição), ainda que possam ser considerados como locais fechados em que alguém exerce profissão, jamais se poderá invocar a proteção penal, haja vista que em seu in-

---

59 TJDFT, Acórdão 1177175, 20180110264132APJ, rel. Des. Aiston Henrique de Sousa, 1ª T. Recursal, j. 30-5-2019, TJRJ, AP 0007344-19.2015.8.19.0061, rel. Juíza Claudia Marcia Gonçalves Vida, 1ª T. Recursal dos Juizados Especiais Criminais, j. 9-3-2018, e TJMS, AP 0000529-53.2014.8.12.0055, rel. Des. Luiz Claudio Bonassini da Silva, 3ª CCr, j. 1º-9-2016.

60 *JTACrSP* 20/322.

61 *RT* 728/588.

62 *RT* 689/366.

63 STF, HC 106.566/SP, rel. Min. Gilmar Mendes, 2ª T., j. 16-12-2014.

64 "Se o compartimento em que alguém exerce suas atividades profissionais deve ser fechado ao público, depreende-se que faz parte de um prédio ou de uma repartição públicos, ou então que, inserido em ambiente privado, possua uma parte conjugada que seja aberta ao público. (...) Assim, a sala de um servidor público, no caso concreto o gabinete de um Delegado Federal, ainda que situado em um prédio público, está protegida pelo tipo penal em apreço, já que se trata de compartimento cujo acesso é restrito e depende de autorização, constituindo local fechado ao público em que determinado indivíduo exerce suas atividades, nos termos preconizados pelo Código Penal" (STJ, HC 298.763/SC, rel. Min. Jorge Mussi, 5ª T., j. 7-10-2014).

65 *RT* 718/432.

66 TJPR, AC 1567169-1, rel. Des. Luís Carlos Xavier, 2ª CCr, j. 23-3-2017.

terior pratica-se, em tese, crime habitual (CP, art. 229[67]), o que autoriza o ingresso da Polícia para efetuar a prisão em flagrante.

3.4. Escritórios de advocacia

Os escritórios de advocacia inserem-se, sem sombra de dúvida, no âmbito de proteção da inviolabilidade constitucional e penal.

Ocorre, contudo, que o ingresso nestes locais, sem a autorização do responsável legal, sujeita-se a regime jurídico diferenciado, justamente em razão do sigilo profissional que envolve a atividade dos profissionais nele atuantes.

De acordo com o art. 7º, § 6º, da Lei n. 8.906/94, com redação dada pela Lei n. 11.767/2008, "presentes indícios de autoria e materialidade da prática de crime por parte de advogado, a autoridade judiciária competente poderá decretar a quebra da inviolabilidade de que trata o inciso II do *caput* deste artigo, em decisão motivada, expedindo mandado de busca e apreensão, específico e pormenorizado, a ser cumprido na presença de representante da OAB, sendo, em qualquer hipótese, vedada a utilização dos documentos, das mídias e dos objetos pertencentes a clientes do advogado averiguado, bem como dos demais instrumentos de trabalho que contenham informações sobre clientes". O § 7º esclarece que "a ressalva constante do § 6º deste artigo não se estende a clientes do advogado averiguado que estejam sendo formalmente investigados como seus partícipes ou coautores pela prática do mesmo crime que deu causa à quebra da inviolabilidade".

4. TIPO SUBJETIVO

Cuida-se de crime punido exclusivamente na forma dolosa. Requer, portanto, consciência e vontade de ingressar ou permanecer indevidamente em domicílio alheio. Não comete o crime, destarte, a pessoa que ingressa na residência de outrem, confundindo-a com a de um amigo que pretendia visitar pela primeira vez (aplica-se, nesse caso, o art. 20, *caput*, do CP – erro de tipo).

5. SUJEITOS DO CRIME

5.1. Sujeito ativo

Qualquer pessoa pode cometê-lo (crime comum). A sanção será de detenção, de seis meses a dois anos, quando houver concurso de pessoas (§ 1º).

[67] "Manter, por conta própria ou de terceiro, estabelecimento em que ocorra exploração sexual, haja, ou não, intuito de lucro ou mediação direta do proprietário ou gerente." Sobre o assunto, cf. nossa obra *Crimes sexuais*, São Paulo: Saraiva, 2009.

Quando o ato é cometido por funcionário público (atuando fora dos casos legais ou com abuso de poder), a pena é aumentada em um terço (§ 2º). Deve-se lembrar que diversas leis dispõem sobre deveres fiscalizatórios de servidores públicos, os quais, por vezes, exigiram o ingresso no domicílio alheio. Nesses casos, ainda que a respectiva legislação nada determine, a entrada ou permanência somente poderá ser exercida dentro dos parâmetros constitucionais (como nos casos de flagrante delito ou, durante o dia, de ordem judicial)[68]. A inobservância desses critérios importará no crime, com o aumento de pena.

5.2. Sujeito passivo

É o morador do imóvel, ou quem o represente (como seus funcionários ou prepostos).

6. CONSUMAÇÃO E TENTATIVA

6.1. Consumação

O crime é de mera conduta, posto que a lei não prevê qualquer resultado naturalístico. Sua consumação coincide com o efetivo ingresso do agente no domicílio ou quando ele, devendo retirar-se, deixa de fazê-lo. Na primeira hipótese, o crime é instantâneo; quando se trata da indevida permanência, a infração é permanente. É necessário que o indivíduo entre ou permaneça com todas as partes de seu corpo no domicílio alheio (o invasor que fica preso numa janela, com parte do corpo para fora, comete crime tentado).

6.2. Tentativa

Admite-se a tentativa, porquanto se trata de delito plurissubsistente. Pode alguém, por exemplo, galgar um muro e, quando está prestes a ingressar na propriedade alheia, vê um cão feroz e decide retroceder.

7. FIGURAS QUALIFICADAS

O § 1º da disposição contém diversas qualificadoras: a) cometer o crime durante a noite; b) praticá-lo em local ermo; c) utilizar-se de arma; d) emprego de violência; e) concurso de pessoas.

---

68 "É preciso ter em mente que a atividade dos Poderes Públicos e o exercício das competências estatais (União, Estados e Municípios), que forçosamente dependem de lei (princípio da legalidade), preveem, por vezes, a necessidade de penetração no domicílio (p. ex., nos casos de fiscalização sanitária). Nesses casos, a lei disciplina a atividade do Poder Público, mas a invasão do domicílio, que é protegida pela Constituição, só pode efetivar-se sob tutela jurisdicional" (Dinorá Grotti, op. cit., p. 121).

7.1. Durante a noite

Entende-se por noite o período que vai do crepúsculo até a aurora[69]. Justifica-se a gravidade do ato e, portanto, a incidência da qualificadora, dada a maior dificuldade em coibir a invasão do domicílio no período noturno.

Há quem entenda, todavia, que deve ser adotado o critério cronológico, de modo que o período noturno corresponde ao horário das 18 horas até as 6 horas do dia seguinte.

De qualquer maneira, é importante frisar que a lei penal não exige o repouso dos moradores[70].

7.2. Local ermo

Local ermo é o sem habitantes, distante de outras pessoas, deserto, e, por isso mesmo, com escassa vigilância ou observação. O autor do crime aproveita-se dessa característica, que lhe proporciona maior facilidade na execução do crime.

7.3. Emprego de arma

Deve-se entender compreendida na disposição qualquer arma, própria (objeto predestinado a servir como instrumento de ataque: revólver, pistola, punhal) ou imprópria (quando a destinação da coisa for diversa, sendo esta utilizada pelo agente como arma: faca, machado etc.). Não basta que o sujeito a traga consigo, sendo necessário que dela se utilize (p. ex.: brandir o revólver; exibir o machado etc.).

7.4. Emprego de violência

Alcança a violência contra a pessoa ou contra a coisa, até porque o legislador não fez qualquer distinção. A qualificadora terá incidência, desta forma, quando o agente agredir o vigia do imóvel ou o caseiro da propriedade rural para, então, ingressar no local. Havendo lesões corporais, dá-se o concurso material de infrações (CP, art. 69). A majorante também terá lugar se o agente destruir uma cerca para invadir a propriedade ou, por exemplo, quebrar uma janela para adentrar na residência alheia[71].

---

69 *JTACrSP* 46/155.

70 *JTACrSP* 11/328.

71 "O Código Penal, ao aludir apenas a 'violência', alcança não só a pessoal, mas também a empregada contra a coisa. Quando visa alcançar apenas a pessoal, alude, expressamente, a 'violência contra a pessoa'. Configura, pois, invasão de domicílio, na forma qualificada, o ingresso em domicílio alheio mediante violência contra a coisa" (TACrSP, *RJD* 5/20192). "Não distingue o preceito legal entre violência à pessoa e violência à coisa (arrombamento, destruição de obstáculo), de modo que uma e outra qualificam o crime" (*JTACrSP* 73/235).

7.5. Concurso de pessoas

A lei fala em reunião de duas ou mais pessoas. Não é necessário que todos ingressem ou permaneçam indevidamente no imóvel; basta que um deles o faça, com o auxílio dos demais, que podem, por exemplo, permanecer fora das dependências invadidas somente vigiando, de modo a avisar quando da aproximação de terceiros. É preciso, contudo, que todos estejam no local. Se alguém induz outrem a invadir um imóvel, e este o faz, no dia seguinte e desacompanhado, não se aplica a qualificadora.

8. ABUSO DE AUTORIDADE

Quando se tratar de agente público, atuando no exercício da função ou em razão dela, o fato se subsume ao art. 22 da Lei dos Crimes de Abuso de Autoridade (Lei n. 13.869/2019).

O tipo penal descreve o ato de invadir ou adentrar, clandestina ou astuciosamente, ou à revelia da vontade do ocupante, imóvel alheio ou suas dependências, ou nele permanecer nas mesmas condições, sem determinação judicial ou fora das condições estabelecidas em lei. A pena é bem superior à do art. 150 do Código Penal (detenção, de 1 a 4 anos, e multa).

O art. 22, § 1º, da Lei n. 13.869/2019 determina que também constitui abuso de autoridade, sujeito às penas do *caput*, coagir alguém, mediante violência ou grave ameaça, a franquear-lhe o acesso a imóvel ou suas dependências ou cumprir mandado de busca e apreensão domiciliar após as 21h ou antes das 5h.

O art. 22, § 2º, da lei mencionada determina que não haverá crime se o ingresso for para prestar socorro, ou quando houver fundados indícios que indiquem a necessidade do ingresso em razão de situação de flagrante delito ou de desastre.

9. A VIOLAÇÃO DE DOMICÍLIO COMO MEIO EXECUTÓRIO DE OUTRA INFRAÇÃO

Na maioria das vezes, o crime de violação de domicílio é praticado como meio executório de outras infrações penais. Assim, por exemplo, quando o agente invade uma residência e subtrai diversos objetos de seu interior, sua conduta se subsume, em primeiro lugar, ao tipo penal do art. 150 e, em seguida, ao do art. 155 (furto). Nesse caso, contudo, não deve o agente responder pelas duas infrações, haja vista que a violação de domicílio foi praticada exclusivamente como meio de execução do crime patrimonial, mais grave (*ubi major, minor cessat*). A punição do agente por ambas as normas configuraria indisfarçável *bis in idem*. Por esse motivo, a doutrina é pacífica ao concluir que, em situações como essa, somente deve o agente responder pelo crime-fim (furto, no exemplo), ficando absorvido o crime-meio. Trata-se do princípio da consunção ou da absorção, o qual se dá quando um fato é cometido como normal fase de preparação ou execução de outro.

Em situações como a retratada, podem ocorrer duas figuras: o crime progressivo, quando o agente, desde o início, tenciona praticar o delito mais grave, atuando o outro apenas como meio, ou a progressão criminosa, a qual pressupõe tenha o agente mudado de ideia durante o *iter criminis*. Por exemplo: alguém decide ingressar clandestinamente no imóvel alheio para conhecer o seu interior e, já no local, ao ver um objeto valioso no jardim, resolve subtraí-lo e se evade. Em ambos os casos, só responde o sujeito pelo delito final.

É de ver, contudo, que se o crime-fim não estiver configurado, responde o autor pelo crime-meio. Acompanhe o seguinte exemplo colhido da jurisprudência: "Caracterizada está a violação do domicílio quando o roubo fica apenas nos atos preparatórios, que consistem na invasão da casa da vítima e observação do local pelo acusado, que logo após foge diante da possível chegada de parente da vítima. Tal delito só não é punido quando se tratar de crime-meio que é absorvido pelo crime-fim"[72].

Igual solução, ou seja, o reconhecimento único da violação de domicílio, dar-se-á quando o agente, visando ao cometimento do delito mais grave, desistir voluntariamente de consumá-lo (CP, art. 15). Uma vez mais, veja o que já disseram nossos tribunais: "Incorre nas penas do art. 150 do CP o agente que, após arrancar a grade de janela e ingressar no quarto da vítima para agredi-la, desiste de seu propósito, uma vez que deve responder pelo ato típico praticado no momento precedente, ou seja, a violação de domicílio, nos termos do art. 15 do mesmo Estatuto"[73].

Pode-se concluir, em síntese, que a violação de domicílio somente será reconhecida, enquanto delito autônomo, quando:

a) constituir o único objetivo do agente; ou

b) não for possível determinar o fim do agente; ou

c) não configurar simples ato preparatório de outra infração; ou

d) ocorrer a desistência voluntária ou o arrependimento eficaz com relação a eventual crime-fim;

---

72 TJSP, *RT* 810/602.

73 TACrSP, *RJDTACr* 59/123. No mesmo sentido: "o réu deu início à execução do furto, ao ingressar na Igreja (...) mas, segundo a vítima (...) não levou nada, a despeito de ter bens de valor dentro do estabelecimento, como 'notebook' ou outros bens. Não há notícia de intervenção de terceiro que impossibilitasse a continuação do furto, que não foi presenciado por testemunhas nem contou com gravação de câmeras nos autos, o réu abriu a porta da igreja, adentrou no local e nada levou, apesar da existência de bens. Cabível, pois, o reconhecimento da desistência voluntária. Tendo em vista informação da vítima no sentido de que o réu, à noite, mediante o arrombamento do miolo da porta da igreja, adentrou no recinto, sem nada levar, cabe condenação do acusado apenas pelo delito de violação de domicílio previsto no art. 150, § 1º, do Código Penal" (TJRS, AP 70072053895, rel. Des. Genacéia da Silva Alberton, 5ª CCr, j. 15-3-2017).

e) quando o crime-fim for menos grave (p. ex., entrar em casa alheia à noite somente para ameaçar o morador).

10. A INVIOLABILIDADE DO DOMICÍLIO E A EXCLUSÃO DA ILICITUDE

10.1. Exercício regular de um direito

Não comete o crime, porquanto atua no exercício regular de um direito constitucionalmente assegurado, aquele que ingressa em domicílio alheio, sem o consentimento do morador, para salvar alguém de perigo iminente ou em caso de desastre (CF, art. 5º, XI).

10.2. Estrito cumprimento de um dever legal

10.2.1. Flagrante delito

Se no interior do imóvel estiver em curso uma infração penal, o ingresso será lícito, posto que presente uma hipótese de flagrante delito.

É oportuno recordar que o flagrante delito ocorre quando alguém é surpreendido cometendo a infração ou quando acaba de cometê-la (flagrante próprio). Dá-se, também, quando uma pessoa é perseguida, logo após a infração, em situação que faça presumir ser o autor do delito (flagrante impróprio ou quase flagrante) ou, ainda, quando é encontrada, logo depois, com papéis, instrumentos, armas ou objetos que indiquem seja o sujeito ativo da infração (flagrante ficto ou presumido) (CPP, art. 302).

Pois bem, em se tratando de flagrante impróprio ou presumido, quando o indivíduo é perseguido ou encontrado e se homizia no interior de domicílio alheio, é vedado o ingresso imediato no local sem o consentimento do morador. Deverá o responsável pelo ato prisional intimar o morador a entregar o sujeito e, se não obedecido, terá que convocar duas testemunhas e somente então poderá ingressar no local, arrombando as portas e utilizando-se da força necessária para efetivar a prisão em flagrante (CPP, arts. 283 e 284).

Se a prisão em flagrante for efetivada por uma pessoa qualquer, diversa da autoridade policial ou de seus agentes ("flagrante facultativo" – art. 301 do CPP), o raciocínio acima também será válido, muito embora não se possa reconhecer o estrito cumprimento de um dever legal, mas o exercício regular de um direito.

10.2.2. Ordem judicial

A entrada no domicílio também será amparada pela excludente do estrito cumprimento de um dever legal quando se tratar da execução de ordens judiciais.

Nesses casos, todavia, somente será possível o ingresso no local durante o dia (para esses efeitos, predomina o entendimento de que esse período compreende o horário das 6 às 18 horas).

Se os responsáveis pelo cumprimento da ordem comparecerem ao local no período noturno, deverão cercar suas saídas, aguardar o amanhecer e, nesse caso, ordenar ao morador que franqueie a entrada; em caso negativo, convocarão duas testemunhas e entrarão à força (CPP, art. 293).

10.3. Estado de necessidade

É possível a aplicação da excludente de ilicitude do art. 24 do CP em matéria de violação de domicílio. Imagine-se o caso da pessoa que, em busca de abrigo para preservar sua vida, posto que ameaçada de morte por terceiro, homizia-se na casa de alguém, sem o consentimento do morador[74].

10.4. Legítima defesa

O instituto da legítima defesa encontra-se delineado no art. 25 do CP e, com respeito à inviolabilidade do domicílio, a Constituição Federal expressamente ressalva que o ingresso no imóvel é lícito quando necessário para socorrer alguém ou em caso de desastre. Nestas hipóteses, além da autorização constitucional, opera em favor do sujeito a excludente mencionada.

11. CLASSIFICAÇÃO JURÍDICA

Cuida-se de crime de forma livre (pode ser praticado por qualquer meio), comum (não requer qualidade especial do sujeito ativo), de mera conduta (a lei penal limita-se a descrever a ação delitiva, sem alusão a resultado naturalístico), de dano ou lesão (o bem jurídico – inviolabilidade domiciliar – deve ser atingido para que ocorra a consumação), instantâneo (na modalidade "ingressar") e permanente (na conduta "permanecer"), monossubjetivo ou de concurso eventual (pode ser cometido por uma ou várias pessoas em concurso) e plurissubsistente.

12. PENA E AÇÃO PENAL

A pena é de detenção, de um a três meses, ou multa, na forma simples, ou de seis meses a dois anos, além da pena correspondente à violência (cúmulo material obrigatório), na forma qualificada (§ 1º). Há causa de aumento (§ 2º). A pena cominada ao crime faz com que este se subsuma ao conceito de infração de menor potencial ofensivo (Lei n. 9.099/95).

---

[74] TACrSP, *RJD* 13/149.

O crime de violação de domicílio se procede por ação penal pública incondicionada, de modo que a iniciativa para o ajuizamento da demanda fica a cargo do Ministério Público, o qual pode proceder sem autorização do ofendido.

Seção III

Dos Crimes contra a Inviolabilidade de Correspondência

INTRODUÇÃO

Conforme já ponderamos na introdução à Seção II (acima), todas as infrações penais tipificadas nos arts. 150 a 154 ostentam um traço comum, porquanto protegem diferentes aspectos de um mesmo direito fundamental – o direito à intimidade (ou, nos dizeres de Ariel Dotti, "esfera secreta da vida do indivíduo na qual este tem o poder legal de evitar os demais"[75]).

Trata-se de proteger um interesse que, como se consignou na Exposição de Motivos, "reclama a tutela penal independentemente dos *segredos* acaso confiados por esse meio". Bem por isso nosso Código reservou uma seção destacada para o crime em questão, diversa daquela referente à violação de segredos (Seção IV).

Deve-se recordar, ainda, que *a inviolabilidade da correspondência encontra guarida na Constituição Federal* que, no art. 5º, XII, proclama ser "inviolável o sigilo da correspondência e das comunicações telegráficas, de dados e das comunicações telefônicas, salvo, no último caso, por ordem judicial, nas hipóteses e na forma que a lei estabelecer para fins de investigação criminal ou instrução processual penal"[76]. José Afonso da Silva lembra que tal sigilo também inclui o direito de expressão e o de comunicação, ligando-se, destarte, à liberdade de expressão do pensamento[77].

É de esclarecer-se que *o sigilo* em estudo, embora consagre direito fundamental, *não é absoluto* (como poderia sugerir uma primeira leitura do texto constitucional), haja vista que todas as liberdades públicas são relativas e, por vezes, podem ceder lugar à salvaguarda de um bem de maior importância (p. ex., a abertura da correspondência de um preso, quando há indícios de que planejara um atentado con-

---

[75] Proteção da vida privada e liberdade de informação, p. 69, apud José Afonso da Silva, *Comentário contextual à Constituição*, p. 101.

[76] No mesmo sentido, o art. 5º da Lei n. 6.538/78, que rege o serviço postal e de telegrama no Brasil ("O sigilo da correspondência é inviolável").

[77] *Curso de direito constitucional positivo*, p. 210.

tra as autoridades judiciárias durante sua remoção ao Fórum)[78]. Destaque-se, outrossim, que o CPP, em seu art. 240, § 1º, *f*, prevê que a busca e apreensão domiciliar poderá ser decretada com o escopo de "apreender cartas, abertas ou não, destinadas ao acusado ou em seu poder, quando haja suspeita de que o conhecimento de seu conteúdo possa ser útil à elucidação do fato" (norma que há de ser interpretada restritivamente, isto é, no sentido de que a exceção ao sigilo somente poderá ser quebrada, com a apreensão da missiva, se constituir o corpo de delito - vale dizer, os vestígios da infração penal).

Não se pode esquecer, ainda, de restrições consagradas no âmbito da própria Constituição Federal, notadamente nos casos de decretação de estado de defesa (art. 136, § 1º, I) ou estado de sítio (art. 139, III).

Pondere-se que o art. 151, seu *caput* e § 1º, I, do Código encontram-se *parcialmente revogados* pela Lei n. 6.538/78, que regula os serviços postais, havendo necessidade de diferenciar entre violação de sigilo de correspondência postal (quando incidirá a lei especial) e não postal (quando se aplicará o Código Penal) (*vide* item 4, *infra*).

Registre-se, por fim, que embora nos dias de hoje o volume de correspondências que circulam diariamente ainda seja muito grande, demonstrando a necessidade de se manter a criminalização da conduta, cada dia mais tem se tornado problemática outra defraudação, correlata a esta, relativa à correspondência eletrônica, notadamente aquela remetida por meio da rede mundial de computadores (cuja disciplina, adiante-se, não se baseia no Código Penal, mas na Lei n. 9.296/96).

ART. 151, *CAPUT* - VIOLAÇÃO DE CORRESPONDÊNCIA

1. DISPOSITIVO LEGAL

Violação de correspondência

Art. 151. Devassar indevidamente o conteúdo de correspondência fechada, dirigida a outrem:

Pena - detenção, de 1 (um) a 6 (seis) meses, ou multa.

2. VALOR PROTEGIDO (OBJETIVIDADE JURÍDICA)

Vide a introdução a esta Seção III, *supra*.

---

78 Como lembra André Ramos Tavares, "admite-se que haja também a interceptação das correspondências e das comunicações telegráficas e de dados, sempre que a proteção constitucional seja invocada para acobertar a prática de ilícitos" (*Curso de direito constitucional*, p. 577).

3. REVOGAÇÃO PARCIAL

O *caput* e o § 1º, I, da disposição encontram-se *parcialmente revogados* pela Lei n. 6.538/78, que regula os serviços postais. *Há, portanto, que se distinguir entre correspondência postal e não postal.* A primeira ficará sujeita ao enquadramento da lei especial e a outra, do Código Penal (os preceitos primários, contudo, são idênticos, motivo por que as observações a seguir valem para ambos).

4. CORRESPONDÊNCIA

Entende-se por correspondência a *comunicação escrita entre duas pessoas* (remetida ou não por via postal), nas quais uma delas (o remetente) consigna seu pensamento, fazendo-o por meio de palavras, símbolos, desenhos, códigos ou qualquer outro meio.

Cuida-se de um *elemento normativo do tipo*, posto que sua definição baseia-se no art. 47 da Lei n. 6.538/78. Esta dispõe acerca da correspondência postal, definindo-a como "toda comunicação de pessoa a pessoa, por meio de carta, através da via postal, ou por telegrama" (cuida-se de conceito aplicável ao crime do art. 40 da citada Lei). Por exclusão, pode-se concluir que a correspondência não postal, cuja violação se subsume ao art. 151 do CP, é toda a comunicação escrita entre duas pessoas, por qualquer meio (carta ou bilhete cerrado, por exemplo) e por via diversa da postal.

A correspondência pode ser aberta ou fechada. A primeira consiste naquela cujo conteúdo pode ser visto por terceiros, diferentemente da outra, que se torna, desta feita, merecedora da proteção à intimidade.

Calha à pena citar o escólio de José Celso de Mello Filho, para quem "remetente e destinatário são os sujeitos da relação jurídica que se aperfeiçoa pela entrega da carta missiva. O remetente tem o poder de disposição sobre a carta enquanto esta não for entregue ao seu destinatário. Este, por sua vez, torna-se proprietário da carta desde o momento que a recebe. Como regra geral, as cartas missivas não podem ser publicadas sem permissão de seus autores, mas podem ser juntadas como documentos em autos judiciais"[79].

4.1. Correspondência postal e não postal

A correspondência postal, como já se adiantou, é aquela enviada por via postal, isto é, por meio dos "Correios", cuja exploração é privativa da União, e se realiza por intermédio de empresa pública vinculada ao Ministério das Comunicações, a saber, a Empresa Brasileira de Correios e Telégrafos (ECT). A violação, neste

[79] *Constituição Federal anotada*, p. 441, apud Luiz Alberto David Araújo e Vidal Serrano Nunes Jr., *Curso de direito constitucional*, p. 161.

caso, se subsumirá ao art. 40 da Lei n. 6.538/78. Abrange a carta e o telegrama (art. 47 da citada Lei)[80]. É de ver que o Supremo Tribunal Federal, no dia 5 de agosto de 2009, reconheceu, por maioria de votos, que referida Lei foi recepcionada pela Constituição Federal.

A correspondência pode não ter caráter postal, como ocorre, por exemplo, na carta cerrada, entregue pessoalmente pelo remetente (ou por terceiro) ao destinatário. Não há dúvida alguma de que, neste caso, também opera o sigilo constitucional. Lembre-se que a tutela volta-se à proteção da intimidade, que também restaria malferida se alguém, indevidamente, devassasse seu conteúdo. Nestes casos, aplicar-se-á o art. 151, *caput*, do CP.

Não concordamos, portanto, com a opinião doutrinária no sentido de que o art. 151, *caput* (e seu § 1º, I), encontra-se totalmente revogado pela lei especial susorreferida. Esta rege apenas, repise-se, situações concernentes ao serviço postal e de telegrama, como enuncia seu art. 1º, *caput*[81]; fora daí, aplicam-se as disposições do Código Penal.

Não nos parece coerente definir correspondência como toda comunicação escrita entre duas pessoas (conceito unânime na doutrina nacional e estrangeira[82]) para, em seguida, excluir da proteção penal aquela que circula sem a intervenção dos "Correios". Ora, ao se sustentar a revogação (tácita) do art. 151, *caput* e § 1º, I, do CP por seus equivalentes na Lei do Serviço Postal, chega-se à conclusão, para nós inaceitável, de que só existirá crime quando a carta houver sido entregue pela ECT.

Afigurem-se, então, as seguintes hipóteses: uma pessoa pretende enviar carta fechada a seu vizinho, abordando um fato grave que só diz respeito a ambos. Alguém devassa a missiva. Comete crime? A se concluir nos moldes da doutrina pátria, se ele deixou a carta pessoalmente na porta do destinatário, não há crime, mas se ele resolveu enviá-la pelo Correio, sim. A prevalecer essa distinção, o Direito Penal não estaria tutelando o sigilo de correspondência, mas o serviço postal. Do ponto de vista constitucional, o direito à intimidade e a inviolabilidade de correspondência existem independentemente de quem for entregue o documento remetido. Em suma: para nós, o delito existe nas duas situações, diferindo apenas a norma aplicável: Lei dos Serviços Postais (art. 40, *caput*) no primeiro caso; Código Penal (art. 151, *caput*), no outro.

---

80 De acordo com a definição contida na Lei dos Serviços Postais, correspondência é "toda comunicação de pessoa a pessoa, por meio de carta, através da via postal, ou por telegrama".

81 "Art. 1º Esta Lei regula os direitos e obrigações concernentes ao serviço postal e ao serviço de telegrama em todo o território do País, incluídos as águas territoriais e o espaço aéreo, assim como nos lugares em que princípios e convenções internacionais lhes reconheçam extraterritorialidade."

82 Veja, a título de exemplo, a definição de Edgardo Alberto Donna: "Quando falamos em correspondência, a doutrina é coincidente em defini-la como a comunicação escrita entre duas pessoas" (*Derecho penal*: parte especial, t. II-A, p. 347).

4.2. Correspondência dos filhos menores

As crianças e adolescentes têm, sem dúvida, direito à intimidade e à vida privada, daí por que se mostra fundamental analisar se podem os pais violar a correspondência dos filhos, ou mesmo o sigilo das comunicações telemáticas (isto é, as mensagens eletrônicas por estes enviadas e recebidas).

Em nosso sentir, assiste aos pais esse direito, sempre que houver fundadas suspeitas de que o conteúdo possa, direta ou indiretamente, expor a perigo o menor.

Nunes Jr. e David Araújo ponderam que "caso os pais tenham suspeita firme de que a correspondência vem servindo de meio para colocar a criança em risco, devem atuar no sentido do comando do art. 227, protegendo a criança e sobrepondo tal direito ao da intimidade e privacidade"[83].

4.3. Correspondência entre cônjuges ou companheiros

Questão intrincada é saber se um cônjuge pode devassar a correspondência fechada de outro. Somos da opinião que o comportamento não tem caráter criminoso, muito embora não acreditemos que se trate de conduta lícita, em função do direito (constitucional) à intimidade, que a vida a dois reduz, mas não anula.

Opinião semelhante é sufragada por Nucci, que diferencia situações em que um dos cônjuges (ou companheiros) encontra-se ausente (em viagem, por doença etc.) e quando ambos estão presentes. No primeiro caso, a abertura de correspondência seria, mais que um direito, uma necessidade, até para evitar o descumprimento de obrigações (pagamentos de contas, por exemplo). No outro caso, embora ausente o caráter criminoso do ato, recomenda-se o respeito à intimidade alheia, tanto que "a constante violação da correspondência (...), sem razão plausível, pode até constituir motivo para a separação..."[84].

4.4. Óbito do remetente ou do destinatário

Conforme já explanamos, a carta ainda não entregue ao destinatário pertence, exclusivamente, ao remetente. Com a sua morte, esse direito transmite-se aos seus herdeiros que, desta forma, podem devassar o seu conteúdo.

No tocante ao falecimento do destinatário, coproprietário da inviolabilidade da correspondência depois que a recebe (junto com o remetente), o mesmo ocorre; é dizer, sua morte torna seus herdeiros titulares da missiva, autorizados, portanto, a devassá-la.

5. TIPO OBJETIVO

O comportamento nuclear consiste em *devassar*, que significa violar, invadir, pôr a descoberto, desvelar o conteúdo.

---

[83] Op. cit., p. 161.

[84] *Código Penal comentado*, p. 703.

Há um elemento normativo do tipo, traduzido na expressão "indevidamente", de sorte que o crime somente se verificará quando o sujeito ativo não estiver acobertado por alguma escusa legítima (como o pai que abre correspondência suspeita do filho, o diretor do presídio que devassa carta fechada recebida pelo preso, diante de indícios de que planeja fuga etc.).

O art. 10 da Lei n. 6.538/78 estabelece que "não constitui violação de sigilo da *correspondência postal* a abertura de carta: I - endereçada a homônimo, no mesmo endereço; II - que apresente indícios de conter objeto sujeito a pagamento de tributos; III - que apresente indícios de conter valor não declarado, objeto ou substância de expedição, uso ou entrega proibidos; IV - que deva ser inutilizada, na forma prevista em regulamento, em virtude de impossibilidade de sua entrega e restituição". O parágrafo único da norma ressalva que "nos casos dos incisos II e III a abertura será feita obrigatoriamente na presença do remetente ou do destinatário". Nesses casos, o fato será penalmente atípico[85].

Em se tratando de correspondência não postal, sua abertura por terceiro, sem autorização do titular do direito à intimidade, não terá caráter criminoso na hipótese de homonímia (aplicar-se-á o erro de tipo - CP, art. 20, *caput*).

O objeto material, isto é, a coisa sobre a qual recai a conduta do agente é a "correspondência fechada". Cuida-se de mais um *elemento normativo do tipo*, posto que sua definição baseia-se no art. 47 da Lei dos Serviços Postais. Esta dispõe acerca da correspondência postal, definindo-a como "toda comunicação de pessoa a pessoa, por meio de carta, através da via postal, ou por telegrama" (cuida-se de conceito aplicável ao crime do art. 40 da citada Lei). Por exclusão, pode-se concluir que a correspondência não postal, cuja violação se subsume ao art. 151 do CP, é toda a comunicação escrita entre duas pessoas, por qualquer meio e por via diversa da postal (*vide* item 4, *supra*).

6. TIPO SUBJETIVO

O crime somente é punido na forma dolosa, exigindo-se, destarte, o conhecimento de que se trata de correspondência endereçada a outra pessoa e a voluntariedade no ato de devassá-la indevidamente.

Aquele que, por engano, abre carta destinada a terceiro pensando-a sua, não pratica delito algum, operando-se em seu favor a figura do erro de tipo (CP, art. 20, *caput*).

---

[85] Nucci sustenta cuidar-se de "excludentes de ilicitude específicas". Pensamos, contudo, que são causas que excluem a adequação típica da infração penal, haja vista que, nestes casos, o ato não será "indevido", por "não constituir violação de sigilo da correspondência postal".

7. SUJEITOS DO CRIME

7.1. Sujeito ativo

A infração pode ser praticada por qualquer pessoa (crime comum). Quando se tratar o agente de pessoa que se prevaleceu de cargo ou abusou de sua função, relativas ao serviço postal, incidirá contra ele uma agravante genérica, baseada no art. 43 da Lei n. 6.538/78. Encontra-se revogada tacitamente, portanto, a qualificadora do § 3º do art. 151, visto que sucedida por lei posterior, com idêntica abrangência (nesse caso, a infração será pública incondicionada).

7.2. Sujeito passivo

Qualquer um pode figurar como vítima do crime. Se a correspondência ainda não foi enviada, o sujeito passivo é o remetente; se já chegou ao destinatário, será este e quem a enviou (nesse caso, ter-se-á delito de dupla subjetividade passiva).

8. CONSUMAÇÃO E TENTATIVA

8.1. Consumação

A consumação do crime coincide com o acesso ao conteúdo da correspondência fechada. Não basta abri-la, sendo necessário tomar conhecimento do teor, posto que somente aí ter-se-á violado o valor fundamental protegido, consubstanciado na intimidade das pessoas.

Estando a carta em branco, em códigos indecifráveis pelo agente ou em língua que ele não compreende, o fato será penalmente atípico, por absoluta impropriedade do objeto material (crime impossível – art. 17 do CP).

8.2. Tentativa

É perfeitamente possível. Uma pessoa pode, por exemplo, tomar em suas mãos carta fechada alheia, abri-la e, antes de ler seu conteúdo, ser surpreendida pelo destinatário que toma das mãos do agente a missiva, impedindo a devassa.

9. VIOLAÇÃO DE SIGILO DE *E-MAIL*

O *e-mail* (*electronic mail,* ou correspondência eletrônica) constitui, modernamente, uma dos meios mais utilizados para troca de informações à distância. Não há dúvida alguma que seu conteúdo encontra-se protegido pelo manto do sigilo (constitucional) à intimidade.

Sob o aspecto penal, todavia, o comportamento não se subsume ao art. 151 do CP, ou mesmo à Lei n. 6.538/78, mas à *Lei n. 9.296/96*, conhecida como a "Lei das Interceptações Telefônicas".

Deve-se notar que o art. 1º, parágrafo único, desta lei deixa claro que ela alcança não só as comunicações trocadas via telefone, mas também aquelas transmitidas por sistemas de informática e telemática.

Por esse motivo, a violação do conteúdo de *e-mails* ou quaisquer mensagens cujo conteúdo não seja acessível a terceiros [diversos do(s) destinatário(s)], trocadas entre pessoas por meio de sistemas informatizados ou de telemática (como a rede mundial de computadores), configura o crime do art. 10 da lei: "... realizar interceptação de comunicações telefônicas, de informática ou telemática, ou quebrar segredo da justiça, sem autorização judicial ou com objetivos não autorizados em lei" (punido com reclusão, de dois a quatro anos, e multa).

10. LEI DE SEGURANÇA NACIONAL

Como lembra Damásio de Jesus, "tratando-se de espionagem que importa à Segurança Nacional, de aplicarem-se os arts. 13 e 14 da Lei n. 7.170, de 14-12-83"[86].

11. PRINCÍPIO DA CONSUNÇÃO

O delito em estudo pode ser praticado como meio executório de outro mais grave. É possível, por exemplo, que alguém devasse carta alheia para, tomando conhecimento de informação comprometedora, extorquir a vítima. Pode-se cogitar, ainda, da situação em que uma pessoa intercepta carta enviada por instituição financeira banco e obtém a senha eletrônica da vítima, subtraindo bens de sua conta corrente. Em todos esses casos, o sujeito só responderá pelo crime-fim, ficando absorvido o crime-meio (princípio da consunção ou absorção). *Ubi major, minor cessat.*

12. PENA

Quando se tratar de correspondência não postal, punir-se-á o ato com detenção, de um a seis meses, ou multa.

A pena do crime, para correspondência postal, conforme prevista no preceito secundário do art. 40 da Lei n. 6.538/78, é de *até seis meses* ou pagamento não excedente a vinte dias-multa. Inexistindo piso legal, deve-se aplicar a regra do art. 10 do CP, donde se extrai que o mínimo é de um dia, para a pena privativa de liberdade, e o

---

86 *Direito penal*: parte especial, p. 283.

art. 49 do Código, pelo qual se conclui que o menor valor é de dez dias-multa, para a sanção pecuniária.

Se da violação do sigilo resultar dano a outrem, seja de natureza material ou moral, as penas deverão ser aumentadas de metade (a exasperação vale para violação a qualquer correspondência, tenha ela ou não caráter postal, haja vista o idêntico teor dos arts. 151, § 2º, do CP e 40, § 2º, da Lei dos Serviços Postais).

Em todos os casos a infração será de menor potencial ofensivo, encaixando-se nos preceitos despenalizadores da Lei n. 9.099/95.

13. CLASSIFICAÇÃO JURÍDICA

Cuida-se de crime de forma livre (admite qualquer meio executório), comum (não requer qualidade especial do sujeito ativo), salvo na figura qualificada (§ 3º), de mera conduta (a lei se limita a descrever a ação, sem aludir a resultado naturalístico), de dano ou lesão (depende do dano ao objeto jurídico – inviolabilidade da correspondência – para que ocorra a consumação), instantâneo (seu resultado não se prolonga no tempo, operando-se instantaneamente), monossubjetivo ou de concurso eventual (pode ser cometido por uma ou várias pessoas em concurso) e plurissubsistente (seu *iter criminis* permite fracionamento).

14. AÇÃO PENAL

O crime é de ação penal pública condicionada à representação do ofendido. Por esse motivo, cumpre ao Ministério Público a iniciativa de ingressar com a demanda em juízo, desde que devidamente autorizado pela vítima ou por seu representante legal.

Em se tratando o sujeito ativo de pessoa que se prevaleceu de cargo ou abusou de sua função, relativas ao serviço postal, a ação será pública incondicionada (art. 151, § 4º).

ART. 151, § 1º, I – SONEGAÇÃO OU DESTRUIÇÃO DE CORRESPONDÊNCIA

1. DISPOSITIVO LEGAL

Art. 151. (...)

Sonegação ou destruição de correspondência

§ 1º Na mesma pena incorre:

I – quem se apossa indevidamente de correspondência alheia, embora não fechada e, no todo ou em parte, a sonega ou destrói.

2. VALOR PROTEGIDO (OBJETIVIDADE JURÍDICA)

Vide a introdução a esta Seção III, *supra*.

3. REVOGAÇÃO PARCIAL

Como já dissemos ao analisar o art. 151, *caput*, este e seu § 1º, I, encontram-se *parcialmente revogados* pela Lei n. 6.538/78, que regula os serviços postais.

Por esse motivo, quando se tratar de *correspondência postal, aplica-se o art. 40, § 1º, da mencionada lei*, assim redigido: "Incorre nas mesmas penas quem se apossa indevidamente de correspondência alheia, embora não fechada, para sonegá-la ou destruí-la, no todo ou em parte" (a pena é de detenção, até seis meses, ou pagamento não excedente a vinte dias-multa; *vide* item 12, *supra*).

Na hipótese de correspondência (fechada) que circule sem a utilização de serviços postais, como aquela entregue pelo remetente em mãos ao destinatário, tem incidência o Código Penal.

4. CORRESPONDÊNCIA

Vide item 4, *supra*.

5. TIPO OBJETIVO

O verbo nuclear consiste em *se apossar* de correspondência alheia. A conduta, destarte, envolve o ato de se apoderar, tomar para si, reter. Trata-se de delito de forma livre, motivo por que o apossamento pode ser cometido por qualquer meio.

Há um elemento normativo do tipo, fundado na expressão "indevidamente"; significa dizer, portanto, que o apoderamento há de ser ilícito. Não há ilicitude, por exemplo, quando o pai se apodera de carta enviada a seu filho menor e, temendo que o conteúdo possa causar dano ao menor, a destrói.

O objeto material é a correspondência (*fechada ou aberta*). Quando enviada por meio de serviços postais, aplicar-se-á o art. 40, § 1º, da Lei n. 6.538/78; caso contrário, o art. 151, § 1º, I, do CP.

A finalidade especial a que se dirige o comportamento típico reside na sonegação ou destruição, total ou parcial.

Entende-se por sonegação o ato de impedir que a informação chegue ao conhecimento do destinatário, ou seja, sua ocultação. A destruição compreende a inutilização da correspondência, de modo a impedir que o destinatário tome conhecimento de seu teor (ou parte dele).

Diferem os arts. 151, § 1º, I, do CP e 40, § 1º, da Lei dos Serviços Postais quanto ao momento consumativo (conforme se verá adiante: item 8).

6. TIPO SUBJETIVO

O crime somente é punido na forma dolosa, exigindo-se, destarte, o conhecimento de que se trata de correspondência endereçada a outra pessoa e a voluntariedade no ato de devassá-la indevidamente.

A finalidade de sonegar ou destruir o objeto do qual o agente se apossou indevidamente é o elemento subjetivo específico a que se dirige a conduta do agente.

Aquele que, por engano, se apossa de carta alheia, pensando-a sua, e a destrói, não pratica delito algum, operando-se em seu favor a figura do erro de tipo (CP, art. 20, *caput*).

7. SUJEITOS DO CRIME

7.1. Sujeito ativo

A infração pode ser praticada por qualquer pessoa (crime comum). Quando se tratar o agente de pessoa que se prevaleceu de cargo ou abusou de sua função, relativas ao serviço postal, incidirá contra ele uma agravante genérica, baseada no art. 43 da Lei n. 6.538/78. Encontra-se revogada tacitamente, portanto, a qualificadora do § 3º do art. 151, visto que sucedida por lei posterior, com idêntica abrangência.

7.2. Sujeito passivo

Qualquer um pode figurar como vítima do crime. Se a correspondência ainda não foi enviada, o sujeito passivo é o remetente; se já chegou ao destinatário, será este e quem a enviou.

8. CONSUMAÇÃO E TENTATIVA

8.1. Consumação

O momento consumativo difere conforme a natureza da correspondência, em face da diversa construção típica dos arts. 151, § 1º, I, do CP e 40, § 1º, da Lei n. 6.538/78.

No Código Penal (correspondência não postal), a consumação se dá com a efetiva destruição ou sonegação (*crime material ou de resultado*). A lei fala em se apossar e, em seguida, destruir ou sonegar. A execução do ilícito, destarte, iniciasse com os atos destinados ao apossamento, atingindo-se a integralidade da norma penal com o resultado naturalístico, isto é, a efetiva inutilização ou ocultação do bem.

Na Lei dos Serviços Postais, contudo, o crime é formal, haja vista que o resultado material não é exigido pelo tipo, que se contenta com o apossamento da correspondência (postal) destinado à sua sonegação ou destruição, total ou parcial (estas serão mero exaurimento). Destaque-se que a lei fala em apossar-se com o fim de sonegar ou destruir.

8.2. Tentativa

A forma tentada é admissível.

No caso das correspondências postais, a consumação coincide com o apossamento da missiva, com o intuito de sonegá-la ou destruí-la, no todo ou em parte. O *conatus*, desta feita, somente é cogitável quando o agente tenta se apossar indevidamente da carta e é impedido por outrem.

Com respeito às correspondências não postais, a realização integral típica requer a efetiva ocultação ou inutilização (total ou parcial) do objeto, motivo por que a interrupção do *iter criminis* durante o apossamento ou logo depois dele, mas antes da sonegação ou destruição, caracterizam a forma tentada.

9. CORRESPONDÊNCIA COM CONTEÚDO ECONÔMICO

Se a correspondência, seja qual for a sua natureza, possuir valor econômico por seu conteúdo, o apossamento constituirá furto (art. 155 do CP) e a destruição, crime de dano (art. 163 do CP).

10. PENA, CLASSIFICAÇÃO JURÍDICA E AÇÃO PENAL

Vide itens 13 a 15, *supra*.

ART. 151, § 1º, II – VIOLAÇÃO DE COMUNICAÇÃO TELEGRÁFICA, RADIOELÉTRICA OU TELEFÔNICA

1. DISPOSITIVO LEGAL

Art. 151. (...)

Violação de comunicação telegráfica, radioelétrica ou telefônica

II – quem indevidamente divulga, transmite a outrem ou utiliza abusivamente comunicação telegráfica ou radioelétrica dirigida a terceiro, ou conversação telefônica entre outras pessoas.

2. VALOR PROTEGIDO (OBJETIVIDADE JURÍDICA)

Uma vez mais a tutela criminal volta-se à defesa da intimidade das pessoas, punindo a violação de comunicação telegráfica, radioelétrica ou telefônica.

3. TIPO OBJETIVO

Os verbos nucleares são *divulgar* (informar a outros, dar publicidade), *transmitir* (repassar) ou *utilizar* (fazer uso) das comunicações ou conversações referidas na disposição.

Há um elemento normativo ligado às condutas típicas. A divulgação e a transmissão devem ser indevidas, ou seja, ilícitas; a utilização, de sua parte, deve ser abusiva (exceder os limites permitidos por lei). Não há crime, portanto, quando o ato é amparado pelo ordenamento jurídico, como na hipótese do réu que, tendo conhecimento de comunicação telegráfica entre testemunhas que mentirosamente o incriminam, divulga o conteúdo da conversa nos autos da ação penal contra ele movida, visando demonstrar sua inocência.

O objeto material, vale dizer, a coisa sobre a qual recai a conduta do agente são as comunicações telegráficas, radioelétricas e as conversações telefônicas.

Comunicações telegráficas são aquelas realizadas por meio do telégrafo (aparelho escassamente utilizado nos dias de hoje). As comunicações radioelétricas são as efetuadas por meio de aparelhos como rádio ou televisão. Conversações telefônicas são os diálogos travados por usuários do telefone.

3.1. Divulgação de conteúdo de conversa telefônica alvo de interceptação judicial

O art. 5º, XII, da CF autoriza que o sigilo das comunicações telefônicas seja objeto de interceptação, desde que precedida de autorização judicial e seja destinada a fazer prova em procedimento criminal. A Lei n. 9.296/96 regulamentou o dispositivo constitucional, exigindo que o delito a ser apurado seja punido com reclusão e que não haja outro meio de prova capaz de obter a informação desejada.

Uma vez realizada a interceptação, o conteúdo das conversas captadas será transcrito em laudo pericial (laudo de degravação), de caráter sigiloso. Aquele que violar mencionado sigilo, divulgando as conversas, estará incurso no art. 10 da referida Lei (pena: reclusão, de dois a quatro anos, e multa). Trata-se de crime próprio, que somente pode ter como sujeito ativo aqueles que estiverem legalmente autorizados a participar do procedimento de interceptação telefônica (juiz, promotor, delegado de polícia, escrivão). O advogado não pode ser autor do delito, porquanto dele não se exige que zele pelo segredo das informações. Como asseveram Pedro Franco de Campos e outros, "eventual divulgação do conteúdo da interceptação feita pelo advogado pode ser estratégia de defesa, e o segredo a ser resguardado apenas se circunscreve entre o profissional e o assistido. Sem a autorização deste último, poderá configurar-se, por parte do advogado, o delito previsto no art. 151, § 1º, II, do Código Penal"[87].

---

[87] *Direito penal aplicado*, p. 88.

4. TIPO SUBJETIVO

Cuida-se de delito punido exclusivamente na forma dolosa.

5. SUJEITOS DO CRIME

5.1. Sujeito ativo

Qualquer pessoa pode praticá-lo (crime comum). Pune-se quem viola o sigilo e não quem toma conhecimento do teor da comunicação ou conversa, a não ser que conluiado com o autor da infração.

Quando se tratar o agente de pessoa que se prevaleceu de cargo ou abusou de sua função, relativas ao serviço postal, incidirá contra ele uma agravante genérica, baseada no art. 43 da Lei n. 6.538/78. Encontra-se revogada tacitamente, portanto, a qualificadora do § 3º do art. 151, visto que sucedida por lei posterior, com idêntica abrangência.

5.2. Sujeito passivo

São as pessoas que travaram a comunicação (remetente e destinatário da mensagem) ou participaram do diálogo telefônico.

6. CONSUMAÇÃO E TENTATIVA

6.1. Consumação

Nas condutas divulgar e transmitir, trata-se de crime material, razão pela qual sua consumação dá-se somente com a produção do resultado naturalístico, consistente no conhecimento do teor da comunicação ou conversação por terceiro.

Quando se trata da utilização, a infração é de mera conduta.

6.2. Tentativa

É admissível, porquanto o crime é plurissubsistente.

7. FORMA AGRAVADA

Poderá haver agravamento da pena, nos termos do § 2º da disposição, se resultar dano (moral ou material) a terceiros.

8. CONSUNÇÃO OU ABSORÇÃO

Se a conduta for realizada para praticar-se crime mais grave, como extorsão (CP, art. 158), o crime-fim absorverá o crime-meio (no caso, a violação do sigilo das comunicações telegráficas etc.).

9. PENA, CLASSIFICAÇÃO JURÍDICA E AÇÃO PENAL

Vide itens 13 a 15, *supra*, relativos ao estudo do art. 151, *caput*.

ART. 151, § 1º, III – IMPEDIMENTO DE COMUNICAÇÃO TELEGRÁFICA, RADIOELÉTRICA OU CONVERSAÇÃO TELEFÔNICA

1. DISPOSITIVO LEGAL

Art. 151. (...)

III – quem impede a comunicação ou a conversação referidas no número anterior;

2. VALOR PROTEGIDO (OBJETIVIDADE JURÍDICA)

Protege-se a liberdade individual das pessoas, por meio de seu direito a estabelecer, sem interferências alheias, troca de informações por meio das comunicações telegráfica, radioelétrica ou telefônica.

3. TIPO OBJETIVO

A ação típica traduz-se no ato de *impedir* (obstaculizar, obstruir). O objeto material, coisa sobre a qual recai o comportamento delitivo, trata-se da comunicação telegráfica ou radioelétrica ou da conversação telefônica (conceitos brevemente analisados no item 3 do inciso II, *supra*).

Quando se tratar de telegrama escrito, sua interceptação se subsumirá ao art. 151, § 1º, I.

O delito é de forma livre (admite qualquer meio executório), podendo ser cometido tanto quando a comunicação teve seu início embaraçado ou, já iniciada, foi interrompida.

Neste dispositivo, o agente não toma conhecimento do teor das informações trocadas ou mesmo a divulga a terceiro, mas simplesmente interrompe o fluxo normal da comunicação ou conversação, impedindo o livre exercício de um direito fundamental (a liberdade de expressão).

Muito embora a lei seja omissa a respeito, é necessário que o ato se dê indevidamente. Significa que, em algumas situações, o autor da interrupção poderá agir acobertado de excludentes de ilicitude. Imagine-se, por exemplo, um pai que, notando que sua filha está sendo ofendida por terceiro no telefone, interrompa a conversa cortando a linha telefônica.

É preciso anotar que o crime só se aperfeiçoará quando a conduta do agente tiver o condão de lesar algum bem fundamental. Não é compatível com o princípio da intervenção mínima (Direito Penal como *ultima ratio*) punir, por exemplo, quem simplesmente põe o telefone no gancho, interrompendo uma conversa fútil entre duas pessoas.

Como ponderam Pedro Franco de Campos e outros, "o art. 72 da Lei n. 4.117/62 (Código Brasileiro de Telecomunicações) determina que 'a autoridade que impedir ou embaraçar a liberdade da radiodifusão ou da televisão, fora dos casos autorizados em lei, incidirá, no que couber, na sanção do art. 322 do Código Penal'. (...). A Lei n. 10.792/2003 prevê expressamente a instalação de bloqueadores de telefones celulares, radiotransmissão e outros meios de telecomunicações, em estabelecimentos prisionais, em especial nos destinados ao regime disciplinar diferenciado"[88].

4. TIPO SUBJETIVO

Cuida-se de delito punido exclusivamente na forma dolosa. Entendemos que há um elemento subjetivo específico, implícito na norma penal, consistente na vontade consciente de lesar qualquer um dos envolvidos na troca de informações.

5. SUJEITOS DO CRIME

5.1. Sujeito ativo

Qualquer pessoa pode praticá-lo (crime comum), salvo aqueles envolvidos na troca de informações; isto é, se quem interrompe a comunicação ou conversação for um dos envolvidos (remetente ou destinatário ou um dos interlocutores), não há crime, pois é um direito que lhe assiste obstar o fluxo das ideias enviadas e recebidas.

Quando se tratar o agente de pessoa que se prevaleceu de cargo ou abusou de sua função, relativa ao serviço postal (como ocorre com a comunicação telegráfica), incidirá contra ele uma agravante genérica, baseada no art. 43 da Lei n. 6.538/78 (cuja redação, por ter a mesma abrangência da qualificadora do § 3º do art. 151, a revogou).

5.2. Sujeito passivo

São as pessoas que travaram a comunicação (remetente e destinatário da mensagem) ou participaram do diálogo telefônico.

---

[88] Op. cit., p. 89.

6. CONSUMAÇÃO E TENTATIVA

6.1. Consumação

Dá-se com a interrupção da comunicação ou conversação, ainda que a finalidade danosa ulterior (exigível, em nosso sentir) não seja atingida. O crime é, portanto, formal ou de consumação antecipada.

6.2. Tentativa

É admissível, pois alguém pode dar início à execução da conduta tendente à interrupção da troca de informações, mas ser impedido por razões que escapam à sua própria vontade.

7. FORMA AGRAVADA

Poderá haver agravamento da pena, nos termos do § 2º da disposição, se resultar dano (moral ou material) a terceiros.

8. PENA, CLASSIFICAÇÃO JURÍDICA E AÇÃO PENAL

Vide itens 12 a 14, relativos ao estudo do art. 151, *caput*.

ART. 151, § 1º, IV – INSTALAÇÃO OU UTILIZAÇÃO ILEGAL DE ESTAÇÃO OU APARELHO RADIOELÉTRICO (ART. 70 DA LEI N. 4.117/62)

1. DISPOSITIVO LEGAL

Art. 151. (...)

IV – quem instala ou utiliza estação ou aparelho radioelétrico, sem observância de disposição legal;

2. REVOGAÇÃO

O art. 151, § 1º, IV, do CP foi revogado tacitamente pelo art. 70 do Código Brasileiro de Telecomunicações (Lei n. 4.117/62), o qual dispõe: "Constitui crime punível com a pena de detenção de 1 (um) a 2 (dois) anos, aumentada de metade se houver dano a terceiro, a instalação ou utilização de telecomunicações, sem observância do disposto nesta Lei e nos regulamentos".

Acrescente-se, ainda, que o art. 183 da Lei n. 9.472/97 estabelece que pratica delito quem "desenvolver clandestinamente atividades de telecomunicações" (pena:

detenção de dois a quatro anos, aumentada da metade se houver dano a terceiro, e multa de dez mil reais).

3. VALOR PROTEGIDO (OBJETIVIDADE JURÍDICA)

Consiste na segurança dos meios de comunicação.

4. TIPO OBJETIVO

O Código Brasileiro de Telecomunicações tipifica os atos de instalar ou utilizar telecomunicação, em desacordo com suas disposições (elemento normativo do tipo). Cometem o delito, por exemplo, os sujeitos que montam uma "rádio pirata" ou aqueles que nela transmitem programas, interferindo na segurança dos meios de comunicação, tais como a transmissão de dados entre aeronaves e as torres de comando dos aeroportos. Também pode ser enquadrado na disposição o sujeito que se utiliza de radioamadores (p. ex., "PX").

A instalação consiste na montagem do aparato necessário para transmitir dados por meio das ondas de rádio. A utilização corresponde ao ato de fazer uso, por qualquer meio, como, por exemplo, se valer de aparato já instalado para transmitir alguma informação.

5. TIPO SUBJETIVO

A infração somente é prevista na forma dolosa, o que requer a voluntariedade e a consciência de que se trata de instalação ou utilização de aparelho de radiotransmissão ilegal. O desconhecimento do agente acerca da ilegalidade do aparato isenta-o de responsabilidade penal, aplicando-se o disposto no art. 20, *caput*, do CP (erro de tipo); nesse caso, a pessoa sabe que há normas a serem observadas, mas não sabe que o responsável deixou de fazê-lo. Se o sujeito, por outro lado, tem conhecimento que não houve autorização para o funcionamento, mas acredita que isso não é necessário, há erro de proibição (CP, art. 21).

6. SUJEITOS DO CRIME

6.1. Sujeito ativo

Qualquer pessoa pode praticá-lo (crime comum).

6.2. Sujeito passivo

Como se trata de infração que visa à proteção da segurança dos meios de comunicação, o sujeito passivo é o Estado e, somente em caráter secundário, a pessoa que sofreu eventual dano.

7. CONSUMAÇÃO E TENTATIVA

7.1. Consumação

Dá-se com a instalação (ainda que incompleta) ou com a utilização do aparato ilegal. Não é necessário que o ato produza dano a terceiros, razão pela qual se trata de *crime formal*[89]; se isto ocorrer, todavia, a pena será aumentada pela metade.

7.2. Tentativa

É admissível, de vez que a infração é plurissubsistente (isto é, sua conduta pode ser cindida em vários atos).

8. AÇÃO PENAL

É pública incondicionada.

ART. 152 – CORRESPONDÊNCIA COMERCIAL

1. DISPOSITIVO LEGAL

Correspondência comercial

Art. 152. Abusar da condição de sócio ou empregado de estabelecimento comercial ou industrial para, no todo ou em parte, desviar, sonegar, subtrair ou suprimir correspondência, ou revelar a estranho seu conteúdo:

Pena – detenção, de 3 (três) meses a 2 (dois) anos.

Parágrafo único. Somente se procede mediante representação.

2. VALOR PROTEGIDO (OBJETIVIDADE JURÍDICA)

Vide a introdução a esta Seção III, *supra*. Cumpre acrescentar, tão somente, que a par da proteção à intimidade e à livre manifestação do pensamento, a norma incriminadora volta-se à correspondência de cunho comercial (postal ou não).

3. CORRESPONDÊNCIA

Sobre o conceito de correspondência, remetemos o leitor ao item 4, *supra*, do art. 151, *caput*.

---

[89] Há entendimento jurisprudencial em sentido contrário: *RT* 737/701.

4. TIPO OBJETIVO

O art. 152 contém crime de ação múltipla ou conteúdo variado. Os verbos nucleares consistem em *desviar* (mudar o curso, impedindo que chegue ao destinatário), *sonegar* (ocultar), *subtrair* (apoderar-se) ou *suprimir* (eliminar, destruir) a correspondência comercial (cartas, balancetes etc.). Pune-se, ainda, aquele que *revelar* (comunicar, informar) seu conteúdo a estranho (sem o consentimento dos titulares da inviolabilidade protegida).

O desvio, sonegação etc. podem ser de todo o conteúdo da correspondência ou somente de parte dele.

A lei não distingue se a correspondência é postal ou não, de modo que a disposição abrange as duas. Exige-se, contudo, que exista a potencialidade de dano (assim, p. ex., a destruição indevida de carta contendo futilidades não viola a norma penal). Também não cita se é fechada ou aberta. Nesse ponto, cabe uma distinção. Quando se protege o direito à intimidade, o que fica claro na conduta "revelar", é fundamental que se trate de correspondência fechada (não precisa ter caráter sigiloso, caso em que poderiam estar presente os crimes dos arts. 153 e 154). Nos demais casos, é indiferente se está fechada ou aberta, porque a tutela abrange a liberdade do fluxo das comunicações.

É fundamental que o agente se prevaleça de sua condição de sócio ou empregado de estabelecimento empresarial (de natureza comercial ou industrial) e, abusando dessa condição, a qual lhe dá acesso material à correspondência, realize as ações nucleares. Pressupõe-se que o agente possua vínculo contratual (de trabalho ou de sociedade) com a empresa (ou pessoa física, no caso de empregado). Não é necessário que o ato seja praticado no desempenho das atribuições do trabalhador ou do sócio (pode estar de férias, por exemplo), bastando apenas que abuse dessa qualidade (p. ex., obtendo livre acesso no imóvel).

Pondere-se, ademais, que se a correspondência, embora enviada para o estabelecimento empresarial, não tiver relação com as atividades comerciais ou industriais (correspondência particular), a conduta se subsumirá ao art. 151 do CP.

5. TIPO SUBJETIVO

O crime somente é punido na forma dolosa, exigindo-se, destarte, o conhecimento de que se trata de correspondência comercial endereçada a outra pessoa.

Aquele que, por engano, se apossa de carta alheia, pensando-a sua, e a destrói, não pratica delito algum, operando-se em seu favor a figura do erro de tipo (CP, art. 20, *caput*).

6. SUJEITOS DO CRIME

6.1. Sujeito ativo

Cuida-se de crime próprio, porquanto a norma exige uma qualidade especial do sujeito ativo, consistente em ser sócio ou empregado da pessoa a quem a correspondência comercial se destina. Outras pessoas podem praticar o crime, na condição de coautores ou partícipes, comunicando-se a elas a elementar de natureza pessoal relativa à qualidade do agente (CP, art. 30).

6.2. Sujeito passivo

É a pessoa jurídica responsável pelo estabelecimento comercial ou industrial.

7. CONSUMAÇÃO E TENTATIVA

7.1. Consumação

O delito é material (ou de resultado), motivo por que a consumação somente se produzirá com a efetiva sonegação, subtração, desvio, supressão ou revelação do conteúdo do objeto material.

7.2. Tentativa

A forma tentada é admissível, porquanto a infração é plurissubsistente (vale dizer, seu *iter criminis* é fracionável em diversos atos).

8. CORRESPONDÊNCIA COM CONTEÚDO ECONÔMICO

Se a correspondência, seja qual for a sua natureza, possuir valor econômico por seu conteúdo, o apossamento constituirá furto (art. 155 do CP) e a destruição, crime de dano (art. 163 do CP).

9. CLASSIFICAÇÃO JURÍDICA

Trata-se de crime de forma ou ação livre (pode ser praticado por qualquer meio), bipróprio (requer qualidades especiais dos sujeitos ativo e passivo), formal (consuma-se independentemente do resultado naturalístico), de dano ou lesão (exige lesão ao bem tutelado para fins de consumação), instantâneo (seu resultado ocorre instantaneamente, sem prolongar-se no tempo), unissubjetivo ou de concurso eventual (admite cometimento por uma só pessoa ou várias) e unissubsistente ou plurissubsistente, conforme o caso.

10. PENA E AÇÃO PENAL

A pena é de detenção, de três meses a dois anos (infração de menor potencial ofensivo – Lei n. 9.099/95).

O crime é de ação penal pública condicionada à representação do ofendido. Por esse motivo, cumpre ao Ministério Público a iniciativa de ingressar com a demanda em juízo, desde que devidamente autorizado pela vítima ou por seu representante legal.

Seção IV

Dos Crimes contra a Inviolabilidade dos Segredos

1. INTRODUÇÃO

Os delitos definidos na presente Seção (divulgação de segredo e violação do segredo profissional), do mesmo modo que aqueles contidos nas duas Seções precedentes, protegem aspectos de um mesmo direito fundamental: *o direito à intimidade* ("esfera secreta da vida do indivíduo na qual este tem o poder legal de evitar os demais"[90]).

Calha a lembrança de Nelson Hungria que, dissertando a respeito da objetividade jurídica, ponderou:

"A proteção penal, porém, não é concedida *in extensum* abrange somente os segredos constantes de *correspondência* ou *documentos privados* e as confidências *necessárias*. No tocante às confidências orais e sem cunho de necessidade, ficam por conta e risco de quem as faz sem precatar-se contra intrusos e 'sacos-rotos'. Por outro lado, são protegidos unicamente os segredos cuja violação acarrete ou possa acarretar dano a outrem (a quem os confiou ou a terceiros). Dos segredos anódinos *non curat praetor*"[91].

2. PLANO INTERNACIONAL

Cumpre recordar que, no plano internacional, há diversos tratados e convenções que consagram o direito fundamental à intimidade, em seus vários aspectos, dentre os quais a proteção dos segredos.

A Declaração Universal dos Direitos do Homem, aprovada em 1948 pela Assembleia Geral da ONU, proclama, em seu artigo XII, o respeito à intimidade pessoal, familiar, epistolar e do domicílio. Sua predecessora, a Declaração Americana dos Direitos e Deveres do Homem, declara em seu artigo V que "toda pessoa tem direito à proteção da lei contra os ataques abusivos a sua honra, a sua reputação e a sua vida particular e familiar". O Pacto

[90] René Ariel Dotti, *Proteção da vida privada e liberdade de informação*, p. 69, apud José Afonso da Silva, *Comentário contextual à Constituição*, cit., p. 101.

[91] Op. cit., v. VI, p. 249.

Internacional dos Direitos Civis e Políticos (1966)[92] preceitua: "1. Ninguém será objeto de interferências arbitrárias ou ilegais em sua vida privada, sua família, seu domicílio, sua correspondência, nem de atentados ilegais à sua honra e à sua reputação" (art. 17).

A Convenção Americana de Direitos Humanos (Pacto de San José da Costa Rica)[93] dispõe, em seu art. 11: "2. Ninguém pode ser objeto de interferência arbitrária ou abusiva em sua vida privada, sua família, seu lar ou sua correspondência, ou de ataques ilegais à sua honra ou reputação".

ART. 153 – DIVULGAÇÃO DE SEGREDO

1. DISPOSITIVO LEGAL

Art. 153. Divulgar alguém, sem justa causa, conteúdo de documento particular ou de correspondência confidencial, de que é destinatário ou detentor, e cuja divulgação possa produzir dano a outrem:

Pena – detenção, de 1 (um) a 6 (seis) meses, ou multa.

§ 1º-A. Divulgar, sem justa causa, informações sigilosas ou reservadas, assim definidas de lei, contidas ou não nos sistemas de informações ou banco de dados da Administração Pública.

Pena – detenção, de 1 (um) a 4 (quatro) anos, e multa.

§ 1º Somente se procede mediante representação.

§ 2º Quando resultar prejuízo para a Administração Pública, a ação penal será incondicionada.

2. VALOR PROTEGIDO (OBJETIVIDADE JURÍDICA)

Vide introdução à Seção IV, acima.

3. TIPO OBJETIVO

O art. 153 contém dois crimes distintos: a divulgação indevida de segredo contido em documento particular sigiloso ou em correspondência confidencial (*caput*) e a divulgação indevida de informações sigilosas ou reservadas, definidas em lei (§ 1º-A).

Note-se, portanto, que o parágrafo não contém figura qualificada ou equiparada, mas nova infração penal. Os dados contidos no § 1º-A, destarte, não são circunstâncias, mas verdadeiras elementares.

---

92 Ratificado pelo Brasil em 24 de janeiro de 1992, entrou em vigor para o país em 24 de abril do mesmo ano e foi promulgado por força do Decreto Presidencial n. 592, de 6-7-1992.

93 Ratificado pelo Brasil em 25 de setembro de 1992, entrou em vigor para o país no mesmo dia e foi promulgado por força do Decreto Presidencial n. 678, de 6-11-1992.

O comportamento nuclear de ambas as normas incriminadoras se traduz no ato de *divulgar*, isto é, dar ciência a terceiros acerca do conteúdo (total ou parcial), acobertado de segredo. Segundo Hungria, "é necessário que haja uma difusão extensiva (publicação pela imprensa, radiodifusão, afixação em lugar público) ou, pelo menos, *exposição* que torne possível o conhecimento por um número indeterminado de pessoas"[94] (posição amplamente dominante na doutrina).

No *caput*, o *objeto material* consiste no documento particular ou na correspondência (postal ou não) confidenciais. *Documento* é "todo escrito de que resulte a prova de fato juridicamente relevante, tenha ou não caráter econômico"[95]. *Correspondência*, conforme já se explanou no item 4, relativo ao estudo do art. 151, *caput*, é a comunicação escrita entre duas pessoas (remetida ou não por via postal), nas quais uma delas (o remetente) consigna seu pensamento, fazendo-o por meio de palavras, símbolos, desenhos, códigos ou qualquer outro meio. No § 1º-A, informações sigilosas ou reservadas, tais como definidas em lei (contidas ou não em sistema informatizado ou banco de dados da Administração Pública).

É fundamental a existência do segredo. Por tal, entende-se "aquilo que não deve ser revelado ou que se tem motivo ou interesse para ocultar". "O vínculo de segredo pode resultar de manifestação expressa ou tácita da vontade do interessado, ou de *facta concludentia*. Não deve ser, porém, puramente arbitrário. Não basta que o remetente de uma carta, por exemplo, a declare, expressamente 'confidencial': é preciso que a reserva em torno do conteúdo da carta corresponda a razoável motivo ou interesse econômico ou moral, do remetente ou de terceiro"[96]. Recorde-se que determinados documentos são secretos por sua natureza, como é o caso do testamento cerrado (CC, arts. 1.868 a 1.875).

Os delitos acima referidos *são crimes próprios*, posto que só podem ser cometidos por quem ostente uma qualidade especial. A infração da cabeça do artigo só pode ser praticada pelo destinatário ou detentor da correspondência ou do documento. A detenção pode ser lícita ou não, caso em que o agente poderá ter cometido o crime do art. 151, § 1º, I, do CP ou 40, § 1º, da Lei n. 6.538/78, os quais serão absorvidos pelo delito-fim (art. 153 do CP).

O ilícito penal descrito no parágrafo só pode ter como autor o titular do dever de manter o segredo da informação, conforme determinado na respectiva lei que instituir o sigilo. Terceiros podem colaborar com estes, caso em que serão coautores ou partícipes do crime (CP, art. 30).

Há, ainda, outra elementar presente nas duas infrações penais, posto que *ambas exigem o elemento normativo "sem justa causa"*. Haverá justa causa quando houver o consentimento da pessoa a quem o sigilo aproveitaria (vez que o direito é disponível),

---

[94] Op. cit., v. VI, p. 252-253.

[95] Ibidem, p. 251.

[96] Ibidem, p. 252.

quando se tratar da comunicação às autoridades de crime de ação pública (CPP, art. 5º, § 3º), da defesa de direito ou interesse legítimo (p. ex., provar a própria inocência em processo criminal), no dever de testemunhar em juízo e na comprovação de crime ou sua autoria (CPP, art. 240, § 1º, *f*).

Pode-se dizer, em síntese, que as infrações contêm os seguintes elementos objetivos:

a) documento particular ou correspondência confidenciais (*caput*) e informações sigilosas ou reservadas definidas em lei (contidas ou não em sistema informatizado ou banco de dados da Administração Pública) (§ 1º);

b) divulgação do conteúdo pelo destinatário ou detentor do objeto (*caput*) e o mesmo, pelo responsável legal pela manutenção do segredo (§ 1º);

c) ausência de justa causa;

d) potencialidade de dano a alguém.

4. TIPO SUBJETIVO

Cuida-se de delitos dolosos, motivo por que somente podem ser praticados quando o sujeito ativo possuir a consciência do sigilo existente e atuar de maneira voluntária.

O desconhecimento de que a informação encontra-se protegida por segredo exclui o dolo, operando-se o erro de tipo (CP, art. 20, *caput*).

5. SUJEITOS DO CRIME

5.1. Sujeito ativo

Conforme já dissemos, são crimes próprios, já que se exigem uma condição especial de seus sujeitos ativos. O art. 153, *caput*, só pode ser praticado pelo destinatário da correspondência ou pelo detentor do documento. O art. 153, § 1º-A, pelo titular do dever de manter o segredo da informação, conforme determinado na respectiva lei que instituir o sigilo. Reitere-se que a colaboração de terceiros os torna corresponsáveis pela infração penal, nos termos dos arts. 29 e 30 do CP.

A pessoa que toma conhecimento de segredo indevidamente divulgado por outrem e o propala não incorre no crime. Caso se trate, contudo, de informação difamatória ou injuriosa, haverá, em tese, crime contra a honra (CP, arts. 139 ou 140).

5.2. Sujeito passivo

É o responsável pela manutenção do segredo (quando diverso de quem o defraudou) e, secundariamente, a pessoa a quem o sigilo aproveita.

6. CONSUMAÇÃO E TENTATIVA

6.1. Consumação

Os crimes são formais, visto que sua realização típica integral se dá com a divulgação (total ou parcial) da informação sigilosa, ainda que não resulte dano a terceiro. De lembrar-se, uma vez mais, o escólio de Hungria, para quem "é necessário que haja uma difusão extensiva (publicação pela imprensa, radiodifusão, afixação em lugar público) ou, pelo menos, *exposição* que torne possível o conhecimento por um número indeterminado de pessoas"[97].

6.2. Tentativa

A forma tentada, que pressupõe seja iniciada a execução do delito, mas não se atinja a consumação por circunstâncias alheias à vontade do agente, se mostra viável nos dois delitos existentes na disposição.

7. INFRAÇÕES PENAIS CORRELATAS

Existem outros tipos penais que punem a revelação de segredos. No próprio Código, há o crime de violação de sigilo funcional (art. 325[98]) e de sigilo de proposta de concorrência (art. 326[99]).

Na Lei n. 9.279/96 tipifica-se a "concorrência desleal" (art. 195, XII e XIII[100]), que pode ser cometida mediante a divulgação de segredos.

---

[97] Op. cit., v. VI, p. 252-253.

[98] "Revelar fato de que tem ciência em razão do cargo e que deva permanecer em segredo, ou facilitar-lhe a revelação: Pena – detenção, de 6 (seis) meses a 2 (dois) anos, ou multa, se o fato não constitui crime mais grave. § 1º Nas mesmas penas deste artigo incorre quem: I – permite ou facilita, mediante atribuição, fornecimento e empréstimo de senha ou qualquer outra forma, o acesso de pessoas não autorizadas a sistemas de informações ou banco de dados da Administração Pública; II – se utiliza, indevidamente, do acesso restrito. § 2º Se da ação ou omissão resulta dano à Administração Pública ou a outrem: Pena – reclusão, de 2 (dois) a 6 (seis) anos, e multa."

[99] "Devassar o sigilo de proposta de concorrência pública, ou proporcionar a terceiro o ensejo de devassá-lo: Pena – Detenção, de 3 (três) meses a (1) ano, e multa."

[100] "Comete crime de concorrência desleal quem: (...) XI – divulga, explora ou utiliza-se, sem autorização, de conhecimentos, informações ou dados confidenciais, utilizáveis na indústria, comércio ou prestação de serviços, excluídos aqueles que sejam de conhecimento público ou que sejam evidentes para um técnico no assunto, a que teve acesso mediante relação contratual ou empregatícia, mesmo após o término do contrato; XII – divulga, explora ou utiliza-se, sem autorização, de conhecimentos ou informações a que se refere o inciso anterior, obtidos por meios ilícitos ou a que teve acesso mediante fraude. (...). Pena – detenção, de 3 (três) meses a 1 (um) ano, ou multa."

A Lei n. 7.170/83 descreve como delito contra a segurança nacional os atos relacionados com a divulgação de sigilos que tenham interesse de Estado[101].

Há, ainda, a devassa de sigilo de proposta relativa a procedimento licitatório (art. 94 da Lei n. 8.666/93)[102].

8. CLASSIFICAÇÃO JURÍDICA

Constitui crime de forma ou ação livre (pode ser praticado por qualquer meio), próprio (exige qualidade especial do sujeito ativo), formal (consuma-se independentemente do resultado naturalístico), de dano ou lesão (exige lesão ao bem tutelado - inviolabilidade do segredo - para fins de consumação), instantâneo (seu resultado ocorre instantaneamente, sem prolongar-se no tempo), unissubjetivo ou de concurso eventual (admite cometimento por uma só pessoa ou várias, em concurso) e plurissubsistente (seu *iter criminis* permite fracionamento).

9. PENA E AÇÃO PENAL

A pena é de detenção, de um a seis meses, ou multa, no tipo básico, motivo pelo qual constitui infração de menor potencial ofensivo. Na figura qualificada, a pena é de detenção, de um a quatro anos, e multa (admite a suspensão condicional do processo - art. 89 da Lei n. 9.099/95).

O art. 153 contém delitos de ação penal pública condicionada à representação do titular do segredo (ou de quem legalmente o represente). A propositura da ação, desta feita, depende da autorização destes.

---

[101] "Comunicar, entregar ou permitir a comunicação ou a entrega, a governo ou grupo estrangeiro, ou a organização ou grupo de existência ilegal, de dados, documentos ou cópias de documentos, planos, códigos, cifras ou assuntos que, no interesse do Estado brasileiro, são classificados como sigilosos. Pena - reclusão, de 3 (três) a 15 (quinze) anos. Parágrafo único. Incorre na mesma pena quem: I - com o objetivo de realizar os atos previstos neste artigo, mantém serviço de espionagem ou dele participa; II - com o mesmo objetivo, realiza atividade aerofotográfica ou de sensoreamento remoto, em qualquer parte do território nacional; III - oculta ou presta auxílio a espião, sabendo-o tal, para subtraí-lo à ação da autoridade pública; IV - obtém ou revela, para fim de espionagem, desenhos, projetos, fotografias, notícias ou informações a respeito de técnicas, de tecnologias, de componentes, de equipamentos, de instalações ou de sistemas de processamento automatizado de dados, em uso ou em desenvolvimento no País, que, reputados essenciais para a sua defesa, segurança ou economia, devem permanecer em segredo" (art. 13). "Revelar segredo obtido em razão de cargo, emprego ou função pública, relativamente a planos, ações ou operações militares ou policiais contra rebeldes, insurretos ou revolucionários. Pena: reclusão, de 2 a 10 anos" (art. 21).

[102] "Devassar o sigilo de proposta apresentada em procedimento licitatório, ou proporcionar a terceiro o ensejo de devassá-lo: Pena - detenção, de 2 (dois) a 3 (três) anos, e multa."

O § 2º dispõe que, quando a divulgação provocar prejuízo à Administração Pública, a ação penal será pública incondicionada. Em se tratando de entidades da administração pública direta, a regra é desnecessária, à vista do art. 24, § 2º, do CPP, que declara serem de ação pública incondicionada todos os crimes cometidos contra a União, Estado-membro ou Município (e Distrito Federal, por analogia - art. 3º do CPP). Isso significa que a propositura da demanda não dependerá de representação sempre que o titular da informação for a Administração Pública (direta), ainda que não lhe resulte dano (repise-se que, para o Código de Processo Penal, basta que os entes federativos figurem como vítimas para que essa regra opere).

ART. 154 – VIOLAÇÃO DE SEGREDO PROFISSIONAL

1. DISPOSITIVO LEGAL

Violação de segredo profissional

Art. 154. Revelar alguém, sem justa causa, segredo, de que tem ciência em razão de função, ministério, ofício ou profissão, e cuja revelação possa produzir dano a outrem:

Pena – detenção, de 3 (três) meses a 1 (um) ano, ou multa.

Parágrafo único. Somente se procede mediante representação.

2. VALOR PROTEGIDO (OBJETIVIDADE JURÍDICA)

Cuida-se da proteção da liberdade individual, notadamente no que concerne aos segredos da vida privada. Lembre-se que a Constituição Federal tutela o direito à intimidade no art. 5º, X.

A proteção de segredos de natureza pública se baseia nos arts. 325 do CP e 94 da Lei n. 8.666/93 (violação de sigilo funcional e violação do sigilo de proposta em procedimento licitatório).

3. TIPO OBJETIVO

A ação nuclear consubstancia-se no ato de *revelar*, que tem o sentido de informar, dar conhecimento, desvendar a alguém *um segredo*.

É preciso anotar que a conduta típica não se confunde com o ato de "divulgar", presente no art. 153 do Código. A divulgação importa em comunicar o fato a um número indeterminado de pessoas – trata-se de difundir o segredo, tornando-o conhecido não só a uma, mas a várias pessoas. A revelação, ação nuclear do delito em estudo, dá-se quando a informação acobertada de segredo é transmitida a outra pessoa. Revelar significa, portanto, desvelar, delatar, dar conhecimento a terceiro, bastando, portanto, que uma só pessoa tome conhecimento do sigilo.

O *segredo* configura toda a *informação que não deve ser revelada a terceiros.* Não se trata de proteger, contudo, toda e qualquer espécie de fato, mas somente aquele que apresente potencial para causar algum tipo de prejuízo. A lei penal não tutela frivolidades. Se o agente conta para alguém detalhe irrelevante da vida íntima do ofendido, cuja ciência teve em razão de sua atividade profissional, não há crime algum, até porque *de minimis non curat praetor.*

O segredo pode até consubstanciar um fato de natureza criminosa, como ocorre com o cliente que contrata um advogado para sua defesa e confessa-lhe a prática de um crime.

O Código exige que o sujeito ativo tenha tomado conhecimento do segredo em virtude de *função, ministério, ofício ou profissão.*

Trata-se da *relação causal* entre a atividade desempenhada e a ciência da informação protegida.

Entende-se por *função* a atividade de caráter público, a qual apresenta vínculo com o Estado (em sentido lato). O escrevente do juízo, por exemplo, não pode revelar informação privada conhecida no curso de audiência de separação judicial em que oficiou. No que toca aos detentores de função pública, é necessário verificar se ocorre o chamado "sigilo funcional". Em caso afirmativo, o delito praticado pelo servidor público não será o do art. 154, mas o do art. 325 do CP. Nesse caso, como esclarecia Nélson Hungria, "deve tratar-se de segredo de interesse *público*, pois a violação de segredo privado, ainda que obtido *ratione officci*, constitui o crime previsto no art. 154"[103].

O *ministério* consiste na atividade de natureza eclesiástica ou assistencial. O sacerdote, por exemplo, não pode revelar aquilo que soube por meio da confissão do fiel.

O *ofício* identifica-se como a atividade de cunho predominantemente manual. A empregada doméstica não pode comunicar a terceiro dados da vida particular de seus patrões, os quais tomou conhecimento em razão de seu ofício.

A *profissão*, por derradeiro, constitui aquela de caráter preponderantemente intelectual. É o caso, por exemplo, dos profissionais liberais. O advogado tem dever de manter segredo dos fatos que tenha conhecimento no desempenho de seu mister. O mesmo se aplica ao médico ou ao psicólogo.

O tipo penal somente incrimina o comportamento quando realizado "*sem justa causa*" (elemento normativo do tipo). A conduta será atípica pela presença de justa causa quando se tratar da comunicação às autoridades de crime de ação pública (CPP, art. 5º, § 3º), da defesa de direito ou interesse legítimo (p. ex., provar a inocência de alguém em processo criminal), no testemunho prestado em juízo (desde que haja a

---

[103] Op. cit., ed. de 1959, v. IX, p. 397.

anuência da pessoa a quem o sigilo aproveite e o agente queira depor - CPP, art. 207) e na comprovação de crime ou sua autoria (CPP, art. 240, § 1º, *f*).

Do mesmo modo, há justa causa quando o profissional atende a requisição judicial, como sói acontecer na entrega de ficha clínica de atendimento hospitalar para elaboração de exame de corpo de delito, cuja apresentação decorreu de ordem do Judiciário[104].

Pode-se citar, igualmente, a revelação de informações em representação elaborada perante a OAB (Ordem dos Advogados do Brasil), que contém informações sobre a conduta de advogado supostamente autor de infração ético-disciplinar[105].

A justa causa haverá, ademais, sempre que o desvelo da informação secreta encontrar respaldo em alguma excludente (de ilicitude ou de culpabilidade). Imagine o médico que revela o diagnóstico de seu paciente a terceiro, fazendo-o para evitar que este seja contagiado por grave doença contraída por seu cliente (o profissional atuou em estado de necessidade de terceiro - CP, arts. 23, I, e 24). Pense-se, ainda, no profissional da Medicina que comunica às autoridades de saúde pública doença de notificação compulsória: ele agirá no estrito cumprimento de um dever legal - CP, art. 23, III - até porque, se não o fizer, cometerá ele próprio um crime (CP, art. 269[106]).

Registre-se, por derradeiro, que também há justa causa quando ocorre o consentimento do ofendido, isto é, quando a pessoa a quem o sigilo aproveita aquiesce com sua revelação. O fato se torna, desta feita, penalmente atípico. Pondere-se que, se houver mais de um titular do segredo, todos deverão consentir; caso contrário, o delito subsistirá quanto àqueles que não o fizeram.

Deve a revelação do segredo deter potencialidade lesiva, isto é, a ciência da informação sigilosa por parte de terceiros deve ter o condão de causar danos (de qualquer natureza, moral ou patrimonial, individual ou coletivo). Note que basta a potencialidade de produção de dano, não se exigindo a efetiva lesão ao direito de terceiro.

A infração pode ser praticada por qualquer meio (crime de forma livre): oral ou escrito.

O delito contém, *em resumo*, os seguintes elementos objetivos: a) segredo confiado em virtude de ofício, profissão, ministério ou função; b) revelação do segredo (§ 1º); c) ausência de justa causa; d) potencialidade de dano a alguém.

4. TIPO SUBJETIVO

Somente se pune a conduta em que houver dolo, exigindo-se, portanto, a consciência do sigilo existente e a atuação voluntária. Não se pune a forma culposa,

---

104 *RDTJRJ* 62/391; TACrSP, *RT* 760/295.

105 TACrSP, *RT* 598/325.

106 "Deixar o médico de denunciar à autoridade pública doença cuja notificação é compulsória" (pena - detenção, de seis meses a dois anos, e multa).

motivo pelo qual o agente que, de modo descuidado, faz com que a informação seja acessível a terceiros, não incorre na infração (embora possa eventualmente cometer ilícito disciplinar).

O desconhecimento de que a informação encontra-se protegida por segredo exclui o dolo, operando-se o erro de tipo (CP, art. 20, *caput*).

5. SUJEITOS DO CRIME

5.1. Sujeito ativo

O art. 154 do CP contém *crime próprio*, já que somente pode figurar como sujeito ativo o ocupante de cargo, função, ministério ou profissão em razão do qual tomou conhecimento do segredo. É o caso do médico, com relação ao diagnóstico do paciente. Do advogado, no tocante às informações que seu cliente lhe confidencia. Do ministro de confissão religiosa, no que diz respeito aos pecados que ouve. Da empregada doméstica no que pertine ao segredo familiar descoberto.

Admite-se a participação de terceiro, em virtude do art. 30 do CP. A pessoa a quem a informação confidencial é transmitida não comete o crime, salvo se influenciou moral ou materialmente o detentor do dever a quebrar o sigilo.

Para a maioria da doutrina o sujeito ativo é o *confidente necessário*, ou seja, as pessoas a quem os segredos são confiados em razão de seu mister. Acreditamos, todavia, que outros também podem incorrer no delito. Como assevera Guilherme Nucci, "para tornar-se sujeito ativo deste delito basta o *nexo causal* entre o conhecimento do segredo e a atividade exercida pelo agente, sendo totalmente dispensável a intenção de alguém *confidenciar-lhe* alguma coisa"[107]. O autor exemplifica com a empregada doméstica "enxerida e indiscreta", a qual toma conhecimento do segredo alheio e o revela, embora não seja destinatária do sigilo ou confidente de seus patrões.

5.2. Sujeito passivo

Trata-se da pessoa a quem o sigilo aproveita.

Se houver o consentimento do ofendido, isto é, quando a pessoa a quem o sigilo aproveita aquiesce com sua revelação, o fato é atípico pela presença da justa causa no desvelo da informação. Repise-se que, se houver mais de um titular do segredo, todos deverão consentir; caso contrário, o delito subsistirá quanto àqueles que não o fizeram.

Não se pode confundir o sujeito passivo com o prejudicado do crime (aquele que sofre o dano material ou moral). De regra, essas figuras concentram-se na mesma

[107] Op. cit., p. 715.

pessoa; podem, contudo, ser pessoas diversas. Imagine-se o fiel que confessa a um padre ter presenciado terceiro praticando relações extraconjugais, se o religioso revela o segredo, a vítima é o confitente; o prejudicado, aquele que violou o dever de fidelidade conjugal.

6. CONSUMAÇÃO E TENTATIVA

6.1. Consumação

O crime é formal, visto que sua realização típica integral se dá com a revelação do segredo, ainda que não resulte dano a terceiro. Não é necessário que a informação chegue a um número indeterminado de pessoas, basta que uma só tome conhecimento (recorde-se que a conduta típica é "revelar" e não "divulgar"). É preciso que a informação seja potencialmente lesiva, não se exigindo o efetivo prejuízo à vítima.

6.2. Tentativa

A figura da tentativa é admissível, embora de difícil ocorrência, notadamente quando a revelação ocorre oralmente. Pode ser que o detentor do dever de manter o segredo remeta correspondência a terceiro, revelando o sigilo, mas a carta seja extraviada e nunca chegue ao seu destino.

7. INFRAÇÕES PENAIS CORRELATAS

Há outras infrações penais que também se dão com a quebra de algum sigilo; confira-se:

a) *violação de segredo funcional* (art. 325): pune-se o ato de revelar fato de que tem ciência em razão do cargo e que deva permanecer em segredo, ou facilitar-lhe a revelação. O elemento de distinção reside na natureza da informação sigilosa (privada ou de interesse público). Hungria explicava que o crime contra a Administração Pública refere-se a "segredo de interesse *público*, pois a violação de segredo privado, ainda que obtido *ratione officci*, constitui o crime previsto no art. 154"[108];

b) *violação de sigilo de proposta de procedimento licitatório* (art. 94 da Lei n. 8.666/93): "Devassar o sigilo de proposta apresentada em procedimento licitatório, ou proporcionar a terceiro o ensejo de devassá-lo" (pena: detenção, de dois a três anos, e multa);

c) *crime contra a segurança nacional* (arts. 13, 14 e 21 da Lei n. 7.170/83): "comunicar, entregar ou permitir a comunicação ou a entrega, a governo ou grupo

[108] Op. cit., ed. de 1959, v. IX, p. 397.

estrangeiro, ou a organização ou grupo de existência ilegal, de dados, documentos ou cópias de documentos, planos, códigos, cifras ou assuntos que, no interesse do Estado brasileiro, são classificados como sigilosos" (art. 13 – pena: reclusão, de três a quinze anos); "facilitar, culposamente, a prática de qualquer dos crimes previstos nos arts. 12 e 13, e seus parágrafos) (art. 14 – pena: detenção, de um a cinco anos); "revelar segredo obtido em razão de cargo, emprego ou função pública, relativamente a planos, ações ou operações militares ou policiais contra rebeldes, insurretos ou revolucionários" (art. 21 – pena: reclusão, de dois a dez anos);

d) *crime militar* (CPM, art. 326): "revelar fato de que tem ciência em razão do cargo ou função e que deva permanecer em segredo, ou facilitar-lhe a revelação, em prejuízo da administração militar" (pena – detenção, de seis meses a dois anos, se o fato não constitui crime mais grave);

e) *revelação de segredos relativos a energia nuclear* (Lei n. 6.453/77, art. 23): "transmitir ilicitamente informações sigilosas, concernentes à energia nuclear" (pena – reclusão, de quatro a oito anos);

f) *violação de sigilo de instituição financeira* (art. 18 da Lei n. 7.492/86): "violar sigilo de operação ou de serviço prestado por instituição financeira ou integrante do sistema de distribuição de títulos mobiliários de que tenha conhecimento, em razão de ofício" (pena: reclusão, de um a quatro anos, e multa);

g) *uso indevido de informação privilegiada no mercado de valores mobiliários* (art. 27-D da Lei n. 6.385/76, inserido pela Lei n. 10.303/2001), também conhecido como *insider trading*: "utilizar informação relevante ainda não divulgada ao mercado, de que tenha conhecimento e da qual deva manter sigilo, capaz de propiciar, para si ou para outrem, vantagem indevida, mediante negociação, em nome próprio ou de terceiro, com valores mobiliários" (pena: reclusão, de um a cinco anos, e multa de até três vezes o montante da vantagem ilícita obtida em decorrência do crime).

8. CLASSIFICAÇÃO JURÍDICA

Constitui crime de forma ou ação livre (pode ser praticado por qualquer meio), próprio (exige qualidade especial do sujeito ativo), formal (consuma-se independentemente do resultado naturalístico), de dano ou lesão (exige lesão ao bem tutelado – inviolabilidade do segredo – para fins de consumação), instantâneo (seu resultado ocorre instantaneamente, sem prolongar-se no tempo), unissubjetivo ou de concurso eventual (admite cometimento por uma só pessoa ou várias, em concurso) e plurissubsistente (seu *iter criminis* permite fracionamento).

9. PENA E AÇÃO PENAL

A pena é de detenção, de três meses a um ano, ou multa (infração de menor potencial ofensivo – Lei n. 9.099/95).

A ação penal é pública condicionada à representação do ofendido ou de seu representante legal. É oportuno, nesse sentido, lembrar que "o crime de violação do segredo profissional somente se procede mediante representação, direito que pertence ao interessado na manutenção do segredo e que se extingue com a morte, não se transmitindo aos herdeiros, que só poderão apresentar se forem atingidos pela revelação, conforme ensinamentos de Heleno Cláudio Fragoso"[109].

ART. 154-A – INVASÃO DE DISPOSITIVO INFORMÁTICO

1. DISPOSITIVO LEGAL

Invasão de dispositivo informático

Art. 154-A. Invadir dispositivo informático alheio, conectado ou não a rede de computadores, mediante violação indevida de mecanismo de segurança e com o fim de obter, adulterar ou destruir dados ou informações sem autorização expressa ou tácita do titular do dispositivo ou instalar vulnerabilidades para obter vantagem ilícita:

Pena – detenção, de 3 (três) meses a 1 (um) ano, e multa.

§ 1º Na mesma pena incorre quem produz, oferece, distribui, vende ou difunde dispositivo ou programa de computador com o intuito de permitir a prática da conduta definida no *caput*.

§ 2º Aumenta-se a pena de um sexto a um terço se da invasão resulta prejuízo econômico.

§ 3º Se da invasão resultar a obtenção de conteúdo de comunicações eletrônicas privadas, segredos comerciais ou industriais, informações sigilosas, assim definidas em lei, ou o controle remoto não autorizado do dispositivo invadido:

Pena – reclusão, de 6 (seis) meses a 2 (dois) anos, e multa, se a conduta não constitui crime mais grave.

§ 4º Na hipótese do § 3º, aumenta-se a pena de um a dois terços se houver divulgação, comercialização ou transmissão a terceiro, a qualquer título, dos dados ou informações obtidos.

§ 5º Aumenta-se a pena de um terço à metade se o crime for praticado contra:

I – Presidente da República, governadores e prefeitos;

II – Presidente do Supremo Tribunal Federal;

III – Presidente da Câmara dos Deputados, do Senado Federal, de Assembleia Legislativa de Estado, da Câmara Legislativa do Distrito Federal ou de Câmara Municipal; ou

IV – dirigente máximo da administração direta e indireta federal, estadual, municipal ou do Distrito Federal.

[109] *RDTJRJ* 62/391.

2. INTRODUÇÃO

2.1. Origem da lei

A Lei n. 12.737, de 30-11-2012, publicada no *Diário Oficial* do dia 3 de dezembro do mesmo ano, com período de vacância de 120 dias, reconheceu pioneiramente a tutela de um *novo bem jurídico-penal*, a *segurança informática*, ladeando outros valores fundamentais que merecem a proteção do Direito Penal.

Trata-se de *novatio legis* incriminadora e, dado seu caráter gravoso, por ampliar o direito de punir estatal, não se aplica a fatos ocorridos antes de sua entrada em vigor.

2.2. Crimes informáticos

O Brasil, como muitos países, vivencia, neste terceiro milênio, os efeitos da Revolução Digital e, com seus avanços, assiste ao surgimento de uma nova forma de criminalidade: os *delitos informáticos*.

Desde a criação do computador, ainda a base de válvulas e vácuo, na década de 1940, seguida por sua difusão nos idos de 1980, e, posteriormente, com a popularização da internet na década seguinte, com a criação do sistema WWW (*world wide web*), essas ferramentas vêm desenhando o novo rosto da sociedade: sua face virtual, gerando o que alguns denominam *"Sociedade da Informação"*.

O Direito, que mira os fatos, identifica os valores e cria as normas necessárias à sua regulação, aos poucos se amolda a essa nova realidade.

Isso vale para diversos ramos jurídicos: há o contrato eletrônico, no Direito Civil, o *e-commerce*, no Direito Comercial e do Consumidor, o processo eletrônico, no Direito Processual (Civil e Penal), a tributação pelo computador, a emissão de nota fiscal *on-line*, o pregão eletrônico no Direito Administrativo e os delitos informáticos no Direito Penal.

Em matéria criminal, boa parte das infrações cometidas por computadores e por sua rede mundial já se amoldava, sem maiores dificuldades, aos tipos penais existentes desde outrora. Isto porque, deve-se ressaltar, os crimes informáticos, em sua imensa maioria, não vulneram um novo bem jurídico, mas constituem meios de se ofender aqueles já reconhecidos pelo ordenamento: como a privacidade, a propriedade imaterial, o patrimônio, a fé pública, a Administração Pública etc.

Assim, por exemplo, quem obtém a senha bancária da vítima e com ela efetua transferências eletrônicas, subtraindo valores de sua conta corrente, comete furto mediante fraude (CP, art. 155, § 4º, II), como já decidiu reiteradamente o Superior Tribunal de Justiça: "Saques fraudulentos em contas-correntes (...) por meio da internet, com o fim de pagar contas e impostos de empresas sediadas em palmas/TO e administradas pelo investigado. Furto mediante fraude"[110].

[110] CC 131.566/DF, rel. Min. Reynaldo Soares da Fonseca, 3ª S., j. 23-9-2015, *DJe* de 29-9-2015. No mesmo sentido, STJ, CC 145.576/MA, rel. Min. Joel Ilan Paciornik, 3ª S., j. 13-4-2016.

Havia, porém, uma considerável gama de comportamentos ilícitos praticados no ambiente informatizado que se mostravam atípicos e, em virtude da proibição de analogia *in malam partem*, não poderiam ser açambarcados pelo manto protetivo do Direito Penal, senão por meio de uma reforma legislativa.

A Lei n. 12.737/2012 foi elaborada justamente com este escopo, ou seja, muito mais do que "homenagear" uma atriz[111], surgiu para colmatar relevantes lacunas existentes no ordenamento jurídico.

Afinal, não se punia criminalmente, até então, a instalação de vírus em computadores alheios ou o oferecimento a terceiros de programas (*softwares*) ou dispositivos capazes de realizar tais operações (comportamentos incluídos no atual art. 154-A do CP). O mesmo se pode dizer para a interrupção ou embaraço de sistema eletrônico de informação de utilidade pública, como *sites* de governos (*e-government*), punida no atual art. 266 do CP e para a falsificação de cartões de crédito ou débito (incluída no art. 298 do CP), condutas que configuravam atos preparatórios impuníveis e só adquiriam relevância penal, não sem alguma divergência doutrinária e jurisprudencial, quando o agente dava início à execução, por exemplo, de algum estelionato ou furto mediante fraude.

Cremos que, nos arts. 154-A e 266, § 1º (incluídos pela Lei n. 12.737/2012), como já antecipamos, pode-se identificar um novo bem jurídico alçado à categoria de valor penalmente relevante: a *segurança informática.*

Como ensina Augusto Rossini, *referido bem tem como elementos a integridade, a disponibilidade e a confidencialidade dos dados das informações* no ciberespaço.

Referido valor sempre resulta vulnerado nos delitos informáticos puros ou próprios (veja o item a seguir)[112]; ao seu lado, outros bens jurídicos poderão restar atingidos, como a intimidade, a privacidade e a autodeterminação informática (isto é, a liberdade de transitar no ambiente virtual a salvo da intervenção indevida de terceiros).

2.3. Controvérsia acerca da denominação: crimes digitais, informáticos ou cibernéticos

Não há uniformidade na doutrina a respeito da correta denominação dos delitos cometidos por meio de computadores.

Parece-nos, não obstante, que a expressão *crimes informáticos*[113], por ter sido empregada pelo legislador, ainda que possa ser vista como imperfeita, porque

---

[111] Os órgãos de imprensa denominaram a Lei n. 12.737/2012 de "Lei Carolina Dieckman", atriz que teve seu computador devassado por terceiros, obtendo ilicitamente arquivos que a revelavam em sua intimidade, utilizando-os para extorqui-la.

[112] *Informática, telemática e direito penal.* São Paulo: Memória Jurídica, 2004.

[113] Veja a ementa da Lei n. 12.737/2012: "Dispõe sobre a tipificação criminal de *delitos informáticos*, altera o Decreto-Lei n. 2.848, de 7-12-1940 – Código Penal, e dá outras providências" (destaque nosso).

não é somente a informação eletrônica que se protege, já se mostra consagrada pelo uso cotidiano.

Tais infrações se dividem em *próprias ou puras e impróprias ou impuras.* As primeiras são as que somente podem ser cometidas por meio telemático ou em sistema informatizado, caso do atual art. 154-A; as demais se constituem daquelas que podem ser praticadas em ambiente virtual ou real (é o caso do furto qualificado pela fraude – art. 155, § 4º, II, do CP, quando realizado por intermédio de transferência bancária mediante obtenção ilícita da senha da vítima, com a subtração dos valores existentes em conta).

3. VALOR PROTEGIDO (OBJETIVIDADE JURÍDICA)

O art. 154-A do CP tutela, em primeiro plano, a *segurança informática*, ou seja, a liberdade de trafegar em meios informáticos, bem jurídico que, segundo Augusto Rossini, estrutura-se no tripé: integridade, disponibilidade e confidencialidade das informações e dados em ambiente telemático[114].

Protege-se, ainda, a *intimidade*, no tocante às informações pessoais que mantemos ou utilizamos em dispositivos informáticos. Sublinhe-se que o legislador o inseriu no capítulo dedicado aos crimes contra a liberdade individual, na seção pertinente àqueles atentatórios à *inviolabilidade dos segredos.*

4. TIPO OBJETIVO

O verbo nuclear, conduta em que se funda o comportamento criminoso, reside no ato de *invadir* (ingressar clandestinamente, furtivamente).

Dá-se quando o sujeito passivo desconhece o ingresso ou a ele se opõe. O dissenso da vítima constitui elementar do tipo, tanto que, mais à frente (e, a rigor, de modo redundante), o preceito primário menciona a falta de autorização expressa ou tática do titular do dispositivo invadido.

O objeto material consiste em *dispositivo informático*: entende-se como tal o *mecanismo físico ou virtual capaz de reunir informações ou dados digitalizados em ambiente eletrônico*, por meio da linguagem característica dos computadores e mecanismos equivalentes. São exemplos: PC (*personal computer*), *tablet*, *smartphone*, *flashdrive* ou *pendrive*, discos rígidos, arquivos de armazenamento de dados em nuvem, que se encontram recolhidos na internet, mas têm apoio em meio físico mantido pela organização responsável pela prestação do serviço.

Esse dispositivo pode ou não estar conectado em rede.

Qual espécie de rede? Seria somente a internet?

---

114 *Informática, telemática e direito penal*. São Paulo: Memória Jurídica, 2004.

Trata-se de *qualquer* rede, *não só a internet*. Pode ser, destarte, rede doméstica ou pública, pois a lei não fala em rede mundial de computadores, mas, de modo geral e inespecífico, refere-se (indistintamente) a "rede de computadores".

Abrange, portanto, os dispositivos *on-line* e também aqueles interligados via rede privada (como os aparelhos de uma residência ou empresa conectados um ao outro), ou, ainda, com acesso exclusivo a rede interna (*intranet*).

O tipo penal requer adote o sujeito ativo um determinado *meio executivo*: deve agir mediante a *violação indevida*[115] (ilegal) *de mecanismo de segurança* (antivírus, *firewall*, senha etc.). Se a invasão for autorizada por determinação judicial, motivada pela quebra de sigilo das comunicações telemáticas ou de dados, a violação do mecanismo de segurança será *devida* e, portanto, atípica.

Não há crime, ainda, se inexistir qualquer mecanismo de segurança na máquina (como senha ou antivírus).

Exigem-se, ainda, determinadas finalidades especiais a que se deve dirigir a conduta do agente, conforme se exporá no próximo item.

5. TIPO SUBJETIVO

Os tipos penais, salvo disposição expressa em sentido contrário, somente são punidos a título de dolo.

É o caso do art. 154-A, de maneira que se exige, para efeito de subsunção, que o sujeito atue com consciência e vontade de realizar os elementos objetivos e normativos do tipo.

O legislador acrescentou, igualmente, *elementos subjetivos específicos*, pois o ato deve ser praticado com as seguintes finalidades:

a) *obter* (conseguir, lograr), *adulterar* (falsificar, viciar, modificar) ou *destruir* (inutilizar, danificar) *dados ou informações*; ou,

b) *instalar* (inserir) *vulnerabilidades*, isto é, mecanismos físicos ou eletrônicos que colaborem com a fragilidade do sistema informatizado, permitindo ou facilitando o acesso desautorizado de terceiros; é o caso, por exemplo, de vírus eletrônicos, "cavalos de Troia" etc.

6. SUJEITOS DO CRIME

6.1. Sujeito ativo

O delito pode ser cometido por qualquer pessoa, tratando-se, bem por isso, de *crime comum*.

[115] Elemento normativo do tipo.

6.2. Sujeito passivo

O sujeito passivo é a sociedade, titular da segurança informática e, em especial, o detentor da informação ou dado obtido e o responsável ou controlador do dispositivo informático (que podem ser pessoas diferentes, como ocorre quando alguém se utiliza de serviço de armazenamento de dados em nuvem para arquivar seus dados e informações virtuais).

7. CONSUMAÇÃO E TENTATIVA

7.1. Consumação

Cuida-se de *crime formal*, de consumação antecipada ou de resultado cortado (expressões sinônimas), pois sua realização independe da efetiva obtenção, adulteração ou inutilização do dado ou informação eletrônica ou da instalação da vulnerabilidade.

Basta a invasão do dispositivo informático alheio realizada com tais propósitos.

Não é necessário, sequer, que a conduta resulte em prejuízo econômico ao ofendido; se isto ocorrer, haverá exaurimento, o qual, no caso do art. 154-A, conduz ao aumento da pena de um sexto a um terço (§ 2º).

Se o comportamento gerar a obtenção de conteúdo de comunicações eletrônicas privadas, segredos comerciais ou industriais, informações sigilosas, assim definidas em lei, ou o controle remoto não autorizado do dispositivo invadido, incide a forma qualificada do § 3º.

7.2. Tentativa

A tentativa se afigura possível, uma vez que o *iter criminis* é fracionável (crime plurissubsistente).

Alguém pode tentar invadir o dispositivo, procurando romper ou quebrar seus códigos de proteção, mas não conseguir fazê-lo por circunstâncias alheias à sua vontade (como, por exemplo, porque o antivírus instalado na máquina impediu o acesso ilegal).

8. FIGURA EQUIPARADA

8.1. Introdução

De acordo com o § 1º, "na mesma pena incorre quem produz, oferece, distribui, vende ou difunde dispositivo ou programa de computador com o intuito de permitir a prática da conduta definida no *caput*".

O legislador tipificou, como infração autônoma e por meio de tipo equiparado, *atos preparatórios* das condutas descritas na modalidade fundamental. Essa técnica legislativa, consistente em antecipar a tutela penal, por vezes se mostra indispensável para a eficaz proteção do bem jurídico.

Afigura-se correta, em nosso ponto de vista, sobretudo em face das peculiaridades da internet, incriminar quem difunde dispositivo ou programa de computador apto a realizar os fatos típicos previstos na cabeça do artigo.

A facilidade com que as informações se espalham na rede mundial de computadores justifica a cautela com que procedeu o legislador.

8.2. Tipo objetivo e subjetivo

As condutas nucleares são, em primeiro lugar, o ato de *produzir*, ou seja, confeccionar, fabricar. *Incorre no verbo*, ainda, *o sujeito que reproduzir* o objeto material, isto é, o copiar, o replicar. Afinal, quem reproduz, produz novamente.

Pune-se, ainda, a ação de *oferecer*, entendida como disponibilizar, ofertar a outrem (*v.g.*, o sujeito envia mensagens a outros usuários da internet oferecendo-lhes *software* capaz de invadir computadores alheios).

Há crime, ainda, se o agente *distribuir*: entregar a terceiro ou terceiros determinados (se indeterminados, há difusão e não distribuição); *vender*: ceder a título oneroso, mediante contraprestação; *difundir*: popularizar, espalhar (como o sujeito que deixa o arquivo na rede mundial de computadores, em local de fácil acesso, para que outros possam retirá-lo e utilizá-lo).

O *objeto material* é o *dispositivo* (mecanismo físico) e o *programa de computador* (ou *software*), assim entendido como "a expressão de um conjunto organizado de instruções em linguagem natural ou codificada, contida em suporte físico de qualquer natureza, de emprego necessário em máquinas automáticas de tratamento da informação, dispositivos, instrumentos ou equipamentos periféricos, baseados em técnica digital ou análoga, para fazê-los funcionar de modo e para fins determinados" (art. 1º da Lei n. 9.609/98).

Esta figura *possui*, do mesmo modo que a modalidade fundamental (*caput*), *elemento subjetivo específico*, além do dolo (elemento subjetivo genérico), consistente no intuito de permitir a invasão de dispositivo informático alheio para obtenção, adulteração ou destruição de dados ou informações ou a instalação de vulnerabilidades.

Pergunta-se: comete crime o sujeito que, desconhecendo um programa maldoso (vírus) anexado a determinado arquivo, o encaminha a terceiras pessoas, permitindo o acesso aos dados ou informações dos destinatários?

Não, porque, embora tenha realizado objetivamente o tipo, não o aperfeiçoou subjetivamente, à medida que desprovido da consciência de que o arquivo continha o vício mencionado. Aplica-se o art. 20, *caput*, do CP, reconhecendo-se o erro de tipo (incriminador) essencial. Pouco importa saber, nesse caso, se a conduta derivou de erro evitável ou inevitável, já que ambos excluem o dolo e a infração em estudo não é apenada na forma culposa.

9. CAUSA DE AUMENTO DE PENA (§ 2º)

Aumenta-se a pena de um sexto a um terço *se da invasão resulta prejuízo econômico*, isto é, financeiro, pecuniário.

O agravamento deve ser balizado conforme o montante do prejuízo provocado.

Não incorre na exasperante o autor da conduta que provoca prejuízo exclusivamente moral, embora, nesse caso, sua sanção deva ser elevada na fixação da pena-base (art. 59, *caput*, do CP).

10. QUALIFICADORA (§ 3º)

Se da invasão resultar a obtenção de conteúdo de comunicações eletrônicas privadas, segredos comerciais ou industriais, informações sigilosas, assim definidas em lei, ou o controle remoto não autorizado do dispositivo invadido, pune-se o ato com reclusão, de 6 meses a 2 anos, e multa (salvo se a conduta constitui crime mais grave).

Essa qualificadora vincula-se a uma das modalidades de cometimento da figura principal, nomeadamente aquela na qual o sujeito invade o dispositivo alheio *com o fim de obter* o dado ou a informação da vítima.

Pune-se de maneira mais rigorosa o ato que resultar:

a) no *acesso ao conteúdo de comunicações eletrônicas privadas* (p. ex.: textos de *e-mails* particulares) – não se inclui na qualificadora o acesso ao teor de arquivos privados que não constituam comunicação com terceiros, como textos pessoais, ainda que de cunho particular (aplica-se, nesse caso, a figura simples – *caput*);

b) na *obtenção de segredos comerciais ou industriais e informações sigilosas*, assim definidas em lei, como fórmulas ainda não patenteadas;

c) na *realização do controle à distância não autorizado do dispositivo invadido*.

Destaca-se, por fim, a incoerência do preceito secundário, pois prevê pena de *reclusão*, mas impõe prazo *máximo de dois anos*, constituindo, assim, infração penal de menor potencial ofensivo: ou seja, trata-se da espécie de pena privativa de liberdade mais grave imposta à categoria de infração mais branda prevista em nosso ordenamento jurídico.

A figura qualificada é, ainda, expressamente subsidiária, em razão da ressalva contida na pena (salvo se a conduta constitui crime mais grave).

11. CAUSA DE AUMENTO DE PENA DA FIGURA QUALIFICADA (§ 4º)

Na hipótese do § 3º, aumenta-se a pena de um a dois terços se houver divulgação, comercialização ou transmissão a terceiro, a qualquer título, dos dados ou informações obtidos.

O legislador puniu, gradativamente, cada fase do iter criminis.

Se o sujeito cria o *software* capaz de invadir outros dispositivos, mediante violação do mecanismo de segurança, transmitindo-o a terceiros, incorre na figura equiparada do § 1º (ato preparatório punível).

Se utiliza o programa informático desenvolvido e invade computador alheio, com o fim, por exemplo, de obter acesso aos seus dados, incorre no tipo fundamental.

Se obtiver acesso ao conteúdo de comunicações privadas ou a segredos comerciais ou industriais, responde pela figura qualificada (§ 3º). Caso, posteriormente, divulgue essas informações particulares, incide a exasperante à forma qualificada (§ 4º).

Deve-se deixar claro que, se a conduta for realizada pelo mesmo agente, como sequência de atos no mesmo *iter criminis*, há delito único (e não concurso de crimes), por aplicação do princípio da consunção ou absorção.

12. CAUSAS DE AUMENTO DE PENA APLICÁVEIS A TODAS AS MODALIDADES (§ 5º)

Funda-se a exasperante na qualidade do sujeito passivo e se aplica a todas as figuras contidas na disposição legal.

De acordo com o § 5º, aumenta-se a pena de um terço à metade se o crime for praticado contra:

a) Presidente da República;

b) governadores e prefeitos;

c) Presidente do Supremo Tribunal Federal;

d) Presidente da Câmara dos Deputados, do Senado Federal, de Assembleia Legislativa de Estado, da Câmara Legislativa do Distrito Federal ou de Câmara Municipal;

e) dirigente máximo da administração direta e indireta federal, estadual, municipal ou do Distrito Federal.

O legislador não contemplou na esfera de incidência da causa de aumento do § 5º, injustificadamente, o chefe do Ministério Público (PGR ou PGJ), embora tenha incluído, ao lado dos Mandatários de Poder, dirigentes máximos de órgãos da administração pública, direta ou indireta.

13. CLASSIFICAÇÃO JURÍDICA

O crime é doloso, comum (qualquer pessoa pode cometê-lo), unissubjetivo ou de concurso eventual (admite unidade ou pluralidade de sujeitos ativos), formal ou de consumação antecipada (atinge sua realização integral com a invasão do dispositivo alheio, objetivando a obter, adulterar ou destruir dados ou informações sem autorização expressa ou tácita do titular do dispositivo ou instalar vulnerabilidades, mesmo que esses resultados não se produzam), plurissubsistente (sua conduta típica comporta fracionamento em diversos atos), instantâneo (a consumação dá-se instantaneamente, sem se prolongar no tempo) e informático próprio ou puro (somente pode ser cometido por meio telemático ou em sistema informatizado).

14. PENA E AÇÃO PENAL

14.1. Pena

Nas formas simples e equiparada (*caput* e § 1º), pune-se o ato com detenção, de três meses a um ano, e multa.

Se houver a aplicação da exasperante em razão do prejuízo econômico gerado (§ 2º), a pena será elevada de um sexto a um terço.

Na figura qualificada (§ 3º), pune-se o ato com reclusão, de 6 (seis) meses a 2 (dois) anos, e multa.

Se, nesse caso, houver a divulgação, comercialização ou transmissão a terceiro, a qualquer título, dos dados ou informações obtidos, eleva-se a sanção de um a dois terços.

Caso o crime seja cometido em detrimento das pessoas referidas no § 5º, haverá exasperação da sanção em um terço.

Trata-se de infração de menor potencial ofensivo, sujeita, portanto, às normas da Lei n. 9.099/95, exceto na hipótese do § 4º e dos §§ 3º e 5º, combinados.

Se o crime for cometido em situação de violência doméstica ou familiar contra a mulher, possível em face da abertura da definição registrada no art. 5º da Lei Maria da Penha[116], afasta-se a incidência da Lei dos Juizados Especiais Criminais. É o caso, por exemplo, do ex-companheiro que, inconformado com o término do relaciona-

[116] Constitui violência doméstica e familiar contra a mulher qualquer ação ou omissão baseada no gênero, que cause à vítima, entre outros, dano moral ou patrimonial, no ambiente familiar, doméstico ou nas relações íntimas de afeto. Importante registrar, porém, que deve estar configurada na situação a chamada "violência de gênero", ou seja, aquela praticada (geralmente pelo homem) contra a mulher, como forma de sujeição ou submissão.

mento, invade o computador de sua ex-convivente e obtém informações privadas, divulgando-as na internet.

14.2. Ação penal

De acordo com o art. 154-B do CP, nos crimes definidos no art. 154-A, somente se procede mediante *representação*, salvo se o crime é cometido contra a administração pública direta ou indireta de qualquer dos Poderes da União, Estados, Distrito Federal ou Municípios ou contra empresas concessionárias de serviços públicos.

Trata-se, portanto, de delito de ação penal de iniciativa pública, o qual, como regra, depende de representação do ofendido.

TÍTULO II
DOS CRIMES CONTRA O PATRIMÔNIO

1. INTRODUÇÃO

O patrimônio constitui o segundo valor fundamental cuja proteção nosso Código Penal consagra. Depois de tutelar a pessoa, sob diversos aspectos (vida, saúde, integridade corporal, honra, liberdade individual), preocupa-se nossa lei criminal com *a relação entre os homens e seus bens materiais*. Não se trata, obviamente, de proteger as coisas em detrimento das pessoas; em outras palavras, não está o legislador a defender os bens em si mesmos, o que, aliás, seria de todo injustificável: se a pessoa humana é o centro do ordenamento jurídico (CF, art. 1º, III), não pode a lei dar a estas importância menor que aos objetos.

Registre-se, então, que o fator (politicamente) legitimante da *intervenção desse ramo do Direito não é a* res *em si considerada, mas esta em relação com uma determinada pessoa – é o que decorre da própria noção de patrimônio, ou seja, o "complexo de bens ou interesses de valor econômico, em relação de pertinência a uma pessoa"*[1].

De ver, ainda, que a objetividade jurídica deste título não se esgota no patrimônio, já que outros valores de elevada magnitude também recebem proteção legal. Isto porque, há diversas infrações penais que constituem *crimes complexos*, ou seja, contêm *dupla objetividade jurídica*. Assim, por exemplo, o crime de roubo (CP, art. 157), salvaguarda o patrimônio e a integridade corporal e psíquica das pessoas; o latrocínio (CP, art. 157,§ 3º), além dos bens pessoais, a vida; a extorsão mediante sequestro (CP, art. 159) também protege nossa liberdade de locomoção.

Acrescente-se, outrossim, que há outras normas incriminadoras dispersas no texto legal que também visam à salvaguarda do patrimônio, embora indiretamente, como se nota nos crimes contra a incolumidade pública (p. ex., o incêndio – art. 250 do CP) e nos delitos contra a administração pública (p. ex., o peculato – art. 312 do CP). Importante lembrar, ademais, existirem leis especiais que também punem condutas lesivas ao patrimônio alheio, como as Leis n. 1.521/51 (crimes contra a economia popular) e n. 8.137/90 (crimes contra a ordem tributária e econômica).

---

1 Nelson Hungria, *Comentários ao Código Penal*, 3. ed., p. 7.

2. CONCEITO DE PATRIMÔNIO

Viu-se acima que o Título II não tutela apenas o patrimônio, mas diversos bens fundamentais, como a vida, a integridade corporal, a saúde, a liberdade individual etc. Nada obstante, sendo aquele o cerne comum a todos os dispositivos referidos nos arts. 155 a 183, é mister delimitar sua exata compreensão.

Esclareça-se que *a delimitação da esfera de proteção do patrimônio há de ser compreendida a partir dos tipos penais previstos no título em análise.* Os conceitos localizados em outros ramos da Ciência do Direito, notadamente no âmbito do Direito Civil, não podem servir de ponto de partida, mas tão somente de (necessária) complementação. Há mais de um século que se superou a discussão sobre a autonomia do Direito Penal e, em homenagem a esta, não se pode jamais olvidar das diversas elementares plasmadas nas normas incriminadoras. Há de se ter em vista, ademais, a referência constitucional, que legitima (política e juridicamente) a atuação das regras e princípios criminais.

Com essas ideias em mente, já se deve esclarecer parecer-nos correta a definição da objetividade jurídica nos moldes da legislação brasileira, a qual alude ao "patrimônio", e não à "propriedade" como o valor tutelado. Mario Garrido Montt, ao analisar a opção do secular Código Penal chileno, que se inspirou no Código Penal espanhol de 1848, denominando os crimes em questão de crimes contra a propriedade, aponta a defasagem do critério adotado. "O conceito de propriedade", diz o autor, "cria uma série de limitações ou de extensões ao relacionar-se com cada uma das figuras"[2]. Bem por isso, os juristas desse país dão à propriedade (para o Direito Penal) uma larga definição (distinta da contida no Código Civil), único modo capaz de açambarcar todas as diferentes infrações nela inseridas.

A solução adotada pela maioria das legislações penais, inclusive o Código brasileiro, se mostra, nesse particular, superior (embora não definitiva). Ilustre-se que o Código Penal espanhol refere-se aos "Crimes contra o patrimônio e as relações econômicas". O Código Penal português, que também dedica seu segundo título à matéria, cunhou a expressão "Crimes contra o patrimônio" (embora se note, em seus capítulos, referência a "Crimes contra a propriedade", "Crimes contra o patrimônio em geral" e "Crimes contra direitos patrimoniais").

É bem verdade que falar em patrimônio não é a solução para os problemas da compreensão do alcance dos tipos penais, pois sua própria noção não é pacífica. Para Hungria, abrange as relações jurídicas entre as pessoas e seus bens, os quais devem conter, necessariamente, valor econômico, utilidade ou *valor sentimental.* Outros afirmam que se deve excluir da proteção objetos de valor exclusivamente sentimental, sob pena de deixar ao arbítrio da vítima a existência da infração penal. Essa crítica,

---

2 *Derecho penal*: parte especial, t. III, p. 149.

todavia, não nos parece procedente, dado que nos delitos exclusivamente patrimoniais, o consentimento do ofendido exclui a tipicidade do comportamento; significa dizer que o sujeito passivo sempre desempenhará papel fundamental na existência do fato criminoso. O que se protege, ademais, não é unicamente o valor econômico, mas a relação da pessoa com determinado objeto.

Mantovani conceitua o patrimônio como "o complexo de relações jurídicas encabeçadas por um sujeito que tem por objeto último *coisas* dotadas de *utilidade*, isto é, de capacidade de satisfazer necessidades humanas, *materiais* ou *espirituais*"[3]. É a definição que adotamos.

Há um setor doutrinário, ademais, que manifesta forte crítica à ênfase que a legislação criminal brasileira dá à incriminação de delitos patrimoniais. Chegam a ver nestas disposições carregado fator discriminatório de classes socioeconômicas, mencionando estarem os estabelecimentos penais lotados de pessoas financeiramente desfavorecidas, que cometeram tais delitos. Aduzem, ainda (em tom crítico), que a proteção do patrimônio tem íntima relação com o sistema de produção capitalista. Tais críticas, em que pese a autoridade de seus autores, não nos parecem justas.

Em primeiro lugar, a História a desmente, posto que a proteção penal do patrimônio antecede em muito o surgimento do capitalismo. As bases punitivas do crime de furto, que encerra a tipologia central neste grupo de infrações penais, remonta à Antiguidade. Além disso, mesmo durante o século XX, com a divisão mundial entre países capitalistas e comunistas, *em ambos* se notava a preocupação com a incriminação destas infrações.

Acrescente-se, de outra parte, que é falaciosa a premissa de que o *tratamento legal* destes delitos é discriminatório. Alfonso Serrano Gomez registra que "os delitos contra o patrimônio são os que dão maior volume de criminalidade, em especial o furto, simples ou qualificado com emprego de força contra a coisa e o roubo. Esta realidade se passa em todos os países, tanto na Europa como no resto do mundo"[4]. Sua tese se arrima em confiáveis dados estatísticos obtidos junto à INTERPOL – *International Criminal Police Organization*. Equivocam-se, portanto, os críticos quanto ao suposto caráter discriminatório das infrações penais do Título II. Evidente que pode haver distorções – lembremos o óbvio: a lei penal é produto elaborado por seres humanos, falíveis por definição. Não se nega, por outro lado, a existência de discriminação, inclusive socioeconômica, no momento da *aplicação* de nossa lei penal. Se isso ocorre, todavia, não é porque os tipos penais contidos nos arts. 155 a 180 padecem desse mal, mas sim pela cultura da aplicação da norma penal, presente em alguns poucos setores

---

[3] Citado por José Faria da Costa, *Comentário conimbricense do Código Penal*: parte especial, t. II, p. 29.

[4] *Derecho penal*: parte especial.

da Justiça Criminal (tanto aparato policial como judiciário), que privilegiam determinada classe social em detrimento de outra.

Em resumo: não temos receio algum em afirmar, louvando-nos em José de Faria Costa (ao analisar o furto – crime patrimonial reitor), que há um *dado sociológico* inegável a inspirar a existência destas infrações, suficiente para legitimá-las, ao lado de um fator antropológico digno de nota. O elemento sociológico consiste "no alarme social suscitado pelo fato de que quem subtrai coisa móvel alheia provoca uma perturbação no equilíbrio das relações sociopatrimoniais perante todos aqueles que aceitam o preexistente plano da distribuição dos bens e das coisas"[5]. A questão antropológica refere-se ao modo de ser do homem, vinculado, entre outros fatores, ao *ter*; "...o *ter* enquanto patrimônio para se dizer de maneira simples e direta (Dijon, *Droit naturel* 1998 231 s.) – não deixa, aqui, de ser relevante e de enorme importância"[6].

3. VALOR ECONÔMICO

A questão a ser posta pode assim ser resumida: o valor econômico da coisa constitui requisito indispensável para a existência dos crimes contra o patrimônio? Seria uma elementar implícita nos diversos tipos penais que contém o Título II? Num primeiro momento, essa ideia surge como algo quase que inerente à noção de delitos patrimoniais. Ora, como se pode pensar em infração lesiva ao patrimônio de alguém, sem que o bem visado tenha expressão econômica?

De fato, essa característica está presente em praticamente todas as infrações do Título II. *Não é, contudo, requisito indispensável.* Deve ela ser levada em conta, segundo nos parece, somente naquelas infrações que contenham o patrimônio como a única e exclusiva objetividade jurídica protegida (p. ex., o furto) e, mesmo nesses casos, não de modo absoluto. Isto porque, repita-se, o patrimônio traduz uma relação jurídica entre a pessoa e um objeto, dotado de utilidade, e capaz de satisfazer necessidades *materiais e espirituais (ou seja, afetivas)*. "A concepção do patrimônio, para o Direito Penal, guarda sentido amplo: acervo de bens e objetos tangíveis e conjunto de direitos e deveres pertencentes a uma pessoa física ou jurídica, *não necessariamente* suscetíveis de valoração econômica imediata"[7]. Dessa forma, aquele que subtrai, para si, objeto de inexpressivo valor econômico, mas sabidamente caro sentimentalmente para seu titular, comete furto[8]. Do mesmo modo, quem toma de assalto uma pessoa

---

[5] Op. cit., p. 28.

[6] Ibidem, p. 29.

[7] Israel Domingos Jorio, *Latrocínio*, p. 137.

[8] É evidente que a situação deve ser analisada com cuidado, no caso concreto, para não se admitir excessos, como a punição criminal daquele que subtrai uma folha seca utilizada para marcar a página de um livro. O valor afetivo não pode, contudo, ser simplesmente ignorado, como se só a questão econômica fosse importante na definição da intervenção do Direito Penal.

e, mediante violência, retira-lhe bem de ínfimo valor, comete roubo (que se trata de delito complexo).

4. VISÃO GERAL DO TÍTULO II

O Título em exame compreende 28 artigos (155 a 183), os quais se subdividem em 8 capítulos, a saber:

- Capítulo I - Do furto (arts. 155 e 156);
- Capítulo II - Do roubo e da extorsão (arts. 157 a 160);
- Capítulo III - Da usurpação (arts. 161 e 162);
- Capítulo IV - Do dano (arts. 163 a 167);
- Capítulo V - Da apropriação indébita (arts. 168 a 170);
- Capítulo VI - Do estelionato e outras fraudes (arts. 171 a 179);
- Capítulo VII - Da receptação (art. 180);
- Capítulo VIII - Disposições gerais (arts. 181 a 183).

Capítulo I

DO FURTO (ARTS. 155 E 156)

1. INTRODUÇÃO

O presente capítulo compõe-se de *duas infrações penais*: o *furto* e o *furto de coisa comum*.

O *furtum* constitui verdadeiro marco na tipologia das infrações patrimoniais. Trata-se do crime patrimonial por excelência ou "crime patrimonial reitor".

Merece destaque, ademais, o fato de nosso legislador haver optado por tipificar a figura do furto de coisa comum, evitando, com isso, dúvidas sobre a relevância penal de semelhante comportamento.

2. HISTÓRICO

A tradição da punição criminal do *furtum* vem de longíssima data. A doutrina procura suas raízes no Direito Romano, até porque este constitui verdadeira "ponte" entre os primórdios do direito e o sistema jurídico moderno.

Ao tempo da Lei das XII Tábuas (primeiro documento legal escrito de Roma, elaborado em 462 a.C.), punia-se comportamento muito semelhante à atual noção de furto, que se distinguia, ademais, no *furtum manifestum* (o agente era surpreendido em flagrante cometendo a infração penal), apenado com morte, e no *furtum nec manifestum* (o agente não era apanhado em flagrante), punido com sanção pecuniária, estimada em face do valor do bem subtraído[1].

---

[1] "TÁBUA II. 3. Se alguém cometer furto à noite e for morto em flagrante, o que matou não será punido. 4. Se o furto ocorrer durante o dia e o ladrão for flagrado, que seja fustigado e entregue como escravo à vítima. Se for escravo, que seja fustigado e precipitado do alto da rocha Tarpeia. (...) 7. Se, pela procura *cum lance licioque*, a coisa furtada for encontrada na casa de alguém, que seja punido como se fora um furto manifesto. 8. Se alguém intentar ação por furto não manifesto, que o ladrão seja condenado no dobro" (disponível em: http://www.dhnet.org.br/direitos/anthist/12tab.htm; acesso em: 12 out. 2009).

De um conceito restrito, baseado na Lei das XII Tábuas, evolui-se para um extremamente amplo e, de tal modo dilatado, que se confundia com ilícito privado, considerando-se como furto "todo ato doloso (que não seja possível classificar segundo uma diversa qualificação jurídica) que acarretasse para a parte lesada uma perda ou uma desvantagem relativamente a uma coisa, ainda que imóvel"[2].

Na fase final da República, com o desenvolvimento das instituições jurídicas, surgia o célebre conceito de Paulus (muito similar à definição moderna), segundo o qual *furtum est concrectatio rei fraudulosa lucri faciendi gratia vel ipsius rei vel etiam usus eius possessionisve; quod lege naturali prohibitum est admittere* – D. 47, 2, 1, 3 ("furto é o assenhoreamento fraudulento de uma coisa, de modo a realizar lucro, seja da própria coisa, seja também do seu uso ou posse; o que por lei natural está proibido de fazer"[3]).

Ao tempo do Imperador Justiniano (527-565), em suas célebres *Institutas*, incluía-se na proteção do furto até mesmo a posse. No Livro IV, Título I, § 1º – *De obligationibus quae ex delicto nascuntur*, dizia-se que "furto é a tomada fraudulenta de uma coisa de seu uso, ou de sua posse"[4].

Com a queda do Império Romano, o que se viu, até a Ilustração, chegando aos dias atuais, foi uma gama de conceitos diversos, uma grande diversidade de tratamento punitivo, desde a pena capital, a mutilação até a imposição de penas meramente pecuniárias.

Em nosso país, como se sabe, os primeiros documentos jurídicos escritos a vigorarem foram as Ordenações do Reino português (que dedicavam seus Livros V às normas penais). As Ordenações Afonsinas (1446-1521) puniam o furto nos Títulos LIV (*Dos que furtam as aves, que hajam pena assim como de qualquer outro furto*) e LXV (*Dos furtos, que hão de ser anoveados, e por quais deve o ladrão morrer*). Tratamento similar se via nas Ordenações Manuelinas (1521-1603), que dedicava à matéria seu Título XXXVII (*Dos furtos, e que não tragam gazuas, nem outros artifícios para abrir portas, nem as fechem de fora*) e nas Filipinas (1603-1830[5]). Estas cuidavam do furto no Título LX (*Dos furtos, e dos que trazem artifícios para abrir portas*). Em todos os casos, a pena era a morte.

O Código Criminal do Império (1830-1890) descrevia o crime em seu art. 269, inserido no título denominado "Dos crimes contra a pessoa, e contra a propriedade".

---

[2] Albanese, citado por José de Faria Costa, in *Comentário conimbricense do Código Penal*: parte especial, t. II, p. 26.

[3] Tradução de José de Faria Costa, op. cit., p. 27.

[4] Maria Celeste Cordeiro Leite dos Santos, *Furto de uso*, p. 60.

[5] O Livro V das Ordenações Filipinas ou Código Filipino vigorou até 16 de dezembro de 1830, quando se deu a entrada em vigor do Código Criminal do Império.

A conduta era descrita da seguinte maneira: "roubar, isto é, furtar, fazendo violência à pessoa, ou às coisas" (pena: galés, de um a oito anos).

O Código Penal Republicano (1890-1932) e a Consolidação das Leis Penais (1932-1940), por seus turnos, consideravam-no crime contra a propriedade, tipificando-o no art. 330 ("subtrair, para si, ou para outrem, coisa alheia móvel, contra a vontade de seu dono" (a pena era de prisão e variava conforme o valor da *res*). O art. 331 equiparava a furto fatos hoje compreendidos no conceito de apropriação indébita (arts. 168 e 169 do CP atual).

ART. 155 – FURTO

1. DISPOSITIVO LEGAL

Furto

Art. 155. Subtrair, para si ou para outrem, coisa alheia móvel:

Pena – reclusão, de 1 (um) a 4 (quatro) anos, e multa.

§ 1º A pena aumenta-se de um terço, se o crime é praticado durante o repouso noturno.

§ 2º Se o criminoso é primário, e é de pequeno valor a coisa furtada, o juiz pode substituir a pena de reclusão pela de detenção, diminuí-la de um a dois terços, ou aplicar somente a pena de multa.

§ 3º Equipara-se à coisa móvel a energia elétrica ou qualquer outra que tenha valor econômico.

Furto qualificado

§ 4º A pena é de reclusão de 2 (dois) a 8 (oito) anos, e multa, se o crime é cometido:

I – com destruição ou rompimento de obstáculo à subtração da coisa;

II – com abuso de confiança, ou mediante fraude, escalada ou destreza;

III – com emprego de chave falsa;

IV – mediante concurso de duas ou mais pessoas.

§ 4º-A A pena é de reclusão de 4 (quatro) a 10 (dez) anos e multa, se houver emprego de explosivo ou de artefato análogo que cause perigo comum.

§ 5º A pena é de reclusão de 3 (três) a 8 (oito) anos, se a subtração for de veículo automotor que venha a ser transportado para outro Estado ou para o exterior.

§ 6º A pena é de reclusão de 2 (dois) a 5 (cinco) anos se a subtração for de semovente domesticável de produção, ainda que abatido ou dividido em partes no local da subtração.

§ 7º A pena é de reclusão de 4 (quatro) a 10 (dez) anos e multa, se a subtração for de substâncias explosivas ou de acessórios que, conjunta ou isoladamente, possibilitem sua fabricação, montagem ou emprego.

2. VALOR PROTEGIDO (OBJETIVIDADE JURÍDICA)

Todas as infrações do Título II possuem como objetividade jurídica direta e imediata o *patrimônio*, entendido como "o complexo de relações jurídicas encabeçadas por um sujeito que tem por objeto último coisas dotadas de utilidade, isto é, de capacidade de satisfazer necessidades humanas, materiais ou espirituais"[6].

Discute-se, não obstante, se o furto protege a propriedade, a posse ou a mera detenção.

Para Hungria, tratava-se da proteção da propriedade, já que, segundo este, sendo a posse mero fato, não ingressava no art. 155 do CP, senão enquanto correspondente ao direito de propriedade. Magalhães Noronha, todavia, sufragando o pensamento dominante, propunha que o objeto jurídico primário do furto era a posse e, secundariamente, a propriedade. Parece-nos que lhe assiste razão. O tipo incriminador em análise, cuja consecução se dá com a "subtração" do bem, isto é, com a retirada da coisa de quem a possui (seja o proprietário ou não), salvaguarda imediatamente a posse de alguém[7].

3. TIPO OBJETIVO

O verbo núcleo do tipo é *subtrair*, que significa inverter o título da posse, retirar o objeto da esfera de disponibilidade e vigilância do sujeito passivo, visando a tê-lo para si ou para outrem. Exige ânimo de assenhoreamento definitivo (*animus rem sibi habendi* ou *animus furandi*); justamente por isso, não há crime no chamado "furto de uso" ou *furtum usum* (*vide* item 4, *infra*).

O comportamento exige, destarte, um *corpus* (relação material entre o agente e a coisa, sem a necessidade de se dar uma continuidade física - *corpus et tactu*) e um *animus*. Daí por que a subtração dar-se-á quando o sujeito obtiver poder material autônomo sobre a coisa, podendo dela dispor fisicamente.

A subtração pode se dar em dois contextos: 1º) quando o bem é retirado da esfera de disponibilidade da vítima contra a sua vontade; ou 2º) quando o bem é entregue espontaneamente ao agente, mas sob vigilância do ofendido, e o sujeito dele se apodera (p. ex., alguém solicita de um conhecido que lhe mostre seu relógio, coloca-o no pulso e sai correndo). No último caso, não ocorre apropriação indébita (CP, art. 168), justamente porque *a posse do agente era vigiada*. Assim, se uma pessoa entra numa videolocadora, apodera-se de uma mídia qualquer, coloca-a em sua bolsa e a

---

[6] José de Faria Costa, op. cit., p. 29.

[7] José de Faria Costa obtempera: "Temos para nós que o bem jurídico aqui protegido se deve ver como a especial relação de fato sobre a coisa – poder de fato sobre a coisa –, tutelando-se, dessa maneira, a detenção ou mera posse como disponibilidade material da coisa; como *disponibilidade de fruição das utilidades da coisa com um mínimo de representação jurídica*" (op. cit., p. 31).

leva, há furto, ao passo que se a pessoa aluga o filme mas posteriormente decide não devolvê-lo, comete apropriação indébita.

O furto difere sensivelmente do roubo (CP, art. 157), pois neste a subtração da coisa alheia móvel é praticada mediante violência, grave ameaça ou algum meio sub-reptício (que de algum modo reduza a capacidade de resistência da vítima)[8].

Somente a *coisa móvel* pode ser objeto material de furto, entendida como toda substância *corpórea*, exceto a pessoa ou o cadáver, suscetível de deslocamento espacial, ou, ainda, de apreensão ou transporte (lembre-se que o ato nuclear se traduz numa "subtração")[9]. É imprescindível a existência de valor econômico ou de afeição; afinal, trata-se de crime contra o *patrimônio*.

Se a coisa subtraída tem valor irrisório, ocorre o furto de bagatela, fato atípico à luz do princípio da insignificância (p. ex., palito de fósforo, pedaço de queijo). Para o Superior Tribunal de Justiça, de maneira meramente indicativa e não vinculante, aponta-se como parâmetro a décima parte do salário mínimo vigente ao tempo da infração penal para aferição da relevância da lesão patrimonial (HC 389.537/AC, rel. Min. Reynaldo Soares da Fonseca, 5ª T., j. 27-6-2017)[10]. Nesses casos, porém, pode-se reconhecer o *privilegium* (§ 2º). Sobre o assunto, remete-se o leitor ao item 16, *infra*.

Interessante notar que o Supremo Tribunal Federal tem adotado quatro vetores (diretrizes) para a aplicação do princípio da insignificância. São eles: a) a ausência

---

8 "O simples arrebatamento de coisa que se encontra em mãos da vítima, desacompanhado de vias de fato, sem a aplicação de tranco ou safanão, conhecido como 'trombada', não configura a violência corporal caracterizadora do delito de roubo. A violência, no caso, foi exercida contra a coisa e não contra a pessoa, razão pela qual não se configura o delito de roubo" (TJMG, AP 1.0145.16.013529-2/001, rel. Des. Beatriz Pinheiro Caires, 2ª CCr, j. 23-2-2017); mesmo sentido sobre trombada configurar roubo: STJ, REsp 778.800, rel. Min. Laurita Vaz, 5ª T., j. 2-5-2006, *DJU* de 5-6-2006, TJDFT, Acórdão 1057835, 20170110135303APR, rel. Des. João Timóteo de Oliveira, Revisor Des. Jair Soares, 2ª T. Criminal, j. 26-10-2017, e TJMS, ApCr 0000429-04.2018.8.12.0041, rel. Des. Zaloar Murat Martins de Souza, 3ª CCr, j. 15-12-2019. Contrariamente (corrente minoritária): "ROUBO. DESCLASSIFICAÇÃO PARA FURTO. TROMBADA. Mantida a desclassificação do delito para furto, por se tratar de mera 'trombada', sem violência ou grave ameaça à vítima. PRINCÍPIO DA INSIGNIFICÂNCIA. ABSOLVIÇÃO. O valor da carteira avaliada em R$ 20,00, a restituição do bem à vítima, logo a seguir do fato e a pouca repercussão social do delito, frente à consequência para a vida do acusado da condenação, conduzem à convicção que deve ser mantida a insignificância como suporte à absolvição do réu, com base no art. 386, inciso III, do Código de Processo Penal. APELO MINISTERIAL IMPROVIDO" (TJRS, AP 70047314042, 5ª CCr, rel. Genacéia da Silva Alberton, j. 9-5-2012).

9 Para o Código Civil são bens móveis aqueles "suscetíveis de movimento próprio, ou de remoção por força alheia, sem alteração da substância ou da destinação econômico-social" (art. 82).

10 De se observar que o STJ segue a jurisprudência do STF, explicada logo abaixo, no sentido de exigir, para o reconhecimento do princípio da insignificância, a presença de quatro vetores, analisados conjugadamente.

de periculosidade social da ação; b) a reduzida reprovabilidade da conduta; c) a ínfima ofensividade; d) a inexpressividade da lesão ao bem jurídico[11].

A *res* deve, por fim, ser *alheia*, vale dizer, pertencente a outrem, a quem estiver ligada por uma relação de interesse.

3.1. Coisas que podem (e não podem) ser objeto material de furto

Há determinados elementos que, embora tenham natureza corpórea, não podem ser objetos materiais do crime do art. 155.

Os *bens imóveis*, independentemente do tratamento que a lei civil lhes dê, *não podem ser objeto de furto*, mas somente de outros crimes contra o patrimônio, como estelionato (CP, art. 171), por exemplo.

De outra parte, objetos que admitem deslocamento de um lugar a outro sempre serão coisas móveis na órbita penal, mesmo que o direito civil lhes confira regime jurídico de bens imóveis (ex.: aeronaves, navios etc.).

Semoventes, por sua vez, *podem* ser furtados, desde que integrem o patrimônio de outrem, denominando-se abigeato tal delito[12]. Com o advento da Lei n. 13.330, de 2-8-2016, esse fato, ou, em especial, o furto de semovente domesticável de produção, passou a configurar furto qualificado (art. 155, § 6º, do CP), sujeitando o agente a uma pena exacerbada (em comparação com a figura simples)[13].

Também podem ser objeto material de furto as árvores e os frutos[14], quando pertencentes ao patrimônio de alguém.

Os *seres humanos* não podem ser objeto de furto. A subtração de pessoas pode caracterizar o crime previsto no art. 249 do CP (subtração de incapazes), sequestro (CP, art. 148) ou extorsão mediante sequestro (CP, art. 159). É de ver, contudo, que próteses humanas podem ser objeto material do crime do art. 155. O mesmo se pode dizer de sangue (quando armazenado, por exemplo, em bolsa para doação).

---

11 Cf., entre outros, STF, HC 174.477, rel. Min. Luiz Fux, 1ª T., j. 25-10-2019. Acompanhando a mesma linha, o STJ: HC 569.380/SP, rel. Min. Nefi Cordeiro, 6ª T., j. 9-6-2020, e AgRg no HC 565.557/SP, rel. Min. Reynaldo Soares da Fonseca, 5ª T., j. 2-6-2020.

12 O Código Penal chileno tipifica autonomamente a figura do abigeato (art. 448 *bis* em diante), referindo-se à subtração de gado, cavalos, burros de carga ou porcos. O Código Penal argentino, de sua parte, prevê como forma de furto qualificado a subtração de cabeças de gado, entendido "animais quadrúpedes domesticáveis, dos quais o homem obtém carne, leite, couro etc. e são utilizados para carga ou transporte" (art. 163, 1º) (cf. Alberto Edgardo Donna, *Derecho penal*: parte especial, t. II-B, p. 52).

13 Enquanto o furto simples é punido com reclusão, de um a quatro anos, e multa, a nova figura é apenada com reclusão, de dois a cinco anos (sem, contudo, imposição de pena pecuniária).

14 "A subtração de pinheiros, através de seu corte do solo e transporte, configura, em tese, o delito de furto. Os acessórios do imóvel, uma vez mobilizados, constituem objeto do crime de furto. Importa à imputação que se trate de coisa móvel alheia relativamente ao acusado" (STF, *RT* 581/441).

Se o agente viola uma sepultura para subtrair um cadáver ou parte dele, há crime de *subtração de cadáver* (CP, art. 211). Caso, no entanto, tal coisa pertença a alguém, como um museu ou uma faculdade, haverá furto.

A *energia elétrica*, assim como qualquer outra que tenha valor econômico, é expressamente equiparada à coisa móvel, motivo pelo qual pode ser furtada (art. 155, § 3º). *Incluem-se na incriminação, a título de exemplo, a energia térmica, nuclear, mecânica e genética*[15]. *O fundamental é que sejam controláveis e quantificáveis.* Note que o Código Civil de 2002 estabelece em seu art. 83, I, que são considerados bens móveis para fins legais "as energias que tenham valor econômico", o que torna o § 3º, necessário à época em que editado, atualmente prescindível.

Mostra-se controvertida na jurisprudência a possibilidade de o sinal de recepção de TV a cabo figurar como objeto material de furto. Predomina o entendimento de que não se encontra abrangido pelo art. 155 do CP e considerá-lo como energia elétrica seria o mesmo que efetuar analogia *in malam partem*, violando o princípio da legalidade.

Bens de uso comum (*res commune omnium*), como a luz, o calor do sol, a água, não constituem, via de regra, objeto material de furto, a não ser que sua utilização seja de alguma forma restrita (ex.: água captada e canalizada – "ligação irregular no encanamento de água, a permitir seu ingresso na residência sem passar pelo hidrômetro"[16]).

---

15 O esperma e o óvulo humanos, ainda quando destacados, não podem ser objetos materiais de furto, porque, segundo nos parece, não podem ser equiparados à noção de "coisa" (elementar do crime). Como assinala José de Faria Costa, "não são suscetíveis de apropriação porque são, de certa maneira, um prolongamento, no sentido mais profundo, da própria pessoa humana e daquilo que representa a sua dignidade. São, por conseguinte, coisas *extra commercium*" (op. cit., t. II, p. 31). De ver que a Lei n. 11.105, de 2005 (Lei de Biossegurança), define comportamentos criminosos relacionados com a indevida manipulação genética (arts. 24 a 29).

16 Elucida-se o entendimento do STJ: "– (...) subtração da água mediante rompimento de obstáculo (lacre do hidrômetro e uso de um *by pass*) não se revela como de escassa ofensividade penal e social, visto que a lesão jurídica não se resume à água subtraída da empresa vítima, mas da imposição de uma série de riscos a toda sociedade. Em tempos de escassez hídrica, aquele que furta água não precisa se preocupar em economizar, pois sobre ele não incidirão dispositivos como bandeiras tarifárias, multas por excesso de consumo etc. Ademais, as perdas de água não se apresentam apenas como um problema econômico decorrente da falta de pagamento pela água consumida, pois têm implicações mais amplas, com repercussões significativas no que concerne à saúde pública, com a possibilidade de contaminação da rede por ligações clandestinas, à necessidade de investimentos para as ações de redução ou manutenção das perdas – que não são cobertos pelo eventual pagamento da água furtada –, à perda de funcionamento eficiente do sistema, entre outros. A importância em se coibir a prática do furto de bem tão precioso para a vida e a cidadania tem movido inúmeras agências governamentais e internacionais em torno da preservação da água, a ponto do Painel de especialistas em perdas de águas da IWA (Associação Internacional da Água) estabelecer entre as metas de manejo da água – desde a captação, passando pelo tratamento, até a distribuição – a necessidade de reduzir os impactos dos furtos que causam perdas desneces-

Pode-se cogitar, ainda, do crime de usurpação, por parte de quem "desvia ou represa, em proveito próprio ou de outrem, águas alheias" (CP, art. 161, § 1º, I).

Raciocínio semelhante se aplica aos minerais, que poderão ser furtados quando integrarem o patrimônio de alguém[17].

Como acima retratado, é fundamental para a existência do crime que a coisa sobre a qual recaia a conduta do agente tenha dono. A *res nullius* (coisa de ninguém) e a *res derelicta* (coisa abandonada), portanto, *nunca serão objeto material de furto*. Lembre-se que, para a lei civil, o apossamento de coisa de ninguém ou abandonada constitui forma originária de aquisição da propriedade móvel ("ocupação"). Já a *res desperdicta* (coisa perdida em local público ou de uso público) poderá vir a ser objeto do crime de apropriação de coisa achada (CP, art. 169, parágrafo único, II).

Os direitos, dada a ausência de corporiedade, não podem ser furtados, o que não significa dizer que escapem da proteção penal (os bens imateriais também são protegidos criminalmente, como se nota no Título III do Código e nas Leis n. 9.279, de 1996, e 9.609, de 1998). Eventuais títulos ou documentos que o consubstanciam, todavia, ingressaram na esfera de proteção do dispositivo legal em estudo. Cite-se, como exemplo, a subtração do instrumento representativo de um contrato. Também se insere na disposição o talonário ou o fólio de cheque, notadamente quando o título contém assinatura, bem como qualquer outro título de crédito[18].

Os *softwares* ou programas de computador também padecem da característica necessária para ingressarem na norma incriminadora insculpida no art. 155 do CP. O *hardware* (isto é, o material físico – a "CPU", o monitor, a "placa-mãe", o processador etc.), todavia, pode ser furtado. A produção de cópias não autorizadas de programas

---

sárias para o sistema de distribuição" (AgRg no HC 308.536/MG, rel. Min. Rogério Schietti Cruz, 6ª T., j. 24-5-2016). Ver também: STJ, AgRg no REsp 1830267/SP, rel. Min. Ribeiro Dantas, 5ª T., j. 17-9-2019.

17 "A extração de mineral em propriedade alheia sem a competente autorização configura o crime de furto porque os minerais, para os efeitos do art. 155 do CP, pertencem à categoria dos bens móveis, desde que arrancados do subsolo" (TAMG, *RT* 589/396).

18 "Para o Superior Tribunal da Justiça: "A cártula de cheque assinada, ainda que não preenchida, pode ser objeto de crime contra o patrimônio, eis que nessas condições, diferente do cheque totalmente em branco, assume feição de título ao portador, dotado de valor econômico intrínseco" (*RT* 883/594). "Não comete o delito de furto o agente que subtrai folhas de cheque em branco, pois a cártula, sem preenchimento ou assinatura, não possui valor econômico" (TJSC, AP 00039652020068240167, rel. Des. Sérgio Antônio Rizelo, 2ª CCr, j. 25-7-2017). Possibilidade de aplicação do princípio da insignificância: "malgrado o crime – furto de uma folha de cheque em branco não descontada – ter sido praticado mediante o concurso de pessoas, não houve violência ou grave ameaça e o valor do bem é de manifesta inexpressividade, revelando conduta de mínima ofensividade e reprovabilidade, o que autoriza a aplicação do princípio da insignificância" (STJ, AgRg no AREsp 1.060.189/MT, rel. Min. Felix Fischer, 5ª T., j. 27-6-2017).

de computador, embora não constitua furto, caracteriza delito (art. 12 da Lei n. 9.609, de 1998)[19].

3.2. Furto de coisa ilícita

Ingressa no conceito de furto a subtração de bens, ainda que ilícitos. É possível, bem por isso, reconhecer-se o crime em análise quando alguém subtrai objeto do ladrão, que o furtara do verdadeiro dono. É de ver, contudo, que a vítima é o *dominus* do bem.

Casos há, entretanto, em que a subtração da coisa ilícita pode configurar crime diverso, como tráfico ilícito de drogas ou porte ilegal de arma de fogo. Assim, por exemplo, se o agente furta elevada quantidade de entorpecente que se encontrava sob a custódia do Estado (porque apreendida em diligência policial), responde pelo crime do art. 33 da Lei n. 11.343/2006. Mencione-se, ainda, o ato de quem, em semelhantes condições, subtrai arma de fogo de uso restrito ou com numeração suprimida das dependências de um Distrito Policial – o fato se subsumirá ao art. 16 da Lei n. 10.826/2003. O agente não responderá pelo furto, reconhecendo-se somente os crimes indicados, pelo princípio da especialidade[20].

3.3. Furto de bens fungíveis

Consideram-se assim aqueles que podem ser substituídos por outros, da mesma espécie, qualidade e quantidade (art. 85 do CC). É evidente que podem ser objeto material de furto. Se alguém, contudo, subtrai tais coisas, deixando outras em seu lugar, de semelhante espécie e valor, não comete delito algum, por absoluta ausência de lesão ao patrimônio (p. ex., alguém toma para si cinco cédulas de cem reais, deixando, no lugar, cinquenta de dez).

---

[19] "Art. 12. *Violar direitos de autor de programa de computador*: Pena – Detenção de 6 (seis) meses a 2 (dois) anos ou multa. § 1º Se a violação consistir na reprodução, por qualquer meio, de programa de computador, no todo ou em parte, para fins de comércio, sem autorização expressa do autor ou de quem o represente: Pena – Reclusão de 1 (um) a 4 (quatro) anos e multa. § 2º Na mesma pena do parágrafo anterior incorre quem vende, expõe à venda, introduz no País, adquire, oculta ou tem em depósito, para fins de comércio, original ou cópia de programa de computador, produzido com violação de direito autoral. § 3º Nos crimes previstos neste artigo, somente se procede mediante queixa, salvo: I – quando praticados em prejuízo de entidade de direito público, autarquia, empresa pública, sociedade de economia mista ou fundação instituída pelo poder público; II – quando, em decorrência de ato delituoso, resultar sonegação fiscal, perda de arrecadação tributária ou prática de quaisquer dos crimes contra a ordem tributária ou contra as relações de consumo. § 4º No caso do inciso II do parágrafo anterior, a exigibilidade do tributo, ou contribuição social e qualquer acessório, processar-se-á independentemente de representação."

[20] Cf. STF, HC 78.749, rel. Min. Sepúlveda Pertence, *DJU* de 25-6-1999, p. 4. Note-se, ainda, que o crime do art. 16 do Estatuto do Desarmamento se tornou hediondo com o advento da Lei n. 13.497/2017. A Lei Anticrime (Lei n. 13.964/2019), todavia, restringiu a natureza hedionda somente para o crime de porte ilegal de arma de fogo de uso proibido (excluindo, portanto, as armas de fogo de uso restrito).

4. TIPO SUBJETIVO

O furto somente é punido na forma dolosa, abrangendo o *dolo* direto e o eventual. Além disso, pressupõe em *elemento subjetivo específico*, isto é, que a subtração se dê com ânimo de assenhoreamento definitivo (*animus rem sibi habendi* ou *animus furandi*), motivo pelo qual o chamado "furto de uso" é fato penalmente atípico.

O *furtum usum*, contudo, exige a intenção de uso momentâneo desde o início da conduta e, ainda, a pronta restituição do bem, nas mesmas condições de quando retirado da esfera de disponibilidade do ofendido ("caracteriza o furto de uso a subtração de coisa móvel desprovida da intenção de o agente fazê-la sua, objetivando utilizá-la momentaneamente e devolvê-la logo em seguida, em qualidade e quantidade iguais àquelas subtraídas"[21]).

Interessante anotar que, perante o Código Penal Militar (Decreto-Lei n. 1.001/69), o furto de uso é crime ("Art. 241. Se a coisa é subtraída para o fim de uso momentâneo e, a seguir, vem a ser imediatamente restituída ou reposta no lugar onde se achava: Pena – detenção, até 6 (seis) meses. Parágrafo único. A pena é aumentada de metade, se a coisa usada é veículo motorizado; e de um terço, se é animal de sela ou de tiro").

Com relação ao elemento subjetivo, cabe lembrar, ademais, ser irrelevante eventual intenção de lucro por parte do sujeito ativo do crime. Aliás, pouco importa sua motivação; comete o crime quem age para irritar ou perturbar o proprietário ou, ainda, quem furta de um rico para dar a um pobre (o motivo "nobre", contudo, pode servir como circunstância atenuante – art. 65, III, *a*)[22].

---

21 TJRS, AP 70071323794, rel. Des. Naele Ochoa Piazzeta, 8ª CCr, j. 22-2-2017. No mesmo sentido, STJ, AgRg no AREsp 1.175.880/PE, rel. Min. Jorge Mussi, 5ª T., j. 20-2-2018. E, ainda: " O reconhecimento do crime de furto de uso, só é possível quando: a) a devolução é rápida, quase imediata, da coisa alheia; b) restituição integral e sem dano do objeto subtraído; c) devolução antes que a vítima constate a subtração; e d) elemento subjetivo especial: fim exclusivo de uso" (TJMS, ApCr 0001366-28.2018.8.12.0004, rel. Des. José Ale Ahmad Netto, 2ª CCr, j. 20-3-2019). Igualmente: TJMG, ApCr 1.0145.19.012549-5/001, rel. Des. Corrêa Camargo, 4ª CCr, j. 20-5-2020.

22 "À caracterização do furto, é absolutamente irrelevante a consideração do motivo que induz o agente a delinquir, subtraindo para si coisa alheia móvel. Seja por vingança, seja por lucro, seja por capricho ou, até, por simples anseio de fazer 'patuscada estudantil', caracteriza-se, sem dúvida, o delito de que aqui se cuida, na medida em que o indivíduo subtraia para si coisa alheia móvel, fazendo-o com intenção de apoderamento. Ainda que se trate, essa 'coisa', de um esqueleto, de um busto, de uma estátua ou de samambaias... A alegação de que procedia sem o *animus rem sibi habendi*, efetuando simples aposta, uma pilhéria ou farra de estudantes, não convence e apenas tem justificada sua aceitação, na medida em que se queira absolvê-los por serem estudantes universitários, gente de bons princípios, de futuro promissor, voltados ao livro e não ao crime; membros de famílias eleitas, que lhe conferiram educação esmerada e religiosidade profunda... Como se tais atributos, evidentemente duvidosos na caracterização de quem não se peja de, madrugada adentro, furtar coisas alheias, fosse causa justificativa, excludente da criminalidade ou da pena" (TACrSP, *JTACrSP* 86/269).

Quando o agente, supondo ser sua, apodera-se de coisa alheia (ex.: o aluno, ao final da aula, leva livro de um colega pensando ser o seu), incorre em erro de tipo (CP, art. 20, *caput*), circunstância que exclui o dolo da sua conduta, isentando-o de responsabilidade penal.

5. SUJEITOS DO CRIME

5.1. Sujeito ativo

Qualquer pessoa pode ser sujeito ativo do furto (crime comum), exceto o próprio dono ou possuidor. Aquele que, após tomar empréstimo e empenhar bem de sua propriedade como garantia, o subtrai, comete o delito previsto no art. 346 do CP. Para Cézar Bitencourt, todavia, o proprietário que subtrai coisa da qual não tem posse realiza comportamento atípico, pois, segundo ele, a infração penal mencionada, encontrando-se descrita no Título XI (Dos crimes contra a Administração Pública) não tem como objetividade jurídica o patrimônio[23].

Por sua vez, o credor que subtrai bem do devedor, visando a ressarcir-se do prejuízo decorrente do inadimplemento da dívida, pratica exercício arbitrário das próprias razões (CP, art. 345)[24].

5.2. Sujeito passivo

Como sujeitos passivos podem figurar quaisquer pessoas, físicas ou jurídicas, titulares da propriedade, posse ou mera detenção do bem, ainda que ilegítima (o "ladrão que furta ladrão", portanto, incorre no tipo penal, lesando o patrimônio da vítima da subtração original).

---

[23] *Código Penal comentado*, p. 535.

[24] "Apelação crime. Crimes contra o patrimônio. Furto simples. Exercício arbitrário das próprias razões. (...) Na espécie, após a vítima não quitar sua dívida com o réu, ele teria se apossado de seu celular, afirmando que o lesado teria lhe oferecido o aparelho como 'garantia' de pagamento da dívida. Por sua vez, a vítima confirmou a existência da dívida, contudo, negou a entrega de seu aparelho como quitação do débito. Importante ressaltar que o lesado confirmou a existência da dívida e sua intenção de não pagar o valor devido, assim como que o réu não fez uso de violência ou de ameaça para se apossar da res. A divergência existente entre o valor da dívida, assim como a sua origem, não possuem o condão condenatório para delito diverso do que o praticado pelo réu. Aqui, inviável a desclassificação do delito para o crime tipificado no art. 345 do Código Penal. Impossibilidade desta Corte desclassificar o delito para exercício arbitrário das próprias razões, diante da vedação de *mutatio libelli*, nesta sede, conforme a Súmula n. 453 do STF. Absolvição que se impõe, com base no art. 386, VII, do CPP. APELAÇÃO PROVIDA" (TJRS, AP 70068412816, rel. Isabel de Borba Lucas, 8ª CCr, j. 10-5-2017).

6. CONSUMAÇÃO E TENTATIVA

6.1. Consumação

A consumação do furto dá-se *quando a vítima perde, ainda que momentaneamente, a livre disponibilidade sobre o bem*, não se exigindo que o agente tenha a posse mansa e pacífica do objeto material[25] (há entendimento em sentido contrário, atualmente minoritário).

O estudo do momento consumativo do furto remonta às antigas teorias oriundas do Direito Romano:

a) *concrectatio*: bastava o contato físico do agente com a coisa;

b) *apprehensio rei*: era necessário que o agente segurasse a coisa;

c) *amotio*: consumava-se o furto com o deslocamento da *res*, de seu lugar original a outro;

d) *ablatio* – requer a apreensão e o deslocamento da coisa para fora da esfera do sujeito passivo;

e) *illatio* – exigia-se a conservação do bem em lugar seguro.

Destas, a teoria da *amotio* é a que mais se aproxima do atual entendimento pretoriano. O Superior Tribunal de Justiça firmou tese no sentido de que: "Consuma-se o crime de furto com a posse de fato da *res furtiva*, ainda que por breve espaço de tempo e seguida de perseguição ao agente, sendo prescindível a posse mansa e pacífica ou desvigiada" (Tese STJ n. 934).

Não é preciso, acrescente-se, que a coisa chegue a ser transportada pelo sujeito, como no caso de a empregada doméstica engolir joia pertencente à patroa. O delito estará consumado em razão da perda, pelo dono, da disponibilidade sobre o bem, ou, como dizia Hungria, "porque desapareceu a possibilidade material, por parte da lesada, de exercer seu poder de disposição da coisa, cujo paradeiro ignora"[26].

Se uma pessoa, depois de consumado o furto, destrói o objeto subtraído, responde por crime único, considerando-se o dano posteriormente verificado *post factum* impunível.

Pode ser que o agente, ainda, após a realização integral típica, repare integralmente o dano produzido, ressarcindo a vítima mediante o pagamento do valor correspondente ao bem furtado. Essa atitude não descaracteriza o ilícito praticado, que

---

[25] Nesse sentido, a tese fixada pelo STJ no Tema 934: "Consuma-se o crime de furto com a posse de fato da *res furtiva*, ainda que por breve espaço de tempo e seguida de perseguição ao agente, sendo prescindível a posse mansa e pacífica ou desvigiada". Ver ainda: STJ, AgRg no REsp 1830412/GO, Rel. Min. Sebastião Reis Júnior, 6ª T., j. 22-10-2019, HC 495.846/SP, rel. Min. Ribeiro Dantas, 5ª T., j. 4-6-2019, e Rcl 32.872/RS, rel. Min. Maria Thereza de Assis Moura, 3ª S., j. 24-5-2017.

[26] *Comentários ao Código Penal*, 3. ed., p. 27.

subsiste, devendo ser punido criminalmente. O agente, todavia, será merecedor do benefício legal previsto no art. 16 do CP ("arrependimento posterior"), que permite a redução da pena de um a dois terços (desde que a reparação ocorra antes do recebimento da denúncia ou queixa-crime; se posterior, poderá cogitar-se da atenuante genérica prevista no art. 65, III, *b*, do CP).

6.2. Tentativa

O furto admite a forma tentada, uma vez que é crime plurissubsistente. Por exemplo: "agente que, após a subtração, emprega fuga, não conseguindo ultimar seu intento por circunstâncias alheias à sua vontade, como a impulsiva e eficaz reação da vítima e vizinhos, que saíram em seu encalço e lograram reaver os bens"[27].

É interessante observar que o fato de o agente ter sido preso em flagrante não implica necessariamente no reconhecimento da tentativa, pelas mais variadas razões: a) pode se tratar de flagrante ficto ou presumido (CPP, art. 302, IV, em que a pessoa é encontrada, logo depois do crime, com o objeto material – o lapso temporal transcorrido entre a conduta e a prisão é suficiente para se reconhecer a forma consumada); b) ainda que se trate de flagrante próprio ou impróprio (CPP, arts. 302, I a III), a consumação pode se dar se o delito for cometido por mais de uma pessoa, sendo somente uma delas surpreendida em flagrante, sem a *res*, levada pelos demais agentes.

A punibilidade da tentativa, entretanto, condiciona-se ao cometimento de atos executórios, pois, como se sabe, a mera preparação não enseja responsabilização criminal. Não é tarefa das mais simples estabelecer a exata fronteira entre a preparação e a execução. Esta se dá, de ordinário, quando o agente pratica o primeiro ato tendente e inequívoco à consumação delitiva, ou seja, nos momentos imediatamente anteriores ao início da conduta típica. Assim, por exemplo, se o agente ingressa no interior de uma loja e se apodera de um objeto qualquer, visando a subtraí-lo, já se pode falar em tentativa, embora não tenha ele procurado, ainda, passar pelo caixa sem efetuar o pagamento[28]. É evidente, neste caso, que o agente pode, até o instante indicado, mudar de ideia e deixar a coisa no lugar; dar-se-á, então, a *desistência voluntária* (art. 15 do CP), que, no caso assinalado, resultará na atipicidade da conduta (tornando impunível a tentativa já iniciada).

A propósito das figuras contidas no art. 15 do CP (desistência voluntária e arrependimento eficaz), é oportuno recordar que sua caracterização pressupõe, de um lado, que o agente tenha dado início à execução do crime e, de outro, que tenha, por

---

[27] TJSC, *RT* 798/695.

[28] "Pratica furto tentado o agente que em estabelecimento comercial é surpreendido escondendo sob as vestes mercadorias expostas à venda, não podendo sua conduta ser reconhecida como tipificadora de atos meramente preparatórios pelo simples fato de não ter passado pelo caixa da loja" (TACrSP, *RT* 764/588).

ato voluntário, evitado sua consumação. A *voluntariedade* é característica indispensável ao seu reconhecimento. Esta inexiste quando o agente supõe, equivocadamente, a existência de um obstáculo e, em razão disto, opta por não prosseguir no *iter criminis* (ou seja, se dependesse de sua vontade, ele persistiria)[29]. Acompanhe os exemplos: se alguém adentra no imóvel alheio, apodera-se de um objeto e, quando estava prestes a deixar o local, ouve barulho e supõe que há um morador, fugindo sem nada levar, há tentativa (ainda que o ruído seja produto de um objeto que caiu ao chão ou derrubado por algum animal); se o sujeito, todavia, depois de ingressar no interior da residência e pegar objeto de valor, desiste de prosseguir por "peso na consciência", deixando o local sem nada furtar, aplica-se o art. 15 do CP (nesse caso, houve nitidamente voluntariedade na atitude praticada).

Cite-se, como exemplo de atos preparatórios, colhido da jurisprudência, o caso em que "o acusado, após escalar um muro, anda sobre o telhado de um estabelecimento comercial", momento em que é surpreendido pela polícia[30].

7. CONFLITO APARENTE DE NORMAS

Aquele que invade domicílio alheio para furtar bens só responde por furto, pelo princípio da consunção; isso porque o furto (crime-fim) absorve a invasão de domicílio – art. 150 do CP (crime-meio).

Da mesma forma, se o agente, após subtrair o bem, danificá-lo, responde somente pelo furto, configurando-se o dano *post factum* impunível, porquanto se trata de nova lesão *ao mesmo bem jurídico*, pertencente *ao mesmo titular* (novamente aplica-se o princípio da consunção).

Quando o furtador vende o objeto subtraído a terceiro, incorre também no crime previsto no art. 171, § 2º, I, do CP. Há concurso de crimes, e não crime único. Não se trata de *post factum* impunível, em razão da diversidade de sujeitos passivos[31].

---

[29] Nesse sentido: "Em tema de tentativa de furto, não há falar em desistência voluntária, se o agente sobrestou sua atenção ante o perigo de ser preso, por haver sido percebido o início da execução a que se entregava. Aliás, putatividade de um obstáculo ou errônea suposição de haver sido o agente descoberto, não descaracterizam a involuntariedade da desistência" (TACrSP, JTACrSP 22/280). "Se a agente desiste de prosseguir nos atos executórios do crime, em razão da reação das testemunhas presenciais, não há que se falar em voluntariedade, restando afastada a excludente de tipicidade da desistência voluntária, no delito de furto" (TJMG, ApCr 1.0024.15.209079-1/001, rel. Des. Júlio Cezar Guttierrez, 4ª CCr, j. 5-6-2019). "(...) Não se pode confundir a *voluntariedade* da *desistência* com a circunstância que impede sua consumação. Na primeira, o agente, voluntariamente, não mais deseja chegar ao resultado, cessando sua atividade executória; na segunda, fatores estranhos à vontade do indivíduo impedem a consumação do crime (...)" (TJRS, ApCr 70076514116, rel. Des. Joni Victoria Simões, 5ª CCr, j. 24-4-2019).

[30] TAPR, *RT* 798/709.

[31] *RT* 701/300.

Boa parte da jurisprudência, entretanto, por questões de política criminal, entende existir apenas o furto[32].

A subtração de cadáver, conforme já se mencionou, não se subsume, de regra, ao tipo penal em estudo, mas ao art. 211 do CP: "Destruir, subtrair ou ocultar cadáver ou parte dele: Pena – reclusão, de 1 (um) a 3 (três) anos, e multa". Haverá o delito patrimonial, todavia, sempre que o cadáver pertencer a alguém (como a uma instituição de ensino ou a um museu), ou, ainda, quando o agente subtrair parte dele objetivando levar consigo próteses eventualmente existentes (nesse caso, não age com dolo de profanar sepultura, mas com *animus furandi* – "Se o intuito do réu não era o de violar ou profanar sepultura, porém subtrair ouro existente na arcada dentária de cadáver, o delito cometido é apenas o de furto, que absorve o do art. 211 do CP/40"[33].

8. CONCURSO DE CRIMES

Se o agente, no mesmo contexto fático, subtrai diversos bens sabidamente pertencentes a pessoas distintas, comete tantos furtos quantos forem os sujeitos passivos. Há, nesse caso, concurso formal de delitos (CP, art. 70). Em se tratando, contudo, de vários objetos que integram o mesmo patrimônio (por exemplo, bens encontrados dentro do imóvel invadido), há crime único. O mesmo se diga da conduta de quem dirige-se a um pomar e, deste, subtrai vários frutos de árvores distintas encontradas na mesma propriedade; há uma só conduta, cindida em tantos atos quantos foram necessários para extrair as coisas.

Pode-se cogitar, ainda, da hipótese em que uma pessoa, pretendendo desde o início furtar determinado objeto, cindível num conjunto de unidades que o compõem, subtraia, em diversas oportunidades, cada parte do todo para, ao final, tê-lo por completo. Reconhecer-se-á, em semelhante hipótese, a figura do crime continuado, prevista no art. 71 do CP, posto que foram diversos os atos de subtração (não houve uma só conduta, mas várias). O agente responderá pela pena de um só furto, aumentada de um sexto até dois terços. Assim, por exemplo, é de reconhecer-se a continuidade delitiva no ato da empregada doméstica que, visando à subtração do faqueiro pertencente

---

[32] *RT* 688/349.

[33] TJSP, *RT* 598/313-314. Concurso material do art. 210 e 155 do CP: "Destarte, resta demonstrada a prática do crime do art. 210 do CP, tendo um dos próprios acusados deixado claro que entraram no cemitério com a intenção de 'bagunçar', o que resultou na depredação e aviltamentos de sepulturas, deixando nítido o dolo específico de praticar os atos de vandalismo. Outrossim, verifica-se que os acusados resolveram, ainda, furtar das objetos que guarneciam os jazigos, tendo sido os acusados presos e encontrados os objetos roubados. Assim, em contraponto com os argumentos da defesa, existe, nos autos, um conjunto probatório firme e coerente, não sendo o caso de absolvição" (TJPB, AP 0000303-67.2009.815.0531, rel. Des. Márcio Murilo da Cunha Ramos, j. 2-5-2017).

à sua patroa, leva consigo cada uma das cento e vinte peças que o integram, dia após dia, até que complete o jogo.

Não se pode olvidar que o crime continuado pressupõe sejam as infrações penais da mesma espécie, cometidas em semelhantes condições de tempo, lugar, modo de execução e outras. Na eventualidade de quaisquer dos requisitos legais não se fazer preenchido, a pluralidade de condutas resultará no reconhecimento do concurso material (CP, art. 69), dando-se a soma das penas: "Exsurgindo a diversidade quanto à maneira de execução, em si, dos crimes de furto, descabe falar em continuidade delitiva. Isso ocorre quando um deles faz-se via arrombamento e subtração de coisas móveis, enquanto o outro diz respeito a abate de bovino e retirada da carne de animal"[34].

Não se admite continuidade delitiva, a título de exemplo, entre furto e crimes como estelionato, apropriação indébita, roubo etc.

9. CRIME IMPOSSÍVEL

O Código Penal define como crime impossível aquele em que se revela impossível a consumação por conta da absoluta ineficácia do meio executório escolhido pelo sujeito ativo ou em virtude da absoluta impropriedade do objeto material (art. 17). Em face dessa disposição legal, não comete furto o agente que tenta apoderar-se de bens de quem não traz objeto algum consigo (ex.: o ladrão furtivamente coloca as mãos no bolso da vítima, que nada possuía no momento). Se o agente, contudo, procura cometer o crime contra pessoa que traz consigo algum objeto de valor, mas erra o bolso da vítima, saindo de mãos vazias, há tentativa.

Por outro lado, dispositivos antifurto, câmeras de segurança ou mecanismos assemelhados não tornam impossível a prática do delito, ainda que o sujeito venha a ser surpreendido e tenha frustrado seu intento[35]. Acompanhe alguns casos concretos: 1º) "Crime impossível. Descaracterização. Existência de dispositivo antifurto em veículo. Fato que não enseja a ineficácia absoluta do meio, nem a impropriedade absoluta do objeto..."[36]. 2º) "O simples fato de a agente estar sob a vigilância de um dos seguranças da loja, durante a prática do crime, não basta para caracterizar o crime impossível, uma vez que, mesmo assim, logrou êxito em subtrair as mercadorias e sair com elas do estabelecimento"[37]. 3º) "O sistema eletrônico de vigilância do supermercado dificulta a ocorrência de furtos no interior do estabelecimento, mas não é capaz de impedir sua ocorrência. Assim, não prevalece a tese do Tribunal *a quo* de que o esquema de vigilância com uso de câmeras de vídeo

---

34 STF, HC 75.085/MS, rel. Min. Marco Aurélio, 2ª T., j. 5-8-1997, *DJU* de 26-9-1997, p. 47.476.

35 Nesse sentido: TACrSP, *RJDTACrSP*, 5/98, e 16/211; *RT* 791/622.

36 STF, *RT* 777/544.

37 TACrSP, *RT* 818/607.

instaladas no interior da loja torna ineficaz o meio para furtar mercadorias. Se não há absoluta impossibilidade de consumação do delito, não há que se falar em crime impossível"[38]. Essa questão se encontra atualmente prevista na Súmula 567 do STJ: "Sistema de vigilância realizado por monitoramento eletrônico ou por existência de segurança no interior de estabelecimento comercial, por si só, não torna impossível a configuração do crime de furto".

Importante observar que a 1ª Turma do STF segue a diretriz apontada na referida súmula[39], porém a 2ª Turma possui entendimento contrário no que pertine a presença de seguranças no interior da loja: "a forma específica mediante a qual os funcionários do estabelecimento vítima exerceram a vigilância direta sobre a conduta do paciente, acompanhando ininterruptamente todo o *iter criminis*, tornou impossível a consumação do crime, dada a ineficácia absoluta do meio empregado. Tanto isso é verdade que, no momento em que se dirigia para a área externada do estabelecimento comercial sem efetuar o pagamento do produto escolhido, o paciente foi abordado na posse do bem, sendo esse restituído à vítima"[40].

10. FURTO FAMÉLICO OU NECESSITADO

Quando o fato é cometido para saciar a fome ou satisfazer necessidade vital do sujeito, constituindo o único recurso que lhe resta, ter-se-á o *furto famélico ou necessitado*, ao qual se aplica a excludente de ilicitude prevista no art. 24 do CP (estado de necessidade). De se lembrar que a mencionada descriminante dá-se quando o agente sacrifica determinado bem jurídico (no caso o patrimônio alheio) como única alternativa que lhe resta para pôr a salvo outro bem, de igual ou maior importância (sua própria vida).

---

[38] STJ, REsp 757.642, rel. Min. Gilson Dipp, j. 20-5-2005, *Informativo STJ*, n. 261. Cf., ainda: "PENAL. PROCESSUAL PENAL. *HABEAS CORPUS*. 1. CRIME IMPOSSÍVEL. *CONDUTA PRATICADA SOB VIGILÂNCIA. TENTATIVA POTENCIAL*. 2. TENTATIVA DE FURTO. PEQUENO VALOR. PRINCÍPIO DA INSIGNIFICÂNCIA. LESÃO SIGNIFICATIVA AO BEM JURÍDICO TUTELADO. DESVALOR DA CONDUTA. TIPICIDADE MATERIAL DA CONDUTA. 3. ORDEM DENEGADA. 1. A vigilância da conduta do agente por preposto do estabelecimento comercial não retira a potencialidade delitiva, ainda mais quando presente, no caso, a realização e a efetivação do ato volitivo de subtração. 2. É de se reconhecer a tipicidade material da conduta de tentativa de furto de bens de supermercado quando o desvalor da conduta afigura-se significativo frente à violação do bem jurídico tutelado pela norma incriminadora. 3. Na espécie, chama atenção a incongruência da defesa da acusada, cujo interrogatório foi no sentido de negar a existência do crime, enquanto que em outra linha admite-o, porém revestido da insignificância. 4. Ordem denegada" (STJ, HC 81.769, rel. Min. Thereza Assis Moura, j. 25-2-2008; destaque nosso).

[39] HC 111.278/MG, rel. Min. Marco Aurélio, Relator p/ acórdão: Min. Roberto Barroso, j. 10-4-2018.

[40] STF, RCH 144.516/SC, rel. Dias Toffoli, *DJe* 6-2-2018. No mesmo sentido: STF, HC 141.730/MG, rel. Min. Dias Toffoli, 2ª T., j. 16-5-2017, e HC 137.290/MG, rel. Min. Ricardo Lewandowski, rel. p/ acórdão: Min. Dias Toffoli, 2ª T., j. 7-2-2017.

Não há confundir tal situação com o chamado "estado de precisão"[41], no qual se comete furto. Acompanhe o seguinte caso concreto: "agente que, por achar-se desempregado, subtrai de estabelecimento comercial, além de gêneros alimentícios, eletrodomésticos, artigos que não podem ser considerados imprescindíveis à sua sobrevivência – hipótese de estado de precisão"[42].

11. ESCUSAS ABSOLUTÓRIAS

Os crimes contra o patrimônio cometidos sem violência ou grave ameaça contra a pessoa não são puníveis quando praticados entre ascendentes ou descendentes ou entre cônjuges (na constância da sociedade conjugal). É o que expressamente dispõe o art. 181 do CP. Essa causa de isenção de pena, todavia, não se aplica ao terceiro que participa do crime ou quando a vítima é pessoa idosa, ou seja, com idade igual ou superior a sessenta anos (art. 183 do CP).

As referidas causas de isenção de pena ou escusas absolutórias, embora não interfiram na existência do crime, já que o fato é típico, antijurídico e o autor, dotado de culpabilidade, revelam que o Estado, em tais situações, abdica de seu direito de punir. O fato, desde a sua origem, não é punível para o Direito Penal, que reconhece o interesse preponderante na harmonia das relações familiares em detrimento da responsabilização do sujeito ativo.

12. CONSENTIMENTO DO OFENDIDO

Em matéria de furto, o consentimento do sujeito passivo exclui a adequação típica da conduta. Trata-se de aplicar a teoria da imputação objetiva, a qual exige a produção de um risco juridicamente proibido e relevante ao objeto jurídico. Note que

---

41 "O reconhecimento do furto famélico demanda o preenchimento dos seguintes requisitos: a) ser a conduta delitiva imputada ao réu o único e derradeiro recurso para mitigar a fome (inevitabilidade do comportamento lesivo); b) haver a subtração de coisa capaz de diretamente contornar a emergência; e c) estar provada a insuficiência dos recursos adquiridos pelo réu com o seu trabalho ou a impossibilidade de trabalhar" (TJDFT, ApCr 20170610042370, rel. Waldir Leôncio Lopes Júnior, 3ª CCr, j. 1-3-2018). No mesmo sentido: "Para o reconhecimento do furto famélico, é necessário que o réu atue com a intenção única de saciar a sua fome, sendo esta medida de extrema necessidade, não podendo esperar mais, sendo certo que a simples alegação de falta de recursos financeiros não justifica tal prática" (TJRS, ApCr 70077847952, 7ª CCr, rel. Ivan Leomar Bruxel, j. 27-2-2019). "Evidenciado que a subtração do objeto decorreu da fome e da inadiável necessidade de o agente se alimentar, vez que não possuía outros meios para fazê-lo, acolhe-se a excludente de ilicitude do estado de necessidade ("furto famélico"). O valor da *res furtiva* (trinta reais), aliado às peculiaridades do caso concreto, justificam a aplicação do princípio da insignificância para fins de absolvição, ainda que reincidente o réu" (TJMG, ApCr 1.0024.16.145244-6/001, rel. Des. Luziene Barbosa Lima (JD Convocada), 8ª CCr, j. 21-5-2020).

42 TACrSP, *RT* 800/612.

o comportamento incriminado funda-se no ato de subtrair (para si ou para outrem) coisa alheia móvel, isto é, pressupõe que o sujeito ativo procure retirar o bem da esfera de domínio de seu possuidor e passe a tê-lo como seu. Como se tratam as coisas móveis de bens disponíveis, o assentimento do sujeito passivo exclui, por completo, o caráter criminoso do ato.

Requer-se, todavia, consentimento válido expressado por quem tenha capacidade jurídica a tanto (nos moldes da lei civil) e, ademais, que se haja manifestado antes da consumação do crime[43].

13. CLASSIFICAÇÃO JURÍDICA

Trata-se de crime de forma ou ação livre (pode ser praticado por qualquer meio), comum (não exige qualidade especial alguma do sujeito ativo), material (consuma-se com o resultado naturalístico: retirada do bem da esfera de disponibilidade da vítima), de dano ou lesão (exige lesão ao bem tutelado – patrimônio – para fins de consumação), instantâneo (seu resultado ocorre instantaneamente, sem prolongar-se no tempo), unissubjetivo ou de concurso eventual (admite cometimento por uma só pessoa ou várias, em concurso, situação em que o furto será qualificado) e plurissubsistente (seu *iter criminis* permite fracionamento).

A doutrina, ademais, qualifica-o como *crime patrimonial simétrico*, justamente porque a vantagem auferida pelo agente guarda absoluta correspondência com o prejuízo sofrido pela vítima.

14. AÇÃO PENAL

A ação penal é pública incondicionada em todas as modalidades de furto, ressalvadas as hipóteses previstas no art. 182 do CP, em que a ação penal se torna pública condicionada à representação do ofendido (*vide* capítulo VIII, item 3, *infra*) – (crime praticado entre cônjuges separados judicialmente ou desquitados, entre irmãos ou entre tio e sobrinho, se houver, nesse caso, coabitação).

15. FURTO NOTURNO (ART. 155, § 1º)

Diz o Código Penal que a pena é aumentada de um terço se o crime é praticado durante o repouso noturno. A exasperação da pena justifica-se pela maior facilidade encontrada na execução do crime.

[43] "O consentimento já de ser válido e prestado com anterioridade em relação à execução dos fatos, pois o concedido posteriormente é irrelevante, já que estamos diante de um crime de ação penal pública" (Alfonso Serrano Gomez, *Derecho penal:* parte especial, p. 332).

A exasperante em questão far-se-á presente quando o fato se passar durante o período de repouso noturno (que varia conforme a localidade e seus costumes), sendo irrelevante que se dê em casa habitada ou não, com ou sem a presença de seus moradores. Incidirá a causa de aumento, portanto, na subtração de automóvel estacionado na rua, durante o período de repouso noturno, ou de estabelecimento empresarial desabitado[44].

O Superior Tribunal de Justiça, com razão, admite a incidência dessa causa tanto para o furto simples quanto para o qualificado, pois, seja qual for a modalidade do crime, sua execução durante o repouso noturno opera como elemento facilitador do delito[45].

16. FURTO PRIVILEGIADO (ART. 155, § 2º)

Sendo primário o criminoso e de pequeno valor a coisa furtada, o juiz pode substituir a pena de reclusão pela de detenção, diminuí-la de um a dois terços, ou aplicar somente a pena de multa.

São dois os requisitos: *primariedade* (isto é, não reincidência – ver arts. 63 e 64 do CP) e coisa subtraída de pequeno valor (até um salário mínimo, segundo a jurisprudência dominante). Será reincidente o sujeito que cometer o furto *depois* de condenado com trânsito em julgado por (qualquer) crime anterior, cometido no Brasil ou no estrangeiro. Caso, entretanto, a pena já se encontre cumprida ou extinta há mais de cinco anos, computados o período de prova do *sursis* e do livramento condicional (não revogados), o agente não será reincidente, podendo aplicar-se em seu favor a benesse em análise.

---

44 Nessa esteira: "Incide a majorante prevista no § 1º do art. 155 do Código Penal, quando o crime é cometido durante a madrugada, horário no qual a vigilância da vítima é menos eficiente e seu patrimônio mais vulnerável, o que ocorre inclusive para estabelecimentos comerciais. IV – A causa especial de aumento de pena do furto cometido durante o repouso noturno pode se configurar mesmo quando o crime é cometido em estabelecimento comercial ou residência desabitada, sendo indiferente o fato de a vítima estar, ou não, efetivamente repousando. Precedentes do Superior Tribunal de Justiça." (STJ, HC 501.072/SC, rel. Min. Félix Fischer, 5ª T., j. 6-6-2019). Ver também: STJ, AgRg no HC 549.703/MS, rel. Min. Sebastião Reis Júnior, 6ª T., j. 26-5-2020, TJRS, ApCr 70083006395, rel. Des. Fabianne Breton Baisch, 8ª CCr, j. 27-5-2020, e TJMG, ApCr 1.0024.19.075562-9/001, rel. Des. Dirceu Walace Baroni, 8ª CCr, j. 21-5-2020.

45 "A alegada incompatibilidade da causa de aumento de pena referente ao repouso noturno com o furto qualificado, não merece prosperar, uma vez que este Superior Tribunal de Justiça firmou entendimento de que 'a causa de aumento prevista no § 1° do art. 155 do Código Penal, que se refere à prática do crime durante o repouso noturno – em que há maior possibilidade de êxito na empreitada criminosa em razão da menor vigilância do bem, mais vulnerável à subtração –, é aplicável tanto na forma simples como na qualificada do delito de furto.' Precedentes" (STJ, AgRg no HC 466.655/SC, rel. Min. Félix Fischer, 5ª T., j. 12-3-2019). Ver ainda: STJ, AgRg no AREsp 1.373.881/DF, rel. Min. Rogerio Schietti Cruz, 6ª T., j. 2-6-2020.

Não se exige, por outro lado, bons antecedentes[46]. Presentes os requisitos legais, a aplicação do *privilegium* pelo juiz constituirá direito subjetivo público do réu. O fato de o condenado primário possuir maus antecedentes pode importar somente uma elevação da pena-base (art. 59, *caput*, do CP) e, quando muito, levar o magistrado a conceder o menor benefício possível diante das opções que a lei apresenta no § 2º.

Note, ademais, que a lei não fala em "pequeno prejuízo", mas "pequeno valor", motivo pelo qual pouco importa a condição financeira do ofendido. O valor do bem deverá constar de laudo de avaliação.

No furto tentado, o juiz deve considerar o bem que se pretendia subtrair.

Havia séria divergência jurisprudencial acerca da aplicabilidade do privilégio ao furto qualificado, pacificada com a edição da Súmula 511 do STJ: "É possível o reconhecimento do privilégio previsto no § 2º do art. 155 do CP nos casos de crime de furto qualificado, se estiverem presentes a primariedade do agente, o pequeno valor da coisa e a qualificadora for de ordem objetiva".

Quando se cuidar de furtos cometidos em continuidade delitiva (CP, art. 71), o valor a ser tomado como patamar para concessão do privilégio, segundo entendimento do Superior Tribunal de Justiça, deve ser o valor total dos delitos cometidos (o mesmo critério se observa em casos de aplicação do princípio da insignificância).

Ainda de acordo com a citada Corte, para o reconhecimento do furto privilegiado é indiferente que o bem tenha sido restituído à vítima.

16.1. Privilégio *versus* insignificância

Não se pode confundir o conceito de pequeno valor, o qual caracteriza o privilégio, com a noção de insignificância, que resulta na atipicidade material da conduta. Lembre-se que o Supremo Tribunal Federal tem adotado quatro *vetores para a aplicação do princípio da insignificância*. São eles: a) *a mínima ofensividade da conduta*; b) *seu baixo grau de reprovabilidade*; c) *a inexpressividade da lesão ao bem jurídico*; d) *a ausência de periculosidade social da ação*[47].

O STJ, em complementação aos requisitos objetivos do STF, também dispôs de uma série de requisitos subjetivos: a) extensão do dano, compreendendo a importância do objeto material para a vítima, sua situação econômica e eventual valor sentimental do bem; b) circunstâncias e resultado do crime para determinar se houve lesão

46 TJRS, ApCr 70083054270, rel. Des. Cristina Pereira Gonzales, 5ª CCr, j. 12-2-2020, e TJPR, ApCr 0002083-69.2017.8.16.0196, rel. Des. Celso Jair Mainardi, 4ª CCr, j. 14-3-2019.

47 HC 138.134/BA, rel. Min. Ricardo Lewandowski, 2ª T., j. 7-2-2017. E ainda: STF, HC 175.945 AgR, rel. Min. Roberto Barroso, 1ª T., j. 27-4-2020.

significativa; c) condições pessoais da vítima; e d) condições pessoais do agente, que consiste em verificar à existência *habitualidade* ou *contumácia* delitiva[48].

Verifica-se que a aplicação do referido princípio ocorre apenas com a análise no caso concreto. O STJ, por exemplo, já deixou de aplicar a exclusão da tipicidade em um caso de grande reprovabilidade da conduta por ter o pai induzido o seu filho de apenas 9 anos a furtar objeto avaliado em R$ 4,80 contra uma associação sem fins lucrativos[49].

É firme o entendimento pela inaplicabilidade do princípio da insignificância ao furto qualificado por escalada, destreza, rompimento de obstáculo ou concurso de agentes, por indicar maior reprovabilidade do comportamento do agente[50].

Traçar a linha divisória entre o que se entende por privilégio e o que se pode considerar insignificante não é tarefa das mais fáceis. Não se pode admitir, todavia, uma aplicação larga do princípio da bagatela, desprezando a relevância jurídica de uma série de comportamentos ilícitos, como se devessem permanecer à margem do Direito Penal. Em outras palavras, insignificante não é o bem de diminuto ou reduzido valor, mas aquilo que contenha um valor econômico tão inexpressivo que não justifique, sob qualquer hipótese, a caracterização de uma infração penal. Para os Tribunais Superiores, o valor inexpressivo deverá ser avaliado pelo juiz no caso concreto, ressaltando a possibilidade de usar o salário mínimo à época dos fatos como parâmetro econômico; para o STJ, inclusive, a insignificância, no aspecto patrimonial, requer que o valor da *res* não supere o correspondente a 10% do valor salário mínimo vigente ao tempo do fato[51].

Cite-se, como exemplo, o critério adotado por José Faria da Costa, à luz da legislação penal lusitana: "Propendemos, por isso, a aceitar que um dos critérios integradores de um tal conceito objetivo de valor mínimo com significado jurídico-penal se possa descortinar - mas tão só como um dos critérios, repete-se - no valor da menor subdivisão de moeda que *efetivamente* circule em um determinado momento"[52].

16.2. Furto privilegiado tentado – infração de menor potencial ofensivo

Para nós, o furto privilegiado *tentado* constitui infração de menor potencial ofensivo. O principal fundamento de nossa posição, consiste no fato de o benefício

---

48 RHC 93.967/SC, rel. Min. Ribeiro Dantas, 5ª T., j. 20-3-2018. Ver também: STJ, AgRg no HC 521.476/SP, rel. Min. Jorge Mussi, 5ª T., j. 2-6-2020.

49 RHC 93.472-MS, rel. Min. Maria Thereza de Assis Moura, 6ªT., j. 15-3-2018.

50 STJ, AgRg no AREsp 1.471.767/DF, rel. Min. Laurita Vaz, 6ª T., j. 12-5-2020, HC 559.086/SC, rel. Min. Ribeiro Dantas, 5ª T., j. 5-3-2020, AgRg no HC 550.972/SC, rel. Min. Sebastião Reis Júnior, 6ª T., j. 18-2-2020, e AgRg no RHC 93.484/SP, rel. Min. Joel Ilan Paciornik, 5ª T., j. 19-6-2018.

51 STJ, AgRg no AREsp 1.550.027/SP, rel. Min. Laurita Vaz, 6ª T., j. 26-5-2020, e AgRg no REsp 1.804.143/GO, rel. Min. Félix Fischer, 5ª T., j. 11-6-2019.

52 Op. cit., t. II, p. 46.

previsto no art. 155, § 2º, do CP, referente à substituição da pena de reclusão por detenção encontrar-se, em nosso sentir, *tacitamente revogado.*

Para justificar nossa posição, que aparentemente colide com o texto legal, é necessário, em primeiro lugar, uma breve análise da evolução do tratamento das penas de reclusão e detenção na legislação criminal brasileira.

Pois bem. A história do Direito Penal Positivo brasileiro, há mais de um século, tem sido a da progressiva eliminação das diferenças entre as espécies de pena privativa de liberdade, notadamente a reclusão e a detenção.

Ao tempo do Código Penal de 1890, a reclusão destinava-se ao recolhimento de "determinadas categorias de criminosos políticos e era cumprida em fortalezas, praças de guerra ou estabelecimentos militares (art. 47)", conforme registro de Roberto Lyra[53].

Quando da edição do Código Penal, em 1940, manteve-se a dicotomia, estabelecendo-se a reclusão como a mais grave, distanciando-se da detenção porque: "1º) em regra, não admite a suspensão condicional; 2º) comporta período inicial de isolamento diurno e remoção para colônia; 3º) o trabalho não pode ser escolhido; 4º) implica penas acessórias e medidas de segurança mais importantes e assíduas"[54].

Em 1984, por ocasião da Reforma da Parte Geral, os juristas que compuseram a Comissão responsável pela elaboração do Anteprojeto ponderaram a respeito da manutenção dos traços distintivos, entendendo por bem mantê-los, embora em menor número. Eis o comentário de René Ariel Dotti: "Já ao tempo da elaboração do Código Penal brasileiro da Primeira República, manifestavam-se as tendências de unificação das modalidades de privação da liberdade, por influência da doutrina e de encontros internacionais como os Congressos Penitenciários de Estocolmo (1878), de Paris (1895) e de Praga (1930). Entre nós, uma proposta apresentada ao Ministro da Justiça, em 1972, visando a revisão de textos do Código Penal de 1969 no Título 'Das penas', recomendava a adoção de uma só pena privativa de liberdade: a prisão. O Anteprojeto foi elaborado por uma Comissão integrada por Manoel Pedro Pimentel, Azevedo Franceschini, Prestes Barra, Limongi Neto e Penteado de Moraes (in Manoel Pedro Pimentel, *Estudos e pareceres de direito penal*, 1973, pág. 24). A pena unitária de prisão foi instituída nos Códigos Penais da Alemanha ocidental (§ 38) e de Portugal (art. 40º) bem como no Código Penal Tipo para a América Latina (art. 42). Recentemente, assim também o fez o Código Penal do Panamá (1982, art. 46, 1). (...) Mais de uma vez nos manifestamos a favor da pena unitária de prisão (*Bases e alternativas ao sistema de penas*, Curitiba, 1980, pág. 126). Mas a razão exclusiva dessa reivindicação tinha como causa os 'desvios e abusos na *execução da pena de prisão*' (*Bases e alternativas,* cit., pág. 129 e s.), posto que 'inexiste diferença entre ambas (reclusão e detenção) na fase de cumprimento, o mesmo sucedendo com a prisão simples...'"[55].

[53] *Comentários ao Código Penal*, v. II, p. 75.

[54] Ibidem, p. 75.

[55] O novo sistema de penas, in *Reforma penal*, p. 95-96.

No sistema do Código Penal, hodiernamente, reduziram-se ainda mais as diferenças. Estas remanescem no tocante ao regime inicial de cumprimento de pena (CP, art. 33), na possibilidade de imposição do efeito secundário da condenação, consistente na incapacidade para o exercício do poder familiar, tutela ou curatela (CP, art. 92) e na espécie de medida de segurança aplicável ao fato (art. 97, *caput*, do CP).

No âmbito da legislação processual, ademais, verifica-se com maior ênfase a tendência à unificação.

A Lei n. 11.719/2008, ao reformular os procedimentos comuns (ordinário e sumário), estabeleceu que estes se distinguem com base na quantidade (pena máxima de quatro anos) e não mais a partir da qualidade da prisão (reclusão ou detenção).

A tendência de unificação, destarte, já se faz presente de maneira viva no ordenamento jurídico brasileiro, não podendo o aplicador da lei prender-se à mera literalidade do texto. Não há como se admitir, diante do contexto exposto, que a substituição da pena de reclusão pela de detenção seria um "benefício", posto que, se aplicada, seu efeito seria *inócuo*.

Note que o art. 155, § 2º, do CP dispõe que "se o criminoso é primário, e é de pequeno valor a coisa furtada, o juiz pode substituir a pena de reclusão pela de detenção, diminuí-la de um a dois terços, ou aplicar somente a pena de multa".

O menor benefício decorrente do privilégio, repise-se, consiste na *substituição da pena de reclusão pela de detenção.*

O que provocaria, em termos concretos, a concessão dessa benesse? Para responder, é preciso recordar os traços distintivos entre as espécies de pena privativa de liberdade: a) o regime inicial; b) a incapacidade para exercer o poder familiar etc.; e c) a medida de segurança aplicável.

O efeito secundário da condenação consistente em impedir o exercício do poder familiar, tutela ou curatela tem reduzidíssima aplicação, haja vista que requer delito cometido contra filho, tutelado ou curatelado. Ao menos na primeira hipótese, em que o sujeito passivo é descendente do autor, o fato não será punível, em decorrência da isenção de pena prevista no art. 181 do CP.

Deve-se considerar, ainda, que na imensa maioria dos casos, o sujeito ativo da infração é penalmente imputável, o que afasta, de maneira absoluta, a terceira diferença.

Nota-se, então, que a substituição da reclusão pela detenção, em termos práticos, impedirá o sujeito de iniciar o cumprimento da pena em regime fechado. Dir-se-á que esta é uma diferença relevante; ocorre, entretanto, que *a aplicação do privilégio pressupõe que o agente seja primário*, situação na qual, de regra, somente se admitirá o regime aberto.

A inarredável conclusão, destarte, é que o benefício consistente em substituir a pena de reclusão pela de detenção é, como se disse, irrelevante.

Sendo assim, desde a Reforma da Parte Geral promovida em 1984 e tendo em vista a constante tendência pela unificação da pena de reclusão e de detenção, encontra-se tacitamente revogado o benefício consistente em substituir uma pena de prisão por outra ao furto privilegiado, de modo que o *privilegium* no furto, destarte, permitirá ao agente ter a pena reduzida de um a dois terços ou receber, tão somente, a pena de multa.

Entre essas benesses, a menos favorável é, sem dúvida, a primeira. Pode-se dizer, então, que a pena máxima do furto privilegiado consumado é a do tipo básico (quatro anos de reclusão), reduzida no patamar mínimo (um terço), o que totaliza dois anos e oito meses de reclusão.

Na hipótese de "conatus", incidirá, por força do art. 14, parágrafo único, combinado com o art. 68, parágrafo único, ambos do CP, uma segunda causa de diminuição, a qual, aplicada no piso (um terço), fará com que *a pena máxima a que fica sujeito o autor do fato seja inferior a dois anos.*

A infração penal, portanto, inserir-se-á na esfera de competência dos Juizados Especiais Criminais, *ex vi* do art. 61 da Lei n. 9.099/95.

Nesse sentido têm sido as decisões da egrégia Procuradoria-Geral de Justiça do Estado de São Paulo, como se nota, entre outros, no Protocolado n. 38.620/2009 – PGJ.

17. FURTO DE ENERGIA ELÉTRICA OU OUTRA QUE TENHA VALOR ECONÔMICO (ART. 155, § 3º)

A energia elétrica ou outra forma de energia dotada de valor econômico equipara-se a coisa móvel e poderá ser objeto material do crime de furto.

No caso da energia elétrica, o crime de furto poderá ocorrer, por exemplo, quando se instala ou se retira fiação diretamente do poste de energia para a moradia ou comércio, sem passar por qualquer medidor; desvia-se a corrente elétrica, portanto, em momento anterior ao repasse no medidor, como se vê comumente em ligações clandestinas. Deve-se advertir que se a energia for desviada em momento posterior ao medidor oficial, empregando-se algum dispositivo para viciá-lo, o crime será de estelionato (art. 171 do CP).

O STJ diverge a respeito da possibilidade de se reconhecer o pagamento do débito oriundo de furto de energia elétrica antes do recebimento da denúncia como causa extintiva de punibilidade. Até 2018, havia acórdãos em sentidos antagônicos da 5ª e 6ª Turmas do Tribunal. Atualmente, porém, o STJ pacificou o entendimento no sentido da não aplicação[56].

Prevaleceu a tese de que o furto de energia elétrica não poderia receber o mesmo tratamento dado aos crimes tributários, e, por essa razão, eventual pagamento do débito não constitui causa extintiva da punibilidade; "isso porque nos crimes contra a ordem tributária, o legislador (Leis n. 9.249/95 e n. 10.684/2003), ao consagrar a possibilidade da extinção da punibilidade pelo pagamento do débito, adota política que visa a garantir

[56] AgRg no REsp 1.799.613/RJ, rel. Min. Rogerio Schietti Cruz, 6ª T., j. 28-4-2020, e AgRg no AREsp 1.484.708/SP, rel. Min. Joel Ilan Paciornik, 5ª T., j. 28-4-2020.

a higidez do patrimônio público, somente. A sanção penal é invocada pela norma tributária como forma de fortalecer a ideia de cumprimento da obrigação fiscal. Já nos crimes patrimoniais, como o furto de energia elétrica, existe previsão legal específica de causa de diminuição da pena para os casos de pagamento da 'dívida' antes do recebimento da denúncia. Em tais hipóteses, o Código Penal, em seu art. 16, prevê o instituto do arrependimento posterior, que em nada afeta a pretensão punitiva, apenas constitui causa de diminuição da pena. Outrossim, a jurisprudência se consolidou no sentido de que a natureza jurídica da remuneração pela prestação de serviço público, no caso de fornecimento de energia elétrica, prestado por concessionária, é de tarifa ou preço público, não possuindo caráter tributário. Não há como se atribuir o efeito pretendido aos diversos institutos legais, considerando que os dispostos no art. 34 da Lei n. 9.249/95 e no art. 9º da Lei n. 10.684/2003 fazem referência expressa e, por isso, taxativa, aos tributos e contribuições sociais, não dizendo respeito às tarifas ou preços públicos"[57].

18. FURTO QUALIFICADO (ART. 155, §§ 4º A 6º)

18.1. Qualificadoras ligadas ao meio de execução (art. 155, § 4º)

A pena do furto passa a ser de *2 a 8 anos de reclusão*, e multa, se o crime é praticado: "I – com destruição ou rompimento de obstáculo à subtração da coisa; II – com abuso de confiança, ou mediante fraude, escalada ou destreza; III – com emprego de chave falsa; IV – mediante concurso de duas ou mais pessoas".

Todas elas são reveladoras de maior audácia do agente no cometimento do ilícito, emprego de recurso que facilite a consecução do delito ou traduzem inclinada propensão ao crime.

Acrescente-se que o § 4º-A também dispõe de qualificadora relacionada ao meio executório, consistente no emprego de explosivo ou de artefato análogo que cause perigo comum (com pena de reclusão, de 4 a 10 anos, e multa) – ela será examinada, porém, no item 18.4, *infra*.

18.1.1. Destruição ou rompimento de obstáculo à subtração da coisa

Trata-se do furto cometido mediante violência contra a coisa (se o ato violento se dirigisse contra a pessoa, haveria roubo – art. 157 do CP). É necessário que a conduta dirija-se à supressão do obstáculo, seja ele ativo (como alarmes ou armadilhas) ou passivo (como trincos, portas, fechaduras, cofres, janelas etc.).

A *simples remoção* de obstáculo *não enseja a qualificadora*, a qual depende do efetivo rompimento (arrombamento) ou destruição (desfazimento). De outra parte, predomina o entendimento no sentido de que é necessário tratar-se de obstáculo destinado

[57] HC 412.208/SP, rel. Min. Felix Fischer, j. 20-3-2018, noticiado no *Informativo* n. 622.

a proteger algum bem, e não que constitua algo inerente a ele próprio. Sob tal ótica, exemplificativamente, a destruição de quebra-vento para subtração de automóvel caracteriza furto simples, mas sua destruição para subtração de um *laptop* que está no interior do carro se subsume ao furto qualificado[58].

Parece-nos, contudo, que semelhante ponto de vista traduz uma incongruência de todo injustificada, pois, a prevalecer essa tese seria menos grave subtrair um automóvel do que um objeto qualquer em seu interior (quando o sujeito, em ambos os casos, quebrasse o vidro do veículo para ter acesso ao seu interior)[59].

No âmbito do Superior Tribunal de Justiça, inclusive, já se consolidou o entendimento de que a circunstância *sub examen* pode ser reconhecida, ainda quando se cuida de obstáculo inerente à própria *res*, porquanto o texto legal não faz distinção alguma. Acompanhe: "não é possível deixar de reconhecer a prática de furto qualificado apenas e simplesmente por se ter avariado o próprio bem subtraído, pois referida circunstância não tem o condão de desconfigurar o efetivo rompimento de obstáculo. Não há dúvidas de que as portas, os vidros e o alarme do carro visam exatamente impedir ou pelo menos dificultar sua subtração e dos bens que estão no seu interior, sendo ainda inquestionável a necessidade de transposição desta barreira para que se furte tanto o carro quanto os objetos do seu interior" (REsp 1.395.838/SP, rel. Min. Marco Aurélio Bellizze, 5ª T., j. 20-5-2014, *DJe* de 28-5-2014)[60].

É de ver que a comprovação da qualificadora em apreço requer seja elaborado exame de corpo de delito, por se tratar de infração penal não transeunte (ou seja, crime que deixa vestígios)[61]. Nunca é demais lembrar que, em tais casos, será obriga-

---

58 "EMBARGOS INFRINGENTES. CRIMES CONTRA O PATRIMÔNIO. FURTO QUALIFICADO. ROMPIMENTO DE OBSTÁCULO. DESCLASSIFICAÇÃO DA CONDUTA E CONSEQUENTE REDUÇÃO DO APENAMENTO. (...) Não há, também, nenhuma notícia quanto a eventual desaparecimento dos vestígios modo a autorizar a realização do exame indireto. E, não ocorreu efetivamente *rompimento* ou destruição de *obstáculo*, mas, sim, da porta do automóvel, que é *inerente à própria coisa*, fazendo parte do veículo cuja subtração foi pretendida. RECURSO PROVIDO. POR MAIORIA" (TJRS, Embargos Infringentes e de Nulidade 70079475877, rel. Des. Bernadete Coutinho Friedrich, 3º Grupo de Câmaras Criminais, j. 14-12-2018).

59 Maurach faz crítica semelhante ao Código Penal alemão, citada por Wingfried Hassemer, *Introdução aos fundamentos do direito penal*, p. 338.

60 Ver também, no que tange ao rompimento ou destruição do vidro para furtar objetos do interior do automóvel: HC 509.589/SP, rel. Min. Reynaldo Soares Da Fonseca, 5ª T., j. 11-2-2020, HC 182.279/SP, e HC 509.594/SP, rel. Min. Felix Fischer, 5ª T., j. 6-6-2019. Ademais, é incabível a aplicação do princípio da insignificância: "as circunstâncias do crime – furto qualificado, cometido mediante arrombamento, com a quebra do vidro lateral do carro da vítima – afastam a aplicação do princípio da insignificância, por tratar-se de conduta ousada e, portanto, relevante para o Direito Penal" (STJ, HC 311.348/RS, rel. Min. Ericson Maranho (Desembargador convocado do TJSP), 6ª T., j. 14-4-2015).

61 "(...) A jurisprudência desta Corte firmou-se no sentido de que, para incidir a qualificadora do rompimento de obstáculo, prevista no art. 155, § 4º, I, do Código Penal, faz-se indispensável a realização de perícia, sendo possível substituí-la por outros meios de prova se o delito não deixar vestígios, ou esses tenham desparecido ou, ainda, se as circunstâncias do crime não permitirem a confecção do laudo.

tória referida perícia, direta ou indireta, não podendo suprir-lhe a falta sequer a confissão do agente (CPP, art. 158)[62]. Admite-se, todavia, quando impossível realizar o exame, que os vestígios sejam comprovados por prova testemunhal (CPP, art. 167)[63].

18.1.2. Abuso de confiança

O que justifica a majorante é a quebra da confiança empregada pelo agente, que dela se utilizou para reduzir a vigilância do ofendido sobre o bem e subtraí-lo.

Deve-se frisar que, para a incidência da qualificadora, a vítima deve depositar, por algum motivo, *especial confiança no agente* (amizade, parentesco, relações ou referências profissionais etc.), *o qual dela se aproveita* (ex.: um amigo visita outro e, aproveitando-se da confiança depositada, subtrai algum bem sem que o proprietário perceba ou mesmo suspeite de suas intenções). De ver que a mera relação empregatícia não enseja, por si só, vínculo de confiança (haverá, entretanto, a agravante genérica do CP, art. 61, II, *f* – "prevalecendo-se de relações domésticas"), fazendo-se necessário existir, por algum motivo, particular razão para tributar ao agente especial crédito (por exemplo, diarista contratada por conta de boas referências, a quem se entrega as chaves do imóvel durante viagem dos patrões[64]).

Assim, não tendo sido mencionadas pela Corte a quo circunstâncias que dispensam a realização do laudo pericial, inexiste justificativa suficiente para a não elaboração do exame, devendo ser afastada a qualificadora disposta no inciso I do § 4º do art. 155 do Código Penal. Precedentes. 2. Agravo regimental improvido" (STJ, AgRg no HC 557.077/SC, rel. Min. Nefi Cordeiro, 6ª T., j. 9-6-2020). Ver também: STJ, AgRg no REsp 1.869.240/MS, rel. Min. Reynaldo Soares da Fonseca, 5ª T., j. 19-5-2020.

62 "É fato que a jurisprudência desta Corte Superior, interpretando os arts. 158 e 159 do Código de Processo Penal – CPP, consolidou entendimento no sentido de ser necessário o exame de corpo de delito nas infrações que deixam vestígios, indicando, ainda, que não supre sua ausência a prova testemunhal ou a confissão do acusado, quando possível a realização da perícia, nos termos dos arts. 158 e 159 do CPP." (STJ, HC 372.309/SC, rel. Min. Joel Ilan Paciornik, 5ª T., j. 17-11-2016). Ver ainda: STJ, AgInt no HC 509.333/SC, rel. Min. Jorge Mussi, 5ª T., j. 5-3-2020, e AgRg no HC 511.824/RJ, rel. Min. Leopoldo de Arruda Raposo (Desembargador Convocado do TJ/PE), 5ª T., j. 5-11-2019.

63 STJ, AgRg no HC 455.900/SC, rel. Min. Joel Ilan Paciornik, 5ª T., j. 28-5-2019, e HC 462.137/SP, rel. Min. Ribeiro Dantas, 5ª T., j. 2-4-2019, e AgRg no REsp 1.790.990/MT, rel. Min. Felix Fischer, 5ª T., j. 19-3-2019. Ver também: TJMG, Embargos Infringentes e de Nulidade 1.0024.18.123387-5/002, rel. Des. Guilherme de Azeredo Passos (JD Convocado), 2ª CCr, j. 30-4-2020.

64 "*HABEAS CORPUS*. FURTO QUALIFICADO MEDIANTE O ABUSO DE CONFIANÇA (ART. 155, § 4º, INCISO II, DO CÓDIGO PENAL). ALEGAÇÃO DE QUE A EMPREGADA DOMÉSTICA TRABALHAVA HÁ POUCO TEMPO NA RESIDÊNCIA DA VÍTIMA. CIRCUNSTÂNCIAS DE ENTREGA DAS CHAVES E OSTENTAÇÃO DE BOAS REFERÊNCIAS POR PARTE DA ACUSADA. PRÉVIA CONFIANÇA CARACTERIZADA. ORDEM DENEGADA. 1. Estando comprovada a relação de confiança entre a empregada doméstica e a vítima que a contrata – seja pela entrega das chaves do imóvel ou pelas boas referências de que detinha a Acusada – cabível a incidência da qualificadora 'abuso de confiança' para o crime de furto ora sob exame. Precedente. 2. Ordem denegada" (STJ, HC 192.922/SP, rel. Min. Laurita Vaz, 5ª T., j. 28-2-2012).

Não há confundir o furto com abuso de confiança com a apropriação indébita. Nesta, o sujeito, *de boa-fé* (se houver má-fé, há estelionato), recebe o bem do ofendido, o qual lhe transmite a posse desvigiada da coisa, e, posteriormente, traindo a confiança depositada, decide não restituir o objeto ou pratica algum ato de disposição (ex.: venda). Assim, se um conhecido pede emprestado um livro de seu amigo e, após, decide não devolvê-lo, comete o delito do art. 168 do CP. Lembre-se que, no *furtum*, a confiança é empregada como mecanismo para reduzir a vigilância da vítima sobre o bem, permitindo sua subtração.

18.1.3. Fraude

Cuida-se do emprego de artifício, meio enganoso usado pelo agente capaz de reduzir a vigilância da vítima e permitir a subtração do bem (engodo, insídia etc.). *Difere do estelionato, em que a fraude visa a enganar a vítima, fazendo-a incidir em erro, para que entregue o objeto espontaneamente ao agente* (ex.: o sujeito que, fazendo-se passar por mecânico, recebe o automóvel da vítima para conserto, dele se apoderando, comete estelionato). No furto mediante fraude, por sua vez, o engodo é utilizado para diminuir a vigilância da vítima sobre o bem, viabilizando sua retirada pelo agente, sem que o ofendido se dê conta disso (ex.: o agente, objetivando ingressar na residência de alguém, passa-se por eletricista, subtraindo objeto do interior do imóvel).

Por essa razão, se uma pessoa finge-se interessada num veículo, pede para experimentá-lo e desaparece com ele, comete estelionato; note que a fraude foi empregada como meio para fazer com que a vítima entregasse o automóvel espontaneamente ao criminoso. Nossos tribunais, no entanto, de forma majoritária, veem nessa situação furto mediante fraude.

Pode-se citar como exemplo de furto qualificado a hipótese, de frequente ocorrência, consistente na subtração de valores de conta corrente mediante a transferência bancária eletrônica fraudulenta, que se opera sem o conhecimento do correntista[65] ou até mesmo a clonagem de cartões para burlar o sistema de proteção e vigilância do banco[66].

---

[65] "É assente no âmbito deste Superior Tribunal de Justiça o entendimento de que condutas de inserção de dispositivo eletrônico em caixa bancário para subtração posterior de valores configura o crime de furto qualificado por fraude e não estelionato, motivo pelo qual não há falar em contrariedade à lei penal. Agravo regimental desprovido" (STJ, AgRg na RvCr 3.564/SC, rel. Min. Felix Fischer, 3ª S., j. 10-5-2017).

[66] Nesse sentido afirma o STJ: "o entendimento firmado pela Terceira Seção desta Corte Superior é no sentido de que a realização de saques indevidos na conta corrente da vítima, sem o seu consentimento, seja por meio de clonagem de cartão e/ou senha, seja por meio de furto do cartão, seja via internet, configuram o delito de furto mediante fraude. Precedentes" (AgRg no AREsp 829.276/RJ, rel. Min. Nefi Cordeiro, 6ª T, j. 17-10-2017).

18.1.4. Escalada

Entende-se por escalada a utilização de via anormal para adentrar no local onde o furto será realizado. Embora a expressão indique o ato de escalar ou entrar por cima, *qualquer via anormal de ingresso* enseja a figura da "escalada" (ex.: escavação de túnel). Exige-se, ademais, emprego de algum instrumento, como corda ou escada, ou de esforço incomum para adentrar no local[67].

Conforme já decidiu o Superior Tribunal de Justiça, "a escalada pressupõe a entrada em um local por um meio anormal, exigindo do agente esforço físico incomum, como saltar um muro de 1,80 m de altura..."[68].

A circunstância justifica-se em face da maior tendência a delinquir revelada pelo sujeito, que, mesmo diante de um obstáculo, não se intimida.

Entende-se necessário, por fim, a confecção de perícia a fim de comprovar o emprego da escalada.

18.1.5. Destreza

Consiste na habilidade física ou manual que permite ao agente subtrair bens sem que a vítima perceba. É o caso do punguista, que se vale de sua destreza, para subtrair objetos do bolso da vítima, de modo sutil, sem que ela o perceba[69].

Esta circunstância só tem aplicação quando a vítima traz o bem consigo. O fato de o ofendido perceber a conduta do agente exclui a destreza, segundo orientação dos tribunais. Se, contudo, *terceiro* a percebe e alerta a vítima, impedindo a consumação, pode-se reconhecer a presente qualificadora.

---

[67] Nesse sentido: TJRS, ApCr 70080911191, rel. Des. Fabianne Breton Baisch, 8ª CCr, j. 25-9-2019, e TJDFT, Acórdão 1245812, 00054964620168070012, rel. Des. Nilsoni de Freitas Custodio, 3ª T. Criminal, j. 30-4-2020, e TJMG, ApCr 1.0518.18.013837-3/001, rel. Des. Alberto Deodato Neto, 1ª CCr, j. 12-5-2020.

[68] REsp 680.743, rel. Min. Gilson Dipp, *DJ* de 9-2-2005, p. 222. Em sentido semelhante o extinto Tribunal de Alçada Criminal de São Paulo: "É força reconhecer a qualificadora da escalada se, para praticar o furto, o réu transpôs muro de 1,90m de altura" (*RT* 809/586). Muros ou janelas baixas, no entanto, não ensejam a circunstância.

[69] "Destreza devidamente comprovada, haja vista consistir na habilidade física ou manual empregada pelo agente na subtração, fazendo com que a vítima não perceba o seu ato, como é o caso dos autos. Pacífico entendimento doutrinário no sentido de ser este o meio empregado pelos batedores de carteira, 'pick-pockets' ou punguistas, na gíria criminal brasileira" (TJSP, AP 0019494-07.2014.8.26.0050, rel. Des. Airton Vieira, 1ª CCr Extraordinária, j. 10-12-2015). No mesmo sentido: TJMG, ApCr 1.0480.14.008954-5/001, rel. Des. Fortuna Grion, 3ª CCr, j. 26-5-2020, TJDFT, Acórdão 1228259, 00017976920198070003, rel. Des. Maria Ivatônia, 2ª T. Criminal, j. 30-1-2020, e TJRS, ApCr 70080521917, rel. Des. Ícaro Carvalho de Bem Osório, 6ª CCr, j. 28-11-2019.

18.1.6. Chave falsa

Seu emprego dá-se com a utilização de instrumento capaz de abrir uma fechadura sem arrombá-la, como grampos, tesouras, mixas[70], chaves de fenda, englobando, inclusive, cópia da verdadeira obtida por meios fortuitos ou criminosos (a ligação direta, entretanto, não se subsume à presente circunstância, por não exigir uso de objetos[71]).

Em determinados casos, o exame de corpo de delito é prescindível. Entendeu o Superior Tribunal de Justiça que "o emprego de chave falsa pode, a depender da hipótese, não deixar vestígios, como, por exemplo, quando se emprega grampo, arame ou chave de feitio especial para a abertura de fechaduras, sem dano ou arrombamento, de modo que, nesses casos, é dispensável o exame pericial para a caracterização da qualificadora do crime de furto"[72].

18.1.7. Concurso de duas ou mais pessoas

Não é preciso que todos os agentes estejam no local da subtração. Acrescente-se, ainda, que a qualificadora subsiste ainda que o(s) outro(s) envolvido(s) seja(m) menor(es) inimputável(eis) ou seja(m) identificado(s).

A aplicação dessa qualificadora não impede que se reconheçam, em concurso de crimes, o furto e a associação criminosa (CP, art. 288), desde que se verifiquem, além da reunião dos agentes para a prática da subtração, que eles compõem uma **associação estável** destinada ao cometimento específico de crimes.

---

70 "PENAL E PROCESSUAL PENAL. RECURSO ESPECIAL. FURTO QUALIFICADO. USO DE CHAVE MIXA. USUÁRIO DE DROGAS. CRIME DE PERIGO ABSTRATO. LEI 11.343/2006. PRAZO PRESCRICIONAL DE DOIS ANOS. FALSA IDENTIDADE. OBJETIVO DE ESCAPAR DA AÇÃO POLICIAL. NÃO CONFIGURAÇÃO DE DELITO. RECURSO PARCIALMENTE PROVIDO. 1. O Superior Tribunal de Justiça firmou entendimento de que o conceito de chave falsa abrange também a 'mixa'. Na hipótese em exame, a qualificadora restou bem caracterizada, na medida em que o uso da 'mixa' propiciou o acesso ao interior do veículo. 2. Configura crime de perigo abstrato a conduta descrita no art. 16 da Lei 6.368/76, cujo prazo prescricional é de dois anos, conforme estabelecido no art. 28 da nova Lei de Tóxicos, Lei 11.343/2006. Verifica-se, *in casu*, a prescrição da pretensão punitiva do Estado, porque decorridos mais de dois anos contados da sentença condenatória recorrível. 3. Não configura o delito de falsa identidade a declaração que visa escapar da ação policial para evitar a prisão. Não há ofensa à fé pública. 4. Recurso especial parcialmente provido para reconhecer a qualificadora da chave falsa no crime de furto e restabelecer a sentença nessa parte" (REsp 915.187, rel. Min. Arnaldo Esteves Lima, *DJe* de 13-4-2009; destaque nosso). No mesmo sentido: TJRJ, *RT* 800/677.

71 "O conceito de chave falsa abrange todo o instrumento, com ou sem forma de chave, utilizado como dispositivo para abrir fechadura, incluindo mixas" (STJ, HC 200.126/SP, rel. Min. Gurgel de Faria, 5ª T., j. 28-4-2015, *DJe* de 18-5-2015).

72 AgRg no AREsp 886.475/SC, rel. Min. Rogério Schietti Cruz, 6ª T., j. 13-9-2016, *DJe* de 26-9-2016.

18.1.8. Pluralidade de qualificadoras

Anote-se, por derradeiro, que basta uma das qualificadoras previstas no dispositivo em exame para que a sanção obedeça aos limites do § 4º, servindo outras eventualmente presentes como circunstâncias judiciais desfavoráveis (CP, art. 59, *caput*).

18.1.9. A (aparente) desproporcionalidade entre a exasperação decorrente do furto e do roubo praticado mediante concurso de duas ou mais pessoas

De acordo com o art. 155, § 4º, IV, do CP, o furto é punido com reclusão, de dois a oito anos (além da multa), quando praticado mediante o concurso de duas ou mais pessoas (lembre-se que o crime simples é apenado com um a quatro anos, mais a sanção pecuniária).

O roubo também sofre maior rigor punitivo em semelhantes condições. Conforme dispõe o art. 157, § 2º, II, a pena do tipo básico (reclusão, de quatro a dez anos, e multa), será aumentada de um terço até a metade.

Há quem vislumbre, nesta disparidade de tratamento, ofensa ao princípio da proporcionalidade (e da isonomia). Explica-se: enquanto a lei dobra a pena de furto cometido nas circunstâncias acima mencionadas, limita-se a aumentar de um terço até a metade no caso do roubo. Bem por isso, decisões há que, a pretexto de corrigir a (aparente) distorção, aplicam a fração do roubo ao furto cometido em concurso de agentes (isto é, a pena do *caput* do art. 155, aumentada de um terço até a metade).

Veja, a título de exemplo, decisão proferida pelo Tribunal de Justiça do Rio Grande do Sul: "(...) Agride aos princípios da proporcionalidade e da isonomia o aumento maior da pena ao furto em concurso do que ao roubo em igual condição. Aplica-se o percentual de aumento deste àquele(...)"[73].

Cézar Bitencourt pondera: "Trata-se, com efeito, de flagrante violação do *princípio da proporcionalidade*, representado pela duplicação da pena na hipótese do crime de *furto*, quando praticado *mediante concurso de pessoas*. A equação é simples: tanto no furto como no roubo, o concurso de pessoas 'qualifica' o crime, com a diferença que no primeiro a pena dobra, enquanto no segundo, que é mais grave, é acrescida de um terço até metade"[74].

Com o devido respeito, cremos que a questão merece um enfoque distinto.

Em primeiro lugar, é preciso sublinhar que o juízo de readequação típica da conduta, diante de um suposto excessivo rigor punitivo, há de ser feito com

---

[73] ApCr 70009925207, rel. Des. Marco Antônio Bandeira Scapini, j. 16-12-2004.

[74] *Tratado de direito penal*: parte especial, cit., 4. ed., v. 3, p. 45. Nas páginas seguintes, o autor procura embasar constitucionalmente sua orientação, louvando-se em parecer exarado nos autos da Ap. 70000284455, 5ª CCr do TJRS, rel. Des. Amilton Bueno de Carvalho.

absoluto critério e máximo cuidado. Afastar a incidência de um dispositivo legal e, sem amparo na norma penal, aplicar disposição contida em outro, deve ser solução excepcionalíssima.

Como obtempera Luciano Feldens, "um tal juízo, consistente no deslocamento do fato a uma espécie normativa menos rigorosa, por implicar o afastamento, ainda que parcial e *in concreto*, da lei penal, não pode fazer-se sem mais. Pelo menos, conforme já aventado, não se pode fazê-lo mediante uma constatação eminentemente empírica sobre a desproporcionalidade de uma determinada medida, que nada mais seria do que uma concepção subjetiva de proporcionalidade ostentada pelo julgador. Reitere-se: apesar de não ser absoluta, a regra é, e seguirá sendo, a liberdade de configuração do legislador. Para contrarrestá-la, devemos encontrar pontos de apoio seguros. Não poderá o juiz, simplesmente, suplantar o legislador, limitando-se a dizer que tal ou qual situação é ofensiva do princípio da proporcionalidade porquanto assim lhe parece"[75].

Significa dizer, então, que entendemos possível o afastamento da norma, por aplicação do princípio da proporcionalidade, somente e quando a desproporção for inequívoca e insuperável. Isto porque se trata de submeter a atividade do Parlamento ao manto da Constituição. O que não se pode é retirar do legislador a primazia da decisão política e seletiva sobre qual o tratamento penal que a conduta deve merecer, colocando-o nas mãos do julgador, por critérios exclusivamente subjetivos.

Com relação à (aparente) desproporcionalidade das elevações promovidas pela lei ao furto e ao roubo, parece-nos que ela não resiste a uma análise cuidadosa e bem refletida.

Deve-se observar que o aumento decorrente do furto praticado em concurso de duas ou mais pessoas, que produz o dobro de pena em relação à modalidade simples, se aplicado ao roubo em idênticos patamares, faria com que a pena deste girasse em torno de oito a vinte anos. Isto seria, sim, arrematado absurdo. A desproporcionalidade imperaria. Um roubo praticado por duas pessoas tornar-se-ia, assim, mais grave que um homicídio simples (pena de seis a vinte anos). É evidente, destarte, que a escolha por um acréscimo mais brando no roubo se deu porque, a prevalecer o critério do furto, a sanção atingiria patamares inaceitáveis.

Não é só. No furto, a pena *mínima* aumenta em um ano; no roubo, em um ano e quatro meses (um terço de quatro anos). Fica claro que as elevações mostram-se proporcionais.

Acrescente-se, outrossim, que não se podem equiparar (para efeito de análise sobre as elevações decorrentes do concurso de pessoas) furto e roubo. Muito embora constituam crimes contra o patrimônio, são infrações absolutamente distintas em seus traços fundamentais.

---

75 *A Constituição penal*: a dupla face da proporcionalidade no controle de normas penais, p. 195.

Mais uma vez, recorremos ao pensamento de Luciano Feldens, categórico no sentido da ausência de desproporcionalidade no caso ora examinado:

"(...) nem tudo que nos escapa à percepção, ou que à primeira vista se apresente como desproporcional, enseja a utilização de um princípio cuja aplicação, a pretexto de restaurar a proporcionalidade, projeta graves efeitos.

O exame da coerência endonormativa requer algo mais, seja em termos de fundamentação jurídica, seja em termos de constatação empírica, a realizar-se à luz do caso concreto submetido à avaliação judicial. Qual o critério utilizado na decisão acima ventilada (referindo-se ao acórdão do TJRS) senão uma concepção genérica de proporcionalidade (a qual nada mais é, como sustentamos, do que a concepção de proporcionalidade genérica do aplicador da lei, em substituição àquela estabelecida pelo legislador)? Nem mesmo a proporcionalidade cardinal pode ser brandida na hipótese, porquanto os patamares de aumento não são algo *isolado-em-si*, senão que incidem sobre uma pena básica, as quais são substancialmente distintas para o furto e para o roubo"[76].

O Superior Tribunal de Justiça, por fim, já teve oportunidade de rechaçar a tese exposta em diversas ocasiões, tendo inclusive sumulado o tema: "É inadmissível aplicar, no furto qualificado, pelo concurso de agentes, a majorante do roubo" (Súmula 442).

18.2. Qualificadora em razão da natureza do bem e seu deslocamento no território nacional (art. 155, § 5º)

"A pena é de reclusão de três a oito anos, se a subtração for de veículo automotor que venha a ser transportado para outro Estado ou para o exterior" (parágrafo acrescentado pela Lei n. 9.426/96).

A aplicação desta exasperante pressupõe: a) prévia intenção de transportar o veículo para outro Estado ou para o exterior; b) efetiva transposição de fronteiras.

Como se pôde notar, a qualificadora do § 5º funda-se na qualidade da coisa (veículo automotor) e no resultado material consistente no seu deslocamento, ao passo que aquelas contidas no § 4º punem determinadas *formas de execução do furto*.

Não só o automóvel mas também motocicletas, caminhões, lanchas, aeronaves etc. consideram-se veículos automotores[77].

A *pessoa contratada apenas para transportar* tais veículos comete furto qualificado (art. 155, § 5º) se o acordo houver sido celebrado antes da subtração e ela estiver ciente de que esta ocorrerá; caso contrário, pratica, em tese, receptação (art. 180, *caput*).

---

[76] Ibidem, p. 201 (parêntese nosso).

[77] Ver Código de Trânsito Brasileiro – Lei n. 9.503/97, Anexo I, *DOU* de 24-9-1997, p. 21229.

Se o agente furta veículo automotor com o objetivo de transportá-lo para outro Estado mas se vê surpreendido pela polícia antes de transpor a fronteira, não subsiste a figura em questão, mas somente furto consumado, simples ou qualificado pelo § 4º. Isto porque não se pode admitir furto tentado quando a subtração se consumou.

Registre-se a possibilidade de coexistirem as qualificadoras dos §§ 4º e 5º no mesmo contexto fático. Em sendo assim, a última será utilizada para estabelecer os limites mínimo e máximo e as demais, como circunstâncias judiciais desfavoráveis (CP, art. 59, *caput*).

18.3. Qualificadora decorrente da subtração de semovente domesticável de produção – abigeato (art. 155, § 6º)

A pena do furto será majorada em razão da natureza da coisa subtraída, quando se cuidar esta de **abigeato**, isto é, da **subtração de semovente domesticável de produção**, ainda que abatido ou dividido em partes no local da subtração. A sanção prevista é reclusão, de dois a cinco anos (sem imposição de multa). Não cabe, portanto, suspensão condicional do processo (art. 89 da Lei n. 9.099/95) – diversamente do que ocorre com o furto simples.

A qualificadora foi introduzida no Código Penal pela Lei n. 13.330, de 2-8-2016, e, por estabelecer inédito agravamento de pena, não tem eficácia retroativa, aplicando-se (somente) a fatos cometidos a partir do dia 3 de agosto de 2016, data que assinala o início de sua vigência.

Cuida-se, quando comparada à pena do furto simples, de *novatio legis in pejus*.

Incidirá tal figura quando a subtração efetuada com ânimo de assenhoreamento definitivo ("para si ou para outrem") recair sobre semovente domesticável de produção, ainda que abatido ou dividido em partes no local da subtração.

Entende-se por semovente o animal (irracional) que possui condições de se deslocar por conta própria. É fundamental que se cuide de semovente domesticável; significa que o animal deve ter o condão de ser domesticado, sendo desnecessário que já o tenha sido.

Muito embora tenha o legislador mirado a subtração de gado (como se nota na justificativa do projeto de lei[78] que resultou na norma em análise), o dispositivo também se aplica ao furto de outros animais domesticáveis de produção, como, por exemplo, ovelhas, porcos, aves ou javalis.

Não importa, ainda, se o animal é retirado vivo ou morto (abatido) e, nesse caso, se é subtraído inteiro ou dividido em partes (no local da subtração) para facilitar o transporte.

---

[78] Projeto de Lei n. 6.999/2013.

Interessante anotar que outros diplomas penais contemplam semelhante figura, como o Código Penal chileno, o qual tipifica autonomamente a figura do abigeato (art. 448 *bis* em diante), referindo-se à subtração de gado, cavalos, burros de carga ou porcos, e o Código Penal argentino, o qual prevê como forma de furto qualificado a subtração de cabeças de gado, entendido "animais quadrúpedes domesticáveis, dos quais o homem obtém carne, leite, couro etc. e são utilizados para carga ou transporte" (art. 163, 1º). (cf. Alberto Edgardo Donna, *Derecho penal*: parte especial, t. II-B, p. 52).

Justifica-se o agravamento punitivo criado pelo legislador, notadamente porque do abigeato advém, por exemplo, o comércio de carne clandestina, não sujeita a medidas de controle sanitário e que, dessa forma, **coloca em risco a saúde pública**, afora não se submeter ao pagamento de tributos incidentes sobre a atividade.

O agente que suprime indevidamente marca ou sinal indicativo de propriedade em gado ou rebanho alheio (CP, art. 162), com o propósito de subtrair o semovente (CP, art. 155, § 6º), responde por crime único, em face do princípio da consunção, pois o primeiro é crime-meio, o qual fica absorvido pelo crime-fim.

Deve-se alertar, todavia, que os furtos de animais domesticáveis de produção são cometidos, de regra, nas condições previstas no § 4º do art. 155, como mediante destruição ou rompimento de obstáculo à subtração dos animais (inciso I), abuso de confiança, escalada ou destreza (inciso II) ou concurso de duas ou mais pessoas (inciso IV). Em tais situações, o fato se sujeitava à pena de reclusão, de dois a oito anos, e multa, prevista no citado dispositivo.

Quando o furto de animal domesticável for cometido em quaisquer destas circunstâncias modais, o preceito secundário aplicável deve ser o do § 4º, configurando a natureza do objeto material (isto é, o fato de se tratar de semovente) uma circunstância judicial desfavorável (art. 59, *caput*, do CP), a contribuir com a exasperação da pena-base.

Muito embora se reconheça o caráter especial da qualificadora capitulada no § 6º, sua incidência deve se restringir a casos de furto simples.

18.4. Qualificadora relativa ao emprego de explosivo ou de artefato análogo que cause perigo comum (art. 155, § 4º-A) ou pela subtração de explosivo (art. 155, § 7º)

As qualificadoras contidas nos § 4º–A e 7º foram introduzidas no Código pela Lei n. 13.654/2018. A origem da alteração legislativa foi a preocupação em estabelecer uma punição mais eficaz e proporcional para tais crimes, quando cometidos com emprego de explosivo ou artefato similar. O alvo foi, sobretudo, a ação de criminosos que explodem caixas eletrônicos para subtrair o dinheiro existente na máquina.

Houve **duas mudanças** no furto, decorrentes da inserção das **novas figuras qualificadas**, que passaram a constar dos §§ 4º–A e 7º.

De acordo com o § 4º–A, a pena do furto será de 4 a 10 anos de reclusão, e multa, quando houver **emprego de explosivo ou de artefato análogo que cause perigo comum**. Assim, por exemplo, se o agente pretende subtrair o dinheiro de um terminal de autoatendimento eletrônico bancário e, para tanto, se utiliza de explosivo para obter acesso aos valores contidos na máquina, responde por essa figura. A pena, registre-se, é similar à do roubo simples.

Pergunta-se: o agente, quando empregar explosivo ou artefato análogo para realizar a subtração, responde também pelo crime autônomo de explosão, previsto no art. 251 do CP (punido com reclusão, de 3 a 6 anos, e multa)?

A resposta é negativa. Aplica-se, nesse caso, o princípio da subsidiariedade implícita, em que um tipo penal foi inserido como circunstância de outro. Nesse caso, o agente responde pelo tipo primário (CP, art. 155, 4º-A) e não pelo subsidiário (CP, art. 251), o qual somente poderá ser aplicado como "soldado de reserva", isto é, se por algum motivo não tiver incidência a norma mais grave, aplica-se a de menor lesividade.

É importante destacar que essa conclusão ganha reforço pela maneira como foi redigida a qualificadora, estando sua incidência expressamente vinculada à causação de perigo comum. Observe: "A pena é de reclusão de 4 (quatro) a 10 (dez) anos e multa, se houver emprego de explosivo ou de artefato análogo **que cause perigo comum**".

Vale destacar que a redação escolhida pelo legislador difere daquela utilizada no art. 121, § 2º, inciso III, relativo ao homicídio qualificado pelo emprego de "veneno, fogo, explosivo, asfixia, tortura ou outro meio insidioso ou cruel, ou **de que possa resultar perigo comum**". No caso do homicídio, como o texto fala em meio que "possa resultar perigo comum" (e não que resulte ou cause perigo comum), admite-se o concurso formal entre homicídio qualificado e o crime de perigo comum (incêndio – art. 250 ou explosão – art. 251, p. ex.).

Outra questão suscitada pela qualificadora citada consiste em saber se o emprego de explosivo ou artefato análogo causador de perigo comum **precisa ser aplicado especificamente sobre obstáculo à subtração do bem**, destruindo-o ou rompendo-o, ou, por outro lado, se seria aplicável ainda que o explosivo ou artefato similar fosse utilizado de outro modo.

Acompanhe estes exemplos.

O agente arromba a porta de aço de um estabelecimento, utilizando explosivo, para ter acesso a seu interior e subtrair os bens ali existentes. Nesse caso, parece não existir dúvida sobre a incidência da qualificadora.

E se o sujeito, porém, utilizar o explosivo ou artefato similar de outro modo, que não sobre o citado obstáculo à subtração do bem?

O sujeito, *v.g.*, aciona um explosivo num terreno vazio, situado nos fundos de um imóvel empresarial, visando a atrair a atenção dos seguranças e, quando estes deixam seus postos, se aproveita para lá ingressar e realizar a subtração.

Entendemos que a qualificadora também será aplicável.

O Texto Legal não a vincula ao fato de o emprego do explosivo ou artefato similar ser utilizado sobre obstáculo à subtração do bem. Nesse aspecto, a qualificadora do furto, introduzida pela Lei n. 13.654/2018, difere da causa de aumento do roubo (art. 157, § 2º-A, II), também inserida pela citada Lei, na qual consta expressamente que a circunstância ocorre quando "**há destruição ou rompimento de obstáculo** mediante o emprego de explosivo ou de artefato análogo que cause perigo comum".

A outra qualificadora (§ 7º) consiste em **subtrair substâncias explosivas ou acessórios** que, conjunta ou isoladamente, possibilitem sua fabricação, montagem ou emprego. Nesse caso, o que qualifica o furto é a natureza do objeto material subtraído. A aptidão da *res* para provocar graves danos à incolumidade pública justifica que se imponha ao fato a pena de reclusão, de 4 a 10 anos, e multa.

Importante destacar que a Lei Anticrime (Lei n. 13.964/2019) transformou o furto qualificado pelo emprego de explosivo ou de artefato análogo que cause perigo comum (§ 4º-A) em crime hediondo, ao inseri-lo no inciso IX do art. 1º da Lei n. 8.072/90. O legislador, porém, violou, de modo flagrante, o princípio da proporcionalidade, ao deixar de incluir na mesma lista o roubo majorado pelo emprego de semelhantes artefatos.

ART. 156 – FURTO DE COISA COMUM

1. DISPOSITIVO LEGAL

Furto de coisa comum

Art. 156. Subtrair o condômino, coerdeiro ou sócio, para si ou para outrem, a quem legitimamente a detém, a coisa comum:

Pena – detenção, de 6 (seis) meses a 2 (dois) anos, ou multa.

§ 1º Somente se procede mediante representação.

§ 2º Não é punível a subtração de coisa comum fungível, cujo valor não excede a quota a que tem direito o agente.

2. VALOR PROTEGIDO (OBJETIVIDADE JURÍDICA)

Objeto jurídico no furto de coisa comum são a posse e a propriedade legítimas.

3. TIPO OBJETIVO

O comportamento nuclear é semelhante ao do art. 155 do CP e se dá com a inversão do título da posse, aqui tomada no sentido de ter exclusivamente para si algo que era comum a todos os condôminos, coerdeiros ou sócios. É necessário que o objeto seja retirado da esfera de disponibilidade e vigilância do sujeito passivo, com ânimo de assenhoreamento definitivo (*animus rem sibi habendi* ou *animus furandi*).

A ideia de subtração pressupõe, conforme já vimos, um *corpus* (relação material entre o agente e a coisa, sem a necessidade de se dar uma continuidade física – *corpus et tactu*) e um *animus*; verifica-se tal ato, por conseguinte, quando o sujeito obtiver poder material autônomo e exclusivo sobre a coisa, podendo dela dispor fisicamente.

Duas são as maneiras pelas quais pode se verificar a ação nuclear: a) o bem é retirado da esfera de disponibilidade da vítima contra a sua vontade; b) o bem é entregue espontaneamente ao agente, mas sob vigilância do ofendido, e o sujeito dele se apodera.

O objeto material é a *coisa comum*, isto é, aquela pertencente a todos os condôminos, coerdeiros ou sócios. Muito embora a lei não exija tratar-se de coisa móvel, parece-nos que tal característica é inerente à figura típica: em primeiro lugar, porque se trata de espécie de furto e, além disso, porquanto o ato de subtrair enseja a noção de deslocamento espacial do bem (sem alteração de sua substância ou perda de suas características fundamentais), o que requer seja ele móvel.

Anote-se que em se tratando de coisa comum fungível (aquela que pode ser substituída por outra da mesma espécie, quantidade e qualidade) e o sujeito apoderar-se de valor que não excede a quota a que tem direito, não há crime, incidindo a causa de exclusão da adequação típica prevista no art. 156, § 2º[79]. Aquele que se apodera da coisa de uso comum, que já estava consigo, comete apropriação indébita (CP, art. 168).

Não se aplica o dispositivo ao sócio que subtrai bem pertencente a uma sociedade da qual faça parte, porque o bem não é comum, mas de outrem (isto é, da pessoa jurídica), devendo incidir o art. 155 do CP.

4. TIPO SUBJETIVO

A infração penal descrita no art. 156 do CP somente se pune na forma dolosa, exigindo-se, destarte, voluntariedade e consciência acerca das elementares descritas no tipo. Há, como no art. 155 do CP, elemento subjetivo específico, consistente no ânimo de assenhoreamento definitivo (e exclusivo, ou seja, em detrimento dos sócios, condôminos ou coerdeiros) – *animus rem sibi habendi* ou *animus furandi*.

---

[79] No sentido de que se trata de causa de exclusão da antijuridicidade: "Apelação criminal. Furto de coisa comum. Absolvição por ser o fato praticado não punível. Aplicação da causa excludente da ilicitude prevista no art. 156, § 2º, do CP. Bens furtados fungíveis (peças de couros). O apelante retirou a metade a que teria direito na sociedade, razão pela qual a subtração deixa de ser punível. Provimento ao apelo para absolver o réu, comunicando-se" (TJSP, ApCr n. 833.314.3/3-00, rel. Des. Péricles Piza, j. 12-9-2005). Ver também: TJRO, Ap 0003843-28.2012.822.0013, rel. Des. Valdeci Castellar Citon, 2ª CCr, j. 4-4-2018.

5. SUJEITOS DO CRIME

Os sujeitos ativos são somente o condômino, coerdeiro ou sócio, seja a sociedade de fato ou não (crime próprio). O coautor ou partícipe, ainda que não ostente tais qualidades, também responde por furto comum. A condição de condômino etc., do autor, por ser elementar do crime, comunica-se a todos os agentes, nos termos do art. 30 do CP.

Será sujeito passivo o copossuidor, coproprietário do bem, condômino do bem, ou terceiro qualquer.

6. CONSUMAÇÃO E TENTATIVA

6.1. Consumação

A consumação dá-se quando a vítima perde, ainda que momentaneamente, a livre disponibilidade sobre o bem, não se exigindo que o agente tenha a posse mansa e pacífica do objeto material.

6.2. Tentativa

Admite-se o *conatus*, uma vez que se trata de crime plurissubsistente. A punibilidade da tentativa condiciona-se ao cometimento de atos executórios, pois, como se sabe, a mera preparação não enseja responsabilização criminal. Não é tarefa das mais simples estabelecer a exata fronteira entre a preparação e a execução. Esta se dá, de ordinário, quando o agente pratica o primeiro ato tendente e inequívoco à consumação delitiva, ou seja, nos momentos imediatamente anteriores ao início da conduta típica.

7. CLASSIFICAÇÃO JURÍDICA

Constitui crime de forma ou ação livre (pode ser praticado por qualquer meio), próprio (o Código Penal exige características especiais do sujeito ativo – condômino, sócio ou coerdeiro), material (consuma-se com o resultado naturalístico: retirada do bem da esfera de disponibilidade da vítima), de dano ou lesão (exige lesão ao bem tutelado – patrimônio – para fins de consumação), instantâneo (seu resultado ocorre instantaneamente, sem prolongar-se no tempo), unissubjetivo (admite cometimento por uma só pessoa ou várias, em concurso) e plurissubsistente (seu *iter criminis* permite fracionamento).

8. AÇÃO PENAL

A ação penal é pública condicionada à representação do ofendido (art. 156, § 1º). Em face da pena cominada, trata-se de infração de menor potencial ofensivo, submetendo-se, destarte, ao regime jurídico da Lei n. 9.099, de 1995.

Capítulo II

DO ROUBO E DA EXTORSÃO (ARTS. 157 A 160)

1. INTRODUÇÃO – VISÃO GERAL DO CAPÍTULO II

O Capítulo II centra-se em duas figuras típicas: o roubo[1] e a extorsão, sendo que, entre elas, há em comum o fato de o desfalque patrimonial ter sido perpetrado mediante violência ou grave ameaça contra a pessoa.

Ambos os delitos contêm diversas modalidades.

O roubo divide-se, em primeiro lugar, em próprio ou impróprio (conforme os meios executórios acima indicados tenham sido empregados antes ou depois da subtração). Biparte-se, ainda, que roubo circunstanciado ou agravado (quando presentes causas de aumento específicas) e qualificado (se resultar lesão grave ou morte – hipótese em que se terá o latrocínio).

A extorsão encontra-se tipificada em três dispositivos legais (arts. 158 a 160), onde se nota a figura principal (cindida nas formas simples, circunstanciada, sequestro relâmpago e qualificada), a extorsão mediante sequestro e a extorsão indireta.

[1] Não há uniformidade conceitual entre o roubo e a extorsão no Direito Comparado. Veja, por exemplo, a definição de roubo no Código Penal espanhol, que abrange a subtração mediante violência contra a coisa (que, em nossa legislação penal, configura furto qualificado) e aquela cometida mediante violência ou grave ameaça ("intimidação") contra pessoa (art. 228). Tratamento semelhante se observa no Código Penal argentino (art. 164) e no chileno (art. 432). O roubo, de sua parte, no Código Penal português, possui como ações nucleares o ato de "subtrair" e "constranger (a que lhe seja entregue)". Essa peculiaridade fez com que Américo Taipa de Carvalho, com razão, considerasse inválida a assertiva categórica de Nelson Hungria ao Direito Penal português, no que toca à diferença entre roubo e extorsão (*vide* item 2, *infra*): "Face ao nosso CP, esta última circunstância invalida a peremptória afirmação de Nelson Hungria, transcrita por Leal-Henriques/Simas Santos (...): 'não há que sair daqui: a infalível distinção entre a extorsão e o roubo é que neste o agente toma por si mesmo, enquanto naquela faz com que se lhe entregue, ou se ponha à sua disposição, ou se renuncie a seu favor'" (in *Comentário conimbricense ao Código Penal*: parte especial, t. II, p. 342).

2. HISTÓRICO

As raízes históricas do roubo e da extorsão podem ser encontradas no Direito Romano, que diferenciava a subtração clandestina e a realizada com arrebatamento. O roubo somente ganhou autonomia durante a Idade Média, tendo o Direito Romano e o Germânico procurado distingui-lo do furto; "este se destacou por considerar a violência fator preponderante, enquanto aquele via maior gravidade no roubo, porque, além da ofensa ao patrimônio, também havia uma ofensa à pessoa"[2].

Em nosso país, o roubo encontrava-se definido no Livro V das Ordenações Filipinas, mais precisamente no Título LXI ("Dos que tomão alguma coisa por força"). O Código Penal do Império (1830) cuidava da figura no art. 269, confundindo-a com a noção de furto. O Código Penal de 1890 e a Consolidação das Leis Penais (1932) tipificavam o delito no art. 356, o qual abrangia a subtração cometida mediante violência contra a pessoa ou contra a coisa.

No tocante à extorsão, esta era identificada como o ato dos magistrados ou outras pessoas investidas de função pública que, abusando de sua autoridade, exigiam indevidamente vantagens pecuniárias a pessoas sujeitas à sua jurisdição (*crimen repetundarum*). O ato, destarte, mais se assemelhava ao conceito de concussão (CP, art. 316) do que ao da extorsão propriamente dita (CP, art. 158). No século II d.C. surge a figura da *concussio* e somente no Códe Penal de 1810 é que a extorsão aparece como figura autônoma[3].

3. DISTINÇÃO ENTRE ROUBO E EXTORSÃO

Estabelecer a diferença entre as condutas típicas que se subsumem a cada um dos tipos penais do Capítulo II não é tarefa simples. Doutrina e jurisprudência, com efeito, procuram, desde a entrada em vigor do Código, fazê-lo. No estágio atual, todavia, já se pode notar um consenso em torno dos traços distintivos elementares.

Hungria lecionava que "há entre a extorsão e o roubo (aos quais é cominada pena idêntica) uma tal afinidade que, em certos casos, praticamente se confundem. Conceitualmente, porém, a distinção está em que, na extorsão, diversamente do roubo, é a própria vítima que, coagida, se despoja em favor do agente. Dizia Frank, lapidarmente, que 'o ladrão subtrai, o extorsionário faz com que se lhe entregue'". Arrematava asseverando que "no roubo, há uma *concrectatio*; na extorsão, há uma *traditio*"[4].

---

[2] Luiz Régis Prado, *Curso de direito penal brasileiro*: parte especial, v. 2, p. 392-393.

[3] Cf. Alberto Edgardo Donna, *Derecho penal*: parte especial, t. II-B, p. 207, e Cézar Roberto Bitencourt, *Código Penal comentado*, p. 586.

[4] *Comentários ao Código Penal*, 2. ed., p. 66.

O critério eleito pelo saudoso mestre, contudo, não merece atualmente o prestígio da doutrina e jurisprudência, embora já tenha sido referido, inclusive, em diversos acórdãos de tribunais superiores[5].

Guilherme Nucci, por exemplo, pondera que "no roubo o agente atua sem a participação da vítima, na extorsão o ofendido colabora ativamente com o autor da infração penal". Em seguida, fornece alguns exemplos, "para roubar um carro, o agente aponta o revólver e retira a vítima do seu veículo contra a vontade desta. No caso da extorsão, o autor aponta o revólver para o filho do ofendido, determinando que este vá buscar o carro na garagem da sua residência, entregando-o em um outro local predeterminado, onde se encontra um comparsa"[6].

Cezar Bitencourt fazendo ressonância às lições clássicas de Carrara e Frank, destaca que "no roubo, o mal é iminente, e o proveito é contemporâneo; na extorsão, o mal prometido é futuro, e futura também é a vantagem que o agente objetiva. No *roubo*, o agente toma a coisa, ou *obriga* a vítima (sem opção) a entregá-la; na *extorsão*, a vítima pode, em princípio, optar entre acatar a ordem e oferecer resistência"[7].

Em nosso sentir, podem ser assinaladas as seguintes diferenças:

a) *quanto à ação nuclear*: no roubo, há subtração; na extorsão, constrangimento;

b) *quanto aos meios executórios*: no roubo, a lei prevê o emprego de violência ou grave ameaça contra a pessoa e de recurso que reduza a vítima à incapacidade de resistência (violência imprópria); na extorsão, violência ou grave ameaça contra a pessoa;

c) *quanto à imprescindibilidade do comportamento da vítima*: no roubo, diversamente da extorsão, a atitude da vítima não é *conditio sine qua non* para o êxito do desfalque patrimonial.

Com relação à última diferença, calha um esclarecimento. Hungria centrava seu magistério na diversidade de condutas nucleares ("subtração" *versus* "constrangimento") e, a partir daí, sentenciava: no roubo, há uma *concrectatio* (isto é, o agente retira o bem da vítima); na extorsão, há uma *traditio* (ou seja, o ofendido entrega o objeto ao sujeito).

Ocorre, todavia, que o roubador pode empregar grave ameaça e, nesse contexto, retirar ele próprio a *res* do poder de disposição do ofendido, ou, ainda, determinar que ela, subjugada, a entregue. Assim, por exemplo, o ladrão pode apontar a

---

[5] Cite-se, como exemplo, acórdão relatado pelo ex-Ministro Vicente Cernicchiaro, louvando-se em Francesco Carrara e Nelson Hungria: no roubo "o mal é 'iminente' e o proveito 'contemporâneo'; na extorsão, o mal prometido é 'futuro' e 'futura' a vantagem a que se visa. No roubo, o agente toma a coisa, ou obriga a vítima (se opção) a entregá-la. Na extorsão, a vítima pode optar entre acatar a ordem ou oferecer resistência. Hungria escreveu: no roubo, há *concrectatio*; na extorsão, *traditio*" (REsp 90.097, *DJU* de 25-2-1998, p. 127).

[6] *Código Penal comentado*, p. 750.

[7] *Código Penal comentado*, p. 591.

arma de fogo à vítima e, depois de anunciar o roubo, tomar-lhe a bolsa ou determinar que ela a passe às suas mãos[8]. Por esse motivo, não se pode reduzir a diversidade das molduras penais à *concrectatio* e à *traditio*.

O fundamento reside, insista-se, na indispensabilidade da participação da vítima no êxito para a lesão ao patrimônio. Por esse motivo, há roubo nos dois casos citados; note-se que a atitude da vítima era dispensável; uma vez rendida, pouco importa se o agente pegou o objeto à força ou determinou que ela o entregasse. Haverá, por outro lado, extorsão, por exemplo, quando alguém, armado, determinar ao ofendido que se dirija a um caixa eletrônico e efetue o saque de determinada quantia em dinheiro. Nesse caso, é indispensável a colaboração da vítima, mediante a inserção da senha eletrônica no terminal.

ART. 157 – ROUBO

1. DISPOSITIVO LEGAL

Roubo

Art. 157. Subtrair coisa móvel alheia, para si ou para outrem, mediante grave ameaça ou violência a pessoa, ou depois de havê-la, por qualquer meio, reduzido à impossibilidade de resistência:

Pena – reclusão, de quatro a dez anos, e multa.

§ 1º Na mesma pena incorre quem, logo depois de subtraída a coisa, emprega violência contra pessoa ou grave ameaça, a fim de assegurar a impunidade do crime ou a detenção da coisa para si ou para terceiro.

§ 2º A pena aumenta-se de um terço até metade:

I – (revogado pela Lei 13.654/2018);

II – se há o concurso de duas ou mais pessoas;

III – se a vítima está em serviço de transporte de valores e o agente conhece tal circunstância.

IV – se a subtração for de veículo automotor que venha a ser transportado para outro Estado ou para o exterior;

V – se o agente mantém a vítima em seu poder, restringindo sua liberdade;

VII – se a violência ou grave ameaça é exercida com emprego de arma branca.§ 2º-A A pena aumenta-se de 2/3 (dois terços):

[8] Nesse sentido: "No assalto, é irrelevante que a coisa venha a ser entregue pela vítima ao agente ou que este a subtraia. Trata-se de roubo. Constrangido o sujeito passivo a entrega do bem não pode ser considerada ato livremente voluntário, tornando tal conduta de nenhuma importância no plano jurídico" (TACrSP, *RT* 718/429).

I – se a violência ou ameaça é exercida com emprego de arma de fogo;

II – se há destruição ou rompimento de obstáculo mediante o emprego de explosivo ou de artefato análogo que cause perigo comum.

§ 2º-B Se a violência ou grave ameaça é exercida com emprego de arma de fogo de uso restrito ou proibido, aplica-se em dobro a pena prevista no *caput* deste artigo.

§ 3º Se da violência resulta:

I – lesão corporal grave, a pena é de reclusão de 7 (sete) a 18 (dezoito) anos, e multa;

II – morte, a pena é de reclusão de 20 (vinte) a 30 (trinta) anos, e multa.

2. VISÃO GERAL

O art. 157 é estruturado da seguinte maneira: a) roubo próprio (*caput*); b) roubo impróprio (§ 1º); c) roubo agravado ou circunstanciado (§§ 2º, 2º-A e 2º-B); d) roubo qualificado (§ 3º).

3. VALOR PROTEGIDO (OBJETIVIDADE JURÍDICA)

O roubo constitui crime complexo, entendido como aquele que contém dupla objetividade jurídica. O patrimônio figura como valor fundamental protegido e é ladeado pela tutela da integridade pessoal (corporal e psíquica), da liberdade individual e da vida.

Recorde-se que, assim como no furto, a defesa do patrimônio dirige-se, num primeiro plano, à posse, enquanto relação entre a pessoa e o objeto, e, secundariamente, à propriedade.

4. TIPO OBJETIVO

Nosso legislador construiu a figura típica em apreço calcando-se na estrutura fundamental do furto. Suas principais elementares, destarte, coincidem com as do art. 155 do CP: *subtrair, para si ou para outrem, coisa alheia móvel.*

A subtração, conforme já se destacou, consiste no ato de apossamento do bem; pressupõe um *corpus* (relação material entre o agente e a coisa, sem a necessidade de se dar uma continuidade física – *corpus et tactu*) e um *animus*, isto é, a intenção de assenhoreamento definitivo. Dá-se quando o sujeito obtiver poder material autônomo e exclusivo sobre a coisa, podendo dela dispor fisicamente (seja retirando o bem da esfera de disponibilidade da vítima contra a sua vontade ou dele se apoderando, depois de entregue espontaneamente, mas sob vigilância do ofendido).

De outra parte, o roubo tem exatamente o mesmo objeto material do furto: *coisa alheia móvel* (*vide*, no art. 155, itens 3.1 a 3.3), acrescido da pessoa contra quem é cometida a violência ou a grave ameaça (lembre-se que o objeto material compreende a pessoa e/ou a coisa sobre a qual recai a conduta típica).

O traço peculiar do roubo (em comparação com o furto) radica-se nos meios executórios empregados: a *violência ou grave ameaça contra a pessoa* ou *meio sub-reptício* (vale dizer, que reduza a vítima à impossibilidade de resistência).

4.1. Violência própria

Dá-se a violência, ou *vis absoluta*, com o emprego de força física contra a pessoa (titular do bem ou terceiro), consistente em lesão corporal ou vias de fato[9].

São exemplos:

a) puxar a vítima pelas vestes e derrubá-la ao chão[10];

b) empurrões à vítima para desequilibrá-la[11] ou derrubá-la[12];

c) puxar os cabelos da vítima, enquanto outra pessoa retira-lhe o bem[13];

d) a "trombada", ou seja, o emprego de ataque súbito, mediante violência contra o corpo do sujeito passivo (por exemplo, um empurrão de modo a desequilibrá-lo)[14].

Lembre-se que não há roubo quando a violência recai contra a coisa (e não contra alguma pessoa)[15]. Nesse caso haverá furto qualificado pelo rompimento ou destruição de obstáculo à subtração do bem (CP, art. 155, § 4º, I).

---

9 "Esta Corte possui o entendimento de que o roubo consiste em crime complexo, cuja execução é iniciada com a realização da conduta meio – constrangimento ilegal, lesão corporal ou vias de fato –, ainda que não consume o crime fim – subtração do bem" (STJ, HC 320.873/SP, rel. Min. Reynaldo Soares da Fonseca, 5ª T., j. 21-6-2016); no mesmo sentido, "configura-se o crime de roubo quando a subtração do bem é cometida mediante violência ou grave ameaça. Impossibilidade de desclassificação para o crime de furto. É desnecessário que a violência física perpetrada cause dano à integridade corporal da vítima, sendo suficiente, para a caracterização do roubo, imposição de força física, material ou simples vias de fato capazes de minar a possibilidade de resistência à subtração do bem" (STF, HC 107147/MG, rel. Min. Rosa Weber, 1ª T., j. 17-4-2012). Ver também: TJMG, ApCr 1.0042.18.005447-2/001, rel. Des. Edison Feital Leite, 1ª CCr, j. 2-6-2020, TJDFT, Acórdão 1110943, 20171510061039APR, rel. Des. João Timóteo de Oliveira, Revisor: Jair Soares, 2ª T. Criminal, j. 19-7-2018.

10 TJRS, AP 70073154916, rel. Des. Aymoré Roque Pottes de Mello, 6ª CCr, j. 25-5-2017.

11 *JTACrSP* 89/235.

12 TJRS, AP 70071218234, rel. Des. Naele Ochoa Piazzeta, 8ª CCr, j. 14-12-2016.

13 *RJTACr* 34/337.

14 "A violência moral ou a *vis compulsiva* consiste na promessa de realizar um mal injusto e grave ao ofendido que o impeça de oferecer resistência à investida criminosa, sendo que sua exteriorização pode se dar por meio de palavras, de movimentos corporais ou da utilização de objeto ou de outro artifício capaz de cumprir com o desígnio intimidatório. A expressão 'violência' prevista no Código Penal significa o emprego de força física destinado a vencer a resistência da vítima, sendo que empurrões e trombadas também caracterizam a *vis materialis* necessária para atrair a ocorrência do crime de roubo" (TJRS, AP 70070004189, rel. Des. Naele Ochoa Piazzeta, 8ª CCr, j. 10-8-2016).

15 Conforme já se explicou anteriormente, o Brasil adotou definição de roubo diversa daquela empregada em outros países, como a Espanha, a Argentina e o Chile, em que o emprego de violência contra a coisa também caracteriza o crime.

4.2. Grave ameaça

A grave ameaça, ou *vis compulsiva*, dá-se com a promessa de mal grave e injusto, devendo avaliar-se, caso a caso, se houve meio executório capaz de intimidar o ofendido. É relevante, neste diapasão, que sejam levadas em conta as características pessoais da vítima, tais como idade, compleição física, sexo etc.[16]. A intimidação pode se dar por palavras, gestos ou atos. Assim, se os agentes abordam alguém, gritando que se trata de um "assalto", há roubo (ainda que não exibam armas). De forma idêntica, se a arma for apenas exibida ou se o agente simular portá-la.

Podem ser citados, ainda, os seguintes casos:

a) "configura o crime de roubo e não de furto, a conduta do agente que atemoriza a vítima, perguntando se ela quer morrer e, ato contínuo, violentamente coloca parte do corpo dentro do veículo, passando praticamente sobre ela para arrebatar bens que estavam no banco do passageiro"[17]

b) "ocorre roubo e não furto na hipótese em que o acusado, enquanto ostensivamente subtrai o numerário do caixa, leva o dedo aos lábios, determinando silêncio às vítimas, pois tal atitude traz implícita a ameaça à integridade física destas, máxime quando é hábil para inibir qualquer reação, não podendo ser tida como indicadora de mera subtração sem grave ameaça"[18]

c) "a grave ameaça integrante do tipo do art. 157 do CP pode ser exteriorizada através de palavras. Logo, cometem roubo, e não furto, os agentes que, em plena madrugada, em local pouco movimentado, acercam-se de duas mulheres desacompanhadas e dizem-lhes 'isto é um assalto' logrando arrebatar a bolsa de uma delas e subtrair o dinheiro ali contido, sem embargo de a outra, aterrorizada, haver conseguido correr, embora ainda perseguida infrutiferamente por um dos meliantes"[19]

d) "a gravidade da ameaça a compor tipos penais, tal como o roubo, pode manifestar-se de diferentes maneiras: atos, gestos ou simples palavras. Bom exemplo é o do caso concreto, ao ser a vítima eficientemente encurralada por três agressores, mesmo em via pública de movimento, obrigando-a a entregar-lhes os pertences e ordenando-a a permanecer quieta. Cumpre salientar que o estigma da violência, a grassar em todos os quadrantes hodiernos, passa a entranhar o subconsciente do homem médio, levando a todos um sentimento de insegurança e presas de fácil atemorização

---

[16] "A grave ameaça se traduz na coação psicológica, na pressão moral realizada pelo medo ou pelo terror exercido pelo agente sobre o ânimo do ofendido, devendo-se levar em consideração, nesse ponto, fatos como fragilidade da vítima, o momento (dia ou noite), o local do fato etc." (TJMT, AP 99213/2015, Des. Gilberto Giraldelli, 3ª CCr, publ. no *DJe* de 10-12-2015).

[17] *RJTACr* 41/271.

[18] *RJTACr* 41/266.

[19] *RT* 639/318.

às investidas cada vez mais comuns e estereotipadas. Conclui-se então que não se deve exigir aprioristicamente do lesado o incomum comportamento de galhardia ou ousadia para a reação de plano"[20].

4.3. Meio sub-reptício (violência imprópria)

Cuida-se daquele que reduz o sujeito passivo à incapacidade de resistir, por exemplo, embriaguez, sonífero, hipnotismo, jogar areia nos olhos da pessoa etc.

4.4. Princípio da insignificância ou da bagatela

A dupla objetividade jurídica presente no crime de roubo afasta, por completo, a aplicação do princípio da insignificância. Não se pode dizer, com efeito, que a conduta do agente produz risco irrelevante ao bem tutelado, por se tratar de comportamento que não se dirige somente contra o patrimônio, mas também contra a integridade física ou psíquica do sujeito passivo.

Essa orientação é acolhida por nossa jurisprudência amplamente majoritária. O Supremo Tribunal Federal[21] e o Superior Tribunal de Justiça[22], por meio de suas turmas, consolidaram o entendimento de que é inaplicável o princípio da insignificância ao delito de roubo, tendo em vista ser crime complexo, visando à proteção tanto do patrimônio como também da integridade pessoal. "Descabe cogitar de insignificância do produto do roubo quando se tem o envolvimento de armas e cartuchos do Exército"[23].

5. TIPO SUBJETIVO

O roubo somente é punido na forma dolosa. Exige-se, ainda, o elemento subjetivo específico consistente no *animus rem sibi habendi*, ou seja, a intenção de assenhorear-se definitivamente do objeto material.

Discute-se a possibilidade de existência do chamado "roubo de uso", por exemplo, se o agente subtrai veículo automotor com o fim exclusivo de realizar assaltos. Embora haja dois entendimentos (no sentido de que há roubo e que existe somente constrangimento ilegal), deve-se entender tipificada a conduta punida no art. 157 do CP, inclusive porque se trata de crime complexo (em sentido estrito).

---

20 *JTACrSP* 94/353.

21 STF, ARE 680.427 AgR/SP, rel. Min. Teori Zavascki, 2ª T., j. 23-6-2015.

22 STJ, AgRg no AREsp 1.257.976/DF, rel. Min. Joel Ilan Paciornik, 5ª T., j. em 4-12-2018.

23 STF, 1ª T., HC 85.065, rel. Min. Marco Aurélio, 1ª T., j. 13-9-2005, *DJU* de 14-10-2005, p. 11. No mesmo sentido: *RT* 796/623 e 799/681.

6. SUJEITOS DO CRIME

6.1. Sujeito ativo

O sujeito ativo, por se tratar de crime comum, pode ser qualquer pessoa, exceto o próprio dono ou possuidor.

6.2. Sujeito passivo

A determinação dos sujeitos passivos baseia-se no bem jurídico tutelado. O sujeito passivo imediato será o titular da posse e, secundariamente, o proprietário (quando forem pessoas diferentes)[24]. Será, ademais, aquele que, mesmo não ostentando tais qualidades, for alvo da violência ou da grave ameaça empregada.

A pessoa jurídica pode figurar como vítima de roubo, embora, a toda evidência, não recaia contra ela o meio executório empregado.

7. CONSUMAÇÃO E TENTATIVA

7.1. Consumação

Constitui *crime material*, pois exige o resultado para fins de consumação. No tocante ao momento consumativo, há duas correntes: 1ª) o objeto subtraído deve sair da esfera de disponibilidade e vigilância da vítima; 2ª) consuma-se no exato instante em que o agente se apodera do bem.

Segundo o Superior Tribunal de Justiça: *"Consuma-se o crime de roubo com a inversão da posse do bem mediante emprego de violência ou grave ameaça, ainda que por breve tempo e em seguida à perseguição imediata ao agente e recuperação da coisa roubada, sendo prescindível a posse mansa e pacífica ou desvigiada"* (Súmula 582). Adotou-se, portanto, a teoria da *amotio*.

Para o Supremo Tribunal Federal, do mesmo modo, o roubo consuma-se quando, cessada a violência ou grave ameaça contra a pessoa, dá-se a *inversão da posse da coisa subtraída*. A Suprema Corte entende igualmente que não se faz necessário que o bem saia da esfera de vigilância do sujeito passivo: "é firme a jurisprudência da Corte no sentido de que 'à consumação do crime de roubo é suficiente a verificação de que,

---

[24] "Não apenas o proprietário ou o possuidor da coisa subtraída é sujeito passivo do delito de roubo, mas também aquele que sofre a violência, direta ou indireta, ou a grave ameaça, considerando que o objeto jurídico protegido não é apenas o patrimônio, mas também a liberdade e a integridade física da vítima" (STJ, REsp 1.248.800/DF, rel. Min. Maria Thereza de Assis Moura, 6ª T., publ. em 3-2-2014). Ver também: STJ, AgRg no AREsp 1193257/SP, rel. Min. Reynaldo Soares da Fonseca, 5ª T., j. 20-2-2018, e HC 376.450/PE, rel. Min. Joel Ilan Paciornik, 5ª T., j. 19-10-2017.

cessada a clandestinidade ou a violência, tenha o agente tido a posse da coisa subtraída, ainda que retomada logo em seguida'"[25].

7.2. Tentativa

A tentativa é perfeitamente admissível quando, por circunstâncias alheias à sua vontade, o agente não efetiva a subtração. Se o sujeito *voluntariamente* desiste de subtrair o bem, surge a figura do art. 15 do CP (desistência voluntária), respondendo somente pelos atos praticados (lesão corporal ou ameaça). A desistência dos meios executórios há de ser, frise-se, voluntária, ou seja, produto de sua livre e consciente vontade (p. ex., desistir do roubo por se apiedar do sujeito passivo). Se o autor do delito, em função de algum obstáculo, como a aproximação de terceiros, deixa de prosseguir na execução do fato, responde por roubo tentado, pois o encerramento do *iter criminis* não foi produto de sua *livre* escolha. Por esse motivo, entende-se que, se alguém decide roubar um veículo automotor, inicia a execução do delito, mas muda de ideia em função do alarme acionado ou porque notou que o automóvel possui dispositivo "corta-combustível"[26] ou então a chave quebrar dentro da ignição[27], há roubo tentado, e não desistência voluntária.

8. CONCURSO DE CRIMES

8.1. Pluralidade de vítimas e unidade de patrimônio lesado – crime único

Se o agente emprega grave ameaça ou violência contra duas pessoas, mas subtrai objeto de só uma, há crime único, porquanto apenas um patrimônio foi lesado[28].

8.2. Pluralidade de vítimas e de patrimônios atingidos – concurso formal

Quando o sujeito, no mesmo contexto fático, subtrai bens de várias pessoas, comete tantos crimes quantos forem os patrimônios lesados, em concurso formal[29].

---

25 HC 114.328/SP, rel. Min. Dias Toffoli, 1ª T., j. 23-4-2013.

26 *RT* 767/609.

27 STJ, HC 189.134/RJ, rel. Min. Ribeiro Dantas, 5ª T., j. 2-8-2016.

28 Cf. TAMG, *RT* 773/691: "Concurso formal. Descaracterização. Crime qualificado pelo resultado lesões corporais graves. Multiplicidade de pessoas lesadas. *Fato que não retira a unidade do delito se ocorre apenas uma única lesão patrimonial*" (grifo meu).

29 Nesse sentido: "Conforme a iterativa jurisprudência desta Corte, não há se falar em **crime único** quando, num mesmo contexto fático, são subtraídos bens pertencentes a **vítimas** distintas, caracterizando concurso formal, por terem sido atingidos patrimônios diversos, nos moldes do art. 70 do Código Penal" (STJ, HC 435.792/SP, rel. Min. Ribeiro Dantas, 5ª T., j. 24-5-2018). Ver também: STJ, AgRg no REsp 1822415/MG, rel. Min. Rogerio Schietti Cruz, 6ª T., j. 22-10-2019.

8.3. Unidade de vítima (da violência ou grave ameaça) e pluralidade de patrimônios lesados

Se o sujeito utiliza de violência ou grave ameaça contra uma pessoa, mas leva bens de outras, os quais estavam em seu poder, responde por vários roubos se tinha conhecimento da diversidade de proprietários (há posição jurisprudencial no sentido de que ocorre um só roubo); se tal fato era desconhecido do roubador, responde por um só crime, aplicando-se quanto aos demais patrimônios lesados o art. 20 do CP (erro de tipo).

9. CLASSIFICAÇÃO JURÍDICA

Classifica-se como crime de forma ou ação livre (a subtração pode ocorrer de qualquer modo, conquanto haja emprego de violência física ou moral), complexo (o qual possui dupla objetividade jurídica[30]), comum (qualquer pessoa pode ser sujeito ativo), material (depende do resultado naturalístico para sua consumação: retirada do bem da esfera de disponibilidade da vítima), de dano (sua consumação depende da efetiva lesão ao bem primordialmente tutelado – patrimônio), instantâneo (a consumação ocorre instantaneamente, não se prorrogando no tempo), monossubjetivo ou de concurso eventual (admite cometimento por uma pessoa ou várias, em concurso, situação em que o crime será agravado) e plurissubsistente (seu *iter criminis* é fracionável).

10. AÇÃO PENAL

Sempre será pública incondicionada, não importa a modalidade de roubo. Dessa forma, a ação penal deverá ser ajuizada pelo Ministério Público, somente podendo o ofendido fazê-lo em caráter excepcional, quando inerte o órgão acusador (CF, art. 5º, LIX, e CPP, art. 29).

ART. 157, § 1º – ROUBO IMPRÓPRIO (OU "POR APROXIMAÇÃO")

1. TIPO OBJETIVO

Dá-se o roubo impróprio quando o agente, "logo depois de subtraída a coisa, emprega violência contra pessoa ou grave ameaça, a fim de assegurar a impunidade do crime ou a detenção da coisa para si ou para terceiro". A sanção penal é idêntica à do *caput*, ou seja, quatro a dez anos de reclusão, e multa.

---

[30] Não custa lembrar que, para alguns autores, o crime complexo é aquele formado pela fusão de dois ou mais tipos penais (crime complexo em sentido estrito). Mesmo sob tal ótica, o roubo constituiria crime complexo.

Suas *características* são:

a) a violência ou grave ameaça é empregada *depois* da subtração do bem mas *antes da consumação* do furto, caso contrário haveria dois crimes em concurso - furto e lesão corporal ou crime de ameaça;

b) o intuito é o de garantir a detenção da coisa ou a impunidade pelo crime.

Difere, portanto, do roubo próprio, pois:

a) no roubo próprio, a violência ou grave ameaça são *meios executórios* para a subtração, no roubo impróprio, ocorrem *logo depois da subtração*;

b) no roubo próprio, a lei menciona a *violência imprópria*, elementar inexistente no roubo impróprio (logo, se o agente, após a subtração, for surpreendido por alguém e ministrar-lhe de alguma forma sonífero, visando garantir sua impunidade, não terá praticado roubo).

Magalhães Noronha enxergava, na ausência de menção a respeito da violência imprópria como meio executório do delito em questão, uma omissão involuntária. Nelson Hungria, entretanto, não comungava deste ponto de vista, assinalando ter sido propositada a falta de referência ao meio que torne o ofendido incapaz de resistir: "Como já ficou acentuado, o outro *qualquer meio* para anular a resistência da vítima deve entender-se empregado disfarçadamente ou sem emprego de vias de fato contra a vítima, o que não se compadece com a situação do ladrão, que, surpreendido em flagrância ou em quase flagrância (o art. 302 do Cód. de Proc. Penal deve ser, aqui, chamado à colação), somente cuida de se *salvar* com instintiva violência e apressuradamente"[31].

2. QUESTÕES

a) O agente entra numa casa para furtar. Antes, porém, de se apoderar de algum bem (subtrair), é flagrado e emprega violência visando fugir (garantir sua impunidade). Qual crime comete? *Não há roubo impróprio, pois antes da violência não houve subtração.* Há somente tentativa de furto e lesões corporais.

b) O agente entra numa casa, furta objeto e sai; no caminho é abordado pela vítima, que identifica seu bem. Para garantir a impunidade, emprega violência contra a pessoa. Que delito pratica? Não há roubo impróprio, porque a violência não foi praticada "logo depois". Por "logo depois" entende-se o tempo necessário para que haja a consumação do furto (tempo que vai da subtração até o momento em que o agente detenha o bem fora da esfera de disponibilidade e vigilância da vítima). No caso, há concurso entre furto consumado e lesão corporal.

---

[31] Op. cit., 3. ed. v. VII, p. 56.

3. TIPO SUBJETIVO

O roubo impróprio somente se pune na forma dolosa, exigindo-se consciência e vontade de concretizar os elementos objetivos do tipo. Requer-se, ademais, que se empregue a violência ou grave ameaça contra a pessoa com a finalidade específica de garantir a impunidade do crime ou a detenção da coisa, para si ou para terceiro.

4. SUJEITOS DO CRIME

Os sujeitos ativo e passivo são os mesmos analisados quando do estudo do art. 157, *caput*, ao qual se remete o leitor.

5. CONSUMAÇÃO E TENTATIVA

5.1. Consumação

Ocorre a consumação no exato momento em que é praticada a violência ou grave ameaça, mesmo que o agente não consiga garantir a vantagem ou impunidade (basta ver a redação do § 1º).

5.2. Tentativa

Acerca da tentativa em matéria de roubo impróprio, há duas correntes:

1ª) Para Damásio de Jesus, ou o agente emprega violência ou grave ameaça e o roubo impróprio se considera consumado, ou não o faz, havendo furto[32].

2ª) Para Mirabete, contudo, admite-se a tentativa na hipótese de o agente, depois de consumada a subtração, tentar empregar a violência ou grave ameaça e não conseguir fazê-lo[33].

Parece-nos aceitável a segunda postura, já que nesta se reconhece o início de execução da conduta típica, não podendo consumar-se a *vis compulsiva* ou a *vis corporalis* por circunstâncias alheias à vontade do agente.

É de ver que nossos tribunais superiores, neste particular, aderem à corrente segundo a qual não se admite o *conatus*: "O crime do art. 157, § 1º, do CP não admite tentativa, tendo em vista que o momento consumativo é o emprego da violência"[34].

---

32 *Código Penal anotado*, p. 575; TJSP, *RJTJSP* 9/625.

33 *Manual de direito penal*, v. 2, p. 204; admitiu-se também a figura da tentativa quando a violência física foi empregada ao final para garantir a fuga: "Roubo impróprio tentado – Tentativa possível – Parecer favorável da d. PGJ – Violência física para garantir a fuga impune da prévia subtração – Consumação não atingida – Prisão após o emprego de violência – Desclassificação para o crime de furto tentado inoperável – Violência comprovada" (TJSP, AP 9075614-43.2009.8.26.0000, rel. Des. Newton Neves, 16ª CCr, j. 30-8-2011).

34 STJ, REsp 693.102/SP, rel. Min. José Arnaldo da Fonseca, 5ª T., *DJU* de 7-11-2005, p. 359. No mesmo sentido: HC 175.017/RJ, rel. Min. Maria Thereza de Assis Moura, 6ª T., j. 26-2-2013.

6. APLICAÇÃO DAS CAUSAS DE AUMENTO E DAS QUALIFICADORAS

As causas de aumento de pena previstas nos §§ 2º, 2º-A e 2º-B do art. 157 e as qualificadoras descritas no § 3º têm incidência tanto no roubo próprio quanto no impróprio[35].

ART. 157, §§ 2º, 2º-A E 2º-B– ROUBO MAJORADO OU CIRCUNSTANCIADO

1. MODIFICAÇÕES DECORRENTES DA LEI ANTICRIME

A Lei n. 13.964/2019 (Lei Anticrime) promoveu as seguintes alterações no crime de roubo:

a) A inclusão da majorante decorrente do emprego de arma branca (com a revogação do inciso VII do § 2º do art. 157 do CP);

b) A inserção de um novo parágrafo (§ 2º-B), determinando que a utilização de arma de fogo de uso restrito ou proibido implica a incidência de pena dobrada (reclusão, de 8 a 20 anos, e multa);

c) A ampliação do caráter hediondo do roubo, para abranger, além do latrocínio (roubo seguido de morte - art. 157, § 3º, II), o roubo qualificado pela lesão grave (art. 157, § 3º, I), o majorado pelo emprego de arma de fogo de uso proibido ou restrito (art. 157, § 2º-B) e o circunstanciado pela restrição da liberdade da vítima (art. 157, § 2º, V).

A Lei Anticrime, com as alterações efetuadas em relação ao emprego de arma, corrige em parte as mudanças provocadas em 2018 no tipo penal por meio da Lei n. 13.654. Esta havia suprimido a majorante relativa ao emprego de arma, que originalmente abrangia todo tipo de armamento, tanto a arma própria (concebida como meio de ataque ou defesa, apta a ferir ou matar), quanto a imprópria (p. ex.: bastão, pedaço de madeira, martelo)[36]. Com as mudanças de 2018, o uso de arma, *salvo a de fogo*, não gerava a incidência de causa de aumento de pena, embora pudesse ser considerado como circunstância judicial desfavorável ao agente, influenciando no cálculo da pena-base (CP, art. 59). Logo, se o agente utilizasse arma de fogo (de uso permitido, restrito ou proibido), ficaria sujeito à majorante do § 2º-A, I (aumento de dois terços); se empregasse qualquer outro tipo de arma, não incidiria a exasperante, podendo o fato ser

---

[35] Cf. *JTACrSP* 95/281; *JTJ* 174/329.

[36] Relembre-se que, a respeito desse tema, levantou-se controvérsia ligada a uma possível inconstitucionalidade formal na supressão do inciso I do § 2º do art. 157 do CP. Cogitou-se que ela não teria sido aprovada pelo Parlamento Federal, mas tão somente inserida pela Comissão de Redação da Câmara dos Deputados, sem que os legisladores tivessem a oportunidade de analisar a matéria. O STJ, porém, já afastou a tese (REsp 1.519.860).

analisado na primeira fase da aplicação da pena (como circunstância judicial desfavorável). Um roubo cometido com emprego de punhal, por exemplo, tornara-se roubo simples. Do ponto de vista político-criminal, não encontrávamos justificativa convincente para a inovação. Deveria o legislador, em nosso sentir, ter mantido o inciso suprimido, ao lado da inclusão do § 2º-A, I, o que estabeleceria *diferentes graus de aumento*, conforme a natureza da arma utilizada (como consta agora no tipo penal).

Advirta-se que esse cenário permanece aplicável aos fatos ocorridos antes da entrada em vigor da Lei n. 13.964, que se deu no dia 23 de janeiro de 2020, pois a Lei Anticrime constitui, nesse aspecto, *novatio legis in pejus* (e, portanto, é irretroativa).

1.1. Conceito de arma

Tendo em vista a maneira como o tipo penal disciplina a matéria, estabelecendo diferentes graus de punição conforme a natureza da arma utilizada pelo sujeito ativo, se torna necessário compreender o significado jurídico-penal da expressão "arma" e suas modalidades.

Arma, na lição de Eraldo Rabello, "é todo objeto concebido e executado com a finalidade específica ou predominante de ser utilizado pelo homem para o ataque ou para a defesa"[37].

Podem elas ser classificadas em *manuais* (apropriadas para combate corpo a corpo, como um soco inglês) ou de *arremesso* (apta a produzir efeito vulnerante a distância, como um revólver); *ofensivas* (destinadas a agredir) ou *defensivas* (voltadas a repelir uma agressão); *individuais* (de manejo por um só homem) ou *coletivas* (cujo emprego exige o esforço conjugado de duas ou mais pessoas)[38].

As armas se classificam, ainda, *quanto aos efeitos* em *contundentes* (as que se prestam a causar dilaceração, trituração ou esmagamento de tecidos – p. ex., soco inglês), *cortantes* (providas de lâmina e gume afiado, que geram lesões extensas e não profundas – *v.g.*, navalha), *perfurantes* (causadoras de lesão de pequena extensão e grande profundidade – como o punhal), *perfuro-cortantes* (geradoras de lesão de grande extensão e profundidade – caso do facão), *perfuro-contundentes* (provocam lesões em profundidade, mediante laceração, ruptura ou esmagamento de tecidos – p. ex., projéteis de arma de fogo) e *corto-contundentes* (possuem gume, mas com lâmina com grande massa – *v.g.*, um machado)[39].

De todas, porém, a mais importante classificação, para efeito jurídico-penal, é a que divide as armas em próprias e impróprias, brancas e de fogo.

[37] Eraldo Rabello. *Balística forense*. 3. ed. Porto Alegre: Sagra-dc Luzzatto, p. 27.

[38] Idem, ibidem, p. 28.

[39] Idem, ibidem.

Arma própria é a concebida, por sua natureza, para ferir ou matar. É um objeto que foi criado com essa finalidade específica, sendo esse seu propósito. É o caso de um punhal ou de um revólver.

Arma imprópria, por sua vez, é aquela utilizada incidentalmente como arma, mas que se trata de um objeto não concebido para matar ou ferir. É o caso de uma garrafa de vidro quebrada, de um estilete, de uma enxada ou de um pedaço de ferro.

Há, ainda, as **armas brancas**, que podem ser próprias ou impróprias, dependo da destinação original do objeto. Arma branca, na lição de Eraldo Rabello, **é a arma manual, provida de gume ou de ponta e gume,** a qual, em tempos antigos, se opunha às armas de arremesso, hoje representadas pelas armas de fogo; receberam esse nome porque feitas comumente de ferro ou aço branqueados[40].

As **armas de fogo** são **engenhos aptos a expelir projéteis, nos quais é utilizada, para tal expulsão, força expansiva de gases resultantes de uma reação química decorrente da combustão da pólvora.** Elas são tratadas no Estatuto do Desarmamento (Lei n. 10.826/03) e, mais especificamente, no Decreto Presidencial n. 9.847, de 25 de junho de 2019 e na Portaria n. 1.222, de 12 de agosto de 2019, do Ministério do Exército.

As armas de fogo se **subdividem em armas de fogo de uso permitido, restrito e proibido.**

São *armas de fogo de uso permitido* as semiautomáticas ou de repetição de alma lisa; de porte, cujo calibre nominal, com a utilização de munição comum, não atinja, na saída do cano de prova, energia cinética superior a mil e duzentas libras-pé ou mil seiscentos e vinte joules; ou portáteis de alma raiada, cujo calibre nominal, com a utilização de munição comum, não atinja, na saída do cano de prova, energia cinética superior a mil e duzentas libras-pé ou mil seiscentos e vinte joules (art. 2º, I, do Decreto n. 9.847/2019).

Exemplos: revólveres Smith & Wesson de calibre 32, Taurus calibre 357 Magnum, revólver Taurus ou Rossi calibre 38, pistolas calibre 45[41].

As *armas de fogo de uso restrito* são as automáticas e as semiautomáticas ou de repetição que sejam não portáteis; de porte, cujo calibre nominal, com a utilização de munição comum, atinja, na saída do cano de prova, energia cinética superior a mil e duzentas libras-pé ou mil seiscentos e vinte joules; ou, portáteis de alma raiada, cujo

[40] Idem, ibidem. De ver que para o STJ, arma branca é sinônimo do arma imprópria, de maneira que abrange qualquer artefato emprego pelo agente com o objetivo de causar dano, permanente ou não, a seres vivos ou a objetos, tal como uma pedra, um pedaço de madeira ou de vidro. Nesse sentido: HC 318.561/MS, Rel. Ministro Ericson Maranho (Desembargador convocado do TJ/SP), 6ª T., j. em 12-5-2015, *DJe* 25-5-2015. *Vide*, ainda, AgRg no AREsp 677.554/SC, rel. Ministro Ribeiro Dantas, 5ª T., j. em 25-4-2017, *DJe* 3-5-2017.

[41] Anexo A da Portaria n. 1.222/2019, do Ministério do Exército.

calibre nominal, com a utilização de munição comum, atinja, na saída do cano de prova, energia cinética superior a mil e duzentas libras-pé ou mil seiscentos e vinte joules (art. 2º, I, do Decreto n. 9.847/2019).

Exemplos: pistola Smith & Wesson 500 Special, rifle 223 Winchester Super Short Magnum[42].

As *armas de fogo de uso proibido* são as armas de fogo classificadas como tal em acordos e tratados internacionais dos quais a República Federativa do Brasil seja signatária e as armas de fogo dissimuladas, com aparência de objetos inofensivos (art. 2º, III, do Decreto n. 9.847/2019).

Exemplos: pistola-bengala, caneta-revólver[43].

Equiparam-se, por fim, a armas de fogo de uso restrito ou proibido aquelas com sinal de identificação raspado, suprimido ou adulterado, nos termos do art. 16, parágrafo único, da Lei n. 10.826/2003 (Estatuto do Desarmamento).

1.2. Emprego de diferentes tipos de arma no crime de roubo

Com a Lei Anticrime (Lei n. 13.964/2019), passaram a existir **quatro situações** distintas no que pertine ao emprego de arma, conforme se trate de **arma de fogo de uso proibido ou restrito, de uso permitido, arma branca** ou **demais tipos de arma** (como a imprópria).

Assim, se a violência ou grave ameaça é exercida com emprego de **arma de fogo de uso restrito ou proibido,** a pena do *caput* é dobrada, ou seja, passa a ser **de oito a vinte anos de reclusão,** e multa[44] (art. 157, § 2ºB).

Se, porém, **a violência ou ameaça é exercida com emprego de arma de fogo de uso permitido,** aplica-se um aumento de dois terços sobre a pena privativa de liberdade, de tal modo que a punição vai de **seis anos e oito meses de reclusão até dezesseis anos e quatro meses**, e multa (art. 157, § 2ºA, I).

Se, por outro lado, **a violência ou grave ameaça é exercida com emprego de arma branca,** a pena será elevada de um terço à metade, isto é, reclusão, de **cinco anos e quatro meses a quinze anos,** e multa (art. 157, § 2º, VII).

Se, por fim, a violência ou grave ameaça é praticada com qualquer **outro tipo de arma**, como uma arma imprópria que não tenha natureza de arma branca, p. ex.: um pedaço de madeira, um tijolo, a pena é de **reclusão, de quatro a dez anos**, e multa

---

42 Anexo B da Portaria n. 1.222/2019, do Ministério do Exército.

43 Exemplos retirados do *Boletim Criminal Comentado do CAOCrim* (MPSP), maio 2019 (semana 2), p. 6.

44 Em nosso modo de ver, somente a pena privativa de liberdade deve ser duplicada, pois as majorantes incidem sobre a pena de prisão e sobre a pena pecuniária, que possui critérios próprios de cálculo, previstos no art. 49 do CP. Além disso, não há razão político-criminal para que a pena de multa seja dobrada.

(art. 157, *caput*) e o uso do objeto será levado em conta como circunstância judicial desfavorável ao agente, na primeira fase da dosimetria da pena (art. 59 do CP).

Em síntese:

TIPO DE ARMA	PENA (RECLUSÃO)	DISPOSITIVO LEGAL
ARMA DE FOGO DE USO RESTRITO OU PROIBIDO	***8 a 20 anos***, e multa	art. 157, § 2ºB
ARMA DE FOGO DE USO PERMITIDO	***6 anos e 8 meses a 16 anos e 8 meses***, e multa	art. 157, § 2ºA, I
ARMA BRANCA	***5 anos e 4 meses a 15 anos***, e multa	art. 157, § 2º, VII
DEMAIS ARMAS	***4 a 10 anos***, e multa	art. 157, *caput*

É necessário destacar, por fim, que a utilização de arma de fogo para o cometimento do roubo, fazendo incidir algumas das causas de aumento acima citadas, impede que seja imputado ao agente, cumulativamente, o crime autônomo de porte ilegal de arma de fogo de uso permitido (art. 14 da Lei n. 10.826/2003), restrito ou proibido (art. 16 da Lei n. 10.826/2003), pelo **princípio da subsidiariedade implícita**. Afinal, cuida-se de condutas que, embora constituam delitos autônomos, foram previstas expressamente como circunstâncias para majorar a pena do roubo, tornando o art. 157, § 2º-A, I, ou § 2º-B a norma primária ou principal, que prevalece, e os dispositivos do Estatuto do Desarmamento mencionados, as normas subsidiárias ou famulativas.

2. NATUREZA JURÍDICA DAS CIRCUNSTÂNCIAS DOS §§ 2º, 2º-A E 2º-B

Muito embora seja comum referir-se a essa modalidade de roubo como "qualificado", os parágrafos citados não trazem qualificadoras, mas *causas de aumento de pena*.

Deve-se recordar que as qualificadoras são as circunstâncias que agravam a pena imposta ao tipo básico, fazendo surgir novos patamares mínimo e máximo em relação ao *caput* (ou do § 1º) da disposição. As qualificadoras, bem por disso, são levadas em consideração na fase preliminar da dosimetria, quando o magistrado analisa o fato para determinar o piso e o teto punitivo aplicáveis ao caso.

Nos §§ 2º, 2º-A e 2º-B isso não ocorre, já que a lei penal determina a incidência de uma exasperação de um terço até a metade nos casos do § 2º, e de dois terços nas hipóteses do § 2º-A e ao dobro no caso do § 2º-B, sendo que tais aumentos são aplicados sobre a sanção prevista no *caput*. São fatores considerados na terceira fase da dosagem da pena.

Anote-se que predomina o entendimento de que as circunstâncias dos parágrafos citados não se aplicam ao roubo qualificado (§ 3º), pois, do contrário, a pena deste, além de excessivamente exacerbada, seria, por vezes, desproporcional. Não teria sentido que um latrocínio, punido com reclusão, de 20 a 30 anos (e multa), quando cometido com arma de fogo, sofresse aumento de pena de dois terços ou ao dobro, mas, se praticado com o uso de um tijolo, que provocasse a morte da vítima mediante repetidos golpes em sua cabeça, não sofresse a exasperação.

2.1. Se há concurso de duas ou mais pessoas

Do mesmo modo que se viu no crime de furto, em que tal circunstância acarreta o surgimento de uma qualificadora, não é preciso que todos os agentes estejam no local da subtração ou mesmo que sejam identificados. Isto porque o fato de o autor se fazer acompanhar de alguém facilita a execução e o êxito da empreitada delitiva, justificando o maior rigor punitivo.

É de ver que esta exasperante subsiste ainda que o(s) outro(s) envolvido(s) seja(m) menor(es) inimputável(eis) ou não seja(m) identificado(s).

Sobre a discussão acerca da disparidade desta circunstância, que qualifica o furto e aumenta a pena do roubo, remete-se o leitor ao estudo do art. 155 do CP (item 17.1.9, *supra*).

2.2. Se a vítima está em serviço de transporte de valores e o agente conhece tal circunstância

A lei foi clara ao estipular dois requisitos para o reconhecimento dessa exasperante: 1º) vítima em serviço de transporte de valores (qualquer que seja a quantia ou o valor); 2º) ciência desse fato pelo agente. É preciso que o ofendido esteja a serviço de terceiro; caso transporte valores que lhe pertençam, não subsiste a causa de aumento (ex.: subtração de dinheiro de motorista de praça).

2.3. Se a subtração for de veículo automotor que venha a ser transportado para outro Estado ou para o exterior

Essa causa de aumento foi introduzida na legislação penal por meio da Lei n. 9.426/96 e pressupõe (a) que o objeto material seja veículo automotor e (b) que venha a ser transportado para outro Estado-membro ou para o exterior (ou seja, a efetiva transposição da fronteira, portanto, é necessária para a presença da exasperante).

A pessoa contratada exclusivamente para efetivar o transporte, ciente de que o veículo foi objeto de subtração, pode responder pelo crime em estudo (CP, art. 157, § 2º, IV) ou por receptação (CP, art. 180, *caput*), conforme tenha sido contratada antes ou depois do roubo.

Não só o automóvel mas também motocicletas, caminhões, lanchas, aeronaves etc. consideram-se veículos automotores[45].

---

[45] Cf. CTB – Lei n. 9.503/97, Anexo I, *DOU* de 24-9-1997, p. 21229.

Se o agente rouba veículo automotor com o objetivo de transportá-lo para outro Estado mas se vê surpreendido pela polícia antes de transpor a fronteira, não subsiste a figura em questão, mas somente roubo consumado, simples ou agravado pelas demais exasperantes do § 2º. Isto porque não se pode admitir furto tentado quando a subtração se consumou.

2.4. Se o agente mantém a vítima em seu poder, restringindo sua liberdade

Dá-se o agravamento da pena pelo fato de se manter a vítima sequestrada. O que se pune é a privação da liberdade do ofendido, por tempo juridicamente relevante, empregada como meio executório do roubo ou em face da ação policial. Por exemplo, se o agente mantém as vítimas confinadas e amarradas em um cômodo da casa, restringindo-lhes a liberdade por espaço de tempo suficiente à subtração dos bens objeto do roubo, incide o aumento de pena previsto no § 2º, V, do art. 157 do CP[46]. Quando a privação da liberdade se mantém por tempo considerável, *após a consumação do crime*, há concurso material entre roubo e sequestro: "Roubo. Concurso material com sequestro e cárcere privado. Caracterização. Motorista de caminhão que é conservado em cativeiro pelos agentes por inúmeras horas durante a noite, para o êxito do roubo"[47]. "Roubo. Concurso material com sequestro. Caracterização. Agentes que, após se apoderarem do veículo da vítima, suprimem sua liberdade de locomoção, obrigando-a a permanecer no automóvel, levando-a para outro Município"[48].

O roubo agravado pela restrição da liberdade do sujeito passivo *não se confunde com o sequestro relâmpago*, que configura modalidade de extorsão qualificada (CP, art. 158, § 3º, com a redação dada pela Lei n. 11.923, de 2009)[49]. A diferença está em que no roubo circunstanciado, a restrição do direito de deambulação do sujeito passivo é utilizado para permitir a subtração do bem ou para evitar a abordagem policial. No sequestro relâmpago, o ofendido tem seu direito de ir e vir restringido como

---

46 RHC 66.666/ES, rel. Min. Jorge Mussi, 5ª T., j. 5-4-2016.

47 TJRJ, *RT* 782/658. Se a privação da liberdade for praticada pelos sujeitos ativos com a finalidade de assegurar o produto do roubo, mas não visando deliberadamente privar a liberdade da vítima, estaremos diante da figura no art. 157, § 2º, V, do CP. "Não basta, para fins de configuração do delito autônomo de sequestro, que a privação da liberdade da vítima seja prescindível à consumação do roubo, é necessária a presença da vontade livre e consciente de restringir a liberdade da vítima, situação que não se verifica quando a intenção do agente é simplesmente a concretização ou o exaurimento do delito de roubo" (STJ, HC 35.536/MG, rel. Min. Nefi Cordeiro, 6ª T., j. 25-11-2014).

48 TJSP, *RT* 777/582.

49 "Se o crime é cometido mediante a restrição da liberdade da vítima, e essa condição é necessária para a obtenção da vantagem econômica, a pena é de reclusão, de 6 (seis) a 12 (doze) anos, além da multa; se resulta lesão corporal grave ou morte, aplicam-se as penas previstas no art. 159, §§ 2º e 3º, respectivamente."

meio indispensável à obtenção da vantagem econômica, de modo que seja imprescindível determinada atitude da vítima para sua consecução (como efetuar um saque em caixa eletrônico).

Anote-se, por fim, que essa modalidade de roubo se tornou crime hediondo com o advento da Lei Anticrime (Lei n. 13.964/2019).

2.5. Se a subtração for de substâncias explosivas ou de acessórios que, conjunta ou isoladamente, possibilitem sua fabricação, montagem ou emprego

A majorante em questão leva em conta o objeto material do roubo. Quando se cuidar de substâncias explosivas, isto é, substâncias inflamáveis capazes de produzir explosão (como a dinamite, o salitre, o magnésio, o explosivo "TNT") ou de acessórios que, conjunta ou isoladamente, possibilitem sua fabricação, montagem ou emprego, o agente ficará sujeito ao aumento de pena de um terço à metade.

2.6. Se a violência ou ameaça é exercida com emprego de arma branca

Conforme expusemos no item 1.2, a Lei Anticrime criou mais uma causa de aumento de pena ao roubo (art. 157, § 2º, VII).

O agente que cometer o delito e, para exercer a violência à pessoa ou a grave ameaça, utilizar arma branca, terá a pena elevada de um terço à metade.

Recorde-se que por arma branca se deve entender a arma manual, provida de gume ou de ponta e gume, como a espada, o punhal, o estilete, a faca, o facão etc. O STJ, todavia, adota uma interpretação mais ampla de arma branca, considerando-a sinônimo de arma imprópria, isto é, todo artefato utilizado para provocar dano a algum ser vivo ou a algum objeto, tal como um pedaço de vidro, de madeira, uma pedra ou um facão[50].

Trata-se de *novatio legis in pejus* e, portanto, não possui eficácia retroativa (CF, art. 5º, XL e CP, art. 2º). Só se aplica a roubos cometidos a partir do dia 23 de janeiro de 2020.

2.7. Se a violência ou ameaça é exercida com emprego de arma de fogo de uso permitido

Muito embora o § 2º-A, I, não especifique que sua incidência diz respeito apenas a **armas de fogo de uso permitido**, essa conclusão se dá por exclusão, afinal, quan-

---

50 Nesse sentido: HC 318.561/MS, rel. Min. Ericson Maranho (Desembargador convocado do TJ/SP), 6ª T., j. em 12-5-2015, *DJe* 25-5-2015. *Vide*, ainda, AgRg no AREsp 677.554/SC, rel. Min. Ribeiro Dantas, 5ª T., j. em 25-4-2017, *DJe* 3-5-2017.

do se cuidar de arma de fogo de uso restrito ou proibido, em razão da especialidade, tem lugar o § 2º-B.

O aumento de pena se dá, nesse caso, em grau fixo: *dois terços*.

Conforme analisamos no item 1.2, as armas de fogo de uso permitido são, nos termos do art. 2º, I, do Decreto n. 9.847/2019:

a) as semiautomáticas ou de repetição de alma lisa;

b) as de porte, cujo calibre nominal, com a utilização de munição comum, não atinja, na saída do cano de prova, energia cinética superior a mil e duzentas libras-pé ou mil seiscentos e vinte joules; e

c) as portáteis de alma raiada, cujo calibre nominal, com a utilização de munição comum, não atinja, na saída do cano de prova, energia cinética superior a mil e duzentas libras-pé ou mil seiscentos e vinte joules.

Exemplos: revólveres Smith & Wesson de calibre 32, Taurus calibre 357 Magnum, revólver Taurus ou Rossi calibre 38, pistolas calibre 45[51].

Nesses casos, aplica-se o § 2º-A, I, do art. 157, que impõe uma exasperação punitiva em dois terços. A pena do roubo, portanto, será de seis anos e oito meses até dezesseis anos e oito meses, além da multa.

Se o fato for praticado com emprego de arma de fogo de uso permitido e, além disso, alguma exasperante do § 2º se fizer presente, como o inciso II (concurso de duas ou mais pessoas), o juiz poderá aplicar os dois aumentos ou, então, somente o maior (isto é, o do § 2º-A), servindo o outro (§ 2º, II) como circunstância judicial desfavorável (que é levada em conta na primeira fase da dosimetria da pena – fixação da pena-base).

A Lei Anticrime inclui o roubo majorado pelo emprego de arma de fogo, inclusive de uso permitido, no rol dos delitos hediondos (alínea *b* do inciso II do art. 1º da Lei n. 8.072/90).

Importante ressaltar que essa majorante, *originalmente*, destinava-se a alcançar o emprego de qualquer arma de fogo e assim deverá permanecer, quando se tratar de fatos praticados antes da entrada em vigor da Lei Anticrime (23 de janeiro de 2020), que trouxe ao art. 157 uma causa de aumento específica e mais severa para o emprego de armas de fogo de uso restrito ou proibido, no § 2º-B do art. 157.

2.8. Se a violência ou ameaça é exercida com emprego de arma de fogo de uso restrito ou proibido

A majorante decorrente do emprego de arma de fogo de uso restrito ou proibido, como circunstância específica, foi criada pela Lei Anticrime (Lei n. 13.964/2019).

51 Anexo A da Portaria 1.222/2019, do Ministério do Exército.

Repisando o conceito anteriormente exposto (item 1.2), as **armas de fogo de uso restrito** são, nos termos do art. 2º, I, do Decreto Presidencial n. 9.847/2019:

a) as automáticas e as semiautomáticas ou de repetição que sejam não portáteis;

b) as de porte, cujo calibre nominal, com a utilização de munição comum, atinja, na saída do cano de prova, energia cinética superior a mil e duzentas libras-pé ou mil seiscentos e vinte joules; e,

c) as portáteis de alma raiada, cujo calibre nominal, com a utilização de munição comum, atinja, na saída do cano de prova, energia cinética superior a mil e duzentas libras-pé ou mil seiscentos e vinte joules.

Podem ser citados como exemplos a pistola Smith & Wesson 500 Special, o rifle 223 Winchester Super Short Magnum[52].

As **armas de fogo de uso proibido**, por sua vez, são as armas de fogo classificadas de uso proibido em acordos e tratados internacionais dos quais a República Federativa do Brasil seja signatária, ou as armas de fogo dissimuladas, com aparência de objetos inofensivos (art. 2º, III, do Decreto n. 9.847/2019), tais como a pistola-bengala, a caneta-revólver[53].

Equiparam-se, por fim, a armas de fogo de uso restrito ou proibido aquelas com sinal de identificação raspado, suprimido ou adulterado (art. 16, parágrafo único, da Lei n. 10.826/2003).

Deve-se acentuar que, nesse caso, o crime é hediondo, tendo em vista que a Lei Anticrime expressamente o inclui no respectivo rol (alínea *b* do inciso II do art. 1º da Lei n. 8.072/90).

A criação do § 2º-B do art. 157 e sua inclusão na lista dos crimes hediondos corrige grave distorção existente na legislação penal brasileira, pois, antes da Lei Anticrime, a utilização de uma arma de fogo de uso restrito[54], cujo porte era crime hediondo desde 2017, tinha caráter subsidiário em relação ao roubo majorado do art. 157, § 2º-A, I, que não possuía natureza hedionda. Ou seja, um crime comum era considerado primário e um delito hediondo, subsidiário, o que constituía verdadeiro contrassenso. Justamente por isso, nas edições anteriores desta obra, sustentávamos que seria inaplicável o princípio da subsidiariedade quando o roubo fosse cometido com arma de fogo de uso restrito, devendo o agente responder por dois crimes, em concurso material (CP, art. 69), ou seja, pelo delito de porte ilegal do art. 16 do Estatuto do Desarmamento (crime hediondo) e pelo crime patrimonial, sem a causa de aumento supracitada.

---

52 Anexo B da Portaria n. 1.222/2019, do Ministério do Exército.

53 Exemplos retirados do *Boletim Criminal Comentado do CAOCrim* (MPSP), maio 2019 (semana 2), p. 6.

54 De notar que a Lei Anticrime alterou a redação do parágrafo único da Lei n. 8.072/90 e passou a considerar hediondo o porte ilegal de arma de fogo de uso **proibido**, e não mais de uso restrito.

A incoerência político-criminal e dogmática, porém, deixou de existir.

O fato de o agente empregar, como meio para o exercício da violência ou grave ameaça, uma arma de fogo de uso restrito ou proibido, além de elevar consideravelmente a punição, constitui, por si só, infração hedionda. Deve o agente responder, destarte, apenas pelo art. 157, § 2º-B, reconhecendo-se a subsidiariedade do art. 16 do Estatuto do Desarmamento.

2.9. Questões diversas relativas ao emprego de arma de fogo como majorante do roubo

Para que incidam as majorantes, não é necessário o porte ostensivo de arma de fogo. Quem leva o instrumento à sua cintura, tornando-o visível à vítima, incorre na circunstância em questão. Ao fazê-lo, está exercendo, senão a violência, ao menos a grave ameaça com a arma de fogo.

Se o roubo é cometido em concurso de pessoas e somente uma delas se vale de arma, o aumento da pena estende-se a todas (CP, art. 30)[55].

Anote-se, finalmente, que *a apreensão da arma de fogo não configura requisito essencial para o reconhecimento da exasperante*[56]. Esse entendimento vem sendo confirmado pelo Supremo Tribunal Federal e pelo Superior Tribunal de Justiça. Mostra-se correta, em nosso sentir, essa interpretação, porque a capacidade vulnerante de uma arma pode ser demonstrada por qualquer meio de prova, em particular, a palavra do ofendido. Além disso, as armas (verdadeiras) têm a vulnerabilidade como característica que lhes é inerente (*in re ipsa*) e, quando se pretende demonstrar o contrário, cabe a quem negar essa característica (de regra, a defesa) fazê-lo[57]. Uma arma de fogo pode, ademais, ser utilizada como instrumento contundente para agredir, mediante coronhadas, o ofendido. Diante disso, ainda

---

55 TRF, 2ª R., *RT* 773/705.

56 TACrSP, *RT* 796/623 e 806/567. Nesse sentido: "(...) A Terceira Seção deste Superior Tribunal de Justiça, por ocasião do julgamento dos Embargos de Divergência n. 961.863/RS, firmou o entendimento de que é despicienda a apreensão e a perícia da arma de fogo, para a incidência da majorante do § 2º-A, I, do art. 157 do CP, quando existirem, nos autos, outros elementos de prova que evidenciem a sua utilização no roubo, como na hipótese, em que há o depoimento do acusado e comprovação testemunhal atestando o seu emprego (...)" (STJ, HC 579.177/SP, rel. Min. Ribeiro Dantas, 5ª T., j. 9-6-2020). Registre-se, a esse respeito, a decisão tomada no ProAfR no REsp 1.708.301/MG, rel. Min. Sebastião Reis Júnior, 3ª S., por unanimidade, j. 20-3-2018, *DJe* 26-3-2018: "A Terceira Seção acolheu a proposta de afetação do recurso especial ao rito dos recursos repetitivos, conjuntamente com o REsp 1.711.986-MG, de sorte a definir tese sobre a seguinte controvérsia: se é ou não necessária a apreensão e perícia da arma de fogo para a incidência da majorante do art. 157, § 2º, I, do Código Penal" (noticiado no *Informativo STJ* n. 622).

57 "(...) O poder vulnerante integra a própria natureza do artefato, sendo ônus da defesa, caso alegue o contrário, provar tal evidência. Exegese do art. 156 do CPP. 3. Agravo regimental desprovido" (STJ, AgRg no HC 457.223/MS, rel. Min. Jorge Mussi, 5ª T., j. 4-12-2018).

que se encontre desmuniciada, deve-se reconhecer a presença da causa de aumento em estudo[58]. Para o Superior Tribunal de Justiça, porém, quando o artefato for apreendido e sobrevier perícia comprovando a ausência de potencial lesivo, por não conter projéteis ou pela inaptidão para efetuar disparos, afasta-se a majorante[59]. Esse raciocínio também é válido para os casos em que há o emprego de arma de brinquedo ou arma finta, ou seja, não se aplicam as majorantes estudadas (art. 157, § 2º, VII, § 2º-A, I ou § 2º-B), mas desde que, nos mesmos termos da inaptidão de artefato verdadeiro, tal condição seja comprova com a apreensão e perícia do instrumento[60].

2.10. Se há destruição ou rompimento de obstáculo mediante o emprego de explosivo ou de artefato análogo que cause perigo comum

O art. 157, § 2º-A, II, contém, como majorante, gerando aumento da pena em dois terços, o fato de provocar destruição ou rompimento de obstáculo mediante o emprego de explosivo ou de artefato análogo que cause perigo comum.

---

[58] O Pretório Excelso já decidiu: "I – Não se mostra necessária a apreensão e perícia da arma de fogo empregada no roubo para comprovar o seu potencial lesivo, visto que tal qualidade integra a própria natureza do artefato. II – Lesividade do instrumento que se encontra *in re ipsa*. III – A qualificadora do art. 157, § 2º, I, do Código Penal, pode ser evidenciada por qualquer meio de prova, em especial pela palavra da vítima – reduzida à impossibilidade de resistência pelo agente – ou pelo depoimento de testemunha presencial. IV – Se o acusado alegar o contrário ou sustentar a ausência de potencial lesivo da arma empregada para intimidar a vítima, será dele o ônus de produzir tal prova, nos termos do art. 156 do Código de Processo Penal. V – A arma de fogo, mesmo que não tenha o poder de disparar projéteis, pode ser empregada como instrumento contundente, apto a produzir lesões graves. VI – Hipótese que não guarda correspondência com o roubo praticado com arma de brinquedo. VII – Precedente do STF. VIII – Ordem indeferida" (HC 96.099, rel. Min. Ricardo Lewandowski, Pleno, j. 19-2-2009, publ. no *DJe* de 5-6-2009). Mesmo sentido: STF, HC 96.985, rel. Min. Marco Aurélio, 1ª T., j. 29-9-2015.

[59] Nesse sentido: "(...) A jurisprudência desta Corte Superior está sedimentada no sentido de que a utilização de arma desmuniciada ou sem potencialidade para realização de disparo, utilizada como meio de intimidação, serve unicamente à caracterização da elementar grave ameaça, não se admitindo o seu reconhecimento como a causa de aumento de pena em questão (...)" (STJ, HC 445.043/SC, rel. Min. Joel Ilan Paciornik, 5ª T., j. 21-2-2019). E ainda: "(...) Quanto à alegação da defesa de que há julgados recentes afastando a incidência da causa de aumento quando se tratar de arma desmuniciada, inapta para efetuar disparos ou, ainda, de simulacro, cumpre ressaltar que nesses casos o artefato precisa ser apreendido para que seja constatado tratar-se de simulacro ou, ainda, que seja realizada perícia técnica para verificar a ausência de potencial ofensivo, o que não ocorreu no caso em comento. 4. Agravo regimental não provido" (STJ, AgRg no HC 473.161/MS, rel. Min. Ribeiro Dantas, 5ª T., j. 27-11-2018).

[60] STJ, AgRg no REsp 1.712.795/AM, rel. Min. Sebastião Reis Júnior, 6ª T., j. 5-6-2018.

Trata-se de circunstância semelhante à prevista no art. 155, § 4º-A, do CP (furto qualificado). Assim como no *furtum*, quando o agente empregar explosivo ou artefato análogo para realizar a subtração, não responde pelo crime autônomo de explosão, previsto no art. 251 do CP, por força do princípio da subsidiariedade implícita (em que um tipo penal é inserido como circunstância de outro). O autor do fato ficará incurso no tipo principal ou primário (CP, art. 157, 2º-A, II), e não no subsidiário (CP, art. 251), o qual somente poderá ser aplicado como "soldado de reserva", isto é, se por algum motivo não tiver incidência a norma mais grave.

Essa conclusão encontra suporte na maneira como foi redigida a causa de aumento, pois vinculada expressamente à efetiva causação de perigo comum ("se há destruição ou rompimento de obstáculo mediante o emprego de explosivo ou de artefato análogo que cause perigo comum").

Importante enfatizar que a redação escolhida pelo legislador difere daquela utilizada no art. 121, § 2º, III, relativo ao homicídio qualificado pelo emprego de "veneno, fogo, explosivo, asfixia, tortura ou outro meio insidioso ou cruel, ou de que possa resultar perigo comum". No caso do homicídio, como o texto fala em meio que *possa resultar perigo comum* (e não que resulte ou cause perigo comum), admite-se o concurso formal entre homicídio qualificado e o crime de perigo comum (incêndio – art. 250 ou explosão – art. 251, p. ex.).

A majorante do roubo, ademais, tem incidência mais restrita que a qualificadora do furto prevista no art. 155, § 4º-A, pois esta não requer que o explosivo ou artefato similar provoque destruição ou rompimento de algum tipo de obstáculo, exigência prevista para o roubo.

Assim, por exemplo, se o agente explode artefato num terreno vazio, situado nos fundos de um estabelecimento empresarial, para lá atrair os seguranças, e, quando estes deixam seus postos, invadir o local e roubar a loja, não há aplicação da qualificadora, pois inexistiu destruição ou rompimento de qualquer obstáculo. Essa atitude não se encaixa na majorante, mas, justamente por isso, pode subsistir como delito autônomo do art. 251 do CP (explosão), gerando o concurso de crimes. Em nosso sentir, existirá concurso formal ou ideal (art. 70, *caput*, do CP). O juiz não deve somar as penas, pois, se o fizesse, a punição do agente que utilizasse a explosão como mecanismo de desviar a atenção da vítima para roubá-la (sem provocar danos, mas gerando perigo comum) ficaria maior do que se a utilizasse para destruir algum obstáculo à subtração do bem.

2.11. Pluralidade de causas de aumento de pena

Havendo pluralidade de causas de aumento previstas no § 2º, maior deverá ser a exasperação procedida pelo juiz. Assim, havendo somente uma, aumenta a pena em um terço; todas, de metade.

É de ver que o Superior Tribunal de Justiça considera que o só fato de incidirem mais de uma das circunstâncias contidas no § 2º do art. 157 do CP não justifica seja aplicada a elevação em patamar acima do mínimo ("O aumento na terceira fase de aplicação da pena no crime de roubo circunstanciado exige fundamentação concreta, não sendo suficiente para a sua exasperação a mera indicação do número de majorantes" – Súmula 443).

Parece-nos que o critério quantitativo justifica, sim, a aplicação de aumento superior ao piso, até porque revela maior grau de reprovabilidade no ato praticado. Caso contrário, estar-se-ia equiparando, para efeito de apenamento, situações diversas (roubo com a presença de uma majorante ou mais de uma). Não se pode ignorar, ainda, que o art. 68, parágrafo único, do CP, ao fornecer critérios para o cálculo da pena em situações nas quais incidem mais de uma causa de aumento, todas previstas na Parte Especial, determina a obrigação de o juiz aplicar *todas elas* ou somente uma, desde que prefira, neste caso, o maior aumento. Essa regra, muito embora deva ser utilizada quando se trata de exasperantes com patamares distintos (p. ex., um aumento de um terço e outro, fundado em disposição diversa, em metade[61]), revela que o juiz não pode ficar insensível à presença de uma de um fator apto a elevar a pena imposta.

No caso de o agente empregar arma de fogo ou provocar destruição ou rompimento de obstáculo mediante emprego de explosivo ou artefato similar (os quais implicam em um aumento de dois terços da pena) e agir em concurso de duas ou mais pessoas (ou incorrer nas outras causas de aumento estipuladas no § 2º do art. 157, que geram uma elevação de um terço à metade), o juiz poderá aplicar os dois aumentos ou optar pelo maior (CP, art. 68, parágrafo único).

2.12. Regime inicial de cumprimento de pena

O Código Penal estipula três regimes de cumprimento da pena privativa de liberdade: aberto (pena cumprida em casa de albergado), semiaberto (colônia penal agrícola ou industrial), e fechado (estabelecimento de segurança média ou máxima).

Aos condenados a penas de reclusão, não reincidentes, quando a sanção excede quatro anos, sem ultrapassar oito, a lei penal prevê a adoção do regime inicial *semiaberto* (CP, art. 33), salvo se desfavoráveis as circunstâncias judiciais (CP, art. 59, *caput*).

Com relação ao crime de roubo circunstanciado do § 2º do art. 157, cuja pena costuma ser fixada dentro do patamar acima mencionado (quatro a oito anos), construiu-se corrente jurisprudencial admitindo a adoção de regime inicial fechado, em face da gravidade objetiva do crime. Vale dizer, embora o Código Penal determine que o regime fechado dependeria, nesse caso, de condições subjetivas desfavoráveis ao réu (maus

[61] São poucos os crimes definidos na Parte Especial do Código que dão ensejo a semelhante situação. Pode-se citar, como exemplo, o estupro praticado por duas ou mais pessoas, o qual tenha resultado a gravidez da ofendida. A pena do delito hediondo, em tal caso, sofrerá a incidência de duas causas de aumento: a) o concurso de duas ou mais pessoas aumentará a sanção de um a dois terços (art. 226, IV, letra *a*, do CP); b) o resultado gravidez a exasperará de metade a dois terços (art. 234-A, III, do CP).

antecedentes etc.), alguns tribunais passaram a determiná-lo automaticamente. Esse entendimento não encontra respaldo do Supremo Tribunal Federal, para o qual "a opinião do julgador sobre a gravidade em abstrato do crime não constitui motivação idônea para a imposição de regime mais severo que o permitido segundo a pena aplicada"[62].

2.13. Roubo como crime hediondo

Conforme vimos nos itens acima, a Lei Anticrime (Lei n. 13.964/2019) tornou algumas modalidades de roubo circunstanciado crimes hediondos:

São elas:

a) roubo circunstanciado pela **restrição de liberdade da vítima** (art. 157, § 2º, V); e,

b) roubo majorado pelo **emprego de arma de fogo**, seja de uso permitido, restrito ou proibido (art. 157, § 2º-A, I, e § 2º-B).

Vale lembrar que o **roubo qualificado** (art. 157, 3º), estudado no item a seguir, também tem caráter hediondo.

São efeitos da hediondez:

a) a inafiançabilidade;

b) a insuscetibilidade de anistia, graça e indulto;

c) a autorização para decretação de prisão temporária por 30 dias, prorrogáveis por igual período, em caso de extrema e comprovada necessidade;

d) o cumprimento de pena em regime inicialmente fechado (determinação considerada inconstitucional pelo Supremo Tribunal Federal)[63];

e) a progressão de regimes condicionada ao transcurso de quarenta por cento da pena (se primário) e sessenta por cento (se reincidente específico em crime hediondo ou equiparado);

---

[62] Súmula 718; cf., ainda, HC 137.173/SP, rel. Min. Dias Toffoli, 2ª T., j. 4-10-2016.

[63] O STF, em junho de 2012, julgou inconstitucional a determinação de cumprimento da pena em regime inicial fechado, disposta na Lei dos Crimes Hediondos (HC 111.840). Para a Corte, a disposição legal é incompatível com o princípio da individualização da pena (CF, art. 5º, XLV), devendo o juiz levar em conta os critérios gerais previstos no Código Penal. Cuida-se de decisão efetuada em controle difuso de constitucionalidade, de modo que somente produz efeito entre as partes. É bem verdade que, em matéria de homicídio qualificado, mencionada decisão pouco influi, pois, mesmo com base nas normas do CP (art. 33), o magistrado terá que impor regime fechado para o começo do cumprimento da reprimenda. Observe-se, ainda, que o STF, em 2015, decidiu ser compatível com a Constituição Federal em idêntica regra contida na Lei de Tortura, isto é, afirmou que a norma responsável por estabelecer – de maneira inflexível – o cumprimento da pena em regime inicialmente fechado para tal delito equiparado a hediondo não ofende o Texto Maior (HC 123.316). Anote-se, por derradeiro, que o STF reiterou o entendimento de 2012 e fixou tese, com repercussão geral, no sentido de que: "É inconstitucional a fixação *ex lege*, com base no art. 2º, parágrafo 1º, da Lei 8.072/201990, do regime inicial fechado, devendo o julgador, quando da condenação, ater-se aos parâmetros previstos no art. 33 do Código Penal" (ARE 1.052.700).

f) a obtenção de livramento condicional somente após o cumprimento de dois terços da pena, salvo se o agente for reincidente em crime hediondo ou assemelhado.

ART. 157, § 3º – ROUBO QUALIFICADO

1. INTRODUÇÃO

O § 3º do art. 157 traz crimes de roubo qualificados pelo resultado (lesão grave ou morte), que podem derivar de *dolo* ou *culpa* (CP, art. 19). Interessante notar que o resultado agravador só será imputado ao agente como qualificadora *se resultante da violência*; se decorrente da grave ameaça, haverá roubo em concurso com homicídio ou lesão corporal culposos.

Além disso, vale lembrar que as qualificadoras se aplicam ao roubo próprio e impróprio, e que as causas de aumento dos §§ 2º a 2ºB não incidem ao roubo qualificado (orientação dominante).

Repise-se, ainda, que a **Lei Anticrime tornou o roubo qualificado, seja quando da violência resulta lesão grave ou quando resulta morte, em crime hediondo (alínea *c* do inciso II do art. 1º da Lei n. 8.072/90).**

Pondere-se que, no caso de latrocínio, por se cuidar de infração hedionda com resultado morte, o sentenciado:

a) só poderá obter progressão de regimes depois do cumprimento de cinquenta por cento da pena (se primário) e setenta por cento da pena (se reincidente específico em crime hediondo ou equiparado com resultado morte);

b) não terá direito ao livramento condicional (LEP, art. 112, VII e VIII) e à saída temporária (LEP, art. 122, §2º).

1.1. Roubo qualificado pela lesão corporal grave (art. 157, § 3º, I)

A incidência da presente qualificadora, a qual importa numa sanção que varia de sete a dezoito anos de reclusão e multa, dá-se tanto quando advém como resultado agravador a lesão grave (CP, art. 129, § 1º) como quando exsurge lesão gravíssima (CP, art. 129, § 2º). A lesão leve (e as vias de fato) encontra-se englobada no *caput*, implícita na elementar "violência". Acrescente-se, ainda, que tal resultado pode ser sofrido pelo titular do patrimônio lesado ou por terceiro, vitimado pela atitude violenta do sujeito ativo.

1.2. Latrocínio (art. 157, § 3º, II)

1.2.1. Conceito

O roubo seguido de morte ou *latrocínio* encontra-se na lista do art. 1º da Lei n. 8.072/90, (juntamente com o roubo qualificado pela lesão grave), ou seja, é *crime hediondo*. A pena é de vinte a trinta anos de reclusão e multa. Tem-se o delito em questão quando o agente efetua a subtração empregando violência contra a pessoa e, daí, resulta a morte do sujeito passivo.

Predomina o entendimento que a presente figura delitiva dar-se-á quando o resultado letal for proveniente de dolo ou até mesmo de culpa do agente, nos termos do art. 19 do CP[64].

1.2.2. Consumação

No que diz respeito à sua consumação, quatro situações devem ser consideradas, sendo que duas delas não ensejam dúvida: se a subtração e a morte se consumam, há latrocínio consumado; se, por outro lado, a subtração e o óbito ficam na esfera da tentativa, ocorre latrocínio tentado. Qual a solução, entretanto, se o homicídio se consuma sem que a subtração se satisfaça? Ou, ainda, como resolver a hipótese de a subtração consumar-se e a morte ficar na esfera da tentativa? Parece-nos que tais questões devem ser resolvidas com base no resultado morte, vale dizer, se o ofendido faleceu, houve latrocínio consumado; se o óbito não ocorreu, deu-se latrocínio tentado[65]. *Vide*, a respeito, o item 1.2.8, *infra*.

1.2.3. Causa de aumento de pena prevista na Lei n. 8.072/90

Antes do advento da Lei n. 12.015/2009, quando cometido contra pessoa que se encontrava numa das situações previstas no art. 224 do CP (vítima não é maior de 14 anos, é alienada ou débil mental e o agente conhecia essa circunstância, ou não podia, por qualquer outra causa, oferecer resistência), a pena era aumentada de metade, respeitado o limite de trinta anos. Ocorre que a exasperante mencionada, a qual se fundava no art. 9º da Lei n. 8.072/90, encontra-se tacitamente revogada pela citada Lei, a qual revogou expressamente o art. 224 do CP (substituindo as hipóteses legais de presunção de violência pelo conceito de vulnerabilidade).

1.2.4. Juízo competente

Lembre-se que no latrocínio a morte pode derivar de dolo ou culpa (nesse caso, ter-se-á um crime preterdoloso) e, em ambos os casos, a competência para seu julgamento será do juiz singular, e não do Tribunal do Júri (Súmula 603 do STF).

1.2.5. Teoria monista ou unitária (CP, art. 29)

Ainda que somente um dos agentes tenha produzido a morte, todos respondem por latrocínio (teoria unitária ou monista – art. 29, *caput*, do CP), salvo se um

---

64 "Pelo resultado que agrava especialmente a pena, só responde o agente que o houver causado ao menos culposamente."

65 Nesse sentido, a Súmula 610 do STF: "Há crime de latrocínio quando o homicídio se consuma, ainda que não realize o agente a subtração de bens da vítima".

dos agentes quis participar de crime menos grave, situação em que lhe será aplicada a pena deste, aumentada até a metade se o resultado agravador era previsível (art. 29, § 2º, do CP).

1.2.6. Morte de terceiro

Vale lembrar que o homicídio deve ser cometido contra o titular do patrimônio lesado ou contra o terceiro, alvo da violência. Se um dos agentes falece, por exemplo, em confronto com a Polícia ou porque a vítima reagiu à abordagem, não há que se falar em latrocínio (posição majoritária), exceto quando ocorrer erro na execução (*aberratio ictus* – art. 73 do CP), por exemplo, efetuando o agente disparo contra o ofendido, que, por erro na execução, venha a atingir seu comparsa[66].

1.2.7. Concurso de crimes

Ocorrendo várias subtrações e várias mortes, haverá concurso de crimes.

Havendo somente uma subtração e várias mortes (com desígnios autônomos), dar-se-á, segundo entendimento adotado pelo Superior Tribunal de Justiça, concurso formal impróprio[67].

---

[66] Nesse sentido: "(...) Delimitado o contexto fático pelas instâncias ordinárias de que o acusado, objetivando atingir a vítima, por erro na execução, atingiu o seu comparsa, que faleceu, correta a tipificação da conduta como latrocínio consumado (...)" (STJ, AgRg no AREsp 1.557.416/PE, rel. Min. Nefi Cordeiro, 6ª T., j. 12-5-2020). E ainda: "Não há como acolher o pleito desclassificatório para o crime de latrocínio tentado, uma vez que as provas dos autos são suficientes para manter a condenação do apelante pela prática do crime de latrocínio consumado, porquanto a vítima do roubo foi rendida em via pública pelo réu, acompanhado por dois agentes, colocada no banco traseiro do veículo, na companhia de um adolescente. Durante a fuga, o agente que estava no banco do passageiro dianteiro, passou a apontar a arma na direção da vítima, chegando a colocar a arma no seu peito, afirmando que iria 'desová-la'. Assim, a vítima – que até então havia permanecido em estado de submissão – passou a disputar a arma de fogo, quando o recorrente, que estava na condução do veículo, para ajudar seu comparsa na, retirou as mãos do volante, provocando o disparo, que atingiu o adolescente que estava sentado no banco traseiro, causando-lhe as lesões que resultaram na morte, razão pela qual a conduta descrita se amolda à norma inserta no art. 157, § 3º, parte final, do código penal" (TJDF, AP 0019985-11.2013.8.07.0007, rel. Des. Roberval Casemiro Belinati, 2ª Turma Criminal, j. 20-3-2014).

[67] "(...) Descabe falar em reconhecimento de crime único de latrocínio. Isso porque as instâncias ordinárias adotaram entendimento em consonância com a jurisprudência prevalente neste Superior Tribunal de Justiça, no sentido de que há concurso formal impróprio na prática de latrocínio quando a conduta do agente tenha por escopo mais de um resultado morte, ainda que a subtração recaia sobre os bens de uma única vítima, na medida em que ficam evidenciados desígnios autônomos, atraindo, portanto, o comando legal disposto no art. 70, segunda parte, do Código Penal (...)" (STJ, AgRg no HC 531.133/MS, rel. Min. Ribeiro Dantas, 5ª T., j. 12-11-2019, *DJe* 25-11-2019).

Ressalte-se, por fim, que, para a jurisprudência majoritária não se pode admitir continuidade delitiva entre roubo e latrocínio, por entender que não são delitos da mesma espécie[68].

1.2.8. Subtração consumada e morte tentada – orientação atual do Supremo Tribunal Federal

A Suprema Corte possui precedente no sentido de que, tendo o agente atuado com dolo de roubar e, no contexto da violência empregada para a subtração, dando início à execução de um homicídio não consumado por circunstâncias alheias à sua vontade, haveria concurso material entre roubo (consumado) e homicídio (tentado). Esse julgado de 2008[69], porém, encontra-se superado em face de decisões mais recentes do STF.

Quando o agente tenta matar a vítima como forma de obter sucesso na subtração de seus bens, há inegavelmente um latrocínio tentado (CP, art. 157, § 3º, II, c.c. art. 14, II).

O julgado de 2008, hoje superado[70], baseava-se em premissa equivocada, qual seja, a de que o latrocínio era crime exclusivamente preterdoloso, isto é, que somente ocorreria se houvesse dolo de roubar e culpa no resultado morte. Por essa lógica, existindo dolo de matar, haveria concurso de crimes.

---

68 Nesse sentido: "Não há como reconhecer a continuidade delitiva entre os crimes de roubo e o de latrocínio porquanto são delitos de espécies diversas, já que tutelam bens jurídicos diferentes" (STJ, AgInt no AREsp 908.786/PB, rel. Min. Felix Fischer, 5ª T., j. 6-12-2016). Na mesma linha: STJ, AgRg no HC 496.986/MS, rel. Min. Rogério Schietti Cruz, 6ª T., j. 14-5-2019.

69 HC 91.585, rel. Min. Cezar Peluso, *DJe* de 18-12-2008.

70 Nesse sentido: "Recurso ordinário em *habeas corpus*. Penal. Tentativa de latrocínio (CP, art. 157, § 3º, segunda parte, c/c o art. 14, II) Condenação. Pleito de desclassificação da conduta para o delito de roubo qualificado pela lesão corporal grave (CP, art. 157, § 3º, primeira parte). Impossibilidade. Recorrente que agiu com *animus necandi*. Resultado morte não alcançado por circunstâncias alheias à vontade do agente. Conduta que se subsume perfeitamente àquela ensejadora da condenação. Precedentes. Necessário reexame de fatos e provas para se chegar a conclusão diversa das instâncias ordinárias. Inadmissibilidade na via do *habeas corpus*. Precedentes. Recurso não provido. 1. As instâncias de mérito concluíram, ao condenar o recorrente pelo crime de latrocínio tentado (CP, art. 157, § 3º, segunda parte, c/c o art. 14, II), que ele agiu com *animus necandi* em relação à vítima e que o resultado morte só não foi alcançado por circunstâncias alheias a sua vontade. 2. Esse entendimento converge com a jurisprudência da Corte, segundo a qual 'o crime latrocínio, na modalidade tentada, para a sua configuração, prescinde da aferição da gravidade das lesões experimentadas pela vítima, sendo suficiente a comprovação de que o agente tenha atentado contra a sua vida com *animus necandi*, não atingindo o resultado morte por circunstâncias alheias à sua vontade' (HC n. 113.049/SC, 1ª T., rel. Min. Luiz Fux, *DJe* de 10-9-2013). 3. Para se operar a desclassificação da conduta ensejadora da condenação para a figura do roubo qualificado pela lesão corporal grave (CP, art. 157, § 3º, primeira parte), necessário seria o reexame de fatos e provas, o que, na linha de precedentes, é incabível em sede de *habeas corpus*. 4. Recurso ao qual se nega provimento" (STF, RHC 133.486/RJ, rel. Min. Dias Toffoli, 2ª T., j. 2-8-2016).

Ocorre, porém, que o latrocínio não é crime exclusivamente preterdoloso, pois também se dá quando ocorrer dolo de roubar e dolo de matar (para viabilizar ou garantir a impunidade da subtração). Os crimes qualificados pelo resultado, nos termos do art. 19 do CP, podem se dar quando o resultado agravador for decorrente de *culpa ou de dolo*.

Vale acrescentar que no crime de latrocínio, a morte, que deriva do emprego da violência contra a pessoa, dá-se como meio para garantir a subtração ou a impunidade decorrente do delito. A supressão da vida, portanto, não é o escopo primário do agente, cuja conduta dirige-se à lesão patrimonial; por esse motivo, não se afigura ajustado falar-se em crime doloso contra a vida (como decidiu o STF no julgado de 2008), mas em delito contra o patrimônio.

ART. 158 – DA EXTORSÃO

1. DISPOSITIVO LEGAL

Extorsão

Art. 158. Constranger alguém, mediante violência ou grave ameaça, e com o intuito de obter para si ou para outrem indevida vantagem econômica, a fazer, tolerar que se faça ou deixar fazer alguma coisa:

Pena – reclusão, de 4 (quatro) a 10 (dez) anos, e multa.

§ 1º Se o crime é cometido por duas ou mais pessoas, ou com emprego de arma, aumenta-se a pena de um terço até metade.

§ 2º Aplica-se à extorsão praticada mediante violência o disposto no § 3º do artigo anterior.

2. VALOR PROTEGIDO (OBJETIVIDADE JURÍDICA)

A objetividade jurídica primária é a tutela do patrimônio (posse e propriedade) e a secundária, a integridade física, psíquica, a liberdade individual e a vida da pessoa.

3. TIPO OBJETIVO

O verbo núcleo do tipo – *constranger* – significa forçar, compelir, coagir mediante violência ou grave ameaça, por exemplo, promessa de mal à integridade física ou de revelar segredo de fatos difamatórios ou mesmo de danificar bens materiais da vítima[71].

[71] Segundo o STJ: "No crime de extorsão, a ameaça a que se refere o *caput* do art. 158 do CP, exercida com o fim de obter a indevida vantagem econômica, pode ter por conteúdo grave dano aos bens da vítima" (entre outros: REsp 1.467.129/SC, rel. Min. Rogério Schietti Cruz, 6ª T., j. 2-5-2017, *DJe* de 11-5-2017).

O Superior Tribunal de Justiça entendeu, inclusive, a configuração de mal espiritual como grave ameaça com o fundamento de que essa ameaça, "em razão da garantia de liberdade religiosa, não pode ser considerada inidônea ou inacreditável. Para a vítima e boa parte do povo brasileiro, existe a crença na existência de força ou forças sobrenaturais, manifestada em doutrinas e rituais próprios, não havendo falar que são fantasiosas e que nenhuma força possuem para constranger o homem médio"[72].

Para que exista o crime, deve-se *constranger alguém* (objeto material) a: a) *fazer algo* (ex.: entregar dinheiro, assinar documento etc.); b) *tolerar que se faça* (ex.: permitir que o agente destrua título representativo de alguma dívida); ou c) *deixar de fazer alguma coisa* (ex.: não ajuizar alguma ação, não executar dívida etc.).

Os meios executórios da extorsão são idênticos aos do roubo, exceto que nesse crime se menciona a violência imprópria, elementar ausente na extorsão.

A conduta do agente deve voltar-se, obrigatoriamente, à obtenção de uma indevida vantagem econômica, para si ou para outrem. Não sendo esse seu intuito, haverá outro crime (p. ex., constrangimento ilegal - art. 146 do CP; estupro - art. 213 do CP).

A vantagem, por outro lado, além de ser econômica (cunho patrimonial), deve ser indevida (elemento normativo do tipo). Se devida a vantagem, o sujeito comete exercício arbitrário das próprias razões, sem prejuízo da violência (CP, art. 345).

3.1. Distinção entre roubo e extorsão

Conforme já havíamos mencionado na introdução ao Capítulo II dos crimes patrimoniais, não é tarefa simples diferenciar tais delitos. Não é demais recordar as principais opiniões a respeito do assunto:

1ª) Hungria lecionava que "há entre a extorsão e o roubo (aos quais é cominada pena idêntica) uma tal afinidade que, em certos casos, praticamente se confundem. Conceitualmente, porém, a distinção está em que, na extorsão, diversamente do roubo, é a própria vítima que, coagida, se despoja em favor do agente. Dizia Frank, lapidarmente, que 'o ladrão subtrai, o extorsionário faz com que se lhe entregue'". Arrematava asseverando que "no roubo, há uma *concrectatio*; na extorsão, há uma *traditio*"[73].

O critério eleito pelo saudoso mestre, contudo, não merece atualmente o prestígio da doutrina e jurisprudência, embora já tenha sido referido, inclusive, em diversos acórdãos de tribunais superiores[74].

---

[72] STJ, REsp 1.299.021/SP, rel. Min. Rogério Schietti Cruz, 6ª T., j. 14-2-2017, *DJe* de 23-2-2017 (noticiado no *Informativo STJ*, n. 598).

[73] Op. cit., 2. ed., p. 66.

[74] Cite-se, como exemplo, acórdão relatado pelo ex-Ministro Vicente Cernicchiaro, louvando-se em Francesco Carrara e Nelson Hungria, no roubo "o mal é 'iminente' e o proveito 'contemporâneo'; na extorsão, o mal prometido é 'futuro' e 'futura' a vantagem a que se visa. No roubo, o agente toma a coisa, ou obriga a vítima (se opção) a entregá-la. Na extorsão, a vítima pode optar entre acatar a ordem ou oferecer resistência. Hungria escreveu: no roubo, há *concrectatio*; na extorsão, *traditio*" (STJ, REsp 90.097, *DJU* de 25-2-1998, p. 127).

2ª) Guilherme Nucci, de sua parte, pondera que "no roubo o agente atua sem a participação da vítima, na extorsão o ofendido colabora ativamente com o autor da infração penal". Em seguida, fornece alguns exemplos: "para roubar um carro, o agente aponta o revólver e retira a vítima do seu veículo contra a vontade desta. No caso da extorsão, o autor aponta o revólver para o filho do ofendido, determinando que este vá buscar o carro na garagem da sua residência, entregando-o em um outro local predeterminado, onde se encontra um comparsa"[75].

3ª) Cezar Bitencourt fazendo ressonância às lições clássicas de Carrara e Frank, destaca que "no roubo, o mal é iminente, e o proveito é contemporâneo; na extorsão, o mal prometido é futuro, e futura também é a vantagem que o agente objetiva. No *roubo*, o agente toma a coisa, ou *obriga* a vítima (sem opção) a entregá-la; na *extorsão*, a vítima pode, em princípio, optar entre acatar a ordem e oferecer resistência"[76].

Em nosso sentir, podem ser assinaladas as seguintes diferenças:

a) quanto à ação nuclear: no roubo, há subtração; na extorsão, constrangimento;

b) quanto aos meios executórios: no roubo, a lei prevê o emprego de violência ou grave ameaça contra a pessoa e de recurso que reduza a vítima à incapacidade de resistência (violência imprópria); na extorsão, violência ou grave ameaça contra a pessoa;

c) quanto à imprescindibilidade do comportamento da vítima: no roubo, diversamente da extorsão, a atitude da vítima não é *conditio sine qua non* para o êxito do desfalque patrimonial.

Repise-se que Hungria centrava seu magistério na diversidade de condutas nucleares ("subtração" *versus* "constrangimento") e, a partir daí, sentenciava: no roubo, há uma *concrectatio* (isto é, o agente retira o bem da vítima); na extorsão, há uma *traditio* (ou seja, o ofendido entrega o objeto ao sujeito). Conforme já dissemos, entretanto, o roubador pode empregar grave ameaça e, nesse contexto, retirar ele próprio a *res* do poder de disposição do ofendido, ou, ainda, determinar que ele, subjugado, a entregue. Assim, por exemplo, o ladrão pode apontar a arma de fogo à vítima e, depois de anunciar o roubo, tomar-lhe a bolsa ou determinar que ela a passe às suas mãos[77]. Por esse motivo, não se pode reduzir a diversidade das molduras penais à *concrectatio* e à *traditio*.

Justamente por esse motivo, pensamos que a distinção radica-se na indispensabilidade da participação da vítima no êxito para a lesão ao patrimônio. Há roubo, destarte, nos dois casos citados; note-se que a atitude da vítima era dispensável; uma vez rendida, pouco importa se o agente pegou o objeto à força ou determinou que ela o entregasse. Haverá, por outro lado, extorsão, por exemplo, quando alguém, armado,

---

[75] Op. cit., p. 750.

[76] *Código Penal comentado*, p. 591.

[77] Nesse sentido: "No assalto, é irrelevante que a coisa venha a ser entregue pela vítima ao agente ou que este a subtraia. Trata-se de roubo. Constrangido o sujeito passivo a entrega do bem não pode ser considerada ato livremente voluntário, tornando tal conduta de nenhuma importância no plano jurídico" (TACrSP, *RT* 718/429).

determinar ao ofendido que se dirija a um caixa eletrônico e efetue o saque de determinada quantia em dinheiro. Nesse caso, é indispensável a colaboração da vítima, mediante a inserção da senha eletrônica no terminal.

Ademais, apesar de serem delitos da mesma natureza, são de espécies distintas, e, por essa razão, não se configura a continuidade delitiva, mas concurso material, ainda que praticados em conjunto[78].

3.2. Distinção entre extorsão e estelionato

O tipo do art. 171 do CP (estelionato) guarda uma série de diferenças em relação à extorsão, das quais vale destacar o meio executório. Naquele crime, o agente se vale de alguma fraude, engodo, de um artifício ou ardil, para que o ofendido pratique a conduta por ele esperada, ao passo que na extorsão emprega violência ou grave ameaça para tanto.

4. TIPO SUBJETIVO

A extorsão constitui crime punido exclusivamente na forma dolosa, motivo pelo qual se exige consciência e vontade de realizar a conduta descrita no tipo penal. Há, ainda, *elemento subjetivo específico*, consistente no intuito de obter *indevida vantagem econômica*.

5. SUJEITOS DO CRIME

5.1. Sujeito ativo

Constitui crime comum, porquanto o tipo penal não exige nenhuma característica especial do sujeito ativo, podendo ser cometido por qualquer pessoa.

Se o agente for funcionário público e, em razão de sua função, fizer uma exigência indevida, haverá concussão (CP, art. 316). Caso o funcionário, entretanto, em vez de se prevalecer do temor decorrente do cargo ocupado, faz exigência mediante violência ou grave ameaça, comete extorsão, cuja pena é maior.

Se o sujeito ativo se fizer passar por funcionário público, sem ostentar essa condição, haverá indiscutivelmente o crime do art. 158 do CP ("Comete extorsão o agente que, em se fazendo passar por policial, constrange a vítima, mediante a grave ameaça de conduzi-la à delegacia, para dela obter, como obteve, indevida vantagem econômica)[79].

---

[78] STJ, AgRg no AREsp 1.557.476/SP, rel. Min. Nefi Cordeiro, 6ª T., j. 18-2-2020, e HC 461.794/SC, rel. Min. Reynaldo Soares Da Fonseca, 5ª T., j. 7-2-2019. STF, HC 114.667/SP, rel. Min. Marco Aurélio, rel. p/ o ac. Min. Roberto Barroso, 1ª T., j. 24-4-2018, noticiado no *Informativo* n. 899.

[79] TACrSP, *RT* 725/584.

5.2. Sujeito passivo

Os sujeitos passivos são as vítimas da violência ou grave ameaça e o titular do patrimônio visado.

6. CONSUMAÇÃO E TENTATIVA

6.1. Consumação

A extorsão, segundo orientação dominante, é crime formal[80], consumando-se no instante em que a violência ou a grave ameaça é empregada, independentemente da obtenção da vantagem indevida.

6.2. Tentativa

A tentativa, por outro lado, mostra-se perfeitamente admissível quando o agente tenta constranger e não consegue por circunstâncias alheias à sua vontade, vale dizer, quando, apesar da exigência, a vítima não realiza a conduta positiva ou negativa por ele pretendida ("vítima da ameaça que suportou estado de constrangimento, não entregando o dinheiro exigido pelo réu por ter convocado o concurso da polícia – agente que só não atingiu seu desiderato por circunstâncias alheias à sua vontade")[81].

Notam-se, assim, três momentos distintos na extorsão: 1º) momento da exigência (há crime tentado); 2º) momento em que o ofendido, constrangido, realiza o ato esperado pelo sujeito (há crime consumado); 3º) momento da obtenção da indevida vantagem econômica (há exaurimento).

Discute-se, por fim, se a comunicação, pelo ofendido, da grave ameaça à polícia afastaria ou não o crime (por descaracterizar a eficácia do meio coativo). Muito embora exista corrente sustentando a inexistência do crime, deve-se reconhecer nesse caso tentativa punível[82].

7. CLASSIFICAÇÃO JURÍDICA

Trata-se de crime de forma ou ação livre (pode ser praticado por qualquer meio), complexo (resulta da fusão de dois ou mais tipos penais), comum (qualquer pessoa pode cometê-lo), formal (consuma-se independentemente do resultado naturalístico), de dano ou lesão (exige lesão ao bem tutelado para fins de consumação),

---

80 Nesse sentido, a Súmula 96 do STJ: "O crime de extorsão consuma-se independentemente da obtenção da vantagem indevida".

81 TACrSP, *RT* 799/602.

82 Nesse sentido: *RT* 614/311.

instantâneo (seu resultado ocorre instantaneamente, sem prolongar-se no tempo), unissubjetivo ou de concurso eventual (admite cometimento por uma só pessoa ou várias, em concurso) e plurissubsistente (seu *iter criminis* permite fracionamento).

8. CAUSAS DE AUMENTO DE PENA E QUALIFICADORA

A pena do *caput* é aumentada de um terço até a metade se o crime é cometido por duas ou mais pessoas ou com emprego de arma. Valem aqui as mesmas considerações expendidas no crime de roubo, ou seja, não é necessário que os coautores ou partícipes encontrem-se reunidos no momento da execução do crime, bastando que haja o auxílio de um dos agentes na consecução da empreitada delitiva e, com relação ao emprego de arma, abrange-se tanto a própria quanto a imprópria (instrumento que não serve, originariamente, como tal); no caso de arma de fogo, não é indispensável sua apreensão, podendo fazer-se prova por outros meios idôneos; em se tratando de arma de brinquedo ou finta, prevalece o entendimento de que não se configura a exasperante.

Em nosso modo de ver, o aumento não deverá incidir quando se cuidar de arma de fogo de uso proibido, pois, nesse caso, trata-se de crime hediondo, devendo o agente responder por extorsão e porte ilegal (art. 16 da Lei n. 10.826/2003), em concurso material. Do contrário, um crime hediondo (porte ilegal de arma de fogo de uso proibido) teria natureza subsidiária em relação a um crime comum, o que consubstancia verdadeiro contrassenso dogmático e político-criminal.

Há extorsão qualificada, ademais, se da violência resultar lesão grave ou morte, nos mesmos moldes do art. 157, § 3º, ao qual se remete, frisando-se que a pena será, respectivamente, de sete a quinze anos, e multa, e de vinte a trinta anos, além da multa.

A extorsão qualificada pela morte deixou de ser crime hediondo com a Lei Anticrime (Lei n. 13.964/2019), que a retirou do rol do art. 1º da Lei n. 8.072/90. Essa mudança tem natureza benéfica, atingindo fatos anteriores à entrada em vigor da Lei, que se verificou no dia 23 de janeiro de 2020.

8.1. Causa de aumento de pena do art. 9º da Lei n. 8.072/90

Encontra-se tacitamente revogada pela Lei n. 12.015, de 2009. De acordo com o art. 9º da Lei dos Crimes Hediondos, "as penas fixadas no art. 6º para os crimes capitulados nos arts. 157, § 3º, 158, § 2º, 159, *caput* e seus §§ 1º, 2º e 3º, 213, *caput*, e sua combinação com o art. 223, *caput* e parágrafo único, 214 e sua combinação com o art. 223, *caput* e parágrafo único, todos do Código Penal, são acrescidas de metade, respeitado o limite superior de trinta anos de reclusão, estando a vítima em qualquer das hipóteses referidas no art. 224 também do Código Penal". Nota-se pela redação do dispositivo que o aumento encontrava-se estritamente vinculado ao art. 224 do CP, que foi expressamente revogado pela lei mencionada.

9. PENA E AÇÃO PENAL

A extorsão é punida com reclusão, de quatro a dez anos, e multa, na forma simples.

Se o fato for praticado por duas ou mais pessoas ou com emprego de arma (de qualquer natureza), a pena é aumentada de um terço até a metade.

Quando da violência resultar lesão grave ou morte, a pena será de reclusão, de sete a dezoito anos, e multa ou vinte a trinta anos, e multa, respectivamente.

O crime é de ação penal pública incondicionada.

ART. 158, § 3º – SEQUESTRO RELÂMPAGO

1. DISPOSITIVO LEGAL

Art. 158. (...)

§ 3º Se o crime é cometido mediante a restrição da liberdade da vítima, e essa condição é necessária para a obtenção da vantagem econômica, a pena é de reclusão, de 6 (seis) a 12 (doze) anos, além da multa; se resulta lesão corporal grave ou morte, aplicam-se as penas previstas no art. 159, §§ 2º e 3º, respectivamente.

2. OBSERVAÇÕES GERAIS

O § 3º do art. 158 foi introduzido no Código por meio da Lei n. 11.923, de 17-4-2009, com vistas à tipificação do chamado "sequestro relâmpago". Nossos tribunais, antes do advento da Lei, já enquadravam semelhante comportamento como modalidade de extorsão (simples ou agravada nos termos do § 1º)[83]. Havia corrente minoritária, contudo, que subsumia o ato à extorsão mediante sequestro (art. 159 do CP).

Não se trata, portanto, de *novatio legis* incriminadora, pois não se cuida de transformar em criminosa atitude anteriormente considerada irrelevante penal. Constitui-se, na verdade, em *novatio legis in pejus*, porquanto a pena cominada (reclusão, de seis a doze anos) excede aquela antes prevista.

Relevante sublinhar, ainda, que a Lei Anticrime (Lei n. 13.964/2019) tornou a extorsão qualificada pela restrição da liberdade da vítima crime hediondo, ao incluir no inciso III do art. 1º da Lei n. 8.072/90 o art. 158, § 3º, do CP.

Se o sequestro relâmpago resultar morte (CP, art. 158, § 3º, parte final), além das consequências gerais da hediondez, como a inafiançabilidade, a insuscetibilidade

---

[83] Cf. *RT* 861/591.

de anistia, graça e indulto e a autorização de prisão temporária por prazo mais dilatado (trinta em vez de cinco dias), o sentenciado ficará sujeito às seguintes normas:

a) a progressão de regimes dependerá do cumprimento de cinquenta por cento da pena (se primário) e setenta por cento (se reincidente específico em crime hediondo ou equiparado com resultado morte);

b) vedar-se-á o livramento condicional (LEP, art. 112, VII e VIII) e a saída temporária (LEP, art. 122, § 2º).

3. TIPO OBJETIVO

A disposição inicia-se com a fórmula: "se o crime é cometido". Por esse motivo, a exata compreensão da figura típica requer se faça uma conjugação das elementares contidas na cabeça da disposição, com os dados específicos da figura penal descrita no parágrafo. Deve-se entender, portanto, que o delito se dá quando alguém constrange outrem, mediante violência ou grave ameaça (elementares oriundas do *caput* da disposição), restringindo sua liberdade (não é necessário privação total e absoluta), de modo que esse ato seja condição necessária para a obtenção de vantagem econômica.

O *verbo nuclear é "constranger"*, isto é, obrigar alguém a fazer algo, contra a sua vontade.

O *meio executório* para se lograr o constrangimento consiste no emprego de *violência ou grave ameaça contra a pessoa*, sendo necessário que ocorra a restrição da liberdade do sujeito passivo. Repise-se que não se faz necessário a total privação do direito de locomoção, mas somente que tal direito seja coartado, ainda que parcialmente. Por exemplo, o agente, depois de ameaçar de morte a vítima, a obriga a se dirigir a um caixa, no interior de uma agência bancária e, a poucos metros, fica na espreita aguardando a retirada do dinheiro e vigiando para que a pessoa não chame atenção dos funcionários da instituição financeira.

4. TIPO SUBJETIVO

O elemento subjetivo do tipo é a obtenção de vantagem econômica. Trata-se de crime formal, que se consuma independente de o agente lograr seu objetivo. Aplica-se à hipótese a Súmula 96 do STJ: "O crime de extorsão consuma-se independentemente da obtenção da vantagem indevida". Muito embora o dispositivo não exija que a vantagem seja indevida, cuida-se de requisito implícito para a configuração do delito, dada sua vinculação com a modalidade fundamental. O que se pretende dizer é que o tipo derivado do § 3º deve ser interpretado à luz das elementares do tipo fundamental (*caput*).

5. SUJEITOS DO CRIME

5.1. Sujeito ativo

Qualquer pessoa pode cometê-lo, razão pela qual se trata de crime comum. Demais questões pertinentes podem ser verificadas no estudo dos §§ 1º e 2º do art. 158 (item 5.1, acima), para o qual se remete o leitor.

5.2. Sujeito passivo

Qualquer pessoa pode figurar como vítima do crime, entendendo-se como tais tanto o titular do patrimônio visado como aquele que sofre a violência ou grave ameaça empregada, tendo sua liberdade restringida como meio de execução do delito.

6. CONSUMAÇÃO E TENTATIVA

6.1. Consumação

O momento consumativo é atingido quando o agente priva a liberdade da vítima, ainda que por breve período. A obtenção da vantagem configura exaurimento, merecendo apreciação na dosagem da pena. Tal evento deverá ser considerado como circunstância judicial desfavorável ("consequências do crime" – art. 59, *caput*, do CP), justificando uma pena-base acima do mínimo legal (salvo se houver outros fatores – positivos ao agente – que a compensem).

6.2. Tentativa

Admite-se a forma tentada, porquanto constitui crime plurissubsistente. Imagine-se, por exemplo, quando o sujeito aborda alguém na rua e, tão logo aponta-lhe a arma e determina que se dirija a um caixa eletrônico, é interrompido pela ação da polícia, que efetua a prisão em flagrante.

7. FORMAS QUALIFICADAS

O parágrafo introduzido na lei prevê, na primeira parte, a forma simples e, na parte final, formas qualificadas pelo resultado. Se da violência ou grave ameaça empregadas resultar lesão corporal grave ou morte, aplicam-se as penas previstas para o crime de extorsão mediante sequestro, quando produzir os mesmos resultados agravadores (CP, art. 159, §§ 2º e 3º), isto é, dezesseis a vinte e quatro anos ou vinte e quatro a trinta anos.

O patamar punitivo eleito, embora rigoroso, afigura-se correto, em nosso sentir, dada a gravidade do fato.

8. CONCURSO COM O ROUBO

Anote-se que com alguma frequência, juntamente com o sequestro relâmpago, ocorre o roubo, por exemplo, quando o sujeito subtrai o automóvel da vítima ou qualquer de seus pertences (carteira, relógio etc.) e, além disso, a obriga a efetuar as retiradas de sua conta corrente nas agências das instituições financeiras ou em praças ou quiosques contendo caixas eletrônicos. Em tais casos, o Supremo Tribunal Federal e o Superior Tribunal de Justiça reconheciam o concurso material entre roubo (normalmente agravado pelo emprego de arma e pelo concurso de duas ou mais pessoas - art. 157, § 2º, I e II) e extorsão. É o que se verifica no seguinte julgado: "A jurisprudência desta Corte Superior e do Supremo Tribunal Federal é firme em assinalar que se configuram os crimes de roubo e extorsão, em concurso material, se o agente, após subtrair, mediante emprego de violência ou grave ameaça, bens da vítima, a constrange a entregar o cartão bancário e a respectiva senha, para sacar dinheiro de sua conta corrente"[84]. Cuida-se de concurso material ou real de infrações penais (CP, art. 69, *caput*), de vez que roubo e extorsão, ainda que previstos no mesmo capítulo e apresentem elementos objetivos e subjetivos semelhantes, constituem infrações de espécies diferentes, razão pela qual não se pode aplicar o disposto no art. 71 do CP (crime continuado). Veja, a respeito, o seguinte julgado: "Se os agentes mantêm a vítima em seu poder, não só para facilitar o roubo, mas também para que essa lhes forneça a senha de um cartão de crédito, embora não conseguindo sacar o dinheiro, cometem o crime de extorsão em sua forma tentada, em concurso material e não em continuidade delitiva com o roubo, pois são crimes de espécies diferentes"[85].

A pluralidade de infrações penais, em situações como as relatadas acima, subsistirá; não mais se falará, porém, em extorsão simples ou agravada (*caput* ou § 1º), mas qualificada (§ 3º).

9. INCIDÊNCIA DA CAUSA DE AUMENTO DE PENA DO § 1º

O crime de sequestro relâmpago suscita uma importante questão: saber se a causa de aumento de pena do § 1º (concurso de duas ou mais pessoas e emprego de arma) aplica-se ao sequestro relâmpago.

Em decisão recente no Superior Tribunal de Justiça, foi firmado o entendimento pela possibilidade da incidência do § 1º tanto para a extorsão simples previs-

---

[84] STJ, AgRg no AREsp 323.029/DF, rel. Min. Rogério Schietti Cruz, 6ª T., j. 1º-9-2016. No mesmo sentido: STJ, AgRg no REsp 1.702.185/SP, rel. Min. Nefi Cordeiro, 6ª T., j. 13-3-2018, e AgRg no REsp 1.835.610/SP, rel. Min. Reynaldo Soares da Fonseca, 5ª T., j. 17-10-2019.

[85] *RT* 758/541. No mesmo sentido, *RT* 775/567. Ver ainda: STJ, HC 552.481/SP, rel. Min. Joel Ilan Paciornik, 5ª T., j. 18-2-2020.

ta no *caput* quanto para a extorsão qualificada pela restrição da liberdade, possibilitando, portanto, que o juiz condene o agente por extorsão pela restrição da liberdade da vítima, e, na terceira fase da dosimetria da pena, aumente-a de um terço até metade, se o crime foi cometido por duas ou mais pessoas, ou com emprego de arma[86].

Em que pese a posição topográfica das disposições, o ministro relator dessa decisão entendeu que embora "a qualificadora esteja situada após a causa especial de aumento de pena, com esta não se funde, uma vez que tal fato configura mera ausência de técnica legislativa, que se explica pela inserção posterior da qualificadora do § 3º no tipo do art. 158 do Código Penal, que surgiu após uma necessidade de reprimir essa modalidade criminosa". Nessa esteira, seguiu-se o mesmo entendimento no que pertine ao crime de furto, de que não há incompatibilidade entre o furto qualificado e a causa de aumento relativa ao seu cometimento no período noturno (REsp 1.193.194/MG).

10. PODER REQUISITÓRIO

De acordo com o art. 13-A do CPP, no caso do sequestro relâmpago (e outras infrações), o membro do Ministério Público ou o delegado de polícia pode requisitar diretamente, de quaisquer órgãos do poder público ou de empresas da iniciativa privada, dados e informações cadastrais da vítima ou de suspeitos. Essa disposição legal encontra-se em harmonia com a interpretação que já vinha sendo dada pelos tribunais superiores[87] ao poder de requisição (direto) de dados cadastrais, tanto de bancos de dados de órgãos públicos quanto privados, de que são dotados os membros do Ministério Público e os delegados de polícia (dispensando-se, portanto, a intervenção judicial na coleta dessas informações).

11. PENA E AÇÃO PENAL

O sequestro relâmpago é apenado com reclusão, de seis a doze anos, e multa e, se resultar lesão grave ou morte, a pena será, no primeiro caso, de 16 a 24 anos e, no segundo, de 24 a 30 anos.

Cuida-se de delito hediondo, de ação penal pública incondicionada.

---

86 STJ, REsp 1.353.693/RS, rel. Min. Reynaldo Soares da Fonseca, 5ª T., j. 13-9-2016 (noticiado no *Informativo STJ*, n. 590).

87 Confira-se: "4. Em arremate, frise-se que o inciso XII do art. 5º da Constituição Federal assegura o sigilo das comunicações telefônicas, nas quais, por óbvio, não se inserem os dados cadastrais do titular de linha de telefone celular" (STJ, HC 131.836/RJ, rel. Min. Jorge Mussi, 5ª T., j. 4-11-2010, *DJe* de 6-4-2011).

ART. 159 – EXTORSÃO MEDIANTE SEQUESTRO

1. DISPOSITIVO LEGAL

Extorsão mediante sequestro

Art. 159. Sequestrar pessoa com o fim de obter, para si ou para outrem, qualquer vantagem, como condição ou preço do resgate:

Pena – reclusão, de 8 (oito) a 15 (quinze) anos.

§ 1º Se o sequestro dura mais de 24 (vinte e quatro) horas, se o sequestrado é menor de 18 (dezoito) ou maior de 60 (sessenta) anos, ou se o crime é cometido por bando ou quadrilha:

Pena – reclusão, de 12 (doze) a 20 (vinte) anos.

§ 2º Se do fato resulta lesão corporal de natureza grave:

Pena – reclusão, de 16 (dezesseis) a 24 (vinte e quatro) anos.

§ 3º Se resulta a morte:

Pena – reclusão, de 24 (vinte e quatro) a 30 (trinta) anos.

§ 4º Se o crime é cometido em concurso, o concorrente que o denunciar à autoridade, facilitando a libertação do sequestrado, terá sua pena reduzida de um a dois terços.

2. VALOR PROTEGIDO (OBJETIVIDADE JURÍDICA)

A lei tutela, imediatamente, o patrimônio e, secundariamente, a liberdade de locomoção, a integridade física e a vida (objetividade jurídica).

3. TIPO OBJETIVO

Consta como ação nuclear a de *sequestrar*, leia-se: privar a liberdade por tempo juridicamente relevante. Abrange o cárcere privado; pode-se dizer que o sequestro é o gênero e o cárcere privado, a espécie; daí por que se fala em extorsão mediante sequestro ou mediante cárcere privado.

Deve ser objeto material, necessariamente, a *pessoa*. O sequestro de um animal de estimação, a fim de extorquir seu dono, configura o ilícito previsto no art. 158 do CP.

Somente comete esse crime o agente que priva a liberdade do sujeito passivo visando, com isso, obter, para si ou para outrem, alguma vantagem, como condição ou preço do resgate. Justamente nesse ponto diferencia-se do sequestro (CP, art. 148).

Evidentemente que os sequestradores buscam, com sua conduta, a obtenção de uma vantagem econômica. É possível, no entanto, que o sequestro seja cometido como meio para extorquir alguém, visando os agentes à obtenção de vantagem de natureza diversa; nesse caso, qual crime cometem? Predomina na doutrina o entendimento no sentido de que a extorsão mediante sequestro, por ser crime contra o patrimônio, exigiria a perseguição de uma vantagem econômica; sendo assim, ter-se-ia somente o delito de sequestro (CP, art. 148), em concurso com outro crime. Damásio de Jesus, por sua vez, sustenta corretamente subsistir o crime de extorsão mediante sequestro, pois o tipo penal não especificou qual a vantagem pretendida pelo agente[88].

Se a vantagem, por outro lado, for *devida*, entende a jurisprudência que há exercício arbitrário das próprias razões (CP, art. 345) em concurso com sequestro (CP, art. 148).

Quando se fala em *condição* ou *preço* do resgate deve-se entender, respectivamente, algo que o agente pretenda seja realizado pelo ofendido para, então, libertar o sequestrado e o valor cobrado pela libertação da vítima.

4. TIPO SUBJETIVO

A extorsão mediante sequestro é punida exclusivamente sob a forma dolosa. Requer-se, então, consciência e vontade de concretizar os elementos objetivos do tipo. Há, ainda, elemento subjetivo específico, consubstanciado na intenção de obter a indevida vantagem, que pode ou não ter caráter econômico (consoante acima se ponderou).

5. SUJEITOS DO CRIME

5.1. Sujeito ativo

O tipo penal não requer nenhuma característica especial do sujeito ativo, sendo, portanto, crime comum (qualquer pessoa pode praticá-lo).

Se alguém forjar o próprio sequestro para extorquir, por intermédio de terceiros, seus familiares, responde por extorsão (CP, art. 158).

5.2. Sujeito passivo

O sujeito passivo pode ser qualquer pessoa, englobando tanto a vítima do sequestro como a da extorsão. Sendo o sequestrado menor de 18 anos ou maior de 60, o delito será qualificado (§ 1º).

6. CONSUMAÇÃO E TENTATIVA

6.1. Consumação

A consumação dá-se com a restrição da liberdade por tempo juridicamente relevante (crime formal).

---

[88] *Código Penal anotado*, p. 611-612. É também o pensamento de Cézar Bitencourt, *Código Penal comentado*, p. 598.

Prescinde-se, de modo semelhante ao crime do art. 158 do CP, da obtenção da vantagem ilícita[89]. Note, ademais, que não é necessário sequer que os agentes façam contato com algum familiar ou terceiro para iniciarem as exigências de pagamento desta vantagem.

6.2. Tentativa

Admite-se, obviamente, a tentativa quando, por exemplo, os agentes são surpreendidos imediatamente após restringir a liberdade do sequestrado, não logrando levá-lo ao cativeiro.

De ver que a entrega posterior do resgate constitui exaurimento, refletindo desfavoravelmente na dosimetria da pena, como circunstância judicial (art. 59, *caput*, do CP[90]).

7. CRIME HEDIONDO

A extorsão mediante sequestro, em qualquer de suas formas, simples ou qualificada, é crime hediondo, submetendo-se, destarte, às consequências daí decorrentes; a saber:

a) a inafiançabilidade;

b) a insuscetibilidade de anistia, graça e indulto;

c) a autorização para decretação de prisão temporária por 30 dias, pror-rogáveis por igual período, em caso de extrema e comprovada necessidade;

d) o cumprimento de pena em regime inicialmente fechado (determinação considerada inconstitucional pelo Supremo Tribunal Federal)[91];

---

[89] "A extorsão mediante sequestro exige, para sua consumação, a prova do especial fim de obter vantagem indevida, comprovado nos autos, especialmente pela palavra da vítima, das testemunhas e inclusive pelos próprios acusados, que confessam ter praticado tal delito com o fim de obterem vantagem financeira" (STJ, AgRg no AREsp 542.798/MG, rel. Min. Rogério Schietti Cruz, 6ª T., j. 15-12-2016).

[90] Nesse caso, a circunstância judicial a ser tomada em consideração será a relativa às "consequências do crime".

[91] O STF, em junho de 2012, julgou inconstitucional a determinação de cumprimento da pena em regime inicial fechado, disposta na Lei dos Crimes Hediondos (HC 111.840). Para a Corte, a disposição legal é incompatível com o princípio da individualização da pena (CF, art. 5º, XLV), devendo o juiz levar em conta os critérios gerais previstos no Código Penal. Cuida-se de decisão efetuada em controle difuso de constitucionalidade, de modo que somente produz efeito entre as partes. É bem verdade que, em matéria de homicídio qualificado, mencionada decisão pouco influi, pois, mesmo com base nas normas do CP (art. 33), o magistrado terá que impor regime fechado para o começo do cumprimento da reprimenda. Observe-se, ainda, que o STF, em 2015, decidiu ser compatível com a Constituição Federal em idêntica regra contida na Lei de Tortura, isto é, afirmou que a norma responsável por estabelecer - de maneira inflexível - o cumprimento da pena em regime inicialmente fechado para tal delito equiparado a hediondo não ofende o Texto Maior (HC 123.316). Anote-se, por derradeiro, que o STF reiterou o entendimento de 2012 e fixou tese, com repercussão geral, no sentido de que: "É inconstitucional a fixação *ex lege*, com base no art. 2º, parágrafo 1º, da Lei 8.072/201990, do regime inicial fechado, devendo o julgador, quando da condenação, ater-se aos parâmetros previstos no art. 33 do Código Penal" (ARE 1.052.700).

e) a progressão de regimes condicionada ao transcurso de quarenta por cento da pena (se primário) e sessenta por cento (se reincidente específico em crime hediondo ou equiparado);

f) a obtenção de livramento condicional somente após o cumprimento de dois terços da pena, salvo se o agente for reincidente em crime hediondo ou assemelhado.

No caso de extorsão mediante sequestro com resultado morte (CP, art. 159, § 3º), porém, há regramento ainda mais rigoroso:

a) a progressão de regimes depende do cumprimento de cinquenta por cento da pena (se primário) e setenta por cento (se reincidente específico em crime hediondo ou equiparado com resultado morte);

b) veda-se o livramento condicional (LEP, art. 112, VII e VIII) e a saída temporária (LEP, art. 122, § 2º).

8. CLASSIFICAÇÃO JURÍDICA

Trata-se de crime de forma ou ação livre (pode ser praticado por qualquer meio), comum (qualquer pessoa pode cometê-lo), complexo (resultado da fusão de dois ou mais tipos penais: sequestro ou cárcere privado e extorsão), formal (consuma-se independentemente do resultado naturalístico – obtenção do preço ou resgate), de dano ou lesão (exige lesão ao bem tutelado para fins de consumação), unissubjetivo (admite cometimento por uma só pessoa ou várias, em concurso), plurissubsistente (seu *iter criminis* permite fracionamento) e permanente.

Dizer que se trata de crime permanente significa afirmar que sua consumação se prolonga no tempo, de modo que, enquanto perdurar a restrição da liberdade, a infração estará na fase consumativa, legitimando a prisão em flagrante dos agentes (CPP, art. 303).

A permanência, ademais, é relevante para efeito de determinação da competência territorial (ou *ratione loci*), posto que, se o comportamento delitivo for realizado em mais de um foro, a competência será firmada pela prevenção (CPP, arts. 71 e 83).

Lembre-se, ainda, que nos delitos permanentes a prescrição somente começa a correr quando esta encerrar-se (CP, art. 111, III). Significa dizer que, enquanto a vítima for mantida refém dos agentes, o prazo da prescrição da pretensão punitiva estatal não terá início.

Na hipótese de sobrevir, durante a persistência da fase consumativa, nova lei penal, esta se aplicará ao fato, ainda que gravosa (Súmula 711 do STF[92]).

---

[92] "A lei penal mais grave aplica-se ao crime continuado ou ao crime permanente, se a sua vigência é anterior à cessação da continuidade ou da permanência."

9. FORMAS QUALIFICADAS

9.1. Parágrafo 1º

Este dispositivo traz qualificadora que eleva os limites abstratos do tipo fundamental para 12 a 20 anos. Isso ocorre nas hipóteses abaixo:

9.1.1. Se o sequestro dura mais que 24 horas (art. 159, § 1º, primeira figura)

O Código refere-se ao tempo de privação da liberdade do ofendido e deve ser contado, destarte, do início da supressão do direito de ir, vir e ficar até a libertação do sequestrado (CP, art. 10).

9.1.2. Se o sequestrado é menor de 18 ou maior de 60 anos (art. 159, § 1º, segunda figura)

É preciso que os agentes tenham conhecimento desse fato, caso contrário não incide a qualificadora, aplicando-se os princípios do erro de tipo (CP, art. 20). Com relação ao menor de 18 anos, cuida-se de idade a ser aferida no início da execução do crime, sendo irrelevante que, posteriormente, a vítima complete 19 anos.

O fato de ser o ofendido maior de 60 anos passou a constar como qualificadora com o Estatuto do Idoso (Lei n. 10.741, de 1º-10-2003). Note-se que, sendo a vítima privada de sua liberdade antes de completar essa idade, mas permanecendo sequestrada após seu sexagésimo aniversário, aplicar-se-á o dispositivo em exame. Embora o crime se considere praticado no momento da ação ou omissão, no delito de extorsão mediante sequestro, enquanto a vítima for mantida privada de sua liberdade, *os agentes reiteram sua conduta* (trata-se de crime permanente), justificando o agravamento da sanção.

Damásio de Jesus entende que a qualificadora se aplica desde o primeiro dia do sexagésimo aniversário do ofendido (ou seja, quando ele tiver idade *igual* ou superior a 60 anos). O entendimento sustentado pelo consagrado penalista funda-se no fato de que a definição legal do idoso, constante do art. 1º do mencionado Estatuto, abrange não só os maiores de 60 anos como também as pessoas com exatos 60 anos. A partir daí, mediante uma interpretação teleológica e extensiva, conclui pela aplicabilidade da circunstância em exame inclusive no dia do sexagésimo aniversário da vítima[93].

A incidência dessas qualificadoras afasta a aplicação da agravante genérica prevista no art. 61, II, *h*, do CP, sob pena de se incorrer em inaceitável *bis in idem*.

---

[93] Conceito de idoso na legislação penal brasileira, *Phoenix*, n. 4, mar. 2004.

9.1.3. Se o crime é cometido por quadrilha ou bando (art. 159, § 1º, terceira figura)

Diferentemente dos crimes de furto e roubo, em que a pena é maior quando o delito é cometido por duas ou mais pessoas, o Código Penal exigiu, nesse caso, crime cometido por quadrilha ou bando. Em face da Lei n. 12.850/2013, deve-se entender por tal o delito de associação criminosa, atual nome jurídico da infração descrita no art. 288 do CP. Dessa forma, além de exigirem-se mais de duas pessoas, é necessário que elas se tenham associado de forma estável para cometer delitos em geral.

Nossos tribunais consideram, majoritariamente, que podem conviver, na mesma imputação, a extorsão mediante sequestro qualificada nos termos acima e o crime autônomo de associação criminosa (CP, art. 288), sem que ocorra *bis in idem* (duplo agravamento pelo mesmo fato). É o que se verifica do seguinte julgado do Superior Tribunal de Justiça: "Nos termos da jurisprudência desta Corte Superior, por se tratarem de delitos autônomos e independentes e por serem distintos os bens jurídicos tutelados, é possível a coexistência entre o crime de extorsão mediante sequestro, majorado pelo concurso de agentes, com o de formação de quadrilha ou bando (atualmente nomeado associação criminosa)" (HC 289.885/SP, rel. Min. Maria Thereza de Assis Moura, 6ª T., j. 27-5-2014, *DJe* de 9-6-2014).

9.2. Parágrafos 2º e 3º

A pena passa a ser de dezesseis a vinte e quatro anos se *do fato* resulta lesão corporal de natureza grave, e de vinte e quatro a trinta, se resulta morte.

Os resultados agravadores (lesão grave e morte) devem ser decorrência do fato, assim entendido como do sequestro (ou cárcere privado), e podem advir de dolo ou culpa (CP, art. 19). A morte de outra pessoa que não o sequestrado importa no surgimento de concurso de crimes (extorsão mediante sequestro e homicídio doloso ou culposo). Observe que no roubo e na extorsão o Código Penal foi mais restrito, pois tais resultados devem advir da violência empregada no crime.

10. DELAÇÃO PREMIADA E EFICAZ (§ 4º)

"Se o crime é cometido em concurso, o concorrente que o denunciar à autoridade, facilitando a libertação do sequestrado, terá sua pena reduzida de um a dois terços".

Esse instituto, oriundo do chamado direito premial, beneficia quaisquer dos sujeitos ativos da extorsão mediante sequestro, contanto que preste eficaz colaboração à autoridade, daí resultando a libertação do ofendido.

De ver que não fica excluída a aplicação dos institutos da Lei n. 9.807/99 (Lei de Proteção a Vítimas, Testemunhas e Réus Colaboradores), inclusive no tocante ao perdão judicial (art. 13). O extinto Tribunal de Alçada Criminal de São Paulo possui precedente nesse sentido, condicionando a aplicação do benefício, entretanto, ao preenchimento cumulativo de todos os requisitos legais, ou seja, libertação da vítima com sua integridade física preservada, identificação dos demais concorrentes e recuperação total do resgate[94]. O mesmo se diga quanto à possibilidade de incidência das medidas preconizadas na Lei do Crime Organizado (Lei n. 12.850/2013), quando, por óbvio, verificar-se que os responsáveis pelo delito pertencem a uma organização criminosa.

11. CAUSA DE AUMENTO DE PENA DO ART. 9º DA LEI N. 8.072/90

Antes do advento da Lei n. 12.015/2009, a extorsão mediante sequestro, quando cometida contra pessoa que se encontrasse numa das situações previstas no revogado art. 224 do CP (vítima não é maior de 14 anos, é alienada ou débil mental e o agente conhecia essa circunstância, ou não podia, por qualquer outra causa, oferecer resistência), tinha sua pena aumentada de metade, respeitado o limite de trinta anos.

12. AÇÃO PENAL

Será sempre pública incondicionada.

O art. 13-A do CPP, incluído pela Lei n. 13.344/2016, permite que, no caso de extorsão mediante sequestro (e outras infrações), o membro do Ministério Público ou o delegado de polícia requisite diretamente, de quaisquer órgãos do poder público ou de empresas da iniciativa privada, dados e informações cadastrais da vítima ou de suspeitos. Essa disposição legal encontra-se em harmonia com a interpretação que já vinha sendo dada pelos tribunais superiores[95] ao poder de requisição (direto) de dados cadastrais, tanto de bancos de dados de órgãos públicos quanto privados, de que são dotados os membros do Ministério Público e os delegados de polícia (dispensando-se, portanto, a intervenção judicial na coleta dessas informações).

ART. 160 – EXTORSÃO INDIRETA

1. DISPOSITIVO LEGAL

Extorsão indireta

Art. 160. Exigir ou receber, como garantia de dívida, abusando da situação de alguém, documento que pode dar causa a procedimento criminal contra a vítima ou contra terceiro:

Pena – reclusão, de 1 (um) a 3 (três) anos, e multa.

---

[94] *RT* 805/615.

[95] Confira-se: "4. Em arremate, frise-se que o inciso XII do art. 5º da Constituição Federal assegura o sigilo das comunicações telefônicas, nas quais, por óbvio, não se inserem os dados cadastrais do titular de linha de telefone celular" (STJ, HC 131.836/RJ, rel. Min. Jorge Mussi, 5ª T., j. 4-11-2010, *DJe* de 6-4-2011).

2. VALOR PROTEGIDO (OBJETIVIDADE JURÍDICA)

Primordialmente, tutela-se o patrimônio, e, em segundo lugar, a liberdade de autodeterminação.

Consoante fez consignar o Ministro Francisco Campos na Exposição de Motivos do Código Penal de 1940, "destina-se o novo dispositivo a coibir os torpes e opressivos expedientes a que recorrem, por vezes, os agentes da usura, para garantir-se contra o risco do dinheiro mutuado. São bem conhecidos esses recursos, como, por exemplo, o de induzir o necessitado cliente a assinar um contrato simulado de depósito ou a forjar no título de dívida a firma de algum parente abastado, de modo que, não resgatada a dívida no vencimento, ficará o mutuário sob a pressão da ameaça de um processo por apropriação indébita ou falsidade" (item 57).

3. TIPO OBJETIVO

As ações que consubstanciam a extorsão indireta são *exigir* ou *receber*. Há exigência quando se impõe à vítima que forneça, como garantia de alguma dívida, a entrega de documento que possa originar contra ela ou contra terceiro procedimento criminal. No recebimento, por outro lado, o próprio ofendido, por sua iniciativa, faz a entrega do documento como garantia da dívida.

De fundamental importância para a caracterização do delito é que o documento entregue tenha o condão de dar causa a procedimento criminal em face da vítima ou de terceiro. De vez que o agente, caso não receba o pagamento (ou mesmo recebendo-o), poderá chantagear a vítima, ameaçando-a com a entrega do documento às autoridades públicas, iniciando-se, contra o ofendido, a persecução penal.

Imagine, por exemplo, uma pessoa que, em desesperadora situação financeira, entregue ao credor, como garantia de dívida, documento em que confessa ter praticado determinado delito. A extorsão indireta restará configurada, de vez que o instrumento recebido pelo sujeito é hábil para iniciar procedimento investigatório criminal em face do ofendido, o qual poderá ser chantageado no futuro. Pode-se cogitar, ainda, do exemplo em que se dá a entrega de documento falsificado pelo devedor, o qual, em poder do credor, poderá ser utilizado para dar ensejo à instauração de inquérito policial contra aquele.

Discute-se se a *emissão de cheque sem provisão de fundos* enquadra-se no tipo penal da extorsão indireta. Para Damásio de Jesus, a resposta é afirmativa, pois "o tipo não exige que se trate realmente de crime ocorrido ou que haja elementos no sentido de uma condenação: basta que *possa* ser instaurado processo contra alguém. A emissão de cheque sem provisão de fundos, por si só, leva à *possibilidade* de instauração de processo criminal"[96]. Registre-se haver grande dissídio jurisprudencial a respeito do assunto[97].

---

[96] *Código Penal anotado*, p. 615. Em sentido semelhante: Guilherme de Souza Nucci, op. cit., p. 756.

[97] No sentido da caracterização da extorsão indireta: "Cheque assinado em branco pelo ofendido e entregue ao agente tipifica o art. 160 do CP, que se contenta com a possibilidade *in abstracto* do

Em nosso sentir, *o aspecto decisivo para a caracterização da extorsão indireta consistirá em determinar se a cártula recebida pode ou não dar ensejo, em face do devedor, à instauração de procedimento penal por conta do crime de estelionato mediante emissão de cheque sem provisão de fundos* (CP, art. 171, § 2º, VI).

Veja, nesse sentido, que em se tratando de cheque pós-datado (entenda-se como aquele em que se insere data futura), fica o documento descaracterizado como ordem de pagamento à vista; em outras palavras, deixa de ser cheque, na acepção jurídica do termo, razão pela qual o devedor jamais poderá ser acusado, mesmo *in thesi*, de ter cometido a conduta equiparada a estelionato, mencionada acima. Diante da inexistência, sequer potencial, de crime por este praticado, quem recebe ou exige tal documento *não* comete extorsão indireta.

Quando o devedor, todavia, é compelido a entregar, ou o faz espontaneamente, cheque em branco assinado, deixando nas mãos do credor a possibilidade de preenchê-lo, como se fora cheque emitido sob a forma de ordem de pagamento à vista, estará configurado, de sua parte, a extorsão indireta.

O dispositivo requer, por fim, que o *sujeito abuse da situação da vítima*. Cuida-se de aproveitar-se da grave situação econômica de alguém ou da necessidade emergencial de recursos financeiros, de modo a que o sujeito passivo tenha seu juízo crítico comprometido pelo contexto turbulento que experimenta.

4. TIPO SUBJETIVO

O crime somente é punido na forma dolosa (elemento subjetivo genérico), exigindo-se que o sujeito ativo tenha plena consciência de que está abusando da situação financeira aflitiva do ofendido.

5. SUJEITOS DO CRIME

5.1. Sujeito ativo

O tipo penal não requer nenhuma característica especial do sujeito ativo, sendo, portanto, crime comum (qualquer pessoa pode praticá-lo). De regra, tratar-se-á

---

procedimento penal, sem indagar se *in concreto* a prova da extorsão eximirá de crime o devedor" (*JUTACRIM* 62/152). Em sentido contrário: "Para a existência do crime de extorsão indireta é essencial que o documento exigido ou recebido pelo credor com a consciência de estar abusando da situação de apertura econômica do devedor, seja potencialmente hábil a dar causa a processo penal. Ora, cheque pós-datado não constitui ordem de pagamento à vista, perdendo a especial proteção da lei penal" (TJSP, *RT* 547/283). "Para a configuração do delito de extorsão indireta é necessário que o documento exigido ou recebido pelo credor se preste à instauração de procedimento criminal viável contra o devedor, o que não ocorre com o cheque pré-datado dado em garantia de dívida, porquanto a sua emissão, em tais condições, não constitui crime" (STJ, *RT* 657/351).

seu autor de um agiota. Nada impede, contudo, que outra pessoa figure como agente da infração.

5.2. Sujeito passivo

É a pessoa de quem se exige o documento ou aquela que o cede ao agente. É possível, contudo, a existência de outra vítima, se uma pessoa se incumbir da entrega do documento e o procedimento criminal puder ser instaurado contra outra.

6. CONSUMAÇÃO E TENTATIVA

6.1. Consumação

Quando se trata de exigência, o crime é formal, consumando-se independentemente da entrega pela vítima do documento incriminador. No caso de recebimento, ela só ocorre com a sua entrega.

É importante assinalar que o tipo não exige a efetiva instauração da persecução penal contra o ofendido para sua existência; caso isso venha a ocorrer, no entanto, tal evento será punido como crime autônomo de denunciação caluniosa (desde que falsa a imputação), inclusive porque são delitos com objetividade jurídica distinta (patrimônio *x* administração da Justiça), não havendo que falar em *post factum* impunível[98].

6.2. Tentativa

A tentativa só se admite na exigência por escrito e no recebimento. Não se concebe, entretanto, na exigência verbal.

7. CLASSIFICAÇÃO JURÍDICA

Trata-se de crime de forma ou ação livre (pode ser praticado por qualquer meio), comum (qualquer pessoa pode cometê-lo), formal, na modalidade *exigir* e material, na *receber*, de dano ou lesão (exige lesão ao bem tutelado para fins de consumação), instantâneo (seu resultado ocorre instantaneamente, sem prolongar-se no tempo), unissubjetivo (admite cometimento por uma só pessoa ou várias, em concurso) e plurissubsistente (seu *iter criminis* permite fracionamento).

8. USURA

De acordo com a Lei n. 1.521/51, constitui crime contra a economia popular a usura pecuniária ou real, entendida como o ato de "cobrar juros, comissões ou descon-

98 Nesse sentido: Fernando Capez, *Curso de direito penal*: parte especial, São Paulo: Saraiva, 2003, v. 2, p. 421.

tos percentuais, sobre dívidas em dinheiro superiores à taxa permitida por lei; cobrar ágio superior à taxa oficial de câmbio, sobre quantia permutada por moeda estrangeira; ou, ainda, emprestar sob penhor que seja privativo de instituição oficial de crédito" (art. 4º, *caput*, alínea *a*) e "obter, ou estipular, em qualquer contrato, abusando da premente necessidade, inexperiência ou leviandade de outra parte, lucro patrimonial que exceda o quinto do valor corrente ou justo da prestação feita ou prometida" (art. 4º, *caput*, alínea *b*). A pena é de detenção, de seis meses a dois anos, e multa.

É possível que alguém, a um só tempo, exija a entrega do documento que possa dar causa à instauração de procedimento penal em face do devedor ou de terceiro, abusando de sua situação (extorsão indireta) e empreste a ele dinheiro, cobrando-lhe juros extorsivos (usura). Discute-se, em tais situações, se há concurso de delitos ou crime único.

O entendimento predominante é no sentido da unidade de infrações penais, ficando a usura (crime menos grave) absorvida pela extorsão indireta.

9. PENA E AÇÃO PENAL

A pena cominada (reclusão, de um a três anos) faz com que a infração em estudo admita o *sursis* processual (art. 89 da Lei n. 9.099/95), desde que o acusado preencha os demais requisitos necessários à medida despenalizadora mencionada.

Poderá o réu, ademais, ser beneficiado na sentença com pena alternativa, em substituição à privativa de liberdade, nos termos do art. 44 do CP, porquanto a infração não é cometida com violência ou grave ameaça contra a pessoa.

Admite-se, ainda, a suspensão condicional da pena (*sursis*), desde que observadas as exigências contidas nos arts. 77 e seguintes do CP.

O delito em estudo se procede por iniciativa do Ministério Público, independentemente de autorização de terceiros, isto é, trata-se de crime de *ação penal pública incondicionada*.

Capítulo III

DA USURPAÇÃO (ARTS. 161 E 162)

INTRODUÇÃO

Com a rubrica genérica "Da usurpação" o Código Penal se refere a quatro delitos: alteração de limites (art. 161, *caput*), usurpação de águas (art. 161, § 1º, I), esbulho possessório (art. 161, § 1º, II) e supressão ou alteração de marca em animais (art. 162).

Interessa notar que o Código dedica-se, nos três primeiros, à proteção do bem *imóvel*, em sintonia com o consagrado direito à propriedade, cuja tutela deriva direta e imediatamente da Constituição Federal (art. 5º, *caput*).

O art. 162, de sua parte, refere-se a semoventes (gado ou rebanho).

ART. 161, *CAPUT* – ALTERAÇÃO DE LIMITES

1. DISPOSITIVO LEGAL

Alteração de limites

Art. 161. Suprimir ou deslocar tapume, marco, ou qualquer outro sinal indicativo de linha divisória, para apropriar-se, no todo ou em parte, de coisa imóvel alheia:

Pena – detenção, de 1 (um) a 6 (seis) meses, e multa.

2. VALOR PROTEGIDO (OBJETIVIDADE JURÍDICA)

A objetividade jurídica é, primariamente, a posse e, mediatamente, a propriedade imobiliária.

3. TIPO OBJETIVO

A alteração de limites pressupõe, em primeiro lugar, *supressão* ou *deslocamento* de *tapume* (cerca ou muro destinado a demarcar o limite entre imóveis), *marco* (objeto natural ou artificial que serve como referência para delimitar imóveis) ou *qualquer outro sinal indicativo de linha divisória.*

Há supressão quando se retira, se faz desaparecer, elimina-se ou destrói-se e deslocamento, com a mudança de local ou com o afastamento da posição originária.

"A alteração de limites punível não é só a deslocação de marcos ou sinais demarcatórios, mas a que cause confusão e dificuldades de monta, para a sua restauração"[1]. Por outro lado, se o confrontante, "sem intenção de invadir propriedade vizinha, constrói cerca para delimitar seu terreno, sem que tenha destruído tapume divisório antes existente", não incorre no tipo penal em questão"[2].

4. TIPO SUBJETIVO

Cuida-se de *crimen* punido exclusivamente sob a forma dolosa, razão pela qual é necessário que o agente tenha consciência e vontade de concretizar os elementos objetivos do tipo penal.

O dispositivo contém, ademais, elemento subjetivo específico, consistente no intuito de apropriar-se, total ou parcialmente, da coisa imóvel pertencente a outrem. Sem essa elementar, pode-se cogitar da presença de outro delito: assim, haverá dano (CP, art. 163), se a pretensão do agente se exaurir na destruição, total ou parcial, do tapume, marco ou sinal indicativo de linha divisória; exercício arbitrário das próprias razões (CP, art. 345), quando objetivar recompor os limites de seu imóvel, ilegitimamente alterados; ou, ainda, fraude processual (CP, art. 347), na hipótese de buscar, com a conduta, inovar artificiosamente, na pendência de processo penal, civil ou administrativo, o estado do marco, tapume ou linha divisória, com o fim de induzir a erro juiz ou perito.

5. SUJEITOS DO CRIME

5.1. Sujeito ativo

Como anota Alberto Silva Franco, "há divergência na doutrina, quanto à indicação do sujeito ativo. Para Carrara (*Programa*, § 2.423), seguido, no Brasil, por Nélson Hungria (*Comentários*, v. VII, 4. ed., p. 88, 1980) e Heleno Cláudio Fragoso (*Lições de Direito Penal*, v. I, p. 377, 1989), sujeito ativo é o proprietário do prédio limítrofe. Para Crivellari (*Dei reati contro la proprietà*, 1887, p. 626), aqui seguido por E. Magalhães Noronha (*Direito Penal*, v. 2º, 20. ed., p. 298-99, 1984), pode ser sujeito ativo do crime não só o proprietário do prédio vizinho, mas, também, aquele que, mediante

---

1 *RT* 423/428.

2 *RT* 787/634.

ulterior contrato, tem intenção de tornar-se proprietário desse imóvel (apud Heleno Cláudio Fragoso, ob. cit., p. 377)"[3].

Registre-se que o possuidor do bem também pode ser sujeito ativo, como assinala Cézar Bitencourt, o qual pode buscar ampliar sua posse para, posteriormente, usucapir (também) a área invadida[4].

O condômino poderá ser autor da alteração de limites sempre que se tratar de condomínio *pro diviso*; em se cuidando de condomínio *pro indiviso*, ter-se-á crime impossível (CP, art. 17), diante da absoluta impropriedade do objeto material, posto que o imóvel será de posse de todos os condôminos, sem qualquer divisão de fato e de direito.

5.2. Sujeito passivo

O sujeito passivo, de sua parte, será o proprietário ou possuidor do imóvel usurpado.

6. CONSUMAÇÃO E TENTATIVA

6.1. Consumação

Dá-se a consumação com a efetiva supressão do tapume, marco ou linha divisória, ou seu deslocamento, independentemente da apropriação do imóvel alheio (resultado naturalístico).

6.2. Tentativa

A tentativa é admissível. Se há violência como meio executório, aplica-se a regra do concurso material, entre o art. 160, *caput*, e o art. 129 do CP (§ 2º).

7. CLASSIFICAÇÃO JURÍDICA

Trata-se de crime de forma ou ação vinculada (só pode ser praticado pelo meio descrito no tipo), próprio (exige-se uma qualidade especial do sujeito ativo), formal (consuma-se independentemente do resultado naturalístico), de dano ou lesão (exige lesão ao bem tutelado para fins de consumação), instantâneo com efeitos permanentes (seu resultado ocorre instantaneamente, mas seus efeitos prolongam-se no tempo), unissubjetivo (admite cometimento por uma só pessoa ou várias, em concurso) e plurissubsistente (seu *iter criminis* permite fracionamento).

---

[3] *Código Penal e sua interpretação jurisprudencial*, v. 1, t. 2, p. 2600.

[4] *Código Penal comentado*, p. 612.

8. PENA E AÇÃO PENAL

A pena é de um a seis meses de detenção, e multa, motivo pelo qual constitui infração de menor potencial ofensivo, sujeitando-se às regras da Lei n. 9.099/95.

Cuida-se de crime que somente se procede mediante queixa (§ 3º), significa dizer que a ação penal é de iniciativa privativa do ofendido. Será pública, no entanto, quando a conduta recair sobre bem público ou, ainda, quando houver emprego de violência.

ART. 161, § 1º, I – USURPAÇÃO DE ÁGUAS

1. DISPOSITIVO LEGAL

Art. 161. (...)

§ 1º Na mesma pena incorre quem:

Usurpação de águas

I – desvia ou represa, em proveito próprio ou de outrem, águas alheias;

2. VALOR PROTEGIDO (OBJETIVIDADE JURÍDICA)

A objetividade jurídica é o patrimônio, notadamente a posse e a propriedade imobiliárias e, em particular, o direito de dispor sobre as águas a tais inerentes.

3. TIPO OBJETIVO

O verbo núcleo consubstancia-se no ato de *desviar* ou *represar*, é dizer, modificar ou impedir, conter o fluxo da água (corrente ou estagnada, pública ou particular, nascentes ou pluviais, perenes ou temporárias). Não importa o meio executório empregado pelo agente na consecução de seu propósito (escavação, canalização etc.).

Não há confundir-se o crime em estudo com o ato de realizar ligação clandestina visando à subtração de água canalizada. Nesta situação, configura-se o furto (CP, art. 155)[5].

A água desviada ou represada, por fim, deve ser alheia.

4. TIPO SUBJETIVO

O comportamento é incriminado exclusivamente sob a forma dolosa, requerendo-se, destarte, vontade e consciência de realizar os elementos objetivos do

---

5 Nesse sentido: TJSC, ApCr 0001029-17.2017.8.24.0141, rel. Des. Alexandre d'Ivanenko, 4ª CCr, j. 21-5-2020, TJMS, ApCr 0079554-59.2009.8.12.0001, rel. Des. Jairo Roberto de Quadros, 3ª CCr, j. 26-4-2018, e TJRJ, AP 00148705620138190045, rel. Des. Luiz Zveiter, 1ª CCr, j. 11-10-2016.

tipo penal. É necessário, desta feita, a ciência de que se trata de água alheia, sem a qual haverá erro de tipo (CP, art. 20).

Exige-se, ademais, que o agente vise beneficiar a si próprio ou a terceiro; se procurava, entretanto, interesse diverso da usurpação, que é a intenção de obtenção de vantagem indevida, como, por exemplo, vingança, comete crime de dano (CP, art. 163). Quando o sujeito ativo, por outro lado, pretende satisfazer vantagem legítima, há exercício arbitrário das próprias razões (CP, art. 345).

5. SUJEITOS DO CRIME

5.1. Sujeito ativo

Qualquer pessoa pode praticá-lo, porquanto não exige a lei nenhuma característica ou qualidade especial do sujeito ativo (crime comum).

5.2. Sujeito passivo

O sujeito passivo é o proprietário do leito ou curso de água usurpados.

6. CONSUMAÇÃO E TENTATIVA

6.1. Consumação

A realização integral típica pressupõe o desvio ou o represamento das águas, independentemente da obtenção do proveito econômico pretendido pelo agente (crime formal).

6.2. Tentativa

Admite-se a tentativa, por exemplo, se o agente for surpreendido escavando a terra para desviar o curso e não conseguir fazê-lo por circunstâncias alheias à sua vontade.

7. CLASSIFICAÇÃO JURÍDICA

Cuida-se de crime de forma ou ação livre (o desvio ou represamento pode ser feito por qualquer meio), comum (não exige qualidade especial do sujeito ativo), formal (consuma-se independentemente do resultado naturalístico), de dano ou lesão (exige lesão ao bem tutelado para fins de consumação), instantâneo com efeitos permanentes (seu resultado ocorre instantaneamente, mas seus efeitos prolongam-se no tempo), unissubjetivo (admite cometimento por uma só pessoa ou várias, em concurso) e plurissubsistente (seu *iter criminis* permite fracionamento).

8. PENA E AÇÃO PENAL

A pena cominada é a mesma pena do *caput*, ou seja, detenção de um a seis meses, e multa, razão pela qual se trata de infração penal de menor potencial ofensivo (Lei n. 9.099/95).

Como regra, somente se procede mediante queixa (ação penal privada), conforme consta do § 3º. Será pública, contudo, quando a conduta recair sobre bem público ou, ainda, quando houver emprego de violência.

ART. 161, §§ 1º, II, E 2º – ESBULHO POSSESSÓRIO

1. DISPOSITIVO LEGAL

Art. 161. (...)

Esbulho possessório

II – invade, com violência a pessoa ou grave ameaça, ou mediante concurso de mais de duas pessoas, terreno ou edifício alheio, para o fim de esbulho possessório.

§ 2º Se o agente usa de violência, incorre também na pena a esta cominada.

2. VALOR PROTEGIDO (OBJETIVIDADE JURÍDICA)

A objetividade jurídica é, em primeiro plano, a posse, e, secundariamente, a propriedade do bem imóvel.

3. TIPO OBJETIVO

A ação nuclear se traduz no ato de *invadir*, ou seja, ingressar em terreno ou edifício alheio contra a vontade de quem de direito.

Para que o fato constitua ilícito penal, e não mero ilícito civil, é preciso que se empregue violência ou grave ameaça à pessoa, ou, ademais, que o fato seja cometido com o concurso de mais de duas pessoas (prevalece o entendimento de que *se exige, no mínimo, quatro agentes*, ou seja, uma pessoa, em concurso com mais de duas)[6]. Além disso, devem os autores objetivar o ingresso para o fim de esbulho possessório.

Como já decidiu o extinto Tribunal de Alçada Criminal de São Paulo: "O conceito penal de esbulho possessório é diverso e mais restrito do que o civil, pois exige que a invasão tenha por fim o esbulho e seja praticado em terreno alheio, com violência à pessoa ou grave ameaça, ou, ainda, em concurso de pessoas"[7].

---

[6] Nesse sentido: *RT* 570/327.

[7] *RJD* 21/326.

Interessante acrescentar que o dono do imóvel, em defesa de sua propriedade, é autorizado pela lei civil a defendê-la. Do ponto de vista penal, desde que observados os limites do Código Civil, o agente não cometerá crime, considerando-se sua atitude como exercício regular de um direito. Ou, como sustenta a moderna teoria penal, por ter cometido um fato penalmente atípico, já que tal conduta expõe o bem jurídico alheio a um risco *permitido* (por lei), afastando, dessa maneira, a relação de imputação objetiva.

3.1. Invasão de terras por movimentos populares

O Superior Tribunal de Justiça decidiu, em acórdãos relatados pelo ex-Ministro Vicente Cernicchiaro, que não há crime por parte de integrantes de movimentos populares que invadem imóveis alheios como meio para pressionar as autoridades públicas no sentido de implementarem a reforma agrária (tratar-se-ia de exercício regular de reivindicação de um direito constitucionalmente garantido).

Veja, nesse sentido, trecho do voto proferido: "Movimento popular visando a implantar a reforma agrária não caracteriza crime contra o Patrimônio. Configura direito coletivo, expressão da cidadania, visando a implantar programa constante da Constituição da República. A pressão popular é própria do Estado de Direito Democrático. A Constituição da República dedica o Capítulo III do Título VII à Política Agrícola e Fundiária e à Reforma Agrária. Configura, portanto, obrigação do Estado. Correspondentemente, direito público, subjetivo de exigência de sua concretização. Na ampla arca dos Direitos de Cidadania, situa-se o direito de reivindicar a realização dos princípios e normas constitucionais. A Carta Política não é mero conjunto de intenções. De um lado, expressa o perfil político da sociedade; de outro, gera direitos. É, pois, direito reclamar a implantação da reforma agrária. Legítima a pressão aos órgãos competentes para que aconteça, manifeste-se historicamente. Reivindicar, por reivindicar, insista-se, é direito. O Estado não pode impedi-lo. O *modus faciendi*, sem dúvida, também é relevante. Urge, contudo, não olvidar o princípio da proporcionalidade – tão ao gosto dos doutrinadores alemães. A postulação da reforma agrária, manifestei em *habeas corpus* anterior, não pode ser confundida, identificada com o esbulho possessório, ou a alteração de limites. Não se volta para usurpar a propriedade alheia. A finalidade é outra. Ajusta-se ao Direito. Sabido, dispensa prova, por notório, o Estado, há anos, vem remetendo a implantação da reforma agrária. Os conflitos resultantes, evidente, precisam ser dimensionados na devida expressão. Insista-se. Não se está diante de crimes contra o Patrimônio. Indispensável a sensibilidade do magistrado para não colocar, no mesmo diapasão, situações jurídicas distintas"[8].

No mesmo sentido, decisão proferida pelo desembargador paulista Dante Busana, o qual destacou que o ato, embora perturbe a ordem pública e importe em ilícito

[8] STJ, HC 5.574, j. 17-4-1997.

civil, "não configura o delito de esbulho possessório, porque ausente o elemento subjetivo do tipo"[9].

É de ver, contudo, que a licitude do comportamento restringe-se ao ato de ingressar no imóvel, jamais podendo considerar-se autorizada a destruição dos bens móveis encontrados, bem como agressões ou ameaças contra os que se encontram legitimamente no interior do local e, ainda, subtrações de objetos alheios. Tais atos deverão ser punidos criminalmente, por escaparem ao limite do tolerável em reivindicações sociais.

4. TIPO SUBJETIVO

O esbulho possessório somente é punido na forma dolosa, requerendo-se a consciência e a vontade de realizar os elementos objetivos do tipo. É necessário, por óbvio, que o sujeito tenha conhecimento de que se trata de terreno ou edifício alheio.

5. SUJEITOS DO CRIME

5.1. Sujeito ativo

Configura o esbulho possessório crime comum, podendo ser cometido por qualquer pessoa, menos o proprietário ou o condômino.

5.2. Sujeito passivo

O sujeito passivo será o possuidor, a qualquer título, e, além dele, o proprietário do imóvel.

6. CONSUMAÇÃO E TENTATIVA

6.1. Consumação

A realização integral típica pressupõe a efetiva *invasão* do imóvel ou edifício pertencente a outrem. Cuida-se, desta forma, de infração que exige resultado naturalístico (crime material), consistente na transposição dos limites físicos do bem.

6.2. Tentativa

Admite-se a tentativa, porquanto configura delito plurissubsistente.

[9] ApCr 272.550-3, j. 26-10-2000.

7. CLASSIFICAÇÃO JURÍDICA

O esbulho possessório é crime de forma ou ação livre (a invasão pode dar-se por qualquer meio eleito pelo sujeito ativo), comum (não se exige característica especial alguma do sujeito ativo), material (consuma-se com o resultado naturalístico), de dano ou lesão (exige lesão ao bem tutelado para fins de consumação), permanente (seu momento consumativo prolonga-se enquanto persistir a invasão), unissubjetivo (admite cometimento por uma só pessoa, desde que aja, porém, com violência ou grave ameaça à pessoa) ou plurissubjetivo, ou de concurso necessário (quando não ocorrer violência ou grave ameaça como meios executórios), e plurissubsistente (seu *iter criminis* permite fracionamento).

8. PENA E AÇÃO PENAL

A pena cominada é de detenção, de um a seis meses, e multa (infração de menor potencial ofensivo). Se o agente se utiliza de violência contra a pessoa, aplicar-se-ão cumulativamente as sanções do art. 161 e do delito correspondente a *vis absoluta* (cúmulo material obrigatório).

O fato somente se procede mediante queixa-crime (§ 3º), salvo se o objeto material for bem público ou, ainda, quando ocorrer emprego de violência, situação em que haverá crime de ação penal pública incondicionada.

ART. 162 – SUPRESSÃO DE MARCAS DE ANIMAIS

1. DISPOSITIVO LEGAL

Supressão ou alteração de marca em animais

Art. 162. Suprimir ou alterar, indevidamente, em gado ou rebanho alheio, marca ou sinal indicativo de propriedade:

Pena – detenção, de 6 (seis) meses a 3 (três) anos, e multa.

2. VALOR PROTEGIDO (OBJETIVIDADE JURÍDICA)

A objetividade jurídica é o patrimônio.

3. TIPO OBJETIVO

A ação nuclear consiste em *suprimir* ou *alterar*, ou seja, trata-se de retirar ou modificar *marca* (p. ex., símbolos, emblemas ou iniciais encravados na pele do animal) ou *sinal* (p. ex., narinas com argolas) indicativo de propriedade em gado ou rebanho pertencente a outrem. Observe que a incriminação não incide sobre animais desmarcados, ainda que pertencentes a gado ou rebanho alheio. Se o sujeito introduz, em animal de outrem, marca ou sinal para fazer parecer sua a *res*, buscando, com isso, tê-la para si, responde por crime de furto.

O objeto material é o semovente cujo sinal identificador foi alterado ou suprimido. Requer-se, ademais, a presença do elemento normativo "indevidamente".

4. TIPO SUBJETIVO

O delito é punido somente na forma dolosa. É fundamental, destarte, a ciência de que se trata de semovente pertencente a outra pessoa e o intuito de suprimir ou alterar a marca ou sinal relativo à propriedade do sujeito passivo. Não se exige elemento subjetivo específico (não é necessário, desta forma, que o agente procure fazê-lo para se apropriar da *res*); presente o *animus rem sibi habendi*, o crime em estudo constituirá meio executório do furto e será por este absorvido.

5. SUJEITOS DO CRIME

5.1. Sujeito ativo

Trata-se de crime comum, podendo ser cometido por qualquer pessoa.

5.2. Sujeito passivo

O sujeito passivo será o dono do gado ou rebanho.

6. CONSUMAÇÃO E TENTATIVA

6.1. Consumação

Constitui crime formal, cuja consumação se dá com a conduta incriminada, ainda que o agente não obtenha a vantagem pretendida, por exemplo, prejudicar o proprietário ou apoderar-se do animal. Note-se, porém, que a conduta deve recair sobre mais de um semovente, porque a lei se refere ao objeto material no coletivo (gado ou rebanho). Caso, entretanto, após a retirada ou modificação do sinal ou marca, venha o sujeito ativo a apoderar-se do semovente, integrando-o a seu patrimônio, cometerá o crime de furto qualificado – art. 155, § 6º, do CP (denominado doutrinariamente de abigeato), que absorverá o delito do art. 162 (princípio da consunção).

6.2. Tentativa

É admissível, de vez que se trata de infração plurissubsistente.

7. CLASSIFICAÇÃO JURÍDICA

Crime de forma ou ação livre (a invasão pode dar-se por qualquer meio eleito pelo sujeito ativo), comum (não se exige característica especial alguma do sujeito ativo), formal (consuma-se independentemente do resultado naturalístico), de dano ou lesão (exige lesão ao bem tutelado para fins de consumação), instantâneo (seu momento consumativo não se prolonga no tempo), unissubjetivo (admite cometimento por um só agente, desde que aja com violência ou grave ameaça à pessoa) e plurissubsistente (seu *iter criminis* permite fracionamento).

8. PENA E AÇÃO PENAL

A sanção penal é de seis meses a três anos de detenção, e multa, razão pela qual o fato admite, em tese, a suspensão condicional do processo (Lei n. 9.099/95, art. 89).

A ação penal é pública incondicionada.

Capítulo IV

DO DANO (ARTS. 163 A 166)

1. INTRODUÇÃO

1.1. Aspecto histórico

Do ponto de vista histórico, a incriminação do dano remonta à Antiguidade. Em Roma, deu-se à infração a designação *damnum injuria datum*, cujo objeto material se limitava às coisas imóveis, sendo punido tanto quando o ato fosse doloso ou culposo (o dano a semoventes era apenado com fundamento na Lei das XII Tábuas). O Direito medieval seguiu, em linhas gerais, a mesma disciplina dada ao assunto pelo Direito Romano.

Em nosso país, as Ordenações do Reino incriminavam difusamente o dano, dando-lhe gradação punitiva conforme o objeto danificado e o elemento subjetivo. É o que se nota nas Ordenações Filipinas, em que constituía crime de lesa-majestade, apenado com a morte, o fato de quebrar ou derrubar, na presença do rei, alguma imagem de sua semelhança, ou armas reais, postas por sua honra e memória (Título VI). Ou, ainda, o Título XLV denominado: "Dos que fazem assuada, ou quebrão portas, ou as fechão de noite por fóra" e o Título LXXVIII, "Dos que comprão Colmêas para matar as abelhas, e dos que matão bestas".

O Código Penal do Império (1830) tipificava o ato nos arts. 178 e 266 (conforme se tratasse de bens públicos ou privados). O Código de 1890 descrevia-o nos arts. 326 a 329.

1.2. Valor constitucional

O Texto Maior protege o patrimônio, conforme se nota no *caput* do art. 5º e no inciso XXII. O inciso V, ademais, embora referente ao dano à pessoa (e não a coisas, como trata o Capítulo IV), assegura o direito de resposta, proporcional ao agravo, e a indenização por dano material, moral ou à imagem.

1.3. *Neminem laedere*

A ninguém é dado lesionar bens alheios; a razão é curial: a proteção do patrimônio de cada um importa, ao mesmo tempo, no respeito à dos outros. A reciprocidade é, portanto, característica fundamental da tutela jurídica das coisas, sejam móveis ou imóveis integrantes do patrimônio das pessoas.

O dano a bens alheios constitui ilícito pluriofensivo e, de regra, somente configura ilícito civil. A criminalização do ato, a par do preenchimento dos elementos objetivos do tipo, pressupõe, no regime do Código Penal, seja o ato doloso.

1.4. Leis especiais

Há leis penais especiais que incriminam condutas semelhantes ao crime de dano. É o que ocorre, por exemplo, na Lei n. 9.605, de 1998 (Lei dos Crimes Ambientais), arts. 62 a 65.

ART. 163 – DANO

1. DISPOSITIVO LEGAL

Dano

Art. 163. Destruir, inutilizar ou deteriorar coisa alheia:

Pena – detenção, de 1 (um) a 6 (seis) meses, ou multa.

Dano qualificado

Parágrafo único. Se o crime é cometido:

I – com violência à pessoa ou grave ameaça;

II – com emprego de substância inflamável ou explosiva, se o fato não constitui crime mais grave;

III – contra o patrimônio da União, de Estado, do Distrito Federal, de Município ou de autarquia, fundação pública, empresa pública, sociedade de economia mista ou empresa concessionária de serviços públicos;

IV – por motivo egoístico ou com prejuízo considerável para a vítima:

Pena – detenção, de 6 (seis) meses a 3 (três) anos, e multa, além da pena correspondente à violência.

2. VALOR PROTEGIDO (OBJETIVIDADE JURÍDICA)

O objeto da tutela penal (objetividade jurídica) é a propriedade de coisas móveis e imóveis.

3. TIPO OBJETIVO

O verbo núcleo do tipo descreve as ações de *destruir*, ou seja, eliminar, extinguir o objeto material (ex.: derrubar muro de prédio vizinho para melhorar a vista), *inutilizar*, isto é, tornar o objeto inapto à função a que se destina (ex.: castrar reprodutor pertencente a outrem) ou *deteriorar*, vale dizer, de qualquer modo estragar ou corromper o bem (ex.: efetuar riscos permanentes na pintura de automóvel alheio).

Discute-se se o agente que apenas faz desaparecer objeto, como a pessoa que solta animal alheio, comete dano. Predomina o entendimento de que o fato configura apenas ilícito civil, pois não há destruição, inutilização ou deterioração[1].

O *objeto material* é a *coisa móvel ou imóvel* pertencente a outrem (encontram-se fora da incriminação penal, portanto, a *res nullius* e a *res derelicta*).

Quando se tratar de *bem especialmente protegido por lei, ato administrativo ou decisão judicial, arquivo, registro, museu, biblioteca, pinacoteca, instalação científica ou similar*, a conduta se subsumirá ao *art. 62 da Lei n. 9.605/98*, cuja pena é de reclusão, de um a três anos, e multa. Também há crime ambiental quando o sujeito pichar, grafitar ou por outro meio conspurcar edificação ou monumento urbano (art. 65 da Lei n. 9.605/98, cuja pena é de detenção, de três meses a um ano, ou multa).

Registre-se, ademais, que o ato de praticar abuso, maus-tratos, ferir ou mutilar animais silvestres, domésticos ou domesticados, nativos ou exóticos, configura delito à luz do art. 32 da Lei dos Crimes Ambientais, inclusive quando resultar a morte do semovente.

4. TIPO SUBJETIVO

O dano só é punido criminalmente na forma dolosa (dano culposo constitui mero ilícito civil, salvo na hipótese do art. 62 da Lei n. 9.605/98). Requer-se, desta feita, vontade e consciência de destruir, inutilizar ou deteriorar coisa alheia. A falsa ideação quanto à propriedade do bem, supondo o sujeito que este lhe pertence, configurará erro de tipo.

Não se exige, ademais, *animus nocendi* (isto é, vontade de causar prejuízo). Em outras palavras, *não há elemento subjetivo específico do tipo*, o que significa ser absolutamente irrelevante a finalidade pretendida pelo agente (ex.: vingança, prejudicar inimigo etc.). Se o motivo do crime for egoístico, contudo, há dano qualificado (art. 163, parágrafo único, IV, primeira figura). Quando o dano deixar de ser um fim em si mesmo, figurando como meio para outro crime, ficará por este absorvido (ex.: furto mediante destruição de obstáculo à subtração da coisa - art. 155, § 4º, I; violação de sepultura com violência à coisa - art. 210; destruição de prova documental - art. 305 etc.).

4.1. Preso que destrói a cela durante a fuga

Há divergência quanto à existência de dano na conduta do preso que foge da sua cela, destruindo-a (sem violência ou grave ameaça contra pessoa).

---

1 Nesse sentido: Damásio de Jesus, *Código Penal anotado*, p. 622. Hungria entendia haver dano: *Comentários ao Código Penal*, 3. ed., v. 7, p. 105.

Entende o Superior Tribunal de Justiça que o fato de o preso destruir parede ou grade de sua cela com o objetivo único de empreender fuga é penalmente atípico: "1 – Consoante jurisprudência desta Corte, para a configuração do crime de dano previsto no art. 163 do Código Penal, mostra-se imprescindível a presença do elemento subjetivo específico, qual seja, o *animus nocendi*, que consiste na vontade deliberada de causar prejuízo ao patrimônio alheio. 2 – 'A destruição de patrimônio público (buraco na cela) pelo preso que busca fugir do estabelecimento no qual encontra-se encarcerado não configura o delito de dano qualificado (art. 163, parágrafo único, inciso III, do CP), porque ausente o dolo específico (*animus nocendi*), sendo, pois, atípica a conduta' (HC 260.350/GO, rel. Min. Maria Thereza de Assis Moura, 6ª T., *DJe* 21-5-2014). 3 – Agravo regimental desprovido"[2].

Advirta-se, todavia, que há precedente (antigo) do Supremo Tribunal Federal em sentido contrário: "Comete o crime de dano qualificado o preso que, para fugir, danifica a cela do estabelecimento prisional em que está recolhido. Cód. Penal, art. 163, parágrafo único, III"[3].

Repise-se, entretanto, que o tipo penal que define o crime de dano *não exige* que a conduta do agente tenha alguma finalidade específica. A exigência do *animus nocendi* constitui criação sem respaldo legal. Não soa razoável, ademais, afastar a incidência do crime no ato do preso fugitivo que danifica o patrimônio público, seja cela ou tornozeleira eletrônica[4]. É obrigação do Estado exercer sua pretensão executória, mantendo preso o agente, tendo ele, como contrapartida, que se sujeitar às consequências jurídicas de seu ato. A fuga, ilícito penitenciário (a Lei de Execução Penal a considera falta grave), constitui crime quando praticada com violência à pessoa (CP, art. 352) e, em nosso entender, também se cometida mediante violência contra a coisa (CP, art. 163, parágrafo único)[5].

---

2 AgRg no HC 409.417/SC, rel. Min. Antonio Saldanha Palheiro, 6ª T., j. 24-10-2017. Destaque-se que, nessa esteira, para o STJ, o mesmo raciocínio se aplica no caso do indivíduo que, preso em flagrante, danifica a viatura na qual é conduzido à delegacia, uma vez que a intenção é apenas a de recuperar a liberdade (HC 503.970/SC, rel. Min. Ribeiro Dantas, 5ª T., j. 30-5-2019).

3 HC 73.189, rel. Min. Carlos Velloso, *DJU* de 29-3-1996, p. 9346.

4 No que pertine à tornozeleira eletrônica, decidiu o TJSP "deve prevalecer o entendimento de que não é necessário o denominado 'dolo específico' para a caracterização do crime de dano, em especial na hipótese *sub judice*. Basta à caracterização do tipo em apreço a vontade livre e consciente de causar dano ao patrimônio público, mediante destruição, inutilização ou deterioração de bem que sabe pertencer ao Estado ou a ente equiparado" (TJSP, REse 0001367-77.2015.8.26.0408; rel. Des. Euvaldo Chaib, 4ª Câmara de Direito Criminal, j. 25-7-2017). No mesmo sentido: TJRS 70080111883, rel. Naele Ochoa Piazzeta, 8ª CCr, j. 30-1-2019, e TJMG, Emb. Infring. e de Nulidade 1.0210.16.006454-4/002, rel. Des. Edison Feital Leite, 1ª CCr, j. 17-4-2018. Em sentido contrário, o STJ: AgRg no REsp 1.861.044/RS, rel. Min. Joel Ilan Paciornik, 5ª T., j. 28-4-2020.

5 Na doutrina, entendem dessa forma, entre outros, Damásio de Jesus (*Código Penal anotado*, p. 624-625); Fernando Capez (*Curso de direito penal*, v. 2, p. 435); Guilherme de Souza Nucci (*Código Penal comentado*, p. 764). O extinto Tribunal de Alçada Criminal de São Paulo já decidiu nesse sentido: "Muito embora o ato do preso fugir seja atípico, a prática de violação ao patrimônio

5. SUJEITOS DO CRIME

5.1. Sujeito ativo

Trata-se de crime comum, que pode ser cometido por qualquer pessoa, salvo o proprietário. Aquele que *destrói* ou *danifica* coisa própria, que se acha em poder de terceiro por determinação judicial ou convenção, incorre no tipo penal do art. 346 do CP. De acrescentar, ainda, que a autorização do legítimo proprietário (consentimento do ofendido) para que alguém destrua, inutilize ou deteriore bem seu afasta a tipicidade da conduta, por ausência de imputação objetiva.

5.2. Sujeito passivo

O sujeito passivo do dano é o proprietário do bem.

6. CONSUMAÇÃO E TENTATIVA

6.1. Consumação

A consumação apenas ocorre com a efetiva destruição, deterioração ou inutilização do objeto material.

A *reparação dos danos* produzidos, em se tratando de delito na forma simples, o qual configura infração de menor potencial ofensivo, poderá provocar a extinção do direito de punir do Estado, em razão do art. 74 da Lei n. 9.099/95 (composição civil extintiva da punibilidade). O mesmo não ocorrerá no dano qualificado (§ 1º), em razão de sua pena máxima exceder o limite de dois anos do art. 61 do Diploma mencionado. A reparação, nesta hipótese, poderá ser tomada como causa de redução de pena, nos termos do art. 16 do CP (arrependimento posterior) ou circunstância atenuante genérica (art. 65, III, *c*, parte final), conforme o ato se dê antes ou depois do recebimento da denúncia ou da queixa.

6.2. Tentativa

Admite-se a tentativa, uma vez que se trata de crime plurissubsistente.

7. CLASSIFICAÇÃO JURÍDICA

Constitui crime de forma ou ação livre (pode ser praticado por qualquer meio), comum (qualquer pessoa pode cometê-lo), material (consuma-se com o resultado natu-

público para alcançar seu intento constitui crime de dano qualificado, previsto no Código Penal, no art. 163, parágrafo único, III" (*RT* 815/605). No mesmo sentido, ainda, TJSP, AP 0005208-27.2011.8.26.0180, 4ª CCr, rel. Des. Edison Brandão, j. 7-6-2016.

ralístico), de dano ou lesão (exige lesão ao bem tutelado para fins de consumação), instantâneo (seu resultado ocorre instantaneamente, sem prolongar-se no tempo), unissubjetivo ou de concurso eventual (admite cometimento por uma só pessoa ou várias, em concurso) e plurissubsistente (seu *iter criminis* permite fracionamento).

8. DANO QUALIFICADO

Qualifica-se o dano, punindo-se o agente com pena de detenção, de seis meses a três anos, e multa, quando o fato é cometido:

a) *Com violência à pessoa ou grave ameaça* (além da pena correspondente à violência): se o meio executório consistiu no emprego de violência ou grave ameaça à pessoa, não importa quem a sofra, seja o titular do bem ou terceiro, haverá necessariamente o concurso material do dano com os crimes do art. 129 ou 147 do CP, conforme o caso.

b) *Com emprego de substância inflamável ou explosiva* (se o fato não constitui crime mais grave): trata-se de um crime expressamente famulativo. A substância inflamável, que facilmente se queima (ex.: benzina, petróleo etc.), e a explosiva (ex.: TNT, pólvora etc.) podem gerar crimes contra a incolumidade pública (arts. 250 e s. do CP), hipótese em que o dano não se aplicará pelo princípio da subsidiariedade.

c) *Contra o patrimônio da União, de Estado, do Distrito Federal, de Município ou de autarquia, fundação pública, empresa pública, sociedade de economia mista ou empresa concessionária de serviços públicos:* nesse caso, a ação penal será pública incondicionada. A punição mais elevada justifica-se plenamente porquanto o prejuízo é coletivo, e não puramente individual. Pode-se citar, como exemplo, a pichação realizada em vagões de trem do metrô de São Paulo (que pertencem à Companhia do Metropolitano, a qual tem natureza de sociedade de economia mista)[6]. Ademais, o Supremo

---

[6] Cf., a respeito, Protocolado n. 49.137/09 – PGJ/SP: "Conflito negativo de atribuições. Pichação em trem metropolitano. Crime de dano qualificado (CP, art. 163, parágrafo único, III). Inexistência de crime contra o meio ambiente (Lei n. 9.605/98, art. 65), em razão do objeto material, que escapa ao alcance da lei ambiental. Atribuição da Promotoria de Justiça criminal. 1. O crime do art. 65 da Lei n. 9.605/98 descreve o ato de 'pichar, grafitar ou por outro meio conspurcar edificação ou monumento urbano'. Os objetos materiais abrangidos pela disposição são as *edificações*, aí compreendidas, na lição de Luiz Régis Prado, 'construções' ou 'prédios', e *monumentos urbanos*, isto é, 'estátuas, bustos, memoriais' (*Direito Penal ambiental*. São Paulo: Revista dos Tribunais, 2005, p. 505). 2. Na hipótese dos autos, a conduta dos agentes consubstanciou-se em inserir dizeres e gravuras, mediante aplicação de tinta *spray* em vagões de composições da Companhia do Metropolitano de São Paulo. Nota-se, destarte, que o ato não recaiu sobre edificações ou monumentos, requisito indispensável para a caracterização da infração ambiental acima indicada. 3. É de se reconhecer, de outra parte, a existência de crime de dano qualificado (CP, art. 163, parágrafo único, III), de vez que o ato de pichar constitui forma de deteriorar coisa alheia, pertencente ao patrimônio de sociedade anônima de economia mista. Solução: diante do exposto, dirimo o presente

Tribunal Federal entendeu que a destruição de acessões feitas em terras indígenas será dano qualificado por serem pertencentes ao patrimônio da União (art. 20, XI, da CF)[7].

A Lei n. 13.531, de 7 de dezembro de 2017, que entrou em vigor no dia seguinte à sua promulgação, alterou o inciso III do parágrafo único do art. 163 do CP (dano qualificado) e o art. 180, § 6º, do CP (receptação majorada), de maneira a incluir, entre as circunstâncias dos respectivos crimes, praticá-los contra o patrimônio da União, de Estado, do Distrito Federal, de Município ou de autarquia, fundação pública, empresa pública, sociedade de economia mista ou empresa concessionária de serviços públicos.

Na redação original de ambos os dispositivos, o aumento de pena somente se aplicava quando a conduta era cometida contra o patrimônio da União, de Estado, de Município, de sociedade de economia mista ou de empresa concessionária de serviços públicos. Houve, portanto, a **inclusão das seguintes entidades: Distrito Federal, autarquias, fundações públicas** e **empresas públicas.**

A jurisprudência havia fixado entendimento, antes da modificação legislativa citada, de que no caso de a infração ser cometida contra as pessoas jurídicas mencionadas na Lei n. 13.531/2017 (Distrito Federal, autarquia etc.), não se aplicava a qualificadora do dano (isto é, a conduta era capitulada como dano simples) e também não incidia a causa de aumento da receptação (ou seja, tratava-se de receptação simples ou qualificada, sem a majoração do § 6º do art. 180 do CP. Para os tribunais, com entendimento diverso corresponderia à analogia "in malam partem", ofendendo, deste modo, o princípio da reserva legal, decorrente da legalidade (CF, art. 5º, inciso XXXIX e CP, art. 1º)[8].

Com a nova redação dada aos dispositivos, foi colmatada a lacuna apontada pelos tribunais, de tal maneira que não mais se discute a natureza do dano cometido contra o patrimônio do Distrito Federal, de autarquia, de sociedade de economia mista ou empresa pública: aplica-se a qualificadora.

---

conflito para declarar que a atribuição para oficiar nos autos incumbe ao ilustre suscitado (Promotoria de Justiça Criminal da Capital)".

7 STF, Inq. 3670/RR, rel. Min. Gilmar Mendes, 2ª T., j. 23-9-2014 (*Info* 760).

8 Nesse sentido: "AGRAVO REGIMENTAL NO RECURSO ESPECIAL. DANO QUALIFICADO. PATRIMÔNIO DO DISTRITO FEDERAL. AUSÊNCIA DE PREVISÃO EXPRESSA DE BENS DISTRITAIS NO ART. 163, PARÁGRAFO ÚNICO, INCISO III, DO CÓDIGO PENAL. VEDAÇÃO DE ANALOGIA *IN MALAM PARTEM*. DESCLASSIFICAÇÃO PARA DANO SIMPLES. AGRAVO REGIMENTAL DESPROVIDO. I – A jurisprudência desta Corte entende, ressalvado o posicionamento deste relator, que a ausência de menção expressa ao patrimônio do Distrito Federal no art. 163, parágrafo único, III, do Código Penal torna inviável a configuração da forma qualificada do crime de dano nas hipóteses em que o bem danificado for distrital, em virtude da vedação da analogia in malam partem no sistema penal brasileiro. II – Não compete a este STJ se manifestar explicitamente sobre dispositivos constitucionais, ainda que para fins de prequestionamento (precedentes). Agravo regimental desprovido" (STJ, AgRg no REsp 1.628.623/DF, rel. Min. Felix Fischer, 5ª., T., j. 4-2017).

O mesmo raciocínio vale para a receptação majorada.

De ver que, tomando como premissa o entendimento fixado pelos tribunais, cuida-se de modificação legislativa gravosa, a qual não terá aplicação retroativa, em face do art. 5º, inciso XL, da CF e do art. 2º do CP. Assim, por exemplo, o dano cometido contra o patrimônio do Distrito Federal, cuja conduta (ação ou omissão) tiver sido praticada até o dia 7 de dezembro de 2017, segue sendo considerado dano simples.

d) *Por motivo egoístico ou com prejuízo considerável à vítima*: motivo egoístico é aquele de natureza pessoal, apresentando maior reprovabilidade (p.ex.: danificar bem alheio por vingança pessoal). Na aferição do considerável prejuízo sofrido pela vítima, deve-se ter em conta suas condições financeiras. Um prejuízo equivalente a um salário mínimo pode ser pequeno para algumas pessoas, mas será considerável para muitas. Quando o prejuízo é ínfimo, o fato é atípico, pelo princípio da insignificância.

9. PENA E AÇÃO PENAL

A pena é de um a seis meses de detenção, ou multa (infração de menor potencial ofensivo), no caso de dano simples.

Em sendo qualificado, a sanção passa a ser de detenção de seis meses a três anos, ou multa; não se trata, portanto, de crime de pequeno potencial ofensivo, embora admita a suspensão condicional do processo (art. 89 da Lei n. 9.099/95).

A ação penal é privada no tipo básico (*caput*) e no qualificado pelo motivo egoístico ou considerável prejuízo da vítima (parágrafo único, IV); nos demais casos, a ação é pública incondicionada (art. 167).

ART. 164 – INTRODUÇÃO OU ABANDONO DE ANIMAIS EM PROPRIEDADE ALHEIA

1. DISPOSITIVO LEGAL

Introdução ou abandono de animais em propriedade alheia

Art. 164. Introduzir ou deixar animais em propriedade alheia, sem consentimento de quem de direito, desde que o fato resulte prejuízo:

Pena – detenção, de 15 (quinze) dias a 6 (seis) meses, ou multa.

2. VALOR PROTEGIDO (OBJETIVIDADE JURÍDICA)

O objeto da tutela penal (objetividade jurídica) é a propriedade ou a posse de imóvel.

3. TIPO OBJETIVO

Introduzir equivale a fazer ingressar (conduta positiva - ação) e *deixar* significa largar ou soltar (conduta negativa - omissão). Nesse caso, pressupõe-se o livre ingresso no imóvel alheio e posterior abandono do animal. A propriedade deve necessariamente pertencer a outrem. Embora a lei se refira a animais, não é preciso que o agente introduza ou deixe dois ou mais semoventes, isso porque a expressão é empregada no plural para indicar o gênero (leia-se: qualquer animal).

Para que se tenha o crime, necessária se faz a ausência do consentimento do responsável pelo imóvel em que o animal foi deixado (proprietário, possuidor, administrador, caseiro etc.) e que resulte prejuízo ao dono da propriedade. "O prejuízo, na maioria dos casos, será referível a plantações ou vegetações, mas compreende o relacionado a qualquer coisa suscetível de ser danificada ou consumida pelos animais (cerca, frutos colhidos e amontoados a céu aberto, sal dos cochos etc.)"[9].

4. TIPO SUBJETIVO

O fato somente é punido na forma dolosa, razão pela qual se requer a consciência e a vontade de introduzir ou deixar o semovente, contra a vontade do responsável. Não é necessário que o sujeito deseje gerar prejuízo à vítima; é preciso, contudo, seja previsível a produção deste resultado naturalístico. Se o agente atuar com referido intuito, responderá pelo crime de dano (art. 163), o qual absorverá o delito em questão.

5. SUJEITOS DO CRIME

5.1. Sujeito ativo

O sujeito ativo pode ser qualquer pessoa (crime comum).

5.2. Sujeito passivo

O sujeito passivo é o proprietário do imóvel que sofreu o prejuízo; seu consentimento afasta a tipicidade da conduta.

6. CONSUMAÇÃO E TENTATIVA

6.1. Consumação

A realização integral típica dá-se apenas com o efetivo prejuízo ao dono do imóvel onde o animal foi deixado. Cuida-se, destarte, de crime material.

---

9 Nelson Hungria, op. cit., 3. ed., v. III, p. 113.

6.2. Tentativa

Para Hungria, o crime em estudo não admite a tentativa, uma vez que a lei condiciona o prejuízo ao dono para a existência do ilícito penal (sem ele, o fato é atípico).

Cézar Bitencourt, entretanto, discorda desse entendimento e, ao que nos parece, com razão. A infração contida no art. 164 do CP configura delito plurissubsistente, sendo possível imaginar que uma pessoa tente ingressar com animais em imóvel alheio, sendo previsível o prejuízo que esta atitude provocaria, sendo impedida de consumar o fato (isto é, a entrada dos semoventes), por circunstâncias alheias à sua vontade[10].

7. CLASSIFICAÇÃO JURÍDICA

Crime de forma ou ação livre (pode ser praticado por qualquer meio), comum (qualquer pessoa pode cometê-lo), material (consuma-se com o resultado naturalístico), de dano ou lesão (exige lesão ao bem tutelado para fins de consumação), instantâneo (seu resultado ocorre instantaneamente, sem prolongar-se no tempo), unissubjetivo ou de concurso eventual (admite cometimento por uma só pessoa ou várias, em concurso) e plurissubsistente (seu *iter criminis* permite fracionamento).

8. AÇÃO PENAL

A sanção penal é de detenção, de quinze dias a seis meses, ou multa (infração de menor potencial ofensivo – Lei n. 9.099/95).

A ação penal é privada (art. 167), salvo quando o sujeito passivo for a União, Estado ou Município, por conta do art. 24, § 2º, do CPP.

ART. 165 – DANO EM COISA DE VALOR ARTÍSTICO, ARQUEOLÓGICO OU HISTÓRICO

De acordo com o art. 165 do CP, constitui crime: "destruir, inutilizar ou deteriorar coisa tombada pela autoridade competente em virtude de seu valor artístico, arqueológico ou histórico" (pena – detenção, de seis meses a dois anos, e multa).

A norma encontra-se tacitamente revogada pelo art. 62 da Lei n. 9.605/98, que pune com pena de reclusão, de um a três anos, e multa, aquele que "destruir, inutilizar ou deteriorar: I – bem especialmente protegido por lei, ato administrativo ou decisão judicial; II – arquivo, registro, museu, biblioteca, pinacoteca, instalação científica ou similar protegido por lei, ato administrativo ou decisão judicial". Se o crime for culposo, a pena é de seis meses a um ano, sem prejuízo da multa (parágrafo único).

---

[10] *Código Penal comentado*, p. 640.

ART. 166 – ALTERAÇÃO DE LOCAL ESPECIALMENTE PROTEGIDO

No art. 166 do CP, pune-se quem "alterar, sem licença da autoridade competente, o aspecto de local especialmente protegido por lei" (pena – detenção, de um mês a um ano, ou multa), norma tacitamente revogada pelo art. 63 da Lei n. 9.605/98, que possui a seguinte descrição típica: "Alterar o aspecto ou estrutura de edificação ou local especialmente protegido por lei, ato administrativo ou decisão judicial, em razão de seu valor paisagístico, ecológico, turístico, artístico, histórico, cultural, religioso, arqueológico, etnográfico ou monumental, sem autorização da autoridade competente ou em desacordo com a concedida: pena – reclusão de 1 (um) a 3 (três) anos, e multa".

Capítulo V

DA APROPRIAÇÃO INDÉBITA (ARTS. 168 A 170)

INTRODUÇÃO

O presente capítulo cuida dos crimes de apropriação indébita, os quais eram tratados, na legislação criminal pretérita, como modalidades de furto. Ao tempo das Ordenações do Reino, não se punia a apropriação indébita como delito autônomo, o mesmo ocorrendo nos Códigos Penais de 1830 (art. 258) e 1890 (art. 331).

O Código descreve cinco espécies de apropriação indébita: a) a apropriação indébita propriamente dita (art. 168); b) a apropriação indébita previdenciária (art. 168-A); c) a apropriação de coisa havida por erro, caso fortuito ou força maior (art. 169, *caput*); d) a apropriação de tesouro (art. 169, parágrafo único, I); e) a apropriação de coisa achada (art. 169, parágrafo único, II).

Registre-se que há leis especiais que contêm tipos específicos de apropriação indébita. É o caso, por exemplo, do Estatuto do Idoso, que define como infração penal o ato de "apropriar-se de ou desviar bens, proventos, pensão ou qualquer outro rendimento do idoso, dando-lhes aplicação diversa da de sua finalidade: Pena – reclusão de 1 (um) a 4 (quatro) anos e multa" (art. 102 da Lei n. 10.741, de 2003).

ART. 168 – APROPRIAÇÃO INDÉBITA

1. DISPOSITIVO LEGAL

Apropriação indébita

Art. 168. Apropriar-se de coisa alheia móvel, de que tem a posse ou a detenção:

Pena – reclusão, de 1 (um) a 4 (quatro) anos, e multa.

Aumento de pena

§ 1º A pena é aumentada de um terço, quando o agente recebeu a coisa:

I – em depósito necessário;

II - na qualidade de tutor, curador, síndico, liquidatário, inventariante, testamenteiro ou depositário judicial;

III - em razão de ofício, emprego ou profissão.

2. VALOR PROTEGIDO (OBJETIVIDADE JURÍDICA)

Objeto da tutela penal (objetividade jurídica) são a propriedade e a posse de coisas móveis.

3. TIPO OBJETIVO

A ação ou omissão que consubstancia o delito é a *apropriação*, assim entendida como a conduta daquele que *legitimamente* detém algum objeto, em nome alheio, e, a partir de um dado momento, passa a agir como se dono fosse.

Para que se configure o delito em estudo exigem-se os seguintes *requisitos*: *1º) posse ou detenção lícitas e desvigiadas; 2º) boa-fé ao ingressar na posse ou detenção do bem; 3º) inversão do ânimo da posse.*

O ofendido deve entregar o bem ao agente de forma livre e espontânea (se houver fraude na entrega, configura-se o estelionato; se ocorrer violência ou grave ameaça à pessoa, roubo).

Além disso, *sua posse deve ser desvigiada*, caso contrário cometerá furto (o sujeito que vai a uma locadora de filmes e se apodera de um DVD, levando-o sem que ninguém perceba, comete furto - muito embora tenha tido a posse do bem, esta era vigiada; caso ele alugue o DVD, e se negue a restituí-lo, agindo como dono, pratica apropriação indébita).

O *sujeito ingressar na posse do objeto de boa-fé*, pois caso já tenha intenção, desde o início, de não devolvê-lo, pratica estelionato. Na dúvida acerca da existência ou não de boa-fé, deve-se entendê-la presente; a uma, porque a má-fé não se presume e, a duas, porque tal solução vai ao encontro do princípio *in dubio pro reo*, uma vez que a pena da apropriação é inferior à do estelionato.

A pessoa que, ao receber algum objeto por engano, perceber o equívoco, mas ficar em silêncio, e o aceitar, incorre no tipo do art. 171 (ex.: alguém recebe em sua casa um entregador de móveis trazendo um sofá e, mesmo após se dar conta de que a encomenda se destinava ao vizinho, silencia e recebe o bem); nesse caso, o silêncio equivale ao emprego de fraude. Caso o agente não se aperceba do erro e decida apropriar-se da coisa, incorrerá no tipo do art. 169, *caput* - "apropriação de coisa havida por erro".

Por fim, exige-se a inversão do título da posse sobre o objeto (*animus rem sibi habendi*). Significa dizer que o sujeito deve agir como se dono fosse. Esse comportamento dá-se de dois modos distintos: 1º) apropriação propriamente dita (ou apropriação indébita própria), quando o sujeito pratica atos de disposição, vendendo, desviando, doando, consumindo, ocultando ou alugando o bem, por exemplo; 2º) a negativa de restituição, isto é, quando a vítima requer a devolução do bem e a pessoa se nega a fazê-lo (nesse caso, não se admite a tentativa).

Não há confundir o crime de apropriação indébita com o de disposição de coisa alheia como própria (art. 171, § 2º, I). Neste, o objeto material pode ser coisa móvel ou imóvel; naquele, só bens móveis. Além disso, na apropriação o sujeito tem a posse ou detenção legítimas da coisa, o que não se verifica na disposição de coisa alheia como própria, em que não se tem, sequer, a posse do objeto.

Embora os bens fungíveis, por definição, possam ser substituídos por outros da mesma espécie, qualidade e quantidade, admite-se sejam eles objeto material de apropriação indébita[1].

Se alguém receber um cofre trancado, com a incumbência de transportá-lo e, em vez disso, arrombá-lo para se apropriar dos valores ali contidos, pratica furto qualificado (pelo rompimento de obstáculo) e não o crime do art. 168, porquanto a posse do continente, entregue cerrado, não induz à posse de seu conteúdo (Hungria).

3.1. Direito de retenção e de compensação

Nesses casos, não há crime, mas exercício regular de um direito. O *ius retentionis* e o *ius compensationis* são disciplinados pelo novo Código Civil. Têm direito de retenção, por exemplo, o locatário (arts. 571, parágrafo único, e 578); o depositário (art. 644); o mandatário (art. 681); o comissário (art. 708); o transportador (art. 742); o possuidor de boa-fé por benfeitorias úteis e necessárias (art. 1.219); o credor pignoratício (art. 1.433).

O direito de compensação, por sua vez, encontra-se regulado nos arts. 368 e seguintes do Código Civil.

---

[1] Cf. STJ, REsp 880.870/PR, rel. Min. Félix Fischer, 5ª T., j. 15-3-2007, e AgRg no AREsp 528.420/MS, rel. Min. Jorge Mussi, 5ª T., j. 20-2-2018; e também TJRS, AP 70067007757, rel. Des. José Conrado Kurtz de Souza, 7ª CCr, j. 12-5-2016. Advirta-se, no entanto, que se o agente recebeu tal bem como objeto de contrato de mútuo (arts. 586 e s. do CC) ou de depósito (arts. 627 e s. do CC), nunca cometerá a infração penal em apreço, porquanto nesses casos dá-se a transferência de domínio (arts. 587 e 645), ou seja, a pessoa terá o objeto na condição de dono e possuidor (*RSTJ* 32/369-70). "(...) Restando comprovado que o réu se apropriou dolosa e indevidamente de coisa alheia móvel, de que tinha a posse como depositário judicial, impõe-se a condenação pela prática do crime do art. 168, § 1.º, II, do CP. 2. Se restou constatado que o agente tinha pleno conhecimento da ilicitude de seu ato, não deve ser acolhida, portanto, a invocação de erro de proibição. 3. **A alegação de fungibilidade dos bens, bem como e propriedade daqueles, não se presta a afastar a tipicidade da conduta daquele que, estando na posição de depositário judicial, alienou os bens sem autorização para tanto** (...)" (TJMG, ApCr 1.0377.11.001959-5/001, rel. Des. Paulo Cézar Dias, 3ª CCr, j. 14-4-2020; grifo nosso).

4. TIPO SUBJETIVO

A apropriação indébita consubstancia crime doloso, requerendo-se consciência e vontade de realizar os elementos objetivos do tipo penal. Exige-se, ademais, o elemento subjetivo específico consistente no *animus* de ter a coisa como sua, dela se apoderando definitivamente ou exaurindo a utilidade a que se destina (*animus rem sibi habendi*).

A pessoa que recebe a posse de um bem, dele se utiliza sem autorização do dono, mas o restitui ao proprietário ("apropriação indébita de uso"), não incorre no delito em estudo, justamente pela ausência do *animus rem sibi habendi* (ex.: alguém deixa uma câmera de vídeo no conserto e o funcionário a utiliza para filmar sua festa de aniversário, devolvendo-a posteriormente intacta ao proprietário).

5. SUJEITOS DO CRIME

5.1. Sujeito ativo

A apropriação indébita constitui crime comum; o sujeito ativo será aquele que estiver na posse ou detenção lícitas da coisa alheia móvel. Em se tratando de funcionário público, que detiver o bem em razão de sua função, haverá peculato-apropriação (art. 312, *caput*, do CP).

"O condômino, sócio ou coerdeiro que faz exclusivamente sua a coisa comum, que se acha na sua posse, é sujeito ativo de apropriação indébita; mas, se se trata de coisa fungível, e a apropriação se limita à quota que cabe ao agente, não ocorre o crime, pois em tal caso inexiste lesão ou possibilidade de lesão patrimonial"[2].

5.2. Sujeito passivo

O sujeito passivo é o proprietário do bem.

6. CONSUMAÇÃO E TENTATIVA

6.1. Consumação

Cuida-se de *crime material*, cuja consumação depende do resultado naturalístico, no caso, a inversão do ânimo da posse, é dizer, no exato momento em que o agente resolve ter o bem como seu, *visando a transformar a posse ou detenção em domínio.* Será preciso, entretanto, que pratique algum ato concreto indicando tal intenção, como atos de disposição ou a negativa de restituição.

---

[2] Nelson Hungria, *Comentários ao Código Penal*, 3. ed., v. VII, p. 140.

A posterior restituição do bem ou a reparação dos danos produzidos, deve-se anotar, não exclui o crime ou extingue a punibilidade[3], mas pode ensejar a redução da pena, nos termos do art. 16 do CP (arrependimento posterior).

O momento consumativo, como se sabe, é determinante na fixação da competência territorial, já que, nos termos do art. 70 do CPP, a ação penal deve ser ajuizada no foro correspondente ao local da produção do resultado típico. Em se tratando de apropriação indébita, deve prevalecer, para tais efeitos, o local em que o agente transforma sua posse em propriedade, conduta que se traduz de diversas formas, como, por exemplo, o local em que o agente entrega a terceiro, como forma de pagamento de dívida por ele contraída, o bem que lhe fora emprestado pelo ofendido[4].

6.2. Tentativa

Admite-se, de outra parte, a tentativa, quando, por exemplo, a despeito da inversão da posse, a vítima consegue recuperar o bem na hora e no local marcado. Em se tratando de negativa de restituição, não há como se caracterizar o *conatus proximus* (isto é, a tentativa); ou o agente entrega o bem, e não há crime, ou se recusa a fazê-lo, consumando o delito.

7. CLASSIFICAÇÃO JURÍDICA

Crime de forma ou ação livre (pode ser praticado por qualquer meio), comum (qualquer pessoa pode cometê-lo), material (consuma-se com o resultado naturalístico – inversão do ânimo da posse), de dano ou lesão (exige lesão ao bem tutelado para fins de consumação), instantâneo (seu resultado ocorre instantaneamente, sem prolongar-se no tempo), monossubjetivo ou de concurso eventual (admite cometimento

---

[3] Cf. STJ, HC 488.055/PR, rel. Min. Joel Ilan Paciornik, 5ª T., j. 19-2-2019, e AgRg no AREsp 828.271/SC, rel. Min. Sebastião Reis Júnior, 6ª T., j. 19-4-2016.

[4] Nesse sentido: "CONFLITO NEGATIVO DE COMPETÊNCIA. PENAL. APROPRIAÇÃO INDÉBITA EM RAZÃO DO OFÍCIO, EMPREGO OU PROFISSÃO. TRANSPORTE DE CARGA DE UM ESTADO DA FEDERAÇÃO PARA OUTRO. CONSUMAÇÃO DO DELITO.

INDETERMINAÇÃO. COMPETÊNCIA DETERMINADA PELA PREVENÇÃO. CONFLITO CONHECIDO. COMPETÊNCIA DO JUÍZO SUSCITADO. – É certo que o delito de apropriação indébita se consuma no momento em que ocorre a inversão da posse do bem, ou seja, no momento em que o agente decide se apossar da coisa com *animus domini*. – No caso dos autos, não existem elementos suficientes para se aferir o momento exato da consumação do delito, razão pela qual a competência para futura ação penal deverá ser determinada pela prevenção, nos termos do art. 70, § 3º, do Código de Processo Penal. Precedentes. Conflito conhecido para declarar competente o Juízo de Direito da 2ª Vara Criminal de Blumenau – SC, o suscitado" (CC 133.495/PI, rel. Min. Ericson Maranho (Desembargador convocado do TJSP), 3ª S., j. 25-2-2015, *DJe* de 5-3-2015).

por uma só pessoa ou várias, em concurso) e plurissubsistente (seu *iter criminis* permite fracionamento; salvo na modalidade "negativa de restituição").

8. APROPRIAÇÃO INDÉBITA AGRAVADA OU CIRCUNSTANCIADA (ART. 168, § 1º)

Tradicionalmente a doutrina se refere ao delito previsto no art. 168, § 1º (que na verdade deveria ser *parágrafo único*, diante da ausência de outros), como apropriação indébita "qualificada"; ocorre que o dispositivo não induz a novos limites abstratos de pena, mas implica uma causa de aumento. Trata-se, portanto, de apropriação indébita *agravada ou circunstanciada*.

A pena será exasperada em um terço quando o agente recebeu a coisa:

a) *Em depósito necessário*: prevalece na doutrina o entendimento de que o inciso I apenas se aplica a uma das modalidades de depósito necessário, o *miserável* (efetuado em ocasião de calamidade - art. 647, II, do CC).

b) *Na qualidade de tutor, curador, síndico, liquidatário, inventariante, testamenteiro ou depósito judicial*: desse rol taxativo exclui-se a figura do liquidatário, extinta pela Lei de Falências; onde se lê "síndico", leia-se "administrador judicial da falência"[5].

c) *Em razão de ofício, emprego ou profissão*: se o objeto for recebido em razão de função pública, há peculato. Assim, por exemplo, comete o crime de apropriação indébita previsto no art. 168, § 1º, III, do CP, o advogado que se apropria de valores depositados em sua conta-corrente por parte da ofendida para fins de pagamento de dívida bancária por ela contraída[6] ou de valores creditados em sua conta-corrente, referentes a precatório devido à cliente, sem fazer o devido repasse[7].

As causas de aumento mencionadas nas letras "b" e "c" têm caráter pessoal e, em razão disso, não se comunicam a eventuais coautores ou partícipes do crime, nos termos do art. 30 do CP[8].

---

5 STJ, REsp 1.552.919-SP, rel. Min. Reynaldo Soares da Fonseca, 5ª T., j. 24-5-2016 (noticiado no *Informativo STJ*, n. 584).

6 STJ, RHC 53.728/DF, rel. Min. Ribeiro Dantas, 5ª T., j. 18-10-2016.

7 STJ, RHC 93.195/SP, rel. Min. Jorge Mussi, 5ª T., j. 24-4-2018.

8 "Não se comunica a causa de aumento, prevista no § 1º do art. 168 do CP (receber coisa alheia móvel em razão do ofício, emprego ou profissão), por caracterizar circunstância de caráter pessoal, que não é elementar do crime, não se tratando de elemento normativo constitutivo. 5. Na hipótese, o crime de apropriação indébita ocorreu por ter havido a posse do bem pelos agentes, que dele se apropriaram ilicitamente. Nota-se que é essa a exigência do tipo penal para configuração do crime (elementar), o que demonstra que o fato de ser um dos corréus empregado da empresa vítima (circunstância de caráter pessoal) não integra o fato típico fundamental, razão pela qual não se comunica tal circunstância subjetiva, justamente por não se caracterizar como elementar" (STJ, HC 385.475/SP, rel. Min. Maria Thereza de Assis Moura, 6ª T., j. 9-3-2017).

9. APROPRIAÇÃO INDÉBITA PRIVILEGIADA (ART. 170)

Conforme determina o art. 170, aplica-se à apropriação indébita o disposto no art. 155, § 2º, do CP, ou seja, quando o agente for primário e de pequeno valor a coisa, o juiz deverá substituir a pena de reclusão por detenção, reduzir a pena de um a dois terços ou aplicar somente a multa.

Nesse ponto, remete-se o leitor ao estudo da figura do furto privilegiado (art. 155, item 16, *supra*).

Calha registrar que a existência da forma privilegiada não impede o reconhecimento do princípio da insignificância ao delito em apreço[9]. Recomenda-se, todavia, extrema cautela para não confundir "pequeno valor", o qual caracteriza o privilégio, com "insignificância", que resulta na atipicidade material da conduta. Lembre-se que o Supremo Tribunal Federal tem adotado quatro *vetores* (critérios objetivos) *para a aplicação do princípio da insignificância*. São eles: (a) *a mínima ofensividade da conduta*; (b) *seu baixo grau de reprovabilidade*; (c) *a inexpressividade da lesão ao bem jurídico*; (d) *a ausência de periculosidade social da ação*.

Repise-se que traçar linha divisória entre o que se entende por privilégio e o que se pode considerar insignificante não é tarefa simples. Não concordamos, em particular, com a larga aplicação que o princípio vem recebendo, notadamente de parte dos tribunais superiores, orientação que, desprezando a relevância jurídica de uma série de comportamentos ilícitos, deixa-os indevidamente à margem do Direito Penal. Muito embora estejamos de acordo quanto ao argumento de que a decisão não deva ser pautada por critérios exclusivamente econômicos (a primariedade do agente, por

---

9 "RECURSO ESPECIAL. PENAL. APROPRIAÇÃO INDÉBITA DE RELÓGIO DE PULSO AVALIADO EM SETENTA REAIS. CRIME DE BAGATELA. APLICABILIDADE DO PRINCÍPIO DA INSIGNIFICÂNCIA. IRRESIGNAÇÃO MINISTERIAL IMPROVIDA. 1. Segundo a jurisprudência do Supremo Tribunal Federal, o princípio da insignificância tem como vetores a mínima ofensividade da conduta do agente, a nenhuma periculosidade social da ação, o reduzido grau de reprovabilidade do comportamento e a inexpressividade da lesão jurídica provocada. 2. Hipótese de apropriação indébita de um relógio de pulso, avaliado em R$ 70,00 (setenta reais). 3. O fato de existirem circunstâncias de caráter pessoal desfavoráveis, tais como maus antecedentes criminais ou reincidência, não são óbices, por si sós, ao reconhecimento do princípio da insignificância. 4. Recurso especial improvido" (STJ, REsp 1.102.105, rel. Min. Jorge Mussi, *DJe* de 3-8-2009). Registre-se, todavia, que em nosso sentir, a despeito dos respeitáveis argumentos em sentido contrário, situações como a retratada no acórdão não atendem aos pressupostos necessários para a consideração de que o fato constitui delito de bagatela e, por conta disso, deveria ser considerado penalmente típico. Não se pode confundir diminuto com irrisório. Um bem avaliado em R$ 70,00 (setenta reais) pode não ter grande expressão econômica, mas daí a dizê-lo ínfimo há um abismo digno de nota. Repise-se que, em outros países, inclusive do bloco europeu, de poder aquisitivo superior ao brasileiro, a aplicação da insignificância é reduzida a situações de indiscutível inexpressividade econômica, como a lesão patrimonial inferior ao valor facial da menor cédula em circulação no país.

exemplo, merece consideração), no tocante a delitos patrimoniais, este deve ser o principal norte. Em nosso sentir, a análise da casuística tanto da Suprema Corte quanto do Superior Tribunal de Justiça revela uma aparente confusão entre algo insignificante e de diminuto ou reduzido valor. Vale recordar, novamente, o critério adotado por José Faria da Costa, à luz da legislação penal lusitana, que reduz a bagatela, em matéria de crimes patrimoniais, a bens cuja expressão econômica não exceda ao correspondente ao valor da menor cédula em circulação no país no momento do fato.

10. APROPRIAÇÃO INDÉBITA CONTRA IDOSO

Consoante havíamos lembrado na introdução ao capítulo em estudo, o art. 102 do Estatuto do Idoso (Lei n. 10.741, de 1º-10-2003) tipifica a conduta de apropriar-se ou desviar bens, proventos, pensão ou qualquer outro rendimento do idoso, dando-lhes aplicação diversa da de sua finalidade, apenando-a com reclusão de um a quatro anos, e multa.

11. PENA E AÇÃO PENAL

A pena é de um a quatro anos de reclusão, e multa. O fato constitui crime de ação penal pública incondicionada, razão pela qual a iniciativa de ingressar com a demanda penal incumbe ao Ministério Público, que o fará independentemente de autorização do ofendido ou de terceiros.

ART. 168-A – APROPRIAÇÃO INDÉBITA PREVIDENCIÁRIA

1. DISPOSITIVO LEGAL

Apropriação indébita previdenciária

Art. 168-A. Deixar de repassar à previdência social as contribuições recolhidas dos contribuintes, no prazo e forma legal ou convencional:

Pena – reclusão, de 2 (dois) a 5 (cinco) anos, e multa.

§ 1º Nas mesmas penas incorre quem deixar de:

I – recolher, no prazo legal, contribuição ou outra importância destinada à previdência social que tenha sido descontada de pagamento efetuado a segurados, a terceiros ou arrecadada do público;

II – recolher contribuições devidas à previdência social que tenham integrado despesas contábeis ou custos relativos à venda de produtos ou à prestação de serviços;

III – pagar benefício devido a segurado, quando as respectivas cotas ou valores já tiverem sido reembolsados à empresa pela previdência social.

§ 2º É extinta a punibilidade se o agente, espontaneamente, declara, confessa e efetua o pagamento das contribuições, importâncias ou valores e presta as informações devidas à previdência social, na forma definida em lei ou regulamento, antes do início da ação fiscal.

§ 3º É facultado ao juiz deixar de aplicar a pena ou aplicar somente a de multa se o agente for primário e de bons antecedentes, desde que:

I – tenha promovido, após o início da ação fiscal e antes de oferecida a denúncia, o pagamento da contribuição social previdenciária, inclusive acessórios; ou

II – o valor das contribuições devidas, inclusive acessórios, seja igual ou inferior àquele estabelecido pela previdência social, administrativamente, como sendo o mínimo para o ajuizamento de suas execuções fiscais.

§ 4º A faculdade prevista no § 3º deste artigo não se aplica aos casos de parcelamento de contribuições cujo valor, inclusive dos acessórios, seja superior àquele estabelecido, administrativamente, como sendo o mínimo para o ajuizamento de suas execuções fiscais.

2. VALOR PROTEGIDO (OBJETIVIDADE JURÍDICA)

O art. 168-A do CP, introduzido por meio da Lei n. 9.983/2000, visa à tutela da previdência social, gerida e administrada pela União. Cuida-se, bem por isso, de crime sujeito à competência da Justiça Federal, em razão do art. 109, IV, da CF.

É oportuno destacar que a previdência constitui direito social, conforme declara o art. 6º da nossa Constituição. É de ver, ainda, que os arts. 194 e 195 do Texto Maior cuidam da seguridade social (que abrange a previdência, a saúde e a assistência social). Sua magnitude no plano jurídico (e social), ademais, assegura-lhe o *status* necessário para figurar como valor penalmente tutelado[10].

Discute-se, em doutrina, se a proteção conferida refere-se ao patrimônio da previdência ou a esta, como um todo[11]. Significa dizer, trata-se de defender os cofres da União, no que toca ao caixa da previdência ou a garanti-la enquanto atividade inerente ao Estado Democrático e Social de Direito?

O *locus* em que a infração penal encontra-se inserida, ou seja, o Título II da Parte Especial do Código Penal, fornece-nos a resposta; ou seja, sua catalogação no rol

10 "A instituição da seguridade social, em face da relevância que lhe foi emprestada pela Constituição da República, identifica-se como bem jurídico de valor extremamente significativo, no rol elencado na Carta Magna, e deve merecer até mesmo a tutela penal, se sofrer ataques de alto grau de lesividade" (Maria Rocha Thereza Assis Moura e Marta Saad, *Código Penal e sua interpretação jurisprudencial*, p. 849).

11 Alberto Silva Franco pondera que "o bem jurídico protegido não se circunscreve apenas aos interesses patrimoniais da previdência, enquanto fonte arrecadadora da seguridade social; cinge-se, sim, à própria seguridade social enquanto instituição central da política social do Estado Democrático e Social de Direito, merecedora de dignidade penal e, em determinadas situações, necessitada de tutela dessa ordem" (apud Maria Rocha Thereza Assis Moura e Marta Saad, op. cit., p. 853).

dos crimes contra o patrimônio não deixa dúvidas que se cuida da salvaguarda dos *cofres* da previdência social. É evidente, não obstante, que ao voltar-se o Direito Penal à defesa de seu patrimônio, busca, em última análise, garantir o seu custeio e, portanto, que ela tenha condições de cumprir os fins a que se destina.

3. TIPO OBJETIVO

3.1. Art. 168-A, *caput*

A conduta nuclear consubstancia-se no ato de *deixar de repassar* a contribuição previdenciária devidamente recolhida dos segurados. Note que, embora se trate de comportamento omissivo, já que a lei penal descreve um *non facere*, pressupõe-se uma conduta positiva anterior, consistente no recolhimento do tributo. Isto é, o segurado efetua o recolhimento perante uma instituição bancária, por exemplo, e esta, *uma vez recebido o crédito*, torna-se obrigada a repassá-lo ao Estado.

O objeto material é a contribuição previdenciária.

O dispositivo, ademais, se traduz em norma penal em branco, à medida que faz alusão a que a omissão deva ter se verificado dentro do prazo e na forma legal ou convencional. Conforme esclarece Wellington Cláudio Pinho de Castro, "normalmente, as contribuições destinadas ao custeio da previdência são recolhidas nas instituições bancárias (Lei 8.212/91, art. 60), que, por força de convênios celebrados com o INSS, dispõem de prazo para repassarem os valores aos cofres da previdência. Daí a alusão do dispositivo ao prazo convencional"[12]. Advirta-se que não só instituições bancárias se encarregam deste recolhimento, mas também o fazem as casas lotéricas, as quais devem repassá-lo aos cofres públicos, no prazo e forma legal ou convencional.

3.2. Art. 168-A, § 1º, I

Pune-se aquele que deixar de "recolher, no prazo legal, contribuição ou outra importância destinada à previdência social que tenha sido descontada de pagamento efetuado a segurados, a terceiros ou arrecadada do público".

O dispositivo refere-se ao ato praticado pelo substituto tributário, isto é, o sujeito encarregado de recolher a contribuição ou a importância dirigida à previdência social, que descontou de pagamento ao segurado, a terceiros ou a arrecadou do público.

Assim, por exemplo, o empregador deve descontar da remuneração de seu empregado a contribuição previdenciária e, posteriormente, recolher o montante, destinando-o à receita pública.

---

[12] Apropriação indébita previdenciária. *Revista da Associação dos Juízes Federais do Brasil*, ano 19, n. 63, p. 304, apud Maria Rocha Thereza Assis Moura e Marta Saad, op. cit., p. 856.

3.3. Art. 168-A, § 1º, II

O delito em questão consiste em deixar de "recolher contribuições devidas à previdência social que tenham integrado despesas contábeis ou custos relativos à venda de produtos ou à prestação de serviços".

Odonel Urbano Gomes esclarece que "a contribuição devida pelo empregador (20% sobre a folha de remuneração, acrescidos do percentual relativo ao seguro acidente de trabalho) é levada em consideração no cálculo para a fixação do preço do produto, uma vez que se constitui despesa operacional. O não recolhimento dessa contribuição, devida pelo empregador, desde que tenha integrado os custos (o que em regra ocorre), constitui o procedimento delituoso previsto..."[13].

Cumpre à acusação demonstrar, neste caso, de que forma e em que medida os valores devidos à previdência social compuseram as despesas contábeis ou os custos ligados à venda de produtos ou à prestação de serviços, algo que, em termos práticos, é quase impossível de se fazer.

3.4. Art. 168-A, § 1º, III

Pune-se quem deixar de "pagar benefício devido a segurado, quando as respectivas cotas ou valores já tiverem sido reembolsados à empresa pela previdência social".

A norma incriminadora retrata situações em que os benefícios deveriam ser pagos diretamente pela empresa ao segurado, que é reembolsada pelo Estado; isto é, o empregador apropria-se da verba de seguridade social destinada ao beneficiário.

4. TIPO SUBJETIVO

A apropriação indébita previdenciária configura, em todas as suas formas, *crime doloso*, exigindo-se, destarte, consciência e vontade de realizar os elementos objetivos do tipo.

Discute-se, todavia, se é suficiente o dolo ou se há, ao seu lado, que se exigir *elemento subjetivo específico* (*animus rem sibi habendi*). *Pacificou-se, em nossos tribunais superiores, o entendimento no sentido da desnecessidade*: "(...) O delito de apropriação indébita previdenciária constitui crime omissivo próprio, que se perfaz com a mera omissão de recolhimento da contribuição previdenciária dentro do prazo e das formas legais, prescindindo, portanto, do dolo específico (...)"[14].

---

13 *Seguridade social comentada*, p. 74, apud Guilherme de Souza Nucci, *Código Penal comentado*, p. 777.

14 STJ, AgRg no AREsp 1.332.809/SP, rel. Min. Laurita Vaz, 6ª T., j. 6-11-2018. Ver também STJ, AgRg no REsp 1.070.139, rel. Min. Jane Silva (Desembargadora convocada), 6ª T., *DJe* de 2-2-2009, e STJ, AgRg no REsp 1.426.882/AL, rel. Min. Reynaldo Soares da Fonseca, 5ª T., j. 22-9-2015, *DJe* de 30-9-2015, e AgRg no REsp 1.858.911/PR, rel. Min. Jorge Mussi, 5ª T., j. 13-4-2020.

É de ver, contudo, que não parece ser esta a melhor exegese. Explica-se: em primeiro lugar, deve-se ter em mente que a Lei n. 9.983/2000 deslocou o tipo penal da Lei n. 8.212/91 e o inseriu no Código Penal, como forma de apropriação indébita, tornando-o *specie* de um *genus*. O crime do art. 168 do CP, como se sabe, somente se perfaz quando o sujeito atua com *animus rem sibi habendi*, motivo pelo qual a mesma conclusão deve se transportar para o art. 168-A do CP.

Além disso, como bem destaca Guilherme Nucci, sem referido elemento, a infração se tornaria de mera conduta, transformando-se a lei penal em verdadeiro instrumento de cobrança: "Assim, o devedor que, mesmo sem intenção de se apropriar da contribuição, deixasse de recolhê-la a tempo, ao invés de ser executado pelas vias cabíveis, terminaria criminalmente processado e condenado. Haveria nítida inconstitucionalidade da figura típica, pois a Constituição veda prisão civil por dívida, e o legislador, criando um modelo legal de conduta proibida sem qualquer *animus rem sibi habendi*, estaria buscando a cobrança de uma dívida civil através da ameaça de sancionar penalmente o devedor"[15].

5. SUJEITOS DO CRIME

5.1. Sujeito ativo

O sujeito ativo da infração penal é o substituto tributário, isto é, a pessoa encarregada de recolher e, no prazo e forma legal ou convencional, repassar o valor correspondente à contribuição previdenciária aos cofres do INSS (crime próprio). Na hipótese do § 1º, III, o empregador responsável por pagar ao segurado o benefício devido, quando tenha sido devidamente reembolsado pela previdência social.

5.2. Sujeito passivo

É o Estado, por meio do Instituto Nacional da Seguridade Social. O lesado (ou prejudicado com o crime), contudo, são os beneficiários da previdência social, ou seja, as pessoas a quem se destinam os recursos empregados no respectivo sistema.

6. CONSUMAÇÃO E TENTATIVA

6.1. Consumação

A infração consuma-se com a falta de repasse aos cofres da previdência da contribuição previdenciária recolhida pelo agente (crime material). Nas modalidades equiparadas (§ 1º), com a falta de recolhimento do tributo ou pagamento do benefício ao segurado.

15 Op. cit., p. 773-774.

A caracterização definitiva do ilícito penal, no entanto, condiciona-se à constituição definitiva do crédito tributário, o que pressupõe o lançamento.

Não se pode olvidar que estamos diante de hipóteses de *apropriação indébita*, motivo pelo qual, em todas as suas modalidades, a infração pressupõe que o valor devido tenha ingressado no patrimônio do sujeito ativo, o qual deixa de lhe dar a destinação devida (isto é, não recolhe o tributo à previdência social – *caput*, § 1º, I e II – ou não paga o benefício ao segurado – § 1º, III).

6.2. Tentativa

A apropriação indébita previdenciária não admite a forma tentada, posto que se trata de crime omissivo próprio.

7. CAUSA EXTINTIVA DA PUNIBILIDADE (§ 2º)

Se o agente, "espontaneamente, declara, confessa e efetua o pagamento das contribuições, importâncias ou valores e presta as informações devidas à previdência social, na forma definida em lei ou regulamento, antes do início da ação fiscal" (§ 2º), extingue-se a punibilidade.

Os *requisitos* para que se dê a perda do direito de punir do Estado são:

1º) a declaração do valor devido à previdência social;

2º) a confissão da dívida para com o órgão estatal;

3º) realização integral do pagamento das contribuições, importâncias ou valores devidos;

4º) fornecimento das informações devidas à previdência;

5º) espontaneidade do ato, entendida como a sinceridade exposta na declaração;

6º) ato praticado antes do início da ação fiscal.

A ação fiscal deve considerar-se iniciada somente quando da cientificação pessoal do contribuinte acerca de sua instauração, e não com a mera formalização, pela autoridade pública, do Termo de Início da Ação Fiscal (TIAF)[16].

8. PARCELAMENTO DO DÉBITO

Configura *causa de suspensão da pretensão punitiva estatal*, nos termos da Lei n. 10.684/2003. De acordo com seu art. 9º, "é suspensa a pretensão punitiva do Estado, referente aos crimes previstos nos arts. 1º e 2º da Lei n. 8.137, de 27 de dezembro de 1990, e nos arts. 168-A e 337-A do Decreto-Lei n. 2.848, de 7 de dezembro de 1940 – Código Penal, durante o período em que a pessoa jurídica relacionada com o agente

[16] Nesse sentido: Fernando Capez, *Curso de direito penal*: parte especial, v. 2, p. 460.

dos aludidos crimes estiver incluída no regime de parcelamento. (...) § 2º Extingue-se a punibilidade dos crimes referidos neste artigo quando a pessoa jurídica relacionada com o agente efetuar o pagamento integral dos débitos oriundos de tributos e contribuições sociais, inclusive acessórios"[17].

9. PERDÃO JUDICIAL OU PRIVILÉGIO (§ 3º)

O § 3º da disposição prevê duas hipóteses em que o juiz poderá deixar de aplicar a pena ou impor somente a multa.

Os *requisitos genéricos* para a incidência destes benefícios são *primariedade* e *bons antecedentes.*

Primário é o réu que não ostenta condenação criminal transitada em julgado anterior ao crime de apropriação indébita previdenciária. O portador de bons antecedentes, em nosso sentir, é a pessoa que não possui, contra si, passagens criminais relevantes (inquéritos policiais e processos criminais em andamento); reconhece-se, todavia, que predomina a tese de que terá bons antecedentes toda a pessoa que não possuir contra si condenação criminal transitada em julgado incapaz de torná-lo reincidente.

Há, ainda, *requisitos específicos alternativos*:

a) promover, após o início da ação fiscal e antes de oferecida a denúncia, o pagamento da contribuição social previdenciária, inclusive acessórios;

b) que o valor das contribuições devidas, inclusive acessórios, seja igual ou inferior àquele estabelecido pela previdência social, administrativamente, como sendo o mínimo para o ajuizamento de suas execuções fiscais.

Nota-se que as razões inspiradoras são inegavelmente de ordem econômica, deixando transparecer o fato de que a incriminação inspira-se na necessidade de coibir o agente a adimplir com sua obrigação tributária.

---

[17] Sobre a adesão do agente ao REFIS: "PENAL E PROCESSUAL PENAL. AGRAVO REGIMENTAL NO RECURSO ESPECIAL. APROPRIAÇÃO INDÉBITA PREVIDENCIÁRIA. EXTINÇÃO DA PUNIBILIDADE. PAGAMENTO INTEGRAL. IMPOSSIBILIDADE. PARCELAMENTO DO DÉBITO. SUSPENSÃO DA PRETENSÃO PUNITIVA E DO PRAZO PRESCRICIONAL. PRECEDENTES DO STJ. DENÚNCIA. INÉPCIA. DUPLO FUNDAMENTO. SÚMULA 283/STJ. AGRAVO IMPROVIDO. 1. Inexistindo nos autos certeza quando à quitação integral dos débitos previdenciários, incabível a extinção da punibilidade pelo pagamento apenas com base nos comprovantes juntados pelos réus. 2. A jurisprudência do Superior Tribunal de Justiça é firme no sentido de que o parcelamento do débito tributário, por meio da adesão ao Refis, quando efetivado na vigência da Lei n. 9.964/2000, apenas suspende a fluência da prescrição, não extinguindo a punibilidade, mesmo que os débitos tributários sejam anteriores ao referido diploma legal (...) 3. Assentando-se o acórdão recorrido em dupla fundamentação não abrangida em sua totalidade no recurso especial, incide a Súmula 283 do STF. 4. Agravo regimental improvido" (AgRg no REsp 1.245.008/RJ, rel. Min. Nefi Cordeiro, 6ª T., j. 15-3-2016, *DJe* de 28-3-2016).

Com relação à hipótese elencada na letra "b", o valor atualmente utilizado para se justificar o ajuizamento da execução fiscal das contribuições devidas atinge o patamar de R$ 1.000,00 (mil reais). É o que decorre do art. 4º da Portaria n. 4.910/99 do Ministério da Previdência e Assistência Social[18].

Presentes os requisitos genéricos e específicos, qual benefício deve ser aplicado? O perdão judicial ("deixar de aplicar a pena") ou o privilégio ("aplicar somente a multa")?

O elemento norteador do magistrado deve ser a análise das circunstâncias judiciais do art. 59, *caput*, do CP (culpabilidade, antecedentes, personalidade, conduta social, motivos, circunstância e consequências do crime e comportamento da vítima).

Se totalmente favoráveis tais fatores, preferir-se-á o *perdão judicial*. Cuida-se da consequência mais benéfica, pois se trata de causa extintiva da punibilidade em que o Estado-juiz, por razões de política criminal, reconhece a desnecessidade de imposição da sanção penal.

É importante lembrar que, nos termos da Súmula 18 do STJ, a sentença que o aplica tem natureza declaratória (de modo que não subsistem quaisquer efeitos da condenação – CP, arts. 91 e 92); por expressa disposição legal, ademais, a decisão que aplica o instituto não induz reincidência (CP, art. 120). Muito embora a lei afirme que o juiz "poderá" deixar de aplicar a pena, cuida-se de direito subjetivo público do acusado.

Se as circunstâncias judiciais, por outro lado, não forem inteiramente favoráveis ao acusado, deverá optar-se pelo privilégio, isto é, pela aplicação exclusiva da pena de multa.

A Lei n. 13.606, de 9 de janeiro de 2018, acrescentou ao art. 168-A o § 4º, determinando que a faculdade prevista no § 3º do dispositivo, consistente na concessão de perdão judicial ou aplicação exclusiva de multa ao réu primário e de bons antecedentes que promoveu o pagamento da contribuição social previdenciária e acessórios, após o início da ação fiscal e antes do oferecimento da denúncia, não se aplica aos casos de parcelamento de contribuições cujo valor, inclusive dos acessórios, seja superior àquele estabelecido, administrativamente, como o mínimo para o ajuizamento das execuções fiscais.

9.1. Princípio da insignificância

O STJ, há alguns anos, entendia aplicável ao delito de apropriação indébita previdenciária o princípio da insignificância. A Corte, porém, seguindo a atual orien-

---

[18] Cf. STJ, REsp 1.013.584, rel. Min. Laurita Vaz, *DJe* de 21-9-2009. E também: "*Habeas corpus*. 2. Apropriação indébita previdenciária. Princípio da insignificância. Não aplicabilidade. Valor superior ao fixado no art. 1º, I, da Lei 9.441/97. Alto grau de reprovabilidade da conduta. 3. Constrangimento ilegal não caracterizado. 4. Ordem denegada" (STF, HC 107.331, rel. Min. Gilmar Mendes, 2ª T., j. 28-5-2013).

tação do STF, reformulou seu entendimento. De acordo com os tribunais superiores, tanto no crime de apropriação indébita previdenciária quanto no de sonegação de contribuição previdenciária (CP, art. 337-A), **não há como reconhecer eventual insignificância do delito, independentemente do valor do tributo, pois esses tipos penais "protegem a própria subsistência da Previdência Social, de modo que é elevado o grau de reprovabilidade da conduta do agente que atenta contra este bem jurídico supraindividual"**[19].

10. ESGOTAMENTO DA INSTÂNCIA ADMINISTRATIVA

Nossos tribunais superiores firmaram entendimento de que nos crimes de sonegação fiscal (em sentido lato), *o esgotamento da instância administrativa é condição* sine qua non *para o ajuizamento da ação penal.* Somente com o lançamento definitivo do débito fiscal é que poderá o Ministério Público Federal ingressar com a denúncia[20].

Muito embora um setor relevante da doutrina considere que se trata de condição objetiva de punibilidade[21], o Supremo Tribunal Federal considera que se trata de verdadeiro requisito para a realização integral do tipo penal.

11. CONTAGEM DO PRAZO PRESCRICIONAL

O prazo da prescrição da pretensão punitiva inicia-se com a consumação do crime. A caracterização definitiva do ilícito dá-se com a efetiva constituição do crédito tributário, o que somente ocorre com seu lançamento definitivo, não sendo possível, até então, sequer promover o ajuizamento da ação penal (*vide* item 10, *supra*). Por tal razão, parece-nos aplicável, também ao crime de apropriação indébita previdenciária, a orientação firmada pelo Supremo Tribunal Federal relativa aos crimes de sonegação fiscal em que *somente quando do mencionado lançamento tem início o prazo prescricional.*

Explica-se: de acordo com o Pretório Excelso as instâncias penal e administrativa, embora distintas, devem ser consideradas interdependentes nos ilícitos penais

---

19 Veja, nesse sentido, STJ, AgRg no REsp 1.783.334/PB, rel. Min. Laurita Vaz, 6ª T., j. 7-11-2019.

20 Assim a jurisprudência: "(...) É pacífico na jurisprudência desta Corte, a partir do quanto assentado pelo Plenário do STF, (...), que o crime do art. 168-A do Código Penal é material, e, por força do princípio da isonomia, sujeita-se ao enunciado 24 da Súmula Vinculante do Pretório Excelso (Não se tipifica crime material contra a ordem tributária, previsto no art. 1º, incisos I a IV, da Lei n. 8.137/90, antes do lançamento definitivo do tributo). 3. *Habeas corpus* não conhecido. Ordem concedida, de ofício, a fim de determinar o trancamento da ação penal (com voto vencido)" (HC 270.027/RS, rel. Min. Rogério Schietti Cruz, rel. para o acórdão Min. Maria Thereza de Assis Moura, 6ª T., j. 5-8-2014). Ver também: STJ, AgRg no AREsp 1.463.919/SE, rel. Min. Ribeiro Dantas, 5ª T., j. 25-6-2019.

21 Veja, por todos, Guilherme Nucci, op. cit., p. 776.

relativos a sonegação fiscal, de modo que a ação penal somente pode ser proposta uma vez constituído, definitivamente, o crédito tributário[22]. Além disso, em se tratando de delitos materiais, em que a produção do resultado naturalístico figura como *conditio sine qua non* para a consumação, o término da ação fiscal, com a inscrição dos valores na dívida ativa, passou a ser visto como parte integrante da infração penal[23]. Desde então, tem predominado em nossos Tribunais Superiores a tese de que somente com a conclusão da instância administrativa é que o crime se aperfeiçoa, correndo daí o prazo prescricional[24].

Repise-se que contribuição previdenciária é espécie de tributo e, como tal, também tem seu resultado material identificado com a constituição definitiva do crédito em favor do Fisco (situação que requer o esgotamento da instância administrativa).

Anote-se que o agente que deixa de efetuar o recolhimento da contribuição previdenciária por mais de um mês, seguidamente, comete tantos delitos quantos forem os tributos sonegados, configurando-se a continuidade delitiva. Conforme fixou o STJ: "A apropriação indébita previdenciária é crime instantâneo e unissubsistente, sendo a mera omissão de recolhimento da contribuição previdenciária dentro do prazo e das formas legais suficiente para a caracterização da continuidade delitiva"[25].

---

22 Entendimento firmado no julgamento do HC 77.002, rel. ex-Ministro Nelson Jobim.

23 Orientação consagrada no acórdão do HC 81.611, rel. ex-Ministro Sepúlveda Pertence.

24 Confira-se, a respeito, no STF, RHC 132.706 AgR, rel. Min. Gilmar Mendes, 2ª T., j. 21-6-2016. E ainda, no STJ: "O crime de apropriação indébita previdenciária, tendo em vista sua natureza material, não se configura enquanto não lançado definitivamente o crédito, impedindo o início da contagem do prazo prescricional" (EDcl nos EDcl no AgRg no AREsp 509.929/SP, rel. Min. Nefi Cordeiro, 6ª T., j. 27-11-2018) e "Esta Corte Superior de Justiça possui entendimento consolidado no sentido de que, 'o termo inicial da contagem do prazo prescricional do crime de apropriação indébita previdenciária, tipificado no art. 168-A do Código Penal, é a data de sua consumação, que se dá com a constituição definitiva do crédito tributário, com o exaurimento da via administrativa. [...] 5. *Habeas corpus* não conhecido' (HC n. 394.228/MG, 5ª T., rel. Min. Ribeiro Dantas, *DJe* 11-10-2017, grifei). Agravo desprovido" (AgRg no REsp 1.733.654/SP, rel. Min. Félix Fischer, 5ª T., j. 7-8-2018).

25 Entre outros: AgRg no REsp 1574813/PR, rel. Min. Reynaldo Soares da Fonseca, 5ª T., j. 28-6-2016, *DJe* de 1º-8-2016. Ainda, de acordo com o STJ: "É possível o reconhecimento da continuidade delitiva de crimes de apropriação indébita previdenciária (art. 168-A do CP), bem como entre o crime de apropriação indébita previdenciária e o crime de sonegação previdenciária (art. 337-A do CP) praticados na administração de empresas distintas, mas pertencentes ao mesmo grupo econômico" (*vide* AgRg no REsp 1396259/RS, rel. Min. Reynaldo Soares da Fonseca, 5ª T., j. 17-3-2016, *DJe* de 30-3-2016). Em sentido contrário: "(...) Os delitos de apropriação indébita previdenciária e de sonegação de contribuição previdenciária, previsto nos arts. 168-A e 337-A, ambos do Código Penal, embora sejam do mesmo gênero, são de espécies diversas, porquanto os tipos penais descrevem condutas absolutamente distintas. II – Esta Corte Superior tem entendimento consolidado no sentido de que é impossível o reconhecimento da continuidade delitiva entre crimes de espécies distintas. Precedentes. Agravo regimental desprovido (...)" (STJ, AgRg no AREsp 1.172.428/SP, rel. Min. Felix Fischer, 5ª T., j. 12-6-2018).

12. CLASSIFICAÇÃO JURÍDICA

Cuida-se de crime próprio (porquanto demanda qualidade especial do sujeito ativo), omissivo próprio ou puro (o preceito primário descreve um *non facere*), material (sua consumação encontra-se condicionada à produção do resultado naturalístico: a falta de repasse da contribuição previdenciária, seu recolhimento ou pagamento ao segurado e, aplicando-se a orientação do Supremo Tribunal Federal quanto aos crimes tributários, com a inscrição definitiva do débito na dívida ativa), monossubjetivo ou de concurso eventual (pode ser cometido por uma ou várias pessoas em concurso) e unissubsistente (seu *iter criminis* não admite fracionamento).

13. PENA E AÇÃO PENAL

A pena é de reclusão, de dois a cinco anos, e multa. O fato, em todas as suas modalidades, constitui crime de ação penal pública incondicionada.

ART. 169, *CAPUT* - APROPRIAÇÃO DE COISA HAVIDA POR ERRO, CASO FORTUITO OU FORÇA DA NATUREZA

1. DISPOSITIVO LEGAL

Apropriação de coisa havida por erro, caso fortuito ou força da natureza

Art. 169. Apropriar-se alguém de coisa alheia vinda ao seu poder por erro, caso fortuito ou força da natureza:

Pena – detenção, de 1 (um) mês a 1 (um) ano, ou multa.

2. VALOR PROTEGIDO (OBJETIVIDADE JURÍDICA)

A objetividade jurídica é a inviolabilidade do patrimônio.

3. TIPO OBJETIVO

De modo semelhante ao delito do art. 168, a conduta punível é a *apropriação de coisa alheia móvel* (seja por meio da apropriação propriamente dita, seja por intermédio da negativa de restituição), razão pela qual valem aqui as mesmas considerações feitas quando do estudo da apropriação indébita.

De peculiar, entretanto, há o fato de que o ofendido não entregou o bem de livre e espontânea vontade ao agente, pois este obteve a posse ou detenção do objeto em virtude de *erro*, *caso fortuito* ou *força maior*.

Convém recordar que, se houver intenção de apropriar-se desde o início, há estelionato (ex.: alguém recebe um objeto entregue por engano, percebe o equívoco e silencia, fazendo o entregador crer que se trata da pessoa certa). Tipifica-se o crime do art. 171, ademais, quando o sujeito ativo induz a vítima ao erro.

Há crime quando o *erro – falsa percepção da realidade* – incide sobre a pessoa (um indivíduo é confundido com outro), sobre a coisa (há confusão ou troca de objetos) ou, ainda, sobre a obrigação de entregar o bem. Entende-se haver crime até mesmo quando o erro recai sobre a quantidade ou qualidade da coisa (ex.: o agente efetua saque bancário de importância a maior depositada por engano).

O *caso fortuito e a força da natureza* indicam situações em que o bem ingressou na posse do agente involuntariamente. Bem por isso, a doutrina, inspirada em Hungria, acentua a redundância da disposição legal, que se bastaria com a referência ao fortuito. Exemplos: bois pertencentes a fazenda vizinha derrubam uma cerca e ingressam no pasto de outrem (caso fortuito), que deles se apropria; por ocasião de uma enchente (força da natureza), móveis de uma pessoa são levados ao terreno de outra, que se nega a devolvê-los.

4. TIPO SUBJETIVO

A apropriação de coisa havida por erro, caso fortuito ou força da natureza constitui crime doloso. Requer-se, ademais, o elemento subjetivo específico, traduzido na vontade consciente de ter o bem como seu, portando-se como se *dominus* fosse (ou seja, o *animus rem sibi habendi*).

5. SUJEITOS DO CRIME

5.1. Sujeito ativo

Qualquer um pode ser sujeito ativo (crime comum), salvo o proprietário do bem. O condômino, sócio ou coproprietário, de igual modo, podem cometê-lo, desde que não se trate de coisa fungível.

5.2. Sujeito passivo

O sujeito passivo, de sua parte, será o titular do bem apropriado.

6. CONSUMAÇÃO E TENTATIVA

6.1. Consumação

Dá-se a realização integral típica quando o agente passa a portar-se como se dono fosse, seja negando-se a restituir o objeto, seja praticando condutas características de seu proprietário, como a venda do bem.

Eventual ressarcimento do bem ou restituição da coisa, depois de consumada a infração, poderá produzir, em favor do agente, o benefício do art. 16 do CP (arrependimento posterior) ou, caso o ato ocorra depois do recebimento da denúncia ou da queixa, aquele previsto no art. 65, III, *c*, parte final (atenuante genérica).

6.2. Tentativa

É admissível, embora de difícil configuração, salvo na modalidade negativa de restituição, em que o ato caracterizador do crime é unissubsistente.

7. PRIVILÉGIO

Aplica-se ao sujeito ativo do crime, quando primário, de bons antecedentes e a coisa for de pequeno valor (até um salário mínimo), a benesse do art. 155, § 2º, do CP, a cujo estudo se remete o leitor.

8. CLASSIFICAÇÃO JURÍDICA

Crime de forma ou ação livre (pode ser praticado por qualquer meio), comum (qualquer pessoa pode cometê-lo), material (consuma-se com o resultado naturalístico – inversão do ânimo da posse), de dano ou lesão (exige lesão ao bem tutelado para fins de consumação), instantâneo (seu resultado ocorre instantaneamente, sem prolongar-se no tempo), unissubjetivo ou de concurso eventual (admite cometimento por uma só pessoa ou várias, em concurso) e, de regra, plurissubsistente (seu *iter criminis* permite fracionamento, salvo na modalidade "negativa de restituição").

9. PENA E AÇÃO PENAL

A pena é de detenção, de um mês a um ano, ou multa (infração de menor potencial ofensivo – Lei n. 9.099/95). A ação penal, pública incondicionada.

ART. 169, PARÁGRAFO ÚNICO, I – APROPRIAÇÃO DE TESOURO

1. DISPOSITIVO LEGAL

Apropriação de tesouro

Art. 169. (...)

Parágrafo único. Na mesma pena incorre:

I – quem acha tesouro em prédio alheio e se apropria, no todo ou em parte, da quota a que tem direito o proprietário do prédio.

2. VALOR PROTEGIDO (OBJETIVIDADE JURÍDICA)

A objetividade jurídica é a inviolabilidade do patrimônio, notadamente no que se refere à quota do tesouro pertencente ao dono do local onde foi encontrado.

3. TIPO OBJETIVO

Pune-se, assim como nos arts. 168 e 169, *caput*, a *apropriação*, vale dizer, a conduta de quem pratica atos de disposição ou se nega a entregar o bem, fazendo-se passar por *dominus*.

Cabe ressaltar, no tocante a esse delito, que o objeto material será exclusivamente a quota-parte do tesouro pertencente ao dono do prédio ou bem móvel em que ele foi encontrado.

De outra parte, é fundamental que o encontro do tesouro seja casual, sob pena de incorrer o agente no crime de furto.

Consoante dispõe o Código Civil, sendo encontrado casualmente em prédio alheio depósito antigo de moeda ou coisas preciosas, enterrado ou oculto, de cujo dono não haja memória, dividir-se-á o tesouro por igual entre o proprietário do prédio e aquele que o encontrou (inventor) – art. 1.264. Note, ademais, que se o tesouro for encontrado pelo próprio dono do prédio, algum funcionário ou pesquisador a seu mando ou terceiro não autorizado, pertencerá integralmente ao senhor do imóvel (art. 1.265). Além disso, quando o encontro se dá em terreno aforado, deverá ser dividido igualmente entre o inventor e o enfiteuta (art. 1.266).

Ressalte-se, ademais, que se alguém provar que os objetos encontrados lhe pertencem, não se haverá falar em tesouro.

Importante lembrar, por fim, que o encontro de pedras preciosas em imóvel alheio, ali inseridas na condição de depósito geológico natural, não configura tesouro e gera a obrigação de entregá-las (todas) ao dono do solo, cometendo furto quem delas se apoderar.

4. TIPO SUBJETIVO

Estamos diante de crime doloso que, inserindo-se como modalidade de apropriação indébita, requer *animus rem sibi habendi*.

Se o agente encontrar o tesouro e desconhecer que tem a obrigação legal de entregar metade ao proprietário do prédio ou móvel em que se encontrava, agirá em erro de proibição (art. 21 do CP), afastando (se inevitável) ou reduzindo (se evitável) sua culpabilidade.

5. SUJEITOS DO CRIME

5.1. Sujeito ativo

Qualquer um pode ser sujeito ativo (crime comum), salvo o proprietário ou o enfiteuta.

5.2. Sujeito passivo

O sujeito passivo, contudo, será o titular da quota-parte do tesouro apropriado.

6. CONSUMAÇÃO E TENTATIVA

6.1. Consumação

A infração estará consumada quando o agente, depois de encontrar o tesouro, deixar de entregá-lo ao proprietário, o que se demonstrará com a realização de atos, por parte do sujeito ativo, em que ele se porte na condição de proprietário.

6.2. Tentativa

É admissível, de vez que se trata de infração plurissubsistente, embora de difícil configuração; lembre-se que na modalidade negativa de restituição, em que o ato caracterizador do crime é unissubsistente, não caberá o *conatus*.

7. PRIVILÉGIO

Conforme dissemos nos comentários ao art. 169, *caput*, aplica-se ao sujeito ativo do crime, quando primário, de bons antecedentes e a coisa for de pequeno valor (até um salário mínimo), a benesse do art. 155, § 2º, do CP, a cujo estudo se remete o leitor.

8. CLASSIFICAÇÃO JURÍDICA

Cuida-se de crime de forma ou ação livre (pode ser praticado por qualquer meio), comum (qualquer pessoa pode cometê-lo), material (consuma-se com o resultado naturalístico – ou seja, apropriação do tesouro), de dano ou lesão (exige lesão ao bem tutelado para fins de consumação), instantâneo (seu resultado ocorre instantaneamente, sem prolongar-se no tempo), unissubjetivo ou de concurso eventual (admite cometimento por uma só pessoa ou várias, em concurso) e plurissubsistente (seu *iter criminis* permite fracionamento).

9. PENA E AÇÃO PENAL

A pena é a mesma do *caput*, ou seja, de um mês a um ano, ou multa (infração de menor potencial ofensivo – Lei n. 9.099/95). A ação penal é pública incondicionada.

ART. 169, PARÁGRAFO ÚNICO, II – APROPRIAÇÃO DE COISA ACHADA

1. DISPOSITIVO LEGAL

Apropriação de coisa achada

Art. 169. (...)

Parágrafo único. Na mesma pena incorre:

(...)

II – quem acha coisa alheia perdida e dela se apropria, total ou parcialmente, deixando de restituí-la ao dono ou legítimo possuidor ou de entregá-la à autoridade competente, dentro no prazo de 15 (quinze) dias.

2. VALOR PROTEGIDO (OBJETIVIDADE JURÍDICA)

O objeto da tutela penal (objetividade jurídica) é a inviolabilidade do patrimônio.

3. TIPO OBJETIVO

Há crime quando o agente, encontrando coisa alheia móvel *perdida* (*res desperdicta*), dela se apropria, seja praticando ato típico de disposição, como venda, consumo, doação etc., seja negando-se a restituir o bem ao seu legítimo proprietário ou à autoridade, policial ou judiciária (Novo CPC, art. 746), no prazo de quinze dias.

Tratando-se de coisa abandonada (*res derelicta*) ou de ninguém (*res nullius*), não há crime[26].

Quando o bem apropriado, contudo, foi *esquecido* por seu proprietário, isto é, foi este acometido de lapso de memória, ou abandonado por algum ladrão (em fuga, p. ex.), entende-se haver crime de furto (há posição jurisprudencial minoritária no sentido de que se trata do crime em análise).

---

[26] Nesse sentido, "(...) trata de coisa abandonada ou, ao menos, há dúvida insuperável para que assim não seja. A *res derelicta* não é objeto de crime, não se configurando quer o furto, quer a receptação, quer a apropriação de coisa achada" (TJRS, AP 70014238281, rel. Des. Luís Carlos Ávila de Carvalho Leite, 8ª CCr, j. 7-6-2006).

4. TIPO SUBJETIVO

O fato é punido exclusivamente sob a forma dolosa, exigindo-se, destarte, vontade de se apropriar do bem e a consciência de que o objeto constitui coisa alheia perdida. É necessário o *animus rem sibi habendi* (elemento subjetivo específico)

Se o agente supõe, equivocadamente, que se trata de coisa abandonada (*res derelicta*) ou de ninguém (*res nullius*), não comete crime, afastando-se o dolo de seu comportamento, vez que presente o erro de tipo (CP, art. 20, *caput*).

É possível, ainda, que alguém, ciente de se tratar de coisa perdida, dela se aproprie, desconhecendo por completo a obrigação legal de devolvê-la ao proprietário ou entregá-la, em quinze dias, à autoridade (lembre-se do dito popular: "achado não é roubado, quem perdeu é relaxado"). Ter-se-á, neste caso, erro sobre a existência de uma proibição legal (erro de proibição). O sujeito, embora tenha plena noção da realidade objetiva e haja com intenção de se apropriar do objeto, o faz de boa-fé (se houver má-fé, exclui-se o erro). Parece-nos necessário distinguir duas hipóteses: 1ª) aquele que encontra o objeto perdido e se apropria de imediato, sem sequer procurar o dono, desconhecendo a obrigação de devolvê-lo, incorre em erro de proibição evitável (vencível ou inescusável) e, por esse motivo, responde pelo crime, embora com culpabilidade atenuada, fazendo-se merecedor de uma redução de pena, de um sexto a um terço (CP, art. 21; se agir de má-fé, vale dizer, apropriar-se sabendo que deve restituir ao *dominus*, não há falar-se em erro); 2ª) se a pessoa acha a coisa perdida, procura o dono mas não o encontra e, passados quinze dias ou mais, decide tê-la para si, sem supor a existência do dever de entregá-la à autoridade, pode-se falar em erro de proibição inevitável (invencível ou escusável), o qual isentará o agente de pena (posto que exclui a culpabilidade, afastando o elemento potencial consciência da ilicitude).

5. SUJEITOS DO CRIME

5.1. Sujeito ativo

Trata-se de crime comum, que pode ser cometido por qualquer pessoa, salvo, obviamente, o proprietário da *res desperdicta*.

5.2. Sujeito passivo

O sujeito passivo é o proprietário da coisa achada.

6. CONSUMAÇÃO E TENTATIVA

6.1. Consumação

Em matéria de consumação, valem as mesmas observações feitas com relação às demais formas de apropriação, cabendo acrescentar que, no delito em estudo, exige-se, ademais, o decurso do prazo de quinze dias sem que se dê a devolução do bem ao proprietário ou sua entrega à autoridade competente (policial ou judiciária, observando-se o disposto no art. 746 do Novo CPC – Lei n. 13.105/2015).

A consumação pode antecipar-se, no entanto, se mesmo antes desse prazo for realizado algum ato característico de disposição do bem, como venda, consumo etc.

6.2. Tentativa

É admissível, embora de difícil configuração.

7. PRIVILÉGIO

Conforme dissemos no estudo do art. 169, *caput*, aplica-se ao sujeito ativo do crime, quando primário, de bons antecedentes e a coisa for de pequeno valor (até um salário mínimo), a benesse do art. 155, § 2º, do CP, a cujos comentários se remete o leitor.

8. CLASSIFICAÇÃO JURÍDICA

Sua classificação jurídica é idêntica à das demais formas de apropriação previstas no art. 169 do CP, devendo-se acrescentar, somente, que a apropriação de coisa achada constitui crime de conduta mista (o *iter criminis* inicia-se com uma ação, mas a consumação dá-se com uma omissão; salvo quando ocorrer anterior comportamento revelador do *animus rem sibi habendi*, como a venda do bem).

9. PENA E AÇÃO PENAL

Pune-se com detenção de um mês a um ano, ou multa (infração de menor potencial ofensivo – Lei n. 9.099/95). O delito se procede por denúncia do Ministério Público, independentemente da vontade de terceiros (crime de ação penal pública incondicionada).

Capítulo VI

DO ESTELIONATO E OUTRAS FRAUDES (ARTS. 171 A 179)

"Duas ainda são as maneiras com as quais se pode fazer injustiça: a violência e a fraude; a fraude é própria da raposa e a violência do leão; ambas são contrárias à natureza humana, mas a fraude desperta maior repulsão"[1].

INTRODUÇÃO

O Capítulo VI do Título II dedica-se à tipificação de delitos patrimoniais em que a fraude constitui elemento fundamental da conduta típica. O sujeito passivo é despojado de seus bens depois de seduzido pela sagacidade do agente, que o induz a erro, prejudicando sua percepção da realidade.

O vocábulo estelionato origina-se, etimologicamente, de *stellionatu* (ou seja, pertencente ou relativo ao *stellio* ou *Laudakia stellio*, espécie de lagarto que muda de cor para iludir os insetos dos quais se alimenta[2]).

A incriminação dessa conduta remonta à Antiguidade. Em nossas terras, desde as Ordenações Afonsinas se pune semelhante atitude, conforme se via no seu Livro V, Título LXXXIIII (*sic*), denominado "Dos bulrooes, e inlizadores". De semelhante conteúdo as Ordenações Manuelinas (Livro V, Título LXV, "Dos Bulrões, e Inliçadores") e as Filipinas (Livro V, Título LXV, "Dos burlões e inliçadores e dos que se levantam com fazenda alheia").

Os Códigos Penais (1830 e 1890) o denominavam estelionato, mas com definição típica diversa da atual (depois de uma fórmula genérica, nossas leis penais anteriores continham numerosa casuística).

[1] Cícero (106-43 a.C.), *De officiis*, Livro I, Capítulo 41.

[2] Cf. Pedro Franco de Campos et al. *Direito penal aplicado*, p. 143.

1. DISPOSITIVO LEGAL

Estelionato

Art. 171. Obter, para si ou para outrem, vantagem ilícita, em prejuízo alheio, induzindo ou mantendo alguém em erro, mediante artifício, ardil, ou qualquer outro meio fraudulento:

Pena – reclusão, de 1 (um) a 5 (cinco) anos, e multa.

§ 1º Se o criminoso é primário, e é de pequeno valor o prejuízo, o juiz pode aplicar a pena conforme o disposto no art. 155, § 2º.

2. VALOR PROTEGIDO (OBJETIVIDADE JURÍDICA)

O objeto da tutela penal (objetividade jurídica) é a inviolabilidade do patrimônio. Protege-se, ainda, um interesse social traduzido na boa-fé e na confiança recíproca que deve nortear as relações patrimoniais[3].

3. TIPO OBJETIVO

A conduta típica prevista no dispositivo em exame consiste em *obter* (isto é, ganhar, alcançar, conseguir, atingir) *vantagem ilícita*, em *prejuízo alheio, induzindo ou mantendo a vítima em erro*, mediante *artifício, ardil, ou outro meio fraudulento*.

Há três requisitos para que se dê a figura típica do estelionato:

1º) *Que a vítima seja induzida ou mantida em erro.*

É indiferente, portanto, que o agente tenha levado a vítima a incidir em equívoco ou que se tenha aproveitado de erro no qual o ofendido incorreu espontaneamente.

2º) *Que o agente se utilize*, como meio executório, *de fraude*.

Como modalidades de fraude o legislador menciona o emprego de *artifício* (isto é, algum aparato material ou disfarce para modificar o aspecto de um objeto qualquer e enganar a vítima), *ardil* (vale dizer, a conversa enganosa, o engodo, a insídia) ou

---

[3] Maria Thereza Rocha Assis Moura e Marta Saad ponderam que esta figura penal tem natureza pluriofensiva, já que além de lesar o patrimônio, também ofenderia a fé pública (*Código penal e sua interpretação jurisprudencial*, p. 875). Parece-nos, contudo, que não se pode atribuir ao estelionato tal característica, já que, muito embora boa parcela de sua casuística encontre-se relacionada com a utilização de algum documento falsificado (ficando o crime de falsidade absorvido pelo patrimonial, nos termos da Súmula 17 do STJ), são numerosos os exemplos em que a sagacidade do agente dá-se por meio de ardil (conversa enganosa), o qual conduz o ofendido ao erro e permite que este se veja despojado de seu patrimônio.

outro meio fraudulento (como o silêncio, a mentira etc.). O Código se utiliza da técnica da interpretação analógica, em que há uma fórmula genérica ("meio fraudulento"), antecedida de hipóteses casuísticas. Graças a essa técnica, pode-se considerar estelionato, por exemplo, o engodo realizado por meio da internet[4].

Importante ressaltar que o meio de execução deve ser apto a enganar alguém, sob pena de ter-se um crime impossível (CP, art. 17).

3º) *Que procure obter vantagem ilícita, para si ou para outrem, em prejuízo alheio.*

A conduta do sujeito ativo deve se orientar à obtenção da vantagem ilícita em prejuízo de terceiro. Entende-se por *vantagem* qualquer acréscimo de cunho econômico ou não ao agente. Predomina o entendimento de que deve ter caráter patrimonial, notadamente em razão da natureza do crime e de sua inserção no Título II da Parte Especial. Cézar Bitencourt, todavia, esclarece que, do mesmo modo como no crime do art. 159 (extorsão mediante sequestro), no qual a lei penal não especificou a natureza da vantagem pretendida, idêntica conclusão deve-se extrair da dicção do art. 171: "O argumento de que a natureza econômica da vantagem é necessária, pelo fato de o estelionato estar localizado no Título que disciplina os crimes contra o patrimônio, além de inconsistente, é equivocado. Uma coisa não tem nada a ver com a outra: os crimes contra o patrimônio protegem a inviolabilidade patrimonial da sociedade em geral e da vítima em particular, o que não se confunde com a vantagem ilícita conseguida pelo agente. Por isso, não é a *vantagem* obtida que deve ter natureza econômica; o *prejuízo* sofrido pela vítima é que deve ter essa qualidade"[5].

A vantagem deve ser *ilícita*, ou seja, contrária ao Direito, sob pena de ver-se configurado o exercício arbitrário das próprias razões (CP, art. 345).

O prejuízo objetivado deve ter natureza concreta, significando qualquer dano à vítima capaz de trazer vantagem ao autor.

Registre-se, por fim, que a cartomancia, os passes espirituais, a bruxaria etc., tratando-se de atividades sem fins lucrativos ou vinculadas a alguma religião, não constituem crime, em função do dogma constitucional da liberdade de culto. Tais condutas não caracterizam, sequer, contravenção penal (o art. 27 da LCP – exploração da credulidade pública – foi revogado pela Lei n. 9.521/97).

3.1. Fraude civil e penal

Deve-se ter cautela para não caracterizar como estelionato ilícitos puramente civis. Por vezes, as partes empregam malícia na elaboração de algum negócio jurídico,

4 É o que se dá quando alguém faz anúncio de produto ou serviço inexistente por meio da rede mundial de computadores, comprometendo-se a entregar o bem ou o serviço mediante o pagamento antecipado e, mesmo após a concretização deste, não cumpre o prometido.

5 *Código Penal comentado*, p. 673.

fato que, por si só, não enseja enquadramento penal. Isso somente ocorreria se uma das partes objetivasse algum fim ilícito, extrapolando os limites da esperteza comercial.

Não há critério seguro para diferenciar a fraude civil da penal. Hungria, depois de enumerar diversas teorias a respeito, concluía que o método mais seguro consistia na pesquisa de eventual dolo *ab initio*, ou seja, de uma ideia preconcebida de descumprir o avençado[6].

Consoante pondera Cézar Bitencourt, todavia, "não há natureza ontológica entre *fraude civil* e *fraude penal*, sendo insuficientes todas as teorias que – sem negar-lhes importância – procuraram estabelecer *in abstracto* um princípio que as distinguisse com segurança"[7]. Preconiza o autor, destarte, que não se pode atribuir aos critérios doutrinários relativos ao tema caráter absoluto, somente podendo deles se cogitar como fatores capazes de elucidar a aplicação da lei penal nos casos concretos.

3.2. Torpeza bilateral

A torpeza bilateral – que ocorre quando a vítima também visa algum fim ilícito – não exclui o crime, embora o agente dela se aproveite com o escopo de inibir o ofendido a comunicar o fato à autoridade policial. Exemplos: o "conto da guitarra", no qual se vende uma "máquina de fazer dinheiro"; o "conto do bilhete premiado", em que o agente alega possuir um bilhete de loteria sorteado, mas diz encontrar-se numa situação de extrema necessidade e urgência (a vítima, então, compra o bilhete falso por preço vil, em comparação com o suposto prêmio).

3.3. Mendicância

Discutia-se, anteriormente, se a atitude de pedintes, que mentiam sobre sua condição para impressionar as pessoas e delas receber algum valor, configurava estelionato. O comportamento, quando não ultrapassasse da simples mendicância, subsumia-se ao art. 60, parágrafo único, *a*, da LCP – mendicância mediante meio fraudulento. Ocorre, entretanto, que tal incriminação não se mostrava compatível com a Constituição Federal, por punir simples opção de vida. De qualquer modo, a discussão encontra-se superada, pois a Lei n. 11.983, de 16-7-2009, revogou expressamente o art. 60 da LCP.

4. TIPO SUBJETIVO

O estelionato somente é punido na forma dolosa; exige-se, ademais, um *elemento subjetivo específico*, consistente na intenção de obter vantagem ilícita *para si ou para outrem*. Cuida-se do *animus rem sibi habendi* ou do *animus lucri faciendi*.

---

6 *Comentários ao Código Penal*, 3. ed.

7 *Código Penal comentado*, p. 670.

5. SUJEITOS DO CRIME

5.1. Sujeito ativo

O estelionato é crime comum; pode, assim, ser cometido por qualquer pessoa.

É de ver, contudo, que em se tratando de empresário que procure lesar seus credores, antes ou depois da falência, sua conduta pode caracterizar crime falimentar (art. 168 da Lei n. 11.101, de 2005)[8].

5.2. Sujeito passivo

É o titular do patrimônio lesado e aquele que foi enganado, que podem não ser a mesma pessoa. É preciso haver uma *vítima determinada* (ou determinado grupo de pessoas); caso contrário poderá configurar-se o crime contra a economia popular (Lei n. 1.521/51) ou contra a ordem econômica (Lei n. 8.176/91). Assim, por exemplo, adulteração de balança em açougue ou de bomba de gasolina, por serem condutas com vítimas indeterminadas, não configuram estelionato (mas delito contra a economia popular e contra a ordem econômica, respectivamente).

A vítima, ademais, deve possuir capacidade de discernimento. Por esse motivo, caso o sujeito passivo seja criança ou deficiente mental, a conduta do agente se subsumirá ao crime do art. 173 do CP. No caso de ébrio em estado de letargia (coma alcoóli-

---

[8] "Art. 168. Praticar, antes ou depois da sentença que decretar a falência, conceder a recuperação judicial ou homologar a recuperação extrajudicial, ato fraudulento de que resulte ou possa resultar prejuízo aos credores, com o fim de obter ou assegurar vantagem indevida para si ou para outrem. Pena – reclusão, de 3 (três) a 6 (seis) anos, e multa.

Aumento da pena

§ 1º A pena aumenta-se de um sexto a um terço, se o agente: I – elabora escrituração contábil ou balanço com dados inexatos; II – omite, na escrituração contábil ou no balanço, lançamento que deles deveria constar, ou altera escrituração ou balanço verdadeiros; III – destrói, apaga ou corrompe dados contábeis ou negociais armazenados em computador ou sistema informatizado; IV – simula a composição do capital social; V – destrói, oculta ou inutiliza, total ou parcialmente, os documentos de escrituração contábil obrigatórios.Contabilidade paralela

§ 2º A pena é aumentada de um terço até metade se o devedor manteve ou movimentou recursos ou valores paralelamente à contabilidade exigida pela legislação.Concurso de pessoas

§ 3º Nas mesmas penas incidem os contadores, técnicos contábeis, auditores e outros profissionais que, de qualquer modo, concorrerem para as condutas criminosas descritas neste artigo, na medida de sua culpabilidade.Redução ou substituição da pena

§ 4º Tratando-se de falência de microempresa ou de empresa de pequeno porte, e não se constatando prática habitual de condutas fraudulentas por parte do falido, poderá o juiz reduzir a pena de reclusão de um terço a dois terços ou substituí-la pelas penas restritivas de direitos, pelas de perda de bens e valores ou pelas de prestação de serviços à comunidade ou a entidades públicas."

co), a lesão ao seu patrimônio caracterizará crime de furto (salvo se o sujeito provocou referido estado, hipótese em que responderá por roubo impróprio – art. 157, § 1º).

No caso de estelionato contra idoso, ou seja, pessoa com idade igual ou superior a 60 (sessenta) anos, a pena do crime é aplicada em dobro, tendo em vista o § 4º do art. 171 do CP, incluído pela Lei n. 13.228, de 28-12-2015. É fundamental que o sujeito ativo saiba (ou deva saber) que se trata o ofendido de pessoa idosa, pois, do contrário, dar-se-á o erro de tipo (CP, art. 20, *caput*): imagine que a vítima, por sua aparência jovial, não pareça aos olhos dos demais ser idosa; nesse caso, subsiste o crime contra ela cometido, mas não terá aplicação o aumento previsto no § 4º. Vale lembrar que a exasperante requer seja a vítima idosa já ao tempo da ação ou omissão (tendo em vista a teoria da atividade adotada no art. 4º do CP) e não apenas no momento do resultado.

6. CONSUMAÇÃO E TENTATIVA

6.1. Consumação

Trata-se de *crime material*, cuja consumação depende da ocorrência do resultado naturalístico, ou seja, *da obtenção da vantagem ilícita e do efetivo prejuízo alheio* (resultado duplo). Como asseverava Hungria, "sem o binômio *proveito ilícito-prejuízo alheio*, o que pode apresentar-se é a *tentativa* de estelionato"[9].

A jurisprudência dos tribunais superiores, há muito tempo, firmou o entendimento de que a realização integral deste crime se dá no momento em que o agente obtém a vantagem indevida[10], pois, conforme dissemos, com este se dá a produção do resultado naturalístico.

A partir do ano de 2016, aproximadamente, o STJ passou a entender, em alguns julgados, que o delito em apreço se consumaria não no instante da obtenção da vantagem indevida, mas no momento do efetivo prejuízo da vítima. A Corte, todavia, em movimento aparentemente pendular, foi restabelecendo o entendimento anterior, no sentido de que a consumação se opera no momento e no local da obtenção da vantagem indevida (posição que nos parece acertada), o que restou fixado recentemente[11].

Assim, a título de ilustração, seguem alguns exemplos comuns na jurisprudência:

a) vítima que, iludida pelo engodo, realiza a transferência bancária

A consumação se dá no momento em que o valor é transferido para a agência destinatária, ou seja, no instante em que a quantia é creditada na conta do autor do fato[12].

---

[9] Op. cit., 3. ed., p. 227.

[10] Súmulas 48 e 244 do STJ.

[11] CC 169.053/DF, rel. Min. Sebastião Reis Júnior, 3ª S., j. 11-12-2019, noticiado no *Informativo* n. 663.

[12] STJ, AgRg no CC 171.632/SC, rel. Min. Reynaldo Soares da Fonseca, 3ª S., j. 10-6-2020.

b) ofendido que, enganado pelo ardil utilizado, efetua depósito em dinheiro em favor de terceiro

Se o ofendido, enganado pela conversa ardilosa do estelionatário, é convencido a depositar quantia em dinheiro na conta de terceiro, a consumação se dá no instante em que o valor é creditado na conta destinatária[13].

c) agente que falsifica o fólio de cheque da conta bancária do sujeito passivo descontando a cártula ("cheque clonado")

Para o STJ, contudo, no caso de estelionato praticado, mediante emprego de cheque adulterado ou falsificado ("cheque clonado"), o momento consumativo é aquele em que o banco sacado efetua o pagamento do cheque[14].

d) vítima que vende produto pela *internet* e, induzida a erro pelo agente, que simula o pagamento, envia a mercadoria

Nesse caso, o sujeito passivo é vendedor de produto pela *internet* e, induzido a erro por meio fraudulento, envia a mercadoria ao agente, sem receber o devido pagamento, consumando-se o delito com o recebimento e retirada da *res* pelo estelionatário[15].

6.2. Tentativa

Admite-se a tentativa, uma vez que se trata de crime plurissubsistente. Pode dar-se em três hipóteses: 1ª) o agente emprega a fraude, mas não consegue enganar a vítima (se a fraude for grosseira, há crime impossível - art. 17 do CP); 2ª) o agente emprega a fraude, engana a vítima, mas não consegue obter a vantagem ilícita, por circunstâncias alheias à sua vontade; 3ª) emprega-se a fraude, engana o ofendido, obtém a vantagem, mas a vítima não sofre prejuízo algum.

---

13 STJ, CC 169.960/RS, rel. Min. Joel Ilan Paciornik, 3ª S., j. 11-3-2020.

14 CC 169.053/DF, rel. Min. Sebastião Reis Júnior, 3ª S., j. 11-12-2019, noticiado no *Informativo* n. 663. No mesmo sentido: STJ, CC 161.881/CE, rel. Min. Joel Ilan Paciornik, 3ª S., j. 13-3-2019, *DJe* 25-3-2019, CC 162.076/RJ, rel. Min. Joel Ilan Paciornik, 3ª S., j. 13-3-2019, *DJe* 25-3-2019, CC 167.025/RS, rel. Min. Reynaldo Soares da Fonseca, 3ª S., j. 14-8-2019, *DJe* 28-8-2019. Ver também: TJSP, Conflito de Jurisdição n. 0006905-60.2019.8.26.0000, rel. Des. Issa Ahmed, j. 18-7-2019.

15 "(...) CONSUMAÇÃO DO DELITO (ART. 70, CPP): LOCAL DA OBTENÇÃO DA VANTAGEM ILÍCITA, QUE, NO CASO CONCRETO, CORRESPONDE AO LOCAL DE RECEBIMENTO DA MERCADORIA. (...) Já na segunda hipótese, em que a vítima é a vendedora do produto, o estelionatário aufere proveito econômico em prejuízo da vítima quando recebe a mercadoria e não chega a pagar por ela. Em tais situações, por óbvio, o local em que é obtida a vantagem ilícita é o local da retirada do produto (...)" (CC 160.053/SP, rel. Min. Reynaldo Soares da Fonseca, 3ª S., j. 22-8-2018).

7. CONFLITO APARENTE DE NORMAS

O estelionato difere dos demais crimes patrimoniais, notadamente do furto mediante fraude e da apropriação indébita.

A distinção entre estelionato e apropriação indébita reside justamente no momento em que surge o dolo. No estelionato, ele se faz presente desde o início; na apropriação, o agente ingressa na posse do bem de boa-fé e, após, decide dele apropriar-se.

No furto mediante fraude ou abuso de confiança, o agente utiliza-se do meio para reduzir a vigilância do sujeito passivo e, aproveitando-se da maior facilidade obtida, subtrair a *res*. No estelionato, o estratagema é empregado de modo que o ofendido entregue ao agente a vantagem ilícita, insciente do erro que comete[16].

Hipótese de frequente ocorrência é a do agente que falsifica documento, como meio de induzir alguém em erro, obtendo vantagem ilícita, para si ou para outrem. Exemplos: sujeito que falsifica a assinatura de um fólio de cheques, fazendo-se passar pelo titular da conta, e adquire bens em determinado estabelecimento comercial; contador que recebe quantia em dinheiro para pagar imposto e, conforme planejava desde o início, embolsa o numerário, apresentando ao cliente recibos bancários falsificados. Há várias posições sobre o assunto, predominando o entendimento sumulado do STJ de que o estelionato absorve o falso (princípio da consunção)[17].

Deve-se advertir que a súmula acima referida não se aplica, como revela seu enunciado, às situações em que a potencialidade lesiva da falsificação não se exaure no estelionato (ex.: falsificação de carteira de identidade para abertura de conta bancária ou quando o sujeito rouba um carro e, visando a obter vantagem ilícita, preenche uma folha de cheque que estava no interior do automóvel, para tentar sacar a quantia nela lançada diretamente no caixa da agência bancária[18]).

---

[16] Veja o seguinte julgado do Superior Tribunal de Justiça: "No furto mediante abuso de confiança, tem-se o bem subtraído por desatenção, uma vez que o agente, de forma fraudulenta, burla a vigilância da vítima para furtá-la. Já no estelionato, a fraude é usada como meio para obter o consentimento da vítima que, iludida, entrega voluntariamente o bem ao agente. 3. Hipótese em que a paciente se valeu da condição de enfermeira doméstica para, mediante abuso de confiança, furtar talões de cheques e utilizá-los de forma fraudulenta, restando caracterizado o crime previsto no art. 155, § 4º, II, do Código Penal. 4. *Habeas corpus* não conhecido" (STJ, HC 305.864/SC, rel. Min. Gurgel de Faria, 5ª T., j. 5-2-2015). Recorda-se, ainda, que as "condutas de inserção de dispositivo eletrônico em caixa bancário para subtração posterior de valores configura o crime de furto qualificado por fraude e não estelionato, motivo pelo qual não há falar em contrariedade à lei penal. Agravo regimental desprovido" (STJ, AgRg na RvCr 3.564/SC, rel. Min. Felix Fischer, 3ª S., j. 10-5-2017).

[17] Súmula 17 do STJ: "Quando o falso se exaure no estelionato, sem mais potencialidade lesiva, é por este absorvido".

[18] STJ, HC 309.939-SP, rel. Min. Newton Trisotto (Desembargador convocado do TJ-SC), 5ª T., j. 28-4-2015.

8. ESTELIONATO CONTRA A PREVIDÊNCIA SOCIAL

Por força de sua configuração típica, o estelionato é crime *instantâneo*.

Admite-se, porém, no caso de estelionato contra o INSS, as hipóteses de crime permanente e de crime instantâneo com efeitos permanentes.

Para o STJ, configurar-se-á crime permanente quando praticado pelo próprio beneficiário, como, por exemplo, no caso de o agente falsificar documento, com o fim de fraudar o INSS, e receber, mensalmente, benefícios indevidos. Nesta hipótese, pela ofensa reiterada ao bem jurídico, inicia-se a contagem do prazo prescricional com o último recebimento indevido[19].

Por outro lado, será crime instantâneo de efeitos permanentes o estelionato previdenciário praticado para que terceira pessoa se beneficie indevidamente, e não mais o próprio beneficiário. Neste caso, a jurisprudência caminha no sentido de que se inicia a contagem do prazo prescricional a partir da primeira parcela do pagamento relativo ao benefício indevido[20].

Na jurisprudência do STF, pacificou-se o entendimento similar ao do STJ no sentido de se cuidar de crime permanente, quando o estelionato é praticado pelo próprio beneficiário das parcelas, iniciando o prazo prescricional com o fim de sua percepção[21]. Porém, a 1ª Turma, em decisão pontual, adotou o entendimento de que o termo inicial do prazo prescricional é a data do requerimento do benefício[22].

---

[19] Nesse sentido: STJ, AgRg no AREsp 462.655/RJ, rel. Min. Nefi Cordeiro, 6ª T., j. 12-9-2017, e AgRg no AREsp 962.731/SC, rel. Min Reynaldo Soares da Fonseca, 5ª T., j. 22-9-2016.

[20] STJ, AgRg no AREsp 1.203.461/SP, rel. Min. Sebastião Reis Júnior, 6ª T., j. 5-4-2018, e RvCr 3.900/SP, rel. Min. Reynaldo Soares da Fonseca, 3ª S., j. 13-12-2017.

[21] ARE 835.894 AgR/DF, rel. Min. Rosa Weber, 1ª T., j. 5-4-2019. No mesmo sentido: "A jurisprudência deste Supremo Tribunal Federal é firme no sentido de que o crime de estelionato previdenciário de valores sujeitos à Administração Militar, quando praticado pelo próprio beneficiário das prestações, tem caráter permanente, o que fixa como termo inicial do prazo prescricional a data da cessão da permanência, devendo ser configurada, na espécie, como termo inicial para a contagem da prescrição, a data em que foi percebida a última parcela do benefício" (HC 115.975, rel. Min. Cármen Lúcia, 2ª T., j. 5-11-2013).

[22] "(...) 'Quanto à natureza do crime de estelionato contra a Previdência, é certo a matéria é ainda controvertida na jurisprudência. Assim, considerado que os tribunais superiores não firmaram entendimento pacífico sobre a matéria, estava ressalvando meu entendimento pessoal e acompanhando entendimento da Primeira Turma deste Tribunal, no sentido de que o delito é eventualmente permanente. 4. No entanto, no caso em tela, o Procurador Regional da República manifestou-se no sentido do reconhecimento da prescrição da pretensão punitiva estatal, por entender que o delito se consumou na data do requerimento do benefício previdenciário, com fundamento em um dos entendimentos jurisprudenciais da Suprema Corte a respeito do tema. 5. Nesse diapasão, o pedido ministerial foi integralmente acolhido por esta magistrada, entendimento, aliás, do qual partilho, a despeito de ressalvá-lo nas sessões de julgamento da Primeira desta Corte. 6. gravo regimental não conhecido, por ausência de interesse recursal.' 3. Agravo regimental desprovido" (ARE 725.491 AgR, rel. Min. Luiz Fux, j. 26-5-2015).

Configura, outrossim, estelionato previdenciário a conduta de terceiro que continua a perceber os valores mesmo após a morte do beneficiário, como se este fosse. Há, nesse caso, tantos estelionatos quantos forem os saques efetuados pelo agente, cometidos em continuidade delitiva (CP, art. 71)[23].

A devolução da vantagem antes do recebimento da denúncia não configura hipótese de causa extintiva de punibilidade, não se aplicando analogicamente o art. 9º da Lei 10.684/2003, mas poderá reduzir a pena de 1/3 a 2/3 pela configuração de arrependimento posterior (art. 16 do CP)[24].

9. CLASSIFICAÇÃO JURÍDICA

Consubstancia-se em crime de forma ou ação livre (pode ser praticado por qualquer meio, desde que fraudulento), comum (qualquer pessoa pode cometê-lo), material (consuma-se com o resultado naturalístico – obtenção da vantagem ilícita em prejuízo do agente), de dano ou lesão (exige lesão ao bem tutelado para fins de consumação), instantâneo (seu resultado ocorre instantaneamente, sem prolongar-se no tempo), unissubjetivo ou de concurso eventual (admite cometimento por uma só pessoa ou várias, em concurso) e plurissubsistente (seu *iter criminis* permite fracionamento).

10. PENA

A pena é de reclusão, de um a cinco anos, e multa (admite a suspensão condicional do processo – art. 89 da Lei n. 9.099/95).

O tipo penal contém duas causas de aumento de pena. De acordo com o § 3º, aumenta-se de um terço, se o crime é cometido em detrimento de entidade de direito público ou de instituto de economia popular, assistência social ou beneficência. Nos termos do § 4º, aplica-se a pena em dobro se o crime for cometido contra idoso.

11. AÇÃO PENAL

A ação penal era, na redação original do Código, de regra, pública incondicionada. Excepcionalmente, o estelionato era de ação penal pública condicionada à repre-

---

[23] STJ, AgRg no AREsp 704.989/RN, rel. Min. Jorge Mussi, 5ª T., j. 19-6-2018, e AgRg no REsp 1.466.641/SC, rel. Min. Rogerio Schietti Cruz, 6ª T., j. 25-4-2017.

[24] STJ, REsp 1.380.672-SC, rel. Min. Rogerio Schietti Cruz, 6ª T, j. 24-3-2015, noticiado no *Informativo* n. 559.

sentação. Isso ocorria somente quando o delito fosse cometido em prejuízo de cônjuge judicialmente separado; de irmão ou de tio ou sobrinho, com quem o sujeito coabita (CP, art. 182, I a III).

Com a Lei Anticrime (Lei n. 13.964/2019), porém, o estelionato, não só na modalidade fundamental (*caput*), mas também nas figuras privilegiada (§ 1º) equiparadas (§ 2º), tornou-se – via de regra – crime de ação penal pública condicionada à representação do ofendido (art. 171, § 5º, do CP).

Deve-se ponderar que modificações atinentes à natureza da ação penal têm caráter híbrido ou misto, vale dizer, possuem natureza processual (pois relativas a condições da ação) e penal (uma vez que interferem na quantidade de causas extintivas da punibilidade aplicáveis).

Com a transmudação do estelionato em crime de ação penal pública condicionada à representação, passaram a incidir duas causas extintivas do direito de punir até então inaplicáveis a ele: a decadência e a renúncia. Desse modo, sob a ótica penal, as alterações são benéficas e, portanto, retroativas. Tendo em vista, contudo, que há também o aspecto processual na mudança, não se aplicam se já houve decisão transitada em julgado. No caso de fatos anteriores à vigência da lei (23 de janeiro de 2020), deve-se aplicar, por analogia, o art. 90 da Lei n. 9.099/95, que prevê, como regra transitória, a necessidade de intimar a vítima para se manifestar em 30 dias, a fim de esclarecer se possui interesse em ver o agente processado pelo crime (isto é, se oferece representação)[25].

A 6ª Turma do STJ acolheu esse entendimento, em sentido similar ao que sustentamos[26].

Já a 5ª Turma do STJ, bem como o STF, decidiu no sentido da aplicação retroativa da exigência de representação no crime de estelionato, fixando, porém, como marco processual o oferecimento de denúncia, ou seja, se a peça acusatória já havia sido ofertada por ocasião da entrada em vigor da Lei Anticrime (23/1/2020), a nova disposição não se aplicará ao caso. Adotou-se a tese de que a denúncia, nesse caso, constitui ato jurídico perfeito e a representação é condição de procedibilidade e não de prosseguibilidade[27].

Esclarece-se, por fim, que o estelionato continua sendo de ação penal pública incondicionada quando a vítima for: a) Administração Pública, direta ou indireta;

---

25 Cumpre lembrar que não se exige formalidade para a representação, bastando a demonstração inequívoca da vontade de ver o agente processado.

26 HC 583.837, rel. Min. Sebastião Reis Júnior, julgado em 4-8-2020.

27 STJ, HC 573.093/SC, Rel. Min. Reynaldo Soares da Fonseca, 5.ª T., j. em 9-6-2020, *DJe* 18-6-2020. No STF, *vide* HC 190.683-MC, rel. Min. Marco Aurélio, j. 18-9-2020.

b) criança ou adolescente; c) pessoa com deficiência mental; d) maior de 70 anos de idade ou incapaz.

12. ESTELIONATO PRIVILEGIADO (ART. 171, § 1º)

Conforme prevê o § 1º, se o criminoso for primário e de pequeno valor o *prejuízo*, o juiz poderá aplicar pena de detenção em vez de reclusão, reduzir a sanção de um a dois terços ou somente impor a pena pecuniária. Embora o Código Penal diga que o juiz "poderá", o privilégio constitui direito subjetivo público do réu, se preenchidos os requisitos legais.

Note que a lei fala em pequeno valor do "prejuízo", e não em pequeno valor da "coisa", como no furto. Sendo assim, tem-se que o privilégio deverá ser apurado no caso concreto, considerando-se o revés econômico sofrido pelo ofendido. Deve-se verificar se seu prejuízo foi grande ou pequeno.

Acrescente-se, ainda, que o momento de aferição desse prejuízo é o da consumação do delito. Dessa forma, a posterior reparação do dano enseja, no máximo, a aplicação do art. 16 do CP (arrependimento posterior) e não o privilégio[28].

Quando se tratar de crime tentado, há de se ter em conta o prejuízo que o sujeito pretendia causar.

12.1. Princípio da insignificância

A figura do privilégio não exclui a aplicação do princípio da insignificância ao estelionato. Para tanto, será necessário que o prejuízo seja *ínfimo*, ou seja, de tal forma diminuto que não se possa dar relevância alguma à lesão produzida ao bem jurídico[29].

---

[28] Nesse sentido: "para que se configure o arrependimento posterior, mostra-se indispensável a reparação integral do dano ou a restituição da coisa antes do recebimento da denúncia, devendo o ato ser realizado de forma voluntária, o que não ocorreu no caso concreto" (STJ, EDcl no AgRg no REsp 1.540.140/RS, rel. Min. Reynaldo Soares da Fonseca, 5ª T., j. 22-11-2016). TAMG, *RT* 779/675: "Crime privilegiado – Reconhecimento que depende de que o prejuízo sofrido pela vítima tenha sido aferido no momento da consumação do delito e não no da reparação patrimonial eventualmente verificada".

[29] "*HABEAS CORPUS*. ESTELIONATO. PRINCÍPIO DA INSIGNIFICÂNCIA. APLICABILIDADE. 1. O Supremo Tribunal Federal estabeleceu requisitos à incidência do princípio da insignificância que são a mínima ofensividade da conduta do agente, nenhuma periculosidade social da ação, o reduzido grau de reprovabilidade do comportamento e a inexpressividade da lesão jurídica provocada (HC 84.412/SP, Min. Celso de Mello, publicado no *DJ* de 19-11-2004). 2. Para fins de aplicação de tal princípio, o estelionato praticado deve ser de valor ínfimo e não ser capaz de gerar prejuízo ao patrimônio da vítima, como ocorre no caso dos autos, em que o valor do prejuízo causado à vítima é de R$ 50,00 (cinquenta reais), não revelando a atitude do paciente lesividade suficiente para justificar a condenação. 3. Ordem concedida" (HC 139.015, rel. Min. Og Fernandes, *DJe* de 26-10-2009).

Recomenda-se, todavia, extrema cautela para não confundir "pequeno valor", o qual caracteriza o privilégio, com "insignificância", que resulta na atipicidade material da conduta. Lembre-se que o Supremo Tribunal Federal tem adotado quatro *vetores* (critérios objetivos) *para a aplicação do princípio da insignificância*. São eles: (a) *a mínima ofensividade da conduta*; (b) *seu baixo grau de reprovabilidade*; (c) *a inexpressividade da lesão ao bem jurídico*; (d) *a ausência de periculosidade social da ação*.

No que pertine à fraude utilizada pelo agente para alterar o relógio medidor de consumo de energia elétrica, o Superior Tribunal de Justiça entendeu não ser possível a aplicação do princípio da insignificância, vez que, nesses casos, há uma alta reprovabilidade em sua conduta, as quais não podem se tornar irrelevante ao Direito Penal[30].

O mesmo se diga a respeito de estelionato praticados contra a Administração Pública, pois a conduta possui elevado grau de reprovabilidade, atingindo o patrimônio público, a moral administrativa e a fé pública[31]. O STJ, inclusive, sumulou entendimento no sentido da inaplicabilidade do princípio a crimes contra a Administração Pública (Súmula 599).

Repise-se que traçar linha divisória entre o que se entende por privilégio e o que se pode considerar insignificante não é tarefa simples. Não concordamos, em particular, com a larga aplicação que o princípio vem recebendo, notadamente de parte dos tribunais superiores, orientação que, desprezando a relevância jurídica de uma série de comportamentos ilícitos, deixa-os indevidamente à margem do Direito Penal. Muito embora estejamos de acordo quanto ao argumento de que a decisão não deva ser pautada por critérios exclusivamente econômicos (a primariedade do agente, por exemplo, merece consideração), no tocante a delitos patrimoniais, este deve ser o principal norte. Em nosso sentir, a análise da casuística tanto da Suprema Corte quanto do Superior Tribunal de Justiça revela uma aparente confusão entre algo insignificante e de diminuto ou reduzido valor. Vale recordar, novamente, o critério adotado por José Faria da Costa, à luz da legislação penal lusitana, que reduz a bagatela, em matéria de crimes patrimoniais, a bens cuja expressão econômica não exceda ao correspondente ao valor da menor cédula em circulação no país no momento do fato.

ART. 171, §§ 2º, 3º E 4º – CONDUTAS EQUIPARADAS A ESTELIONATO

1. DISPOSITIVO LEGAL

Art. 171. (...)

§ 2º Nas mesmas penas incorre quem:

[30] STJ, HC 386.160/RJ, rel. Min. Reynaldo Soares da Fonseca, 5ª T., j. 6-4-2017.

[31] RHC 56.754/RS, rel. Min Nefi Cordeiro, 6ª T., j. 3-5-2016.

Disposição de coisa alheia como própria

I – vende, permuta, dá em pagamento, em locação ou em garantir coisa alheia como própria;

Alienação ou oneração fraudulenta de coisa própria

II – vende, permuta, dá em pagamento ou em garantia coisa própria inalienável, gravada de ônus ou litigiosa, ou imóvel que prometeu vender a terceiro, mediante pagamento em prestações, silenciando sobre qualquer dessas circunstâncias;

Defraudação de penhor

III – defrauda, mediante alienação não consentida pelo credor ou por outro modo, a garantia pignoratícia, quando tem a posse do objeto empenhado;

Fraude na entrega de coisa

IV – defrauda substância, qualidade ou quantidade de coisa que deve entregar a alguém;

Fraude para recebimento de indenização ou valor de seguro

V – destrói, total ou parcialmente, ou oculta coisa própria, ou lesa o próprio corpo ou a saúde, ou agrava as consequências da lesão ou doença, com o intuito de haver indenização ou valor de seguro;

Fraude no pagamento por meio de cheque

VI – emite cheque, sem suficiente provisão de fundos em poder do sacado, ou lhe frustra o pagamento.

§ 3º A pena aumenta-se de um terço, se o crime é cometido em detrimento de entidade de direito público ou de instituto de economia popular, assistência social ou beneficência.

2. DISPOSIÇÃO DE COISA ALHEIA COMO PRÓPRIA (ART. 171, § 2º, I)

De acordo com o dispositivo em exame, incorre nas mesmas penas cominadas ao estelionato quem "vende, permuta, dá em pagamento, em locação ou em garantia coisa alheia como própria".

Pune-se a conduta daquele que dispõe de coisas pertencentes a outrem, mediante atos característicos de *dominus*, fazendo-se passar pelo titular da posse ou propriedade. Trata-se de crime comum. Há dois sujeitos passivos: o dono do objeto e a pessoa enganada. Podem ser objetos materiais bens móveis ou imóveis. Atente-se que, nesse caso, não se exige, respectivamente, tradição ou transcrição dos bens. Estando o agente, todavia, na posse legítima do bem e tratando-se de coisa móvel, ocorre apropriação indébita.

Dá-se a consumação com o recebimento da vantagem ilícita; admite-se a forma tentada. Lembre-se que a conduta deve ser idônea de forma a enganar alguém. Assim, se o agente tenta vender o "Cristo Redentor", não há crime (CP, art. 17).

Além disso, se o agente subtrai coisa alheia móvel e, posteriormente, a vende a terceiro como se sua fosse, comete furto mais o delito em estudo, em concurso material; não há como considerar o estelionato fato posterior impunível, à luz do princípio da consunção, visto que são distintos os sujeitos passivos (no furto: o proprietário do bem; no estelionato: além do dono da coisa, a pessoa enganada)[32]. Boa parte da jurisprudência, contudo, por questões de política criminal, entende somente existir furto[33] aplicando o princípio mencionado.

3. ALIENAÇÃO OU ONERAÇÃO FRAUDULENTA DE COISA PRÓPRIA (ART. 171, § 2º, II)

Ocorre quando o sujeito ativo, que pode ser qualquer pessoa, "vende, permuta, dá em pagamento ou em garantia coisa própria inalienável, gravada de ônus ou litigiosa, ou imóvel que prometeu vender a terceiro, mediante pagamento em prestações, silenciando sobre qualquer dessas circunstâncias".

O sujeito passivo será aquele que sofrer o revés patrimonial.

O objeto material é a *coisa própria*, inalienável por lei, convenção ou testamento (p. ex., arts. 538 e 1.911 do CC), gravada de ônus (CC, art. 1.226) ou litigiosa (isto é, objeto de ação judicial), ou o imóvel prometido a terceiro, mediante pagamento de prestações. É fundamental para a existência do crime que o agente silencie acerca da inalienabilidade ou promessa de venda, nisso residindo a fraude.

A consumação ocorre com a obtenção da vantagem indevida, em prejuízo alheio. Admite-se a forma tentada.

4. DEFRAUDAÇÃO DE PENHOR (ART. 171, § 2º, III)

Comete crime quem "defraudar, mediante alienação não consentida pelo credor ou por outro modo, a garantia pignoratícia, quando tem a posse do objeto empenhado".

No contrato de penhor, dando-se a transferência da posse do objeto ao devedor da dívida, fica este proibido de alienar o bem sem o consentimento (elemento normativo) do credor (sujeito passivo). Caso o faça ou, de alguma forma, defraude a garantia (ex.: destruição ou deterioração do bem), incorrerá em crime.

5. FRAUDE NA ENTREGA DE COISA (ART. 171, § 2º, IV)

Sujeita-se à mesma pena prevista no *caput* do artigo quem defrauda substância, qualidade ou quantidade de coisa que deve ser entregue a alguém. Exemplos:

---

32 Nesse sentido: *RT* 701/300.

33 *RT* 688/349.

1) entregar candelabro de lata no lugar de prata (defraudação da substância da coisa); 2) entregar *laptop* com especificações inferiores à prometida (qualidade); 3) entregar 100 sacas de milho, em vez de 105 (quantidade).

Constitui crime próprio, já que só quem está obrigado a entregar o bem (relação obrigacional) pode ser sujeito ativo. O sujeito passivo será justamente quem tem o direito de receber o bem a ser entregue.

A consumação dá-se no exato instante em que a vítima recebe o objeto material (tradição). Pode ocorrer tentativa.

6. FRAUDE PARA RECEBIMENTO DE INDENIZAÇÃO OU VALOR DE SEGURO (ART. 171, § 2º, V)

A conduta típica em apreço consiste em destruir, total ou parcialmente, ou ocultar coisa própria, ou lesar o próprio corpo ou a saúde, ou agravar as consequências da lesão ou doença, com o intuito de haver indenização ou valor de seguro.

Diversamente das demais formas de estelionato, a fraude para recebimento de indenização ou valor de seguro é crime *formal*, ou de consumação antecipada. Não se exige, dessa maneira, a efetiva obtenção da indenização ou do valor do seguro. A tentativa é possível, por exemplo, se o agente é surpreendido quando buscava, inequivocamente, empurrar seu veículo para que caísse num precipício.

Muito embora o dispositivo legal preveja situações em que o sujeito ativo se autolesiona ou oculta coisa própria etc., não há qualquer violação ao princípio da alteridade (que exige a lesão a bens alheios para a existência de crimes), já que sua conduta lesa a companhia seguradora, sujeito passivo do crime. É irrelevante tratar-se de seguro obrigatório ou voluntário, mas é preciso apólice válida e vigente, sob pena de não haver potencialidade de dano a alguém (o que afastaria o crime).

Conforme advertia Hungria, se o meio de destruição da coisa gerar perigo comum, poderá ter lugar crime contra a incolumidade pública: "a) se for 'incêndio', 'explosão', 'naufrágio' ou 'destruição de aeronave', o agente incorrerá tão somente no inciso I do § 1º do art. 250 ou no § 2º do art. 251, ou no art. 261, e § 2º, que *qualificam* tais crimes (aumento das penas de um terço) quando cometidos com o intuito de obter vantagem pecuniária'. A entender-se de outro modo, isto é, se se reconhecesse, no caso, um concurso formal de crimes, haveria um intolerável *bis in idem*; b) se outro for o crime de perigo comum (inundação, desastre ferroviário, desabamento), terá de ser admitido o concurso formal; c) se, em qualquer caso, o agente consegue receber a indenização ou valor do seguro, haverá concurso material de crimes: o de perigo comum (qualificado ou não) e o de estelionato no seu tipo fundamental, pois, já então, se apresentam duas *ações distintas*, uma lesiva da incolumidade pública e outra *efetivamente* lesiva do patrimônio alheio"[34].

---

[34] Op. cit., 3. ed., p. 244-245.

7. FRAUDE NO PAGAMENTO POR MEIO DE CHEQUE (ART. 171, § 2º, VI)

Pune-se como conduta equiparada a estelionato o fato de emitir cheque sem suficiente provisão de fundos em poder do sacado, ou frustrar-lhe o pagamento (ex.: sacando o dinheiro, efetuando contraordem de pagamento etc.). Os bens jurídicos violados são o patrimônio e a fé pública (secundariamente).

Nesse caso, a fraude consiste em fazer a vítima acreditar equivocadamente que o título de crédito, pertencente ao sujeito, será honrado pelo banco.

Se o agente, portando talões de cheques alheios, se faz passar pelo titular da conta, gerando à vítima, comete estelionato na modalidade fundamental (*caput*). O mesmo ocorre quando uma pessoa continua emitindo cheques de conta corrente encerrada, ou, ainda, quando abre conta com documentos falsos para, depois, emitir cheques sem lastro (a fraude, nesse caso, é anterior à emissão do cheque).

Exige-se, para o surgimento do crime, a *má-fé*, visto que a conduta somente é punida na forma dolosa; pressupõe-se a deliberada intenção de não saldar a dívida (Súmula 246 do STF)[35].

Para a jurisprudência, não há crime quando o cheque é dado como forma de pagamento de dívida vencida e não paga, ou em troca de outro título, vencido e não quitado, pois o prejuízo, *conditio sine qua non* para o crime, era preexistente à conduta[36].

O cheque, de acordo com o direito empresarial, considera-se ordem de pagamento à vista. Não se fazendo presente essa condição, como ocorre, por exemplo, com o cheque sem data, pós-datado, descontado em mais de trinta dias, na praça, ou sessenta, fora dela (Lei n. 7.357/85), não se caracteriza o crime em estudo[37]. Se a emissão da cártula, entretanto, deu-se de forma fraudulenta, tendo o agente, *desde o início*, intenção de lesar o patrimônio do sujeito passivo, ainda que se trate de cheque pós-datado, há estelionato, porém na modalidade fundamental (art. 171, *caput*)[38].

Possuindo o emitente limite bancário ("cheque especial"), não há crime, salvo se o valor do cheque exceder tal limite.

Entende-se, ademais, inexistir delito quando o cheque é emitido para pagamento de prostituta ou dívida de jogo ilícito (pois tais fatos constituem obrigações naturais, que não ensejam relações jurídicas).

---

[35] "Comprovado não ter havido fraude, não se configura o crime de emissão de cheque sem fundos."

[36] *RT* 796/607. Também o STJ: HC 103.449/SP, rel. Min. Jane Silva (Desembargadora convocada do TJMG), rel. para o acórdão Min. Nilson Naves, 6ª T., j. 12-6-2008.

[37] "A conduta de emitir cheque pós-datado cujo pagamento restou frustrado é atípica, de vez que a cártula deixa de ser uma ordem de pagamento à vista, transformando-se em uma espécie de garantia da dívida. Deste modo, questões dessa natureza devem ser solvidas na esfera cível" (TJRS, AP 70064276579, rel. Des. Ícaro Carvalho de Bem Osório, 6ª CCr, j. 7-4-2016). No mesmo sentido, TJMS, ApCr 0024231-30.2013.8.12.0001, rel. Des. José Ale Ahmad Netto, 2ª CCr, j. 21-5-2018.

[38] Nesse sentido: TAMG, *RT* 800/694.

O direito cambiário admite a transmissão do cheque por endosso. Nesse caso, discute-se qual modalidade de estelionato comete a pessoa que recebe o fólio de boa-fé e, constatando a ausência de suficiente provisão de fundos, o endossa para transferir a terceiro. Não é possível falar em enquadramento à luz do art. 171, § 2º, VI, sob pena de se incorrer em analogia *in malam partem*, mas sim em estelionato fundamental (*caput*).

O aval constante do cheque não afasta a existência do crime em estudo, cabendo acrescentar que, se o avalista tinha conhecimento da falta de fundos, responde pelo crime, por ter colaborado com o engodo.

Consuma-se o crime com a recusa do pagamento no banco sacado, sendo esse local, e, portanto, o foro competente para o processo e julgamento da infração (Súmulas 521 do STF[39] e 244 do STJ[40]). As formas de estelionato fundamental (*caput*), mediante uso de cheque, acima exemplificadas, como aquela em que o sujeito, portando fólio de cheque pertencente a outro, ilude o ofendido, fazendo-se passar pela pessoa do correntista, consumam-se com a obtenção da vantagem ilícita em detrimento alheio (independentemente, portanto, da recusa do banco em pagá-lo), tratando-se o local da obtenção dessa vantagem do foro competente (Súmula 48 do STJ[41]).

A forma tentada é possível, por exemplo, quando o ofendido consegue depositar o cheque antes que o agente saque o dinheiro.

É possível que o agente, a princípio agindo de má-fé, arrependa-se e provenha sua conta com fundos (antes do desconto do cheque ou de sua segunda apresentação) ou ressarça o ofendido (após a recusa do pagamento pelo banco sacado, mas antes do recebimento da denúncia ou queixa). No primeiro caso, exclui-se o crime (arrependimento eficaz – art. 15 do CP). No segundo, extingue-se a punibilidade. De ver que referida extinção da punibilidade somente se aplica ao art. 171, § 2º, VI, e não ao estelionato fundamental (*caput*). O pagamento efetuado após o recebimento da denúncia não obsta o prosseguimento da ação (Súmula 554 do STF)[42].

8. CAUSAS DE AUMENTO DE PENA (ART. 171, §§ 3º E 4º)

A pena do estelionato (*caput* ou § 2º) aumenta-se de um terço quando figurar como sujeito passivo:

---

[39] "O foro competente para o processo e julgamento dos crimes de estelionato, sob a modalidade da emissão dolosa de cheque sem provisão de fundos, é o do local onde se deu a recusa do pagamento pelo sacado."

[40] "Compete ao foro do local da recusa processar e julgar o crime de estelionato mediante cheque sem provisão de fundos."

[41] "Compete ao juízo do local da obtenção da vantagem ilícita processar e julgar crime de estelionato cometido mediante falsificação de cheque."

[42] STJ, RHC 58.993/RJ, rel. Min. Felix Fischer, 5ª T., j. 22-9-2015.

a) Entidade de direito público (p. ex.: União, Estados, Municípios, Distrito Federal, autarquias, empresas públicas, como a Caixa Econômica Federal). Assim, "Incorre nas penas do art. 171, § 3º, do CP sócio-gerente de empresa que, induzindo em erro distribuidora de gás de cozinha, a faz emitir notas fiscais de venda para endereço diverso, com vistas a receber valor maior a título de frete subsidiado pelo Governo Federal"[43]. Da mesma forma: "Cometem estelionato os agentes que forjam uma despedida, mesmo sem terminar o vínculo laboral, para fins de percepção do seguro-desemprego, com a agravante do § 3º do art. 171, haja vista que o crime foi cometido contra entidade de direito público[44]".

b) Instituto de economia popular.

c) Instituto de assistência social (Súmula 24 do STJ: "Aplica-se ao crime de estelionato, em que figure como vítima entidade autárquica da Previdência Social, a qualificadora do § 3º do art. 171 do Código Penal").

d) Instituto beneficente.

Justifica-se plenamente o aumento da pena em razão da difusão dos danos produzidos.

A sanção será aplicada em dobro, por fim, quando o estelionato for praticado contra pessoa idosa, isto é, a vítima que, ao tempo da ação ou omissão perpetrada pelo estelionatário, possua idade igual ou superior a 60 (sessenta) anos.

Essa majorante (§ 4º) foi incluída pela Lei n. 13.228, de 28-12-2015, que entrou em vigor no dia seguinte e, dado seu caráter gravoso, não se aplica a fatos anteriores ao início de sua vigência. É necessário que o sujeito ativo tenha ciência (ou deva saber) que comete o estelionato contra um idoso, pois, do contrário, dar-se-á o erro de tipo (CP, art. 20, *caput*); como no caso da vítima que, por sua aparência jovial, não pareça aos olhos dos demais ser idosa. Por conta da teoria da atividade, adotada no art. 4º do CP, a exasperante exige que o ofendido já se encontre na faixa etária mencionada ao tempo da ação ou omissão (e não no momento do resultado).

ART. 172 – DUPLICATA SIMULADA

1. DISPOSITIVO LEGAL

Art. 172. Emitir fatura, duplicata ou nota de venda que não corresponda à mercadoria vendida, em quantidade ou qualidade, ou ao serviço prestado.

Pena – detenção, de 2 (dois) a 4 (quatro) anos, e multa.

Parágrafo único. Nas mesmas penas incorrerá aquele que falsificar ou adulterar a escrituração do Livro de Registro de Duplicatas.

---

[43] TRF, 2ª R., *RT* 811/717.

[44] TRF, 4ª R., *RT* 808/730.

2. VALOR PROTEGIDO (OBJETIVIDADE JURÍDICA)

A objetividade jurídica é a inviolabilidade do patrimônio e a confiança que deve presidir os documentos representativos das relações comerciais.

3. TIPO OBJETIVO

O comportamento nuclear consiste em *emitir*, o que equivale a *pôr em circulação*. Não se confunde, portanto, com o ato de elaborar o documento, o qual pode, inclusive, ser realizado eletronicamente. Trata-se, isto sim, de colocá-lo no mercado, a fim de que produza seus efeitos jurídicos. Assim, por exemplo, quando uma empresa confecciona uma duplicata e a desconta numa empresa de *factoring*, visando a se capitalizar com a antecipação do valor, já se pode dizer que, neste momento, emitiu a cártula, consumando-se a infração penal.

Os objetos materiais são: a *fatura* (nota descritiva das mercadorias, elaborada unilateralmente pelo vendedor), a *duplicata* (título de crédito confeccionado em consonância com a fatura) e a *nota de venda* (documento destinado a indicar ao Fisco detalhes da transação comercial efetuada).

A emissão de *triplicata* se subsume ao tipo, pois tal documento, na verdade, nada mais é que uma segunda via de duplicata extraviada ou substituída.

O parágrafo único, por seu turno, pune a falsificação (alteração ou modificação fraudulenta do conteúdo, mediante inserção de dados incorretos) ou adulteração (modificação material do conteúdo) da escrituração do livro de registro de duplicatas.

4. TIPO SUBJETIVO

O comportamento é punido exclusivamente na forma dolosa, exigindo-se, destarte, a vontade de emitir o documento, tendo ciência de que não representa qualquer relação comercial, ou seja, de que não possui lastro.

Para efeitos legais, é indiferente que o sujeito ativo busque apenas obter antecipadamente recursos financeiros mediante a emissão de um título sem lastro (tencionando quitá-lo no vencimento), ou que pretenda, além disso, produzir prejuízo a terceiro.

É fundamental observar que *a norma penal não contém qualquer elemento subjetivo específico*.

4.1. Emissão do título sem intenção de pagá-lo no vencimento

Para um setor da jurisprudência, dever-se-ia distinguir entre duplicata simulada (art. 172) ou estelionato (art. 171), a atitude do agente que emitisse o documento visando a obter fluxo financeiro imediato, mas com intenção de pagar tempestivamente o título sem lastro, o que configuraria o crime em questão, ou lesar o patrimônio alheio (ou seja, sem intenção de quitá-lo), situação que deslocaria a figura para o estelionato (art. 171).

Semelhante entendimento não se justifica, notadamente diante das sanções cominadas aos delitos mencionados. É de ver que, com a alteração efetuada no art. 172 pela Lei n. 8.137, de 1990, a duplicata simulada passou a ser punida com, no mínimo, dois anos de reclusão (inadmitindo, por isso, benefícios como a suspensão condicional do processo – art. 89 da Lei n. 9.099, de 1995). Tornou-se, destarte, delito mais grave que o estelionato. Sendo assim, não há como considerar haver "duplicata simulada" se o agente pretende pagar o documento tempestivamente (ou seja, não tenciona lesar o patrimônio de terceiro) e "estelionato", quando, além de emitir título não respaldado por compra e venda real, visa a prejudicar economicamente outrem (situação que revela maior reprovabilidade). Tal conclusão violenta o princípio da proporcionalidade da pena, pois o comportamento mais grave receberia punição mais branda.

5. SUJEITOS DO CRIME

5.1. Sujeito ativo

Será sujeito ativo a pessoa que emitir a fatura, duplicata ou nota de venda não correspondentes a uma venda real, seja no tocante à quantidade, seja no que tange à qualidade ou ao serviço efetivamente prestado (crime próprio).

5.2. Sujeito passivo

Sujeito passivo será o tomador da duplicata emitida ou aquele que receber a fatura ou a nota de venda, salvo se houver prévio conluio entre ele e o emitente, visando prejudicar terceiros.

6. CONSUMAÇÃO E TENTATIVA

6.1. Consumação

A consumação da infração penal em estudo dá-se no momento em que os títulos são postos em circulação, não se exigindo que o sujeito ativo obtenha efetivo proveito econômico ("o tipo se perfaz com o envio do título feito diretamente pelo sacador ou por instituição financeira, suficiente para ensejar omissão da vítima em aceitar o título em detrimento de seu patrimônio"[45]). Decidiu o Supremo Tribunal Federal, inclusive, que a consumação ocorre ainda que o título tenha sido emitido sem

[45] STJ, *RT* 772/543.

assinatura do sacador, desde que a cambial esteja formada com o saque, fazendo o emitente uso dela, mesmo sem endossá-la[46].

Cuida-se, desta feita, de *crime formal*[47].

6.2. Tentativa

Não cabe tentativa, porquanto se trata de *delito unissubsistente*. Conforme ensina Noronha: "Trata-se de crime de execução simples, denominado unissubsistente; há ato único do agente e com ele o delito se concretiza (*unico actu perficiuntur*). Não admite fragmentação; seu processo executivo não é fracionável e, consequentemente, não nos parece admissível a tentativa. No exemplo que melhor se poderia prestar discussão da tentativa, ou seja, no caso em que o agente, preenchida a duplicata endossada, a remete a um Banco para o desconto, e se outrem, no trajeto, a intercepta, impedindo-a de chegar às mãos do banqueiro, não deixou aquele de expedir a duplicata que não corresponde à venda efetiva da mercadoria, entregue real ou simbolicamente com a fatura respectiva"[48].

7. CLASSIFICAÇÃO JURÍDICA

Trata-se de crime de ação ou forma vinculada (só pode ser cometido por determinado meio – a emissão da cártula, nos termos do direito mercantil), próprio (exige uma condição especial do sujeito ativo – exercício de atividade comercial), monossubjetivo ou de concurso eventual (admite cometimento por uma só pessoa ou várias, em concurso), unissubsistente (seu *iter criminis* não é fracionável), formal (independe do resultado naturalístico para efeitos de consumação – sendo suficiente a circulação da duplicata, ainda que o agente não obtenha vantagem alguma), de perigo (a consumação se perfaz com o risco criado ao bem jurídico) e instantâneo (seu momento consumativo dá-se instantaneamente, sem prorrogar-se no tempo).

---

46 *RT* 778/526.

47 STJ, AgRg no REsp 1.482.745/SP, rel. Min. Jorge Mussi, 5ª T., j. 22-5-2018; TJSC, AP 0007844-85.2010.8.24.0008, rel. Des. Carlos Alberto Civinski, 1ª CCr, j. 17-7-2017. Ainda: "configura o crime do art. 172 do CP a conduta do agente que emite e coloca em circulação duplicata não correspondente à efetiva mercadoria comercializada, sendo irrelevante para a consumação do delito que o referido título cambial tenha se destinado ao pagamento parcial de dívida preexistente com o endossatário, ou que o réu tivesse a intenção de honrá-lo no seu vencimento. Ademais, o delito do art. 172 do CP é crime formal, consumando-se com a expedição do título, com ou sem o seu aceite, pois aquele que assina a duplicata tem o dever de verificar previamente se sua emissão corresponde a um negócio efetivo e real, pois, do contrário, estará assumindo o risco do resultado lesivo. Ré revel, mas que confessou a prática delitiva na Polícia" (TJRS, AP 70053755542, rel. Des. Ivan Leomar Bruxel, 5ª CCr, j. 19-6-2013).

48 *Direito penal*, v. 2, p. 440, apud Maria Thereza Rocha de Assis Moura e Marta Saad, *Código Penal e sua interpretação jurisprudencial*, p. 889.

8. PENA E AÇÃO PENAL

A pena é de detenção, de dois a quatro anos, e multa.

A ação penal é pública incondicionada.

ART. 173 – ABUSO DE INCAPAZES

1. DISPOSITIVO LEGAL

Abuso de incapazes

Art. 173. Abusar, em proveito próprio ou alheio, de necessidade, paixão ou inexperiência de menor, ou da alienação ou debilidade mental de outrem, induzindo qualquer deles à prática de ato suscetível de produzir efeito jurídico, em prejuízo próprio ou de terceiro:

Pena – reclusão, de 2 (dois) a 6 (seis) anos, e multa.

2. VALOR PROTEGIDO (OBJETIVIDADE JURÍDICA)

O objeto jurídico é a inviolabilidade do patrimônio.

3. TIPO OBJETIVO

A ação nuclear consubstancia-se no verbo *abusar*, assim entendido como prevalecer-se da necessidade, paixão ou inexperiência de menor, ou da alienação ou debilidade mental de outrem, de modo a induzi-lo a realizar ato suscetível de prejudicá-los ou lesar terceiros. O induzimento pode dar-se por qualquer meio (crime de forma ou ação livre); se a atitude do menor, alienado ou débil mental, entretanto, for espontânea, não há crime.

A subsunção ao tipo penal do art. 173 do CP exige, ademais, demonstração efetiva da falta de higidez mental do ofendido ou de sua capacidade de discernimento[49].

O ato a que se induz o ofendido deve ter o condão de produzir efeitos jurídicos danosos a ele próprio ou a terceiro.

4. TIPO SUBJETIVO

O abuso de incapazes é crime doloso, demandando consciência e vontade de concretizar os elementos subjetivos do tipo.

---

[49] Nesse sentido: "(...)Além da necessidade de prova inequívoca da incapacidade da vítima, o conhecimento por parte do agente da existência da incapacidade é circunstância elementar do crime descrito no art. 173 do CP" (TJCE, AP 0002675-27.2012.8.06.0145, rel. Des. Raimundo Nonato Silva Santos, 1ª CCr, j. 1º-8-2017).

5. SUJEITOS DO CRIME

5.1. Sujeito ativo

Qualquer pessoa pode cometer a infração penal, dado que a norma não requer condição especial do sujeito ativo (crime comum).

5.2. Sujeito passivo

Somente podem figurar como sujeitos passivos da infração penal o menor ou o deficiente mental. Não há dúvida alguma que o menor a que alude a lei penal é a criança ou o adolescente, ou seja, o indivíduo com até 18 anos incompletos. Na vigência do Código Civil de 1916, havia corrente minoritária sustentando tratar-se do menor de 21 anos (Noronha).

6. CONSUMAÇÃO E TENTATIVA

6.1. Consumação

Como se trata de *crime formal*, sua consumação dá-se com a prática de referido ato, independentemente do efetivo prejuízo sofrido pelo menor, alienado ou débil mental ou da obtenção de qualquer vantagem patrimonial pelo agente ou por terceiro (a obtenção de vantagem moral não constitui crime). Exige-se, entretanto, *potencialidade* de dano à vítima.

6.2. Tentativa

A forma tentada é possível, quando o agente, com o fim de abusar do incapaz em proveito próprio ou alheio, tentar induzi-lo a praticar ato suscetível de produzir efeito jurídico, não logrando êxito por circunstâncias alheias à sua vontade (p. ex., porque o menor não se deixa ludibriar).

7. CLASSIFICAÇÃO JURÍDICA

Consubstancia-se em crime de ação ou forma livre (pode ser cometido por qualquer meio), comum (qualquer um pode ser seu sujeito ativo), monossubjetivo ou de concurso eventual (admite cometimento por uma só pessoa ou várias, em concurso), plurissubsistente (seu *iter criminis* permite fracionamento), formal (pois independe de qualquer resultado material para que se opere a consumação) e instantâneo (cuja consumação ocorre instantaneamente, sem prorrogar-se no tempo).

8. PENA E AÇÃO PENAL

A pena é de reclusão, de dois a seis anos, e multa e a ação penal é pública incondicionada.

ART. 174 – INDUZIMENTO À ESPECULAÇÃO

1. DISPOSITIVO LEGAL

Induzimento à especulação

Art. 174. Abusar, em proveito próprio ou alheio, da inexperiência ou da simplicidade ou inferioridade mental de outrem, induzindo-o à prática de jogo ou aposta, ou à especulação com títulos ou mercadorias, sabendo ou devendo saber que a operação é ruinosa:

Pena – reclusão, de 1 (um) a 3 (três) anos, e multa.

2. VALOR PROTEGIDO (OBJETIVIDADE JURÍDICA)

Protege-se, uma vez mais, o patrimônio.

3. TIPO OBJETIVO

O verbo núcleo do tipo – "abusar" – ocorre quando o sujeito se aproveita da inexperiência, simplicidade ou inferioridade mental de alguém para induzi-lo a comportamento tendente a diminuir seu patrimônio. Busca-se proteger pessoas simples ou de pouca acuidade mental contra oportunistas.

O sujeito passivo deve ser induzido a praticar *jogo, aposta* ou à *especulação com títulos ou mercadorias.*

Jogo é o contrato aleatório celebrado entre duas ou mais pessoas, que realizam determinada atividade física ou intelectual, mas cujo resultado fica condicionado à sorte dos contraentes.

Aposta, por outro lado, é o contrato aleatório em que o vencedor se apura dentre os contraentes cuja opinião se mostrar verdadeira ou triunfar.

O dispositivo legal abrange jogos e apostas lícitos ou ilícitos, até porque o art. 814, *caput*, do CC determina que as dívidas decorrentes de jogo ou aposta não obrigam a pagamento, sem distinguir sua natureza.

Especulação com títulos e mercadorias refere-se ao investimento em títulos representativos de relações comerciais ou mercadorias, como, por exemplo, o investimento na compra de bens primários ou de ações no mercado mobiliário. O tipo exige, neste caso, que se trate de *operação ruinosa*, isto é, aquela em que o êxito é improvável (*se o ganho for impossível, há estelionato* – art. 171). Requer, ademais, que o agente saiba (dolo direto) ou deva saber (dolo eventual) da natureza danosa da operação.

4. TIPO SUBJETIVO

O crime é punido exclusivamente na forma dolosa, exigindo-se a vontade de concretizar os elementos objetivos do tipo e a consciência da pouca acuidade mental do sujeito passivo, bem como deve o sujeito ativo ter em mente (dolo direto) ou dever tê-lo (dolo eventual), o caráter ruinoso da operação.

Há elemento subjetivo específico, porquanto deve o autor obrar com ânimo de auferir proveito para si ou para terceiro.

5. SUJEITOS DO CRIME

5.1. Sujeito ativo

Sendo o induzimento à especulação crime comum, qualquer um pode ser seu sujeito ativo.

5.2. Sujeito passivo

O sujeito passivo é a pessoa inexperiente, simples ou de pouca acuidade mental.

6. CONSUMAÇÃO E TENTATIVA

6.1. Consumação

O crime em apreço é formal, consumando-se com o mero induzimento, ainda que a vítima não venha efetivamente a praticar jogo, aposta etc. Justamente por essa razão é que eventual lucro do ofendido não afasta o crime praticado (deve, todavia, ser levado em conta para fins de dosagem da pena, como circunstância judicial favorável – art. 59, *caput*, do CP).

6.2. Tentativa

Admite-se a forma tentada (ex.: o agente elabora a proposta escrita, induzindo a vítima a efetuar apostas, mas o documento se extravia).

7. CLASSIFICAÇÃO JURÍDICA

Cuida-se de crime de ação ou forma livre (pode ser cometido por qualquer meio), comum (qualquer um pode ser seu sujeito ativo), monossubjetivo ou de concurso eventual (admite cometimento por uma só pessoa ou várias, em concurso), plurissubsistente (seu *iter criminis* permite fracionamento), formal (independe do resultado naturalístico para efeitos de consumação) e instantâneo (cuja consumação ocorre instantaneamente, sem prorrogar-se no tempo).

8. PENA E AÇÃO PENAL

Pune-se tal delito com pena de reclusão, de um a três anos, e multa (cabe suspensão condicional do processo – art. 89 da Lei n. 9.099/95).

A ação penal é pública incondicionada.

ART. 175 – FRAUDE NO COMÉRCIO

1. DISPOSITIVO LEGAL

Fraude no comércio

Art. 175. Enganar, no exercício de atividade comercial, o adquirente ou consumidor:

I – vendendo, como verdadeira ou perfeita, mercadoria falsificada ou deteriorada;

II – entregando uma mercadoria por outra:

Pena – detenção, de 6 (seis) meses a 2 (dois) anos, ou multa.

§ 1º Alterar em obra que lhe é encomendada a qualidade ou o peso de metal ou substituir, no mesmo caso, pedra verdadeira por falsa ou por outra de menor valor; vender pedra falsa por verdadeira; vender, como precioso, metal de ou outra qualidade:

Pena – reclusão, de 1 (um) a 5 (cinco) anos, e multa.

§ 2º É aplicável o disposto no art. 155, § 2º.

2. VALOR PROTEGIDO (OBJETIVIDADE JURÍDICA)

Consiste na proteção ao patrimônio e na tutela da boa-fé que deve reger as relações comerciais.

3. TIPO OBJETIVO

O comportamento nuclear traduz-se no ato de *enganar*, isto é, induzir ou manter em erro, o adquirente ou consumidor, de dois modos distintos:

a) vendendo-lhe mercadoria (ou seja, qualquer produto) falsa como verdadeira ou deteriorada como perfeita. Cuida-se de punir aquele que "vende gato por lebre";

b) entregando a ele uma mercadoria diferente da outra, efetivamente contratada.

Consumidor "é toda pessoa física ou jurídica que adquire ou utiliza produto ou serviço como destinatário final" (art. 2º da Lei n. 8.078/90). Tendo em conta a abrangente definição legal, todo consumidor será, também, adquirente. É possível, entretanto, cogitar-se de adquirente não consumidor, quando se tratar de compra e venda de mercadorias entre fornecedores.

A fraude no comércio não se confunde com o crime contra as relações de consumo, previsto no art. 7º, VII, da Lei n. 8.137/90, punível com detenção, de dois a cinco anos, ou multa ("induzir o consumidor ou usuário a erro, por via de indicação ou afirmação falsa ou enganosa sobre a natureza, qualidade do bem ou serviço, utilizando-se de qualquer meio, inclusive a veiculação ou divulgação publicitária")[50]. Difere, ainda, do delito de propaganda falsa ou enganosa, capitulado no Código de Defesa do Consumidor (art. 66): "Fazer afirmação falsa ou enganosa, ou omitir informação relevante sobre a natureza, característica, qualidade, quantidade, segurança, desempenho, durabilidade, preço ou garantia de produtos ou serviços" (pena, detenção de três meses a um ano e multa).

Quando "o objeto material for substância alimentícia ou medicinal que acarrete perigo para a saúde pública, o crime poderá ser outro: arts. 272, § 1º, 273, 276 ou 280 do CP. Pode ainda o fato configurar crime contra a economia popular (art. 2º, III e V, da Lei n. 1.521, de 26-12-1951)"[51]. O § 1º do art. 175 prevê, ainda, o fato de "alterar em obra que lhe é encomendada a qualidade ou o peso de metal ou substituir, no mesmo caso, pedra verdadeira por falsa ou por outra de menor valor; vender pedra falsa por verdadeira; vender, como precioso, metal de outra qualidade". Essa conduta é apenada com reclusão, de um a cinco anos, e multa.

Se a coisa for de pequeno valor e o criminoso for primário, o juiz poderá substituir a pena de reclusão por detenção, aplicar somente a multa, ou reduzir a sanção de um a dois terços (o privilégio aplica-se ao § 1º).

4. TIPO SUBJETIVO

A lei penal somente incrimina o ato quando realizado dolosamente, de forma que é necessário a vontade de realizar os elementos objetivos do tipo, tendo a consciência do engodo ao contratante.

5. SUJEITOS DO CRIME

5.1. Sujeito ativo

A fraude no comércio é crime próprio, só podendo ser cometido pelo fornecedor do produto ou por seus prepostos.

5.2. Sujeito passivo

É o adquirente ou consumidor do produto.

---

[50] A Lei n. 8.137, de 1990, também define como crimes contra as relações de consumo as seguintes condutas: "misturar gêneros e mercadorias de espécies diferentes, para vendê-los ou expô-los à venda como puros; misturar gêneros e mercadorias de qualidades desiguais para vendê-los ou expô-los à venda por preço estabelecido para os de mais alto custo" (art. 7º, III) e "vender, ter em depósito para vender ou expor à venda ou, de qualquer forma, entregar matéria-prima ou mercadoria, em condições impróprias ao consumo" (art. 7º, IX).

[51] Fernando Capez, *Curso de direito penal*, v. 2, p. 509.

6. CONSUMAÇÃO E TENTATIVA

6.1. Consumação

A realização integral típica dá-se com a efetiva venda ou entrega da mercadoria que foi o objeto do engodo.

6.2. Tentativa

É admissível, pois o estratagema do agente pode ser percebido pelo consumidor ou adquirente, não se consumando a venda ou a entrega da mercadoria.

7. CLASSIFICAÇÃO JURÍDICA

Trata-se de crime de ação ou forma vinculada (só pode ser cometido pelos meios referidos na disposição legal), próprio (requer uma qualidade especial do sujeito ativo), monossubjetivo ou de concurso eventual (admite cometimento por uma só pessoa ou várias, em concurso), plurissubsistente (seu *iter criminis* permite fracionamento), material (depende do resultado naturalístico para efeitos de consumação), de dano (exige efetiva lesão ao patrimônio do ofendido) e instantâneo (cuja consumação ocorre instantaneamente, sem prorrogar-se no tempo).

8. PENA E AÇÃO PENAL

A pena é de detenção, de seis meses a dois anos, ou multa (infração de menor potencial ofensivo - art. 61 da Lei n. 9.099/95).

A ação penal é pública incondicionada.

ART. 176 - OUTRAS FRAUDES

1. DISPOSITIVO LEGAL

Art. 176. Tomar refeição em restaurante, alojar-se em hotel ou utilizar-se de meio de transporte sem dispor de recursos para efetuar o pagamento:

Pena - detenção, de 15 (quinze) dias a 2 (dois) meses, ou multa.

Parágrafo único. Somente se procede mediante representação, e o juiz pode, conforme as circunstâncias, deixar de aplicar a pena.

2. VALOR PROTEGIDO (OBJETIVIDADE JURÍDICA)

O objeto jurídico é o patrimônio.

3. TIPO OBJETIVO

As condutas descritas no art. 176, segundo nosso legislador, mereceram tratamento penal específico em razão de sua pouca lesividade (não fosse a existência desse tipo penal, aquele que praticasse atos como os descritos no presente dispositivo cometeria estelionato – art. 171).

Dá-se o crime quando o agente tomar refeição em restaurante (ou qualquer estabelecimento onde sejam servidos alimentos), alojar-se em hotel ou utilizar-se de meio de transporte sem possuir recursos financeiros suficientes para adimplir com o pagamento dos bens ou serviços consumidos.

Se a pessoa se encontra em estado de extrema penúria, verdadeiramente necessitada, não há crime, pois presente uma excludente de ilicitude (estado de necessidade). Fora desses casos, ademais, e tendo em vista as circunstâncias, pode o juiz deixar de aplicar a pena, nos termos do parágrafo único do art. 176, concedendo ao réu o perdão judicial[52].

Ressalte-se, por fim, que o conhecido "pendura", praticado por estudantes de Direito que tomam refeições em estabelecimentos comerciais e não saldam a conta, não constitui ilícito penal, somente civil, porquanto tal conduta é praticada com espírito jocoso (*animus jocandi*), estimulado por uma tradição, e não com intenção de cometer fraude. Se a conduta dos estudantes, entretanto, extravasar os limites do mero espírito jocoso, haverá crime.

4. TIPO SUBJETIVO

O fato é punido somente sob a forma dolosa, sendo necessário consciência e vontade de concretizar os elementos objetivos do tipo.

Quando o sujeito se dirige a tais locais *acreditando trazer consigo meios para efetuar o pagamento*, mas, por erro, não dispõe de tais recursos (p. ex., esqueceu a carteira em casa), não comete crime, incidindo na hipótese a figura do erro de tipo (CP, art. 20).

5. SUJEITOS DO CRIME

5.1. Sujeito ativo

O sujeito ativo é todo aquele que tomar refeição em restaurante ou assimilado, alojar-se em hotel ou utilizar-se de meio de transporte sem possuir meios para efetivar o pagamento (crime comum).

5.2. Sujeito passivo

O sujeito passivo é aquele que presta o serviço do qual o agente usufruiu.

---

52 Súmula 18 do STJ: "A sentença concessiva do perdão judicial é declaratória da extinção da punibilidade, não subsistindo qualquer efeito condenatório".

6. CONSUMAÇÃO E TENTATIVA

6.1. Consumação

A consumação da infração penal em estudo dá-se no momento em que o prestador de serviços sofre prejuízo, em razão do não pagamento da refeição, hospedagem ou transporte (crime material).

6.2. Tentativa

Admite-se a forma tentada, pois o delito é plurissubsistente.

7. CLASSIFICAÇÃO JURÍDICA

Cuida-se de crime de ação ou forma livre (pode ser cometido por qualquer meio), comum (qualquer um pode ser seu sujeito ativo), monossubjetivo ou de concurso eventual (admite cometimento por uma só pessoa ou várias, em concurso), plurissubsistente (seu *iter criminis* permite fracionamento), material (depende do resultado naturalístico para efeitos de consumação), de dano (exige efetiva lesão ao bem jurídico tutelado) e instantâneo (cuja consumação ocorre instantaneamente, sem prorrogar-se no tempo).

8. PENA E AÇÃO PENAL

Constitui infração de menor potencial ofensivo (Lei n. 9.099/95), porquanto sua pena é de detenção, de quinze dias a dois meses, ou multa.

A ação penal é pública condicionada à representação do ofendido.

ART. 177 – FRAUDES OU ABUSOS NA FUNDAÇÃO OU ADMINISTRAÇÃO DE SOCIEDADE POR AÇÕES

Com base no dispositivo acima, há crime quando alguém "promover a fundação de sociedade por ações, fazendo, em prospecto ou em comunicação ao público ou à assembleia, afirmação falsa sobre a constituição da sociedade, ou ocultando fraudulentamente fato a ela relativo" (*caput*). Nesse caso, dá-se a consumação com a mera afirmação falsa ou ocultação fraudulenta de informação, independentemente de qualquer prejuízo para os futuros acionistas ou integrantes da assembleia. A pena é de um a quatro anos de reclusão, e multa, se o fato não constitui crime contra a economia popular (crime expressamente subsidiário).

Também incorrem na pena prevista no *caput* do artigo: "I – o diretor, o gerente ou o fiscal de sociedade por ações, que, em prospecto, relatório, parecer, balanço ou comunicação ao público ou à assembleia, faz afirmação falsa sobre as condições econômicas da sociedade, ou oculta fraudulentamente, no todo ou em parte, fato a elas relativo; II – o diretor, o gerente ou o fiscal que promove, por qualquer artifício, falsa cotação das ações ou de outros títulos da sociedade; III – o diretor ou o gerente que toma empréstimo à sociedade ou usa, em proveito próprio ou de terceiro, dos bens ou haveres sociais, sem prévia autorização da assembleia geral; IV – o diretor ou o gerente que compra ou vende, por conta da sociedade, ações por ela emitidas, salvo quando a lei o permite; V – o diretor ou o gerente que, como garantia de crédito social, aceita em penhor ou em caução ações da própria sociedade; VI – o diretor ou o gerente que, na falta de balanço, em desacordo com este, ou mediante balanço falso, distribui lucros ou dividendos fictícios; VII – o diretor, o gerente ou o fiscal que, por interposta pessoa, ou conluiado com acionista, consegue a aprovação de conta ou parecer; VIII – o liquidante, nos casos dos n. I, II, III, IV, V e VII; IX – o representante da sociedade anônima estrangeira, autorizada a funcionar no País, que pratica os atos mencionados nos n. I e II, ou dá falsa informação ao Governo" (§ 1º). Nesses casos, o agente somente incorre no tipo do art. 177 se o fato não constituir crime contra a economia popular (Lei n. 1.521/51), pelo princípio da subsidiariedade (expressa).

Pune-se, ademais, com detenção, de seis meses a dois anos, e multa, "o acionista que, a fim de obter vantagem para si ou para outrem, negocia o voto nas deliberações de assembleia geral" (nesse caso, aplica-se a Lei n. 9.099/95, porquanto se trata de infração penal de menor potencial ofensivo). "O tipo incrimina a compra e venda de voto nas deliberações das assembleias gerais. De ver-se que o art. 118 da Lei n. 6.404, de 1976, admite o 'acordo de acionistas', inclusive no que diz respeito ao voto nas assembleias. Essa disposição, porém, não revogou o § 2º do art. 177 do CP. Ela permite o acordo lícito, de natureza meramente política, nas deliberações das assembleias gerais. O tipo incriminador, ao contrário, pune o acordo ilícito, que visa à obtenção de vantagem ilegítima em prejuízo alheio ou de outros acionistas, quando não da própria sociedade"[53].

Em todos os tipos do art. 177 se procede por ação penal pública incondicionada, tendo como objeto jurídico o patrimônio.

ART. 178 – EMISSÃO IRREGULAR DE CONHECIMENTO DE DEPÓSITO OU *WARRANT*

1. DISPOSITIVO LEGAL

Emissão irregular de conhecimento de depósito ou *warrant*

Art. 178. Emitir conhecimento de depósito ou *warrant*, em desacordo com disposição legal:

Pena – reclusão, de 1 (um) a 4 (quatro) anos, e multa.

---

[53] Damásio de Jesus, *Direito penal*, 29. ed., v. 2, p. 487.

2. VALOR PROTEGIDO (OBJETIVIDADE JURÍDICA)

O objeto jurídico é o patrimônio.

3. TIPO OBJETIVO

Emitir (ação nuclear) equivale a colocar em circulação. O objeto material é o conhecimento de depósito ou *warrant*. Exige-se que a conduta se dê em desacordo com disposição legal (elemento normativo do tipo). Constitui, ademais, norma penal em branco, cujo complemento se encontra no Decreto n. 1.102/201903.

"Trata-se de coibir a fraude em torno à formação e circulação dos especiais títulos à ordem expedidos pelos chamados *armazéns gerais*, em favor dos depositantes de mercadorias cuja guarda e conservação lhes são temporariamente confiadas, na conformidade com o Decreto n. 1.102, de 21 de novembro de 1903. Tais títulos, como se sabe, servem ao fim de, com a sua transmissão, possibilitar a venda ou o penhor das mercadorias depositadas, sem necessidade de tradição material destas. Circuláveis mediante endosso (em preto ou em branco), tal como ocorre com títulos cambiais, denominam-se *conhecimento de depósito* e *warrant*: com o endosso do primeiro, transfere-se a propriedade ou livre disposição das mercadorias; com o do segundo, é assegurado apenas um direito de penhor sobre estas. (...). Reputa-se irregular a emissão quando: a) a empresa de armazém geral não esteja legalmente constituída; b) inexistir autorização do governo federal para a emissão; c) serem os títulos arbitrariamente negociados pela própria empresa emissora; d) não existirem em depósito as mercadorias especificadas, ou não corresponderem as existentes, em qualidade, quantidade ou peso, às mencionadas nos títulos; e) tenha sido emitido mais de um *título duplo* sobre as mesmas mercadorias, salvo o disposto no art. 20 do Decreto n. 1.102"[54].

4. TIPO SUBJETIVO

O fato somente é incriminado na forma dolosa, de modo que se exige, por parte do agente, a vontade e a consciência de emitir irregularmente o conhecimento de depósito ou *warrant*.

5. SUJEITOS DO CRIME

5.1. Sujeito ativo

Sujeitos ativos são o empresário de armazéns gerais (depositário) e todas as pessoas que, conscientemente, tomem parte da fraude, na condição de coautores ou partícipes (depositário, depositante ou terceiro).

---

[54] Nelson Hungria, *Comentários ao Código Penal*, 3. ed., v. VII, p. 294-295.

5.2. Sujeito passivo

O sujeito passivo é a pessoa que recebe o título irregular (seu endossatário).

6. CONSUMAÇÃO E TENTATIVA

6.1. Consumação

O tipo se perfaz com a emissão do título de maneira irregular, sem necessidade de lesar patrimônio alheio (crime formal).

6.2. Tentativa

Não é possível haver tentativa, porquanto configura ilícito unissubsistente.

7. CLASSIFICAÇÃO JURÍDICA

Trata-se de crime de ação ou forma vinculada (não pode ser cometido por qualquer meio), próprio (só o depositário da mercadoria, responsável pela emissão do título), monossubjetivo ou de concurso eventual (admite cometimento por uma só pessoa ou várias, em concurso), unissubsistente (seu *iter criminis* mostra-se incindível), formal (independe do resultado naturalístico para efeitos de consumação) e instantâneo (cuja consumação ocorre instantaneamente, sem prorrogar-se no tempo).

8. PENA E AÇÃO PENAL

O fato é apenado com reclusão, de um a quatro anos, e multa e a ação penal é pública incondicionada.

ART. 179 – FRAUDE À EXECUÇÃO

1. DISPOSITIVO LEGAL

Fraude à execução

Art. 179. Fraudar execução, alienando, desviando, destruindo ou danificando bens, ou simulando dívidas:

Pena – detenção, de 6 (seis) meses a 2 (dois) anos, ou multa.

Parágrafo único. Somente se procede mediante queixa.

2. VALOR PROTEGIDO (OBJETIVIDADE JURÍDICA)

O objeto jurídico é o patrimônio e a administração da Justiça.

3. TIPO OBJETIVO

Dá-se o crime quando o sujeito *fraudar* execução, evitando que seu patrimônio seja alvo de penhora para satisfação de seus credores. Exige-se que o credor tenha em mãos título executivo (judicial ou extrajudicial) e, ademais, que tenha ocorrido o ajuizamento da ação de natureza executiva. Deve-se ponderar, nesse diapasão, que a noção penal de fraude à execução é mais restrita que a contida no Código de Processo Civil (art. 593), segundo o qual esta se dará quando houver "alienação ou oneração de bens: I – quando sobre eles pender ação fundada em direito real; II – quando, ao tempo da alienação ou oneração, corria contra o devedor demanda capaz de reduzi-lo à insolvência; III – nos demais casos expressos em lei".

Cuida-se de delito de forma vinculada, de vez que a conduta deve ser praticada mediante a alienação (ou seja, transferência do bem para outro titular), o desvio (sumiço do objeto), a destruição ou danificação dos bens (ou seja, a deterioração total ou parcial da *res*), ou, ainda, por meio da simulação de dívidas.

4. TIPO SUBJETIVO

A fraude à execução é punida exclusivamente na forma dolosa. Deve o executado ter consciência da medida constritiva decretada e atuar com a vontade de frustrar o adimplemento de sua obrigação, já na fase executiva do processo.

5. SUJEITOS DO CRIME

5.1. Sujeito ativo

O sujeito ativo é o executado. Em se tratando de empresário e tendo sido decretada a quebra, haverá crime falimentar (Lei n. 11.101/2005, arts. 168 e s.).

5.2. Sujeito passivo

Sujeito passivo é o exequente, ou seja, o credor da dívida e detentor do título executivo.

6. CONSUMAÇÃO E TENTATIVA

6.1. Consumação

A consumação ocorre com o efetivo prejuízo ao credor.

6.2. Tentativa

Por se tratar de infração penal plurissubsistente, torna-se possível a figura da tentativa.

7. CLASSIFICAÇÃO JURÍDICA

O delito de fraude à execução classifica-se como crime de ação ou forma livre (pode ser cometido por qualquer meio), próprio (só o devedor não comerciante pode praticá-lo), monossubjetivo ou de concurso eventual (admite cometimento por uma só pessoa ou várias, em concurso), plurissubsistente (seu *iter criminis* permite fracionamento), material (depende do resultado naturalístico para efeitos de consumação), de dano (exige efetiva lesão ao patrimônio do ofendido) e instantâneo (cuja consumação ocorre instantaneamente, sem prorrogar-se no tempo).

8. PENA E AÇÃO PENAL

A pena é de detenção, de seis meses a dois anos, ou multa (infração de menor potencial ofensivo).

A ação penal é privada. Tratando-se de execução movida pela União, Estado ou Município, a ação será pública incondicionada, por conta do art. 24, § 2º, do CPP.

Capítulo VII

DA RECEPTAÇÃO (ART. 180)

INTRODUÇÃO

O crime de receptação constitui a grande mola propulsora das infrações patrimoniais. É o que alimenta a máquina e o esquema criminoso empregado, sobretudo, na subtração de coisas alheias móveis.

Historicamente, a receptação foi considerada como uma etapa do crime precedente, pelo qual seu agente deveria responder.

Em nosso país, a conduta foi incriminada desde as Ordenações Filipinas (Livro V, Título LXV). Nos Códigos Criminal de 1830 e Penal de 1890, a receptação constituía forma de cumplicidade, fazendo seu autor responsável pela infração antecedente (arts. 6º, § 1º e 20, § 3º, respectivamente). Esse tratamento acarretava, em muitos casos, verdadeira hipótese de responsabilidade penal objetiva, já que o receptador se limitava a, por exemplo, adquirir o bem e, só por isso, respondia como se fora autor do furto, do roubo ou latrocínio anterior, conforme o caso.

O Código Penal de 1940 reconheceu sua autonomia, qualificando-a como infração autônoma. Seu tratamento brando, contudo, justificou a reação do legislador pátrio em 1996, criando a figura da receptação qualificada (entendida como a realizada no desempenho de atividade comercial).

Como bem adverte Damásio de Jesus, "nos dias de hoje, entretanto, a receptação já não pode ser tratada com benevolência. Realmente, do antigo joalheiro ou dono de ferro-velho, passamos a enfrentar grupos organizados para a receptação de ouro e joias subtraídos e o desmanche de automóveis, caminhões, aeronaves, lanchas, *jet-skis* e motocicletas, empregando documentos falsos para encobrir a criminalidade e corrompendo menores e desocupados, muitas vezes ligados ao tráfico de drogas. Em outros casos, armas e munições subtraídas são vendidas e cedidas entre os delinquentes, propiciando e facilitando novos delitos. Não raro, armas e munição das próprias autoridades e instituições públicas, incluindo o Exército Nacional, são furtadas e roubadas, vindo a ser vendidas a alto preço para contumazes receptadores. No plano de coisas de valor histórico, arqueológico etc., há uma indústria de subtração e venda a colecionadores menos honestos. Peças valiosas são furtadas de nossos museus e igrejas e exportadas criminosamente. Delito parasitário, sustenta uma extensa rede de ladrões, assaltantes, falsários, traficantes e delinquentes juvenis, não se esquecendo de que a receptação atinge também de forma secundária a própria Administração da Justiça, uma vez que prejudica a ação da autoridade na apuração do crime antecedente. É por isso que na Argentina e no Uruguai está incluída no Capítulo dos Delitos contra a Administração da Justiça. Na verdade, tornando mais difícil a apreensão de bens patrimoniais subtraídos, exige da autoridade esforço maior, com intensas diligências, o que eleva o custo social do delito"[1].

ART. 180 – RECEPTAÇÃO

1. DISPOSITIVO LEGAL

Art. 180. Adquirir, receber, transportar, conduzir ou ocultar, em proveito próprio ou alheio, coisa que sabe ser produto de crime, ou influir para que terceiro, de boa-fé, a adquira, receba ou oculte:

Pena – reclusão, de 1 (um) a 4 (quatro) anos, e multa.

Receptação qualificada

§ 1º Adquirir, receber, transportar, conduzir, ocultar, ter em depósito, desmontar, montar, remontar, vender, expor à venda, ou de qualquer forma utilizar, em proveito próprio ou alheio, no exercício de atividade comercial ou industrial, coisa que deve saber ser produto de crime:

Pena – reclusão, de 3 (três) a 8 (oito) anos, e multa.

§ 2º Equipara-se à atividade comercial, para efeito do parágrafo anterior, qualquer forma de comércio irregular ou clandestino, inclusive o exercício em residência.

§ 3º Adquirir ou receber coisa que, por sua natureza ou pela desproporção entre o valor e o preço, ou pela condição de quem a oferece, deve presumir-se obtida por meio criminoso:

Pena – detenção, de 1 (um) mês a 1 (um) ano, ou multa, ou ambas as penas.

§ 4º A receptação é punível, ainda que desconhecido ou isento de pena o autor do crime de que proveio a coisa.

§ 5º Na hipótese do § 3º, se o criminoso é primário, pode o juiz, tendo em consideração as circunstâncias, deixar de aplicar a pena. Na receptação dolosa aplica-se o disposto no § 2º do art. 155.

§ 6º Tratando-se de bens do patrimônio da União, de Estado, do Distrito Federal, de Município ou de autarquia, fundação pública, empresa pública, sociedade de economia mista ou empresa concessionária de serviços públicos, aplica-se em dobro a pena prevista no *caput* deste artigo.

---

[1] *Direito penal*: parte especial, 29. ed., v. 2, p. 496.

2. VALOR PROTEGIDO (OBJETIVIDADE JURÍDICA)

O objeto jurídico é o patrimônio.

3. ESPÉCIES DE RECEPTAÇÃO

Há duas espécies de receptação: *dolosa* e *culposa*. A primeira se subdivide em própria ou imprópria e admite as modalidades simples (*caput*), qualificada (§ 1º), privilegiada (§ 5º) ou agravada (§ 6º).

Existe, por fim, a receptação de animais domesticáveis de produção, modalidade apenada exclusivamente na forma dolosa, prevista no art. 180-A do CP (introduzida no Código pela Lei n. 13.330/2016).

3.1. Receptação dolosa simples própria (art. 180, *caput*, primeira parte)

3.1.1. Tipo objetivo

A receptação dolosa simples própria dá-se quando o agente *adquirir* (receber a propriedade a título oneroso ou gratuito), *receber* (obter a posse, ainda que transitoriamente), *ocultar* (esconder), *transportar* (levar de um lugar a outro) ou *conduzir* (guiar, dirigir veículo, automotor ou não), em proveito próprio ou alheio (elemento subjetivo específico), coisa que sabe ser produto de crime. A subsunção da conduta a mais de um verbo não enseja concurso de crimes, mas delito único, pelo princípio da alternatividade (tipo misto alternativo). Assim, o agente que adquire e, posteriormente, oculta o bem receptado, comete uma só infração penal. A incursão em mais de uma ação nuclear, entretanto, tem reflexos na dosagem da pena.

Não há confundir a modalidade "ocultar coisa que sabe ser produto de crime" com o favorecimento real ("prestar a criminoso, fora dos casos de coautoria ou de receptação, auxílio destinado a tornar seguro o proveito do crime" - art. 349 do CP). Neste, a conduta do sujeito ativo beneficia o próprio autor do crime anterior. Naquele, o beneficiado é o receptador ou terceiro, diverso de quem praticou a infração antecedente. Assim, a pessoa que esconde veículo roubado, para que o autor da subtração fique impune, e depois o devolve incorre no crime de favorecimento real, e não no de receptação. No favorecimento, ademais, o proveito pode ser econômico ou não (ex.: proveito moral), ao passo que na receptação só pode ser de natureza econômica.

Constitui requisito típico o fato de o agente saber (dolo direto) que o objeto material é *produto de crime* (isto é, *producta sceleris*), por exemplo, relógio furtado, veículo roubado, dinheiro extorquido da vítima, joias subtraídas, ainda que modificadas posteriormente ou derretidas, valores obtidos com a venda da *res furtiva* etc. Não há delito se a conduta do sujeito recai sobre instrumento ou preço do crime. Hungria, nesse sentido, esclarece que "não são *produto* de crime os *instrumenta sceleris*: a aquisição, recebimento ou ocultação destes, com o fim de *salvar* o criminoso, será *favorecimento pessoal* (art. 348), e não receptação"[2].

Não há receptação com a aquisição, recebimento, ocultação, transporte ou condução de objeto produto de contravenção penal; o fato anterior deve tratar-se necessariamente de crime, ainda que não seja contra o patrimônio e independentemente da ação penal.

Mostra-se fundamental, portanto, a efetiva prova de que o bem possui origem criminosa.

O agente que adquire bem receptado por outrem (receptação de produto receptado), enquadra-se no tipo penal do art. 180, conquanto saiba ser o bem produto de crime. É possível que ocorram várias aquisições sucessivas do bem. Responde por receptação todo aquele que o adquirir sabendo de sua origem criminosa, mesmo que a pessoa de quem comprou a coisa desconhecesse esse fato.

Discute-se se *bens imóveis* podem ser objeto material de receptação. Há, por um lado, autores que admitem tal possibilidade, diante da redação do dispositivo, o qual não faz nenhuma alusão à espécie do bem, como em outros tipos penais do Código Penal[3]. Predomina, entretanto, a corrente segundo a qual a infração, por seu *nomem iuris* e por sua característica, exige que se trate de bem móvel (a necessidade de deslocamento do objeto material encontra-se implícita na conduta de receptação)[4]. Como acentuou o ex-Ministro do Supremo Tribunal Federal Moreira Alves, "em face da legislação penal brasileira, só as coisas móveis ou mobilizadas podem ser objeto de receptação. Assim, não é crime no direito pátrio adquirir imóvel que esteja registrado em nome de terceiro, que não o verdadeiro proprietário, em virtude de falsificação de procuração"[5].

Se o sujeito ativo do crime se valeu de veículo automotor para praticar o delito (por exemplo, tendo utilizado o automóvel para transportar objetos que são produto de crime), no caso de ser condenado, o juiz deverá decretar a cassação de seu documento de habilitação ou proibi-lo de obter habilitação para conduzir veículo automotor por cinco anos.

Esse efeito deverá ser decretado na sentença. Embora tenha caráter obrigatório, não é automático, isto é, exige expressa fundamentação. A determinação somente será eficaz, contudo, após o trânsito em julgado da condenação, nos termos do art. 278-A do CTB.

Depois de superado o prazo de cinco anos, o condutor poderá requerer, no juízo criminal, sua reabilitação (CP, arts. 93 a 95), submetendo-se, depois de deferida,

---

2 *Comentários ao Código Penal*, 3. ed., v. VII, p. 305.

3 Assim, Julio Fabbrini Mirabete, *Manual de direito penal*, v. 2, p. 333.

4 Nesse sentido: Damásio de Jesus, *Direito penal*: parte especial, 29. ed., v. 2, p. 498.

5 *RTJ* 97/148.

a novos exames, nos termos do Código de Trânsito (art. 278-A, § 1º, para dirigir veículo automotor, ou a proibição de sua obtenção (CTB, art. 278-A, § 2º).

Note ainda que o CTB dispõe, no caso de prisão em flagrante por crime de receptação, que o juiz, em qualquer fase da investigação ou da ação penal, poderá, se houver necessidade para a garantia da ordem pública, como medida cautelar, de ofício, ou a requerimento do Ministério Público ou ainda mediante representação da autoridade policial, decretar, em decisão motivada, a suspensão da permissão ou da habilitação para dirigir veículo automotor, ou a proibição de sua obtenção (CTB, art. 278-A, § 2º).

3.1.2. Tipo subjetivo

É o dolo, consistente na vontade e na consciência de concretizar os elementos objetivos do tipo. Este exige, ademais, que o agente saiba ser o bem produto de crime (dolo direto), o que equivale dizer configurar requisito fundamental a plena ciência da origem criminosa do objeto material. Não ocorrendo tal situação, por exemplo, por estar o agente em dúvida quanto a esse fato, pode-se cogitar de receptação culposa (§ 3º).

Interessante questão é a de saber se também haveria o crime quando o dolo fosse subsequente, é dizer, quando o sujeito recebesse o bem de boa-fé e, após, diante da informação de que se trata de produto de crime, decidisse mantê-lo para si. Prevalece a tese segundo a qual o dolo deve estar presente desde o início da conduta, motivo pelo qual não haveria crime no contexto exposto. Como assevera Damásio de Jesus, "o dolo deve ser contemporâneo com a conduta. Realizada esta, o posterior elemento subjetivo não tem efeito retroativo, no sentido de dominar um comportamento já consumado. A não ser que o sujeito realize nova ação que configure o tipo penal, como, v. g., ocultando o objeto material"[6].

Hungria, no entanto, assevera ser punível a receptação ainda que o dolo seja subsequente[7].

3.1.3. Isenção de pena do autor do crime antecedente

Para a punição do receptador, é irrelevante ser o autor do crime anterior desconhecido ou isento de pena (§ 4º). Exige-se, tão somente, a certeza da ocorrência do delito antecedente, o qual, se possível, deverá ser apurado no mesmo processo-crime que a receptação, em virtude do vínculo de conexão objetiva instrumental ou probatória (CPP, art. 76, III).

---

[6] *Direito penal*: parte especial, 29. ed., v. 2, p. 511.

[7] Op. cit., 3. ed., v. VII, p. 306-307.

Quando a lei menciona ser indiferente o fato de o sujeito ativo do delito anterior ser isento de pena[8], refere-se à presença, quanto a este, de excludentes de culpabilidade (ex.: fato cometido por menor inimputável) ou de escusas absolutórias (ex.: furto cometido por filho contra o próprio pai). O mesmo se aplica, ademais, quando ocorreu a extinção da punibilidade do crime anterior (ex.: furto prescrito), por força do disposto no art. 108 do CP.

3.1.4. Sujeitos do crime

O *sujeito ativo* pode ser qualquer pessoa (crime comum), salvo na receptação qualificada, em que se exige uma qualidade especial do sujeito ativo: ser comerciante ou industrial, ainda que de fato ou clandestino[9].

Ressalte-se que se a pessoa, de alguma forma, contribuiu para o delito anterior, seja na condição de autor, seja na de coautor ou partícipe, somente por ele responderá, não podendo ser considerado sujeito ativo da receptação. O agente que induz outrem a furtar veículo para depois adquiri-lo, portanto, é partícipe de furto, e não autor de receptação.

Diversamente de outros tipos penais, na receptação o Código Penal não exige que o objeto material seja coisa *alheia*. Em função disso, admite parte da doutrina que o proprietário do bem seja sujeito ativo do crime. Essa hipótese, contudo, apenas será possível a título excepcional, porque não se concebe seja o agente sujeito ativo e passivo da mesma conduta. *Caso, entretanto, o objeto a ele pertencente encontre-se legitimamente em poder de terceiro, por exemplo, em virtude de contrato de locação, penhor etc., poderá o dono do bem enquadrar-se na norma incriminadora do art. 180 do CP*. Exemplo: "O bem, penhorado em favor de *B*, vem a ser furtado. *A*, dolosamente, adquire-o do ladrão, frustrando materialmente o penhor"[10].

Acrescente-se, por fim, que o advogado que recebe bens ou dinheiro que sabe ser produto de crime incorre, em tese, no tipo penal do art. 180 do CP[11].

O *sujeito passivo* é o mesmo do crime antecedente.

---

[8] "2. O fato de o autor do crime antecedente ser isento de pena, por força da escusa absolutória prevista no art. 181, II, do Código Penal, não afasta a punibilidade do terceiro que pratica a receptação do bem objeto desse delito, segundo disposição expressa do art. 180, § 4º, do mesmo Estatuto (...)" (STJ, REsp 1419146/SC, rel. Min. Sebastião Reis Júnior, 6ª T., j. 19-8-2014, *DJe* de 10-10-2014).

[9] Nesse sentido: STJ, REsp 1.743.514/RS, rel. Min. Jorge Mussi, 5ª T., j. 14-8-2018; TJMG, ApCr 1.0223.17.011233-6/001, rel. Des. Fortuna Grion, 3ª CCr, 28-5-2019; e TJSP, AP 0033139-65.2015.8.26.0050, rel. Des. Marco Antonio Marques da Silva, 6ª Câmara de Direito Criminal, j. 24-11-2016.

[10] Damásio de Jesus, *Temas de direito criminal*, p. 137.

[11] Julio Fabbrini Mirabete, *Manual de direito penal*, 8. ed., v. 2, p. 332.

3.1.5. Consumação e tentativa

A *consumação* dá-se com a aquisição, recebimento, ocultação, transporte ou condução, sem necessidade de qualquer outro resultado. *Admite-se a tentativa*, porquanto se trata de delito plurissubsistente.

3.1.6. Pena e ação penal

A pena é de reclusão, de um a quatro anos, e multa. O crime é de ação penal pública incondicionada.

3.2. Receptação dolosa simples imprópria (art. 180, *caput*, parte final)

3.2.1. Tipo objetivo

A receptação dolosa simples imprópria consubstancia-se no ato de *influir* para que terceiro de boa-fé adquira, receba ou oculte o bem que o agente sabe ser produto de crime.

Por influir entende-se influenciar, convencer, induzir alguém, que desconheça a origem espúria do bem, a recebê-lo, adquiri-lo ou ocultá-lo.

Se o terceiro estiver de má-fé, todavia, será ele autor de receptação *própria*, enquanto o influenciador será partícipe desse crime (CP, art. 29).

Quem furta carro e depois influi para que terceiro de boa-fé o adquira, responde apenas pelo furto, sendo considerado *post factum* impunível a disposição de coisa alheia como própria e, da mesma forma, a receptação imprópria.

3.2.2. Tipo subjetivo

O fato somente é incriminado sob a forma dolosa. A norma somente prevê o dolo direto, pois condiciona a punição à ciência de que o objeto é produto de crime anterior.

3.2.3. Sujeitos do crime

Os sujeitos ativo e passivo são os mesmos da receptação dolosa simples própria.

3.2.4. Consumação e tentativa

A receptação dolosa simples imprópria constitui *crime formal*, consumando-se com o mero ato de influir para que terceiro de boa-fé adquira, receba ou oculte o bem. A efetiva aquisição, recebimento ou ocultação por parte do terceiro configura *exaurimento*, refletindo na dosagem da pena.

Não se admite a forma tentada. Note que o ato de influenciar já resulta na consumação do ilícito. Sendo assim, se o agente não chegou a influir em terceiro de boa-fé, o fato é penalmente atípico; se o fez, há consumação (crime unissubsistente).

Percebe-se, em conclusão, haver uma importante diferença entre a receptação dolosa simples própria e imprópria. A primeira constitui crime material e admite tentativa; a outra, delito formal e não permite a forma tentada.

3.2.5. Classificação jurídica

Tomando-se em consideração a receptação dolosa simples, em ambas as suas formas, pode-se dizer que se trata de crime de ação ou forma livre (pode ser cometido por qualquer meio), comum (qualquer um pode ser seu sujeito ativo, salvo na receptação qualificada), monossubjetivo ou de concurso eventual (admite cometimento por uma só pessoa ou várias, em concurso), plurissubsistente (seu *iter criminis* permite fracionamento) ou unissubsistente (no caso da receptação dolosa simples imprópria), material (depende do resultado naturalístico para efeitos de consumação) ou formal, na receptação dolosa simples imprópria (pois independe desse resultado para que se opere a consumação), de dano (exige efetiva lesão ao patrimônio do ofendido) e instantâneo (cuja consumação ocorre instantaneamente, sem prorrogar-se no tempo, salvo nos verbos "ocultar", "transportar" e "conduzir", hipóteses que configuram crime permanente).

3.2.6. Causa de aumento de pena (§ 6º)

"Tratando-se de bens do patrimônio da União, de Estado, do Distrito Federal, de Município ou de autarquia, fundação pública, empresa pública, sociedade de economia mista ou empresa concessionária de serviços públicos, aplica-se em dobro." Como se nota na redação do dispositivo, essa causa incide somente na receptação dolosa simples (própria ou imprópria), sendo vedada sua aplicação na receptação qualificada ou culposa.

A Lei n. 13.531, de 7 de dezembro de 2017, que entrou em vigor no dia seguinte à sua promulgação, alterou o inciso III do parágrafo único do art. 163 do CP (dano qualificado) e o art. 180, § 6º, do CP (receptação majorada), de maneira a incluir, entre as circunstâncias dos respectivos crimes, praticá-los contra o patrimônio da União, de Estado, do Distrito Federal, de Município ou de autarquia, fundação pública, empresa pública, sociedade de economia mista ou empresa concessionária de serviços públicos.

Na redação original de ambos os dispositivos, o aumento de pena somente se aplicava quando a conduta era cometida contra o patrimônio da União, de Estado, de Município, de sociedade de economia mista ou de empresa concessionária de serviços públicos. Houve, portanto, a **inclusão das seguintes entidades: Distrito Federal, autarquias, fundações públicas e empresas públicas**.

A jurisprudência havia fixado entendimento, antes da modificação legislativa citada, de que no caso de a infração ser cometida contra as pessoas jurídicas mencionadas na Lei n. 13.531/2017 (Distrito Federal, autarquia etc.), não se aplicava a qualificadora do dano (isto é, a conduta era capitulada como dano simples) e também não incidia a causa de aumento da receptação (ou seja, tratava-se de receptação simples ou qualificada, sem a majoração do § 6º do art. 180 do CP). Para os tribunais, entendimento diverso resultaria em analogia *in malam partem*, ofendendo o princípio da reserva legal, o qual decorre do princípio da legalidade penal (CF, art. 5º, inciso XXXIX, e CP, art. 1º).

Com a nova redação dada aos dispositivos, foi colmatada a lacuna apontada pelos tribunais, de tal maneira que não mais se discute a natureza da receptação cometida contra o patrimônio do Distrito Federal, de autarquia, de sociedade de economia mista ou empresa pública: aplica-se a causa de aumento.

De ver que, tomando como premissa o entendimento fixado pelos tribunais, cuida-se de modificação legislativa gravosa, a qual não terá aplicação retroativa, em face do art. 5º, inciso XL, da CF e do art. 2º do CP. Assim, por exemplo, a receptação cometida contra o patrimônio do Distrito Federal, cuja conduta (ação ou omissão) tiver sido praticada até o dia 7 de dezembro de 2017, não sofrerá a incidência da majorante.

3.3. Receptação qualificada (art. 180, § 1º)

O § 1º, acrescido pela Lei n. 9.426, de 24-12-1996, pune com pena de reclusão, de três a oito anos, e multa, a conduta daquele que: adquirir, receber, ocultar, ter em depósito, conduzir, transportar, montar, desmontar, remontar, vender ou expor à venda, ou de qualquer forma utilizar, no exercício de atividade comercial ou industrial, coisa que deve saber ser produto de crime.

Embora a rubrica do dispositivo seja "receptação qualificada", expressão, inclusive, de uso corriqueiro, trata-se, na verdade, de figura típica autônoma, justamente por acrescentar seis novos verbos núcleos a mais que o *caput*.

O tipo penal visa combater a ação de receptadores profissionais, em especial aqueles que se dedicam à receptação de veículos automotores ("desmanches").

As ações nucleares são:

a) adquirir: receber o domínio do bem, a título oneroso ou gratuito;

b) receber: aceitar o bem;

c) ocultar: colocá-lo em local desconhecido;

d) ter em depósito: manter o bem guardado;

e) conduzir: dirigir (veículos);

f) transportar: levar de um lugar a outro;

g) montar, desmontar e remontar: retirar, colocar ou recolocar as peças do bem, tornando-o apto ou inapto ao uso;

h) vender: transferir o domínio, a título oneroso;

i) expor à venda: exibir o bem visando à transferência de sua propriedade, a título oneroso;

j) utilizar de qualquer forma: fazer uso do bem.

O objeto material novamente é a coisa produto de crime, conforme se viu no estudo da receptação dolosa simples, acima.

Exige-se, ademais, que as condutas definidoras do crime se deem no exercício de atividade comercial ou industrial, assim considerada toda e qualquer forma de comércio irregular ou clandestino, inclusive o exercido em residência (§ 2º). Pressupõe-se, no entanto, a "continuidade ou habitualidade na prática comercial ou industrial por parte do sujeito ativo. Atividade comercial não compreende ato único, isolado, e sem habitualidade"[12].

É preciso, finalmente, que o sujeito ativo deva saber ser o objeto produto de crime. Diferentemente de outros tipos penais, o legislador não utilizou a forma consagrada "sabe ou deve saber" (ex.: art. 130 do CP), mas inseriu a expressão "coisa que deve saber ser produto de crime". Em função disso, surgiu grande controvérsia doutrinária com relação ao enquadramento da conduta daquele que, no exercício de atividade comercial ou industrial, adquire, recebe, oculta etc. bem que *sabe ser* produto de crime. Dever-se-ia aplicar o § 1º (que não contém o termo "sabe" e sim "deve saber") ou o *caput* (que possui aquela expressão, mas não se refere à receptação no exercício de atividade comercial)?

Damásio de Jesus, com o peso de sua reconhecida autoridade, defende a tese, escudada no princípio da tipicidade plena, pela qual a locução "deve saber" abrange apenas o dolo eventual. Assim, o agente que recebe etc. bem que *sabe* ser produto de crime, ainda quando no exercício de atividade comercial, deve responder por receptação dolosa simples (*caput*). O próprio autor reconheceu, porém, que isso poderia gerar uma situação injusta: ao comerciante que tem plena ciência da origem criminosa do bem, imputa-se a pena do *caput*, e àquele que, embora sem tal conhecimento, devia saber que a coisa é produto de crime, aplica-se o § 1º. Ou seja, a conduta mais grave seria punida com pena menor. Como maneira de evitar a injustiça, Damásio propõe que se considere o § 1º inconstitucional, por ofensa ao princípio da proporcionalidade, enquadrando-se, portanto, o comerciante ou industrial que *sabe* e o que *deve saber* no *caput*.

---

[12] Julio Fabbrini Mirabete, ed. de 1998, *Manual de direito penal*, v. 2, p. 354. Nesse sentido: TACrSP, *RT* 810/628.

Na opinião de Fernando Capez, com a qual concordamos, "o § 1º tanto prevê as condutas de quem sabe (dolo direto) quanto as de quem deve saber (dolo eventual), visto que, embora empregue somente a expressão 'deve saber', a conduta de quem sabe encontra-se abrangida, pois se praticar a conduta com dolo eventual qualifica o crime, por óbvio que praticá-la com dolo direto também deve qualificar. (...) Não se trata de analogia ou de interpretação extensiva, mas de declarar o exato significado da expressão ('deve saber' inclui o 'sabe'), interpretação meramente declarativa, portanto"[13]. Essa é a orientação amplamente dominante nos tribunais. Cite-se, a título ilustrativo, o acórdão proferido pelo órgão especial do Tribunal de Justiça de São Paulo, julgando incidente de inconstitucionalidade a respeito da matéria, no qual se repeliu, por ampla maioria de votos, a alegação de violação aos princípios da proporcionalidade e da razoabilidade[14].

Não se deve confundir a figura típica do art. 180, § 1º, com as dos arts. 334, § 1º, IV ou 334-A, § 1º, V (condutas equiparadas a descaminho e a contrabando, respectivamente). Estas se dão quando o sujeito "adquire, recebe ou oculta, em proveito próprio ou alheio, no exercício de atividade comercial ou industrial, **mercadoria de procedência estrangeira, desacompanhada de documentação legal ou acompanhada de documentos que sabe serem falsos**" e quando "adquire, recebe ou oculta, em proveito próprio ou alheio, no exercício de atividade comercial ou industrial, **mercadoria proibida pela lei brasileira**" (grifos meus).

3.4. Receptação privilegiada (art. 180, § 5º)

Aplica-se à receptação dolosa o disposto no § 2º do art. 155, ou seja, se o criminoso for primário e de pequeno valor a coisa, o juiz pode substituir a pena de reclusão por detenção, reduzir a sanção de um a dois terços ou aplicar somente a multa.

O privilégio, deve-se ponderar, só se aplica à receptação dolosa simples, e não à qualificada, pois se mostra totalmente incompatível com a gravidade do tipo do § 1º.

3.5. Receptação culposa (art. 180, § 3º)

A receptação é o único crime contra o patrimônio punido tanto na forma dolosa como na modalidade culposa. A descrição típica da receptação culposa ("adquirir ou receber coisa que, por sua natureza ou pela desproporção entre o valor e o preço, ou pela condição de quem a oferece, deve presumir-se obtida por meio criminoso" – pena: detenção, de um mês a um ano, ou multa, ou ambas as penas) apresenta uma peculiaridade diante dos demais crimes culposos. Enquanto a maioria dos delitos dessa natureza deriva de tipos penais abertos (com descrições típicas abrangentes),

[13] *Curso de direito penal*, v. 2, p. 531.

[14] IncI 175.795.

o crime do art. 180, § 3º, contém tipo penal fechado, uma vez que o legislador descreveu de forma restrita a conduta punida criminalmente.

Há dois verbos núcleo do tipo: *adquirir* e *receber* (ações estudadas acima).

É preciso, ademais, que a aquisição ou recebimento se refira a coisa que: (a) por sua natureza, (b) pela desproporção entre o preço e o valor ou (c) pela condição do ofertante, deva presumir-se obtida por meio criminoso.

Quando a lei se refere à natureza do bem, indicativa da origem espúria, tem em vista, por exemplo, veículos automotores sem documentação ou com chassi adulterado, rádio toca-fitas com bordas danificadas etc.

Para se caracterizar a desproporção entre o preço e o valor, deve haver uma diferença *considerável* entre o preço efetivamente pago e o valor de mercado do bem.

A condição do ofertante também pode indicar ser o bem produto de crime quando, por exemplo, tal pessoa for totalmente desconhecida do agente, aparentar não ter condição financeira para a aquisição legítima do bem etc. Diferentemente do *caput* e do § 1º não previu o legislador, em matéria de receptação culposa, a conduta de *ocultar*, porquanto esta é indicativa de *dolo*.

Diferentemente do *caput* e do § 1º não previu o legislador, em matéria de receptação culposa, a conduta de *ocultar*, porquanto esta é indicativa de *dolo*.

O ato de influenciar para que terceiro de boa-fé adquira ou receba bem nas condições do § 3º não constitui crime. A lei não pune o mediador de receptação culposa (somente da dolosa).

Cabe acrescentar que também se subsume ao subtipo da receptação culposa o ato de adquirir ou receber, fora de atividade industrial ou comercial, coisa que o agente, embora não tendo conhecimento de que se trata de produto de crime, devesse saber (dolo eventual) de tal situação. Perceba que o *caput* pune apenas a pessoa que *sabe* da origem criminosa da coisa.

Em síntese, pode-se dizer o seguinte:

a) agente, fora de atividade comercial ou industrial, recebe, adquire etc. bem que *sabe* (dolo direto) ser produto de crime: comete receptação dolosa simples (própria);

b) agente, fora de atividade comercial ou industrial, recebe ou adquire bem que *deve saber* (dolo eventual) ser produto de crime: comete receptação culposa;

c) agente, no exercício de atividade comercial ou industrial, recebe, adquire etc. bem que *sabe* ou *deve saber* (dolo direto ou eventual) ser produto de crime: comete receptação dolosa qualificada.

3.5.1. Receptação de aparelho de telefonia móvel

A aquisição de aparelhos de telefone celular de origem criminosa constitui comportamento frequentemente praticado nos dias de hoje. Esses casos são tratados, via de regra, como receptação culposa. Em nosso modo de ver, atendidas, por óbvio, as peculiaridades do caso concreto, é possível imputar ao agente o crime de receptação dolosa, com base na teoria da cegueira deliberada ou *willful blindness*, desenvolvida pela Suprema Corte norte-americana e plenamente aplicável no ordenamento jurídico brasileiro.

Há precedentes em nossa jurisprudência reconhecendo a aplicação da teoria da cegueira deliberada. O STJ, em processo relativo a crime de inserção de dados falsos em sistema de informação (CP, art. 313-A), expressamente registrou a aplicabilidade da teoria, embora a refutasse no caso concreto: "Para que ocorra a aplicação da teoria da cegueira deliberada, deve restar demonstrado no quadro fático apresentado na lide que o agente finge não perceber determinada situação de ilicitude para, a partir daí, alcançar a vantagem pretendida" (Ag. Rg. no REsp 1.565.832/RJ, rel. Min. Joel Ilan Paciornik, 5ª T., j. 17-12-2018). O STF, por sua vez, fez expressa referência à teoria na AP n. 470 ("Caso Mensalão"). Em voto do Min. Celso de Mello admitiu-se expressamente a possibilidade de configuração do crime de lavagem de dinheiro mediante dolo eventual, com base na teoria da cegueira deliberada.

Segundo a teoria, que também é referida por outros nomes, como *ostrich instructions* (instruções de avestruz) ou *conscious avoidance doctrine* (doutrina do ato de ignorância consciente), quando o agente deliberadamente evita tomar conhecimento formal da origem ilícita de determinados bens, direitos ou valores que recebe, com o propósito de auferir vantagens para si ou para terceiro, comportando-se como um avestruz que insere sua cabeça debaixo da terra para não enxergar a realidade que se apresenta diante de si, comete um ato doloso.

É justamente o caso do sujeito que adquire um telefone celular de última geração de um morador de rua, pagando por este uma quantia inexpressiva, recusando-se a saber de maiores detalhes acerca da origem do bem, seja perguntando ao vendedor ou fazendo uma simples e rápida consulta em websites (como o da Anatel) sobre o número de registro do aparelho (IMEI). O sujeito não comete apenas receptação culposa (CP, art. 180, § 3º), mas dolosa (CP, art. 180, *caput*). O agente sabe que se trata de objeto de origem criminosa, mas deliberadamente prefere não confirmar aquilo que a realidade fática evidencia, a fim de poder alegar suposto estado de ignorância acerca da origem criminosa do objeto.

3.5.2. Perdão judicial (art. 180, § 5º)

Quando o criminoso for *primário* e as *circunstâncias indicarem o cabimento da medida* (p. ex., "a escassez do valor da coisa receptada, a pouca intensidade da culpa, a incensurável vida pregressa do acusado etc."[15]), pode o juiz deixar de aplicar a pena, concedendo ao réu o perdão judicial (ver art. 107, IX, do CP e Súmula 18 do STJ). O dispositivo aplica-se somente à receptação culposa.

---

15 Nelson Hungria, op. cit., 3. ed., v. VII, p. 322.

ART. 180-A – RECEPTAÇÃO DE ANIMAL

1. DISPOSITIVO LEGAL

Art. 180-A. Adquirir, receber, transportar, conduzir, ocultar, ter em depósito ou vender, com a finalidade de produção ou de comercialização, semovente domesticável de produção, ainda que abatido ou dividido em partes, que deve saber ser produto de crime:

Pena – reclusão, de 2 (dois) a 5 (cinco) anos, e multa.

2. VALOR PROTEGIDO (OBJETIVIDADE JURÍDICA)

O objeto jurídico é o patrimônio e, secundariamente, a saúde pública, pois a comercialização de semovente domesticável de produção produto de crime expõe a perigo a saúde humana, pois os produtos de consumo daí decorrentes (como a carne e o leite) não se sujeitam ao necessário controle sanitário.

O dispositivo foi inserido no Código pela Lei n. 13.330, de 2-8-2016, a qual entrou em vigor no dia 3 de agosto de 2016 e, se comparado à receptação dolosa simples, dado seu caráter gravoso, não tem aplicação retroativa (*vide* art. 5º, inciso XL, da CF e art. 2º do CP). Deve-se alertar que não houve *novatio legis* incriminadora, pois o fato já ostentava caráter delituoso, se subsumindo, até então, ao art. 180 do CP (receptação comum).

É preciso destacar, ainda, que as receptações de animais domesticáveis de produção são cometidas, de regra, por indivíduos que atuam no desempenho de alguma atividade industrial ou comercial, de tal modo que o fato constituía, até então, receptação qualificada (art. 180, § 1º, do CP), cuja pena é superior à receptação especial (art. 180-A). Aquela é punida com reclusão, de três a oito anos, e multa e esta, com reclusão, de dois a cinco anos, e multa. Significa que, em termos práticos, a situação do agente melhorou, passando ele a se sujeitar à pena da nova figura. Houve, desse modo, em boa parte dos casos, verdadeira *novatio legis in mellius*, a qual se aplica retroativamente.

3. TIPO OBJETIVO

A receptação de animal possui como verbos nucleares condutas já estudadas por ocasião da análise do art. 180 do CP.

Trata-se da punição dos atos de *adquirir* (receber a propriedade a título oneroso ou gratuito), *receber* (obter a posse, ainda que transitoriamente), *transportar* (levar de um lugar a outro) ou *conduzir* (guiar o animal vivo, retirando-o da esfera de disponibilidade do proprietário), *ocultar* (esconder), *ter em depósito* (manter o animal – vivo ou morto – guardado ou armazenado) ou *vender* (transferir o domínio, a título oneroso).

Cuida-se de tipo misto alternativo, razão pela qual constitui *crime único* o cometimento de mais de uma ação nuclear, perpetradas em nexo de causalidade, na qual uma seja antecedente de outra, recaindo sobre o(s) mesmo(s) objeto material (princípio da alternatividade).

O **objeto material** é o semovente domesticável de produção, ou seja, o animal (irracional) que possui condições de se deslocar por conta própria, como o gado, ovelhas, porcos, aves, javalis etc. Não importa, ainda, se o animal é receptado vivo ou morto (abatido) e, nesse caso, se é adquirido, recebido, transportado etc. inteiro ou dividido em partes.

O dispositivo não requer, como na receptação comum, que a conduta seja praticada "em proveito próprio ou alheio", mas exige que o fato seja cometido "com a finalidade de produção ou comercialização". Quem adquire, portanto, um animal domesticável de produção furtado para tê-lo em sua companhia (como um coelho) ou, ainda, para servir de alimento comete receptação comum (art. 180 do CP).

Se o sujeito adquiriu, porém, espécimes da fauna silvestre, nativa ou em rota migratória, provenientes de criadouros não autorizados ou sem a devida permissão, licença ou autorização da autoridade competente, incorre na infração ambiental capitulada no art. 29, § 1º, inciso III, da Lei n. 9.605/98.

Quem recebe o animal domesticável de produção (fora dos casos de coautoria ou participação) para prestar auxílio ao autor do delito anterior, a fim de tornar seguro o proveito do crime (por exemplo, esconde o gado por alguns dias em benefício do furtador do semovente), responde pelo delito de favorecimento real (art. 349 do CP).

Para haver receptação de animal, basta que o agente deva saber (dolo eventual) que se trata de produto de crime. Se o souber (dolo direto), com mais razão, incorrerá no delito.

Há crime na receptação da receptação de animal, isto é, no fato de adquirir animal receptado por outrem.

4. TIPO SUBJETIVO

Trata-se do dolo, seja direto, quando o sujeito tem plena ciência da origem criminosa do animal, seja eventual, quando deva saber cuidar-se de produto de delito anterior.

Para a punição do receptador de animal (do mesmo modo que na receptação comum), é irrelevante ser o autor do crime anterior desconhecido ou isento de pena, aplicando-se, ao art. 180-A, a norma (explicativa) contida no art. 180, § 4º, do CP.

5. SUJEITOS DO CRIME

Qualquer pessoa pode praticar o crime, figurando como *sujeito ativo*, pois consubstancia crime comum, exceto, por óbvio, quem de algum modo tomou parte no delito antecedente.

O *sujeito passivo* é o mesmo do crime antecedente.

6. CONSUMAÇÃO E TENTATIVA

A *consumação* dá-se com a aquisição, recebimento, ocultação, manutenção em depósito, venda, transporte ou condução, sem necessidade de nenhum outro resultado. *Admite-se a tentativa*, porquanto se trata de delito plurissubsistente.

7. PENA E AÇÃO PENAL

A pena é de reclusão, de dois a cinco anos, e multa. O crime é de ação penal pública incondicionada.

8. DIFERENÇAS COM A RECEPTAÇÃO COMUM

A receptação de animal é punida exclusivamente na forma dolosa, tendo em vista que o dispositivo exige que deva o agente saber que o semovente é produto de crime anterior. Não há, portanto, a figura culposa. Se o agente, porém, adquirir ou receber animal domesticável de produção que, por sua natureza ou pela desproporção entre o valor e o preço, ou pela condição de quem a oferece, deve presumir-se obtida por meio criminoso, responde pelo crime do art. 180, § 3º, do CP (isto é, embora não exista uma forma *especial* de receptação culposa de animal, o sujeito incorre na receptação culposa genérica do art. 180).

A receptação comum, diversamente da receptação de animal, admite suspensão condicional do processo (art. 89 da Lei n. 9.099/95).

Na figura comum dolosa, exige-se que o agente saiba (dolo direto) ser o bem produto de crime, enquanto na especial basta que deva saber (dolo eventual).

A receptação de animal possui dois verbos nucleares a mais em comparação com a comum ("vender" e "ter em depósito") e, diversamente desta, não exige que a conduta seja praticada pelo receptador "para si ou para outrem" (isto é, não possui este elemento subjetivo específico do tipo).

Capítulo VIII

DISPOSIÇÕES GERAIS (ARTS. 181 A 183)

1. INTRODUÇÃO

Após dedicar os sete primeiros capítulos à definição dos tipos penais relativos aos crimes contra o patrimônio, o Código Penal, no Capítulo VIII, ocupa-se de estabelecer regras gerais a eles aplicáveis. Trata-se de um conjunto de normas penais não incriminadoras, muitas delas verdadeiras normas penais permissivas (que ampliam o âmbito de licitude do comportamento do sujeito ativo). Fundam-se em "motivos de ordem política, ou seja, em obsequium ao interesse da solidariedade e da harmonia no círculo familiar"[1]. Justificam-se, ainda, pela "conveniência de evitar ensejo à cizânia, à violação da intimidade e ao desprestígio da família"[2].

Importante asseverar que o capítulo em questão sofreu recentes modificações decorrentes do Estatuto do Idoso (Lei n. 10.741, de 1º-10-2003), as quais serão a seguir examinadas.

2. DISPOSITIVOS LEGAIS

Art. 181. É isento de pena quem comete qualquer dos crimes previstos neste título, em prejuízo:

I – do cônjuge, na constância da sociedade conjugal;

II – de ascendente ou descendente, seja o parentesco legítimo ou ilegítimo, seja civil ou natural.

Art. 182. Somente se procede mediante representação, se o crime previsto neste título é cometido em prejuízo:

I – do cônjuge desquitado ou judicialmente separado;

II – de irmão, legítimo ou ilegítimo;

III – de tio ou sobrinho, com quem o agente coabita.

---

[1] Cf. Nelson Hungria, *Comentários ao Código Penal*, 3. ed., v. VII, p. 324.

[2] Idem, ibidem.

Art. 183. Não se aplica o disposto nos dois artigos anteriores:

I – se o crime é de roubo ou de extorsão, ou, em geral, quando haja emprego de grave ameaça ou violência à pessoa;

II – ao estranho que participa do crime;

III – se o crime é praticado contra a pessoa com idade igual ou superior a 60 (sessenta) anos.

3. IMUNIDADES ABSOLUTAS (ART. 181)

O art. 181 cuida das chamadas *imunidades absolutas*. São *escusas absolutórias*; seu efeito prático é isentar o agente de responsabilidade penal, operando de forma semelhante às causas extintivas da punibilidade. São, na verdade, condições objetivas de punibilidade (natureza jurídica), porquanto, se presentes, impedem a possibilidade jurídica de aplicação da sanção penal. O crime, enquanto fato típico e ilícito, subsiste, o mesmo se podendo dizer a respeito da culpabilidade. As consequências inerentes a tal ilícito (pena ou medida de segurança), entretanto, não podem ser aplicadas.

3.1. Causas de imunidade absoluta

a) *Crime contra o patrimônio*[3] *praticado contra cônjuge, na constância da sociedade conjugal.*

O que importa para os fins da existência da imunidade é a *data da conduta* (CP, art. 4º). Assim, se o crime for praticado na constância da sociedade conjugal, a escusa persiste, ainda que haja posterior divórcio. De mesma forma, se a subtração for anterior e após der-se o casamento, o agente responde criminalmente por sua conduta. O casamento subsequente (*subsequens matrimonium*) não justifica a escusa nem, sequer, acarreta a extinção da punibilidade. "Assim, se o noivo se apropria do dinheiro que lhe confiou a noiva para fim determinado, responderá por apropriação indébita, ainda quando sobrevenha o casamento"[4].

Deve-se acrescentar que o regime de bens entre o autor do fato e seu consorte, vítima do crime, é de todo irrelevante. Do mesmo modo, é indiferente se o casal convive efetivamente ou se está separado de fato. Se a sociedade conjugal persiste, incide a imunidade absoluta. O mesmo se pode dizer da anulação do casamento, isto é, "não retroage para o fim de excluir a impunibilidade, salvo se o agente vem a ser considerado de má-fé contemporânea ao casamento ou, pelo menos, *ante delictum*"[5].

---

[3] Ver ressalva do art. 183 do CP (item 5, *infra*).

[4] Nelson Hungria, op. cit., 3. ed., v. VII, p. 325.

[5] Idem, ibidem, p. 325-326.

Embora a redação da norma restrinja o âmbito de aplicação do instituto ao *casamento*, deve-se admitir sua incidência aos casos (comprovados) de união estável (seja por analogia *in bonam partem*, seja porque a CF, no art. 226, § 3º, reconhece e protege juridicamente a união estável).

b) *Crime contra o patrimônio*[6] *praticado contra ascendente ou descendente, seja o parentesco legítimo ou ilegítimo, civil ou natural.*

A ressalva da parte final seria até dispensável diante da Constituição Federal, que veda qualquer tratamento diferenciado aos filhos, independentemente da origem da filiação.

Deve-se frisar que a escusa absolutória só tem aplicação se as pessoas previstas no art. 181 forem os *únicos* sujeitos passivos do crime.

O erro sobre a propriedade do bem (ex.: subtrair bem de estranho, pensando ser de seu pai) deve ser tratado como erro de tipo permissivo (por analogia *in bonam partem* ao art. 20, § 1º, do CP, isentando de pena o agente).

4. IMUNIDADES RELATIVAS (ART. 182)

Com a denominação de *imunidade relativa*, a doutrina refere-se aos casos previstos no art. 182 do CP, em que a ação penal passa a ser *pública condicionada à representação do ofendido*. Isso ocorre quando o crime contra o patrimônio[7] for cometido contra:

a) *Cônjuge desquitado ou judicialmente separado.*

A figura do desquite não é mais prevista em nossa legislação civil, somente a separação judicial. Em face dos arts. 181 e 182 tem-se que:

1) durante a constância da sociedade conjugal, há imunidade absoluta (escusa absolutória), de modo que um cônjuge não responde criminalmente pelo crime contra o patrimônio cometido contra seu consorte;

2) com a separação judicial, passa a existir crime, mas a ação penal fica condicionada à representação do cônjuge ofendido (se houver apenas separação de fato ou somente a separação de corpos, aplica-se o art. 181 do CP);

3) após o divórcio, não há imunidade alguma.

b) *Irmão, legítimo ou ilegítimo.*

O dispositivo abrange irmãos bilaterais (que têm o mesmo pai e a mesma mãe) ou unilaterais (quando só possuem o pai ou a mãe em comum).

c) *Tio ou sobrinho, com quem o agente coabita.*

---

[6] Ver ressalva do art. 183 do CP (item 5, *infra*).

[7] Idem.

Nesse caso, pressupõe-se a coabitação, ou seja, devem o sujeito ativo e o passivo residir no mesmo local (se ocorreu mera hospitalidade acidental, tratando-se de breve visita, não incide o dispositivo). Note que a lei não requer convivência íntima, contentando-se com o fato de o autor e o ofendido morarem sob o mesmo teto.

O art. 182 só se aplica aos crimes de ação penal pública incondicionada, excluídos, portanto, os que se processem por ação penal privada (CP, arts. 161, 167 e 179, parágrafo único).

5. EXCEÇÕES ÀS IMUNIDADES ABSOLUTAS E RELATIVAS (ART. 183)

O disposto nos arts. 181 e 182 não se aplica:

a) Se o crime é de roubo ou de extorsão, ou, em geral, quando há emprego de grave ameaça ou violência à pessoa.

b) Ao estranho que participa do crime.

A ressalva constante do inciso II do art. 183, pela qual as escusas constituem circunstâncias incomunicáveis no concurso de agentes, em rigor, seria desnecessária, pois decorreria do art. 30 do CP; o legislador, no entanto, preferiu ser explícito.

c) Se o crime é praticado contra pessoa com idade igual ou superior a 60 anos.

Esta última exceção ao âmbito de incidência dos arts. 181 e 182 foi incluída pela Lei n. 10.741, de 1º-10-2003 (Estatuto do Idoso). Com ela, surge uma situação no mínimo curiosa. Se o filho subtrai do pai determinada quantia em dinheiro, sem violência ou grave ameaça à pessoa, não responde pelo crime, desde que o genitor, à época do fato, tenha 59 anos de idade. Se tal conduta for praticada exatamente no dia do aniversário do pai, quando completar 60 anos, há crime. Disso resulta que, "se testemunhas presenciaram um furto, em que o agente subtrai pequena quantia em dinheiro de seu pai maior de 60 anos, de nada vale a opinião da vítima que, em perfeitas condições mentais, declara não desejar ver seu filho preso por esse ato"[8].

Acrescente-se, ainda, que as imunidades também não se aplicam aos crimes definidos no próprio Estatuto do Idoso (arts. 96 a 108), por força do art. 95 dessa lei. Damásio de Jesus escreveu sobre o assunto: "A primeira parte do dispositivo (referindo-se ao art. 95), considerando incondicionada a ação penal por delito contra o idoso, é infantil, ingênua e desnecessária. Toda ação penal é pública incondicionada, salvo disposição em contrário (arts. 100 e § 1º do CP e 24, *caput*, do CPP). Além disso, foi alterado o art. 183 do CP, tornando inaplicável o art. 182 do mesmo Código, impedindo, assim, que, em certos casos, seja condicionada à representação a ação penal por delito contra o idoso. Por último, o art. 182 do CP só é aplicável aos delitos contra o

[8] Damásio de Jesus, *Phoenix*, n. 2, fev. 2004.

patrimônio. Se o legislador silenciasse, o efeito seria o mesmo. E sua manifestação revelou que desconhece o tema"[9].

Por fim, de rigor ressaltar que, nos casos perpetrados pelo marido contra a esposa (e situações congêneres de relacionamento amoroso entre homem e mulher), as imunidades penais ora em estudo não foram derrogadas pela Lei n. 11.340/2006 (Lei Maria da Penha). Nessa esteira, entende o STJ que, apesar da previsão de "violência patrimonial" como uma das espécies de violência doméstica e familiar contra a mulher elencadas no Diploma Especial em comento, configurada com a conduta de subtração, isso não afasta a incidência dos arts. 181 e 182, porque apenas impede as escusas absolutórias a "violência contra a pessoa", consoante dispõe o art. 183, I, do CP. Não fosse esse o posicionamento adotado, enfrentaríamos situações de flagrante ofensa ao princípio da isonomia, quando a imunidade penal fosse concedida à mulher que comete crime patrimonial sem violência contra o marido, mas este, nas mesmas condições, não fosse acobertado pela isenção de pena[10].

---

9 *Phoenix*, n. 2, fev. 2004.

10 Nesse sentido: STJ, RHC 42.918/RS, rel. Min. Jorge Mussi, 5ª T., j. 5-8-2014.

TÍTULO III
DOS CRIMES CONTRA A PROPRIEDADE IMATERIAL

"A proteção à inovação tem sido o fermento do desenvolvimento econômico de muitos países. Algumas maneiras de pensar e padrões de atividade que estimulam a criatividade humana e geram tecnologia nova foram proporcionados pela proteção à inovação"[1].

1. INTRODUÇÃO

A proteção ao patrimônio não se limita à tutela da propriedade material ou corpórea, a qual engloba bens móveis e imóveis, e recebe proteção no Título II da Parte Especial do Código; *também a propriedade imaterial, isto é, os bens ou direitos incorpóreos* (vale dizer, interesses juridicamente tutelados, com alguma expressão econômica, que representem determinada utilidade ao seu titular) *mereceu a tutela penal.* Estes constituem "*ideações criadoras* ou *entidades ideais* consideradas em si mesmas ou abstraídas da matéria (*corpus mechanicum*) na qual ou pela qual se exteriorizam (e da qual se distinguem, por assim dizer, como a *alma do corpo*)"[2].

A *propriedade imaterial* (ou direitos imateriais) desdobra-se nos *direitos da personalidade*[3] e na *propriedade intelectual.* A tutela jurídico-penal dos direitos da personalidade, por se referirem a interesses ligados ao homem, enquanto pessoa (sua honra, intimidade etc.), dá-se sobretudo no Título I da Parte Especial. A propriedade intelectual, de sua parte, recebe proteção no presente Título e abarca "os direitos relativos às invenções em todos os campos da atividade humana, às descobertas científicas, aos desenhos e modelos industriais, às marcas industriais, de comércio e de serviço, aos nomes e denominações comerciais, à proteção da concorrência desleal, às obras literárias, artísticas e científicas, às interpretações dos artistas, intérpretes, às

---

1 Robert M. Sherwood, *Propriedade intelectual e desenvolvimento econômico*, p. 11, apud Manuella Santos, *Direito autoral na era digital*, p. 1.

2 Nelson Hungria, *Comentários ao Código Penal*, 3. ed., v. VII, p. 331.

3 *Vide* arts. 11 a 21 do CC. São direitos da personalidade o direito ao nome, à própria imagem, à honra, à intimidade.

execuções dos artistas executantes, aos fonogramas e às emissões de radiodifusão, bem como os demais direitos relativos à atividade intelectual no campo industrial, científico, literário e artístico"[4].

Mencionada vertente da propriedade imaterial pode ser dividida em *direitos autorais* (e os que lhe são conexos) e *propriedade industrial.*

Pois bem, o Título III regula somente uma pequena parcela da propriedade imaterial, pois o único tipo penal vigente (art. 184) refere-se à criminalização de ofensa aos direitos autorais e aos conexos.

Quanto à propriedade industrial, as normas legais correspondentes, inclusive de Direito Penal, encontram-se na Lei n. 9.279, de 14-5-1996. Registre-se, ainda, que a proteção de *software* se dá com base na Lei n. 9.609, de 19-2-1998.

Registre-se que a propriedade industrial pode ter como objeto: a) patente de invenção e de modelo de utilidade; b) desenho industrial; c) marca.

Entende-se como invenção patenteável aquela que atenda aos requisitos da novidade, atividade inventiva e aplicação industrial (art. 8º da Lei n. 9.279/96). O modelo de utilidade objeto de patente é aquele que possua "uso prático, ou parte deste, suscetível de aplicação industrial, que apresente nova forma ou disposição, envolvendo ato inventivo, que resulte em melhoria funcional no seu uso ou em sua fabricação" (art. 9º).

A patente confere ao seu titular uma série de direitos, dentre os quais o de impedir que terceiro produza, utilize, coloque à venda, venda ou importe o produto objeto patenteado ou o processo ou produto obtido diretamente por processo patenteado, sem o consentimento do proprietário (art. 42 da Lei n. 9.279/96).

O desenho industrial, bem compreendido pela propriedade industrial e, portanto, imaterial, compreende a forma plástica ornamental de um objeto ou conjunto ornamental de linhas e cores que possa ser aplicado a um produto, propiciando resultado visual novo e original na sua configuração externa e que seja passível de fabricação industrial (art. 95 da Lei n. 9.279/96).

A propriedade do desenho industrial é adquirida por meio do registro perante o Instituto Nacional da Propriedade Industrial – INPI (art. 109). A partir da obtenção do registro, terá seu titular o direito de utilizá-lo, com exclusividade, com direito de exigir de outros que se abstenham de também fazê-lo, sem sua autorização.

A marca também pode, tanto quanto o desenho industrial, ser objeto de registro. São registráveis, nos termos do art. 123 da Lei n. 9.279/96, as marcas de produto ou serviço ("aquela usada para distinguir produto ou serviço de outro idêntico, semelhante ou afim, de origem diversa"), de certificação ("aquela usada para atestar a

[4] Definição fornecida pela ABPI – Associação Brasileira da Propriedade Intelectual, disponível em <http://www.abpi.org.br>; acesso em: 31 jul. 2007, apud Manuella Santos, op. cit., p. 2.

conformidade de um produto ou serviço com determinadas normas ou especificações técnicas, notadamente quanto à qualidade, natureza, material utilizado e metodologia empregada") e as marcas coletivas ("aquela usada para identificar produtos ou serviços provindos de membros de uma determinada entidade").

A Lei n. 9.279/96, dedica-se à tutela penal da propriedade industrial nos arts. 183 a 210.

Compartimenta-se em crimes contra as patentes (arts. 183 a 186); crimes contra os desenhos industriais (arts. 187 e 188); crimes contras as marcas (arts. 189 e 190); crimes cometidos por meio de marca, título de estabelecimento e sinal de propaganda (art. 191); crimes contra indicações geográficas e demais indicações (arts. 192 a 194); crimes de concorrência desleal (art. 195). Há, ainda, disposições gerais, merecendo destaque o art. 199, o qual determina que as infrações mencionadas na lei somente procedem mediante queixa (crimes de ação penal privada), salvo o crime do art. 191, cuja ação é pública incondicionada.

2. HISTÓRICO

A proteção da propriedade intelectual é de data recente, até porque seu conceito como valor passível de proteção legal, sob o ponto de vista patrimonial, tem sua gênese ligada ao nascimento da indústria.

As obras literárias e os inventos, em Roma e Grécia Antiga, não mereciam qualquer tutela das leis, recompensando-se seus autores e inventores com o prestígio e as honrarias decorrentes do aplauso recebido por seu trabalho.

Data do século XV, segundo registro de Manuella Santos, a criação do primeiro "sistema formal de patentes", surgido em 1474, em Veneza, Itália[5]. Bem por isso, não é de se estranhar o fato de que, em Portugal e reflexamente no Brasil, as Ordenações Afonsinas (1446 ou 1447) e Manuelinas (1521) nada dispunham sobre o tema.

Com a descoberta da imprensa e a decorrente facilidade em se reproduzir em larga escala um trabalho escrito, surgiu, também, a concorrência produzida pelas edições abusivas. Foi nessa época que se verificaram as primeiras regulamentações sobre a matéria, embora ainda não houvesse propriamente um "direito do autor", mas, quando muito, um "direito do editor".

Em nosso país, no período colonial, cuidava-se do assunto de maneira peculiar e, obviamente, vinculada ao regime absolutista que então dominava. O Livro V das Ordenações Filipinas (1603) determinava, em seu Título CII, que não se imprimissem livros sem a prévia licença da Corte e dos oficiais do "Santo Ofício da Inquisição". Previa-se, ainda, que se algum impressor, livreiro ou pessoa qualquer o fizesse, perderia todos os volumes impressos e ficaria sujeito ao pagamento de multa. Com respeito

---

[5] Op. cit., p. 4.

à propriedade industrial, pode-se registrar que o Título LVII apenava todo aquele que falsificasse mercadoria alheia; a sanção era a morte ou degredo perpétuo para o Brasil, conforme o valor do produto contrafeito.

Com o advento do Iluminismo e, em seu bojo, a aversão aos monopólios e o incentivo à produção literária, surgiu efetivamente o "direito do autor", como meio de fomentar a produção intelectual.

As primeiras leis relativas à proteção dos direitos autorais datam do início do século XVII; foram editadas na Inglaterra (1710), onde surgiu a expressão *copyright*, e na Dinamarca (1741).

O Código Criminal do Império (1830) resumia a tutela da propriedade imaterial à violação do direito do autor, considerado como modalidade *sui generis* de furto (art. 261).

O Código Penal republicano de 1890 aperfeiçoou consideravelmente o regramento deste importante tema, dedicando-lhe todo um Capítulo[6] ("Dos crimes contra a propriedade litteraria, artística, industrial e commercial"), dividido em três seções ("Da violação dos direitos de propriedade litteraria e artística" - arts. 342 a 350; "Da violação dos direitos de patentes de invenção e descobertas" - arts. 351 e 352; "Da violação dos direitos de marcas de fabrica e de commercio" - arts. 353 e 354"). A Consolidação das Leis Penais trilhou o mesmo caminho, prevendo-os nos arts. 342 a 355.

O Código Penal de 1940, em sua redação original, procurou regulamentar a matéria nos arts. 184 a 196, criminalizando a violação ao direito autoral (art. 184), a usurpação de nome ou pseudônimo alheio (art. 185), os crimes contra o privilégio de invenção (arts. 187 a 190), os delitos contra as marcas de indústria e comércio (arts. 192 a 194) e as infrações ligadas à concorrência desleal (art. 196).

Ocorre, todavia, que tais dispositivos sofreram sucessivas alterações, até que o art. 184 teve sua redação alterada pela Lei n. 10.695, de 1º-7-2003, e os demais (com exceção do art. 186, que cuida da ação penal) foram revogados expressamente pela já citada Lei n. 9.279/96.

3. REFERÊNCIA CONSTITUCIONAL

A Constituição Federal salvaguarda a proteção à propriedade imaterial, notadamente no que concerne à propriedade intelectual, nos incisos XXVII, XXVIII e XXIX do art. 5º, os quais declaram, respectivamente: "aos autores pertence o direito exclusivo de utilização, publicação ou reprodução de suas obras, transmissível aos herdeiros pelo tempo que a lei fixar"; "são assegurados, nos termos da lei: a) a proteção às participações individuais em obras coletivas e à reprodução da imagem e voz humanas, inclusive nas atividades desportivas; b) o direito de fiscalização do

[6] Capítulo V do Título XII ("Dos Crimes contra a Propriedade Pública e Particular").

aproveitamento econômico das obras que criarem ou de que participarem aos criadores, aos intérpretes e às respectivas representações sindicais e associativas; "a lei assegurará aos autores de inventos industriais privilégio temporário para sua utilização, bem como proteção às criações industriais, à propriedade das marcas, aos nomes de empresas e a outros signos distintivos, tendo em vista o interesse social e o desenvolvimento tecnológico e econômico do País".

De pontuar-se, ainda, o conteúdo do art. 216 do Texto Maior: "Constituem patrimônio cultural brasileiro os bens de natureza material e imaterial, tomados individualmente ou em conjunto, portadores de referência à identidade, à ação, à memória dos diferentes grupos formadores da sociedade brasileira, nos quais se incluem: I – as formas de expressão; II – os modos de criar, fazer e viver; III – as criações científicas, artísticas e tecnológicas; IV – as obras, objetos, documentos, edificações e demais espaços destinados às manifestações artístico-culturais; V – os conjuntos urbanos e sítios de valor histórico, paisagístico, artístico, arqueológico, paleontológico, ecológico e científico".

A intervenção do Direito Penal, desta feita, a par de encontrar o indispensável referencial em nossa Carta Magna, justifica-se, à medida que a proteção ao produto da mente humana é premente para estimular cada vez mais a criação e a pesquisa. Como bem pondera Manuella Santos, "a proteção eficiente à propriedade intelectual é um instrumento poderoso de desenvolvimento"[7].

---

[7] Op. cit., p. 7.

Capítulo I

DOS CRIMES CONTRA A PROPRIEDADE INTELECTUAL (ARTS. 184 A 186)

Cuida-se a propriedade intelectual de uma das expressões dos direitos imateriais (ao lado dos direitos da personalidade). Divide-se ela em direitos autorais e seus conexos e propriedade industrial, esta atualmente disciplinada na Lei n. 9.279/96.

ART. 184 – VIOLAÇÃO DE DIREITO AUTORAL

1. DISPOSITIVO LEGAL

Violação de direito autoral

Art. 184. Violar direitos de autor e os que lhe são conexos:

Pena – detenção, de 3 (três) meses a 1 (um) ano, ou multa.

§ 1º Se a violação consistir em reprodução total ou parcial, com intuito de lucro direto ou indireto, por qualquer meio ou processo, de obra intelectual, interpretação, execução ou fonograma, sem autorização expressa do autor, do artista intérprete ou executante, do produtor, conforme o caso, ou de quem os represente:

Pena – reclusão, de 2 (dois) a 4 (quatro) anos, e multa.

§ 2º Na mesma pena do § 1º incorre quem, com o intuito de lucro direto ou indireto, distribui, vende, expõe à venda, aluga, introduz no País, adquire, oculta, tem em depósito, original ou cópia de obra intelectual ou fonograma reproduzido com violação do direito de autor, do direito de artista intérprete ou executante ou do direito do produtor de fonograma, ou, ainda, aluga original ou cópia de obra intelectual ou fonograma, sem a expressa autorização dos titulares dos direitos ou de quem os represente.

§ 3º Se a violação consistir no oferecimento ao público, mediante cabo, fibra ótica, satélite, ondas ou qualquer outro sistema que permita ao usuário realizar a seleção da obra ou produção para recebê-la em um tempo e lugar previamente determinados por quem formula a demanda, com intuito de lucro, direto ou indireto, sem autorização expressa, conforme o caso, do autor, do artista intérprete ou executante, do produtor de fonograma, ou de quem os represente:

Pena – reclusão, de 2 (dois) a 4 (quatro) anos, e multa.

§ 4º O disposto nos §§ 1º, 2º e 3º não se aplica quando se tratar de exceção ou limitação ao direito de autor ou os que lhe são conexos, em conformidade com o previsto na Lei n. 9.610, de 19-2-1998, nem a cópia de obra intelectual ou fonograma, em um só exemplar, para uso privado do copista, sem intuito de lucro direto ou indireto.

2. VALOR PROTEGIDO (OBJETIVIDADE JURÍDICA)

O art. 184 do CP, com a redação dada pela Lei n. 10.695, de 1º-7-2003, volta-se especificamente à proteção dos direitos autorais e seus conexos.

A essência do direito autoral reside na ideação criadora ou no conteúdo ideológico, revestido de novidade ou inovação, fruto da criatividade intelectual de alguém. Expressa-se independentemente do instrumento, *corpus mechanicum* ou da mídia em que se exprime.

O art. 7º da Lei n. 9.610/98 (conhecida como Lei de Direitos Autorais) enumera os direitos compreendidos na noção de "autorais". São eles: "I - os textos de obras literárias, artísticas ou científicas; II - as conferências, alocuções, sermões e outras obras da mesma natureza; III - as obras dramáticas e dramático-musicais; IV - as obras coreográficas e pantomímicas, cuja execução cênica se fixe por escrito ou por outra qualquer forma; V - as composições musicais, tenham ou não letra; VI - as obras audiovisuais, sonorizadas ou não, inclusive as cinematográficas; VII - as obras fotográficas e as produzidas por qualquer processo análogo ao da fotografia; VIII - as obras de desenho, pintura, gravura, escultura, litografia e arte cinética; IX - as ilustrações, cartas geográficas e outras obras da mesma natureza; X - os projetos, esboços e obras plásticas concernentes à geografia, engenharia, topografia, arquitetura, paisagismo, cenografia e ciência; XI - as adaptações, traduções e outras transformações de obras originais, apresentadas como criação intelectual nova; XII - os programas de computador (protegidos pela Lei n. 9.609/98, inclusive no âmbito penal); XIII - as coletâneas ou compilações, antologias, enciclopédias, dicionários, bases de dados e outras obras, que, por sua seleção, organização ou disposição de seu conteúdo, constituam uma criação intelectual" (parêntese nosso).

Os direitos conexos, também chamados de "vizinhos" ou "análogos", são aqueles que protegem os artistas, intérpretes e executantes, os produtores de fonogramas e os organismos de radiodifusão.

3. TIPO OBJETIVO

3.1. Modalidade fundamental (art. 184, *caput*)

O tipo fundamental descreve o fato de violar os direitos do autor e os que lhe são conexos (*crime de forma livre*). É necessário que o comportamento não vise ao lucro, seja direta ou indiretamente, caso contrário caracterizar-se-á a modalidade qualificada, prevista nos §§ 1º e 2º do art. 184 do CP.

Violar significa *desrespeitar*, *ofender*, *infringir*, *transgredir*. É necessário que a violação atinja direitos autorais e os seus conexos. A definição destes encontra-se em outra norma jurídica. Cuida-se, portanto, de *lei penal em branco*, ou seja, aquela cujo preceito primário é incompleto, carecendo, destarte, de complementação. No caso específico, o complemento encontra-se em norma jurídica da mesma hierarquia, a saber: Lei n. 9.610/98, em seus arts. 22 a 45 (cuida-se, bem por isso, de norma penal em branco *homogênea* ou *em sentido lato*).

Os *direitos autorais*, cujo conceito foi mencionado no item 2, *supra*, dividem-se em *morais* e *patrimoniais*.

São *direitos morais do autor* (art. 24 da Lei n. 9.610/98): a) o de reivindicar, a qualquer tempo, a autoria da obra; b) o de ter seu nome, pseudônimo ou sinal convencional indicado ou anunciado, como sendo o do autor, na utilização de sua obra; c) o de conservar a obra inédita; d) o de assegurar a integridade da obra, opondo-se a quaisquer modificações ou à prática de atos que, de qualquer forma, possam prejudicá-la ou atingi-lo, como autor, em sua reputação ou honra; e) o de modificar a obra, antes ou depois de utilizada; f) o de retirar de circulação a obra ou de suspender qualquer forma de utilização já autorizada, quando a circulação ou utilização implicarem afronta à sua reputação e imagem; g) o de ter acesso a exemplar único e raro da obra, quando se encontre legitimamente em poder de outrem, para o fim de, por meio de processo fotográfico ou assemelhado, ou audiovisual, preservar sua memória, de forma que cause o menor inconveniente possível a seu detentor, que, em todo caso, será indenizado de qualquer dano ou prejuízo que lhe seja causado.

Os *direitos patrimoniais* compreendem (art. 28 da Lei n. 9.610/98) a utilização, fruição e disposição da obra literária, artística ou científica. Daí decorre que dependerá de sua autorização prévia e expressa a utilização, por qualquer meio, da obra, seja mediante: a) a reprodução parcial ou integral; b) a edição; c) a adaptação, o arranjo musical e quaisquer outras transformações; d) a tradução para qualquer idioma; e) a inclusão em fonograma ou produção audiovisual; f) a distribuição, quando não intrínseca ao contrato firmado pelo autor com terceiros para uso ou exploração da obra; g) a distribuição para oferta de obras ou produções mediante cabo, fibra ótica, satélite, ondas ou qualquer outro sistema que permita ao usuário realizar a seleção da obra ou produção para percebê-la em um tempo e lugar previamente determinados por quem formula a demanda, e nos casos em que o acesso às obras ou produções se faça por qualquer sistema que importe em pagamento pelo usuário; h) a utilização, direta ou indireta, da obra literária, artística ou científica, mediante: (1) representação, recitação ou declamação; (2) execução musical; (3) emprego de alto-falante ou de sistemas análogos; (4) radiodifusão sonora ou televisiva; (5) captação de transmissão de radiodifusão em locais de frequência coletiva; (6) sonorização ambiental; (7) a exibição audiovisual, cinematográfica ou por processo assemelhado; (8) emprego de satélites artificiais; (9) emprego de sistemas óticos, fios telefônicos ou não, cabos de qualquer tipo e meios de comunicação similares que venham a ser adotados; (10) exposição de obras de artes plásticas e figurativas; i) a inclusão em base de dados, o armazenamento em computador, a microfilmagem e as demais formas de arquivamento do gênero; e j) quaisquer outras modalidades de utilização existentes ou que venham a ser inventadas.

Destaque-se que, nesse caso, o fato somente se processa mediante queixa e constitui infração de menor potencial ofensivo.

3.1.1. Plágio

O plágio constitui inequívoca violação do direito do autor. Entende-se por tal a usurpação da autoria da criação intelectual alheia. O crime se aperfeiçoará com a imitação servil ou fraudulenta. Conforme ensinava Hungria, "só é criminoso o plágio quando alguém usurpa, pelo menos, trechos importantes da obra alheia ou essenciais de sua estrutura ideológica, comparando-se sua atividade à da formiga que toma para si as folhas da árvore. Aquele que apenas respiga na obra alheia, sem destacar-lhe a estrutura espiritual ou parte integrante desta, como a abelha que se restringe a sugar na flor, pode merecer censura sob o ponto de vista ético, mas não incorre na sanção penal..."[1].

3.2. Figuras qualificadas (§§ 1º a 3º)

3.2.1. Violação de direito autoral ou conexo com intuito de lucro (§ 1º)

Se a violação de direito autoral ou conexo der-se com *intuito de auferir lucro, direto ou indireto*, o fato será considerado crime de ação penal de iniciativa pública incondicionada, e sua pena (reclusão, de dois a quatro anos, e multa), afastará a incidência da Lei n. 9.099/95 e seus institutos benéficos.

A conduta prevista no § 1º constitui *crime de forma vinculada*, já que só é possível cometê-la mediante a reprodução, total ou parcial, seja qual for o meio ou processo, de *obra intelectual* (qualquer produto da criação mental de alguém, dotado de *quid novi*, isto é, inovação), *interpretação* (trata-se da forma particular de expressar determinada obra), *execução* (refere-se à maneira de executar criação intelectual, como o *modus* que um artista executa determinada música, ou seja, o resultado sonoro por ele obtido, mediante a combinação de fatores como tempo e articulação) *ou fonograma* (registro sonoro contido em determinado suporte físico ou mídia, como disco, fita magnética, *compact disc* ou arquivos eletrônicos), sem autorização expressa do autor, do artista intérprete ou executante, do produtor, conforme o caso, ou de quem os represente.

É de ver que, embora não exista expressa menção, pune-se também a reprodução não autorizada do *videofonograma* (registro que mescla sons e imagens, constante

[1] *Comentários ao Código Penal*, v. VII, p. 339.

de algum suporte físico, como fita "VHS", *digital video disc* – DVD, *blue ray disc* etc.), de vez que este encontra-se compreendido na noção geral de "obra intelectual".

A norma em questão refere-se à punição da conduta conhecida como "pirataria". Atualmente, aliás, tem sido muito frequente tal conduta envolvendo músicas e filmes, ocorrendo a venda desses produtos ilegais a céu aberto. A facilidade de reprodução não autorizada de tais obras intelectuais, por meio de diversos processos tecnológicos, como a realização de *downloads* pela internet e sua replicação quase que ilimitada faz com que esta prática delitiva se prolifere em altíssimos patamares.

Discute-se a existência do crime quando se trata de cópias grosseiramente falsificadas ou de baixa qualidade. Não há dúvida no sentido da tipicidade, formal e material da conduta, porquanto não se está diante de delitos contra a fé pública. Significa dizer que o autor do delito não procura iludir o adquirente ou usuário, fazendo passar por verdadeira cópia falsificada; ambos têm perfeita noção da ilicitude do objeto, motivo pelo qual é de todo irrelevante cuidar-se de reprodução de reduzida nitidez ou sonoridade[2].

Cumpre frisar que se a obra for suscetível de múltipla reprodução (como a elaboração de diversos exemplares) ou a representação da obra sucessivas vezes, haverá crime único, dada a unidade de bem jurídico representada pelo conjunto de atos praticados.

3.2.2. Comercialização do original ou cópia de obra intelectual ou fonograma reproduzido com violação do direito do autor ou conexos (§ 2º)

Cuida-se de apenar aquele que exerce papel fundamental da cadeia da "pirataria", oferecendo o bem ilícito ao público. Pode-se denominar o *crimen* de "contribuição ao êxito da contrafação"[3].

As *condutas nucleares* são: *vender* (transferir a propriedade do bem a título oneroso), expor à venda (deixar à vista, exibir para vender), *alugar* (transferir a posse a título oneroso por tempo determinado), *introduzir no País* (fazer ingressar em território nacional), *adquirir* (comprar), *ocultar* (esconder), *ter em depósito* (manter o bem armazenado em algum local).

O *objeto material* é o original ou a cópia de obra intelectual ou fonograma reproduzido com violação do direito do autor, do artista intérprete ou executante, do direito do produtor.

---

[2] *Vide*, nesse sentido: "(...). 1. Irrelevante, para caracterização do delito, a qualidade da falsificação, estando configurado o crime do art. 184, § 2º, do CP, mesmo que a falsidade seja grosseira. 2. A venda de CDs e DVDs falsificados, se de um lado é conduta tolerada por parte da sociedade, por outro, causa desastrosas consequências para aqueles setores relacionados com a produção de CDs e DVDs, não sendo hipótese de aplicação da teoria da adequação social. Recurso da defesa improvido" (TJRS, AP 70041276908, 4ª CCr, rel. Gaspar Marques Batista, j. 19-5-2011). E ainda: TJSP, ApCr 0006849-63.2015.8.26.0292, rel. Euvaldo Chaib, 4ª CCr, j. 28-5-2019.

[3] Denominação doutrinária empregada para se referir ao parágrafo único do art. 184 do CP, em sua redação original. *Vide* Hungria, *Comentários ao Código Penal*, cit., p. 343.

A caracterização de semelhante figura típica requer não tenha sido o sujeito ativo responsável pela reprodução, total ou parcial, do objeto da contrafação, posto que, nesse caso, será enquadrado no § 1º.

Alerte-se, ainda, que o tipo penal também requer ânimo de lucro, direto ou indireto.

Há quem sustente cuidar-se a venda por ambulantes de CDs ou DVDs "piratas" de fato penalmente atípico, com base nos princípios da insignificância e adequação social. Ocorre, porém, que eventual leniência quanto ao comportamento assinalado não conduz à sua atipicidade. Além do mais, a bagatela da conduta somente pode ser reconhecida quando presentes os quatro vetores exigidos pela Suprema Corte: ausência de periculosidade social, reduzida reprovabilidade, mínima ofensividade e ínfima lesividade. De acordo com o Superior Tribunal de Justiça, ainda: "Presentes a materialidade e a autoria, afigura-se típica, em relação ao crime previsto no art. 184, § 2º, do CP, a conduta de expor à venda CDs e DVDs piratas" (Súmula 502).

Discute-se na doutrina se a *oferta para locação de fonogramas ou videofonogramas originais para uso exclusivamente doméstico* (como, por exemplo, DVDs de obras cinematográficas ofertadas em locadoras) constitui a infração. Para Cezar Bitencourt, trata-se de conduta não prevista no tipo penal. "Na verdade, permanece uma lacuna, na medida em que a previsão da lei referida não abrange aquelas hipóteses de locadoras de vídeos e DVDs que, muitas vezes, servem-se de material adquirido licitamente – são originais e não cópias piratas –, mas que não têm autorização para serem locadas ou comercializadas dessa forma, isto é, embora sejam originais devidamente adquiridos, a sua destinação natural é o uso doméstico e não a locação"[4]. Parece-nos que não assiste razão ao emérito professor, já que a norma *expressamente* inclui na incriminação o ato de alugar "*original* ou cópia de obra intelectual ou fonograma reproduzido com violação do direito de autor" (grifo nosso). Bem por isso, destaca Guilherme Nucci que a redação do dispositivo teve a nítida intenção de "atingir as locadoras de vídeo ou DVD, que se servem, muitas vezes, de material produzido licitamente (não são 'cópias piratas'), mas que não possuem autorização para esse tipo de comércio, isto é, embora sejam fitas ou DVDs originais, seu destino seria o uso doméstico"[5].

A *utilização ilícita de marca legítima* de terceiro não se subsume ao *crimen* do Código Penal, mas ao art. 190, I, do Código da Propriedade Industrial (Lei n. 9.279/96), que possui pena menor e somente se processa mediante queixa-crime. Referida norma penaliza quem: "... importa, exporta, vende, oferece ou expõe à venda, oculta ou tem em estoque: I – produto assinalado com marca ilicitamente reproduzida ou imitada, de outrem, no todo ou em parte (...)"[6]. *Não há confundir-se, todavia, o mero uso*

---

4 *Código Penal comentado*, p. 749.

5 *Código Penal comentado*, p. 842.

6 *Vide* decisão do Procurador-Geral de Justiça de São Paulo, em sede de conflito de atribuição entre Promotores de Justiça (Protocolado n. 111.352/2009 – PGJ-SP).

indevido de marca com a efetiva reprodução não autorizada de figuras ou personagens, pois estes constituem obra intelectual e, portanto, encontram-se compreendidos na objetividade jurídica do art. 184 do CP[7].

3.2.3. Oferecimento ao público sem autorização (§ 3º)

Pune-se aquele que oferece (disponibiliza) ao público, mediante cabo, fibra ótica, satélite, ondas ou qualquer outro sistema, obra ou produção, sem autorização expressa do titular do direito, permitindo ao usuário recebê-la em tempo e lugar previamente determinados por quem formula a demanda, fazendo-o com intuito de lucro, direto ou indireto.

3.3. Causa de exclusão da adequação típica (§ 4º)

De acordo com o § 4º, não há crime quando se tratar de exceção ou limitação ao direito de autor ou os que lhe são conexos, em conformidade com a Lei n. 9.610/98, nem a cópia de obra intelectual ou fonograma, *em um só exemplar*, para uso privado do copista, sem intuito de lucro direto ou indireto.

Com respeito às exceções ou limitações ao direito autoral e conexos, aplica-se o art. 46 da Lei mencionada, segundo o qual não constitui violação a tais direitos a reprodução: a) na imprensa diária ou periódica, de notícia ou de artigo informativo, publicado em diários ou periódicos, com a menção do nome do autor, se assinados, e da publicação de onde foram transcritos; b) em diários ou periódicos, de discursos

[7] Nesse sentido há sólido entendimento pretoriano: "CONFLITO NEGATIVO DE JURISDIÇÃO. VIOLAÇÃO A DIREITO AUTORAL. FORMA QUALIFICADA. REPRODUÇÃO COM INTUITO DE LUCRO DE OBRA DITA INTELECTUAL. AUSÊNCIA DE ASSENTIMENTO DE QUEM LHE DETENHA A CORRESPONDENTE TITULARIDADE. COMPETÊNCIA. A obra intelectual é qualquer criação do espírito, de algum modo exteriorizada, compreendendo, assim, tudo quanto se origina do pensamento humano, seja com finalidade artística quanto literária, científica, educativa, lúdica, programas de computadores(...). Exemplificadamente: trabalhos de pintura, escultura e arquitetura, desenhos, obras dramáticas, obras de artes gráfica ou figurativa. Dessarte, antes de tudo, personagens como os anotados pelas empresas que aqui se entendem prejudicadas (Pernalonga, Patolino, Piu-Piu, Frajola, Flintstones etc.) não seriam representativos de simples marcas registradas, postos sob a proteção da Lei 9.279/96. É que, na essência, quando da utilização de imitações fraudulentas ligadas a tais figuras, colocando-as em produtos destinados à venda, com evidente intuito de lucro e sem dispor de autorização a cargo de quem lhes detenha a titularidade, o agente não está, propriamente, visando violar a marca da mercadoria, mas, sim, valer-se da atração que ditos personagens exercem sobre clientes em potencial. Caso, pois, em princípio, de reprodução e comercialização não autorizada de obras intelectuais artísticas agregadas a produtos diversos, sugerindo, em tese, a prática de algum dos delitos coibidos pelo art. 184 e respectivos parágrafos do CP. Competência, por conseguinte, afeta ao juízo comum, no que tange à apreciação e ao julgamento da matéria" (TJMG, CComp 1.0000.05.429471-5/000, rel. Des. Beatriz Pinheiro Caíres, j. 25-1-2007). No mesmo sentido: TJSP, ApCr 361.564-3/8-00, rel. Des. Bittencourt Rodrigues, j. 10-12-2002.

pronunciados em reuniões públicas de qualquer natureza; c) de retratos, ou de outra forma de representação da imagem, feitos sob encomenda, quando realizada pelo proprietário do objeto encomendado, não havendo a oposição da pessoa neles representada ou de seus herdeiros; d) de obras literárias, artísticas ou científicas, para uso exclusivo de deficientes visuais, sempre que a reprodução, sem fins comerciais, seja feita mediante o sistema Braille ou outro procedimento em qualquer suporte para esses destinatários.

Também não ofende os direitos autorais a reprodução, em um só exemplar de pequenos trechos, para uso privado do copista, desde que feita por este, sem intuito de lucro. O mesmo vale para a citação em livros, jornais, revistas ou qualquer outro meio de comunicação, de passagens de qualquer obra, para fins de estudo, crítica ou polêmica, na medida justificada para o fim a atingir, indicando-se o nome do autor e a origem da obra. Do mesmo modo: a) o apanhado de lições em estabelecimentos de ensino por aqueles a quem elas se dirigem, vedada sua publicação, integral ou parcial, sem autorização prévia e expressa de quem as ministrou; b) a utilização de obras literárias, artísticas ou científicas, fonogramas e transmissão de rádio e televisão em estabelecimentos comerciais, exclusivamente para demonstração à clientela, desde que esses estabelecimentos comercializem os suportes ou equipamentos que permitam a sua utilização; c) a representação teatral e a execução musical, quando realizadas no recesso familiar ou, para fins exclusivamente didáticos, nos estabelecimentos de ensino, não havendo em qualquer caso intuito de lucro; d) a utilização de obras literárias, artísticas ou científicas para produzir prova judiciária ou administrativa; e) a reprodução, em quaisquer obras, de pequenos trechos de obras preexistentes, de qualquer natureza, ou de obra integral, quando de artes plásticas, sempre que a reprodução em si não seja o objetivo principal da obra nova e que não prejudique a exploração normal da obra reproduzida nem cause um prejuízo injustificado aos legítimos interesses dos autores.

O art. 47 assegura a possibilidade de efetuar paráfrases e paródias que não forem verdadeiras reproduções da obra originária nem lhe implicarem descrédito. O art. 48, por fim, garante que as obras situadas permanentemente em logradouros públicos podem ser representadas livremente, por meio de pinturas, desenhos, fotografias e procedimentos audiovisuais.

Em todos esses casos, portanto, a conduta do agente ficará ao largo da incriminação.

3.4. Demais excludentes

No dia a dia forense são comuns as alegações, notadamente quando se trata de pessoas de baixa renda surpreendidas comercializando os produtos "pirateados", de que atuaram em erro ou encontram-se em estado de necessidade. Vejamos cada uma das excludentes.

3.4.1. Erro de proibição

O erro de proibição, contido no art. 21 do CP, constitui excludente de culpabilidade. Se inevitável, isenta o réu de pena; se evitável, a reduz (de um sexto a um terço).

O erro em questão dá-se quando o agente tem consciência da conduta que realiza, mas desconhece o caráter ilícito do comportamento praticado. Significa dizer que age de boa-fé, tendo para si que a conduta realizada não viola o ordenamento jurídico. Não se trata do desconhecimento da lei ou do caráter criminoso do ato, mas da falta de ciência de que a atitude praticada é reprovada juridicamente.

A realidade mostra que todas as pessoas envolvidas na venda de produtos "piratas" têm plena noção da clandestinidade de sua profissão, tanto que constantemente se veem sob a mira das autoridades públicas. Não há como se acreditar, salvo situações excepcionalíssimas, que alguém atue sob o amparo da excludente mencionada. Aliás, como já decidiu o extinto Tribunal de Alçada Criminal de São Paulo, "o erro de proibição se desvanece sempre que o autor age às ocultas, tomando especiais cautelas para que ninguém perceba sua conduta. Esses aspectos servem para exteriorizar o dolo de que estava imbuído. Na verdade, quem desconhece o injusto atua às claras e naturalmente, sem recorrer a camuflagens"[8].

3.4.2. Erro de tipo

O erro de tipo ocorre quando a falsa percepção da realidade recai sobre aspectos fáticos que constituem elementares ou circunstâncias da norma penal incriminadora. É preciso que o agente não se dê conta da conduta que realiza. Forma-se uma imagem mental diversa da cena real. Encontra-se previsto no art. 20 do CP (erro de tipo essencial).

Mencionada excludente requer tenha a pessoa os objetos da contrafação insciente de que se trata, por exemplo, de cópias "pirateadas". Imaginar alguém efetuando a reprodução de um fonograma ou videofonograma ou vendendo-o a terceiros, sem conhecer que se trata de cópia não autorizada, é algo difícil de se conceber.

3.4.3. Estado de necessidade

Esta excludente de ilicitude, prevista no art. 24 do CP, costuma ser alegada mediante a argumentação de que a venda dos objetos ilícitos era necessária à subsistência do agente e até de sua família.

É importante destacar que tal dirimente exige que a pessoa encontre-se em face de um *perigo atual e inevitável*, por ela não provocado voluntariamente, o qual lhe imponha, sob pena de sacrifício de um direito, lesionar bem jurídico alheio. Na hipótese estudada, fica comprometida, de regra, a caracterização do estado de necessidade, até

8 *RTJE* 107/150.

porque os agentes que se dedicam a tal prática necessitam de algum aporte de capital para nela ingressar (até para comprar o material que, ao depois, buscam revender).

É de se lembrar, ainda, que eventual desemprego ou crise econômica não pode jamais constituir motivo para legitimar a prática de ilícitos penais. O Tribunal de Justiça de São Paulo já decidiu, nesse sentido, que eventual miserabilidade não autoriza o cometimento de crimes: "Apelação. Crime de violação de direitos autorais. Prova nos autos suficiente para fins de condenação. *Estado de miséria que não permite a prática de crimes*. Alegação de inconstitucionalidade e de erro afastados. Pena. Recurso improvido"[9]. Do mesmo modo, o Tribunal de Justiça de Minas Gerais: "VIOLAÇÃO DE DIREITO AUTORAL. APREENSÃO DE FITAS E CDBs FALSIFICADOS, DESTINADOS À VENDA. ABSOLVIÇÃO. INEXIGIBILIDADE DE CONDUTA DIVERSA. DESEMPREGO. PROBLEMA DE MILHARES DE BRASILEIROS. IMPOSSIBILIDADE. DELITO CONFIGURADO. Sendo o direito autoral um bem jurídico tutelado pela Constituição da República, inserido no rol dos direitos e garantias fundamentais (art. 5º, inciso XXVII), não pode o Estado abster-se de combater vigorosamente aqueles que o violam, acobertando a venda clandestina de CDBs e fitas piratas, negócio esse que constitui um dos pilares do crime organizado e de uma enorme cadeia criminosa internacional. Condenação mantida"[10].

3.4.4. Princípio da insignificância

Segundo a jurisprudência, não se aplica o princípio da insignificância ao crime de violação de direitos autorais, de vez que o delito não exige dano efetivo, mas meramente potencial e, ademais, o prejuízo decorrente da defraudação da norma não se circunscreve apenas aos autores, intérpretes ou executantes das obras copiadas ilicitamente, mas a ordem econômica de modo geral e a indústria editorial e fonográfica, em particular[11].

3.5. Aplicação do preceito secundário previsto no art. 12 da Lei n. 9.609/98 (Lei de Proteção ao *Software*)

A disparidade das sanções previstas no art. 12 da Lei de Proteção ao *Software* (detenção, de seis meses a dois anos, ou multa, na figura simples, e reclusão, de um a quatro anos, e multa, no tipo qualificado pelo fim de comércio) e no art. 184 do CP (que possui

---

[9] Ap. 01183827-3/3, rel. Des. Munhoz Soares, j. 29-8-2008; grifo nosso. No mesmo sentido: TJRN, AP 20140225870, rel. Des. Gilson Barbosa, j. 16-8-2016.

[10] ApCr 1.0332.02.0017-45/001, 3ª CCr, rel. Des. Kelvin Carneiro, j. 15-2-2006.

[11] "A Terceira Seção desta Corte Superior, no julgamento do Recurso Especial Repetitivo n. 1.193.196/MG, pacificou o entendimento de que é formal e materialmente típica a conduta descrita no art. 184, § 2º, do Código Penal, não havendo que se falar, portanto, no princípio da adequação social ou no princípio da insignificância" (STJ, AgRg no AREsp 1.201.498/CE, rel. Min. Antonio Saldanha Palheiro, 6ª T., j. 6-3-2018).

patamares mais elevados) não justifica a transposição do preceito secundário benéfico ao tipo mais gravoso[12]. Na visão do Superior Tribunal de Justiça, referida combinação de leis penais ofenderia aos princípios da separação de poderes e da segurança jurídica[13].

4. TIPO SUBJETIVO

Cuida-se de infração punida exclusivamente sob a forma dolosa. Requer, desta feita, a consciência e a vontade de realizar os elementos objetivos do tipo. É fundamental o conhecimento acerca do conteúdo ilícito do material.

Nas figuras qualificadas, há elemento subjetivo específico, de vez que se exige o intuito de lucro.

5. SUJEITOS DO CRIME

5.1. Sujeito ativo

A violação de direitos autorais e conexos, em todas as suas formas, constitui crime comum, podendo ser cometido por qualquer pessoa.

5.2. Sujeito passivo

O sujeito passivo (imediato ou eventual), ou seja, o titular do direito cuja proteção é conferida pela norma, é o detentor do direito autoral e conexo (como produtor fonográfico e empresa de radiodifusão) ou quem o represente. Incluem-se, ainda, seus herdeiros ou sucessores, quando já falecido o criador da obra.

Registre-se que nossos tribunais exigem a identificação do titular do direito violado como prova necessária para a deflagração do processo e o julgamento pelo crime do art. 184 do CP.

6. CONSUMAÇÃO E TENTATIVA

6.1. Consumação

A realização integral típica dá-se com a violação dos direitos autorais, mediante a reprodução não autorizada (§ 1º), a venda, o aluguel, a exposição à venda etc.

---

12 "Aplicação do preceito secundário do art. 12 da Lei n. 9.609/98 para o crime do art. 184, § 2º, do CP – Impossibilidade. Leis diferentes, que tratam de bens jurídicos diversos. Opção do Legislador em punir com mais rigor a conduta prevista no art. 184, § 2º, do Código Penal" (TJSP, ApCr 0016232-28.2016.8.26.0196, rel. Ely Amioka, 8ª CCr, j. 31-1-2019). No mesmo sentido, ver também TRF-4, AP 5005119-23.2015.404.7002, rel. Des. João Pedro Gebran Neto, 8ª T., j. 20-7-2016.

13 STJ, REsp 1.058.870/RJ, rel. Min. Arnaldo Esteves Lima, 5ª T., j. 23-6-2009.

(§ 2º) ou o oferecimento ao público (§ 3º). Cuida-se, portanto, de crime de mera conduta, no caso do *caput*, e formal, nas figuras qualificadas, porquanto exige-se o intuito de lucro (direto ou indireto), o qual não é necessário para a consumação.

Não se exige dano efetivo ao titular do bem, bastando o *dano potencial*.

6.2. Tentativa

É possível, de vez que o crime é plurissubsistente (seu *iter criminis* admite fracionamento).

7. CLASSIFICAÇÃO JURÍDICA

Trata-se de crime de *forma ou ação livre* (pode ser praticado por qualquer meio) e de *ação vinculada*, nas figuras qualificadas (§§ 1º a 3º), *comum* (não exige qualidade especial alguma do sujeito ativo), *de mera conduta* (*caput*) e *formal* (§§ 1º a 3º), *de perigo* (contenta-se a lei com o dano potencial do titular do bem para efeito de consumação), *instantâneo* (seu resultado ocorre instantaneamente, sem prolongar-se no tempo, embora suas consequências subsistam perenemente), *salvo em algumas modalidades*, como na conduta "ter em depósito" (§ 2º), *unissubjetivo ou de concurso eventual* (admite cometimento por uma só pessoa ou várias, em concurso) e *plurissubsistente* (seu *iter criminis* permite fracionamento).

8. PENA E AÇÃO PENAL

O crime é de ação penal privada na forma simples (*caput*), de ação penal de iniciativa pública incondicionada no caso dos §§ 1º e 2º, e, por fim, de ação penal de iniciativa pública condicionada à representação do ofendido na hipótese do § 3º (art. 186, I, II e IV).

O fato se procederá, ainda, mediante ação pública incondicionada, independentemente do enquadramento típico, quando cometido em detrimento de entidades de direito público, autarquia, empresa pública, sociedade de economia mista ou fundação instituída pelo Poder Público (art. 186, III).

A pena da modalidade básica é de detenção, de três meses a um ano, ou multa (infração de menor potencial ofensivo).

Nas figuras qualificadas, reclusão, de dois a quatro anos, e multa.

9. QUESTÕES PROCESSUAIS

O procedimento especial de apuração dos crimes contra a propriedade imaterial encontra-se regulado nos arts. 524 a 530-I do CPP.

Quando o fato processar-se por ação privada, adota-se o procedimento dos arts. 525 a 530. De peculiar, pode-se registrar neste rito a exigência de exame pericial sobre os objetos que constituem o corpo de delito como requisito indispensável para o recebimento da queixa-crime (art. 525) e a prova de que o querelante é o titular dos direitos violados (art. 526). A consecução do exame deverá ser precedida, de busca e apreensão, nomeando-se peritos pelo juízo, que confeccionarão o laudo em três dias (art. 527), facultando-se ao querelado impugnar a diligência. Estando esta concluída, o laudo será homologado judicialmente (art. 528), devendo a ação ser intentada até trinta dias contados da homologação (art. 529).

No caso do art. 184, §§ 1º a 3º, do CP, observa-se o rito definido nos arts. 530-A a 530-H do CPP. Neste, determina a lei que a autoridade policial deverá proceder à apreensão dos bens ilicitamente produzidos ou reproduzidos, em sua totalidade, juntamente com os equipamentos, suportes e materiais que possibilitaram a sua existência, desde que estes se destinem precipuamente à prática do ilícito (art. 530-B). Lavrar-se-á termo de apreensão, assinado por duas ou mais testemunhas, descrevendo-os (art. 530-C). Realizar-se-á, em seguida, exame pericial (art. 530-D).

Os titulares dos direitos autorais e conexos figurarão como depositários dos bens (art. 530-E), podendo estes, ressalvada a preservação do corpo de delito, ser destruídos quando não houver impugnação quanto à sua origem ou quando não se identificar o autor do fato (art. 530-F).

Quando da prolação da sentença condenatória, deverá o juiz determinar a destruição dos bens e o perdimento, em favor da Fazenda Nacional, dos equipamentos apreendidos (art. 530-G).

O art. 530-H autoriza as associações de titulares de direitos autorais e conexos a intervirem como assistentes do Ministério Público.

Ressalvadas as peculiaridades até então sintetizadas, observar-se-á o procedimento comum ordinário para o processo e julgamento das figuras qualificadas (CP, art. 184, §§ 1º a 3º).

Importante anotar, derradeiramente, que a configuração do delito de violação de direitos autorais e comprovação de sua materialidade pode se dar mediante "perícia realizada por amostragem do produto apreendido, nos aspectos externos do material, e é desnecessária a identificação dos titulares dos direitos autorais violados ou daqueles que os representem (Súmula 574 do STJ). Por força desse entendimento consagrado pelo STJ, portanto, quando a Polícia efetuar a apreensão de centenas ou milhares de mídias contendo material confeccionado em violação a direitos do autor, a demonstração pericial da ocorrência do delito poderá ser efetuada por amostragem, isto é, examinando-se uma pequena parcela dos objetos apreendidos, sem a necessidade de expressamente apontar quem são os detentores dos direitos violados.

TÍTULO IV
DOS CRIMES CONTRA A ORGANIZAÇÃO DO TRABALHO

"A República Federativa do Brasil, formada pela união indissolúvel dos Estados e Municípios e do Distrito Federal, constitui-se em Estado Democrático de Direito e tem como fundamentos:

(...)

IV – os valores sociais do trabalho e da livre-iniciativa"[1].

1. PERSPECTIVA CONSTITUCIONAL

Como se nota na epígrafe, nossa República funda-se, entre outros, no valor social do trabalho. Este constitui, ainda, direito fundamental assegurado em nossa Constituição, que lhe confere tratamento multifacetário.

Cuida-se de um direito social, ou seja, insere-se no âmbito das "prestações positivas proporcionadas pelo Estado direta ou indiretamente, enunciadas em normas constitucionais, que possibilitam melhores condições de vida aos mais fracos"[2]. Tanto assim que enunciado no *caput* do art. 6º do Texto Maior.

Traduz-se no direito ao trabalho, de ter um trabalho e da possibilidade de trabalhar.

Constitui, ainda, o trabalho um dos fundamentos do Estado Democrático de Direito, como deflui do art. 1º, IV, da CF. A Ordem Econômica, de sua parte, deve fincar-se na valorização do trabalho e na busca do pleno emprego (art. 170 da CF) e a Ordem Social, tem em seu cerne o "primado do trabalho" (art. 193 da CF).

Pode-se dizer que mencionado direito social deve levar ao encontro de condições materiais que propiciem ao indivíduo a construção de uma existência digna, fim da ordem econômica brasileira e consequência inerente ao princípio da dignidade do homem (CF, art. 1º, III).

---

1 CF, art. 1º.

2 José Afonso da Silva, *Comentário contextual à Constituição*, p. 183.

Nessa ordem de ideias, não poderia o Direito Penal ficar ao largo da proteção da organização do trabalho[3].

É de se destacar que o Título IV protege dois âmbitos desta relação, pois a tutela abrange o plano das relações individuais e coletivas do trabalho. Os tipos penais contidos nesse setor do Código Penal podem malferir, portanto, direitos individuais ou coletivos dos trabalhadores.

A distinção, muito embora não interfira na existência do delito, apenas na gravidade da conduta, tem relevância no tocante à fixação da competência material.

De acordo com o art. 109, VI, da CF, incumbe aos juízes federais o processo e julgamento de infrações penais que atinjam a organização do trabalho. Muito embora a Constituição Federal não estabeleça qualquer distinção entre quais dessas infrações constituem crimes federais, isto somente se dá quando o comportamento do agente violar direitos coletivos dos trabalhadores ou a organização geral do trabalho. Nesse sentido, a Súmula 115 do extinto Tribunal Federal de Recursos[4], cuja aplicação subsiste ainda hoje, repercutindo na jurisprudência do Superior Tribunal de Justiça[5] e do Supremo Tribunal Federal.

2. HISTÓRICO

A regulamentação jurídica das relações de trabalho é de data recente. Na era Antiga, predominava o trabalho escravo, considerado este perante o Direito como *res*. Durante a Idade Média, embora reduzida a incidência da escravatura, inexistia também

[3] Em alguns aspectos, inclusive, encontra-se dentro da esfera de intervenção obrigatória do Direito Penal, em face de mandados expressos de penalização; veja o disposto no art. 7º, X, da CF, o qual assegura a "proteção do salário na forma da lei, constituindo crime sua retenção dolosa".

[4] "Compete à Justiça Federal processar e julgar os crimes contra a organização do trabalho, quando tenham por objeto a organização geral do trabalho ou direitos dos trabalhadores considerados coletivamente."

[5] "CONFLITO NEGATIVO DE COMPETÊNCIA. JUSTIÇA FEDERAL × JUSTIÇA ESTADUAL. INQUÉRITO POLICIAL. APROPRIAÇÃO DE VALORES DESCONTADOS DAS FOLHAS DE PAGAMENTO DE EMPREGADOS E NÃO REPASSADOS AO ÓRGÃO GESTOR DO FGTS. ART. 203, CP: FRUSTRAÇÃO DE DIREITO ASSEGURADO POR LEI TRABALHISTA. DIREITOS INDIVIDUALMENTE CONSIDERADOS. SÚMULA 115 DO EXTINTO TRIBUNAL FEDERAL DE RECURSOS. COMPETÊNCIA DA JUSTIÇA ESTADUAL. 1. Com base na orientação contida no verbete n. 115 da Súmula do extinto Tribunal Federal de Recursos, a jurisprudência deste Superior Tribunal de Justiça consagrou-se no sentido de que o julgamento pela prática do delito do art. 203 do Código Penal, consistente em frustração de direito assegurado por lei trabalhista, somente compete à Justiça Federal quando o interesse em questão afetar órgãos coletivos do trabalho ou a organização geral do trabalho. Precedentes. 2. Também o Supremo Tribunal Federal, em mais de uma ocasião, afirmou que somente se firmará a competência da Justiça Federal, prevista no art. 109, VI, da CF, quando houver ofensa ao sistema de órgãos e institutos destinados a preservar, coletivamente, os direitos e deveres dos trabalhadores. Precedentes: RE n. 398041 (...)" (STJ, CC 137.045/SP, rel. Min. Reynaldo Soares da Fonseca, 3ª S., j. 24-2-2016).

disciplina sobre o assunto, dado o regime de servidão feudal vigente. É no contexto da Idade Moderna que surge a indústria de manufaturação e, posteriormente, já na Idade Contemporânea, com a mecanização nas fábricas e o surgimento de vastas linhas de produção, a matéria assume proporções inéditas.

Vigorava, de início, o sistema da exploração da capacidade laborativa; iniciava-se a tensão entre operários e patrões. Nesse contexto histórico é que nascem as primeiras normas jurídicas regulamentando as relações laborativas.

Em face do exposto, é natural concluir que as Ordenações do Reino nada dispunham sobre o tema. Semelhante omissão notou-se no Código Criminal do Império (1830). O Código Penal republicano de 1890, pelo contrário, incriminava diversas condutas relativas à obstaculização de direitos inerentes ao trabalho, tratando-as como modalidade de infrações atentatórias à liberdade individual.

O Código Penal vigente optou por definir os ilícitos penais relacionados com as relações de trabalho em título autônomo. A Exposição de Motivos justificou a opção: "A proteção jurídica", dizia nela o Ministro Francisco Campos, "já não é concedida à *liberdade do trabalho*, propriamente, mas à *organização do trabalho*, inspirada não somente na defesa e no ajustamento dos direitos e interesses em jogo, mas, também e principalmente, no sentido superior do *bem comum de todos*. Atentatória, ou não, da liberdade individual, toda ação perturbadora da ordem jurídica, no que concerne ao trabalho, é ilícita e está sujeita a sanções repressivas, seja de direito administrativo, seja de direito penal. Daí, o novo critério adotado pelo projeto, isto é, a trasladação dos crimes contra o trabalho, do setor dos crimes contra a liberdade individual para uma classe autônoma, sob a já referida rubrica".

3. VISÃO GERAL DO TÍTULO IV

É possível traçar pontos de aproximação entre os crimes do presente título, o que permitiria inclusive fossem estes definidos em capítulos próprios.

Os delitos tipificados nos arts. 197 a 199 são *modalidades de constrangimento ilegal* dirigidas a atravancar a liberdade individual no que toca à organização do trabalho. São espécies de um mesmo gênero, portanto.

Aqueles previstos nos arts. 200 e 201 tratam da realização de *greve e* lockout *ilícitos*, ou seja, quando praticados com violência contra a pessoa ou contra a coisa (art. 200) ou quando resultem na interrupção de obra pública ou serviço de interesse coletivo (art. 201).

O art. 202 contém figuras que tipificam a invasão de estabelecimentos empresariais e a sabotagem, visando a obstaculizar o livre exercício da atividade desenvolvida pelo sujeito passivo.

Os arts. 203 e 204 incriminam a frustração de direitos trabalhistas e de lei sobre a nacionalização do trabalho.

O art. 205 refere-se à punição de quem exerce atividade estando impedido de fazê-lo por decisão administrativa.

Os arts. 206 e 207 definem o aliciamento de trabalhadores, em determinadas circunstâncias, como infração penal.

4. OUTROS COMPORTAMENTOS CRIMINOSOS NO CONTEXTO DAS RELAÇÕES DE TRABALHO

Diversas condutas delitivas, além daquelas previstas no Título IV, podem ser praticadas no contexto das relações laborais.

Cite-se, como exemplo, o *assédio sexual*, definido no art. 216-A do CP, que se verifica quando o agente constrange "alguém com o intuito de obter vantagem ou favorecimento sexual, prevalecendo-se o agente da sua condição de superior hierárquico ou ascendência inerentes ao exercício de emprego, cargo ou função". O fato é apenado com detenção de um a dois anos e, depois do advento da Lei n. 12.015/2009, tornou-se (via de regra) crime de ação penal de iniciativa pública condicionada à representação da vítima.

Pode-se cogitar, ainda, de delito de *racismo*, sempre que alguém, em sua relação laboral, for vítima de preconceito fundado em questões de raça, cor, etnia, religião ou procedência nacional. Tratar-se-á de ilícito penal inafiançável e imprescritível (art. 5º, XLII, da CF e Lei n. 7.716/89).

Mencione-se, por derradeiro e sem pretensão de esgotar o assunto, a possibilidade de se imaginar crimes de perigo, como o do art. 132 do CP (por exemplo, quando o empregador submetesse deliberadamente seus funcionários a trabalharem sem equipamentos de proteção individual).

ART. 197 – ATENTADO CONTRA A LIBERDADE DE TRABALHO

1. DISPOSITIVO LEGAL

Atentado contra a liberdade de trabalho

Art. 197. Constranger alguém, mediante violência ou grave ameaça:

I – a exercer ou não exercer arte, ofício, profissão ou indústria, ou a trabalhar ou não trabalhar durante certo período ou em determinados dias:

Pena – detenção, de 1 (um) mês a 1 (um) ano, e multa, além da pena correspondente à violência;

II – a abrir ou fechar o seu estabelecimento de trabalho, ou a participar de parede ou paralisação de atividade econômica:

Pena – detenção, de 3 (três) meses a 1 (um) ano, e multa, além da pena correspondente à violência.

2. VALOR PROTEGIDO (OBJETIVIDADE JURÍDICA)

A Lei Penal protege, num primeiro plano, a liberdade individual, traduzida no direito constitucional de trabalhar, exercendo livremente determinada profissão (em sentido lato). Tutela-se, secundariamente, a organização individual ou coletiva do trabalho.

3. BREVE HISTÓRICO

O Código Penal de 1890 punia com prisão celular, de um a três meses, quem constrangesse ou impedisse alguém de exercer sua indústria, comércio ou ofício, ou, ainda, a abrir ou fechar seu estabelecimento e oficina de trabalho ou negócio e a trabalhar ou deixar de fazê-lo em certos dias (art. 204).

4. TIPO OBJETIVO

A conduta nuclear consubstancia-se no verbo *constranger*, ou seja, forçar uma pessoa a fazer algo contra a sua vontade (compelir; obrigar). Hungria ponderava que se trata do "constrangimento ilegal especialmente considerado quando lesivo da liberdade de trabalho"[6].

Os *meios executórios* são a *violência* contra a pessoa (*vis absoluta*) ou a *grave ameaça* (*vis compulsiva*). É relevante anotar que o Código *não inclui a fraude* como meio, embora seu emprego possa caracterizar delito autônomo (como o estelionato, quando o agente visa a impedir alguém de realizar sua atividade laborativa e, com isso, causar-lhe algum prejuízo, obtendo vantagem ilícita para si ou para outrem). Omitiu o legislador, de igual modo, a utilização de meio sub-reptício, isto é, de recurso tendente a reduzir a capacidade de resistência da vítima, como se dá, por exemplo, com a ministração de narcóticos. Nesse caso, porém, responderá o agente por constrangimento ilegal (art. 146).

Um dos meios executivos, repise-se, é a violência, que abarca a *imediata* (exercida diretamente sobre a vítima) e a *mediata* (quando recai sobre terceira pessoa). Em nosso sentir, *não está incluída na disposição a violência contra a coisa* ou *vis in rebus*; a essa conclusão chega-se mediante processo de interpretação sistemática do Título IV. Isto porque, quando se pretendeu compreender na esfera da ilicitude penal a violência empregada contra objetos, o legislador o fez expressamente, como se nota no *caput* do art. 200 ("praticando violência contra a pessoa ou contra a coisa"). A diversidade redacional entre este e o art. 197 denota que, neste caso, somente encontra-se abrangida a primeira.

---

[6] *Comentários ao Código Penal*, 4. ed., v. VIII, p. 30.

No caso da violência mediata, é fundamental que o terceiro seja de algum modo vinculado à vítima, de modo a restringir sua faculdade de agir ou omitir-se (por exemplo, privar um deficiente visual de seu cão guia; retirar as muletas de pessoa com redução de mobilidade)[7]. *Não é preciso que a violência seja irresistível*, basta que comprometa a liberdade de escolha do ofendido quanto a seu direito ao trabalho.

Outro meio de execução é a grave ameaça. Interessante notar que, diversamente do que ocorre com o delito de ameaça (art. 147), *não é preciso que o mal prometido seja injusto*. Ainda que o sujeito ativo tenha a faculdade ou o dever de exigir o "mal", não pode se prevalecer disso para compelir alguém a agir contra a sua vontade, realizando ato contrário ao seu querer e desvinculado do direito ou dever que possui o agente. Assim, por exemplo, incorre na infração o patrão que ameaça demitir empregado a fim de obrigá-lo a participar de ato consistente na paralisação de determinada atividade econômica (inciso II da disposição).

A *ameaça* pode ser praticada na presença da vítima ou longe dela (por exemplo, por escrito). Pode ser *direta ou indireta* (quando o mal recai sobre terceiro a quem a vítima possui algum vínculo capaz de gerar, em seu espírito, um comprometimento da liberdade de autodeterminação).

A ameaça, ademais, deve ser "*grave*", isto é, exige a infusão de um entrave psíquico relevante, por meio da promessa de um mal determinado, sério e realizável, pouco importando, reitere-se, se o mal prometido é justo ou injusto.

Há duas formas de cometimento do *crimen* (*vide* item 4.1, *infra*):

a) constranger a exercer ou deixar de exercer arte, ofício, profissão ou indústria, ou a trabalhar ou não trabalhar durante certo período ou em determinados dias (inciso I);

b) constranger a abrir ou fechar o seu estabelecimento de trabalho, ou a participar de parede ou paralisação de atividade econômica (inciso II).

O crime contém, portanto, os seguintes requisitos: a) a imposição de conduta à vítima, contra a sua vontade; b) a utilização de violência ou grave ameaça contra a pessoa; c) que a conduta esperada pelo agente se subsuma aos incisos da disposição (caso isto não ocorra, poderá se cogitar do delito capitulado no art. 146 do CP – constrangimento ilegal).

4.1. Inciso I

A norma incriminadora dirige-se à punição do constrangimento ilegal direcionado a impedir que alguém exerça ou deixe de exercer arte, ofício, profissão ou

[7] Para Hungria, a norma não abrange a violência mediata, somente aquela empregada diretamente sobre a vítima. O saudoso mestre, contudo, não aponta motivos para sua visão restritiva. *Vide Comentários ao Código Penal*, v. VIII, p. 33. Anote-se que Cézar Bitencourt, com razão a nosso ver, disserta que "nada impede que a violência ou a grave ameaça sejam exercidas contra pessoa diversa daquela que se pretende constranger" (*Código Penal comentado*, p. 757).

indústria, ou a trabalhar ou não trabalhar durante certo período ou em determinados dias.

O dispositivo compreende o exercício de:

a) *arte*: refere-se aos trabalhos de natureza manual, que exigem especial talento ou criatividade por parte de seu executante;

b) *ofício*: constitui a atividade de cunho predominantemente manual;

c) *profissão*: trata-se daquela de caráter preponderantemente intelectual, como ocorre com os profissionais liberais;

d) *indústria*: consubstancia a atividade de manufaturação, ou seja, de conversão de matéria-prima em outros bens ou da reunião de materiais para consecução de objeto com diverso fim e utilidade.

O tipo abrange, ainda, o ato de obstar alguém a trabalhar ou deixar de fazê-lo[8]. Nesse caso, a norma contém elemento temporal, consistente em que o constrangimento vise à realização ou abstenção de conduta por algum período de tempo (desde que se trate de um lapso juridicamente relevante) ou por determinados dias.

4.2. Inciso II

Este inciso proíbe que se constranja o sujeito passivo a abrir ou fechar o seu estabelecimento de trabalho, ou a participar de parede ou paralisação de atividade econômica.

O termo "parede" é sinônimo de greve. Nosso legislador preferiu não empregar esta palavra, por considerá-la galicismo, já que se origina do nome de uma praça parisiense (praça de *Gréve*), em que operários se reuniam quando abandonavam coletivamente o trabalho. De qualquer modo, a Constituição Federal a incorporou na linguagem normativa. O Texto Maior, inclusive, reconhece o direito de greve (art. 9º), o qual tem sua regulamentação conferida pela Lei n. 7.783/89. É de ver, contudo, que a parede só é lícita enquanto *pacífica*, não se admitindo, pena de sanção criminal, a que alguém seja constrangido a dela tomar parte, mediante violência ou grave ameaça. Se os trabalhadores que a ela aderirem compelirem seus colegas a fazer o mesmo, valendo-se do recurso da *vis corporalis* ou da coação psíquica, incorrerão no tipo penal[9].

---

8 "Constitui crime, em tese, constranger com ameaças marítimos a deixar o trabalho que realizavam a bordo de navio, sob pretexto de nele terem embarcado à revelia do sindicato" (*RT* 223/337).

9 No Código Penal espanhol, pune-se conduta semelhante com pena de prisão, de seis meses a três anos, e multa. De acordo com o art. 315 da referida legislação, constitui delito impedir ou limitar, com emprego de fraude, abuso de situação de necessidade, violência ou intimidação, o direito de greve e, de modo análogo ao art. 197, II, do CP brasileiro, a coagir pessoas a iniciar ou continuar uma greve. No Direito Penal argentino, o fato é apenado com prisão, de um mês a um ano, sempre que algum trabalhador empregar violência sobre outro, de modo a obrigá-lo a tomar parte em greve (art. 158).

A norma também pune quem obrigar outrem a participar de paralisação de atividade econômica. Trata-se da prática conhecida como *lockout*, regulada nos arts. 722 e seguintes da CLT.

5. TIPO SUBJETIVO

O crime é punido somente na forma dolosa, requerendo do agente que tenha consciência e vontade de constranger alguém para que faça o que a lei não lhe obriga ou deixe de fazer o que ela não proíbe, notadamente no que se refere às condutas descritas nos incisos da disposição.

Não há elemento subjetivo específico. O fato de a coação dirigir-se a ações ou omissões ligadas ao Direito do Trabalho constitui elemento abrangido pelo dolo ínsito ao tipo penal (vale dizer, ao "dolo genérico", como preferem os autores clássicos).

6. SUJEITOS DO CRIME

6.1. Sujeito ativo

Qualquer pessoa pode figurar como sujeito ativo da infração, posto que consubstancia crime comum. Em face da natureza dos comportamentos contidos na disposição, o fato será cometido comumente em concurso de pessoas.

6.2. Sujeito passivo

É o titular do direito coartado e, quando distinto, a pessoa sobre a qual recaiu a violência ou a grave ameaça.

Discute-se se a pessoa jurídica pode ser apontada como sujeito passivo da infração. Para Guilherme Nucci[10] e Cezar Bitencourt[11] a resposta é negativa, em face da expressão utilizada pelo legislador, o qual menciona deva o constrangimento recair sobre "alguém" (o que significa exclusivamente a pessoa humana).

Magalhães Noronha e Paulo José da Costa Jr. têm opinião diversa, enfatizando que a conduta do agente deve sempre recair sobre uma pessoa física, isto é, esta deve ser objeto material do constrangimento empregado, sem prejuízo de se ofender, mediante tal comportamento, direito de pessoa jurídica obrigada, por exemplo, a fechar seu estabelecimento de trabalho[12]. Cremos ser esta a posição acertada. O objeto material será sempre uma pessoa humana, mas o sujeito passivo pode ser o homem ou a pessoa jurídica, conforme a titularidade do bem vulnerado.

---

[10] *Código Penal comentado*, 9. ed., p. 848.

[11] Op. cit., p. 757.

[12] Apud Rui Stoco e Tatiana Stoco, *Código Penal e sua interpretação jurisprudencial*, p. 946.

7. CONSUMAÇÃO E TENTATIVA

7.1. Consumação

Cuida-se de *crime material*, de modo que sua consumação dá-se com a abstenção de conduta por parte do ofendido ou quando este realiza o comportamento a que a lei não lhe obriga.

O momento consumativo, ademais, prolonga-se no tempo, razão pela qual *o delito é permanente*. Daí advêm todas as características inerentes a esta categoria de infração penal: a) o prazo prescricional somente começa a fluir quando cessa a permanência (CP, art. 111, III); b) enquanto perdurar a fase de consumação, persistirá o estado flagrancial, podendo executar-se a respectiva prisão (CPP, art. 303); c) caso sobrevenha nova lei gravosa durante a permanência, esta se aplicará ao fato, embora iniciado antes de sua vigência (Súmula 711 do STF); d) se o fato for cometido em mais de um foro, a competência territorial firmar-se-á pela prevenção (CPP, art. 71).

7.2. Tentativa

Admite-se a forma tentada. O *iter criminis* comporta fracionamento (infração plurissubsistente). Imagine a hipótese em que os colegas de trabalho empregam grave ameaça contra um grupo que não pretenda aderir a greve, mas estes não cedam à pressão e trabalhem normalmente.

8. CLASSIFICAÇÃO JURÍDICA

Cuida-se de crime de *ação livre* (pode ser cometido por qualquer meio, desde que realizado com violência ou grave ameaça contra a pessoa, as quais constituem a essência da incriminação), *comum* (qualquer um pode cometê-lo), *unissubjetivo ou de concurso eventual* (pode ser cometido por uma pessoa ou uma pluralidade, subjetivamente unida), *material* (exige o resultado naturalístico para fins de consumação, traduzido na realização por parte do ofendido daquilo a que não está obrigado por lei), *plurissubsistente* (seu *iter criminis* é cindível) e *permanente* (sua consumação se protrai no tempo).

9. PENA E AÇÃO PENAL

A pena cominada é de detenção, de um mês a um ano, e multa, além da correspondente à violência, no caso do inciso I. O ilícito insere-se na competência material do Juizado Especial Criminal (Lei n. 9.099/95), ficando sujeito, portanto, às medidas despenalizadoras perante ele admitidas e ao procedimento comum sumaríssimo.

Quando se trata de constranger à realização das condutas descritas no inciso II, a pena é de detenção, de três meses a um ano, e multa, mais aquelas decorrentes da violência empregada.

A Lei Penal determina o cúmulo material entre a infração, espécie do gênero constrangimento ilegal, e a lesão corporal ou morte decorrentes do emprego da *vis absoluta*.

A ação penal é de iniciativa pública incondicionada. O fato se processa, destarte, por iniciativa do Ministério Público, independentemente da autorização do ofendido ou de requisição do Ministro da Justiça.

ART. 198 – ATENTADO CONTRA A LIBERDADE DE CONTRATO DE TRABALHO E BOICOTAGEM VIOLENTA

1. DISPOSITIVO LEGAL

Atentado contra a liberdade de contrato de trabalho e boicotagem violenta

Art. 198. Constranger alguém, mediante violência ou grave ameaça, a celebrar contrato de trabalho, ou a não fornecer a outrem ou não adquirir de outrem matéria-prima ou produto industrial ou agrícola:

Pena – detenção, de 1 (um) mês a 1 (um) ano, e multa, além da pena correspondente à violência.

2. VALOR PROTEGIDO (OBJETIVIDADE JURÍDICA)

O valor tutelado na norma é, em primeiro plano, a liberdade individual de contratar na esfera das relações de trabalho e produção; secundariamente, protege-se a organização do trabalho, cuja manutenção interessa não só aos envolvidos diretamente (isto é, patrão e empregado), mas a toda a sociedade.

3. TIPO OBJETIVO

De modo semelhante ao tipo penal anterior (art. 197), a Lei Penal contém mais uma espécie do gênero constrangimento ilegal. Isto porque se trata de punir quem interfere na liberdade de pessoas para livremente contratarem no âmbito laboral ou realizarem sua atividade econômico-produtiva.

O fundamento da incriminação encontra-se no meio executivo utilizado pelo agente, o qual corresponde ao ato de *constranger* (cujo significado é compelir, obrigar, forçar), *mediante violência ou grave ameaça contra a pessoa*.

A *vis absoluta* e a *relativa* podem ser empregadas diretamente no ofendido ou em terceira pessoa. Quando se tratar da utilização de meio violento, aplica-se cumulativamente a pena correspondente a este, ou seja, dar-se-á o cúmulo material obrigatório entre o crime contra a organização do trabalho e o crime contra a pessoa (lesão corporal ou homicídio). Caso o autor pratique a conduta por meio de ameaça, isto é, a promessa de infusão de algum mal, é necessário que seja *grave*. Sua gravidade deve ser aferida levando-se em conta as condições pessoais do sujeito passivo (seu grau de suscetibilidade, embora não se leve em conta extremos, como indivíduos hipersensíveis), o teor do mal prometido e sua iminência (entendida como a possibilidade de cumpri-lo em breve período de tempo). Pouco importa se o mal é ou não injusto.

Se o comportamento tendente a impedir a contratação ou o fornecimento ou a aquisição de insumos para o exercício da atividade produtiva der-se mediante fraude ou meio sub-reptício, fica afastada a figura penal em estudo, podendo, entretanto, configurar-se outra, conforme a situação (a utilização de recurso que reduz a capacidade de resistência do sujeito passivo caracterizará constrangimento ilegal - art. 146 do CP; a utilização de artifício ou ardil, conforme o objetivo visado, pode se subsumir ao crime de estelionato - art. 171 do CP).

O ilícito penal se aperfeiçoará quando o ato tiver como escopo:

a) forçar alguém a celebrar contrato de trabalho, seja ele individual ou coletivo (obrigar a vítima a deixar de fazê-lo não se encaixa na disposição, mas pode configurar crime diverso, como aqueles dos arts. 197, I, 203 (frustração de direito assegurado em lei trabalhista) ou 146 (constrangimento ilegal).

Trata-se do *atentado contra a liberdade de contrato de trabalho.*

Conforme registra Damásio de Jesus, "o constrangimento de alguém a modificar o contrato de trabalho vigente tipifica o delito. Também o configura a coação exercida para que alguém renove o contrato de trabalho extinto ou por extinguir. Em ambas as hipóteses vislumbra-se uma celebração de contrato de trabalho, estando presente, portanto, a elementar"[13];

b) impedir a vítima de fornecer ou adquirir matéria-prima ou produto industrial ou agrícola. Cuida-se da atitude que busca inviabilizar a consecução de alguma atividade produtiva.

A conduta é denominada *boicotagem violenta*. O vocábulo "boicote" tem sua origem no nome de um administrador agrícola irlandês (James Boycott), que sofreu verdadeiro ostracismo econômico em razão da atitude de camponeses e fornecedores que com ele se recusaram a contratar, obrigando-o a imigrar para os Estados Unidos da América.

Entende-se por *matéria-prima* os bens necessários à fabricação de algo, sejam estes de origem orgânica ou inorgânica; podem, ainda, constituir bens *in natura* ou manufaturados.

O produto industrial é aquele obtido como resultado do trabalho manual ou mecânico, efetuado em linha de produção. O produto agrícola é o resultante de atividades como a agricultura (plantação, cultivo e colheita de vegetais), silvicultura (cultura florestal e madeireira), pecuária (trato e criação de animais para fins econômicos, notadamente gado), sericultura (criação do bicho-da-seda) etc.

---

[13] *Código Penal anotado*, p. 714.

4. TIPO SUBJETIVO

A infração penal consubstanciada no art. 198 do CP somente é punida sob a forma dolosa, o que demanda consciência e vontade de realizar os elementos objetivos do tipo. Não há fim ulterior a que se dirige a conduta, senão a vontade de constranger o ofendido a celebrar o contrato de trabalho ou impedir o fornecimento ou aquisição de insumos necessários ao desempenho de determinada empresa (fatores abrangidos pelo dolo do agente); significa dizer que pouco importa se a pessoa agia movida por vingança, solidariedade com terceiros etc. Se a intenção, todavia, era obter indevida vantagem econômica, o crime será o de extorsão (CP, art. 158).

5. SUJEITOS DO CRIME

5.1. Sujeito ativo

Qualquer pessoa pode figurar como autora ou partícipe da infração em tela (crime comum).

5.2. Sujeito passivo

Será a pessoa cuja liberdade de contratação for obstada ou, no caso da boicotagem violenta, as pessoas físicas e jurídicas cuja atividade for obstada pela conduta do agente. Anote-se que os fornecedores impedidos de entregar as mercadorias e os produtores, obstados de adquiri-las, são vítimas do crime, ainda que não sejam necessariamente as pessoas que sofram os revezes patrimoniais com a ação.

6. CONSUMAÇÃO E TENTATIVA

6.1. Consumação

O crime é material em todas as suas formas, razão pela qual somente se consuma quando o ofendido, em face do temor infundido ou da violência empregada, faz aquilo que a lei não lhe obriga ou deixa de fazer o que esta não lhe proíbe. Assim, no caso do atentado contra a liberdade de contrato de trabalho, é necessário que este seja efetivamente celebrado. Caso a avença seja posteriormente anulada pelo vício da coação, o crime não deixa de existir.

6.2. Tentativa

O *iter criminis* admite cisão, motivo pelo qual é possível o *conatus*. Alguém pode empregar a grave ameaça, visando boicotar a atividade industrial de uma empresa, impedindo-a de receber matéria-prima para a fabricação de seus bens, mas o fornecedor, a despeito da intimidação sofrida, acabar efetuando a entrega.

7. CLASSIFICAÇÃO JURÍDICA

O atentado contra a liberdade de contrato de trabalho e a boicotagem violenta são crimes de *ação ou forma livre* (podem ser cometidos por qualquer meio, desde que haja violência ou grave ameaça contra a pessoa), *comuns* (qualquer um pode figurar como sujeito ativo), *materiais* (exigem o resultado naturalístico para fins de consumação, traduzido na realização por parte do ofendido daquilo a que não está obrigado por lei), *monossubjetivos* (podem ser praticados por uma ou várias pessoas em concurso), *plurissubsistentes* (seu *iter criminis* é cindível) e *instantâneo*, no caso do atentado contra a liberdade de contrato de trabalho (sua consumação opera-se instantaneamente, sem protrair-se no tempo) e *permanente*, no que toca à boicotagem violenta.

8. PENA E AÇÃO PENAL

A pena cominada é de detenção, de um mês a um ano, e multa, além da correspondente à violência. Cuida-se, destarte, de infração penal de menor potencial ofensivo (Lei n. 9.099/95).

A Lei Penal determina o cúmulo material entre a infração, espécie do gênero constrangimento ilegal, e a lesão corporal ou morte decorrentes do emprego da *vis absoluta*. Havendo concurso de delitos, as penas serão consideradas globalmente (e não de modo individualizado), para efeito de se determinar a competência do Juizado Especial Criminal.

A ação penal é de iniciativa pública incondicionada, de modo que sua propositura ficará a cargo do Ministério Público, independentemente da autorização de terceiros. O rito processual será o comum sumaríssimo.

ART. 199 – ATENTADO CONTRA A LIBERDADE DE ASSOCIAÇÃO

1. DISPOSITIVO LEGAL

Atentado contra a liberdade de associação

Art. 199. Constranger alguém, mediante violência ou grave ameaça, a participar ou deixar de participar de determinado sindicato ou associação profissional:

Pena – detenção, de 1 (um) mês a 1 (um) ano, e multa, além da pena correspondente à violência.

2. VALOR PROTEGIDO (OBJETIVIDADE JURÍDICA)

A norma incriminadora visa à tutela da organização do trabalho de maneira remota e, proximamente, à liberdade de associação sindical ou a entidade de classe profissional. Insta esclarecer que o Texto Maior assegura expressamente referida liberdade, quando, no art. 8º, dispõe que "é livre a associação profissional ou sindical, observado o seguinte: (...) V – ninguém será obrigado a filiar-se ou a manter-se filiado a sindicato"[14].

3. TIPO OBJETIVO

A ação nuclear em que se funda a disposição ("*constranger*"), bem como seus meios executórios (*violência ou grave ameaça contra a pessoa*), são idênticos aos contidos nos dispositivos precedentes do Título IV, motivo pelo qual se remete o leitor ao estudo correspondente.

A conduta do agente, nesta modalidade específica de constrangimento ilegal, visa a compelir alguém a participar de sindicato ou associação profissional determinados ou a obrigá-lo a deixar de fazê-lo.

O constrangimento à participação pode se dar tanto quando a pessoa não é filiada à entidade e é compelida a dela tomar parte, ou quando já é membro sindical ou associativo e é impedida de se desfiliar.

O delito também ocorre quando alguém é forçado a se retirar de alguma entidade profissional, contra a sua vontade, por meio de violência ou grave ameaça.

A norma requer que se trate de entidade *determinada*, não abrangendo o constrangimento violento ou intimidatório a sindicalizar-se ou associar-se pura e simplesmente, sem importar qual a pessoa jurídica. Nesse caso, todavia, o fato caracterizará constrangimento ilegal (CP, art. 146).

4. TIPO SUBJETIVO

Cuidando-se de crime doloso, é necessário tenha o agente consciência e vontade de impedir, mediante processo violento ou intimidatório, que alguém participe de entidade de classe ou sindicato.

5. SUJEITOS DO CRIME

5.1. Sujeito ativo

O crime pode ser cometido por qualquer pessoa, seja ela membro ou não da entidade classista ou da associação sindical (crime comum).

---

[14] No Código Penal espanhol, a incriminação mostra-se mais abrangente, à medida que não se limita a punir o constrangimento à filiação ou ao desligamento de sindicato ou associação profissional, mas qualquer impedimento ou limitação, praticado mediante engano ou abuso de situação de necessidade, do exercício da liberdade sindical (art. 315.1).

5.2. Sujeito passivo

O sujeito passivo será o indivíduo coartado em sua liberdade de associação.

6. CONSUMAÇÃO E TENTATIVA

6.1. Consumação

O fato se consuma somente com a efetiva participação da vítima na entidade ou sindicato ou quando esta se desliga do ente classista (crime material).

6.2. Tentativa

É admissível a forma tentada, uma vez que alguém pode ser compelido a associar-se, não o fazendo apesar da violência ou ameaça empregados, ou, ainda, a se desligar da entidade ou associação, mas nela se manter a despeito da pressão sofrida.

7. CLASSIFICAÇÃO JURÍDICA

O atentado contra a liberdade de associação constitui delito de *ação ou forma livre* (admite qualquer meio executório, conquanto empregado com violência ou grave ameaça contra a pessoa), *comum* (qualquer um pode praticá-lo), *material* (exige o resultado naturalístico para fins de consumação), *monossubjetivo* (pode ser cometido por uma ou várias pessoas em concurso), *plurissubsistente* (seu *iter criminis* é cindível) e *instantâneo* (como regra, podendo ter natureza permanente no caso do constrangimento à participação sindical ou associativa).

8. PENA E AÇÃO PENAL

A sanção prevista no preceito secundário é de detenção, de um mês a um ano, e multa, além da correspondente à violência (infração penal de menor potencial ofensivo – Lei n. 9.099/95).

O Código prevê o cúmulo material entre o crime do art. 199, espécie do gênero constrangimento ilegal, e a lesão corporal ou morte decorrentes do emprego da *vis absoluta*. Havendo *concursus delictorum*, as penas serão somadas para determinação da competência do Juizado Especial Criminal.

O fato se processa por ação penal de iniciativa pública incondicionada e o procedimento adotado será o comum sumaríssimo.

ART. 200 – PARALISAÇÃO DE TRABALHO, SEGUIDA DE VIOLÊNCIA OU PERTURBAÇÃO DA ORDEM

1. DISPOSITIVO LEGAL

Paralisação de trabalho, seguida de violência ou perturbação da ordem

Art. 200. Participar de suspensão ou abandono coletivo de trabalho praticando violência contra pessoa ou contra coisa:

Pena – detenção, de 1 (um) mês a 1 (um) ano, e multa, além da pena correspondente à violência.

Parágrafo único. Para que se considere coletivo o abandono de trabalho é indispensável o concurso de, pelo menos, três empregados.

2. VALOR PROTEGIDO (OBJETIVIDADE JURÍDICA)

Cuida-se da organização do trabalho e, mediatamente, do patrimônio e da integridade física das pessoas.

3. BREVE HISTÓRICO

Ao tempo do Código Penal de 1890, punia-se com prisão celular, de um a três meses, o ato de "causar ou provocar cessação ou suspensão de trabalho, para impor aos operários ou patrões aumento ou diminuição de serviço ou salário". Nota-se, pela transcrição do dispositivo, que a greve ou o *lockout* constituíam, de per si, ilícitos penais. Não existia delito correspondente no Código Criminal do Império (1830), até porque, vigente o regime escravocrata, pouco sentido faria cogitar de greves ou *lockouts*.

4. TIPO OBJETIVO

O verbo nuclear consiste em *participar*, ou seja, tomar parte, fazer-se incluir. O sujeito ativo deve aderir à suspensão coletiva de trabalho, isto é, ao *lockout* ou ao abandono coletivo de trabalho, vale dizer, à greve, ou, na expressão do Código Penal (art. 197, II), à parede.

Note-se que o ato incriminado não é a simples participação do agente no movimento de trabalhadores ou de empregadores, mas o fato de deles tomar parte *praticando violência contra a pessoa ou contra a coisa*. Caso o agente cometa o crime em questão e, no contexto da *vis absoluta*, pratique lesões corporais ou provoque a morte de alguém, dar-se-á o cúmulo material compulsório, como determina o preceito secundário da norma.

Quando se trata de suspensão coletiva de trabalho – *lockout* – não se exige o concurso de mais de um empregador, mas é necessário que, desde que um deles pratique o fato, seja auxiliado por terceiros; em outras palavras, o concurso de pessoas é indispensável (note que a suspensão deve ser "coletiva"), embora nem todas precisem ostentar a condição de empregadores.

Com respeito à greve – paralisação coletiva de trabalho – requer-se a reunião de, pelo menos, três empregados. Isto que a torna "coletiva", como deflui do parágrafo único da disposição.

A violência deve ser empregada *durante* a suspensão ou paralisação, conforme decorre, inclusive, da rubrica do dispositivo. Na hipótese de a violência ser utilizada para obter a suspensão ou paralisação do trabalho, não se tipifica o crime do art. 200 do CP, embora a conduta possa ser penalmente típica à luz de outras disposições, como o art. 197, II, do CP (constranger alguém, mediante violência ou grave ameaça, a participar de parede ou paralisação de atividade econômica); pode-se cogitar, igualmente, de lesão corporal (art. 129), homicídio (art. 121), dano (art. 163) etc.

5. TIPO SUBJETIVO

O crime é definido exclusivamente na forma dolosa. É preciso, destarte, que o agente atue voluntariamente e com consciência de praticar violência contra a coisa ou contra a pessoa durante a greve ou o *lockout*.

6. SUJEITOS DO CRIME

6.1. Sujeito ativo

A infração pode ser cometida por qualquer pessoa; trata-se, bem por isso, de crime comum.

6.2. Sujeito passivo

Qualquer pessoa pode figurar como sujeito passivo. Será vítima do crime a pessoa contra quem for cometida a violência ou, ainda, o titular do bem alvo do ataque dos agentes.

7. CONSUMAÇÃO E TENTATIVA

7.1. Consumação

A consumação dá-se com a prática do ato violento, depois de já formada a greve ou o *lockout*. Não é necessário que da violência resulte lesões a terceiros ou dano efetivo ao patrimônio alheio. Sob tal perspectiva, portanto, cuida-se de crime de mera conduta, já que o ato violento produz o *summatum opus*.

7.2. Tentativa

Pode-se cogitar da forma tentada, posto que uma vez iniciado o movimento grevista, com a paralisação coletiva do trabalho, podem os empregados, por exemplo, dirigir-se à porta da fábrica para destruir o patrimônio, sendo obstados pela ação da Polícia.

8. CLASSIFICAÇÃO JURÍDICA

O crime é de *ação ou forma livre* (admite qualquer meio executório, conquanto se dê o emprego de violência contra a pessoa ou contra a coisa), *comum* (qualquer pessoa pode ser autor), *plurissubjetivo ou de concurso necessário* (exige-se a participação de, no mínimo, três pessoas em se tratando de greve ou, no mínimo, duas, no caso de *lockout*), *de mera conduta* (consuma-se com o ato violento, independentemente da produção de lesões ou dano), *plurissubsistente* (o *iter criminis* pode ser fracionado) e *instantâneo* (basta o ato violento para realizar integralmente o tipo e a fase consumativa não se prolonga no tempo).

9. PENA E AÇÃO PENAL

A pena cominada é de detenção, de um mês a um ano, e multa, além da correspondente à violência (infração penal de menor potencial ofensivo – Lei n. 9.099/95). Dar-se-á, em face disso, a incidência dos institutos benéficos do mencionado Diploma, observando-se, no caso de oferecimento de denúncia, o procedimento comum sumaríssimo.

Dar-se-á o cúmulo material obrigatório entre o crime do art. 200, o dano, a lesão corporal ou morte decorrentes do emprego da *vis absoluta*.

O crime é de ação penal de iniciativa pública incondicionada.

ART. 201 – PARALISAÇÃO DE TRABALHO DE INTERESSE COLETIVO

1. DISPOSITIVO LEGAL

Paralisação de trabalho de interesse coletivo

Art. 201. Participar de suspensão ou abandono coletivo de trabalho, provocando a interrupção de obra pública ou serviço de interesse coletivo:

Pena – detenção, de 6 (seis) meses a 2 (dois) anos, e multa.

2. VALOR PROTEGIDO (OBJETIVIDADE JURÍDICA)

O valor primariamente encampado pela proteção da norma é a organização coletiva do trabalho e, secundariamente, o interesse público na continuação de obras públicas ou serviços de interesse coletivo.

3. RECEPÇÃO PELA CARTA FEDERAL DE 1988

Em nosso sentir, divergindo de um setor dominante na doutrina, o dispositivo *encontra-se em vigor*, fazendo-se mister, todavia, lhe seja dada *interpretação conforme à Constituição*.

Mostra-se oportuno frisar que uma norma infraconstitucional somente deve receber a pecha de incompatível com a Carta Magna quando não couber, dentro de sua moldura semântica, qualquer possibilidade de compreendê-la harmonicamente com o princípio ou a regra superior.

J. J. Gomes Canotilho ensina que, quando se trata de normas plurissignificativas, deve-se dar "preferência à interpretação que lhe dê um sentido em conformidade com a Constituição"[15]. Essa técnica, de um lado, respeita o princípio da prevalência da Constituição e, de outro, assegura o princípio da conservação das normas. Evidente que somente cabe falar em tal método de interpretação quando couber um "espaço de decisão" capaz de abranger diversas soluções, optando-se então por aquela que se coadunar com o Texto Maior.

Calha à pena o escólio de Luís Roberto Barroso: "A interpretação conforme a Constituição, categoria desenvolvida amplamente pela doutrina e pela jurisprudência alemãs, compreende sutilezas que se escondem por trás da designação altruística do princípio. Destina-se à preservação da validade de determinadas normas, suspeitas de inconstitucionalidade, assim como à atribuição de sentido às normas infraconstitucionais, da forma que melhor realizem os mandamentos constitucionais. Como se depreende da assertiva precedente, o princípio abriga, simultaneamente, uma técnica de interpretação e um mecanismo de controle de constitucionalidade"[16].

O método em comento possui claras vantagens sobre a decisão maniqueísta de simplesmente declarar a regra constitucional ou não. Exige, ademais, duas etapas: a primeira consiste em infirmar as possíveis interpretações em colidência com a norma hierarquicamente superior e a segunda, em afirmar aquela com a qual a Constituição se harmoniza. "Trata-se de uma atuação 'corretiva', que importa na declaração de inconstitucionalidade sem redução do texto"[17].

Posta essa premissa interpretativa, deve-se ter em mente que o legislador penal objetivou, por meio do art. 201, proibir a realização de parede em setores da atividade, públicos ou privados, que desempenham obras públicas ou serviços de interesse coletivo.

---

[15] *Direito constitucional e teoria da Constituição*, p. 1.226.

[16] *Curso de direito constitucional contemporâneo*: os conceitos fundamentais e a construção do novo modelo, p. 301.

[17] Ibidem.

Ocorre, todavia, que a Constituição Federal de 1988 assegura amplamente, em seu art. 9º, o *direito de greve*, inclusive no que pertine a "serviços ou atividades essenciais", dentro das quais se insere a obra pública ou serviço coletivamente importante. Com relação a estes, aliás, o Texto Magno foi muito claro ao estabelecer que cumprirá à lei defini-los e dispor sobre o "atendimento das necessidades inadiáveis da comunidade" (art. 9º, § 1º).

Nota-se, portanto, que embora válida a greve efetuada em trabalho essencial ao interesse de todos, é indispensável que se garantam as necessidades prementes da comunidade a que é dirigida. Assim, por exemplo, a greve efetuada em serviços de transporte coletivo não pode ser total, sendo indispensável assegurar o funcionamento de uma parcela deste.

A conclusão a que se pretende chegar é que *a interrupção completa de um serviço ou atividade essencial é constitucionalmente vedada e sua punição, inclusive criminal, tem assento na Carta Superior*, já que o art. 9º, § 2º, da CF, dispõe que "os abusos cometidos sujeitam os responsáveis às penas da lei".

O Tribunal Superior do Trabalho já declarou, inúmeras vezes, ser abusiva a greve de serviços essenciais quando não fixados limites operacionais mínimos para o atendimento das necessidades inadiáveis da comunidade[18]. Desatendida essa diretriz, a paralisação coletiva do trabalho será tida por antijurídica e, por essa razão, poderá se cogitar, em tese, de ato ilícito, inclusive sob a órbita do Direito Penal.

4. TIPO OBJETIVO

O crime do art. 201 consubstancia-se no mesmo comportamento nuclear previsto no art. 200, ou seja, dá-se com o ato de *participar* (tomar parte, fazer-se incluir) de suspensão coletiva de trabalho (ou seja, o *lockout*) ou abandono coletivo do trabalho (vale dizer, greve ou parede).

---

[18] *Vide*, a título de exemplo: "RECURSO ORDINÁRIO EM DISSÍDIO COLETIVO. RECURSO DO SINDICATO DOS METROVIÁRIOS. GREVE. SERVIÇOS ESSENCIAIS. LIMITES. ABUSIVIDADE. A Lei de Greve, no tocante aos serviços essenciais, obriga as partes, de comum acordo, a fixar limites operacionais mínimos para o atendimento a necessidades inadiáveis da comunidade. É, todavia, encargo atribuído às partes, consoante a dicção do art. 11 da Lei de Greve. Havendo dificuldades insuperáveis para o acordo sobre o tema, pode o Poder Judiciário fixar tais limites. Portanto, não afronta o art. 9º da CF a determinação de percentuais mediante os quais as partes providenciem o atendimento das necessidades inadiáveis, contudo, o percentual nem pode ser tão alto a ponto de inviabilizar o direito de greve, nem tão baixo que não atenda ao mínimo indispensável. No caso, os elementos dos autos, examinados sob o prisma dos dispositivos específicos da Lei de Greve, não ensejam a conclusão pelo não atendimento das necessidades inadiáveis da comunidade, pelo que se deve declarar a greve não abusiva, excluída a multa por descumprimento da liminar. RECURSO DO METRÔ. Não procede pleito de reforma do acórdão no tocante à atribuição de responsabilidade pelo pagamento de custas, porquanto, em dissídio coletivo, as partes vencidas devem responder solidariamente pelo encargo (art. 789, § 4º, da CLT). Recurso a que se nega provimento" (RODC 20.313/2007-000-02-00.8, rel. Min. Márcio Eurico Vitral Amaro, j. 8-6-2009, publ. em 19-6-2009).

Deve-se frisar, do mesmo modo quanto lembramos no estudo do art. 200, que a conduta punida não é a simples participação do agente no movimento de trabalhadores ou de empregadores. Até porque, se assim fosse, a norma seria inconstitucional, em razão da permissão contida no Texto Maior (CF, art. 9º). O delito refere-se ao *lockout* ou à greve *ilícitos* (ou abusivos); neste caso, em razão do meio executivo empregado, consistente na provocação (dolosa) da *interrupção total* de obras públicas (*v.g.*, a construção de um hospital público) ou serviços de interesse coletivo (por exemplo, o funcionamento dos serviços de transporte coletivo); o serviço, deve-se notar, não precisa ser "público", bastando tenha utilidade para a população de modo geral.

Deve-se observar que o conceito de obra pública ou serviço de interesse coletivo há de ser entendido como sendo aqueles *essenciais à população*, tendo em vista o art. 9º, § 1º, da CF (*vide* item 3, *supra*).

O *lockout* não requer o envolvimento de mais de um empregador; basta um, desde que seja auxiliado por terceiros (o concurso de pessoas é indispensável, embora nem todas precisem ser empregadores).

A greve somente se dará com o arregimento de, pelo menos, três empregados, tornando o abandono de trabalho "coletivo".

5. TIPO SUBJETIVO

Somente se pune a forma dolosa, de modo que a interrupção (completa) da obra pública, ou serviço de interesse coletivo deve ter sido provocada voluntária e conscientemente pelos sujeitos. Se referido resultado não for englobado pela intenção dos agentes, que o provocam acidentalmente, o fato é penalmente atípico.

6. SUJEITOS DO CRIME

6.1. Sujeito ativo

Qualquer pessoa pode figurar como sujeito ativo (crime comum).

6.2. Sujeito passivo

O sujeito passivo do delito será toda a coletividade, titular imediato do interesse violado com a paralisação da obra pública ou do serviço coletivo.

7. CONSUMAÇÃO E TENTATIVA

7.1. Consumação

A consumação dá-se com a prática a efetiva interrupção ou paralisação da obra ou serviço. Cuida-se, destarte, de crime material.

7.2. Tentativa

O *conatus proximus* é admissível, já que os agentes podem intentar a cessação da obra pública ou serviço de interesse coletivo e virem frustrado seu escopo por circunstâncias alheias à sua vontade, como, por exemplo, a não adesão dos demais trabalhadores ao movimento.

8. CLASSIFICAÇÃO JURÍDICA

O crime é de *ação ou forma livre* (admite qualquer meio executório), *comum* (qualquer pessoa pode ser autor), *plurissubjetivo ou de concurso necessário* (exige-se a participação de, no mínimo, três pessoas em se tratando de greve ou, no mínimo, duas, no caso de *lockout*), *material* (consuma-se com a efetiva paralisação da obra ou serviço), *plurissubsistente* (o *iter criminis* pode ser fracionado) e *instantâneo* (basta o ato violento para realizar integralmente o tipo e a fase consumativa não se prolonga no tempo).

9. PENA E AÇÃO PENAL

A pena cominada é de detenção, de seis meses a dois anos, e multa. O teto punitivo faz com que a infração seja considerada de menor potencial ofensivo e, portanto, encontre-se sujeita à Lei n. 9.099/95 e, por consequência, às medidas nela contidas e ao rito comum sumaríssimo.

O crime é de ação penal de iniciativa pública incondicionada.

ART. 202 – INVASÃO DE ESTABELECIMENTO INDUSTRIAL, COMERCIAL OU AGRÍCOLA. SABOTAGEM

1. DISPOSITIVO LEGAL

Invasão de estabelecimento industrial, comercial ou agrícola. Sabotagem

Art. 202. Invadir ou ocupar estabelecimento industrial, comercial ou agrícola, com o intuito de impedir ou embaraçar o curso normal do trabalho, ou com o mesmo fim danificar o estabelecimento ou as coisas nele existentes ou delas dispor:

Pena – reclusão, de 1 (um) a 3 (três) anos, e multa.

2. VALOR PROTEGIDO (OBJETIVIDADE JURÍDICA)

O valor tutelado na presente norma incriminadora é a organização do trabalho, notadamente por meio da manutenção regular do desempenho de atividades industriais, comerciais ou agrícolas e a preservação do patrimônio nelas existente.

3. TIPO OBJETIVO

O comportamento que consta no cerne da disposição reside na conduta de *invadir* ou *ocupar* o estabelecimento.

Invadir significa ingressar violenta, hostil ou clandestinamente. Ocupar quer dizer tomar posse[19].

Assim, por exemplo, "cometem o delito do art. 202 do CP aqueles que, com o fito de impedir o curso normal de atividade industrial do concorrente, eliminando-o do mercado, praticam depredações contra o estabelecimento do mesmo"[20].

Pune-se, também, a *sabotagem*, isto é, o ato de *danificar* (destruir, deteriorar) o local (abrangendo-se o próprio imóvel em que o trabalho é realizado e os objetos que o guarnecem) ou *dispor* das coisas nele existentes (entende-se por disposição a realização de atos privativos do *dominus*, como a venda, a doação, o consumo etc.).

O estabelecimento alvo da conduta deve ser industrial, comercial ou agrícola. O primeiro corresponde ao local em que se desenvolve atividade de manufatura de bens, com sua transformação de produtos orgânicos ou inorgânicos, mediante processos de produção e montagem. O segundo consiste na atividade econômica baseada na mercancia de produtos ou prestação de serviços. O terceiro, o local destinado a bens de consumo relacionados com a plantação, o cultivo e a extração de vegetais ou o trato de animais para criação.

A atitude do sujeito deve ser dirigida ao impedimento (frustração ou interrupção completa) ou ao embaraço (ato de atrapalhar, perturbar o curso normal do trabalho) da atividade desempenhada pelo ofendido, mediante a interrupção de suas atividades ou a destruição ou disposição dos objetos nele encontrados.

4. TIPO SUBJETIVO

O crime é apenado somente na forma dolosa. São necessárias, destarte, a consciência e a vontade de concretizar os elementos objetivos do tipo. A norma contém, ademais, elemento subjetivo específico: pretender interromper ou embaraçar o trabalho desempenhado na empresa.

Sendo diversa a finalidade dos agentes, como o apoderamento dos bens para si ou para outrem, haverá crime contra o patrimônio.

---

[19] A ocupação mencionada no tipo penal difere do conceito empregado ao termo pelo Direito Civil, onde é entendido como forma originária de aquisição da propriedade, por meio da apropriação da *res nullius* ou *derelicta*.

[20] *RT* 330/179.

5. SUJEITOS DO CRIME

5.1. Sujeito ativo

Qualquer pessoa pode ser sujeito ativo da infração (crime comum). A infração pode ser cometida por uma ou várias pessoas em concurso (monossubjetivo).

5.2. Sujeito passivo

O sujeito passivo é o titular do estabelecimento invadido, isto é, a pessoa física ou jurídica detentora da atividade impedida ou embaraçada.

6. CONSUMAÇÃO E TENTATIVA

6.1. Consumação

O crime é *formal*. Sua consumação dá-se com a ocupação ou invasão do estabelecimento, com a destruição do local ou a disposição das coisas que ele contém, independentemente da produção do resultado naturalístico, traduzido no efetivo embaraço ou na interrupção do trabalho desempenhado no local.

6.2. Tentativa

É possível falar-se em tentativa do crime do art. 202 do CP, uma vez que o agente pode dar início à execução do delito, por exemplo, procurando ingressar no local para impedir a consecução do trabalho nele desenvolvido, mas ser impedido por terceiros.

7. CLASSIFICAÇÃO JURÍDICA

O crime é de *ação ou forma livre* (admite qualquer meio executório), *comum* (qualquer pessoa pode ser autor), *monossubjetivo ou de concurso eventual* (não requer pluralidade de agentes, podendo ser cometido por um só indivíduo), *formal* (consuma-se independentemente do embaraço ou da interrupção do trabalho), *plurissubsistente* (o *iter criminis* pode ser fracionado) e *permanente* (posto que sua consumação prolonga-se no tempo, já que esta fase prolongar-se-á enquanto perdurar o embaraço ou a interrupção da atividade realizada no local).

8. PENA E AÇÃO PENAL

A pena cominada é de reclusão, de um a três anos. O fato não constitui infração de menor potencial ofensivo, embora admita a suspensão condicional do processo (art. 89 da Lei n. 9.099/95). O procedimento a ser adotado será o comum sumário (CPP, arts. 395 a 399 e 531 a 536).

A ação penal é de iniciativa pública incondicionada.

ART. 203 – FRUSTRAÇÃO DE DIREITO ASSEGURADO POR LEI TRABALHISTA

1. DISPOSITIVO LEGAL

Frustração de direito assegurado por lei trabalhista

Art. 203. Frustrar, mediante fraude ou violência, direito assegurado pela legislação do trabalho:

Pena – detenção, de 1 (um) ano a 2 (dois) anos, e multa, além da pena correspondente à violência.

§ 1º Na mesma pena incorre quem:

I – obriga ou coage alguém a usar mercadorias de determinado estabelecimento, para impossibilitar o desligamento do serviço em virtude de dívida;

II – impede alguém de se desligar de serviços de qualquer natureza, mediante coação ou por meio da retenção de seus documentos pessoais ou contratuais.

§ 2º A pena é aumentada de um sexto a um terço se a vítima é menor de 18 (dezoito) anos, idosa, gestante, indígena ou portadora de deficiência física ou mental.

2. VALOR PROTEGIDO (OBJETIVIDADE JURÍDICA)

Cuida-se da organização do trabalho e a liberdade individual ou coletiva, quanto à fruição de direitos assegurados por lei trabalhista.

3. TIPO OBJETIVO

O crime dá-se com o ato de *frustrar*, que significa inutilizar, impedir a fruição de algum direito assegurado pela legislação do trabalho. Pouco importa a fonte normativa em que se encontre o *jus* violado, pode ser a Constituição Federal, que arrola extensa lista no art. 7º, as leis (como a Consolidação das Leis do Trabalho) ou acordos ou convenções coletivas de trabalhadores. É irrelevante, ainda, que o direito frustrado seja renunciável ou irrenunciável, tendo em vista que a incriminação encontra-se calcada no proceder violento ou fraudulento do agente, que anulam eventual consentimento do ofendido.

Cuida-se o art. 203 de *norma penal em branco*, já que seu preceito primário encontra-se incompleto, carecendo de outra norma jurídica, da mesma ou diversa hierarquia, para integrar-se.

Para a existência do ilícito penal, repita-se, mostra-se crucial que a frustração ocorra mediante o *emprego de fraude ou violência.*

A fraude, isto é, o engodo, ocorre quando o agente se utiliza de artifício ou ardil visando a iludir a vítima, alterando maliciosamente sua percepção da realidade, formando na mente do sujeito passivo uma errônea compreensão dos fatos, de modo a fazê-la abdicar de um direito trabalhista ou do seu exercício, consciente ou inconscientemente.

Segundo nossos tribunais, o engodo restará caracterizado quando o agente, por exemplo, paga ao empregado salário inferior ao mínimo legal, mas o faz assinar recibo de valor correspondente ao piso[21] ou quando paga remuneração a menor do que a anotada na carteira de trabalho[22]. Há o crime, ainda, quando o empregador violentamente exige de seus funcionários que assinem recibo dando-lhe quitação de eventuais verbas devidas.

O Supremo Tribunal Federal já entendeu que se a fraude foi empregada por meio de falsificação de documento visando à frustração de direito assegurado por lei trabalhista, há concurso formal de infrações. Parece-nos, contudo, que não há falar-se na convivência dos dois crimes, notadamente quando toda a potencialidade lesiva do *falsum* se exaure na conduta típica do art. 203 do CP, único remanescente em nome do princípio da consunção ou absorção.

A violência abrange aquela empregada contra a pessoa ou contra a coisa (*vis in rebus*), já que a Lei Penal não fez qualquer distinção. Note-se que nos meios executórios mencionados compromete-se a liberdade do(s) sujeito(s) passivo(s).

3.1. Condutas equiparadas (§ 1º)

Ficam sujeitos à pena cominada no preceito secundário do tipo penal aqueles que obriguem ou coajam alguém a utilizar mercadorias de determinado estabelecimento, para impossibilitar o desligamento do serviço (entenda-se, emprego) em virtude de dívida. Por exemplo: o fazendeiro que compele seus funcionários a adquirirem víveres do armazém localizado na propriedade, tornando-os devedores, de modo que não consigam se desligar do serviço realizado por estarem sempre em débito com o patrão.

---

[21] "A fraude é patente quando o sujeito ativo paga salário inferior ao mínimo legal mas faz seus empregados assinarem recibo de valor igual ao mínimo e, com essa fraude, frustra direito assegurado pela legislação trabalhista. Nitidamente configurado, portanto, o crime do art. 203. A lei não distingue entre direitos renunciáveis e irrenunciáveis. E a estes sobretudo terá ela visado proteger, pois, tratando-se de direitos renunciáveis, o empregado poderia legalmente abrir mão deles, e desnecessário seria o uso, pelo empregador, dos meios fraudulentos, que o legislador teve em mira coibir" (STF, *RTJ* 56/597).

[22] "Pagar salário a menor do que consta na anotação da carteira de trabalho configura, ao menos em tese, o delito de frustração de direito assegurado por lei trabalhista, tipificado no art. 203 do CP" (STJ, *BSTJ* 2/2006, p. 39).

A norma prescreve a mesma sanção, ainda, a quem impede alguém de se desligar de serviços de qualquer natureza, mediante coação ou retenção de seus documentos pessoais ou contratuais[23].

3.2. Causa de aumento de pena (§ 2º)

A pena será aumentada de um sexto a um terço quando a vítima é menor de 18 anos, idosa (pessoa com idade igual ou superior a 60 anos, conforme preceitua o Estatuto do Idoso - Lei n. 10.741, de 2003), gestante, indígena (pouco importa sua adaptação à civilização) ou portadora de deficiência física ou mental.

4. TIPO SUBJETIVO

O crime do art. 203 somente se pune na forma dolosa. É necessário consciência e vontade de realizar os elementos objetivos do tipo.

5. SUJEITOS DO CRIME

5.1. Sujeito ativo

Qualquer pessoa pode figurar como sujeito ativo do crime, muito embora seja este, como regra, o empregador.

5.2. Sujeito passivo

É o titular do direito trabalhista frustrado, bem como o terceiro que for alvo da violência empregada. Se as vítimas forem menores de 18 anos, portadoras de doença mental ou deficiência física, indígenas, idosas ou gestantes, incidirá a exasperante do § 2º.

6. CONSUMAÇÃO E TENTATIVA

6.1. Consumação

A realização integral típica ocorre com a efetiva frustração, isto é, com o impedimento do gozo, por parte do sujeito passivo, do direito assegurado a ele pelo ordenamento jurídico (crime material). Nas figuras equiparadas, a consumação coincide com a coação empregada pelo agente, ainda que não consiga este impedir o desligamento do funcionário (crime formal).

---

[23] Cf. *RT* 379/215.

6.2. Tentativa

Admite-se a tentativa, em todas as formas previstas no art. 203, porquanto se trata de infração cujo *iter criminis* admite fracionamento.

7. CLASSIFICAÇÃO JURÍDICA

O crime do art. 203 é de *forma ou ação livre*, porquanto admite qualquer meio executório. Com relação ao momento consumativo, mostra-se como *delito material*, no *caput* e *formal*, nas formas equiparadas. No que tange ao concurso de agentes, constitui infração de concurso eventual, também chamada de unissubjetiva ou *monossubjetiva*, já que pode ser praticada por uma ou várias pessoas em concurso. Com referência ao fracionamento do *iter criminis*, consubstancia ilícito *plurissubsistente*. Trata-se, ademais, de *crime de dano* ou lesão, de vez que a realização perfeita do tipo depende da lesão ao bem jurídico protegido. No que toca ao prolongamento da fase consumativa, o fato se classifica como *delito instantâneo*.

8. PENA E AÇÃO PENAL

A pena cominada aos tipos básico e equiparado (detenção de um a dois anos, e multa), torna-o infração de menor potencial ofensivo, fazendo com que seja de competência do Juizado Especial Criminal, aplicando-se os benefícios previstos na Lei n. 9.099/95 e o procedimento comum sumaríssimo.

Quando a conduta é praticada mediante violência, a pena correspondente (por exemplo, a da lesão corporal cometida) é imposta cumulativamente, fazendo com que a causa seja deslocada para o Juízo Comum.

O fato também deixará de ser crime de pequena ofensividade quando presentes as exasperantes previstas no § 2º da disposição.

A ação penal é de iniciativa pública incondicionada.

ART. 204 – FRUSTRAÇÃO DE LEI SOBRE A NACIONALIZAÇÃO DO TRABALHO

1. DISPOSITIVO LEGAL

Frustração de lei sobre a nacionalização do trabalho

Art. 204. Frustrar, mediante fraude ou violência, obrigação legal relativa à nacionalização do trabalho:

Pena – detenção, de 1 (um) mês a 1 (um) ano, e multa, além da pena correspondente à violência.

2. VALOR PROTEGIDO (OBJETIVIDADE JURÍDICA) E INCOMPATIBILIDADE COM A CONSTITUIÇÃO FEDERAL

Buscava o dispositivo proteger a obrigação legal de nacionalização do trabalho. É de ver, contudo, que referida diretriz não encontra mais o necessário respaldo de nossa Constituição Federal. Significa dizer não haver mais falar-se em obrigação legal à nacionalização ao trabalho, razão pela qual não foi o art. 204 do CP recepcionado pela lei maior.

Como assinala Mirabete, "a Constituição de 1988, garantindo expressamente a igualdade de direitos entre os brasileiros e os estrangeiros residentes no país, não estabeleceu qualquer diferença para fazer com que sejam protegidos aqueles em desfavor destes. Assim, passaram a ser incompatíveis com a Carta Magna as obrigações legais relativas à nacionalização do trabalho, tornando inócuo o dispositivo em estudo"[24].

ART. 205 – EXERCÍCIO DE ATIVIDADE COM INFRAÇÃO DE DECISÃO ADMINISTRATIVA

1. DISPOSITIVO LEGAL

Exercício de atividade com infração de decisão administrativa

Art. 205. Exercer atividade, de que está impedido por decisão administrativa:

Pena – detenção, de 3 (três) meses a 2 (dois) anos, ou multa.

2. VALOR PROTEGIDO (OBJETIVIDADE JURÍDICA)

A organização do trabalho, a autoridade e eficácia das decisões administrativas.

3. TIPO OBJETIVO

O crime ocorre quando o agente *exercer atividade*, isto é, realizar trabalho de qualquer natureza, que esteja impedido de fazer em virtude de decisão administrativa. Imagine-se, por exemplo, o funcionário público que, em procedimento contra ele instaurado, sofreu pena de suspensão de suas funções por determinado período, no qual prossiga realizando sua atividade.

---

[24] *Manual de direito penal*, v. 2, p. 355.

Cite-se, ainda, o seguinte exemplo: "Configura em tese o delito previsto no art. 205 do CP de 1940 exercer a advocacia em reclamação trabalhista após ter a inscrição cancelada pela OAB"[25].

O crime do art. 205 é especial, *v.g.*, em relação ao do art. 282 do CP (exercício ilegal da Medicina). O enfermeiro que pratica a ciência médica incorre no delito do art. 282 do CP, mas o médico que, com seu exercício profissional suspenso por decisão do Conselho de Medicina, prossegue clinicando, incorre no art. 205[26].

4. TIPO SUBJETIVO

Somente se pune a forma dolosa. Exige-se, portanto, consciência e vontade de concretizar os elementos objetivos do tipo. É possível que ocorra a errada compreensão do conteúdo da decisão administrativa, por exemplo, supondo o agente, de boa-fé, que seus efeitos já cessaram, embora ainda vigentes. Nesse caso, fica afastada a culpabilidade, ocorrendo o erro de proibição (CP, art. 21).

5. SUJEITOS DO CRIME

5.1. Sujeito ativo

O crime só pode ser praticado por aquele que foi condenado, na seara administrativa, a não exercer determinada atividade. Cuida-se, portanto, de crime próprio.

5.2. Sujeito passivo

É a coletividade e o órgão de que promana a determinação descumprida.

---

[25] *RT* 604/371. Na mesma esteira: "1. Da leitura do tipo previsto no art. 205 do Código Penal, percebe-se que o crime nele disposto caracteriza-se com a simples prática habitual de atos próprios da atividade que o agente se encontra impedido de exercer por força de decisão administrativa. 2. Ao contrário do que aventado nas razões do presente reclamo, o crime em análise não pressupõe a cassação do registro profissional do agente, mas apenas que este exerça atividade que estava impedido de praticar por conta de decisão administrativa. 3. Havendo nos autos a informação de que a recorrente estava impedida de exercer advocacia por força de decisão da Ordem dos Advogados do Brasil – OAB que deferiu o cancelamento de sua inscrição, e não tendo o seu patrono anexado ao recurso ordinário em apreço qualquer documentação que evidencie que ela estaria apta a advogar quando da ocorrência dos fatos narrados na denúncia, não se pode falar em atipicidade da conduta que lhe foi imputada" (STJ, RHC 29.435/RJ, rel. Min. Jorge Mussi, 5ª T., j. 18-10-2011).

[26] Nesse sentido: "A conduta típica prevista no art. 205 do CP, por ser específica, exclui a do art. 282 também do CP, que trata do exercício ilegal da Medicina; portanto, o médico, que após ter cancelada a sua inscrição pelo Conselho Federal de Medicina continua a exercer a profissão, pratica o delito de exercício de atividade com infração de decisão administrativa" (*RT* 748/544).

6. CONSUMAÇÃO E TENTATIVA

6.1. Consumação

O *summatum opus* somente se verifica quando o sujeito exerce efetivamente a atividade que estava impedido (crime material ou de resultado). Cuida-se de crime instantâneo, sendo desnecessária a reiteração de atos por parte do sujeito ativo[27].

6.2. Tentativa

É possível ocorrer a forma tentada, porquanto pode o agente tentar exercer sua função, mas ser impedido por terceiros, contra a sua vontade.

7. CLASSIFICAÇÃO JURÍDICA

O crime é de *forma ou ação livre, material, próprio, monossubjetivo, instantâneo, de lesão e plurissubsistente.*

8. PENA E AÇÃO PENAL

A pena cominada é de detenção, de três meses a dois anos, ou multa, o que torna o fato delito de menor potencial ofensivo, sujeito, destarte, às benesses da Lei n. 9.099/95 e, na hipótese de ser oferecida denúncia, ao rito sumaríssimo.

A ação penal é de iniciativa pública incondicionada.

ART. 206 – ALICIAMENTO PARA O FIM DE EMIGRAÇÃO

1. DISPOSITIVO LEGAL

Aliciamento para o fim de emigração

Art. 206. Recrutar trabalhadores, mediante fraude, com o fim de levá-los para território estrangeiro:

Pena – detenção, de 1 (um) a 3 (três) anos, e multa.

2. VALOR PROTEGIDO (OBJETIVIDADE JURÍDICA)

A organização do trabalho, em caráter primário, e a boa-fé nas relações contratuais. Parece-nos que o tipo não tutela, como originariamente fazia, o interesse na

---

[27] Em sentido contrário: "Para a configuração do delito previsto no art. 205 do Estatuto Repressor, necessária a reiteração de atos próprios da conduta a qual o agente está impedido de exercer por força de decisão administrativa" (*RT* 785/723).

permanência de trabalhadores em território brasileiro (até porque não se faria legítimo, em nosso sentir, que o Direito Penal regulasse semelhante questão).

3. TIPO OBJETIVO

Em sua redação original, o Código Penal incriminava o ato de "aliciar trabalhadores, com o fim de emigração". A tutela penal do comportamento, nos moldes então contidos no dispositivo, violava a liberdade individual e a livre iniciativa. O fato de procurar seduzir pessoas com o escopo de levar a mão de obra a trabalhar no exterior não pode ser considerado delito. Daí a razão de a Lei n. 8.683, de 15-7-1993, ter alterado o tipo penal, passando a prever ilícito penal no ato de "recrutar trabalhadores, mediante fraude, com o fim de levá-los para o território estrangeiro".

A inserção da elementar "fraude" deu à norma a necessária gravidade para justificar sua inclusão no rol das infrações penais, observando-se os princípios da intervenção mínima e da *ultima ratio* (não pode o Direito Penal invadir zonas de conflitos capazes de serem suficientemente resolvidas pelo Direito do Trabalho ou pelo Direito Administrativo)[28].

Recrutar significa aliciar adeptos, angariar seguidores, arrebanhar pessoas. O meio executório, conforme já se ponderou, é a *fraude*, isto é, o engodo, a promessa enganosa, ilusiva, mentirosa. Pode-se dar mediante emprego de ardil, artifício ou qualquer outro meio. Imagine, por exemplo, o ardil consistente no anúncio de vagas no exterior em número acima do verdadeiro, fazendo com que pessoas sejam seduzidas pela promessa de emprego certo que, no final, não se concretiza.

O elemento subjetivo do tipo consiste em procurar, através do recrutamento, levar trabalhadores para fora do país (se a *intentio* for deslocá-los dentro do território nacional, o crime é o do art. 207 do CP; se o objetivo for emigrá-los de forma ilegal, conduzindo-os ao exterior por via clandestina, configura-se o delito do art. 232-A do CP).

São conhecidas de há muito as quadrilhas de pessoas que se dedicam ao cometimento dessas infrações. De regra, efetuam promessas de emprego certo em outros países, mediante pagamento adiantado de elevada quantia, exigida maliciosamente como suposto investimento necessário para cobrir despesas operacionais. Um dos alvos preferidos de tais criminosos costumavam ser os descendentes de orientais, com promessa de trabalho bem remunerado em países como o Japão. Há também aqueles

[28] Alfonso Serrano Gomez manifesta semelhante preocupação ao analisar os delitos previstos no Código Penal espanhol a respeito do tema (*Derecho penal*: parte especial, p. 554). Na legislação criminal espanhola, pune-se aquele que, simulando contrato ou colocação, ou utilizando outro meio enganoso semelhante, determine ou favoreça a emigração de alguma pessoa a outro país (art. 313.2).

que oferecem falsa oportunidade de emprego nos EEUU, com a obtenção de vistos de trabalho normalmente falsos[29].

4. TIPO SUBJETIVO

O crime é punido somente na forma dolosa. Há, ainda, elemento subjetivo específico consistente na intenção de levar o sujeito passivo para o exterior. Ausente essa finalidade, poderá haver outro crime, como o estelionato (CP, art. 171). Assim, por exemplo, se alguém elabora proposta falsa de emprego no exterior, exigindo o pagamento antecipado de supostas despesas burocráticas, sem que o posto de trabalho sequer exista, não se aperfeiçoa o crime do art. 206 do CP, em face da ausência da elementar "com o fim de levá-los para território estrangeiro"; o agente responde, repise-se, por estelionato.

5. SUJEITOS DO CRIME

5.1. Sujeito ativo

O aliciamento para o fim de emigração pode ser praticado por qualquer pessoa.

---

[29] Veja a seguinte notícia divulgada na página da internet do Ministério Público de São Paulo, em 7-12-2009, intitulada "Operação coordenada pelo MP desmonta esquema de fraude em vistos dos EUA": "Uma operação encabeçada pelo Ministério Público Estadual, por meio do Grupo de Atuação Especial de Combate ao Crime Organizado (GAECO) - Núcleo Guarulhos, com a participação do Consulado Norte-Americano em São Paulo, Secretaria de Segurança Pública de São Paulo, Secretaria da Fazenda do Estado de São Paulo e Receita Federal, desmantelou nesta segunda-feira (7) uma quadrilha internacional que fraudava o sistema de concessão de vistos para trabalho temporário nos Estados Unidos. (...)

O esquema responsável pela maior fraude no setor de vistos de trabalho da história dos Estados Unidos, fez pelo menos 1.800 vítimas no Brasil, e a estimativa é de que o número chegue a 9 mil. Cada pessoa pagou, em média, R$ 10 mil, por um visto de trabalho temporário nos EUA, mas apenas a minoria conseguiu efetivamente o visto e o trabalho. A maior parte das vagas oferecidas pela quadrilha não existia. Com o esquema, a quadrilha faturou cerca de R$ 90 milhões desde 2002.

(...) A quadrilha - As empresas da quadrilha atuavam como intermediários de mão de obra para empresas dos Estados Unidos. Os empregadores garantiam um número determinado de vagas, mas a quadrilha requisitava à emigração norte-americana com um número muito maior de vistos de trabalho temporário. Assim, para cada vaga no mercado norte-americano, a quadrilha incrementava vagas para encaminhamento ao departamento de imigração dos EUA e ainda vendia um número de contratos muito maior, com oferta de vagas que sabiam não existir. Desta forma, de milhares de pessoas que haviam pago pelo visto, a maior parte nem chegava a embarcar porque tinha o visto negado. Dos que chegavam aos Estados Unidos, uma minoria conseguia efetivamente o trabalho.

Muitas das pessoas enganadas, sem dinheiro e sem o trabalho prometido, permaneciam nos Estados Unidos como imigrantes ilegais, e ainda eram ameaçadas de delação à imigração pela quadrilha".

5.2. Sujeito passivo

Serão vítimas do crime as pessoas enganadas. A infração penal exige a presença de mais de um sujeito passivo ("recrutar *trabalhadores...*").

6. CONSUMAÇÃO E TENTATIVA

6.1. Consumação

A consumação ocorre com o recrutamento dos empregados, independentemente de sua efetiva ida ao exterior para trabalhar. Trata-se de delito formal ou de consumação antecipada.

6.2. Tentativa

A forma tentada é admissível, de vez que o *iter criminis* pode ser cindido. É possível, por exemplo, que o sujeito tente, sem sucesso, recrutar pessoas fraudulentamente, mas não seduza ninguém com suas propostas.

7. CLASSIFICAÇÃO JURÍDICA

O crime é *doloso, comissivo*, de *ação ou forma livre, comum, formal, plurissubsistente, unissubjetivo ou de concurso eventual* e *instantâneo* (consuma-se com o recrutamento).

8. PENA E AÇÃO PENAL

A pena é de detenção, de um a três anos, e multa. O aliciamento de trabalhadores para fins de emigração não constitui infração de pequeno potencial ofensivo, posto que o teto punitivo é superior ao previsto no art. 61, *caput*, da Lei n. 9.099/95. Admite, porém, a suspensão condicional do processo (art. 89 do citado Diploma). O procedimento a ser observado será o comum sumário (CPP, arts. 395 a 399 e 531 a 536).

O crime é de ação penal de iniciativa pública incondicionada.

ART. 207 – ALICIAMENTO DE TRABALHADORES DE UM LOCAL PARA OUTRO DO TERRITÓRIO NACIONAL

1. DISPOSITIVO LEGAL

Aliciamento de trabalhadores de um local para outro do território nacional

Art. 207. Aliciar trabalhadores, com o fim de levá-los de uma para outra localidade do território nacional:

Pena – detenção de 1 (um) a 3 (três) anos, e multa.

§ 1º Incorre na mesma pena quem recrutar trabalhadores fora da localidade de execução do trabalho, dentro do território nacional, mediante fraude ou cobrança de qualquer quantia do trabalhador, ou, ainda, não assegurar condições do seu retorno ao local de origem.

§ 2º A pena é aumentada de um sexto a um terço se a vítima é menor de 18 (dezoito) anos, idosa, gestante, indígena ou portadora de deficiência física ou mental.

2. VALOR PROTEGIDO (OBJETIVIDADE JURÍDICA)

O bem jurídico protegido no crime do art. 207 é o interesse econômico de que trabalhadores não sejam aliciados para se deslocarem a outra localidade do território nacional para o exercício de seu labor. A nosso ver, não se trata de objeto jurídico que merece a proteção do Direito Penal, sob pena de violar seu caráter subsidiário, cuja raiz assenta-se no princípio constitucional da proporcionalidade.

É necessário que haja um *plus* no proceder do aliciador para justificar a imposição de pena criminal. Esse algo a mais, cuja falta se sente no *caput*, se encontra presente no § 1º, cujos meios executórios são a fraude ou a cobrança de quantia antecipada do trabalhador ou a não assecuração de condições para seu retorno.

Registre-se que, na legislação penal anterior (CP de 1890), fato assemelhado era incriminado no art. 205 (seduzir ou aliciar operários e trabalhadores a deixarem os estabelecimentos em que forem empregados sob promessa de recompensa, ou ameaça de algum mal).

3. TIPO OBJETIVO

Na cabeça da disposição, a conduta nuclear consiste em aliciar (trabalhadores), ou seja, seduzi-los, convencê-los. É preciso que estes sejam atraídos a exercerem seu labor em outro local do território nacional, de modo a desguarnecer o local de origem de sua mão de obra. Se a conduta objetivar levá-los ao exterior, o fato se subsumirá ao art. 206 do CP.

O fato somente se revestirá da necessária tipicidade (material) quando houver o emprego de fraude, ou, nos termos do § 1º, se ocorrer cobrança de qualquer quantia do trabalhador, ou, ainda, não assegurar condições do seu retorno ao local de origem.

Como já se afirmou em outras passagens, a fraude se dá com o engodo, seja por meio de algum ardil, artifício ou qualquer outro meio, como a mentira (por exemplo, o sujeito ativo afirma que os trabalhadores perceberão rendimentos altos em outra região, mesmo ciente de que o valor pago pela mão de obra será inferior ao prometido)[30].

4. TIPO SUBJETIVO

O crime somente é apenado na forma dolosa, exigindo a vontade e a consciência de concretizar os elementos objetivos do tipo.

5. SUJEITOS DO CRIME

5.1. Sujeito ativo

Qualquer pessoa pode figurar como autora ou partícipe do delito (crime comum).

5.2. Sujeito passivo

O sujeito passivo é o trabalhador alvo do aliciamento. Exige-se que a conduta se dirija, no mínimo, a duas pessoas ("aliciar *trabalhadores*..."). Se a vítima for menor de 18 anos, pessoa idosa (aquela com idade igual ou superior a 60 anos, nos termos do Estatuto do Idoso), gestante, indígena ou portadora de deficiência física ou mental, incidirá a causa de aumento prevista no § 2º (um sexto a um terço).

6. CONSUMAÇÃO E TENTATIVA

6.1. Consumação

A realização integral do tipo penal insculpido no art. 207 do CP dá-se com o efetivo recrutamento dos empregados, sendo desnecessário que estes se desloquem no âmbito do território nacional (crime formal).

---

[30] "(...) 2. O deslocamento do apelante, juntamente com sua filha, para outros Estados da Federação, para efetuarem a divulgação de trabalho rural com promessa de ganhos bastante elevados, utilizando-se, para tanto, de carro de som, caracteriza o crime de aliciamento de pessoas, previsto no art. 207 do CP. (...) 6. A responsabilidade do empreiteiro de mão de obra caracteriza-se por ter se utilizado de terceiras pessoas para arregimentar trabalhadores para a apanha de laranjas. Não obstante, os proprietários das fazendas onde eram realizadas as colheitas contratavam e emitiam notas fiscais pela prestação de serviços do empreiteiro, destacando, em cláusula contratual, a responsabilidade deste para todos os encargos trabalhistas e previdenciários. A fraude, neste particular, mostra-se ainda mais patente, eis que o fato de subdelegar a contratação dessas pessoas por intermédio de outros agenciadores só vem a dificultar exatamente o registro formal do contrato de trabalho, com os respectivos pagamentos dos encargos" (TRF, 3ª R., ApCr 2004.03.99.021751-9, rel. Des. Suzana Camargo, publ. no *DJU* de 8-8-2006).

6.2. Tentativa

A tentativa ou *conatus proximus* é admissível, já que o comportamento criminoso pode ser dividido em vários atos (crime plurissubsistente).

7. CLASSIFICAÇÃO JURÍDICA

Cuida-se de crime *doloso, comissivo, de ação ou forma livre, comum, formal, instantâneo, plurissubjetivo* e *unissubsistente ou de concurso eventual.*

8. CAUSA DE AUMENTO DE PENA

A sanção será exasperada de um sexto a um terço se a vítima for menor de 18 anos, pessoa idosa (aquela com idade igual ou superior a 60 anos, nos termos do Estatuto do Idoso), gestante, indígena ou portadora de deficiência física ou mental.

9. PENA E AÇÃO PENAL

A sanção cominada no preceito secundário é de detenção, de um a três anos, e multa. O aliciamento de trabalhadores não constitui delito de pequeno potencial ofensivo, embora admita a suspensão condicional do processo (art. 89 do citado Diploma).

A ação penal de iniciativa pública incondicionada e o rito cabível será o comum sumário (CPP, arts. 395 a 399 e 531 a 536).

TÍTULO V
DOS CRIMES CONTRA O SENTIMENTO RELIGIOSO E CONTRA O RESPEITO AOS MORTOS

1. HISTÓRICO

Na história da humanidade sempre se viu impregnada a crença em entidades divinas. Toda cultura, seja qual for o seu grau, sempre se fiou na ideia de uma força superior.

Na Antiguidade, religião e Estado se confundiam. Em Roma, as coisas sacras se mesclavam com coisas públicas. A religião oficial tolerava a concomitância de outras, desde que os cultos fossem professados sem provocar risco à segurança do Estado, senão eram perseguidos como crimes de lesa-majestade.

No início do século IV, decretou-se em Roma a liberdade de crença, abolida anos depois em favor da adoção do cristianismo como religião oficial, única e verdadeira. A injúria religiosa, antes deixada ao sabor dos "deuses", passou a ser punida como ilícito penal. Inaugurava-se o tempo da intolerância religiosa, abolindo-se por completo a liberdade de crença. Surgiam os *crimina violatae religionis*, como a heresia (professar doutrina contrária à fé cristã), a apostasia (abandonar o catolicismo em favor de outra religião), o cisma (abandono coletivo da religião oficial), o sacrilégio (violação de pessoas ou coisas sagradas), entre outros.

Por mais de mil anos, o mundo se viu mergulhado na escuridão da intolerância na fé, misturando-se a Igreja com o Estado e o pecado com o crime.

Somente com a Revolução Francesa restabeleceu-se a liberdade de credo, promovendo-se radical mudança no ponto de vista do legislador penal, o qual passou a encarar a religião como objeto de proteção penal somente e enquanto se identificasse um atentado contra a liberdade individual. "A lei penal deixa de servir a Deus e passa a atender objetivos humanos"[1].

---

[1] Nelson Hungria, *Comentários ao Código Penal*, v. VIII, p. 59.

No Brasil, a tônica das Ordenações do Reino, até porque elaboradas antes do Iluminismo, sempre foi a de tutelar a religião oficial (católica) segundo a tradição vigente, ou seja, considerando Igreja e Estado como unidade e, por consequência, delito e pecado como sinônimos.

No Código Filipino, cuja vigência estendeu-se até 1830, data da promulgação de nosso Código Criminal Imperial, inúmeras disposições focavam coibir ataques à religião estatal.

Os cinco primeiros títulos do Livro V são suficientemente esclarecedores: o I cuidava dos "hereges e apóstatas", o II, dos que "arrenegam ou blasfemam de Deus ou dos Santos", o III, dos "feiticeiros", o IV, dos que "benzem cães, ou bichos sem autoridade do Rei, ou dos Prelados", e o V, dos que fazem "vigílias em Igrejas ou Vodos fora delas". O processo e a imposição das penas ficavam a cargo dos juízos eclesiásticos e sua execução, sob responsabilidade do rei.

O Código Criminal de 1830 padecia de alguns desses males, resquícios das negras épocas anteriores. É de ver, contudo, que regulamentava o tema em absoluta consonância com a Constituição de 1824, esta sim a responsável verdadeira pela persistência do tratamento dado à matéria, posto que instituía um Estado confessional. Não se pode ignorar, todavia, o contexto histórico em que vivia nosso país, ainda muito jovem e carente do poder da Igreja, necessário para auxiliar na manutenção da ordem e consolidar sua presença em todos os rincões de seu imenso território (sempre ameaçado pelo risco de fragmentação).

No tocante aos tipos penais, não existia no contexto do Código do Império qualquer disposição semelhante às atuais, a não ser a definição de crimes contra a religião, nos arts. 276 a 278.

O Código de 1890, editado em outra realidade, consagrou o livre culto e a profissão da fé religiosa, disciplinando o tema de forma assemelhada àquela efetuada no Código de 1940 e até hoje em vigor. O primeiro Estatuto Penal Republicano dedicava seus arts. 185 a 188 aos delitos contra o livre exercício dos cultos, mas nada havia no que pertine ao respeito aos mortos, senão algumas contravenções penais (arts. 364 a 366).

2. REFERÊNCIA CONSTITUCIONAL

Os valores protegidos no Título V da Parte Especial do Código Penal – sentimento religioso e respeito aos mortos – encontram sua referência normativa primeira em nossa Constituição.

Deve-se lembrar que o Texto Maior, embora professe sua crença na existência de Deus, como se nota no preâmbulo de nossa Carta Magna[2], não adotou qualquer religião como oficial.

---

2 "Nós, representantes do povo brasileiro, reunidos em Assembleia Nacional Constituinte para instituir um Estado Democrático, destinado a assegurar o exercício dos direitos sociais e individuais,

O art. 5º, em seu extenso rol de liberdades públicas, inclui a de religião e a de culto. O inciso VI declara ser "inviolável a liberdade de consciência e de crença, sendo assegurado o livre exercício dos cultos religiosos e garantida, na forma da lei, a proteção aos locais de culto e a suas liturgias".

A importância da fé religiosa (seja qual for) não foi ignorada por nosso constituinte, tanto que no inciso VII assegura, nos termos da lei, "a prestação de assistência religiosa nas entidades civis e militares de internação coletiva". Garante-se, ainda, a escusa de consciência por motivo de convicção religiosa, de modo que "ninguém será privado de direitos" por escusar-se de cumprir obrigação a todos imposta por razões ligadas à sua fé (inciso VIII).

A liberdade de religião, tal como prevista em nosso Texto Maior, constitui desdobramento da liberdade de pensamento e sua manifestação. Engloba "a crença, a moral religiosa, os dogmas, a liturgia (cerimonial) e o culto"[3].

No dizer de José Afonso da Silva, o tratamento constitucional dado à matéria significa que "todos têm o direito de aderir a qualquer crença religiosa, como o de recusar qualquer delas, adotando o ateísmo, e inclusive o direito de criar sua própria religião, bem assim de seguir qualquer corrente filosófica, científica ou política ou de não seguir qualquer uma, encampando o ceticismo"[4].

As diversas manifestações religiosas podem e devem ser exercidas por todos em consonância com os princípios da tolerância e da convivência pacífica, aspectos subjacentes à liberdade em estudo[5], que, ademais, como qualquer liberdade pública, não têm caráter absoluto.

O Direito não pode, nesta senda, considerar válido, *v.g.*, credo que professe o suicídio coletivo como recurso último para atingir a elevação de espírito ou crenças que adotem, em seus rituais, o sacrifício humano ou a tortura de quem quer que seja.

Além disso, como corolário da inviolabilidade asseverada no âmbito constitucional, veda-se o embaraço do livre exercício de qualquer religião, crença ou do respectivo culto. É nesse contexto, aliás, que se inserem as incriminações contidas no Título V, notadamente aquela relacionada no seu primeiro capítulo. O título mencionado fragmenta-se, assim, em dois capítulos. O primeiro deles tem como objeto de tutela o sentimento religioso, o qual pode ser definido como a "convicção acentuada pelo sentimento,

a liberdade, a segurança, o bem-estar, o desenvolvimento, a igualdade e a justiça como valores supremos de uma sociedade fraterna, pluralista e sem preconceitos, fundada na harmonia social e comprometida, na ordem interna e internacional, com a solução pacífica das controvérsias, promulgamos, *sob a proteção de Deus*, a seguinte CONSTITUIÇÃO DA REPÚBLICA FEDERATIVA DO BRASIL" (grifo nosso).

3 André Ramos Tavares, *Curso de direito constitucional*, p. 542.

4 *Comentário contextual à Constituição*, p. 93.

5 J. M. Damião da Cunha, *Comentário conimbricense do Código Penal*, p. 638.

da existência de uma ordem universal que se eleva acima do homem"[6]. O Capítulo II protege o respeito aos mortos, isto é, a lembrança entre no coração e na mente dos vivos daqueles que se foram. Segundo ficou consignado na Exposição de Motivos da Parte Especial do Código Penal, "o *sentimento religioso* e o *respeito aos mortos* são valores ético-sociais que se assemelham. O tributo que se rende aos mortos tem um fundo religioso. Idêntica, em ambos os casos, é a *ratio essendi* da tutela penal" (item 68).

Alberto Silva Franco e Tadeu Dix Silva ponderam que nosso Código Penal inspirou-se no Código Rocco quando reuniu, num só título, as infrações ao sentimento religioso e contra o respeito aos mortos. Destacam, ademais, que a forma como o tema foi normatizado traduz uma concepção vigente à época, segundo a qual o Direito Penal se voltaria à defesa de valores ético-sociais e, apenas mediatamente, à defesa de bens jurídicos[7]. A crítica nos parece justa e ponderada, embora em nosso sentir a questão fundamental, anterior à defesa do "bem jurídico", seja a busca pela referência constitucional ao valor (que não pode mesmo ter natureza puramente moral) que a norma incriminadora busque tutelar. Nesse sentido, tanto o sentimento religioso quanto o respeito aos mortos encontram seu lastro no Texto Maior.

3. DOCUMENTOS INTERNACIONAIS

Há que se lembrar encontrar-se prevista em tratados internacionais a obrigação de respeitar a identidade religiosa das pessoas a fé que professam.

A Convenção Americana de Direitos Humanos ou Pacto de San José da Costa Rica[8] declara, em seu art. 12.1, que toda pessoa "tem direito à liberdade de consciência e de religião" e que "esse direito implica a liberdade de conservar sua religião ou suas crenças, ou de mudar de religião ou de crenças, bem como a liberdade de professar e divulgar sua religião ou suas crenças, individual ou coletivamente, tanto em público quanto em privado". O Pacto Internacional de Direitos Civis e Políticos[9] também se alinha com a proteção do credo religioso, prevendo que não haverá discriminação decorrente, entre outros fatores, de religião (art. 2º, 1), que será proibida por lei apologia ao ódio religioso (art. 20), a necessidade de proteger crianças independentemente da fé profligada (art. 24), a igualdade de todos independentemente de sua religião (art. 26) e a proteção de minorias étnicas religiosas (art. 27).

---

6 *Comentários ao Código Penal*, p. 61.

7 *Código Penal e sua interpretação jurisprudencial*, p. 978-980.

8 Ratificado pelo Brasil em 25-9-1992. Entrou em vigor em 6 de outubro do mesmo ano, por força do Decreto Presidencial n. 678, de 6-10-1992.

9 Ratificado pelo Brasil em 24-1-1992. Entrou em vigor em 6 de outubro do mesmo ano, por força do Decreto Presidencial n. 592, de 6-10-1992.

Capítulo I

DOS CRIMES CONTRA O SENTIMENTO RELIGIOSO (ART. 208)

ART. 208 – ULTRAJE A CULTO E IMPEDIMENTO OU PERTURBAÇÃO DE ATO A ELE RELATIVO

1. DISPOSITIVO LEGAL

Ultraje a culto e impedimento ou perturbação de ato a ele relativo

Art. 208. Escarnecer de alguém publicamente, por motivo de crença ou função religiosa; impedir ou perturbar cerimônia ou prática de culto religioso; vilipendiar publicamente ato ou objeto de culto religioso:

Pena – detenção, de 1 (um) mês a 1 (um) ano, ou multa.

Parágrafo único. Se há emprego de violência, a pena é aumentada de um terço, sem prejuízo da correspondente à violência.

2. VALOR PROTEGIDO (OBJETIVIDADE JURÍDICA)

Sentimento religioso significa a "convicção acentuada pelo sentimento, da existência de uma ordem universal que se eleva acima do homem"[1].

Já dissemos que a Constituição e documentos internacionais protegem a liberdade de crença e de culto, isto é, do ato de professar a religião do indivíduo, seja ela qual for; "... o exercício da liberdade religiosa e de culto, em sua plenitude, demonstra a convivência plural entre os contrários, o respeito à diversidade e à diferença. A prática concreta e não condicionada da liberdade religiosa e de culto, destarte, evidencia o *pluralismo político* em sua inter-relação com o princípio da dignidade da pessoa humana, o qual se torna o fundamento para o bem jurídico tutelado no delito deste Capítulo..."[2].

---

[1] Nelson Hungria, *Comentários ao Código Penal*, v. VIII, p. 61.

[2] Alberto Silva Franco e Tadeu Antônio Dix Silva, *Código Penal e sua interpretação jurisprudencial*, p. 984.

O art. 208 do CP, embora em preceito único, contém três crimes distintos, cada um voltado a uma das facetas ligadas à liberdade individual de fé. Todo debate, crítica ou polêmica levantada a respeito de uma determinada religião, de seus dogmas ou de seus cultos é válida e amparada pela liberdade de expressão também garantida no plano normativo constitucional. Vedam-se, contudo, os extremismos ou radicalismos, expostos por meio do escárnio, do ultraje ou vilipêndio.

A técnica legislativa utilizada, consistente em enfeixar num só dispositivo três crimes diversos, enfaticamente separados, com verbos nucleares distintos e bens jurídicos sutilmente diferenciados, faz com que o incurso em mais de uma conduta importe em concurso de crimes, não sendo possível aplicar o princípio da alternatividade no conflito aparente de normas. Há, portanto, *tipo penal misto cumulativo*.

3. CRIMES CONTRA O SENTIMENTO RELIGIOSO

3.1. Escarnecimento público por motivo religioso

3.1.1. Tipo objetivo

O primeiro ato criminoso punido no art. 208 do Código consiste em *escarnecer*, isto é, zombar, achincalhar, caçoar, ridicularizar ostensivamente *alguém*.

Trata-se de crime de forma ou ação livre, o qual pode ser cometido por qualquer meio (palavras, gestos, desenhos, escritos etc.).

O ato deve ser realizado publicamente. É preciso, destarte, que seja presenciado por terceiras pessoas (não duas, mas várias). Não importa o local em que o comportamento foi praticado, se público ou aberto ao público. O essencial é que a atitude seja desempenhada *coram populo*, isto é, à vista de várias pessoas. Se o sujeito ativo valer-se de algum meio de comunicação social (televisão, rádio, internet etc. estará configurada a elementar *sub examen*). Se o achincalhe ocorrer em ambiente privado, todavia, sem que outros além da vítima estejam presentes, haverá crime contra a honra (injúria – art. 140 do CP).

Não se exige a presença do sujeito passivo, mas tão somente que a conduta se dirija a pessoa determinada (quando a zombaria é voltada a toda uma religião ou aos seus seguidores, não há o crime em questão). Assim, por exemplo, se uma pessoa critica, ainda que jocosamente e em tom de deboche, a religião católica ou seus integrantes (ou outra qualquer), não incorre na infração em apreço, pois o ataque não é dirigido a "alguém", isto é, a uma pessoa determinada (ou um grupo particularizado). Bem por isso, decidiu o extinto Tribunal de Alçada Criminal de São Paulo não configurar o crime em estudo: "... a assertiva de que determinadas religiões traduzem 'possessões demoníacas' ou 'espíritos imundos' espelha, tão somente, posição ideológica, dogmática, de crença religiosa, não tipificando o crime de vilipêndio, ou ultraje a culto"[3].

---

[3] *RJD* 23/374.

A ofensa deve estar relacionada com questões ligadas à *crença ou função religiosa*.

Crença religiosa significa *a fé que possui o indivíduo*; a verdade sobrenatural em que acredita. Os católicos, por exemplo, creem na Santíssima Trindade, ou seja, no mistério da unidade entre Deus, Jesus Cristo e Espírito Santo. Os judeus acreditam num único Deus e na eleição de Israel como povo escolhido para receber a revelação. Os mulçumanos, também monoteístas, têm como verdadeira a existência de vários profetas, sendo Maomé o último deles.

Casos há em que será difícil delimitar se a crença publicamente enxovalhada tem ou não natureza religiosa. Atividades relacionadas com o metapsiquismo ou parapsiquismo, embora possam traduzir uma crença (conjunto de valores ou verdades que alguém toma por absoluto), não têm fundo religioso. Lembre-se, ainda, de crenças filosóficas, como o materialismo e o ateísmo. O delito em estudo não se aperfeiçoará nas situações expostas, muito embora possa haver crime contra a honra (CP, arts. 138 a 140). O mesmo se diga do ato de zombar de uma pessoa por *não ter* crença religiosa. Muito embora a proteção constitucional assegure a liberdade de religião, crença, culto etc. e também sua ausência, o dispositivo penal em estudo não pode ser aplicado analogicamente ao escárnio de uma pessoa, em público, por ausência de crença em entidades sobrenaturais (não se exclui, repise-se, a possibilidade de haver crime contra a honra).

Função religiosa quer dizer o papel desempenhado pelo indivíduo ou grupo de pessoas em determinada religião ou no seu respectivo culto. Exercem função religiosa o padre (catolicismo), o rabino (judaísmo), o pastor (religiões evangélicas), o *medium* (espiritismo), o sacerdote, o monge no budismo etc. J. M. Damião da Cunha defende, à luz do Código Penal português, que o termo função religiosa deve ser interpretado de maneira ampla, dispensando-se qualquer caráter institucional[4]. Assim, por exemplo, não só o escárnio da função de padre ou freira, mas também de um sacristão ou coroinha seria abrangido pelo tipo penal. Parece-nos correto o pensamento do autor, que pode ser transposto à legislação pátria, tendo em vista o valor fundamental protegido no tipo, qual seja, a *liberdade religiosa* e seu exercício fundado no princípio da tolerância. Acrescente-se que o dispositivo legal não exige que a função possua relevância religiosa ou caráter institucional.

Deve-se ponderar que a norma penal não se presta a tolher a liberdade artística, assegurada na Constituição tanto quanto a liberdade religiosa; referidas garantias devem se harmonizar reciprocamente, jamais podendo uma delas anular a outra.

3.1.2. Tipo subjetivo

O delito somente é punido sob a forma dolosa, o que demanda consciência e vontade de escarnecer publicamente alguém, em virtude de sua crença ou função

---

4 *Comentário conimbricense do Código Penal*, p. 640.

religiosas. Há, em nosso sentir, elemento subjetivo específico, implícito na ação nuclear "escarnecer", consistente na intenção de enxovalhar, menoscabar moral e espiritualmente alguém. Não se pode confundir, bem por isso, o *crimen* em apreço com a crítica severa a respeito de determinada crença religiosa.

Discordamos do pensamento doutrinário segundo o qual as elementares "por motivo de crença ou função religiosa" constituam elemento subjetivo específico[5]. Recorde-se que tais fatores são aqueles ligados aos motivos especiais que animam a atitude do sujeito ativo. A crença ou função não cumprem este mister, mas apenas representam a temática do escárnio. Cuida-se de ofensa dirigida particularmente ao sentimento religioso das pessoas e, por tal especificidade, digna de proteção especial e merecedora de tratamento mais severo que a simples injúria (CP, art. 140). Se uma pessoa, *v.g.*, ridiculariza alguém por ser padre, fazendo-o por sentimento de inveja, agiu por motivo de função religiosa, embora o opróbrio motivador da conduta tenha sido um sentimento mesquinho.

3.1.3. Sujeitos do crime

a) Sujeito ativo

Qualquer pessoa pode figurar como sujeito ativo da infração (crime comum). Podem praticá-la pessoas de outras religiões, que professam crença distinta ou mesmo quem comungue do mesmo credo do sujeito passivo, mas procure zombar, por exemplo, da função que este exerce[6].

b) Sujeito passivo

É o titular do direito protegido pelo tipo penal, ou seja, a pessoa que foi atingida pela zombaria (sujeito passivo direto). Há autores para os quais se trata de crime vago (aquele cujo sujeito passivo não possui personalidade jurídica), uma vez que o ofendido seria, imediatamente, a coletividade e, apenas secundariamente, a pessoa achincalhada. Parece-nos que o correto é justamente o inverso. Como bem pondera Paulo José da Costa Jr., seguido por Cezar Bitencourt, "o sujeito passivo é a pessoa de quem se zomba"[7], até porque a norma penal encontra-se intimamente ligada à proteção de uma liberdade *individual* assegurada no Texto Maior, traduzida na inviolabilidade da liberdade de consciência e de crença e na assecuração do livre exercício dos cultos religiosos.

---

5 Nesse sentido: Cezar Roberto Bitencourt, *Código Penal comentado*, p. 790.

6 No Código Penal português, somente podem ser sujeitos ativos pessoas que professem credo diverso do ofendido, de vez que o tipo penal exige que a ofensa se dirija à zombaria de crença ou função religiosa "de outra pessoa". Neste sentido: J. M. Damião da Cunha, op. cit., p. 640.

7 *Comentários ao Código Penal*, p. 695, apud *Código Penal comentado*, p. 789.

3.1.4. Consumação e tentativa

a) Consumação

O crime consuma-se quando o escárnio chega ao conhecimento das pessoas (não importa a quantidade) integrantes da crença atingida.

b) Tentativa

Se cometido por meio verbal, dado seu caráter unissubsistente, não admitirá a tentativa; se outro o meio executivo, caberá a forma tentada.

3.2. Impedimento ou perturbação de cerimônia ou culto

3.2.1. Tipo objetivo

A ação nuclear deste crime consiste em *impedir* ou *perturbar* cerimônia ou a prática de culto religioso. Trata-se do ato conhecido como *turbatio sacrorum*.

Impedir é sinônimo de obstar, evitar que a cerimônia ou o culto iniciem ou prossigam. *Perturbar* é tumultuar, desarranjar, quebrar a regularidade, causar abalo ao andamento normal da cerimônia ou culto. É necessário, em se tratando de perturbação, que seja esta de relevo, de considerável monta, e não um simples e passageiro ato, incapaz de romper com a continuidade serena do evento.

O tipo penal não especifica o meio executivo, razão pela qual pode ser praticado de qualquer forma (crime de forma ou ação livre). Hungria exemplifica: "violências, vias de fato, ameaças, altos brados, vaias, vozes propositadamente dissonantes com as rezas ou cantos religiosos, ruídos de matracas, bater de pés, disparos de tiros, explosões, emissão de gases tóxicos ou fumaça incomodativa, colocação de obstáculos à entrada do templo"[8].

Na jurisprudência, diversos casos concretos podem ser colhidos a título de exemplificação:

a) "Foi abusivo o ato do réu, que (...), desbordou para o escândalo, vociferando em público, de maneira a interromper o ato que se realizava no templo repleto de fiéis. Desrespeitou a garantia constitucional do livre exercício do culto religioso e sua liturgia"[9].

b) "Efetuar disparos de arma de fogo diante da capela em que o sacerdote proferia o sermão da missa, perturbando, deste modo, o culto, configura o delito do art. 208 do CP, que exige apenas o dolo eventual"[10].

---

[8] *Comentários ao Código Penal*, v. VIII, p. 70.

[9] TACrSP, ApCr 534.549-2, rel. Fábio de Araújo.

[10] TACrSP, *RT* 419/293.

c) "Incide na sanção do art. 208 do CP aquele que, embriagado e de *short*, ingressa na igreja no momento da celebração da missa, perturbando a cerimônia com palavrões"[11].

d) "Incide no art. 208 do CP, porque animado por evidente dolo, o agente que, agindo com intuito de perturbar o culto religioso, entre outros artifícios, direciona possantes alto-falantes para o prédio da igreja e liga os aparelhos em altíssimo volume com músicas carnavalescas e, em outras oportunidades, faz uso de estampidos de bombas juninas, tudo para impedir as orações e os cânticos dos fiéis"[12].

Cerimônia é o conjunto de solenidades (atos externos e regulares) que determinada religião contém, que se manifesta por meio de um culto solene, de natureza coletiva. São exemplos a missa católica, a procissão, o batismo, estes para os católicos, o *hanukah*, para os judeus, a saída de santo, no candomblé.

Culto é o exercício do ritual inerente a determinada crença, sem a mesma pompa inerente à cerimônia. Hungria definia-o como "a veneração da divindade ou poderes sobrenaturais, manifestando-se por atos mediante os quais se mantém, entre muitas pessoas, essa relação espiritual com o plano transcendental"[13]. Podem ser lembrados a reza de uma novena efetuada por diversos fiéis reunidos no templo (catolicismo) ou a leitura da cabala por parte do rabino na sinagoga (judaísmo), por exemplo.

Não se deve confundir o culto com a prática religiosa, a qual se verificaria, por exemplo, quando o fiel rezasse uma oração; o fato de impedir ou perturbar, nesses casos, não configura a infração penal (pode haver, conforme o caso, constrangimento ilegal – art. 146 do CP).

É irrelevante, por fim, o local da prática da cerimônia ou do culto; pode este se dar *intra* ou *extra ecclesiae ambitu*, ou seja, dentro ou fora do templo.

3.2.2. Tipo subjetivo

O crime em estudo somente se aperfeiçoa quando o sujeito ativo detém consciência e vontade de concretizar os elementos objetivos do tipo penal. Não há forma culposa. Se uma pessoa, por exemplo, durante a missa católica, acometida de um mal súbito, passa a tossir ininterruptamente, turbando a normalidade do ato e desconcentrando os fiéis, não incorre no delito, justamente pela ausência de dolo em sua atitude. Se o sujeito, porém, começar a tossir e, percebendo a quebra da normalidade da cerimônia que provoca, intencionalmente permanece no local para atrapalhar a cerimônia, pratica o *crimen* sob análise.

Frise-se que a *intentio* do agente deve estar voltada à interrupção ou perturbação do ato, não se reconhecendo o crime, destarte, se outra for a motivação.

---

11 TACrSP, *RT* 491/318.

12 TACrSP, *BMJ* 81/13.

13 Op. cit., v. VIII, p. 71.

Imagine-se, por exemplo, que duas pessoas por motivos totalmente pessoais iniciem uma briga, *ex improviso*, dentro de uma igreja. Não atuam com o dolo inerente ao tipo[14]. Deve-se atentar, contudo, que se os agentes se aperceberem das consequências secundárias de sua disputa corporal e persistirem na contenda, será possível lhes atribuir objetiva e subjetivamente a imputação ao tipo penal em estudo, com base no art. 18, I, parte final, do CP, ou seja, a título de dolo eventual[15].

3.2.3. Sujeitos do crime

a) Sujeito ativo

O impedimento ou perturbação de culto ou cerimônia religiosa é crime comum, já que qualquer pessoa pode ser autor ou partícipe da infração.

b) Sujeito passivo

É a coletividade, titular do valor fundamental protegido na norma incriminadora, qual seja, a liberdade de culto. Trata-se, desta feita, de crime vago (aquele cujo sujeito passivo é um ente sem personalidade jurídica).

3.2.4. Consumação e tentativa

a) Consumação

Na conduta "impedir", a consumação dá-se com o efetivo obstáculo imposto ao culto ou à cerimônia, obstando seu início ou provocando sua interrupção (crime material).

No verbo "perturbar", o *summatum opus* coincide com a turbação do ato por tempo juridicamente relevante, de modo a quebrar-lhe a normalidade, frustrando o momento espiritual que o evento evoca.

b) Tentativa

É admissível o *conatus proximus*, de vez que as ações descritas no dispositivo legal consubstanciam crimes plurissubsistentes, ou seja, o *iter criminis* pode ser fracionado.

3.3. Vilipêndio público de ato ou objeto de culto

3.3.1. Tipo objetivo

O comportamento reitor do terceiro crime descrito no art. 208 do CP se traduz no ato de *vilipendiar*, ou seja, desprezar, tratar de maneira vil, humilhar, menoscabar. O delito é a expressão atual do antigo *sacrilegium*, porém secularizado.

---

[14] Exemplo de Hungria (op. cit., v. VIII, p. 72).

[15] Nesse sentido: "Consuma-se o crime do art. 208 do CP com a perturbação da cerimônia, bastando para integrar o elemento subjetivo da figura o dolo eventual, sendo irrelevante o fim visado pelo agente" (*JTACrSP*, 44/162).

A infração pode ser cometida por qualquer meio executório, seja ele verbal (quando o agente passa a dizer impropérios durante o culto), atos materiais (jogar fezes nos objetos, escarrar, pintar ou alterar-lhes de modo jocoso) ou escritos (colocação de dizeres injuriosos).

O objeto material é o ato ou objeto de culto religioso. O ato de culto religioso é ação praticada pelos responsáveis, como a comunhão efetuada durante a missa católica (são as cerimônias e práticas religiosas). O objeto de culto religioso é aquele elemento perceptível sensorialmente, que adorna a solenidade, dando-lhe algum sentido ou significado, como o altar, a cruz, as imagens de santos ou orixás. Não são objetos de culto o banco que guarnece o templo, o sistema de som contido no local etc. Também não constituirão objeto material da infração quando os objetos de culto ainda não estiverem consagrados ou especificamente inseridos no contexto religioso, como é o caso daqueles itens que ainda se encontram dentro de um estabelecimento empresarial dedicado à sua venda.

O comportamento criminoso somente se perfaz se a ação for realizada publicamente, ou seja, de modo a que a atitude possa ser presenciada por terceiras pessoas (não somente uma, mas várias). É o caso, *v.g.*, do vilipêndio efetuado através de algum meio de comunicação social, como a televisão, o rádio, a internet.

3.3.2. Tipo subjetivo

A infração é exclusivamente dolosa. O art. 18, parágrafo único, do CP determina que, na ausência de previsão legal, os crimes são apenados somente a título de dolo. Requer-se, portanto, consciência e vontade de concretizar os elementos do tipo penal. Aquele que, acidentalmente, derruba objeto de adoração, como a imagem da Virgem Maria, realiza comportamento penalmente atípico, por faltar-lhe o *animus* exigido no tipo.

Há, ainda, elemento subjetivo específico, implícito na noção de vilipêndio, o qual pressupõe, humilhação, menoscabo. Desta feita, é preciso que o sujeito atue movido pela intenção de achincalhar determinada crença religiosa, por meio da conduta dirigida contra o ato ou o objeto do culto.

3.3.3. Sujeitos do crime

a) Sujeito ativo

Qualquer pessoa pode cometer o fato em apreço, inclusive integrantes de outras religiões.

b) Sujeito passivo

É a coletividade, titular do interesse protegido na norma. Classifica-se a infração, portanto, como crime vago, posto que seu sujeito passivo é desprovido de personalidade jurídica.

3.3.4. Consumação e tentativa

a) Consumação

A realização integral típica ocorre com o conhecimento, por terceiros que presenciam a conduta, do vilipêndio praticado.

b) Tentativa

É possível, dado o caráter plurissubsistente da conduta descrita na norma. Não caberá o *conatus*, todavia, se o fato for cometido por meio verbal.

4. CAUSA DE AUMENTO DE PENA

O parágrafo único da disposição prevê causa de aumento de pena em um terço, aplicável às três figuras típicas, traduzida no emprego de violência. A norma não especifica se esta deve ser dirigida contra coisas ou pessoas, motivo pelo qual pensamos que ambas as formas encontram-se abrangidas pela exasperante.

Se a conduta violenta caracterizar, além do escárnio, outra infração penal (como, por exemplo, lesão corporal - art. 129 do CP - ou dano - art. 163 do CP), dar-se-á o cúmulo material obrigatório, já que a lei diz expressamente que o aumento ocorrerá *sem prejuízo da pena correspondente à violência.*

Doutrinadores há que vislumbram em semelhante tratamento um *bis in idem*[16]. Não nos parece, contudo, acertada essa visão. Respondê-mo-la com uma indagação: é possível que a violência não configure crime autônomo e, portanto, não se dê o cúmulo material compulsório apregoado pela norma? A resposta é afirmativa, posto que a violência utilizada pode constituir somente vias de fato. Se assim o é, quando a *vis corporalis* provocar resultado de maior gravidade objetiva ao bem jurídico, como a efetiva lesão corporal, o dano ou o homicídio, encontrar-se-á plenamente justificada a imposição cumulativa das penas. Registre-se, por derradeiro, que não haverá concurso material de crimes (art. 69 do CP, posto que este requer pluralidade de condutas, algo inexistente na hipótese em estudo), mas sim cúmulo material obrigatório.

5. CLASSIFICAÇÃO JURÍDICA

Os crimes descritos no art. 208 do CP são todos *onímodos*, ou seja, de forma ou ação livre, já que admitem qualquer meio executório. São, ainda, *crimes comuns*, de vez que podem ter qualquer pessoa como sujeito ativo. Têm como característica serem *crimes comissivos, unissubjetivos ou de concurso eventual, formais* (já que não requerem a produção do resultado naturalístico; salvo no caso do impedimento ou perturbação

[16] *Vide*, por todos, Rogério Greco, *Curso de direito penal*, p. 443.

a culto ou cerimônia, posto que a consumação, nestes casos, depende da efetiva turbação ou imposição de óbice ao ato), *plurissubsistentes* (exceto quando puderem ser praticados por meio verbal, caso em que serão unissubsistentes) e *instantâneos* (sua consumação não se prorroga no tempo, operando-se instantaneamente).

6. PENA E AÇÃO PENAL

A pena cominada aos três crimes contidos no preceito primário do art. 208 do CP é de detenção, de um mês a um ano, ou multa, aumentadas de um terço quando há emprego de violência (somando-se a esta a pena correspondente ao crime de que resulta a *vis* empregada).

Tendo em conta o patamar punitivo, cuida-se de infração de menor potencial ofensivo, estando sujeita às benesses da Lei n. 9.099/95, como a transação penal (art. 76 da citada Lei).

A ação penal é de iniciativa pública incondicionada, motivo pelo qual incumbe ao Ministério Público, independentemente da autorização de terceiros, mover a respectiva denúncia, quando presentes os requisitos legais, observando-se o procedimento comum sumaríssimo.

Capítulo II

DOS CRIMES CONTRA O RESPEITO AOS MORTOS (ARTS. 209 A 212)

INTRODUÇÃO

Segundo a doutrina tradicional, influenciada pela Exposição de Motivos da Parte Especial do Código Penal, a reverência aos entes falecidos constituiria um reflexo do sentimento religioso e, nessa medida, da liberdade de crença e de culto asseguradas no Texto Maior. Justamente por isso, mencionado respeito seria uma espécie do gênero sentimento religioso[1].

Não nos parece precisa, com a devida vênia, tal concepção. Não se pode dizer que o culto aos mortos (que representa somente uma das manifestações de respeito a estes) pode ter fundamento em determinada crença metafísica e seus dogmas divinos. Ocorre, porém, que a deferência aos falecidos extravasa qualquer credo religioso. O mais ateu dos cidadãos, com efeito, poderá sentir-se profundamente aviltado se a memória de seu ente querido for achincalhada por alguém que profana sua sepultura e subtrai o cadáver ou parte deste – e esse sentimento merece a mesma proteção do Direito Penal, ainda que desvinculado por completo de qualquer religiosidade. Nos dispositivos legais inseridos no Capítulo II do Título V (da Parte Especial), tutela-se esse sentimento presente no coração e na alma dos vivos, que independe de qualquer credo religioso. "O que a lei protege (e neste particular tem ela caráter *constitutivo* e não meramente *sancionatório*) não é a *paz dos mortos* (como se tem pretendido, com abstração do axioma de que os mortos não têm direitos), mas o sentimento de reverência dos vivos para com os mortos"[2].

---

1 *Vide*, por todos, Nelson Hungria, *Comentários ao Código Penal*, v. VIII, p. 78. Segundo esse autor, "conforme assinala a *Exposição de Motivos*, os crimes contra o respeito aos mortos têm parentesco próximo com os crimes contra o sentimento religioso. Costuma-se mesmo falar em 'religião dos túmulos'. Explica-se, portanto, a reunião das duas classes de crimes num mesmo título da Parte Especial do Código, a exemplo, aliás, de quase todos os Códigos estrangeiros".

2 Nelson Hungria, op. cit., v. VIII, p. 79. Para J. M. Damião da Cunha, o bem jurídico tutelado se traduz no "sentimento de piedade para com os mortos" e na "possibilidade de sua livre expressão"

O respeito aos mortos, à sua memória e lembrança traduz um valor histórico-cultural de suficiente magnitude para estar no âmbito dos bens juridicamente tutelados. Representa, pode-se assim dizer, um *jus* decorrente dos direitos humanos, o qual se encontra profundamente arraigado na sociedade brasileira (e em diversas outras), sendo que de sua defesa não pode o ordenamento jurídico-penal olvidar. *A dignidade da pessoa morta, desta feita, pode ser encarada como valor cultural fundamental.*

"A dor decorrente da morte de alguém recai diretamente sobre seus familiares e pessoas próximas, as quais possuem direitos subjetivos de ver realizadas as exéquias do ente falecido e promover o seu sepultamento de maneira harmônica; após a inumação, ostentam os direitos de desejar que a sepultura e os restos mortais daquele que deixou de existir não sejam objeto de atos que possam ser contrários à dignidade da pessoa morta"[3].

Calha à pena lembrar que a Lei n. 9.434/97, relativa à retirada de tecidos, órgãos ou partes do corpo humano para fins de transplante e outros objetivos terapêuticos, preconiza a necessidade de se respeitar a vontade dos familiares quanto à destinação dos restos mortais, incriminando diversos atos daí decorrentes, inclusive o fato de deixar de recompor condignamente o cadáver ou seus restos, para ser entregue aos familiares visando ao seu sepultamento. Reforça este Diploma, portanto, o valor acima traçado, consistente no sentimento de dignidade e respeito à pessoa morta.

ART. 209 – IMPEDIMENTO OU PERTURBAÇÃO DE CERIMÔNIA FUNERÁRIA

1. DISPOSITIVO LEGAL

Impedimento ou perturbação de cerimônia funerária

Art. 209. Impedir ou perturbar enterro ou cerimônia funerária:

Pena – detenção, de 1 (um) mês a 1 (um) ano, ou multa.

Parágrafo único. Se há emprego de violência, a pena é aumentada de um terço, sem prejuízo da correspondente à violência.

2. VALOR PROTEGIDO (OBJETIVIDADE JURÍDICA)

O valor relevante protegido na norma penal incriminadora insculpida no art. 209 do CP é o *respeito aos mortos* ou a dignidade das pessoas que se foram, eternizada no coração e na alma dos vivos.

(*Comentário conimbricense do Código Penal*, p. 651).

[3] Alberto Silva Franco e Tadeu Antônio Dix Silva, *Código Penal e sua interpretação jurisprudencial*, p. 1000.

Busca-se garantir a realização de um *culto* inerente à fé de muitas pessoas, no sentido de se homenagear aqueles que faleceram, ofertando em sua memória enterro ou cerimônia funerária.

Trata-se do reconhecimento jurídico da necessidade de se respeitar uma convicção íntima nutrida por muitos, ainda que desatrelada a alguma religião, que pode se fundar nas mais variadas razões (há quem acredite na vida após a morte, quem entenda que a cerimônia funerária representa simbolicamente um desfecho necessário ao falecido, à sua família e a seus amigos, aliviando a dor da perda etc.).

3. TIPO OBJETIVO

As condutas nucleares são *impedir* e *perturbar*.

Impedir significa obstar a execução ou o prosseguimento do enterro ou a cerimônia funerária, embaraçar-lhes, de modo a que não se iniciem ou prossigam.

Perturbar é tumultuar, desarranjar, quebrar a regularidade, causar abalo ao andamento normal do ato. Nesta modalidade criminosa, requer-se a oposição de um entrave de relevo, ou seja, de razoável monta, e não uma simples e passageira distração, incapaz de romper com a continuidade serena do evento.

O delito é onímodo, isto é, pode ser praticado de qualquer meio executório (crime de forma ou ação livre). Podem ser lembrados, neste diapasão, os seguintes exemplos: "violências, vias de fato, ameaças, altos brados, vaias, vozes propositadamente dissonantes com as rezas (...), ruídos de matracas, bater de pés, disparos de tiros, explosões, emissão de gases tóxicos ou fumaça incomodativa, colocação de obstáculos à entrada do templo (ou cemitério)"[4].

É necessário que a conduta do sujeito ativo dirija-se à interrupção ou perturbação do enterro ou de cerimônia funerária.

Cerimônia funerária é o gênero, do qual o enterro corresponde a uma de suas espécies. Aquela significa a solenidade prestada em homenagem à pessoa falecida, são as pompas fúnebres, que podem se traduzir no sepultamento (colocação em sepultura), seguido ou não da inumação do cadáver, a cremação[5], o velório etc. O enterro é a inumação, ou seja, a colocação do corpo inerte debaixo da terra.

Pode-se figurar, como exemplo, a entrada abrupta de uma ex-amante do falecido, que irrompe no cemitério onde se realiza a inumação, perturbando o ato com provocações aos familiares e amigos do morto.

---

[4] Nelson Hungria, *Comentários ao Código Penal*, v. VIII, p. 70.

[5] A cremação se dará sempre que o falecido assim o houver expressado ou quando tal se fizer necessário por condições sanitárias. É o que decorre do art. 77, § 2º, da LRP ("A cremação de cadáver somente será feita daquele que houver manifestado a vontade de ser incinerado ou no interesse da saúde pública e se o atestado de óbito houver sido firmado por 2 (dois) médicos ou por 1 (um) médico legista e, no caso de morte violenta, depois de autorizada pela autoridade judiciária").

A cerimônia funerária a que se refere o dispositivo legal é a de natureza secular, também chamada de civil, e não a religiosa (por exemplo, encomendação, missa de corpo presente); isto porque, em se tratando de cerimônia com tal natureza, sua interrupção ou perturbação constituirá o crime do art. 208 do CP.

Casos há em que a cerimônia reveste-se de caráter duplo, ou seja, secular e confessional (isto é, civil e religiosa). Imagine-se, por exemplo, um sepultamento realizado em conjunto com preces católicas, com orações fúnebres como a *kaddish* judaica ou *sutras* japoneses. Nesses casos, a interrupção ou perturbação do evento resultará na prática de dois crimes (arts. 208 e 209), em concurso formal ou ideal (CP, art. 70)[6].

4. TIPO SUBJETIVO

O crime somente é punido sob a forma dolosa, daí por que somente se aperfeiçoa quando o sujeito ativo possui a consciência e a vontade de impedir ou perturbar o andamento do enterro ou da cerimônia funerária. Se uma pessoa, durante um sepultamento, é acometida de incontrolável surto de tosse ou espirro, não comete a infração penal, salvo se tomar proveito da situação e permanecer no local de modo a, propositadamente, acabar com a serenidade da cerimônia.

A norma penal não faz qualquer exigência quanto à finalidade específica a que se dirige a conduta, isto é, pouco importa a motivação que impele o sujeito ativo (despeito do morto, desprezo aos familiares etc.)[7].

5. SUJEITOS DO CRIME

5.1. Sujeito ativo

Cuida-se o delito do art. 209 do CP de crime comum, razão pela qual pode ser praticado por qualquer pessoa, sejam elas parentes do falecido ou terceiros.

---

6 É o pensamento de Alberto Silva Franco e Tadeu Antônio Dix Silva, op. cit., p. 1003. De opinião diversa é J. M. Damião da Cunha, destacando, à luz do Código Penal português, que embora o crime equivalente na legislação lusitana (art. 253º) se dê independentemente de considerações religiosas, somente é possível punir o agente por um crime quando a cerimônia fúnebre corresponder a um culto (op. cit., p. 652).

7 Nesse sentido: "Nos crimes contra o respeito aos mortos, não se exige qualquer fim específico, sendo, pois, irrelevante que o fim ulterior deles fosse o lucro" (TJSP, *RJTJSP* 107/467). "Para configuração do delito do art. 209 do CP, basta que o agente tenha a consciência de que perturba, com sua conduta, a cerimônia funerária, ainda que este não seja seu objetivo precípuo. Trata-se, é certo, de delito doloso, mas em que o dolo pode ser eventual. Por outro lado, o sentimento de reverência e piedade para com os mortos é comum à generalidade dos povos. Feri-los é ferir a sociedade. Todo o adulto normal tem consciência disso" (*JTACrSP* 10/120).

5.2. Sujeito passivo

Os sujeitos passivos, titulares do valor tutelado na norma penal, são os familiares e amigos do falecido, ou seja, aqueles que, com a cerimônia, buscam prestar-lhe homenagem. Era o pensamento sufragado por Magalhães Noronha[8], divergente, contudo, da maioria da doutrina, que vê a coletividade como o sujeito passivo primário. Não anuímos com a posição dominante pois que, conforme sustentamos na compreensão do valor protegido, trata-se do sentimento de dignidade da pessoa morta, algo que diz respeito, primordialmente, aos familiares e amigos daquele que partiu e somente num plano secundário à sociedade.

6. CONSUMAÇÃO E TENTATIVA

6.1. Consumação

A infração penal consuma-se com o efetivo óbice à cerimônia, quando o fato se consubstancia no impedimento ou com a interrupção do ato solene, em se tratando de perturbação.

6.2. Tentativa

A forma tentada é admissível, dada a natureza plurissubsistente da infração. Deve-se ponderar que a tentativa de interrupção será de difícil caracterização, posto que o ato consistente a impedir o início ou a continuidade da cerimônia já representa, quando de certa monta, uma turbação da solenidade e, portanto, constitui delito consumado (na modalidade "perturbar").

7. CLASSIFICAÇÃO JURÍDICA

Trata-se de crime de *forma ou ação livre* (admite qualquer meio executório e, por isso, chama-se crime onímodo), *comum* (qualquer pessoa pode figurar como sujeito ativo), *monossubjetivo ou de concurso eventual* (pode ser praticado por uma pessoa ou por várias), *plurissubsistente* (seu *iter criminis* comporta cisão em dois ou mais atos executivos), *material* (depende do resultado naturalístico para efeito de consumação), *instantâneo* (na modalidade "interromper") ou *permanente* (na conduta "perturbar", prolongando-se a fase consumativa enquanto o embaraço persistir).

8. CAUSA DE AUMENTO DE PENA

O parágrafo único do art. 209 do CP contém causa de aumento de pena em um terço, consistente no emprego de violência. Como não há detalhamento no

[8] *Código Penal brasileiro comentado*, v. 7, p. 55-56, apud Alberto Silva Franco e Tadeu Antônio Dix Silva, op. cit., p. 1002.

dispositivo legal, cremos estarem abrangidas tanto a *vis corporalis* quanto a *vis in rebus*, ou seja, a violência contra a pessoa e contra a coisa.

O Código determina, ainda, que devem ser aplicadas cumulativamente as penas do art. 209 e aquelas correspondentes à violência, como, por exemplo, eventual crime de homicídio (art. 121 do CP), lesão corporal (art. 129 do CP) ou dano (art. 163 do CP).

9. PENA E AÇÃO PENAL

A pena é de detenção, de um mês a um ano, ou multa. O delito constitui infração de menor potencial ofensivo, ficando sob a égide das regras previstas na Lei n. 9.099/95 e ao rito sumaríssimo nela definido.

A ação penal é de iniciativa pública incondicionada.

ART. 210 – VIOLAÇÃO DE SEPULTURA

1. DISPOSITIVO LEGAL

Violação de sepultura

Art. 210. Violar ou profanar sepultura ou urna funerária:

Pena – reclusão, de 1 (um) a 3 (três) anos, e multa.

2. VALOR PROTEGIDO (OBJETIVIDADE JURÍDICA)

A violação de sepultura corresponde ao crime de *violatio sepulchri* do Direito Romano. A proteção irradia sobre o respeito aos mortos que, como já dissemos, constitui o reconhecimento de um interesse dos vivos, que prestam homenagem aos seus entes falecidos. O respeito àqueles que se foram liga-se intimamente com o sentimento religioso e, bem por isso, tem o necessário respaldo constitucional para figurar entre as incriminações de nosso Código Penal.

Conforme dissemos por ocasião da introdução ao presente capítulo, trecho ao qual remetemos o leitor, o respeito aos mortos, à sua memória e lembrança, que permanecem na alma e no coração dos vivos, constitui um valor histórico-cultural de elevada importância e representa uma faceta dos direitos humanos.

3. BREVE HISTÓRICO

Consoante lição de Pedro Franco de Campos, "os povos antigos sempre se preocuparam com a sepultura. Entre os gregos, o destino da alma guardava estreita ligação com a forma de sepultamento e as condolências fornecidas nas sepulturas depois do enterro, pois acreditavam que a alma continuaria a viver mesmo debaixo da terra. Os romanos, por sua vez, consideravam os mortos verdadeiros deuses, funcionando as sepulturas como espécie de templos para essas divindades; por isso a inscrição sacramental *dis manibus*. Contudo, apesar de os romanos as considerarem locais sagrados, sua violação caracterizava infração religiosa. No entanto, não havia qualquer incriminação a respeito na Lei das XII Tábuas. Num primeiro momento figurava como delito privado, mas com a decadência do império romano passou a conduta a integrar o delito entre os de ação pública. Foi com o Digesto que surgiram as primeiras normas criminais a respeito da *sepulchri violatio*, prevendo a seus violadores pena de morte, deportação, bem como trabalhos forçados. O *crimen violati sepulchri* passou ao direito canônico, que incluía os túmulos entre as *res benedictae (res sacrea)*. No direito pátrio a matéria é recente. As Ordenações do Reino e o Código Penal de 1830 não cuidavam de tais crimes. Já o Código de 1890 considerava simples contravenções a inumação irregular (art. 364) e a profanação de cadáver (art. 365), bem como a violação, a conspurcação ou a danificação de sepulturas ou mausoléus (arts. 365 e 366)"[9].

4. TIPO OBJETIVO

A conduta nuclear consiste em violar ou profanar.

Violar significa romper a integridade, devassar arbitrariamente, invadir o sepulcro ou a urna funerária indevidamente.

Profanar quer dizer tratar com irreverência, desconsagrar, conspurcar o objeto.

A norma admite diversos meios executórios. São exemplos: "arrancar a lápide, quebrar os ornamentos, apagar a inscrição, escrever sobre o túmulo palavras obscenas ou injuriosas"[10].

É possível que o ato seja praticado por meio da inserção de escritos caluniosos ofendendo a honra do morto, hipótese em que haverá concurso formal (CP, art. 70) entre a profanação de sepultura e a calúnia contra os mortos (CP, art. 138, § 2º).

A coisa sobre a qual deve recair a conduta do agente é a *sepultura* ou *urna funerária*.

A *sepultura* é, em sentido estrito, a cova, o sepulcro. No dispositivo legal, contudo, a expressão é utilizada de modo lato, abrangendo também tudo o que é imediatamente conexo ao sepulcro, como o túmulo, a lápide, os ornamentos estáveis, as inscrições, a construção acima da cova, estátuas ou bustos feitos em homenagem ao morto etc. Exige-se, porém, que contenha o corpo do falecido ou seus restos mortais, posto que, estando vazia ou tratando-se de monumento simbólico à memória do morto, sua conspurcação não ofenderá o valor protegido na disposição legal.

---

9 *Direito penal aplicado*, p. 277.

10 Hungria, op. cit., v. VIII, p. 81.

Como bem lembrava Hungria, o legislador não fez distinção entre a vala comum e o mausoléu: "A sepultura do pária desconhecido merece tanto respeito quanto a do herói celebrado"[11].

A *urna funerária* é o receptáculo voltado à inserção dos restos mórbidos e compreende aquela onde são guardadas as cinzas (urna cinerária) ou os ossos (urna ossuária).

4.1. Excludentes de ilicitude

A criminalização da conduta requer, além da correspondência do fato à norma penal (tipicidade formal) e da ofensa ao valor protegido (tipicidade material), que o ato não se encontre acobertado por alguma excludente de ilicitude. O Código Penal trata delas no art. 23, enumerando as seguintes: estado de necessidade, legítima defesa, exercício regular de um direito e o estrito cumprimento de um dever legal.

Tendo em conta tais causas de justificação, pode-se pensar em algumas situações que, apesar de se amoldarem ao tipo, não terão caráter criminoso. É o que se daria, *v.g.*, se alguém violasse sepultura depois de verificar que o indivíduo enterrado está vivo. Seu pretenso salvador agiria em legítima defesa de terceiro.

O Código de Processo Penal autoriza a exumação de cadáver quando necessário à prova do crime (art. 163). A autoridade policial que efetuá-la encontrar-se-á no estrito cumprimento de um dever legal.

Pode-se pensar, finalmente, no ato de remoção do caixão e seu conteúdo de um local a outro, com autorização dos familiares, hipótese em que haverá exercício regular de um direito. Do ponto de vista da teoria da imputação objetiva, que adotamos, o consentimento dos ofendidos excluirá a imputação ao tipo objetivo e o comportamento será penalmente atípico.

5. TIPO SUBJETIVO

O crime é exclusivamente doloso, dado que não há qualquer referência na lei penal acerca da punição da forma culposa (CP, art. 18, parágrafo único)[12]. Requer-se, desta feita, a vontade e a consciência de concretizar os elementos objetivos do tipo penal, violando ou profanando a sepultura ou urna funerária. Exige-se, ademais, elemento subjetivo específico, consistente na intenção de aviltar a imagem ou memória do falecido. Sem este, pode haver outro crime, como o dano (CP, art. 163) ou o furto (CP, art. 155).

---

[11] Op. et loc. cit.

[12] Não custa lembrar que a culpa não constitui elemento subjetivo, mas normativo.

6. SUJEITOS DO CRIME

6.1. Sujeito ativo

Qualquer pessoa pode figurar como sujeito ativo da infração penal (crime comum).

6.2. Sujeito passivo

São sujeitos passivos, em caráter primário, os familiares do morto ou seus amigos, enfim, aqueles que nutrem o sentimento de reverência pela pessoa que se foi e, secundariamente, a coletividade. Não estamos de acordo com a corrente dominante na doutrina, que vê crime vago na infração em estudo, de vez que colocam a coletividade em primeiro plano e os familiares do falecido, após.

7. CONSUMAÇÃO E TENTATIVA

7.1. Consumação

Cuida-se de crime material, posto que seu *summatum opus* dá-se com a efetiva violação ou profanação da sepultura ou urna funerária[13].

7.2. Tentativa

O *iter criminis* admite cisão, ou seja, os atos materiais tendentes à violação ou profanação da sepultura podem ser divididos de modo a admitir a forma imperfeita da infração penal. Uma pessoa pode, por exemplo, ser surpreendida pelo zelador do cemitério prestes a conspurcar a lápide de um túmulo, não consumando por isso seu intento.

8. CONCURSO DE CRIMES

A violação de sepultura pode ser praticada como meio executório de outro crime, quando o agente, *v.g.*, busca subtrair para si ou para outrem parte do cadáver, próteses dentárias ou placas de bronze que normalmente ornamentam sepulcros. Discute-se, em tal situação, qual a infração penal a ser imputada ao sujeito.

Hungria sustentava haver concurso material de crimes[14]. Os Tribunais de Justiça de São Paulo e de Minas Gerais já entenderam pela subsistência do crime do art. 210 do CP, não respondendo o autor pelo furto, ainda que sua intenção fosse a subtração da

---

[13] "Consuma-se o delito do art. 210 do CP com qualquer ato de vandalismo sobre a sepultura ou de alteração chocante, de aviltamento, de grosseira irreverência" (TJSP, *RT* 476/339).

[14] Op. cit., v. VIII, p. 82.

coroa dentária do cadáver[15]. Ousamos divergir. A solução para a presente *quaestio* deve ser pautada pela análise da finalidade a que se dirige a conduta, ou seja, pelo elemento subjetivo do injusto. Quando alguma pessoa viola o local em que se encontram os restos mortais de alguém, visando ao apoderamento destes, atua *animus rem sibi habendi* e, portanto, não deve responder pelo crime do art. 210, mas por subtração de cadáver (art. 211) ou furto (art. 155), conforme a natureza do objeto material (por exemplo, se a *res* for o cadáver ou parte deste, dar-se-á o crime do art. 211; se for algo que ornamenta a sepultura, como uma placa de bronze, ou restos mortais que não mais guardem conexão simbólica com a pessoa falecida, haverá furto).

Registre-se a posição de Guilherme Nucci, para quem, na hipótese de ocorrer a violação com finalidade de furtar, a tipificação dependerá do resultado material, ou seja, se houve violação, mas não se consumou a subtração, responde o agente pelo crime do art. 210; se ocorreu a violação e o furto consumou-se, subsiste apenas o crime patrimonial[16].

9. CONTRAVENÇÃO PENAL

O ato de inumar ou exumar cadáver, com infração das disposições legais, caracteriza contravenção penal, punida com prisão simples, de um mês a um ano, ou multa (art. 67 da LCP).

10. CLASSIFICAÇÃO JURÍDICA

O delito *sub examen* pode ser definido como crime de *forma livre ou onímodo* (comporta qualquer meio executório), *comum* (não se exige qualquer condição especial do sujeito ativo), *monossubjetivo ou de concurso eventual* (pode ser praticado por uma pessoa ou por várias, em unidade de desígnios), *plurissubsistente* (seu *iter criminis* permite fracionamento em dois ou mais atos executivos), *material* (depende do resultado naturalístico para efeito de consumação) e *instantâneo*.

11. PENA E AÇÃO PENAL

A pena cominada à infração é de reclusão, de um a três anos, e multa. Sob o ponto de vista processual, caberá, em tese, a suspensão condicional do processo (art. 89 da Lei n. 9.099/95).

[15] TJSP, *RT* 608/305; TJMG, que manteve a decisão do juiz de primeiro grau: "após a subtração, os réus teriam vendido o material para ciganos. Mediante tal narrativa, atribuiu o i. RMP aos acusados prática de infrações penais descritas nos artigos 155, § 4º, incisos I, II, e IV, e 210, c.c. o art. 70, todos do Código Penal. Encerrada a instrução, foram os réus condenados nos termos já relatados, entendendo o d. Magistrado que a conduta caracterizaria tão somente a infração penal descrita no art. 210, do Código Penal" (AP 0099799-05.2006.8.13.0281, rel. Des. Correa Camargo, 4ª CCr, j. 2014).

[16] *Código Penal comentado*, p. 869.

A ação penal, tanto quanto nos demais delitos contidos no presente Título do Código Penal, é pública incondicionada. O procedimento a ser adotado será o comum sumário (CPP, arts. 395 a 399 e 531 a 536).

ART. 211 – DESTRUIÇÃO, SUBTRAÇÃO OU OCULTAÇÃO DE CADÁVER

1. DISPOSITIVO LEGAL

Destruição, subtração ou ocultação de cadáver

Art. 211. Destruir, subtrair ou ocultar cadáver ou parte dele:

Pena – reclusão, de 1 (um) a 3 (três) anos, e multa.

2. VALOR PROTEGIDO (OBJETIVIDADE JURÍDICA)

O interesse tutelado primacialmente pela norma penal é o respeito aos mortos, traduzido, consoante se analisou no início do presente capítulo, na dignidade da pessoa morta, preservada na alma dos vivos, verdadeiros titulares do valor protegido.

3. TIPO OBJETIVO

A conduta típica descrita no art. 211 consubstancia-se em três diferentes ações nucleares: *destruir, subtrair ou ocultar*. Os verbos encontram-se dispostos alternativamente, de modo que basta o cometimento de um deles para ter por concretizada a infração (*tipo misto alternativo*). A incursão em mais de uma das condutas nucleares, quando efetuada no mesmo contexto fático e sobre idêntico objeto material, configurará crime único pelo princípio da alternatividade.

Os objetos materiais são o *cadáver ou parte dele.*

Com relação ao primeiro comportamento típico – *destruir* –, entende-se este como o ato de deteriorar, aniquilar, destroçar. Nesta senda, a norma em estudo apresenta-se em relação de especialidade em face do art. 163 do CP (crime de dano). Destrói um cadáver ou parte dele quem, por seu modo de agir, torna os objetos materiais irreconhecíveis; por exemplo, retirar o cadáver do sepulcro e atear-lhe fogo.

A conduta subtrair denota cuidar-se o art. 211, ademais, de *lex speciallis* em comparação com o art. 155 do CP (furto). Interessante notar que o fator distintivo fundamental calca-se no objeto material. No crime contra o patrimônio, o agente tem seu proceder dirigido para a tomada de coisa alheia móvel (em sentido amplo) e, no delito em estudo, para o cadáver ou parte dele. Outra diferença reside no elemento subjetivo do injusto, pois somente no *furtum* exige o Código o *animus rem sibi habendi*, baseado na elementar "para si ou para outrem", dado típico ausente no art. 211.

Não se pode imaginar, portanto, o "furto de uso", conforme se estudou nos itens 3 e 4 ao art. 155 desta obra, porque a conduta do agente, que toma para si ou para terceiro algo sem a intenção de se apoderar definitivamente, não realiza integralmente a norma penal. No que pertine à subtração de cadáver, porém, pouco importa a finalidade especial animadora do comportamento do agente. Tenha ele tido intenção de assenhoreamento definitivo ou não, restituindo posteriormente as partes do corpo subtraídas no mesmo *status quo ante*, a infração terá se aperfeiçoado (até porque não se protege o patrimônio, mas o respeito aos mortos).

O terceiro verbo nuclear é a ocultação, ou seja, o ato de esconder o objeto material, retirando-o de seu local de origem e dificultando seu encontro. A ocultação não se confunde com a simples remoção. Assim, por exemplo, se uma pessoa vê um corpo sem vida no meio da via pública e o retira do local, colocando-o no passeio público, para permitir o escoamento do tráfego de veículos automotores, não comete o delito. O ato de ocultar um cadáver ou suas partes, de regra, é praticado após algum crime de morte, visando a impedir que seu responsável seja identificado e punido[17]. Nesses casos, ademais, dar-se-á entre as infrações penais o vínculo da conexão objetiva consequencial, justificando a reunião de processos para julgamento conjunto (CPP, art. 76, II).

Cadáver é o corpo sem vida de um ser humano, enquanto represente a pessoa que se foi, isto é, antes de sua total decomposição, quando ainda subsista a conexão simbólica entre os despojos e o falecido. O esqueleto não é considerado cadáver, à luz do art. 211 do CP, devido a faltar-lhe o aspecto fundamental de representação de um corpo.

O natimorto e o feto, quando já suficientemente formado e apto para a expulsão, ainda que prematura (normalmente quando a gestação atinge cento e oitenta dias), são considerados cadáveres.

Partes do cadáver são aspectos inerentes à manifestação corpórea da pessoa, sejam estas naturalmente vinculadas ao corpo ou a estes artificialmente conectadas,

---

[17] *Vide*, a título de exemplo: "Retirar o cadáver do local onde deveria permanecer e conduzi-lo para outro em que não será normalmente reconhecido caracteriza, em tese, crime de ocultação de cadáver. A conduta visou evitar que o homicídio fosse descoberto e, de forma manifesta, destruir a prova do delito" (STF, HC 76.678-8, rel. Marco Aurélio, *DJU* de 8-9-2000, p. 5). "O réu, depois do atropelamento, livrou-se dos passageiros e, colocando o ofendido dentro do veículo, rumou em busca de socorro. No trajeto, porém, percebendo que a vítima morrera, ao invés de dirigir-se a um posto policial e esclarecer a situação, tentou evitar que os fatos fossem descobertos, abandonando o cadáver em local distante dos acontecimentos iniciais, em meio a um terreno baldio situado em rua sem movimento. Teve em conta, portanto, destruir a prova do atropelamento fazendo imaginar que a morte teria outra causa ou que fora produzida por outrem. Fez, assim, desaparecer o cadáver, circunstância que, na lição de Hungria, corresponde ao núcleo do tipo consignado no art. 211 do CP (*Comentários*, 8/83, 3ª)" (TJSP, *RJTJSP* 53/333).

mas que somente se possam dele retirar mediante emprego de violência ou com prejuízo de sua integridade, como próteses[18].

Se os restos mortais encontram-se empenhados para alguma finalidade, como estudos científicos ou artísticos[19], passa a ter natureza econômica e, portanto, sua destruição ou subtração configurará necessariamente delito contra o patrimônio.

A múmia também não está compreendida na esfera de proteção do art. 211, de vez que se trata de bem de valor histórico ou arqueológico. Sua destruição, subtração ou ocultação caracterizará delito específico (dano, furto etc.)

Quando o corpo já se encontra em total decomposição, não mais se identificando nos restos mortais a pessoa falecida, ou mesmo no caso de cinzas do morto, não se poderá identificar o crime do art. 211. A conduta poderá, todavia, configurar violação de sepultura ou urna funerária (art. 210) ou, em se tratando de subtração, crime de furto (art. 155).

4. TIPO SUBJETIVO

A destruição, subtração ou ocultação de cadáver ou parte dele é crime doloso, o qual requer, como de ordinário, a consciência e a vontade de realizar os elementos descritivos do tipo penal. Não há qualquer elemento subjetivo específico, motivo pelo qual pouco importa o plano que o agente pretendia concretizar (vingança, obtenção de proveito econômico, impunidade por delitos anteriormente cometido etc.). A presença de alguma finalidade específica poderá, no entanto, ter relevância como circunstância do tipo. O médico que oculta o cadáver do feto maduro cuja vida ceifou dolosamente, age para garantir a ocultação ou impunidade do aborto praticado e, portanto, deverá sofrer a incidência da agravante genérica prevista no art. 61, II, *b*, do CP[20].

5. SUJEITOS DO CRIME

5.1. Sujeito ativo

A lei penal não exige qualquer qualidade ou condição especial do sujeito ativo, motivo por que estamos diante de um *crime comum*. Até mesmo os familiares do

[18] J. M. Damião da Cunha, op. cit., p. 654-655.

[19] No tocante à finalidade artística, cita-se a título de curiosidade a exposição "Corpo Humano – real e fascinante", que correu o mundo exibindo diversos cadáveres e suas partes, destacando a anatomia humana. Sua produção foi realizada sob a direção de um médico norte-americano e consistia na exibição de dezesseis corpos e duzentos e vinte e cinco órgãos humanos, revelando o funcionamento de seus diversos sistemas.

[20] "Art. 61. São circunstâncias que sempre agravam a pena, quando não constituem ou qualificam o crime: (...) II – ter o agente cometido o crime: (...) *b*) para facilitar ou assegurar a execução, a ocultação, a impunidade ou vantagem de outro crime."

falecido podem figurar como sujeitos ativos. É recorrente na doutrina o exemplo da mãe que, depois de cometer o infanticídio, oculta o cadáver de seu próprio filho para resguardar-se de punição pelo ato praticado.

5.2. Sujeito passivo

O sujeito passivo primário é a família do morto e também seus amigos, titulares do valor penalmente protegido. São estas as pessoas que perenizam a memória do ente querido que se foi e, por tal razão, os detentores do direito ao respeito à dignidade da pessoa morta. Em segundo plano, figura como vítima a sociedade.

6. CONSUMAÇÃO E TENTATIVA

6.1. Consumação

A realização integral e perfeita do tipo penal dá-se com a efetiva destruição, subtração ou ocultação dos objetos materiais. O crime é material ou de resultado, porque não prescinde, para efeito de consumação, da produção do resultado naturalístico.

6.2. Tentativa

É perfeitamente possível cogitar-se da tentativa, porquanto as condutas típicas podem ser cindidas (crime plurissubsistente).

7. CLASSIFICAÇÃO JURÍDICA

Trata-se de crime *doloso*, de *ação múltipla ou conteúdo variado* (de vez que a norma penal contém diversos verbos nucleares, alternativamente capazes de caracterizar o crime), *comum* (qualquer pessoa pode figurar como sujeito ativo), *monossubjetivo ou de concurso eventual* (pode ser cometido por uma só pessoa ou várias, em concurso), *plurissubsistente* (o comportamento criminoso pode ser cindido em mais de um ato), *instantâneo* (salvo na modalidade "ocultar"[21], em que a fase consumativa se prolonga no tempo) e *material* (sua consumação requer a produção do resultado naturalístico).

[21] "Trata-se de crime permanente que subsiste até o instante em que o cadáver é descoberto, pois ocultar é *esconder*, e não simplesmente *remover*, sendo irrelevante o *tempo* em que o cadáver esteve escondido. Crime consumado, que pode ser apenado em concurso com o de homicídio" (STF, HC 76.678-8, rel. Maurício Corrêa, *DJU* de 8-9-2000, p. 5). No mesmo sentido, STJ, HC 390.045/MT, rel. Min. Reynaldo Soares da Fonseca, 5ª T., j. 5-10-2017.

8. PENA E AÇÃO PENAL

A pena é de reclusão, de um a três anos, e multa, se o fato se processa mediante ação penal de iniciativa pública incondicionada. O rito processual adequado será o comum sumário (CPP, arts. 395 a 399 e 531 a 536).

O piso punitivo autoriza a suspensão condicional do processo, desde que presentes os demais requisitos previstos no art. 89 da Lei n. 9.099/95. Lembre-se, porém, que na hipótese de haver concurso de crimes (por exemplo, homicídio seguido de ocultação de cadáver), a pluralidade de infrações penais impedirá a medida despenalizadora mencionada, consoante entendimento jurisprudencial pacífico (Súmulas 243 do STJ[22] e 723 do STF[23]).

ART. 212 – VILIPÊNDIO A CADÁVER

1. DISPOSITIVO LEGAL

Vilipêndio a cadáver

Art. 212. Vilipendiar cadáver ou suas cinzas:

Pena – detenção, de 1 (um) a 3 (três) anos, e multa.

2. VALOR PROTEGIDO (OBJETIVIDADE JURÍDICA)

O valor protegido no tipo penal é, uma vez mais, o respeito aos mortos, traduzido, em conformidade com o exposto na introdução a este capítulo, na dignidade da pessoa morta, preservada na alma dos vivos, verdadeiros titulares do valor protegido.

3. TIPO OBJETIVO

Vilipendiar significa tratar de maneira vil, como algo desprezível, conspurcar, ofendendo a memória do falecido. O delito pode ser cometido por qualquer meio: verbal, escrito, gestual etc. (*v.g.*, proferir impropérios dirigidos a um cadáver, com o fim de achincalhar sua memória). Em tais situações poderá haver concurso (formal) entre o crime contra o respeito aos mortos e delito contra a honra, no caso de calúnia contra mortos, que é tipificada no art. 138, § 2º, do CP.

[22] "O benefício da suspensão do processo não é aplicável em relação às infrações penais cometidas em concurso material, concurso formal ou continuidade delitiva, quando a pena mínima cominada, seja pelo somatório, seja pela incidência da majorante, ultrapassar o limite de 1 (um) ano."

[23] "Não se admite a suspensão condicional do processo por crime continuado, se a soma da pena mínima da infração mais grave com o aumento mínimo de um sexto for superior a 1 (um) ano."

Constitui exemplo recorrente nos tribunais do crime em estudo a chamada necrofilia, ou atração sexual mórbida por cadáveres, quando se traduz em atos materiais de satisfação da lascívia do agente[24]. Diante desses casos, aliás, sempre se deverá perquirir a respeito da higidez mental do acusado, muito provavelmente um inimputável penal.

Também produzirão vilipêndio a cadáver a mutilação, a deformação ou atos de brutalidade dirigidos sobre o corpo inerte.

A ação nuclear deve ter seu sentido aferido com vistas ao valor que se busca tutelar – a imagem, a memória, o respeito ao falecido perante seus familiares e amigos. Justamente por isso, não se pode considerar idêntico o alcance do verbo núcleo do tipo utilizado no art. 211 e na terceira figura do art. 208 ("vilipendiar publicamente ato ou objeto de culto religioso"), embora o legislador tenha se valido da mesma expressão linguística. A interpretação jurídica inicia-se com o elemento gramatical, mas se completa com os elementos sistemático, histórico e teleológico. O ato punido no art. 211, ademais, não requer seja realizado publicamente, a demonstrar a diferente conotação que se deve dar ao comportamento delitivo. O vilipêndio a cadáver, de ordinário, é praticado às escondidas, bastando lembrar o exemplo jurisprudencial acima aludido.

O *objeto material é o cadáver ou suas cinzas.*

Por ocasião do estudo do art. 211 do CP, sustentou-se que o cadáver representa o corpo sem vida de um ser humano, enquanto represente a pessoa que se foi, isto é, antes de sua total decomposição. No dispositivo legal em estudo, entretanto, a interpretação deve ser outra porque ao lado do cadáver como objeto material encontram-se as cinzas mortuárias. Daí decorre que os restos mortais já decompostos, no caso do art. 212, devem ser inseridos na noção de cadáver. Se a lei penal abrangeu o menos (cinzas), não poderia excluir o mais (o corpo já decomposto e suas partes, como o caso do esqueleto humano).

Cinzas são os resíduos decorrentes da cremação do cadáver, regular ou irregular, bem como oriundos de vivicombustão.

Pode-se citar como exemplo dessa modalidade criminosa o ato de sobrepor substâncias fétidas às cinzas do falecido ou dispersá-las acintosamente.

---

[24] "VILIPÊNDIO A CADÁVER. NECROFILIA. EMPREGADO, COM ATIVIDADE EM NECROTÉRIO DE HOSPITAL QUE PRATICAVA ATOS LIBIDINOSOS COM DEFUNTOS DO SEXO FEMININO ENQUANTO SE AGUARDAVA A PREPARAÇÃO DE SEUS CORPOS PARA O FUNERAL. LAUDO PSIQUIÁTRICO, SECUNDADO POR ENTREVISTAS PESSOAIS DE PSICÓLOGOS CONSIDERANDO-O ABSOLUTAMENTE INCAPAZ. "Os necrófilos mantêm preservada a capacidade de entendimento do caráter criminoso de seu ato. Porém, devido à sua aberração sexual, sentem uma compulsão para a satisfação de seus instintos desviados, não conseguindo, via de regra, determinar-se de acordo com esse entendimento. Em consequência desta diminuição de autodeterminação e concomitante preservação da capacidade de entendimento, são considerados isentos de pena, mas sujeitos ao cumprimento da medida de segurança prevista no art. 91 do CP (que corresponde ao atual art. 96 do CP)" (*RT* 594/347; parêntese nosso).

4. TIPO SUBJETIVO

Cuida-se, como os demais delitos do Título V, de crime punido exclusivamente na forma dolosa, daí por que é indispensável a consciência e a vontade de concretizar os elementos objetivos do tipo penal. Há um elemento anímico ínsito na compreensão da conduta nuclear, consistente na intenção de aviltar a memória do falecido[25] (pouco importa, todavia, o opróbrio motivador do vilipêndio, ou seja, a razão pela qual a ofensa foi praticada: vingança, fim de obtenção de lucro, satisfação da lascívia...).

5. SUJEITOS DO CRIME

5.1. Sujeito ativo

Trata-se de crime comum, tanto que a norma não menciona nenhuma qualidade ou condição especial do sujeito ativo. É possível, inclusive, que o autor seja algum familiar ou conhecido do morto, caso em que as vítimas serão as demais pessoas que o têm caro na memória.

5.2. Sujeito passivo

Do mesmo modo como sustentamos nos demais delitos tipificados no Capítulo II do Título V, os sujeitos passivos primeiros são a família e os amigos do morto, verdadeiros titulares do valor penalmente protegido. Em caráter secundário, a sociedade. Recorde-se que, para a maioria da doutrina, a sociedade surge *prima facie* como sujeito passivo, sendo esta a razão pela qual muitos têm os crimes do Capítulo II do Título V como vagos (aqueles cujo sujeito passivo é um ente sem personalidade jurídica).

6. CONSUMAÇÃO E TENTATIVA

6.1. Consumação

O *summatum opus* dá-se com a conspurcação do cadáver ou de suas cinzas. O resultado naturalístico configura *conditio sine qua non* para a consumação do delito, daí por que se trata de crime material ou de resultado.

6.2. Tentativa

É possível cogitar-se da forma tentava, pois o *iter criminis* é cindível. Imagine, por exemplo, o sujeito que, pretendendo dar vazão à sua mórbida concupiscência,

[25] "Para a configuração do delito de vilipêndio de cadáver indispensável é o elemento moral, consistente no desejo consciente de desprezar o corpo sem vida da vítima, com intenção clara de depreciá-la" (*RT* 532/368).

tente retirar as vestes de um cadáver, mas veja frustrada sua meta pela chegada tempestiva de algum familiar do morto.

7. CLASSIFICAÇÃO JURÍDICA

O crime é *doloso*, de *forma ou ação livre* (permite qualquer meio executivo – delito onímodo), *comum* (não se requer qualidade ou condição especial do sujeito ativo), *monossubjetivo ou de concurso eventual* (pode ser cometido por uma pessoa, agindo sozinha, ou várias, com unidade de desígnios), *material ou de resultado* (já que somente se consuma com a produção do resultado naturalístico), *instantâneo* (de regra) e *plurissubsistente* (porquanto o *iter criminis* admite fracionamento).

8. LEI DE TRANSPLANTE DE ÓRGÃOS

O crime de vilipêndio a cadáver não se confunde com o do art. 19 da Lei n. 9.434/97, que regula o transplante de tecidos, órgãos humanos ou partes do corpo. O crime especial, de natureza omissiva própria, dá-se quando o agente deixar de recompor cadáver, devolvendo-lhe aspecto condigno, para sepultamento, ou deixar de entregar ou retardar sua entrega aos familiares ou interessados.

9. CONCURSO DE CRIMES

9.1. Crimes contra a honra (CP, arts. 138 a 140)

O vilipêndio a cadáver pode ser cometido por meio verbal ou escrito, mediante, por exemplo, a propalação de palavras ofensivas dirigidas ao morto. Em tais situações, poderá ocorrer o concurso formal ou ideal[26] entre o crime contra o respeito aos mortos e a calúnia, cuja punição se baseia no art. 138, § 2º, do CP.

É possível, ademais, que o vilipêndio também possa representar difamação ou injúria. Se assim for, haverá delito único, de vez que nossa lei penal não pune a difamação ou a injúria contra os mortos, salvo se reflexamente se pretender macular a honra de algum vivo. Tome-se este exemplo: "Fulano, que agora jaz, sempre foi um imoral, pois nunca respeitou seu leito conjugal, onde fornicava com sua vizinha Beltrana" – trata-se de injúria que reflexamente fere a honra da vizinha. Há, em tal caso, vilipêndio a cadáver e injúria (CP, art. 140). Os sujeitos passivos são, respectivamente, a família e os amigos do *de cujus* e a vizinha acusada de adultério.

---

[26] O concurso formal ou ideal, previsto no art. 70 do CP, dá-se quando o sujeito, mediante uma só ação ou omissão, pratica dois ou mais crimes, idênticos ou não. O juiz deverá aplicar a ele a pena de um dos delitos, se diversas, a maior, elevada de um sexto até a metade, salvo se ficar demonstrado que os crimes eram dolosos e foram resultantes de desígnios autônomos, caso em que as sanções deverão ser somadas.

9.2. Perturbação ou interrupção de enterro ou cerimônia funerária (CP, art. 209)

O vilipêndio a cadáver pode ser praticado às ocultas ou publicamente, em qualquer local, inclusive durante o enterro do falecido ou cerimônia funerária efetuada em sua homenagem. Dar-se-á, nesse caso, concurso de crimes. Se o próprio vilipêndio representar o ato gerador da turbação da cerimônia, surgirá o concurso formal ou ideal[27]; por exemplo, uma pessoa revoltosa interrompe o velório e passa a dirigir graves insultos ao falecido, quebrando com a normalidade da cerimônia que tomava lugar. É possível, contudo, que haja duas condutas destacadas, situação em que o concurso será material ou real[28], *v.g.*, Fulano efetua um disparo, interrompendo o sepultamento do falecido e, em seguida, atira lixo sobre o caixão.

9.3. Violação de sepultura (art. 210)

É possível que o sujeito, visando a cometer o ato de vilipêndio, rompa com a integridade do sepulcro onde se encontra o cadáver (ainda não decomposto) ou da urna mortuária onde estão suas cinzas. Ter-se-á concurso material de infrações (art. 69 do CP[29]).

9.4. Destruição, subtração ou ocultação de cadáver (art. 211)

Cabe admitir, ainda, o *concursus delictorum* entre as infrações dos arts. 211 e 212. Suponha-se o caso em que alguém pratica necrofilia e, em seguida, ateia fogo no cadáver para eliminar os vestígios de sua mórbida ação. Como se trata de duas ações diversas, aplicar-se-á o art. 69 do CP (concurso material[30]).

O Tribunal de Justiça de São Paulo já entendeu que o crime de vilipêndio pode ser absorvido pela ocultação de cadáver quando o agente, desde o início, tenha como *meta optata* esconder o corpo e, para isso, tenha que conspurcá-lo por meio do desmembramento[31].

---

27 *Vide* nota acima.

28 O concurso material ou real, definido no art. 69 do CP, ocorre sempre que o agente, fora das situações de continuidade delitiva (CP, art. 71), pratica dois ou mais crimes (idênticos ou não) mediante duas ou mais ações ou omissões. As penas, nesse caso, serão somadas.

29 *Vide* nota acima.

30 *Vide* nota n. 26.

31 "Absorção pelo crime de ocultação de cadáver. Admissibilidade. Mutilação do corpo da vítima que teve o propósito inequívoco de tornar mais fácil a remoção e ocultação dos restos da ofendida. Aplicação do princípio da consunção. Por força do princípio da consunção, deve ser absorvido o princípio da figura delitiva prevista no art. 212 do CP por aquele descrito no art. 211 do mesmo Estatuto, se o vilipêndio do cadáver, mediante mutilação do corpo da vítima, teve o propósito inequívoco de tornar mais fácil a remoção e ocultação dos restos da ofendida" (*RT* 835/556).

10. DISSECAÇÕES DE CADÁVER

O ato de dissecar cadáveres para fins acadêmicos, por óbvio, não realiza o tipo penal incriminador do art. 212 do CP. Quando, portanto, o professor de Medicina Legal expõe a seus alunos um corpo sem vida e, tratando-o como objeto de estudo, efetua incisões nos tecidos, retira-lhe órgãos ou membros, não comete crime algum, porque o comportamento não ofende o bem tutelado na norma penal, e, ademais, em face da absoluta ausência de dolo de vilipendiar. O mesmo se dirá se um dos estudantes, atuando jocosamente, tocar alguma parte da anatomia do corpo que jaz. Nesse caso, a atipicidade da conduta se justificará pelo desconhecimento sobre a identidade do falecido, característica que elimina a intenção de vilipendiar sua memória (na improvável hipótese de conhecer o morto, seus familiares ou amigos, haverá o crime).

11. ERRO DE TIPO (CP, ART. 20)

Como se deve enquadrar penalmente o ato de vilipendiar sobre um corpo inerte, acreditando o agente equivocadamente que a pessoa faleceu, quando, na verdade, ainda vive?

Beni Carvalho, mencionada por Hungria[32], sustentava haver erro sobre a pessoa, devendo aplicar-se, portanto, o atual art. 20, § 3º, do CP[33], ou seja, imputar-se-ia ao agente o crime do art. 212 do CP, tratando-se o episódio como erro acidental (incapaz de excluir o dolo).

O próprio Hungria discordava desta solução, aduzindo que teria lugar o art. 17 do CP (equivalente ao atual art. 20, *caput*, do CP), ou seja, erro de tipo essencial. Correta a resposta do saudoso mestre. A falsa percepção da realidade, na hipótese formulada, atinge elementar do crime e, destarte, retira o dolo da conduta. Não há falar-se em vilipêndio a cadáver se o autor da conduta crê, erroneamente, que a pessoa se encontra viva. Falta-lhe o elemento subjetivo do tipo, correspondente à vontade e consciência de realizar a conduta típica (ofensa a um falecido). Cezar Bitencourt, sufragando tese semelhante, exemplifica: "... o agente que, depois de atirar na vítima, ausenta-se do local dos fatos, retornando logo depois e, com o pé, empurra a vítima, supostamente falecida, para conferir se realmente está morta, não pratica o crime de vilipêndio, por faltar o elemento subjetivo especial, que é a vontade consciente dirigida à prática da ação, *com o objetivo de profanar o cadáver*"[34].

---

[32] Op. cit., v. VIII, p. 85.

[33] "O erro quanto à pessoa contra a qual o crime é praticado não isenta de pena. Não se consideram, neste caso, as condições ou qualidades da vítima, senão as da pessoa contra quem o agente queria praticar o crime."

[34] *Código Penal comentado*, p. 800.

12. PENA E AÇÃO PENAL

A pena é de detenção, de um a três anos, e multa e a ação penal é de iniciativa pública incondicionada. O mínimo legal cominado faz com que caiba o *sursis* processual, cujos requisitos encontram-se previstos no art. 89 da Lei n. 9.099/95. Adotar-se-á, em juízo, o procedimento comum sumário (CPP, arts. 395 a 399 e 531 a 536).

TÍTULO VI
DOS CRIMES CONTRA A DIGNIDADE SEXUAL

1. DENOMINAÇÃO DO TÍTULO VI[1]

A Parte Especial do Código Penal, como se sabe, encontra-se dividida em onze títulos, cada um ocupando-se da tutela de um bem jurídico diferente (técnica legislativa empregada na grande maioria das legislações penais).

O Título I compreende os crimes contra a pessoa, o II, contra o patrimônio, o III, contra a propriedade imaterial, e assim, até o último, que tipifica os crimes contra a Administração Pública.

Pisapia ponderava que a objetividade jurídica constitui *elemento interpretativo essencial* e se mostra como o único critério sistemático capaz de permitir uma classificação dos crimes, sem qualquer empirismo[2].

O saudoso Mirabete lembrava, nesse diapasão, que "a adoção do critério que tem base na objetividade jurídica do delito justifica-se diante do conceito material de crime"[3].

Essas notas introdutórias revelam a importância de se compreender e delimitar o exato alcance do valor protegido em cada um dos títulos da Parte Especial; eles é que revelarão a extensão que se pode dar à esfera de proteção de cada norma penal e auxiliarão decisivamente para solucionar eventuais dúvidas interpretativas.

Em sua redação original, o Título VI intitulava-se "Dos Crimes contra os Costumes". Com essa rubrica, o legislador propunha-se à tutela do comportamento médio da sociedade, no que dizia respeito à ética sexual (segundo a moral média dos homens). Cuidava-se de noção impregnada de moralismos e, dado o contorno que possuíam os crimes contidos neste Título, em sua redação original, transmitia a impressão de que se procurava impor às pessoas um padrão mediano no que concerne à sua atividade sexual.

---

1 Boa parte das reflexões contidas neste título foram por nós expostas na obra *Crimes sexuais – comentários à Lei n. 12.015*. São Paulo: Saraiva, 2009.

2 *Introduzione alla parte speciale del diritto penale*, p. 73.

3 *Manual de direito penal*: parte especial, v. 2, p. 5.

Não é de se estranhar, nesse contexto, que autores de nomeada sustentassem a tipicidade penal de determinados comportamentos que, hoje, fariam sorrir a gente nova, como se fora uma blague ou história da Carochinha (parafraseando o grande Nelson Hungria). Esse autor, aliás, fazia veemente defesa, por exemplo, do enquadramento típico da sedução (revogado art. 217 do CP), por meio do qual, nas palavras do penalista, protegia-se a virgindade física da mulher solteira, um "intransigente mandamento dos nossos costumes sociais"[4]. Em outra passagem, sustentava a impunidade do marido que, mediante violência física ou grave ameaça, mantivesse conjunção carnal contra a vontade de sua esposa, dizendo que "a cópula *intra matrimonium* é recíproco dever dos cônjuges", cabendo falar-se, nesses casos, em exercício regular de um direito[5]. Isso sem falar do vetusto conceito de "mulher honesta", que até 2005[6] limitava a amplitude de algumas incriminações à proteção de um grupo determinado de pessoas do sexo feminino, deixando as demais às margens do Direito Penal.

De tempos para cá, já se notava a necessidade de reformar o Título VI do Código Penal. A bem da verdade, desde a promulgação da atual Constituição Federal, que erigiu a dignidade da pessoa humana como fundamento da República Federativa do Brasil, já se fazia mister (no mínimo) uma releitura de suas disposições.

Alberto Silva Franco e Tadeu Silva, a propósito, pontificam que "costumes ou moralidade pública sexual não são bens jurídicos constitucionalmente amparados"[7]. Muñoz Conde, de sua parte, adverte que "qualquer intento de converter a 'moral sexual' como bem jurídico protegido no campo dos delitos sexuais, conduz ao perigo de converter o direito penal nesta matéria em um instrumento ideológico mais próximo da Inquisição de que de um moderno Estado, pluralista e democrático"[8].

É de ver que, em março de 2005, deu-se uma considerável atualização nas disposições inseridas no Título VI, decorrente da Lei n. 11.106, corrigindo-se injustificáveis anacronismos (por exemplo, com a retirada da expressão "mulher honesta", acima mencionada). Muitos problemas, porém, persistiam, dentre os quais se destaca a denominação do Título e, via de consequência, a compreensão do valor constitucional nele protegido.

Era premente o desapego às concepções estritamente éticas, ligadas à moral pública, ou seja, à conformação da sexualidade do indivíduo a um determinado *standard*.

---

4 *Comentários ao Código Penal*, v. VIII, p. 163.

5 Ibidem, p. 126-127.

6 A Lei n. 11.106, de 28-3-2005, reformulou algumas infrações penais do Título VI, revogando crimes como sedução (art. 217) e rapto consensual (art. 220), com relação aos quais se deu verdadeira *abolitio criminis*. A lei citada, além disso, retirou dos arts. 215 e 216 a expressão "mulher honesta", ampliando a proteção penal a outras pessoas.

7 *Código Penal e sua interpretação jurisprudencial*, p. 1.033.

8 *Derecho penal*: parte especial, p. 10, apud Alberto Silva Franco e Tadeu Antônio Dix Silva, *Código Penal e sua interpretação jurisprudencial*, p. 1.033.

Alberto Silva Franco e Tadeu Silva afirmam que, na atualidade, não se pode cogitar de sexualidade "fora do espaço da pessoa humana, não cabendo a delimitação de sua área de significado segundo parâmetros éticos, de moralidade pública ou de bons costumes. A sexualidade está inserida no ser humano e, como tal, comporta definição multifacetada (...)". Daí por que somente merecem a atenção da lei penal "a sexualidade exercida com coerção ou explorada"[9].

É de sublinhar-se que o déficit normativo, isto é, a distância entre a realidade cotidiana e as disposições legais, apresentado pelas normas relativas aos crimes sexuais não é um fenômeno exclusivamente nacional, senão mundial. Diversas foram as legislações penais que, nos últimos tempos, se viram amplamente modificadas no que tange aos delitos dessa natureza.

O Código Penal argentino foi substancialmente alterado, nesse aspecto, pela Lei n. 25.087/99[10]. O Código Penal chileno, que data do século XIX, se viu modificado quanto à matéria pelas Leis n. 19.617/99 e n. 19.927/2004. O Código Penal espanhol data de 1995 e, se comparado com as disposições precedentes acerca do assunto, notar-se-ão importantes "atualizações" (registre-se que houve novas mudanças em 1999)[11]. O mesmo se pode dizer do Código Penal português, reformado em 1995 e em 2007.

---

[9] Op. cit., p. 1.018.

[10] "Em sua versão original", relata Edgardo Alberto Donna, "este título se rubricava *Delitos contra a honestidade*, mas esse rótulo foi modificado pela Lei 25.087, que o denominou *Delitos contra a integridade sexual*. O legislador fundou a mudança sustentando que havia redefinido o bem jurídico protegido, que passa a ser a integridade sexual das pessoas e não um conceito público de honestidade ou de honra dos valores ligados à vítima" (*Delitos contra la integridad sexual*, p. 12).

[11] A legislação espanhola, nesse particular, foi acometida de sucessivas mudanças nos últimos anos, avançando e retrocedendo na matéria, talvez como reflexo da tamanha polêmica em torno da questão sexual. "Curiosamente, alguns ordenamentos têm se revelado ora pendentes a um lado, ora a outro. Nesse caso, a lei espanhola é peculiar. O Código Penal de 1995 descriminalizou a conduta de corrupção de menores, como se conhece no Brasil. Entendeu-a dotada de aspectos subjetivos da diretriz penal atual. Entrementes, a *Ley Orgánica* 11/1999 o reintroduziu naquele ordenamento, afirmando que seria muito importante uma autêntica proteção da integridade e liberdade sexual dos menores. Assim, estabeleceu-se a previsão do crime, no art. 189.3, a quem exponha um menor a comportamentos de natureza sexual que venha a prejudicar o desenvolvimento de sua personalidade. Alterada a previsão através da *Ley Orgánica* 15/2003, ampliou-se, ainda mais, o conceito típico da corrupção, abarcando diversas outras condutas" (Renato de Mello Jorge Silveira, *Bases críticas para a reforma do direito penal sexual*, p. 411-412; tese apresentada para obtenção de livre-docência). O Código Penal português, na mesma linha, recebeu substanciais alterações na disciplina dos crimes sexuais, sendo a mais expressiva modificação promovida em 1995. Até o Código Penal de 1982, tais delitos eram considerados como atentatórios dos fundamentos ético-sociais da vida, fundando-se na tutela dos sentimentos gerais de moralidade sexual, consoante relata Jorge Figueiredo Dias, para quem "a Reforma de 1995 fez dos chamados *crimes sexuais* autênticos (e *exclusivos*) crimes contra as pessoas e contra um valor estritamente individual, o da liberdade de determinação sexual" (*Comentário conimbricense do Código Penal*: parte especial, t. I, p. 441).

No limiar do século XXI, portanto, não poderia o Estatuto Penal pátrio permanecer ligado a conceitos, hoje, tidos como ultrapassados. Mais do que isso, não poderia permanecer divorciado da tutela dos valores consagrados na Carta de 1988.

Com esse espírito, a Lei n. 12.015, de 7-8-2009, em vigor desde o dia 10 do mesmo mês, alterou a denominação do Título VI, que agora passa a chamar-se: "*Dos Crimes contra a Dignidade Sexual*".

A expressão escolhida, em nosso sentir, foi oportuna e se encontra em sintonia com o Texto Maior. Deveras, o Direito Penal não se volta à proteção de regras puramente morais ou éticas, mas notadamente à defesa de bens jurídicos (concepção dominante).

Ao tratar nosso Código de crimes contra a "dignidade sexual"[12], fica claro que se busca garantir a dignidade da pessoa humana (CF, art. 1º, III), a liberdade de escolha de parceiros e da relação sexual, a salvo de exploração, a intangibilidade ou indenidade sexual[13], além do pleno e sadio desenvolvimento da personalidade, no que se refere à sexualidade do indivíduo[14].

Não é outro o escólio de Nucci, que finca a objetividade jurídica, ademais, na intimidade, na vida privada e na honra: "Considerando-se o direito à intimidade, à vida privada e à honra, constitucionalmente assegurados (art. 5º, X, da CF), além do que a atividade sexual é não somente um prazer material, mas uma necessidade fisiológica para muitos, possui pertinência a tutela penal da dignidade sexual. Em outros termos, busca-se proteger a respeitabilidade do ser humano em matéria sexual, garantindo-lhe a liberdade de escolha e opção nesse cenário, sem qualquer forma de exploração, especialmente quando envolver formas de violência. Do mesmo modo, volta-se particular atenção ao desenvolvimento sexual do menor de 18 anos e, com maior zelo ainda, do menor de 14 anos. A dignidade da pessoa humana (art. 1º, III, da CF) envolve, por óbvio, a dignidade sexual"[15].

---

12 Não concordamos com a crítica de Alberto Silva Franco e Tadeu Silva, para quem a denominação escolhida continua impregnada de moralismos. Para eles, não caberia fazer separação entre "atos sexuais dignos" e "indignos" (cf. *Código Penal e sua interpretação jurisprudencial*, p. 1019). Consoante expusemos, o conceito não guarda qualquer conotação moralista, mas se trata de uma faceta do princípio fundamental da *dignidade* da pessoa humana.

13 De acordo com Luis Rodríguez, entende-se por indenidade ou intangibilidade sexual "um estado de bem-estar relacionado com a forma em que cada um assume sua vida sexual, em atenção à sua idade, seu desenvolvimento físico e psíquico, sua orientação sexual, sua escala de valores, sua educação, seu nível de relações sociais e suas experiências vitais anteriores" (*Delitos sexuales*, p. 127, apud Mario Garrido Mont, *Derecho penal*: parte especial, t. III, p. 332).

14 "O exercício da liberdade sexual pressupõe a proteção das condições objetivas que tornam factível sua utilização e, por isso, o âmbito de sua proteção deve estender-se àquelas condições que constituem o processo de gestação, consolidação e definição dessa sexualidade" (Mario Garrido Mont, op. et loc. cit.).

15 *Crimes contra a dignidade sexual*: comentários à Lei n. 12.015, de 7 de agosto de 2009, p. 14.

Outra diretriz de suma importância em matéria de crimes sexuais reside no princípio da *tolerância*. Segundo Renato de Mello Jorge Silveira, referida ideia "há de fomentar, por fim, a amarra última da criação, e não raramente da aplicação, do Direito Penal sexual. Por ele, pode-se afirmar que a liberdade, em sentido amplo, é o critério geral da ciência penal, enquanto suas limitações devem ser a exceção. Com o escopo de não se transformar o Direito Penal em um Direito Penal de exceção, deve sempre ser respeitada a contenção de se fazerem obrigatórias, a todos, as convicções pessoais de alguns"[16].

Toda a exegese que se possa extrair no âmbito do Título VI há de ser permeada pela ideia de que a atividade sexual privada, levada a efeito perante adultos, em seu âmbito individual e mediante consenso validamente obtido, ficará ao largo da incriminação[17].

Conclui-se, enfim, que a denominação e, reflexamente, a nova esfera de compreensão da objetividade jurídica, sem embargo de eventuais críticas que possa sofrer, mostrou-se auspiciosa e, segundo uma leitura constitucional, remove o superado paradigma da sexualidade vista a partir da moral pública[18].

2. OS CAPÍTULOS DO TÍTULO VI

A Lei n. 12.015/2009 deu nova configuração aos capítulos do Título VI.

A correta interpretação do aspecto especialmente protegido em cada um deles auxilia na compreensão da objetividade jurídica particularmente tutelada.

Veja, por exemplo, os Capítulos I e II. Enquanto o primeiro cuida dos delitos contra a liberdade sexual, o segundo refere-se às infrações cometidas contra vítimas vulneráveis.

A base da proteção penal do Capítulo I é a autodeterminação sexual das pessoas.

Incrimina-se, desta feita, o ato sexual realizado sem o indispensável consentimento, seja ele superado mediante violência, grave ameaça (art. 213), fraude (art. 215), ou simplesmente realizando-se ato libidinoso sem a anuência da vítima (art. 215-A) ou constrangendo-a com proposta de vantagem ou favorecimento sexual, mediante prevalecimento de condição de superior hierárquico ou ascendência (art. 216-A).

O Capítulo II, por outro lado, centra seu mecanismo de proteção na exploração de vítimas vulneráveis. Pouco importa, nesses casos, se o ato foi realizado consensualmente. No que toca às práticas sexuais com menores de 14 anos, a questão se radica na salvaguarda dessas pessoas contra o ingresso precoce na vida sexual, a fim de lhe assegurar, neste plano, crescimento equilibrado e sadio.

---

16 Op. cit., p. 203.

17 *Vide* Jorge Figueiredo Dias, *Comentário conimbricense do Código Penal*: parte especial, t. I, p. 442.

18 Renato de Mello Jorge Silveira, em sua tese de livre-docência intitulada *Bases críticas para a reforma do direito penal sexual*, alertava que "a reforma penal sexual há de se dar focando o bem jurídico protegido com implicações que este deve fomentar nos seus tipos particulares" (p. 191).

Além destes, há infrações penais nos Capítulos I-A, V e VI (o Capítulo III foi revogado e os de n. IV e VII contêm regras gerais).

O quinto capítulo abrange o lenocínio e o tráfico de seres humanos para fins de exploração sexual.

Segundo Luiz Regis Prado, o escopo da lei consubstancia-se na defesa da "liberdade sexual das pessoas, inclusive sua integridade e autonomia sexual, como o interesse precípuo de evitar o fomento e a proliferação da prostituição, bem como a corrupção moral que gravita em torno dela"[19].

Adiante-se que um setor considerável da doutrina considera incompatíveis com a Constituição Federal algumas das infrações descritas neste capítulo, notadamente nos crimes dos arts. 227 a 230, em que somente se verificaria a tutela de valores morais, ligados a uma concepção de sociedade patriarcal e machista[20].

No sexto capítulo, por fim, a objetividade jurídica é o pudor público. Percebe-se neste setor, igualmente, forte conotação moralista, havendo severa crítica doutrinária quanto à subsistência do delito descrito no art. 234.

Acompanhe, abaixo, a nova estrutura do Título VI:

DENOMINAÇÃO ANTERIOR	DENOMINAÇÃO ATUAL
Título VI – Dos crimes contra os costumes	Título VI – Dos crimes contra a dignidade sexual
Capítulo I – Dos crimes contra a liberdade sexual	Capítulo I – Dos crimes contra a liberdade sexual
(Capítulo originalmente inexistente)	Capítulo I-A – Da exposição da intimidade sexual
Capítulo II – Da sedução e da corrupção de menores	Capítulo II – Dos crimes sexuais contra vulneráveis
Capítulo III – (Revogado)	Capítulo III – (Revogado)
Capítulo IV – Disposições gerais	Capítulo IV – Disposições gerais
Capítulo V – Do lenocínio e do tráfico de pessoas	Capítulo V – Do lenocínio e do tráfico de pessoas para fim de prostituição ou outra forma de exploração sexual
Capítulo VI – Do ultraje público ao pudor	Capítulo VI – Do ultraje público ao pudor
	Capítulo VII – Disposições gerais

3. AÇÃO PENAL

Originalmente, os delitos previstos nos arts. 213 a 220 do CP (muitos dos quais se encontram atualmente revogados) eram de ação penal privada. Com o advento da

---

19 *Curso de direito penal brasileiro*, v. 3, p. 259.

20 Nesse sentido, Alberto Silva Franco, Tadeu Dix Silva, Guilherme Nucci e Renato de Mello Jorge Silveira.

Lei n. 12.015, de 2009, se tornaram crimes de ação penal de iniciativa pública condicionada à representação, salvo quando a vítima fosse menor de 18 anos ou pessoa vulnerável. A Lei n. 13.718, de 24-9-2018, todavia, passou a determinar que todos os delitos previstos nos Capítulos I e II do Título VI da Parte Especial são de **ação penal pública incondicionada** (art. 225).

As Leis n. 12.015/2009 e 13.718/2018, portanto, alteraram o regime jurídico da ação penal nesses crimes.

Acompanhe no quadro a seguir:

CP, ART. 225 (REDAÇÃO ORIGINAL)	CP, ART. 225 (LEI N. 12.015/2009)	CP, ART. 225 (REDAÇÃO ATUAL – LEI N. 13.718/2018)
Regra: ação penal privada	Regra: ação penal de iniciativa pública condicionada à representação	Regra: ação penal de iniciativa pública incondicionada
Exceção: a) Ação penal de iniciativa pública condicionada à representação quando a vítima é pobre. b) Ação penal de iniciativa pública incondicionada se o ato é praticado com abuso de poder familiar, da condição de padrasto, tutor ou curador.	Exceção: – Ação penal de iniciativa pública incondicionada sempre que a vítima é menor de 18 anos ou pessoa vulnerável (doente ou deficiente mental que não tem discernimento sexual ou que tenha, por qualquer causa, reduzida sua capacidade de resistência).	*Não há exceção.*

3.1. A Súmula 608 do STF

Sob a égide da redação original do Código, o Supremo Tribunal Federal considerava que, "no crime de estupro, praticado mediante violência real, a ação penal é pública incondicionada"[21].

Essa súmula se encontra, atualmente, prejudicada em face da atual determinação do art. 225 do CP, pois o estupro, seja praticado mediante violência ou grave ameaça, se procede por ação penal pública incondicionada. Isso vale, inclusive, para todos os delitos contra a liberdade sexual (arts. 213 ao 216-A), não só para o estupro, bem como se aplica às infrações penais cometidas contra vulnerável (arts. 217-A ao 218-B) e ao art. 218-C do CP.

3.2. Direito intertemporal

Importante frisar, ainda, que o novo regramento contido no art. 225 do CP, quando se mostrar gravoso em relação à sistemática anterior, não terá aplicação retroativa.

---

[21] Súmula 608 do STF, publicada no *DJU* de 31-10-1984.

É de ver que *normas relativas à natureza da ação penal têm caráter misto ou híbrido*; vale dizer, possuem reflexos na órbita do Direito Penal e do Direito Processual; isto porque repercutem não só na titularidade do polo ativo da demanda criminal (aspecto processual), mas também no número de causas extintivas da punibilidade aplicáveis à espécie delitiva (aspecto penal ou material). Nessa ordem de ideias, deve-se acentuar que aos crimes de ação penal privada incide um número maior de causas fulminadoras do direito de punir do Estado (decadência, renúncia, perempção e perdão aceito). A transformação de um delito, que antes se processava mediante queixa e, em decorrência da novel legislação, passa a ser gestado processualmente por denúncia do Ministério Público, reduz a quantidade das causas mencionadas e, por conseguinte, amplia a esfera do *jus puniendi* estatal (e, reflexamente, reduz o *jus libertatis* do agente). Igualmente quando o fato se processava por ação penal pública condicionada, que admite como causas extintivas da punibilidade a decadência e a renúncia, e passa a ser de ação penal pública incondicionada.

A faceta penal das disposições em análise faz com que deva a matéria ser submetida ao princípio constitucional insculpido no art. 5º, XL, o qual proclama a irretroatividade da lei penal gravosa.

Em virtude de tais considerações, conclui-se que a disciplina decorrente da Lei n. 13.718/2018 quanto à ação penal não tem alcance retroativo (do mesmo modo como ocorreu com as alterações efetuadas pela Lei n. 12.015/2009).

Assim, por exemplo, casos de ação penal pública condicionada à representação da vítima anteriores à Lei n. 13.718/2018, em que já houve decadência do direito de representação, não são atingidos pela nova regra. Se o prazo de seis meses não se escoou, cabe perguntar: o crime anterior à nova Lei continua dependendo de representação do ofendido; a vítima (ou seu representante legal) deve ser ouvida sobre a propositura da ação penal? *Para nós, a regra anterior deve subsistir*, operando-se a ultratividade, dado que possui cunho benéfico ao agente (CF, art. 5º, XL). Significa dizer que subsiste a necessidade de existir representação do ofendido, a qual, se não oferecida em seis meses contados do conhecimento da autoria delitiva, conduzirá à extinção da punibilidade.

4. SEGREDO DE JUSTIÇA

O art. 234-B do CP dispõe expressamente que deverá haver segredo de justiça em todos os processos relativos a crimes definidos no Título VI do Código Penal.

Muito embora a lei fale em "processo", o sigilo também se estende à fase inquisitiva, por força do art. 20 do CPP, o qual estabelece essa característica como regra em todos os inquéritos policiais. De nada adianta dar-se publicidade ao fato durante o inquérito e, após o oferecimento de denúncia, impedir sua divulgação.

5. PRESCRIÇÃO NOS CRIMES CONTRA A DIGNIDADE SEXUAL DE CRIANÇAS E ADOLESCENTES

Nos crimes contra a dignidade sexual de crianças e adolescentes, previstos no Código Penal (arts. 213, § 1º, 2ª parte, 217-A, 218, 218-A e 218-B, entre outros) ou em legislação especial (p. ex., art. 240 do ECA), o *termo inicial* da prescrição da pretensão punitiva (antes do trânsito em julgado) é a *data em que a vítima completar 18 (dezoito) anos*, salvo se a esse tempo já houver sido proposta a ação penal.

A exceção fundamenta-se no fato de as vítimas desses crimes, em razão de sua fragilidade psíquica e pelo receio de serem desacreditadas, ocultarem a ocorrência do delito, somente revelando-o em sua fase adulta, o que poderia impedir a punição do culpado, favorecido pela prescrição.

Essa regra, introduzida no CP pela Lei n. 12.650, de 17-5-2012, somente se aplica a crimes cometidos a partir de 18 de maio de 2012, quando entrou em vigor. Trata-se de *novatio legis in pejus*, motivo pelo qual não retroage. Assim, se a infração foi cometida até o dia 17 de maio de 2012, o termo inicial da prescrição, conforme dispõem os incisos I ou II do art. 111 do CP, será a data da consumação do crime ou do último ato executório (quando se cuidar de tentativa); se cometido após, será o dia em que o ofendido completar a maioridade, ou, caso já tenha sido proposta a ação penal, a data de seu ajuizamento.

A nova lei suscita uma interessante questão: qual o termo inicial da prescrição nos crimes contra a dignidade sexual de menores de 18 anos quando a vítima falecer antes de completar a maioridade e antes da propositura da ação penal? A única solução que se afigura razoável, em nosso modo de ver, é considerar que o prazo deve fluir a partir da data do falecimento do ofendido. Explica-se: o inciso V não se aplica à hipótese apontada, porque o sujeito passivo veio a óbito e, por força disso, não completará 18 anos. Não se pode admitir, ainda, em que pesem opiniões respeitáveis nesse sentido, que se apliquem os incisos I ou II (data da consumação ou do último ato executório), pois isso significaria operar contagem retroativa do prazo: se a prescrição não estava correndo até então, não se pode admitir que a morte da vítima faça com que o prazo passe a ser contado a partir de uma data passada. O falecimento do ofendido não pode ressuscitar a contagem do prazo. Além disso, esse raciocínio faria com que o autor do delito fosse beneficiado com a morte do sujeito passivo. Se o crime contra a dignidade sexual estiver sujeito a um prazo prescricional mais exíguo (*v.g.* art. 218-A, que prescreve em oito anos), tendo o fato ocorrido com vítima de pouca idade (p. ex.: seis anos), que morre perto de completar 18 anos, sua morte provocaria imediatamente o reconhecimento da prescrição.

Capítulo I

DOS CRIMES CONTRA A LIBERDADE SEXUAL (ARTS. 213 A 216-A)

1. VALOR PROTEGIDO (OBJETIVIDADE JURÍDICA)

O Capítulo I do Título VI prossegue tendo como objeto jurídico a liberdade sexual, isto é, o poder de autodeterminação das pessoas quanto à sua sexualidade; a livre disposição do próprio corpo no aspecto sexual ou, ainda, a autoconformação da vida e da prática do sexo.

A Lei n. 12.015/2009 revogou os arts. 214 e 216. Não se tratou, todavia, de *abolitio criminis* (isto é, de supressão da incriminação), porquanto os comportamentos definidos anteriormente nestas normas penais foram incorporados ao conceito de outros delitos, como se verá a seguir[1].

Registre-se, enfim, que no presente capítulo remanescem *quatros infrações penais*:

a) *estupro* (art. 213);

b) *violação sexual mediante fraude* (art. 215);

c) *importunação sexual* (art. 215-A);

d) *assédio sexual* (art. 216-A).

ART. 213 – ESTUPRO

1. DISPOSITIVO LEGAL

Estupro

Art. 213. Constranger alguém, mediante violência ou grave ameaça, a ter conjunção carnal ou a praticar ou permitir que com ele se pratique outro ato libidinoso:

Pena – reclusão, de 6 (seis) a 10 (dez) anos.

[1] Nesse sentido: STJ, HC 177.419/SP, rel. Min. Haroldo Rodrigues (Desembargador convocado do TJCE), 6ª T., j. 12-4-2011.

§ 1º Se da conduta resulta lesão corporal de natureza grave ou se a vítima é menor de 18 (dezoito) ou maior de 14 (catorze) anos:

Pena – reclusão, de 8 (oito) a 12 (doze) anos.

§ 2º Se da conduta resulta morte:

Pena – reclusão, de 12 (doze) a 30 (trinta) anos.

2. VALOR PROTEGIDO (OBJETIVIDADE JURÍDICA)

O legislador, por meio da incriminação contida no art. 213 do CP, visa à salvaguarda da dignidade das pessoas, protegendo sua liberdade de autodeterminação em matéria sexual.

O direito às escolhas na seara das relações sexuais constitui aspecto inerente à personalidade humana, devendo o tratamento conferido ao assunto ser pautado pelo princípio da tolerância e do respeito às diferenças e opções pessoais.

"(...) o sistema social, através dos meios que lhe são próprios, deve promover, garantir e permitir que cada pessoa escolha, ou tenha a possibilidade de, em liberdade, vir a escolher, a forma como quer exercer a sua sexualidade, independentemente de optar por esta ou aquela função. Nos tempos que correm, a sexualidade é concebida de uma forma cada vez mais aberta e autêntica, no sentido de a sociedade contemporânea aceitar que, o seu exercício, já não é identificado com depravação, decadência ou dissolução de costumes (...) mas antes corresponde a uma das atividades humanas que dá plena realização à pessoa, que é fonte de prazer e que contribui para o desenvolvimento físico e psíquico de cada um"[2].

O Direito Penal não deve se prestar à tutela de moralismos, razão pela qual não lhe é dado punir alguém por sua orientação ou suas preferências, salvo quando atentarem contra direitos fundamentais de terceiros, como sua liberdade ou sua honra.

3. O ESTUPRO AO LONGO DA HISTÓRIA

O vocábulo *estupro* origina-se do termo latino *stuprum*, que significa desonra, vergonha. Nos primórdios do Direito Romano o vocábulo era utilizado para designar diversas figuras penais, que envolviam desde a prática de atos impudicos praticados por homens ou mulheres sem emprego de violência, passando pelo cometimento de relações sexuais ilícitas, como aquelas ocorridas fora do matrimônio, até a posse sexual alheia obtida *manu militari*. Com a obra dos jurisconsultos, passou-se a diferenciar algumas figuras antes abrangidas na lata expressão. O *stuprum* passou a ser considerado o concurso sexual com viúva honesta, com virgem ou infante, que não mais se confundia com a relação *extra matrimonium*, cunhada de *adulterium*. Havia, ainda,

[2] Maria do Carmo Saraiva de Menezes da Silva Dias, *Crimes sexuais contra adolescentes*, p. 225.

o *stuprum violentum*, ou seja, o cometido contra a vontade da mulher, apenado com morte (assim na *Lex Julia de vi publica*).

Durante a Idade Média, os práticos diferenciavam o *stuprum violentum* e o *stuprum voluntarium*, o qual compreendia o *proprium*, quando resultasse no defloramento (*defloratio*), e *improprium*, caso esse resultado não tivesse lugar[3].

Ao tempo das codificações, foram poucos os textos legais que não trataram do assunto, notando-se, em boa parte daqueles elaborados no século XIX, a influência (atualmente inadmissível, mas aceitável à época) de concepções morais e da tentativa de conformação da sexualidade segundo determinados padrões.

A legislação pátria, desde os primórdios, tipificou o estupro.

Ao tempo das Ordenações Afonsinas já se via a previsão do "estupro voluntário" e "violento". Aquele era descrito no Título VIIII (IX) do Livro V, sob a epígrafe: "Do que dorme com moça virgem, ou viúva por sua vontade". Pretendia-se assim castigar os "pecados muito maus, contra a vontade de Deus". A norma erigia como valores caros a virgindade e a honestidade das viúvas. O fato era "sancionado" com o casamento ou, caso assim não desejasse a vítima, com a concessão de um dote que lhe possibilitasse um casamento "convinhável"[4]. O estupro violento encontrava previsão no Título VI do mesmo Livro, assim intitulado: "Da mulher forçada e como se deve provar a força", apenando-se o comportamento com a pena capital, a qual não era relevada sequer mediante o casamento do agressor com a ofendida. Merece destaque o fato de que somente podiam figurar como sujeito passivo desta figura as mulheres virgens, religiosas, casadas ou viúvas honestas.

Sob a vigência das Ordenações Manuelinas, semelhantes disposições eram notadas, valendo destacar os Títulos XIIII (XIV) e XXIII do seu Livro V, respectivamente: "Do que dorme por força com qualquer mulher, ou trava dela, ou a leva por sua vontade" e "do que dorme com moça virgem, ou viúva honesta por sua vontade, ou entra em casa de outrem para com cada uma delas dormir, ou com escrava branca de guarda. E do que dorme com mulher, que anda no Paço". No que pertine ao estupro violento (Título XIV), mantinha-se a pena capital, mas a definição legal era mais abrangente, posto que alcançava não só as "mulheres honestas", senão também as escravas e as prostitutas.

As Ordenações Filipinas, como já tivemos a oportunidade de frisar em outra passagem desta obra, foram aquelas que tiveram efetiva aplicação em nossas terras, eis que vigoraram do início do século XVII até 1830 (relativamente às disposições de natureza criminal). Vale lembrar que a Lei de 20 de outubro de 1823 determinou que as Ordenações e demais documentos promulgados pelo Reino de Portugal continuariam em inteiro vigor, enquanto não fossem por outros meios revogados.

3 João Mestieri, *Do delito de estupro*, p. 5-7.

4 Maria do Carmo Saraiva de Menezes da Silva Dias, op. cit., p. 19-21.

O Código Filipino, na linha de seus antepassados, previa o estupro voluntário com mulher virgem ou viúva honesta (Título XXIII), cominando o casamento como pena e, na sua falta, o pagamento de quantia arbitrada pelo julgador apta à formação do dote ou, não tendo bens o réu, o degredo (se fidalgo) ou o açoite cumulado com degredo (caso contrário).

O estupro violento era tratado no Título XVIII e sua definição era em quase tudo semelhante àquela das Ordenações Manuelinas, inclusive no tratamento punitivo e na sujeição passiva. O crime era conhecido, à época, com o nome de *rauso, rouço* ou *forçamento*[5].

O Código Criminal do Império (1830) cuidou do estupro no Capítulo II do Título II, referente aos crimes contra a "segurança da honra". O art. 222 encontrava-se assim redigido: "Ter cópula carnal, por meio de violência ou ameaças, com qualquer mulher honesta - penas: de prisão de três a doze anos, e de dotar a ofendida. Se a violentada for prostituta - penas: de prisão por um mês a dois anos". As relações sexuais voluntárias entre homem e mulher somente eram lícitas se esta houvesse completado 17 anos; antes disso, a conjunção carnal sem violência com tais pessoas configurava delito (arts. 219 e 224).

O Código Penal de 1890 previu a figura em estudo no Título VIII (Da corrupção de menores, dos crimes contra a segurança da honra e honestidade das famílias e do ultraje público ao pudor), Capítulo I (Da violência carnal). De acordo com o art. 268, "*estuprar mulher virgem ou não, mas honesta*", era fato grave, apenado com prisão celular de um a seis anos; se a ofendida fosse prostituta, a pena privativa de liberdade variava de seis meses a dois anos. O art. 269 esclarecia: "*Chama-se estupro o ato pelo qual o homem abusa com violência de uma mulher, seja virgem ou não. Por violência entende-se não só o emprego de força física como o de meios que privarem a mulher de suas faculdades psíquicas, e assim da possibilidade de resistir e defender-se como sejam o hipnotismo, o clorofórmio, o éter, e em geral os anestésicos e narcóticos*".

O legislador penal da Primeira República foi duramente criticado por empregar o termo "abusar" na definição legal do crime. Alguns autores, em face disso, sustentaram que a noção jurídica do estupro passara a contemplar não apenas a cópula natural forçada, mas também o coito anal e a felação obtidos contra a vontade da ofendida.

Registre-se que a Lei Penal de então presumia a violência quando fosse a ofendida menor de 16 anos.

O Código Penal de 1940 tratou da matéria em seu Título VI, sob a rubrica "Dos crimes contra os costumes". O Capítulo I, relativo aos crimes contra a liberdade sexual, continha quatro delitos: o estupro (art. 213), o atentado violento ao pudor (art. 214), a posse sexual mediante fraude (art. 215) e o atentado ao pudor mediante fraude (art. 216).

---

5 João Mestieri, op. cit., p. 8-9.

O estupro era definido como o ato de "constranger mulher à conjunção carnal, mediante violência ou grave ameaça", punindo-se o ato com pena de reclusão, de três a oito anos e, posteriormente (com o advento da Lei n. 8.072, de 1990), seis a dez anos.

Atualmente, como se viu, a definição legal do delito foi ampliada de modo a abranger o cometimento de qualquer ato libidinoso forçado, seja qual for o sexo da vítima.

4. TIPO OBJETIVO

4.1. Verbo nuclear

Pune-se o ato de *constranger* a praticar ou permitir que se pratique *qualquer ato libidinoso*.

O dispositivo contém uma única ação nuclear, traduzida no verbo acima destacado, que significa obrigar alguém a fazer algo contra a sua vontade; compelir; forçar; subjugar. Pressupõe-se, como se infere da explicação, o dissenso da vítima.

O estupro pertence, assim, àquela categoria de crimes em que a discordância do sujeito passivo figura como elementar da infração; nem poderia ser diferente, já que a norma visa à salvaguarda da liberdade de autodeterminação sexual.

O constrangimento deve ser dirigido a obrigar alguém a praticar ou permitir que com este se pratique algum ato libidinoso. As elementares "praticar" e "permitir que com este se pratique" não se confundem com o núcleo da disposição. Não se trata de verbos nucleares, mas de comportamentos (ativos ou passivos) aos quais a vítima é sujeita *manu militari* pelo agente (este constrange e aquela pratica ou permite a prática...).

Vê-se logo que o estupro é crime de comportamento único (embora onímodo) e não, como sustentam alguns autores, tipo misto (alternativo ou cumulativo)[6].

4.2. Meios executórios

Os meios executórios previstos na disposição legal são a *violência física* (*vis absoluta*) e a *grave ameaça* (*vis compulsiva*). A fraude como *modus operandi* não é abrangida pela disposição, mas se enquadra no crime do art. 215 (violação sexual mediante fraude). Anote-se, ainda, que se o agente não empregar violência, grave ameaça ou fraude, sua conduta pode se subsumir ao crime de importunação sexual do art. 215-A.

Registre-se que tanto a violência quanto a grave ameaça devem dirigir-se a uma *pessoa*, podendo recair diretamente sobre o ofendido ou em terceiro, por exemplo: agredir o filho da vítima (ou ameaçar fazê-lo) até que ela ceda à concupiscência do autor.

---

[6] Vicente Greco Filho, Uma interpretação de duvidosa dignidade (sobre a nova Lei dos Crimes contra a Dignidade Sexual). *Jus Navigandi* (http://jus2.uol.com.br/doutrina/texto.asp?id=13530). Acesso em 21 jan. 2010.

A violência contra a coisa, em si, não constitui meio executivo, podendo, todavia, caracterizar o crime quando se transmudar em mecanismo de coação psicológico, ou seja, de consecução da grave ameaça (por exemplo, quebrar objeto valioso pertencente à vítima).

A ameaça, sendo qualificada como "grave", requer a infusão de um entrave psíquico relevante, por meio da promessa de um mal determinado, sério e realizável. Em nosso sentir, pouco importa se o mal é justo ou injusto. Imagine a conduta de um policial que, flagrando uma mulher vendendo drogas, "convença-a" a ceder aos seus impulsos sexuais para não levá-la presa em flagrante. Há crime de estupro em concurso formal com prevaricação (art. 319 do CP). Advirta-se que o exemplo não se confunde com aquele em que a mulher, *espontaneamente*, oferece favores sexuais em troca de sua impunidade.

É fundamental que haja *resistência séria e inequívoca* imposta pela vítima. Para tanto, basta que, de qualquer modo, manifeste sua discordância quanto ao ato. É suficiente, por exemplo, que diga "não!". Em nosso sentir, *não é preciso que haja resistência violenta por parte do sujeito passivo, bastando seu dissenso*, repita-se, séria e inequivocamente manifestado.

É óbvio que não há falar-se em estupro quando a negativa não é sincera ou é posta como parte de um jogo de sedução.

Acrescente-se que o dissenso do ofendido deve persistir durante todo o ato sexual. Não há crime se o ofendido, de início, resistiu, mas, iniciada a conduta, aquiesceu, tendo prazer no contato sexual. Deve-se compreender bem, todavia, o que se entende por "aquiescer". Casos há em que o sujeito passivo, percebendo que qualquer resistência imposta será inócua, porta-se passivamente (isto é, desiste de lutar). Essa atitude, evidentemente, não configura consentimento e, destarte, é incapaz de excluir o caráter delitivo da conduta perpetrada.

É possível que exista ato sexual violento consensual (por exemplo, nas relações sadomasoquistas)[7]. O fato será penalmente atípico, salvo quando produzir lesão corporal grave ou morte. Nesses casos, não há espaço para o consentimento do ofendido. Fora daí, excluirá a imputação objetiva do resultado. Até porque, como lembra Renato de Mello Jorge Silveira, "força e coerção nem sempre implicam em obrigatória situação de agressão sexual, senão que podem se revestir em elementos próprios do ato"[8].

Há duas formas de cometer o estupro: *praticar o ato* (o que supõe participação mais ativa da vítima) e *permitir que se pratique* (que sugere atitude passiva do ofendido,

---

[7] Para Renato de Mello Jorge Silveira, no caso de tais relações sexuais violentas, "o consentimento deve ser tido como válido sempre que não se exceda as fronteiras de proteção penal dentro da sociedade pluralista presente, fincadas que são no princípio da dignidade da pessoa humana" (*Bases críticas para a reforma do direito penal sexual*, p. 249).

[8] Op. cit., p. 259.

o qual é obrigado a suportar a conduta do agente). Não é necessário que haja contato físico entre o autor do constrangimento e a vítima. O agente pode, por exemplo, obrigá-la a se masturbar diante dele, sem tocá-la em momento algum.

O fato pode ser praticado por ação (regra) ou omissão (quando o sujeito possuir o dever jurídico de agir - art. 13, § 2º; por exemplo, o carcereiro que, ciente da intenção dos demais detentos, nada faz para impedir que estes estuprem um companheiro de cela).

4.3. Ato libidinoso

Atos libidinosos são todos aqueles que tenham conotação sexual, isto é, tendentes à satisfação da lascívia. Abrangem o típico ato libidinoso, vale dizer, a conjunção carnal (penetração do pênis na vagina, também chamada de cópula vaginal ou *intromisso penis in vaginam*)[9] e quaisquer outros, tais como a masturbação, o coito anal, a felação, o toque ou beijo nas partes pudendas[10].

Para nós, ao oposto do que vem decidindo os tribunais[11], o beijo na boca (ainda que "roubado") jamais poderá caracterizar ato libidinoso (nesse caso, o crime pode-

[9] Como ensinava Magalhães Noronha, "no vernáculo, conjunção significa união. Carnal é o adjetivo que a qualifica. Donde conjunção carnal significa união da carne. Nesse sentido até o beijo é uma conjunção carnal. Seria, entretanto, nessa acepção ampla e genérica que o legislador a empregou? Certamente não. Por conjunção carnal designa-se vulgarmente a cópula carnal" (*Crimes contra os costumes*, p. 16). João Mestieri (op. cit., p. 59-68) faz um extenso exame da doutrina estrangeira e aponta que há diversos critérios para se compreender a noção de conjunção carnal, variando estes quanto à natureza, às pessoas e à suficiência. Com respeito à natureza, predomina o critério restritivo, adotado no Brasil, isto é, como sinônimo do congresso dos órgãos sexuais masculino e feminino. No que toca às pessoas, a maioria das legislações exige a heterossexualidade como pressuposto, única concepção biologicamente compatível com o critério restritivo antes exposto. Relativamente à suficiência, entre os sistemas do mero contato externo, da *emissio seminis* e *immissio seminis* e da penetração, o Brasil filiou-se ao último, embora sem exigi-la por completo.

[10] Para nossa jurisprudência, é pacífica a natureza ampla da elementar "ato libidinoso", de modo a englobar todo e qualquer ato com possível conotação lasciva: "(...) Nos termos da orientação desta Casa, 'o delito de estupro, na redação dada pela Lei n. 12.015/2009, inclui atos libidinosos praticados de diversas formas, onde se inserem os toques, contatos voluptuosos, beijos lascivos, consumando-se o crime com o contato físico entre o agressor e a vítima' (AgRg no REsp 1.359.608/MG, rel. Min. Assusete Magalhães, 6ª T., j. 19-11-2013, *DJe* 16-12-2013) (...)" (STJ, HC 483.883/RJ, rel. Min. Antonio Saldanha Palheiro, 6ª T., j. 12-2-2019). No mesmo sentido: STJ, AgRg no HC 561.189/SP, rel. Min. Ribeiro Dantas, 5ª T., j. 2-6-2020.

[11] "(...) O aresto impugnado informa que o réu abordou de forma violenta e sorrateira a vítima – adolescente de 15 anos – com a intenção de satisfazer sua lascívia, o que ficou demonstrado por sua declarada intenção de 'ficar' com a jovem e pela ação de impingir-lhe, à força, um beijo libidinoso – qualificado, na dicção do acórdão, como um 'beijo roubado' –, após ser derrubada ao solo e mantida subjugada pelo agressor, que a imobilizou pressionando o joelho sobre seu abdômen. 4. A jurisprudência desta Corte Superior vem, reiteradamente, decidindo que não corresponde ao entendimento do legislador, tampouco ao da doutrina e da jurisprudência acerca do tema, considerar como ato libidinoso diverso da conjunção carnal tão somente o que se entende por relação

rá ser o de constrangimento ilegal, previsto no art. 146 do CP, sob pena de malferir o princípio da proporcionalidade)[12]. Afigura-se arrematado exagero, em nosso sentir, considerar que o ato de tomar à força um beijo na boca de outrem possa ser considerado crime hediondo, punido com reclusão, de 6 a 10 anos.

Calha lembrar, nesse aspecto, a lição de Luciano Feldens, segundo o qual o princípio constitucional da proporcionalidade deve ser sempre utilizado (*cum grano salis*) para promover a readequação típica de eventuais comportamentos, quando se verificar uma gritante desproporção entre a sanção prevista e a gravidade concreta da conduta. Com efeito, essa medida há de pressupor um excessivo e desarrazoado rigor punitivo. Como obtempera o mencionado autor, "um tal juízo, consistente no deslocamento do fato a uma espécie normativa menos rigorosa, por implicar o afastamento, ainda que parcial e *in concreto*, da lei penal, não pode fazer-se sem mais.

---

vaginal ou anal" (STJ, REsp 1.611.910/MT, rel. Min. Rogério Schietti Cruz, 6ª T., j. 11-10-2016). "(...) O estupro é tipo misto alternativo e crime pluriofensivo, pois o crime do art. 213 do Código Penal tutela dois bens jurídicos: a liberdade sexual e, alternativamente, a integridade corporal e a liberdade individual. (...) 4. O beijo lascivo ingressa no rol dos atos libidinosos e, se obtido mediante violência ou grave ameaça, importa na configuração do crime de estupro. Evidentemente, não são lascivos os beijos rápidos lançados na face ou mesmo nos lábios, sendo preciso haver beijos prolongados e invasivos, com resistência da pessoa beijada, ou então dos beijos eróticos lançados em partes impudicas do corpo da vítima. Por conseguinte, verificar-se-á estupro mediante violência caso a conduta do beijo invasivo busque a satisfação da lascívia, desde que haja intuito de subjugar, humilhar, submeter a vítima à força do agente, consciente de sua superioridade física. 5. No caso, resta evidente a utilização de força física, conquanto ausentes vestígios de lesão, para beijar a vítima contra sua vontade, e ainda lhe esfregar o órgão genital ereto, tendo o recorrente parado apenas por ter sido impedido por testemunha. Em tese, tal conduta amolda-se à hipótese típica do crime de estupro, para realização de atos libidinosos, cometido por meio de violência, consistente no emprego de força física contra a vítima, subjugando-a pela superioridade física do agente, até porque aquela possui limitações físicas decorrentes da ataxia cerebelar. 6. Ressalte-se que não há falar em aplicação retroativa, em tese, do crime de importunação sexual (CP, art. 215-A), porquanto a prova semiplena angariada até o momento levam à conclusão de utilização de violência para a prática do ato libidinoso, o que afasta a incidência da *novatio legis in mellius*, trazida pela Lei n. 13.718/2018, porquanto funciona como elemento especializante do crime de estupro (...)" (STJ, RHC 93.906/PA, rel. Min. Ribeiro Dantas, 5ª T., j. 21-3-2019).

12 Boa parte da doutrina sugeria, em tais casos, que a conduta fosse desclassificada para a contravenção penal de importunação ofensiva ao pudor, revogada em 2018 pela Lei 13.718. A partir de então, surgiu tendência de sustentar que, no caso de beijo na boca, a desclassificação deveria se dar do crime de estupro (CP, art. 213) para o delito de importunação sexual (CP, art. 215-A). Nós chegamos, inclusive, a endossar essa posição na última edição desta obra, mas, refletindo sobre a matéria, concluímos que essa solução incorre numa incoerência: se o ponto central é a não subsunção de um beijo na boca, ainda que lascivo, ao conceito de "ato libidinoso", o fato não pode ser enquadrado quer no art. 213, quer no art. 215-A, pois ambos contém a citada elementar. Em outras palavras, não parece coerente concluir que o beijo na boca não é ato libidinoso para fins de estupro, mas é ato libidinoso para fins de importunação sexual. Daí porque o caminho é reconhecer a incidência do tipo subsidiário de constrangimento ilegal (art. 146 do CP).

Pelo menos, conforme já aventado, não se pode fazê-lo mediante uma constatação eminentemente empírica sobre a desproporcionalidade de uma determinada medida, que nada mais seria do que uma concepção subjetiva de proporcionalidade ostentada pelo julgador. Reitere-se: apesar de não ser absoluta, a regra é, e seguirá sendo, a liberdade de configuração do legislador. Para contrarrestá-la, devemos encontrar pontos de apoio seguros. Não poderá o juiz, simplesmente, suplantar o legislador, limitando-se a dizer que tal ou qual situação é ofensiva do princípio da proporcionalidade porquanto assim lhe parece"[13].

Significa dizer, então, que entendemos possível o afastamento da norma, por aplicação do princípio da proporcionalidade, somente e quando a desproporção for inequívoca e insuperável. Isto porque se trata de submeter a atividade do parlamento ao manto da Constituição. O que não se pode é retirar do legislador a primazia da decisão política e seletiva sobre qual o tratamento penal que a conduta deve merecer, colocando-o nas mãos do julgador, por critérios exclusivamente subjetivos.

Quanto à hipótese ora analisada, isto é, a do beijo lascivo (na boca, bem-entendido), configura-se o pressuposto necessário para a multicitada readequação típica da conduta.

É mister que se reconstrua o significado do dispositivo legal de modo a compatibilizá-lo com o postulado da proporcionalidade, em sua vertente de proibição do excesso[14].

Muito embora se faça adequada a utilização do Direito Penal para proteger todo e qualquer atentado ao direito de autodeterminação sexual, se revela desnecessário impor uma pena de reclusão, de seis a dez anos, a ser cumprida no regime jurídico imposto pela Lei n. 8.072/90, quando se trata da realização de contatos lúbricos sem conotação invasiva.

Em casos tais, é mister que seja efetuada uma readequação da pena, empregando-se outro dispositivo legal, de construção similar, mas que contenha uma sanção correspondente ao desvalor da conduta e à intensidade da agressão ao bem juridicamente protegido.

Cumpre frisar que boa parte dos Códigos Penais estrangeiros revelam esse cuidado, ora cindindo o dispositivo mediante a construção de figuras distintas, ora estabelecendo formas privilegiadas (ou majoradas), mas sempre de modo a fixar uma pena mais rigorosa tão somente ao cometimento de atos libidinosos dotados de maior gravidade, como se pode notar a seguir.

Em Portugal, há os crimes de coação sexual (art. 163º) e violação (art. 164º).

---

13 *A Constituição penal*: a dupla face da proporcionalidade no controle de normas penais, p. 195.

14 Essa tese foi por nós sustentada em nosso trabalho de doutoramento, publicado pela Editora Saraiva sob o título: *Homossexualidade, prostituição e estupro, um estudo à luz da dignidade humana*.

O primeiro compreende a realização, mediante violência, ameaça grave ou violência imprópria (meio sub-reptício) de "ato sexual de relevo" (pena de prisão, de um a oito anos), e o outro, a prática forçada, nas mesmas condições, de cópula, coito anal ou oral (pena de prisão, de três a dez anos).

A Espanha, em seu Código Penal, estabelece um tipo básico de agressão sexual no art. 178, punindo a conduta do sujeito que viola a liberdade sexual alheia, com emprego de violência ou intimidação, com prisão, de um a cinco anos. Há, na sequência, um tipo "qualificado" denominado doutrinariamente de *violación* (art. 179), o qual encampa as agressões sexuais consistentes em acesso carnal forçado por via vaginal, anal ou bucal ou introdução de objetos em alguma das duas primeiras vias (pena de prisão, de seis a doze anos).

Essa postura não é estranha à legislação penal de diversos países da América Latina, como na Argentina, no Chile, no Uruguai e no Paraguai.

Nas demais nações lusófonas, isto é, Angola, Cabo Verde, Guiné-Bissau, Guiné Equatorial, Moçambique, Timor Leste e São Tomé e Príncipe, esse critério também é empregado.

De se mencionar, por fim, a postura similar observada na Alemanha e na França.

Na Alemanha, o delito encontra-se definido no § 177 do Código Penal, denominado de "acesso carnal violento". A pena reside em prisão não inferior a um ano. Em casos "especialmente graves", a pena mínima é de dois anos. Consideram-se tais aqueles que sejam à vítima destacadamente humilhantes, em particular quando relacionados com penetração no corpo.

Na França, pune-se o comportamento como violação (art. 222-23), abrangendo todo ato de penetração sexual, de qualquer natureza, exercido com violência, coação, ameaça ou surpresa; a pena é de quinze anos de reclusão. Outras agressões sexuais são apenadas com cinco anos de prisão e multa (art. 222-27).

De *lege lata*, mostra-se fundamental encontrar uma solução que se coadune com o postulado da proporcionalidade, em sua vertente de proibição de excesso, autorizando o Poder Judiciário, quando se verificar que o ato libidinoso se resumiu a um contato sem caráter invasivo, a aplicar, em vez do preceito secundário contido no art. 213 do CP, uma sanção que melhor se adapte à natureza da conduta (caso do art. 146 do CP).

Fica a sugestão, ademais, *de lege ferenda*, para que se construa, ainda que no mesmo tipo penal, uma modalidade simples, punida menos severamente, compreendendo atos menos gravosos e outra, possivelmente sob a forma de uma qualificadora, referindo-se a atos que envolvam o chamado "acesso carnal", isto é, a introdução do órgão sexual masculino ou de qualquer outro objeto no corpo da vítima.

4.4. Pluralidade de atos libidinosos no mesmo contexto fático

Cumpre citar que o cometimento de mais de um ato libidinoso, no mesmo contexto fático, configura crime único[15]; o juiz, contudo, deverá considerar a multiplicidade de atitudes como circunstância judicial desfavorável (CP, art. 59, *caput*), provocando a imposição da pena-base acima do mínimo legal. Veja, nesse sentido, a seguinte decisão: "A duplicidade de relações sexuais contra a vítima, na mesma ocasião, quando o agente se aproveitou das mesmas condições, não denota a existência de crimes, principalmente quando se considera que diminuto (questões de minutos) foi o tempo decorrido entre uma relação e outra"[16].

4.5. Natureza objetiva da elementar ato libidinoso

Deve-se enfatizar, ademais, que *a elementar "ato libidinoso", em nosso sentir, tem natureza objetiva*.

Dissentimos da orientação doutrinária que prega o duplo caráter do elemento (objetivo e subjetivo). Significa dizer que o agente deve buscar o desafogo de sua concupiscência. Hungria ponderava: "Se o ato, embora materialmente indecoroso, não traduz, da parte do agente, uma expansão da luxúria, deixará de ter cunho *libidinoso*. Não pode existir *ato libidinoso* sem *libidinosidade*"[17].

Em nosso pensar, é irrelevante o motivo que levou o agente a praticar o ato. Deve-se substituir o aspecto subjetivo (até porque não exigido pelo tipo penal, que não fala em "fim libidinoso"[18]) pela análise da concepção vigente na sociedade acerca do que se entende por semelhante ato; "... relevante para determinação do seu conteúdo e significado pode ser também o circunstancialismo de lugar, de tempo, de condições

---

[15] Nesse sentido: "(...) A reforma introduzida pela Lei n. 12.015/2009 condensou num só tipo penal as condutas anteriormente tipificadas nos arts. 213 e 214 do CP, constituindo, hoje, um só crime o constrangimento, mediante violência ou grave ameaça, a ter conjunção carnal ou a praticar ou permitir que com ele se pratique outro ato libidinoso, na hipótese em que a conduta tenha sido praticada em um mesmo contexto fático e contra a mesma vítima, em observância ao princípio da retroatividade da lei mais benéfica. Trata-se, pois, de crime misto alternativo. 3. Na hipótese dos autos, verifica-se a ocorrência de crime único de estupro, pois as condutas delitivas – conjunção carnal, sexo anal e oral – foram praticados contra a mesma vítima e no mesmo contexto fático-temporal, o que inviabiliza a aplicação da continuidade delitiva. Ressalte-se, contudo, que, apesar de inexistir concurso de crimes, é de rigor a valoração na pena-base de todas as condutas que compuseram o tipo misto alternativo do atual crime de estupro, sob pena de vulneração da individualização da pena (...)" (STJ, HC 325.411/SP, rel. Min. Ribeiro Dantas, 5ª T., j. 19-4-2018). No mesmo sentido, STJ, HC 441.523/BA, rel. Min. Joel Ilan Paciornik, 5ª T., j. 30-5-2019, e HC 396.189/SP, rel. Min. Maria Thereza de Assis Moura, 6ª T., j. 22-8-2017.

[16] TJSP, *RT* 711/314.

[17] *Comentários ao Código Penal*, v. VIII, p. 133.

[18] É importante lembrar que, quando a lei pretende condicionar a punição à finalidade de dar vazão à luxúria ou concupiscência, o faz expressamente, como ocorre no crime de sequestro qualificado pelo fim libidinoso (CP, art. 148, § 1º, V).

que o rodeie e que o faça ser reconhecível pela vítima como sexualmente significativo"[19]. Assim, por exemplo, os roubadores que, para traumatizar as vítimas do assalto as obrigam a se despir e se tocarem mutuamente, praticam estupro.

Significa que é absolutamente irrelevante avaliar se o autor da conduta buscava o prazer sexual[20]. O que se deve exigir é a compreensão *do agente* (não da vítima) acerca da natureza libidinosa do ato que pratica[21].

Repise-se que não se faz necessário que o sujeito passivo entenda o caráter sexual da atitude do agente. Observe-se, contudo, que as pessoas que não ostentam tal condição, de regra, são as crianças e os doentes ou deficientes mentais. Nesses casos, a conduta do agente se subsumirá ao art. 217-A do CP (estupro de vulnerável).

5. TIPO SUBJETIVO

O crime é punido exclusivamente na forma dolosa.

Para nós, *não há elemento subjetivo específico algum*[22]. Como dissemos acima, não aquiescemos com a corrente que defende existir, na elementar "ato libidinoso", duplo caráter, objetivo e subjetivo, de modo a exigir que o sujeito busque a satisfação da própria luxúria.

Repise-se, não se exige que a pessoa tenha a intenção de satisfazer sua lascívia (basta a prática de ato com essa conotação).

Há estupro, portanto, quando alguém compele outrem, por puro sadismo, a praticar ato libidinoso com terceiro (como no exemplo do roubador que, visando a traumatizar suas vítimas, as obriga a se despirem e se tocarem mutuamente).

Conforme ensinam Silva Franco e Tadeu Silva, "o ânimo lúbrico do sujeito ativo, além de constar do tipo penal do art. 214, já está abrangido pelo dolo do agente, não sendo imprescindível para a configuração do injusto, mesmo porque o autor do

---

19 Jorge Figueiredo Dias, *Comentário conimbricense do Código Penal*: parte especial, t. I, p. 448.

20 Nesse sentido: "O prazer sexual no sadismo é obtido com o sofrimento alheio, seja imposto por processos de natureza física, por flagelação, mutilação ou simples golpes e mordidas, seja por processos morais, isto é, por via de humilhação ou de injúrias. Obrigando a mulher que possuíra sexualmente na mesma noite, a despir-se e ficar em posição desenganadamente erótica, humilhando-a com palavras e sujeitando-a a atos violentos que visavam as nádegas, seios e vagina, o acusado não a queria apenas punir. Aliás não tinha por que fazê-lo, pois a qualificava de exemplar. Procurava, isto sim, o prazer sexual. Impossível afastar a configuração do crime, mesmo que a lei reclamasse e não reclama o fim especial de satisfação da lascívia" (TJSP, *RT* 702/328).

21 Edgardo Alberto Donna, *Derecho penal*: parte especial, t. I, p. 512, e *Delitos contra la integridad sexual*, p. 23. No mesmo sentido: Jorge Figueiredo Dias, *Comentário conimbricense do Código Penal*: parte especial, t. I, p. 447. Essa concepção também predomina na doutrina alemã, conforme noticia Jorge Figueiredo Dias no trecho retromencionado.

22 Esse é o pensamento, entre outros, de Magalhães Noronha, citado por Hungria em seus *Comentários ao Código Penal*, v. VIII, p. 139.

crime de atentado violento ao pudor (que hoje equivale ao estupro) pode agir motivado por outros propósitos – como o de humilhar a vítima, ou por intuito vingativo, e outros desígnios que não sejam o exclusivo fim de satisfazer a lascívia do agente, de contentar seu prazer sexual"[23].

Pode ser que o autor do crime busque controlar o comportamento social ou sexual da vítima. Se houver esse elemento subjetivo específico, isto é, essa finalidade ulterior a que se projeta a conduta, o fato será denominado "estupro corretivo" e sua pena será aumentada de um a dois terços, com fundamento no art. 226, inciso IV, do CP.

6. SUJEITOS DO CRIME

6.1. Sujeito ativo

O estupro é crime comum, podendo ser praticado por qualquer pessoa, de qualquer sexo.

Conforme já dissemos, até mesmo o marido pode ser autor da infração sendo vítima sua esposa, inclusive no tocante ao ato dirigido exclusivamente à cópula normal. Encontra-se superada a antiga tese de que *intra matrimonium* inexiste o estupro, em face do débito conjugal[24].

Como ponderou João Mestieri, "não é lícito ao marido assim, no Direito moderno, coagir a mulher a retornar ao lar ou a não abandoná-lo do mesmo modo que não poderá, em hipótese alguma, recorrer à violência para obter a conjunção sexual *lícita*. Por outro lado, não haverá *exercício regular de um direito reconhecido* nesse comportamento primitivo, pois embora exista o *direito* não haverá, na hipótese, *exercício regular*"[25]. Nilo Batista arrematou de maneira categórica: "A posição (antigamente) predominante pode assim ser sintetizada: o marido não pode cometer violência contra a mulher, salvo se for obrigá-la à conjunção carnal. Se isto faz algum sentido, é o sentido de que a bestialidade e o desrespeito só encontram guarida no matrimônio"[26].

---

[23] Op. cit., p. 1.044.

[24] No início do século passado escreveu Chrysolito de Gusmão: "A mulher casada não pode ser sujeito passivo do crime de estupro. A conjunção carnal é um dos deveres que, juridicamente, assistem à esposa, conquanto bem certo seja não ser, se tornaria desnecessário ponderar numa obra jurídica, o fim único do consórcio. O marido que prefere a violência a outros meios para obter a satisfação deste e de outros deveres, falta aos mais comezinhos princípios de cavalheirismo, constata e revela um temperamento animal não refreado pela educação, pelo sentimento e pela moral, mas o ato, na hipótese, é da esfera da moral e não do Direito Penal e fazemos a restrição porque tal fato, pelas circunstâncias que possa assumir, pela sua reiteração, brutalidade estulta e injustificável, poderá, quiçá, bem é de ver, assumir aspectos atinentes ao Direito Civil" (*Dos crimes sexuais*, p. 192).

[25] Op. cit., p. 51.

[26] *Decisões criminais comentadas*, apud João Mestieri, op. cit., p. 58.

Cremos, por fim, que a superada tese da ausência de estupro quando se trata de forçar o consorte à prática da cópula normal colide, atualmente, com nosso Direito Penal Positivo. Isto porque, em 2005, quando do advento da Lei n. 11.106, introduziu-se no art. 226 do CP, ainda em vigor, a causa de aumento de pena, aplicável ao art. 213, consistente em praticar o delito sexual contra o cônjuge. A incidência dessa exasperante ao estupro põe abaixo a velha tese patriarcal.

Quando o fato for cometido por dois ou mais agentes, a pena será aumentada de um a dois terços, conforme dispõe o art. 226, inciso IV, do CP. Trata-se da figura denominada "estupro coletivo".

6.2. Sujeito passivo

Qualquer pessoa pode ser sujeito passivo do estupro, desde a mudança introduzida pela Lei n. 12.015/2009. É possível, destarte, que se cometa estupro entre dois homens, entre duas mulheres, ou entre pessoas (autor e vítima) de sexos opostos.

A idade da vítima reflete na pena cominada. Se o sujeito passivo for pessoa entre 14 e 18 anos, há estupro qualificado (CP, art. 213, § 1º); se for idoso, ou seja, aquele com idade igual ou superior a 60 anos, há estupro majorado (CP, art. 213, *caput*, c.c. art. 234-A, inciso IV). Se a vítima, porém, for menor de 14 anos, o fato constitui estupro de vulnerável (CP, art. 217-A), pelo princípio da especialidade. Para mais detalhes, consultar os itens 8 e 9.1, *infra*.

7. CONSUMAÇÃO E TENTATIVA

7.1. Consumação

O delito se consuma com a *prática do primeiro ato libidinoso envolvendo a vítima*.

Quando este consiste na introdução do órgão viril na vagina da mulher, não é necessário que se dê a total penetração do membro (de regra, já houve atos libidinosos anteriores, que serviram como prelúdio da cópula e, por si sós, já produziram a consumação do crime).

O delito é de *mera conduta*, pois a lei não faz alusão a qualquer resultado naturalístico. O cometimento de mais de um ato com conotação sexual, *no mesmo contexto fático*, importará em crime único, mas deverá ser levado em conta pelo juiz na dosimetria da pena. Se o agente, por exemplo, obrigar o ofendido à prática de *felatio in ore* e de cópula anal, de modo subsequente e sem solução de continuidade, haverá unidade de infração penal.

7.2. Tentativa

É admissível, posto que alguém pode dar início à execução do crime e ver frustrada sua intenção por fatores alheios à sua vontade. Deve-se lembrar que o delito possui dois momentos: o inicial, em que há o emprego da violência física ou grave ameaça contra a pessoa e o momento posterior, de natureza libidinosa, em que o ato de cunho sexual é praticado. Uma pessoa pode, por exemplo, apontar arma para a vítima e levá-la a um terreno baldio com intuito de estuprá-la, mas ser impedida pela intervenção oportuna de terceiro, pela aproximação da Polícia etc.

8. CAUSAS DE AUMENTO

Ao crime de estupro aplicam-se as causas de aumento de pena dos arts. 226 e 234-A do CP[27], a saber:

a) aumento de um a dois terços, quando o crime é cometido com o concurso de duas ou mais pessoas ("estupro coletivo").

A *ratio* do maior apenamento funda-se na maior facilidade obtida pelo agente no emprego dos meios executórios. A coparticipação de duas ou mais pessoas no proceder dirigido à violação da dignidade sexual, sem dúvida, facilita a subjugação do ofendido;

b) de metade, se o agente é ascendente, padrasto ou madrasta, tio, irmão, cônjuge, companheiro, tutor, curador, preceptor ou empregador da vítima ou por qualquer outro título tem autoridade sobre ela.

A aplicação da exasperante, nas situações referidas acima, baseia-se, como na letra "a", na maior facilidade obtida pelo agressor, que haja no âmbito de sua própria família, valendo-se, por vezes, de um temor reverencial que o sujeito passivo por ele nutre. Além disso, maior é o abalo do crime quando cometido no seio das relações familiares;

c) de metade a dois terços, se do crime resultar gravidez.

Essa causa de aumento foi introduzida por meio da Lei n. 12.015/2009 e ampliada pela Lei n. 13.718/2018 (originalmente, dava-se um aumento fixo em metade; com a última modificação legislativa, passou a ser de metade a dois terços). Sua inserção foi correta, em nosso sentir, haja vista que, além da ofensa à dignidade sexual, cuida-se de hipótese em que o ato produz uma gravidez indesejada.

Se o crime sexual for o estupro, será lícita a interrupção da prenhez dele decorrente (CP, art. 128);

---

[27] As causas contidas nos incisos I e II do art. 234-A foram vetadas pelo Presidente da República. Dizia o inciso I: "da quarta parte se o crime é cometido com o concurso de duas ou mais pessoas". E o inciso II: "de metade, se o agente é ascendente, padrasto, madrasta, tio, irmão, enteado, cônjuge, companheiro, tutor ou curador da vítima ou se assumiu, por lei ou outra forma, obrigação de cuidado, proteção ou vigilância". Eis as razões do veto: "As hipóteses de aumento de pena previstas nos dispositivos que se busca acrescer ao diploma penal já figuram nas disposições gerais do Título VI. Dessa forma, o acréscimo dos novos dispositivos pouco contribuirá para a regulamentação da matéria e dará ensejo ao surgimento de controvérsias em torno da aplicabilidade do texto atualmente em vigor". Correta a postura presidencial traduzida no veto, pois haveria superposição de dispositivos, à luz do que consta do art. 226 do CP.

d) de um dois terços, se o agente transmite à vítima doença sexualmente transmissível de que sabe ou deveria saber ser portador ou se a vítima é pessoa idosa ou portadora de deficiência.

Nesse caso, pune-se aquele que, agindo com dolo direto (sabe) ou eventual (deve saber), contamina a vítima por meio do contato sexual. A exasperante requer o efetivo contágio, diversamente dos crimes de perigo previstos nos arts. 130 e 131 do CP, cuja consumação independe da transmissão da moléstia. Esses ilícitos, aliás, ficarão absorvidos, tendo em vista o princípio da subsidiariedade implícita (o qual deve ser aplicado, a fim de evitar o *bis in idem*, sempre que uma infração penal figurar como elementar ou circunstância de outra).

A Lei n. 13.718/2018, além de elevar o patamar de majoração da pena, que antes era de um sexto até a metade e, agora, passou a ser de um a dois terços, inseriu no art. 234-A do CP outras duas hipótese de aumento: ser a vítima idosa ou pessoa portadora de deficiência.

São idosos aqueles que possuem 60 anos de idade ou mais, nos termos do Estatuto do Idoso (Lei n. 10.741/2003).

Com relação a tais vítimas, sua condição deve ser conhecida pelo agente.

É importante, no caso de idosos, ainda, que o ofendido possua 60 anos ou mais ao tempo do fato (CP, art. 4º). Quando o delito for cometido contra essas pessoas, aplica-se a causa de aumento, impedindo-se a incidência da agravante genérica do art. 61, inciso II, letra *h*, do CP, cujo teor é similar (sob pena de *bis in idem*).

Observe-se que no caso de pessoas portadoras de deficiência, deve-se respeitar o conceito prescrito na Lei n. 13.146/2015 (Estatuto da Pessoa com Deficiência). Considera-se como tal quem tem impedimento de longo prazo de natureza física, mental, intelectual ou sensorial, o qual, em interação com uma ou mais barreiras, pode obstruir sua participação plena e efetiva na sociedade em igualdade de condições com as demais pessoas (art. 2º do Estatuto).

Quando se tratar de indivíduo que, por enfermidade ou deficiência mental, não tem o necessário discernimento para a prática do ato sexual, não se aplica a majorante, sob pena de *bis in idem*. Isto porque, nesse cenário, a condição mental deficitária do sujeito passivo faz com que a conduta seja enquadrada no art. 217-A, § 1º, do CP (estupro de vulnerável), Como a citada condição intelectiva constitui elementar do estupro de vulnerável (na citada modalidade), não pode ter incidência a causa de aumento relativa a se tratar de pessoa portadora de deficiência.

É possível que mais de uma causa de aumento de pena incida no mesmo caso concreto. Pode o estupro, por exemplo, ser cometido por duas ou mais pessoas e, do ato, resultar gravidez e a transmissão de moléstia venérea. Nesse caso, poderá o juiz decidir se aplica todas as causas de aumento ou somente uma delas, desde que, nesse caso, opte pela maior (CP, art. 68, parágrafo único).

9. FORMAS QUALIFICADAS

Os §§ 1º e 2º do art. 213 preveem formas qualificadas, respectivamente, pela lesão grave e pela morte. Referido resultado deve envolver o sujeito passivo do crime contra a dignidade sexual (e não terceiro, como o policial que intervém no ato para prender o estuprador e acaba morto na troca de tiros com este)[28]. Se ocorrer lesão corporal grave ou morte de terceira pessoa, haverá concurso material de delitos.

A ocorrência de lesão corporal leve, ou mera contravenção de vias de fato, não enseja a qualificação, pois esses resultados entendem-se implícitos na disposição.

A imputação do resultado – lesão grave ou morte – pode se dar a título de dolo ou culpa, nos termos do disposto no art. 19 do CP.

Não concordamos com a posição (amplamente) dominante na doutrina e na jurisprudência, formada antes da Lei n. 12.015, no sentido de que a qualificadora se dá exclusivamente na forma preterdolosa (ou seja, deve se dar somente por culpa do agente). Existindo dolo (direto ou eventual), segundo essa tese, haveria concurso material de infrações.

A atual redação dos parágrafos da disposição, parece-nos, favorece a conclusão que sufragamos. Calha citar, neste ponto, o escólio de Guilherme Nucci: "Defendemos tratar-se de crime qualificado pelo resultado, cuja finalização (resultado mais grave) pode ser atingida pelo agente, nos termos do art. 19 do Código Penal, tanto por dolo quanto por culpa. (...) Constitui equívoco, em nosso entendimento, pretender a divisão, na última hipótese, em concurso de crimes, vale dizer, levar o agente a responder por estupro em concurso material com homicídio, desde que haja dolo quanto ao resultado morte. Afinal, o crime qualificado pelo resultado existe com figura típica autônoma e destacada justamente para permitir ao legislador fixar a pena adequada a esses delitos com resultado duplo, num mesmo contexto, sem que o juiz se valha do instituto do concurso de crimes"[29].

O legislador, outrossim, foi cuidadoso ao estipular que o resultado agravador deve resultar da conduta, aí abrangendo, portanto, qualquer que seja o meio empregado (violência ou grave ameaça).

Outra questão de extrema relevância diz respeito à existência de tentativa do crime sexual com o advento dos resultados agravadores. Para nós, o *conatus* será possível quando houver dolo no que concerne ao resultado letal. O mesmo não se pode dizer quando presente a culpa, de vez que não há tentativa de crime preterdoloso. Aquele que tenta estuprar, mas por circunstâncias alheias à sua vontade não logra êxito, mas chega a provocar, culposamente, o óbito da vítima, comete tentativa de estupro simples em concurso material com homicídio culposo.

---

[28] Nesse caso, a morte do policial produzirá crime autônomo (CP, art. 121, § 2º, V), em concurso material com o estupro.

[29] *Crimes contra a dignidade sexual*: comentários à Lei n. 12.015, de 7 de agosto de 2009, p. 26.

9.1. Qualificadora em razão da idade da vítima (§ 1º)

O § 1º do art. 213 pune com reclusão, de oito a doze anos, o estupro cometido contra adolescente *maior de 14 anos*. Não se trata de incriminação de simples contato sexual com pessoas nessa faixa etária, mas da prática do ato com emprego de violência física ou grave ameaça.

Quando se tratar de vítimas *menores de 14 anos*, aplicar-se-á o art. 217-A (estupro de vulnerável), sujeitando o agente à pena de reclusão, de oito a quinze anos. Nesse caso, pouco importa se houve ou não consenso na realização do ato libidinoso (de qualquer espécie). Caso o sujeito ativo empregue meios coercitivos para a satisfação de sua concupiscência, poderá haver a forma qualificada prevista no § 2º do art. 217-A, quando resultar lesão corporal grave (reclusão, de dez a vinte anos), ou no § 3º, se ocorrer a morte (reclusão, de doze a trinta anos).

Note-se que o confronto entre os arts. 213, § 1º, e 217-A demonstra que houve uma injustificável lacuna na lei, ou seja, como se deve classificar juridicamente o ato libidinoso *forçado* praticado com pessoas de exatos 14 anos (vale dizer, no dia do 14º aniversário da vítima)?

Uma interpretação puramente literal poderia conduzir à (errônea) conclusão de que há estupro simples. Fundamento: quem possui exatos 14 anos não é alcançado pela qualificadora do § 1º (a qual exige pessoa *maior* de 14) e, de modo similar, não há estupro de vulnerável (art. 217-A), porque este somente existe quando o sujeito passivo é *menor* de 14. O absurdo dessa conclusão, todavia, demonstra que com ela não se pode anuir. A caracterização do estupro simples deve, desde logo, ser afastada, caso contrário, constranger adolescente no dia de seu 14º aniversário à prática de ato libidinoso, mediante violência ou grave ameaça, seria punido menos severamente que fazê-lo no dia seguinte (até que completasse a idade adulta). É evidente que a *mens legis* jamais foi a de "presentear" a vítima com semelhante proteção deficiente.

Remanescem, então, duas possibilidades: considerar a subsunção ao estupro qualificado (art. 213, § 1º) ou ao estupro de vulnerável (art. 217-A). A pena menor cominada ao primeiro revela que, por analogia *in bonam partem*, somente pode ser essa a solução.

10. CONTINUIDADE DELITIVA

O Superior Tribunal de Justiça reconhece a possibilidade da continuidade delitiva em casos de estupro (CP, art. 213) e estupro de vulnerável (CP, art. 217-A) praticados contra vítimas diferentes, desde que preenchidos os demais requisitos do art. 71 do CP[30].

[30] STJ, AgRg no REsp 1.723.143/SP, rel. Min. Nefi Cordeiro, 6ª T., j. 14-5-2019, e AgRg no AREsp 1.265.121/SP, rel. Min. Reynaldo Soares da Fonseca, 5ª T., j. 3-5-2018.

11. AÇÃO PENAL

Conforme já dissemos, é pública incondicionada, desde a entrada em vigor da Lei n. 13.718/2018.

12. A PROVA DO CRIME DE ESTUPRO

A comprovação material do delito de estupro constitui uma das questões de maior dificuldade, notadamente quando inexistem outros registros do fato, senão as declarações da vítima.

Há séculos que essa preocupação se reflete na regulamentação legal. Ao tempo das Ordenações do Reino, exigia-se que a vítima, assacada sexualmente, saísse correndo pelas ruas e encontrasse no mínimo três pessoas, a quem deveria expor as marcas da violência e gritar, em alto e bom-tom, o nome do seu algoz.

Em pleno século XXI, é evidente, não se pode recorrer a métodos tão precários. Deve-se, isto sim, utilizar de todos os meios de prova em direito admitidos, notadamente o emprego da ciência, que permitirá conferir maior grau de segurança às decisões judiciais.

Não se pode ignorar, do ponto de vista legal, que o estupro, como regra, consubstancia infração penal não transeunte, ou seja, que deixa vestígios (*delicta facti permanentis*), senão da conjunção carnal, da violência por vezes empregada pelo agente. Em casos tais, o exame de corpo de delito torna-se perícia obrigatória (CPP, art. 158), embora não indispensável, já que sua falta pode ser suprida por outros meios (CPP, art. 167).

Não tendo ocorrido contatos sexuais mais intensos, como a cópula normal ou anal, e sem que tenha havido utilização de violência, somente grave ameaça, a palavra da vítima ganhará relevo e poderá, sempre analisada em confronto com outros elementos de informação, assumir papel decisivo no deslinde do processo penal.

13. O ESTUPRO E O CASAMENTO SUBSEQUENTE

O tema que se pretende abordar neste tópico pode ser sintetizado numa pergunta: *o casamento subsequente interfere na punibilidade do crime de estupro?*

Atualmente não. O matrimônio posterior ao fato, envolvendo o autor do crime sexual e a ofendida, não terá qualquer influência na configuração do estupro cometido ou mesmo em sua punibilidade.

Convém, entretanto, seja elaborada uma breve síntese da história recente do tratamento dado à matéria por nossa legislação.

Ao tempo da edição do Código Penal, em 1940, entendeu-se por bem estipular duas causas extintivas da punibilidade ligadas aos crimes sexuais. A primeira delas tratava-se do *casamento da vítima com o agente*, celebrado após a infração penal. Com ele, operava-se a extinção da punibilidade. Se ocorresse antes do trânsito em julgado de eventual condenação pelo delito, impedia não só a aplicação da pena, mas todos os efeitos penais, principais e secundários, bem como extrapenais da condenação. Se posterior, limitava-se a impedir o cumprimento da sanção imposta.

Também o *casamento da vítima com terceiro* gerava semelhante consequência. Exigia-se, todavia, que se cuidasse de delito cometido sem violência real e que o sujeito passivo não requeresse o prosseguimento do inquérito policial ou da ação penal, em até sessenta dias contados da celebração do enlace matrimonial.

A Lei n. 11.106, de 28-3-2005, modificou o enfoque dado à matéria. Ao revogar os incisos VII e VIII do art. 107 do CP, fez com que o casamento subsequente ou *subsequens matrimonium* deixasse de ser causa extintiva da punibilidade em matéria de crimes contra os costumes (para utilizar a linguagem da época).

Ocorre, entretanto, que ainda permanecia em vigor a regra segundo a qual os delitos em exame se processavam, como regra, mediante ação penal privada. Por esse motivo, o *casamento da vítima com o autor do crime sexual* (ou mesmo o início de uma relação de união estável) ainda tinha o condão de pôr fim à pretensão punitiva estatal. Explica-se: é que o matrimônio entre ambos caracterizava, da parte do ofendido, atitude incompatível com a vontade de ingressar com a queixa (ou seja, renúncia tácita) ou de prosseguir com a ação ajuizada (isto é, perdão tácito). A renúncia e o perdão (aceito) são causas extintivas da punibilidade expressamente reguladas tanto no Código Penal quanto no Código de Processo Penal.

Com o advento da Lei n. 12.015/2009, todavia, os crimes contra a liberdade sexual tornaram-se de ação penal de iniciativa pública condicionada à representação do ofendido (como regra - art. 225 do CP). Não há mais falar-se, quanto a estes, portanto, em renúncia ao direito de queixa ou mesmo em perdão do ofendido (expresso ou tácito) como causas que extinguem o *ius puniendi*.

Subsistia, entretanto, a possibilidade de renúncia à representação, que podia se dar por meio do matrimônio, já que a lei ainda fazia depender dessa condição específica da ação a *persecutio criminis in judicio*. Assim, por exemplo, se ocorresse estupro (art. 213 do CP) e, após o fato, se casassem o agente e a ofendida (ou se unissem em união estável), dava-se a renúncia (tácita) ao direito de representação. Caso, porém, essa condição de procedibilidade já tivesse sido apresentada e o Ministério Público já houvesse ingressado com a ação penal, o matrimônio subsequente não produziria qualquer efeito jurídico-penal, posto que a representação somente é retratável até o oferecimento da denúncia, nos exatos termos do art. 25 do CPP.

Esse cenário, todavia, não mais se aplica, pois a Lei n. 13.718/2018, alterou a redação do art. 225 do CP e transformou o estupro, juntamente com os demais crimes contra a liberdade sexual, em infrações de ação penal pública incondicionada, afastando deles o instituto da renúncia.

É importante destacar que a modificação operada, embora relativa à ação penal, possui reflexos materiais, por reduzir a quantidade de causas extintivas da punibilidade aplicáveis. Desse modo, deve prevalecer o disposto no art. 5º, XL, da CF, que proclama a irretroatividade da lei penal gravosa.

Em síntese: o casamento da vítima com o agente não extingue a punibilidade do delito contra a liberdade sexual (seja ele estupro, violação sexual mediante fraude, importunação sexual ou assédio sexual), salvo se o fato tiver sido praticado até o dia 24 de setembro de 2018 (data da entrada em vigor da Lei n. 13.718/2018) e o enlace conjugal ocorrer antes de ajuizada a ação penal pelo Ministério Público e não ocorrerem quaisquer das exceções previstas no parágrafo único do art. 225, hipótese em que se reconhecerá a renúncia tácita ao direito de representação[31].

14. QUADRO COMPARATIVO DAS MUDANÇAS DECORRENTES DA LEI N. 12.015/2009

A Lei n. 12.015/2009, consoante diversas vezes ponderamos, revolucionou o tratamento dos delitos sexuais, sendo útil, em nosso modo de ver, analisar comparativamente as modificações por ela promovidas.

	ESTUPRO (REDAÇÃO ANTERIOR)	ESTUPRO (REDAÇÃO ATUAL)
Conduta nuclear	*Constranger*	*Constranger*
Sujeito passivo	*Mulher*	*Qualquer pessoa (menos vítima vulnerável, pois se aplicará o art. 217-A)*
Natureza do ato libidinoso	*Conjunção carnal*	*Qualquer ato libidinoso*
Pena	*Reclusão de 6 a 10 anos*	*Reclusão de 6 a 10 anos*
Resultando lesão grave	*Reclusão de 8 a 12 anos*	*Reclusão de 8 a 12 anos*
Resultando morte	*Reclusão de 12 a 25 anos*	*Reclusão de 12 a 30 anos*

15. PRINCIPAIS MODIFICAÇÕES

15.1. Ampliação da esfera de proteção da norma incriminadora (fusão dos arts. 213 e 214 num só tipo penal)

O primeiro destaque refere-se à incorporação, num só dispositivo, daquilo que antes era cindido em duas condutas típicas diferentes (estupro e atentado violento ao pudor). O legislador fundiu os delitos, ampliando o espectro de incidência do art. 213 do CP.

A *mens legislatoris*, declarada no relatório apresentado ao Projeto de Lei que originou a modificação, teria sido de harmonizar o Texto Legal com as disposições inseridas no Estatuto de Roma, referente ao Tribunal Penal Internacional, cuja definição de estupro inclui a violência sexual contra pessoas de ambos os sexos.

---

[31] Não se pode esquecer que o crime contra a dignidade sexual se processará por ação penal pública incondicionada sempre que o ofendido for vulnerável ou menor de 18 anos (art. 225, parágrafo único, do CP).

Alberto Silva Franco e Tadeu Silva já propunham semelhante alteração, agora incorporada em nosso Direito Positivo.

"Para não cair nas redes de tramas da aliança entre o patriarcalismo e o poder punitivo", segundo os mencionados autores, "é imperioso pensar que frente ao nosso ordenamento jurídico-político, não podem existir discrepâncias na construção de tipos penais fundamentais na diferença de gênero, sob pena de ferir o princípio da alteridade, e consequentemente, o do postulado da igualdade – o que igualmente macularia o próprio princípio estruturante da dignidade da pessoa humana". Diante disso, concluem que "as molduras penais (...) necessariamente devem contemplar a mulher *e* o homem"[32].

Em sua concepção original, o vocábulo estupro (*stuprum*) compreendia qualquer concurso carnal ilícito (em alguns países, ainda se conserva essa acepção ao vocábulo; é o que se nota nos Códigos Penais argentino e chileno).

Algumas legislações penais optaram por outra expressão linguística para indicar a usurpação da liberdade sexual alheia mediante violência ou grave ameaça; caso dos Códigos Penais português e espanhol, que denominam o ato "violação"[33]. Em tais diplomas, ademais, a "violação" abrange não só a cópula (introdução do membro viril na cavidade vaginal), mas também o coito anal e a felação.

---

[32] Op. cit., p. 1036. A mesma recomendação se encontrava em Renato de Mello Jorge Silveira: "As demais figuras agressivas, como o estupro e o atentado violento ao pudor, devem ser unificadas, já que guardam proximidade em termos de ofensa invasiva" (*Bases críticas para a reforma do direito penal sexual*, p. 430).

[33] No Código Penal português, há os crimes de coação sexual (art. 163º) e violação (art. 164º). O primeiro compreende a realização, mediante violência, ameaça grave ou violência imprópria (meio sub-reptício) de "ato sexual de relevo" (pena de prisão, de 1 a 8 anos) e o outro, a prática forçada, nas mesmas condições, de cópula, coito anal ou oral (pena de prisão, de 3 a 10 anos). No Código Penal espanhol tipifica como crime de *violación* (art. 179) a agressão sexual que consista em acesso carnal por via vaginal, anal ou bucal, ou introdução de objetos por alguma das duas primeiras vias (pena de prisão, de 6 a 12 anos). O Código Penal argentino também utilizava a rubrica "*violación*", suprimida pela Lei n. 25.087. A doutrina desse país, contudo, segue utilizando essa expressão; é o que se verifica em Edgardo Alberto Donna, *Derecho penal*: parte especial, t. I, p. 525 e s. Aliás, vale um registro quanto ao Código Penal argentino, pois este Diploma define o estupro nos moldes equivalentes ao revogado crime de sedução. Esse fato encontra-se tipificado no art. 120 do CP argentino, com as alterações promovidas pela Lei n. 25.087, e pressupõe que um indivíduo maior pratique atos libidinosos com menor de 16 anos, aproveitando-se de sua imaturidade sexual e de relação de proeminência sobre a vítima ou equivalente. Registre-se que o texto argentino não utiliza a rubrica "estupro", posto que suprimida pela lei acima citada. A doutrina, todavia, continua empregando-a, seguindo, desta feita, a tradição do Direito Romano, que identificava o *stuprum* como qualquer contato sexual ilícito. Regulamentação semelhante pode ser encontrada no Código Penal chileno, que tipifica como crime de violação qualquer acesso carnal obtido, entre outras formas, mediante violência ou grave ameaça, independentemente do sexo do sujeito passivo, desde que se trate de coito vaginal, anal ou oral (art. 361). Esse Diploma define como estupro o ato de praticar consensualmente, com pessoa menor de 18 e maior de 14 anos, cópula vaginal, anal ou felação quando se abusa de uma anomalia ou doença mental da vítima, de relação de dependência, de grave desamparo ou quando ela é enganada, abusando o agente de sua inexperiência ou ignorância sexual (art. 363).

15.2. Consequências punitivas da fusão dos dispositivos

A mais marcante dentre as consequências resultantes da fusão dos arts. 213 e 214 reside em que o ato de constranger mulher, mediante violência ou grave ameaça, *no mesmo contexto fático*, a se submeter à conjunção carnal e a outro ato libidinoso (a esta não vinculado, como o coito anal ou oral), deixou de gerar concurso (material) de crimes, tornando-se *crime único*[34]. É relevante anotar que predominava o entendimento no sentido de que, por se tratar de delitos de espécies distintas, haveria obrigatoriamente concurso material ou real (CP, art. 69); isto é, o autor do fato ficava sujeito a uma pena mínima de doze anos (resultado da soma dos pisos das sanções dos arts. 213 e 214, na redação anterior). Nesse ponto, a alteração é benéfica e deverá retroagir, atingindo todos os fatos anteriores à vigência da lei, até mesmo aqueles já alcançados por decisão transitada em julgado (CF, art. 5º, XL, e CP, art. 2º)[35].

A conclusão por nós sufragada não conta com o apoio de um setor doutrinário, para quem o estupro, com o advento da Lei n. 12.015/2009 teria se tornado *tipo misto cumulativo*. É o pensamento de Vicente Greco Filho[36], segundo o qual somente haverá unidade de infração se os atos libidinosos diversos da conjunção carnal forem preparatórios ao coito vaginal; mostrando aqueles autonomia, dar-se-á o *concursos delictorum*.

Outra importante consequência da unificação (o que antes era considerado atentado violento ao pudor, agora passa a se subsumir ao crime de estupro) consiste na possibilidade, antecipada acima, de se reconhecer continuidade delitiva onde antes não se admitia. Imagine-se, então, um sentenciado cumprindo pena porque fora condenado, à luz da legislação revogada, por ter estuprado uma mulher e, no dia seguinte, em condições semelhantes, praticado atentado violento ao pudor contra um homem. A orientação dominante era no sentido da inaplicabilidade do art. 71 do CP (crime continuado), em que o juiz pode aplicar a pena de um crime, aumentando-a, em vez de somá-las. O impedimento fundava-se justamente na diversidade de tipos penais (porquanto o instituto da continuidade deli-

---

[34] "(...) A reforma introduzida pela Lei n. 12.015/2009 condensou num só tipo penal as condutas anteriormente tipificadas nos arts. 213 e 214 do CP, constituindo, hoje, um só crime o constrangimento, mediante violência ou grave ameaça, a ter conjunção carnal ou a praticar ou permitir que com ele se pratique outro ato libidinoso, na hipótese em que a conduta tenha sido praticada em um mesmo contexto fático e contra a mesma vítima, em observância ao princípio da retroatividade da lei mais benéfica. Trata-se, pois, de crime misto alternativo. 3. Na hipótese dos autos, verifica-se a ocorrência de crime único de estupro, pois as condutas delitivas – conjunção carnal, sexo anal e oral – foram praticados contra a mesma vítima e no mesmo contexto fático-temporal, o que inviabiliza a aplicação da continuidade delitiva. (...)" (STJ, HC 325.411/SP, rel. Min. Ribeiro Dantas, 5ª T., j. 19-4-2018).

[35] Nesse sentido: Guilherme de Souza Nucci, op. cit., p. 65. *Vide*, ainda, TJSP, 993.06.008934-0, 14ª CCr, rel. Des. Hermann Herschander, acolhendo a posição por nós sustentada desde a edição da obra *Crimes sexuais – comentários à Lei n. 12.015/2009* (São Paulo: Saraiva, 2009).

[36] Uma interpretação de duvidosa dignidade (sobre a nova Lei dos Crimes Contra a Dignidade Sexual). *Jus Navigandi*. Disponível em: <http://jus2.uol.com.br/doutrina/texto.asp?id=13530>. Acesso em: 21 jan. 2010.

tiva requer delitos da mesma espécie). Com a unificação, este argumento cai por terra, abrindo caminho para o reconhecimento da continuidade criminosa[37]. Também se trata de inovação benéfica, cujo alcance é retroativo, inclusive atingindo a coisa julgada[38].

15.3. Caráter hediondo da figura penal

O estupro tem natureza hedionda em todas as suas formas, isto é, na figura simples (*caput*) e nas qualificadas (§§ 1º e 2º). Antes da Lei n. 12.015/2009, que modificou a redação do art. 213 e alterou a Lei dos Crimes Hediondos, existia polêmica a respeito da matéria, havendo quem sustentasse que a natureza hedionda somente se daria no caso das formas qualificadas.

A controvérsia se tornou superada com a citada Lei.

São efeitos da hediondez:

a) a inafiançabilidade;

b) a insuscetibilidade de anistia, graça e indulto;

c) a autorização para decretação de prisão temporária por 30 dias, prorrogáveis por igual período, em caso de extrema e comprovada necessidade;

d) o cumprimento de pena em regime inicialmente fechado (determinação considerada inconstitucional pelo Supremo Tribunal Federal)[39];

---

[37] O Supremo Tribunal Federal já entendeu dessa forma, quando, no HC 100.612, j. 13-10-2015, admitiu o reconhecimento da continuidade delitiva entre estupro e atentado violento ao pudor, praticados antes da entrada em vigor da Lei n. 12.015/2009, por força da retroatividade benéfica desta lei, no que tange à fusão das duas figuras típicas. No mesmo sentido, o STJ: "Por se tratar de inovação benéfica, *novatio legis in mellius*, a Lei n. 12.015/2009 alcança todos os fatos ocorridos anteriormente à sua vigência. Na hipótese dos autos, considerando que a vítima foi submetida a conjunção carnal e atos libidinosos diversos, no mesmo contexto fático, deve ser concedida a ordem para reconhecer a ocorrência de crime único" (HC 441.523/BA, rel. Min. Joel Ilan Paciornik, 5ª T., j. 30-5-2019).

[38] Não custa lembrar do disposto na Súmula 611 do STF, que autoriza o juiz das execuções penais a aplicar as inovações legislativas benéficas ao acusado, independentemente de ajuizamento de revisão criminal.

[39] O STF, em junho de 2012, julgou inconstitucional a determinação de cumprimento da pena em regime inicial fechado, disposta na Lei dos Crimes Hediondos (HC 111.840). Para a Corte, a disposição legal é incompatível com o princípio da individualização da pena (CF, art. 5º, XLV), devendo o juiz levar em conta os critérios gerais previstos no Código Penal. Cuida-se de decisão efetuada em controle difuso de constitucionalidade, de modo que somente produz efeito entre as partes. É bem verdade que, em matéria de homicídio qualificado, mencionada decisão pouco influi, pois, mesmo com base nas normas do CP (art. 33), o magistrado terá que impor regime fechado para o começo do cumprimento da reprimenda. Observe-se, ainda, que o STF, em 2015, decidiu ser compatível com a Constituição Federal em idêntica regra contida na Lei de Tortura, isto é, afirmou que a norma responsável por estabelecer – de maneira inflexível – o cumprimento da pena em regime inicialmente fechado para tal delito equiparado a hediondo não ofende o Texto Maior (HC 123.316). Anote-se, por derradeiro, que o STF reiterou o entendimento de 2012 e fixou tese, com repercussão geral, no sentido de que: "É inconstitucional a fixação *ex lege*, com base no art. 2º, parágrafo 1º, da Lei 8.072/1990, do regime inicial fechado, devendo o julgador, quando da condenação, ater-se aos parâmetros previstos no art. 33 do Código Penal" (ARE 1.052.700).

e) a progressão de regimes condicionada ao transcurso de quarenta por cento da pena (se primário) e sessenta por cento (se reincidente específico em crime hediondo ou equiparado);

f) a obtenção de livramento condicional somente após o cumprimento de dois terços da pena, salvo se o agente for reincidente em crime hediondo ou assemelhado.

No caso de estupro qualificado pela morte (CP, art. 213, § 2º), há regramento ainda mais rigoroso:

a) a progressão de regimes depende do cumprimento de cinquenta por cento da pena (se primário) e setenta por cento (se reincidente específico em crime hediondo ou equiparado com resultado morte);

b) veda-se o livramento condicional (LEP, art. 112, VII e VIII) e a saída temporária (LEP, art. 122, § 2º).

15.4. Aborto sentimental

O art. 128 do CP declara que não se pune o aborto quando a gravidez resulta de estupro. Não há dúvida que se deve levar em conta, para efeito de se determinar o âmbito de aplicação dessa modalidade de aborto legal, a nova definição típica do art. 213, que tem evidente aplicação retroativa (CF, art. 5º, XL, e CP, art. 2º). É de ver, contudo, que essa conclusão terá pouca relevância prática: em primeiro lugar, dada a escassez das situações em que a gravidez não fosse consequência da cópula e, além disso, porque mesmo antes já se considerava aborto sentimental aquele em que o estado gravídico fosse produto de violência sexual tipificada como atentado violento ao pudor (apesar da omissão legal), por analogia *in bonam partem*.

Acrescente-se, por fim, que também será considerado lícito o aborto quando a gravidez for decorrente de estupro de vulnerável (CP, art. 217-A).

ART. 215 – VIOLAÇÃO SEXUAL MEDIANTE FRAUDE

1. DISPOSITIVO LEGAL

Violação sexual mediante fraude

Art. 215. Ter conjunção carnal ou praticar outro ato libidinoso com alguém, mediante fraude ou outro meio que impeça ou dificulte a livre manifestação de vontade da vítima:

Pena – reclusão, de 2 (dois) a 6 (seis) anos.

Parágrafo único. Se o crime é cometido com o fim de obter vantagem econômica, aplica-se também multa.

2. VALOR PROTEGIDO (OBJETIVIDADE JURÍDICA)

O tipo penal insculpido no art. 215, como os demais que compõem o Capítulo I do Título VI do Código Penal, prestam-se à tutela da autodeterminação sexual, vale dizer, da liberdade das pessoas no que toca à escolha do parceiro e ao momento da realização do contato íntimo.

3. TIPO OBJETIVO

A conduta nuclear do crime de violação sexual mediante fraude consiste em *ter conjunção carnal* (penetração vaginal) *ou outro ato libidinoso com alguém*, isto é, praticá-los, realizá-los, executá-los.

O meio executório que define a infração é o emprego de *fraude*, isto é, de ardil ou artifício destinado a iludir o sujeito passivo, induzindo-o ou mantendo-o em erro. Cuida-se do engodo destinado a alterar a compreensão do sujeito passivo acerca da realidade. Não se confunde com o engano obtido com a sedução (por exemplo, o rapaz mente para a moça dizendo-se milionário e, com a impressão causada, a leva para a alcova); nesses casos, a mentira não é suficiente para excluir a consensualidade do contato sexual.

Hungria denominava a infração *stuprum per fraudem* ou estelionato sexual. São exemplos: a) curandeiro que convence o cliente da necessidade de despi-lo e tocá-lo para expurgar seus males; b) o irmão gêmeo que se faz passar pelo outro para manter relação sexual com sua cunhada; c) o enfermeiro que, objetivando abusar de um doente (homem ou mulher), submete-o a atos de libidinagem a pretexto de aplicar-lhe injeção de que necessitava; d) o agente que, para ministrar aula de ginecologia a uma mulher, com ela pratica atos libidinosos[40].

A situação de erro pode ser provocada pela própria vítima do crime ou por terceiro. Repise-se que a fraude pode se dar induzindo alguém em erro ou *mantendo-o* nessa condição. O exemplo clássico é o da mulher, em um baile onde todos estão mascarados, que se entrega, por engano, a homem estranho, trajado da mesma maneira que seu marido, o qual se dá conta do equívoco mas silencia.

A Lei n. 12.015/2009 inclui, ainda, como meio executório a prática de *recurso que impeça ou dificulte a livre manifestação de vontade do ofendido*. Trata-se de *modus operandi* que guarde similitude com a fraude, *v.g.*, a abordagem repentina, que toma a vítima distraída e, por isso, sem condição de repelir a atitude.

---

[40] Cita-se como exemplo, ainda, a atitude do agente que, fazendo-se passar pelo marido e aproveitando-se de sua ausência, às escuras, deita-se na cama com a mulher e com ela mantém relação sexual, induzindo-a a erro. Acreditamos que situações como esta são difíceis de ocorrer, por razões quase óbvias, que dispensam maiores comentários. De qualquer modo, há precedente jurisprudencial: "A posse sexual mediante fraude se apresenta quando a mulher é levada a erro, pelo meio empregado pelo agente, a consentir na conjunção carnal. O apelante armou um cenário iludente, fazendo-se passar pelo marido da vítima, para possuí-la sexualmente. Aproveitou-se do fato de estar viajando o marido da vítima, apagou as luzes desligando a chave geral e se introduziu no quarto como se fosse o marido. Deitou-se ao lado da mulher e a possuiu sexualmente. Só depois de completado o ato é que se percebeu a fraude, tendo a mulher gritado por socorro aos vizinhos" (TJMG, *JM* 104/314).

Não se pode confundir o meio que impeça ou dificulte a livre manifestação de vontade com aquele que reduz, por qualquer meio, a capacidade de resistência da vítima (por exemplo, o uso de narcóticos, soníferos ou a hipnose). Neste caso, há estupro de vulnerável, por força do § 1º do art. 217-A do CP (pena de reclusão, de oito a quinze anos).

Guilherme Nucci aponta a proximidade conceitual entre as figuras típicas destacadas, propondo que o aplicador da lei penal baseie a distinção no *grau de resistência da vítima*: "Quando houver resistência relativa ou perturbação relativa, logo, há alguma condição de haver inteligência do ato sexual, embora não se possa considerar um juízo perfeito, poder-se-á cuidar da figura do art. 215. Entretanto, havendo resistência nula ou perturbação total, sem qualquer condição de entender o que se passa, dever-se-á tratar da figura do art. 217-A, § 1º"[41].

A pena da violação sexual mediante fraude é inferior à do estupro, justamente em razão do meio empregado, reprovável, mas em menor grau que a violência física ou grave ameaça. Trata-se do mesmo motivo que faz, por exemplo, com que o estelionato (art. 171) seja punido de maneira mais branda que o roubo (art. 157).

4. TIPO SUBJETIVO

É o dolo, direto ou eventual. Não se punem condutas culposas[42]. Em nosso sentir, não há elemento subjetivo específico; é dizer, mostra-se irrelevante indagar se o agente pretendia ou não satisfazer algum instinto sexual.

5. SUJEITOS DO CRIME

5.1. Sujeito ativo

O crime pode ser praticado por qualquer pessoa (crime comum).

5.2. Sujeito passivo

Qualquer um pode ser vítima do crime (homem ou mulher). Em se tratando de vítima vulnerável (menor de 14 anos, pessoa com doença ou deficiência mental que retire o discernimento sexual ou que, por qualquer causa, tenha reduzida sua capacidade de resistência), o crime será o do art. 217-A (estupro de vulnerável).

É de se fazer um registro histórico: até 2005, somente poderia ser sujeito passivo dos crimes de posse sexual e atentado ao pudor mediante fraude a mulher honesta. A doutrina justificava a exclusão do homem, relativamente ao último, ponderando

[41] Op. cit., p. 29.

[42] Não custa lembrar que a culpa não constitui elemento subjetivo, mas normativo.

que, se o sujeito passivo fosse menor de 14 anos, dava-se o atentado violento ao pudor com violência presumida. Se maior de 14, porém menor de 18, tipificava-se a corrupção de menores (art. 218). Quando maior de idade, dificilmente se poderia dizer "fraudado" por alguém para praticar o ato sexual. Magalhães Noronha, citado por Hungria, dizia que, sendo o homem maior de 18 anos, "torna-se quimérica a possibilidade de crime, e seria mesmo demasia a lei preocupar-se com a defesa sexual do homem, depois dessa idade"[43].

6. CONSUMAÇÃO E TENTATIVA

6.1. Consumação

Dá-se com a prática do ato libidinoso (crime de mera conduta). É suficiente um único ato dessa natureza. Eventual reiteração resultará em crime único, o qual deverá ser punido mais severamente pelo juiz, com fixação de pena acima do piso legal.

6.2. Tentativa

É admissível, de vez que se cuida de crime plurissubsistente, ou seja, seu *iter criminis* é cindível em vários atos. A infração contém dois momentos distintos: o momento da fraude (quando o agente induz ou mantém a vítima em erro) e o momento do ato libidinoso. Pode ele realizar o meio fraudulento e, por circunstâncias alheias à sua vontade, ser desmascarado e, por isso, não praticar o ato pretendido.

7. ACRÉSCIMO PUNITIVO

De acordo com o parágrafo único da disposição, "se o crime é cometido com o fim de obter vantagem econômica, aplica-se também multa".

Advirta-se que não é necessária, a efetiva obtenção da vantagem, mostrando-se suficiente a vontade conscientemente dirigida a tal objetivo.

Discute a doutrina se se trata de qualificadora ou mero acréscimo de pena ao tipo básico. Para Alberto Silva Franco e Tadeu Silva[44], cuida-se de forma qualificada, diferentemente do que pensa Nucci, por eles citado.

Em nosso sentir, somente se pode falar em qualificadora quando há uma elevação do mínimo e máximo cominado na modalidade fundamental. Como se trata apenas de unir ao preceito secundário a sanção pecuniária, não vislumbramos a existência de verdadeira qualificadora.

---

[43] Op. cit., v. VIII, p. 156.

[44] Op. cit., p. 1.121.

8. QUADRO COMPARATIVO

ART. 215 (REDAÇÃO ANTERIOR)	ART. 216 (REVOGADO)	ART. 215 (REDAÇÃO ATUAL)
Ter conjunção carnal com mulher, mediante fraude	Induzir alguém, mediante fraude, a praticar ou submeter-se à prática de ato libidinoso diverso da conjunção carnal	*Ter conjunção carnal ou praticar outro ato libidinoso com alguém, mediante fraude ou outro meio que impeça ou dificulte a livre manifestação de vontade da vítima*
Pena: reclusão, de 1 a 3 anos	Pena: reclusão, de 1 a 2 anos	Pena: reclusão, de 2 a 6 anos
Se a mulher é virgem e possui entre 18 e 14 anos, a pena é de reclusão, de 2 a 6 anos	Se a vítima é menor de 18 anos e maior de 14 anos, a pena é de reclusão, de 2 a 4 anos	*Se o crime é cometido com o fim de obter vantagem econômica, aplica-se também multa*

8.1. Fusão dos tipos penais de posse sexual e atentado ao pudor mediante fraude

Seguindo a mesma tendência manifestada no art. 213, o legislador reuniu, em uma só disposição, aquilo que antes era cindido em duas normas penais incriminadoras: a posse sexual mediante fraude (art. 215) e o atentado ao pudor mediante fraude (art. 216).

Essa união produz consequências penais benéficas semelhantes àquelas analisadas no item 3.2, *supra* (referente ao art. 213); isto é, aquele que, num só contexto, iludia a vítima, *per fraudem*, a praticar a cópula vaginal e outros atos libidinosos como o coito anal, cometia dois crimes; com o advento da Lei n. 12.015/2009, pratica crime único (efeito que se aplica retroativamente – art. 5º, XL, da CF e art. 2º do CP).

9. PENA E AÇÃO PENAL

O legislador comina pena de reclusão, de 2 a 6 anos e, quando o fato é cometido para obter vantagem econômica, também incide a multa cumulativa.

A ação penal é pública incondicionada, em face da atual redação do art. 225 do CP.

O processo seguirá o rito comum ordinário.

ART. 215-A – IMPORTUNAÇÃO SEXUAL

1. DISPOSITIVO LEGAL

Importunação sexual

Art. 215-A. Praticar contra alguém e sem a sua anuência ato libidinoso com o objetivo de satisfazer a própria lascívia ou a de terceiro:

Pena – reclusão, de um a cinco anos, se o ato não constitui crime mais grave.

2. VALOR PROTEGIDO (OBJETIVIDADE JURÍDICA)

Trata-se de infração que protege, de maneira ampla, a dignidade sexual, ou seja, a dignidade humana no âmbito da sexualidade e, de modo específico, a liberdade sexual das pessoas, tanto assim que o dispositivo somente se aplica quando o sujeito passivo não aquiescer com o ato libidinoso praticado em sua presença.

3. TIPO OBJETIVO

O verbo nuclear descreve a ação de **praticar**, no sentido de *realizar, concretizar, fazer*. A prática deve envolver um ato libidinoso, ou seja, qualquer atitude tendente à satisfação da concupiscência do agente ou de terceiro. Ato libidinoso é aquele de conteúdo sexual. O ato deve ser cometido contra alguém e *sem sua anuência*.

Note que o tipo penal não exige que o autor pratique um ato obsceno, bastando que seja libidinoso. Ato obsceno é a espécie do gênero ato libidinoso, na qual o autor realiza algum tipo de manifestação corpórea ofensiva ao pudor alheio. Aquele que se masturba ostensivamente na presença de várias pessoas e, sem a anuência de uma vítima determinada, nela ejacula, pratica um ato, além de libidinoso, obsceno. Responde, nesse caso, por dois crimes em concurso formal (CP, art. 70, *caput*); isto é, o sujeito pratica uma única conduta que configura importunação sexual (art. 215-A) e o crime de ato obsceno (art. 233).

O comportamento deve ser realizado necessariamente contra alguém e sem sua aquiescência. Praticar o fato contra alguém significa que a conduta deve ser dirigida especificamente a uma pessoa (ou mais de uma). O agente não precisa, necessariamente, tocar a vítima, mas deve inequivocamente visá-la. Vale observar que o tipo é expressamente subsidiário, de modo que somente se aplica quando o fato não constituir delito mais grave.

Pouco importa se o local no qual a conduta é perpetrada é lugar público ou privado. A infração estará configurada em ambas as situações.

O delito somente ocorrerá quando inexistir a anuência da pessoa diante de quem o ato é praticado. O consentimento pode ser expresso ou tácito. É preciso, contudo, cautela no exame de situações de anuência tácita. O simples fato de a pessoa diante de quem o ato é praticado não ter manifestado objeção expressa não pode ser interpretado, por si só, como consentimento implícito. Imagine-se, por exemplo, o agente com porte físico avantajado que, num veículo de transporte coletivo, se masturba diante de uma vítima franzina, a qual, constrangida e amedrontada com a situação, permanece inerte. Não se pode dizer, em tal cenário, que a ofendida anuiu com a ação praticada. Sempre que se puder supor algum tipo de constrangimento empregado pelo autor, no sentido de inibir uma reação do sujeito passivo, o silêncio deste não poderá ser interpretado como assentimento.

4. TIPO SUBJETIVO

O dispositivo legal somente incrimina o agente que pratica o fato de maneira dolosa. Requer-se, portanto, consciência e vontade de praticar o ato libidinoso na presença de terceiro e sem seu consentimento.

Há, ainda, um elemento subjetivo específico no tipo penal, consistente em buscar o autor satisfazer a lascívia própria ou alheia.

5. SUJEITOS DO CRIME

5.1. Sujeito ativo

Qualquer pessoa pode figurar como sujeito ativo.

5.2. Sujeito passivo

A liberdade sexual é um bem jurídico do qual são titulares todas as pessoas, de tal maneira que qualquer indivíduo pode figurar como sujeito passivo da infração.

Quando se cuidar de *vítimas menores de 14 anos*, a conduta poderá configurar o crime do *art. 218-A do CP* ("praticar, na presença de alguém menor de 14 (catorze) anos, ou induzi-lo a presenciar, conjunção carnal ou outro ato libidinoso, a fim de satisfazer lascívia própria ou de outrem" *ou*, ainda, estupro de vulnerável – *art. 217-A* "ter conjunção carnal ou praticar outro ato libidinoso com menor de 14 (catorze) anos", tudo a depender da situação.

O STJ, nesse sentido, já definiu que o art. 215-A do CP não incide quando se tratar de vítima menor de 14 anos: "(...) tem prevalecido no Superior Tribunal de Justiça a impossibilidade de desclassificação da figura do estupro de vulnerável para o art. 215-A do Código Penal, uma vez que referido tipo penal é praticado sem violência ou grave ameaça, e o tipo penal imputado ao agravante (art. 217-A do Código Penal) inclui a presunção absoluta de violência ou grave ameaça, por se tratar de menor de 14 anos"[45].

---

[45] STJ, AgRg na RvCr 4.969/DF, rel. Min. Reynaldo Soares da Fonseca, 3ª Seção, *DJe* de 1º-7-2019. O mesmo Ministro, em outro julgado, ressalvou quanto à sua posição pessoal, embora tenha mantido seu voto na linha do entendimento colegiado: "(...) Tem prevalecido no Superior Tribunal de Justiça a impossibilidade de desclassificação para o art. 215-A do Código Penal, uma vez que referido tipo penal é praticado sem violência ou grave ameaça, e o tipo penal imputado ao embargante (art. 214 c/c o art. 224, alínea "a", do Código Penal) inclui a presunção absoluta de violência ou grave ameaça, por se tratar de menor de 14 anos. 6. A meu ver, referido entendimento merece uma melhor reflexão. De fato, na atual redação, o estupro de vulnerável não traz em sua descrição qualquer tipo de ameaça ou violência, ainda que presumida, mas apenas a presunção de que o menor de 14 anos não tem capacidade para consentir com o ato sexual. Dessa forma, tenho dificuldades em identificar, de pronto, óbice à possibilidade de desclassificação, porquanto é possível que o caso

Se a vítima for pessoa idosa (com idade igual ou superior a 60 anos) ou pessoa com deficiência, a pena será aumentada de um a dois terços (art. 234-A, IV, segunda parte, do CP).

6. CONSUMAÇÃO E TENTATIVA

6.1. Consumação

O delito se consuma com a realização do ato libidinoso contra o terceiro, sem sua anuência, sendo irrelevante, para tais fins, a efetiva satisfação da lascívia do autor ou de outrem, isto é, pouco importa que o ato lhes proporcione algum tipo de prazer sexual.

6.2. Tentativa

Admite-se a forma tentada, porquanto se trata de delito plurissubsistente.

7. CLASSIFICAÇÃO DO CRIME

Crime *comissivo* (se aperfeiçoa por meio de um agir, embora admita a forma comissiva imprópria, quando o omitente, tendo o dever jurídico de agir para impedir o resultado, nos termos do art. 13, § 2º, do CP, nada faça nesse sentido), *instantâneo* (a fase consumativa não se protrai no tempo), *comum* (qualquer pessoa pode figurar como sujeito ativo), *expressamente subsidiário* (uma vez que o preceito secundário ressalva que o tipo penal somente se aplica se o ato não constitui crime mais grave), *formal* (pois se consuma com a prática do ato libidinoso, ainda que o indivíduo não obtenha a satisfação da lascívia própria ou de terceiro) e *plurissubsistente* (porquanto o *iter criminis* comporta fracionamento e, como consequência, o delito admite a forma tentada, caso, por exemplo, o agente tente praticar o ato mas não consiga realizá-lo por circunstâncias alheias à sua vontade).

---

concreto, pela ausência de expressiva lesão ao bem jurídico tutelado, não demande a gravosa punição trazida no art. 217-A do CP. Com efeito, não é recomendável que as condutas de conjunção carnal, sexo oral e sexo anal possuam o mesmo tratamento jurídico-penal que se dá ao beijo lascivo, sob pena de verdadeira afronta à proporcionalidade. (...) Portanto, o meio caminho talvez seja uma solução melhor que um dos dois extremos. Além do que, com todo respeito, acho que um réu primário de bons antecedentes que deu um beijo lascivo numa criança, gravíssimo, não merece oito anos de cadeia, que é uma pena superior a um homicídio. Nesse encadeamento de ideias, ressalvo meu ponto de vista quanto à possibilidade de desclassificação do tipo penal do art. 217-A para o do art. 215-A, ambos do CP, porém fica mantido o entendimento de ambas as Turmas do STJ, no sentido da impossibilidade de desclassificação, quando se tratar de vítima menor de 14 anos, em razão do argumento central de presunção de violência. Ressalva, no ponto, do entendimento do Relator em sentido diverso. Prevalência da interpretação colegiada do STJ. (...)" (STJ, AgRg nos EDcl no REsp 1.815.128/RS, rel. Min. Reynaldo Soares da Fonseca, 5ª T., j. 25-6-2019).

8. PENA E AÇÃO PENAL

A pena cominada é de reclusão, de 1 a 5 anos. O crime é de ação penal pública incondicionada.

Admite-se a suspensão condicional do processo (art. 89 da Lei dos Juizados Especiais). O rito processual cabível é o comum ordinário.

ART. 216-A – ASSÉDIO SEXUAL

1. DISPOSITIVO LEGAL

Assédio sexual

Art. 216-A. Constranger alguém com o intuito de obter vantagem ou favorecimento sexual, prevalecendo-se o agente da sua condição de superior hierárquico ou ascendência inerentes ao exercício de emprego, cargo ou função:

Pena – detenção, de 1 (um) a 2 (dois) anos.

Parágrafo único. (*Vetado.*)

§ 2º A pena é aumentada em até um terço se a vítima é menor de 18 (dezoito) anos.

2. VALOR PROTEGIDO (OBJETIVIDADE JURÍDICA)

Cuida-se, como já dissemos na introdução ao capítulo, da liberdade sexual do indivíduo, de sua autodeterminação. É de ver que, conforme já enfatizou o Supremo Tribunal Federal, "defrontamo-nos com um tipo novo, que revela como procedimento penalmente condenável constranger alguém com o intuito de obter vantagem ou favorecimento sexual, prevalecendo-se o agente de sua condição de superior hierárquico ou ascendência inerente ao exercício de emprego, cargo ou função. Colho do art. 216, *a*, do CP, determinados aspectos, elementos, e aí vejo, nessa figura penal, um avanço na cultura, objetivando – muito embora possam constar como agente o homem ou a mulher – a recuperação do que denominado, até mesmo em romance em voga, o sagrado feminino. O preceito, o texto legal direciona à liberdade no trabalho, à liberdade em sentido amplo. Mais do que isso, visa a preservar a dignidade daquele – não me refiro aqui ao homem ou à mulher – que presta serviços"[46].

3. TIPO OBJETIVO

O dispositivo legal foi introduzido em nossa legislação penal em 2001, por meio da Lei n. 10.224, de 15-5-2001.

46 *RTJ* 194/105.

O intuito do legislador foi o de coibir, mediante a ameaça da pena criminal, a atitude do superior hierárquico que, no contexto da relação de trabalho (público ou privado), constrangia alguém a prestar-lhe favores sexuais.

O verbo nuclear é *constranger*, isto é, causar constrangimento, desconforto do ponto de vista da sexualidade ou do pudor. Consubstancia-se no ato de interferir ilicitamente na liberdade sexual da vítima, importunando-a para que faça algo (de cunho sexual) contra a sua vontade. Note que *o verbo é empregado em sentido diverso daquele utilizado no art. 213 do CP*. Nesse caso, a lei fala em *constranger* alguém *a* fazer algo (isto é, a vítima a praticar a conjunção carnal ou outro ato libidinoso). No art. 216-A, constrange-se a vítima mediante a simples proposta indecorosa. O crime, justamente por isso, consuma-se independentemente da realização de qualquer prática dotada de erotismo.

Como pondera Pedro Franco de Campos, "o assédio implica importunação séria, ofensiva, insistente, embaraçosa, chantagiosa. Não pode ser confundido com o 'flerte', com o gracejo, com a 'paquera'"[47].

O crime é de forma livre, razão pela qual admite qualquer meio executório (palavras, gestos, escritos etc.). É evidente, todavia, que, em se tratando de violência ou grave ameaça contra a pessoa, o fato constituirá estupro (art. 213).

A norma contém elemento subjetivo específico, consistente na intenção de obter vantagem ou favorecimento sexual.

Entende-se por tal qualquer comportamento de conotação libidinosa, referente à própria vítima ou a terceiro (por exemplo, condicionar uma promoção no emprego à obtenção de favores sexuais com a irmã do funcionário).

A Lei Penal não exige que se trate de "ato libidinoso". Um beijo lascivo na boca, portanto, se criminosamente obtido, pode ingressar na disposição legal.

É fundamental que o agente se prevaleça do cargo, função ou emprego e, ademais, seja superior hierárquico ou tenha ascendência sobre a vítima.

4. TIPO SUBJETIVO

Cuida-se da vontade consciente de realizar os elementos objetivos do tipo (dolo), acrescido da intenção de obter vantagem ou favorecimento sexual (elemento subjetivo específico).

5. SUJEITOS DO CRIME

5.1. Sujeito ativo

O assédio sexual é crime próprio, porquanto somente pode praticá-lo o superior hierárquico ou pessoa com ascendência laboral ou funcional em relação à vítima.

---

[47] *Direito penal aplicado*, p. 217.

Admite-se a participação de terceiros no ato, aos quais se comunicará a elementar de cunho pessoal referente à condição do sujeito ativo (CP, art. 30).

Discute-se se o professor pode ser autor do crime, quando constrange aluno a obter favores ou vantagens sexuais (por exemplo, condicionando a aprovação no curso ou a boa avaliação à prática de contatos sexuais). Em nosso sentir, é possível a subsunção do ato à figura típica, haja vista que o professor, em razão do emprego, cargo ou função que ocupa, detém ascendência sobre o corpo discente (sem esse requisito, o fato será penalmente atípico).

5.2. Sujeito passivo

A vítima do crime deve ser o funcionário, empregado ou a pessoa em relação de inferioridade ou obediência na relação profissional (pública ou privada).

Uma vez que também se exige uma qualidade específica do sujeito passivo, o assédio sexual constitui *crime bipróprio*.

6. CONSUMAÇÃO E TENTATIVA

6.1. Consumação

O delito se consuma com o simples constrangimento da vítima, destinado à obtenção dos favores ou vantagens sexuais (crime formal). A efetiva realização da conduta esperada pelo agente configurará exaurimento, influenciando na dosagem da pena (quando da fixação da pena-base – art. 59, *caput*, do CP). Não se pode afastar a possibilidade de ocorrer o concurso de crimes. Imagine-se que o autor do assédio (já consumado) saia para um encontro íntimo com a vítima, que, nesse momento, muda de ideia, postura com a qual o agente não concorda, obrigando-a mediante violência ou grave ameaça a ceder aos seus impulsos sexuais, configurando-se o crime subsequente de estupro (CP, art. 213).

6.2. Tentativa

Admite-se o *conatus*, quando o agente praticar a conduta por meio de escritos, os quais podem ser extraviados e não chegar ao conhecimento do destinatário.

7. CAUSA DE AUMENTO DE PENA

A Lei n. 12.015/2009 introduziu uma causa de aumento de pena, inserindo na disposição o § 2º (curiosamente, a norma não possui outros parágrafos!). Trata-se de exasperar a sanção em *até um terço*, quando a vítima é menor de 18 anos.

A causa de aumento de pena prevê limites variáveis, já que o Código autoriza que a privação da liberdade seja elevada em até um terço. Logo, pode-se admitir, em tese, que o juiz aumente-a em um dia.

Se o ato sexual for praticado e a vítima possuir menos de 14 anos, o assédio sexual será absorvido pelo crime de estupro de vulnerável (art. 217-A do CP), pelo princípio da consunção, já que constituirá crime-meio.

Têm incidência, ademais, as causas de aumento de pena previstas nos arts. 226, I (concurso de duas ou mais pessoas), II (salvo quanto à relação de emprego, que é elementar do crime) e 234-A, III (ato que resulta gravidez) e IV (quando há transmissão de moléstia sexual), do CP.

8. AÇÃO PENAL

O assédio sexual, originariamente, era crime de ação penal privada. Com o advento da Lei n. 12.015/2009, tornou-se delito de ação penal de iniciativa pública condicionada à representação da vítima, salvo quando a vítima é menor de 18 anos ou vulnerável (caso de ação pública incondicionada). Esse critério, porém, não se aplica a fatos cometidos a partir do dia 25 de setembro de 2018, quando entrou em vigor a Lei n. 13.718, segundo a qual o crime se procede por ação penal pública incondicionada (em todas as hipóteses).

Conforme já dissemos no item 3, *supra*, relativo à introdução, a nova disciplina, posto que gravosa, não opera retroativamente.

Capítulo I-A

DA EXPOSIÇÃO DA INTIMIDADE SEXUAL (ART. 216-B)

1. INTRODUÇÃO

A Lei n. 13.772, de 19 de dezembro de 2018, publicada no *Diário Oficial* do dia 20 de dezembro de 2018, quando entrou em vigor, inseriu novo Capítulo (I-A) ao Título VI da Parte Especial, dedicado à proteção da exposição não autorizada da intimidade sexual alheia.

Deve-se destacar que a Lei n. 13.772, de 2018, também modificou a Lei Maria da Penha, a fim de incluir a "violação da intimidade" da mulher como situação configuradora de violência psicológica (art. 7º, inciso II, da Lei n. 11.340, de 2016).

Registre que o *nomen iuris* do Capítulo não reflete a natureza da conduta nele criminalizada, pois aquele fala em **exposição** da intimidade sexual, mas o único tipo penal nele contido pune o **registro** não autorizado da intimidade sexual, não o ato de expô-la a terceiros. Tal exposição configura, em verdade, outro crime, o do art. 218-C ("divulgação de cena de estupro ou de cena de estupro de vulnerável, de cena de sexo ou de pornografia").

ART. 216-B. REGISTRO NÃO AUTORIZADO DA INTIMIDADE SEXUAL

1. DISPOSITIVO LEGAL

Art. 216-B. Produzir, fotografar, filmar ou registrar, por qualquer meio, conteúdo com cena de nudez ou ato sexual ou libidinoso de caráter íntimo e privado sem autorização dos participantes:

Pena – detenção, de 6 (seis) meses a 1 (um) ano, e multa.

Parágrafo único. Na mesma pena incorre quem realiza montagem em fotografia, vídeo, áudio ou qualquer outro registro com o fim de incluir pessoa em cena de nudez ou ato sexual ou libidinoso de caráter íntimo.

2. VALOR PROTEGIDO (OBJETIVIDADE JURÍDICA)

Protege-se a dignidade sexual, de maneira ampla, e a intimidade sexual das pessoas de modo específico, concretizando a proteção aos direitos fundamentais elencados no art. 5º, inciso X, da CF.

Trata-se de conduta que passou a ser criminalizada em nossa legislação a partir do dia 20 de dezembro de 2018, quando entrou em vigor a Lei responsável pela inserção do tipo penal no Código: Lei n. 13.772, de 19-12-2018. Muito embora a ementa dessa Lei aponte como justificativa da alteração legal a necessidade de "reconhecer que a violação da intimidade da mulher configura violência doméstica e familiar e para criminalizar o registro não autorizado de conteúdo com cena de nudez ou ato sexual ou libidinoso de caráter íntimo e privado", o novo crime protege igualmente pessoas de todos os gêneros.

Importante notar que estamos diante de uma *novatio legis* incriminadora, a qual não tem alcance retroativo, haja vista o disposto no art. 5º, inciso XL, da CF e o art. 2º do CP.

3. TIPO OBJETIVO

O legislador criminaliza os atos de produzir, fotografar, filmar ou registrar, por qualquer meio (crime de forma livre), conteúdo com cena de nudez ou ato sexual ou libidinoso de caráter íntimo e privado sem autorização dos participantes.

O verbo produzir está conectado ao objeto material "conteúdo com cena de nudez ou ato sexual ou libidinoso", tratando-se, portanto, do ato genérico que abrange qualquer ação destinada à confecção da gravação da mencionada cena ou ato.

Pune-se, ainda, o ato de fotografar, ou seja, reproduzir por processo fotográfico a cena ou o ato sexual ou libidinoso. Pouco importa a forma do registro fotográfico (digital ou analógico).

Comete o delito, ainda, aquele que filmar (confeccionar filme, cinematografar, gravar em áudio e vídeo) ou registrar (gravar, por qualquer meio), o ato ou a cena.

As ações devem ter como alvo cena de nudez, ou seja, a que retrate pessoas desnudas ou ato sexual ou libidinoso (vale dizer, de caráter lúbrico, lascivo), de caráter íntimo e privado. O "caráter íntimo" diz respeito à natureza da conduta capturada ilicitamente, a qual deve ser praticada na esfera da intimidade dos envolvidos. Esta, ainda, deve ser "privada", o que diz respeito ao ambiente em que é praticada. Se o ato for realizado em local público, aberto ao público ou exposto ao público, sua filmagem, fotografia etc. não se encaixa no tipo penal.

Quem, portanto, filma um casal praticando sexo na rua, publicamente, não comete crime algum pelo simples ato de filmá-los. De igual modo, se o registro é feito em praia de nudismo. Se a pessoa, porém, divulgar de qualquer modo a filmagem, por exemplo, postando o vídeo em redes sociais ou grupos de mensagens, incorrerá no art. 218-C do CP (punindo-se o ato com reclusão, de 1 a 5 anos).

O tipo do art. 216-B do CP exige, por fim, que a produção, fotografia, filmagem ou registro tenha sido efetuado sem a autorização dos participantes. É necessário que todos os envolvidos aquiesçam com a exibição, expressa ou tacitamente, em momento anterior ou concomitante ao ato. Se um deles permite, mas o outro nega que o ato seja capturado em áudio, vídeo ou ambos, há crime. Do mesmo modo, se o registro for feito por um dos envolvidos.

Importante perceber que o crime de registro não autorizado da intimidade sexual pode configurar ato preparatório do delito de divulgação de cena de sexo ou de pornografia, tipificado no art. 218-C do CP. Se o caso, o crime-meio (216-B) ficará absorvido pelo crime-fim (218-C), pelo princípio da consunção. Podem, contudo, subsistir como infrações autônomas quando a pessoa que efetuou a filmagem não autorizada for diversa daquela que a divulgou. O primeiro responde pela infração menos grave (216-B) e o segundo pelo delito mais severo (218-C). Note bem: é preciso que ambos não tenham, desde o início, atuado em conluio. Se houve prévio acordo entre os envolvidos, no sentido de combinarem que um deles faça a filmagem, ciente de que o outro, uma vez a obtendo, a divulgará, ambos responderão (somente) pelo delito-fim (218-C), em obediência ao art. 29, *caput*, do CP, segundo o qual todo aquele que concorre para o crime incide nas penas a este cominadas, na medida de sua culpabilidade.

4. TIPO SUBJETIVO

Trata-se de crime doloso, de tal maneira que o sujeito ativo deve atuar de modo voluntário, tendo consciência de que o registro por ele efetuado se refere a ato libidinoso ou cena de nudez ou sexo realizados em caráter íntimo e privado, sem que os envolvidos o tenham autorizado a tanto. Não se exige elemento subjetivo específico no tipo penal, sendo, portanto, irrelevante determinar, para subsumir a conduta ao tipo penal, os motivos que levaram o agente a proceder daquela maneira. Se o responsável pela captura do ato for induzido a erro por um dos participantes da cena, que o faz supor erroneamente que o outro participante também havia autorizado, não comete crime, pois age em erro de tipo – art. 20, *caput*, do CP, o qual exclui o dolo.

5. SUJEITOS DO CRIME

5.1. Sujeito ativo

Qualquer pessoa pode figurar como sujeito ativo do crime, razão pela qual se trata de delito comum.

5.2. Sujeito passivo

São as pessoas retratadas, cuja intimidade sexual foi devassada contra a sua vontade, devendo ser, necessariamente, maiores de 18 anos de idade (se a vítima for criança ou adolescente, a conduta subsume-se ao tipo penal do art. 240 do ECA, que pune com reclusão, de quatro a oito anos, e multa o ato de produzir, reproduzir, dirigir, fotografar, filmar ou **registrar**, por qualquer meio, cena de sexo explícito ou pornográfica, envolvendo criança ou adolescente. Por "cenas de sexo explícito ou pornográficas" entendem-se quaisquer situações que envolvam o menor em atividades sexuais explícitas, reais ou simuladas, ou a exibição de órgãos genitais para fins primordialmente sexuais, consoante esclarece o art. 241-E do mesmo Estatuto).

6. CONSUMAÇÃO E TENTATIVA

6.1. Consumação

O crime de exposição da intimidade sexual é de mera conduta ou simples atividade. Sua realização integral, portanto, dá-se com a produção, filmagem, registro ou fotografia do ato ou da cena com o conteúdo relativo à nudez, de cunho sexual ou libidinoso, tratando-se, portanto, de crime instantâneo e plurissubsistente. Não é necessário que o registro capturado seja visto por terceiros. Se houver a divulgação do conteúdo, ao vivo e em tempo real ou *a posteriori*, o agente incorrerá no crime de divulgação de cena de sexo, nudez ou pornografia (art. 218-C), o qual absorverá o art. 216-B.

6.2. Tentativa

Muito embora se trata de delito de mera conduta, afigura-se possível a forma tentada, pois as ações descritas no tipo penal são plurissubsistentes. Alguém pode, por exemplo, inserir uma câmera sub-repticiamente no quarto das vítimas, com o intuito de filmá-las praticando sexo, mas não concluir a filmagem por circunstâncias alheias à sua vontade, uma vez que a bateria da máquina se esgotou pouco antes do início do ato sexual.

7. CONDUTA EQUIPARADA

De acordo com o parágrafo único, incorre na mesma pena o agente que realiza montagem em fotografia, vídeo, áudio ou qualquer outro registro com o fim de incluir pessoa em cena de nudez ou ato sexual ou libidinoso de caráter íntimo.

Pune-se, agora, a pessoa que efetua uma montagem no registro efetuado, substituindo, por exemplo, a voz, o rosto, as vestes de alguém, com o intuito de falsamente inserir outrem na cena de nudez ou ato sexual ou libidinoso.

8. CLASSIFICAÇÃO DO CRIME

Trata-se de crime comissivo (praticado por meio de ações, embora seja compatível, nos termos do art. 13, § 2º, do CP, com a forma comissiva imprópria), comum (qualquer pessoa pode praticá-lo), de mera conduta ou simples atividade (a lei não descreve qualquer resultado naturalístico, contentando-se com a mera ação), instantâneo (pois sua fase consumativa se dá de modo instantâneo, com a captura do registro) e plurissubsistente (seu *iter criminis* pode ser fracionado).

9. PENA E AÇÃO PENAL

O delito é de ação penal de iniciativa pública incondicionada e a pena é de detenção, de 6 meses a 1 ano, e multa. Trata-se de infração penal de menor potencial ofensivo, sujeita ao procedimento sumaríssimo instituído na Lei n. 9.099/95, bem como à transação penal e à suspensão condicional do processo (arts. 76 e 89 da Lei dos Juizados Especiais).

Capítulo II

DOS CRIMES SEXUAIS CONTRA VULNERÁVEL (ARTS. 217 A 218-B)

1. INTRODUÇÃO

A Lei n. 12.015/2009 destacou em capítulo próprio os delitos sexuais cometidos contra menores de 14 anos (inseridos no conceito de "vulnerável"). Atendeu, com isso, a um justo reclamo sufragado por um setor da doutrina. Alberto Silva Franco e Tadeu Dix Silva, comentando a defasagem verificada na anterior regulamentação do Título VI, ponderavam ser imperiosa a "necessidade de separação entre os crimes contra a liberdade sexual e os crimes sexuais contra menores"[1].

De fato, há entre eles uma distinção fundamental, justificando sejam tratados em capítulos diversos.

Isto porque os crimes de estupro (art. 213), violação sexual mediante fraude (art. 215), importunação sexual (art. 215-A) e assédio sexual (art. 216-A) baseiam-se na ausência de consensualidade no ato libidinoso praticado (daí por que se trata de crimes contra a *liberdade* sexual).

No que toca às práticas sexuais com menores de 14 anos, a questão não se radica na ausência de consentimento, mas na proteção dessas pessoas contra o ingresso precoce na vida sexual, a fim de lhe assegurar crescimento equilibrado e sadio sob esse aspecto.

2. VALOR PROTEGIDO (OBJETIVIDADE JURÍDICA)

A norma visa à tutela da dignidade sexual de pessoas em situação de vulnerabilidade, isto é, indefesas por natureza ou condição pessoal.

Procura-se permitir às pessoas o livre desenvolvimento da personalidade na esfera sexual, promovendo seu crescimento sadio e equilibrado no que diz respeito ao tema.

---

1 *Código Penal e sua interpretação jurisprudencial*, p. 1.019.

Trata-se da normatização da crença de que, até atingir um determinado grau de desenvolvimento psicológico, deve-se preservar o menor dos perigos inerentes ao ingresso prematuro na vida sexual.

"A imaturidade inerente aos menores de certa idade", pondera Maria do Carmo Silva Dias, "acarreta, como consequência natural, uma particular vulnerabilidade, a justificar uma proteção específica e adicional, complementar da que é dada ao adulto que esteja no pleno gozo das suas capacidades"[2].

3. O CONCEITO DE VULNERABILIDADE

O presente capítulo introduz na legislação criminal brasileira um novo conceito: a *vítima vulnerável* (ou seja, aquela que pode ser vulnerada, atacada; frágil).

Cuida-se de expressão que já se encontra em outras leis penais, como é o caso do Código Penal espanhol, para o qual a pena do crime de "agressões sexuais" será agravada quando cometido contra vítima "especialmente vulnerável"[3].

De acordo com a nova legislação, entende-se por tal o menor de 14 anos (art. 217-A, *caput*), bem como as pessoas que, por enfermidade ou deficiência mental, não têm o necessário discernimento para a prática do ato, ou que, por qualquer outra causa, não podem oferecer resistência (art. 217-A, § 1º).

O legislador substitui a técnica da presunção de violência[4], antes fundada no art. 224 do CP, pela nova designação ("vulneráveis"). Há, ainda, pequenas diferenças, resumidas no quadro abaixo e adiante explicadas.

---

[2] *Crimes sexuais com adolescentes*, p. 215.

[3] A especial vulnerabilidade, para a legislação espanhola, decorre de condições de idade, enfermidade ou particular situação, ou, ainda, quando o sujeito passivo seja menor de 13 anos.

[4] Conforme noticia João Mestieri acerca da presunção de violência: "A construção de semelhante ficção jurídica no campo dos crimes sexuais deve-se aos práticos. A razão era expressada no brocardo – *puella non est dolo capax*. O primeiro a enunciá-lo foi Carpzóvio em sua *Practica Nova Rerum Criminalium, quaest 75* n. 39 baseado em princípios de direito privado, romanos, ínsitos em os textos: Dig., Liv. L, 17, 40, *Pomponius, libro trigésimo quarto ad Sabinum, 'Furiosi vel eius, cui bonis interdictum sit nulla vonluntas est'* e Dig., Liv. V, 17, 189, *Celsus, libro tertio decimo digestorum, 'Pupilus nec velle nec nolle in ea aetate nisi adposita tutoris auctoritate ereditur: nam quod animi iudicio fit, in e o tutoris auctoritas necessaria est'*. Daí Carpzóvio formulou o princípio – *qui velle non potuit, ergo noluit*, isto é, quem não pode querer (não podendo consentir, no sentido jurídico), por conseguinte dissente. As ideias de Carpzóvio foram acolhidas por vários doutrinadores e por alguns diplomas" (*Do delito de estupro*, p. 30-31). Martha de Toledo Machado, antes mesmo da modificação introduzida pela Lei n. 12.015/2009, que proscreveu a técnica da presunção de violência de nosso Código Penal, já defendia enfaticamente a necessidade de se alterar o tratamento da matéria, posto que, em seu sentir, "o que a lei *presume* é a *lesividade específica* da conduta, nas figuras penais em que, na ausência de *violência real* ou *grave ameaça*, a lei pune o abuso ou a exploração sexual em consideração da pouca idade da vítima" (*Proibições de excesso e*

PRESUNÇÃO DE VIOLÊNCIA (ART. 224)	VULNERÁVEL (ART. 217-A)
a) Vítima não maior de 14 anos.	a) Vítima menor de 14 anos.
b) Vítima alienada ou débil mental, e o agente conhecia esta circunstância.	b) Pessoa portadora de deficiência ou doença mental que não tem o necessário discernimento para o ato.
c) Vítima não pode oferecer resistência.	c) Vítima que não pode oferecer resistência, por qualquer outra causa.

Nas duas primeiras situações, pode-se notar, pelo confronto, que houve modificações sutis.

No tocante à vulnerabilidade decorrente da faixa etária, o que se alterou foi a situação do sujeito passivo no dia de seu 14º aniversário. Antes da Lei n. 12.015/2009, ainda vigorava a presunção de violência, pois a vítima "não era maior de 14 anos". Agora, ela deixa de ser vulnerável exatamente no dia em que completa a idade mencionada. Persistirá, desta feita, a crítica fundamental ao critério rígido eleito, ou seja, pode haver indivíduos que, apesar de não terem atingido a idade citada, possuam consciência e maturidade sexual. *Justamente por essa razão, entendemos que o conceito de vulnerabilidade não pode ser absoluto* (apesar da nítida intenção do legislador em assim considerá-lo), *admitindo prova em contrário, notadamente quando se tratar de adolescentes* (indivíduos com 12 anos já completados). Isto porque, se a suposta vítima possui 13 anos de idade e vida sexual ativa e voluntariamente pratica ato libidinoso com outrem, não há violação ao bem jurídico protegido no Título VI (isto é, sua "dignidade sexual"). A mudança do nome dado ao título, que deixou de proteger os "costumes", não pode "passar impune"; é dizer, não ofende a dignidade sexual de um adolescente prestes a completar 14 anos o fato de manter, voluntariamente, relações íntimas com uma mulher. Reconhecer a existência de um delito qualquer, sobretudo grave como o crime do art. 217-A do CP (reclusão de oito a quinze anos), é malferir o princípio da dignidade da pessoa humana. Não se ignora que a intenção do legislador, ao substituir o modelo de presunção de violência para o atual, foi a de impedir a subsistência do entendimento no sentido de ser relativa antiga presunção legal. Ocorre, todavia, que a exegese das normas penais não pode se dar, jamais, alijada de uma visão constitucional e, notadamente, da correta delimitação do valor protegido (objetividade jurídica) pela

---

proteção insuficiente no direito penal: a hipótese dos crimes sexuais contra crianças e adolescentes, p. 191). De acordo com a autora, porém, ainda se justifica a fixação de um corte (rígido e intransponível) na faixa etária, fixado em marco legislativo etário, de modo a traçar uma fronteira entre o contato sexual lícito e proibido com crianças e adolescentes. Trata-se da adoção de um conceito de maioridade sexual, exatamente nos moldes que, agora, o art. 217-A do CP contém. Pondera a doutrinadora que "tal categoria vem mais em harmonia às *garantias constitucionais* (seja em relação àquelas decorrentes da proibição de excesso, como em relação às conectadas à proibição de proteção insuficiente) do que a categoria teórica da *presunção de violência*" (op. cit., p. 201).

disposição. É por essa razão que entendemos, a despeito da peremptoriedade do Texto Legal, que nem todo contato sexual com menor de 14 anos ingressará na tipicidade (material) da norma. É a *mens legis* que se sobrepõe à *mens legislatoris*[5].

Anote-se, contudo, que o STJ não adota semelhante entendimento, considerando que se trata de conceito absoluto, mesmo no caso de adolescentes. Para o Tribunal: "O crime de estupro de vulnerável configura com a conjunção carnal ou prática de ato libidinoso com menor de 14 anos, sendo irrelevante o eventual consentimento da vítima para a prática do ato, experiência sexual anterior ou existência de relacionamento amoroso com o agente" (Súmula 593 do STJ)[6]. Importante assinalar, ainda, que a Lei n. 13.718/2018, visando a reforçar o caráter absoluto da vulnerabilidade em virtude da faixa etária, transpôs para o dispositivo legal as diretrizes sumuladas pelo STJ, dispondo no § 5º do art. 217-A que: "As penas previstas no *caput* e nos §§ 1º, 3º e 4º deste artigo aplicam-se independentemente do consentimento da vítima ou do fato de ela ter mantido relações sexuais anteriormente ao crime".

Não se pode ignorar, outrossim, a injustiça que importa a adoção de um critério rígido, seja ele qual for. Qual a substancial diferença entre praticar um ato sexual com alguém, *mediante consenso*, um dia antes de seu 14º aniversário e fazê-lo no dia seguinte? A se interpretar a legislação sem o influxo de uma visão constitucional e vinculada ao bem jurídico tutelado, a diferença seria essa: no primeiro caso, o agente ficará sujeito a uma pena de reclusão de, no mínimo, 8 anos e, no outro, o fato será penalmente atípico.

A arbitrariedade da eleição de uma faixa etária com natureza absoluta fica evidente, ademais, quando se confronta o critério nacional (14 anos) com outras legislações. Em Portugal, adotou-se a mesma idade (art. 172º, 1), mas na Espanha, seu vizinho, o limite é a idade de 13 anos (art. 181.2), do mesmo modo que na Argentina (art. 119), que até pouco tempo (1999) estabelecia que essa faixa se dava aos 12 anos. É de se perguntar,

---

5 Renato de Mello Jorge Silveira, em sua tese de livre-docência intitulada *Bases críticas para a reforma do direito penal sexual*, sublinhou, com propriedade, a defasagem da rubrica "crimes contra os costumes" e alertou para a necessidade de uma nova concepção de bem jurídico nesta seara, adiantando que "a reforma penal sexual há de se dar focando o bem jurídico protegido com implicações que este deve fomentar nos seus tipos particulares" (p. 191). Guilherme de Souza Nucci também comunga desse entendimento (*Crimes contra a dignidade sexual*: comentários à Lei n. 12.015, de 7 de agosto de 2009, p. 37 e s.).

6 "A 3ª Seção desta Corte Superior de Justiça, no julgamento do REsp. 1.480.881/PI, julgado sob o rito do art. 543 do Código de Processo Civil, pacificou o entendimento de que a presunção de violência nos crimes sexuais praticados contra menores de 14 (catorze) anos é absoluta, sendo irrelevante para a caracterização do delito o consentimento da vítima ou a sua prévia experiência sexual" (STJ, HC 387.667/SP, rel. Min. Reynaldo Soares da Fonseca, 5ª T., j. 25-4-2017). Muito embora a decisão fale em "presunção de violência", está se referindo à "presunção de vulnerabilidade" em razão da faixa etária. No mesmo sentido: STF, HC 110.558/PR, noticiado no *Informativo STF* n. 677.

apenas para se convidar à reflexão, se em Portugal e no Brasil as pessoas demoram mais do que na Espanha e na Argentina para amadurecerem sexualmente?[7]

Afigura-se-nos adequado (ainda que não seja um modelo perfeito) optar por um *critério misto*, como o proposto por autores como Nucci, segundo o qual o conceito de vulnerabilidade há de ter conotação relativa, analisando-se o caso concreto quando se cuidar de adolescentes, e teor absoluto, no que pertine a crianças (indivíduos de até 12 anos incompletos).

Com relação às pessoas com déficit mental, deu-se um aperfeiçoamento na linguagem utilizada, afinada com a terminologia médica e com outras leis que cuidam desse assunto[8]. Mais importante, esclareceu-se que o atraso psíquico há de comprometer o "necessário discernimento para o ato sexual". *Quod abundant non nocet.* Mesmo sem a explicação no Texto Legal, essa já era a compreensão pacífica que se dava ao alcance e ao sentido da antiga presunção de violência; de qualquer modo, a lei, agora, não dá qualquer margem à dúvida. Uma pessoa pode ter plena consciência de sua sexualidade, mas possuir quadros de distúrbios mentais que comprometam outras áreas de seu comportamento. Quando vítima do crime, não incidia a presunção de violência e, agora, não será considerada vítima vulnerável.

É de ver que a demonstração dessa hipótese de vulnerabilidade encontra-se (como antes) condicionada à realização de perícia psiquiátrica, em que o *expert* deverá avaliar dois aspectos fundamentais: a existência do transtorno mental e o comprometimento da capacidade de discernimento para atos de natureza sexual.

Deve ficar claro que o conceito de vítima vulnerável por comprometimento mental em nada se confunde com a noção de inimputabilidade, decorrente do art. 26 do CP. Nesta, há doença mental ou desenvolvimento mental incompleto ou retardado que impedem o agente (sujeito ativo do crime) de compreender o caráter ilícito do fato ou sua capacidade de autocontrole. Naquela, o comportamento recai sobre alguém (sujeito passivo do delito) que, por qualquer comprometimento de sua condição psicológica, é desprovido de discernimento sexual.

É premente, ademais, que não se dê ao art. 217, § 1º, interpretação que proscreva toda e qualquer pessoa que possua déficit mental da prática de atividades sexuais. A prática de atos ligados à sexualidade é essencial à condição humana, motivo por que seria atentatório ao princípio da dignidade do homem (CF, art. 1º, III) uma interpretação que vedasse, de modo absoluto, aos indivíduos mentalmente deficitários a realização desses comportamentos. O que se deve punir é o abuso, por alguém

---

[7] Novamente cumpre citar Renato de Mello Jorge Silveira, o qual destaca que "a escolha aleatória de uma idade como marco fronteiriço entre a possibilidade de consenso e a presunção de violência é algo por demais arbitrário, nunca podendo ser tido de forma absoluta" (*Bases críticas para a reforma do direito penal sexual*, p. 244).

[8] *Vide*, entre outras, a Lei n. 7.853/89, a Lei n. 8.069/90, art. 112, § 3º, e a Lei n. 8.687/93

mentalmente são, da condição de alguém desprovido da plena capacidade de discernimento sexual. Melhor teria agido nosso legislador se inserisse cláusula semelhante àquela contida no Código Penal português, para o qual constitui elementar o fato de o agente *aproveitar-se* do estado ou incapacidade do sujeito passivo (art. 165º)[9].

Por fim, são vulneráveis as pessoas que não têm, por qualquer causa, capacidade de resistir. A elasticidade do termo utilizado na norma importa em que a origem da incapacidade pode ou não ter sido provocada pelo agente. Assim, por exemplo, dar-se-á a situação prevista em lei quando o agente ministrar substância que retire a consciência da vítima ou quando isto for feito por terceiro, aproveitando-se o sujeito da situação. São exemplos: enfermidades, paralisia transitória dos membros, idade avançada, desmaios, embriaguez, hipnose.

É digna de nota, também, a supressão da explicação, antes contida no art. 224, *b*, quando o legislador mencionava somente incidir a presunção de violência decorrente do atraso mental "se o agente conhecia esta circunstância". Pergunta-se, então, qual o efeito prático da retirada desta ressalva? NENHUM. Isto porque se o agente desconhece que a vítima é menor de 14 anos, doente ou deficiente mental ou que possuía reduzida sua capacidade de resistência, dá-se a figura do *erro de tipo* (CP, art. 20, *caput*). Em outras palavras, ter-se-á a falsa ideação da realidade, motivada pela errada compreensão da situação fática. Se um rapaz pratica ato libidinoso com uma adolescente de 13 anos, que conheceu em um local onde só se permitia o ingresso de maiores, tendo ela omitido sua verdadeira idade e se mostrado desinibida sexualmente, o autor não cometerá crime algum ao realizar com ela, consensualmente, atos libidinosos, posto que o equívoco quanto à idade exclui o dolo do agente, nos termos da disposição acima citada. O mesmo se aplica àquele que realiza o congresso carnal com pessoa aparentemente hígida mentalmente, mas portadora de déficit psíquico comprometedor de seu discernimento sexual.

Registre-se, por derradeiro, que é possível cogitar-se de erro de proibição envolvendo as figuras subsumíveis ao elemento típico em estudo. É conhecido o exemplo de Claus Roxin[10], baseado em fato real ocorrido na Alemanha, segundo o qual

---

9 Cf. Jorge Figueiredo Dias. *Comentário conimbricense do Código Penal*: parte especial, t. I, p. 478. O delito encontra-se assim redigido: "1 – Quem praticar acto sexual de relevo com pessoa inconsciente ou incapaz, por outro motivo, de opor resistência, aproveitando-se do seu estado ou incapacidade, é punido com pena de prisão de seis meses a oito anos. 2 – Se o acto sexual de relevo consistir em cópula, coito anal, coito oral ou introdução vaginal ou anal de partes do corpo ou objectos, o agente é punido com pena de prisão de dois a dez anos".

10 *Derecho penal*: parte general, t. I, p. 871. Diz o penalista alemão, referindo-se ao erro sobre a existência de uma proibição, que o caso clássico se dá quando "alguém mantém relações sexuais com uma mulher enferma mental (§ 179, II) e não sabe em absoluto que isso é proibido (BGH JR 1954, 188)". Mais adiante comenta precedente do Tribunal Federal alemão: "Assim, o BGH (JR 1954, 188) decidiu um caso em que os lavradores haviam repetidamente mantido relações sexuais com uma mulher enferma mental e esterilizada com o consentimento desta (§ 179, antigo § 176, n. 2).

trabalhadores rurais mantiveram contatos íntimos com uma mulher, sabendo ser esta portadora de deficiência mental, tendo todos agido sem qualquer violência ou intimidação, posto que consensual o ato realizado. Os agentes desconheciam por completo a proibição incidente no caso concreto[11].

ART. 217-A – ESTUPRO DE VULNERÁVEL

1. DISPOSITIVO LEGAL

Estupro de vulnerável

Art. 217-A. Ter conjunção carnal ou praticar outro ato libidinoso com menor de 14 (catorze) anos:

Pena – reclusão, de 8 (oito) a 15 (quinze) anos.

§ 1º Incorre na mesma pena quem pratica as ações descritas no *caput* com alguém que, por enfermidade ou deficiência mental, não tem o necessário discernimento para a prática do ato, ou que, por qualquer outra causa, não pode oferecer resistência.

§ 2º (*Vetado.*)[12]

Não os havia 'ocorrido em absoluto ... que as relações sexuais com a senhora E. poderiam ser proibidas e castigadas'. O BGH fundou a decisão num erro de proibição invencível no qual os sujeitos estavam 'pouco desenvolvidos moral e mentalmente', apesar de serem plenamente imputáveis. Ocorre que não é esse o fato decisivo. Pois se os sujeitos não tiveram de modo algum dúvidas (e como evidenciam os fatos, inclusive o prefeito considerava permitida sua conduta), se além disso acreditavam encontrar-se dentro de um âmbito privado e não regulado juridicamente e, em vista do assentimento da mulher, tampouco tinham consciência de prejudicá-la, não existiu para eles nenhum motivo para refletir sobre uma possível antijuridicidade de sua conduta" (op. cit., p. 887-888).

11 Não se pode confundir os casos de erro de tipo (CP, art. 20) com aqueles de erro de proibição (CP, art. 21). No erro sobre os elementos constitutivos do tipo penal, o qual exclui (sempre) o dolo, o sujeito não percebe algum dado da realidade presente no seu comportamento. No erro sobre o caráter ilícito do fato, que afasta a culpabilidade do agente (quando escusável), a pessoa tem conhecimento pleno de seus atos, com perfeita noção da realidade que a circunda, mas crê, equivocadamente, que seu agir é lícito quando, na verdade, é criminoso. Assim, quem realiza ato libidinoso consensual com pessoa doente mental, *não tendo conhecimento da doença*, age em *erro de tipo*. Quem faz o mesmo, *sabendo da doença mental*, mas *acreditando que não há nada de ilícito* porque o ato foi realizado consensualmente, atua em *erro de proibição*.

12 Este era o texto do parágrafo vetado: "A pena é aumentada da metade se há concurso de quem tenha o dever de cuidado, proteção ou vigilância". Razões do veto: "As hipóteses de aumento de pena previstas nos dispositivos que se busca acrescer ao diploma penal já figuram nas disposições gerais do Título VI. Dessa forma, o acréscimo dos novos dispositivos pouco contribuirá para a regulamentação da matéria e dará ensejo ao surgimento de controvérsias em torno da aplicabilidade do texto atualmente em vigor". Correta a postura presidencial traduzida no veto, pois haveria superposição de dispositivos, à luz do que consta do art. 226 do CP.

§ 3º Se da conduta resulta lesão corporal de natureza grave:

Pena – reclusão, de 10 (dez) a 20 (vinte) anos.

§ 4º Se da conduta resulta morte:

Pena – reclusão, de 12 (doze) a 30 (trinta) anos.

§ 5º As penas previstas no *caput* e nos §§ 1º, 3º e 4º deste artigo aplicam-se independentemente do consentimento da vítima ou do fato de ela ter mantido relações sexuais anteriormente ao crime.

– Parágrafo inserido pela Lei n. 13.718, de 24 de setembro de 2018.

2. VALOR PROTEGIDO (OBJETIVIDADE JURÍDICA)

A proteção penal volta-se à liberdade sexual e ao pleno (e livre) desenvolvimento das pessoas vulneráveis, ou seja, aqueles que, em face de alguma condição pessoal (transitória ou perene), não dispõem de forças ou de compreensão para resistir a um ataque contra sua dignidade sexual.

Quanto aos menores de 14 anos, sustenta um setor doutrinário que a tutela penal também se dirige à defesa da candura, da inocência e da falta de maturidade mental no que se refere à própria sexualidade[13].

Calha à pena citar que nossa Constituição Federal declara constituir dever da família, da sociedade e do Estado assegurar à criança e ao adolescente, com prioridade absoluta, entre outros, seu direito à dignidade, colocando-os a salvo de toda a forma de negligência, discriminação, exploração, violência, crueldade e opressão (art. 227, *caput*) e, no § 4º, emite verdadeiro mandado de criminalização no que se refere ao abuso, à violência e à exploração sexual da criança e do adolescente, determinando que tais atos deverão ser severamente punidos.

3. TIPO OBJETIVO

A conduta típica consiste em "ter conjunção carnal" ou "praticar outro ato libidinoso" contra pessoa vulnerável. No *caput*, o objeto material é a pessoa menor de 14 anos. Cuida-se de crime de forma livre, também chamado de onímodo, que admite, portanto, *qualquer meio executório* (inclusive a fraude). Não importa, ademais, se houve ou não consentimento para a prática do ato sexual. Se o agente se utilizar de violência ou grave ameaça contra a vítima, deverá tal circunstância ser considerada na dosagem da pena.

O § 1º equipara a estupro de vulnerável o ato libidinoso praticado com doentes ou deficientes mentais que não têm discernimento sexual e com aqueles que, por

[13] Edgardo Alberto Donna, *Derecho penal*: parte especial, t. I, p. 546.

qualquer causa, não podem oferecer resistência. Estes, portanto, estão inseridos no conceito de vulnerabilidade (*vide* item 2, *supra*).

É preciso lembrar que a equiparação mencionada, com respeito à incapacidade de oferecer resistência, não se confunde com o emprego, por parte do sujeito ativo, de "meio que impeça ou dificulte a livre manifestação de vontade do ofendido". No primeiro caso, há estupro de vulnerável, no outro, violação sexual mediante fraude (art. 215, cuja pena é sensivelmente inferior).

Calha citar, uma vez mais, a lição de Guilherme Nucci, para quem o aplicador da lei penal deve basear a distinção no *grau de resistência da vítima*: "Quando houver resistência relativa ou perturbação relativa, logo, há alguma condição de haver inteligência do ato sexual, embora não se possa considerar um juízo perfeito, poder-se-á cuidar da figura do art. 215. Entretanto, havendo resistência nula ou perturbação total, sem qualquer condição de entender o que se passa, dever-se-á tratar da figura do art. 217-A, § 1º"[14].

A conjunção carnal se traduz no ato libidinoso em que ocorre a introdução do pênis na vagina (cópula vaginal), ainda que parcialmente.

Atos libidinosos (diversos da conjunção carnal) são aqueles que tenham natureza sexual, como a felação, o coito anal, o beijo em partes pudendas, as carícias íntimas etc. Em nosso sentir, basta a natureza objetiva do ato; a lei não exige que o autor do fato busque satisfazer a sua lascívia (para um melhor detalhamento, remete-se o leitor ao estudo do art. 213, nos itens referentes ao "tipo objetivo" e "subjetivo"). Assim entendeu o Superior Tribunal de Justiça ao decidir que a conduta de contemplar lascivamente, mediante pagamento, menor de 14 anos desnuda em motel, mesmo que sem contato físico, pode configurar estupro de vulnerável[15].

A pena imposta ao ato reforça a tese (acima sustentada) de que a *vulnerabilidade* (em razão da faixa etária) *é um conceito relativo* (notadamente no que toca a adolescentes), admitindo prova em contrário (isto é, a demonstração de que o parceiro tinha plena consciência e maturidade sexual)[16]. Note que a sanção cominada (reclusão, de oito a quinze anos) possui *patamar mínimo superior ao do crime de homicídio simples*, sem falar que o estupro de vulnerável é crime hediondo (art. 1º, VI, da Lei n. 8.072/90). Importante ressaltar que esse entendimento não prevalece nos Tribunais Superiores, inclusive diante da Súmula 593 do STJ[17], embora tenha relativa aceitação

---

[14] Op. cit., p. 29.

[15] STJ, RHC 70.976/MS, rel. Min. Joel llan Paciornik, 5ª T., j. 2-8-2016 (noticiado no *Informativo STJ*, n. 587).

[16] Esse entendimento não é acolhido pela jurisprudência dominante, conforme teor da Súmula 593 do STJ (ver nota seguinte).

[17] "O crime de estupro de vulnerável se configura com a conjunção carnal ou prática de ato libidinoso com menor de 14 anos, sendo irrelevante eventual consentimento da vítima para a prática do ato, sua experiência sexual anterior ou existência de relacionamento amoroso com o agente".

nas instâncias inferiores[18]. Repise-se que o legislador, pretendendo reforçar o caráter absoluto da vulnerabilidade decorrente da faixa etária, inseriu no art. 217-A o § 5º dispondo que: "As penas previstas no *caput* e nos §§ 1º, 3º e 4º deste artigo aplicam-se independentemente do consentimento da vítima ou do fato de ela ter mantido relações sexuais anteriormente ao crime".

3.1. Ato surpreendente e a vulnerabilidade

Há discussão doutrinária e jurisprudencial sobre a conduta daquele que, de maneira furtiva e surpreendente, toca partes pudendas de alguém (por exemplo, apalpando-lhe as nádegas ou os seios). Para muitos, o fato tipificava atentado violento ao pudor, com violência presumida (com base nos revogados arts. 214 e 224 do CP), o que equivale a dizer, com o advento da Lei n. 12.015, que haveria estupro de vulnerável. O fundamento reside em que, nestas situações, a vítima não teria condições de oferecer resistência.

Em nosso sentir, a subsunção de um ato surpreendente ao art. 217-A do CP fere o princípio da proporcionalidade. Repise-se que a pena mínima do estupro de vulnerável é superior à do homicídio simples. Significa dizer que, numa interpretação puramente literal dos dispositivos, ou, por outro giro, numa análise estritamente formal da tipicidade das condutas, seria mais censurável para a Lei Penal brasileira apalpar lascivamente as nádegas de alguém (quando este estivesse distraído e não tivesse tempo para reagir) do que matá-lo!

---

18 "No caso sob exame, diante das suas particularidades e circunstâncias concretas e do conjunto probatório coligido, é possível afirmar a capacidade e a maturidade da adolescente-vítima em autodeterminar-se na sua vida sexual e, em consequência, afastar a sua vulnerabilidade sexual e concluir pela ausência de ânimo doloso de estuprar por parte do denunciado. Sobre a questão, não se ignora a jurisprudência paradigmática do Superior Tribunal de Justiça sobre a matéria, no sentido de que o consentimento ou a experiência sexual da vítima não afastam a ocorrência do crime de estupro de vulnerável (CP, art. 217-A, *caput*). Neste ponto e no caso, entretanto, incide a figura do *distinguishing* fático-probatório e jurídico-legal que excepciona a aplicação da jurisprudência paradigmática do STJ. Os depoimentos da adolescente, do réu e de todas as testemunhas inquiridas são idôneos, seguros, firmes e lineares no sentido de que a ofendida, com 13 anos e 10 meses de idade, e o réu, com 19 anos de idade, mantiveram um namoro, no curso do qual se relacionaram sexualmente, sempre de forma consentida, de plena e livre vontade. Nesta toada, do exame dos elementos fático-probatórios produzidos nos autos, ressai demonstrada, de um lado, a inequívoca ausência de vulnerabilidade sexual da ofendida e, de outro, a absoluta ausência de dolo de estuprar do réu, daí resultando o provimento do recurso defensivo e a absolvição do réu-apelante com suporte no art. 386, inciso VII, do CPP" (TJRS, ApCr 70078782844, rel. Aymoré Roque Pottes de Mello, 6ª CCr., j. 30-5-2019). No mesmo sentido: TJMG, ApCr 1.0382.12.017068-5/001, rel. Des. Marcílio Eustáquio Santos, 7ª CCr, j. 25-7-2018, e TJDFT, ApCr 20150610021057, j. 30-11-2017.

A exegese das normas penais deve sempre se dar de maneira a harmonizá-las. Cada dispositivo de um Código faz parte de um sistema e, em consonância com este, deve ser interpretado.

Em nosso sentir, portanto, o ato de quem surpreende a vítima e pratica o ato libidinoso colhendo-a distraída deve ser enquadrado no art. 215 do CP (violação sexual mediante fraude). Acrescente-se que, tendo em vista a atual redação do dispositivo, entendemos que o "ataque repentino" se encaixa na elementar "meio que impeça ou dificulte a livre manifestação de vontade da vítima".

4. TIPO SUBJETIVO

O delito é punido exclusivamente na forma dolosa. Exige-se, destarte, a voluntariedade e a consciência, aí incluindo o conhecimento da condição de vulnerabilidade do ofendido. Conforme já se analisou (*vide* item 2, *supra*), o desconhecimento acerca desta condição torna atípica a conduta, por força do art. 20, *caput*, do CP.

5. SUJEITOS DO CRIME

5.1. Sujeito ativo

O crime pode ser cometido por qualquer pessoa (crime comum). Caso o autor da conduta seja menor de 18 anos, embora penalmente inimputável, incorrerá em ato infracional equiparado a delito hediondo, sujeitando-se a medidas socioeducativas previstas no Estatuto da Criança e do Adolescente. Essa afirmação revela o cuidado que se deve ter na interpretação do alcance dos tipos penais, com vistas à proteção do valor fundamental (tipicidade material), já que a prática de atos libidinosos, como carícias íntimas, entre jovens de idades próximas (por exemplo, ambos com 13 anos), não pode significar a realização de um ato capaz de sujeitá-los a um processo perante o juízo da infância e da juventude, com ameaça de aplicação de medidas socioeducativas.

5.2. Sujeito passivo

São vítimas vulneráveis: a) os menores de 14 anos; b) os doentes ou deficientes mentais que não tenham discernimento sexual; c) quem não tiver capacidade de resistência, por qualquer causa (*vide* o estudo sobre o conceito de vulnerabilidade, acima).

6. ESTATUTO DA PESSOA COM DEFICIÊNCIA

O exercício da sexualidade constitui um direito fundamental atrelado à dignidade da pessoa humana. Esse direito também socorre as pessoas portadoras de deficiência. Bem por isso, o Estatuto da Pessoa com Deficiência (Lei n. 13.145/2015) prima, nos termos do seu art. 1º, por "assegurar e a promover, em condições de igualdade, o exercício dos direitos e das liberdades fundamentais por pessoa com deficiência, visando à sua inclusão social e cidadania".

Esse Diploma exerce inegável influência na interpretação do conceito de estupro de vulnerável no que toca a contatos sexuais entre pessoas com deficiência mental, até porque declara expressamente que ela não impede o sujeito de exercer seus direitos sexuais e reprodutivos (art. 6º).

Não se pode, portanto, conferir ao art. 217-A, § 1º, do CP, interpretação segundo a qual qualquer contato sexual entre pessoas mentalmente sãs e outras com déficit mental constitua crime.

O próprio dispositivo penal, com sua atual redação, condiciona a configuração do delito quando a enfermidade ou deficiência mental turba o discernimento da pessoa para a prática do ato libidinoso.

Entendemos razoável, ainda, levar em conta, no caso concreto, se o autor do fato abusou – de qualquer modo – da condição mental do deficiente para obter a satisfação de sua lascívia (por exemplo: se simulou uma brincadeira aparentemente inocente e, iludindo a vítima, que por sua reduzida capacidade cognitiva não se deu conta do caráter lúbrico do ato ao qual foi induzida).

7. CONSUMAÇÃO E TENTATIVA

7.1. Consumação

A realização típica integral dá-se com a prática do ato libidinoso. Trata-se de crime de mera conduta, já que a norma não faz nenhuma menção a resultado naturalístico.

7.2. Tentativa

Admite-se a tentativa, desde que o agente dê início à execução de atos lascivos, mas seja impedido por circunstâncias alheias à sua vontade.

8. CAUSA DE AUMENTO DE PENA DO ART. 9º DA LEI N. 8.072/90

Encontra-se tacitamente revogada pela Lei n. 12.015/2009. De acordo com o art. 9º da Lei dos Crimes Hediondos, "as penas fixadas no art. 6º para os crimes capitulados nos arts. 157, § 3º, 158, § 2º, 159, *caput* e seus §§ 1º, 2º e 3º, 213, *caput* e sua combinação com o art. 223, *caput* e parágrafo único, 214 e sua combinação com o art. 223, *caput* e parágrafo único, todos do Código Penal, são acrescidas de metade, respeitado o limite superior de trinta anos de reclusão, estando a vítima em qualquer das hipóteses referidas no art. 224 também do Código Penal". Nota-se pela redação do dispositivo que o aumento encontrava-se estritamente vinculado ao art. 224 do CP, que foi expressamente revogado pela lei acima citada.[19]

9. FORMAS QUALIFICADAS (§§ 3º E 4º)

Quando do ato sexual resultar lesão corporal de natureza grave, a pena será de reclusão, de dez a vinte anos e, se houver a morte, de doze a trinta anos.

Referidas figuras constituem crimes qualificados pelo resultado, motivo por que o evento qualificador (lesão grave ou óbito) pode ser proveniente de dolo ou culpa, nos termos do disposto no art. 19 do CP. A redação dos §§ 3º e 4º, que se limita a mencionar os eventos agravadores, favorece essa conclusão; afinal, onde a lei não distingue, não cumpre ao intérprete fazê-lo.

É de se perguntar, contudo, *quid inde* se do fato resulta lesão corporal leve? Acreditamos que há concurso formal entre o estupro de vulnerável e o crime do art. 129 do CP. A modalidade de crime sexual em estudo não contém a violência como elementar, de modo que não se pode falar em sua absorção pela figura típica do art. 217-A.

10. AÇÃO PENAL

É pública incondicionada (art. 225).

11. HEDIONDEZ

O estupro de vítima vulnerável é crime hediondo, tendo em vista sua expressa inclusão no rol do art. 1º da Lei n. 8.072/90 (inciso VI), promovida pelo art. 4º da Lei n. 12.015/2009. Os efeitos da hediondez são os seguintes:

a) inafiançabilidade;

b) insuscetibilidade de anistia, graça e indulto;

c) autorização para decretação de prisão temporária por 30 dias, prorrogáveis por igual período, em caso de extrema e comprovada necessidade;

---

[19] Nesse sentido, a jurisprudência do Superior Tribunal de Justiça: "Com o advento da Lei n. 12.015/2009, restou revogada a majorante prevista no art. 9º da Lei dos Crimes Hediondos, não sendo mais admissível a sua aplicação para fatos posteriores a sua edição. Esta inovação legislativa, contudo, mostra-se mais benéfica ao paciente, razão pela qual deve retroagir para alcançar fatos pretéritos" (HC 160.491/MS, rel. Min. Nefi Cordeiro, 6ª T., *DJe* de 5-2-2016). Ver também: STJ, AgRg no AREsp 1.124.561/MS, rel. Min. Jorge Mussi, 5ª T., j. 2-8-2018.

d) cumprimento de pena em regime inicialmente fechado (determinação considerada inconstitucional pelo Supremo Tribunal Federal)[20];

e) progressão de regimes condicionada ao transcurso de quarenta por cento da pena (se primário) e sessenta por cento (se reincidente específico em crime hediondo ou equiparado);

f) obtenção de livramento condicional somente após o cumprimento de dois terços da pena, salvo se o agente for reincidente em crime hediondo ou assemelhado.

No caso de estupro de vulnerável com resultado morte (CP, art. 217-A, § 4º), há regramento mais rigoroso:

a) a progressão de regimes depende do cumprimento de cinquenta por cento da pena (se primário) e setenta por cento (se reincidente específico em crime hediondo ou equiparado com resultado morte);

b) veda-se o livramento condicional (LEP, art. 112, VII e VIII) e a saída temporária (LEP, art. 122, § 2º).

ART. 218 – CORRUPÇÃO (SEXUAL) DE MENORES

1. DISPOSITIVO LEGAL

Corrupção de menor

Art. 218. Induzir alguém menor de 14 (catorze) anos a satisfazer a lascívia de outrem:

Pena – reclusão, de 2 (dois) a 5 (cinco) anos.

---

[20] O STF, em junho de 2012, julgou inconstitucional a determinação de cumprimento da pena em regime inicial fechado, disposta na Lei dos Crimes Hediondos (HC 111.840). Para a Corte, a disposição legal é incompatível com o princípio da individualização da pena (CF, art. 5º, XLV), devendo o juiz levar em conta os critérios gerais previstos no Código Penal. Cuida-se de decisão efetuada em controle difuso de constitucionalidade, de modo que somente produz efeito entre as partes. É bem verdade que, em matéria de homicídio qualificado, mencionada decisão pouco influi, pois, mesmo com base nas normas do CP (art. 33), o magistrado terá que impor regime fechado para o começo do cumprimento da reprimenda. Observe-se, ainda, que o STF, em 2015, decidiu ser compatível com a Constituição Federal em idêntica regra contida na Lei de Tortura, isto é, afirmou que a norma responsável por estabelecer – de maneira inflexível – o cumprimento da pena em regime inicialmente fechado para tal delito equiparado a hediondo não ofende o Texto Maior (HC 123.316). Anote-se, por derradeiro, que o STF reiterou o entendimento de 2012 e fixou tese, com repercussão geral, no sentido de que: "É inconstitucional a fixação *ex lege*, com base no art. 2º, parágrafo 1º, da Lei n. 8.072/1990, do regime inicial fechado, devendo o julgador, quando da condenação, ater-se aos parâmetros previstos no art. 33 do Código Penal" (ARE 1.052.700).

2. VALOR PROTEGIDO (OBJETIVIDADE JURÍDICA)

A norma penal procura tutelar a livre formação da personalidade dos menores de 14 anos, protegendo sua inocência, candura e imaturidade sexual.

Cuida-se da salvaguarda do bem-estar sexual da pessoa menor de 14 anos, em atenção à sua tenra idade e ao seu desenvolvimento físico e psíquico.

3. *ABOLITIO CRIMINIS*

A norma incriminadora proibia o ato de corromper ou facilitar a corrupção sexual de pessoas entre 14 e 18 anos, praticando com estas ou induzindo-as a praticar ou a presenciar "atos de libidinagem".

De há muito a doutrina já questionava a subsistência da tipificação de semelhante ato. Nucci disserta que "a corrupção de menores, nos termos do art. 218, na anterior redação do Código Penal, era antiquada e praticamente inadaptada à realidade. Por isso, já não era aplicada com frequência"[21]. A mesma crítica se via em Renato de Mello Jorge Silveira: "Deve-se, portanto, sustentar a descriminalização de figuras como a de corrupção de menores, como hoje a conhece..."[22].

Com a drástica mudança no dispositivo legal promovida pela Lei n. 12.015, manteve-se tão somente a rubrica, mas agora se pune ato completamente distinto, como se verá nos itens 5 e 6, *infra*.

De qualquer modo, a prática de "atos de libidinagem" com adolescentes maiores de 14 anos (antes englobada na esfera de proteção da regra legal) *tornou-se fato penalmente atípico*, salvo quando realizada no contexto de prostituição ou exploração sexual (pois a conduta se subsumirá, neste caso, ao art. 218-B, § 2º, I, do CP). Nesse sentido, inclusive, decidiu o Procurador-Geral de Justiça de São Paulo, o qual manteve o arquivamento do inquérito policial proposto pelo promotor natural do caso, analisando remessa judicial, efetuada com base no art. 28 do CPP[23].

4. DENOMINAÇÃO DO CRIME

É de se estranhar tenha o legislador mantido o *nomen iuris* "corrupção de menor", dada a substancial modificação operada na norma incriminadora.

O crime do art. 218, com sua atual redação, constitui, na verdade, forma especial de lenocínio. Isso fica evidente ao se comparar os tipos penais:

---

21 Op. cit., p. 53.

22 Op. cit., p. 430. O autor, por óbvio, refere-se à revogada redação do art. 218 do CP.

23 Protocolado n. 103.502/09 – PGJ/SP.

CORRUPÇÃO DE MENORES (ART. 218)	"LENOCÍNIO PRINCIPAL" OU MEDIAÇÃO PARA SERVIR A LASCÍVIA DE OUTREM (ART. 227, *CAPUT*)
Induzir alguém menor de 14 (catorze) anos a satisfazer a lascívia de outrem	Induzir alguém a satisfazer a lascívia de outrem
Reclusão, de 2 a 5 anos	Reclusão, de 1 a 3 anos

Melhor seria, destarte, se o legislador houvesse simplesmente revogado o art. 218 e inserido, no art. 227, um parágrafo contemplando a punição do lenocínio contra pessoas menores de 14 anos.

Deixou de existir, ademais, a clássica diferença entre a corrupção de menores e o lenocínio principal ou mediação para servir à lascívia de outrem (art. 227). Naquele, buscava o agente dar vazão à sua própria concupiscência (ao realizar o "ato de libidinagem" com o adolescente, ou induzindo-o a praticá-lo ou presenciá-lo), ao passo que, neste, o sujeito atua como intermediário da lascívia alheia (proxeneta ou cáften[24]).

Com a mudança operada em 2009, a distinção entre os delitos tornou-se meramente formal, posto que diz respeito somente à idade do sujeito passivo.

Registre-se, outrossim, que o lenocínio contém forma qualificada, quando a vítima é maior de 14 anos mas menor de 18, ou quando o agente é seu ascendente, descendente, cônjuge ou companheiro, irmão, tutor ou curador ou pessoa a quem esteja confiada para fins de educação, de tratamento ou de guarda (§ 1º). A pena, nesse caso, é de reclusão, de dois a cinco anos (pena idêntica à da corrupção de menores!). Dessa forma, induzir pessoa menor de 14 anos a satisfazer a lascívia de outrem configura corrupção de menores (art. 218), mas fazê-lo contra pessoas maiores de 14 anos e menores de 18, lenocínio qualificado (art. 227, § 1º), sendo em ambos os casos cominada a mesma sanção.

E se a vítima induzida possuir exatos 14 anos? Haverá lenocínio principal qualificado (art. 227, § 1º), conforme se explicará no item a seguir.

5. TIPO OBJETIVO

Conforme já expusemos, a Lei n. 12.015/2009 modificou substancialmente a construção típica da corrupção de menores.

As condutas nucleares anteriores consistiam em corromper ou facilitar a corrupção de pessoas entre 14 e 18 anos, praticando ou induzindo-os a praticar ou presenciar atos libidinosos.

[24] O proxeneta é o intermediário em relações sexuais alheias.

O verbo, agora, consiste em "induzir" (influenciar moralmente; incutir na mente a ideia de realizar o ato). No dizer de Hungria, analisando idêntica ação contida no crime de lenocínio (art. 227, *caput*), "o *induzimento* consiste no emprego de suasões, promessas, engodos, dádivas, súplicas, propostas reiteradas, numa palavra: todo expediente (não violento ou fraudulento) que tenha sido idôneo ou eficiente para levar a vítima a *satisfazer a lascívia de outrem*"[25].

Cuida-se da punição, como crime autônomo, da participação no ato sexual de outrem. Parece-nos, contudo, que a figura típica em estudo somente deve ter lugar quando a participação for anterior ao ato sexual e não ultrapassar o simples induzimento. Se, além disso, o sujeito colaborar ativamente com a realização do contato libidinoso, será partícipe de estupro de vulnerável (art. 217-A), ficando absorvida a infração do art. 218 (por exemplo, depois de induzir o menor de 14 anos a realizar o ato de libidinagem com terceiro, o sujeito permanece vigiando a porta do quarto em que se realiza o ato sexual, de modo a impedir que outros impeçam a satisfação da lascívia do estuprador de vulnerável).

O legislador não tipificou o ato de "instigar", isto é, fomentar um pensamento já existente (incentivar). Em nosso sentir, a instigação não se subsume ao art. 218, mas pode caracterizar o delito do art. 241-C do ECA, desde que o próprio agente vise à prática de ato libidinoso com o menor (*vide* item 11, *infra*). De ver, ainda, que se o menor for instigado por alguém e, então, realizar o ato libidinoso, o instigador poderá ser autor ou partícipe (conforme tome ou não parte no ato sexual) de estupro de vulnerável (art. 217-A).

O ato de induzir o menor a presenciar o ato sexual passou a ser tipificado no art. 218-A (*vide* análise do dispositivo, adiante).

Alterou-se, igualmente, o objeto material[26], já que diversa a faixa etária (antes, pessoa entre 14 e 18 anos; agora, menor de 14 anos).

Se o agente induzir pessoa *maior de 14 anos* a satisfazer a lascívia alheia, tipifica-se o crime do art. 227 do CP (mediação para servir à lascívia de outrem); dar-se-á a forma simples, se o sujeito passivo for pessoa adulta (vale dizer, com 18 anos completos) (*caput*) e a forma qualificada, quando menor de 18, porém maior de 14 anos (§ 1º). Ressalte-se que a pena da corrupção de menores e do lenocínio qualificado é a mesma (reclusão, de dois a cinco anos).

Pergunta-se: *Qual o crime cometido por aquele que induz pessoa com exatos 14 anos a satisfazer a lascívia de outrem (imagine-se o agente que, no dia do 14º aniversário de um adolescente, procure influenciá-lo a manter relações sexuais com outra pessoa)?*

---

[25] Op. cit., v. VIII, p. 282.

[26] Entende-se por objeto material a pessoa ou coisa sobre a qual recai a conduta.

A se interpretar literalmente as disposições do Código Penal, o fato seria penalmente atípico! Note que o crime de corrupção de menores exige que a pessoa seja *menor de 14 anos* e o lenocínio qualificado (art. 227, § 1º), *maior de 14 anos*.

Poder-se-ia argumentar que o fato se subsume ao lenocínio simples (art. 227, *caput*), posto que a norma prevê o ato de se induzir "alguém" a satisfazer a concupiscência alheia. Essa conclusão, todavia, seria desarrazoada, haja vista, em primeiro lugar, que a correta exegese da norma incriminadora aludida resulta em que são vítimas do crime somente os adultos (pessoas com 18 anos completos).

Parece-nos que a melhor solução, para evitar quaisquer dos absurdos acima (fato atípico ou lenocínio simples), consiste em considerar existente a figura do art. 227, § 1º, do CP (lenocínio qualificado).

O crime de corrupção de menores, com sua atual redação, requer, conforme já se expôs, que o proxeneta busque a satisfação da lascívia de outrem. Por lascívia entende-se o desejo sexual; o desafogo do prazer de cunho erótico; a vazão à luxúria.

Deve-se frisar que o *autor da indução*, também chamado de cáften ou alcoviteiro, *responde pelo crime do art. 218*, ao passo que *a pessoa que pratica o ato sexual com o menor* comete *estupro de vulnerável* (CP, art. 217-A). Trata-se de uma exceção pluralística à teoria monista ou unitária, pois, muito embora ambos concorram com sua conduta para o mesmo resultado naturalístico, cada um viola uma norma penal incriminadora diferente[27]. Advirta-se, entretanto, que o alcoviteiro poderá ser partícipe do estupro de vulnerável quando, *além do induzimento*, prestar auxílio direto a fim de permitir a realização do ato sexual pelo terceiro com o menor de 14 anos.

Registre-se, ainda, que o induzimento deve visar à satisfação de pessoa(s) determinada(s), pois, do contrário, o crime será o do art. 218-B (favorecimento de prostituição ou outra forma de exploração sexual de vulnerável).

6. TIPO SUBJETIVO

A corrupção de menores constitui delito punido exclusivamente na forma dolosa, de modo que pressupõe consciência e vontade de influenciar o menor de 14 anos a realizar atitude tendente à satisfação da lascívia alheia.

Se o agente induz o menor a praticar ação com o escopo de satisfazer sua própria lascívia, há estupro de vulnerável (tentado, se o objetivo não se realiza, ou consumado, quando o agente logra seu ideal e pratica o ato libidinoso).

---

[27] Vale citar, nesse sentido, a lição de Guilherme de Souza Nucci: "... o estrago provocado pelo novo art. 218 será visível. Enquanto o art. 227 era apenas inócuo, o atual art. 218 criou uma modalidade de exceção pluralística à teoria monística, impedindo a punição de partícipe de estupro de vulnerável, pela pena prevista para o art. 217-A, quando se der na modalidade de induzimento" (op. cit., p. 45).

Eventual erro acerca da idade da vítima conduzirá ao surgimento de outra figura típica (mediação para servir à lascívia de outrem - art. 227 do CP).

7. SUJEITOS DO CRIME

7.1. Sujeito ativo

Cuida-se de crime comum, o qual pode ser praticado por qualquer pessoa, *menos por aquele com quem se realiza o ato libidinoso* (este responderá por estupro de vulnerável - art. 217-A).

7.2. Sujeito passivo

Somente pessoa que não completou 14 anos. Se a vítima for maior de 14, mas menor de 18 anos, há lenocínio qualificado (CP, art. 227, § 1º); se maior de 18 anos, lenocínio simples (CP, art. 227, *caput*).

8. CONSUMAÇÃO E TENTATIVA

8.1. Consumação

O crime é material ou de resultado, motivo por que é necessário que a vítima seja efetivamente influenciada e se convença a realizar o ato libidinoso com terceiro. Não se exige, contudo, que da influência resulte na prática do ato tendente à satisfação do prazer sexual alheio. A realização do ato libidinoso configurará exaurimento. Não é necessário, ademais, que a pessoa com quem o contato sexual for estabelecido chegue à plena satisfação de sua libido; basta, repita-se, que se dê o ato de libidinagem entre este e a vítima.

8.2. Tentativa

O *conatus* é admissível, porquanto pode o agente procurar influenciar psicologicamente o menor, que, por circunstâncias alheias à vontade do autor, não ceda às suas táticas suasivas.

9. CAUSAS DE AUMENTO

Aplicam-se as exasperantes do art. 226 do CP. Aquelas previstas no art. 234-A do Código (resultar gravidez ou contaminação de doença sexualmente transmissível), todavia, somente terão incidência se o agente tiver ciência sobre a possibilidade de sua ocorrência (por exemplo, sabendo que o *tertius* encontra-se acometido de doença sexualmente transmissível).

10. LEI N. 2.252/54 E ART. 244-B DO ECA

A Lei n. 12.015/2009 *revogou expressamente* a Lei n. 2.252, cujo art. 1º (também denominado "corrupção de menores") descrevia o ato de corromper menores de 18 anos, com estes praticando crime ou contravenção, ou induzindo-os a cometê-los.

Não houve, contudo, abolitio criminis, *porquanto o fato continua sendo tipificado penalmente.* A norma incriminadora migrou para o art. 244-B do ECA (Lei n. 8.069/90), com idêntica redação: "Corromper ou facilitar a corrupção de menor de 18 (dezoito) anos, com ele praticando infração penal ou induzindo-o a praticá-la". A pena, ademais, é a mesma (reclusão, de 1 a 4 anos), salvo quanto à multa (que não mais se comina – nesse aspecto, trata-se de *novatio legis in mellius*).

O § 1º contém norma explicativa, revelando que "incorre nas penas previstas no *caput* deste artigo quem pratica as condutas ali tipificadas utilizando-se de quaisquer meios eletrônicos, inclusive salas de bate-papo da internet".

O § 2º do art. 244-B, por fim, criou causa de aumento de pena (no patamar de um terço), no caso de a infração cometida ou induzida configurar crime hediondo ou equiparado.

Destaque-se que, segundo entendimento corrente da jurisprudência, o delito em destaque tem natureza formal, isto é, dispensa-se prova da efetiva corrupção moral do menor, bastando comprovar-se que o agente praticou com ele infração penal ou o induziu a fazê-lo. Nesse sentido: "A configuração do crime do art. 244-B do ECA independe da prova da efetiva corrupção do menor, por se tratar de delito formal" (Súmula 500 do Superior Tribunal de Justiça).

11. ESTATUTO DA CRIANÇA E DO ADOLESCENTE

O Estatuto da Criança e do Adolescente (Lei n. 8.069/90) contém diversas condutas atentatórias à dignidade sexual de criança e adolescente (arts. 240 a 244-A).

O art. 241-D (inserido pela Lei n. 11.829/2008) possui figura típica semelhante à corrupção de menores. De acordo com o citado dispositivo, constitui crime: "Aliciar, assediar, instigar ou constranger, por qualquer meio de comunicação, criança, com o fim de com ela praticar ato libidinoso" (pena, reclusão, de 1 a 3 anos, e multa).

Cuida-se de crime formal, em que o agente não atua como intermediário da luxúria alheia (proxeneta), mas busca dar vazão ao próprio prazer sexual. O crime do art. 241-D somente se dá quando o sujeito passivo for criança (pessoa de até 12 anos incompletos). Além disso, consuma-se independentemente da realização do ato sexual (se este ocorrer, responde o agente por estupro de vulnerável – art. 217-A do CP –, ficando o delito do Estatuto por este absorvido).

O parágrafo único do art. 241-D do ECA pune, ainda, com penas idênticas às do *caput,* quem: "I – facilita ou induz o acesso à criança de material contendo cena de sexo explícito ou pornográfica com o fim de com ela praticar ato libidinoso; II – pratica as condutas descritas no *caput* deste artigo com o fim de induzir criança a se exibir de forma pornográfica ou sexualmente explícita".

12. QUADRO COMPARATIVO DA CORRUPÇÃO DE MENORES ANTES E DEPOIS DA MODIFICAÇÃO INTRODUZIDA PELA LEI N. 12.015

CARACTERÍSTICAS	CORRUPÇÃO DE MENORES (REDAÇÃO ANTERIOR)	CORRUPÇÃO DE MENORES (REDAÇÃO ATUAL)
Verbo nuclear	Corromper, facilitar a corrupção, induzir a praticar ou presenciar (atos de libidinagem)	Induzir à satisfação (da lascívia de outrem)
Objeto material	Pessoa maior de 14 e menor de 18 anos	Pessoa menor de 14 anos
Consumação	Com o ato de libidinagem (praticado, induzido ou presenciado)	Com a satisfação da lascívia alheia
Pena	Reclusão, de 1 a 4 anos	Reclusão, de 2 a 5 anos

13. PENA E AÇÃO PENAL

A pena cominada é de reclusão, de 2 a 5 anos. O crime se processa por ação penal pública incondicionada e segue o rito comum ordinário.

ART. 218-A – SATISFAÇÃO DE LASCÍVIA MEDIANTE PRESENÇA DE CRIANÇA OU ADOLESCENTE

1. DISPOSITIVO LEGAL

Satisfação de lascívia mediante presença de criança ou adolescente

Art. 218-A. Praticar, na presença de alguém menor de 14 (catorze) anos, ou induzi-lo a presenciar, conjunção carnal ou outro ato libidinoso, a fim de satisfazer lascívia própria ou de outrem:

Pena – reclusão, de 2 (dois) a 4 (quatro) anos.

2. VALOR PROTEGIDO (OBJETIVIDADE JURÍDICA)

É o mesmo do art. 218 do CP, ou seja, a livre formação da personalidade do menor, do ponto de vista de sua sexualidade; a proteção de sua inocência, candura e imaturidade sexual e a salvaguarda de seu bem-estar sexual, em atenção à sua tenra idade e ao seu desenvolvimento físico e psíquico.

3. TIPO OBJETIVO

A ação nuclear consiste em *praticar (realizar, executar)* qualquer ato libidinoso (seja conjunção carnal ou não), *na presença de menor de 14 anos* ou *induzi-lo a presenciar (visualizar) o ato*, visando à satisfação da lascívia própria ou de outrem.

Na primeira parte da disposição, o autor do crime pratica o ato sexual; na segunda parte, induz o ofendido a presenciar ato praticado por terceiro. Nesse caso, exige-se que o ato seja praticado na presença da vítima, isto é, a(s) pessoa(s) deve(m) estar à vista do menor, realizando-o. Presenciar significa estar presente, testemunhar *de visu*, assistir o ato. Há crime, por exemplo, quando o agente induz um menor a assistir a um ato sexual diante dele praticado.

Na hipótese de se obrigar menor de 12 anos a assistir a um filme pornográfico, por qualquer meio tecnológico (televisão ou computador), parece-nos que a melhor subsunção da conduta será o art. 241-D, parágrafo único, I, do ECA, o qual tipifica o fato de facilitar ou induzir "o acesso à criança de material contendo cena de sexo explícito ou pornográfica com o fim de com ela praticar ato libidinoso" (pena: reclusão, de um a três anos, e multa)[28].

Note-se que, muito embora o *nomen iuris* refira-se a criança (pessoa com até 12 anos incompletos) e adolescente (indivíduo com 12 até 18 anos incompletos) como sujeitos passivos, destes, somente se incluem os menores de 14 anos.

Nas duas modalidades (praticar na presença ou induzir a presenciar), exige-se que o sujeito possua como objetivo satisfazer a lascívia (isto é, o prazer sexual, a luxúria) própria ou alheia.

A nova disposição legal foi criada para suprir lacuna antes existente no Código Penal. Isto porque, antes do advento da Lei n. 12.015/2009, a pessoa que induzisse menor de 14 anos a presenciar ato libidinoso não incorria no revogado art. 214 (que não punia tal conduta), nem no art. 218, com sua redação anterior (que só abrangia vítimas maiores de 14 anos).

Hungria, defendendo a redação original do Código Penal, dizia que não se admitia como corrupção de menores quando estes fossem obrigados a mera contemplação lasciva, dado que estas pessoas, em razão de sua inocência, eram impassíveis de corrupção. Esse pensamento, evidentemente superado, não encontra mais amparo em nossa legislação penal.

[28] Para Nucci, "a evolução tecnológica já propicia a *presença* – estar em determinado lugar ao mesmo tempo em que algo ocorre – por meio de aparelhos apropriados. Portanto, o menor pode a tudo assistir ou presenciar por meio de câmeras e aparelhos de TV ou monitores", motivo pelo qual sustenta ser aplicável o art. 218-A do CP (op. cit., p. 50). Em nosso *Crimes sexuais*, chegamos a admitir idêntica solução. Ocorre, todavia, que, melhor refletindo sobre o assunto, não nos parece adequado equiparar, para efeito de punição criminal, o ato de presenciar, ao vivo e diante dos próprios olhos, com o de assistir por meio de algum aparelho de transmissão de sons e imagens.

3.1. Induzir maior de 14 anos a presenciar ato libidinoso, visando à satisfação da lascívia própria ou alheia

O art. 218-A exige, como elementar, seja a vítima menor de 14 anos. Pergunta-se, então, qual o crime que pratica o agente quando induz *maior de 14 anos* (e menor de 18) a presenciar ato libidinoso, visando à satisfação da lascívia própria ou alheia?

Quando se trata de induzi-lo a presenciar ato libidinoso para dar vazão à luxúria alheia, o crime é o de lenocínio qualificado (CP, art. 227, § 1º).

E se o agente induz o adolescente, maior de 14 e menor de 18 anos, a presenciar ato libidinoso, para satisfazer a **própria** lascívia?

Depende. Se o ato presenciado pela vítima é praticado pelo próprio sujeito ativo, isto é, ele realiza o ato na presença do ofendido, com o objetivo de sentir prazer sexual, sua conduta se enquadra no crime do art. 215-A do CP ("*praticar contra alguém e sem a sua anuência ato libidinoso com o objetivo de satisfazer a própria lascívia ou a de terceiro*"). Note, porém, que o adolescente na faixa etária acima citada não poderá ter dado anuência para a prática do ato; se houver esse consentimento (e a conduta for praticada em ambiente privado), não haverá crime.

Antes do advento da Lei n. 13.718/2018, que introduziu ao Código Penal o art. 215-A, o fato poderia ser enquadrado no art. 232 do ECA. Conforme argumentávamos antes dessa modificação legislativa, o fato era, até então, atípico à luz das disposições do Código Penal (não se subsumia ao art. 218-A, porque a vítima é maior de 14 anos; não se encaixava no art. 227, posto que este só pune quem induz outrem à satisfação da lascívia alheia; não há estupro, porque o ato libidinoso é consensual ou estupro de vulnerável, em razão da idade da vítima; inexistia, de mesma forma, favorecimento à prostituição ou outra forma de exploração sexual, porquanto nesse crime não se visa a satisfazer o prazer sexual de pessoa determinada).

Restava, então, o enquadramento à luz do ECA, nos termos do seu art. 232 ("Submeter criança ou adolescente sob sua autoridade, guarda ou vigilância a vexame ou a constrangimento"; pena: detenção de seis meses a dois anos).

3.2. Praticar ato libidinoso em presença de maior de 14 anos

O fato se amolda, nesse caso, ao art. 215-A do CP, desde que o ato seja cometido *contra* a vítima. De ver, porém, que a aplicação desse tipo penal supõe que a pessoa contra quem o ato libidinoso foi praticado não tenha anuído com a realização deste.

Conclui-se, portanto, que se a vítima for menor de 14 anos, independentemente de seu consentimento, cometerá crime o indivíduo que praticar, na presença dela, ato libidinoso, para satisfazer a lascívia (dele próprio ou de terceiro) – art. 218-A do CP.

Se o ofendido tiver completado 14 anos, só haverá delito se este não houver anuído com a prática do ato (supondo, obviamente, que se cuida de comportamento realizado em ambiente privado, pois, do contrário, poderá haver outro crime, como o ato obsceno, previsto no art. 233 do CP).

Antes da Lei n. 13.718/2018, que introduziu no Código o art. 215-A, o fato *era* penalmente atípico à luz do Código Penal, sendo possível cogitar-se, somente, de aplicar o art. 232 do ECA (citado no item acima).

4. TIPO SUBJETIVO

Cuida-se de crime doloso, motivo por que se exige a vontade e a consciência de induzir o menor de 14 anos a praticar ou presenciar atos libidinosos.

Há, ainda, um elemento subjetivo específico no tipo penal, consistente no intuito de satisfazer a lascívia, própria ou alheia. Assim, se o agente não age para satisfazer sua vontade sexual, mas para escandalizar ou traumatizar o menor, por exemplo, não incorre na infração, podendo ser punido, contudo, por crime previsto no Estatuto da Criança e do Adolescente (art. 240 ou 244-A).

5. SUJEITOS DO CRIME

5.1. Sujeito ativo

Pode ser qualquer pessoa (crime comum).

5.2. Sujeito passivo

Só o indivíduo menor de 14 anos de idade.

É de se considerar a maturidade sexual do ofendido, para efeito de verificar se o ato será materialmente típico. Com efeito, pode não ofender a dignidade sexual de um adolescente de 13 anos, com experiência sexual anterior, praticar atos libidinosos em sua presença. Entendemos que a capacidade de discernimento da vítima, em situações como essa, deva ser avaliada mediante perícia médica.

6. CONSUMAÇÃO E TENTATIVA

6.1. Consumação

Dá-se desde o primeiro momento em que o menor de 14 anos presencia o ato sexual, ainda que não tenha sido suficiente para satisfazer a lascívia do agente (crime formal).

Não é preciso, ainda, que a criança ou o adolescente compreendam a natureza do ato, sendo suficiente que seja realizado na sua presença, com vistas a dar prazer sexual ao autor da conduta ou a terceiro.

6.2. Tentativa

Parece-nos admissível, dado que o crime é plurissubsistente (seu *iter criminis* é fracionável). Imagine-se, por exemplo, a situação em que o agente induz o menor a presenciar o ato e, quando este, influenciado pelo sujeito, se posta diante dos agentes, é surpreendido por seus pais, que impedem a realização dos atos libidinosos.

7. CAUSAS DE AUMENTO DE PENA

Aplicam-se as causas de exasperação previstas no art. 226 (I - de quarta parte, se o crime é cometido com o concurso de duas ou mais pessoas; II - de metade, se o agente é ascendente, padrasto ou madrasta, tio, irmão, cônjuge, companheiro, tutor, curador, preceptor ou empregador da vítima ou por qualquer outro título tem autoridade sobre ela). Não têm incidência, contudo, aquelas definidas no 234-A do CP, que exigem o efetivo contato sexual (e não sua mera contemplação) ("Nos crimes previstos neste Título, a pena é aumentada: (...) III - de metade a dois terços, se do crime resultar gravidez; e IV - de um terço a dois terços, se o agente transmite à vítima doença sexualmente transmissível de que sabe ou deveria saber ser portador")[29]. A majorante do art. 234-A, inciso IV, parte final, introduzida pela Lei n. 13.718/2018, consistente em se tratar de vítima com deficiência, tem plena aplicabilidade ao crime.

8. PENA E AÇÃO PENAL

A pena cominada é de reclusão, de 2 a 4 anos. A ação penal é de iniciativa pública incondicionada. O processo criminal deverá observar o procedimento comum ordinário.

ART. 218-B - FAVORECIMENTO DA PROSTITUIÇÃO OU OUTRA FORMA DE EXPLORAÇÃO SEXUAL DE CRIANÇA OU ADOLESCENTE OU DE VULNERÁVEL

1. DISPOSITIVO LEGAL

Favorecimento da prostituição ou outra forma de exploração sexual de vulnerável

Art. 218-B. Submeter, induzir ou atrair à prostituição ou outra forma de exploração sexual alguém menor de 18 (dezoito) anos ou que, por enfermidade ou deficiência mental,

[29] Os incisos I e II foram vetados: "I - da quarta parte se o crime é cometido com o concurso de duas ou mais pessoas; II - de metade, se o agente é ascendente, padrasto, madrasta, tio, irmão, enteado, cônjuge, companheiro, tutor ou curador da vítima ou se assumiu, por lei ou outra forma, obrigação de cuidado, proteção ou vigilância" (razões do veto: "As hipóteses de aumento de pena previstas nos dispositivos que se busca acrescer ao diploma penal já figuram nas disposições gerais do Título VI. Dessa forma, o acréscimo dos novos dispositivos pouco contribuirá para a regulamentação da matéria e dará ensejo ao surgimento de controvérsias em torno da aplicabilidade do texto atualmente em vigor"). Correta a postura presidencial traduzida no veto, pois haveria superposição de dispositivos, à luz do que consta do art. 226 do CP.

não tem o necessário discernimento para a prática do ato, facilitá-la, impedir ou dificultar que a abandone:

Pena – reclusão, de 4 (quatro) a 10 (dez) anos.

§ 1º Se o crime é praticado com o fim de obter vantagem econômica, aplica-se também multa.

§ 2º Incorre nas mesmas penas:

I – quem pratica conjunção carnal ou outro ato libidinoso com alguém menor de 18 (dezoito) e maior de 14 (catorze) anos na situação descrita no *caput* deste artigo;

II – o proprietário, o gerente ou o responsável pelo local em que se verifiquem as práticas referidas no *caput* deste artigo.

§ 3º Na hipótese do inciso II do § 2º, constitui efeito obrigatório da condenação a cassação da licença de localização e de funcionamento do estabelecimento.

2. VALOR PROTEGIDO (OBJETIVIDADE JURÍDICA)

É o mesmo dos arts. 218 e 218-A, aos quais se remete.

Destaque-se que o nome jurídico do dispositivo legal foi alterado pela Lei n. 12.978, de 21-5-2014, de modo a corrigir dissonância até então existente entre a rubrica e o conteúdo da norma.

Com efeito, o delito se denominava: "favorecimento da prostituição ou de outra forma de exploração sexual de vulnerável", mas podiam figurar como sujeitos passivos adolescentes maiores de 14 anos e que, portanto, refugiam ao conceito legal de vítima vulnerável. Com o ajuste, fica claro que são protegidos pela norma, além das crianças, todos os adolescentes em situação de prostituição ou outra forma de exploração sexual.

Anote-se que a mencionada Lei incluiu o crime do art. 218-B no rol do art. 1º da Lei n. 8.072/90, tornando-o, portanto, delito hediondo. Os efeitos da hediondez[30], contudo, somente podem ser aplicados a fatos cometidos a partir do início da vigência da Lei n. 12.978, que se deu em 22 de maio de 2014, por se cuidar de evidente *novatio*

[30] São eles: a) a inafiançabilidade; b) a insuscetibilidade de anistia, graça e indulto; c) a autorização para decretação de prisão temporária por 30 dias, prorrogáveis por igual período, em caso de extrema e comprovada necessidade; d) o cumprimento de pena em regime inicialmente fechado (determinação considerada inconstitucional pelo Supremo Tribunal Federal – ARE 1.052.700); e) a progressão de regimes condicionada ao transcurso de quarenta por cento da pena (se primário) e sessenta por cento (se reincidente específico em crime hediondo ou equiparado); f) a obtenção de livramento condicional somente após o cumprimento de dois terços da pena, salvo se o agente for reincidente em crime hediondo ou assemelhado.

legis in pejus, cuja irretroatividade é proclamada pela Constituição Federal (art. 5º, inciso XL) e pelo próprio Código Penal (art. 2º).

3. DIFERENÇA COM OS ARTS. 218 (CORRUPÇÃO DE MENOR) E 218-A (SATISFAÇÃO DA LASCÍVIA MEDIANTE PRESENÇA DE CRIANÇA OU ADOLESCENTE)

Os delitos de corrupção de menores e satisfação da lascívia mediante presença de menor de 14 anos diferem da facilitação à prostituição ou outra forma de exploração sexual de pessoa vulnerável justamente porque, neste caso, a conduta não visa ao prazer sexual de pessoa(s) determinada(s).

Outra distinção encontra-se no sujeito passivo, que no caso do art. 218-B abrange menores de 18 anos e enfermos ou doentes mentais desprovidos de discernimento sexual.

4. TIPO OBJETIVO

As condutas típicas são "submeter", "induzir" ou "atrair". *Submeter* significa sujeitar, reduzir à obediência do agente para praticar algo. *Induzir* traz a ideia de influenciar moralmente; incutir na mente a ideia de se prostituir. É de se lembrar, uma vez mais, a lição de Hungria: "o *induzimento* consiste no emprego de suasões, promessas, engodos, dádivas, súplicas, propostas reiteradas, numa palavra: todo expediente (não violento ou fraudulento) que tenha sido idôneo ou eficiente para levar a vítima a *satisfazer a lascívia de outrem*"[31]. *Atrair* quer dizer seduzir a fazer, incitar à prática de, fazer aderir.

A conduta do sujeito ativo deve ser dirigida a *fomentar atividades de prostituição ou outra forma de exploração sexual*.

O que se entende por exploração sexual?

Em nosso modo de ver, cuida-se de um conceito transportado pelo legislador ao texto legal, inspirado num viés defendido por setores do feminismo, para quem a prostituição, em si considerada, representa uma forma de violência sexista (ou seja, da dominação do masculino sobre o feminino), constituindo uma forma de explorar (tirar proveito) da sexualidade da mulher, colocando-a numa situação de inferioridade em razão do gênero.

A expressão se revela inoportuna e carente de significado jurídico-constitucional.

Uma vez empregada pelo tipo penal, não obstante, é preciso definir seu sentido.

---

[31] Op. cit., v. VIII, p. 282.

Trata-se de *elemento normativo do tipo*[32]. A Lei Penal, em nosso sentir, fornece alguns vetores interpretativos. Em primeiro lugar, *não se confunde a exploração sexual com a violência sexual*. Esta se dá quando ocorrem crimes sexuais, como o estupro (art. 213), em que o sujeito passivo é "violentado" em sua liberdade de autodeterminação. Além disso, *exploração sexual distingue-se da mera satisfação sexual* (atividade obviamente lícita). Os conceitos de violência sexual e satisfação sexual representam as fronteiras, ou, em outras palavras, os extremos opostos que delimitam o campo interpretativo da "exploração sexual". É decisivo, ademais, notar que a elementar foi expressamente equiparada pelo legislador à prostituição. Adotou-se, neste particular, o método da chamada interpretação analógica, em que se utiliza uma fórmula genérica, seguida de exemplificação casuística. Quando isto se dá, gênero e espécie se autolimitam, vale dizer, não podem ser compreendidos um sem o outro. *In casu*, a exploração sexual é o *genus* e a prostituição, a *specie*.

Conclui-se daí que a exploração sexual deve ser entendida como uma espécie de prostituição (mercancia sexual do corpo)[33].

Também se encontra na disposição o ato de *facilitar* (auxiliar, ajudar) a prostituição ou exploração sexual da vítima ou *impedir ou dificultar que as abandone*.

O objeto material deve ser pessoa menor de 18 anos ou enfermo ou deficiente mental sem discernimento sexual.

Em se tratando de *maiores de 18 anos*, mentalmente sãos e aptos à compreensão sexual, o crime é o do art. 228 ("Induzir ou atrair alguém à prostituição ou outra

---

[32] Registre-se que a expressão se encontra no âmbito de nosso Texto Constitucional, no art. 227, § 4º, o qual determina: "A lei punirá severamente o abuso, a violência e a *exploração sexual* da criança e do adolescente" (grifo nosso). Além disso, é empregada no Estatuto da Criança e do Adolescente, que, no art. 244-A, tipifica o ato de "submeter criança ou adolescente, como tais definidos no *caput* do art. 2º desta Lei, à prostituição ou à exploração sexual: Pena – reclusão de 4 (quatro) a 10 (dez) anos, e multa. § 1º Incorrem nas mesmas penas o proprietário, o gerente ou o responsável pelo local em que se verifique a submissão de criança ou adolescente às práticas referidas no *caput* deste artigo. § 2º Constitui efeito obrigatório da condenação a cassação da licença de localização e de funcionamento do estabelecimento".

[33] Segundo Nucci, "verifica-se ser a *exploração sexual* uma conduta genérica, voltada a tirar proveito, abusar, lucrar mediante fraude ou engodo de pessoas, visando-se a satisfação da lascívia". Adverte o autor: "Na prática, é preciso cuidado para não tornar *exploração sexual* em condutas outras, que não passam de pura *satisfação sexual* ou mesmo autêntica *violência sexual*". Seriam exemplos de exploração sexual, diante disso, as práticas dos crimes de violação sexual fraudulenta (art. 215), assédio sexual (art. 216-A), etc. (op. cit., p. 57). Em que pese o autorizado escólio, entendemos que, *de lege lata*, não se pode considerar existente a exploração sexual somente quando há fraude ou engodo no proceder do agente. Isto reduz o conceito à prática de (alguns) crimes sexuais. Ocorre que houve veto ao art. 234-C, o qual identificava a exploração sexual com a prática dos delitos tipificados no Título VI. Como constou das razões do veto: "Ao prever que ocorrerá exploração sexual sempre que alguém for vítima dos crimes contra os costumes, o dispositivo confunde os conceitos de 'violência sexual' e de 'exploração sexual', uma vez que pode haver violência sem a exploração".

forma de exploração sexual, facilitá-la, impedir ou dificultar que alguém a abandone") ou, eventualmente, o do art. 229 – casa de prostituição (que é especial em relação a este).

4.1. Condutas equiparadas (§ 2º)

O art. 218-B também pune o agente que mantém conjunção carnal ou pratica atos libidinosos com pessoas maiores de 14 e menores de 18 anos, colocadas em situação de prostituição ou outra forma de exploração sexual.

É de anotar-se que o delito ocorrerá independentemente do emprego de violência física, grave ameaça ou fraude. Pune-se, destarte, a relação consensual entre tais pessoas. Se houver meio violento, intimidativo ou fraudulento, o crime será o estupro (art. 213) ou a violação sexual mediante fraude (art. 215).

É necessário, a toda evidência, que o sujeito ativo tenha conhecimento da idade da vítima (se não o possuir, haverá erro de tipo, o qual exclui o dolo, nos termos do art. 20, *caput*).

Se a pessoa com quem o agente mantiver a relação sexual ou praticar o ato libidinoso for menor de 14 anos, haverá estupro de vulnerável (art. 217-A).

4.2. Proprietário, gerente ou responsável pelo local

O dispositivo legal expressamente se refere a estas pessoas, cominando-lhes a pena prevista no *caput*, desde que, obviamente, tenham conhecimento da atividade realizada no local. Trata-se da "casa de prostituição infantil".

5. FIM DE LUCRO (§ 1º)

Se o ato é cometido com intenção de obter vantagem econômica, aplica-se cumulativamente a pena de multa. Não é necessário que a vantagem seja obtida, mostrando-se suficiente a vontade conscientemente dirigida a tal objetivo[34].

6. TIPO SUBJETIVO

Cuida-se de crime doloso. Pressupõe a consciência e a vontade de atrair etc. o menor à prostituição ou exploração sexual.

---

[34] Discute a doutrina se se trata de qualificadora ou mero acréscimo de pena ao tipo básico. Para Alberto Silva Franco e Tadeu Silva (op. cit., p. 1.121), cuida-se de forma qualificada (diferentemente do que pensa, por exemplo, Guilherme Nucci). Em nosso sentir, somente se pode falar em qualificadora quando há uma elevação do mínimo e máximo cominado na modalidade fundamental. Como se trata apenas de unir ao preceito secundário a sanção pecuniária, não vislumbramos a existência de verdadeira qualificadora.

Quanto à figura equiparada (inciso I), exige-se que o agente tenha consciência de que realiza ato sexual com prostituta menor de 18 anos. O desconhecimento da idade caracteriza erro de tipo (CP, art. 20), tornando atípico o ato.

7. SUJEITOS DO CRIME

7.1. Sujeito ativo

Por se tratar de crime comum, pode ser cometido por qualquer pessoa.

7.2. Sujeito passivo

Somente podem ser vítimas os menores de 18 anos e doentes ou deficientes mentais sem discernimento sexual.

Na hipótese da figura equiparada (inciso I), a vítima, embora menor de 18 anos, deve possuir 14 anos completos, possuir discernimento mental quanto aos atos sexuais e não ter suprimida sua capacidade de resistência.

Se as pessoas prostituídas foram menores de 14 anos, não se aplica o art. 218-B, mas sim o art. 217-A, ou seja, trata-se de *estupro de vulnerável*. O cliente que mantém o ato libidinoso com a criança ou adolescente na mencionada faixa etária é o autor material do mencionado crime hediondo, ao passo que o agente que submete, induz, atrai, facilita a exploração sexual desses menores, impede ou dificulta o abandono, será o partícipe (porquanto auxilia moral ou materialmente a realização do encontro carnal). Raciocínio idêntico se aplica nas demais hipóteses de vulnerabilidade (*vide* art. 217-A do CP).

8. CONSUMAÇÃO E TENTATIVA

8.1. Consumação

O delito consuma-se quando a vítima inicia a prática da prostituição ou outra forma de exploração sexual (crime material). Cuida-se do chamado "estado de prostituição" (ou assemelhado).

Nas condutas "dificultar" ou "impedir" (o abandono), o estado deletério à sexualidade preexiste, de modo que o momento consumativo dá-se com o ato de criar embaraço ou empecilho. Tendo em vista o verbo "dificultar" contido na disposição, o delito estará consumado nessa modalidade, ainda que a vítima vença a barreira criada e abandone a prostituição ou outra forma de exploração sexual, deixando, por exemplo, de laborar no lupanário.

No caso da figura equiparada (§ 2º, I), a realização integral típica dá-se com a prática do ato libidinoso.

8.2. Tentativa

O *conatus* é admissível. É possível que o agente procure dissuadir o sujeito passivo a se prostituir ou se submeter à exploração sexual, mas veja frustrado seu intento por circunstâncias alheias à sua vontade.

O mesmo se pode dizer da figura equiparada (inciso I), pois o agente pode buscar os serviços de uma prostituta, sabendo-a menor de 18 anos (mas com 14 anos completos), mas não lograr realizar qualquer contato sexual (apesar de já ter ingressado no *iter criminis*, por exemplo, efetuando o pagamento do valor cobrado), por circunstâncias alheias à sua vontade (*v.g.*, ser surpreendido pela Polícia, que o prende em flagrante).

9. EFEITO DA CONDENAÇÃO (§ 3º)

A Lei Penal criou um efeito automático da condenação, consistente na cassação da licença de localização e de funcionamento do estabelecimento, quando for condenado o proprietário, o gerente ou o responsável pelo local em que se verifiquem a prática da prostituição ou exploração sexual envolvendo menores de 18 anos ou vítimas vulneráveis.

Concordamos com Nucci quando pondera que, embora se trata de efeito automático que, por tal motivo, dispensa motivação na sentença (decorre diretamente do texto da lei), deve ser expressamente declarado na sentença (ou seja, não se presume do fato de ter o proprietário etc. sofrido a condenação penal)[35].

10. REVOGAÇÃO DO ART. 244-A DO ECA

O tipo penal incriminador mencionado dá-se quando o sujeito "submeter criança ou adolescente, como tais definidos no *caput* do art. 2º desta Lei, à prostituição ou à exploração sexual". O § 1º da disposição pune "o proprietário, o gerente ou o responsável pelo local em que se verifique a submissão de criança ou adolescente às práticas referidas no *caput* deste artigo". O § 2º, por fim, declara constituir "efeito obrigatório da condenação a cassação da licença de localização e de funcionamento do estabelecimento". As elementares do art. 218-A do CP são idênticas às da norma transcrita, a qual se encontra, por esse motivo, *tacitamente revogada*.

11. PENA E AÇÃO PENAL

A pena é de reclusão, de 4 a 10 anos. A ação penal é pública incondicionada, tendo em vista o disposto no art. 225 do CP. O processo seguirá o rito comum ordinário.

---

[35] Op. cit., p. 60.

ART. 218-C – DIVULGAÇÃO DE CENA DE ESTUPRO E ESTUPRO DE VULNERÁVEL, E DE SEXO OU PORNOGRAFIA

1. DISPOSITIVO LEGAL

Art. 218-C. Oferecer, trocar, disponibilizar, transmitir, vender ou expor à venda, distribuir, publicar ou divulgar, por qualquer meio – inclusive por meio de comunicação de massa ou sistema de informática ou telemática –, fotografia, vídeo ou outro registro audiovisual que contenha cena de estupro ou de estupro de vulnerável ou que faça apologia ou induza a sua prática, ou, sem o consentimento da vítima, cena de sexo, nudez ou pornografia:

Pena – reclusão, de um a cinco anos, se o fato não constitui crime mais grave.

Aumento de pena

§ 1º A pena é aumentada de 1/3 (um terço) a 2/3 (dois terços) se o crime é praticado por agente que mantém ou tenha mantido relação íntima de afeto com a vítima ou com o fim de vingança ou humilhação.

§ 2º Não há crime quando o agente pratica as condutas descritas no *caput* deste artigo em publicação de natureza jornalística, científica, cultural ou acadêmica com a adoção de recurso que impossibilite a identificação da vítima, ressalvada sua prévia autorização, se ela for maior de 18 (dezoito) anos.

2. VALOR PROTEGIDO (OBJETIVIDADE JURÍDICA)

Protege-se a *dignidade sexual*, a *honra* e a *intimidade* das pessoas e, ainda, a *paz pública*.

O dispositivo legal tipifica duas condutas. A primeira delas consiste na divulgação de cena envolvendo estupro ou estupro de vulnerável e é nesse contexto que se tutela, além da honra e da intimidade das vítimas desses crimes, a paz pública, porque o fato poderia incentivar terceiros a fazer o mesmo.

O outro comportamento punido se consubstancia na divulgação de cenas de sexo ou pornografia, sem o consentimento do ofendido. A salvaguarda legal se volta, neste caso, à proteção da dignidade sexual da vítima, sua honra e intimidade.

A norma penal incriminadora em questão foi inserida no Código por meio da Lei n. 13.718, de 24-9-2018, entrando em vigor no dia seguinte, quando publicada no *Diário Oficial*. Trata-se de *novatio legis* incriminadora e, desse modo, não tem alcance retroativo, por obediência ao preceito constitucional do art. 5º, inciso XL e da regra legal contida no art. 2º do CP.

3. TIPO OBJETIVO

O tipo penal é de conteúdo misto ou alternativo, pois descreve diversos verbos interligados pela conjunção "ou". São eles: oferecer (ofertar), trocar (realizar escambo), disponibilizar (tornar disponível, acessível a terceiro), transmitir (exibir a terceiros), vender (ceder onerosamente), expor à venda (exibir a fim de que alguém adquira onerosamente), distribuir (procurar entregar a terceiros), publicar (tornar público) ou divulgar (anunciar).

O fato pode ser praticado por qualquer meio, inclusive de comunicação de massa, sistema de informática ou telemática.

O objeto material, i.e., a coisa sobre a qual deve recair a conduta, reside em fotografia, vídeo ou qualquer registro audiovisual, contendo cena de estupro, estupro de vulnerável, que faça apologia ou induza sua prática.

Quando se tratar de cena de estupro de vulnerável, é preciso atentar-se para a modalidade deste crime, pois, a depender do caso, não se aplicará o art. 218-C do CP, mas o art. 241-A do ECA.

Explica-se: o estupro de vulnerável, tipificado no art. 217-A do CP, ocorre quando o agente tem conjunção carnal ou pratica outro ato libidinoso com: (i) menor de 14 anos (*caput*), (ii) com alguém que, por enfermidade ou deficiência mental, não tem o necessário discernimento para a prática do ato (§ 1º), ou, (iii) que, por qualquer outra causa, não pode oferecer resistência (§ 1º).

Se a fotografia, vídeo ou registro audiovisual contiver cena de estupro de vulnerável relativo à vítima portadora de enfermidade ou doença mental, sem o necessário discernimento para o ato, ou que, por qualquer motivo, não possa oferecer resistência, o agente responde pelo art. 218-C, sujeitando-se a pena de reclusão, de 1 a 5 anos.

Caso, entretanto, se trate de fotografia, vídeo ou registro audiovisual relativo à cena de estupro de vulnerável de pessoa menor de 14 anos, configura-se o crime do art. 241-A do ECA[36], o qual possui pena de reclusão, de 3 a 6 anos, e multa.

Note que o preceito secundário do art. 218-C do CP deixa claro que o tipo somente se aplica quando o fato não constituir crime mais grave e, em cenas retratando crianças ou adolescentes, a conduta tipifica o delito mais grave previsto no ECA.

Também pode ser objeto material do crime do 218-C cena de sexo, nudez ou pornografia (ainda que não envolvam crimes sexuais), quando a ação é praticada sem o consentimento (nesse caso expresso) da vítima. Não se admite consentimento tácito para a divulgação de cenas envolvendo atos sexuais consentidos. Trata-se de condutas praticadas de maneira privada, no seio da intimidade das pessoas envolvidas, subentendendo-se que a revelação, de qualquer modo, a terceiros, é, a princípio, indesejada pelos sujeitos. O fato de alguém concordar em ser filmado ou fotografado pelo parceiro durante um ato sexual não implica, portanto,

[36] Art. 241-A do ECA: "Oferecer, trocar, disponibilizar, transmitir, distribuir, publicar ou divulgar por qualquer meio, inclusive por meio de sistema de informática ou telemático, fotografia, vídeo ou outro registro que contenha cena de sexo explícito ou pornográfica envolvendo criança ou adolescente: Pena – reclusão, de 3 (três) a 6 (seis) anos, e multa".

consentimento à divulgação do registro efetuado (a não ser, obviamente, que se cuide de registro efetuado em tempo real, com transmissão para terceiros, tendo todos plena consciência disso).

A pessoa que realiza a filmagem, a fotografia, a produção da cena ou ato ou seu registro, por qualquer meio, comete, a princípio, o disposto no art. 216-B do Código (registro não autorizado da intimidade sexual), que é infração de menor potencial ofensivo (pena de 6 meses a 1 ano de detenção, e multa). Se esse indivíduo, posteriormente, transmite a terceiros o conteúdo registrado, responde pelo art. 218-C, ficando o crime anterior, por sua relação de meio, absorvido pela infração mais grave (crime-fim).

Repise-se que o crime em comento é expressamente subsidiário, motivo pelo qual em se tratando de divulgação de cena que retrate pessoa menor de 18 anos, a conduta se subsume ao tipo penal previsto no art. 241-A do ECA, apenado com reclusão, de 3 a 6 anos, e multa.

4. TIPO SUBJETIVO

O fato somente é punido na forma dolosa, seguindo a diretriz do art. 18 do Código Penal, que estipula a excepcionalidade do crime culposo. Só incorre no delito, portanto, a pessoa que tem consciência e vontade de divulgar (etc.) a terceiros o conteúdo mencionado no dispositivo legal.

5. SUJEITOS DO CRIME

5.1. Sujeito ativo

Por se tratar de delito comum, qualquer pessoa pode figurar como sujeito ativo. Aquele que recebe o material ou o acessa não incorre na infração, a não ser que tenha, de algum modo, participado do ato anterior (por exemplo, o sujeito que induz alguém a filmar sua parceira em cena de sexo para lhe exibir o registro audiovisual obtido). Aplica-se, ao partícipe, o art. 29, *caput*, do CP.

5.2. Sujeito passivo

É a pessoa retratada, que teve sua honra, dignidade sexual e intimidade ilicitamente expostas com a divulgação das cenas, fotografias ou imagens. Se a pessoa retratada no conteúdo ilegal for pessoa idosa (com idade igual ou superior a 60 anos) ou com deficiência, a pena será aumentada de um a dois terços.

Observe-se que, nos casos em que a vítima não é identificada ou inidentificável, o sujeito passivo será a coletividade se o registro for de cena de estupro ou outra conduta que faça apologia ou induza o cometimento do delito.

6. CONSUMAÇÃO E TENTATIVA

6.1. Consumação

O crime é de mera conduta. Basta que o agente incorra em quaisquer dos verbos para que se dê a consumação. Em alguns casos, é preciso que o conteúdo tenha sido acessado por terceiros, como nos verbos "transmitir" e "divulgar". Em outros, não há essa exigência, como ocorre no ato de "oferecer", "vender", "expor à venda", por exemplo.

6.2. Tentativa

Admite-se o *conatus proximus*, na maioria das condutas típicas, que traduzem ações plurissubsistentes, isto é, podem ser divididas em atos e, portanto, obstadas antes de sua realização integral, por circunstâncias alheias à vontade do agente. Assim, por exemplo, o indivíduo que filmou sua parceira durante o ato sexual e, ao fazer o *upload* da cena na *internet*, não consegue concretizar o ato porque a vítima, percebendo a ação com a qual não consentiu, impede que o vídeo seja carregado, frustrando a conduta do agente.

7. CAUSA DE AUMENTO (§ 1º)

"A pena é aumentada de um a dois terços se o crime é praticado por agente que mantém ou tenha mantido relação íntima de afeto com a vítima, ou com o fim de vingança ou humilhação".

Existem três causas específicas de majoração da pena do crime de divulgação de cena sexual.

A primeira, refere-se à existência de relação íntima de afeto que o agente mantenha ou tenha mantido com a vítima. Entende-se por tal, a relação de caráter amoroso entre pessoas, pouco importando o gênero delas, bem como a intensidade ou duração do envolvimento; incluem-se, portanto, o casamento, a união estável, o namoro e até mesmo relações mais efêmeras ou fugazes, nas quais tenha havido uma ligação carinhosa (no sentido sexual) entre os envolvidos.

As outras duas exasperantes se referem à motivação: trata-se de agir por vingança, fato conhecido pela expressão "revenge porn" (por exemplo, a atitude de revanchismo em face do inconformismo com o término da relação mantida; o ciúme pelo fato de o ex-parceiro ter se relacionado com outra pessoa) ou agir por humilhação, isto é, com o propósito de menoscabar a vítima, expô-la à vergonha alheia, ridicularizá-la ou prejudicar sua reputação moral perante os demais.

O juiz deve graduar o aumento (de um a dois terços) levando em conta, no primeiro caso, a intensidade da relação íntima mantida. Quanto mais duradoura e séria, mais grave a traição da antiga confiança entre os parceiros e, portanto, maior deve ser a reprimenda. Nos demais casos, examina-se o fato motivador da vingança, que pode apresentar diferentes níveis de reprovabilidade, ou o grau de humilhação a que o ofendido foi exposto.

8. EXCLUSÃO DO CRIME (§ 2º)

"Não há crime quando o agente pratica as condutas descritas no *caput* deste artigo em publicação de natureza jornalística, científica, cultural ou acadêmica com a adoção de recurso que impossibilite a identificação da vítima, ressalvada sua prévia autorização, se ela for maior de dezoito anos".

Cuida-se a norma do § 2º de causas específicas de exclusão da ilicitude do fato. Vale notar que a norma só reconhece a exclusão da ilicitude quando se trata de publicação de cunho jornalístico, científico, cultural ou acadêmico que tomou o cuidado de impossibilitar, por qualquer recurso, a identificação da vítima, salvo quando esta, sendo maior de dezoito anos, autorizou sua identificação.

Interessante questão é saber se a maioridade da vítima, que permite a ela autorizar sua identificação na publicação, refere-se à faixa etária ao tempo do fato ou por ocasião da autorização emitida. Imagine, por exemplo, que um adolescente seja vítima do delito e, depois de completar 18 (dezoito) anos, autorize que sua identidade seja informada na publicação. Haverá exclusão do crime por parte do autor desta publicação? Entendemos que sim. Afinal, depois de atingir a maioridade, o ofendido tem autonomia jurídica plena para dispor sobre sua imagem.

9. CLASSIFICAÇÃO DO CRIME

Trata-se de crime *comissivo* (realiza-se por meio de ações, admitindo-se, por óbvio, a forma comissiva imprópria, nos termos do art. 13, § 2º, do CP), *comum* (qualquer indivíduo pode figurar como sujeito ativo), *de mera conduta*, na maioria dos verbos (pois o tipo penal se limita a descrever a ação incriminada, sem vincular a punição a qualquer resultado ulterior; nos verbos "transmitir" e "divulgar", é necessário que o conteúdo seja acessado por terceiros), *instantâneo* (porquanto se realiza na conduta, sem prolongar sua fase consumativa no tempo, salvo na conduta "disponibilizar" – conforme o modo como esta se dê – e na conduta "expor à venda; nestas, trata-se de crime *permanente*, admitindo-se que a fase consumativa se prolongue no tempo) e *plurissubsistente* (seu *iter criminis* pode ser fracionado).

10. PENA E AÇÃO PENAL

A pena é de reclusão, de 1 a 5 anos. O crime é de ação penal pública incondicionada. Admite-se a suspensão condicional do processo (art. 89 da Lei dos Juizados Especiais). O rito processual cabível é o comum ordinário.

Capítulo V

DO LENOCÍNIO E DO TRÁFICO DE PESSOA PARA FIM DE PROSTITUIÇÃO OU OUTRA FORMA DE EXPLORAÇÃO SEXUAL (ARTS. 227 A 232)

1. INTRODUÇÃO

O Capítulo V pune criminalmente comportamentos que, embora não direcionados à satisfação da própria concupiscência, incentivam terceiros a se entregarem ilicitamente à prática de atividades sexuais.

Cuida-se de tutelar a dignidade sexual das pessoas, salvaguardando-as de eventuais influências de terceiros, que possam prejudicar a livre formação de sua personalidade e levá-las a se submeter à prostituição ou outra forma de exploração sexual.

Segundo Luiz Regis Prado, busca-se proteger a "liberdade sexual das pessoas, inclusive sua integridade e autonomia sexual, como o interesse precípuo de evitar o fomento e a proliferação da prostituição, bem como a corrupção moral que gravita em torno dela"[1].

2. SEGMENTAÇÃO DO CAPÍTULO V, PARA EFEITO DE COMPREENSÃO DOS VALORES PROTEGIDOS

A denominação do Capítulo V, desde o advento da Lei n. 13.344, de 2016, não mais corresponde ao seu conteúdo. Isto porque o citado Diploma revogou expressamente os arts. 231 e 231-A, que tipificavam o tráfico de pessoas para fins de prostituição ou outra forma de exploração sexual. Não houve, entretanto, descriminalização de condutas (*abolitio criminis*), mas o deslocamento da figura típica para o art. 149-A, o qual encampa, além dos comportamentos antes subsumíveis aos dispositivos revogados, outras modalidades de tráfico de pessoas.

[1] *Curso de direito penal brasileiro*, v. 3, p. 259.

O Capítulo V, enfim, regula tão somente o lenocínio, em suas diversas espécies, que a doutrina divide em *lenocínio principal* (mediação para servir à lascívia de outrem - art. 227) e *lenocínio acessório* (o qual abrange os delitos de favorecimento à prostituição ou outra forma de exploração sexual - art. 228 –, casa de prostituição - art. 229 - e rufianismo - art. 230).

3. O TRATAMENTO JURÍDICO DA PROSTITUIÇÃO[2]

3.1. Sistemas jurídicos de abordagem da prostituição

A prostituição se fez presente desde os primeiros registros da história da humanidade, atravessando milênios ao largo de qualquer disciplina legislativa, senão leis que procuravam, como na Grécia e na Roma antigas, taxar a atividade, a fim de que rendesse dividendos ao Estado. Foi somente com o imperador Justiniano que a prática se viu proibida em documento jurídico escrito.

Seguiram-se, então, séculos variando entre tolerância e repressão, notando-se, porém, que, de maneira aberta ou velada, com ou sem o patrocínio das instâncias oficiais de controle social (principalmente Estado e Igreja), o comportamento sempre se fez presente.

No começo do século XIX, o tema voltou à pauta legislativa, impulsionado, num primeiro momento, por questões de índole sanitária e, a seguir, por razões morais.

Durante os dois últimos séculos do milênio passado, surgiram três diferentes modelos ou sistemas de abordagem jurídica do fenômeno da prostituição, a saber: o **sistema regulamentacionista** (enfatizando um controle sanitário e administrativo da atividade), o **sistema abolicionista** (que, sem torná-la ilegal, criminaliza seu entorno, com vistas à sua erradicação) e o **sistema proibicionista** (o qual utiliza com mais vigor o Direito Penal, descrevendo como delito a quase totalidade dos atos a ela relacionados, notadamente criminalizando sua demanda).

No primeiro sistema, é lícita a prostituição intermediada e autônoma, conquanto observadas as restrições de natureza administrativa impostas pelo Estado.

No segundo, pune-se a prostituição intermediada, permitindo (por ausência de vedação expressa) somente aquela realizada em caráter autônomo.

O último busca impedir tanto o meretrício intermediado quanto o autônomo[3].

---

[2] O presente tópico representa uma síntese do estudo introdutório que efetuamos a respeito do tema, por ocasião de nossa tese de doutoramento, publicada pela Editora Saraiva, sob o título: *Homossexualidade, prostituição e estupro: um estudo à luz da dignidade da pessoa humana.*

[3] Hungria ponderava que a prostituição constitui fenômeno que pode sofrer três diferentes abordagens legislativas: "proibição radical, permissão irrestrita e liberdade controlada" (1959, p. 272). O próprio autor sustentava a inadequação dos dois primeiros, mostrando-se favorável à acolhida

No novo milênio, três novos sistemas despontam: o sistema **não intervencionista**, o sistema **neorregulamentacionista** e o **laboral.**

3.1.1. Sistema regulamentacionista ou regulamentarismo

Referido sistema surgiu em 1802, na França, sendo adotado primeiro em Paris, quando Napoleão, preocupado com a saúde de suas tropas durante a conquista imperial, construiu ferramentas para prevenir e controlar as doenças venéreas[4].

O regulamentarismo predominou em diversos países no Mundo no final do século XIX e início do século XX.

Seu objetivo era o controle sanitário de doenças sexualmente transmissíveis e se caracterizava por exigir o cadastramento das prostitutas, impondo até mesmo a compulsória realização de exames médicos.

Também se viu influenciado por reformas morais que pretendiam coibir a degradação relacionada com a atividade[5]: a prostituição deveria ser contida a bem da saúde coletiva, da moral e dos bons costumes e, ainda, do patrimônio dos homens e suas famílias.

Outra medida utilizada por tal modelo consistiu em limitar o exercício da profissão a determinadas regiões da cidade, daí advindo a concepção das zonas do meretrício, o que, a bem da verdade, resultou em providências de índole segregacionista.

Os textos penais dessa época não criminalizavam a prostituição ou as atividades ligadas a seu entorno; promovia-se, por outro lado, um rigoroso controle administrativo, sanitário e policial do ato.

---

do terceiro, justamente o que fora adotado pelo Código Penal, em 1940, na esteira da legislação anterior, que já criminalizava o entorno da prostituição, notadamente por meio da incriminação do lenocínio. O modelo defendido pelo autor, que vê na prostituição um mal necessário, cuja extinção se revela inoportuna e, ademais, impossível, é aquele em que a atividade segue permitida, embora imoral, restringindo-a, porém, ao mínimo necessário. Segundo ele: "A prostituição exerce uma baixa e aviltante função, mas, como quer que seja, *função social*, ligada a um dos primordiais e inelutáveis instintos do homem. É tão necessária quanto as *ilhas de Sapucaia* e as galerias de esgotos. Certo que cumpre limitá-la a um *minimum* de amplitude e escândalo; mas pretender coibi-la radicalmente é querer fomentar ainda mais a degradação dos costumes, nesta época em que o impudor parece diagnosticar uma decadência idêntica à da civilização romana" (1959, p. 276, em nota de rodapé). Mais adiante, arremata: "A solução única, pelo menos nos países ainda afetos ao tradicional código moral semita-cristão, é a terceira acima citada: a da liberdade vigiada da prostituição. Não a regulamentação oficial ou regime de casernamento, que já se demonstrou de péssimas consequências, criando ambiente propício ao incaroável cativeiro das decaídas e ao proxenetismo parasitário; mas, sim, o confinamento das meretrizes deixadas à sua própria iniciativa, em locais discretos ou a coberto de maior escândalo" (1959, p. 278, em nota de rodapé).

4 Skulj, 2013, p. 45.

5 Skulj, 2013, p. 44.

Na Alemanha e no Reino Unido, entre os anos 1871 e 1891, as mulheres que trabalhavam em bordéis eram compelidas a obter uma licença para o exercício da prostituição[6].

O modelo em questão erigia-se, portanto, nos seguintes vetores: (i) a proteção da saúde pública, encarando a prostituta como agente de disseminação de enfermidades; (ii) a necessidade de tutela da moral pública, fazendo com que jovens mulheres não fossem contaminadas pelo vicioso ambiente; (iii) a tutela do patrimônio dos homens e, indiretamente, de suas famílias.

Asúa, em estudo dedicado ao delito de contágio venéreo, apontava as prostitutas como as principais fontes de propagação de doenças sexualmente transmissíveis e, diante disso, urgia que se enfrentasse o meretrício com um rígido arcabouço jurídico-penal.

Segundo o autor, poder-se-ia encarar a questão de três diferentes maneiras: (i) proibindo o seu exercício, declarando-a em si um delito, num sistema de proibição e castigo, como à época faziam alguns cantões suíços[7]; (ii) considerá-la um mal necessário, regulamentando a atividade; (iii) tratá-la como imoralidade impossível de se abolir e deixá-la seguir seu próprio rumo.

Asúa apontou como adeptos do primeiro sistema Dugdale e Lombroso, citando deste o seguinte trecho: "A prostituição é para as mulheres o que é o delito para os homens, porque as prostitutas têm os mesmos caracteres físicos e morais que o delinquente"[8]. Ponderou, ainda, cuidar-se de metodologia ultrapassada, pois nada justifica, pelo que se entrevê em seu pensamento, considerar as prostitutas como criminosas.

O penalista espanhol advertia que o sistema regulamentacionista, presente ao seu tempo na maioria das legislações, se revelava ineficaz, dada a incapacidade dos médicos de efetuarem um exame cuidadoso nas prostitutas e por conta do efeito reverso inerente a tal metodologia, consistente em conferir aos clientes de casas de prostituição a falsa segurança de que poderiam ali frequentar sem nenhuma preocupação com a saúde, olvidando, portanto, de medidas profiláticas.

Criticava-o fortemente, ainda, sob o ponto de vista moral, pois alegava que incentivava o tráfico de mulheres e pervertia "o sentido ético dos jovens", ao mirarem o Estado regulamentando uma atividade e, por tal razão, considerando-a normal[9]. Bem por isso, defendia seu abandono em favor do sistema abolicionista, do qual a seguir se cuidará.

---

[6] Segundo a autora, esse sistema, denominado por alguns de neorregulamentarismo, permitia o exercício da atividade nas ruas (Skulj, 2013, p. 46).

[7] Atualmente a prostituição é tratada na Suíça como atividade lícita, permitindo-se, com determinadas restrições, seu exercício autônomo ou intermediado. O sistema legal que adotam é similar ao de países como a Alemanha, que optaram por regulamentar o ato e, com isso, reconhecer direitos aos profissionais que a exercem.

[8] Apud Asúa, 1933, p. 38.

[9] Asúa, 1933, p. 40.

Parece-nos, contudo, que a mais dura crítica que sobre tal sistema merece recair reside em seu caráter segregacionista. A imposição às meretrizes de periodicamente se registrarem, efetuarem exames médicos compulsórios, serem confinadas em hospitais e exercerem sua atividade apenas em determinadas regiões da cidade somente fazia reforçar os padrões de dominação existentes em função de classe e sexo[10].

3.1.2. Sistema abolicionista ou abolicionismo

Os excessos empregados nas medidas de controle peculiares do sistema regulamentacionista, somados às críticas decorrentes da postura estatal que, ao adotá-lo, referendava a prostituição, deram ensejo a reações diversas, migrando, em muitos países, para a adoção de um novo modelo.

Na França, surgiu um movimento de mulheres que se opunha à polícia de costumes e ao cerco às prostitutas. Na Inglaterra, um grupo de senhoras de classe média, capitaneado por Josefine Butler, travou uma verdadeira cruzada internacional contra a regulamentação da prostituição, dando azo ao sistema abolicionista (assim denominado por pretender erradicá-la).

O abolicionismo fomentou campanhas de purificação social contra os bordéis, o trabalho nas ruas e a cultura da pornografia[11].

---

[10] "Todos os dispositivos de controle estavam inseridos na racionalidade derivada do interesse do Estado em controlar determinada classe social que, por meio dos dispositivos disciplinares, promovia a discriminação entre pobres respeitáveis e não respeitáveis e, entre estes, as prostitutas. Nesse contexto, as mulheres públicas foram separadas de sua comunidade trabalhadora carente, mediante a apelação à sua degradação moral, sanitária e política, de acordo com a primazia da lógica das instituições burguesas. O gênero, a raça e a nacionalidade eram o núcleo das práticas regulacionistas, mas a classe também foi um critério determinante para realizar os controles policiais sobre as mulheres mais pobres em detrimento de outras. Nesse esquema, a prostituição verificada nas altas camadas sociais não foi regulada. As distintas formas de articulação dos fatores como raça, classe ou nacionalidade conduziram à diferenciação entre os distintos regimes de regulação jurídica da prostituição e sua implementação no âmbito local" (Skulj, 2013, p. 47; tradução livre).

[11] Como assinala SKULJ (2013, p. 49-50): "[...] em 1895, reformistas britânicos fundaram o que finalmente chegaria a ser a Federação Abolicionista Internacional (FAI), de orientação feminista liberal, cujo objetivo principal foi abolir a regulação estatal da prostituição, com pretensões de internacionalizar sua bandeira. [...] A FAI concebia a prostituição como uma questão ligada à 'dignidade da mulher' porque os regulamentos, segundo esta, formalizaram e legalizaram a escravidão sexual feminina. As 'libertadoras de escravas' consideravam as mulheres prostituídas como agentes involuntários. Sem embargo, com o decorrer do tempo, o movimento abolicionista foi se apartando de seus objetivos iniciais em nome da persecução de distintos interesses por parte de feministas liberais e conservadoras. Se durante os primeiros anos lutava-se pela liberdade das mulheres, depois acabou-se por postular um modelo de castidade masculina, que promovia o controle sobre a base da proteção das mulheres da classe trabalhadora por meio de restrições estatais sobre a conduta social e sexual. [...] O movimento abolicionista, com sua visão puritana sobre a sexualidade feminina e masculina, proporcionou os elementos em que se embasou a luta contra o tráfico de mulheres, cuja emotividade também contaminou a luta contra a prostituição" (tradução livre).

Tal sistema é, atualmente, o mais adotado no Mundo. Sua característica central, conforme já expusemos, reside em criminalizar o entorno da prostituição; consideram-se infrações penais, nesse cenário, atos como o lenocínio, a casa de prostituição, o rufianismo e o tráfico de mulheres para fins de prostituição.

O Brasil aderiu a esse sistema em 1890, com o Código Penal republicano, o qual, de maneira inédita, criminalizou o lenocínio, reforçando essa postura em 1940 (arts. 227 a 231), a qual até hoje se mantém, a despeito da nova realidade constitucional e das reformas legislativas adotadas no setor (Leis n. 11.106/2005 e n. 12.015/2009)[12].

Pode-se sintetizar a feição do abolicionismo apontando três de seus aspectos centrais: (i) a prostituição não é considerada ato ilícito, embora padeça de regulamentação; (ii) pune-se comportamentos que incentivem sua prática; (iii) admite-se (implicitamente) a prostituição, desde que desempenhada como atividade autônoma (isto é, sem nenhum tipo de intermediação por terceiros).

O sistema abolicionista encontrou forte apoio no movimento feminista durante o século XX[13] e, com suas fortes pressões sobre a comunidade internacional,

---

[12] No que tange à **prostituição exercida por menores**, o **modelo adotado por nosso Direito Positivo é o proibicionista**, pois, embora não determine a ilicitude da conduta praticada pela criança ou adolescente que se prostitui, criminaliza dura e justificadamente o incentivo (em sentido lato) e a demanda, considerando delito hediondo (art. 1º, VIII, da Lei n. 8.072/90, com a redação dada pela Lei n. 12.978, de 2014) o ato de submeter, induzir ou atrair à prostituição ou outra forma de exploração sexual alguém menor de 18 (dezoito) anos ou que, por enfermidade ou deficiência mental, não tem o necessário discernimento para a prática do ato, facilitá-la, impedir ou dificultar que a abandone (art. 218-B, *caput*, do CP) e, ainda, o ato de praticar conjunção carnal ou outro ato libidinoso com alguém menor de 18 (dezoito) e maior de 14 (catorze) anos na situação descrita no *caput* deste artigo (art. 218-B, parágrafo único, II, do CP). Se a realização do ato libidinoso envolver pessoa menor de 14 anos, a conduta configurará delito ainda mais grave e igualmente hediondo (estupro de vulnerável – art. 217-A do CP).

[13] O discurso vigente em torno da prostituição, que somente faz contribuir para a marginalização e vitimização dos profissionais do sexo, ainda hoje encontra eco em setores do movimento feminista brasileiro. Cuida-se de uma argumentação impregnada de percepções ideológicas e veladamente moralistas, que sob o emblema da defesa das mulheres perpetua a discriminação das que escolheram se prostituir. Em texto intitulado "Em defesas das prostitutas, contra a regulamentação da prostituição", as integrantes do Movimento Mulheres em Luta (MML) Ana Pagú e Raíza Rocha reverberam as teses do feminismo tradicional, de fachada liberal e abolicionista, e que, em verdade, traz inegáveis prejuízos a quem exerce a profissão. Dizem, em primeiro lugar, que: "A prostituição está diretamente relacionada com a exploração sexual, a mercantilização do corpo feminino e a violência contra as mulheres". Essa premissa, por sua ampla generalização, revela-se falsa, e as conclusões sustentadas, que buscam combater o projeto de lei que regulamenta a atividade dos profissionais do sexo (Projeto de Lei n. 4.211/2012), mantém à margem da sociedade aqueles que optam livremente pelo exercício desta atividade. Segundo Pagú e Rocha, o projeto trata o sexo e a mulher como "mercadorias", "cujo valor é resultante de uma relação desigual entre quem consome a prostituição e a quem a ela tem de se submeter, permeada por uma naturalização do machismo e da

se fez ecoar em diversos documentos internacionais, notadamente aqueles dedicados ao combate do tráfico internacional de mulheres, nos quais se nota a presunção *iure et de iure* de vitimização das pessoas "traficadas"[14].

A prostituição é encarada, sob tal ótica, como uma herança da submissão imposta pelo sexo masculino, igualando a prática a um ato de "exploração sexual"[15].

A prostituta, nesse pensamento, assume um papel (presumido) de vítima, devendo o Estado empregar medidas para afastá-la desse "mal", sufocando todo o entorno da atividade. A mulher dedicada a essa profissão é vista como um agente involuntário de seu destino.

Esse modelo confere à meretriz, em verdade, um único direito subjetivo, o de deixar a profissão.

---

submissão". Seguem as integrantes do Movimento Mulheres em Luta (MML): "Isso porque, é impossível comercializar o sexo sem comercializar a pessoa. A própria mercadoria (corpo) é o meio de produção (corpo). Então, não se trata da venda da força de trabalho, mas da escravização do corpo da mulher que se transforma em próprio objeto mediante pagamento. A regulamentação da prostituição como profissão corrobora com a degradação do capitalismo, na busca desenfreada para explorar e obter lucros, onde tudo possa ser comercializado, inclusive, as relações sociais". (Disponível em: <http://www.brasildefato.com.br/node/12236>. Acesso em: 23 jan. 2015.) Afirmam, em epígrafe do texto, que: "dignificar a prostituição como trabalho não significa dignificar as mulheres, mas sim 'dignificar' ou facilitar a vida da indústria sexual". O argumento mostra-se, com a necessária vênia, falacioso, uma vez que a informalidade e a desproteção jurídica dos trabalhadores sexuais somente favorecem, pela falta de responsabilidade tributária e trabalhista, a atividade empresarial correspondente. Aliás, seria de se perguntar se ao empresário não é mais fácil/conveniente manter trabalhadores que não possam reivindicar melhores condições de trabalho, sindicalizar-se, ajuizar reclamações trabalhistas, exigir adicional noturno, pagamento de férias, descanso semanal remunerado etc.

14 Exceção feita à primeira Convenção Internacional a respeito do tema (a Convenção Internacional para a Repressão ao Tráfico de Brancas, de 4 de maio de 1910), que exigiu para a configuração da conduta o emprego de violência ou fraude, os documentos que se seguiram consideraram irrelevante o consentimento da prostituta (*vide*, por todas, a Convenção Internacional para a Repressão do Tráfico de Pessoas e do Lenocínio, de 1950, ratificada pelo Brasil em 1959). Foram editados sob a influência do feminismo e pretendiam erradicar a prostituição e o tráfico de mulheres que a alimentava, partindo da premissa de que não há prostituição livre e, portanto, não seria possível imaginar tráfico consentido. Em outras palavras, adotaram a ideia, como presunção absoluta, da vulnerabilidade da prostituta e, daí, da invalidade de seu consentimento. Esses dogmas impregnaram a linguagem jurídica internacional e se fazem presentes em diversos Códigos Penais, dentre os quais o brasileiro, nos arts. 231 e 231-A.

15 Essa linguagem foi expressamente incorporada em nosso Direito Positivo com a Lei n. 12.015/2009, quando equiparou a prostituição à exploração sexual, no Capítulo V do Título VI da Parte Especial do Código Penal, intitulado *Do lenocínio e do tráfico de pessoa para fim de prostituição ou outra forma de exploração sexual* e, em particular, na redação dos artigos 218-B, 228, 229, 231 e 231-A.

3.1.3. Sistema proibicionista ou proibicionismo

O sistema proibicionista constitui a versão extremada do combate à prostituição, tornando o comportamento ilegal e criminalizando sua demanda. Pode-se considerá-lo como uma exacerbação do abolicionismo.

A encara como verdadeiro "câncer social" a ser extirpado.

Quando não centra sua mira no profissional do sexo, dirige o foco ao terceiro que, de qualquer modo, a facilita, a explora ou induz alguém a exercê-la. Uma medida característica desta abordagem reside na "criminalização da demanda", ou seja, da contratação dos serviços de prostituição, como meio de coibi-la, porquanto a providência tenderia a afugentar a clientela que alimenta esse mercado (ao expor o contratante à perspectiva de uma persecução penal).

Bem a propósito são as palavras de Janice Raymond, professora emérita da Universidade de Massachussets, ativista engajada no movimento feminista e membro da *Coalizão contra o Tráfico Internacional de Mulheres*, árdua defensora desse modelo:

"Em vez de abandonar as mulheres na indústria sexual para a prostituição patrocinada pelo Estado, as leis deveriam ser endereçadas ao predador que compra a mulher para o sexo prostituído. Homens que usam mulheres em prostituição permaneceram invisíveis por muito tempo. Os legisladores muitas vezes optam pela legalização por acreditar que nada mais será bem-sucedido. Mas existe uma alternativa legal. Em vez de punir a prostituição, os Estados deveriam focar na demanda, penalizando o homem que compra mulheres para praticar o sexo em prostituição"[16].

Essa postura foi adotada, por exemplo, na Suécia[17], na Islândia e na Noruega, que incorporaram a tese de que a prostituição é uma forma de violência sexista, isto é, praticada pelo homem contra mulheres e crianças. Consideram-na um fenômeno social indesejável e que se revela como obstáculo para políticas em favor da igualdade de direitos entre gêneros.

---

[16] "Ten Reasons for Not Legalizing Prostitution And a Legal Response to the Demand for Prostitution". Disponível em: <http://www.catwinternational.org/Content/Images/Article/41/attachment.pdf>. Acesso em: 22 mar. 2015.

[17] São duvidosos os efeitos propalados do sistema proibicionista. Segundo a reportagem "Vende-se sexo", publicada no periódico *Superinteressante*, comparando essa metodologia com a dos países que regulamentaram a profissão, mas a mantiveram clandestina para imigrantes, destacou-se que: "Ironicamente, parece que as consequências da lei sueca, que aumentou o rigor contra a proibição em 1999, foram exatamente as mesmas. Um estudo realizado na cidade de Göteborg e divulgado na mesma época que o relatório holandês dizia que prostitutas ainda trabalham, mas agora oferecem seus serviços pela internet. 'Elas estão expostas a mais riscos do que mulheres nas ruas, que podem negociar preços, estabelecer regras e discutir outros aspectos de seu trabalho', diz Jonas Flink, um dos autores do estudo". (Disponível em: <http://super.abril.com.br/cotidiano/vende-se-sexo-444638.shtml>. Acesso em: 30 mar. 2015).

Trata-se, ainda, da posição oficial norte-americana e constitui modelo seguido por diversos de seus Estados[18].

O Parlamento europeu, em 2014, aprovou um relatório, sem caráter vinculante, no sentido de que a compra de serviços sexuais de pessoas menores de 21 anos deve ser considerada delito[19].

3.1.4. Sistemas modernos de abordagem da prostituição

O discurso liberal em voga desde muitos anos e, hoje em dia, revigorado, arvora-se em diferentes premissas, algumas admitidas, outras veladas, mas que pouco contribuem para atingir uma solução de respeito aos trabalhadores sexuais.

Pode-se dizer que, no presente milênio, novas abordagens têm sido propostas para lidar com o fenômeno da prostituição, até porque adquiriu distintas facetas, estando cada vez mais consolidada como produto de mercado, graças, sobretudo, ao avanço da tecnologia associada à crescente pujança da indústria do sexo.

Distinguem-se os seguintes modelos na atualidade: não intervencionista, regulamentacionista (que preferimos denominar, por questões metodológicas, de neorregulamentacionista) e laboral[20].

O **sistema não intervencionista** baseia-se na premissa da liberdade contratual em torno da prostituição; sustenta que não se pode punir um comportamento exercido por alguém se não provoca prejuízo a outrem.

Essa posição foi adotada pelo legislador espanhol, em 1995, quando descriminalizou o entorno da prostituição, embora esse país cambie, hodiernamente, para um viés neorregulamentacionista. Trata-se de acolher uma tese que procura apartar a moralidade (cuja proteção penal não se justifica por si só) da liberdade sexual.

Uma conduta puramente imoral, reconhece grande parte dos penalistas, não pode ser punida criminalmente.

Esse enfoque, porém, se revela insuficiente para conformar o tratamento do tema a uma perspectiva constitucional calcada na dignidade da pessoa humana e no repúdio à discriminação.

---

[18] Segundo Rubio: "O modelo proibicionista considera a prostituição um grave atentado contra os direitos humanos, uma clara manifestação de violência contra as mulheres e um sinal inequívoco de exploração sexual. A partir desta valoração se considera necessário proibir e sancionar a venda e a compra de serviços sexuais. As abordagens proibicionistas não distinguem, desde o ponto de vista da sanção, entre prostitutas e prostituidores, entre prostituição forçada e não forçada. Este modelo é adotado nos Estados Unidos, ainda que alguns estados tenham legalizado seu exercício e a compra de serviços sexuais" (2008, p. 76; tradução livre).

[19] Disponível em: <http://www.europarl.europa.eu/news/pt/news-room/content/20140221IPR36644/html/Parlamento-Europeu-defend-criminaliza%C3%A7%C3%A3o-dos-clientes-da-prostitui%C3%A7%C3%A3o>. Acesso em: 22 mar. 2015.

[20] Abreu, s.d., p. 83-84.

Isso porque acaba por manter a prostituição num "limbo jurídico", pois, limitando-se a descriminalizar seu entorno, sem reconhecer sua prática como verdadeiro direito, perpetua a estigmatização em torno daqueles que escolheram a profissão, transitória ou definitivamente.

O **sistema neorregulamentacionista** é o mais em voga na Europa e em parte dos Estados Unidos[21]. Funda-se na ideia de tolerância controlada e de aparte social, do mesmo modo que o antigo regulamentacionismo clássico.

Neste modelo, a ação estatal se dirige a combater a prostituição de rua, mais visível e, por isso, incômoda à sociedade.

As prostitutas, juntamente com mendigos, vendedores ambulantes e jovens infratores, que circulam e se insinuam em espaços públicos, constituem símbolo de decadência e vergonha social. Promove-se como que uma limpeza de classe ou uma política sanitarista de cunho pessoal[22].

Por essa via se inclinam diversos países, como Bélgica, França, Reino Unido, Itália e Espanha[23].

Esse modelo propõe, em verdade, que a atividade seja tolerada desde que exercida na clandestinidade[24].

Estabelece-se uma associação entre prostituição, criminalidade (notadamente ligada às drogas) e enfermidades, que já chegou a inspirar iniciativas parlamentares, na Europa, para a criação de zonas de tolerância para o exercício fechado da prostituição, descartada, porém, em favor do aumento da outorga de discricionariedade à Polícia para abordar e deter prostitutas de rua.

São diversos os argumentos invocados pelas políticas neorregulamentacionistas: defesa do meio ambiente, direito dos bons cidadãos de não verem o fenômeno, manutenção da convivência harmônica em espaços públicos e salvaguarda da segurança pública.

Essas políticas de "limpeza" perpetuam, todavia, uma indesejável discricionariedade policial, que transborda, muitas vezes, para o arbítrio.

Há, por fim, o **sistema laboral**, que é justamente o expressivamente reivindicado pelas prostitutas e incorpora as seguintes postulações: seu reconhecimento como

---

21 Registre-se, consoante já mencionado neste trabalho, que o modelo adotado preponderantemente por este país é o proibicionista.

22 Abreu, s.d., p. 85.

23 A Espanha adota o sistema não intervencionista, mas com forte tendência no debate político a trasladar para o sistema neorregulamentacionista.

24 "A prostituição é apresentada como assunto de moralidade privada, exceto quando se cria uma moléstia alheia por meio de uma de suas manifestações visíveis nos centros urbanos, caso em que se converte numa afronta à moralidade pública, que deve ser controlada e contida" (Abreu, s.d., p. 86).

trabalhadoras autônomas; direito à seguridade social; direito a cuidados com saúde, por meio de acesso à rede pública; delimitação de locais para o exercício da atividade, notadamente para se verem a salvo da abordagem policial arbitrária.

Na resolução final do II Congresso Internacional de Prostitutas celebrado em 1986, elas rejeitaram qualquer apoio que exigisse o abandono da profissão ou as apresentasse como símbolos de opressão, demandando seu reconhecimento como trabalhadoras. Isso demonstra o quanto se apartaram do movimento feminista de décadas passadas.

Cite-se, por oportuno, o manifesto de trabalhadores sexuais da Índia:

"Cremos firmemente que nós os trabalhadores do sexo provemos diversão a nossos clientes. Provemos prazer sexual. Todo mundo tem direito de buscar o prazer e a felicidade. Como os demais trabalhadores de entretenimento do Mundo, usamos nossos cérebros, ideias, emoções e sentidos - ou seja, nosso corpo inteiro e nossa mente - para fazer felizes as pessoas. Como trabalhadores da diversão, buscamos o reconhecimento governamental e o cumprimento de nossas demandas profissionais. Por isso, organizamos a União Binodini Sramik"[25].

A realidade atual aponta, destarte, para a inexorável necessidade de se considerarem os profissionais do sexo, em especial as prostitutas, como sujeitos de direitos, verdadeiros cidadãos, aptos a interagir em sociedade como os demais trabalhadores, com a garantia jurídica de que verão reconhecidos seus direitos subjetivos[26-27].

---

[25] Agustín, *Trabajo y ciudadanía*: movimientos pro derechos de las trabajadoras del sexo. Los retos de la prostitución. Estigmatización, derechos y respecto. Comares: Solana/Acién, 2008, p. 41, apud Abreu, s.d., p. 94 (tradução livre).

[26] Conforme já anotamos neste trabalho, citando Barreto, Grossi e Mayorga: "Uma das lutas do movimento de prostitutas é por dissociar estigma e prostituição ao enfatizar a valorização da identidade profissional. [...] A luta principal da RBP (Rede Brasileira de Prostitutas) é pela percepção da prostituição como uma forma de trabalho e não como meio de escravidão ou submissão, ao invés de discutir sobre as prostitutas, as inclui no debate relativo a qualquer tipo de política voltada ao trabalho do sexo, por vezes questionando o poder do Estado para regular a sua atuação (Wijers, 2004). Destarte, afirma-se que há, como em qualquer trabalho, uma possibilidade de escolher livremente atuar na prostituição, mesmo que esta liberdade seja influenciada por limites históricos e sociais, como o gênero (Juliano, 2004), mas também a raça, muitas vezes percebida como categoria menos importante, como destaca Kimberlé Crenshaw (2002)" (primeiro parêntese nosso).

[27] Repise-se, ainda, o teor do Manifesto dos Trabalhadores Sexuais na Europa (resultado de um congresso realizado em Bruxelas, em 2005): "O trabalho sexual é por definição sexo consentido. O sexo não consentido não é trabalho sexual, mas violência ou escravidão sexual. Exigimos nosso direito como seres humanos a utilizar nossos corpos para qualquer fim que não consideremos prejudicial, incluindo o direito de manter relações sexuais consentidas, independentemente do gênero e da origem étnica de nossos parceiros e se esses pagam ou não" (Agustín, 2008, p. 41, tradução livre).

Parece-nos, portanto, que o modelo laboral é o único capaz de transpor o discurso (insatisfatório) de índole liberal para outro de reconhecimento de direitos sociais e de cidadania, indo ao encontro da reivindicação dos profissionais do setor.

Não é outro o pensamento de Nucci, para quem "a legalização do trabalho sexual e sua regulamentação podem ser fatores indispensáveis no combate ao pérfido estigma lançado aos ombros da prostituta"[28].

3.1.5. A inconstitucionalidade das leis penais que disciplinam o entorno da prostituição

Em diversos países, inclusive no Brasil, assiste-se a uma sequência de irracionalidades legislativas no que se refere ao exercício da prostituição, sobretudo por conta de uma marcada herança abolicionista[29]. Não interessa a subjetividade, a individualidade, a dignidade ou a liberdade do trabalhador, mas somente banir a prostituição, retirando dela o indivíduo ou, ao menos, procurando reduzi-la ao mínimo possível, desde que este mínimo seja invisível, não incomodando o cotidiano da maioria.

Pode-se resumir a questão da irracionalidade na seguinte constatação: o legislador vitimiza duplamente os trabalhadores do sexo. Primeiro, os trata como vulneráveis, presumindo, de maneira absoluta, serem vítimas não se sabe bem de quem. Nomeiam-se figuras estereotipadas como responsáveis pela "infeliz" opção sexual das prostitutas: a má educação familiar, o precoce contato com algum pedófilo, as más condições sociais, a pouca escolaridade, o contato com o proxeneta ou com o traficante de pessoas, o convívio com drogas etc. Assim as tratando, não criminalizam sua atividade, mas todo o seu entorno, ainda quando inexistente qualquer espécie de fraude, violência ou ameaça. Desconsidera-se por completo a voluntariedade da escolha profissional. Como resultado, a segunda vitimização: permanecem num limbo jurídico, apartadas de quaisquer direitos básicos usufruídos pelos demais cidadãos, especialmente os que optam por uma sexualidade regrada, conformada com a moral média (monogâmica e não remunerada).

O Estado, enfim, acaba sendo o maior algoz de quem alega buscar proteger. Esse o cerne da citada irracionalidade legislativa.

Qualquer tentativa de alterar esse *status quo* é prontamente rechaçada. O Deputado Federal Jean Willys, como também outros parlamentares antes dele, viu seu projeto de lei ser rejeitado pela Câmara.

Perpetua-se, com isso, a omissão legislativa quanto ao reconhecimento imperioso de direitos. Essa mora, contudo, pode e deve ser suprida pelo Poder Judiciário, notadamente porque fere gravemente nossa Constituição Federal.

---

28 2015-B, p. 139.

29 Ver, por todos, Nucci (2015-B, p. 82-114).

Como pode o Judiciário, frente ao Texto Fundamental, admitir que, por conta de determinada opção sexual, se estigmatize e se marginalize uma coletividade (mesmo sendo minoria)? Como justificar que, por razões exclusivamente morais, se a isole em uma situação de alegalidade ou mera tolerância, situando-a num limbo jurídico?

É fundamental adotar-se uma interpretação conforme a Constituição para, a partir daí, no âmbito penal, reconhecer-se a atipicidade de condutas que envolvem o entorno da prostituição, sempre que não envolver fraude, violência, ameaça, abuso ou presença de menores. Mais ainda, porém nesse caso somente através de uma atividade positiva do legislador, por conta do princípio da legalidade, deixar claro que por exploração sexual entende-se a exploração laboral do trabalhador sexual, definindo-se claramente seus limites. Na esfera civil, é imperioso admitir a validade do contrato de prestação de serviços sexuais, enquanto obrigação de fazer, tornando exigível juridicamente o pagamento pelo contratado[30]. No âmbito trabalhista, é mister tratar a prostituta como qualquer trabalhador, garantindo-lhes direitos sociais[31].

O Judiciário, por vezes, deve assumir a frente para fazer o que o Legislativo reluta em cumprir quanto à implementação material de direitos fundamentais, sempre, por óbvio, valendo-se dos instrumentos jurídicos de controle de constitucionalidade, com o escopo de outorgar à Carta Magna sentido real e efetivo[32].

O trabalhador sexual, juntamente com homossexuais, transexuais e travestis, formam as castas sexuais infamantes e desviadas; opõem-se à sexualidade "sadia", "boa", "normal", que é de cunho heterossexual, conjugal, monogâmica, procriadora e não comercial.

Sua opção sexual, diferida pela natureza remuneratória, tornou-se motivo de opressão e perseguição (velada; disfarçada sob o signo da vulnerabilidade).

As leis penais incidem nesse viés de distinção e, portanto, se mostram inconstitucionais quando negam seu direito à autodeterminação sexual pela escolha do exercício

[30] Segundo Nucci (2015-B, p. 190), se revela "perfeitamente viável que o trabalhador sexual não tendo recebido pelos serviços sexuais combinados com o cliente, possa se valer da Justiça para exigir o pagamento. Ademais, evita-se o exercício arbitrário das próprias razões (crime previsto no art. 345 do CP) e termina-se com a *sacralização da Justiça para apreciar somente casos que se considerem moralmente aceitáveis*".

[31] "O direito ao trabalho, que proporciona lucro considerável, sem ferir terceiros, como é a prostituição, deveria ser acolhido pelo Estado como qualquer outra atividade laboral" (Nucci, 2015-B, p. 128).

[32] Conforme destaca Oliveira (2013, p. 169): "Num Estado Democrático de Direito a efetivação de direitos fundamentais não pode ficar à mercê da vontade ou da inércia das maiorias legislativas, sobretudo quando se tratar de direitos pertencentes à minoria estigmatizadas pelo preconceito. Vale lembrar que, a ditadura da maioria não pode impedir a minoria de exercer direitos mínimos, garantidores da dignidade da vida humana e a todos outorgados".

da prostituição, impedindo os fluxos migratórios motivados pela busca por condições para a realização dessa atividade[33].

A reivindicação de uma cidadania laboral às prostitutas é, sobretudo, uma garantia contra a pobreza, a marginalização, os abusos de poder e a exploração[34].

Os empresários do sexo somente se beneficiam com a penumbra em que se encontra sua atividade. A legalização, como já se sublinhou, possibilitaria maior controle, até porque daria mais visibilidade ao exercício de sua empresa e, portanto, facilitaria sua persecução.

É preciso depurar da criminalização movimentos migratórios sexuais que se mostram como verdadeira eugenia migratória, como se verifica notadamente em face de brasileiros e brasileiras que buscam no exterior condições para o exercício de sua profissão sexual. O Brasil não pode compartilhar, em seu Texto Penal, com essa atitude[35].

---

33 A punição do entorno da prostituição, empurrando a atividade à clandestinidade e resultando na desproteção das trabalhadoras dedicadas a tal profissão, mostra-se, ainda, incompatível com o preconizado na Convenção Interamericana para Prevenir, Punir e Erradicar a Violência Contra a Mulher (Convenção de Belém do Pará, 1994), adotada pela Assembleia Geral da Organização dos Estados Americanos em 6 de junho de 1994, ratificada pelo Brasil em 27 de novembro de 1995 (Decreto-Legislativo n. 107/95) e promulgada pelo Decreto n. 1.973, de 1º-8-1996. De acordo com seu art. 5º: "Toda mulher poderá exercer livre e plenamente seus direitos civis, políticos, econômicos, sociais e culturais e contará com total proteção desses direitos consagrados nos instrumentos regionais e internacionais sobre direitos humanos. Os Estados-parte reconhecem que a violência contra a mulher impede e anula o exercício desses direitos". Considerando tratar-se de Convenção Internacional ratificada no plano interno e que versa sobre direitos humanos, dado seu caráter supralegal, assim reconhecido pelo Supremo Tribunal Federal, no julgamento do Recurso Extraordinário 349.703, rel. para o acórdão Min. Gilmar Mendes, pode-se concluir que, além de inconstitucional, os tipos penais dos arts. 227, *caput* e § 1º, 228, *caput* e § 1º, 229, 230, *caput* e § 1º, 231, *caput* e § 1º e 231-A, *caput* e § 1º são inaplicáveis, dada sua incompatibilidade com o disposto no art. 5º da Convenção de Belém do Pará.

34 Nucci destaca com precisão a "roleta russa" a que ficam sujeitos os trabalhadores do sexo, no contexto de legislações que restringem sua atividade, devido a um ato investigatório por amostragem (2015-B, p. 119).Nucci destaca com precisão a "roleta russa" a que ficam sujeitos os trabalhadores do sexo, no contexto de legislações que restringem sua atividade, devido a um ato investigatório por amostragem (2015-B, p. 119).

35 "O sistema legal promete uma integração condicionada sob o pretexto de combater fantasmagóricas redes criminosas, que resistem em se fazer visíveis. Uma vez mais, se impõe a chamada linguagem 'trafiquista', que com tanto sucesso se instalou no inconsciente coletivo e em nossas leis, com essa visão simplificada da realidade, que se resolve em uma espécie de dicotomia entre bons e maus: de uma parte, as perigosas máfias criminosas que supostamente enganam e exploram; de outra, as inocentes vítimas do engano e da exploração. Não se admite prova em contrário, nem de um nem de outro, porque se trata de uma estratégia que interessa a alguns. Sob ela, silenciam-se as raízes econômicas, legais, sociais e políticas de uma imigração legítima que procuram ser ocultadas a qualquer custo" (Abreu, s.d., p. 147).

3.1.6. O tráfico de pessoas para fins de exploração sexual

Esse comportamento, atualmente, encontra-se tipificado no art. 149-A do CP, inserido pela Lei n. 13.344, de 6-10-2016. O legislador revogou expressamente os arts. 231 e 231-A do CP, que, até então, descreviam o crime de tráfico de pessoas para fins de "prostituição ou outra forma de exploração sexual".

Os tipos penais revogados, em nosso sentir, padeciam de irremediável defeito, consistente em ignorarem a liberdade e a autonomia da vontade de profissionais do sexo que procuravam se deslocar internamente ou para outros países com o escopo de exercer sua atividade.

Justifica-se a criminalização da conduta relativa ao deslocamento de pessoas para o exercício da prostituição apenas quando cometida com emprego de violência contra a pessoa, grave ameaça, fraude, abuso, ou se dirigida ao meretrício de crianças ou adolescentes ou, por fim, se destinada ao desempenho de uma atividade em condição análoga à de escravo.

Ausentes esses meios de execução, objeto material ou destino final, de modo que o deslocamento se dê com o consentimento do profissional que vai exercer livremente o comércio sexual, não se pode admitir a imposição de pena criminal, como faziam os arts. 231 e 231-A do CP.

Essas diretrizes se encontram encampadas no atual art. 149-A do CP, o qual andou bem, ademais, pelo fato de deslocar essas figuras penais para o Título I da Parte Especial, em seu Capítulo VI, o qual trata dos crimes contra a liberdade pessoal.

3.1.7. Tráfico de pessoas para prostituição e a questão do consentimento

O tráfico de brancas, como se dizia no início do século XX, depois rebatizado para tráfico de pessoas ou de seres humanos para fins de prostituição, costuma ser designado como a "nova escravatura" (em oposição à antiga questão do tráfico de escravos).

Ocorre, porém, que o legislador reúne, sob a bandeira de reprimi-lo, comportamentos merecedores da mais vigorosa censura penal[36] (como aqueles ligados à escravidão) e outros cuja inserção em norma incriminadora malfere a dignidade da pessoa humana, o direito à intimidade, à vida privada e, ademais, o princípio da intervenção mínima.

Justifica-se a criminalização da conduta relativa ao deslocamento de pessoas para a finalidade de exercer a prostituição (que não se confunde com exploração

---

[36] Veja-se, nesse sentido, o ponto de vista de Luiz Carlos dos Santos Gonçalves, para quem o delito, quando cometido por meio de violência contra a pessoa, grave ameaça ou fraude, deveria ser qualificado como hediondo (*O tráfico de seres humanos como crime hediondo em sentido material*, p. 191-192).

sexual) quando cometida com emprego de violência contra a pessoa, grave ameaça, fraude, se dirigida ao meretrício de menores, crianças ou adolescentes ou, por fim, se destinada ao desempenho de uma atividade em condição análoga à de escravo[37].

De outro lado, ausentes esses meios de execução, objeto material ou destino final, de modo que o deslocamento se dê com o consentimento do profissional que vai exercer livremente o comércio sexual, não se pode admitir a imposição de pena criminal.

Exceção feita à primeira Convenção Internacional a respeito do tema (a Convenção Internacional para a Repressão ao Tráfico de Brancas, de 4 de maio de 1910), que exigiu para a configuração do comportamento o emprego de violência ou fraude, os documentos que se seguiram consideraram irrelevante o consentimento da prostituta.

Foram editados sob a influência do feminismo abolicionista, pretendendo erradicar a prostituição e o tráfico de mulheres que a alimentava, partindo da premissa de que não há prostituição livre e, em consequência, impossível imaginar tráfico consentido. Em outras palavras, incorporaram a ideia, como presunção absoluta, da vulnerabilidade da prostituta e, daí, da invalidade de seu consentimento. Esses dogmas impregnaram a linguagem jurídica internacional e se fizeram refletir em diversos Códigos Penais, dentre os quais o brasileiro, como destacado anteriormente.

O discurso que embasa semelhante presunção, porém, acaba por legitimar estereótipos de gênero, criando vítimas onde não existe, abandonando sua condição de sujeito de direitos e sua capacidade de autodeterminação.

A Convenção das Nações Unidas contra o Crime Organizado Transnacional procurou estabelecer uma distinção entre tráfico de seres humanos (*trafficking of human beings*) e contrabando de imigrantes (*smuggling of migrants*).

O primeiro seria aquele realizado de modo coercitivo e, portanto, figuraria a pessoa traficada como vítima, violando seus direitos individuais. O outro, efetuado de maneira consentida, não teria o imigrante como ofendido, mas lesaria interesses político-migratórios do Estado destinatário.

Essa diretriz, muito mais próxima da realidade, não prevaleceu, entretanto. O segundo protocolo à Convenção, destinado a "prevenir, reprimir e sancionar o tráfico de pessoas", estabeleceu uma confusão de conceitos, ao reintroduzir a ideia de vulnerabilidade ao tráfico de pessoas, e assim a tornou, na prática, sinônimo dos casos de imigração voluntária[38].

---

37 CF, art. 227, § 4º.

38 Segundo Abreu, "convertendo-os em vítimas, se encobre a perversidade dessa manobra tão excludente. É em nome de sua proteção que as políticas estatais fecham a via de acesso ao continente, atribuindo às redes de ajuda (sem distinção) a categoria de 'novos negreiros' e a eles a condição de 'escravos'" (p. 133, s.d., tradução livre).

Nucci alerta para a indevida designação de "tráfico de pessoas" quanto a condutas que, em verdade, constituem não mais que a migração de pessoas pobres para países ricos, em busca de melhores condições de vida[39].

No continente europeu, torna-se cada vez mais indisfarçável o real sentido deste tratamento, o qual não tem a prostituta como alvo de proteção, mas como vítima de uma política imigratória de caráter xenofóbico, notadamente aplicada a indivíduos nascidos fora da comunidade europeia e em países em desenvolvimento, como o Brasil.

Abreu assevera, nesse viés, a existência de um injustificado *discrímen* entre o imigrante comunitário e o extracomunitário. O primeiro possui capacidade de autodeterminação, sendo visto como sujeito de direitos. O outro, contudo, é o ilegal, vulnerável e traficado.

O elemento da vulnerabilidade, implícito nos tipos penais, é utilizado, ainda, para justificar a criminalização de toda a rede envolvida em imigrações (principalmente de extracomunitários[40]) acordadas livremente, até mesmo quando inexiste interesse lucrativo, violência, abuso ou mesmo uma mínima estrutura organizada[41].

Esse discurso conta com uma elevada carga ideológica e manipuladora.

O imigrante extracomunitário não é tratado, repise-se, como "pessoa" (sujeito de direitos), mas como vulnerável, estigmatizado como "clandestino", "ilegal", "irregular", em oposição ao europeu, "nativo", "cidadão" etc.

Há, inclusive, decisões judiciais que não reconheceram o tráfico de pessoas quando se trata de imigrantes comunitários (romenos, búlgaros e lituanos), a quem se outorgou o caráter de pessoas com capacidade de autodeterminação, porque gozavam do citado *status comunitário*[42].

---

[39] "A visão é distorcida e faz parte do estigma sofrido pela prostituição. Se a mulher é jovem e solteira, deduz-se, de pronto, que sua clandestina viagem a um país rico destina-se ao comércio sexual. Nem sempre isso é realidade, podendo ser fruto da política contrária ao trânsito livre de pessoas pobres para outros lugares do mundo" (Nucci, 2015-B, p. 113).

[40] "Estimativas da Organização Internacional de Migrações (IOM), agência ligada à ONU, apontam quase 75 mil prostitutas brasileiras trabalhando hoje na Europa. E esse número só cresce. "Espanha, Holanda, Suíça, Alemanha, Itália e Áustria são os principais destinos", diz a entidade. E o total de mulheres que deixam o Brasil é bem superior ao de homens. Na Itália, dos 19 mil brasileiros vivendo legalmente no país em 2000, 14 mil eram mulheres. O número elevado de prostitutas contribui para a diferença" ("Europa tem 75 mil prostitutas do Brasil". Disponível em: <http://integras.blogspot.com.br/2008/05/europa-tem-75-mil-prostitutas-do-brasil.html>. Acesso em: 30 mar. 2015).

[41] Abreu, s.d., p. 134.

[42] "(...) não há risco potencial a seus direitos individuais e à liberdade, por serem cidadãos da União, situações que evidentemente podem se dar em relação a cidadãos não comunitários". Trecho da decisão da Turma Criminal do Tribunal Supremo da Espanha, *STS*, 823/2007, 15 de outubro, fundamento jurídico quarto (Abreu, s.d., p. 135).

3.1.8. A discriminação contra imigrantes/migrantes do sexo feminino

Sob o influxo de um discurso oficial que situa as trabalhadoras sexuais oriundas de outras regiões ou países[43] como sujeitos passivos do tráfico de pessoas para exploração sexual, cria-se um complexo estigma social, fomentado por leis e políticas públicas que negam a autonomia de vontade da mulher e a vitimizam duplamente.

Em verdade, não há fundamento empírico algum para a presunção absoluta de vulnerabilidade presente em diversas leis, como a brasileira, e fundada na Convenção das Nações Unidas contra o Tráfico de Mulheres e Crianças.

O viés simplista e reducionista, aliás, já se extrai da própria reunião, num mesmo documento ou sob um idêntico ponto de vista, das mulheres juntamente com os menores de idade, equiparando-os como pessoas vulneráveis.

A primeira vitimização se dá pelo fato de o trabalho sexual não ser regulamentado, permanecendo, portanto, à margem do Direito; desse modo, as mulheres somente podem recorrer a este setor por meio de agentes informais.

Veem-se, também discriminadas socialmente e infantilizadas pela legislação, que não considera sua plena capacidade de consentimento e a autonomia de sua vontade.

As imigrações, ademais, fundam-se não apenas em motivos econômicos, mas, muitas vezes, na construção de projetos de vida, que envolvem ascensão social, cultural e a busca por uma melhor qualidade de vida em regiões diferentes daquelas de sua origem. As histórias mais trágicas, tão popularmente repetidas e que formam parte indissolúvel do estigma imposto, felizmente, são as exceções[44].

A grande camada de "imigrantes do sexo" é formada por mulheres que planejam suas próprias estratégias de sobrevivência e ascensão econômica, cultural ou social, motivo pelo qual não faz sentido presumi-las vítimas. Isso resulta em considerar criminosa a simples migração de pessoas pobres para países ricos, para onde se dirigem em busca de melhores perspectivas de vida[45].

O feminismo, com a discriminação que promove contra as prostitutas, notadamente as estrangeiras, torna-se cúmplice da própria opressão que diz combater[46], impondo a elas uma "sanção", consistente na negação de sua capacidade de autonomia.

Um dos maiores símbolos dessa postura reside no entendimento da já citada entidade não governamental denominada *Coalition against Trafficking in Women*, para quem as mulheres e os menores não têm capacidade de consentimento para viajar, se o objetivo for trabalhar na indústria do sexo, mesmo quando ausente qualquer forma de engano ou violência.

---

43 O Brasil, nesse cenário, figura predominantemente como exportador de mão de obra.

44 Abreu, s.d., p. 72.

45 Nucci, 2015-B, p. 113.

46 Juliano apud Abreu, s.d., p. 73.

Qual a origem dessa imagem de vítimas de que padecem as imigrantes do sexo?

Pode-se especular várias razões, dentre as quais o mito popular que desde sempre acompanha a chamada "escravidão branca", consistente na ideia simplista de que mulheres "jovens" e "inocentes" são traficadas por "estrangeiros". Há, ainda, na visão de Doezema, um "olhar colonialista" das feministas, as quais buscam perpetuar a presunção de infantilidade e desvalimento das mulheres de países em desenvolvimento[47].

Embora formalmente consideradas como vítimas, os Estados tratam as imigrantes, em verdade, como "criminosas", ao adotar posturas como deportá-las sumariamente, presumindo-as, por sua etnia ou país de origem, trabalhadoras do sexo.

Promovem-se, não obstante, diligências que selecionam seus alvos com base nesses mesmos critérios, resultando na apreensão e posterior expulsão de estrangeiras em situação irregular. Isso denota a hipocrisia do discurso oficial, pois as "vítimas" são, de fato, a mira mais fácil da ação estatal, que as persegue e lhes nega direitos básicos. Dessa postura resulta, no atual contexto, sobretudo estadunidense e europeu, a xenofobia e a política anti-imigração[48].

No conceito de prostituição que defendemos, o qual supõe a autonomia de vontade, não há espaço para a infundada presunção absoluta de vulnerabilidade das mulheres imigrantes que se dedicam a trabalhos sexuais[49].

Daí por que os arts. 231 e 231-A do CP revelam-se incompatíveis com a Constituição. A única forma de se legitimar constitucionalmente a criminalização se dá pela expressa incorporação, no tipo penal, de formas de verdadeira violação do consentimento ou destinadas a inserir o trabalhador em situação análoga à escravidão[50].

3.1.9. A proposta que defendemos

Como síntese conclusiva, cabe apontar o caminho que consideramos mais adequado, segundo as premissas assumidas neste trabalho, em particular a dignidade da pessoa humana (CF, art. 1º, III), a promoção do bem de todos sem nenhum tipo de preconceito e, portanto, de tratamento discriminatório (CF, art. 3º, IV), o princípio da isonomia (CF, art. 5º, *caput*) e, enfim, a consecução de um ordenamento jurídico orientado por um Estado Constitucional, Democrático e Social de Direito (CF, arts. 6º e 7º).

É mister, nesse sentido, revogar o Capítulo V do Título VI da Parte Especial do Código Penal.

---

[47] Apud Abreu, idem, p. 74.

[48] Abreu, p. 77, s.d.

[49] No mesmo sentido: Abreu, s.d., p. 77.

[50] Nesse sentido, Nucci, 2015-B, p. 218.

Não se trata, porém, de promover a descriminalização de todos os comportamentos nele descritos, mas apenas os atrelados unicamente à tutela de valores morais e que, como resultado, fomentam a injustificada qualificação dos profissionais do sexo como cidadãos de segunda classe, diante da marginalização a que são submetidos, em primeiro plano, no aspecto profissional e, como consequência, no âmbito social e familiar.

Considerando que somente se justifica (do ponto de vista constitucional) a tipificação, dentre as infrações contidas no Capítulo V (em especial, os arts. 227, 228 e 230), nas hipóteses em que o autor emprega violência contra a pessoa, grave ameaça, fraude ou outro meio que impeça ou dificulte a livre manifestação de sua vontade, devem elas ser deslocadas para o Capítulo I, posto que tais meios executivos malferem a liberdade de autodeterminação do sujeito passivo[51].

Desse modo, poderia se estabelecer, *de lege ferenda*, um tipo penal autônomo, encampando as formas de execução acima nominadas, quando empregadas para: a) induzir alguém a satisfazer a lascívia de outrem; b) induzir ou atrair alguém à prostituição, facilitá-la, impedir ou dificultar que alguém a abandone; c) tirar proveito da prostituição alheia, participando de seus lucros ou dela se fazendo sustentar por quem a exerça[52].

O art. 229 do CP, por sua vez, deveria ser revogado, até porque, repise-se, inconstitucional, operando-se a (expressa) descriminalização da conduta, pois a matéria já se veria suficientemente disciplinada no tipo penal sugerido.

Essas medidas, porém, não esgotam a depuração da legislação ordinária.

Revela-se fundamental, destarte, regulamentar, por meio de lei autônoma, a atividade dos profissionais do sexo, incorporando-se as seguintes pautas: a) o reconhecimento da prostituição como atividade laboral, suscetível de proteção do Estado; b) a admissão expressa da prostituição intermediada e, portanto, o reconhecimento da validade do contrato de trabalho prostitucional; c) como consequência, a expressa afirmação acerca da exigibilidade da cobrança pelos serviços sexuais prestados; d) a definição de exploração sexual como exploração laboral, estabelecendo suas diretrizes, no sentido de considerá-la presente quando: (i) o intermediário se apropriar de valor igual ou superior à metade do valor pago pelo cliente pelos serviços prestados; (ii) nas hipóteses de condições de trabalho insalubres, degradantes ou que limitem a liberdade do profissional escolher, em caráter final, qual ato sexual praticará e com quais clientes estabelecerá o contrato.

---

[51] Ampliamos, nesse ponto, posição que defendemos em nosso *Crimes sexuais* (2009), pois, à ocasião, admitíamos somente a inconstitucionalidade dos arts. 227, *caput*, 228, *caput*, 229 e 230, *caput*, do CP.

[52] Quando tais condutas se dirigem a vítimas menores de idade, o fato já se vê adequadamente tutelado pela norma descrita no art. 218-B do CP.

ART. 227 – MEDIAÇÃO PARA SERVIR A LASCÍVIA DE OUTREM

1. DISPOSITIVO LEGAL

Mediação para servir a lascívia de outrem

Art. 227. Induzir alguém a satisfazer a lascívia de outrem:

Pena – reclusão, de 1 (um) a 3 (três) anos.

§ 1º Se a vítima é maior de 14 (catorze) e menor de 18 (dezoito) anos, ou se o agente é seu ascendente, descendente, cônjuge ou companheiro, irmão, tutor ou curador ou pessoa a quem esteja confiada para fins de educação, de tratamento ou de guarda:

Pena – reclusão, de 2 (dois) a 5 (cinco) anos.

§ 2º Se o crime é cometido com emprego de violência, grave ameaça ou fraude:

Pena – reclusão, de 2 (dois) a 8 (oito) anos, além da pena correspondente à violência.

§ 3º Se o crime é cometido com o fim de lucro, aplica-se também multa.

2. DENOMINAÇÃO DOUTRINÁRIA

Muito embora a Lei Penal não se utilize dessa expressão, a doutrina, tendo em vista a rubrica do Capítulo V, convencionou denominar o crime do art. 227 *lenocínio principal* (em oposição às demais figuras típicas que compõem o plexo do lenocínio, contidas nos arts. 228 a 230, chamadas de lenocínio acessório).

3. VALOR PROTEGIDO (OBJETIVIDADE JURÍDICA)

Para Magalhães Noronha, trata-se da "disciplina da vida sexual de acordo com os bons costumes, a moralidade pública e a organização da família"[53].

Hungria via na disposição ofensa à moral pública sexual e afirmava que o tipo visava a impedir o incremento da prostituição. Tratar-se-ia, nesse sentido, de delito de perigo, à medida que o agente, ao induzir alguém a satisfazer a lascívia alheia, produziria o perigo de submeter o ofendido à corrupção de sua moral sexual, e, eventualmente, prostituir-se.

Com referência à incriminação, cabe registrar a justa crítica de Alberto Silva Franco e Tadeu Silva, os quais destacam cuidar-se de conduta "objeto de questionamento em todo o horizonte democrático mundial", que vem sendo retirada dos Códigos Penais contemporâneos. Os autores apontam, ademais, a tendência mundial de descriminalização de "condutas relacionadas com a prostituição de pessoas adultas, como ocorreu, *v.g.*, nas recentes reformas realizadas na Espanha, Suíça, Chile,

---

[53] *Código Penal brasileiro comentado*, v. VII, p. 422 e s., apud Alberto Silva Franco e Tadeu Dix Silva, *Código Penal e sua interpretação jurisprudencial*, p. 1116.

El Salvador, Equador, Uruguai, e como o banimento gradativo dessas condutas, como, por exemplo, em Portugal, Argentina, Panamá, Paraguai e Venezuela"[54].

Para Nucci, o delito deveria "ser extirpado do Código Penal, pois a liberdade sexual, exercida sem violência ou grave ameaça não deve ser tutelada pelo Estado"[55].

Endossamos a crítica dos doutrinadores mencionados e, por não vislumbrar mais do que a defesa de valores morais, consideramos o *caput* do art. 227 inconstitucional.

Em reforço conclusivo à tese, transcreve-se a lição de Jorge Figueiredo Dias, para quem é inaceitável, nos dias de hoje, "o reenvio do intérprete, nesta matéria, para a 'moralidade' sexual, cuja tutela não pode pura e simplesmente caber legitimamente no direito penal..."[56].

4. TIPO OBJETIVO

A ação nuclear consubstancia-se no ato de "induzir" (influenciar moralmente; incutir na mente a ideia de realizar o ato). Para Hungria, trata-se do "emprego de suasões, promessas, engodos, dádivas, súplicas, propostas reiteradas, numa palavra: todo expediente (não violento ou fraudulento) que tenha sido idôneo ou eficiente para levar a vítima a *satisfazer a lascívia de outrem*"[57].

Cuida-se da punição, como crime autônomo, da participação no ato sexual de outrem.

O legislador não tipificou o ato de "instigar", isto é, fomentar um pensamento já existente (incentivar). Em nosso sentir, a instigação não se subsume ao art. 218, mas, quando envolver menores de 18 anos, pode caracterizar o delito do art. 241-C do ECA, desde que o próprio agente vise à prática de ato libidinoso com o menor.

O objeto material, na cabeça da disposição, é a pessoa adulta.

É necessário, ademais, que se busque a satisfação da lascívia de outrem. Por lascívia entende-se o desejo sexual; o desafogo do prazer de cunho erótico; a vazão à luxúria.

O confronto do art. 227 com o art. 218 demonstra que o ato de induzir alguém a satisfazer a lascívia alheia poderá configurar, conforme a faixa etária do ofendido, delitos diferentes. Assim, se o sujeito passivo for adulto (isto é, pessoa com 18 anos completados), dar-se-á o lenocínio principal simples (art. 227, *caput*). Se adolescente, porém maior de 14 anos, a figura qualificada (art. 227, § 1º). Quando menor de 14 anos, haverá corrupção de menores (art. 218). Ressalte-se que as penas, nos dois últimos casos, são idênticas (reclusão, de dois a cinco anos).

---

54 Op. cit., p. 1115.

55 *Código Penal comentado*, p. 909.

56 *Comentário conimbricense do Código Penal*: parte especial, t. I, p. 450.

57 *Comentários ao Código Penal*, v. VIII, p. 282.

De se perguntar: *qual o crime cometido por aquele que induz pessoa com exatos 14 anos a satisfazer a lascívia de outrem (imagine-se o agente, no dia do 14º aniversário de um adolescente, procure influenciá-lo a manter relações sexuais com outra pessoa)?*

A se interpretar literalmente as disposições do Código Penal, o fato seria penalmente atípico! Note que o crime de corrupção de menores exige que a pessoa seja *menor de 14 anos* e o lenocínio qualificado (art. 227, § 1º), *maior de 14 anos.*

Poder-se-ia argumentar que o fato se subsume ao lenocínio simples (art. 227, *caput*), posto que a norma prevê o ato de se induzir "alguém" a satisfazer a concupiscência alheia. Essa conclusão, todavia, seria desarrazoada, haja vista que a correta exegese da norma incriminadora aludida resulta em que são vítimas do crime somente os adultos (pessoas com 18 anos completos).

Parece-nos que a melhor solução, para evitar quaisquer dos absurdos acima (fato atípico ou lenocínio simples), consiste em considerar existente a figura do art. 227, § 1º, do CP (lenocínio qualificado).

Deve-se frisar que o autor da indução, também chamado de proxeneta ou alcoviteiro, responde pelo crime do art. 227, ao passo que o que pratica o ato libidinoso não comete, em princípio, delito algum (desde que se trate de relação consensual entre adultos). É possível, contudo, que se cometa algum ilícito penal durante o encontro sexual, como o estupro (art. 213), hipótese em que se dará uma exceção pluralística à teoria monista ou unitária, pois, muito embora ambos concorram com sua conduta para o mesmo evento, cada um viola uma norma penal incriminadora diferente.

Registre-se, ainda, que o induzimento deve visar à satisfação de pessoa(s) determinada(s), pois, do contrário, o crime poderá ser o do art. 228 (favorecimento da prostituição ou outra forma de exploração sexual de vulnerável).

5. TIPO SUBJETIVO

Trata-se de delito punido exclusivamente na forma dolosa, de modo que pressupõe consciência e vontade de influenciar a vítima a realizar atitude tendente à satisfação da lascívia alheia.

Se o agente induz o menor a praticar ação com o escopo de satisfazer sua própria lascívia, não comete ilícito penal algum, salvo quando se tratar de pessoa menor de 14 anos, hipótese em que se dará o estupro de vulnerável – art. 217-A (tentado, se o intento não se realiza, ou consumado, quando o agente logra seu objetivo e pratica o ato libidinoso).

Se houver intuito de obter lucro, aplica-se, juntamente com a pena privativa de liberdade, a pena de multa (§ 3º). Não é necessário que a vantagem seja obtida, mostrando-se suficiente a vontade conscientemente dirigida a tal objetivo. Divide-se a doutrina quanto à natureza do acréscimo punitivo. Para Alberto Silva Franco e Tadeu Silva[58], cuida-se de forma qualificada, diferentemente do que pensa Nucci, por eles citado.

Em nosso sentir, somente se pode falar em qualificadora quando há uma elevação do mínimo e máximo cominado na modalidade fundamental. Como se trata apenas de unir ao preceito secundário a sanção pecuniária, não vislumbramos a existência de verdadeira qualificadora.

Registre-se que o lenocínio com fim de lucro denomina-se *lenocínio mercenário ou questuário*.

6. SUJEITOS DO CRIME

6.1. Sujeito ativo

Cuida-se de crime comum, o qual pode ser praticado por qualquer pessoa. Seu autor denomina-se proxeneta ou alcoviteiro.

6.2. Sujeito passivo

Qualquer pessoa. Em se tratando de adultos, conforme já expusemos, incide o art. 227, *caput*. Há jurisprudência no sentido de que a prostituta não pode ser sujeito passivo[59].

Quando se tratar de vítima adolescente, com 14 anos completos, há a forma qualificada (CP, art. 227, § 1º); se menor de 14 anos, corrupção de menores (CP, art. 218)[60].

7. CONSUMAÇÃO E TENTATIVA

7.1. Consumação

O crime é material ou de resultado, motivo por que é necessário que a vítima seja efetivamente influenciada e se convença a realizar o ato libidinoso com terceiro. Não se exige, contudo, que a influência resulte na prática do ato tendente à satisfação do prazer sexual alheio. A realização do ato libidinoso configurará exaurimento. Não é necessário, ademais, que a pessoa com quem o contato sexual for estabelecido chegue à plena satisfação de sua libido; basta, repita-se, que se dê o ato de libidinagem entre este e a vítima.

---

58 Op. cit., p. 1121.

59 TJSP, *RT* 487/347 e 233/88.

60 Sobre a questão da vítima com exatos 14 anos, *vide* o item 5, *supra*.

7.2. Tentativa

O *conatus* é admissível, porquanto pode o agente procurar influenciar psicologicamente o menor, que, por circunstâncias alheias à vontade do autor, não ceda às suas táticas suasivas.

8. QUALIFICADORAS (§§ 1º E 2º)

8.1. Qualidade do sujeito passivo (§ 1º)

Se a vítima é maior de 14 e menor de 18 anos, ou se o agente é seu ascendente, descendente, cônjuge ou companheiro, irmão, tutor ou curador ou pessoa a quem esteja confiada para fins de educação, de tratamento ou de guarda, a pena será de reclusão, de dois a cinco anos.

8.2. Meios executórios (§ 2º)

Se o crime é cometido com emprego de violência, grave ameaça ou fraude, a sanção será de dois a oito anos, aplicando-se o cúmulo material obrigatório com as penas dos crimes correspondentes à violência empregada (por exemplo, lesão corporal grave ou gravíssima - art. 129, §§ 1º e 2º).

9. CAUSAS DE AUMENTO

Aplicam-se as exasperantes do art. 234-A do Código (resultar gravidez ou contaminação de doença sexualmente transmissível), desde que, deve-se frisar, encontrem-se abrangidas pelo dolo do agente, isto é, quando o proxeneta souber que o *tertius* encontra-se acometido de doença sexualmente transmissível ou pretende realizar sexo sem proteção, capaz de engravidar a vítima.

10. CONCURSO APARENTE DE NORMAS

O lenocínio costuma ser apontado por um setor da doutrina como crime de perigo, entendendo-se que a punição do ato de induzir alguém a satisfazer a lascívia de outrem se justifica, de vez que, com isso, cria-se o perigo de atrair a vítima à prostituição (ou outra forma de exploração sexual). É de se anotar, todavia, que a infração do art. 227 em nada tem a ver com referidas práticas. A incriminação do ato, aliás, conforme já expressamos, por se limitar a punir atos ligados a meros costumes sociais, não se justifica.

De qualquer modo, dada a vigência formal da norma, cumpre analisar no que diferem o lenocínio mercenário ou questuário (isto é, aquele praticado com fim de lucro) e o rufianismo, definido no art. 230 como o ato de "tirar proveito da prostituição alheia, participando diretamente de seus lucros ou fazendo-se sustentar, no todo ou em parte, por quem a exerça".

O que une as infrações é o fato de serem formas de lenocínio (em sentido amplo). Lembre-se que a doutrina classifica o art. 227 como lenocínio principal e os arts. 228 a 230 como lenocínio acessório. Outro fator de aproximação entre ambas é o fim de lucro, ou seja, a intenção de obter proveitos econômicos com o ato sexual praticado por outrem.

A distinção, todavia, dá-se por duas razões: o rufião obtém seu lucro da prostituição, diversamente do lenão mercenário. Além disso, o rufianismo exige habitualidade para sua existência, característica desnecessária em matéria de lenocínio questuário.

11. PENA E AÇÃO PENAL

A pena é de reclusão, de 1 a 3 anos (na forma simples). O crime é de ação penal de iniciativa pública incondicionada. O processo segue o rito comum sumário.

ART. 228 – FAVORECIMENTO DA PROSTITUIÇÃO OU OUTRA FORMA DE EXPLORAÇÃO SEXUAL

1. DISPOSITIVO LEGAL

Favorecimento da prostituição ou outra forma de exploração sexual

Art. 228. Induzir ou atrair alguém à prostituição ou outra forma de exploração sexual, facilitá-la, impedir ou dificultar que alguém a abandone:

Pena – reclusão, de 2 (dois) a 5 (cinco) anos, e multa.

§ 1º Se o agente é ascendente, padrasto, madrasta, irmão, enteado, cônjuge, companheiro, tutor ou curador, preceptor ou empregador da vítima, ou se assumiu, por lei ou outra forma, obrigação de cuidado, proteção ou vigilância:

Pena – reclusão, de 3 (três) a 8 (oito) anos.

§ 2º Se o crime é cometido com emprego de violência, grave ameaça ou fraude:

Pena – reclusão, de 4 (quatro) a 10 (dez) anos, além da pena correspondente à violência.

§ 3º Se o crime é cometido com o fim de lucro, aplica-se também multa.

2. VALOR PROTEGIDO (OBJETIVIDADE JURÍDICA)

Procura-se tutelar a moral pública sexual[61]. Bem por isso, conforme frisávamos na introdução ao presente capítulo (*supra*), cuida-se de disposição divorciada de

[61] Nesse sentido: "No art. 228 do CP, o legislador visou tutelar, precisamente, a moralidade pública sexual, daí por que pune quem induz, atrai, facilita ou quem procure impedir o abandono à prostituição" (TJSP, *RJTJSP* 99/439).

lastro constitucional. O valor que ela busca defender não encontra suficiente amparo no plexo de direitos consagrados no Texto Maior. Colide, ademais, com o princípio da dignidade da pessoa humana (CF, art. 1º, III). Somente se pode cogitar de ilícitos penais sexuais quando há emprego de violência, grave ameaça ou fraude (de modo que se atinge a liberdade de autodeterminação do ofendido), a livre e sadia formação da personalidade de pessoas em desenvolvimento ou a intangibilidade sexual de pessoas vulneráveis. Da análise do tipo insculpido no art. 228, somente se verifica a válida intervenção do Direito Penal no § 2º, em razão dos meios executórios de que se vale o agente para atrair etc. à prostituição o adulto (pessoa com 18 anos completos) mentalmente capaz de compreender atos de natureza sexual[62].

3. TIPO OBJETIVO

O crime do art. 228 do CP pode ser cindido em duas partes. Pune-se aquele que induzir ou atrair alguém à prostituição ou outra forma de exploração sexual. A lei, em seguida, descreve como delito o ato de facilitá-las ou impedir ou dificultar que alguém as abandone.

As condutas nucleares são, portanto, as seguintes:

a) *induzir*: significa influenciar alguém, auxiliá-lo moralmente a fazer algo; inspirá-lo a realizar algo;

b) *atrair*: exercer atração, incitar ao exercício das atividades descritas no tipo;

Conforme ponderava Hungria, "o *induzimento* consiste no emprego de suasões, promessas, engodos, dádivas, súplicas, propostas reiteradas, numa palavra: todo expediente (não violento ou fraudulento) que tenha sido idôneo ou eficiente ..."[63];

c) *facilitar*: auxiliar, prestar ajuda, contribuir de maneira a que alguém se submeta a exploração sexual (por exemplo, angariar clientes para a(o) prostituta(o), instalar pessoa em determinado local para que possa dedicar-se ao comércio carnal);

d) *impedir ou dificultar* (o abandono): criar obstáculos, barreiras, embaraços ou empecilhos, evitando completamente ou tornando mais difícil que alguém deixe a prostituição ou seja sexualmente explorado.

A conduta do sujeito ativo deve ser dirigida a *fomentar atividades de prostituição ou outra forma de exploração sexual.*

A infração penal pode ser praticada por omissão, *desde que o omitente possua o dever jurídico de agir para evitar o resultado*, nos termos do art. 13, § 2º, do CP. De acordo com a norma geral relativa aos crimes omissivos impróprios (ou comissivos por omissão), mencionado dever se fará presente quando o sujeito: a) possui obrigação

---

[62] De recordar-se que, em se tratando de vítimas menores de 18 anos ou que não possuam capacidade de discernimento de atos sexuais, tem incidência o art. 218-B do CP.

[63] Op. cit., v. VIII, p. 282.

legal de proteção, cuidado ou vigilância (por exemplo, os pais em relação a seus filhos); b) se alguém assumiu, por qualquer motivo, o compromisso de impedir o resultado (trata-se do "garante"); ou c) quando a pessoa, com sua conduta anterior, criou o risco de sua ocorrência.

Na jurisprudência, colhe-se o exemplo dos pais que, mesmo cientes, nada fazem para impedir que seus filhos ingressem no mundo do comércio carnal[64]. Esse comportamento, todavia, não mais se subsumiria ao disposto no art. 228 do CP, que pressupõe sujeitos passivos adultos (pessoas com 18 anos completos), mas no crime do art. 218-B (favorecimento à exploração sexual de criança, adolescente ou vulnerável), salvo se, obviamente, o filho já houvesse completado a maioridade (ocorre, todavia, que nesse caso parece-nos que não mais subsistiria o dever jurídico dos pais de impedir que seu descendente se dedicasse ao meretrício ou atividade assemelhada, dada sua livre autonomia de vontade, associada ao fato de que a prostituição, por si, não constitui atividade ilícita, somente imoral).

O que se entende por exploração sexual?

Conforme já dissemos quando da análise do art. 218-B (*supra*), cuida-se de um conceito transportado pelo legislador ao texto legal, inspirado num viés defendido por setores do feminismo, para quem a prostituição, em si considerada, representa uma forma de violência sexista (ou seja, da dominação do masculino sobre o feminino), constituindo uma forma de explorar (tirar proveito) da sexualidade da mulher, colocando-a numa situação de inferioridade em razão do gênero.

A expressão se revela inoportuna e carente de significado jurídico-constitucional.

Uma vez empregada pelo tipo penal, não obstante, é preciso definir seu sentido. Trata-se, nessa linha de raciocínio, de *elemento normativo do tipo*[65]. A Lei Penal, em nosso sentir, fornece alguns vetores interpretativos. Em primeiro lugar, *não se confunde a exploração sexual com a violência sexual*. Esta se dá quando ocorrem crimes sexuais, como o estupro (art. 213), em que o sujeito passivo é "violentado" em sua liberdade de autodeterminação. Além disso, *exploração sexual distingue-se da mera satisfação sexual* (atividade obviamente lícita). Os conceitos de violência sexual e satisfação sexual representam as fronteiras, ou, em outras palavras, os extremos

[64] *RT* 523/344.

[65] Registre-se (uma vez mais) que a expressão se encontra no âmbito de nosso Texto Constitucional, no art. 227, § 4º, o qual determina: "A lei punirá severamente o abuso, a violência e a *exploração sexual* da criança e do adolescente" (grifo nosso). Além disso, é empregada no Estatuto da Criança e do Adolescente, que, no art. 244-A, tipifica o ato de: "submeter criança ou adolescente, como tais definidos no *caput* do art. 2º desta Lei, à prostituição ou à exploração sexual: Pena – reclusão de 4 (quatro) a 10 (dez) anos, e multa. § 1º Incorrem nas mesmas penas o proprietário, o gerente ou o responsável pelo local em que se verifique a submissão de criança ou adolescente às práticas referidas no *caput* deste artigo. § 2º Constitui efeito obrigatório da condenação a cassação da licença de localização e de funcionamento do estabelecimento".

opostos que delimitam o campo interpretativo da "exploração sexual". É decisivo, ademais, notar que a elementar foi expressamente equiparada pelo legislador à prostituição. Adotou-se, neste particular, o método da chamada interpretação analógica, em que se utiliza uma fórmula genérica, seguida de exemplificação casuística. Quando isto se dá, gênero e espécie se autolimitam, vale dizer, não podem ser compreendidos um sem o outro. *In casu*, a exploração sexual é o *genus* e a prostituição, a *specie*.

Conclui-se daí que a exploração sexual deve ser entendida como uma espécie de prostituição (mercancia sexual do corpo)[66].

Também se encontra na disposição o ato de *facilitar* (auxiliar, ajudar) a prostituição ou exploração sexual da vítima ou *impedir ou dificultar que as abandone.*

O objeto material deve ser pessoa com 18 anos completos e com plena capacidade de discernimento sexual. Caso os sujeitos passivos sejam menores de 18 anos ou não possuam referida capacidade mental, dar-se-á o crime do art. 218-B (favorecimento da prostituição ou outra forma de exploração sexual de criança adolescente ou vulnerável).

É relevante anotar que a redação atual do dispositivo baseia-se na Lei n. 12.015, de 7-8-2009. Mencionado Diploma ampliou a esfera de proteção do tipo penal, que antes só abrangia comportamentos que favoreciam a *prostituição* alheia. Com a mudança, todas as formas de exploração sexual passaram a ser incluídas na disposição (conforme se demonstrou acima). Além disso, o legislador acrescentou um verbo nuclear à figura típica, que antes, em sua parte final, somente apenava quem impedisse o abandono da prostituição e, atualmente, engloba o ato de impedir ou "*dificultar*".

4. TIPO SUBJETIVO

Trata-se de delito doloso, isto é, faz-se mister que o autor ou partícipe atue com consciência e vontade de fomentar a prostituição ou exploração sexual alheia. A norma penal não requer qualquer elemento subjetivo específico; vale dizer: é indiferente o móvel

---

[66] Segundo Nucci, "verifica-se ser a *exploração sexual* uma conduta genérica, voltada a tirar proveito, abusar, lucrar mediante fraude ou engodo de pessoas, visando-se a satisfação da lascívia". Adverte o autor: "Na prática, é preciso cuidado para não tornar *exploração sexual* em condutas outras, que não passam de pura *satisfação sexual* ou mesmo autêntica *violência sexual*". Seriam exemplos de exploração sexual, diante disso, as práticas dos crimes de violação sexual fraudulenta (art. 215), assédio sexual (art. 216-A) etc. (*Crimes contra a dignidade sexual*: comentários à Lei n. 12.015, de 7 de agosto de 2009, p. 57). Em que pese o autorizado escólio, entendemos que, *de lege lata*, não se pode considerar existente a exploração sexual somente quando há fraude ou engodo no proceder do agente. Isto reduz o conceito à prática de (alguns) crimes sexuais. Ocorre que houve veto ao art. 234-C, o qual identificava a exploração sexual com a prática dos delitos tipificados no Título VI. Como constou das razões do veto: "Ao prever que ocorrerá exploração sexual sempre que alguém for vítima dos crimes contra os costumes, o dispositivo confunde os conceitos de 'violência sexual' e de 'exploração sexual', uma vez que pode haver violência sem a exploração".

que tenha impulsionado o sujeito a atrair etc. outrem à prostituição ou exploração sexual. Se houver fim de lucro, contudo, aplica-se cumulativamente a pena de multa (§ 3º).

Nossos tribunais já entenderam que não incorre no delito, por ausência de dolo, a pessoa que convida amigos para encontros com meretrizes: "O fato de manter um indivíduo conjunção carnal com prostitutas, ou de convidar alguém para participar da aventura não qualifica ilícito penal de qualquer espécie. É de mister que haja dolo, intenção clara de favorecer a prostituição, o que evidentemente aqueles atos não caracterizam, por si só, ainda mais quando esporádicos"[67].

5. SUJEITOS DO CRIME

5.1. Sujeito ativo

A infração penal em estudo consubstancia crime comum, o qual pode ter qualquer pessoa como sujeito ativo.

Tendo o agente relação de parentesco, subordinação ou proteção em face do ofendido, incide nas penas da forma qualificada contida no § 1º.

5.2. Sujeito passivo

Pode ser qualquer pessoa. Nossos tribunais entendem que até mesmo o indivíduo que já se prostitui pode ser vítima do crime: "O fato de que as vítimas já eram prostitutas no Brasil é irrelevante em face dos arts. 149 e 230 do Código Penal e, também do art. 228 do mesmo Código, porque entre os tipos nele previstos está o de *facilitar* a prostituição, suficiente para nele incidir o extraditando mesmo no caso em que as vítimas já fossem prostitutas"[68].

Em se tratando de menores de 18 anos ou que possuam enfermidade ou deficiência mental retirando-lhe o discernimento para a prática de atos sexuais, aplica-se o art. 218-B (pena de reclusão, de quatro a dez anos).

6. CONSUMAÇÃO E TENTATIVA

6.1. Consumação

O crime considera-se consumado, conforme dispõe o art. 14, I, do CP, quando nele se reúnem todos os elementos de sua disposição legal. Tendo em vista essa regra, é forçoso reconhecer que o crime do art. 228 do CP atinge seu momento

---

67 TJSP, *RJTJSP* 19/480.

68 STF, *RT* 761/515. No mesmo sentido: STJ, REsp 118.181, rel. Min. Fernando Gonçalves, *DJU* de 24-11-1997, p. 61.288-9, TJMG, *JM* 149/318 e TJSP, *RJTJSP* 99/439.

consumativo quando a vítima *inicia a prática da prostituição ou outra forma de exploração sexual* (crime material ou de resultado). É o que a doutrina tradicional denomina "estado de prostituição".

Predomina o entendimento de que o crime não é habitual. Vale dizer, comete-o quem atrai, induz, facilita etc. a exploração sexual de outrem, ainda que não o faça reiteradamente. Basta a incursão em uma conduta nuclear, somada à efetiva obtenção do resultado naturalístico, consistente em fazer com que o sujeito passivo exerça o meretrício (este, sim, exige a habitualidade[69]).

Nas condutas "dificultar" ou "impedir" (o abandono), o estado deletério à sexualidade preexiste, de modo que o momento consumativo dá-se com o ato de criar embaraço ou empecilho. Tendo em vista a inserção da conduta "dificultar" no dispositivo legal (decorrente da Lei n. 12.015), o delito estará consumado nessa modalidade, ainda que a vítima vença a barreira criada e abandone a prostituição ou outra forma de exploração sexual, deixando, por exemplo, de laborar no lupanário.

6.2. Tentativa

O *conatus* é admissível. É possível que o agente procure dissuadir o sujeito passivo a se prostituir ou se submeter à exploração sexual, mas veja frustrado seu intento por circunstâncias alheias à sua vontade.

7. FIGURAS QUALIFICADAS

7.1. Relação entre sujeito ativo e passivo (§ 1º)

Dá-se a forma qualificada, submetendo o agente à pena de reclusão, de três a oito anos, quando este for ascendente (em linha reta ou colateral, de vez que a Lei não distinguiu), padrasto, madrasta, irmão, enteado, cônjuge, companheiro, tutor ou curador, preceptor (pessoa que ministra preceitos, encarregado da instrução de alguém) ou empregador da vítima, ou se assumiu, por lei ou outra forma, obrigação de cuidado, proteção ou vigilância.

---

[69] É sempre bom lembrar que a realização de um ato sexual mediante paga ou promessa de pagamento não caracteriza prostituição, sendo necessário que essa prática se converta em atividade à qual a pessoa se dedica habitualmente. Nesse sentido: "mantida a absolvição do réu diante da inexistência de prova de que o acusado tenha favorecido as vítimas, de 14 e 15 anos de idade, à prostituição, pois teria havido uma única tentativa de praticar sexo oral com uma garota e a sua efetiva prática com a outra, mediante pagamento, enquanto certo que o delito em comento exige a habitualidade da conduta e o dolo de submeter as vítimas, induzi-las ou atraí-las à prostituição ou exploração sexual, os quais não resultaram demonstrados na espécie" (TJRS, AP 70069957777, rel. Cristina Pereira Gonzales, 5ª CCr, j. 31-8-2016).

7.2. Meios executórios (§ 2º)

Se o crime é cometido com emprego de violência, grave ameaça ou fraude, a pena é de reclusão, de quatro a dez anos, além da pena correspondente à violência (cúmulo material obrigatório).

Cuida-se, em nosso sentir, do único comportamento validamente incriminado na disposição.

Conforme já expusemos, a violência compreende vias de fato ou lesões corporais. A grave ameaça consubstancia a promessa de inflição de mal ao agente (justo ou injusto). A fraude, por sua vez, consiste no emprego de ardil, estratagema, engodo, de modo a iludir o agente, alterando sua percepção da realidade. Podem-se citar como exemplos os seguintes julgados: 1) "Farta prova dando conta da violência empregada pelo acusado com o fim de impedir as vítimas a abandonar a prostituição, obtendo lucro através das atividades imorais"[70]; 2) "Configura-se o crime de favorecimento da prostituição quando o sujeito visita as vítimas, prometendo-lhes emprego lícito, para, sob esse engodo, levá-las para outra cidade, onde as obriga, sob ameaça, a exercerem o meretrício"[71].

7.3. Fim de lucro (§ 3º)

Se o crime é cometido com o fim de lucro, aplica-se também multa. Não é necessário que a vantagem econômica seja obtida, mostrando-se suficiente a vontade conscientemente dirigida a tal objetivo.

Há controvérsia na doutrina sobre a natureza jurídica deste acréscimo punitivo. Para alguns, trata-se de qualificadora (Silva Franco e Tadeu Silva[72]) e para outros, de mera adição de pena ao tipo básico (Nucci por ele citado).

Parece-nos que a razão está com o último, pois somente se pode falar em qualificadora quando há uma elevação dos limites abstratos em relação à modalidade fundamental.

8. PENA E AÇÃO PENAL

A pena é de reclusão, de 2 a 5 anos, e multa (na figura simples). O rito a ser aplicado será o comum ordinário. O delito de favorecimento à prostituição ou outra forma de exploração sexual constitui crime de *ação penal de iniciativa pública incondicionada*.

---

70 TJSC, ApCr 97006104-8, rel. Des. Jorge Mussi, *DJSC* de 18-12-1997, p. 20. E ainda: "caso dos autos em que a ré, proprietária de um motel e de um bar, facilitou a prostituição de três mulheres e uma adolescente, com o fim de lucro, bem como impediu e dificultou que elas abandonassem a prostituição" (TJRS, AP 70051436467, rel. José Luiz John dos Santos, 8ª CCr, j. 16-7-2014).

71 TJPR, *RT* 743/684.

72 Op. cit., p. 1121.

ART. 229 – CASA DE PROSTITUIÇÃO

1. DISPOSITIVO LEGAL

Casa de prostituição

Art. 229. Manter, por conta própria ou de terceiro, estabelecimento em que ocorra exploração sexual, haja, ou não, intuito de lucro ou mediação direta do proprietário ou gerente:

Pena – reclusão, de 2 (dois) a 5 (cinco) anos, e multa.

2. VALOR PROTEGIDO (OBJETIVIDADE JURÍDICA)

No dizer de Damásio de Jesus, trata-se da "disciplina da vida sexual, de acordo com os bons costumes, a moralidade pública e a organização familiar"[73].

O escólio do consagrado autor traduz a concepção que vigorava, antes do advento da Lei n. 12.015, que prendia a objetividade jurídica no conceito de "costumes".

Com o advento da Constituição Federal e a alteração do valor protegido nos arts. 213 a 234, que agora passam a ser crimes contra a "dignidade sexual", não mais se justifica a própria subsistência do tipo penal. Num Estado Democrático de Direito, calcado na dignidade da pessoa humana, que pressupõe a liberdade de autodeterminação, não se pode considerar criminosa uma atividade que, em seu bojo, não envolve práticas ilícitas (somente imorais). Lembre-se, uma vez mais, que a prostituição não constitui delito (ou mesmo ilícito algum). Bem por isso, parece-nos acertada a decisão proferida pelo Tribunal de Justiça de Minas Gerais, que considerou materialmente atípica a conduta descrita no art. 229 do CP: "O crime contra os costumes consistente em manter casa de prostituição, previsto no art. 229 do CP, tutela a moralidade pública e, como tal, não pode mais subsistir, em face da opção da sociedade atual em descriminalizar determinadas condutas tipificadas pela ultrapassada conceituação moral do legislador penal de 1940, afigurando-se hipocrisia apegar-se ao rigorismo da postura legalista e, ao mesmo tempo, ignorar a licenciosidade que predomina em telenovelas e em outros programas televisivos"[74].

Anote-se que, segundo nossos tribunais superiores, o crime do art. 229 do CP, além de se encontrar em pleno vigor, não ofende normas constitucionais, descabendo falar-se, inclusive, em fragmentariedade ou adequação social como argumentos para afastar o dispositivo legal.

---

[73] *Direito penal*: parte especial, v. 3, p. 161.

[74] *JM* 173/419.

"De acordo com o entendimento firmado pelo STJ, não se aplica o princípio da adequação social aos crimes de favorecimento da prostituição ou manutenção de casa de prostituição"[75].

Segundo o STF: "(...) 1. No crime de manter casa de prostituição, imputado aos Pacientes, os bens jurídicos protegidos são a moralidade sexual e os bons costumes, valores de elevada importância social a serem resguardados pelo Direito Penal, não havendo que se falar em aplicação do princípio da fragmentariedade. 2. Quanto à aplicação do princípio da adequação social, esse, por si só, não tem o condão de revogar tipos penais. Nos termos do art. 2º da Lei de Introdução às Normas do Direito Brasileiro (com alteração da Lei n. 12.376/2010), 'não se destinando à vigência temporária, a lei terá vigor até que outra a modifique ou revogue'. 3. Mesmo que a conduta imputada aos Pacientes fizesse parte dos costumes ou fosse socialmente aceita, isso não seria suficiente para revogar a lei penal em vigor"[76].

3. TIPO OBJETIVO

A conduta punida consiste, sinteticamente, em *manter* (verbo que pressupõe habitualidade) *estabelecimento* (imóvel destinado a alguma atividade profissional) em que se dão práticas ligadas à *exploração sexual*.

Conforme já assinalado, trata-se de *modalidade de lenocínio* (em sentido lato). Pune-se aquele que lucra com a prostituição ou outra forma de exploração sexual alheias ou as fomenta (ainda que sem finalidade de auferir dividendos).

Calha recordar, uma vez mais, *o que se deve entender por exploração sexual*. Conforme já assinalamos quando da análise dos arts. 218-B e 228, trata-se de um conceito transportado pelo legislador ao texto legal, inspirado num viés defendido por setores do feminismo, para quem a prostituição, em si considerada, representa uma forma de violência sexista (ou seja, da dominação do masculino sobre o feminino), constituindo uma forma de explorar (tirar proveito) da sexualidade da mulher, colocando-a numa situação de inferioridade em razão do gênero.

A expressão se revela inoportuna e carente de significado jurídico-constitucional.

Estando a expressão incorporada na lei, não obstante, é preciso definir seu sentido. Consubstancia *elemento normativo do tipo*. A Lei Penal, em nosso sentir, fornece alguns vetores interpretativos. Em primeiro lugar, *não se confunde a exploração*

[75] STJ, AgRg no REsp 1.508.423/MG, rel. Min. Ericson Maranho (Desembargador convocado do TJSP), 6ª T., j. 1º-9-2015, *DJe* de 17-9-2015. Contra: "Apelação criminal. Manutenção de casa de prostituição. Absolvição da ré que se impõe, pois a conduta a ela imputada é atípica, em razão da adequação social do fato. Apelo provido. Por maioria" (TJRS, AP 70065345324, rel. Vanderlei Teresinha Tremeia Kubiak, 6ª CCr, j. 11-12-2015).

[76] STF, HC 104.467, rel. Min. Cármen Lúcia, 1ª T., j. 8-2-2011, *DJe* de 4-3-2011.

sexual com a violência sexual. Esta se dá quando ocorrem crimes sexuais, como o estupro (art. 213), em que o sujeito passivo é "violentado" em sua liberdade de autodeterminação. Além disso, *exploração sexual distingue-se da mera satisfação sexual* (atividade obviamente lícita). Os conceitos de violência sexual e satisfação sexual representam as fronteiras, ou, em outras palavras, os extremos opostos que delimitam o campo interpretativo da "exploração sexual". É decisivo, ademais, notar que a elementar foi expressamente equiparada pelo legislador à prostituição. Adotou-se, neste particular, o método da chamada interpretação analógica, em que se utiliza uma fórmula genérica, seguida de exemplificação casuística. Quando isto se dá, gênero e espécie se autolimitam, vale dizer, não podem ser compreendidos um sem o outro. *In casu*, a exploração sexual é o *genus* e a prostituição, a *specie*.

Conclui-se daí que a exploração sexual deve ser entendida como uma espécie de prostituição (mercancia sexual do corpo)[77].

O art. 229 do CP, ademais, pune quem mantém o estabelecimento, seja por sua conta ou através de terceiro.

É fundamental, na compreensão da esfera de incidência do tipo penal, delimitar o alcance da expressão "estabelecimento". Conforme dissemos acima, trata-se do imóvel voltado ao desenvolvimento de uma dada atividade profissional (*in casu*, o meretrício ou atividade assemelhada).

Não há o crime, por exemplo, quando o responsável por um imóvel destinado à moradia permite que pessoas mantenham encontros amorosos em seu interior. Conforme já decidiu o Tribunal de Justiça de Minas Gerais, "o fato de o proprietário de um barracão destinado a moradia familiar permitir que um casal de namorados o utilize para encontros amorosos proibidos não é suficiente para caracterizar o crime previsto no art. 229 do CP, que exige prova inequívoca de que o local seja utilizado habitualmente para encontros com fins libidinosos e a existência de prostituta, devendo o magistrado analisar o caso com o olhar atual, e não voltado para os anos de 1940"[78].

---

[77] Segundo Nucci, "verifica-se ser a *exploração sexual* uma conduta genérica, voltada a tirar proveito, abusar, lucrar mediante fraude ou engodo de pessoas, visando-se a satisfação da lascívia". Adverte o autor: "Na prática, é preciso cuidado para não tornar *exploração sexual* em condutas outras, que não passam de pura *satisfação sexual* ou mesmo autêntica *violência sexual*". Seriam exemplos de exploração sexual, diante disso, as práticas dos crimes de violação sexual fraudulenta (art. 215), assédio sexual (art. 216-A), etc. (*Crimes contra a dignidade sexual*: comentários à Lei n. 12.015, de 7 de agosto de 2009, p. 57). Em que pese o autorizado escólio, entendemos que, *de lege lata*, não se pode considerar existente a exploração sexual somente quando há fraude ou engodo no proceder do agente. Isto reduz o conceito à prática de (alguns) crimes sexuais. Ocorre que houve veto ao art. 234-C, o qual identificava a exploração sexual com a prática dos delitos tipificados no Título VI. Como constou das razões do veto: "Ao prever que ocorrerá exploração sexual sempre que alguém for vítima dos crimes contra os costumes, o dispositivo confunde os conceitos de 'violência sexual' e de 'exploração sexual', uma vez que pode haver violência sem a exploração".

[78] *JM* 167/370.

Discutem nossos tribunais, ainda, se a infração se perfaz quando no local há outras finalidades, além do "comércio carnal". Há forte corrente no sentido de que, em tais casos, deixa de existir o crime, dado que o estabelecimento passaria a ter atividades outras além da prostituição[79]. É de ver, contudo, que a redação imprimida ao dispositivo legal, decorrente da Lei n. 12.015, enfraqueceu essa corrente, visto que o tipo refere-se ao estabelecimento "em que ocorra exploração sexual", e não que a tenha como atividade principal.

No âmbito do Superior Tribunal de Justiça tem se consolidado o entendimento de que o crime se configura apenas quando a conduta envolver menores de 18 anos ou em situações que demonstrem algum tipo de *exploração* dos profissionais do sexo que atuam no local, consistente em qualquer forma de violação à liberdade, como a auferição de lucro em razão da atividade sexual alheia mediante algum tipo de violência[80].

Outro fator de intensa discussão pretoriana reside em saber se eventual complacência de autoridades públicas na repressão criminal afastaria o caráter delitivo do ato. Veja o dissídio em nossos tribunais:

No sentido da irrelevância da indiferença estatal: "A eventual tolerância ou indiferença na repressão criminal, bem assim a pretenso desuso não se apresentam, em nosso sistema jurídico-penal, como causa de atipia. O enunciado legal (arts. 229 e 230) é taxativo e não tolera incrementos jurisprudenciais. Os crimes em comento estão gerando grande comoção social, em face da repercussão, existindo uma mobilização nacional de proteção aos menores"[81].

---

[79] Nesse sentido: "A simples manutenção de estabelecimento comercial relativo a casa de massagem, banho, ducha, *relax* e bar não configura o delito do art. 229 do Código Penal" (STJ, *RT* 761/567).

[80] Nesse sentido: "RECURSO ESPECIAL. DIREITO PENAL. CASA DE PROSTITUIÇÃO. TIPICIDADE. EXPLORAÇÃO SEXUAL. ELEMENTO NORMATIVO DO TIPO. VIOLAÇÃO À DIGNIDADE SEXUAL E TOLHIMENTO À LIBERDADE. INEXISTÊNCIA. FATO ATÍPICO. 1. Mesmo após as alterações legislativas introduzidas pela Lei n. 12.015/2009, a conduta consistente em manter Casa de Prostituição segue sendo crime tipificado no art. 229 do Código Penal. Todavia, com a novel legislação, passou-se a exigir a "exploração sexual" como elemento normativo do tipo, de modo que a conduta consistente em manter casa para fins libidinosos, por si só, não mais caracteriza crime, sendo necessário, para a configuração do delito, que haja exploração sexual, assim entendida como a violação à liberdade das pessoas que ali exercem a mercancia carnal. 2. Não se tratando de estabelecimento voltado exclusivamente para a prática de mercancia sexual, tampouco havendo notícia de envolvimento de menores de idade, nem comprovação de que o recorrido tirava proveito, auferindo lucros da atividade sexual alheia mediante ameaça, coerção, violência ou qualquer outra forma de violação ou tolhimento à liberdade das pessoas, não há falar em fato típico a ser punido na seara penal. 3. Recurso improvido" (STJ, REsp 1.683.375/SP, rel. Min. Maria Thereza de Assis Moura, 6ª T., j. 14-8-2018).

[81] STJ, *RT* 826/563. E também: "A jurisprudência desta Corte Superior orienta-se no sentido de que eventual tolerância de parte da sociedade e de algumas autoridades públicas não implica a atipicidade material da conduta de manter estabelecimento em que ocorra exploração sexual, delito

Em sentido contrário: "A jurisprudência dos tribunais é torrencial no sentido de que a exploração de casa de prostituição em zona de meretrício não configura o delito previsto no art. 229 do CP"[82]. "O funcionamento de casa de prostituição às claras, em zona de meretrício e com o pleno conhecimento das autoridades locais que nenhuma restrição lhe opõem, desconfigura o delito do art. 229 do CP"[83]. "A manutenção de casa de prostituição é aceita socialmente, com base nos princípios da razoabilidade e adequação social"[84].

Em nosso sentir, a questão deve ser tratada à luz do *erro jurídico-penal*. Vale dizer, a tolerância sistematizada e institucional pode conduzir à errônea impressão de que o fato não ostenta caráter ilícito (erro de proibição). Nesse sentido, inclusive, já decidiu o Tribunal de Justiça de Santa Catarina: "Sendo públicos e notórios a existência e o funcionamento tolerado pelas autoridades de inúmeros motéis, *drive-in*, casas de massagens, locais destinados a encontros para fins libidinosos, justifica-se o erro sobre a ilicitude do fato, de manter casa de prostituição regularmente fiscalizada pela polícia"[85]. O erro, todavia, será sempre evitável (vencível ou inescusável), haja vista que todos têm pleno acesso à informação de que referida atividade profissional não encontra o amparo da legislação brasileira[86].

De qualquer modo, acreditamos oportuno reiterar que, em nossa impressão, as condutas descritas nos arts. 227 a 230 prendem-se exclusivamente à proteção de normas morais (de "costumes"), o que as torna constitucionalmente insustentáveis, salvo quando houver, juntamente com a infração, ofensa à liberdade de autodeterminação ou violação à intangibilidade sexual de vulneráveis. Guilherme Nucci, aliás, tece interessante crítica ao ponderar que em nosso país a prostituição não é crime, mas o é manter casa a ela destinada; por outro lado, a corrupção constitui delito (gravíssimo), embora não haja tipo penal enquadrando a manutenção de estabelecimento a ela dedicado.

3.1. Habitualidade

Deve-se enfatizar que a infração descrita no art. 229 do CP insere-se dentre os chamados *crimes habituais*, isto é, aqueles que somente se perfazem quando da reiteração

---

tipificado no art. 229 do Código Penal (Precedentes)" (STJ, HC 238.688/RJ, rel. Min. Felix Fischer, 5ª T., j. 6-8-2015, *DJe* de 19-8-2015).

[82] TJPR, *RT* 557/386, 504/336; *RJTJSP* 47/305.

[83] TJSP, *RT* 523/344.

[84] TJRS, AP 70066189705, rel. Jucelana Lurdes Pereira dos Santos, 7ª CCr, j. 17-9-2015.

[85] *RT* 753/687.

[86] Damásio de Jesus pondera que "se a casa de prostituição é mantida com fiscalização e tolerância policial, pode configurar-se o erro de proibição, que incide sobre a ilicitude do fato. O dolo subsiste. A culpabilidade, quando o erro é escusável, fica excluída; quando inescusável, fica atenuada (CP, art. 21)" (op. cit., v. 3, p. 158).

de condutas no tempo. Nestes, a prática isolada do ato é penalmente atípica. A conduta somente se torna penalmente relevante quando há, inequivocamente, repetição contínua de comportamentos durante determinado período de tempo.

A natureza habitual do delito decorre do sentido dado à ação nuclear: *manter* (estabelecimento etc.). A manutenção de algo pressupõe estabilidade, reiteração. É torrencial a jurisprudência nesse sentido: "É indispensável à configuração da modalidade de lenocínio no art. 229 do CP a prova da 'habitualidade' nele empregada – a qual decorre do verbo 'manter' – verificável através de prévia sindicância destinada à apuração das atividades desvirtuadas do estabelecimento. O que o texto legal incrimina é a manutenção de local destinado permanente e habitualmente ao agasalho de casais para fins sexuais, não bastando para a tipificação o comportamento ocasional"[87].

A mencionada característica, ademais, deve ser provada na fase investigatória: "Sem a comprovação, no inquérito policial, da habitualidade, requisito essencial à configuração do delito de casa de prostituição, inexiste justa causa para a ação penal"[88].

3.2. Casa de prostituição infantil

Aquele que mantém local destinado à prostituição infantil não incorre no crime do art. 229 do CP.

A conduta se subsumirá ao crime de *favorecimento à exploração sexual de criança, adolescente ou vulnerável (CP, art. 218-B)*. A manutenção de lugar voltado à realização de sexo com menores de 18 anos enquadra-se neste dispositivo, inclusive por força da equiparação contida no § 2º, II (incorre nas penas do crime "o proprietário, o gerente ou o responsável pelo local em que se verifiquem as práticas referidas no *caput* deste artigo", isto é, a prostituição ou exploração sexual de menor de 18 anos).

O cliente que realiza o ato libidinoso com o adolescente pratica o ilícito penal citado, também por expressa equiparação (art. 218-B, § 2º, I).

De ver, contudo, que em se tratando de local em que se dê a exploração de menores de 14 anos, aperfeiçoa-se o crime hediondo definido no art. 217-A (estupro de vulnerável).

Como já dissemos ao analisar o art. 218-B, se as pessoas prostituídas foram menores de 14 anos, aplica-se o art. 217-A. O cliente que mantém o ato libidinoso com a criança ou adolescente na mencionada faixa etária é o autor material do mencionado crime hediondo, ao passo que o responsável pelo estabelecimento em que tal prática se

---

[87] TJSP, *RT* 620/279; STJ, HC 108.891. E também: "segundo entendimento doutrinário, para a caracterização do delito previsto no art. 228 do Código Penal, necessário que sejam demonstradas a habitualidade e a efetiva prática da prostituição (crime material), ou seja, o comércio carnal ou a exploração sexual" (TJRS, AP 70043884873, rel. José Luiz John dos Santos, 8ª CCr, j. 30-11-2016).

[88] TJSP, *RT* 595/339. Em sentido semelhante: TJSC, *RT* 831/670; TJRJ, *RDTJRJ* 60/355.

desenvolve será partícipe (porquanto auxilia moral ou materialmente a realização do encontro carnal).

Sublinhe-se, por fim, que não se pode excluir a isenção de responsabilidade penal dos sujeitos acima citados quando ficar demonstrado que desconheciam a pouca idade da vítima, ocorrendo o erro de tipo (CP, art. 20). *Vide*, a respeito, os comentários acerca do art. 217-A, *supra*.

4. TIPO SUBJETIVO

Somente incorrerá na infração o agente que para ela concorrer dolosamente, isto é, com *animus* de manter, em caráter habitual, estabelecimento em que se passe alguma forma de exploração sexual.

Não há crime quando se tratar de motéis ou estabelecimentos similares, ainda que em seu bojo haja a prática de atos libidinosos por prostitutas ou prostitutos. O fato de possuírem acomodações destinadas a encontros íntimos não significa que fomentem o meretrício. Os responsáveis por tais estabelecimentos não atuam com vontade e consciência de incentivá-lo e não podem, a toda evidência, fiscalizar se os clientes são ou não profissionais do sexo[89].

Registre-se, ainda, que não se exige qualquer elemento subjetivo específico. É desnecessário, por fim, a presença da finalidade lucrativa, conforme expressamente declara a cabeça da disposição.

5. SUJEITOS DO CRIME

5.1. Sujeito ativo

O crime pode ser cometido por qualquer pessoa (crime comum). Comete-o o responsável pelo estabelecimento e, na condição de partícipes (CP, art. 29), aqueles que o auxiliam (moral ou materialmente) na manutenção do local.

5.2. Sujeito passivo

Como se trata de figura típica destinada à preservação da moral e dos bons costumes, o sujeito passivo é a sociedade, seu titular. Consideram-se vítimas, ademais, as pessoas que se dedicam à prostituição ou exploração sexual.

---

[89] "A casa de prostituição não realiza ação dentro do âmbito de normalidade social, ao contrário do motel que, sem impedir a eventual prática de mercancia do sexo, não tem como finalidade única e essencial favorecer o lenocínio" (STJ, *DJU* de 29-6-1998, p. 346).

6. CONSUMAÇÃO E TENTATIVA

6.1. Consumação

Como se trata de crime habitual (*vide* item 3.1, *supra*), a infração somente atinge sua realização integral, nos termos do art. 14, I, do CP, quando o sujeito manteve, reiteradamente (isto é, com estabilidade), o estabelecimento em que se verifica a exploração sexual.

6.2. Tentativa

Em nosso sentir, é cabível a tentativa em crimes habituais, embora reconheçamos a imensa dificuldade em se comprovar tal situação. Isto porque delitos dessa natureza, como já dissemos, somente se aperfeiçoam quando o agente reitera a conduta no tempo. A repetição do ato é fundamental para a existência do ilícito. O cometimento de uma ação isolada é penalmente irrelevante. Como, então, comprovar-se que alguém, sem reiterar os atos, já deu início à execução do crime (permitindo o surgimento do *conatus*)? A dificuldade é tremenda, mas não a ponto de considerarmos impossível (como pensa um setor relevante da doutrina).

Imagine-se que o agente alugue um imóvel, reforme-o com pistas de dança sensual no primeiro andar e, nos demais, quartos com banheiro privativo. Suponha, ainda, que ele arregimente diversas profissionais do sexo e faça intensa publicidade na região (com distribuição de panfletos indicando a finalidade do local). Logo no primeiro dia de funcionamento da casa, a polícia irrompe no lugar e surpreende os seus frequentadores e funcionários em plena atividade. Não se pode dizer que houve reiteração, mas as circunstâncias demonstram que teve início a conduta consistente na manutenção do imóvel com o intuito de nele realizar-se a exploração sexual. O *iter criminis* saiu da esfera da mera preparação e ingressou definitivamente na execução, não se consumando por circunstâncias alheias à vontade do agente.

7. CONCURSO APARENTE DE NORMAS

Há íntima relação entre os crimes dos arts. 228 (facilitação à exploração sexual) e 229 (casa de prostituição). Afinal, aquele que mantém o estabelecimento destinado ao "comércio carnal" fomenta a prostituição e atividades a ela assemelhadas.

O responsável pelo lupanário, todavia, não incorre nas duas infrações penais. Se assim fosse, dar-se-ia inegável *bis in idem*.

Prevalece, sem dúvida, o delito do art. 229 em relação ao do art. 228 do CP. A relação entre eles, parece-nos, desenvolve-se como a de um gênero (o 228) e sua espécie (o 229). Vale dizer que a casa de prostituição é especial em relação ao favorecimento, prevalecendo sobre este sempre que o incentivo ao meretrício se der mediante a manutenção do bordel[90].

8. PENA E AÇÃO PENAL

A pena é de reclusão, de 2 a 5 anos, e multa.

O processo deverá seguir o rito comum ordinário.

O crime do art. 229 do CP se processa somente por iniciativa do Ministério Público, independentemente de representação (*ação penal de iniciativa pública incondicionada*).

ART. 230 - RUFIANISMO

1. DISPOSITIVO LEGAL

Rufianismo

Art. 230. Tirar proveito da prostituição alheia, participando diretamente de seus lucros ou fazendo-se sustentar, no todo ou em parte, por quem a exerça:

Pena - reclusão, de 1 (um) a 4 (quatro) anos, e multa.

§ 1º Se a vítima é menor de 18 (dezoito) e maior de 14 (catorze) anos ou se o crime é cometido por ascendente, padrasto, madrasta, irmão, enteado, cônjuge, companheiro, tutor ou curador, preceptor ou empregador da vítima, ou por quem assumiu, por lei ou outra forma, obrigação de cuidado, proteção ou vigilância:

Pena - reclusão, de 3 (três) a 6 (seis) anos, e multa.

§ 2º Se o crime é cometido mediante violência, grave ameaça, fraude ou outro meio que impeça ou dificulte a livre manifestação da vontade da vítima:

Pena - reclusão, de 2 (dois) a 8 (oito) anos, sem prejuízo da pena correspondente à violência.

2. VALOR PROTEGIDO (OBJETIVIDADE JURÍDICA)

O rufianismo encerra o elenco dos tipos penais que constituem espécies do gênero lenocínio.

A figura do rufião ou cáften refere-se à pessoa que aufere rendimentos mediante participação nos lucros ou sustentos pagos a partir da prostituição alheia.

[90] Nesse sentido: TJSP, *RJTJSP* 40/315.

O bem jurídico tutelado, no dizer de Damásio de Jesus, constitui "a disciplina da vida sexual, de acordo com os bons costumes, a moralidade pública e a organização familiar"[91].

É de se perguntar: é válida a incriminação do ato de usufruir, materialmente, dos ganhos obtidos com a prostituição voluntária de adultos? O meretrício não é ato ilícito, somente imoral. Por que razão não se pune aquele que lucra com a própria prostituição, mas somente o terceiro que toma parte dos proveitos, direta ou indiretamente? A resposta só pode ser uma: por razões morais. Se assim o é, não há por que deva o Direito Penal ser chamado a tutelar semelhante comportamento.

Já frisamos no estudo dos demais delitos ligados ao lenocínio que a ação ou omissão somente trará a necessária lesividade, a ponto de justificar sua inserção no catálogo dos ilícitos penais, quando houver sexualidade alheia for explorada *mediante violência, grave ameaça ou fraude*, ou, então, quando se tratar de *vulneráveis*. No primeiro caso, a ofensa à liberdade de autodeterminação lastreia a criminalização da conduta e, na segunda hipótese, a preservação da livre e sadia formação da personalidade de pessoas em desenvolvimento (ou a intangibilidade sexual de pessoas vulneráveis).

Renato de Mello Jorge Silveira, analisando em particular o art. 230, faz interessante reflexão: "Por fim, e derradeiramente, parece pouco aceitável a manutenção de uma construção tipológica como a contida no art. 230 do Código, a saber, o rufianismo. Por mais reprovável que possa ser (desde um ponto de vista da sociedade patriarcal e machista), fazer-se sustentar pelo comércio do corpo e do sexo de outrem, isso só o é desde um ponto de vista moral. Espetáculos pornográficos de sexo explícito e mesmo a feitura de filmes televisivos ou cinematográficos de sexo explícito, ainda que não formas de prostituição clássica, envolvem a figura da prática sexual mediante paga e não se imagina uma reprovação de quem venha a se sustentar por tais afazeres. Se existe uma censura moral por tais fatos, não pode haver uma reprovação penal"[92].

Para arrematar demonstrando a carga fortemente moralista impregnada no tipo, propõe-se uma última indagação: qual a diferença (senão puramente moral) entre o cônjuge ou companheiro rufião (o que resulta na qualificadora do § 1º) e a pessoa que é casada com traficante de drogas, estelionatário ou sequestrador e, sabendo da atividade a que ele se dedica, usufrui dos bens materiais oriundos da atividade criminosa? Note que, nos últimos casos, não se reconhece delito algum por parte dos consortes...

3. TIPO OBJETIVO

A conduta nuclear consubstancia-se em "tirar proveito", ou seja, obter ganhos materiais. Cuida-se de crime de forma vinculada, porque somente se pune quem tira

[91] Op. cit., v. 3, p. 161.

[92] Op. cit., p. 373.

proveito mediante *participação direta nos lucros* ou quando *se faz sustentar* (no todo ou em parte), pelo meretrício alheio.

O *caput* da disposição refere-se ao aproveitamento econômico da prostituição voluntária praticada por adultos, é dizer, uma conduta que não escapa dos lindes da imoralidade (*vide* nossas impressões a respeito da intervenção do Direito Penal neste ato consignadas no item 2, *supra*).

O rufião que aufere dividendos da prostituição de menores de 18 anos, comportamento justificadamente criminalizado, incorre nas penas cominadas à figura qualificada do § 1º. Nesse caso, trata-se de punir ato que, além de imoral, fere a livre e sadia formação da personalidade (sexual) em desenvolvimento.

Aquele que pratica a conduta descrita na cabeça da disposição, mediante emprego de violência física (vias de fato ou lesão corporal), grave ameaça (ou seja, a promessa de inflição de mal grave) ou fraude (meio enganoso, insidioso, o engodo, artifício ou ardil), viola a liberdade de autodeterminação da vítima, merecendo, bem por isso, a penalização. É de ver que se aplicará, em tais casos, a qualificadora do § 2º (além das penas correspondentes à violência). Esta também terá incidência quando houver emprego de meio que dificulte ou impeça a livre manifestação de vontade do sujeito passivo, como, por exemplo, utilizando-se de substâncias psicotrópicas para impedir a capacidade de reação.

É possível que haja, no mesmo contexto, o emprego de violência física, grave ameaça, fraude ou meio que dificulte ou impeça a livre manifestação de vontade (circunstâncias previstas no § 2º) e, além disso, o ofendido seja adolescente maior de 14 anos (fator mencionado no § 1º). Significa dizer, a incidência concomitante de duas qualificadoras previstas na mesma disposição. Dever-se-á aplicar, em tais casos, a qualificadora mais grave (a do § 1º, em nosso sentir, já que possui a maior pena mínima), servindo a outra como circunstância judicial desfavorável (vale dizer, como um fator que deverá exasperar a pena-base - art. 59, *caput*, do CP).

4. TIPO SUBJETIVO

O fato somente é incriminado na forma dolosa. Pressupõe-se, destarte, que o sujeito tenha conhecimento de que a pessoa de quem retira seu sustento exerce a prostituição.

5. SUJEITOS DO CRIME

5.1. Sujeito ativo

Pode ser qualquer pessoa (crime comum), até mesmo outras(os) prostitutas(os).

De acordo com Pedro Franco de Campos, "existem vários tipos de rufião: *cafetão* (aquele que explora a prostituição alheia por meio da coação, inclusive da força ou do terror), *cafinflero* (aquele que usa dos expedientes do coração, da sedução e do amor) e *comerciante* (aquele cuja atividade de explorador da prostituição alheia é pura atividade de mercantilismo). A conhecida figura do, ou da, *gigolô*, que se serve gratuitamente da meretriz (ou do prostituto) ou que deles recebem presentes, não é considerada agente do crime"[93].

Se o autor do crime for ascendente (em linha reta ou colateral, de vez que a lei não distinguiu), padrasto, madrasta, irmão, enteado, cônjuge, companheiro, tutor ou curador, preceptor (pessoa que ministra preceitos, encarregado da instrução de alguém) ou empregador da vítima, ou se assumiu, por lei ou outra forma, obrigação de cuidado, proteção ou vigilância, responderá pela forma qualificada do § 1º.

5.2. Sujeito passivo

Também pode ser qualquer pessoa. No caso de adultos, aplica-se o *caput*. Em se tratando de adolescentes maiores de 14 anos, o § 1º.

Se menor de 14 anos, o agente responderá pelo crime de favorecimento à prostituição ou exploração sexual de criança, adolescente ou vulnerável (art. 218-B), com o acréscimo da pena pecuniária previsto no § 1º da norma penal mencionada ("fim de obter vantagem econômica"). Raciocínio idêntico se aplicará quando o agente se aproveitar materialmente da prostituição de pessoas com doença ou deficiência mental que lhes reduza a capacidade de discernimento para a prática de atos sexuais.

6. CONSUMAÇÃO E TENTATIVA

6.1. Consumação

A realização integral típica dá-se quando o agente obtém seu sustento ou lucro do "comércio carnal" alheio. Parece-nos que o fato constitui crime habitual, não se perfazendo com um único ato, mas dependendo do agente adotar a postura de rufião como se fora sua forma de vida. Assim, por exemplo, se uma pessoa relaciona-se com uma prostituta e aceita que esta lhe pague uma refeição com sua féria, não se torna, só por isso, rufião.

Isso demonstra, aliás, que o dispositivo legal (com respeito a adultos que se prostituem voluntariamente) é, sem dúvida, inconstitucional, de vez que não se admite que o Direito Penal censure o modo de vida das pessoas.

6.2. Tentativa

O *conatus* é de difícil configuração, dada a exigência de habitualidade.

7. FORMAS QUALIFICADAS (§§ 1º E 2º)

Conforme já dissemos no item 3, se a vítima for menor de 18 anos e maior de 14, aplicar-se-á a figura qualificada (§ 1º). O mesmo se dará quando o agente for ascendente

[93] *Direito penal aplicado*, p. 240.

(em linha reta ou colateral, de vez que a lei não distinguiu), padrasto, madrasta, irmão, enteado, cônjuge, companheiro, tutor ou curador, preceptor (pessoa que ministra preceitos, encarregado da instrução de alguém) ou empregador da vítima, ou se assumiu, por lei ou outra forma, obrigação de cuidado, proteção ou vigilância, responderá pela forma qualificada do § 1º.

Há, também, qualificadoras baseadas no meio empregado. Assim, se ocorrer o emprego de violência, grave ameaça, fraude ou meio que dificulte ou impeça a manifestação de vontade da vítima, incidirá a qualificadora do § 2º.

8. PENA E AÇÃO PENAL

A pena imposta é de reclusão, de 1 a 4 anos, e multa (na figura simples). Admite-se a suspensão condicional do processo, prevista no art. 89 da Lei n. 9.099/95. O processo segue o rito comum ordinário.

O rufianismo, por fim, constitui crime de *ação penal de iniciativa pública incondicionada.*

ART. 232-A – PROMOÇÃO DE MIGRAÇÃO ILEGAL

1. DISPOSITIVO LEGAL

Promoção de migração ilegal

Art. 232-A. Promover, por qualquer meio, com o fim de obter vantagem econômica, a entrada ilegal de estrangeiro em território nacional ou de brasileiro em país estrangeiro:

Pena – reclusão, de 2 (dois) a 5 (cinco) anos, e multa.

§ 1º Na mesma pena incorre quem promover, por qualquer meio, com o fim de obter vantagem econômica, a saída de estrangeiro do território nacional para ingressar ilegalmente em país estrangeiro.

§ 2º A pena é aumentada de 1/6 (um sexto) a 1/3 (um terço) se:

I – o crime é cometido com violência; ou

II – a vítima é submetida a condição desumana ou degradante.

§ 3º A pena prevista para o crime será aplicada sem prejuízo das correspondentes às infrações conexas.

2. INTRODUÇÃO

O dispositivo foi acrescido no Código pela Lei de Migração (Lei n. 13.445, de 24-5-2017), a qual foi publicada no Diário Oficial em 25 de maio de 2017, com prazo de 180 dias de vacância.

O tipo penal foi inserido no Título VI da Parte Especial do Código Penal, que se presta à proteção da dignidade sexual das pessoas, embora **não tenha qualquer relação com a tutela da dignidade humana na esfera da sexualidade.**

O equívoco se agiganta, ainda, quando se nota que o Capítulo onde foi lançado o novo crime trata do lenocínio, ou seja, o termo genérico que designa toda e qualquer conduta que venha a favorecer, direta ou indiretamente, a prostituição[94], o que não guarda, nem de longe, conexão com a essência e a *ratio* do art. 232-A.

O legislador brasileiro revela, desse modo, sua absoluta falta de técnica e ausência de compreensão sistemática da legislação penal brasileira.

3. VALOR PROTEGIDO (OBJETIVIDADE JURÍDICA)

O tipo penal se presta a tutelar primariamente a política migratória brasileira e os princípios em que se vê construída, nos termos da Lei de Migração (art. 3º)[95] e, em caráter secundário, outros bens jurídicos que possam ser atingidos pela conduta do agente, como sua dignidade humana, saúde, integridade corporal, a depender das condições em que se dê o deslocamento.

---

94 Muito embora a denominação do Capítulo V subsista como sendo relativa ao lenocínio e tráfico de pessoas para fins de prostituição ou outra forma de exploração sexual, esse setor do Código se resume à questão do lenocínio, pois o tráfico de pessoas encontra-se integralmente regulado no art. 149-A do CP, desde o advento da Lei n. 13.344/2016.

95 A política migratória brasileira rege-se pelos seguintes princípios e diretrizes: I – universalidade, indivisibilidade e interdependência dos direitos humanos; II – repúdio e prevenção à xenofobia, ao racismo e a quaisquer formas de discriminação; III – não criminalização da migração; IV – não discriminação em razão dos critérios ou dos procedimentos pelos quais a pessoa foi admitida em território nacional; V – promoção de entrada regular e de regularização documental; VI – acolhida humanitária; VII – desenvolvimento econômico, turístico, social, cultural, esportivo, científico e tecnológico do Brasil; VIII – garantia do direito à reunião familiar; IX – igualdade de tratamento e de oportunidade ao migrante e a seus familiares; X – inclusão social, laboral e produtiva do migrante por meio de políticas públicas; XI – acesso igualitário e livre do migrante a serviços, programas e benefícios sociais, bens públicos, educação, assistência jurídica integral pública, trabalho, moradia, serviço bancário e seguridade social; XII – promoção e difusão de direitos, liberdades, garantias e obrigações do migrante; XIII – diálogo social na formulação, na execução e na avaliação de políticas migratórias e promoção da participação cidadã do migrante; XIV – fortalecimento da integração econômica, política, social e cultural dos povos da América Latina, mediante constituição de espaços de cidadania e de livre circulação de pessoas; XV – cooperação internacional com Estados de origem, de trânsito e de destino de movimentos migratórios, a fim de garantir efetiva proteção aos direitos humanos do migrante; XVI – integração e desenvolvimento das regiões de fronteira e articulação de políticas públicas regionais capazes de garantir efetividade aos direitos do residente fronteiriço; XVII – proteção integral e atenção ao superior interesse da criança e do adolescente migrante; XVIII – observância ao disposto em tratado; XIX – proteção ao brasileiro no exterior; XX – migração e desenvolvimento humano no local de origem, como direitos inalienáveis de todas as pessoas; XXI – promoção do reconhecimento acadêmico e do exercício profissional no Brasil, nos termos da lei; e XXII – repúdio a práticas de expulsão ou de deportação coletivas.

Vale anotar que o § 3º (de maneira redundante) esclarece que a aplicação do art. 232-A se dá sem prejuízo da responsabilização do agente por eventuais crimes conexos.

4. TIPO OBJETIVO

O art. 232-A pune quem promove, por qualquer meio, com o fim de obter vantagem econômica, a entrada ilegal de estrangeiro em território nacional ou de brasileiro em país estrangeiro.

A conduta típica tem como núcleo o ato de "promover" (isto é, realizar, efetivar) a entrada ilegal de estrangeiro no Brasil ou brasileiro no exterior. Mira-se, portanto, o ato de fazer com que estrangeiro transponha as fronteiras nacionais, ingressando em nosso território, ou com que um brasileiro ingresse no território de outro país.

Deve-se recordar o conceito de território brasileiro, no sentido jurídico, o qual abrange não apenas os limites de nossas fronteiras, mas o mar territorial (faixa de 12 milhas contadas da linha litorânea média), nosso território aéreo (*i.e.*, todo espaço aéreo subjacente ao nosso território terrestre e marítimo), bem como o território por extensão, o qual compreende o interior de aeronaves ou embarcações brasileiras públicas, onde quer que estejam, e privadas, salvo, no caso destas, quando no mar territorial ou espaço aéreo estrangeiro e, ainda, as estrangeiras privadas, desde de que em nosso território marítimo ou aéreo.

O crime pode ser cometido por qualquer meio (delito onímodo), podendo-se citar como exemplo a conduta dos chamados "coiotes", que se incumbem, mediante remuneração, de viabilizar a entrada de estrangeiros em território nacional, ou a saída de brasileiros para ingresso em outros países.

Se o fato for cometido com emprego de violência ou submetendo o ofendido a condições desumanas ou degradantes, incide a causa de aumento de pena do § 2º (que eleva a sanção de um sexto a um terço). Seria a hipótese, por exemplo, do "coiote" que transporta pessoas em fundos falsos de baús de caminhões, superlotando esses ambientes com imigrantes em condições insalubres, a fim de permitir que atravessem clandestinamente as fronteiras nacionais.

Outros meios executórios podem se dar, como a grave ameaça ou fraude, os quais, a depender do fato, darão ensejo ao reconhecimento de um concurso de crimes entre a promoção de migração ilegal e outras infrações, como o crime de ameaça (art. 147), o delito de estelionato (art. 171) etc.

Afigura-se irrelevante até mesmo eventual consentimento do estrangeiro ou brasileiro cujo deslocamento se promove, pois o valor primariamente protegido não é a liberdade individual, mas a política migratória brasileira. Esse traço, inclusive, parece-nos ser um dos pontos centrais na distinção entre a promoção de migração ilegal e o tráfico de pessoas, tipificado no art. 149-A do CP.

Exige-se que a conduta seja praticada com o intuito de obter vantagem econômica.

São exemplos de pessoas que não pode ingressar em território nacional aquelas condenadas ou respondendo a processo em outro país por crime doloso passível de extradição segundo a lei brasileira, o agente que tenha o nome incluído em lista de restrições por ordem judicial ou por compromisso assumido pelo Brasil perante organismo internacional, as pessoas condenadas ou respondendo a processo por ato de terrorismo ou por crime de genocídio, crime contra a humanidade, crime de guerra ou crime de agressão, nos termos definidos pelo Estatuto de Roma do Tribunal Penal Internacional, o estrangeiro anteriormente expulso (enquanto os efeitos da expulsão vigorarem) – art. 45 da Lei de Migração. No último caso, o estrangeiro expulso que aqui reingressa incorre no art. 328 do CP (reingresso de estrangeiro expulso) e o agente que promove sua entrada ilegal no Brasil responde pelo art. 232-A do CP.

4.1. Conduta equiparada

De acordo com o § 1º do art. 232-A, incorre na mesma pena quem promover, por qualquer meio, com o fim de obter vantagem econômica, a saída de estrangeiro do território nacional para ingressar ilegalmente em país estrangeiro.

O comportamento contém as mesmas elementares da figura principal, diferenciando-se, contudo, pelo fato de se referir ao promotor de migração ilegal de um estrangeiro, já em território nacional, para o ingresso ilícito em outro país (o qual pode ser, até mesmo, o de origem do indivíduo deslocado, conquanto seu retorno ocorra ilegalmente).

5. TIPO SUBJETIVO

A promoção de migração ilegal é punida apenas na modalidade dolosa, exigindo-se, além da vontade e consciência de promover o deslocamento do indivíduo ao arrepio da lei, a intenção de obter vantagem econômica (elemento subjetivo específico do tipo).

6. CONSUMAÇÃO E TENTATIVA

Opera-se a consumação com a efetiva promoção da entrada de estrangeiro em território nacional ou com o ingresso de brasileiro no território de outro país (a transposição de fronteiras, portanto, é necessária para tais fins).

De notar que no caso de promoção ilegal de migração de brasileiro ao exterior, não basta, para a realização integral do tipo, a saída do nacional do Brasil, exigindo-se sua entrada em território de outro país. Assim, por exemplo, se o agente for surpreendido transportando brasileiros em embarcação nacional, após sair do mar territorial brasileiro, mas ainda navegando em águas internacionais, sem, portanto, efetivar a **entrada** do brasileiro em outro país (como exige o *caput* do art. 232-A), haverá tentativa.

Não se faz necessário que o agente obtenha a vantagem econômica almejada, tratando-se, pois, de crime formal ou de consumação antecipada.

Admite-se, consoante já se antecipou, a forma tentada.

7. SUJEITOS DO CRIME

7.1. Sujeito ativo

Cuida-se de crime comum, o qual pode ser praticado por qualquer pessoa. Costuma-se designar o promotor de migração ilegal de "coiote".

7.2. Sujeito passivo

O sujeito passivo eventual ou material, isto é, o titular do bem juridicamente protegido, é o Estado brasileiro, titular da política migratória.

No caso do § 2º, que trata de situações em que a pena é aumentada por emprego de violência ou submissão da "vítima" a condição desumana ou degradante, a pessoa transportada também se torna sujeito passivo. Nesses casos, inclusive, a proteção penal se volta não só para a tutela da política migratória, mas se dirige também à integridade corporal, saúde e dignidade humana da pessoa deslocada territorialmente.

8. CAUSAS DE AUMENTO

O § 2º prevê duas majorantes: ser o crime cometido com violência e ser a vítima submetida a condição desumana ou degradante. O aumento de pena deverá ser da ordem de um sexto a um terço.

Com relação à exasperante relativa ao emprego de violência, de se notar que o legislador não especificou de que espécie de violência se trata, se contra a coisa ou contra a pessoa, se física, moral ou psíquica, se própria ou imprópria. A despeito da falta de especificação, não nos parece razoável admitir como causa de aumento, no caso do art. 232-A do CP, que não protege o patrimônio ou bens jurídicos afins, a violência contra a coisa. No que tange à violência contra a pessoa, acreditamos que todas as modalidade estão inseridas na disposição (até mesmo a violência dirigida a terceiro, diverso do sujeito deslocado, salvo quando esta constituir crime autônomo).

Com respeito à segunda causa de aumento, que se dá com a submissão da pessoa a condição desumana ou degradante, trata-se de abranger situações nas quais a dignidade humana do brasileiro ou estrangeiro se vê aviltada, incluindo-se, dentre tais situações, os transportes de pessoas efetuados por "coiotes" em pequenos compartimentos insalubres e superlotados.

Questão importante reside em determinar a diferença entre o crime de promoção de migração ilegal agravado e o tráfico de pessoas.

A distinção se dá sob três aspectos centrais: a relevância do consentimento da pessoa deslocada, os meios executórios e a finalidade do deslocamento territorial.

Quanto ao consentimento da pessoa deslocada, ele é necessário para que exista a promoção de migração ilegal, pois o transporte desta se dá em seu benefício. No caso do tráfico de pessoas, exige-se o dissenso da pessoa traficada para que exista a figura penal.

Outro elemento central de aparte reside nos **meios executórios**, de vez que o art. 149-A, diversamente do 232-A, somente ocorre quando o ato é cometido mediante grave ameaça, violência, coação, fraude ou abuso.

Com respeito à **finalidade** do deslocamento da vítima, o art. 149-A do CP requer tenha o tráfico uma ou mais dentre as seguintes: a) remover-lhe órgãos, tecidos ou partes do corpo; b) submetê-la a trabalho em condições análogas à de escravo; c) submetê-la a qualquer tipo de servidão; d) adoção ilegal; ou, e) exploração sexual.

Podem ser registradas outras diferenças, como os verbos nucleares: "promover", no caso do art. 232-A e "agenciar, aliciar, recrutar, transportar, transferir, comprar, alojar ou acolher", no 149-A. Além disso, o crime de promoção de migração ilegal requer o escopo de obtenção de vantagem econômica (dado desnecessário no tipo do art. 149-A, embora comum de se verificar na prática). A pena do tráfico de pessoas, por fim, é mais exacerbada que a da promoção de migração ilegal (reclusão, de dois a cinco anos, e multa *versus* reclusão, de quatro a oito anos, e multa).

9. CLASSIFICAÇÃO JURÍDICA

Constitui *crime de forma ou ação livre* (pode ser cometido por qualquer meio executivo), *comum* (não exige condição especial do sujeito ativo), *monossubjetivo ou de concurso eventual* (pois admite o concurso de pessoas), *formal ou de consumação antecipada* (não exige a produção de resultado naturalístico almejado, qual seja, a obtenção de vantagem econômica), *instantâneo* (sua fase consumativa não se prolonga no tempo) e *plurissubsistente* (o *iter criminis* admite cisão).

10. PENA E AÇÃO PENAL

O fato é punido com reclusão, de dois a cinco anos, e multa.

Na figura agravada, a sanção é aumentada de um sexto a um terço.

O § 3º ressalva que a configuração da promoção de migração ilegal se configurará sem prejuízo da ocorrência de crimes conexos. Essa disposição se afigura desnecessária, uma vez que, tirante os casos de conflito aparente de normas[96], quando a conduta do agente atinge mais de um bem jurídico, reconhece-se, nos termos dos arts. 69 a 71 do CP, o concurso de crimes (ensejando os vínculos processuais de conexão e continência – arts. 76 e 77 do CPP).

O fato seguirá o procedimento comum ordinário.

A ação penal é de iniciativa pública e não se sujeita a condição de procedibilidade.

[96] Este se dá quando o agente realiza uma conduta e a ela incidem, aparentemente, dois ou mais tipos penais, todos em vigor. Evita-se o *bis in idem* aplicando-se os princípios da especialidade, subsidiariedade, consunção e alternatividade, que foram examinados no Volume 1 desta Coleção.

Capítulo VI

DO ULTRAJE PÚBLICO AO PUDOR (ARTS. 233 E 234)

ART. 233 – ATO OBSCENO

1. DISPOSITIVO LEGAL

Ato obsceno

Art. 233. Praticar ato obsceno em lugar público, ou aberto ou exposto ao público:

Pena – detenção, de 3 (três) meses a 1 (um) ano, ou multa.

2. VALOR PROTEGIDO (OBJETIVIDADE JURÍDICA)

Ao dissertar sobre a objetividade jurídica das infrações descritas no Capítulo VI, Hungria ensinava que se trata da tutela do pudor público, ou seja, "o sentimento médio da moralidade sob o ponto de vista sexual (pudicícia do *homo medius*), como asseguram os bons costumes, que dizem com o decoro, conveniência e reserva *usuais*, no tocante aos fatos sexuais (conduta ético-social do *homo medius*)"[1].

Essa figura típica, como se percebe pelo escólio abalizado acima transcrito, era vinculada, em sua gênese, a uma ideia preponderantemente moral.

A persistência desse ilícito no quadro das infrações penais, em que pese sua origem moralista, mostra-se justificada, desde que se dê a ele uma leitura constitucional e estritamente vinculada com o atual objeto jurídico do Título VI (a dignidade sexual). Aliás, melhor teria sido se a construção típica do art. 233 fosse alterada, de modo a se abandonar expressões como "ato obsceno", em favor de dizeres como "atos de exibicionismo" (sexual) (como faz boa parte das legislações estrangeiras).

---

[1] *Comentário conimbricense do Código Penal*, p. 534.

Anabela Miranda Rodrigues disserta que a Reforma de 1995, operada no Código Penal português, deixou de considerar crimes atos ligados aos "sentimentos gerais de pudor e de moralidade sexual"[2].

Não se pode admitir que todos façam tudo onde quer que desejem. Deve-se lembrar que a liberdade não tem caráter absoluto. As pessoas não podem fazer aquilo que bem entendem, a toda hora e em qualquer lugar. Imagine-se, por absurdo, a realização de um ato sexual em avenida movimentada, em plena luz do dia.

Como esclarece Renato de Mello Jorge Silveira, "mesmo em se considerando as muitas variações de uma sociedade pluralista devem-se impor freios, também penais, a alguma sorte de condutas que venham a agredir a liberdade de percepção sexual, o que equivaleria, em termos, a uma consideração sobre a autodeterminação sexual de alguém"[3].

3. TIPO OBJETIVO

A conduta nuclear consiste em *praticar (realizar, executar, fazer) ato obsceno.* Entende-se por tal qualquer *manifestação corpórea ofensiva ao pudor alheio*. É evidente que a leitura dessa expressão há de ser vinculada com a concepção vigente da sociedade, no momento, no local e no contexto em que a conduta é praticada. Além disso, consoante já assinalamos (*vide* item 2, *supra*), deve-se entender criminosa a *conduta de exibicionismo sexual, que visa a chocar ou ferir a honra alheia.*

Pode se considerar como subsumida ao tipo penal, por exemplo, a conduta da pessoa que, em movimentada praça onde brincam crianças, anda nua. O mesmo não ocorrerá, todavia, se o ato se der numa praia de nudismo. Pense, ainda, num grupo de várias mulheres com seios expostos. Não existirá crime algum se isto ocorrer durante um desfile de carnaval.

---

2 *Comentário conimbricense do Código Penal*: parte especial, t. I, p. 534. Destaque-se, nesse sentido, a interessante construção típica elaborada no Código Penal português (com as alterações promovidas em 2007), em que o ato encontra-se assim descrito: "Quem importunar outra pessoa praticando perante ela actos de carácter exibicionista ou constrangendo-a a contato de natureza sexual é punido com pena de prisão até um ano ou com pena de multa até 120 dias, se pena mais grave lhe não couber por força de outra disposição legal" (art. 170º). Note que a norma incriminadora não emprega o termo "ato obsceno" e, no seu lugar, utiliza a expressão "actos de caráter exibicionista" e, ademais disso, condiciona à punição do agente à importunação alheia com a atitude praticada. Anteriormente, a infração penal consistia no "ultraje público ao pudor" (art. 212º do CP de 1982).

3 *Bases críticas para a reforma do direito penal sexual*, p. 423. No mesmo sentido, o escólio de Anabela Miranda Rodrigues: "Com efeito, há uma certa realidade que deve ser criminalizada. Mas apenas e só na exacta medida em que o acto dito exibicionista representa, para a pessoa perante a qual é praticado, um perigo de que se lhe siga a prática de um acto sexual que ofenda a sua liberdade de autodeterminação sexual por forma a constituir crime. Só assim é que se pode dizer que é a liberdade sexual da pessoa visada com o acto exibicionista, já quando esta liberdade está em perigo, que a incriminação visa proteger" (op. cit., p. 534).

A norma incriminadora contém, ainda, como elementos objetivos relativos ao lugar, a exigência de que a atitude se dê em *local público, aberto ou exposto ao público*.

São locais públicos aqueles acessíveis a todas as pessoas, sem a imposição de quaisquer restrições, como as vias públicas, praças, praias etc.

Lugar aberto ao público refere-se àquele em que o acesso é livre às pessoas, conquanto se observe determinada condição (como o pagamento de ingresso); exemplos: museus, pátios de exposição, templos, cinemas, teatros, hotéis. Um local fechado, como a residência de alguém, pode tornar-se palco para a infração, quando ocasionalmente se franquear a entrada de pessoas (*v.g.*, casa particular em que se passa reunião eleitoral ou representação teatral).

Lugar exposto ao público é aquele fechado, mas devassável, isto é, visível por outros, como a janela de um apartamento, ao qual têm acesso visual diversas pessoas.

São exemplos colhidos na jurisprudência:

a) micção em via pública[4];

b) relação sexual[5] ou masturbação[6] no interior do veículo;

c) exposição do membro viril de dentro de automóvel[7];

d) exibição de pênis à vizinha, pelo pátio de sua casa[8], ou exibição do órgão sexual à criança[9];

e) masturbação em público[10];

f) *streaking* ou chispada (correr nu em público ou simplesmente expor-se sem roupas para chocar os outros)[11];

g) simulação de masturbação e exibição das nádegas após o término de peça teatral em reação a vaias do público[12];

h) beijar lascivamente a companheira, abolinando e mordiscando-lhe os seios[13];

i) relação sexual mantida em público[14].

---

4 TJSP, AP 3003506-39.2013.8.26.0272, rel. Des. Luis Augusto de Sampaio Arruda, 1ª CCr Extraordinária, j. 1º-6-2016.

5 TACrSP, ApCr 360.209. Em sentido contrário: *JTACrSP* 87/214.

6 TJAL, AP 0017347-28.2015.8.07.0009, rel. Des. Silvanio Barbosa dos Santos, 2ª Turma Criminal, j. 20-10-2016.

7 *JTACrSP* 57/190.

8 TJRS, Recurso Crime 71006796494, Turma Recursal Criminal, rel. Edson Jorge Cechet, j. 19-6-2017.

9 TJRS, Recurso Crime 71006845572, Turma Recursal Criminal, rel. Edson Jorge Cechet, j. 24-7-2017.

10 TJMG, *RTJE* 60/175.

11 *RT* 515/363.

12 STF, *RTJ* 194/927.

13 *JTACrSP* 23/136.

14 *RJD* 21/83.

4. TIPO SUBJETIVO

Somente se pune o ato doloso, o qual requer uma conduta consciente e voluntária, dirigida à ofensa da honra alheia, mediante a prática de ato de exibicionismo sexual.

Não se exige qualquer elemento subjetivo específico; em outras palavras, é desnecessário pretender o agente satisfazer a lascívia própria ou alheia[15].

Acrescente-se que, segundo reiterada jurisprudência, a embriaguez não exclui a infração[16].

Inexiste forma culposa. Assim, por exemplo, se a calça de um homem cai em meio a local público, porque os botões se soltaram acidentalmente, exibindo suas partes pudendas, o fato é penalmente atípico. Do mesmo modo, porque involuntária, a situação daquele que é roubado e, por ação dos bandidos, fica sem suas roupas.

5. SUJEITOS DO CRIME

5.1. Sujeito ativo

Qualquer pessoa pode praticá-lo, de modo que o ato obsceno qualifica-se como crime comum.

5.2. Sujeito passivo

Os sujeitos passivos da infração penal são as pessoas expostas ao ato de exibicionismo sexual; aqueles a quem a conduta agressiva atinge. Cremos ser imperioso dar-se à sujeição passiva do crime em questão nova perspectiva, alinhada com a compreensão da figura típica. Não se trata de ofender a coletividade, de vez que o valor protegido não é o pudor público, mas particularmente os indivíduos que, contrariamente à sua vontade, visualizam a conduta exibicionista[17].

---

[15] "Não é indispensável ao reconhecimento do delito do art. 233 do CP que o ato represente uma expansão erótica ou vise à excitação da lascívia alheia, bastando que, sob o prisma objetivo, se apresente em colisão com o pudor público ou idôneo a suscitar o sentimento comum de vergonha. Assim, responde pela infração o agente que insufla outrem a andar despido em estabelecimento comercial, pouco importando que haja procedido *jocandi animo ou demonstrandi causa*" (*JTACrSP* 44/285).

[16] TJSC, ApCr 0014883-77.2018.8.24.0033, rel. Des. Sérgio Rizelo, 2ª CCr, j. 30-7-2019, e TJDFT, Acórdão 1078322, 20160110576984APJ, rel. Des. Edilson Enedino das Chagas, 2ª T. Recursal, j. 21-2-2018.

[17] Nesse ponto, estamos reformulando posição assumida quando da publicação de nosso *Crimes sexuais*, São Paulo: Saraiva, 2009.

6. CONSUMAÇÃO E TENTATIVA

6.1. Consumação

A realização integral típica dá-se com a realização do ato em lugar público (aberto ou exposto ao público), desde que exista, evidentemente, outras pessoas em tal local. Cuida-se de *crime de mera conduta ou de simples atividade* (a norma incriminadora limita-se a punir uma ação, sem referir-se a qualquer resultado naturalístico[18]).

Aquele que tira a roupa no meio de uma rua completamente deserta não pratica delito algum, dada a absoluta inidoneidade do meio escolhido (dá-se a figura do crime impossível - art. 17 do CP).

6.2. Tentativa

É admissível. Deve-se recordar que os delitos de mera conduta admitem a forma tentada, sempre que constituírem infrações plurissubsistentes (aquelas cujo comportamento pode ser cindido em mais de um ato). Imagine, por exemplo, que alguém exiba seu órgão genital publicamente a diversas pessoas que, no exato momento, estejam olhando para outro local e não consigam ver o membro exposto. O agente responderá por delito tentado, haja vista ter iniciado a execução do ilícito, o qual não se consumou por circunstâncias alheias à sua vontade.

7. CONFLITO APARENTE DE NORMAS

Não há confundir-se o delito em estudo com a contravenção penal de perturbação da tranquilidade, descrita no art. 65 da LCP ou com o crime de importunação sexual (art. 215-A).

O ato obsceno se aperfeiçoa quando o sujeito importunar outrem, em lugar público ou acessível ao público, de modo ofensivo ao seu pudor.

Se uma pessoa, por exemplo, aborda outra ofensiva e grosseiramente, com propostas indecorosas, convidando-a à prática sexual, pode se cogitar da contravenção mencionada, jamais do delito.

Há importunação sexual (art. 215-A), por outro lado, no ato de apalpar, por cima das vestes, as partes pudendas de alguém, sem o seu consentimento (se o agente atuar de maneira repentina, dá-se o crime de violação sexual mediante fraude - art. 215; *vide* estudo respectivo, supra).

---

[18] Melhor seria, segundo nos parece, exigir-se a importunação alheia como consequência do ato praticado, nos moldes da legislação lusitana (CP português, art. 170º), conforme expusemos na nota de rodapé de n. 2. O crime seria, desta feita, formal (e não de mera conduta).

O cerne da distinção entre o ato obsceno e a contravenção consiste no fato de que aquele exige a inequívoca manifestação corpórea de exibicionismo, ao passo que esta dá-se com a atitude (meramente) inconveniente do autor. Além disso, diferem pelo fato de o crime atingir o pudor público e a contravenção, a tranquilidade individual.

8. PENA E AÇÃO PENAL

A pena é de detenção, de 3 meses a 1 ano, ou multa.

O ato obsceno constitui crime de *ação penal de iniciativa pública incondicionada*. A iniciativa para a propositura da ação, desta feita, incumbe ao Ministério Público.

É de ver que se trata de infração de menor potencial ofensivo, motivo pelo qual compete ao Juizado Especial Criminal a conciliação, processo, julgamento e respectiva execução.

ART. 234 – ESCRITO OU OBJETO OBSCENO

1. DISPOSITIVO LEGAL

Escrito ou objeto obsceno

Art. 234. Fazer, importar, exportar, adquirir ou ter sob sua guarda, para fim de comércio, de distribuição ou de exposição pública, escrito, desenho, pintura, estampa ou qualquer objeto obsceno:

Pena – detenção, de 6 (seis) meses a 2 (dois) anos, ou multa.

Parágrafo único. Incorre na mesma pena quem:

I – vende, distribui ou expõe à venda ou ao público qualquer dos objetos referidos neste artigo;

II – realiza, em lugar público ou acessível ao público, representação teatral, ou exibição cinematográfica de caráter obsceno, ou qualquer outro espetáculo, que tenha o mesmo caráter;

III – realiza, em lugar público ou acessível ao público, ou pelo rádio, audição ou recitação de caráter obsceno.

2. VALOR PROTEGIDO (OBJETIVIDADE JURÍDICA)

Parece-nos que referida disposição legal não mais se justifica em nosso ordenamento jurídico, salvo no tocante à exposição pública capaz de atingir pessoas vulneráveis. Isto porque muitas de suas condutas encontram sua punição fincada exclusivamente na proteção da moral, o que é incompatível com o Direito Penal no

Estado Democrático de Direito e, ademais disso, viola o princípio da dignidade da pessoa humana.

Tal conclusão ganha reforço pela nova compreensão do valor basilar tutelado no Título VI da Parte Especial que, com o advento da Lei n. 12.015, passou a se traduzir na dignidade sexual (e não mais nos "costumes").

De há muito, inclusive, vêm os tribunais reduzindo o alcance da disposição em tela. Costuma-se invocar a evolução dos costumes; mas, a bem da verdade, o problema é mais profundo, pois reside na ausência de amparo constitucional para a incriminação.

Nada impede que a moral seja juridicizada e que sua ofensa mereça atenção do Direito, desde que não seja o Penal. Não custa lembrar, neste diapasão, que o Direito Administrativo contém, como um de seus pilares, o princípio da moralidade. Aliás, este ramo contém diversas regras eficazes para tratar de muitas questões que, indevidamente, acabam permeando a seara da criminalização. Se um empresário, por exemplo, pretendendo atrair o público para seu estabelecimento, coloca em seu interior modelos nus, não se justifica submetê-lo a uma pena criminal, embora possa ele validamente ficar sujeito a severas sanções administrativas, como o pagamento de multa, a interdição ou até o fechamento do local.

3. TIPO OBJETIVO

A conduta nuclear consubstancia-se no ato de fazer (realizar, executar), importar (promover a entrada no território brasileiro), exportar (promover a saída do objeto de nossas fronteiras), adquirir (comprar, obter em caráter oneroso) ou ter sob sua guarda, para fim de comércio (ou seja, compra e venda com finalidade lucrativa), de distribuição (repasse a outras pessoas) ou de exposição pública, escrito, desenho, pintura, estampa ou qualquer objeto obsceno.

Escrito cuida-se de algo representado por meio da escrita (composição literária ou artística). Pode ser manuscrito ou elaborado por meio de processo mecânico, químico ou eletrônico. Pode se materializar em prosa ou em poesia.

O desenho é o conjunto de linhas, traços ou sombras; também pode ser elaborado manualmente ou por qualquer outro meio.

A pintura traduz o desenho sobre uma tela ou objeto fixo, como paredes ou muros.

Estampa constitui a representação impressa de uma figura, imagem ou escrito, retirados de uma placa ou prancha gravada ou meio similar.

3.1. Condutas equiparadas

De acordo com o parágrafo único, incorre nas mesmas penas quem:

a) vende, distribui ou expõe à venda ou ao público objeto obsceno;

b) realiza, em lugar público ou acessível ao público, representação teatral, ou exibição cinematográfica de caráter obsceno, ou qualquer outro espetáculo, que tenha o mesmo caráter;

c) realiza, em lugar público ou acessível ao público, ou pelo rádio, audição ou recitação de caráter obsceno.

Os comportamentos acima descritos conterão a necessária lesividade social, justificadora da intervenção do Direito Penal, quando se tratar de situações que possam ser captadas sensorialmente por vítimas vulneráveis[19].

4. TIPO SUBJETIVO

O crime somente é punido na forma dolosa. É necessário consciência e vontade de realizar os comportamentos incriminados.

5. SUJEITOS DO CRIME

5.1. Sujeito ativo

Qualquer um pode ser sujeito ativo do crime (delito comum).

5.2. Sujeito passivo

O sujeito passivo é a sociedade e, em particular, as pessoas expostas ao objeto obsceno.

6. CONSUMAÇÃO E TENTATIVA

6.1. Consumação

O crime, em todas as suas formas, é de mera conduta ou de simples atividade. Basta que o agente venda, guarde, importe ou exporte o objeto para que o fato encontre-se plenamente realizado.

6.2. Tentativa

É admissível, dado que as condutas típicas são fracionáveis (crime plurissubsistente).

19 "O princípio da adequação social não pode ser usado como neutralizador, *in genere*, da norma inserta no art. 234 do CP. Verificado, *in casu*, que a recorrente vendeu a duas crianças, revista com conteúdo pornográfico, não há se falar em atipicidade da conduta afastando-se, por conseguinte, o pretendido trancamento da ação penal" (STJ, RHC 10.833, rel. Min. Laurita Vaz, *DJU* de 12-6-2006, p. 499).

7. CONFLITO APARENTE DE NORMAS

O Estatuto da Criança e do Adolescente pune diversos atos relacionados com a pedofilia (atração sexual mórbida de adultos por menores) nos arts. 240 a 241-D, a saber:

a) Art. 240: produzir, reproduzir, dirigir, fotografar, filmar ou registrar, por qualquer meio, cena de sexo explícito ou pornográfica, envolvendo criança ou adolescente (pena, reclusão, de quatro a oito anos, e multa). A norma incriminadora também pune as pessoas que participam do ato, agenciando, facilitando, recrutando, coagindo, intermediando a participação ou contracenando com os menores de 18 anos.

b) Art. 241: vender ou expor à venda fotografia, vídeo ou outro registro que contenha cena de sexo explícito ou pornográfica envolvendo criança ou adolescente, apenando-a nos mesmos patamares do dispositivo precedente.

c) Art. 241-A: oferecer, trocar, disponibilizar, transmitir, distribuir, publicar ou divulgar por qualquer meio, inclusive por meio de sistema de informática ou telemático, fotografia, vídeo ou outro registro que contenha cena de sexo explícito ou pornográfica envolvendo criança ou adolescente (reclusão, de três a seis anos, e multa).

d) Art. 241-B: Adquirir, possuir ou armazenar, por qualquer meio, fotografia, vídeo ou outra forma de registro que contenha cena de sexo explícito ou pornográfica envolvendo criança ou adolescente (reclusão, de um a quatro anos, e multa).

e) Art. 241-C: Simular a participação de criança ou adolescente em cena de sexo explícito ou pornográfica por meio de adulteração, montagem ou modificação de fotografia, vídeo ou qualquer outra forma de representação visual (reclusão, de um a três anos); a punição alcança, ainda, quem vende, expõe à venda, disponibiliza, distribui, publica ou divulga por qualquer meio, adquire, possui ou armazena o material produzido.

f) Art. 241-D: Aliciar, assediar, instigar ou constranger, por qualquer meio de comunicação, criança, com o fim de com ela praticar ato libidinoso (reclusão, de um a três anos, e multa); o dispositivo também tipifica o ato de quem facilita ou induz o acesso à criança de material contendo cena de sexo explícito ou pornográfica com o fim de com ela praticar ato libidinoso e, por fim, de quem pratica as condutas descritas de aliciar, assediar etc. a criança com o fim de induzi-la a se exibir de forma pornográfica ou sexualmente explícita.

Em face do elenco de delitos da lei especial, é mister ressaltar que estes não se confundem com o art. 234 do CP, notadamente com seu parágrafo único, inciso II, relativamente à apresentação pública de representação teatral, ou exibição cinematográfica de caráter obsceno, ou qualquer outro espetáculo, que tenha o mesmo caráter a menores de 18 anos.

A diferença é singela: se uma criança ou adolescente aparece como protagonista ou coadjuvante em cena ou fotografia de sexo explícito (ou um adulto, passando-se por menor), dá-se o crime do Estatuto da Criança e do Adolescente; se a encenação ou pose retrata adultos, mas é publicamente exibida a crianças ou adolescentes, perfaz-se o delito do art. 234 do CP.

Lembre-se, ainda, que induzir menores de 14 anos a presenciar conjunção carnal ou outro ato libidinoso (a fim de satisfazer a lascívia própria ou alheia) se subsume ao crime do art. 218-A do CP (pena: reclusão de dois a quatro anos).

8. PENA E AÇÃO PENAL

A pena é de detenção, de 6 meses a 2 anos, ou multa. Trata-se de crime de *ação penal de iniciativa pública incondicionada*.

Capítulo VII

DISPOSIÇÕES GERAIS (ARTS. 234-A A 234-C)

1. CAUSAS DE AUMENTO DE PENA (ART. 234-A)

A Lei n. 12.015 acrescentou ao Título VI o Capítulo VII, que contém causas de aumento de pena (art. 234-A), disposição sobre a existência de segredo de justiça nos feitos relativos às infrações penais nele contidas (art. 234-B) e a definição de exploração sexual (art. 234-C – dispositivo vetado).

Duas das exasperantes mencionadas no art. 234-A foram corretamente vetadas pelo Presidente da República, haja vista que se sobreporiam a outras, de semelhante teor, já inseridas em diversos delitos ao longo do Título VI.

As remanescentes são as seguintes:

a) aumento de metade a dois terços, quando do crime resulta gravidez;

b) de um terço até dois terços, se o agente transmite à vítima doença sexualmente transmissível de que sabe ou deveria saber ser portador, ou se a vítima é idosa ou pessoa com deficiência.

2. SEGREDO DE JUSTIÇA (ART. 234-B)

De acordo com o dispositivo epigrafado deverá haver segredo de justiça em todos os processos relativos a crimes definidos no Título VI do CP.

Muito embora a lei fale em "processo", entendemos que o sigilo deve se aplicar à fase inquisitiva, sob pena de esvaziar o sentido da norma. De nada adianta dar publicidade ao fato durante o inquérito e, após o oferecimento de denúncia, impedir sua divulgação.

Acrescente-se, ainda, que a disposição deverá se aplicar a todo o processo, quando este se referir a crimes contra a dignidade sexual e conexos, a fim de se dar máxima proteção à intimidade das pessoas envolvidas na apuração do fato.

Cremos, ademais, que essa norma tem aplicação imediata, dada sua natureza processual (CPP, art. 2º), atingindo, destarte, até mesmo investigações ou ações penais já iniciadas.

3. CONCEITO DE EXPLORAÇÃO SEXUAL (ART. 234-C)

Dispunha o art. 234-C que, "para os fins deste Título, ocorre exploração sexual sempre que alguém é vítima dos crimes nele tipificados".

O veto se deu porque: "Ao prever que ocorrerá exploração sexual sempre que alguém for vítima dos crimes contra os costumes[1], o dispositivo confunde os conceitos de 'violência sexual' e de 'exploração sexual', uma vez que pode haver violência sem a exploração" (razões do veto).

Parece-nos acertada a decisão de vetar a norma.

Conforme já expusemos, cuida-se de um conceito transportado pelo legislador ao texto legal, inspirado num viés defendido por setores do feminismo, para quem a prostituição, em si considerada, representa uma forma de violência sexista (ou seja, da dominação do masculino sobre o feminino), constituindo uma forma de explorar (tirar proveito) da sexualidade da mulher, colocando-a numa situação de inferioridade em razão do gênero.

A expressão se revela inoportuna e carente de significado jurídico-constitucional, mas, tendo sido incorporada ao Código, a ela somente se pode atribuir o sentido equivalente à prostituição (mercancia sexual do corpo)[2].

---

1 Talvez por lapso a Presidência da República tenha consignado equivocadamente o *nomen iuris* do Título VI.

2 Segundo Nucci, "verifica-se ser a *exploração sexual* uma conduta genérica, voltada a tirar proveito, abusar, lucrar mediante fraude ou engodo de pessoas, visando-se a satisfação da lascívia". Adverte o autor: "Na prática, é preciso cuidado para não tornar *exploração sexual* em condutas outras, que não passam de pura *satisfação sexual* ou mesmo autêntica *violência sexual*". Seriam exemplos de exploração sexual, diante disso, as práticas dos crimes de violação sexual fraudulenta (art. 215), assédio sexual (art. 216-A) etc. (*Crimes contra a dignidade sexual*: comentários à Lei n. 12.015, de 7 de agosto de 2009, p. 57). Em que pese o autorizado escólio, entendemos que, *de lege lata*, não se pode considerar existente a exploração sexual somente quando há fraude ou engodo no proceder do agente. Isto reduz o conceito à prática de (alguns) crimes sexuais. Repise-se que houve veto ao art. 234-C, o qual identificava a exploração sexual com a prática dos delitos tipificados no Título VI.

BIBLIOGRAFIA

AGNONI, Francesco. *Il pericolo concreto come elemento della fattispecie penale*: la struttura oggetiva. 2. ed. Milano: Giuffrè, 1994.

ÁLVAREZ, Leonardo Alvarez; CORRAL, Benito Aláez. *Las decisiones básicas del Tribunal Constitucional Federal alemán en las encrucijadas del cambio de milenio*. Madrid: Centro de Estudios Políticos y Constitucionales (Boletín Oficial del Estado), 2008.

ANDREUCCI, Ricardo Antunes. *Da incriminação do adultério*. Tese de doutoramento apresentada à Congregação da Faculdade de Direito da Universidade de São Paulo. São Paulo: Revista dos Tribunais, 1967.

ANTOLISEI, Francesco. *Manuale di diritto penale*: parte especial e atualizada por LUIGI CONTI. Milano: Giuffrè, 2000.

ARAÚJO, Luiz Alberto David; NUNES JR., Vidal Serrano. *Curso de direito constitucional*. 11. ed. São Paulo: Saraiva, 2007.

ASCENSÃO, José de Oliveira. *Direito autoral*. Rio de Janeiro: Forense, 1980.

ASTURIAS, Miguel Angel *et al*. *Delitos contra la salud y el medio ambiente*. Buenos Aires: Hammurabi, 2009.

ASÚA, Luis Jiménez. *O delito de contágio venéreo* (Coleção médico-jurídica). Trad. J. Catoira e A. Blay. São Paulo: Edições e Publicações Brasil, 1933.

BACIGALUPO, Enrique. *Direito penal*: parte geral. Trad. André Estefam. São Paulo: Malheiros.

BARROSO, Luís Roberto. *Curso de direito constitucional contemporâneo*: os conceitos fundamentais e a construção do novo modelo. 3. tir. São Paulo: Saraiva, 2009.

BECHARA, Fábio Ramazzini et al. *Direito penal aplicado*. 3. ed. São Paulo: Saraiva, 2010.

BITENCOURT, Cezar Roberto. *Tratado de direito penal*: parte especial. 3. ed. São Paulo: Saraiva, 2003.

______. *Tratado de direito penal*: parte geral. 13. ed. São Paulo: Saraiva, 2008.

______. *Tratado de direito penal*: parte especial. 19. ed. São Paulo: Saraiva, 2019, v. 2.

______. *Código Penal comentado*. 5. ed. São Paulo: Saraiva, 2009.

BRANCO, Vitorino Prata Castelo. *O advogado diante dos crimes sexuais*. São Paulo: Sugestões Literárias, 1966.

CALDERÓN. Guillermo Oliver. *Retroactividad e irretroactividad de las leyes penales* (Colección de ciencias penales). 2007.

CAMPOS, Pedro Franco de et al. *Direito penal aplicado*. 2. ed. São Paulo: Saraiva, 2009.

CANDAUDAP, Celestino Porte Petit. *Dogmática sobre los delitos contra la vida y la salud personal*. 5. ed. México: Porrúa, 1978.

CANOTILHO, José Joaquim J. J. Gomes. *Direito constitucional e teoria da Constituição*. 7. ed. Coimbra: Almedina, 2003.

Capez, Fernando. *Curso de direito penal*: parte especial. São Paulo: Saraiva, 2003. v. 2.

CARADORI, Rogério da Cruz. *Instrumentos legais de controle na proteção legal das florestas*. Dissertação de Mestrado. Universidade Católica de Santos, 2008 Disponível em: <http://biblioteca.unisantos.br/tede/tde_busca/arquivo.php?codArquivo=136>.

CARVALHO, Américo Taipa. *Comentário conimbricense do Código Penal*: parte especial. (org. por Figueiredo Dias). Coimbra: Coimbra Ed., 1999. t. I e II.

CEREZO, Ángel Calderón; MONTALVO, José Antonio Choclán. *Derecho penal*: parte especial. 2. ed. Barcelona: Bosch, 2001. t. II.

CERNICCHIARO, Luiz Vicente. *Direito penal na Constituição*. São Paulo, Revista dos Tribunais, 1990.

CHAVES, Antônio. *Proteção Internacional do direito autoral de radiodifusão*. São Paulo: Max Limonad, s. d.

COSTA JR., Paulo José da. *Curso de direito penal*. 9. ed. São Paulo: Saraiva, 2009.

______. Do nexo causal: aspecto objetivo do crime. São Paulo: Saraiva, 1964.

DELMANTO, Fábio M. de Almeida et al. *Código Penal comentado*. 8. ed. São Paulo: Saraiva, 2010.

______. *Direito penal*: parte geral – questões fundamentais. A doutrina geral do crime. Coimbra: Coimbra Ed., 2004. t. I.

DIAS, Maria Berenice. *A Lei Maria da Penha na Justiça*: a efetividade da Lei n. 11.340/2006 de combate à violência doméstica e familiar contra a mulher. São Paulo: Revista dos Tribunais, 2007.

DIAS, Maria do Carmo Saraiva de Menezes da Silva. *Crimes sexuais com adolescentes*: particularidades dos artigos 174 e 175 do Código Penal português. Coimbra: Almedina, 2006.

DINIZ, Maria Helena. *Curso de direito civil brasileiro*. 33. ed. São Paulo: Saraiva, 2019. v. 5.

DONNA, Edgardo Alberto. *Derecho penal*: parte especial. 2. ed. Buenos Aires: Rubinzal - Culzoni Eds., 2003. t. I.

______. *Derecho penal*: parte especial. Buenos Aires - Santa Fé: Rubinzal - Culzoni Eds., 2001. t. II-A.

______. *Derecho penal*: parte especial. Buenos Aires - Santa Fé: Rubinzal - Culzoni Eds., 2001. t. II-B.

______. *Derecho Penal. parte especial*. Santa Fe: Rubinzal - Culzoni Eds., 2002II-C.

______. *Delitos contra la integridad sexual*. Santa Fé: Rubinzal - Culzoni Eds., 2002.

DOTTI, René Ariel. Princípios constitucionais relativos aos crimes de imprensa. *Revista Brasileira de Ciências Criminais*, ano 3, n. 10, 1995.

DRUMMOND, J. de Magalhães. *Comentários ao Código Penal*. Rio de Janeiro: Forense, 1944IX.

ESTEFAM, André. *Direito penal*: parte geral. 8. ed. São Paulo: Saraiva, 2019. v. 1.

______. *Direito Penal*: parte especial. 6. ed. São Paulo: Saraiva, 2019. v. 3.

______. *Crimes sexuais*. São Paulo: Saraiva, 2009.

______. *O novo júri*. 4. ed. São Paulo: Ed. Damásio de Jesus, 2009.

______. *Provas e procedimentos no processo penal*. 2. ed. São Paulo: Ed. Damásio de Jesus, 2008.

ESTEFAM, André et al. *Direito penal aplicado*. 3. ed. São Paulo: Saraiva, 2010.

______. *Reforma penal*: comentários às Leis n. 11.923, 12.012 e 12.015 de 2009. São Paulo: Saraiva, 2010.

FELDENS, Luciano. *A Constituição penal*: a dupla face da proporcionalidade no controle de normas penais. Porto Alegre: Livr. do Advogado, 2005.

FRAGOSO, Heleno Claudio. *Lições de direito penal*. 3. ed. São Paulo: Bushatsky, 1976.

______; HUNGRIA, Nelson. *Comentários ao Código Penal*. 5. ed., 1ª tir. Rio de Janeiro: Forense, 1982. v. VI.

FRANCO, Alberto Silva; SILVA, Tadeu Dix. *Código Penal e sua interpretação jurisprudencial* (org. por Alberto Silva Franco e Rui Stoco). 8. ed., 6. ed. São Paulo: Revista dos Tribunais, 2007. v. 1. t. 2.

GOMEZ, Alfonso Serrano. *Derecho penal*: parte especial. 6. ed. Madrid: Dykinson, 2001.

GONZAGA, João Bernardino. *O crime de omissão de socorro*. São Paulo: Max Limonad, 1957.

GRECO, Rogério. *Código Penal comentado*. 4. ed. Niterói: Impetus, 2010.

______. *Curso de direito penal*. 3. ed. Niterói: Impetus, 2007.

______. *Curso de direito penal*. 6. ed. Niterói: Impetus, 2010.

GRINOVER, Ada Pellegrini. *A marcha do processo*. Rio de Janeiro: Forense Universitária, 2000.

GROTTI, Dinorá Adelaide Museti. *Inviolabilidade do domicílio da Constituição*. São Paulo: Malheiros, 1993.

GUERRA, Luis López. *Las sentencias básicas del Tribunal Constitucional*. 3. ed. Madrid: Centro de Estudios Políticos y Constitucionales (Boletín Oficial del Estado), 2008.

HASSEMER, Wingfried. *Introdução aos fundamentos do direito penal*. Porto Alegre: SAFE, 2005.

GUSMÃO, Chrysolito de. *Dos crimes sexuais*. 3. ed. São Paulo: Freitas Bastos, 1945.

HUNGRIA, Nelson. *Comentários ao Código Penal*. Rio de Janeiro: Forense, 1958. v. I.

______. *Comentários ao Código Penal*. 1. ed. Rio de Janeiro: Forense, 1942. v. V.

HUNGRIA, Nelson. *Comentários ao Código Penal*. 3. ed. Rio de Janeiro: Forense, 1967. v. VII.

______. *Comentários ao Código Penal*. 4. ed. Rio de Janeiro: Forense, 1959. v. VIII.

______. *Comentários ao Código Penal*. 2. ed. Rio de Janeiro: Forense, 1959. v. IX.

HUNGRIA, Nelson; FRAGOSO, Heleno Cláudio. *Comentários ao Código Penal*. 5. ed. 1ª tir. Rio de Janeiro: Forense, 1982. v. VI.

JAKOBS, Günther. *Sociedad, norma y persona en una teoría de un derecho penal funcional*. Trad. Manuel Cancio Meliá e Bernardo Feijóo Sanchez. Madrid: Civitas, 1996.

______. *Tratado de direito penal*: teoria do injusto penal e culpabilidade. Trad. Gercélia Batista de Oliveira Mendes e Geraldo de Carvalho. Belo Horizonte: Del Rey, 2009.

JESUS, Damásio Evangelista de. *Código Penal anotado*. 19. ed. São Paulo: Saraiva, 2009.

______. *Direito penal*: parte geral. 30. ed. São Paulo: Saraiva, 2009. v. 1.

______. *Direito penal*: parte especial. 29. ed. São Paulo: Saraiva, 2009. v. 2.

______. *Direito penal*: parte especial. 18. ed. São Paulo: Saraiva, 2009. v. 3.

______. *Phoenix*, Órgão Informativo do Complexo Jurídico Damásio de Jesus, n. 2, fev. 2004.

______. *Temas de direito criminal*. 3ª série, São Paulo: Saraiva, 2004.

JORIO, Israel Domingos. *Latrocínio*. Belo Horizonte: Del Rey, 2008.

KELSEN, Hans. *Teoria pura do direito*. Trad. João Baptista Machado. São Paulo: Martins Fontes.

LACERDA, Romão Cortes de. *Comentários ao Código Penal*. 4. ed. Rio de Janeiro: Forense, 1959. v. VIII.

LEO, Roberto et al. *Delitos contra la salud y el medio ambiente*. Buenos Aires: Hammurabi, 2009.

LYRA, Roberto. *Comentários ao Código Penal*. 2. ed. Rio de Janeiro: Forense, 1955. v. II.

______. *Noções de direito criminal*: parte especial. Rio de Janeiro: Ed. Nacional de Direito, 1944.

MACHADO, Alcântara. *Projeto do Código Criminal brasileiro*. São Paulo: Revista dos Tribunais, 1938.

MACHADO, Martha de Toledo. *Proibições de excesso e proteção insuficiente no direito penal*: a hipótese dos crimes sexuais contra crianças e adolescentes. São Paulo: Verbatim, 2008.

MAGALHÃES, Edgard de Noronha. *Crimes contra os costumes*. São Paulo: Livr. Acadêmica – Saraiva e Cia. Eds., 1943.

______. *Direito penal*. São Paulo: Saraiva, 1961. v. 3.

MARQUES, José Frederico. *Tratado de direito penal*. Campinas: Millennium, 1999. v. IV.

______. *Tratado de direito penal*. São Paulo: Saraiva, 1961. v. 4.

MAURACH, Reinhart. *Tratado de derecho penal*. Trad. Juan Córdoba Roda. Barcelona: Ariel, 1962.

MÉDICI, Sérgio de Oliveira. *Teoria dos tipos penais*: parte especial do direito penal. São Paulo: Revista dos Tribunais, 2004.

MELIÁ, Manuel Cancio. *Derecho penal del enemigo*. Buenos Aires: Hamurabi.

MESTIERI, João. *Do delito de estupro*. São Paulo: Revista dos Tribunais, 1982.

MIRABETE, Julio Fabbrini; FABBRINI, Renato Nascimento. *Manual de direito penal*: parte especial. 26. ed. São Paulo: Atlas, 2009. v. 2.

MIRANDA, Darcy Arruda. *Comentários à Lei de Imprensa*. São Paulo: Revista dos Tribunais, 1969. v. 1.

MONTT, Mario Garrido. *Derecho penal*: parte especial. 3. ed. atualizada. Santiago: Ed. Jurídica de Chile, 2007. t. III.

______. *Derecho penal*: parte especial. 4. ed. atualizada. Santiago: Ed. Jurídica de Chile, Santiago: Editorial Jurídica de Chile, 2008. t. IV.

MORAES, Flávio Queiroz de. *Delito de rixa*. São Paulo: Saraiva, s. d.

MOURA, Maria Rocha Thereza Assis; SAAD, Marta. *Código Penal e sua interpretação jurisprudencial*

NAVARRO, Guillermo Rafael; ASTURIAS, Miguel Angel; LEO, Roberto. *Delitos contra la salud y el medio ambiente*. Buenos Aires: Hammurabi, 2009.

NUCCI, Guilherme de Souza. *Código Penal comentado*. 9. ed. São Paulo: Revista dos Tribunais, 2009.

______. *Crimes contra a dignidade sexual*: comentários à Lei n. 12.015, de 7 de agosto de 2009. São Paulo: Revista dos Tribunais, 2009.

OLIVEIRA, Olavo. *O delito de matar*. São Paulo: Saraiva, 1962.

ORDEIG, Enrique Gimbernat. Eutanásia e direito penal. In: *Vida e morte no direito penal*. Trad. Maurício Antônio Ribeiro Lopes. Barueri: Manole, 2004.

PENTEADO, Jaques de Camargo. *A família e a justiça penal* (crimes contra a família, a responsabilidade criminal e o núcleo familiar de fato; a legislação penal, os incapazes e os idosos). São Paulo: Revista dos Tribunais, 1998.

PIERANGELI, José Henrique. *Códigos Penais do Brasil*. 2. ed. São Paulo: Revista dos Tribunais, 2001.

PIMENTEL, Manoel Pedro. *Contravenções penais*. São Paulo: Revista dos Tribunais, 1975.

______. *Legislação penal especial*. São Paulo: Revista dos Tribunais, 1972.

PINHO, Demosthenes Madureira de. *O valor do perigo no direito penal*. Rio de Janeiro, 1939 (tese apresentada à Faculdade Nacional de Direito em concurso para a Cátedra de Direito Penal).

PISAPIA, G. Domenico. *Introduzione alla parte speciale del diritto penale*. Milano: Giuffrè, 1948.

______. *Delitti contro la famiglia*. Torino: Torinese, 1953.

PRADO, Luiz Regis. *Curso de direito penal brasileiro*: parte especial. 4. ed. São Paulo: Revista dos Tribunais, 2005. v. 2.

PRADO, Luiz Regis. *Curso de direito penal brasileiro*. 4. ed. São Paulo: Revista dos Tribunais, 2006. v. 3.

______. *Direito penal do ambiente*. 2. ed. São Paulo: Revista dos Tribunais, 2009.

PRADO, Luiz Regis; CARVALHO, Érika Mendes. *Teoria da imputação objetiva do resultado*: uma aproximação crítica a seus fundamentos. São Paulo: Revista dos Tribunais, 2002.

REALE JR., Miguel. A inconstitucionalidade da Lei dos Remédios, *RT* 763/431.

ROSSINI, Augusto. *Informática, telemática e direito penal*. São Paulo: Memória Jurídica Ed., 2004.

ROXIN, Claus. *Derecho penal*: parte general. 2. ed. Trad. Diego-Manuel Luzón Peña. Madrid: Thomson - Civitas, 2008. t. I.

______. *Funcionalismo e imputação objetiva no direito penal*. Trad. Luís Greco. Rio de Janeiro e São Paulo: Renovar, 2002.

______. *Política criminal y sistema del derecho penal*. Trad. Francisco Muñoz Conde. 2. ed. Buenos Aires: Hammurabi, 2002.

______. Que comportamentos pode o Estado proibir sob ameaça de pena? Sobre a fundamentação político-criminal do sistema penal. In: *Estudos de direito penal*. Trad. Luís Greco. Rio de Janeiro, São Paulo e Recife: Renovar, 2006.

______. *Problemas fundamentais de direito penal*. Trad. Ana Paula dos Santos Luís Natschaeradetz. 3. ed. Lisboa: Vega, 1998.

______. *A tutela penal da vida humana*. Trad. Luís Greco. São Paulo: Ed. Damásio de Jesus, 2003.

SANTOS, Maria Celeste Cordeiro Leite dos. *Furto de uso*. Rio de Janeiro: Forense, 1986.

SANTOS, Manuella. *Direito autoral na era digital*. São Paulo: Saraiva, 2009.

SILVA, José Afonso da. *Comentário contextual à Constituição*. 4. ed. São Paulo: Malheiros, 2007.

______. *Curso de direito constitucional positivo*. 16. ed. São Paulo: Malheiros, 1999.

SILVA SANCHÉZ, Jesús María. Los indeseados como enemigos: la exclusión de seres humanos del "status personae". In: *Derecho penal del enemigo*: el discurso penal de la exclusión. Montevideo e Buenos Aires: BdeF, 2006.

______. *A expansão do direito penal*: aspectos de política criminal nas sociedades pós-industriais. São Paulo: Revista dos Tribunais, 2002.

SILVEIRA, Renato de Mello Jorge. *Bases críticas para a reforma do direito penal sexual*. São Paulo: USP, 2006 (tese de livre-docência).

TAVARES, André Ramos. *Curso de direito constitucional*. 3. ed. São Paulo: Saraiva, 2006.

______. Imprensa: com lei ou sem lei?. In *Carta Forense*, junho de 2008.

THEODORO, Luís Marcelo Milleo et al. *Direito penal aplicado*. 3. ed. São Paulo: Saraiva, 2010.

TOURINHO FILHO, Fernando da Costa. *Manual de processo penal*. São Paulo: Saraiva, 2001.

WIDOW, María Magdalena Ossandón. *La formulación de tipos penales*: valoración crítica de los instrumentos de técnica legislativa. Santiago: Jurídica de Chile, 2009.